Milliardenliga zwischen Boom und Pleite

Matthias Weinrich
Hardy Grüne

Milliardenliga zwischen Boom und Pleite

Matthias Weinrich
Hardy Grüne

EINLEITUNG 7

DIE SPIELJAHRE
Saison 1998/1999
Das Drama von Barcelona 9
Saison 1999/2000
Meistermacher Unterhaching 19
Saison 2000/2001
Der Vier-Minuten-Meister 29
Saison 2001/2002
Das Ende eines Dukatenesels 39
Saison 2002/2003
Kopfschmerzen in Leverkusen 49

DIE BUNDESLIGA
Saison 1998/1999 59
Saison 1999/2000 91
Saison 2000/2001 123
Saison 2001/2002 155
Saison 2002/2003 187

DER DFB-POKAL
Saison 1998/1999 219
Saison 1999/2000 227
Saison 2000/2001 235
Saison 2001/2002 243
Saison 2002/2003 253

Satz: AGON Sportverlag, Martina Backes
Fotos: Archiv AGON Sportverlag, Kassel
Pressebilderdienst Horstmüller, Düsseldorf
Einband: Werkstatt für creative Computeranwendungen Bringmann, Lohfelden
Druck: Westermann Druck, Zwickau

© 2003 by AGON Sportverlag
Frankfurter Straße 92a
D - 34121 Kassel
Alle Rechte vorbehalten

ISBN 3-89784-219-X

Vorwort

40 Jahre Fußball-Bundesliga. Mit dem Spiel zwischen dem „ewigen" Bundesliga-Mitglied Hamburger SV und Rekordmeister FC Bayern München feierte die Liga am 24. August 2003 ein rundes Jubiläum. Niemand hätte am 24. August 1963, beim ersten Anpfiff der neuen deutschen Eliteklasse, vorauszusagen gewagt, welche Entwicklung die Bundesliga im Lauf der vier Jahrzehnte nehmen würde. Sowohl auf dem sportlichen Sektor - wer konnte 1963 beispielsweise schon ahnen, dass die damals noch in der Regionalliga Süd beheimateten Münchner Bayern die tragende Rolle übernehmen würden -, als auch in wirtschaftlicher Hinsicht. Aus Vereinen sind 40 Jahre später längst mittelständische Unternehmen und mancherorts Kapitalgesellschaften geworden, an die Stelle der Feierabendfußballer sind Millionäre in kurzen Hosen getreten. Die Neunziger Jahre brachten durch das Entstehen der privaten Fernsehsender, die immense Einnahmezuwächse aus den Übertragungsrechten der Spiele gewährleisteten, einen ungeahnten Boom über die Liga. Das öffentliche Interesse wurde geschickt gesteigert, die werbetreibende Wirtschaft entdeckte den Fußball in zuvor nicht gekanntem Ausmaß und spülte Millionen in die Kassen, zudem entdeckten die Klubs die Möglichkeiten des Merchandisings und machten auch auf diesem Sektor einen Quantensprung.

Die „goldenen Zeiten" sind im 40. Jahr vorbei. Der Zusammenbruch des Kirch-Imperiums, das die Bundesliga-Übertragungsrechte hielt, sorgte nach einem Jahrzehnt ständig wachsender Einnahmen für rückläufige Gelder aus diesem Bereich. In wirtschaftlich schwierigen Zeiten sind zudem Unternehmen nicht mehr bereit oder in der Lage, Summen wie in den Boomjahren in den Fußball zu investieren.

Geblieben ist die ungebrochene Faszination Bundesliga. Fast 10 Millionen Fans passierten in der Saison 2002/03 die Stadiontore und sorgten für einen neuen Rekordbesuch, der höchstwahrscheinlich schon im kommenden Sommer erneut überboten wird. Allen gegenwärtigen Schwierigkeiten zum Trotz ist die These, dass die Bundesliga diese ungebrochen überstehen wird, nicht besonders gewagt.

Das runde Jubiläum der Bundesliga ist der Anlass für den AGON Sportverlag, mit dem vorliegenden Titel *Milliardenliga zwischen Boom und Pleite* speziell die letzten fünf Jahre des deutschen Fußball-Geschehens aufzuarbeiten. In der Reihe *Enzyklopädie des deutschen Ligafußballs* erschien vor fünf Jahren das dreibändige Werk *35 Jahre Bundesliga* mit allen Aufstellungen, Mannschaftsfotos und Geschichten der Liga seit 1963. Wenig später folgten *Die deutsche Pokalgeschichte seit 1935* und *Bundesliga & Co.* von Hardy Grüne. Seit der Erstauflage dieser Titel wurde vielfach der Leserwunsch nach einer um die folgenden Jahre aktualisierten Neuauflage an den Verlag herangetragen. In bewährter Weise finden Sie, liebe Leser, in diesem Buch nun die chronologische Fortsetzung mit den Jahren 1998 bis 2003.

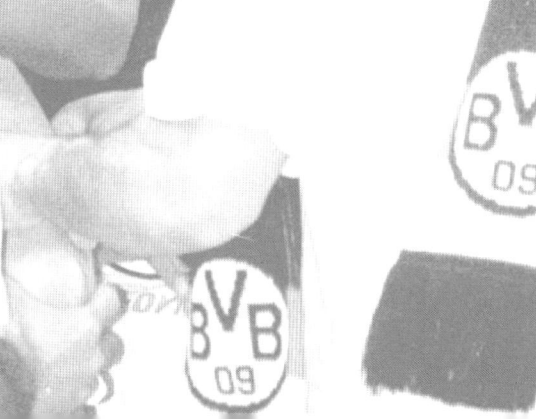

FUSSBall

● **Das Nachschlagewerk zum deutschen Fußball in 11 Bänden**

Bislang erschienen:

● Vom Kronprinzen bis zur Bundesliga
€ 34,90 ISBN: 3-89784-057-X

● Bundesliga & Co
€ 30,90 ISBN: 3-89784-213-09

● Die Gründerjahre - 1963 bis 1975
€ 38,90 ISBN: 3-89784-132-0

● Tore, Krisen & ein Erfolgstrio - 1975 bis 1987
€ 38,90 ISBN: 3-89784-133-9

● Boomjahre, Geld & Stars - 1987 bis heute
€ 38,90 ISBN: 3-89784-134-7

● Deutsche Pokalgeschichte seit 1935
€ 40,90 ISBN: 3-89784-146-0

● Vereinslexikon
€ 45,90 ISBN: 3-89784-147-9

In Vorbereitung:

Saison 1998/99
Das Drama von Barcelona

1998/99 - der Meister

Bayern München

Stefan Effenberg (31/8), Jens Jeremies (30/1), Oliver Kahn (30), Hasan Salihamidzic (30/3), Thorsten Fink (28), Markus Babbel (27/1), Mario Basler (27/5), Thomas Linke (27/1), Carsten Jancker (26/13), Alexander Zickler (26/7), Lothar Matthäus (25/1), Thomas Strunz (24/4), Ali Daei (23/6), Giovane Elber (21/13), Thomas Helmer (21/2), Michael Tarnat (20/1), Bixente Lizarazu (19/2), Samuel Kuffour (15), Mehmet Scholl (13/4), Bernd Dreher (4), Sven Scheuer (3), Alexander Bugera (2), Nils-Eric Johansson (2), Berkant Göktan (1), David Jarolim (1) – Trainer: Ottmar Hitzfeld

26. Mai 1999. Barcelona, Estádio Nou Camp. Es läuft die Nachspielzeit im Champions-League-Finale zwischen dem FC Bayern München und Manchester United. Die Bayern führen durch einen Basler-Treffer aus der sechsten Minute mit 1:0, an der Seitenlinie hibbelt der just ausgewechselte Basler aufgeregt hin und her, freut sich auf seinen ersten Champions-League-Triumph. Sekunden nur noch sind zu spielen, der Sieger scheint festzustehen. Eine Minute später hat sich die Welt der Bayern um 180 Grad gedreht. Torhüter Olli Kahn hockt verzweifelt im Tor, Mehmet Scholl lehnt mit ausdruckslosem Gesicht am linken Torpfosten. Sheringham und Solskjær haben binnen weniger Sekunden aus einem 0:1 ein 2:1 für Manchester United gemacht. Den Bayern blieb nicht einmal eine Verlängerung, um ihre kurzzeitige geistige Unpässlichkeit auszugleichen. ManU hatte kaum das 2:1 erzielt, da pfiff Schiedsrichter Collina das Spiel ab und beendete das wohl tragischste Europapokalfinale der Geschichte. Die Bayern waren die Deppen Europas.

Dabei waren die seit Saisonbeginn vom ehemaligen Dortmunder Meistermacher Ottmar Hitzfeld gecoachten Münchener über die gesamte Saison hinweg so zuverlässig und souverän wie einst ein VW Käfer gewesen. Mit spielerischer Klasse, personeller Konstanz und konzeptioneller Stärke hatten sie die Bundesliga beherrscht und – nicht zuletzt dank des Verzichts auf die sonst üblichen Querelen – Meisterschaft Nummer 15 eingefahren.

Selbst Dauernörgler Franz Beckenbauer kam nicht umhin, von seinen Bayern zu schwärmen. "Das ist die beste Mannschaft, die der FC Bayern je hatte; besser als das große Team der 70er" jubelte der Kaiser. Als Vater des Triumphes wurde gemeinhin Trainer Hitzfeld angesehen, dessen größter Erfolg zweifelsohne war, aus dem sich selbst feiernden Tollhaus "FC Hollywood" ein auf sportlichen und wirtschaftlichen Erfolg fixiertes Fußballunternehmen zu formen.

Hitzfelds Rotationsprinzip, mit dem er den Dauerbelastungen im harten Liga- und Europacup-Alltag begegnete, seine umgängliche und gleichwohl klare Art,

Deutscher Meister 1999: FC Bayern München.
Hinten von links: Tarnat, Dreher, Elber, Jeremies, Daei, Babbel, Strunz, Basler, Jancker, Effenberg, Zickler, Scheuer, Co-Trainer Henke, Trainer Hitzfeld.
Vorne von links: Fink, Linke, Lizarazu, Helmer, Kahn, Kuffour, Salihamidzic, Scholl, Matthäus.

Milliardenliga zwischen Boom und Pleite

ließen ihn für Manager Uli Hoeneß schon im Dezember 1998 zum "Mann des Jahres" werden.

Hinter den Bayern kam zunächst gar nichts. 15 Punkte Niemandsland weist die Abschlusstabelle aus, dann erst taucht mit Bayer Leverkusen der Vizemeister auf. Die Daum-Schützlinge bestachen zwar abermals durch schön anzusehenden Fußball, waren vom Gewinn der Meisterschaft jedoch mindestens die in der Tabelle ausgewiesenen 15 Punkte entfernt. Deutlichstes Indiz: Beide Spiele gegen die Bayern gingen verloren. Daums Konzept mit drei Stürmern und ohne Libero machte die Rheinländer freilich zum Team mit dem attraktivsten Fußball im Oberhaus, wobei die Mannschaft vor allem von Neuzugang Zé Roberto profitierte. Am Ende war man in der BayArena mit Platz 2 auch durchaus zufrieden, zumal zum zweiten Mal nach 1997 der Einzug in die Champions League gelungen war. Nummer 3 in der Bundesliga war Vorjahresaufsteiger Hertha BSC, die dank UFA-Millionen und eines umfassenden Förderungskonzeptes aus einem jahrzehntelangen Dornröschenschlaf erwacht war und Ansprüche auf nationale wie internationale Klasse anmeldete. Mit rund 52.000 Zuschauern pro Spiel war Hertha zudem Zuschauermagnet. Erfolgsgaranten der Röber-Elf waren Torhüter Király, "Zaubermaus" Wosz, die Newcomer Hartmann und Neuendorf sowie natürlich Torjäger Preetz. Von Hertha, soviel war gewiss, würde man noch hören. Hören konnte man auch aus Dortmund einiges. Vor der Saison laute Töne, während der Saison Wehklagen. Unter Jungtrainer Skibbe, der zuvor den BVB-Nachwuchs trainierte und vor der Saison Nevio Scala abgelöst hatte, kam die Starelf um Andy Möller nur schwer in Tritt. Zwar vermieden es die Schwarz-Gelben diesmal, auf einen Abstiegsrang abzurutschen, zeigten jedoch im Liga-Alltag zwei Gesichter. Daheim nur von Bochum geschlagen – auswärts nur in Bochum und Gladbach siegreich. Dennoch reichte es für die Qualifikation zur Champions League, was freilich über einige eklatante Probleme im Westfalenstadion hinwegtäuschte.

Enttäuschung der Saison war der mit vielen Vorschusslorbeeren ins Westfalenstadion gekommene Thomas Häßler, der beim Kleinkrieg mit Trainer Skibbe den Kürzeren zog und auf der Ersatzbank versauerte.

In den Niederungen der Tabelle fanden sich prominente Namen wieder. Vor allem der Absturz der einst so stolzen Mönchengladbacher Borussia bewegte die Fans. Nach einem 3:0-Auftaktsieg über Schalke hatten die Ex-Fohlen am ersten Spieltag noch auf Rang 1 gelegen, um sich acht Spieltage später plötzlich am Tabellenende wiederzufinden, das sie bis zum 34. Spieltag nicht mehr verlassen sollten. Tiefpunkt der Saison war die Woche vom 30. Oktober bis zum 7. November, als es Gegentore hagelte: 2:8 daheim gegen Leverkusen und 1:7 in Wolfsburg. "Sprachlos, hilflos – Job los" schlagzeilte der "kikker" tags darauf, denn für Trainer Rausch waren es die letzten Spiele gewesen.

Nachfolger Rainer Bonhof vermochte dem Team jedoch auch kein Leben mehr einzuhauchen und stieg mit ihm ab. Absteiger Nummer 2 war der VfL Bochum, der sein einstiges Prädikat "unabsteigbar" angesichts des dritten Abstiegs seit 1993 zunehmend verlor. Trainer Toppmöller und seine junge Truppe haderten mit bitterbösem Verletzungspech, das der eigentlich bereits geretteten Elf den Garaus machte. Um den dritten Abstiegsplatz entspann sich ein regelrechtes Drama. Eigentlich war er der Frankfurter Ein-

Bundesliga-Torjäger

866 Tore in 306 Spielen, 2,83 pro Spiel

Michael Preetz (Hertha BSC Berlin)	23
Ulf Kirsten (Bayer Leverkusen)	19
Oliver Neuville (Hansa Rostock)	14
Anthony Yeboah (Hamburger SV)	14
Markus Beierle (MSV Duisburg)	13
Sasa Ciric (1. FC Nürnberg)	13
Giovane Elber (Bayern München)	13
Carsten Jancker (Bayern München)	13
Andrzej Juskowiak (VfL Wolfsburg)	13
Bernd Hobsch (TSV München 1860)	12
Olaf Marschall (1. FC Kaiserslautern)	12

	1. Bundesliga	Bayern München	Bayer Leverkusen	Hertha BSC Berlin	Borussia Dortmund	1. FC Kaiserslautern	VfL Wolfsburg	Hamburger SV	MSV Duisburg	TSV München 1860	FC Schalke 04	VfB Stuttgart	SC Freiburg	Werder Bremen	Hansa Rostock	Eintracht Frankfurt	1. FC Nürnberg	VfL Bochum	Bor. Mönchengladbach	Sp	g	u	v	Tore	Pkt.	Zuschauer
1.	Bayern München	-	2:0	1:1	2:2	4:0	3:0	5:3	3:1	3:1	1:1	2:0	2:0	1:0	6:1	3:1	2:0	4:2	4:2	34	24	6	4	76:28	78	55.376
2.	Bayer Leverkusen	1:1	-	2:2	3:1	2:2	3:0	1:2	2:0	1:1	1:1	0:0	1:1	2:0	3:1	2:1	3:0	2:1	4:1	34	17	12	5	61:30	63	20.697
3.	Hertha BSC Berlin	1:0	0:1	-	3:0	1:1	2:0	6:1	1:3	2:1	2:0	2:0	1:0	2:0	3:1	3:0	4:1	4:1	4:1	34	18	8	8	59:32	62	51.250
4.	Borussia Dortmund	2:2	1:0	3:0	-	1:0	2:1	2:1	2:0	3:1	3:0	3:0	2:1	2:1	2:0	3:1	0:1	1:1	1:1	34	16	9	9	48:34	57	60.867
5.	1. FC Kaiserslautern (M)	2:1	0:1	4:3	1:0	-	1:1	1:0	3:0	1:1	4:1	1:1	0:2	4:0	3:2	2:0	2:3	2:1	2:1	34	17	6	11	51:47	57	39.957
6.	VfL Wolfsburg	0:1	1:0	2:1	0:0	2:1	-	4:1	4:2	1:0	0:0	3:2	1:1	2:4	1:1	2:0	1:1	4:1	7:1	34	15	10	9	54:49	55	15.956
7.	Hamburger SV	0:2	0:0	0:4	0:0	2:0	1:1	-	4:1	3:0	2:2	3:1	2:1	1:1	1:0	0:1	2:0	1:0	3:0	34	13	11	10	47:46	50	22.799
8.	MSV Duisburg	0:3	0:0	0:0	3:2	3:1	6:1	2:3	-	1:1	1:2	2:0	1:0	2:0	4:1	2:1	1:1	2:0	2:2	34	13	10	11	48:45	49	15.413
9.	TSV München 1860	1:1	0:2	2:0	2:0	1:2	2:3	0:0	0:0	-	4:5	1:0	1:3	2:1	4:1	2:1	3:1	1:2	0:1	34	11	8	15	49:56	41	28.417
10.	FC Schalke 04	1:3	0:1	0:0	1:1	0:2	2:0	1:4	2:0	2:2	-	1:0	1:1	1:2	1:0	2:3	2:2	2:2	1:0	34	10	11	13	41:54	41	40.723
11.	VfB Stuttgart	0:2	0:1	0:0	2:1	4:0	1:2	3:1	0:0	0:1	2:1	-	3:1	1:0	1:1	2:0	0:0	4:2	2:2	34	9	12	13	41:38	39	29.059
12.	SC Freiburg (N)	0:2	1:1	0:2	2:2	0:1	0:0	2:1	1:2	0:2	2:0	0:2	-	3:0	2:0	1:0	1:1	2:1	1:1	34	10	9	15	36:44	39	20.882
13.	Werder Bremen	0:1	2:2	2:1	1:1	1:1	0:1	0:0	1:0	4:1	1:0	2:3	-	0:3	2:1	2:3	1:1	1:0	2:1	34	8	14	12	41:47	38	26.420
14.	Hansa Rostock	0:4	1:1	1:2	2:0	2:1	3:3	0:1	3:0	4:1	2:2	3:0	0:2	2:1	-	2:2	1:3	1:1	3:0	34	9	11	14	49:58	38	15.679
15.	Eintracht Frankfurt (N)	1:0	2:3	1:1	2:0	5:1	0:1	2:2	0:0	2:3	1:2	1:1	3:1	2:2	2:2	-	3:2	2:0	0:0	34	9	10	15	44:54	37	32.293
16.	1. FC Nürnberg (N)	2:0	2:2	0:0	0:0	1:1	1:1	2:4	1:5	3:0	2:2	1:1	2:2	1:2	2:2	2:0	-	1:7	6:11	34	7	16	11	40:50	37	34.994
17.	VfL Bochum*	2:2	1:5	2:0	0:1	1:2	0:2	2:0	2:0	1:1	3:3	1:2	2:3	0:0	0:3	1:1	2:1	-	2:1	34	7	8	19	40:65	29	21.117
18.	Bor. Mönchengladbach*	0:2	2:8	2:4	0:2	0:2	5:2	0:2	2:2	2:0	3:0	2:3	0:1	1:1	1:1	0:2	2:2	2:2	-	34	4	9	21	41:79	21	25.312

Saison 1998/1999

2. Bundesliga	Arminia Bielefeld	SpVgg. Unterhaching	SSV Ulm 1846	Hannover 96	Karlsruher SC	Tennis Bor. Berlin	Mainz 05	SpVgg. Greuther Fürth	FC St. Pauli	1. FC Köln	Energie Cottbus	RW Oberhausen	Stuttgarter Kickers	Fortuna Köln	FC Gütersloh	KFC Uerdingen	SG Wattenscheid 09	Fortuna Düsseldorf	Sp	g	u	v	Tore	Pkt.	Zuschauer
1. Arminia Bielefeld (A)*	-	2:0	5:0	0:1	0:1	3:1	1:0	2:1	0:0	0:0	2:0	2:0	1:2	2:1	3:0	1:0	1:0	2:0	34	20	7	7	62:32	67	11.659
2. SpVgg. Unterhaching*	0:2	-	2:0	3:1	1:1	3:1	1:0	4:1	2:1	2:0	1:0	0:0	2:0	3:0	2:0	2:0	1:0	1:0	34	19	6	9	47:30	63	2.334
3. SSV Ulm 1846 (N)*	6:2	3:1	-	1:1	1:5	2:0	4:2	0:0	4:1	2:2	2:2	1:0	3:2	3:3	1:1	2:2	2:0	4:2	34	15	13	6	63:51	58	10.720
4. Hannover 96 (N)	2:1	0:1	1:1	-	1:0	0:0	3:2	1:1	3:0	6:1	2:0	1:1	2:1	3:3	4:1	3:1	2:1	0:2	34	16	9	9	52:36	57	20.053
5. Karlsruher SC (A)	1:1	1:0	1:2	1:0	-	0:0	0:1	1:0	3:0	3:1	3:2	3:1	6:0	4:2	2:3	0:1	2:1	3:1	34	17	5	12	54:43	56	15.289
6. Tennis Bor. Berlin (N)	1:1	1:1	0:2	3:1	3:2	-	3:0	2:1	0:2	1:1	1:0	2:2	0:2	3:2	2:0	3:1	1:0	1:1	34	15	8	10	47:39	54	3.730
7. Mainz 05	3:1	1:0	1:1	1:0	4:1	0:3	-	3:0	3:0	2:1	0:0	0:0	2:2	1:1	1:0	3:0	2:0	0:0	34	14	8	12	48:44	50	6.223
8. SpVgg. Greuther Fürth	2:0	0:0	2:0	0:1	1:2	1:2	3:1	-	1:0	0:1	0:0	1:1	1:0	4:0	3:2	0:0	2:1	1:0	34	13	10	11	40:31	49	6.261
9. FC St. Pauli	1:2	1:1	0:1	0:2	1:0	1:0	2:1	0:2	-	0:0	1:1	1:1	6:2	0:0	1:0	2:3	1:0	5:0	34	12	9	13	49:46	45	12.834
10. 1. FC Köln (A)	3:5	0:1	1:1	0:2	4:1	1:0	2:1	1:0	1:4	-	2:2	2:1	0:3	1:1	4:0	2:1	1:0	1:0	34	12	9	13	46:53	45	13.282
11. Energie Cottbus	0:2	4:2	3:0	1:0	4:0	2:2	2:2	1:1	0:3	2:3	-	0:2	2:0	2:0	5:1	5:0	2:0	0:1	34	10	11	13	48:42	41	7.671
12. RW Oberhausen (N)	1:5	0:2	2:2	1:1	2:0	0:2	2:1	0:2	3:2	0:4	3:1	-	1:1	0:0	3:0	0:0	1:0	1:3	34	9	14	11	40:47	41	3.891
13. Stuttgarter Kickers	2:2	1:0	1:2	2:2	2:2	1:0	1:3	2:2	1:3	2:0	1:0	2:0	-	2:2	2:1	0:1	0:2	1:0	34	11	8	15	38:53	41	3.365
14. Fortuna Köln	1:1	0:2	2:2	3:0	0:1	1:3	2:0	1:4	1:1	4:2	3:0	0:0	2:1	-	3:2	1:1	1:2	2:1	34	9	13	12	49:55	40	3.762
15. FC Gütersloh*	0:2	1:1	1:1	2:1	2:0	1:0	6:1	1:0	1:4	0:1	1:1	0:3	1:0	2:1	-	2:0	2:1	2:2	34	10	7	17	39:58	37	5.513
16. KFC Uerdingen*	0:4	3:0	2:1	0:1	1:3	2:3	1:2	2:1	1:1	2:2	0:2	2:2	1:2	2:0	-	0:0	4:1	1:0	34	7	10	17	34:57	31	3.064
17. SG Wattenscheid 09*	0:2	4:2	0:3	0:3	0:0	0:1	1:1	1:1	4:2	1:1	1:1	2:4	2:0	0:0	1:1	2:1	-	2:0	34	7	9	18	31:46	30	2.250
18. Fortuna Düsseldorf*	2:2	1:3	1:3	1:1	0:1	2:2	0:3	0:0	2:2	2:1	0:3	2:2	0:0	2:2	3:1	2:2	1:1	-	34	5	13	16	35:59	28	5.934

Torjäger 2. Bundesliga

822 Tore in 306 Spielen, 2,69 pro Spiel

Bruno Labbadia (Arminia Bielefeld)	28
Rainer Krieg (Karlsruher SC)	19
Arie van Lent (SpVgg Greuther Fürth)	16
Dragan Trkulja (SSV Ulm 1846)	14
Achim Weber (Rot-Weiß Oberhausen)	14
Thomas Brdaric (Fortuna Köln)	13
David Allen Zdrilic (SSV Ulm 1846)	12
Gustav Policella (1. FSV Mainz 05)	11
Igli Tare (Fortuna Düsseldorf)	11
Janusz Gora (SSV Ulm 1846)	10
Steffen Heidrich (Energie Cottbus)	10
Marcus Marin (FC St. Pauli)	10

Liga-Pokal

Vorrunde (10. und 11.7.1999)	
Bayer Leverkusen – 1. FC Kaiserslautern	3:1
Hertha BSC Berlin – Borussia Dortmund	1:2
Halbfinale (13. und 14.7.1999)	
Werder Bremen – Bayer Leverkusen	2:1
Bayern München – Borussia Dortmund	1:0
Finale (17.7.1999, Leverkusen, 13.000)	
Bayern München – Werder Bremen	2:1

tracht vorbehalten, die trotz zweier Trainerwechsel (Fanz für Ehrmantraut, Berger für Fanz) vor dem Schlussspieltag bereits verloren schien. Ausgerechnet Nachbar und Champions-League-Aspirant 1. FC Kaiserslautern stand den Adlerträgern gegenüber, derweil Abstiegskonkurrent 1. FC Nürnberg mit der Heimaufgabe gegen Freiburg vor einer vermeintlich leichten Angelegenheit stand. In den neunzig Minuten ging es jedoch drunter und drüber. Mal war Rostock abgestiegen, mal Freiburg, mal Nürnberg und am häufigsten Frankfurt. Am Ende jedoch erwischte es den Club, der sich seine Rettung durch eine 1:2-Heimpleite gegen Freiburg selbst verdarb.

Frankfurt nutzte die Gunst der Stunde und fegte Kaiserslautern in einem fulminanten Spiel mit 5:1 vom Platz – der Rasen des Waldstadions war anschließend von freudetrunkenen Fans förmlich übersät. Nettes Schmankerl am Rande: Eintrachts Lokalrivale FSV feierte just am selben Wochenende auf ähnlich wundersame Art und Weise den Klassenerhalt in der Regionalliga, und die Fußballdamen des 1. FFC wurden Deutscher Meister. Frankfurt war ein Hort der Glückseligkeit.

In der 2. Bundesliga spielten sich am letzten Spieltag ähnliche Dramen ab. Während Vorjahresabsteiger Arminia Bielefeld recht souverän die Meisterschaft gewinnen konnte und von den sensationell spielenden Unterhachingern in die Bundesliga begleitet wurde, war das Rennen um Aufstiegsplatz 3 bis zum Schluss spannend. Am Ende schaffte mit dem SSV Ulm 46 erneut ein Aufsteiger den Durchmarsch – härtester Konkurrent der Spatzen war Mitaufsteiger Hannover 96, dem der 2:1-Abschlusssieg über Wattenscheid 09 angesichts des torlosen Unentschiedens der Ulmer gegen Greuther Fürth jedoch nichts mehr nutzte. Ulms Aufstieg war sensationell. Als Abstiegskandidat in die Saison gegangen, hatten sich die Rangnick-Schützlinge mit modernem Fußball in die Herzen der Fans gespielt und waren an die Tabellenspitze gestürmt. Selbst als Trainer Rangnick vom großen Nachbarn VfB Stuttgart weggelockt wurde, war man im Donaustadion nicht in Panik verfallen. Mindestens ebenso bemerkenswert war der Weg der SpVgg Unterhaching, mit ganzen 2.334 Zuschauern pro Spiel Vorletzter in der Zuschauertabelle. Die Defensiv-Künstler aus München-Süd waren vor allem daheim einfach nicht zu bezwingen und erhöhten das Münchner Bundesliga-Kontingent auf drei Klubs. Angesichts des wenig attraktiven Aufsteigerfeldes – namhafte Teams wie der 1. FC Köln und der KSC blieben derweil auf der Strecke – war man in der Eliteliga allerdings nicht sonderlich glücklich über den Nachschub aus dem Unterhaus. Am anderen Ende der Zweitliga-Tabelle standen derweil "große" Namen. Der FC Gütersloh beispielswei-

Milliardenliga zwischen Boom und Pleite

se hatte in der Vorsaison noch Aufstiegshoffnungen gehegt und musste nun den bitteren Gang in die Regionalliga antreten. Begleitet wurden die Ostwestfalen von den Ex-Bundesligisten KFC Uerdingen, Wattenscheid 09 und Fortuna Düsseldorf. Immerhin bekam die 2. Liga aus den Regionalligen klangvollen Nachschub: Chemnitz, Aachen, Waldhof Mannheim und Offenbach galten allesamt als Zuschauerhochburgen.

In den Regionalligen ging das schleichende Sterben weiter. Im Norden zog sich Hasetal Herzlake gleich bis in die Kreisliga zurück, im Nordosten wurde dem Spandauer SV die Lizenz entzogen, im Westen/Südwesten erwischte es mit Homburg und Wuppertal gleich zwei Traditionsvereine am grünen Tisch und im Süden musste man trotz der beiden Zugpferde Waldhof und Offenbach einen Zuschauerrückgang von mehr als 500 pro Spiel hinnehmen. Die Querelen um die anstehende Ligareform – für 2000/01 war eine Reduzierung auf zwei Regionalligen beschlossen worden – waren jedoch gar nichts im Vergleich zu den Ereignissen in den Oberligen. Rhenania Würselen beispielsweise zog sich schon vor dem ersten Spieltag aus der Staffel Nordrhein zurück, in Hessen gab Bad Homburg nach 16 Spielen auf, und im Südwesten kam es zu einer bitterbösen Schlammschlacht, die viel Ärger und Verstimmung produzierte. International gab es von allem etwas. Das Trauma der Bayern, die Champions League binnen Sekunden zu verlieren, wurde bereits geschildert. Meister Kaiserslautern trat bei seinen Champions-League-Spielen zunächst überaus souverän auf, musste im Viertelfinale jedoch der deutlichen Bayern-Überlegenheit Tribut zollen und schied sang- und klanglos aus. Im Pokalsieger-Wettbewerb war für den MSV Duisburg schon nach 180 Minuten Endstation. Mit 0:5 gingen die Zebras gegen Racing Genk unter. Im UEFA-Cup war für die deutschen Vertreter nach der 2. Runde Schluss. Ähnlich enttäuschend war auch das Abschneiden der Nationalelf, die unter den Querelen der Vogts-Nachfolge litt. Der neue Teamchef Erich Ribbeck wurde als "Fußballrentner" verunglimpft, konnte die Fans mit wenig erbaulichen Leistungen allerdings auch keineswegs auf seine Seite ziehen.

Bei den Frauen feierte der aus der SG Praunheim hervorgegangene 1. Frauen-Fußballclub Frankfurt den totalen Triumph. Nach dem Gewinn der Meisterschaft gelang den Schützlingen von Trainerin Staab im Pokalendspiel ein 1:0 über Rumeln-Kaldenhausen, womit das Double perfekt war. Die Zuschauerzahlen in der Bundesliga gaben allerdings weiterhin zu denken: Mit 538 Zahlenden pro Spiel war Meister 1. FFC Frankfurt "Spitze". Ausgezeichnet das Auftreten der Nationalelf, die bei der WM in den USA erst im Viertelfinale am Gastgeber und späteren Sieger USA scheiterte.

Auch hochbezahlte Superstars haben Gefühle! Carsten Jancker und Thomas Helmer nach dem 1:2 im Champions-League-Finale gegen Manchester United.

Saison 1998/1999

SpVgg Unterhaching

Wir schreiben das Jahr 1999. Die gesamte Bundesliga ist erfasst von einem telegenen Rausch. Übertragungswagen, wo immer man hinschaut. Jeder Schritt der Bundesliga-Kicker wird auf Zelluloid festgehalten, jeder Rülpser eines Trainers auf seinen tieferen Sinn untersucht. Ein Megahype umgibt der Deutschen liebstes Kind und wuchert mit großen Namen. Die Bayern scheitern dramatisch an Manchester United, Kaiserslautern bietet Benfica Lissabon die Stirn, Schalke hat europaweit Furore gemacht. Plötzlich steigt ein Verein in die Eliteklasse auf, der bei seinen Heimspielen exakt 2.334 Zuschauer im Schnitt begrüßen konnte. Zweitausenddreihundertvierunddreißig - da hat der FC Bayern beinahe mehr Fan-Clubs! Unbemerkt hat sich da im Süden der Fußball- und Lebenshochburg München ein Märchen abgespielt, das viele erst am 17. Juni 1999 bereit waren wahrzunehmen und dessen Folgen für einige „Macher" haarsträubend waren. Was mag wohl in Uli Hoeneß vorgegangen sein, als er von Unterhachings Aufstieg hörte? Er, der doch schon bei Gegnern wie VfL Bochum und MSV Duisburg für gewöhnlich die Nase rümpft. Und nun Unterhaching! Da waren die Münchner Meisterkicker doch bislang höchstens mal zu Freundschaftskicks hingefahren, hatten selbstgefällig ihr Starensemble vorgeführt, Werbung für sich selbst gemacht und die Kicker im blau-roten Haching-Dress nebenbei mit 3:0 oder 4:1 abgeledert.

Über Unterhachings „Wunder" ist reichlich geschrieben worden. Dass es vor allem Trainer Lorenz-Günter Köstner zu verdanken sei, einem ebenso akribischen wie zurückhaltenden Arbeiter, der aus einer Ansammlung bei anderen Vereinen gescheiterter und tatsächlich nur bedingt begabter Fußballer ein Kollektiv geformt hatte, das nun plötzlich Bundesliga-Atmosphäre ins beschauliche Unterhaching brachte. Ober Präsident Engelbert Kupka, der den Verein seit Jahrzehnten durch Höhen und Tiefen geführt und in all den Jahren eine beinahe bewundernswerte Ruhe ausgestrahlt hat. Über Manager Norbert Hartmann und Schatzmeister Anton Schrobenhauser, letzterer Sprössling des 1982 verstorbenen langjährigen SpVgg-Machers Anton Schrobenhauser senior und einstmals beim FC Bayern als Ersatzkeeper hinter Sepp Maier ganz nahe an einen Bundesliga-Einsatz gekommen.

Bescheidenheit war in dem 20.000-Einwohner-Örtchen am Perlacher Forst Trumpf. Mit dem Sprung in die 1. Bundesliga verdoppelte sich der Vereinsetat auf einen Schlag auf 18,5 Mio. Mark - bei Nachbar Bayern München reicht eine solche Summe bisweilen nicht einmal für einen einzigen Spieler. Und statt 350.000 Mark aus Werbeeinnahmen, die bis dato in die Kassen der Spielvereinigung geflossen waren, zahlte nun allein Trikotsponsor „Consumer Electronics" 15 Mio. DM für das Recht, die nächsten drei Spielzeiten auf dem roten Haching-Jersey zu stehen! Die beschauliche Welt von Unterhaching geriet angesichts dieser Zahlen dennoch nicht ins Wanken. Billige, dafür zielgerichtet in den vorhandenen Kader passende Spieler wurden geholt, das Stadion mit eigenen Mitteln allmählich auf ein Fassungsvermögen von 15.000 geschraubt und alsdann der Sprung ins Haifischbecken Bundesliga gewagt.

Jubel in Unterhaching. die Sensation ist perfekt, der krasse Außenseiter hat seinen Platz im Konzert der Großen.

Werfen wir einen kurzen Blick in die Vergangenheit der Spielvereinigung Unterhaching. Offizielles Gründungsdatum ist der 1. Januar 1925, was eine höchst zweifelhafte Angabe ist, denn wer gründet schon mit Silvester-Kater einen Fußballverein? Genaueres weiß man allerdings nicht, selbst DFB-Unterlagen aus jenen Tagen wissen nichts über eine SpVgg aus Unterhaching. Mussten sie auch nicht, denn bis weit in die siebziger Jahre war die Spielvereinigung ein ganz normaler, 'tschuldigung, „Dorfklub". Bescheiden kickte man auf seinem Sportplatz an der Grünauer Allee, derweil dort, wo heute der Sportpark steht, noch ein Paradies für Karnickel und anderes Kleingetier war. Spielklassentechnisch bewegten sich die Blau-Roten in der Regel irgendwo zwischen A- und C-Klasse. Furore machte die SpVgg seinerzeit eher im Eiskanal: Die 1975 ins Leben gerufene Bob- und Rodelabteilung stellte diverse Weltmeister und mit Susi Erdmann und Christoph Langen sogar olympische Medaillengewinner.

1976 markiert das Ausgangsjahr für den fußballerischen Aufstieg. Seinerzeit wagte SpVgg-Vorsitzender und Vereinskassierer in Personalunion, Anton Schrobenhauser, eine Vision: Unterhaching nach oben zu bringen (ob er dabei an die 1. Bundesliga dachte, ist nicht sicher, aber eher zu bezweifeln). Schrobenhauser war kein Mann der Worte, sondern einer der Taten. 1976 noch in der B-Klasse spielend, feierten die Hachinger bereits 1981 den Aufstieg in die Bayernliga, seinerzeit dritthöchste Spielklasse. Und auch dort dauerte es nur 24 Monate, ehe die nächste Meisterschaft fällig war. 1982/83 lief die SpVgg Unterhaching mit ganzen zwei Saisonniederlagen und einem beeindruckenden Torverhältnis von 91:36 auf Rang 1 ein und bewarb sich erstmals um den Aufstieg in die 2. Bundesliga. Auch wenn es ketzerisch klingt: Es darf sicherlich behauptet werden, dass es seinerzeit in ganz Deutschland kaum einen Fußballfan gab, der auch nur die leiseste Ahnung hatte, wo denn Unterhaching liegen könnte. Nun, man musste es auch (noch) nicht lernen, denn gegen die Konkurrenz aus Ulm, Saarbrücken und Bürstadt waren die Dorfkicker chancenlos. Die SpVgg blieb in der Bayernliga. Es folgte ein kleines Tief, das bis 1987/88 anhielt und mit Amtsantritt eines jungen und ehrgeizigen Mannes endete, der kurz zuvor mit der Spielvereinigung Landshut Bayernligameister geworden war, auf den möglichen Aufstieg in die 2. Liga jedoch hatte verzichten müssen, weil die Landshuter Vereinsführung verpennt hatte, einen Lizenzantrag für die 2. Liga zu stellen. Gefrustet war er daraufhin nach Unterhaching gewechselt, wo mit seinem Dienstbeginn gleich zwei Märchen begannen: Das der SpVgg und sein eigenes. Der Name des Mannes: Karsten Wettberg. Unter Wettberg zog Unterhaching unbeirrt seine Kreise in der Bayernliga. 1988 und 1989 wurde man jeweils Meister, scheiterte 1988 in der Aufstiegsrunde zur 2. Liga noch an Mainz und Aschaffenburg, ehe 1989 endlich der Durchbruch gelang. Gemeinsam mit Hessen Kassel stieg die Elf um Torjäger Binner in den Profifußball auf. Der Sprung nach oben löste hektische Maßnahmen aus. Das Stadion an der Grünauer Allee erwies sich mit seiner zwar schönen, aber nicht sonderlich zweckmäßigen Tribüne als zu klein und war lediglich eine Notlösung. Eilig errichtete man im Norden der Gemeinde ein neues Stadion, das im Frühjahr 1992 eingeweiht werden konnte: Der Sportpark. Sportlich war die 2. Liga jedoch eine Nummer zu groß gewesen. Nach nur einem Jahr war es 1990 wieder zurück in die Bayernliga gegangen, und erst ab 1995 vermochte sich die SpVgg dauerhaft im Profifußball zu etablieren. Alsdann pflegte man im Sportpark das Image der grauen Maus, die keiner sehen will. Magere Zuschauerzahlen und beachtliche sportliche Erfolge gingen einher. Trainer Köstner war 1994 im Amt, führte das Team schon im Aufstiegsjahr auf Rang 4 und damit erstmals knapp am Aufstieg vorbei. Eine imponierende Heimstärke sowie ein stabiler Abwehrbereich waren die Attribute, mit denen die namenlose Erfolgself ausgestattet war, und die schließlich 98/99 zum sensationellen Aufstieg in die 1. Liga führten. Dort setzte sich der Siegeslauf zunächst fort. Erst 2001 ging es wieder hinab in Liga 2, und 2002 fand sich die SpVgg bereits in der 3. Liga wieder. Nachdem sie aus jener postwendend wieder aufstieg steht nun die Frage im Raum, ob Haching 2004 womöglich wieder im Oberhaus zu finden sein wird. Zuzutrauen wäre es den Fußball spielenden Rodlern.

Oliver Kahn (Bayern München)

Selbst wenn man nicht gerade ein Fan der Bayern oder von Olli Kahn war, kam man nicht umhin, Mitleid mit dem Bayern-Schlussmann zu empfinden. Völlig entnervt kauerte der Nationalkeeper auf dem Rasen des Stadions Nou Camp, heulte still in sich hinein und konnte es nicht fassen. Wie konnte dieses Spiel noch verloren gehen? Wie konnte man diesen Vorsprung noch aus der Hand geben? Wieso waren Sheringham und Solskjær nicht gehindert worden? Fragen über Fragen, ohne Chance auf eine Antwort. Sekunden vor dem eigentlichen Höhepunkt seiner Karriere stürzte Oliver - gemeinhin „Olli" genannt - Kahn jedenfalls in ein kilometertiefes Loch. Statt Champions-League-Jubel nur Tristesse - das hatte der unbestritten beste Keeper der Bundesliga nicht verdient.

Über Olli Kahn gehen die Meinungen weit auseinander. Für den einen ist er ein „Tier", mit beinahe unmenschlichem Ehrgeiz ausgestattet und sichtlich übermotiviert. Die, die ihn nicht mögen (und das sind nicht wenige), bewerfen ihn bisweilen mit Bananen oder beschimpfen ihn mit Urwaldlauten und belegen damit, welch niedriger geistiger Herkunft sie sind; andere schütteln lediglich den Kopf ob so viel Ehrgeiz und nennen es „krankhaft". Die, die ihn mögen, feiern ihn. So geschehen beispielsweise am 20. März 1999, als Kahn mit 723 Minuten ohne Gegentor einen neuen Bundesliga-Rekord aufstellte und dafür von Uli Hoeneß als „bester Torwart der Welt" gelobt wurde. Da war Olli Kahn der Superstar, der er gerne sein möchte. Dies darf jetzt allerdings nicht missverstanden werden, denn Kahn ist keiner wie Matthäus oder Effenberg, die Superstars im Sinne von „Medienstars" sein wollen. Kahn will Erfolg, unbedingten Erfolg. Ansonsten will er lieber seine Ruhe, und das macht ihn schon fast wieder sympathisch.

Zu seiner Position als Torwart kam Olli Kahn auf eigenartige Weise - von seinem Großvater bekam er als Steppke eine komplette Torhütergarnitur Marke „Sepp Maier" -, ihm blieb quasi nichts anderes übrig, als zwischen die Pfosten zu gehen. Ob wegen des Ausrüstungs-Namensgebers allerdings auch sein Weg zum FC Bayern vorgezeichnet war, ist nicht sicher. Sein Fußball- bzw. Torwart-Einmaleins erlernte Kahn jedenfalls beim Karlsruher SC, bei dem auch sein Vater Rolf sowie sein älterer Bruder Axel schon gespielt hatten. Im Wildpark traf Kahn auf einen ganz besonderen Förderer: Ex-KSC-Stammkeeper Rudi Wimmer. Dass Kahn unter Wimmer zum Keeper Nummer 1 in der KSC-A-Jugend wurde, war übrigens alles andere als selbstverständlich, denn Kahns ärgster Rivale hieß Stefan Wimmer und war ausgerechnet des Trainers Sohn! Doch Olli überzeugte Wimmer, und damit war der Weg frei. Mit immensem Ehrgeiz - Sonderschichten waren für Kahn an der Tagesordnung - schaffte er den Sprung in die nordbadische Jugendauswahl, baute nebenbei sein Abitur und avancierte nach dem Aufstieg des KSC in die 1. Bundesliga (1987) zur Nummer 2 hinter Alexander Famulla. Sein Bundesliga-Debüt gab Kahn am 28. November 1987 beim 0:4 gegen den 1. FC Köln.

1990 verdrängte Kahn Famulla schließlich als Stammkeeper beim KSC und begann seine internationale Karriere. 1993/94 machte er mit dem KSC im UEFA-Cup Furore (erinnert sei vor allem an das 7:0 gegen Valencia), und im Sommer 1994 zählte er zum deutschen Kader bei der WM in den USA. Zu jenem Zeitpunkt hatte Kahn Karlsruhe bereits den Rücken gekehrt und war einer Offerte des FC Bayern gefolgt, für den er seit 1994/95 zwischen den Pfosten steht. Höchst erfolgreich, denn mit den Bayern wurde Kahn seitdem fünfmal Deutscher Meister, zweimal Vizemeister, dreimal Pokalsieger, einmal UEFA-Cup-Sieger - und im Sommer 2001 gelang es ihm, die Schmach von Barcelona zu tilgen: Durch einen Sieg im Elfmeterschießen über den FC Valencia eroberte er mit den Bayern den Champions-League-Thron. Im Nationalteam stand Kahn lange Zeit im Schatten von Bodo Illgner bzw. Andreas Köpke. Erst seit 1998 ist der Badenser, der am 23. Juni 1995 beim 2:1 in der Schweiz sein Debüt gab, unumstrittene Nummer 1. Dass er als solche ausgerechnet beim EM-Debakel 2000 sein erstes großes Turnier bestritt, war für den erfolgsbesessenen Kahn natürlich tragisch - da tröstete ihn auch nicht, dass er als einziges Glanzlicht im deutschen Team bezeichnet werden konnte. Bei der WM 2002 sollte schließlich der Durchbruch kommen. Es sah auch prima aus, denn dank eines überragenden Olli Kahn erreichte Deutschland völlig unerwartet das Finale - doch ausgerechnet dort patzte „King-Kahn" vor Ronaldos 0:1. Der Frust saß tief. Kahn tröstete sich mit einer von der Presse als „Disco-Mieze" bezeichneten jungen Frau, kollidierte mit seinem Ferrari mit der StVO und kündigte seinen baldigen Abschied aus der Republik an. Letzteres relativierte er allerdings nach dem Double-Gewinn 2003.

Der Europapokal

Champions League

Qualifikation 2. Runde (12. und 26.8.1998)	
Bayern München – Obilic FK Belgrad	4:0, 1:1

Gruppenspiele

Gruppe D

Brøndby IF – Bayern München	2:1, 0:2
Bayern München – Manchester United	2:2, 1:1
Bayern München – FC Barcelona	1:0, 2:1

1. Bayern München	6	3	2	1	9:6	11
2. Manchester United	6	2	4	0	20:11	10
3. FC Barcelona	6	2	2	2	11:9	8
4. Brøndby IF	6	1	0	5	4:18	3

Gruppe F

1. FC Kaiserslautern – Benfica Lissabon	1:0, 1:2
HJK Helsinki – 1. FC Kaiserslautern	0:0, 2:5
PSV Eindhoven – 1. FC Kaiserslautern	1:2, 1:3

1. 1. FC Kaiserslautern	6	4	1	1	12:6	13
2. Benfica Lissabon	6	2	2	2	8:9	8
3. PSV Eindhoven	6	2	1	3	10:11	7
4. HJK Helsinki	6	1	2	3	8:12	5

Viertelfinale (3. und 17.3 1999)	
Bayern München – 1. FC Kaiserslautern	2:0, 4:0

Halbfinale (7. und 21.4.1999)	
Dinamo Kiew – Bayern München	3:3, 0:1

Finale (25.5.1999, Barcelona, 90.000)	
Manchester United – Bayern München	2:1

 Manchester: Schmeichel – G. Neville, Stam, Johnsen, Irwin – Giggs, Beckham, Butt, Blomqvist (67. Sheringham) – Cole (81. Solskjær), Yorke

SR: Collina (Italien)

Tore: 0:1 (6.) Basler, 1:1 (90.) Sheringham, 2:1 (90.) Solskjær

 Bayern: Kahn – Matthäus (80. Fink) – Kuffour, Linke – Babbel, Jeremies, Effenberg, Tarnat – Basler (89. Salihamidzic), Jancker, Zickler (71. Scholl)

Pokalsieger

1. Hauptrunde (17.9. und 1.10.1998)	
MSV Duisburg – KRC Genk	1:1, 0:5

UEFA-Pokal

1. Hauptrunde (15. und 29.9.1998)	
VfB Stuttgart – Feyenoord Rotterdam	1:3, 3:0
Schalke 04 – Slavia Prag	1:0, 0:1 n.V., 4:5 i.E.
Udinese Calcio – Bayer Leverkusen	1:1, 0:1
Brann Bergen – Werder Bremen	2:0, 0:4 n.V.

2. Hauptrunde (20.10. und 3.11. 1998)	
VfB Stuttgart – Club Brügge	1:1, 2:3 n.V.
Werder Bremen – Olympique Marseille	1:1, 2:3
Bayer Leverkusen – Glasgow Rangers	1:2, 1:1

Saison 1998/1999

Amateurmeisterschaft

(zugleich Aufstiegsrunde zur 2. Bundesliga)
Kickers Offenbach – Eintracht Trier 2:0
Eintracht Trier – VfL Osnabrück 2:3
VfL Osnabrück – Kickers Offenbach 1:2

1. Kickers Offenbach	2	2	0	0	4:1	6
2. VfL Osnabrück	2	1	0	1	4:4	3
3. Eintracht Trier	2	0	0	2	2:5	0

Offenbach: Keffel – Dolzer – Kolinger, Simon, O. Roth – D. Roth, Maier, Giersch, Köpper, Dama – Speth, Stohn – Incesu, Vollmar, Winter

Die Länderspiele

Männer

2.9.	La Valletta	Malta	2:1
5.9.	La Valletta	Rumänien	1:1
10.10.	Bursa	(EMQ) Türkei	0:1
14.10	Chisinau	(EMQ) Moldawien	3:1
18.11	Gelsenkirchen	Niederlande	1:1
6.2	Jacksonville	USA	0:3
9.2.	Miami	Kolumbien	3:3
27.3.	Belfast	(EMQ) Nordirland	3:0
31.3.	Nürnberg	(EMQ) Finnland	2:0
28.4.	Bremen	Schottland	0:1
4.6.	Leverkusen	(EMQ) Moldawien	6:1

Frauen

17.9.	Fulda	(WMQ) Ukraine	5:0
11.10.	Kiew	(WMQ) Ukraine	1:1
14.2.	Istanbul	Türkei	12:1
25.3.	Holzwickede	China	0:3
28.3.	Hamburg	China	4:1
22.4.	Saarbrücken	Dänemark	3:1
26.5.	Weil/Rhein	Schweiz	2:0
30.5.	Weil/Rhein	Frankreich	4:1
6.6.	Rheinbach	Niederlande	2:0
20.6.	Los Angeles	(WM) Italien	1:1
24.6.	Portland	(WM) Mexiko	6:0
27.6.	Washington	(WM) Brasilien	3:3
1.7.	Washington	(WM) USA	2:3

Jürgen Kohler - hier im Zweikampf mit Uwe Spies vom MSV Duisburg - erlebte mit Borussia Dortmund eine durchwachsene Saison und feierte am Ende dennoch die Champions-League-Qualifikation.

Die Regionalligen

Nord

1. VfL Osnabrück	34	23	6	5	67:26	75
2. VfB Lübeck	34	23	4	7	73:33	73
3. Eintr. Braunschweig	34	18	10	6	71:42	64
4. Werder Bremen Am.	34	17	5	12	81:54	56
5. Eintracht Nordhorn	34	15	7	12	55:54	52
6. TuS Celle FC	34	14	9	11	59:54	51
7. SV Wilhelmshaven	34	13	10	11	53:50	49
8. Lüneburger SK (N)	34	12	10	12	51:49	46
9. VfB Oldenburg	34	12	10	12	59:58	46
10. BV Cloppenburg (N)	34	14	3	17	53:53	45
11. SV Meppen (A)	34	13	6	15	42:46	45
12. 1. SC Norderstedt	34	12	9	13	41:51	45
13. Arminia Hannover	34	12	7	15	37:42	43
14. Holstein Kiel	34	11	8	15	44:60	41
15. Hamburger SV Am.	34	11	5	18	38:60	38
16. BSV Kickers Emden*	34	7	13	14	49:65	34
17. Hasetal Herzlake**	34	6	7	21	44:83	25
18. Spfr. Ricklingen*	34	7	3	24	33:70	24

VfL Hasetal Herzlake zog sich in die Kreisliga zurück.

Torjäger

Daniel Bärwolf (VfB Lübeck)	26
Daniel Thioune (VfL Osnabrück)	22
Marinus Bester (Lüneburger SK)	17

Nordost

1. Chemnitzer FC*	34	23	8	3	59:12	77
2. VfB Leipzig (A)	34	21	7	6	59:28	70
3. 1. FC Magdeburg	34	18	10	6	55:35	64
4. FSV Zwickau (A)	34	19	7	8	54:35	64
5. VFC Plauen	34	16	11	7	56:42	59
6. 1. FC Union Berlin	34	17	6	11	57:27	57
7. Erzgebirge Aue	34	15	8	11	49:39	53
8. Berliner FC Dynamo[1]	34	15	8	11	48:38	53
9. Carl Zeiss Jena (A)	34	13	9	12	36:38	48
10. Rot-Weiß Erfurt	34	12	9	13	41:46	45
11. Dynamo Dresden	34	10	8	16	43:44	38
12. Lok Altmark Stendal	34	11	5	18	35:58	38
13. Dresdner SC Fußb.[2] (N)	34	9	9	16	31:51	36
14. Sachsen Leipzig	34	8	11	15	41:62	35
15. SV Babelsberg 03	34	7	13	14	36:50	34
16. Spandauer SV**	34	6	9	19	31:54	27
17. Stahl Eisenhüttenstadt	34	4	11	19	31:62	23
18. SD Croatia Berlin (N)*	34	6	3	25	20:61	21

[1] = bis 2. Mai 1999 FC Berlin, [2] = bis 31. Januar 1999 Fußballabteilung des Dresdner SC, ** Spandauer SV wurde die Lizenz entzogen

Torjäger

Rainer Wiedemann (Lok Altmark Stendal)	19
Vesselin Popovic (FSV Zwickau)	16
Steffen Menze (1. FC Union Berlin)	14

Aufstieg zur 2. Bundesliga

VfL Osnabrück – Chemnitzer FC 1:0, 0:2

West/Südwest

1. Alemannia Aachen*	32	20	4	8	56:38	64
2. Eintracht Trier	32	18	6	8	62:37	60
3. Spfr. Siegen	32	15	9	8	48:24	54
4. Preußen Münster	32	14	11	7	60:36	53
5. 1. FC Saarbrücken	32	15	8	9	53:38	53
6. LR Ahlen	32	15	8	9	55:41	53
7. SC Paderborn 07	32	15	8	9	51:39	53
8. Wuppertaler SV**	32	16	5	11	62:54	53
9. B. Leverkusen Am. (N)	32	13	10	9	58:47	49
10. SC Verl	32	13	8	11	55:56	47
11. 1. FC 'lautern Am.	32	11	9	12	62:48	45
12. SV Elversberg (N)	32	9	12	11	35:40	39
13. FC 08 Homburg	32	8	12	12	29:49	36
14. B. Dortmund Am. (N)	32	8	9	15	46:57	33
15. FSV Salmrohr	32	8	5	19	38:59	29
16. SpVgg Erkenschwick*	32	2	9	21	30:77	15
17. FC Remscheid*	32	2	4	26	23:83	10

Wuppertaler SV und FC Homburg wurde die Lizenz entzogen

Torjäger

Daniel Graf (1. FC Kaiserslautern Am.)	19
Vlado Papic (Eintracht Trier)	17
Christian Timm (Borussia Dortmund Am.)	17

Süd

1. SVW Mannheim*	34	21	8	5	57:25	71
2. Kickers Offenbach*	34	19	11	4	71:38	68
3. SSV Reutlingen 05	34	14	14	6	54:30	56
4. VfB Stuttgart Am. (N)	34	15	8	11	54:48	53
5. Schweinfurt 05	34	13	12	9	52:44	51
6. SV Wehen-Taunusstein	34	15	6	13	48:57	51
7. Wacker Burghausen	34	13	11	10	50:42	50
8. Bayern München Am.	34	13	10	11	53:41	49
9. München 1860 Am.	34	12	9	13	49:51	45
10. VfR Mannheim	34	9	13	12	33:45	40
11. Karlsruher SC Am.	34	10	9	15	51:52	39
12. TSF Ditzingen	34	10	9	15	43:57	39
13. SC Borussia Fulda	34	11	6	17	45:69	39
14. FC Augsburg	34	10	8	16	42:57	38
15. FSV Frankfurt (N)	34	11	5	18	45:62	38
16. SC Pfullendorf (N)	34	10	7	17	38:37	37
17. SC Weismain*	34	9	8	17	43:62	35
18. SC Neukirchen*	34	9	8	17	43:62	35

Torjäger

Marijo Maric (SSV Reutlingen 05) 23
Oliver Roth (Kickers Offenbach) 16
Thorsten Seufert (Schweinfurt 05) 16

Aufstiegsrunde zur 2. Bundesliga

Siehe Amateurmeisterschaft

Milliardenliga zwischen Boom und Pleite

Die Amateur-Oberligen

Hamburg/Schleswig-Holstein

1.	FC St. Pauli Am.*	64:28	69
2.	TSV Pansdorf	58:26	62
3.	TuS Hoisdorf	69:40	55
4.	TuS Felde (N)	63:49	55
5.	Itzehoer SV	48:39	42
6.	Concordia Hamburg	42:34	41
7.	VfL Pinneberg	42:42	41
8.	SV Lurup	48:61	41
9.	Vorwärts/Wacker Billstedt	45:49	38
10.	Harburger TB	33:39	37
11.	Heider SV	40:50	34
12.	Raspo Elmshorn (N)	34:37	33
13.	TSV Altenholz	40:49	33
14.	VfR Neumünster*	40:49	31
15.	SV Halstenbek-Rellingen*	46:71	30
16.	Phönix Lübeck (N)*	24:73	17

Phönix Lübeck zog sich freiwillig in die Bezirksliga zurück

Niedersachsen/Bremen

1.	Göttingen 05 (A)*	61:34	59
2.	FC Bremerhaven*	72:38	55
3.	FC Oberneuland	49:32	55
4.	TuS Lingen	45:34	46
5.	TSV Havelse	48:43	45
6.	SVG Einbeck	60:43	44
7.	Wolfenbütteler SV	46:50	44
8.	Concordia Ihrhove	50:44	43
9.	Blau-Weiß Lohne (N)	52:49	43
10.	SSV Vorsfelde	40:47	43
11.	Rotenburger SV	35:33	42
12.	SVG 07 Göttingen	46:48	42
13.	Atlas Delmenhorst (A)**	45:57	39
14.	SV Südharz Walkenried	47:62	27
15.	MTV Gifhorn (N)*	28:69	18
16.	Werder Bremen II. Am. (N)*	29:70	16

** Delmenhorst zog sich freiwillig in die Verbandsliga zurück

Qualifikation zur Regionalliga

FC Bremerhaven - TSV Pansdorf   4:0, 0:2

Nordost-Nord

1.	Hertha BSC Berlin Am.*	89:32	66
2.	TeBe Berlin Am. (N)*	65:33	60
3.	Hansa Rostock Am. (A)	52:32	57
4.	Eintracht Schwerin	59:39	56
5.	Viktoria 91 Frankfurt	45:32	50
6.	Greifswalder SC	53:46	45
7.	Reinickendorfer Füchse (A)	43:40	41
8.	FC Schönberg 95 (N)	42:42	40
9.	Hertha Zehlendorf (A)	45:52	40
10.	Köpenicker SC	59:52	38
11.	VfB Lichterfelde	40:49	38
12.	Motor Eberswalde	33:43	38
13.	Optik Rathenow	35:51	36
14.	TSG Neustrelitz	37:62	31
15.	SC Charlottenburg*	29:61	20
16.	Tasmania 73 Neukölln*	19:79	11

Nordost-Süd

1.	VfL Halle 96*	74:27	73
2.	VfB Leipzig II (N)	52:23	63
3.	FSV Hoyerswerda	43:20	53
4.	Energie Cottbus Am. (N)	54:37	51
5.	Bischofswerdaer FV 08	41:29	50
6.	Wacker Nordhausen (A)	57:42	48
7.	SV 1919 Grimma	41:32	48
8.	FV Dresden-Nord	36:39	37
9.	1. Suhler SV 06	30:42	37
10.	Bornaer SV 91	30:32	36
11.	Fortuna Magdeburg	30:46	35
12.	SSV Erfurt-Nord (N)	35:54	35
13.	SV JENAer GLASWERK	36:55	32
14.	VfB Chemnitz	33:48	26
15.	Carl Zeiss Jena II*	38:60	25
16.	1. FC Aschersleben (N)*	22:66	18

Qualifikation zur Regionalliga

TeBe Berlin Am. – FSV Hoyerswerda   2:0, 1:0

Westfalen

1.	VfL Bochum Am.*	64:25	61
2.	Schalke 04 Am.	68:29	53
3.	SV Lippstadt 08 (N)	65:43	52
4.	VfB Hüls	65:38	51
5.	BW/Post Recklinghausen	49:43	48
6.	Wattenscheid 09 Am.	50:38	47
7.	TSG Dülmen	47:44	46
8.	SuS Stadtlohn	44:38	44
9.	Eintracht Rheine (N)	48:48	43
10.	DJK TuS Hordel	44:58	38
11.	VfB Kirchhellen (N)	50:61	35
12.	Spfr. Oestrich-Iserlohn	42:55	34
13.	SpVgg Beckum	36:50	34
14.	SV Langendreer 04 (N)*	37:55	33
15.	Hasper SV*	35:56	30
16.	Hammer SV*	19:82	14

Nordrhein

1.	Rot-Weiß Essen (A)*	59:28	67
2.	Adler Osterfeld (N)	58:33	60
3.	FC Wegberg-Beeck	54:20	55
4.	SCB Preußen Köln (N)	45:33	55
5.	Rheydter SV	56:42	49
6.	SV Straelen	52:36	47
7.	Bor. Mönchengladbach Am.	49:35	46
8.	Schwarz-Weiß Essen	50:43	42
9.	Germania Teveren (A)	45:52	34
10.	1. FC Köln Am.	34:43	34
11.	Fortuna Düsseldorf Am.	41:59	34
12.	1. FC Bocholt	37:42	33
13.	Bonner SC (A)	32:48	32
14.	Baesweiler SV 09	23:50	31
15.	TuS Langerwehe*	38:53	29
16.	SuS Dinslaken 09*	25:81	8
17.	Rhenania Würselen**	0:0	0

Rhenania Würselen zog sich vor Saisonbeginn aus finanziellen Gründen zurück.

Südwest*

1.	FK Pirmasens*	64:22	74
2.	SC Idar-Oberstein*	68:29	73
3.	Borussia Neunkirchen	74:34	72
4.	Eisbachtaler Spfr.	80:31	70
5.	1. FC Saarbrücken II (N)	54:31	55
6.	Eintr. Glas-Ch. Wirges (N)	54:49	50
7.	VfL Hamm/Sieg	48:44	49
8.	SG Betzdorf 06 (N)	41:57	49
9.	SC Halberg-Brebach	56:59	46
10.	SC Hauenstein	58:56	45
11.	SV Prüm	46:49	44
12.	TuS Koblenz	42:41	43
13.	Wormatia Worms (N)	55:55	43
14.	Hassia Bingen	34:43	40
15.	TSG Pfeddersheim	38:45	39
16.	FSG Schiffsweiler*	48:85	38
17.	SV Mettlach	24:84	18
18.	TuS Montabaur	6:76	4

* Montabaur hatte in 29 Spielen den nicht spielberechtigten Dieter Bux eingesetzt und bekam die entsprechenden Punkte aberkannt. Wenig später wurde dem Verein vom Landgericht Koblenz das Recht zugesprochen, den Spieler eingesetzt zu haben, woraufhin die betroffenen Verbände verfügten, dass kein Verein Schaden an dem Vorgang nehmen dürfe. Daraufhin erhielt Pirmasens – in der Tabelle ohne Punktabzug Vizemeister – ebenso wie "Meister" Idar-Oberstein das Aufstiegsrecht, während das nunmehr auf dem letzten Platz stehende Montabaur nicht absteigen musste. Absteigen mussten lediglich die beiden Mannschaften, die in beiden Tabellenversionen auf einem Abstiegsplatz standen. Die obige Tabelle ist die korrigierte Fassung, also die mit dem Montabaurer Punktabzug.

Hessen

1.	Darmstadt 98 (A)*	65:22	62
2.	SG Hoechst	53:18	61
3.	KSV Klein-Karben	48:34	52
4.	Eintracht Frankfurt Am.	49:35	51
5.	Viktoria Aschaffenburg	45:29	48
6.	FC Ederbergland B'berg (N)	41:36	42
7.	SV Bernbach	40:39	41
8.	SV Jügesheim	47:54	35
9.	FSC Lohfelden	41:49	35
10.	FV Bad Vilbel	47:49	34
11.	SV Asbach	34:42	33
12.	VfB Gießen	27:43	27
13.	VfB Unterliederbach	41:60	26
14.	VfB Bürstadt*	33:49	25
15.	FV Steinau*	22:74	7
16.	SpVgg Bad Homburg (N)**	(20:40)	11

Bad Homburg zog sich nach 16 Spielen aus dem Spielbetrieb zurück; bereits ausgetragene Spiele wurden annulliert.

Bayern

1.	SV Lohhof*	59:27	65
2.	SG Quelle/1860 Fürth*	79:38	63
3.	SC Schwabach 04 (N)	58:38	61
4.	SpVgg Stegaurach	76:52	58
5.	SpVgg Weiden	48:34	58
6.	SpVgg Jahn Forchheim	50:38	57
7.	1. FC Nürnberg Am. (N)	59:44	54
8.	FC Memmingen	64:48	52
9.	1. SC Feucht	65:66	47
10.	SpVgg Landshut	48:51	47
11.	TSV Aindling	49:57	44
12.	FC Starnberg	46:66	39
13.	1. FC Passau	39:54	38
14.	Schwaben Augsburg (N)	47:68	35
15.	Bayern Hof	39:56	35
16.	Post/Süd Regensburg*	45:63	34
17.	SpVgg Bayreuth (N)*	41:78	28
18.	VfL Frohnlach*	30:73	20

Entscheidungsspiel um den Klassenerhalt:

Schwaben Augsburg – Bayern Hof 3:0 n.V.; Hof bleibt durch den Regionalligaaufstieg von Quelle Fürth ebenfalls in der Oberliga.

Baden-Württemberg

1.	VfR Aalen*	51:26	60
2.	SV Sandhausen	44:23	59
3.	1. FC Pforzheim	49:32	50
4.	FV Lauda	50:35	48
5.	SC Freiburg Am. (N)	57:39	45
6.	Bahlinger SC	58:54	45
7.	VfL Kirchheim/Teck (A)	40:38	45
8.	SGK Heidelberg (N)	47:43	42
9.	SpVgg Ludwigsburg 07	51:48	39
10.	FC Singen 04	43:46	38
11.	SV Bonlanden	30:42	38
12.	FV Ravensburg (N)	41:54	36
13.	FV Biberach	38:45	32
14.	Spfr. Dorfmerkingen (N)*	36:44	32
15.	SpVgg Böblingen*	31:50	31
16.	FC Steinen-Höllstein*	23:70	14

Qualifikation zur Regionalliga Süd

1.	Quelle Fürth*	5:3	4
2.	SV Sandhausen	3:3	2
3.	SG Hoechst	0:2	1

16

Der DFB-Pokal

1. Hauptrunde (28.-30.8.1998)

SV Schalding-Heining – SpVgg Unterhaching	0:1
Eisbachtaler Spfr. – FC Gütersloh	1:0 n.V.
Karlsruher SC – VfL Wolfsburg	3:4
1. FC Saarbrücken – B. Dortmund	1:1 n.V., 1:3 i.E.
Tennis Borussia Berlin – Hannover 96	1:0
FC St. Pauli Am. – Bayer Leverkusen	0:5
Hansa Rostock Am. – MSV Duisburg	0:3
Kickers Offenbach – Wattenscheid 09	0:1
1. FC Köln – Hansa Rostock	0:1
Chemnitzer FC – SC Freiburg	1:2
Bayer Leverkusen Am. – Werder Bremen	1:2 n.V.
VfB Lübeck – VfB Stuttgart	1:2
VfB Leipzig – TSV München 1860	2:4 n.V.
FC Denzlingen – Hamburger SV	0:3
SVW Mannheim – Bor. Mönchengladbach	1:5
Energie Cottbus Am. – Greuther Fürth	0:1
Werder Bremen Am. – RW Oberhausen	0:1
Spfr. Dorfmerkingen – Stuttgarter Kickers	0:3
SG Hoechst – Energie Cottbus	1:2
SV Straelen – Fortuna Düsseldorf	4:7
Spfr. Siegen – Mainz 05	3:1 n.V.
Carl Zeiss Jena – SSV Ulm 46	1:0
SC Idar-Oberstein – Arminia Bielefeld	0:1
1. FC Magdeburg – KFC Uerdingen 05	1:2
VfB Lichterfelde – Schalke 04	0:6
VfL Osnabrück – 1. FC Nürnberg	0:2
FSV Zwickau – VfL Bochum	2:5
Post/Süd Regensburg – Hertha BSC Berlin	0:2
Rot-Weiß Erfurt – Eintracht Frankfurt	1:6
LR Ahlen – Bayern München	0:5
SV Meppen – FC St. Pauli	0:1
Fortuna Köln – 1. FC Kaiserslautern	1:3

2. Hauptrunde (17.-23.9.1998)

Energie Cottbus – Bo. Mönchengladbach	2:4
Hamburger SV – SpVgg Unterhaching	4:0
Werder Bremen – Hansa Rostock	3:2
1. FC K'lautern – VfL Bochum	1:1 n.V., 4:5 i.E.
B. Leverkusen – Hertha BSC Berlin	1:1 n.V., 3:4 i.E.
VfB Stuttgart – Eintracht Frankfurt	3:2
Fortuna Düsseldorf – TSV München 1860	2:1
Tennis Borussia Berlin – Stuttgarter Kickers	4:2
Arminia Bielefeld – Wattenscheid 09	2:1
Eisbachtaler Spfr. – RW Oberhausen	1:4
VfL Wolfsburg – 1. FC Nürnberg	3:0 n.V.
Borussia Dortmund – Schalke 04	1:0 n.V.
Greuther Fürth – Bayern München	0:0 n.V.; 3:4 i.E.
Spfr. Siegen – SC Freiburg	1:0
Carl Zeiss Jena – MSV Duisburg	1:2
KFC Uerdingen 05 – FC St. Pauli	1:1 n.V., 5:4 i.E.

Achtelfinale (27.10.-3.11.1998)

VfL Wolfsburg – Arminia Bielefeld	3:1
VfB Stuttgart – Borussia Dortmund	3:1
VfL Bochum – Borussia Mönchengladbach	0:1
RW Oberhausen – Hamburger SV	3:3 n.V., 4:3 i.E.
Tennis Borussia Berlin – Hertha BSC	4:2
Werder Bremen – Fortuna Düsseldorf	3:2
MSV Duisburg – Bayern München	2:4
Spfr. Siegen – KFC Uerdingen 05	1:0

Viertelfinale (2.12.1998)

Bayern München – VfB Stuttgart	3:0
Spfr. Siegen – VfL Wolfsburg	1:3
RW Oberhausen – Borussia Mönchengladbach	2:0
Werder Bremen – Tennis Borussia Berlin	2:1 n.V.

Halbfinale (9. und 10.3.1999)

RW Oberhausen - Bayern München	1:3
VfL Wolfsburg – Werder Bremen	0:1

Finale (12.6.1999, Berlin, 75.841)

Werder Bremen – Bayern München 1:1 n.V., 5:4 i.E.

Werder: Rost – Trares – Wicky, Todt, Wiedener – Frings, Eilts, Dabrowski (69. Bogdanovic), Maximow – Herzog (45. Wojtala), Bode
SR: Aust (Köln)
Tore: 1:0 (4.) Maximow, 1:1 (45.) Jancker
Elfmeterschießen:
1:0 Bode, 1:1 Salihamidzic, Todt – gehalten, 1:2 Daei, 2:2 Bogdanovic, 2:3 Tarnat, 3:3 Wicky, 3:4 Jancker, 4:4 Eilts, Effenberg – verschossen, 5:4 Rost, Matthäus – gehalten

Bayern: Kahn – Linke, Matthäus, Kuffour (37. Daei) – Babbel, Jeremies (57. Fink), Effenberg, Tarnat – Scholl (84. Salihamidzic), Jancker, Basler

Bis zu seiner schweren Verletzung verzückte Giovane Elber die Fans mit herrlichen Einlagen. Hier beim 3:2-Sieg der Bayern in Bochum.

Milliardenliga zwischen Boom und Pleite

1. Bundesliga	1. FFC Frankfurt	FCR Duisburg	Spfr. Siegen	Turbine Potsdam	FSV Frankfurt	WSV Wolfsburg	1. FC Saarbrücken	TuS Niederkirchen	GW Brauweiler	SC Bad Neuenahr	FFC Heike Rheine	SC Freiburg	Sp	g	u	v	Tore	Pkt.	Zuschauer
1. 1. FFC Frankfurt[1]	–	2:2	6:0	3:0	7:0	10:0	4:0	9:1	3:0	1:0	7:0	3:1	22	19	2	1	96:11	59	538
2. FCR Duisburg	2:0	–	1:0	4:0	1:2	3:2	1:0	5:0	6:1	7:0	3:1	5:0	22	18	2	2	77:14	56	514
3. Spfr. Siegen	0:2	2:6	–	5:2	2:0	1:1	2:0	2:0	1:1	2:0	3:2	1:0	22	10	7	5	32:28	37	133
4. Turbine Potsdam[2]	4:4	2:1	1:1	–	1:2	2:3	0:0	2:1	2:2	2:2	4:0	1:0	22	7	8	7	41:39	29	212
5. FSV Frankfurt (M)	0:2	0:0	2:2	2:2	–	2:1	1:1	2:0	2:2	0:0	3:0	1:2	22	7	8	7	26:31	29	198
6. WSV Wolfsburg (N)	0:5	0:1	1:1	2:3	2:3	–	5:1	3:3	7:0	1:2	1:0	2:0	22	7	6	9	39:48	27	193
7. 1. FC Saarbrücken	0:2	0:3	0:1	0:1	1:0	3:0	–	0:1	0:0	2:2	1:0	3:0	22	6	6	10	21:31	24	173
8. TuS Niederkirchen	0:4	0:4	2:1	3:3	3:1	1:2	1:2	–	2:0	0:0	3:0	3:1	22	7	3	12	26:54	24	240
9. GW Brauweiler	1:6	1:6	0:3	2:1	1:1	0:0	1:2	5:0	–	1:2	1:0	1:3	22	6	5	11	29:51	23	162
10. SC Bad Neuenahr	0:6	1:5	0:1	0:0	0:0	1:3	1:0	2:0	1:5	–	2:2	1:0	22	5	8	9	18:43	23	211
11. FFC Heike Rheine*	0:3	0:3	0:0	2:1	2:1	5:1	2:2	6:1	2:0	4:0	–	1:1	22	6	4	12	29:44	22	230
12. SC Freiburg (N)*	0:7	0:8	1:1	0:7	0:1	1:1	3:3	0:1	1:3	1:1	3:0	–	22	2	5	15	18:58	11	182

[1] = bis Januar 1999 Frauenfußballabteilung der SG Praunheim, [2] = ab 1999/00 1. FFc Turbine Potsdam

Torjägerinnen

Inka Grings (FCR Duisburg)	25
Claudia Müller (1. FFC Frankfurt)	21
Birgit Prinz (1. FFC Frankfurt)	19
Monika Meyer (1. FFC Frankfurt)	18
Heidi Mohr (TuS Niederkirchen)	18
Maren Meinert (FCR Duisburg)	15
Doris Fitschen (1. FFC Frankfurt)	14
Carmen Holinka (Grün-Weiß Brauweiler)	12
Bianca Mühe (WSV Wolfsburg)	11
Renate Lingor (1. FFC Frankfurt)	10
Conny Pohlers (Turbine Potsdam)	9
Bettina Wiegmann (Spfr. Siegen)	9

Aufstiegsrunden zur 1. Bundesliga

Gruppe Nord

1. SG DJK RW Hillen[1]*	6	5	0	1	19:5	15
2. Hamburger SV	6	4	1	1	13:7	13
3. SpVgg Oberaußem-Fort.	6	2	1	3	10:10	7
4. Hertha 03 Zehlendorf	6	0	0	6	4:24	0

[1] = benannte sich um in Frauen-Fußball Concordia Flaesheim/Hillen

Gruppe Süd

1. 1. FC Nürnberg	6	6	0	0	24:5	18
2. DJK/FSV Schwarzbach	6	2	1	3	9:13	7
3. TSV Crailsheim	6	2	0	4	6:12	6
4. TuS Ahrbach	6	1	1	4	10:19	4

Pokal

Vorrunde (9.8.1998)
Oster Oberkirchen – TuS Ahrbach	0:3

1. Hauptrunde (16.8.1998)

Gruppe Nord

FSV Magdeburg-W. – Turbine Potsdam	0:7
TSV Gera-Zwötzen – WSV Wolfsburg	0:3
Erzgebirge Aue – Hertha Zehlendorf	0:1
Turbine Potsdam II – Polizei SV Rostock	x:0
SV Sereetz – Grün-Weiß Brauweiler	0:7
Hamburger SV – FCR Duisburg	0:2
FC Huchting – FFC Heike Rheine	0:10
Garather SV – TuS 1874 Köln rrh.	1:4
Arm. Ibbenbüren – Lorbeer Rothenburgsort	5:0

Gruppe Süd

SV Oberteuringen – Spfr. Siegen	1:11
DFC Eggenstein – SG Praunheim[1]	1:8
1. FC Nürnberg – FSV Frankfurt	1:2
TuS Linter – SC Freiburg	1:2
SC Klinge Seckach – SC Bad Neuenahr	0:10
SC Siegelbach – TuS Niederkirchen	0:8
TuS Ahrbach – 1. FC Saarbrücken	1:6

[1] = benannte sich um in 1. FFC Frankfurt

2. Hauptrunde (29.11.1998 – 21.2.1999)

Gruppe Nord

TuS 1874 Köln rrh. – FFC Heike Rheine	1:4 n.V.
Hertha Zehlendorf – Grün-Weiß Brauweiler	1:0
Arminia Ibbenbüren – Turbine Potsdam	0:10
Turbine Potsdam II – WSV Wolfsburg	0:6
FCR Duisburg – Spfr. Siegen	4:1

Gruppe Süd

1. FC Saarbrücken – SC Freiburg	3:1
1. FFC Frankfurt – TuS Niederkirchen	3:0
SC Bad Neuenahr – FSV Frankfurt	2:1

Viertelfinale

Hertha Zehlendorf – 1. FC Saarbrücken	1:0 n.V.
FFC Heike Rheine – FCR Duisburg	0:4
SC Bad Neuenahr – Turbine Potsdam	2:3
WSV Wolfsburg – 1. FFC Frankfurt	1:4

Halbfinale

1. FFC Frankfurt – Hertha Zehlendorf	5:0
FCR Duisburg – Turbine Potsdam	2:0

Finale (12.6.1999, Berlin, 15.000)

1. FFC Frankfurt – FCR Duisburg	1:0

Frankfurt: Wissink – Tina Wunderlich – Zorn, Künzer – Kliehm (80. Serocka), Sefron, Pia Wunderlich, Fitschen, Lingor (46. Müller) – Prinz, Meyer (90. Lindner)

SR: Fielenbach (Much)

Tor: 1:0 (43.) Künzer

Duisburg: Schaller – Hoffmann – Mandrysch, Flacke (85. Kubat) – Fitzner (65. Schäpertöns), Voss (8. Schubert), Smisek Stegmann, Albertz – Meinert, Grings

Totaler Triumph der Frauen des 1. FFC Frankfurt, einstmals SG Praunheim. Nach dem Gewinn der Meisterschaft sicherten sich die Schützlinge von Monika Staab am 12. Juni 1999 durch einen 1:0-Sieg über den schärfsten Meisterschaftskonkurrenten aus Duisburg-Rumeln auch den Vereinspokal.

Saison 1999/2000
Meistermacher Unterhaching

1999/00 - der Meister

Bayern München

Jens Jeremies (30/3), Hasan Salihamidzic (30/4), Roque Santa Cruz (28/5), Paulo Sergio (28/13), Stefan Effenberg (27/2), Oliver Kahn (27), Thomas Linke (27/1), Markus Babbel (26/1), Giovane Elber (26/14), Thorsten Fink (26), Michael Tarnat (26/1), Mehmet Scholl (25/6), Carsten Jancker (23/9), Bixente Lizarazu (22/1), Samuel Kuffour (18/2), Patrik Andersson (16), Lothar Matthäus (15/1), Alexander Zickler (14/7), Michael Wiesinger (13/1), Thomas Strunz (9), Bernd Dreher (6), Slawomir Wojciechowski (3/1), Mario Basler (2), Stefan Wessels (2), Andrew Sinkala (1) – Trainer: Ottmar Hitzfeld

Es klang wie ein musikalischer Stinkefinger an Bayer Leverkusen und Christoph Daum. "Forever number one", hallte es mit voller Lautstärke durchs Münchner Olympiastadion, wo sich rund 30 rot gekleidete Herren in allerbester Feierlaune um eine runde Silberschale scharten. "Forever number one" – damit hatten sie diesmal selbst in München nicht mehr gerechnet. Immerhin hatte Spitzenreiter Bayer Leverkusen vor dem letzten Spieltag drei Punkte mehr auf dem Konto gehabt, angesichts von bis dato nur zwei Niederlagen im gesamten Saisonverlauf eigentlich ein geruhsames Polster. Doch die Bayern wären nicht die Bayern, hätten sie sich damit abgefunden. In puncto "psychologische Kriegsführung" war der Rekordmeister schließlich schon immer einen Tick besser als die Konkurrenz. So auch diesmal. Die "beste Mannschaft der Bundesliga", gab Bayern-Kapitän Effenberg in der Woche vor dem letzten Spieltag medienwirksam von sich, sei "die Spielvereinigung Unterhaching". Klang ein bisschen albern, war aber erstens nicht völlig falsch - schließlich hatte der Dorfklub aus Münchens Süden sich gegen alle Erwartungen souverän im Oberhaus etabliert -, zudem vor allem als moralische Unterstützung der Hachinger gedacht und sollte drittens die Leverkusener ärgern. Betrachtete man nämlich die Saison unter fußballerischen Gesichtspunkten, war es zweifelsohne die Daum-Elf, die die "Nummer 1" gewesen war. Toller Fußball, Begeisterung, Schwung, Kabinettstückchen - Bayer 04 war das Maß aller Dinge. Allerdings nur bis zum 20. Mai 2000, als den ganz in weiß auflaufenden Kickern um Ulf Kirsten im ausverkauften Hachinger Sportpark gehörig die Nerven flatterten. Nach zwanzig Minuten führte die heimische Spielvereinigung durch ein dummes Eigentor von Michael Ballack plötzlich mit 1:0, und weil die Bayern zu jenem Zeitpunkt gegen Werder Bremen bereits mit 3:0 in Führung lagen, gab es einen Wechsel an der Tabellenspitze. Bayer Leverkusen konnte sich von diesem Schock nie erholen. Völlig neben der Spur lag das über die gesamte Saison so souverän und konstant aufspielende Bayer-Ensemble, kassierte 18 Minuten vor Schluss das 2:0 und scheiterte bei sämtlichen Angriffsversuchen am 21-jährigen Haching-Keeper Gerhard Tremmel. Punkt 17 Uhr 15 war es bittere Wahrheit: Nicht Bayer Leverkusen war Deutscher Meister, sondern Bayern München. "Forever number one" - in Leverkusen konnten sie es nicht mehr hören.

Deutscher Meister 2000: FC Bayern München.
Hinten von links: Trainer Hitzfeld, Co-Trainer Henke, Santa Cruz, Wiesinger (verdeckt), Tarnat, Jeremies (halb verdeckt), Di Salvo, Kahn, Strunz, Effenberg, Scholl, Hargreaves, Masseur Binder, Reha-Trainer Hauenstein. Vorne von links: Scheuer, Babbel, Fink, Masseur Gebhardt, Linke, Dreher, Lizarazu, Kuffour, Elber, Sergio, Andersson, Jancker, Zickler.

Milliardenliga zwischen Boom und Pleite

In München hingegen konnte man sich gar nicht satt hören an der selbstbewussten Hymne. Vor allem Uli Hoeneß strahlte über beide Backen. Er hatte sich im Saisonverlauf zu der gewagten Bemerkung hinreißen lassen, Bayer werde "auch in hundert Jahren nicht vor Bayern stehen" – und zumindest für den Moment Recht behalten.

Für die Bayern war es ein unerwarteter Ausklang einer turbulenten Saison. In der Hinserie war plötzlich der alte "FC Hollywood" wieder aufgeblitzt, als Mario Basler und Ersatzkeeper Sven Scheuer wegen der "Pizzeria-Affäre" aus dem Kader geflogen waren - beide waren in einer Pizzeria in eine Schlägerei verwickelt. Dann war da der Wirbel um Lothar Matthäus gewesen, der nach Amerika wollte, sich jedoch nicht entscheiden konnte, wann denn nun der geeignete Zeitpunkt gekommen sei. Schließlich sagte der Rekordnationalspieler nach dem 0:2 beim VfB Stuttgart am 23. Spieltag "Servus" – drei Spieltage später mussten die Bayern Platz 1 übrigens an Bayer Leverkusen abgeben... Der größte zu verdauende Brokken jedoch war das vorzeitige Aus in der Champions League gewesen. Real Madrid stoppte die Hitzfeld-Schützlinge, die untröstlich waren. Auch der Gewinn des DFB-Pokals durch einen souveränen 3:0-Finalsieg über Werder Bremen konnte nicht trösten - da musste schon der sensationelle Schlussspurt in der Bundesliga bzw. die Hachinger Schützenhilfe her.

Das Bayer Leverkusen erneut nicht an den Bayern vorbeigekommen war, hatte nicht nur etwas mit dem Haching-Spiel zu tun. Zwar war den Daum-Schützlingen diesmal ein (Heim-)Sieg gegen die Münchener gelungen (2:0), doch im Rückspiel im Olympiastadion waren sie mit 1:4 untergegangen und hatten einmal mehr den Unterschied zwischen Bayern und Bayer kennen gelernt. Zuvor war bereits das ernüchternde vorzeitige Aus in der Champions League sowie im "Verlierer"-Cup UEFA-Pokal gekommen – Bayer schien einmal mehr mit bescheidenen Erfolgen auskommen zu müssen. Erst als Christoph Daum auf Offensive pur setzte, schienen sich die Weichen zugunsten der Rheinländer zu stellen. Höhepunkt der Leverkusener Angriffswelle war der 9:1-Sieg bei Auf- und Absteiger SSV Ulm 1846, bei dem das Bayer-Ensemble geradezu perfekten Fußball ablieferte. Doch am Ende reichte es eben nicht; wieder nicht, und Bayer 04 war einmal mehr "only number two". Für die Vereinsführung der Leverkusener war die Zeit der Tiefschläge freilich noch nicht vorbei. Im Schatten des EM-Debakels wurde Erfolgscoach und Mega-Motivator Christoph Daum nämlich als Nachfolger für Bundestrainer Ribbeck ins Spiel gebracht, was die Vorbereitung der Leverkusener auf die Saison 2000/01 erheblich stören sollte. Und auch die Dauerverhandlungen um Superstar Emerson, den es schließlich nach Saisonende zu AS Rom zog, sollten nicht ohne Folgen bleiben.

Im Schatten des Spitzenduells Bayern gegen Bayer verloren andere Ereignisse ihre Wertigkeit. Dass der Hamburger SV und der TSV München 1860 beispielsweise die Champions League (bzw. die Qualifikation dazu) erreichten, hätte wohl vor der Saison kaum jemand vermutet. Der HSV mit seinem neuen (halbfertigen) Stadion im Rücken und einem unglaublichen Torhüter Butt, der zum Elfmeterhelden avancierte, profitierte dabei von seinem

Bundesliga-Torjäger

885 Tore in 306 Spielen, 2,89 pro Spiel

Martin Max (TSV München 1860)	19
Ulf Kirsten (Bayer Leverkusen)	17
Giovane Elber (Bayern München)	14
Ebbe Sand (Schalke 04)	14
Marco Bode (Werder Bremen)	13
Paulo Sergio (Bayern München)	13
Ailton (Werder Bremen)	12
Jonathan Akpoborie (VfL Wolfsburg)	12
Michael Preetz (Hertha BSC Berlin)	12
Stefan Beinlich (Bayer Leverkusen)	11
Youri Djorkaeff (1. FC Kaiserslautern)	11
Andrzej Juskowiak (VfL Wolfsburg)	11
Bruno Labbadia (Arminia Bielefeld)	11
Adel Sellimi (SC Freiburg)	11

	1. Bundesliga	Bayern München	Bayer Leverkusen	Hamburger SV	TSV München 1860	1. FC Kaiserslautern	Hertha BSC Berlin	VfL Wolfsburg	VfB Stuttgart	Werder Bremen	SpVgg. Unterhaching	Borussia Dortmund	SC Freiburg	FC Schalke 04	Eintracht Frankfurt	Hansa Rostock	SSV Ulm 1846	Arminia Bielefeld	MSV Duisburg	Sp	g	u	v	Tore	Pkt.	Zuschauer
1.	Bayern München (M)	-	4:1	2:2	1:2	2:2	3:1	5:0	0:1	3:1	1:0	1:1	6:1	4:1	4:1	4:1	4:0	2:1	4:1	34	22	7	5	73:28	73	51.471
2.	Bayer Leverkusen	2:0	-	2:2	1:1	3:1	4:1	1:0	3:2	3:2	2:1	3:1	1:1	3:2	4:1	1:1	4:1	4:1	3:0	34	21	10	3	74:36	73	21.235
3.	Hamburger SV	0:0	0:2	-	2:0	2:1	5:1	2:2	3:0	0:0	3:0	1:1	2:0	3:1	1:0	1:0	1:2	5:0	6:1	34	16	11	7	63:39	59	40.080
4.	TSV München 1860	1:0	1:2	0:0	-	2:1	2:1	1:2	1:1	1:0	2:1	0:3	3:1	3:3	2:0	4:3	4:1	5:0	4:1	34	14	11	9	55:48	53	27.282
5.	1. FC Kaiserslautern	0:2	1:3	2:0	1:1	-	1:2	2:2	1:2	4:3	4:2	1:0	0:2	2:1	1:0	2:2	6:2	0:2	3:2	34	15	5	14	54:59	50	38.788
6.	Hertha BSC Berlin	1:1	0:0	2:1	1:1	0:1	-	0:0	1:1	1:1	2:1	0:3	0:0	2:1	1:0	5:2	3:0	2:0	1:1	34	13	11	10	39:46	50	46.083
7.	VfL Wolfsburg	1:1	3:1	4:4	2:1	3:2	2:3	-	0:2	2:7	2:2	1:0	2:1	0:0	1:0	2:0	1:2	2:0	1:1	34	12	13	9	51:58	49	14.966
8.	VfB Stuttgart	2:0	1:2	1:3	1:3	0:1	1:0	2:5	-	0:0	0:2	1:2	1:0	0:2	0:2	3:1	2:0	3:3	4:2	34	14	6	14	49:47	48	24.751
9.	Werder Bremen	0:2	1:3	2:1	1:3	5:0	4:1	2:2	2:1	-	2:2	3:2	5:2	0:1	3:1	2:1	2:2	3:1	4:0	34	13	8	13	65:52	47	27.706
10.	SpVgg. Unterhaching (N)	0:2	2:0	1:1	1:1	1:2	1:1	1:2	1:0	1:0	-	1:0	3:1	1:0	1:1	2:0	2:0	1:1	2:0	34	12	8	14	40:42	44	7.397
11.	Borussia Dortmund	0:1	1:1	0:1	1:1	0:1	4:0	2:1	1:0	1:3	1:3	-	1:1	1:0	3:0	1:1	1:3	2:2	1:1	34	9	13	12	41:38	40	58.791
12.	SC Freiburg	1:2	0:0	0:2	3:0	2:1	0:1	1:1	0:2	4:3	1:1	2:1	-	2:1	2:3	5:0	2:0	1:1	3:0	34	10	10	14	45:56	40	22.543
13.	FC Schalke 04	1:1	1:1	1:3	2:2	1:1	2:1	1:1	3:0	3:1	1:1	0:0	2:2	-	0:0	0:2	1:1	3:0	1:1	34	8	15	11	42:44	39	38.011
14.	Eintracht Frankfurt**	1:2	1:2	3:0	3:1	0:1	4:0	4:0	0:1	1:0	3:0	1:1	2:0	0:2	-	0:0	2:1	2:2	3:2	34	12	5	17	42:44	39	33.545
15.	Hansa Rostock	0:3	1:1	3:3	0:0	4:2	0:1	1:1	1:4	1:1	1:0	1:1	1:0	3:1	-	2:1	2:1	3:1	3:1	34	8	14	12	44:60	38	15.712
16.	SSV Ulm 1846 (N)*	0:1	1:9	1:2	3:0	2:1	2:0	1:1	2:0	1:1	1:1	3:0	1:1	3:0	1:1	-	2:0	0:3	2:1	34	7	14	13	36:62	35	20.321
17.	Arminia Bielefeld (N)*	0:3	1:2	3:0	2:2	1:2	1:0	1:2	2:2	1:1	1:2	1:1	2:1	1:1	2:2	4:1	-	0:1	2:2	34	7	9	18	40:61	30	18.960
18.	MSV Duisburg*	1:2	0:0	1:1	3:0	2:2	0:2	2:3	1:3	0:1	2:0	2:0	1:2	2:3	2:2	0:0	-	2:0	1:1	34	4	10	20	37:71	22	12.925

Saison 1999/2000

2. Bundesliga	1. FC Köln	VfL Bochum	Energie Cottbus	1. FC Nürnberg	Bor. Mönchengladbach	RW Oberhausen	SpVgg. Greuther Fürth	Alemannia aachen	Mainz 05	Hannover 96	Chemnitzer FC	SVW Mannheim	Tennis Bor. Berlin	FC St. Pauli	Stuttgarter Kickers	Fortuna Köln	Kickers Offenbach	Karlsruher SC	Sp	g	u	v	Tore	Pkt.	Zuschauer
1. 1. FC Köln*	-	3:0	4:1	6:1	1:1	1:0	2:2	4:0	1:0	3:1	2:1	3:0	1:1	6:3	4:1	3:0	1:1	1:2	34	19	8	7	68:39	64	26.314
2. VfL Bochum (A)*	2:3	-	2:4	2:1	2:2	1:0	1:2	5:0	0:1	2:1	5:1	2:0	2:6	2:0	2:1	3:0	6:1	2:1	34	18	7	9	67:48	61	13.133
3. Energie Cottbus*	2:0	1:1	-	2:0	2:2	0:1	4:2	4:1	3:0	1:0	2:4	3:2	2:0	3:2	1:0	2:0	5:0	3:2	34	18	4	12	62:42	58	10.392
4. 1. FC Nürnberg (A)	1:1	0:1	1:1	-	2:1	2:1	2:2	3:1	2:0	5:1	1:0	3:0	2:0	2:2	3:2	2:1	1:1	4:3	34	15	10	9	54:46	55	17.279
5. Bor. Mönchengladb. (A)	3:1	0:1	2:2	4:0	-	4:2	2:0	1:2	6:1	2:3	1:0	2:0	4:2	2:1	1:1	0:0	1:0	4:1	34	14	12	18	60:43	54	19.075
6. RW Oberhausen	1:0	3:0	0:4	1:0	1:1	-	3:4	3:0	0:0	2:1	1:0	1:1	3:0	2:2	2:2	4:0	1:0	0:0	34	12	13	9	43:34	49	4.896
7. SpVgg. Greuther Fürth	0:0	2:2	1:0	1:1	1:1	1:0	-	1:1	2:0	0:0	0:1	0:0	2:0	0:0	0:0	0:0	1:1	2:0	34	10	16	8	40:39	46	6.327
8. Alemannia Aachen (N)	1:2	0:1	1:0	3:1	1:1	0:0	2:2	-	1:0	1:2	0:1	2:1	2:2	3:1	4:1	1:1	2:1	4:1	34	12	10	12	46:54	46	16.483
9. Mainz 05	0:0	0:1	1:0	1:1	0:0	1:1	1:0	4:2	-	1:0	5:0	2:0	2:1	1:1	2:0	0:0	1:1	2:2	34	11	12	11	41:42	45	6.388
10. Hannover 96	3:5	3:3	3:2	2:0	2:3	1:1	1:2	3:1	2:1	-	2:0	2:2	2:3	1:2	2:1	3:1	1:1	1:1	34	12	8	14	56:56	44	12.824
11. Chemnitzer FC (N)	1:3	3:3	1:2	1:1	2:0	1:1	5:0	2:2	1:1	2:1	-	0:0	1:3	1:1	2:1	3:0	3:1	1:0	34	11	10	13	42:49	43	7.600
12. SVW Mannheim (N)	2:1	4:2	2:1	2:1	2:1	2:0	3:3	1:1	2:1	2:2	4:0	-	0:0	1:3	4:3	1:3	2:3	1:1	34	10	12	12	50:56	42	7.699
13. Tennis Bor. Berlin**	2:0	0:4	1:3	1:3	2:2	1:0	3:1	1:2	2:1	2:1	0:0	3:1	-	2:0	2:0	1:2	0:0	2:2	34	10	10	14	42:50	40	2.606
14. FC St. Pauli	1:2	0:0	1:0	0:0	0:2	1:1	0:0	2:1	2:2	0:2	0:0	1:1	1:1	-	2:1	0:0	1:1	3:1	34	8	15	11	37:45	39	13.076
15. Stuttgarter Kickers	1:2	0:0	1:0	0:3	3:1	2:2	1:5	1:2	3:4	2:1	2:2	3:0	2:0	2:1	-	2:1	2:1	2:1	34	10	9	15	49:58	39	3.954
16. Fortuna Köln*	4:1	2:3	2:0	1:1	1:2	0:0	0:0	0:2	2:1	1:1	1:0	1:5	0:0	2:0	1:1	-	4:1	2:3	34	8	11	15	38:50	35	4.310
17. Kickers Offenbach (N)*	0:1	2:1	1:2	1:3	1:1	2:1	1:0	2:2	0:2	2:0	1:1	2:0	0:1	0:4	4:3	1:0	-	1:0	34	8	11	15	35:58	35	11.570
18. Karlsruher SC*	0:0	1:3	1:0	0:1	3:0	0:3	0:1	0:0	1:2	1:3	1:2	1:1	0:0	0:0	1:1	2:1	1:1	-	34	5	12	17	35:56	27	10.550

Torjäger 2. Bundesliga

865 Tore in 306 Spielen, 2,83 pro Spiel

Tomislav Maric (Stuttgarter Kickers)	21
Arie van Lent (Borussia Mönchengladbach)	19
Achim Weber (VfL Bochum)	19
Rainer Krieg (Karlsruher SC)	15
Antun Labak (Energie Cottbus)	15
Peter Peschel (VfL Bochum)	15
Dimtcho Beliakov (1. FC Nürnberg)	14
Sasa Ciric (Tennis Borussia Berlin)	14
Dirk Lottner (1. FC Köln)	14
Gustav Policella (1. FSV Mainz 05)	13
Angelo Vier (Rot-Weiß Oberhausen)	13

Liga-Pokal

Vorrunde (24. u. 27.7.2000)

Hamburger SV – Hertha BSC Berlin	1:3
TSV München 1860 – 1. FC Kaiserslautern	0:2

Halbfinale (29. u. 30.7.2000)

B. Leverkusen – Hertha BSC	1:1 n.V., 4:5 n.E.
Bayern München – 1. FC Kaiserslautern	4:1

Finale (1.8.2000 Leverkusen)

Hertha BSC Berlin - Bayern München	1:5

Schwung aus dem UI-Cup und legte einen Traumstart hin, der Grundlage für den Erfolg war. München 1860 machte es diesmal entgegen seiner Gepflogenheiten: Jahrelang hatten die Lorant-Schützlinge (seit 1992 im Amt!) eine gute Hinserie und eine miese Rückrunde hingelegt. Diesmal gab es eine magere Hin-, aber eine prächtige Rückrunde. Mit dem aus Dortmund gekommenen Spielmacher Thomas "Icke" Häßler hatte das Löwen-Spiel enorm an Qualität gewonnen und war reif für Europa. Kompliment dem TSV 1860!

Zu den weiteren Überraschungen zählte, wie schon erwähnt, die SpVgg Unterhaching (Platz 10), sowie mit Abstrichen der VfL Wolfsburg, der bei seinem ersten Europapokal-Auftritt einen guten Eindruck hinterließ. Negative Schlagzeilen schrieb derweil Borussia Dortmund. Das hoch bezahlte Starensemble aus dem Westfalenstadion kam im Verlauf der Saison immer mehr ins Strauchern, verbrauchte mit Skibbe und Krauss gleich zwei Trainer und entging nur mühevoll dem Super-GAU, dem Abstieg in die 2. Liga. Beim einstigen Champions-League-Sieger, der eigentlich längst an die Börse gehen wollte, lagen sämtliche Nerven blank. Kaum besser sah es bei Nachbar Schalke 04 aus.

Dauerdiskussionen um Trainer Stevens sowie wenig Konstanz in den Leistungen ließen die Fans der Knappen fast verzweifeln. Am Ende gab es nur Rang 13. Immerhin entgingen die Königsblauen dem Abstiegskampf, den sie dennoch am letzten Spieltag direkt verfolgen konnten. Gast war nämlich Hansa Rostock, einziger Ostklub im Oberhaus und von einigen tausend Daumen drückenden Anhängern begleitet. Hansas Mitkonkurrenten waren der SSV Ulm 1846 und die Frankfurter Eintracht, die sich im Waldstadion im direkten Duell gegenüberstanden. Verlierer des Tages am Ende Aufsteiger SSV Ulm 1846, der am 24. Spieltag nach einem 2:1-Sieg beim HSV noch auf einem scheinbar sicheren 12. Tabellenplatz angekommen war, nach dem 1:2 von Frankfurt jedoch als Absteiger feststand. Ebenfalls absteigen mussten Arminia Bielefeld und der MSV Duisburg.

Eine Klasse tiefer zog der 1. FC Köln unter Trainer Ewald Lienen einsam seine Kreise. Schon nach Ende der Hinrunde stand die Rückkehr der Geißböcke ins Oberhaus mehr oder weniger fest; daran konnte auch eine Schwächeperiode zum Saisonende nichts mehr ändern. Begleitet wurden die Rheinländer vom VfL Bochum, der sich zunehmend zur Fahrstuhlmannschaft entwickelte. Die Westfalen waren allerdings erst nach der Demission ihres ungeliebten Trainers Middendorp in Schwung gekommen. Unter Interimscoach "Enatz" Dietz war Kurs auf die Spitzengruppe eingeschlagen worden, Ex-Torhüter "Katze" Zumdick hatte schließlich die "Mission Aufstieg" mit Platz 2 vollendet. Um Platz 3 gab es wie auch in den Vorjahren ein bis zum Schluss währendes Rennen. Beteiligt waren die Ex-Bundesligisten Borussia Mönchengladbach und 1. FC Nürnberg sowie, völlig überraschend, Energie Cottbus. Dank eines 2:0-Sieges über den bereits feststehenden Meister 1. FC Köln sicherten sich die Lausitzer sensationell den Aufstieg ins Oberhaus und verdoppelten das dortige Ost-Kontingent. Die Schützlinge von Eduard Geyer, letzter Auswahltrainer der DDR, standen zu Recht auf einem Aufstiegsplatz. Über weite Strecken der Saison hatte das Team um Kapitän Steffen Heidrich auf einem der Aufstiegsränge gelegen - für die leidgeprüfte Region kam der Aufstieg jedenfalls wie ein Geschenk des Himmels. Einer der eigentlichen Titelkandidaten dagegen erlitt Schiffbruch: Tennis Borussia Berlin. Die mit Sponsorenmillionen aufgepäppelte Starelf, deren Auftritte durchschnittlich lediglich 2.600 Zuschauer anlockten, erwies sich als kaum zu bändigendes Explosionsgemisch. Statt Aufstiegseuphorie herrschte bei den Veilchen bald Abstiegsangst, und mit zunehmendem Saisonverlauf gewann man den Eindruck, die Mannschaft täte alles dafür, tatsächlich abzusteigen. Am Ende reichte es zwar sportlich, doch wirtschaftlich zeigte der DFB den „Veilchen" die Rote Karte.

Köln war am letzten Spieltag eine geteilte Stadt. Die überwiegende Mehrheit der Fußballfans in der Domstadt feierte mit dem "Eff-Ce" die Rückkehr ins Oberhaus - eine verschwindende Minderheit hingegen vergoss in der Südstadt Tränen um die Fortuna, die nach 26 Jahren das Bundesliga-Unterhaus verlassen musste. Begleitet wurden die Fortunen von Aufsteiger Offenbach sowie dem Karlsruher SC, neben Tennis Borussia Berlin wohl die Enttäuschung der Saison.

Die 3. Liga war geprägt vom Hauen und Stechen. Aus 72 mach 37 hieß das Motto vor der Saison - aus den vier Staffeln wurden am Saisonende zwei. Vor allem im Norden und Nordosten, wo lediglich sechs bzw. sieben der "alten" Regionalligisten auch "neue" sein durften (aufgrund eines umstrittenen DFB-Modells hätten die beiden Regionen eigentlich bereits seit 1993 eine gemeinsame Regionalliga haben müssen) ging es hoch her. Immerhin blieben die befürchteten Konkurse im Saisonverlauf aus, wenngleich es aus Wilhelmshaven, Oldenburg, Stendal, Zwickau und Trier dunkelrote Warnlichter gab. Sportlich erwischte es prominente Namen. Der SV Meppen, Dynamo Dresden, der VfB Leipzig, der 1. FC Magdeburg sowie DDR-Rekordmeister Dynamo Berlin mussten den Weg ins die Viertklassigkeit antreten.

Kommen wir zu einem unangenehmen Thema: der Nationalelf. Deren Darbietungen bei der EM in Belgien und den Niederlanden unterboten sogar die bis dato gewohnten Vorstellungen und führten zu einem peinlichen Aus, das durch eine 0:3-Schlappe gegen Portugal angemessen dokumentiert wurde. Anschließend brach das Chaos endgültig aus. Bundestrainer Ribbeck demissionierte freiwillig, und die Debatte um seine Nachfolge hielt die Nation glatte zwei Wochen in Atem. Am Ende standen eine so genannte "Task force", ein Interims-Trainergespann Völler/Skibbe sowie ein designierter Bundestrainer Daum, der im Sommer 2001 das Amt des Bundestrainers übernehmen sollte - wobei diesbezüglich das letzte Wort noch nicht gesprochen sein sollte. Was ohnehin viel wichtiger war: Vereine und Verbände hatten bei der EM endlich erkannt, dass es mit der Nachwuchsarbeit im deutschen Fußball wohl im Argen liegt. Eine weise Erkenntnis, die (endlich) Konsequenzen nach sich zog: Ab 2001 muss jeder Bundesligist eine Fußballschule sein Eigen nennen. Manche Mühlen mahlen eben etwas langsamer...

Im Europapokal war die Bundesliga gleich mit sieben Teams vertreten - vier in der Champions League und drei im UEFA-Cup (der Pokalsiegerwettbewerb war zuvor abgeschafft worden). Erfolgreich waren eigentlich nur zwei Mannschaften - wenngleich es auch bei diesen zum totalen Triumph nicht reichte: Pokalfinalist Werder Bremen, der im UEFA Cup im Viertelfinale an Arsenal London scheiterte, und der FC Bayern München, der in der Champions League das Finale knapp verpasste. Enttäuschend hingegen die Auftritte von Bayer Leverkusen und Borussia Dortmund in der Champions League, derweil Hertha BSC bei seiner internationalen Rückkehr überraschend überzeugend auftrat und die Zwischenrunde erreichte. Dort war für die Spree-Kicker dann aber Endstation.

UEFA-Pokal lautet fortan das Ziel im Frauenfußball. Zur Saison 2001/02 hat die UEFA die Einführung eines solchen Wettbewerbs beschlossen. 32 Mannschaften in acht Vierergruppen werden alsdann um internationale Ehren spielen. Nationale Meriten erwarb sich 1999/2000 der FCR Duisburg, einstmals als FC Rumeln-Kaldenhausen bekannt geworden. 15 Punkte Vorsprung wies das Team um Torjägerin Inka Grings am Ende auf Titelverteidiger und Pokalsieger FFC Frankfurt auf. Jenem gehört aller Voraussicht nach dennoch die Zukunft, denn während die Duisburgerinnen am Saisonende einen regelrechten Ausverkauf ihres Meisterkaders mit ansehen mussten, rüsteten die Praunheimerinnen förmlich auf. Positive Punkte: Erstmals überschritt der Gesamtetat der Vereine die 4-Mio.-Marke, und mit dem FC Bayern München stieg ein Team auf, dem zugetraut wird, fortan eine führende Rolle im Frauenfußball zu spielen.

Energie Cottbus

„Die Bundesliga hat mich nach der Wende zehn Jahre lang nicht geholt - aber jetzt hat sie mich. Ein Glück, das ich mir erarbeitet habe", gab ein sichtlich glücklicher Eduard „Ede" Geyer nach dem Sensations-Coup der Zweitliga-Saison 1999/00 zu Protokoll. Der deutlich in Geyers Aussage mitschwingende verbale Seitenhieb in Richtung „Alte Bundesländer" war dabei durchaus zu verstehen. Schließlich hatte Geyer in seiner Trainerkarriere bereits Beachtliches geleistet.

Mit Dynamo Dresden beispielsweise, oder mit der DDR-Nationalelf. Sein Meisterstück aber lieferte er mit Energie Cottbus ab. 1994 hatte der Disziplinfanatiker die seinerzeit im Mittelfeld der Regionalliga Nordost dümpelnden Lausitzer übernommen und auf eine sensationelle Erfolgsspur gebracht: 1995 Platz 7, 1996 Platz 3, 1997 Platz 1, Aufstieg in die 2. Bundesliga und Erreichen des Pokalfinales, 1998 Platz 8, 1999 Platz 11 und 2000 schließlich der Coup mit dem Aufstieg ins Oberhaus.

Energies Erfolg wirkte wie Balsam auf die geschundenen Seelen in einer vergessenen Region. Offiziell 19 Prozent Arbeitslosigkeit, wobei die inoffizielle Zahl laut IHK-Geschäftsführer Boris Trelle bei 40 bis 50 Prozent liegt, eine schwierige Lage nahe der polnischen Grenze, ein nicht zu verachtender Bevölkerungsanteil, dem rassistische und faschistische Tendenzen nachgesagt werden - Cottbus, die Lausitz, hat nicht gerade den besten Ruf im Lande. Vor allem im Westen begegnete man der 130.000-Einwohner-Stadt mit unverhohlener Skepsis. Energies Aufstieg ins Oberhaus war insofern nicht nur Seelentröster und Aufhänger zur Stärkung des Cottbus'schen Selbstbewusstseins, sondern zudem ideales Mittel, um die Vorurteile, nach denen alle Cottbusser Rassisten und Faschisten seien, auszuräumen.

In der Retrospektive erscheint Energies Aufstieg beinahe noch sensationeller als auf den ersten Blick, denn Energie - seit 1966 als eigenständiger Fußballklub existent - spielte in der DDR-Oberliga nie eine herausragende Rolle. Bestenfalls als Fahrstuhlmannschaft konnte man die Lausitzer bezeichnen, die 1973 erstmals das Oberhaus erreichten und dort bis 1990 insgesamt sechs Saisons verbrachten. Dazwischen standen vier Abstiege, ebenso viele Aufstiege und zwei weitere gescheiterte Oberliga-Aufstiegsrunden. Weder in der Meisterschaft noch im Pokal vermochte Energie irgendwelche Akzente zu setzen. Die Zuschauerzahlen befanden sich im unteren Ligadrittel, und Nationalspieler stellte Energie erst, als die DDR schon zerbrochen war: Jörg Schwanke absolvierte 1990 ein einziges Länderspiel im blauen Dress mit den drei Buchstaben.

Dabei hatten anno 1963 alle noch so viel Optimismus in sich getragen. Am 19. April jenes Jahres hatte Cottbus ein Leistungssportzentrum bekommen, zu dessen fußballerischer Bereicherung das just aus der Oberliga abgestiegene Kollektiv des SC Aktivist Brieske-Senftenberg nach Cottbus delegiert worden war. Zweieinhalb Spielzeiten kickte man unter dem Namen „SC Cottbus", ehe die BSG Energie das Licht der Welt erblickte und sich, wie geschildert, 1973 erstmals den Aufstieg in die Oberliga sicherte. Die Bilanz in der DDR-Eliteliga fiel katastrophal aus. Ein einziger Saisonsieg gelang den Schützlingen von Manfred Kupferschmied - eine der magersten Bilanzen der Oberliga-Geschichte. Auch der Sturmlauf im FDGB-Pokal, aus dem Energie erst im Halbfinale gegen Jena ausschied, konnte die Fans nicht trösten. Zwölf Monate später war ihre Elf wieder da, doch auch der zweite Versuch misslang kläglich. Immerhin gab es diesmal schon drei Saisonsiege für die Elf um Kapitän Grebasch - dennoch zu wenig. Anschließend dauerte es bis 1981, ehe Energie die erneute Rückkehr feiern konnte. Zwischenzeitlich lieferte man sich harte Duelle mit Nachbar Eisenhüttenstadt um die Nummer 1 in der östlichen Lausitz - ein Rennen, das keineswegs immer zugunsten der Cottbusser ausging. Auch das dritte Oberliga-Gastspiel (81/82) endete im Debakel. Einzig Torhüter Wendt erreichte Oberliga-Format, derweil der Energie-Sturm mit durchschnittlich 7,08 Torschüssen pro Spiel eine der schwächsten Angriffsleistungen in der Oberliga-Geschichte bot. Am Ende wurde Energie nur deshalb Vorletzter, weil mit Chemie Buna Schkopau ein noch schwächeres Team in der Oberliga war.

Versuch Nummer 4 fand 1986/87 statt - und hätte fast zum Ziel geführt. Im Saisonverlauf konnte Energie sogar auf so lichte Höhen wie den neunten Tabellenplatz klettern - am Ende aber half das alles nichts, denn da zierte die Elf um Kapitän Lempke Rang 13 und war abermals abgestiegen. Nur das schlechtere Torverhältnis gegenüber Stahl Riesa war diesmal ausschlaggebend - bei ganzen 19 Saisontoren allerdings kein Wunder, dass dies gegen Energie sprach. In der Lausitz hatte man auch Blut geleckt. Zwölf Monate später hatte das Team den erneuten Aufstieg in der Tasche und ließ sich beim 2:1-Auftaktsieg von mehr als 12.000 Zuschauern im Stadion der Freundschaft feiern. Zweifacher Torschütze an jenem Tag war ein gewisser Jens Melzig, der in der weiteren Historie der Lausitzer noch eine tragende Rolle spielen sollte. Und diesmal klappte es. Energie vermochte vor allem im heimischen Stadion durch Kampfkraft und unbedingten Siegeswillen zu überzeugen, sicherte sich Rang 10 und damit den Klassenerhalt. Doch das böse Ende war nahe.

1990 ging die DDR zu Bruch, aus der BSG wurde der FC Energie, der die Qualifikation zur bundesweiten 2. Liga um Längen verpasste. 1991/92 waren die Lausitzer nur noch drittklassig und standen zudem vor einem finanziellen Scherbenhaufen. Da kam ein außersportliches Ereignis gerade Recht: Die Bundesgartenschau 1995. Die „BUGA" veränderte nicht nur Cottbus' Stadtbild, sondern bewegte auch den träge gewordenen FC Energie. Wirtschaftlich nahm der Klub einen nie zuvor erlebten Aufschwung, was vor allem der umsichtigen Vereinsführung um Präsident Krein zu verdanken war. Und sportlich sorgte Eduard Geyer für den Höhenflug. Das von ihm zusammengestellte Team überzeugte durch Kampfkraft und nicht zu brechende Moral. Mit diesen Attributen wurde Energie 1997 mit nur zwei Saisonniederlagen überlegen Regionalliga-Meister, erreichte sensationell das Pokalfinale, sicherte sich in zwei „Schlachten" gegen Hannover 96 den Aufstieg in den bezahlten Fußball und etablierte sich auf Anhieb in der 2. Liga. Platz 8 in der Aufstiegssaison machte deutlich, dass das Erreichen des Pokalfinales 1997 kein Zufall gewesen war. Cottbus war fortan eine feste Größe im bundesdeutschen Fußball. Dennoch schienen 1999 schon wieder sämtliche Lichter auszugehen. Die Geyer-Elf hatte eine Auszeit genommen und war lange Zeit im Abstiegskampf verstrickt. Die Lausitz zitterte und bangte um ihre neu gewonnene Fußballgröße. Am Ende stand Platz 11 und damit der Klassenerhalt.

Angesichts der Erfahrungen der Saison 1998/99 ging man bei Energie mit Bescheidenheit ins Spieljahr 1999/00. Ein Mittelfeldplatz soll es sein, war aus dem Stadion der Freundschaft zu hören, und das man bitte nicht wieder zittern möchte. Zugleich wurden Ansprüche gestellt. „Wenn wir den Profifußball in der Region permanent etablieren wollen, ist auch die Politik gefordert, uns zu unterstützen", forderte beispielsweise Energie-Coach Geyer. Sein Team leistete alsdann alles, um die Politik gnädig zu stimmen. Dem Traumstart folgte die Etablierung im oberen Tabellendrittel und schließlich die Sensation der Sensationen: Der Aufstieg. Energies „Zermürbungs-Fußball", basierend auf Disziplin, Disziplin und nochmals Disziplin, war in der als „Klopperliga" verschrienen 2. Bundesliga das passende Erfolgsrezept, Energies Aufstieg in die Beletage des deutschen Fußballs hatte Folgen.

Bis dato waren rund 120 Arbeitsplätze mehr oder weniger direkt mit Energie verbunden - fortan gab es einen doppelt so hohen Etat und entsprechend auch zusätzliche Arbeitsplätze. Ein Punkt, der in der strukturschwachen Lausitz keineswegs zu unterschätzen ist. Auch in der Stadionfrage - Energies „Stadion der Freundschaft" ist zwar ein Schmuckkästchen, aber kein erstligataugliches Stadion - bahnte sich eine Lösung an. Sogar Bundeskanzler Gerhard Schröder war inzwischen vor Ort anwesend, um über die Zukunft der altehrwürdigen Arena zu diskutieren.

Drei Spielzeiten lang durften die Lausitzer sich als Erstligisten fühlen. Ausgerechnet in jener Saison, als der Stadionumbau endlich begann und Energie zum ersten Mal nicht als "automatischer Absteiger" gehandelt worden war, ging es schief. 2002/03 fehlte Energie vor allem die berühmte Heimstärke, die zweimal zuvor den Klassenerhalt garantiert hatte. Dennoch muss einem nicht bange sein um den FC Energie.

Ulf Kirsten (Bayer Leverkusen)

Nein, 1999/2000 war wahrlich nicht die Saison des Ulf Kirsten. In der Bundesliga mit 17 Treffern zwar Torjäger Nummer 2 hinter Martin Max, doch angesichts des 0:2 von Unterhaching dann doch irgendwie leer ausgegangen; im Nationalteam als Hoffnungsträger betrachtet und gnadenlos gescheitert. Kirstens 100. Länderspiel (49 für die DDR, 51 für die Bundesrepublik) endete mit dem 0:3-Debakel gegen Portugal - Grund zum Feiern gab es da wirklich nicht.

Auch sonst hatte der „Schwatte" in seiner „bundesdeutschen" Karriere selten Grund zum Feiern gehabt. Lediglich 1993 durfte er eine Trophäe in den Händen halten - den DFB-Pokal mit Bayer Leverkusen. Ansonsten aber misslang ihm alles, was er probierte: Meisterschaft, Europameisterschaft, Weltmeisterschaft - immer ging Ulf Kirsten bestenfalls als „zweiter Sieger" durch. Das lag freilich keinesfalls an ihm selbst - schließlich gebührt Ulf Kirsten die Ehre, als Top-Torjäger der 90er Jahre in die Bundesliga-Geschichte eingegangen zu sein: Zwischen 1990/91 und 1999/2000 traf der gebürtige Riesaer in 286 Bundesligaspielen exakt 159 Mal ins Schwarze; wurde 1993, 1997, 1998 und 1999 Bundesliga-Torschützenkönig.

Kirsten, über den ein Gegenspieler einst meinte, „einen Spieler von seiner Klasse kannst du 85 Minuten ausschalten und bekämpfen, aber plötzlich explodiert er und macht dann doch das entscheidende Tor", ist seit 1983 im Leistungsfußball aktiv. 1972 begann er bei der BSG Chemie in seiner Heimatstadt Riesa mit dem Fußballspielen und wechselte 1978 zum Lokalrivalen BSG Stahl, damals stolzer Aufsteiger in die DDR-Oberliga. Ein Jahr später wurde der 13-jährige Kirsten zur Dresdner Kinder- und Jugendsportschule geschickt und trat der SG Dynamo Dresden bei. Dort entdeckte ihn Klaus Sammer, der Kirsten 1983 ins Oberligateam der Dynamos holte. Mit den Schwarz-Gelben konnte der trickreiche und wendige Stürmer früh erste Erfolge feiern und auch international auftrumpfen. 16 Jugend- und 21 U-21-Länderspiele stehen zu Buche. Am 18. Mai 1985 debütierte Kirsten beim 1:4 in Dänemark schließlich auch in der DDR-Nationalelf, für die er bis 1990 in 49 Spielen 14 Mal traf. 1989 und 1990 wurde er mit Dynamo Dresden DDR-Meister, 1984, 1985 und 1990 DDR-Pokalsieger mit den Sachsen, erreichte 1989 das Halbfinale des UEFA-Cup-Wettbewerbes. 1985 stand Kirsten in jener berühmten Dynamo-Elf, die sich mit Bayer Uerdingen eine der dramatischsten Europapokalschlachten der Geschichte lieferte und trotz 3:1-Pausenführung mit einer 3:7-Niederlage ausschied.

Kurz nach der Wende verließ Kirsten als frisch gewählter letzter „DDR-Fußballer des Jahres" seine sächsische Heimat und heuerte bei Bayer Leverkusen an - jenem Klub, dem er bis heute treu blieb: Durchaus ein erwähnenswerter Fakt in der schnelllebigen Bundesligazeit. Für Bayer erwies sich Kirsten, an dem seinerzeit auch Borussia Dortmund und der VfL Bochum interessiert waren, rasch als Glücksgriff, der seine 3,75 Mio. DM Ablöse bald eingespielt hatte. Der Vollbluststürmer - Prädikate: harter, präziser Schuss, Kopfball- und Zweikampfstärke sowie schier unglaublicher Wille - avancierte bei Bayer auf Anhieb zum Stammspieler. International stagnierte seine Laufbahn derweil; die DFB-Auswahl beispielsweise war für ihn lange tabu. Erst am 14. Oktober 1992 debütierte Kirsten im Adler-Dress, nachdem er zuvor die Teilnahme an der EM 1992 wegen einer schweren Verletzung hatte absagen müssen. Sein Debüt - passenderweise im „heimischen" Dresdner Rudolf-Harbig-Stadion - endete mit einem 1:1 gegen Mexiko; Kirsten war für Rudi Völler, der bei jenem Spiel seinen Abschied nahm, eingewechselt worden. Kirsten zeichnet sich durch großen Ehrgeiz aus, der mitunter in Übermotivation umschlägt. Anno 1988 beispielsweise wurde er beim Europacupspiel gegen Victoria Bukarest vorzeitig zum Duschen geschickt, weil er einen Gegner per Ellenbogencheck ausgeschaltet hatte. Auch in der Bundesliga gab es mehrere Vorfälle, bei denen Kirsten das Temperament durchging. Gegen Schalke 04 streckte er im Dezember 1997 seinen Gegenspieler Linke per Ellenbogencheck nieder und erhielt eine mehrwöchige Sperre aufgebrummt. Nichtsdestotrotz hat sich Ulf Kirsten mit seiner frischen und ehrlichen Art viele Freunde im deutschen Fußball geschaffen und gilt als Publikumsliebling. Fehlen nur noch ein paar Trophäen, mit denen er seine ausklingende Laufbahn krönen könnte. Doch daraus wurde es bis zu Kirstens letztem Spiel am 17. Mai 2003 (3:0 gegen München 1860) nichts mehr. Nur eine weitere Vizemeisterschaft sowie die Teilnahme am Champions-League-Finale 2002 durften in Kirstens Erfolgsannalen eingetragen werden. Seine Spuren in der Bundesliga-Geschichte hat Kirsten dennoch hinterlassen.

Der Europapokal

Champions League

Qualifikation 3. Runde (11. u. 25.8.1999)

FK Teplitz – Borussia Dortmund	0:1, 0:1
Hertha BSC Berlin – Anorthosis Famagusta	2:0, 0:0

Gruppenspiele

Gruppe A

Bayer Leverkusen – Lazio Rom	1:1, 1:1
NK Maribor – Bayer Leverkusen	0:2, 0:0
Bayer Leverkusen – Dinamo Kiew	1:1, 2:4

1. Lazio Rom	6	4	2	0	13:3	14
2. Dinamo Kiew	6	2	1	3	8:8	7
3. Bayer Leverkusen	6	1	4	1	7:7	7
4. NK Maribor	6	1	1	4	2:12	4

Bayer Leverkusen spielte im UEFA-Pokal (3. Runde) weiter

Gruppe C

Feyenoord Rotterdam – Bor. Dortmund	1:1, 1:1
Borussia Dortmund – Boavista Porto	3:1, 0:1
Rosenborg Trondheim – Bor. Dortmund	2:2, 3:0

1. Rosenborg Trondheim	6	3	2	1	12:5	11
2. Feyenoord Rotterdam	6	1	5	0	7:6	8
3. Borussia Dortmund	6	1	3	2	7:9	6
4. Boavista Porto	6	1	2	3	4:10	5

Borussia Dortmund spielte im UEFA-Pokal (3. Runde) weiter

Gruppe F

Bayern München – PSV Eindhoven	2:1, 1:2
Glasgow Rangers – Bayern München	1:1, 0:1
Bayern München – FC Valencia	1:1, 1:1

1. FC Valencia	6	3	3	0	8:4	12
2. Bayern München	6	2	3	1	7:6	9
3. Glasgow Rangers	6	2	1	3	7:7	7
4. PSV Eindhoven	6	1	1	4	5:10	4

Gruppe H

Galatasaray Istanbul – Hertha BSC Berlin	2:2, 4:1
Hertha BSC Berlin – Chelsea FC	2:1, 0:2
Milan AC Milano – Hertha BSC Berlin	1:1, 0:1

1. Chelsea FC	6	3	2	1	10:3	11
2. Hertha BSC Berlin	6	2	2	2	7:10	8
3. Galatasaray Istanbul	6	2	1	3	10:13	7
4. Milan AC Milano	6	1	3	2	6:7	6

Zwischenrunde

Gruppe A

Hertha BSC Berlin – FC Barcelona	1:1, 1:3
FC Porto – Hertha BSC Berlin	1:0, 1:0
Hertha BSC Berlin – Sparta Prag	1:1, 0:1

1. FC Barcelona	6	5	1	0	17:5	16
2. FC Porto	6	3	1	2	8:8	10
3. Sparta Prag	6	1	2	3	5:12	5
4. Hertha BSC Berlin	6	0	2	4	3:8	2

Gruppe C

Rosenborg Trondheim – B. München	1:1, 1:2
Bayern München – Dinamo Kiew	2:1, 0:2
Real Madrid – Bayern München	2:4, 1:4

1. Bayern München	6	4	1	1	13:8	13
2. Real Madrid	6	3	1	2	11:12	10
3. Dinamo Kiew	6	3	1	2	10:8	10
4. Rosenborg Trondheim	6	0	1	5	5:11	1

Viertelfinale (4. u. 19.4.2000)

FC Porto – Bayern München	1:1, 1:2

Halbfinale (3. u. 9.5.2000)

Real Madrid – Bayern München	2:0, 1:2

Saison 1999/2000

Der Europapokal

UEFA-Pokal

1. Runde (14.- 30.9.1999)

VfL Wolfsburg – Debreceni VSC	2:0, 1:2
1. FC Kaiserslautern – Kilmarnock FC	3:0, 2:0
FK Bodø/Glimt – Werder Bremen	0:5, 1:1

2. Runde (21.10. - 4.11.1999)

Werder Bremen – Viking Stavanger	0:0, 2:2
Roda JC Kerkrade – VfL Wolfsburg	0:0, 0:1
Tottenham Hotspur – 1. FC K'lautern	1:0, 0:2

3. Runde (23.11. – 9.12.1999)

Udinese Calcio – Bayer Leverkusen	0:1, 2:1
VfL Wolfsburg – Atlético Madrid	2:3, 1:2
Racing Lens – 1. FC Kaiserslautern	1:2, 4:1
Olympique Lyon – Werder Bremen	3:0, 0:4
Glasgow Rangers – Borussia Dortmund	2:0, 0:2 n.V., 1:3 i.E.

Achtelfinale (29.2. u. 9.3.2000)

AC Parma – Werder Bremen	1:0, 1:3
Bor. Dortmund – Galatasaray Istanbul	0:2, 0:0

Viertelfinale (16. u. 23.3.2000)

Arsenal London – Werder Bremen	2:0, 4:2

Die Länderspiele

Männer

24.7.	Guadalajara	Brasilien	0:4
29.7.	Guadalajara	Neuseeland	2:0
31.7.	Guadalajara	USA	0:2
4.9.	Helsinki	(EMQ) Finnland	2:1
8.9.	Dortmund	(EMQ) Nordirland	4:0
9.10.	München	(EMQ) Türkei	0:0
14.11.	Oslo	Norwegen	1:0
23.2.	Amsterdam	Niederlande	1:2
29.3.	Zagreb	Kroatien	1:1
26.4.	Kaiserslautern	Schweiz	1:1
3.6.	Nürnberg	Tschechien	3:2
7.6.	Freiburg	Liechtenstein	8:2
12.6.	Lüttich	(EM) Rumänien	1:1
17.6.	Charleroi	(EM) England	0:1
20.6.	Rotterdam	(EM) Portugal	0:3

Frauen

2.9.	Plauen	Russland	3:1
23.9.	Fürth	(EMQ) Ukraine	3:0
14.10.	Oldenburg	(EMQ) Island	5:0
11.11.	Isernia	(EMQ) Italien	4:4
16.3.	Arnheim	Niederlande	0:2
6.4.	Frankfurt	(EMQ) Italien	3:0
11.5.	Kiew	(EMQ) Ukraine	6:1
16.7.	Osnabrück	China	1:3
19.7.	Göttingen	Norwegen	1:4
22.7.	Braunschweig	USA	0:1

Die Regionalligen

Nord

1.	VfL Osnabrück*	34	22	8	4	69:34 74
2.	VfB Lübeck+	34	21	7	6	74:34 70
3.	Eintracht Braunschweig+	34	20	9	5	69:28 69
4.	SV Wilhelmshaven+	34	21	5	8	62:38 68
5.	Werder Bremen Am+	34	18	9	7	68:38 63
6.	Lüneburger SK+	34	18	6	10	60:38 60
7.	BV Cloppenburg	34	14	13	7	73:58 55
8.	Holstein Kiel	34	14	9	11	62:57 51
9.	Göttingen 05 (N)	34	13	6	15	58:63 45
10.	Arminia Hannover	34	10	11	13	53:51 41
11.	SV Meppen	34	10	11	13	57:57 41
12.	1. SC Norderstedt	34	10	6	18	47:64 36
13.	Eintracht Nordhorn	34	11	3	20	54:76 36
14.	TuS Celle FC	34	9	8	17	39:65 35
15.	FC St. Pauli Am. (N)	34	9	7	18	44:67 34
16.	Hamburger SV Am.	34	9	4	21	45:68 31
17.	FC Bremerhaven (N)	34	7	6	21	39:82 27
18.	VfB Oldenburg**	34	4	4	26	28:83 14

** VfB Oldenburg wurden zwei Punkte abgezogen

Torjäger

Daniel Bärwolf (VfB Lübeck)	25
Marinus Bester (Lüneburger SK)	25
Horst Elberfeld (BV Cloppenburg)	24

Nordost

1.	1. FC Union Berlin+	34	23	8	3	53:23 77
2.	Dresdner SC Fußball+	34	17	9	8	65:30 60
3.	Erzgebirge Aue+	34	18	6	10	59:40 60
4.	Carl Zeiss Jena+	34	16	10	8	53:35 58
5.	SV Babelsberg 03+	34	16	9	9	57:40 57
6.	Sachsen Leipzig+	34	16	9	9	46:34 57
7.	Rot-Weiß Erfurt+	34	17	6	11	39:41 57
8.	Dynamo Dresden	34	13	13	8	44:34 52
9.	VfB Leipzig	34	14	7	13	43:36 49
10.	1. FC Magdeburg	34	13	8	13	64:44 47
11.	Hertha Berlin Am. (N)	34	12	7	15	42:55 43
12.	Stahl Eisenhüttenstadt	34	11	7	16	40:61 40
13.	VFC Plauen	34	9	8	17	39:51 35
14.	VfL Halle 96 (N)	34	9	8	17	35:65 35
15.	TeBe Berlin Am. (N)	34	10	4	20	53:70 34
16.	Lok Altmark Stendal	34	9	7	18	38:60 34
17.	BFC Dynamo Berlin	34	7	7	20	39:56 28
18.	FSV Zwickau	34	6	7	21	33:67 25

Torjäger

Hendryk Lau (SV Babelsberg 03)	16
Jörg Kirsten (Erzgebirge Aue)	13
Rocco Milde (FSV Zwickau, Dresdner SC)	13

Aufstieg zur 2. Bundesliga
1. FC Union Berlin – VfL Osnabrück 1:1, 1:1 n. V., 8:7 i.E.

West/Südwest

1.	1. FC Saarbrücken*	36	23	8	5	69:22 77
2.	LR Ahlen*	36	21	8	7	82:32 71
3.	Spfr. Siegen+	36	20	7	9	61:42 67
4.	Wattenscheid 09 (A)+	36	18	9	9	72:42 63
5.	Eintracht Trier+	36	17	9	10	54:47 60
6.	Fortuna Düsseldorf (A)+	36	13	14	9	53:35 53
7.	Rot-Weiß Essen (N)+	36	14	10	12	55:46 52
8.	Preußen Münster+	36	14	8	14	50:54 50
9.	SC Verl+	36	12	13	11	49:44 49
10.	Bor. Dortmund Am.+	36	12	13	11	42:40 49
11.	KFC Uerdingen 05 (A)+	36	13	9	14	52:52 48
12.	SV Elversberg+	36	13	9	14	49:49 48
13.	SC Paderborn 07	36	13	9	14	47:47 48
14.	1. FC Kaiserslautern Am.	36	13	9	14	49:55 48
15.	VfL Bochum Am. (N)	36	11	7	18	57:69 40
16.	Bayer Leverkusen Am.	36	8	14	14	45:52 38
17.	FK Pirmasens (N)	36	9	6	21	38:75 33
18.	SC Idar-Oberstein (N)	36	8	7	21	25:78 31
19.	FSV Salmrohr	36	5	1	30	19:87 16

Der FC Gütersloh wurde während der Saison aufgelöst.

Torjäger

Marius Ebbers (Wattenscheid 09)	23
Daniel Teixeira (KFC Uerdingen 05)	22
Mario Krohm (LR Ahlen)	21

Süd

1.	SSV Reutlingen 05*	34	28	3	3	102:25 87
2.	SC Pfullendorf+	34	18	7	9	57:36 61
3.	VfR Mannheim+	34	15	12	7	61:55 57
4.	Wacker Burghausen+	34	15	10	9	57:42 55
5.	Bayern München Am.+	34	15	6	13	64:58 51
6.	VfB Stuttgart Am.+	34	12	14	8	51:34 50
7.	München 1860 Am.+	34	12	12	10	48:38 48
8.	FC Augsburg**	34	12	10	12	43:43 46
9.	SV Darmstadt 98 (N)+	34	13	7	14	49:51 46
10.	VfR Aalen (N)+	34	12	10	12	51:54 46
11.	Schweinfurt 05+	34	14	3	17	47:54 45
12.	Karlsruher SC Am.	34	11	11	12	56:51 44
13.	SV Wehen-Taunusstein+	34	11	10	13	46:52 43
14.	FSV Frankfurt	34	10	11	13	48:57 41
15.	TSF Ditzingen	34	12	4	14	46:55 36
16.	SG Quelle/1860 Fürth (N)	34	8	11	15	40:70 35
17.	Borussia Fulda	34	6	13	15	40:57 31
18.	SV Lohhof (N)	34	2	4	28	29:103 10

** Augsburg wurde die Lizenz für die neue RL verweigert

Torjäger

Olivier Djappa (SSV Reutlingen)	36
Neno Rogosic (VfR Aalen)	18
Marco Barlecaj (SC Pfullendorf), Ivica Magdic (SC Pfullendorf), Sascha Maier (Wacker Burghausen)	je 17

Zeichenerklärung:
* Aufsteiger
+ Für die Regionalliga 2000/01 qualifiziert

Die Amateur-Oberligen

Niedersachsen/Bremen

#	Team	Goals	Pts
1.	Kickers Emden (A)	73:17	70
2.	FC Oberneuland	69:29	61
3.	VfL Wolfsburg Am. (N)	62:27	59
4.	TSV Havelse	59:32	56
5.	FC Schüttorf 09 (N)	45:41	51
6.	Concordia Ihrhove	65:40	50
7.	Rotenburger SV	58:43	48
8.	TuS Lingen	56:37	47
9.	Blau-Weiß Lohne	44:50	43
10.	SSV Vorsfelde*	49:49	40
11.	SVG Einbeck*	48:41	38
12.	SV Südharz-Walkenried*	56:59	35
13.	Wolfenbütteler SV*	37:52	28
14.	Bremer TS Neustadt (N)*	77:79	24
15.	SVG 07 Göttingen	27:105	12
16.	Spfr. Ricklingen (A)*	18:92	7

Hamburg/Schleswig-Holstein

#	Team	Goals	Pts
1.	TuS Felde	79:38	61
2.	Raspo Elmshorn	52:29	56
3.	TSV Altenholz	59:37	56
4.	TuS Hoisdorf	66:47	53
5.	VfL Pinneberg	56:39	51
6.	TSV Pansdorf**	45:37	49
7.	Eichholzer SV (N)	50:46	41
8.	TSV Lägerdorf (N)	44:56	41
9.	TuS Dassendorf (N)	39:47	39
10.	Vorwärts/Wacker Billstedt	47:60	38
11.	Harburger TB	27:38	36
12.	Heider SV	38:44	34
13.	SV Lurup	44:55	32
14.	Eimsbütteler TV (N)	39:59	32
15.	Itzehoer SV*	35:57	27
16.	Concordia Hamburg*	29:60	18

**TSV Pansdorf zog sich freiwillig in die Bezirksliga zurück

Qualifikation zur Regionalliga

Kickers Emden - TuS Felde	0:1, 2:1
Lüneburger SK - Kickers Emden	1:1, 2:0

Nordost-Nord

#	Team	Goals	Pts
1.	Hansa Rostock Am.	82:25	70
2.	Reinickendorfer Füchse	44:22	59
3.	FC Schönberg 95	57:28	58
4.	Berliner AK 07	54:41	49
5.	Greifswalder SC	45:45	45
6.	Motor Eberswalde	48:45	44
7.	VfB Lichterfelde	35:26	43
8.	Optik Rathenow	44:45	42
9.	Brandenburger SC Süd (N)	48:51	42
10.	SD Croatia Berlin (A)	39:43	42
11.	Viktoria 91 Frankfurt/Oder*	50:48	39
12.	Köpenicker SC*	39:38	39
13.	Eintracht Schwerin*	32:45	39
14.	Hertha Zehlendorf*	28:63	22
15.	SV Warnemünde (N)*	31:59	21
16.	TSG Neustrelitz*	28:80	13

Nordost-Süd

#	Team	Goals	Pts
1.	FSV Hoyerswerda	75:18	71
2.	VfB Leipzig II*	46:34	50
3.	VfB Zittau (N)	49:39	47
4.	SV 1919 Grimma	49:33	46
5.	Bischofswerdaer FV 08	41:33	45
6.	FV Dreden-Nord	40:36	45
7.	Wacker Nordhausen	37:37	45
8.	Energie Cottbus Am.	43:37	43
9.	VfB Chemnitz	35:45	42
10.	Anhalt Dessau (N)	42:45	41
11.	Fortuna Magdeburg *	47:44	39
12.	SSV Erfurt-Nord*	31:49	36
13.	1. Suhler SV 06*	31:36	30
14.	1. SV Gera (N)*	25:48	29
15.	SV JENAer GLASWERKE*	35:67	24
16.	Bornaer SV 91*	30:65	18

Qualifikation zur Regionalliga

FSV Hoyerswerda - FC Schönberg	2:2, 1:2
FC Schönberg - Rot-Weiß Erfurt	1:0, 1:4

Westfalen

#	Team	Goals	Pts
1.	VfB Hüls	73:32	61
2.	FC Schalke 04 Am.	58:34	51
3.	SV Lippstadt 08	49:38	47
4.	SC Herford (N)	54:48	46
5.	Westfalia Herne (N)	59:46	45
6.	DJK TuS Hordel	53:39	44
7.	Wattenscheid 09 II	38:31	43
8.	Eintracht Rheine	45:41	40
9.	SuS Stadtlohn	51:39	39
10.	TSG Dülmen	34:43	39
11.	Spfr. Oestrich-Iserlohn	43:56	35
12.	VfL Kirchhellen	47:56	29
13.	Preußen Lengerich (N)	42:55	27
14.	SpVgg Beckum*	26:72	19
15.	SpVgg Erkenschwick (A)*	30:63	16
16.	SV Rotthausen (N)*	0:0	0
17.	BW/Post Recklinghausen*	0:0	0

SV Rotthausen und BW/Post Recklinghausen zogen sich während der Saison zurück

Nordrhein

#	Team	Goals	Pts
1.	Wuppertaler SV (A)	60:28	61
2.	SCB Preußen Köln	47:28	55
3.	Bor. Mönchengladbach Am.	56:31	53
4.	FC Remscheid (A)	48:30	51
5.	Rheydter SV	55:38	51
6.	SV Straelen	47:44	50
7.	Adler Osterfeld	65:42	49
8.	MSV Duisburg Am. (N)	50:41	45
9.	Schwarz-Weiß Essen	39:45	38
10.	1. FC Bocholt	39:56	37
11.	Fortuna Düsseldorf II	41:40	36
12.	FC Wegberg-Beeck	41:44	32
13.	1. FC Köln Am.	40:49	30
14.	Euskirchener TSC (N)	27:61	26
15.	Bonner SC*	22:48	24
16.	Germania Teveren*	32:84	20
17.	Baesweiler SV 09*	0:0	0

Baesweiler 09 zog sich vor Saisonbeginn zurück

Südwest

#	Team	Goals	Pts
1.	Borussia Neunkirchen	82:36	81
2.	VfL Hamm/Sieg	63:38	71
3.	FC Homburg 08 (A)	55:34	65
4.	1. FSV Mainz 05 Am. (N)	66:33	63
5.	Eintr. Glas-Chemie Wirges	66:45	61
6.	Eisbachtaler Spfr.	50:31	60
7.	Wormatia Worms	36:38	57
8.	SC Hauenstein	53:47	52
9.	TuS Koblenz	50:56	51
10.	SC Halberg-Brebach	58:49	50
11.	FC Saarbrücken II	61:58	49
12.	RW Hasborn-Dautw. (N)	34:39	47
13.	Hassia Bingen	29:39	45
14.	SV Prüm	41:51	40
15.	TuS Mayen (N)*	48:62	35
16.	SG Betzdorf 06*	31:46	35
17.	TSG Pfeddersheim*	33:63	29
18.	VfB Theley (N)*	39:65	28
19.	TuS Montabaur*	22:84	18

Qualifikation zur Regionalliga

1.	SV Elversberg	8:3	9
2.	VfB Hüls	5:2	6
3.	Wuppertaler SV	7:4	3
4.	Borussia Neunkirchen	0:11	0

Hessen

#	Team	Goals	Pts
1.	KSV Klein-Karben	67:38	64
2.	SC Neukirchen (A)	77:50	64
3.	FV Bad Vilbel	56:32	60
4.	Eintracht Frankfurt Am.	63:39	57
5.	FSC Lohfelden	77:73	54
6.	Viktoria Aschaffenburg	60:42	54
7.	SG Hoechst	62:58	49
8.	SV Bernbach	62:64	48
9.	VfB Gießen	65:58	47
10.	Germania Horbach (N)**	53:58	46
11.	FC Ederbergland B'berg	55:50	44
12.	KSV Baunatal	54:57	44
13.	VfB Marburg (N)	50:61	44
14.	SuS Jügesheim	48:58	42
15.	Kickers Offenbach Am. (N)*	62:79	40
16.	SVA Bad Hersfeld*	57:78	34
17.	FSV Kirchhellen*	43:78	27
18.	VfB Unterliederbach*	47:85	24

**Germania Horbach zog sich freiwillig in die Bezirksoberliga zurück

Bayern

#	Team	Goals	Pts
1.	Jahn Regensburg (N)*	85:38	74
2.	SpVgg Stegaurach	80:48	63
3.	1. SC Feucht	60:37	63
4.	Bayern Hof	70:32	60
5.	1. FC Nürnberg Am.	60:44	53
6.	SpVgg Weiden	45:35	51
7.	TSV Aindling	50:47	51
8.	Jahn Forchheim**	57:60	48
9.	SC Schwabach 04	46:41	45
10.	SpVgg Ansbach 09 (N)	58:57	44
11.	FC Starnberg	49:50	43
12.	FC Memmingen	50:52	43
13.	Würzburger FV (N)	65:75	43
14.	Schwaben Augsburg	48:74	42
15.	FC Kempten (N)	34:66	39
16.	SpVgg Landshut*	56:55	38
17.	SV Weismain (A)*	42:70	32
18.	1. FC Passau*	28:101	15

**Jahn Forchheim zog sich freiwillig in die Kreisliga zurück

Baden-Württemberg

#	Team	Goals	Pts
1.	SV Sandhausen	68:24	70
2.	FV Lauda	49:30	56
3.	SGK Heidelberg	62:42	52
4.	SpVgg Ludwigsburg 07	55:43	51
5.	SpVgg Au/Iller (N)	51:43	47
6.	SC Freiburg Am.	42:28	46
7.	1. FC Pforzheim	54:43	46
8.	VfL Kirchheim/Teck	43:43	43
9.	Bahlinger SC	53:57	41
10.	VfR Heilbronn (N)	48:47	40
11.	SV Bonlanden	40:36	39
12.	FC Denzlingen (N)	41:45	35
13.	FV Biberach*	35:55	30
14.	FV Ravensburg*	36:66	25
15.	TSG Weinheim (N)*	26:64	20
16.	FC Singen 04*	27:63	17

Qualifikation zur Regionalliga Süd

SV Sandhausen - Jahn Regensburg	3:2, 2:4
FSV Frankfurt - Jahn Regensburg	0:1, 1:3

Saison 1999/2000

Der DFB-Pokal

1. Hauptrunde (31.7. - 1.8.1999)

SC Verl - Bor. Mönchengladbach	0:0 n.V., 6:5 i.E.
Darmstadt 98 - Chemnitzer FC	2:4
Carl Zeiss Jena - Greuther Fürth	1:2
VFC Plauen - Alemannia Aachen	1:0
VfL Osnabrück - Energie Cottbus	0:1
VfL Hamm/Sieg - Stuttgarter Kickers	0:4
FC Singen 04 - Rot-Weiß Oberhausen	3:2
Fortuna Düsseldorf - 1. FC Nürnberg	2:0
Wuppertaler SV - Kickers Offenbach	1:2

Freilos: Alle 18 Erstligisten, neun Zweitligisten und 19 Amateurteams

2. Hauptrunde (6. - 9.8.1999)

SV Babelsberg 03 - SpVgg Unterhaching	1:0
FK Pirmasens - TSV München 1860	0:3
SpVgg Landshut - Hansa Rostock	0:2
Fortuna Düsseldorf - SSV Ulm 1846	0:2
1. FC Saarbrücken - Schalke 04	0:1
1. FC Pforzheim - SC Freiburg	0:2
SC Verl - Eintracht Frankfurt	0:4
Berliner FC Dynamo - Arminia Bielefeld	0:2
1. SC Norderstedt - VfB Stuttgart	0:3
Werder Bremen Am. - Fortuna Köln	3:1
Eintracht Trier - Karlsruher SC	1:1 n.V., 5:4 i.E.
Wattenscheid 09 - 1. FC Köln	1:7
KFC Uerdingen 05 - Tennis Borussia Berlin	0:4
FC Gütersloh - Energie Cottbus	0:1
SSV Reutlingen - VfL Bochum	2:3
SV Meppen - Kickers Offenbach	2:1
TSV 1860 Rosenheim - FC St. Pauli	1:2
VFC Plauen - Stuttgarter Kickers	1:2
FC Singen 04 - Greuther Fürth	0:6
VfB Lübeck - Hannover 96	0:1
VfL Halle 96 - Mainz 05	1:2
FC Schönberg 95 - SV Waldhof Mannheim	0:3

Freilos: Bayern München, Bayer Leverkusen, Hertha BSC Berlin, Borussia Dortmund, 1. FC Kaiserslautern, VfL Wolfsburg, Werder Bremen, Hamburger SV, MSV Duisburg

3. Hauptrunde (12. - 13.10.1999)

Werder Bremen - 1. FC K'lautern	2:2 n.V., 4:3 i.E.
Chemnitzer FC - VfL Wolfsburg	2:3
VfL Bochum - MSV Duisburg	1:1 n.V., 6:5 i.E.
Mainz 05 - Hamburger SV	2:0
Hannover 96 - Arminia Bielefeld	1:2
FC St. Pauli - SSV Ulm 1846	0:2
Greuther Fürth - Hansa Rostock	1:3
1. FC Köln - Eintracht Frankfurt	2:1
SV Waldhof Mannheim - Bayer Leverkusen	3:2 n.V.
Energie Cottbus - Schalke 04	2:2 n.V., 5:4 i.E.
Stuttgarter Kickers - Borussia Dortmund	3:1
Tennis Borussia Berlin - Hertha BSC Berlin	2:3 n.V.
SV Babelsberg 03 - SC Freiburg	2:4 n.V.
Werder Bremen Am. - VfB Stuttgart	0:1
SV Meppen - Bayern München	1:4
Eintracht Trier - TSV München 1860	2:1

Achtelfinale (30.11. u. 1.12.1999)

Werder Bremen - SSV Ulm 1846	2:1
SV Waldhof Mannheim - Bayern München	0:3
SC Freiburg - Energie Cottbus	2:0
Mainz 05 - Hertha BSC Berlin	2:1 n.V.
VfB Stuttgart - 1. FC Köln	4:0
Stuttgarter Kickers - Arminia Bielefeld	3:2 n.V.
VfL Bochum - VfL Wolfsburg	5:4
Eintracht Trier - Hansa Rostock	0:4

Viertelfinale (21. u. 22.12.1999)

Hansa Rostock - VfB Stuttgart	2:1
VfL Bochum - Werder Bremen	1:2
Stuttgarter Kickers - SC Freiburg	1:0
Bayern München - Mainz 05	3:0

Halbfinale (15. u. 16.2.2000)

Werder Bremen - Stuttgarter Kickers	2:1 n.V.
Bayern München - Hansa Rostock	3:2

Finale (6.5.2000, Berlin, 76.000)

Bayern München - Werder Bremen 3:0

Bayern: Kahn - Babbel Andersson, Kuffour, Tarnat, Salihamidzic, Effenberg (81. Fink), Jeremies, Sergio, Elber (86. Scholl), Jancker (74. Santa Cruz)
SR: Berg (Konz) - **Tore:** 1:0 (57.) Elber, 2:0 (83.) Sergio, 3:0 (90.) Scholl

Werder: Rost - Frings, Barten, Baumann, Wiedener (15. Skripnik), Trares (71. Wicky), Eilts (64. Flock), Herzog, Bode, Ailton, Pizarro

Jubel und Trauer lagen auch 1999/2000 wieder nahe beieinander. Oben feiern die Bayern ihre überraschende Meisterschaft, links ein nachdenklicher Christoph Daum nach dem 0:2 in Unterhaching und rechts die Ulmer Radoki und Grauer, denen das Jubeln im Saisonverlauf noch vergehen sollte.

Milliardenliga zwischen Boom und Pleite

1. Bundesliga	FCR Duisburg	1. FFC Frankfurt	Spfr. Siegen	Turbine Potsdam	GW Brauweiler	SC Bad Neuenahr	WSV Wolfsburg	C.Flaesheim-H.	FSV Frankfurt	1. FC Saarbrücken	TuS Niederkirchen	1. FC Nürnberg	Sp	g	u	v	Tore	Pkt.	Zuschauer
1. FCR Duisburg	–	1:0	0:1	5:1	4:0	3:0	5:1	4:0	10:0	1:0	5:0	4:0	22	20	0	2	85:10	60	602
2. 1. FFC Frankfurt (M)	1:2	–	3:0	1:2	2:1	2:1	1:0	10:0	1:2	4:0	10:0	11:0	22	14	3	5	67:13	45	415
3. Spfr. Siegen	0:6	0:0	–	1:0	2:1	2:0	1:1	5:0	3:0	2:0	4:2	3:0	22	13	3	6	48:28	42	128
4. Turbine Potsdam	3:1	1:0	4:2	–	1:1	2:0	2:1	5:0	3:2	4:1	0:0	6:0	22	13	2	7	43:27	41	437
5. GW Brauweiler[1]	0:3	1:1	4:3	3:2	–	2:1	8:0	2:1	4:0	2:1	7:1	4:0	22	11	6	5	50:30	39	185
6. SC Bad Neuenahr	1:2	0:1	3:2	3:1	3:1	–	3:2	5:1	2:1	1:0	4:2	3:0	22	12	2	8	41:28	38	234
7. WSV Wolfsburg	0:2	0:0	3:2	2:3	0:0	1:0	–	4:1	2:1	2:0	2:1	2:1	22	10	5	7	46:37	35	209
8. C. Flaesheim-H. (N)	0:6	1:4	1:6	1:0	1:3	0:4	2:2	–	2:1	2:1	1:1	4:2	22	6	2	14	23:47	20	299
9. FSV Frankfurt	0:7	0:2	0:1	0:1	2:2	1:2	2:3	5:0	–	3:0	2:1	1:2	22	6	1	15	29:52	19	246
10. 1. FC Saarbrücken	0:3	1:4	0:0	0:1	1:1	2:2	0:5	1:2	1:3	–	4:0	3:0	22	5	3	14	23:41	18	203
11. TuS Niederkirchen*	0:4	0:3	0:3	1:0	0:2	0:3	1:5	1:0	0:1	0:2	–	2:0	22	4	2	16	16:63	14	290
12. 1. FC Nürnberg (N)*	2:7	0:6	0:3	2:1	1:1	0:0	0:8	2:3	1:4	1:3	0:3	–	22	2	3	17	15:83	9	247

Torjägerinnen

Inka Grings (FCR Duisburg)	38
Claudia Müller (1. FFC Frankfurt)	22
Conny Pohlers (Turbine Potsdam)	17
Birgit Prinz (1. FFC Frankfurt)	17
Petra Unterbrink (Grün-Weiß Brauweiler)	17
Martina Müller (FSV Frankfurt)	15
Merete Pedersen (Spfr. Siegen)	15
Renate Lingor (1. FFC Frankfurt)	13
Jennifer Meier (1. FFC Frankfurt)	12
Maren Meinert (FCR Duisburg)	12

Aufstiegsrunden zur 1. Bundesliga

Gruppe Nord
1.	FFC Heike Rheine*	6	5	0	1	24:5	15
2.	Hamburger SV	6	3	2	1	17:4	11
3.	Tennis Borussia Berlin	6	2	1	3	8:23	7
4.	Victoria Gersten	6	0	1	5	4:21	1

Gruppe Süd
1.	Bayern München*	6	5	1	0	25:4	16
2.	SC Freiburg	6	4	1	1	22:5	13
3.	TuS Ahrbach	6	1	1	4	3:25	4
4.	TSV Jahn Calden	6	0	1	5	2:18	1

Pokal

Qualifikation
FC Huchting - Lorbeer Rothenburgsort	1:5
SV Oberteuringen - Rot-Weiß Göcklingen	3:1
Turbine Potsdam II - Eintracht Schwerin	8:4 n.V.

1. Hauptrunde
DJK/FSV Schwarzbach - FSV Frankfurt	1:2
SC Sand - 1. FFC Frankfurt	2:7
RSV Drosendorf - 1. FC Nürnberg	0:x
SV Oberteuringen - Viktoria Neckarhausen	6:1
TuS Ahrbach - 1. FC Saarbrücken	0:x
1. FC Saarbrücken II - TuS Niederkirchen	0:3
SC Freiburg - SC Bad Neuenahr	0:5
FSV Westerstede - Grün-Weiß Brauweiler	0:7
SpVgg Oberaußem-Fortuna - Spfr. Siegen	0:6
FFC Heike-Rheine - FFC Flaesheim-Hillen	2:1
Lorbeer Rothenburgsort - FCR Duisburg	0:4
Wattenscheid 09 - GSV Moers	4:5
Erzgebirge Aue - WSV Wolfsburg	0:3
Turbine Potsdam II - Turbine Potsdam	0:15
Wittenseer SV - Uni-SV Jena	3:2
Hertha Zehlendorf - BVB Halle	3:2 n.V.

Achtelfinale
SV Oberteuringen - 1. FC Saarbrücken	0:4
TuS Niederkirchen - 1. FFC Frankfurt	0:3
1. FC Nürnberg - FSV Frankfurt	0:4
FFC Heike Rheine - FCR Duisburg	0:5
Hertha Zehlendorf - Grün-Weiß Brauweiler	0:x
Wittenseer SV - WSV Wolfsburg	0:11
GSV Moers - Turbine Potsdam	2:10
SC Bad Neuenahr - Spfr. Siegen	1:2

Viertelfinale
GW Brauweiler - FCR Duisburg	4:4 n.V., 5:3 i.E.
WSV Wolfsburg - Spfr. Siegen	0:1
1. FC Saarbrücken - Turbine Potsdam	3:1 n.V.
FSV Frankfurt - 1. FFC Frankfurt	0:6

Halbfinale
1. FC Saarbrücken - 1. FFC Frankfurt	1:3
Grün-Weiß Brauweiler - Spfr. Siegen	0:3

Finale (6.5.2000, Berlin)
1. FFC Frankfurt - Spfr. Siegen	2:1

 Frankfurt: Wissink - T. Wunderlich - Obermeier, Zorn - P. Wunderlich, Fitschen, Künzer, Kliehm, Lingor - Prinz, Meier

SR: Fornacon (Stöcksee) - **Tore:** 1:0 (63.) Meier, 2:0 (79.) Lingor, 2:1 (86.) Menge

Siegen: Rottenburg - Klein - Minnert, Schwind - Trauschke, Sefron, Röwer, Hansen, Zerbe - Pedersen, Meyer

Unten: Frauen-Fußballmeister 2000: FCR Duisburg, hier vor dem 1999er Pokalspiel gegen den 1. FFC Frankfurt

Saison 2000/2001
Der Vier-Minuten-Meister

2000/01 - der Meister

Bayern München

Oliver Kahn (32), Hasan Salihamidzic (31/4), Mehmet Scholl (29/9), Thomas Linke (28), Giovane Elber (27/15), Willy Sagnol (27), Paulo Sergio (26/5), Carsten Jancker (25/12), Thorsten Fink (24/1), Alexander Zickler (24/3), Samuel Kuffour (23/1), Michael Tarant (23/1), Patrik Anderson (22/1), Jens Jeremies (21/1), Stefan Effenberg (20/4), Ciriaco Sforza (20), Roque Santa Cruz (19/5), Bixente Lizarazu (15), Owen Hargreaves (14), Antonio di Salvo (6), Michael Wiesinger (6), Thomas Strunz (5), Bernd Dreher (1), Berkant Göktan (1), Stefan Wessels (1) – Trainer: Ottmar Hitzfeld

Fußball kann eine brutal ungerechte Sache sein. So am 19. Mai 2001. Da spielt der FC Schalke 04 in seinem allerletzten Spiel im Gelsenkirchener Parkstadion gegen den designierten Absteiger Unterhaching, erringt in einem wahren Wechselbad der Gefühle ein 5:3 (nach 26 Minuten hatte der Gastgeber noch mit 0:2 in Rückstand gelegen!) und harrt der Dinge in der Hamburger AOL-Arena, wo Rivale FC Bayern zur selben Zeit mit 0:1 in Rückstand liegt. Pünktlich um 17.15 Uhr ist Schluss auf Schalke, wo man sich als neuer Deutscher Meister wähnt. Mehr als vierzig Jahre nach Meistertitel Nummer 7 (1958) scheint der Traditionsklub wieder da zu sein. Doch in Hamburg wird noch immer gespielt. In quälender Länge flimmern die Ereignisse in der AOL-Arena auch über die Videoleinwand des Parkstadions. Und dann passiert es. Unerlaubtes Handspiel von HSV-Keeper Schober (ein eingefleischter Schalker...). Indirekter Freistoß für die Bayern, Andersson zieht mit rechts ab und überwindet Schober zum 1:1-Ausgleich. In Gelsenkirchen brechen die Menschen wortwörtlich zusammen - bevor man richtig zugreifen konnte, war der Titel schon wieder futsch. Legenden werden geboren. Schalke ist der "Meister der Herzen", ist der "Vier-Minuten-Meister". Deutscher Meister aber ist der FC Bayern.

Dessen neuerlicher Triumph (nach 1972-74 und 1985-87 übrigens das dritte Mal, dass die Bayern drei Titelgewinne in Folge erringen) hatte eine Vorgeschichte, denn die eigentliche Wende war bereits eine Woche zuvor gekommen. Da hatte Schalke in Stuttgart mit Angsthasenfußball ein 0:0 ermauern wollen und war in der 90. Minute bestraft worden, als Balakov zum Tor des Tages getroffen hatte. In exakt derselben Minute war den Bayern daheim gegen Kaiserslautern durch Zicklers Rechtsschuss ein 2:1-Kampfsieg gelungen. Statt zwei Punkte Vorsprung hatten die Gelsenkirchener plötzlich drei Punkte Rückstand auf den Branchenführer und mussten am finalen Spieltag auf einen eigenen Sieg und eine Niederlage des FC Bayern hoffen. Der Rest - siehe oben.

Für den FC Schalke 04 war es das tragische Ende einer turbulenten Saison. Vor dem ersten Spieltag war Trainer Stevens noch als heißester Kandidat für den ersten Rauswurf der Saison gehandelt worden. Doch nach drei Auftaktsiegen hatten die Königsblauen durch ein 1:1 bei München 1860 erstmals Platz 1 übernommen und zwei Wochen später mit einem 4:0-Triumph in Dortmund aufhorchen

Deutscher Meister 2001: FC Bayern München.
Hinten von links: Effenberg, Jancker, di Salvo, Wojciechowski, Sergio, Linke, Andersson, Sagnol, Tarnat, Zickler.
Mitte: Masseur Gebhardt, Physiotherapeut Hoffmann, Strunz, Jeremies, Wiesinger, Göktan, Sforza, Hargreaves, Backer, Mölzl, Kuffour, Co-Trainer Henke, Trainer Hitzfeld.
Vorne: Masseur Binder, Fink, Scholl, Wessels, Kahn, Dreher, Salihamidzic, Sinkala, Reha-Trainer Hauenstein.

Milliardenliga zwischen Boom und Pleite

lassen. In der Rückrunde brach allerdings die Krise über das Parkstadion herein. Nach dem 0:0 in Frankfurt fand sich Schalke plötzlich auf Rang 6 wieder - jenseits aller Titelhoffnungen. Doch die Knappen bekamen rechtzeitig die Kurve und übernahmen am 14. April 2001 durch einen 3:1-Triumph beim FC Bayern abermals Platz 1, den sie erst am 33. Spieltag nach dem erwähnten 0:1 in Stuttgart wieder abgaben. Am Ende herrschte also trotz der erfolgreichsten Saison seit Jahrzehnten - gekrönt durch den Pokalfinalsieg über den 1. FC Union Berlin - Trauer in Gelsenkirchen.

Die Bayern! „Dusel", „Glück", „Schiebung", „unfassbar" - wer es nicht mit dem Rekordmeister hielt (und das war „nur" etwa die Hälfte der Republik), erging sich am 19. Mai 2001 in Hass- und Fluchtiraden. So etwas kann eben nur der FC Bayern. Abgeschlagen sein, verloren haben, sich einen peinlichen Stolperlauf durch die gesamte Saison erlauben - und am Ende trotzdem Meister werden und auch noch neue Rekordzahlen in Sachen Umsatz zu vermelden (300 Mio. DM). Dabei hatte man in München phasenweise doch sogar um die direkte Qualifikation zur Champions League gezittert. Glanzvoll war sie allerdings nicht, die 17. Meisterschaft des FC Bayern. Neun Niederlagen - eines Meisters eigentlich unwürdig. Spielerisch war es höchst karg, was Hitzfelds Ensemble vor allem in der Hinrunde bot, und Cottbus, Frankfurt sowie Rostock hatten es der Bundesliga vorgemacht: Wer kämpft, besiegt den FC Bayern! Erst als Hitzfeld in der Rückserie von allzu sorgloser Offensive auf zweckmäßige Defensive umstellte und mit Patrik Andersson eine Idealbesetzung für den Posten des Abwehr-Organisators fand, lief es besser. Doch Sforza, Effenberg und Co. blieben weiterhin unter ihren Möglichkeiten, und so darf man getrost Olli Kahn zitieren, der das Geheimnis der Meisterschaft 2001 mit folgenden Worten lüftete: „Eine unglaubliche Willensleistung, die Mannschaft ist vom Charakter her unglaublich". Dem ist nichts hinzuzufügen.

Während die Bayern national stotterten und förmlich auf die Meisterschale geworfen wurden, lief es international höchst rund. Insbesondere gegen Manchester United und Real Madrid zeigten sich die Hitzfeld-Schützlinge von ihrer besten Seite und überwanden im Finale schließlich auch ihr Vorjahrestrauma, indem sie den FC Valencia im Elfmeterschießen besiegten und sich erstmals seit 1976 wieder Europas Fußballkrone aufsetzen durften. "Forever number one", sang die mitgereiste Fanschar im Mailänder San-Siro-Stadion mit voller Berechtigung. "Forever number two" - das war etwas, was Uli Hoeneß dem TSV Bayer 04 Leverkusen indirekt nachgesagt hatte. "Die werden auch in hundert Jahren nicht vor dem FC Bayern stehen", hatte der für den Rekordmeister tätige Wurstfabrikant gelästert. In Leverkusen wäre man 2000/01 froh gewesen, am Ende Nummer 2 geworden zu sein. In der BayArena standen ganze andere Themen zur Debatte, und Manager Calmund bezeichnete die Spielzeit schließlich sogar als "eine Horror-Saison", in der er sich vorkam "wie ein Boxer in der 35. Runde, dem alle fünf Runden ein neuer Gegner vorgesetzt wird". Die meisten Bayer-Gegner kamen aus den eigenen Reihen. Das Trauma von Unterhaching hatte die Chemie im Chemieklub nachhaltig gestört - und so griffen einige

Bundesliga-Torjäger

887 Tore in 306 Spielen, 2,93 pro Spiel

Sergej Barbarez (Hamburger SV)	22
Ebbe Sand (Schalke 04)	22
Claudio Pizarro (Werder Bremen)	19
Michael Preetz (Hertha BSC Berlin)	16
Giovane Elber (Bayern München)	15
Oliver Neuville (Bayer Leverkusen)	15
Ailton (Werder Bremen)	14
Emile Mpenza (Schalke 04)	13
Paul Agostino (TSV München 1860)	12
Carsten Jancker (Bayern München)	12
Andrzej Juskowiak (VfL Wolfsburg)	12
Ulf Kirsten (Bayer Leverkusen)	12
Dirk Lottner (1. FC Köln)	11

	1. Bundesliga	Bayern München	FC Schalke 04	Borussia Dortmund	Bayer Leverkusen	Hertha BSC Berlin	SC Freiburg	Werder Bremen	1. FC Kaiserslautern	VfL Wolfsburg	1. FC Köln	TSV München 1860	Hansa Rostock	Hamburger SV	Energie Cottbus	VfB Stuttgart	SpVgg. Unterhaching	Eintracht Frankfurt	VfL Bochum	Sp	g	u	v	Tore	Pkt.	Zuschauer
1.	Bayern München (M)	-	1:3	6:2	2:0	4:1	1:0	2:3	2:1	3:1	1:1	3:1	0:1	2:1	2:0	1:0	3:1	1:2	3:2	34	19	6	9	62:37	63	49.268
2.	FC Schalke 04	3:2	-	0:0	0:0	3:1	0:0	1:1	5:1	2:1	2:1	2:0	2:0	0:1	3:0	2:1	5:3	4:0	2:1	34	18	8	8	65:35	62	43.940
3.	Borussia Dortmund	1:1	0:4	-	1:3	2:0	1:0	0:0	1:2	3:3	2:3	1:0	4:2	2:0	0:0	3:0	6:1	1:0	1:0	34	16	10	8	62:42	58	59.138
4.	Bayer Leverkusen	0:1	0:3	2:0	-	4:0	1:3	3:0	4:2	4:1	0:0	1:2	1:1	1:3	4:0	1:1	1:0	1:0	1:0	34	17	6	11	54:40	57	20.650
5.	Hertha BSC Berlin	1:3	0:4	1:0	1:1	-	2:2	4:1	2:4	1:3	4:2	3:0	1:0	4:0	3:1	2:0	2:1	3:0	4:0	34	18	2	14	58:52	56	37.096
6.	SC Freiburg	1:1	3:1	2:2	0:1	1:0	-	0:1	5:2	4:1	0:0	0:3	0:0	0:0	4:1	4:0	2:0	5:2	5:0	34	15	10	9	54:37	55	23.703
7.	Werder Bremen	1:1	2:1	1:2	3:3	3:1	3:1	-	1:2	2:1	2:1	2:0	3:1	3:1	1:0	0:1	1:1	2:0	2:1	34	15	8	11	53:48	53	27.361
8.	1. FC Kaiserslautern	0:0	3:2	1:4	0:1	0:1	0:2	2:0	-	0:0	3:1	3:2	0:1	2:1	1:1	1:0	4:0	4:2	0:1	34	15	5	14	49:54	50	37.745
9.	VfL Wolfsburg	1:3	2:0	1:1	2:0	2:1	1:2	1:1	4:0	-	6:0	0:1	2:1	4:4	1:1	2:2	6:1	3:0	0:0	34	12	11	11	60:45	47	13.194
10.	1. FC Köln (N)	1:2	2:2	0:0	1:1	1:0	0:1	1:3	0:1	0:0	-	4:0	5:2	4:2	2:0	3:2	1:1	4:1	2:0	34	12	10	12	59:54	46	32.690
11.	TSV München 1860	0:2	1:1	1:0	1:0	0:1	3:1	0:2	0:4	2:2	3:1	-	2:1	2:1	0:1	2:1	0:2	2:2	2:4	34	12	8	14	43:55	44	22.883
12.	Hansa Rostock	3:2	0:4	1:2	0:2	0:0	5:2	1:0	1:1	2:1	2:1	0:0	-	1:0	1:0	1:1	2:2	0:2	2:0	34	12	7	15	34:47	43	13.211
13.	Hamburger SV	1:1	2:0	2:3	1:3	1:2	5:0	2:1	1:1	3:2	1:1	2:2	2:1	-	2:1	2:2	1:1	2:0	3:0	34	10	11	13	58:58	41	41.466
14.	Energie Cottbus (N)	1:0	4:1	1:4	1:2	3:0	0:2	3:1	2:0	0:0	2:3	1:0	4:2	-	2:1	1:0	2:0	3:0	1:0	34	12	3	19	38:52	39	15.840
15.	VfB Stuttgart	2:1	1:0	0:2	4:1	0:1	0:0	2:1	6:1	2:0	3:2	1:0	3:3	1:0	-	2:2	4:1	1:1	3:0	34	9	11	14	42:49	38	15.712
16.	SpVgg. Unterhaching*	1:0	0:2	1:4	1:2	5:2	1:1	0:0	0:0	0:3	3:2	1:2	1:2	2:1	1:2	-	2:0	2:1	3:0	34	8	11	15	35:59	35	7.419
17.	Eintracht Frankfurt*	0:2	0:0	1:1	1:3	0:4	3:0	1:2	3:1	1:5	1:0	4:0	1:0	2:1	3:0	3:0	-	3:0	3:0	34	10	5	19	41:68	35	28.362
18.	VfL Bochum (N)*	0:3	1:1	1:1	3:2	1:1	3:0	1:2	0:2	2:3	1:1	0:4	1:0	0:0	3:0	2:1	2:1	-	34	7	6	21	30:67	27	16.380

Saison 2000/2001

	2. Bundesliga	1. FC Nürnberg	Bor. Mönchengladbach	FC St. Pauli	SVW Mannheim	SpVgg. Greuther Fürth	LR Ahlen	SSV Reutlingen	1. FC Saarbrücken	Hannover 96	Alemannia Aachen	MSV Duisburg	RW Oberhausen	Arminia Bielefeld	Mainz 05	VfL Osnabrück	SSV Ulm 1846	Stuttgarter Kickers	Chemnitzer FC	Sp	g	u	v	Tore	Pkt.	Zuschauer
1	1. FC Nürnberg*	-	2:1	1:2	1:0	0:1	2:0	2:0	0:1	4:2	6:1	3:1	2:1	2:1	1:0	3:1	1:2	2:1	3:1	34	20	5	9	58:35	65	20.356
2	Bor. Mönchengladbach*	1:1	-	4:2	3:0	3:1	1:2	1:1	0:0	2:0	6:1	1:1	1:0	0:1	1:1	0:0	5:0	1:0	3:0	34	17	11	6	62:31	62	20.291
3	FC St. Pauli*	1:0	0:2	-	5:0	3:3	3:2	1:0	2:2	2:2	3:3	1:0	4:1	2:0	2:2	2:4	1:0	4:0	3:0	34	17	9	8	70:52	60	16.034
4	SVW Mannheim	1:4	4:0	2:1	-	2:1	0:3	1:1	2:3	2:1	3:0	1:0	5:0	3:3	4:0	2:0	5:0	4:2	0:0	34	17	8	9	57:42	59	7.281
5	SpVgg. Greuther Fürth	0:0	2:2	5:1	2:1	-	2:4	1:0	0:1	2:1	3:0	1:0	1:2	1:0	3:1	2:0	1:0	2:0	4:1	34	15	9	10	55:38	54	6.566
6	LR Ahlen (N)	0:1	2:1	3:6	1:2	2:0	-	3:1	2:1	1:2	3:2	4:1	1:1	1:0	1:0	1:0	1:1	5:2	1:0	34	15	9	10	61:53	54	6.384
7	SSV Reutlingen (N)	3:2	3:1	2:0	1:1	2:2	5:1	-	8:2	3:0	3:1	0:1	1:1	3:2	3:2	2:0	2:2	1:0	2:0	34	15	8	11	64:52	53	7.062
8	1. FC Saarbrücken (N)	2:2	0:4	1:0	3:3	2:1	1:2	2:2	-	2:1	1:3	1:0	3:2	1:0	1:1	2:1	1:1	1:0	4:1	34	14	8	12	48:59	50	9.045
9	Hannover 96	1:1	0:0	1:1	3:0	2:1	1:1	5:1	3:0	-	0:0	0:2	3:0	4:2	2:4	1:1	2:0	1:0	0:0	34	12	10	12	52:45	46	11.043
10	Alemannia Aachen	0:1	1:1	0:1	0:1	0:0	4:3	4:1	1:0	0:4	-	1:0	3:1	1:0	1:0	0:0	1:0	3:0	1:2	34	13	7	14	42:60	46	11.628
11	MSV Duisburg (A)	3:2	0:2	4:1	0:1	0:0	3:3	4:3	2:1	2:1	4:0	-	1:2	2:1	0:0	2:2	1:2	0:0	1:1	34	12	9	13	46:40	45	6.292
12	RW Oberhausen	1:2	1:1	2:3	1:2	2:2	1:0	2:0	4:1	0:0	3:0	1:0	-	0:0	1:0	5:2	3:1	1:3	4:1	34	13	6	15	45:50	45	4.592
13	Arminia Bielefeld (A)	1:2	1:2	3:3	0:0	1:1	1:1	3:1	4:2	5:2	1:1	1:1	2:0	-	4:1	3:1	1:1	0:0	5:1	34	10	11	13	53:46	41	10.701
14	Mainz 05	2:0	0:1	1:1	0:1	1:0	2:2	1:1	1:0	0:2	1:1	1:0	1:0	2:4	-	2:0	0:3	2:2	3:1	34	10	10	14	37:45	40	5.416
15	VfL Osnabrück (N)*	2:1	1:3	0:0	0:2	2:1	1:1	0:2	2:2	0:1	5:1	1:3	0:0	1:0	2:1	-	2:1	4:1	1:1	34	9	10	15	40:52	37	10.698
16	SSV Ulm 1846 (A)*	0:1	2:4	1:4	1:0	2:2	2:0	2:3	3:1	3:3	3:1	1:3	0:1	0:1	0:2	1:1	-	1:1	3:0	34	9	7	18	42:58	34	10.247
17	Stuttgarter Kickers*	0:2	1:1	0:2	2:2	0:5	1:1	1:0	0:1	2:0	0:3	0:0	1:0	2:1	0:0	2:1	2:4	-	4:0	34	8	10	16	31:51	34	4.265
18	Chemnitzer FC*	1:1	0:3	1:3	0:0	0:2	2:2	1:3	1:3	0:2	2:3	1:3	0:1	1:0	0:2	1:2	1:0	0:2	-	34	3	7	24	24:78	16	4.171

Torjäger 2. Bundesliga

Olivier Djappa (SSV Reutlingen 05)	18
Artur Wichniarek (Arminia Bielefeld)	18
Sambo Choji (1. FC Saarbrücken)	16
Marcel Rath (FC St. Pauli)	15
Arie van Lent (Bor. Mönchengladbach)	14
Xie Hui (Alemannia Aachen)	14
Marcus Feinbier (LR Ahlen)	13
Thomas Meggle (FC St. Pauli)	13

Liga-Pokal

Vorrunde (11. u. 12.7.2001)

Borussia Dortmund – SC Freiburg	0:0, 3:1 i.E.
Bayer Leverkusen – Hertha BSC Berlin	1:2

Halbfinale (17. u. 18.7.2001)

Schalke 04 – Borussia Dortmund	2:1
Bayern München – Hertha BSC Berlin	0:1

Finale (21.7.2001, Mannheim)

Schalke 04 – Hertha BSC Berlin	1:4

zu bewusstseinsverändernden Hilfsmitteln. Erfolgscoach Christoph Daum zum Beispiel. Der „Motivator", der seine Akteure zwecks Stählung der eigenen Psyche auch schon mal über Glasscherben marschieren ließ, wollte in seiner letzten Saison als Bayer-Cheftrainer (im Mai 2001 sollte er Rudi Völler als Bundestrainer ablösen) unbedingt den Erfolg nach Leverkusen holen. Doch statt sportlicher Schlagzeilen geriet der ehemalige Lautsprecher in die Klatschpresse. Erste Gerüchte, Daum würde regelmäßig Kokain zu sich nehmen, wurden noch empört zurückgewiesen, blieben aber hartnäckig im Raum stehen. Keiner mochte so recht an derlei Verfehlungen des designierten Bundestrainers glauben. Er selbst offenbar auch nicht, wenngleich er der Einzige war, der die volle Wahrheit kannte. Dessen ungeachtet ließ Daum im September 2000 eine Haarprobe nehmen, deren Resultat die Republik erschütterte: Positiv. Daum als Junkie - das ließ das gesamte in der Vorsaison aufgebaute positive Leverkusener Weltbild binnen Stunden zusammenbrechen. Daum floh nach Florida, DFB-Boss Mayer-Vorfelder fühlte sich betrogen und erklärte den Nationaltrainervertrag für null und nichtig, Bayer-Manager Calmund geriet ins Rotieren und fühlte sich in seiner Rolle als Freund missbraucht. Die Trainingsleitung übernahm derweil Rudi Völler, der das Bayer-Ensemble mit vier Spielen ohne Niederlage auf Rang 3 führte. Heile Welt also in Leverkusen? Mitnichten! Calmund beging seinen nach eigenen Angaben "größten Fehler" und holte Ex-Bundes-

Kein gutes Jahr für Christoph Daum. Erst die in Unterhaching verpasste Meisterschaft, dann ein jähes Ende bei Bayer 04 nach der Kokain-Affäre.

trainer Berti Vogts, der sich ein illustres Trainerteam zusammenstellte (Toni Schumacher, Pierre Littbarski und Wolfgang Rolff), mit seiner schon zu Bundestrainerzeiten festgestellten eher spröden, verbissenen und besserwisserischen Art aber Ordnung und gab ihnen Spielraum für die Verpflichtung des ebenso schmalen wie genialen Tomáš Rosický, erwies sich aber zugleich als sportliches Hemmnis: Jede Niederlage ließ den Kurs absacken und die Nervosität größer werden. Dortmund

Die Kunststücke des Vasile Miriuta waren für Cottbus ein wichtiges Mittel auf dem Weg zum Ligaverbleib. Hier erzielt der Ungar per Freistoß das 1:0 in Leverkusen.

gnadenlos scheiterte. Woche für Woche wurde Vogts von den Medien weiter demontiert, während das hoch bezahlte Starensemble mit mittelprächtigen Leistungen aufwartete und allmählich aus der Spitzengruppe ausschied. Allenfalls Winter-Noteinkauf Lucio, für schlappe 17,5 Mio. DM in die Chemiestadt gekommen, überzeugte, konnte aber nicht verhindern, das am Ende nur Rang 4 heraussprang.

Dortmund wurde Dritter. So weit, so gut. Ein Platz in der Champions-League-Qualifikation - das war doch was. Doch ein genauerer Blick offenbart Enttäuschung über das erste Jahr unter Cheftrainer Sammer. Nur einmal zierte das strahlende Licht des Tabellenführers das immer größer werdende Westfalenstadion (inzwischen 68.600 Plätze) - nach dem 6:1 über Frankfurt am 24. Spieltag. Dem standen ein peinliches 0:4 daheim gegen Schalke und ein ähnlich peinliches 2:6 beim FC Bayern gegenüber. Viel zu sehr dominierte der Börsengang das Denken im einstigen Arbeiterverein. Zwar brachte jener die Finanzen der Schwarz-Gelben wieder in Ordnung hatte aber auch noch eine "schöne" Story zu bieten, die den passenden Namen "Herrlich" trägt. Nach Sehstörungen war im Oktober beim BVB-Stürmer Krebs diagnostiziert worden. Der Schock saß tief, doch nach elf Wochen harten Kampfes hatte Heiko Herrlich den Tumor besiegt und kehrte zurück.

Für den UEFA-Cup qualifizierten sich die Berliner Hertha - Saisonkennzeichen "Auf und Ab" - sowie der Sportclub Freiburg. Dessen Trainer Finke hatte schon vor dem Saisonstart orakelt, es könne eine "interessante Saison" für die Breisgauer werden. Wurde es! Ein 4:0-Auftaktsieg im Derby gegen Stuttgart machte den Sportclub zum ersten Tabellenführer der jungen Saison. Elf Spiele später standen die Schwarz-Roten freilich auf einem Abstiegsplatz und die SC-Fans bereiteten sich auf eine weitere Zittersaison vor. Das war freilich unnötig, denn eine Siegesserie beförderte die Kombinationsfußballer alsbald wieder in höhere Gefilde, und nach einem 4:1 über den VfL Wolfsburg war die Sensation perfekt: Zum zweiten Mal nach 1995 durften die Südbadener Deutschland in Europa vertreten.

Der Abstiegskampf war nicht annähernd so spannend. Bochum verabschiedete sich bereits am 32. Spieltag wieder aus dem Oberhaus, Frankfurt folgte eine Woche später. Unterhaching hatte zu jenem Zeitpunkt auch nur noch theoretische Chancen, da die Rot-Blauen wie erwähnt auf Schalke anzutreten hatten. Die Überraschung der Saison war zweifelsohne Energie Cottbus. Die Lausitzer waren vor allem im Stadion der Freundschaft kaum zu besiegen und machten mit einem 4:2 gegen den HSV vorzeitig alles klar. Für die geplagte Region war dies eine enorme Erleichterung. Nebenbei: Beim Heimspiel gegen Wolfsburg sorgte Cottbus für ein Novum, als erstmals in der Bundesliga-Geschichte kein einziger deutscher Spieler in der Startelf stand. Aus der 2. Bundesliga kam namhafter Nachschub. Nürnberg, Mönchengladbach und St. Pauli - zwei ehemalige Deutsche Meister sowie ein Kultklub feierten ihre Rückkehr ins Oberhaus. St. Paulis Aufstieg kam völlig unerwartet. Die Kiez-Kicker hatten eigentlich mit Abstiegskampf gerechnet, fanden sich unter Trainer Demuth jedoch zu einer kampfstarken Einheit, die am letzten Spieltag mit einem 2:1 in Nürnberg die Sensation perfekt machte. Schlagzeilen schrieb zudem Absteiger SSV Ulm 1846, der nach seinem Durchmarsch von Liga 3 in Liga 1 nun einen Durchmarsch von Liga 1 in Liga 3 machte, der wenig später aufgrund gewisser finanzieller Verfehlungen sogar zu einem Durchmarsch von Liga 1 in Liga 5 wurde. Das hatte es noch nie gegeben, doch stolz war bei den „Spatzen" wohl niemand auf diesen Rekord.

Bleiben noch die neben den Spielern wichtigsten Akteure der ganzen Angelegenheit: Die Zuschauer bzw. Fans. Denen ging allmählich die Geduld mit den Initiatoren der gnadenlosen Vermarktung verloren. Die zunehmende Zerstückelung der Spieltage ließ eine Protestaktion entstehen (Pro 15:30), die so zahlreiche Akzeptanz fand wie keine andere zuvor in der deutschen Fußballgeschichte.

1. FC Union Berlin

Das Schöne am Fußball ist, dass er nicht berechenbar ist. Und dass er selbst in einer komplett durchgestylten Medienwelt noch immer ungeplante Überraschungen mit sich bringt. Da ist zum Beispiel der Fall des 1. FC Union Berlin. Ein marodes Stadion, eine krisengeschüttelte Region, ein taumelnder Verein, dessen Schicksal im Fünf-Monats-Takt am seidenen Faden hängt.

Und dann kommt ein unbekannter Bulgare mit dem Namen Georgi Wassilev, bastelt aus einem Haufen mehr oder weniger begabter Fußballer ein Traumteam zusammen und baut einen schon eine Zeit eher unauffällig in Deutschland sein Fußballbrot verdienenden Brasilianer namens Daniel Loureiro Teixeira zum gefährlichsten Torjäger im bezahlten Fußball auf. Resultat: Union wird Meister der Regionalliga Nord, zieht nebenbei ins Pokalfinale ein und ist plötzlich Qualifikant für den Europapokal. Auf der Strecke blieben beispielsweise die (Zweit-) Bundesligisten Rot-Weiß Oberhausen, SpVgg Greuther Fürth, SSV Ulm 1846, VfL Bochum und Borussia Mönchengladbach sowie die eigentlich mit der Favoritenbürde belegten Drittligisten Eintracht Braunschweig und VfB Lübeck, die dem 1. FC Union neidisch hinterher blickten.

Union - oder "Eisern Union", wie die Fans der Köpenicker zu sagen pflegen, ist ein Mythos. Aus DDR-Tagen hängt dem Klub das Image des Underdogs an, der gegenüber dem von Stasi-Chef Mielke gepushten BFC Dynamo keine Chance hatte bzw. haben durfte. Hinter vorgehaltener Hand wurden die Rot-Weißen als "Gewerkschaftsklub" bezeichnet - in der Arbeiter- und Bauernrepublik DDR *kein* Gütesiegel.

Union ist aber älter als die DDR und weist eine höchst verworrene Vereinsgeschichte auf, die verschachtelt und zersplittert ist wie keine zweite in der Republik. Angefangen hatte alles am 17. Juni 1906, als der FC Olympia Oberschöneweide entstand. Aus jenem Klub wurde nach diversen Irrungen und Wirrungen am 14. März 1910 der SC Union 06 Oberschöneweide, der im Arbeiterviertel Köpenick/Oberschöneweide beheimatet war. Union lockte vornehmlich Malocher der Stahlindustrie an, was dem Klub alsbald den Beinamen "Eisern" einbrachte. Auch der Begriff „Schlosserjungen" stammt aus jenen Jahren. 1914 erreichte Union die höchste Spielklasse Berlins, deren Meisterschaft die Oberschöneweider 1920 erstmals gewannen. Scheiterten sie seinerzeit in der Endrunde um die Deutsche Meisterschaft noch an den Vereinigten Breslauer Sportfreunden, so gelang drei Jahre später über Arminia Bielefeld und die SpVgg Fürth der sensationelle Einzug ins Finale, in dem der HSV allerdings mit 3:0 die Nase vorn hatte. Die Vizemeisterschaft blieb jahrzehntelang der größte Erfolg der Eisernen, die zwar bis Kriegsende im hochklassigen Fußball mitmischten, über Mittelmaß aber nicht hinaus kamen.

Turbulent wurde es nach dem Krieg. 1947/48 hatten die Eisernen eine derart mitreißende Elf beisammen, dass sie - als Aufsteiger! - Berlins Oberligameisterschaft gewannen und sich für die Endrunde um die Deutsche Meisterschaft qualifizierten. Doch die politischen Spannungen jener Tage überschatteten den Erfolg. Gegner St. Pauli musste mit Handkarren über die Grenze innerhalb Berlins und brachte Union im Olympiastadion ein 0:7-Debakel bei. Zwei Jahre später qualifizierte sich Union erneut für die Endrunde, und diesmal kam das Aus bereits vor dem ersten Spiel.

Die Ostberliner Politiker fanden keinen Gefallen an der Teilnahme der Oberschöneweider, deren 1. Mannschaft daraufhin nahezu geschlossen die Flucht gen Westberlin antrat. Dort wurde ein Klub mit dem Namen SC Union 06 Berlin gegründet, der an der Endrunde teilnahm und anschließend in den Spielbetrieb der Bundesrepublik integriert wurde. Übrig blieb der eigentliche Kern des Klubs, der im Ostsektor beheimatet war. Und jenem ging es nun gar nicht gut. Die Ostpolitiker hatten Union, für die seinerzeit Akteure wie "Wibbel" Wirth, Lothar Meier und Horst Assmy aufliefen, ehe sie zu "wichtigeren" Klubs wie Dynamo bzw. Vorwärts Berlin wechselten, kräftig auf den Kieker, wollten den Klub vernichten. 1951 übernahm die neu gegründete BSG Motor Oberschöneweide den Oberligaplatz, während Union mit der SG Grünau vereint wurde und bis 1971 dahin darbte, ehe das endgültige Aus kam. Den Mythos übernommen hatte die „neue" BSG Motor, aus der im Februar 1955 der SC Motor Berlin hervorging, der wiederum am 16. Juni 1957 gespalten wurde: Der TSC Oberschöneweide sollte der Förderung des Leistungssports dienen, die TSG Oberschöneweide hingegen der des Breitensports. Aus Letzterer wurde später zunächst die SG Oberschöneweide, die sich 1995 mit dem SC Union 06 (West-) Berlin zum SC Union 06 Oberschöneweide vereinte, der heute aber wieder - es ist eben alles ein wenig komplizierter - SC Union 06 Berlin heißt.

Das Leistungskollektiv mit dem Namen TSC Oberschöneweide dümpelte derweil in der 3. Liga, der man 1961/62 endlich nach oben entrann, woraufhin eine neuerliche Umstrukturierung anstand. Gemeinsam mit dem SC Einheit Berlin und dem SC Rotation Berlin bildete der TSC den TSC Berlin, der sich in der Zweitklassigkeit etablieren konnte. Längst hatten die Wuhlheider wieder Wurzeln geschlagen in Köpenick, vertrauten auf ein treues und bisweilen fanatisches Publikum. Auch das "Eisern" hatte im Laufe der Jahre eine völlig neue Bedeutung bekommen. Es stand nun für "Treu", für "Unerschütterlich" und ein bisschen auch für "Protest". Letzteres verstärkte sich nach dem 20. Januar 1966, als aus der TSC-Fußballabteilung der 1. FC Union wurde. Schon der Name überrascht - in der DDR hieß man sonst eher Dynamo, Motor oder Energie. Die ungewöhnliche Bezeichnung war Resultat einer Umfrage der "Berliner Zeitung", die nach einem Aufruf 475 Namensvorschläge gesammelt hatte.

Union war endlich wieder Union, und die Freude war groß. "Die Berliner liebten die Alte Försterei, sie liebten ihre Union. Mit dieser Gründung lebten die alten, angeblich versunkenen Traditionen wieder neu auf", konstatierte der einstige Boss Günter Mielis später. Tatsächlich wurde Union sofort zum Kult und verbuchte einen stetig wachsenden Zuschauerstamm. Nur sportlich klappte es nicht. In den Sechzigern entwickelte sich der 1. FC Union zur Fahrstuhlmannschaft, pendelte zwischen erster und zweiter Liga, feierte aber 1968 mit dem Gewinn des FDGB-Pokals immerhin seinen größten Erfolg. Pech für die Köpenicker, dass ausgerechnet in jener Saison die DDR nicht am Europapokal teilnahm, weil der Westen sich über das sowjetische Eingreifen beim Prager Frühling aufgeregt hatte. Im Politbüro war man ohnehin nicht gut auf die Wuhlheider zu sprechen. Union-Fans seien, so stand es in einem umfangreichen Stasi-Dossier über den Klub, an ihrem "negativ-dekadentem Aussehen erkennbar".

Erst nach der Wende war der Weg frei für Union - zumindest theoretisch. Während es sportlich prima lief und unter Trainer Frank Pagelsdorf zweimal in Folge die Meisterschaft und das Erreichen der Aufstiegsrunde zur 2. Bundesliga gefeiert wurde, machte der DFB ebenso häufig einen Strich durch die Aufstiegsrechnung. Gefälschte Bankbürgschaften, ein undurchsichtiges Finanzchaos, umstrittene personelle Strukturen ließen Union an die Wand fahren. Anschließend rutschte der Zuschauerschnitt auf unter 1.000, und die Zukunft der Unioner stand in den Sternen. Abenteuerliche Finanzkonzepte wurden an der Wuhlheide ausgepackt. Selbst der Sportartikelhersteller Nike stieg ein - vergeblich. Erst als 1996 Kinowelt-Macher Michael Kölmel hinzukam, ging es aufwärts. Unter Präsident Heiner Bertram und dank der Kölmelschen Finanzspritzen wurde zunächst eine solide Basis errichtet, die sich in der Spielzeit 2000/01 endlich auch sportlich auszahlte. Neben dem sportlichen Erfolg war freilich der finanzielle beinahe noch wichtiger. "Mit den Einnahmen aus dem DFB-Pokal werden wir erstmal Kredite zurückzahlen", freute sich Präsident Bertram über den unerwarteten Geldsegen. Tatsächlich gelang es dem Klub unter seiner Führung sogar, die sich 2001 bereits abzeichnenden Probleme der Kinowelt zu überstehen und nach deren Aus auch auf eigenen Füßen voranzukommen. 2001/02 spielte Union ernsthaft um den Aufstieg in Liga 1 mit, schaffte 2002/03 nach einer turbulenten Spielzeit mit Ach und Krach den Klassenerhalt und will nun wieder "angreifen". Die Voraussetzungen sind günstig: Union ist *der* Ostberliner Klub und als Gegenmodell zur Hertha allemal geeignet. Einziges Problem ist die etwas marode Alte Försterei - doch da würden sich zweifelsohne Lösungen ergeben, falls es mit dem Aufstieg in die 1. Liga klappt.

Sebastian Deisler (Hertha BSC Berlin)

Er war everybodys Darling, der umworbenste Fußballer der ganzen Republik und nebenbei auch noch von erfrischender Unschuld. Sebastian Deisler, geboren im südbadischen Lörrach, in Mönchengladbach auf die Bundesliga-Bühne gehüpft und bei Hertha BSC Berlin zum Superstar aufgestiegen. Und seitdem von allen gejagt. Vor allem Bayern München war an dem rechten Mittelfeldakteur interessiert - kein Wunder, denn Bayern-Trainer Ottmar Hitzfeld hatte Sebastian Deisler schon in der frühesten Jugend kennen gelernt. Deisler traf seinerzeit in der D-Jugend des FV Lörrach rund 200 Mal pro Saison ins Schwarze - und so etwas entgeht einem Hitzfeld natürlich nicht. Deisler richtet danach sein ganzes Leben auf den Fußball ein. „Der Basti ist mit dem Fußball aufgestanden und schlafen gegangen. Ein echter Straßenfußballer. Und brutal ehrgeizig", erinnerte sich Friedel Rausch, bei Borussia Mönchengladbach Deislers erster Proficoach. Schon damals war Rausch beeindruckt und bezeichnete den Lörracher als „Jahrhunderttalent, das irgendwann in einem Atemzug mit Walter, Seeler und Beckenbauer genannt wird".

Rausch behielt Recht, denn spätestens seit seinem Länderspieldebüt am 23. Februar 2000 beim 1:2 gegen die Niederlande war „Basti Fantasti" (Bild-Zeitung) in aller Munde. 1999 war der Mittelfeldmotor nach dem Abstieg seiner Gladbacher Borussen zu Hertha BSC Berlin gewechselt und an der Spree zum Superstar aufgestiegen. Seinen Vorbildern Rivaldo und David Beckham nacheifernd, hatte er an seinen zahlreichen Stärken gefeilt und war unter Trainer Röber auch persönlich gewachsen. Seine präzisen Flanken und seine häufig spielentscheidenden Pässe faszinierten europäische Spitzentrainer ebenso wie seine exakt getimten Freistöße. Er selbst sah sich eher nüchtern. „Groß, Hühnerbrust, kein Brustpelz, dafür aber lange Beine - schüchtern", schrieb Deisler über Deisler auf seiner Homepage. Dessen ungeachtet klopfte der FC Bayern regelmäßig bei ihm an. 1999 hatte Deisler noch das Angebot der Hertha vorgezogen, weil er dort bessere Chancen für sich gesehen hatte. 2002 schließlich gab er nach. Zwar wurde sein Transfer von einigen Unregelmäßigkeiten überschattet - Bayern-Manager Uli Hoeneß lockte den Jungstar mit einem „Vorab-Kredit", den Deisler jedoch nach Bekanntwerden wieder zurückzahlte - hatte aber auch eine gewisse logische Konsequenz: Die Bayern waren immerhin die Besten - und wollten nur das Beste. Doch in München sollte „Basti Fantasti" nicht viel zu lachen haben.

Das Knie machte ihm immer wieder Probleme und brachte ihn um die WM-Teilnahme 2002. Den Großteil der Spielzeit 2002/03 verbrachte Deisler auf der Tribüne oder im Krankenhaus - ganze acht Mal kam er zum Einsatz. Doch Deisler ist noch jung und hat die Zukunft vor sich. Bayern-Trainer Hitzfeld ist ebenfalls optimistisch: „Wir werden noch viel Freude an ihm haben."

Der Europapokal

Champions League

Qualifikation 3. Runde (8. – 23.8.2000)

Leeds United – TSV München 1860	2:1, 1:0
Brøndby IF – Hamburger SV	0:2, 0:0

Gruppenspiele

Gruppe A

Spartak Moskau – Bayer Leverkusen	2:0, 0:1
Bayer Leverkusen – Sporting Lissabon	3:2, 0:0
Bayer Leverkusen – Real Madrid	2:3, 3:5

1. Real Madrid	6	4	1	1	15:8	13
2. Spartak Moskau	6	4	0	2	9:3	12
3. Bayer Leverkusen	6	2	1	3	9:12	7
4. Sporting Lissabon	6	0	2	4	5:15	2

Bayer Leverkusen spielt im UEFA-Pokal (3. Runde) weiter

Gruppe E

Hamburger SV – Juventus Turin	4:4, 3:1
Deportivo La Coruña – Hamburger SV	2:1, 1:1
Hamburger SV – Panathinaikos Athen	0:1, 0:0

1. Deportivo La Coruña	6	2	4	0	6:4	10
2. Panathinaikos Athen	6	2	2	2	6:5	8
3. Hamburger SV	6	1	3	2	9:9	6
4. Juventus Turin	6	1	3	2	9:12	6

Hamburger SV spielt im UEFA-Pokal (3. Runde) weiter

Gruppe F

Helsingborgs IF – Bayern München	1:3, 0:0
Bayern München – Rosenborg Trondheim	3:1, 1:1
Paris St. Germain – Bayern München	1:0, 0:2

1. Bayern München	6	3	2	1	9:4	11
2. Paris St. Germain	6	3	1	2	9:5	10
3. Rosenborg Trondheim	6	2	1	3	13:15	7
4. Helsingborgs IF	6	1	2	3	6:14	5

Zwischenrunde

Gruppe C

Bayern München – Olympique Lyon	1:0, 0:3
Arsenal London – Bayern München	2:2, 0:1
Bayern München – Spartak Moskau	1:0, 3:0

1. Bayern München	6	4	1	1	8:5	13
2. Arsenal London	6	2	2	2	6:8	8
3. Olympique Lyon	6	2	2	2	8:4	8
4. Spartak Moskau	6	1	1	4	5:10	4

Viertelfinale (3. und 18.4.2001)

Manchester United – Bayern München	0:1, 1:2

Halbfinale (1. und 9.5.2001)

Real Madrid – Bayern München	0:1, 1:2

Finale (23.5.2001, Mailand, 74.500)

Bayern München – FC Valencia n.V. 1:1, 5:4 i.E.

 FC Bayern: Kahn - Kuffour, Andersson, Linke - Sagnol (46. Jancker), Hargreaves, Effenberg, Lizarazu - Scholl (108. Sergio), Elber (100. Zickler), Salihamidzic

SR: Jol (Niederlande) - **Tore:** 0:1 Mendieta (3., HE), 1:1 Effenberg (50., HE) - **Elfmeterschießen:** Salihamidzic, Zickler, Effenberg, Lizarazu, Linke - Mendieta, Carew, Baraja, Kily Gonzales

 Valencia: Canizares - Angloma, Ayala (89. Djukic), Pellegrino, Carboni - Mendieta, Baraja, Aimar (46. Albelda), Kily Gonzales - Sanchez (66. Zahovic), Carew

Saison 2000/2001

Der Europapokal

UEFA-Pokal

1. Runde (11. – 28.9.2000)

VfB Stuttgart – Heart of Midlothian	1:0, 2:3
Antalyaspor – Werder Bremen	2:0, 0:6
Zimbru Chisinau – Hertha BSC Berlin	1:2, 0:2
FK Drnovice – TSV München 1860	0:0, 0:1
Bohemians Dublin – 1. FC K'lautern	1:3, 1:0

2. Runde (23.10. – 9.11.2000)

Halmstads BK – TSV München 1860	3:2, 1:3
Hertha BSC Berlin – Amica Wronki	3:1, 1:1
FC Tirol Innsbruck – VfB Stuttgart	1:0, 1:3
Werder Bremen – RC Genk	4:1, 5:2
Iraklis Saloniki – 1. FC Kaiserslautern	1:3, 3:2

3. Runde (21.11. – 7.12.2000)

Glasgow Rangers – 1. FC Kaiserslautern	1:0, 0:3
Girondins Bordeaux – Werder Bremen	4:1, 0:0
AS Rom – Hamburger SV	1:0, 3:0
Feyenoord Rotterdam – VfB Stuttgart	2:2, 1:2
Bayer Leverkusen – AEK Athen	4:4, 0:2
AC Parma – TSV München 1860	2:2, 2:0
Hertha BSC Berlin – Inter Mailand	0:0, 1:2

Achtelfinale (15. u. 22.2.2001)

VfB Stuttgart – Celta Vigo	0:0, 1:2
Slavia Prag – 1. FC Kaiserslautern	0:0, 0:1

Viertelfinale (8. u. 15.3.2001)

1. FC Kaiserslautern – PSV Eindhoven	1:0, 1:0

Halbfinale (5. u. 19.4.2001)

CD Alavés – 1. FC Kaiserslautern	5:1, 4:1

Die Länderspiele

Männer

16.8.	Hannover	Spanien	4:1
2.9.	Hamburg	(WMQ) Griechenland	2:0
7.10.	London	(WMQ) England	1:0
15.11.	Kopenhagen	Dänemark	1:2
27.2.	Paris	Frankreich	0:1
24.3.	Leverkusen	(WMQ) Albanien	2:1
28.3.	Athen	(WMQ) Griechenland	4:2
29.5.	Bremen	Slowakei	2:0
2.6.	Helsinki	(WMQ) Finnland	2:2
6.6.	Tirana	(WMQ) Albanien	2:0

Frauen

22.7.	Braunschweig	USA	0:1
17.8.	Reykjavik	(EMQ) Island	6:0
27.8.	Aachen	Dänemark	7:0
13.9.	Canberra	(OS) Australien	3:0
16.9.	Canberra	(OS) Brasilien	2:1
19.9.	Melbourne	(OS) Schweden	1:0
24.9.	Sydney	(OS) Norwegen	0:1
28.9.	Sydney	(OS) Brasilien	2:0
6.3.	Augsburg	China	1:0
8.3.	Ulm	China	2:4
10.5.	Troisdorf	Italien	1:0
17.5.	Gera	Russland	1:1
14.6.	Goch	Kanada	3:0
17.6.	Oberhausen	Kanada	7:1
23.6.	Erfurt	(EM) Schweden	3:1
27.6.	Erfurt	(EM) Russland	5:0
30.6.	Jena	(EM) England	3:0
4.7.	Ulm	(EM) Norwegen	1:0
7.7.	Ulm	(EM) Schweden	1:0 n.V.

Die Regionalligen

Nord

1.	1. FC Union Berlin*	36	21	10	5	62:23	73
2.	SV Babelsberg 03*	36	19	11	6	57:41	68
3.	VfB Lübeck	36	18	8	10	69:43	62
4.	Fortuna Köln (A)	36	18	8	10	58:42	62
5.	Preußen Münster	36	17	10	9	66:50	61
6.	SC Verl	36	15	10	11	53:46	55
7.	FC Erzgebirge Aue	36	16	6	14	39:48	54
8.	Eintr. Braunschweig	36	13	10	13	55:43	49
9.	Dresdner SC	36	13	10	13	38:41	49
10.	SV Wilhelmshaven**	36	12	12	12	55:55	48
11.	SG Wattenscheid 09	36	12	12	12	65:66	48
12.	KFC Uerdingen 05	36	14	6	16	50:62	48
13.	Rot-Weiß Essen	36	13	8	15	45:54	47
14.	Sachsen Leipzig**	36	11	12	13	42:43	45
15.	Werder Bremen Am.	36	12	9	15	49:53	45
16.	Fortuna Düsseldorf	36	13	3	20	46:52	42
17.	Lüneburger SK*	36	9	6	21	52:73	33
18.	Bor. Dortmund Am.*	36	6	12	18	36:55	30
19.	Tennis Bor. Berlin (A)*	36	6	5	25	33:80	23

**SV Wilhelmshaven und Sachsen Leipzig wurde die Lizenz entzogen

Torjäger

Daniel Teixeira (KFC Uerdingen/1. FC Union)	32
Carlos Castilla (Preußen Münster)	16
Jens Scharping (Lüneburger SK)	16
Dirk Weetendorf (Eintracht Braunschweig)	16

Süd

1.	Karlsruher SC (A)*	34	17	10	7	48:25	61
2.	VfB Stuttgart Am.	34	16	10	8	57:38	58
3.	Schweinfurt 05*	34	16	9	9	57:43	57
4.	Eintracht Trier	34	16	9	9	48:34	57
5.	Darmstadt 98	34	15	8	11	46:39	53
6.	Spfr. Siegen	34	14	8	12	45:45	50
7.	VfR Aalen	34	12	13	9	45:37	49
8.	VfR Mannheim	34	12	9	13	50:45	45
9.	Bayern München Am.	34	12	8	14	52:55	44
10.	Kickers Offenbach (A)	34	11	11	12	39:43	44
11.	SV Wehen-Taunusst.	34	12	8	14	41:49	44
12.	Jahn Regensburg (N)	34	12	7	15	57:62	43
13.	Wacker Burghausen	34	10	13	11	46:52	43
14.	SpVgg Elversberg	34	11	10	13	40:58	43
15.	Rot-Weiß Erfurt	34	10	9	15	40:47	39
16.	München 1860 Am.*	34	8	13	13	49:63	37
17.	SC Pfullendorf*	34	9	9	16	42:49	36
18.	Carl Zeiss Jena*	34	7	8	19	39:57	29

Torjäger

Marco Barlecaj (SC Pfullendorf)	18
Antonio di Salvo (Bayern München Am.)	16
Michael Fersch (Jahn Regensburg)	14
Danny Fuchs (TSV München 1860 Am.)	14

Milliardenliga zwischen Boom und Pleite

Die Amateur-Oberligen

Niedersachsen/Bremen

#	Verein	Tore	Punkte
1.	Göttingen 05 (A)	79:42	67
2.	Kickers Emden	52:27	67
3.	Arminia Hannover (A)	77:36	64
4.	BV Cloppenburg (A)	69:53	64
5.	Eintracht Nordhorn (A)	75:41	61
6.	FC Oberneuland	55:51	51
7.	Rotenburger SV	59:63	51
8.	VfB Oldenburg (A)	67:55	50
9.	VfL Wolfsburg Am.	50:46	49
10.	Concordia Ihrhove	60:53	47
11.	SV Meppen (A)	52:49	46
12.	FC Schüttorf 09	50:65	46
13.	TuS Celle FC (A)	55:50	44
14.	Hannover 96 Am. (N)*	46:48	43
15.	TSV Havelse*	52:61	41
16.	FC Bremerhaven (A)*	52:84	33
17.	Blau-Weiß Lohne*	27:79	20
18.	TuS Lingen*	30:104	11

Torjäger
Gert Goolkate (Eintracht Nordhorn) 23

Hamburg/Schleswig-Holstein

#	Verein	Tore	Punkte
1.	Holstein Kiel (A)*	76:22	74
2.	TuS Hoisdorf**	72:26	70
3.	Hamburger SV Am. (A)	84:42	70
4.	1. SC Norderstedt (A)	88:24	69
5.	FC St. Pauli Am. (A)	61:18	67
6.	TuS Felde**	77:55	56
7.	VfV Billstedt	46:57	45
8.	Raspo Elmshorn	43:62	41
9.	VfR Neumünster (N)	45:54	39
10.	TSV Altenholz	48:62	37
11.	Eichholzer SV	51:68	37
12.	VfL Pinneberg	39:62	36
13.	Heider SV	25:63	32
14.	TuS Dassendorf**	42:68	31
15.	TSV Lägerdorf	46:84	29
16.	SV Lurup	42:69	26
17.	Eismbütteler TV	29:78	17
18.	Harburger TB***	0:0	0

** TuS Hoisdorf, TuS Felde und TuS Dassendorf zogen sich nach Saisonende zurück.
***Harburger TB zog sich nach dem 18. Spieltag zurück; bereits ausgetragene Spiele wurden annulliert.

Torjäger
Sven Beck (TuS Felde) 28

Qualifikation zur Regionalliga Nord
Holstein Kiel – Göttingen 05   2:0, 0:3
Göttingen 05 erhielt keine Lizenz für die Regionalliga, Kiel rückte nach

Nordost-Nord

#	Verein	Tore	Punkte
1.	Berliner FC Dynamo (A)	92:17	85
2.	Hertha BSC Berlin Am. (A)	77:32	72
3.	FC Schönberg 95	69:40	69
4.	Hansa Rostock Am.	85:41	68
5.	Lok/Altmark Stendal (A)	84:44	68
6.	Brandenburger SC Süd	54:44	57
7.	Reinickendorfer Füchse	52:43	51
8.	VfB Lichterfelde	45:59	44
9.	Stahl Eisenhüttenstadt (A)	61:68	43
10.	FSV Optik Rathenow	51:63	41
11.	Tennis Bor. Berlin II (A)**	46:49	40
12.	Motor Eberswalde	35:58	38
13.	Greifswalder SC	40:65	37
14.	Türkiyemspor Berlin (N)	28:44	36
15.	Berliner AK 07	46:64	35
16.	Anker Wismar (N)*	37:72	33
17.	Schw.-Rot Neustadt/D. (N)*	30:69	25
18.	Croatia Berlin*	30:90	12

** Tennis Borussia Berlin II muss wegen des Abstiegs der 1. Mannschaft in die Oberliga zurück in die Verbandsliga

Torjäger
Denis Koslow (Berliner FC Dynamo) 29

Nordost-Süd

#	Verein	Tore	Punkte
1.	1. FC Magdeburg (A)*	120:30	82
2.	VfB Leipzig (A)	65:27	75
3.	VFC Plauen (A)	52:33	63
4.	FSV Zwickau (A)	55:36	59
5.	Dynamo Dresden (A)	58:35	53
6.	VfL Halle 96 (A)**	63:51	50
7.	FSV Hoyerswerda	63:54	48
8.	FC Stahl Riesa (N)	53:43	47
9.	Energie Cottbus Am.	46:49	45
10.	Hallescher FC (N)	45:57	44
11.	FV Dresden-Nord	49:55	43
12.	SV Grimma 19	46:47	41
13.	VfB Zittau	41:67	41
14.	VfB Chemnitz	45:64	38
15.	Eintracht Sondershausen (N)	32:63	37
16.	FC Anhalt Dessau*	52:75	36
17.	Bischofswerda 08*	39:50	31
18.	Wacker Nordhausen*	22:110	13

** VfL Halle 96 zieht sich freiwillig in die Verbandsliga zurück.

Torjäger
Sven Dreyer (FC Anhalt Dessau) 24

Qualifikation zur Regionalliga
Berliner FC Dynamo – 1. FC Magdeburg   0:0, 2:5

Westfalen

#	Verein	Tore	Punkte
1.	SC Paderborn (A)*	85:29	86
2.	VfL Bochum Am. (A)	87:39	76
3.	VfB Hüls	93:41	74
4.	FC Gütersloh 2000 (A)	79:43	63
5.	Schalke 04 Am.	84:63	60
6.	SG Wattenscheid 09 II	56:42	59
7.	FC Eintracht Rheine	69:57	55
8.	Westfalia Herne	65:45	53
9.	Lüner SV (N)	56:54	52
10.	DJK/TuS Hordel	67:86	48
11.	SV Lippstadt 08	64:55	47
12.	TSG Dülmen	46:56	46
13.	SuS Stadtlohn	54:56	45
14.	Spfr. Oestrich-Iserlohn	51:73	44
15.	Preußen Lengerich	65:77	42
16.	TSG Sprockhövel (N)*	46:76	36
17.	SC Herford*	33:67	29
18.	Beckumer SpVgg*	28:94	19
19.	VfB Kirchhellen*	35:110	11

Torjäger
Carsten Dunklau (DJK/TuS Hordel) 30

Nordrhein

#	Verein	Tore	Punkte
1.	Bayer Leverkusen Am. (A)*	89:32	71
2.	Wuppertaler SV	60:31	71
3.	1. FC Köln Am.	70:43	65
4.	SSV Velbert (N)	59:43	60
5.	Adler Osterfeld	54:55	55
6.	Schwarz-Weiß Essen	48:48	51
7.	MSV Duisburg Am.	43:38	50
8.	Bo. M'gladbach Am.	54:44	48
9.	Bor. Freialdenhoven (N)	45:53	44
10.	1. FC Bocholt	46:47	43
11.	Fortuna Düsseldorf II	49:51	43
12.	Germania Ratingen (N)	58:62	42
13.	SCB Preußen Köln	49:53	42
14.	FC Wegberg-Beeck	37:46	40
15.	Rheydter Spielverein	55:71	39
16.	FC Remscheid*	46:65	34
17.	SV Straelen*	50:84	28
18.	TSC Euskichen*	29:75	20

Torjäger
Markus Daun (Bayer Leverkusen Am.) 22
Giovanni Federico (1. FC Köln Am.) 22

Südwest

#	Verein	Tore	Punkte
1.	1. FC Kaiserslautern Am. (A)*	79:26	79
2.	VfL Hamm/Sieg	71:36	69
3.	Borussia Neunkirchen	67:34	69
4.	FC 08 Homburg/Saar	85:47	67
5.	FSV Salmrohr (A)	68:41	67
6.	Eintracht GC Wirges	79:50	65
7.	Mainz 05 Am.	71:43	64
8.	FK Pirmasens (A)	48:34	64
9.	TuS Koblenz	60:40	58
10.	Spfr. Eisbachtal	54:46	57
11.	Eintracht Kreuznach (N)	49:54	57
12.	SC Halberg-Brebach	52:62	48
13.	SC Hauenstein	54:57	47
14.	SC Idar-Oberstein (A)	52:60	45
15.	SV Mettlach (N)	39:66	45
16.	Wormatia Worms	59:74	44
17.	1. FC Saarbrücken Am.*	51:62	41
18.	RW Hasborn-Dautweiler*	26:77	25
19.	Hassia Bingen*	29:97	22
20.	Germania Metternich (N)*	22:109	16
21.	SV Prüm**	0:0	0

**SV Prüm zog sich nach dem 37. Spieltag zurück und wurde aufgelöst; bereits ausgetragene Spiele wurden annulliert

Torjäger
Mario Paul (TuS Koblenz) 23

Hessen

#	Verein	Tore	Punkte
1.	Borussia Fulda (A)*	58:29	67
2.	KSV Baunatal	82:54	65
3.	SC Neukirchen	75:61	60
4.	Eintracht Frankfurt Am.	73:58	56
5.	FSV Frankfurt (A)	70:44	55
6.	FV Bad Vilbel	73:49	55
7.	VfB Gießen**	60:58	55
8.	KSV Klein-Karben	54:47	51
9.	OSC Vellmar (N)	61:64	48
10.	Viktoria Aschaffenburg	59:58	43
11.	SG Hoechst	50:60	42
12.	SV Erzhausen (N)	55:60	41
13.	SG Walluf (N)	45:56	41
14.	VfB Marburg	44:55	40
15.	SV Bernbach	48:74	38
16.	FSC Lohfelden*	43:69	35
17.	Croatia Frankfurt (N)*	49:76	31
18.	FC Ederbergland Battenberg*	34:61	30

** Der VfB Gießen hat für 2001/02 nicht gemeldet.

Torjäger
Saber Ben Neticha (FV Bad Vilbel) 33

Bayern

#	Verein	Tore	Punkte
1.	SpVgg Ansbach*	81:48	81
2.	1. FC Nürnberg Am.	84:44	78
3.	SpVgg Weiden	70:46	66
4.	FC Augsburg (A)	74:51	65
5.	1. SC Feucht	64:48	64
6.	MTV Ingolstadt (N)	65:46	61
7.	TSV Aindling	80:57	60
8.	FC Ismaning (N)	57:42	59
9.	SG Quelle Fürth (A)	64:54	54
10.	FC Memmingen	54:60	54
11.	1. FC Sand	56:45	53
12.	SC Schwabach 04	63:55	52
13.	Würzburger FV	62:59	51
14.	Bayern Hof	55:57	51
15.	ASV Neumarkt (N)	53:56	50
16.	FC Kempten*	51:66	49
17.	Schwaben Augsburg*	46:70	40
18.	SV Lohhof (A)*	40:112	25
19.	FC Starnberg*	43:82	22
20.	SpVgg Stegaurach*	33:97	19

Torjäger
Gerd Klaus (SG Quelle Fürth) 32

Baden-Württemberg

#	Verein	Tore	Punkte
1.	TSG Hoffenheim (N)*	80:33	72
2.	1. FC Pforzheim	88:47	70
3.	VfR Heilbronn	65:56	62
4.	SV Sandhausen	69:44	57
5.	FV Lauda	47:50	52
6.	SC Freiburg Am.	59:45	50
7.	Spfr. Dorfmerkingen (N)	57:58	48
8.	Karlsruher SC (A)	55:52	47
9.	SpVgg Au/Iller	58:58	47
10.	SpVgg Ludwigsburg 07	56:67	47
11.	Stuttgarter Kickers Am. (N)	70:64	43
12.	Bahlinger SC	51:56	42
13.	FC Denzlingen	40:53	41
14.	TSF Ditzingen (N)	48:64	41
15.	SGK Heidelberg*	53:68	38
16.	SV Bonlanden*	42:62	36
17.	VfL Kirchheim/Teck*	49:58	34
18.	FC Teningen (N)*	39:91	15

Torjäger
Dirk Hauri (1. FC Pforzheim) 24

Saison 2000/2001

Der DFB-Pokal

1. Hauptrunde (25. – 27.8.2000)

Rot-Weiß Erfurt – SSV Ulm 1846	0:2
SC Halberg-Brebach – 1. FC Nürnberg	0:5
VfL Osnabrück – Hannover 96	0:1
Bayer Leverkusen Am. – FC St. Pauli	1:2
Karlsruher SC – Chemnitzer FC	2:1
Kickers Emden – Mainz 05	0:1
Tennis Bor. Berlin – Arminia Bielefeld	1:3
TuS Dassendorf – SpVgg Unterhaching	0:5
SSV Reutlingen 05 – Hertha BSC Berlin	2:3 n.V.
Karlsruher SC II – Alemannia Aachen	0:2
1. FC Union Berlin – Rot-Weiß Oberhausen	2:0
SV Babelsberg 03 – VfL Bochum	1:6
FC Teningen – MSV Duisburg	0:3
Werder Bremen Am. – VfL Wolfsburg	0:1
SV Wehen-Taunusst. – Stuttgarter Kickers	2:1
Wuppertaler SV – VfB Stuttgart	1:3
1. FC Saarbrücken – SpVgg Greuther Fürth	0:1
FC Schönberg 95 – Bayern München	0:4
LR Ahlen – Borussia Mönchengladbach	1:2
Tennis Bor. Berlin II – Werder Bremen	0:2
FC Ismaning – Borussia Dortmund	0:4
VfB Stuttgart Am. – Eintracht Frankfurt	6:1
TSV Rain – Schalke 04	0:7
VfB Lübeck – SVW Mannheim	2:2 n.V., 3:2 i.E.
1. FC Magdeburg – 1. FC Köln	5:2
VfL Hamm/Sieg – Energie Cottbus	0:6
SC Paderborn – Hansa Rostock	1:2
SC Pfullendorf – SC Freiburg	1:3
FC Erzgebirge Aue – Hamburger SV	0:3
TSG Pfeddersheim – TSV München 1860	0:7
Fortuna Köln – Bayer Leverkusen	0:4
Kickers Offenbach – 1. FC Kaiserslautern	0:4

2. Hauptrunde (31.10.-1.11.2000)

SV Wehen-Taunusst. – Borussia Dortmund	0:1 n.V.
Karlsruher SC – Hamburger SV	1:0
Alemannia Aachen – Bayer Leverkusen	1:2
1. FC Nürnberg – Mainz 05	4:0
Arminia Bielefeld – VfL Bochum	0:4
SC Freiburg – Werder Bremen	1:0
1. FC Union Berlin – Greuther Fürth	1:0
VfB Stuttgart Am. – VfB Stuttgart	0:3
VfB Lübeck – MSV Duisburg	1:1 n.V., 3:5 i.E.
SSV Ulm 1846 – Energie Cottbus	2:0
Hannover 96 – Hansa Rostock	2:1
Bor. M'gladbach – 1. FC Kaiserslautern	5:1
SpVgg Unterhaching – TSV München 1860	1:2 n.V.
FC St. Pauli – Schalke 04	1:3 n.V.
VfL Wolfsburg – Hertha BSC Berlin	3:1
1. FC Magdeburg – FC Bayern	1:1 n.V., 4:2 i.E.

Achtelfinale (28. u. 29.11.2000)

1. FC Union Berlin – SSV Ulm 1846	4:2
1. FC Magdeburg – Karlsruher SC	5:3 n.V.
VfL Wolfsburg – MSV Duisburg	1:1 n.V., 3:4 i.E.
VfB Stuttgart – Hannover 96	2:1
Bor. Mönchengladbach – 1. FC Nürnberg	1:0
SC Freiburg – Bayer Leverkusen	3:2
TSV München 1860 – VfL Bochum	0:5
Schalke 04 – Borussia Dortmund	2:1

Viertelfinale (20.12.2000)

VfB Stuttgart – SC Freiburg	2:1 n.V.
MSV Duisburg – Bor. Mönchengladbach	0:1
1. FC Union Berlin – VfL Bochum	1:0
1. FC Magdeburg – Schalke 04	0:1

Halbfinale (6. u. 7.2.2001)

Union Berlin – Bor. M'gladbach	2:2 n.V., 4:2 i.E.
VfB Stuttgart – Schalke 04	0:4

Finale (26.5.2001, Berlin, 73.011)

Schalke 04 – 1. FC Union Berlin	2:0

Schalke: Reck – Hajto, Nemec (84. Thon), van Hoogdalem – Asamoah (80. Latal), Oude Kamphuis, Möller, Van Kerckhoven (87. Büskens), Böhme – Sand, Mpenza
SR: Albrecht (Kaufbeuren). **Tore:** 1:0 Böhme (53.), 2:0 Böhme (58./FE)

Union: Beuckert – Tschiedel (81. Tredup) – Persich, Ernemann (56. Teixeira) – Kremenliev, Menze, Okeke, Koilov, Nikol – Durkovic, Isa (70. Zechner)

Ein ungläubiger Andy Möller und ein weinender Mike Büskens - Schalke war so dicht dran an der Meisterschale.

Milliardenliga zwischen Boom und Pleite

	1. Bundesliga	1. FFC Frankfurt	Turbine Potsdam	FCR Duisburg	FFC Brauweiler 2000	C.Flaesheim-H.	Bayern München	FSV Frankfurt	Spfr. Siegen	SC Bad Neuenahr	WSV Wolfsburg	FFC Heike Rheine	1. FC Saarbrücken	Sp	g	u	v	Tore	Pkt.	Zuschauer
1.	1. FFC Frankfurt	-	0:2	4:0	5:1	2:0	5:0	3:0	2:2	5:0	6:0	3:1	3:0	22	17	3	2	81:17	54	568
2.	Turbine Potsdam	1:1	-	1:1	2:0	0:1	4:1	1:1	9:0	7:0	5:0	2:0	6:0	22	13	5	4	63:17	44	409
3.	FCR Duisburg (M)	0:2	1:0	-	0:7	2:1	3:1	2:1	1:4	2:2	0:0	3:2	7:1	22	12	4	6	43:39	40	479
4.	FFC Brauweiler 2000	5:2	0:2	2:3	-	1:0	0:1	0:1	2:1	5:1	1:1	6:1	3:0	22	12	1	9	56:32	37	167
5.	Concordia Flaesheim-H.*	3:3	0:0	2:1	1:0	-	1:4	1:1	0:0	0:1	3:0	3:0	3:0	22	9	6	7	30:25	33	268
6.	Bayern München (N)	0:5	2:1	3:4	3:5	1:3	-	1:2	4:1	4:2	2:1	1:1	2:1	22	10	3	9	45:52	33	170
7.	FSV Frankfurt	1:3	1:3	0:2	1:7	3:1	1:1	-	1:0	3:2	1:1	1:3	5:1	22	7	7	8	28:37	28	177
8.	Spfr. Siegen*	0:6	0:6	0:0	0:2	2:0	2:3	1:1	-	1:2	2:2	2:0	3:0	22	7	5	10	28:46	26	131
9.	SC Bad Neuenahr	1:6	5:2	3:2	1:0	0:0	5:5	3:1	0:1	-	1:2	1:2	0:0	22	7	5	10	36:55	26	338
10.	WSV Wolfsburg	0:4	2:4	2:3	3:2	1:2	2:3	0:1	1:2	4:1	-	2:1	0:0	22	5	5	12	30:48	20	169
11.	FFC Heike Rheine (N)	0:4	1:1	1:3	1:4	1:1	3:2	1:1	2:1	1:1	2:5	-	3:2	22	5	5	12	28:52	20	193
12.	1. FC Saarbrücken	0:7	0:4	0:3	2:3	2:4	0:1	0:0	2:3	2:4	2:1	3:1	-	22	2	3	17	18:66	9	169

Frauen-Fußballmeister 2001: 1. FFC Frankfurt.

Torjägerinnen

Birgit Prinz (FFC Frankfurt)	24
Conny Pohlers (Turbine Potsdam)	23
Claudia Müller (WSV Wolfsburg)	18
Martina Müller (SC Bad Neuenahr)	17
Inka Grings (FCR Duisburg)	16
Jennifer Meier (FFC Frankfurt)	16
Petra Unterbrink (FFC Brauweiler)	15
Petra Wimbersky (Bayern München)	13
Renate Lingor (FFC Frankfurt)	12
Patrizia Barucha (FSV Frankfurt)	11

Aufstiegsrunden zur 1. Bundesliga

	Sp	g	u	v	Tore	Pkt
1. Hamburger SV*	4	3	1	0	15:2	10
2. SC Freiburg*	4	3	1	0	8:2	10
3. Tennis Borussia Berlin	4	2	0	2	10:8	6
4. Oberaußem-Fortuna	4	1	0	3	6:17	3
5. TuS Niederkirchen	4	0	0	4	2:12	0

Pokal

Qualifikation

Wests. Zwickau – Fort. Wolmirstedt	2:5
SC Freiburg – TSV Crailsheim	4:0
Hamburger SV – TuS Köln rrh.	10:2

1. Runde

Victoria Gersten – FFC Heike Rheine	2:5
Fort. Wolmirstedt – Flaesheim-Hillen	1:6
PSV Neubrandenburg – WSV Wolfsburg	1:13
BSV 92 Berlin – Turbine Potsdam	0:16
USV Jena – FFC Brauweiler-Pulheim	0:7
Hamburger SV – FCR Duisburg	2:1 n.V.
ATS Buntentor – Spfr. Siegen	0:5
Bor. Friedenstal – SV Neuenbrock/R.	5:0
Turbine Potsdam II – SG Schönebeck	1:4
TSV Pfersee – SC Bad Neuenahr	0:5
1. FC Saarbrücken II – FFC Frankfurt	0:7
SpVgg Rehweiler-M. – FSV Frankfurt	0:4
FSV Schwarzbach – 1. FC Saarbrücken	0:2
1. FC Nürnberg – Bayern München	1:5
TuS Niederkirchen – SC Freiburg	0:2
SC Bad Neuenahr II – V. Neckarhausen	1:5

Achtelfinale

Bor. Friedenstal – WSV Wolfsburg	1:5
Hamburger SV – Flaesheim-H.	1:1 n.V., 4:5 i.E.
SG Schönebeck – Turbine Potsdam	0:11
FFC Heike Rheine – FFC Brauweiler-P.	1:2
SC Freiburg – SC Bad Neuenahr	2:2 n.V., 4:5 i.E.
Vikt. Neckarhausen – FSV Frankfurt	0:7
Bayern München – 1. FC Saarbrücken	5:1
FFC Frankfurt – Spfr. Siegen	10:0

Viertelfinale

FSV Frankfurt – Bayern München	3:2
WSV Wolfsburg – FFC Frankfurt	0:6
Bad Neuenahr – Turb. Potsdam	2:2 n.V., 3:4 i.E.
FFC Flaesheim-H. – FFC Brauweiler-P.	0:0 n.V., 3:2 i.E.

Halbfinale

FSV Frankfurt – FFC Frankfurt	1:2
Turb. Potsdam – Flaesheim-H.	0:0 n.V., 2:4 i.E.

Finale (26. Mai 2001, Berlin)

FFC Frankfurt – FFC Flaesheim-Hillen 2:1

Frankfurt: Wissink – Tina Wunderlich, Nardenbach, Minnert – Jones, Pia Wunderlich – Affelt (63. Rech), Lingor, Künzer – J. Meier, Prinz

SR: Beck (Magstadt) - **Tore:** 0:1 A. Meier (44.), 1:1 Prinz (48.), 2:1 J. Meier (78.)

Flaesheim: Höfkes – Mandrysch – van den Berg, Katagiri – Götte (83. Pohl), Schmidt, Stegemann, Terberl – Lange – A. Meier (85. Janßen), Voss (57. Düner)

Saison 2001/2002
Das Ende eines Dukatenesels

2001/02 - der Meister
Borussia Dortmund

Jan Koller (33/11), Marcio Amoroso (31/18), Jens Lehmann (30), Tomáš Rosický (30/5), Christian Wörns (29/2), Dede (28/1), Stefan Reuter (28), Lars Ricken (28/6), Evanílson (27/1), Ewerthon (27/10), Christoph Metzelder (25), Miroslav Stevic (24/2), Jürgen Kohler (22), Sunday Oliseh (18/1), Jörg Heinrich (16/2), Sebastian Kehl (15/1), Jan Derek Sørensen (15), Heiko Herrlich (10), Otto Addo (8), Ahmed Reda Madouni (7), Giuseppe Reina (6/1), Philipp Laux (5), Fredi Bobic (3), David Odonkor (2), Francis Bugri (1) - Trainer: Matthias Sammer

Mehr als zehn Jahre lang war die Bundesliga wie der berühmte Dukatenesel. Man klopfte kurz mal auf den Popo, und schon sprudelten die Münzen nur so heraus. Spieler, Funktionäre und bisweilen dubiose "Manager" oder "Berater" profitierten davon und konnten sich die Taschen ordentlich voll stopfen. Gespeist wurde der Esel vom Fernsehen, dessen Buhlen um die Bundesliga die Preise von umgerechnet 9 Mio. • (1987) zunächst auf knapp 30 Mio. (1992) und schließlich auf atemberaubende 355 Mio. (2001) geschraubt hatte. Im Frühjahr 2002 zeigte der Dukatenesel jedoch plötzlich Betriebsstörungen und warf nicht die gewünschte Menge Münzen heraus. Das war, im wahrsten Sinne des Wortes, eine "Premiere". Die Bundesliga und ihre Anhänger reagierten panisch. Nordrhein-Westfalens Ministerpräsident Clement forderte allen Ernstes staatliche Unterstützungsmaßnahmen, während auf den Sportplätzen der Nation die Gürtel enger geschnallt wurden. Die Grenzen des Wachstums waren erreicht.

Einer, der zuvor so gut wie keine Wachstumsgrenzen erfahren hatte, war der BV Borussia Dortmund. Seit zwei Jahren führte Matthias Sammer das Regiment beim einstigen Arbeiterklub und hatte aus dem Beinahe-Absteiger von 2000 wieder ein Top-Team gebastelt. Mit der ihm eigenen Verbissenheit, aber auch mit dem in ihm steckenden Enthusiasmus und seiner Liebe zum Fußball geleitete er das schwarz-gelbe Starensemble um Exzentriker Marcio Amoroso zur sechsten Deutschen Meisterschaft der Vereinsgeschichte. Es war eine Schlingerfahrt mit Hindernissen. Die zu Saisonbeginn mit dem Tschechen Koller (21 Mio. DM Ablöse) und den Brasilianern Amoroso (50 Mio. DM) und Ewerthon verstärkten Borussen kamen erst in der Rückrunde in Schwung. Das frühe Aus in der Champions League und bestenfalls Platz 4 in der Bundesliga hatte den Fans im Westfalenstadion gehörig die Laufe verdorben. Doch nach der Winterpause lief es plötzlich. Rosický versorgte Amoroso mit Traumpässen, die der Brasilianer in Traumtore verwandelte - wenn er Lust hatte. Christian Wörns lieferte eine grandiose Saison ab und sorgte dafür, dass das BVB-Abwehrbollwerk lediglich 33 Mal geknackt werden konnte.

Dennoch schien nicht mehr als Platz 2 drin zu sein, denn da war auch noch Bayer Leverkusen. Unter Trainer Klaus Toppmöller war das Vorjahreschaos in der BayArena behoben worden, und die Bay-

Deutscher Meister 2002: Borussia Dortmund.
Hinten von links: Addo, Herrlich, Metzelder, Heinrich, Koller, Madouni, Bobic, Kapetanovic, Wörns, Oliseh, Kohler.
Mitte: Mannschaftsarzt Dr. Preuhs, Physiotherapeuten Zöllner, Kuhnt und Frank, Sörensen, Reina, Rosicky, Amoroso, Krontiris, Co-Trainer Kolodziej, Torwarttrainer Stahl, Co-Trainer Neuhaus, Trainer Sammer.
Vorne: Zeugwart Wiegandt, Stevic, Evanilson, Kringe, Ratajczak, Lehmann, Laux, Odonkor, Dede, Ricken, Reuter.

Milliardenliga zwischen Boom und Pleite

4:0 setzte sich Leverkusen im Februar gegen den BVB durch, am Ende jubelte aber Jens Lehmann, der sich hier ein energisches Wortgefecht mit Ulf Kirsten liefert.

er-Elf überzeugte mit extrem attraktivem Offensivfußball. Der jedoch lag bisweilen bedrohlich nahe bei "Harakiri-Fußball". So beispielsweise am vorletzten Spieltag, als es Ballack und Co. nicht gelang, dem abstiegsbedrohten 1. FC Nürnberg den zur Sicherung der Tabellenführung nötigen Punkt abzuknöpfen. Bayer verlor 0:1, die Tabellenspitze ging an den BVB (4:3-Sieger im Thriller beim HSV), und Leverkusen - das eine Woche zuvor auch den ersten "Matchball" daheim gegen Werder Bremen schon vergeigt hatte (1:2) - pflegte mal wieder sein tragisches Image vom "Ewigen Zweiten". Dortmund nutzte nämlich die Gunst der Stunde, besiegte am letzten Spieltag vor heimischer Kulisse Werder Bremen mit 2:1 - Ewerthon avancierte mit seinem Treffer nur sechzig Sekunden nach seiner Einwechslung zum Helden des Tages - und ließ sich als Deutscher Meister feiern.

Für Bayer Leverkusen aber war die Saison noch nicht beendet. Die Chemiestädter standen schließlich zudem im Finale des DFB-Pokals und der Champions League. Doch ihre bis dahin erfolgreichste Saison sollte keinen krönenden Abschluss finden. Im DFB-Pokalfinale hatte Schalke 04 die Nase vorn, und in der Champions League bot man Real Madrid zwar Paroli, ging aber ebenfalls als Verlierer vom Platz. Spaßvögel forderten anschließend, Bayer Leverkusen zur WM nach Japan/Südkorea zu schicken - die Bayer-Elf könne dort "nur" Vizeweltmeister werden und damit besser abschneiden als das Nationalteam, dem man nicht viel mehr als das Erreichen des Achtelfinales zutraute. Wenn sie doch nur geahnt hätten, die Spaßvögel...

Während Bayer Leverkusen seine Wunden leckte, war die Säbener Straße in München ein Tollhaus. Stefan Effenberg verband seinen Abschied von den Bayern mit einer verbalen Backpfeife an Millionen Arbeitslose im Lande, denen man laut Großverdiener „Effe" die "Stütze" kürzen solle. Bayern-Coach Hitzfeld verzichtete daraufhin kurzzeitig auf seinen Kapitän, weil er Furcht vor der Reaktion der Betroffenen hatte. Aus dem Vorhaben, als erste Mannschaft der Bundesliga-Geschichte vier Meisterschalen in Folge zu holen, wurde nichts. Ganze drei Spieltage standen die Bayern auf "ihrem" ersten Platz - zwischen Runde 10 und 12. Am

Bundesliga-Torjäger

893 Tore in 306 Spielen, 2,92 pro Spiel

Marcio Amoroso (Borussia Dortmund)	18
Martin Max (TSV München 1860)	18
Michael Ballack (Bayer Leverkusen)	17
Giovanne Elber (Bayern München)	17
Ailton (Werder Bremen)	16
Miroslav Klose (1. FC Kaiserslautern)	16
Claudio Pizarro (Bayern München)	15
Marcelinho (Hertha BSC Berlin)	13
Oliver Neuville (Bayer Leverkusen)	13
Arie van Lent (Bor. Mönchengladbach)	12
Tomislav Maric (VfL Wolfsburg)	12
Michael Preetz (Hertha BSC Berlin)	12

	1. Bundesliga	Borussia Dortmund	Bayer Leverkusen	Bayern München	Hertha BSC Berlin	FC Schalke 04	Werder Bremen	1. FC Kaiserslautern	VfB Stuttgart	TSV München 1860	VfL Wolfsburg	Hamburger SV	Bor. Mönchengladbach	Energie Cottbus	Hansa Rostock	1. FC Nürnberg	SC Freiburg	1. FC Köln	FC St. Pauli	Sp	g	u	v	Tore	Pkt.	Zuschauer
1.	Borussia Dortmund	-	1:1	0:2	3:1	1:1	2:1	3:0	1:0	2:1	4:0	1:0	3:1	3:0	2:0	2:0	0:2	2:1	1:1	34	21	7	6	62:33	70	62.221
2.	Bayer Leverkusen	4:0	-	1:1	2:1	0:1	1:2	2:1	4:1	4:0	2:1	4:1	5:0	2:0	2:0	4:2	4:1	2:0	3:1	34	21	6	7	77:38	69	19.854
3.	Bayern München (M)	1:1	2:0	-	3:0	3:0	2:2	4:1	4:0	2:1	3:3	3:0	0:0	6:0	3:2	0:0	1:0	3:0	2:0	34	20	8	6	65:25	68	52.513
4.	Hertha BSC Berlin	0:2	2:1	2:1	-	2:0	3:1	5:1	2:0	2:1	2:0	6:0	3:0	2:3	1:0	2:0	1:1	3:0	2:2	34	18	7	9	61:38	61	31.345
5.	FC Schalke 04	1:0	3:3	5:1	0:0	-	1:4	3:0	2:1	1:0	1:2	2:0	2:0	3:1	2:1	3:0	3:1	4:0	1:0	34	18	7	9	52:36	61	56.729
6.	Werder Bremen	1:1	2:1	1:0	0:3	3:0	-	1:0	1:2	1:3	1:0	1:0	0:1	3:2	4:3	3:0	3:2	1:1	3:2	34	17	5	12	54:43	56	27.421
7.	1. FC Kaiserslautern	1:0	2:4	0:0	4:1	0:0	2:1	-	2:2	1:3	3:2	2:2	3:2	4:0	3:1	2:1	3:0	2:1	5:1	34	17	5	12	62:53	56	36.941
8.	VfB Stuttgart	3:2	0:2	0:2	0:0	3:0	0:0	4:3	-	0:1	2:1	3:0	1:1	0:0	2:1	2:3	3:0	0:0	2:0	34	13	11	10	47:43	50	25.927
9.	TSV München 1860	1:3	1:4	1:5	0:3	1:2	3:1	0:4	3:3	-	2:1	1:1	2:2	1:0	2:0	1:0	5:2	3:0	4:2	34	15	5	14	59:59	50	26.094
10.	VfL Wolfsburg	1:1	3:1	0:1	1:3	3:1	2:0	2:0	0:2	1:3	-	0:1	3:1	2:1	4:0	5:0	1:1	5:1	1:1	34	13	7	14	57:49	46	11.740
11.	Hamburger SV	3:4	1:1	0:0	4:0	0:0	0:4	2:3	2:0	2:1	1:1	-	3:3	5:2	0:1	3:1	1:1	4:0	4:3	34	10	10	14	51:57	40	42.827
12.	Bor. M'gladbach (N)	1:2	0:1	1:0	3:1	0:0	2:1	3:0	0:2	2:2	2:4	2:1	-	0:0	2:2	2:2	4:0	2:2	1:3	34	9	12	13	41:53	39	28.819
13.	Energie Cottbus	0:2	2:3	0:3	1:0	2:0	2:1	0:2	0:0	1:1	3:3	1:0	3:3	-	3:0	1:0	2:0	2:3	4:0	34	9	8	17	36:60	35	16.126
14.	Hansa Rostock	0:2	0:3	1:0	1:1	1:3	0:1	2:1	1:1	2:2	1:2	1:1	1:1	0:0	-	1:0	4:0	3:0	1:0	34	9	7	18	36:60	34	17.740
15.	1. FC Nürnberg (N)	2:2	1:0	1:2	1:3	0:3	0:4	2:4	2:1	3:0	0:0	1:2	2:0	2:0	-	2:0	0:0	2:1	1:1	34	10	4	20	34:57	34	29.126
16.	SC Freiburg*	1:5	2:2	0:2	1:3	2:0	3:0	3:1	0:2	1:3	0:0	4:3	0:1	3:1	1:1	2:0	-	0:0	2:2	34	7	9	18	37:64	30	23.672
17.	1. FC Köln*	0:2	1:2	0:1	1:1	1:1	0:0	0:1	0:0	2:0	0:4	2:1	0:0	4:2	1:2	2:0	2:1	-	2:1	34	7	8	19	26:61	29	28.462
18.	FC St. Pauli (N)*	1:2	2:2	2:1	0:0	0:2	1:2	1:1	1:2	0:3	3:1	0:4	1:1	4:0	1:1	2:3	1:0	1:2	-	34	4	10	20	37:70	22	21.242

Saison 2001/2002

2. Bundesliga	Hannover 96	Arminia Bielefeld	VfL Bochum	Mainz 05	SpVgg. Greuther Fürth	Union Berlin	Eintracht Frankfurt	LR Ahlen	SVW Mannheim	SSV Reutlingen	MSV Duisburg	RW Oberhausen	Karlsruher SC	Alemannia Aachen	SpVgg. Unterhaching	1. FC Saarbrücken	1. FC Schweinfurt 05	Babelsberg 03	Sp	g	u	v	Tore	Pkt.	Zuschauer
1. Hannover 96*	-	4:4	2:0	2:0	3:1	3:2	1:2	3:1	2:0	4:0	4:1	2:0	5:0	3:0	1:0	0:0	6:0	6:1	34	22	9	3	93:37	75	20.770
2. Arminia Bielefeld*	3:2	-	3:0	0:1	3:2	4:1	4:1	3:1	5:0	1:1	2:2	3:1	1:1	4:1	2:0	3:1	2:1	0:1	34	19	8	7	68:38	65	12.609
3. VfL Bochum (A)*	4:2	0:0	-	2:1	1:1	2:1	3:0	3:1	1:1	3:1	3:0	3:3	1:1	5:3	4:0	3:2	3:1	4:1	34	19	8	7	69:49	65	9.956
4. Mainz 05	2:2	4:1	1:1	-	1:1	1:0	1:1	5:1	3:0	2:1	4:4	3:3	1:0	0:1	2:0	2:1	4:1	2:2	34	18	10	6	66:38	64	8.541
5. SpVgg. Greuther Fürth	1:5	0:1	1:1	3:2	-	0:0	1:1	3:2	1:1	4:1	2:1	2:2	1:1	3:0	3:1	3:1	2:0	1:0	34	16	11	7	62:41	59	5.949
6. 1. FC Union Berlin (N)	1:1	2:1	1:0	3:1	0:0	-	0:4	5:0	2:0	5:0	0:1	3:1	1:3	5:1	0:2	3:0	3:0	2:0	34	16	8	10	61:41	56	8.923
7. Eintracht Frankfurt (A)	1:1	0:2	1:0	0:0	1:4	2:2	-	1:2	2:2	3:1	2:0	2:2	3:1	2:2	3:2	2:2	2:0	1:1	34	14	12	8	52:44	54	13.388
8. LR Ahlen	2:5	1:1	2:5	1:4	1:0	2:2	0:1	-	0:0	1:2	2:2	2:1	4:1	1:0	2:0	3:1	3:1	1:1	34	14	6	14	60:70	48	4.802
9. SVW Mannheim	0:1	1:1	1:2	2:4	1:4	1:1	0:0	2:0	-	1:0	3:1	1:1	2:1	3:1	0:1	4:0	2:0	4:1	34	12	9	13	42:48	45	5.524
10. SSV Reutlingen	2:2	2:3	3:0	2:0	0:1	1:2	2:1	3:2	3:0	-	0:1	0:2	1:0	3:1	1:1	3:0	3:1	3:2	34	13	5	16	53:57	44	5.517
11. MSV Duisburg	2:6	2:1	0:1	1:1	1:1	1:1	1:1	1:4	3:1	3:3	-	1:4	2:0	5:0	4:0	5:0	0:0	4:1	34	11	10	13	56:57	43	6.501
12. RW Oberhausen	0:0	0:0	6:1	1:3	1:2	0:3	2:1	2:3	1:1	0:1	0:2	-	1:2	4:0	0:2	2:1	5:0	2:1	34	11	9	14	55:49	42	4.166
13. Karlsruher SC (N)	1:2	0:1	4:1	1:4	4:2	1:1	2:3	2:2	1:2	1:0	2:0	0:1	-	1:2	3:0	2:0	1:0	2:1	34	11	8	15	45:51	41	11.328
14. Alemannia Aachen	2:4	3:2	1:3	0:2	2:1	1:2	2:1	1:2	1:0	1:1	2:1	2:1	2:0	-	3:1	0:0	1:0	2:2	34	12	4	18	41:67	40	9.742
15. SpVgg. U'haching (A)*	1:1	1:3	0:2	0:0	1:1	2:1	0:1	2:3	0:0	3:2	0:1	1:1	0:0	2:0	-	8:0	1:0	3:1	34	10	8	16	40:49	38	3.118
16. 1. FC Saarbrücken*	1:1	0:2	0:2	0:1	0:3	2:3	0:2	2:4	1:3	4:3	1:0	1:0	1:1	2:1	0:0	-	2:1	1:1	34	6	7	21	30:74	25	5.843
17. Schweinfurt 05 (N)*	1:4	1:0	3:3	0:3	0:0	0:1	0:1	4:2	0:1	2:1	2:2	0:3	1:1	1:0	3:1	2:1	-	3:3	34	6	6	22	30:70	24	4.641
18. SV Babelsberg 03 (N)*	1:3	0:2	1:2	0:1	1:5	3:2	1:3	1:2	1:2	0:3	3:1	0:2	2:4	0:2	1:4	1:2	3:1	-	34	4	6	24	39:82	18	3.053

Torjäger 2. Bundesliga

Artur Wichniarek (Arminia Bielefeld)	20
Marcus Feinbier (LR Ahlen)	19
Jan Simak (Hannover 96)	18
Thomas Christiansen (VfL Bochum)	17
Pawel Kryszalowicz (Eintracht Frankfurt)	16
Daniel Stendel (Hannover 96)	16
Rachid Azzouzi (SpVgg Greuther Fürth)	15
Ermin Melunovic (Schweinfurt 05)	14
Blaise N'Kufo (Mainz 05)	14
Sreto Ristic (1. FC Union Berlin)	14

Liga-Pokal

Vorrunde (24. u. 25.7.2002)

Bayer Leverkusen – Werder Bremen 1:0
Bayern München – Hertha BSC Berlin 2:2, 3:4 i.E.

Halbfinale (29. u. 30.7.2002)

Schalke 04 – Bayer Leverkusen 2:0
Borussia Dortmund – Hertha BSC Berlin 1:2

Finale (1.8.2002, in Bochum)

Hertha BSC Berlin – Schalke 04 4:1

Ende musste der Rekordmeister nach einem 2:2 auf eigenem Platz gegen Werder Bremen sogar um die Qualifikation zur Champions League bangen. Die Bayern konnten sich bei ihrem Keeper bedanken, dass sie eine Woche später mit 2:1 in Nürnberg gewannen und wieder auf Kurs kamen. "Kurs" war freilich übertrieben, denn im Grunde genommen schipperte der Bayern-Kahn die gesamte Saison über ideenlos und langweilig durch die Bundesliga-Gewässer. Ungeachtet dessen war der FC Bayern am Ende der größte Triumphator, denn während alle Klubs unter der Kirch-Krise litten, vermeldete Uli Hoeneß den Abschluss eines neuen Werbevertrages mit der Telekom. Schlappe 25 Mio. • per anno ließ sich das Unternehmen den Spaß kosten. Mit einem Umsatz von 173,2 Mio. • und einem Gewinn von annähernd 29 Mio. • meldete der FC Bayern zwei weitere Rekordmarken. Er ist eben doch "forever number one", der FC Bayern. Auch wenn die Konkurrenz Meister wird.

Auf den UEFA-Cup-Rängen liefen Hertha BSC, Schalke 04 und Werder Bremen ein. Hertha hatte einige Turbulenzen zu überstehen gehabt und war erst nach einem Trainerwechsel (Götz für Röber) in Takt gekommen. Erstaunlicherweise musste Erfolgscoach Falko Götz dennoch gehen, weil Manager Dieter Hoeneß den Niederländer Huub Stevens haben wollte. Jener war auf Schalke nicht mehr sonderlich wohlgelitten. Immer etwas umstritten, hatte Stevens mit dem Gewinn des UEFA-Cups sowie der Beinahe-Meisterschaft und dem DFB-Pokalsieg 2001 zwar den Erfolg nach Schalke zurückgebracht, doch sein auf Sicherheit bedachter Fußball erfreute sich nie allzu großer Beliebtheit bei den Knappen-Fans. Mit der Titelfrage hatten die Königsblauen diesmal nichts zu tun. Stattdessen waren nach dem peinlichen Vorrunden-Aus in der Champions League und dem taumelnden Saisonverlauf in der Bundesliga - trotz des erneuten nationalen Pokaltriumphs - Aufräumarbeiten angesagt. Werder Bremen war die Überraschungself der Saison, an der man zudem die eingangs erwähnte Dukatenesel-Angelegenheit deutlich erkennen konnte, denn Werder lief ohne Trikotsponsor auf. Kein Unternehmen verband mit den Bremern offenbar die Hoffnung auf Imagesteigerung. Dabei waren die Grün-Weißen vor der Winterpause das meistdiskutierte Team und gingen mit Rang 3 durchaus hoffnungsvoll in die zweite Saisonhälfte. In dieser kriselte es zunächst. Teils aus Dummheit, teils aus Unvermögen und teils aus Überheblichkeit rutschte man auf Rang 6 ab und war am Ende froh, die UEFA-Cup-Qualifikation zu schaffen.

Selbiges war im Vorjahr dem Sportclub Freiburg gelungen, der nun die Zeche für die Doppelbelastung zahlte. International durchaus ansprechend und immerhin bis in Runde 3 vorgedrungen, sorgten Verletzungspech und eine miserable Rückse-

Milliardenliga zwischen Boom und Pleite

Nach zweijähriger Abstinenz meldete sich Gladbach mit einem Paukenschlag zurück. Arie van Lent war der Schütze zum 1:0-Sieg über die großen Bayern, die diesmal gar nicht so groß waren.

rie für den überraschenden Sturz in Liga 2. Nichts war es mit den Breisgau-Brasilianern, die nur sporadisch mit frischem und fröhlichem Fußball auftraten. Folgenschwer war auch der Verlust von Sebastian Kehl, der sich zur Winterpause nach Dortmund verabschiedete. "Es tut sehr, sehr weh", meinte Trainer Volker Finke und kündigte an: "Unser Konzept steht auf dem Prüfstand." Ebenfalls weh tat dem 1. FC Köln die Saison. Schon im Vorjahr waren gewisse Rhythmusstörungen bei den Geißböcken auszumachen gewesen, und in der Hinrunde fand sich der FC nach sieben Niederlagen in Folge plötzlich auf einem Abstiegsrang wieder. Trotz Trainerwechsel (Funkel für Lienen) blieb es dabei und die "Saison voller Missverständnisse" (kicker) endete in der 2. Liga. Dorthin musste auch der FC St. Pauli zurück, doch das kam nicht überraschend. Die Kiez-Kicker konnten einfach nicht mithalten im Konzert der Großen und vergaben ihre durchaus vorhandenen Chancen, die Abstiegsränge mal zu verlassen, geradezu fahrlässig. Als schillerndste Erinnerung dürfen sie immerhin den 6. Februar 2002 in ihren Annalen eintragen, als ihnen ein sensationeller 2:1-Sieg über den FC Bayern gelang. Findige Fans druckten noch am selben Abend T-Shirts mit der Aufschrift „Weltpokalsiegerbesieger", die 20.000 Mal über den Ladentisch gingen. St. Pauli eben...

Aus dem Unterhaus gab es namhaften Nachwuchs. Hannover 96 überwand seine Dauerkrise, die den Klub phasenweise bis in die Regionalliga und an den Rand des Konkurses geführt hatte, und stieg unter Trainer Rangnick erstmals seit 1988 wieder ins Oberhaus auf. Erst am 21. Spieltag gelang es Mitaufsteiger VfL Bochum, den wieder erwachten Niedersachsen die erste Saisonniederlage beizubringen. Bochum hatte das Glück des Tüchtigen. Eigentlich nämlich befand sich der 1. FSV Mainz 05 schon mit eindreiviertel Beinen in der 1. Liga. Ein mageres Pünktchen bei den jenseits von Gut und Böse befindlichen Berliner Unionern hätte gereicht, um den "Karnevalsverein" (Selbstbezeichnung der 05-Fans) erstmals ins Oberhaus zu bugsieren. Doch Mainz verlor, und weil Peter Neururer mit dem VfL Bochum zeitgleich in Aachen gewann, war der Saisonverlauf auf den Kopf gestellt. Dritter Aufsteiger war Arminia Bielefeld, das seine Rolle als "Fahrstuhlmannschaft" mit dem sechsten Aufstieg ausbaute. Das Saisonende ging allerdings ein wenig unter im Finanzchaos der Liga. Im Mai 2002 blieb die insolvente Kirch-Media die fällige Rate von 80 Mio. • schuldig, wodurch vor allem bei einigen Zweitligisten plötzlich die Insolvenz drohte. Die Zukunft sah trübe aus. Statt 360 Mio. Euro, die die beiden Bundesligen 2002/03 eigentlich hätten bekommen sollen, gibt es nur 290 Mio. - ebenso wie 2003/04, wo eigentlich mit 460 Mio. • gerechnet worden war. Plötzlich wurde überall der spitze Bleistift herausgeholt, wurden Stellen gestrichen, versuchte man, bei den astronomischen Gehältern zu sparen. Nichtsdestotrotz schloss die DFL mit der Nachfolgegesellschaft der KirchMedia einen neuen Vertrag ab, da "die KirchMedia mehr Stabilität garantiert". Die auf den ersten Blick etwas erstaunliche Aussage hat eine gewisse Grundlage, da der DFL bei einem Zuschlag für Mitbieter Herbert Kloiber Schadensersatzforderungen gedroht hätten und Pay-TV-Sender "Premiere" bereits angekündigt hatte, Rechte nur bei Kirch zu kaufen. Zu Saisonbeginn hatten die Fans gezeigt, dass sie sich nicht alles bieten lassen und Sat 1 nach der Verlegung von "ran" auf eine viel zu späte Stunde den Rücken gekehrt. Die Maßnahme, eingeführt, um den defizitären Bezahlsender "Premiere" zu promoten, musste daraufhin zurückgenommen werden. Dennoch: Die Bundesliga versank im Dikkicht der Finanzen.

Bleibt noch die Nationalelf, die in Japan/Südkorea Vizeweltmeister wurde und dabei mit Ballack, Butt, Neuville, Ramelow und Schneider tatsächlich fünf Leverkusener dabei hatte. Nach einem Traumstart (8:0 gegen Saudi-Arabien) gerieten die Völler-Schützlinge allerdings etwas aus dem Takt und konnten vor allem im Achtelfinale (1:0 gegen Paraguay) und Viertelfinale (1:0 gegen die USA) nur äußerst glücklich gewinnen. Im Finale gelang der Mannschaft gegen Brasilien eine erstaunliche Leistung. Ausgerechnet Oliver Kahn, ohne den die Mannschaft niemals ins Finale eingezogen wäre, sorgte mit einem Patzer für das spielentscheidende 1:0 durch Ronaldo. Dennoch ließ der Auftritt der Nationalelf die böse Erinnerung an die EM 2000 vergessen.

1. FSV Mainz 05

5. Mai 2002, sechzehn Uhr und fünfundvierzig Minuten. Ungläubige Stille liegt über der Berliner Wuhlheide, dem idyllisch gelegenen Sportgelände des 1. FC Union Berlin. Die Heimfans sind längst abgewandert, haben die für ihren Klub einigermaßen erfolgreiche Saison mit ein paar Pils heruntergespült und hoffen auf die nächste Spielzeit. Nur noch ein paar tausend rot-weiß gekleidete Damen und Herren hocken auf der Gästetribüne und können es kaum fassen. Sie waren doch schon in der Bundesliga. Ihr „Karnevalsverein" hatte doch schon längst alles klar gemacht. Den Stadionausbau. Den Kader. Den Etat. Alles war vorbereitet. Und dann verliert die Mannschaft mit 1:3 in Berlin, muss die Kunde vom zeitgleich errungenen 3:1-Sieg Bochums in Aachen hinnehmen und findet sich zum ersten Mal in der gesamten Saison auf einem Nichtaufstiegsplatz wieder. Dummerweise war es der letzte Spieltag, womit der 1. FSV Mainz 05 zu einem weiteren Jahr in Liga 2 verdonnert wurde. Freilich war es nicht nur die Pleite von Berlin, die den Klassensprung der Rheinhessen verhinderte. Zuvor war es den Klopp-Schützlingen weder in Duisburg noch daheim gegen Fürth gelungen, den Matchball zu verwandeln. Jeweils nur ein 1:1 hatte den komfortablen Vorsprung schmelzen lassen und die Konkurrenz aus Bochum geweckt.

Dabei hätten sie auch so stolz sein können am Mainzer Bruchweg. Unter Trainer Jürgen Klopp, im Februar 2001 in einer Notaktion für Eckhard Krautzun gekommen, hatten erfrischender Offensivfußball und eine erstaunliche Portion Ehrlichkeit und Authentizität Einzug gehalten, woraufhin selbst die träge Mainzer Fußballgemeinde aufgewacht war. Fast 10.000 zahlten 2001/02 durchschnittlich ihren Obolus - das war Rekord für einen Klub, der ansonsten schon glücklich war, wenn mal mehr als 5.000 kamen. Dazu kam das auf die Renovierung wartende Stadion am Bruchweg, dessen Ausbau nach dem Nicht-Aufstieg ein kleines bisschen zusammengestrichen werden musste.

Mainz als Fußballstadt zu bezeichnen verbietet sich. Zwar erblickte FSV-Vorläufer FC Hassia bereits am 27. März 1905 das Licht der Vereinswelt, doch bis die Rheinhessen überregional für Aufregung sorgen konnten, vergingen Jahrzehnte. Dafür war man in Sachen Fusionen umso aktiver. 1912 vereinte sich Hassia mit Hermannia zum Mainzer FV 05, der sieben Jahre später mit dem SV 08 den 1. FSV 05 bildete. In den dreißiger Jahren traten die Rot-Weißen schließlich als Reichsbahn-SV 05 auf, ehe sie 1945 ihren heutigen Namen zurückerhielten. Sportlich gab es eine Hand voll Teilnahmen an der süddeutschen Endrunde zu vermelden, die allesamt erfolg- und ereignislos endeten - ebenso wie ein einjähriges Gauliga-Gastspiel (1933/34). Nach dem 2. Weltkrieg zählte der FSV 05 zu den Gründungsmitgliedern der Oberliga Südwest, der man bis 1963 angehörte - neben Kaiserslautern und Worms waren die 05er damit die einzigen Dauerbrenner. Die erfolgreichste Saison endete 1957/58 mit Rang 6. Rund 4.000 Zuschauer hatten seinerzeit den Heimspielen der Rot-Weißen zugeschaut und sich an Kickern wie Otto Schedler, Lothar Buchmann und Karl-Heinz Wettig erfreut.

An die Qualifikation zur Bundesliga war aus sportlichen Gründen nicht zu denken, und so verzichtete das 05-Management 1963 gleich auf einen entsprechenden Lizenzantrag und bereitete sich stattdessen auf ein Dasein in der Regionalliga Südwest vor. Der Alltag in jener Spielklasse gestaltete sich eintönig - mit einer Ausnahme: 1972/73 sicherten sich die 05er Rang 1 und damit die Teilnahmeberechtigung an der Aufstiegsrunde zur Fußball-Bundesliga. Dort gelang ein Traumstart, und nach dem 3:0 gegen St. Pauli, einem 1:1 beim Karlsruher SC und einem 5:1 gegen Blau-Weiß 90 Berlin standen die Zeichen bereits auf Bundesliga. Doch 05 war schon damals ein „Verlierer der letzten Stunde". Bei Fortuna Köln setzte es ein 0:3, und am Ende fehlten vier Punkte auf dem Weg nach oben. Drei Jahre später fand sich der 1. FSV 05 plötzlich sogar in der 3. Liga wieder - und zwar freiwillig. Das Abenteuer 2. Bundesliga hatte schon 1974/75 die ohnehin nicht prall gefüllten Kassen der Mainzelmänner geleert, und als es 1975/76 mit geradezu atemberaubender Dramatik in Richtung sportliches Mittelmaß und finanzielles Chaos ging, zog der 05-Vorstand die Notbremse: Freiwilliger Rückzug in die Amateurliga.

Der Klub stand vor schweren Tagen. In der Amateurliga ließen sich zumeist nur wenige hundert Fans am Bruchweg blicken, um sich die Darbietungen von Teams wie Südwest Ludwigshafen und VfR Frankenthal anzuschauen. Die 05er saßen in jener Falle, in der seinerzeit viele Klubs steckten. Die Amateurliga bot ihnen sportlich keine Perspektive, die 2. Liga war finanziell zu riskoreich. 1978 gelang der Titelgewinn in der südwestdeutschen Amateurliga, doch in der Aufstiegsrunde gingen die 05er mit Pauken und Trompeten unter. Immer tiefer sank der 05-Stern. 1982 gab es noch einen letzten Höhepunkt, als mit einem 3:0-Finalsieg über Werder Bremens Amateure die Deutsche Amateurmeisterschaft geholt wurde, doch schon 1982/83 rutschten die 05er auf Rang 8 ab und verbuchten erstmals einen nur dreistelligen Zuschauerschnitt (869). 1987 wurde der Tiefpunkt erreicht. Ganze 545 Zahlende hatte der 1. FSV 05 pro Heimspiel begrüßen können, war in der Amateur-Oberliga Südwest Fünfter geworden und interessierte in der großen weiten Fußballwelt so gut wie niemanden mehr.

Dann kam die Wende. 1987/88 wurde 05 Meister, überstand die Aufstiegsrunde erfolgreich, hielt sich aber nur ein Jahr in Liga 2. Doch am Bruchweg hatte man Blut geleckt. 1990 kehrte 05 zurück und profitierte von den veränderten Finanzverhältnissen im Fernsehzeitalter. Sportlich und finanziell gelang die Konsolidierung (passenderweise mit „Sat1"-Trikotwerbung - und das in der ZDF-Stadt!), der Zuschauerschnitt pendelte sich auf rund 4.000 ein (zu wenig zum Leben, zu viel zum Sterben) und Akteure wie Fabrizio Hayer, Guido Schäfer und Jürgen Klopp trugen den Ruf der 05er ins Land. Immer wieder kamen Hochkaräter vom Bruchweg - wie der marokkanische-Nationalspieler Abderrahim Quakili beispielsweise, der 1994 nach Mainz gekommen war und aufgrund seiner Treffsicherheit bald vom Oberhaus gejagt wurde.

Gerade, als der 1. FSV Mainz 05 zum zweiten „Dauerzweitligisten" nach SC Fortuna Köln verkommen sollte, platzte plötzlich der Knoten. Im Herbst 1995 kam Wolfgang Frank an den Bruchweg und baute ein Team auf, das 1997 im „Endspiel" um den Bundesliga-Aufstieg am VfL Wolfsburg scheiterte. Im Folgejahr war unter Frank-Nachfolger Saftig wieder Abstiegskampf angesagt, wenngleich die Schlussposition (Platz 10) anderes vermuten lässt. Mainz schien wieder im Mittelmaß zu versinken, als Jürgen Klopp das Zepter übernahm. Der Mainzer Rekordspieler (325 Zweitliga-Partien für die 05er), eigentlich nur als Interimslösung eingesprungen, löste eine nie erlebte Euphorie und Identifikation mit den 05ern aus, die 2001/02 ihren Zenit erreichten, der mit eingangs erwähntem Spiel in Berlin seinen tragischen Höhepunkt erreichte.

Doch es kam noch schlimmer für die Fans des 1. FSV 05. 2002/03 holte ihr Team nach durchwachsener Hinrunde Punkt um Punkt auf, warf Mitkonkurrent Eintracht Frankfurt durch einen 3:2-Sieg auf eigenem Platz quasi aus dem Rennen - und machte sich das Leben durch eine unfassbare 3:4-Niederlage in Ahlen (bis zur 89. Minute führte man mit 3:2) selbst schwer. Am Ende kam es aufs Torverhältnis an, das nach dem 4:1-Sieg in Braunschweig zunächst für die Mainzer sprach. Doch Eintracht Frankfurt holte in der Nachspielzeit seiner Begegnung gegen Reutlingen den entscheidenden Treffer auf und verbannte die 05er auf Rang 4. „Mainz 05 versinkt erneut in einem Ozean von Tränen", schrieb die „Mainzer Allgemeine Zeitung" betroffen, während Rathauschef Jens Beutel forderte: „Dieses unglaubliche Team hat einen großen Bahnhof verdient", und Jürgen Klopp zähneknirschend ankündigte: „Wir stehen wieder auf!". Hoffentlich.

Gerald Asamoah (Schalke 04)

Andere Länder wie Frankreich, England, Belgien, selbst Schweden hatten schon zahlreiche gehabt. Nur in Deutschland war das Thema ein Tabu gewesen: Schwarze in der Nationalelf. Lediglich Erwin Kostedde und William Hartwig konnte der DFB in diesem Zusammenhang aufweisen - doch beide waren keine Afrikaner im eigentlichen Sinne, sondern hatten einen deutschen Elternteil. Gerald Asamoah dagegen („Ich bin der Schwärzeste von allen!") konnte mit allem aufwarten: Geboren in Ghana, aufgewachsen in einem Örtchen namens Mampong und schon als Kind passionierter Barfuß-Fußballer - klassischer hätte seine Karriere gar nicht beginnen können. Und nun wurde Asamoah auch noch Deutschlands erster schwarzer Nationalspieler. Am 29. Mai 2001 debütierte er im Bremer Weserstadion gegen die Slowakei im Nationaldress und fügte sich beim 2:0-Sieg prima ein - in der 50. Minute gelang dem Schalker sogar der Führungstreffer zum 1:0.

Asamoah hatte lange mit sich gerungen, wessen Nationaltrikot er tragen wollte. Natürlich hätte sein Geburtsland Ghana ihn auch gerne ins Nationalteam aufgenommen, doch der mit zwölf Jahren nach Deutschland gekommene Afrikaner fühlte sich seiner Wahlheimat stark verbunden. Und er hoffte natürlich auch auf größere Erfolge in Völlers Team. Seine Rolle als „schwarzer Debütant" sah Asamoah gelassen: „Klar überlegt man schon mal, ob das alle gut finden. Vielleicht kapieren ja einige, dass es ganz normal ist, wenn ein Schwarzer für Deutschland spielt", meinte er, während die Medien lustige Wortspiele vom „Farbtupfer" in der oft so „blassen" Nationalelf zum Besten gaben.

Doch Asamoah war noch aus einem anderen Grunde stolz und glücklich am 29. Mai 2001. Drei Jahre zuvor hatte es nämlich noch so ausgesehen, als würde er nie wieder Fußball spielen können. Bei Hannover 96, jenem Klub, dem er seit 1994 angehörte (Asamoah begann seine Laufbahn beim BV Werder Hannover, passenderweise die „Schwarzen Husaren" genannt), hatte er sowohl in der Regionalliga Nord als auch in der 2. Bundesliga mit seinem kongenialen Partner Otto Addo mächtig für Furore gesorgt, als es plötzlich einen Schock gab. Nach einem Spiel gegen St. Pauli klappte der damals 19-Jährige plötzlich zusammen. Diagnose: Angeborener Herzfehler - eine chronische Verdickung der Herzscheidewand. Die brutale Aufforderung der Ärzte: Sofortiges Karriereende; nie wieder Fußball. Für Asamoah brach eine Welt zusammen. Er besuchte die besten Spezialisten, doch niemand wollte ihm so recht Hoffnung machen. Alle meinten, er könne froh sein, überhaupt noch „so gesund" zu sein. Doch Asamoah wollte mehr, er wollte „das tun, was ich am liebsten mache: Fußball spielen". Seine Rettung fand er schließlich in den USA. Ein amerikanischer Herzspezialist untersuchte ihn fünf Tage lang und bezifferte das Restrisiko anschließend auf „circa ein Prozent". Seitdem ist Asamoh wieder am Ball - auf eigene Verantwortung -, und immer ist ein Defibrilator (Wiederbeatmungsgerät) im Gepäck für den hoffentlich nie eintretenden Fall der Fälle.

Wenig später sicherte sich Schalkes Manager Rudi Assauer die Dienste von „Blondie", wie Asamoah auf Schalke sofort getauft wurde. Mit den Knappen feierte der Ghanaer 2001 und 2002 den DFB-Pokalsieg und sein erwähntes Nationalelf-Debüt. 2002 erreichte Asamoah die vorläufige Krönung seiner Karriere, als er bei der WM in Südkorea/Japan mit Deutschland dabei war und sogar im Endspiel zum Einsatz kam. Die Geschichte des Gerald Asamoah - eine schöne Geschichte. Hoffentlich mit Fortsetzung.

Der Europapokal

Champions League

Qualifikation 3. Runde (7. - 22. 8. 2001)

Schachtjor Donezk - Borussia Dortmund	0:2, 1:3
Roter Stern Belgrad - Bayer Leverkusen	0:0, 0:3

Gruppenspiele

Vorrunde

Gruppe B

Dinamo Kiew - Borussia Dortmund						2:2, 0:1
Borussia Dortmund - FC Liverpool						0:0, 0:2
Boavista Porto - Borussia Dortmund						2:1, 1:2
1. FC Liverpool	6	3	3	0	7:3	12
2. Boavista Porto	6	2	2	2	8:7	8
3. Borussia Dortmund	6	2	2	2	6:7	8
4. Dinamo Kiew	6	1	1	4	5:9	4

Bor. Dortmund spielt im UEFA-Pokal (3. Runde) weiter

Gruppe C

Schalke 04 - Panathinaikos Athen						0:2, 0:2
Arsenal London - Schalke 04						3:2, 1:3
Schalke 04 - Real Mallorca						0:1, 4:0
1. Panathinaikos Athen	6	4	0	2	8:3	12
2. Arsenal London	6	3	0	3	9:9	9
3. Real Mallorca	6	3	0	3	4:9	9
4. Schalke 04	6	2	0	4	9:9	6

Gruppe F

Olympique Lyon - Bayer Leverkusen						0:1, 4:2
Bayer Leverkusen - FC Barcelona						2:1, 1:2
Bayer Leverkusen - Fenerbahçe Istanbul						2:1, 2:1
1. FC Barcelona	6	5	0	1	12:5	15
2. Bayer Leverkusen	6	4	0	2	10:9	12
3. Olympique Lyon	6	3	0	3	10:9	9
4. Fenerbahçe Istanbul	6	0	0	6	3:12	0

Gruppe H

Bayern München - Sparta Prag						0:0, 1:0
Spartak Moskau - Bayern München						1:3, 1:5
Fey. Rotterdam - Bayern München						2:2, 1:3
1. Bayern München	6	4	2	0	14:5	14
2. Sparta Prag	6	3	2	1	10:3	11
3. Feyenoord Rotterdam	6	1	2	3	7:14	5
4. Spartak Moskau	6	0	2	4	7:16	2

Zwischenrunde

Gruppe A

Bayern München - Manchester United						1:1, 0:0
FC Nantes - Bayern München						0:1, 1:2
Boavista Porto - Bayern München						0:0, 0:1
1. Manchester United	6	3	3	0	13:3	12
2. Bayern München	6	3	3	0	5:2	12
3. Boavista Porto	6	1	2	3	2:8	5
4. FC Nantes	6	0	2	4	4:11	2

Gruppe D

Juventus Turin - Bayer Leverkusen						4:0, 1:3
Bayer Leverkusen - Dep. La Coruña						3:0, 3:1
Bayer Leverkusen - Arsenal London						1:1, 1:4
1. Bayer Leverkusen	6	3	1	2	11:11	10
2. Dep. La Coruña	6	3	1	2	7:6	10
3. Arsenal London	6	2	1	3	8:8	7
4. Juventus Turin	6	2	1	3	7:8	7

Viertelfinale (2. - 10.4.2002)

Bayern München - Real Madrid	2:1, 0:2
FC Liverpool - Bayer Leverkusen	1:0, 2:4

Halbfinale (24. u. 30.4.2002)

Manchester United - Bayer Leverkusen	2:2, 1:1

Finale (15. Mai 2002, Glasgow, 51.567)

Real Madrid - Bayer Leverkusen	2:1

Real: César (68. Casillas) - Michel Salgado, Hierro, Helguera, Roberto Carlos - Makelele (73. Flavio Conceição), Solari - Figo (61. McManaman), Zidane - Raúl, Morientes

SR: Meier (Schweiz) - **Tore:** 1:0 Raúl (9.), 1:1 Lucio (14.), 2:1 Zidane (45.)

Bayer: Butt - Sebescen (65. Kirsten), Zivkovic, Lucio (90. Babic), Placente - Schneider, Ramelow, Bastürk, Ballack - Neuville, Brdaric (39. Berbatov)

Saison 2001/2002

Der Europapokal

UEFA-Pokal

1. Runde (19.9. - 3.10.2002)

SKM Puchov - SC Freiburg	0:0, 1:2
VC Westerlo - Hertha BSC Berlin	0:2, 0:1
Haka Valkeakoski - 1. FC Union Berlin	1:1, 0:3

2. Runde (31.10. - 14.11.2002)

Viking Stavanger - Hertha BSC Berlin	0:1, 0:2
SC Freiburg - FC St. Gallen	0:1, 4:1
1. FC Union Berlin - Liteks Lovetsch	0:2, 0:0

3. Runde (28.11. - 12.12.2002)

FC Kopenhagen - Borussia Dortmund	0:1, 0:1
Servette Genf - Hertha BSC Berlin	0:0, 3:0
Feyenoord Rotterdam - SC Freiburg	1:0, 2:2

Achtelfinale (20. u. 27.2.2003)

Lille OSC - Borussia Dortmund	1:1, 0:0

Viertelfinale (13. u. 20.3.2003)

Slovan Liberec - Borussia Dortmund	0:0, 0:4

Halbfinale (10. u. 24.4.2003)

Borussia Dortmund - AC Mailand	4:0, 1:3

Finale (8. Mai 2002, Rotterdam, 46.000)

Feyenoord Rotterdam - Borussia Dortmund 3:2

Feyenoord: Zoetebier - Gyan, van Wonderen, Paauwe, Rzasa - Bosvelt, Ono (85. De Haan) - Kalou (76. Elmander), Tomasson, van Persie (63. Leonardo) - van Hooijdonk

SR: Melo Pereira (Portugal) - **Tore:** 1:0 van Hooijdonk (33., FE), 2:0 van Hooijdonk (40.), 2:1 Amoroso (47., FE), 3:1 Tomasson (50.), 3:2 Koller (58.)

Borussia: Lehmann - Evanilson, Wörns, Kohler, Dede - Ricken (70. Heinrich), Rosický, Reuter - Ewerthon (61. Addo), Koller, Amoroso

Die Länderspiele

Männer

15.8.	Budapest	Ungarn	5:2
1.9.	München	(WMQ) England	1:5
6.10.	Gelsenkirchen	(WMQ) Finnland	0:0
10.11.	Kiew	(WMQ) Ukraine	1:1
14.11.	Dortmund	(WMQ) Ukraine	4:1
13.2.	Kaiserslautern	Israel	7:1
27.3.	Rostock	USA	4:2
17.4.	Stuttgart	Argentinien	0:1
9.5.	Freiburg	Kuwait	7:0
14.5.	Cardiff	Wales	0:1
18.5.	Leverkusen	Österreich	6:2
1.6.	Sapporo	(WM) Saudi-Arabien	8:0
5.6.	Ibaraki	(WM) Irland	1:1
11.6.	Shizuoka	(WM) Kamerun	2:0
15.6.	Seogwipo	(WM) Paraguay	1:0
21.6.	Ulsan	(WM) USA	1:0
25.6.	Seoul	(WM) Südkorea	1:0
30.6.	Yokohama	(WM) Brasilien	0:2

Frauen

8.9.	Oakbrook	Japan	1:0
9.9.	Chicago	USA	1:4
27.9.	Kassel	(WMQ) England	3:1
25.10.	Wolfsburg	(WMQ) Portugal	9:0
17.11.	Enschede	(WMQ) Niederlande	3:0
23.1.	Huadu	China	2:1
25.1.	Panyu	USA	0:0
27.1.	Guangzhou	Norwegen	3:1
1.3.	Portimão	Dänemark	3:0
3.3.	São Antonio	China	2:4
5.3.	Olimão	Finnland	2:0
7.3.	Faro	Schweden	1:2
18.4.	Aschaffenburg	(WMQ) Niederlande	6:0
4.5.	Barcelos	(WMQ) Portugal	8:0
19.5.	London	(WMQ) England	1:0

Die Regionalligen

Nord

1.	VfB Lübeck**	34	20	5	9	70:46	65
2.	Eintr. Braunschweig**	34	19	7	8	60:29	64
3.	Rot-Weiß Essen+	34	18	10	6	58:33	63
4.	Wattenscheid 09	34	17	9	8	64:51	58
5.	KFC Uerdingen 05	34	14	11	9	49:41	53
6.	Chemnitzer FC (A)	34	15	6	13	53:40	51
7.	VfL Osnabrück (A)	34	13	11	10	46:35	50
8.	B. Leverkusen Am. (N)	34	14	7	13	53:59	49
9.	Erzgebirge Aue	34	13	9	12	47:43	48
10.	Werder Bremen Am.	34	12	10	12	50:51	46
11.	SC Verl	34	12	9	13	57:61	45
12.	1. FC Magdeburg (N)*	34	11	10	13	54:54	43
13.	Holstein Kiel (N)	34	10	12	12	36:51	42
14.	SC Paderborn (N)	34	11	7	16	51:60	40
15.	Preußen Münster	34	11	4	19	49:68	37
16.	Dresdner SC 98	34	9	5	20	41:60	32
17.	Fortuna Düsseldorf*	34	8	8	18	36:57	32
18.	Fortuna Köln*	34	6	8	20	33:68	26

+Rot-Weiß Essen wurde wegen Verstoßes gegen die Lizenzauflagen ein Punkt abgezogen.
* Dem 1. FC Magdeburg wurde für die Saison 2002/03 keine Lizenz erteilt.

Torjäger

Vesselin Gerov (SC Paderborn)	19
Daniel Teixeira (Eintr. Braunschweig)	19
Tino Milde (SC Verl)	18

Süd

1.	Wacker Burghausen**	34	19	10	5	49:22	67
2.	Eintracht Trier**	34	16	11	7	51:34	59
3.	Jahn Regensburg	34	17	7	10	57:40	58
4.	VfR Aalen	34	17	5	12	67:60	56
5.	Rot-Weiß Erfurt	34	15	9	10	47:31	54
6.	SV Wehen-T'stein	34	14	12	8	50:45	54
7.	Spfr. Siegen	34	14	10	10	49:37	52
8.	Kickers Offenbach	34	14	8	12	42:37	50
9.	VfR Mannheim*	34	12	13	9	47:42	49
10.	Bayern München Am.	34	13	9	12	58:51	48
11.	SV Elversberg	34	14	6	14	41:41	48
12.	Stuttgarter Kickers (A)	34	10	14	10	42:45	44
13.	TSG Hoffenheim (N)	34	11	9	14	53:49	42
14.	Darmstadt 98	34	10	12	12	43:45	42
15.	FC K'lautern Am. (N)	34	9	7	18	41:60	34
16.	VfB Stuttgart Am.*	34	8	7	19	43:58	31
17.	SpVgg Ansbach (N)*	34	7	7	20	27:66	28
18.	Borussia Fulda (N)*	34	2	12	20	23:67	18

VfR Mannheim erhielt keine Lizenz für die Spielzeit 2002/03

Torjäger

Saber Ben Neticha (SV Wehen-T.)	18
Ronny Hebestreit (Rot-Weiß Erfurt)	16
Patrick Würll (Kickers Offenbach)	16

Die Amateur-Oberligen

Niedersachsen/Bremen

1.	VfB Oldenburg	81:29	72
2.	Eintracht Nordhorn	84:42	67
3.	SV Wilhelmshaven (A)	61:35	67
4.	SV Meppen	68:42	66
5.	FC Oberneuland	84:46	58
6.	VfL Wolfsburg Am.	61:51	58
7.	Concordia Ihrhove	58:48	55
8.	Kickers Emden	67:48	54
9.	Göttingen 05 (M)	66:64	50
10.	BV Cloppenburg	60:61	50
11.	Arminia Hannover	56:57	47
12.	FC Schüttorf 09	54:67	41
13.	Rotenburger SV	33:63	33
14.	SC Langenhagen (N)	42:73	33
15.	Lüneburger SK (A)	43:63	31
16.	SVG Einbeck (N)*	42:72	28
17.	SC Weyhe (N)*	41:83	26
18.	TuS Celle FC*	41:98	25

Torjäger
Günter Snyders (FC Schüttorf 09) — 23

Hamburg/Schleswig-Holstein

1.	Hamburger SV Am.**	105:22	84
2.	FC St. Pauli Am.	93:30	79
3.	1. SC Norderstedt*	97:36	73
4.	Bergedorf 85 (N)	85:41	71
5.	Concordia Hamburg (N)	67:35	63
6.	VfR Neumünster	58:52	57
7.	VfL Pinneberg	57:59	50
8.	Husumer SV (N)	43:52	42
9.	V/W Billstedt	64:65	41
10.	Eichholzer SV*	46:63	38
11.	Heider SV	42:59	38
12.	SV Lurup	42:50	37
13.	Kilia Kiel (N)*	44:75	37
14.	Raspo Elmshorn	50:70	35
15.	TSV Altenholz	53:75	34
16.	TSV Lägerdorf*	36:82	25
17.	Eimsbütteler TV	53:120	24
18.	Flensburg 08	42:91	21

1. SC Norderstedt, Eichholzer SV, Kilia Kiel und TSV Lägerdorf zogen sich freiwillig zurück.

Torjäger
Philip Albrecht (FC St. Pauli Am.) — 34

Qualifikation zur Regionalliga Nord
VfB Oldenburg – Hamburger SV Am. 0:0, 2:5

Nordost-Nord

1.	Hertha BSC Berlin Am.	72:24	70
2.	Tennis Bor. Berlin (A)	55:24	61
3.	FC Schönberg 95	56:32	56
4.	Hansa Rostock Am.	62:47	55
5.	Lichtenberg 47 (N)	48:39	46
6.	Türkiyemspor Berlin	55:56	44
7.	Brandenburger SC Süd	48:48	40
8.	Reinickendorfer Füchse	41:44	39
9.	MSV Neuruppin	45:49	39
10.	Stahl Eisenhüttenstadt	55:56	38
11.	VfB Lichterfelde	46:48	36
12.	Berliner AK 07	49:71	33
13.	Eintracht Schwerin (N)	39:59	28
14.	Optik Rathenow	37:59	28
15.	Lok/Altmark Stendal+	34:50	26
16.	Motor Eberswalde	28:64	25
17.	Greifswalder SC*	(34:74	28)
18.	Berliner FC Dynamo (M)*	(15:24	19)

+ Lok/Altmark Stendal fusionierte am 19. Juni 2002 mit dem 1. FC Stendal zum 1. FC Lok Stendal.
*Berliner FC Dynamo schied aufgrund Insolvenz am 14. November 2001 aus, der Greifswalder SC aus demselben Grund am 29. Juni 2002. Die Ergebnisse beider Mannschaften wurden annulliert.

Torjäger
Marcello Bellomo (Berliner AK/Türkiyemspor) — 21

Nordost-Süd

1.	Dynamo Dresden**	61:16	78
2.	VFC Plauen	69:18	75
3.	Carl Zeiss Jena (A)	79:24	71
4.	VfB Leipzig	55:18	68
5.	Sachsen Leipzig (A)	65:27	65
6.	FSV Zwickau	55:46	47
7.	Hallescher FC	45:29	44
8.	FV Dresden-Nord	48:50	44
9.	Energie Cottbus Am.	44:40	41
10.	Wacker Gotha (N)	34:44	39
11.	FSV Hoyerswerda+	38:52	35
12.	SV Grimma 19	38:68	33
13.	Eintr. Sondershausen	31:60	32
14.	OFC Neugersdorf (N)	30:60	29
15.	VfB Chemnitz	21:47	25
16.	VfB Zittau	36:73	21
17.	SV Braunsbedra (N)*	17:94	11
18.	Stahl Riesa*	(24:53	31)

+ FSV Hoyerswerda benannte sich am 16. Juli 2002 in FC Lausitz Hoyerswerda um.
Stahl Riesa schied am 20. Juni 2002 nach Insolvenz aus, die Ergebnisse wurden annulliert.

Torjäger
Mike Sadlo (VfB Leipzig) — 19

Qualifikation zur Regionalliga
Dynamo Dresden – Hertha BSC Am. 1:0, 0:0

Westfalen

1.	Bor. Dortmund Am. (A)**	91:34	78
2.	Schalke 04 Am.	80:40	71
3.	Eintracht Rheine	54:37	67
4.	VfB Hüls	66:39	60
5.	VfL Bochum Am.	58:42	59
6.	Westfalia Herne	50:39	58
7.	VfB/Fichte Bielefeld (N)	55:55	54
8.	SC Hassel	37:35	43
9.	FC Gütersloh 2000	51:58	43
10.	Lüner SV	52:58	41
11.	DJK/TuS Hordel	55:59	40
12.	Wattenscheid 09 II	45:59	39
13.	SuS Stadtlohn	44:54	38
14.	SV Lippstadt 08	42:51	37
15.	TSG Dülmen	38:52	35
16.	Preußen Lengerich*	43:79	30
17.	Spfr. Oestrich-Iserlohn*	41:73	27
18.	SV Hövelhof (N)*	23:61	25

Torjäger
Sergej Titartchouk (Schalke 04 Am.) — 19

Nordrhein

1.	1. FC Köln Am.**	80:23	81
2.	Wuppertaler SV	73:39	70
3.	Bor. Wuppertal (N)	61:29	66
4.	SSV Velbert	64:44	61
5.	1. FC Bocholt	68:45	57
6.	Bor. M'gladbach Am.	61:43	54
7.	Adler Osterfeld	64:50	48
8.	Al. Aachen Am. (N)	57:68	48
9.	Schwarz-Weiß Essen	43:48	47
10.	Bonner SC (N)	53:52	46
11.	SCB Preußen Köln+	55:70	46
12.	MSV Duisburg Am.	75:79	44
13.	Bor. Freialdenhoven	56:61	41
14.	Rheydter SpV.	35:47	39
15.	Germania Ratingen	34:55	36
16.	Spfr. Hamborn 07 (N)*	34:78	25
17.	Fort. Düsseldorf II*	32:74	24
18.	FC Wegberg-Beeck*	32:72	20

+SCB Preußen Köln heißt ab 2002 SCB Viktoria Köln

Torjäger
Holger Gaißmayer (Adler Osterfeld) — 20

Südwest

1.	Bor. Neunkirchen**	63:18	73
2.	Mainz 05 Am.	65:23	69
3.	FSV Salmrohr	59:43	64
4.	SC Idar-Oberstein	66:44	61
5.	Glas/Chemie Wirges	77:52	60
6.	Spfr. Eisbachtal	48:37	60
7.	FK Pirmasens	63:39	56
8.	VfL Hamm/Sieg	60:50	49
9.	FC 08 Homburg/Saar	55:45	49
10.	SC Hauenstein	48:50	46
11.	TuS Koblenz	41:37	44
12.	TuS Mayen (N)	53:64	39
13.	SC Halberg-Brebach	45:62	37
14.	SpVgg Ingelheim (N)	43:66	32
15.	Wormatia Worms	35:67	30
16.	Eintracht Kreuznach	49:75	28
17.	SV Mettlach*	32:88	26
18.	Saar 05 Saarbrücken (N)*	32:74	21

Torjäger
Ralf Flausse (Bor. Neunkirchen) — 21
Tuukka Salonen (Eintr. Kreuznach) — 21

Hessen

1.	Eintr. Frankfurt Am.**	72:35	74
2.	FSV Frankfurt	79:35	73
3.	SG Hoechst*	63:47	60
4.	FV Bad Vilbel	45:36	54
5.	KSV Klein-Karben	60:59	54
6.	SV Erzhausen	61:46	53
7.	VfB Marburg	61:54	48
8.	SC Neukirchen	62:54	46
9.	TSG Wörsdorf (N)	56:53	46
10.	Viktoria Aschaffenburg	53:54	46
11.	SV Bernbach	58:61	46
12.	1. FC Eschborn (N)	51:53	42
13.	OSC Vellmar	56:64	39
14.	KSV Baunatal	52:60	38
15.	Buchonia Flieden (N)	37:59	36
16.	SG Walluf	36:66	33
17.	SV Jügesheim (N)*	37:64	29
18.	VfR Bürstadt (N)*	33:72	19

*SG Hoechst zieht sich freiwillig zurück

Torjäger
Yilmaz Örtülü (Eintr. Frankfurt Am.) — 26

Bayern

1.	FC Augsburg**	93:34	89
2.	München 1860 Am. (A)	79:34	77
3.	1. FC Nürnberg Am.	84:44	69
4.	Bayern Hof	59:47	63
5.	Greuther Fürth Am. (N)	77:49	60
6.	SpVgg Unterhaching Am. (N)	48:46	51
7.	SpVgg Bayreuth (N)	48:52	49
8.	SG Quelle Fürth	54:47	48
9.	FC Ismaning	51:57	48
10.	TSV Aindling	57:55	47
11.	SC 04 Schwabach	60:73	47
12.	SpVgg Weiden	56:63	46
13.	Falke Markt Schwaben (N)	40:52	46
14.	1. SC Feucht	57:53	45
15.	Würzburger FV*	47:68	42
16.	1. FC Sand*	47:74	37
17.	MTV Ingolstadt*	29:62	33
18.	FC Memmingen*	42:79	28
19.	ASV Neumarkt*	30:69	24

Torjäger
Rico Hanke (TSV München 1860 Am.) — 25

Baden-Württemberg

1.	SC Pfullendorf (A)**	82:35	80
2.	SV Sandhausen	63:32	68
3.	1. FC Pforzheim	70:52	58
4.	SpVgg Au/Iller	64:49	55
5.	SpVgg Ludwigsburg	61:51	53
6.	SVW Mannheim Am. (N)	61:54	47
7.	SC Freiburg Am.	49:43	47
8.	Stuttgarter Kickers II	56:56	46
9.	Bahlinger SC	60:62	46
10.	FV Lauda	35:36	45
11.	Karlsruher SC Am.	43:51	44
12.	Spfr. Dorfmerkingen	50:51	43
13.	SGV Freiberg	57:62	43
14.	FC Villingen 08 (N)	46:64	41
15.	VfR Heilbronn	39:60	39
16.	TSG Weinheim (N)*	51:75	38
17.	TSF Ditzingen*	38:59	33
18.	FC Denzlingen*	36:69	25
19.	SSV Ulm 1846*	0:0	0

SSV Ulm 1846 wurde vor Saisonstart aufgrund Insolvenz zurückgezogen.

Torjäger
Moritz Hoeft (1. FC Pforzheim) — 25

Saison 2001/2002

Der DFB-Pokal

1. Hauptrunde (24. – 27.8.2001)

Rot-Weiß Erfurt – LR Ahlen	2:2 n.V., 9:8 i.E.
VfB Stuttgart Am. – SpVgg Greuther Fürth	0:1
VfR Mannheim – Hannover 96	1:3
Yesilyurt Berlin – SC Freiburg	2:4
SV Babelsberg 03 – Hertha BSC Berlin	1:2
KFC Uerdingen 05 – Energie Cottbus	1:0
VfL Osnabrück – Hansa Rostock	2:1
VfB Lübeck – Werder Bremen	2:3
FC 08 Homburg/Saar – Hamburger SV	2:5
Würzburger FV – TSV München 1860	0:10
Blau-Weiß Brühl – 1. FC Kaiserslautern	1:4
Karlsruher SC – SVW Mannheim	2:5
VfR Aalen – Rot-Weiß Oberhausen	0:2
Erzgebirge Aue – Mainz 05	1:2 n.V.
Eintracht Trier – Alemannia Aachen	2:4 n.V.
Stuttgarter Kickers – SpVgg Unterhaching	1:5
FC St. Pauli Am. – Eintracht Frankfurt	0:1 n.V.
VfL Wolfsburg Am. – Borussia Dortmund	1:0
Darmstadt 98 – FC St. Pauli	3:1
Werder Bremen Am. – 1. FC Saarbrücken	5:0
Energie Cottbus Am. – Arminia Bielefeld	0:4
FC Schüttorf 09 – SSV Reutlingen 05	1:4
FC Schalke 04 Am. – VfL Bochum	0:1
Jahn Regensburg – Bayer Leverkusen	0:3
Chemnitzer FC – 1. FC Köln	2:5
FC Schönberg 95 – VfB Stuttgart	2:4
1. FC Magdeburg – VfL Wolfsburg	1:5
Mainz 05 Am. – Bor. M'gladbach	0:0 n.V., 2:4 i.E.
SC Freiburg Am. – FC Schalke 04	0:1
SSV Ulm 1846 – 1. FC Nürnberg	2:1
1. FC Union Berlin – MSV Duisburg	1:0
SC Paderborn – Bayern München	1:5

2. Hauptrunde (27.11. – 12.12.2001)

Rot-Weiß Erfurt – Hertha BSC Berlin	1:2 n.V.
Hamburger SV – VfB Stuttgart	0:2
Arminia Bielefeld – FC Schalke 04	1:2
VfL Wolfsburg – SpVgg Unterhaching	3:0
KFC Uerdingen 05 – Werder Bremen	1:1 n.V., 4:3 i.E.
Mainz 05 – SpVgg Greuther Fürth	3:2
TSV München 1860 – Bor. M'gladbach	4:3
SVW Mannheim – 1. FC Kaiserslautern	2:3
Alemannia Aachen – 1. FC Köln	1:2
Darmstadt 98 – SC Freiburg	3:3 n.V., 3:1 i.E.
SSV Reutlingen – RW Oberhausen	2:2 n.V., 3:4 i.E.
VfL Wolfsburg Am. – Hannover 96	0:4
SSV Ulm 1846 – 1. FC Union Berlin	0:3
Werder Bremen Am. – E. Frankfurt	3:3 n.V., 2:4 i.E.
VfL Bochum – Bayer Leverkusen	2:3
VfL Osnabrück – Bayern München	0:2

Achtelfinale (11.12.2001 – 23.1.2002)

VfB Stuttgart – TSV München 1860	2:2 n.V., 2:4 i.E.
1. FC Union Berlin – Rot-Weiß Oberhausen	1:2
Mainz 05 – 1. FC Kaiserslautern	2:3
Eintracht Frankfurt – Hertha BSC Berlin	1:2 n.V.
KFC Uerdingen 05 – 1. FC Köln	1:1 n.V., 3:5 i.E.
Darmstadt 98 – FC Schalke 04	0:1 n.V.
Hannover 96 – Bayer Leverkusen	1:2
Bayern München – VfL Wolfsburg	2:1

Viertelfinale (30.1.2002)

Hertha BSC Berlin – 1. FC Köln	1:2 n.V.
FC Schalke 04 – Rot-Weiß Oberhausen	2:0
Bayer Leverkusen – TSV München 1860	3:0
1. FC K'lautern – Bayern München	0:0 n.V., 3:5 i.E.

Halbfinale (5. u. 6.3.2002)

Bayer Leverkusen – 1. FC Köln	3:1 n.V.
FC Schalke 04 – Bayern München	2:0 n.V.

Finale (11.5.2002, Berlin, 70.000)

FC Schalke 04 – Bayer Leverkusen   4:2

Schalke: Reck – Hajto (46. Oude Kamphuis), Waldoch, van Hoogdalem, van Kerckhoven – Nemec, Asamoah (81. Vermant), Möller (75. Wilmots), Böhme – Sand, Agali

SR: Dr. Wack (Biberbach) – **Tore:** 0:1 Berbatov (27.), 1:1 Böhme (45.), 2:1 Agali (68.), 3:1 Möller (71.), 4:1 Sand (85.), 4:2 Kirsten (89.)

Leverkusen: Butt – Zivkovic, Lucio, Placente – Bastürk, Ramelow, Schneider, Ballack, Zé Roberto – Neuville (67. Brdaric), Berbatov (77. Kirsten)

Der 1. FC Köln war schon abgestiegen, Gegner SC Freiburg ist es nach dem 0:2 ebenfalls. Die Georgier Zkitischwili und Kobiaschwili auf dem Weg in Liga 2.

Milliardenliga zwischen Boom und Pleite

1. Bundesliga	1. FFC Frankfurt	Turbine Potsdam	FCR Duisburg	Bayern München	FSV Frankfurt	SC Freiburg	FFC Brauweiler 2000	FFC Heike Rheine	SC Bad Neuenahr	WSV Wolfsburg	Hamburger SV	1. FC Saarbrücken	Sp	g	u	v	Tore	Pkt.	Zuschauer
1. 1. FFC Frankfurt (M)	–	4:1	2:1	3:1	1:0	1:1	3:1	2:1	4:1	3:1	2:0	7:0	22	18	4	0	65:17	58	664
2. Turbine Potsdam	1:3	–	2:0	4:0	4:0	0:1	1:0	3:1	1:2	3:1	0:0	8:2	22	14	2	6	56:23	44	507
3. FCR Duisburg	1:7	1:2	–	3:6	2:1	4:1	0:3	4:0	6:1	5:0	5:1	3:0	22	14	2	6	61:34	44	428
4. Bayern München	1:3	1:2	2:3	–	1:1	1:2	3:2	5:5	5:1	4:1	3:0	3:1	22	12	4	6	59:38	40	153
5. FSV Frankfurt	1:1	3:1	3:0	2:2	–	4:1	3:1	1:1	2:2	4:2	4:0	6:1	22	11	6	5	48:29	39	186
6. SC Freiburg (N)	1:2	0:6	0:1	1:1	1:2	–	0:5	2:1	1:0	3:1	5:0	2:0	22	11	2	9	30:34	35	361
7. FFC Brauweiler 2000	0:0	1:0	2:3	1:3	2:1	2:1	–	1:2	0:0	2:0	5:0	3:1	22	10	3	9	37:27	33	171
8. FFC Heike Rheine	1:1	0:0	0:3	1:3	1:1	2:0	0:0	–	5:1	0:0	2:1	4:0	22	6	9	7	34:34	27	216
9. SC Bad Neuenahr	1:7	1:3	2:2	0:3	2:1	1:2	1:0	0:0	–	1:0	4:3	0:1	22	6	4	12	24:51	22	278
10. WSV Wolfsburg	0:2	0:5	2:2	1:4	1:2	0:3	1:3	1:4	4:0	–	3:0	3:0	22	5	2	15	26:52	17	172
11. Hamburger SV (N)*	2:4	1:4	0:4	1:5	1:4	0:1	0:2	3:1	1:0	0:1	–	1:2	22	2	2	18	16:62	8	234
12. 1. FC Saarbrücken*	0:3	1:5	0:5	0:2	1:2	0:1	1:4	2:2	0:3	2:3	1:1	–	22	2	2	18	16:71	8	161

Torjägerinnen

Conny Pohlers (Turbine Potsdam)	27
Melanie Hoffmann (FCR Duisburg)	19
Birgit Prinz (FFC Frankfurt)	17
Petra Unterbrink (FFC Brauweiler)	17
Jennifer Meier (FFC Frankfurt)	15
Pavlina Scasna (Bayern München)	14
Petra Wimbersky (Bayern München)	12
Jennifer Zietz (Turbine Potsdam)	12
Inka Grings (FCR Duisburg)	11
Shelley Thompson (FCR Duisburg)	11

Aufstiegsrunden zur 1. Bundesliga

1. Tennis Bor. Berlin*	4	4	0	0	13:3	12
2. TuS Niederkirchen*	4	3	0	1	9:6	9
3. Oberaußem-Fortuna	4	2	0	2	14:7	6
4. Victoria Gersten	4	1	0	3	9:11	3
5. 1. FC Nürnberg	4	0	0	4	1:19	0

Frauen-Fußballmeister 2002: 1. FFC Frankfurt.

Pokal

Qualifikation (9.9.2001)

Erzgebirge Aue – Eintracht Seekirch	2:0 n.V.

1. Hauptrunde (23.9. – 3.10.2001)

Ratzeburger SV – WSV Wolfsburg	0:5
Tennis Bor. Berlin – Hamburger SV	0:2
Turbine Potsdam II – Turbine Potsdam	0:5
Eintracht Schwerin – ATS Buntentor	0:2
Victoria Gersten – Hallescher FC	3:2
TSV Jahn Calden – FFC Heike Rheine	1:5
Spfr. Siegen – FCR Duisburg	0:9
Bor. Friedenstal – FFC Flaesheim-H.	x:0
GSV Moers – SpVgg Oberaußem-Fortuna	1:4
TuS Niederkirchen – SC Bad Neuenahr	1:3
1. FC Saarbrücken – FFC Brauweiler-P.	1:2
1. FC Saarbrücken II – SC Bad Neuenahr II	0:7
Karlsruher SC – FFC Frankfurt	0:20
Erzgebirge Aue – Bayern München	2:7
USV Jena – FSV Frankfurt	1:3
TSV Pfersee – SC Freiburg	0:3

2. Hauptrunde (17. – 21.10.2001)

SC Bad Neuenahr II – SC Bad Neuenahr	2:4
Oberaußem-Fortuna – Hamburger SV	1:2
ATS Buntentor – SC Freiburg	0:8
Bayern München – FFC Frankfurt	0:2
Bor. Friedenstal – Turbine Potsdam	0:10
Victoria Gersten – FCR Duisburg	0:5
WSV Wolfsburg – FSV Frankfurt	0:7
FFC Brauweiler-P. – FFC Heike Rheine	4:0

Viertelfinale (11.11.2001)

Hamburger SV – FFC Brauweiler-Pulheim	1:0
SC Freiburg – Turbine Potsdam	2:3
FSV Frankfurt – FCR Duisburg	2:1
SC Bad Neuenahr – FFC Frankfurt	0:2

Halbfinale (24.3.2002)

Hamburger SV – Turbine Potsdam	3:2
FSV Frankfurt – FFC Frankfurt	0:4

Finale (11.5.2002, Berlin)

FFC Frankfurt – Hamburger SV	5:0

FFC: Wissink – Tina Wunderlich, Nardenbach (65. Rech), Minnert – Künzer, Hansen (46. Meier) – Kliehm (71. Affelt), Lingor, Pia Wunderlich – Jones, Prinz

SR: Kirchner (Suhl) – **Tore:** 1:0 Prinz (11.), 2:0 Lingor (29.), 3:0 Prinz (82.), 4:0 Prinz (82.), 5:0 Künzer (90.+2)

HSV: von Lanken – Carlson – Gärtner, Wenzel – Herrmann (46. Schulz), Cohn, Hüllen (89. Brüske), Schröer – Vreden, Lone Saländer, Kameraj (78. Carbow) Pedersen, Meyer

Saison 2002/2003
Kopfschmerzen in Leverkusen

2002/03 - der Meister
Bayern München
Giovane Elber (33/21), Oliver Kahn (33), Thomas Linke (32), Claudio Pizarro (31/15), Zé Roberto (31/1), Jens Jeremies (29), Michael Ballack (26/10), Bixente Lizarazu (26/2), Owen Hargreaves (25/1), Robert Kovac (24), Willy Sagnol (23/2), Samuel Kuffour (20/1), Niko Kovac (18/1), Mehmet Scholl (18/4), Roque Santa Cruz (14/5), Bastian Schweinsteiger (14), Hasan Salihamidzic (12/2), Alexander Zickler (12/4), Michael Tarnat (11), Markus Feulner (10), Thorsten Fink (10), Sebastian Deisler (8), Pablo Thiam (4), Peter Trochowski (3), Zvjezdan Misimovic (1), Stefan Wessels (1) – Trainer: Ottmar Hitzfeld

Es gibt Spielzeiten, da ist das Titelrennen einfach langweilig. Da ist dann eine Mannschaft derart souverän, dass man fast den Zeitpunkt verpasst, an dem sie tatsächlich Meister wird. 2002/03 war das mit dem FC Bayern der Fall. Am vierten Spieltag übernahm der Rekordmeister die Pole-position und gab sie bis zum Schluss nicht mehr her. Im Gedächtnis hängen bleiben wird aber wohl kaum der 2:0-Sieg in Wolfsburg, mit dem der FC Bayern bereits am 30. Spieltag auch dem optimistischsten Fan die Hoffnung nahm, er könne auf dem Weg zu Titel Nummer 18 eventuell doch noch straucheln. Vielmehr bleiben Rekorde en masse haften. Der von Olli Kahn zum Beispiel, der in 17 Spielen gegentorlos blieb und zudem seine eigene Bestmarke aus dem Spieljahr 1998/99 brach, als er 736 Minuten lang nicht hatte hinter sich greifen müssen. Diesmal waren es 803 Minuten, und es braucht wohl keine prophetische Gabe, um vorherzusagen, dass auch dieser Rekord, wenn überhaupt, am ehesten von Olli Kahn selbst gebrochen werden wird.

Dann der Vorsprung: 16 Punkte - das war ebenfalls neuer Bundesligarekord. Der alte wurde, natürlich, von den Bayern gehalten - 1998/99 hatten sie 15 Zähler Abstand auf den Zweitplatzierten Leverkusen aufgewiesen. Doch so richtig glücklich war man an der Säbener Straße dennoch nicht. "Ohne unser frühes Ausscheiden aus der Champions League wäre eine solch souveräne Meisterschaft nicht möglich gewesen", fand Uli Hoeneß ein dickes Haar in der Meistersuppe. In der Tat - die Champions-League-Auftritte der durch Ballack, Zé Roberto und den allerdings dauerverletzten Deisler verstärkten Bayern waren das Zünglein an der Titelwaage. Keinen einzigen Sieg feierten die Hitzfeld-Schützlinge gegen den AC Mailand, Deportivo La Coruña und Racing Lens, kassierten dreizehn Treffer und schieden als Tabellenletzter sang- und klanglos aus. Mitten in die dadurch verursachte interne Unruhe (kicker: "Achtung, Explosionsgefahr!") drohten die Bayern auch in der Bundesliga kurzzeitig ins Straucheln zu geraten. Man schrieb den 9. November 2002, als Borussia Dort-

Deutscher Meister 2003: FC Bayern München.
Hinten von links: Ballack, Jancker, Santa Cruz, Linke, Sforza, Tarnat, Zickler. 2. Reihe: Jeremies, Feulner, R. Kovac, Pizarro, Zé Roberto, Hargreaves, Sagnol, Kuffour. 3. Reihe: Torwarttrainer Maier, Physiotherapeuten Binder, Gebhardt und Hoffmann, Reha-Trainer Schmidtlein und Hauenstein, Co-Trainer Henke, Trainer Hitzfeld. Vorne: Fink, Scholl, Salihamidzic, Wessels, Kahn, Dreher, Lizarazu, Elber, N. Kovac.

Milliardenliga zwischen Boom und Pleite

Links: Verkehrte Welt: So wie in dieser Szene Lucio gegen Pizarro behielt Leverkusen gegen den FC Bayern mit 2:1 die Oberhand. Trotzdem wurde Bayern Meister, Leverkusen rettete sich mit Ach und Krach.

mund im Olympiastadion aufkreuzte, 1:0 in Führung ging und den Zwei-Punkte-Rückstand auf die Münchner zunichte zu machen schien. Bayern drohte in schlimmste FC Hollywood-Zeiten zurückzufallen, als sich in der zweiten Halbzeit die Ereignisse überschlugen. Zunächst glich Santa Cruz nach 62 Spielminuten aus, dann markierte Pizarro vier Minuten später das 2:1 für die Gastgeber und Sekunden später musste BVB-Keeper Lehmann wegen Reklamierens vorzeitig das Spielfeld verlassen: Gelb-Rot! Dortmund schrie Zeter und Mordio, zumal Giovane Elber Lehmann kurz zuvor höchst rüde angegangen und mit einer Ermahnung davongekommen war. Doch es kam noch schlimmer für den BVB, der sein Auswechselkontingent bereits erschöpft hatte. Der lange Tscheche Koller musste ins Tor und machte seine Sache ausgezeichnet. Da seine Sturmkollegen allerdings leer ausgingen, blieb es beim 2:1 und Karl-Heinz Rummenigge konnte auf der offiziellen FC Bayern-Meisterfeier unwidersprochen behaupten, dass sein

Bundesliga-Torjäger

821 Tore in 306 Spielen, 2,68 pro Spiel

Thomas Christiansen (VfL Bochum)	21
Giovane Elber (Bayern München)	21
Ailton (Werder Bremen)	16
Kevin Kuranyi (VfB Stuttgart)	15
Claudio Pizarro (Bayern München)	15
Fredi Bobic (Hannover 96)	14
Marcelinho (Hertha BSC Berlin)	14
Romeo (Hamburger SV)	14
Markus Schroth (TSV München 1860)	14
Jan Koller (Borussia Dortmund)	13
Benjamin Lauth (TSV München 1860)	13

	1. Bundesliga	Bayern München	VfB Stuttgart	Borussia Dortmund	Hamburger SV	Hertha BSC Berlin	Werder Bremen	FC Schalke 04	VfL Wolfsburg	VfL Bochum	TSV München 1860	BHannover 96	Bor. Mönchengladbach	Hansa Rostock	1. FC Kaiserslautern	Bayer Leverkusen	Arminia Bielefeld	1. FC Nürnberg	Energie Cottbus	Sp	g	u	v	Tore	Pkt.	Zuschauer
1.	Bayern München	-	2:2	2:1	1:1	2:0	0:1	0:0	1:0	4:1	3:1	3:3	3:0	1:0	1:1	3:0	6:2	2:0	3:1	34	23	6	5	70:25	75	52.625
2.	VfB Stuttgart	0:0	-	1:0	1:1	3:1	0:1	1:1	2:0	3:2	4:1	3:0	4:0	1:0	1:1	3:0	3:0	0:2	0:0	34	17	8	9	53:39	59	31.422
3.	Borussia Dortmund (M)	1:0	3:1	-	1:1	2:2	1:2	1:1	2:2	4:1	1:0	2:0	1:0	2:0	3:1	2:0	0:0	4:1	1:1	34	15	13	6	51:27	58	63.777
4.	Hamburger SV	0:3	3:2	1:1	-	1:0	1:0	3:1	2:0	1:1	1:0	2:1	1:0	2:0	2:0	4:1	1:0	4:0	1:1	34	15	11	8	46:36	56	43.687
5.	Hertha BSC Berlin	3:6	1:1	2:1	2:0	-	0:1	4:2	2:2	1:0	6:0	2:0	1:2	3:1	2:0	1:0	0:0	2:1	3:1	34	16	6	12	52:43	54	37.740
6.	Werder Bremen	2:0	3:1	1:4	2:1	4:2	-	2:1	0:1	2:0	1:2	1:2	2:0	0:0	5:3	3:2	2:2	4:1	0:1	34	16	4	14	51:50	52	29.202
7.	FC Schalke 04	1:0	2:0	2:2	3:0	0:0	1:1	-	1:0	1:2	1:1	0:2	2:1	2:2	2:2	0:1	1:1	1:1	3:0	34	12	13	9	46:40	49	56.386
8.	VfL Wolfsburg	0:2	1:2	2:0	2:1	2:0	3:1	1:2	-	2:0	1:1	1:0	1:0	1:0	2:2	2:0	0:2	3:2	2:1	34	13	7	14	39:42	46	17.068
9.	VfL Bochum (N)	1:4	3:1	0:0	1:1	3:0	1:4	0:2	4:2	-	1:1	1:2	1:1	0:1	1:1	2:1	0:3	2:1	5:0	34	12	9	13	55:56	45	21.748
10.	TSV München 1860	0:5	0:1	0:0	1:1	1:0	3:0	3:0	2:2	2:4	-	0:1	2:0	0:2	0:0	0:3	3:1	2:2	3:0	34	12	9	13	44:52	45	25.578
11.	Hannover 96 (N)	2:2	1:2	0:3	2:2	0:1	4:4	0:2	3:1	2:2	1:3	-	2:2	3:1	2:1	1:2	0:0	4:2	1:3	34	12	7	15	47:57	43	34.614
12.	Bor. Mönchengladbach	0:0	1:1	1:0	2:0	0:2	4:1	2:0	2:2	1:0	1:0	1:0	-	3:0	3:0	2:0	3:0	1:1	9	14	43:45	42	27.479
13.	Hansa Rostock	0:1	1:1	0:1	0:0	0:1	1:0	3:1	1:0	1:1	1:4	1:2	3:1	-	2:2	1:3	3:0	2:0	0:0	34	11	8	15	35:41	41	18.174
14.	1. FC Kaiserslautern	0:2	1:2	0:0	2:0	2:1	1:0	1:3	2:0	0:2	0:0	0:1	2:0	1:0	-	1:0	1:1	5:0	4:0	34	10	10	14	40:42	40	34.551
15.	Bayer Leverkusen	2:1	0:1	1:1	2:3	4:1	1:3	0:1	1:1	2:4	3:0	1:3	2:2	1:2	1:0	-	3:1	0:2	0:3	34	11	7	16	47:56	40	19.796
16.	Arminia Bielefeld (N)*	0:0	0:1	0:0	2:1	0:1	3:0	2:1	1:0	1:3	2:1	0:1	4:1	3:0	1:1	2:2	-	0:1	2:2	34	8	12	14	35:46	36	22.264
17.	1. FC Nürnberg*	1:2	1:2	1:2	1:3	0:3	1:0	0:0	1:1	1:3	1:2	3:2	1:1	2:0	1:0	0:1	0:0	-	2:2	34	8	6	20	33:60	30	26.118
18.	Energie Cottbus*	0:2	2:3	0:4	0:0	0:2	0:1	0:1	2:1	3:4	3:0	1:1	0:4	1:3	1:1	2:1	2:1	-		34	7	9	18	34:64	30	12.169

Saison 2002/2003

2. Bundesliga	SC Freiburg	1. FC Köln	Eintracht Frankfurt	Mainz 05	Greuther Fürth	Alemannia Aachen	Eintracht Trier	MSV Duisburg	Union Berlin	W. Burghausen	VfB Lübeck	LR Ahlen	Karlsruher SC	RW Oberhausen	Eintr. Braunschweig	SSV Reutlingen	FC St. Pauli	Waldhof Mannheim	Sp	g	u	v	Tore	Pkt.	Zuschauer
1. SC Freiburg (A)*	-	3:0	0:2	1:0	1:1	1:1	1:0	3:1	4:0	2:1	2:1	4:0	3:1	5:2	2:0	1:4	1:1	4:1	34	20	7	7	58:32	67	20.755
2. 1. FC Köln (A)*	1:0	-	3:2	1:4	3:2	3:3	1:3	4:3	7:0	1:0	2:1	2:1	3:0	2:0	1:1	1:1	2:1	3:1	34	18	11	5	63:45	65	23.681
3. Eintracht Frankfurt*	1:1	1:1	-	1:0	2:0	1:1	2:3	2:1	0:0	0:2	3:1	4:1	2:1	1:0	0:0	6:3	4:0	4:1	34	17	11	6	59:33	62	15.123
4. Mainz 05	0:0	2:2	3:2	-	1:3	3:1	2:0	3:1	1:0	2:0	5:1	1:0	2:2	2:1	3:1	1:3	1:1	2:0	34	19	5	10	64:39	62	11.268
5. Greuther Fürth	4:0	2:0	0:1	2:0	-	0:0	1:2	1:0	1:1	2:2	1:1	1:1	0:0	2:2	3:0	2:0	2:1	5:0	34	15	12	7	55:35	57	5.441
6. Alemannia Aachen	0:1	0:0	1:0	3:0	0:0	-	0:1	1:0	3:0	2:3	4:1	3:0	2:0	2:0	1:3	3:1	4:1	1:2	34	14	9	11	57:48	51	11.655
7. Eintracht Trier (N)	0:1	2:3	2:2	2:1	1:2	4:1	-	3:0	0:1	2:1	1:3	2:1	3:0	1:0	0:1	1:2	1:2	2:2	34	14	6	14	53:46	48	6.354
8. MSV Duisburg	3:2	2:2	0:2	1:0	1:0	3:3	2:4	-	0:1	0:0	1:0	2:1	2:0	3:0	1:1	2:0	2:1	0:0	34	12	10	12	42:47	46	6.571
9. Union Berlin	1:1	0:3	1:1	0:2	2:2	3:2	1:3	0:0	-	2:2	3:1	1:1	0:0	0:0	0:1	0:0	4:2	1:1	34	10	15	9	36:48	45	7.795
10. Wacker Burghausen (N)	1:2	2:0	3:3	0:2	1:3	2:2	1:1	1:1	0:1	-	0:0	3:1	0:0	3:0	4:2	1:0	1:1	2:0	34	10	14	10	48:41	44	4.034
11. VfB Lübeck (N)	2:0	1:1	1:3	1:3	1:2	2:0	3:1	1:1	0:1	3:1	-	4:1	2:0	1:0	2:1	0:0	6:0	3:1	34	13	5	16	51:50	44	7.110
12. LR Ahlen	1:3	0:0	1:1	4:3	3:0	1:2	2:1	0:0	1:1	2:4	1:0	-	2:2	2:1	1:2	2:0	3:2	1:4	34	11	7	16	48:60	40	4.450
13. Karlsruher SC	1:1	0:1	0:2	0:0	2:1	1:2	1:1	1:1	3:2	2:1	1:2	2:4	-	2:1	1:0	0:0	1:1	1:1	34	9	12	13	35:47	39	11.184
14. RW Oberhausen	1:0	2:2	0:2	1:2	0:3	1:1	2:1	3:1	2:2	0:0	3:1	2:1	3:1	-	2:0	3:1	3:0	0:1	34	10	7	17	38:48	37	4.963
15. Eintr. Braunschweig (N)*	0:2	1:1	0:0	1:4	1:1	2:3	1:1	0:1	1:2	0:0	1:1	1:0	1:2	2:1	-	1:2	0:1	4:2	34	8	10	16	33:53	34	12.809
16. SSV Reutlingen*	0:2	1:2	1:0	1:2	2:4	5:0	3:2	2:4	0:1	0:0	1:3	1:2	0:3	2:0	0:1	-	2:0	3:2	34	11	6	17	43:53	33	6.207
17. FC St. Pauli (A)*	0:1	2:3	1:1	1:4	1:1	1:4	0:0	4:0	2:2	2:2	2:0	1:4	1:2	0:0	7:1	1:2	-	2:1	34	7	10	17	48:67	31	17.908
18. Waldhof Mannheim*	0:3	1:2	0:1	1:5	0:0	2:1	0:2	1:2	1:2	0:4	2:1	0:2	0:2	1:0	1:1	0:0	2:5	-	34	6	7	21	32:71	25	4.435

Torjäger 2. Bundesliga

Andrej Woronin (Mainz 05)	20
Nico Frommer (SSV Reutlingen 05)	18
Josef Ivanovic (Alemannia Aachen)	18
Matthias Scherz (1. FC Köln)	18
Zlatan Bajramovic (SC Freiburg)	15
Marius Ebbers (MSV Duisburg)	15
Najeh Braham (Eintracht Trier)	13
Dirk Lottner (1. FC Köln)	13
Sascha Rösler (SpVgg Greuther Fürth)	13
Bruno Labbadia (Karlsruher SC)	12

Liga-Pokal

Vorrunde (16. u. 17.7.2003)

Borussia Dortmund - VfL Bochum	2:1
Hamburger SV - Hertha BSC Berlin	2:1

Halbfinale (21. u. 22.7.2003)

VfB Stuttgart - Borussia Dortmund	0:1
FC München - Hamburger SV n.V. 2:3, i.E.	1:4

Finale (28.7.2003, Mainz)

Borussia Dortmund - Hamburger SV	2:4

Klub damit "die Basis für den Titel" gelegt habe. Ach ja - der Pokal ging auch mal wieder nach München. Schon nach wenigen Minuten war das Finale gegen den 1. FC Kaiserslautern entschieden, da Ballack quasi im Alleingang einen frühen 2:0-Vorsprung herausgespielt hatte. Am Ende stand es standesgemäß 3:1. "Ich glaube, die Konkurrenz ist froh, wenn wir in der nächsten Saison wieder länger in der Champions League dabei sind", orakelte Olli Kahn verschmitzt. Der Nationaltorhüter lernte im Übrigen die harten Regeln der Münchner Mediengesellschaft kennen, die einen Flirt mit einem "Party-Luder" ebenso schlagzeilenträchtig ausschlachtete wie das Abstellen seines Ferraris auf einem Behindertenparkplatz sowie die Trennung von seiner hochschwangeren Frau. Es gibt eben in der Bundesliga inzwischen wichtigere Dinge als Fußball. Fußball war derweil das Maß aller Dinge beim Überraschungsteam der Saison, dem VfB Stuttgart. Finanziell schwer angeschlagen, trat VfB-Trainer Magath mit einer besseren Nachwuchself den Beweis an, dass es nach der EM-2000-Katastrophe um den deutschen Fußball wieder besser bestellt ist. Die "jungen Wilden" Kuranyi, Hinkel und Hleb zauberten sich, angeführt von Oldie Krassimir Balakov, völlig überraschend auf Rang 2 und damit auf dem direkten Weg in die Champions League. Die dort winkenden TV-Gelder verringerten zugleich die finanziellen Sorgenfalten im Gottlieb-Daimler-Stadion. Dass der VfB am Ende Platz 2 belegte, hatte er allerdings auch der Dummheit der Konkurrenz aus Dortmund zu verdanken. Der Titelverteidiger (nicht ein einziges Mal im Saisonverlauf auf Rang 1!) vergab Matchball auf Matchball um Platz 2 und rutschte am Schlusstag durch ein peinliches 1:1 gegen Absteiger Cottbus endgültig auf Rang 3 ab. Langweiliger bis peinlicher Fußball, bar jeglichem Unterhaltungsformat und eine Mannschaft, die gespickt war mit egoistischen Sensibelchen wie Marcio Amoroso enttäuschten das erneut zahlreiche BVB-Publikum (Schnitt: 66.124, das entsprach einer Stadionauslastung von 97%!) häufiger als es dem lieb war. Lediglich auf europäischer Ebene konnte der BVB überzeugen und drang bis in die Zwischenrunde der Champions League vor. Mitreißend das 1:1 daheim gegen Real Madrid, bei dem erst in der Schlusssekunde der Ausgleich für die Königlichen fiel. Zugleich jedoch ein Schock, von dem sich die Sammer-Schützlinge nicht mehr erholten, denn zwei Wochen später kam mit einem 0:1 in Mönchengladbach der finale Rückschlag im Titelrennen. "Wir sind zwar nicht abgestürzt, aber wir müssen weiter lernen. Schritte zurück gehören dazu, um eine gewisse Reife zu erlangen", befand Trainer Sammer, dessen Sicherheitsfußball zunehmend kritisiert wurde.

Die Überraschung der Saison war zweifellos der VfB Stuttgart. Spielmacher Balakov setzt sich gegen Leverkusens Sebescen durch. In der BayArena gewannen die Schwaben mit 1:0.

Kritik - das war etwas, mit dem man auch in der Leverkusener BayArena leben musste. Kritisiert wurden dort eigentlich alle. Trainer Toppmöller, weil er zwar schön spielen ließ, aber keine Erfolge erntete und zum Zeitpunkt der Krise einfach zu häufig fröhlich lächelnd (andere meinten "ratlos") durch die Gegend zog. Geschäftsführer Calmund, weil er sich zu Saisonbeginn gemütlich in den Hintergrund zurückgezogen und seinem Nachfolger Ilja Kaenzig das Feld überlassen hatte. "Calli" wurde früher als ihm lieb war wieder in die Pflicht und Verantwortung genommen. Kritisiert wurde auch die Mannschaft, weil sie viel zu selten Herz zeigte und sich geradezu wehrlos ihrem Schicksal ergab. Was unterm Strich herauskam war die Rettung in letzter Sekunde, ein noch längst nicht vollständig abzusehender Imageverlust (umso schwerwiegender, als es in Leverkusen weitaus schwerer als anderswo ist, überhaupt Image aufzubauen) und eine Menge Verlierer. Warum Bayer 04 am Ende nicht abstieg, darüber kann spekuliert werden. Zweifelsohne lag es zunächst an Arminia Bielefeld, das die dauernden Bayer-Aussetzer nicht ausnutzen konnte. Es lag aber *auch* daran, dass Bayer 04 am vorletzten Spieltag Besuch von einer völlig lustlosen Münchner Löwenelf erhielt, die sich nahezu widerstandslos mit 0:3 das Fell über die Ohren ziehen ließ. Eine Woche später gelang Bayer dann mit einem 1:0 in Nürnberg die endgültige Rettung. Jenem Abschlussspiel haftete ebenfalls ein unangenehmer Beigeschmack an, denn kurz zuvor war Coach Augenthaler in Nürnberg rausgeflogen - und hatte ausgerechnet in Leverkusen angeheuert. Hinter vorgehaltener Hand munkelte man, bei den Verhandlungen zwischen beiden Vereinen sei es auch um ein gewisses "Entgegenkommen" im Abschlussspiel gegangen. Bielefelds Keeper Hain fing sich freilich eine Klagedrohung durch den DFB ein, weil er genau das öffentlich behauptete. Im Endeffekt aber war Bielefeld selbst Schuld, denn selbst eine Leverkusener Niederlage hätte den Abstieg nicht verhindert, da die Arminia daheim gegen Hannover verlor.

Cottbus und Kaiserslautern - das waren monatelang die designierten Abstiegskandidaten gewesen. Als zur Winterpause geblasen worden war, hatten sie bereits neun (Cottbus) bzw. sechs (Lautern) Punkte Rückstand auf einen rettenden Platz gehabt. Beide Teams kamen jedoch grandios aus der Winterpause und kämpften sich wider Erwarten noch einmal heran. Den Klassenerhalt feiern konnte man aber nur in der Pfalz, während den Lausitzern bald wieder die Puste ausging und Energie in Liga 2 verschwand. In Kaiserslautern konnte man weit mehr als den Klassenerhalt feiern. Während der Belgier Erik Gerets auf dem Spielfeld die Grundlagen für den Klassenerhalt legte, räumte der Schweizer René C. Jäggi mit dem totalen wirtschaftlichen Chaos am Betzenberg auf und schaffte das viel größere Wunder - die Vermeidung der Insolvenz. Am 26. Februar 2003 wurde der FCK mit dem Stadionverkauf auf einen Schlag seine größten Sorgen los, wobei die Entschuldung allerdings an die unangenehme Bedingung geknüpft war, dass der FCK im Oberhaus blieb - bei einem Abstieg wäre der Lizenzverlust unvermeidbar gewesen. Dass es nicht soweit kam, dafür sorgte Trainer Gerets, der die Roten Teufel nebenbei ins Pokalfinale führte.

Nicht annähernd so glimpflich kam der 1. FC Nürnberg davon, der an seinem innerbetrieblichen Tohuwabohu zerbrach. Präsident Roth gegen Trainer Augenthaler, Manager Geenen gegen Präsident Roth, die Fans gegen die Mannschaft - der neuerliche Abstieg des einst so ruhmreichen Clubs bahnte sich frühzeitig an. Freude derweil beim HSV, der in der Hinrunde noch kurz davor stand, Trainer Jara zu feuern und am Ende einen UEFA-Cup-Platz erreichte, sowie bei Borussia Mönchengladbach. Dort ließen sich Trainer Lienen und sein Vorgänger Meyer am letzten Spieltag Hand in Hand als "Retter" feiern und lieferten ein herrliches Stück Bundesligageschichte.

"Retter" - das stand auch auf den T-Shirts, die man nach Saisonschluss in der 2. Bundesliga im Hamburger Stadtteil St. Pauli verkaufte. Über 60.000 der braunen Leibchen gingen über den Ladentisch und legten damit die Basis für eine der faszinierendsten Rettungsaktionen im bezahlten deutschen Fußball, wie sie wohl nur auf St. Pauli möglich ist. 1,9 Mio. Euro brauchte der gerade abgestiegene FC St. Pauli für die Erlangung seiner Regionalliga-Lizenz 2003/04, und weil es genügend "Retter" gab, gelang das Wunder. Rettung gab es auch für die Frankfurter Eintracht, die vor Saisonbeginn von der DFL eigentlich bereits in die Regionalliga verbannt war, mit allerlei Tricks und Kniffen jedoch dem Lizenzentzug entging und am letzten Spieltag mit einem furiosen Finale (6:3 gegen Reutlingen) sogar Platz 3 erreichte und damit den Aufstieg in Liga 1 feierte. Leidtragender war der 1. FSV Mainz 05, der zeitgleich in Braunschweig mit 4:1 gewann, jedoch ein Tor zu wenig auf dem Konto hatte. Auch die Rheinhessen hatten zuvor diverse Matchbälle vergeben. Freiburg und Köln hatten sich ihren Klassensprung zuvor wesentlich souveräner gesichert. Bleibt noch das unangenehme Thema "Geld", das bei allen Klubs zunehmend knapper wurde. Der HSV und Leverkusen schlossen die Saison mit Riesenverlusten ab (14,5 bzw. 10 Mio. Euro), und selbst die Bayern waren betroffen. Galant kommentierte Manager Hoeneß, es sei "für uns natürlich auch gewöhnungsbedürftig", die Saison ohne Gewinn abzuschließen. Glücklicher FC Bayern... Die Zeichen standen schlecht. Die TV-Krise setzte sich fort - statt der erwarteten 360 Mio. Euro flossen "nur" deren 290 - und der Gesamt-Schuldenberg aller 36 Profivereine wurde auf rund 600 Mio. Euro geschätzt. Manfred Müller, Marketingchef beim SV Werder, hatte auch schon eine passende Idee, die Misere zu beenden. Man könne doch, so Müller im April 2003, die Halbzeitpause auf 20 Minuten verlängern. Dann hätten die Zuschauer mehr Zeit für Bier und Bratwurst, die TV-Sender könnten mehr Werbung unterbringen - und die Vereine würden ein paar Euro hinzu verdienen. "Eine prinzipiell gute Idee ist das", urteilte Gladbachs Sportdirektor Christian Hochstätter sofort, "weil die Vereine mehr Geld generieren können". Es war übrigens kein Aprilscherz - man schrieb den 22. April... Wirklich eine gute Idee war derweil die TV-Übertragung des entscheidenden Meisterschaftsspiels der Frauen-Bundesliga zwischen Turbine Potsdam und dem FFC Frankfurt, das über 7.000 Fans ins Potsdamer Karl-Liebknecht-Stadion und Hunderttausende vor die Bildschirme lockte.

VfL Osnabrück

Am Ende wurde es knapp und knapper. Erst gab es eine völlig überraschende Heimniederlage gegen den späteren Absteiger Verl. Dann reichte es bei den HSV-Amateuren nur zu einem Punkt - wenngleich Claaßen drei Minuten vor Schluss am Lattenkreuz scheiterte. Erst das abschließende 2:0 über Holstein Kiel brachte somit die Gewissheit, dass der VfL Osnabrück 2003/04 wieder in der 2. Fußball-Bundesliga spielen darf. Jener Klasse, in der die Lila-Weißen von der Bremer Brücke einst geradezu zum Inventar gehörten, die sie 1993 jedoch hatten verlassen müssen. 2000/01 war dem Traditionsklub ein kurzes Comeback gelungen.

An der Bremer Brücke herrschte große Erleichterung vor. Die VfL-Führung hatte alles auf eine Karte gesetzt, ihren 3,5-Mio.-Euro-Saisonetat um einiges überzogen, rund 2,5 Mio. Euro Schulden angehäuft. Hätte es mit dem Aufstieg nicht geklappt, wäre die Stadt Osnabrück an der Reihe gewesen, den Klub mittels einer Bürgschaft vor dem Entzug der Regionalliga-Lizenz zu bewahren. Mit dem Klassensprung war das alles Makulatur, und der VfL konnte mitsamt seiner begeisterungsfähigen Fanschar (beim Auswärtsspiel in Hamburg zählte man über 7.000 mitgereiste Fans!) ausgelassen feiern. Doch da war noch ein Wermutstropfen: Trainer Jürgen Gelsdorf. Aus "persönlichen Gründen" wolle er die Lila-Weißen in der kommenden Saison nicht mehr betreuen, bekannte er mitten in die Aufstiegsjubelei. "Gelsdorf hat sich nicht mehr hundertprozentig mit der Aufgabe identifizieren können und die Konsequenzen gezogen. Es ist der stilvolle Abgang eines profilierten Fußballlehrers, der es allen gezeigt hat, dass er es noch kann", kommentierte die Neue Osnabrücker Zeitung.

Osnabrück - das ist schillernde Fußballtradition, und das mitten im Arbeiterviertel Schinkel gelegene Stadion an der Bremer Brücke kann eine Menge glorreicher Geschichten aus der Vergangenheit erzählen. Bekannte Namen haben die Grasnarbe im VfL-Stadion beackert. Udo Lattek beispielsweise, später als Trainer ein klein wenig erfolgreicher als zuvor als Spieler. Der legendäre Addi Vetter, einer der profiliertesten Torjäger der Oberliga Nord. Günter Pröpper, ein ebenbürtiger Vetter-Nachfolger, der sich später in Wuppertal den Beinamen "Meister" erwarb. Heinz Flotho, Nationaltorhüter und später beim FC Schalke 04 aktiv. Man könnte die Reihe beliebig fortführen. Jimmy Hartwig, Ansgar Brinkmann, Burkhard Segler et cetera. Allen gemeinsam ist, dass sie den VfL irgendwann verließen. Denn so groß die Begeisterung an der Bremer Brücke auch stets war - Osnabrück galt jahrzehntelang auch als "Fußball-Provinz", die man verlassen musste, wollte man erfolgreich sein. Der VfL ist ein Konglomerat diverser Vereine und über mehrere Fusionsschritte entstanden. Es begann mit dem FC 1899 Osnabrück, der am 17. April 1899 das Licht der Welt erblickte und 1920 mit dem Osnabrücker Ballspielverein 05, seinerzeit die Nummer 1 in der Stadt, zum BV 1899 zusammenging. Vier Jahre später tat man sich mit Spiel und Sport zusammen, woraufhin der VfL entstand. Jener geriet sofort in interne Konflikte, was zur Abspaltung des SC Rapid führte, der ein wichtiges Stück in der VfL-Geschichte schrieb: Er baute nämlich den Sportplatz an der Bremer Brücke, das heutige Stadion. Die Rapid-Führung war höchst ehrgeizig und hegte sogar latente Profifußballträume - in den ausklingenden zwanziger Jahren eine gefährliche Sache, da der DFB jedem "Profi" mit Sperre drohte. So war den Rapidlern auch kein langes Leben vergönnt. 1938 kehrten sie in den Schoß des VfL zurück, der daraufhin von seinem bescheidenen Sportplatz Gartlage an die Bremer Brücke wechselte und zur Osnabrücker Nummer 1 im Fußball wurde. 1938/39 nahmen die Lila-Weißen als niedersächsischer Gaumeister erstmals an der Endrunde um die Deutsche Meisterschaft teil, wodurch die Fußballfreunde im Reich erstmals von der Stadt am Teutoburger Wald erfuhren.

Die großen sportlichen Zeiten aber brachen erst nach dem 2. Weltkrieg an. In den Anfangsjahren der legendären Oberliga Nord zählte der VfL zu den großen Drei, qualifizierte sich 1950 erneut für die Endrunde um die Deutsche Meisterschaft (1:2 gegen den VfB Stuttgart) und war 1952 abermals beim Kampf um die "Deutsche" dabei. Doch ausgerechnet Mitte der fünfziger Jahre, als Fußball landesweit boomte, nahm sich der VfL eine Krise. Sportlich versank er im Mittelmaß, die Zuschauerzahlen sackten in den Keller und als 1963 die Punkte für die Qualifikation zur Bundesliga errechnet wurden, hatte der VfL zu wenige auf sein Konto geschaufelt. Regionalliga Nord hieß das neue Klassenziel der Lila-Weißen, die damit erstmals seit 1937 wieder zweitklassig waren. Das sollte nicht so bleiben. Vor allem unter der Ägide von Eduard Piepenbrock, der den VfL im Oktober 1969 übernahm, machte man alle Anstrengungen, Bundesliga-Fußball nach Osnabrück zu holen. Teure Trainer, teure Spieler - für den VfL war nichts gut genug. Piepenbrocks Sohn Hartwig, der 1971 das Amt seines tödlich verunglückten Vaters übernahm, durfte zwar regelmäßig Aufstiegsrundenspiele bewundern und sich über einen exorbitant hohen Zuschauerzuspruch freuen (1970/71 erreichte der VfL mit fast 13.000 Fans pro Spiel einen höheren Schnitt als diverse Erstligisten), der Klassensprung klappte aber nicht. Daran änderte sich auch in der Folgezeit nichts. 1974 zählte der VfL zu den Gründungsmitgliedern der 2. Bundesliga, war 1981 auch in der "Eingleisigen" dabei, doch vom Traum Bundesliga war man weit entfernt. Stattdessen machten Negativschlagzeilen die Runde. Der Konkurs drohte, das Stadion an der Bremer Brücke verfiel vor aller Augen, Osnabrück avancierte zum Trainerschleudersitz Nummer 1 und die Fans wandten sich enttäuscht ab. "Ohne Hartwig Piepenbrock wäre der VfL längst von der Landkarte des bezahlten Fußballs verschwunden", hieß es Mitte der achtziger Jahre, als die Kritik am autoritären Führungsstil des Unternehmers (Gebäudereinigung) zunahm. In der Tat ging in Osnabrück ohne Piepenbrock gar nichts mehr. Piepenbrock war Werbepartner, Mäzen, Manager, Schatzmeister - alles in einer Person. Seine Machtfülle brachte Probleme mit sich. Andere Sponsoren beispielsweise ließen den VfL links liegen - man hätte sich Piepenbrock unterordnen müssen. So kam, was kommen musste: 1984 stieg der VfL urplötzlich aus der 2. Liga ab, schaffte zwar den sofortigen Wiederaufstieg, versank anschließend aber im Mittelmaß. 1993 dann der nächste Abstieg - und diesmal dauerte es, bis sich der VfL wieder berappelte.

Entscheidend war dabei der 14. Februar 1996, eigentlich ein schwarzer Tag in der VfL-Geschichte. An jenem Tag nämlich nahm Hartwig Piepenbrock seinen Hut und hinterließ einen Klub im Chaos. Dirk Rasch, "ein linksliberaler Schöngeist, der Che Guevara zitiert und Solidarität als höchsten Wert preist" (Neue Osnabrücker) und der Gastronom Dieter Prütz ("ein hemdsärmeliger Selfmademann, ein entschlossener Macher mit Tendenz zum Poltergeist, der Geld heranschaffen kann und lieber aneckt als seine Meinung zurückzuhalten") übernahmen die Nachfolge und krempelten den VfL komplett um. Binnen kurzem wurde aus dem "VfL Piepenbrock" (der Ex-Präsident hatte zuvor sogar die Umbenennung des Stadions durchgesetzt) wieder der VfL Osnabrück, der großen Wert auf Basisnähe und Familiengeist legt und bei dessen Heimspielen die durchschnittlich gut 10.000 Fans eine friedliche und fröhliche Stimmung verbreiten. Nur sportlich wollte es nicht so recht klappen. In der Regionalliga hatte man es mit schlagkräftiger Konkurrenz zu tun (Hannover 96, Eintracht Braunschweig), 1999 reichte es im Aufstiegsspiel gegen Chemnitz nicht zum Klassensprung und als Torhüterlegende Uwe Brunn ein Jahr später im Aufstiegsspiel gegen den 1. FC Union Berlin zum Helden im Elfmeterschießen avancierte und den Aufstieg sicherte, da währte die Glückseligkeit nur zwölf Monate. Am Ende stand zwar der direkte Wiederabstieg, doch der VfL hatte den Kontakt zu seiner Fanbasis mit diversen großartigen Auftritten gestärkt und ging hoffnungsvoll in die 3. Liga zurück. Dort drohte alsbald die Pleite. Sportlich klappte zunächst gar nichts, und nebenbei ging dem VfL das Geld aus. Rasch und Prütz mussten reichlich kämpfen, um das Aus des Traditionsvereins zu verhindern. Doch sie hatten eine glückliche Hand. Mit Trainer Gelsdorf gelang die Verpflichtung eines ehrgeizigen und akribisch arbeitenden Mannes, die Routiniers Brunn, Claaßen, Tammen und Ukrow behielten die Nerven und als Rot-Weiß Essen in der Rückserie 2002/03 schwächelte, nutzten die Lila-Weißen die Gunst der Stunde und sicherten sich Platz 2.

Bleibt nur zu hoffen, dass der VfL künftig wieder zum Inventar der 2. Bundesliga gezählt werden wird - oder die Klasse diesmal sogar auf der "anderen Seite" verlässt.

Milliardenliga zwischen Boom und Pleite

Kevin Kuranyi (VfB Stuttgart)

Er hat den coolsten Bart der Bundesliga. Er debütiert mit 21 in der Nationalelf. Der "kikker" verbreitet einen seiner legendären Starschnitte von ihm. Und er gilt als eines der größten Talente des deutschen Fußballs. Doch Kevin Kuranyi ist anders. Entgegen dem ersten Eindruck ist er keiner von diesen hochnäsigen Schnöseln, die mit 20 schon so viel verdienen, wie andere ihr Leben lang nicht und mit dicken Autos durch die Gegend brausen. Kevin Kuranyi kann durchaus nachdenklich sein, weiß, wo er herkommt und wer er ist. "Star? Ich? Nein, ich bin kein Star. Oliver Kahn ist einer - ich nicht", wehrt der Stuttgarter alle Lobeshymnen vehement ab. Seine Bodenhaftung trägt einen Namen: Felix Magath. Sein Coach beim VfB Stuttgart hatte ihn schon 2001/02 in den Bundesligakader geholt und ihn fünfmal im Oberhaus mitspielen lassen. "Ich dachte damals, ich sei schon ein Großer", erinnert sich Kuranyi heute lächelnd - denn Magath schob den Torjäger alsbald wieder in die Regionalliga-Elf des VfB ab und nahm ihm damit sämtliche Flausen. Kuranyi hatte sich seine Degradierung selbst zuzuschreiben. Mal war er zu spät zum Dienst gekommen, mal hatte er die Einheiten zu locker gesehen. Unter Schleifer Magath Vergehen, die böse Folgen haben. Kuranyi-Berater Karl-Heinz Förster war durchaus froh darüber. "Im Nachhinein war es gut, dass er wieder zu den Amateuren musste. Da hat er kapiert, dass es nur auf Fußball ankommt". Das sieht inzwischen auch Magath so. "Kevin hat sich alles hart erarbeitet", lobte er seinen Schützling und freute sich, als Kuranyi am 29. März 2003 beim EM-Qualifikationsspiel gegen Litauen erstmals von Rudi Völler ins Nationalteam berufen wurde.

Zuvor hatte der dribbelstarke Torjäger die Qual der Wahl gehabt. Geboren in Rio de Janeiro, aufgewachsen in Panama, Sohn eines in Frankreich geborenen deutschen Vaters und einer panamaischen Mutter, besitzt Kuranyi gleich drei Staatsbürgerschaften - die deutsche, die brasilianische und die panamaische. Selbst Ungarn lockte den Jungstar - Kuranyis Großvater war Magyare. "Ich habe mich für Deutschland entschieden, weil ich hier meinen Lebensmittelpunkt habe. Tief im Herzen aber bin ich Brasilianer, dem Sonne und Copacabana über alles gehen."

Seine sportliche Heimat war und ist der VfB, mit dessen B-Jugend er einst Deutscher Meister wurde und für den er in der Spielzeit 2002/03 zum sportlichen und finanziellen Hoffnungsträger wurde. 15 Saisontore waren die eine Seite der Medaille - seine Wertsteigerung angesichts des 16 Mio. Euro hohen Schuldenberges der Schwaben die andere, nicht unwichtigere. "Ich glaube, ich werde meinen Vertrag beim VfB erfüllen", äußert Kuranyi die Hoffnung, zumindest bis 2004 in Stuttgart zu bleiben und nicht zur Vereinssanierung "eingesetzt" zu werden. Dass dies wahrscheinlicher wurde, dafür sorgte er 2002/03 im Verbund mit seinem Vorbereiter Andreas Hinkel - ebenfalls Nationalelf-Debütant -, die den VfB in die Champions League und damit an die europäischen Fleischtöpfe schossen.

Das für Kuranyi das Leben aus mehr als nur Fußball besteht, bewies er im März 2003, als er nach Beginn des Irak-Krieges seine ganz persönliche Form von Protest zeigte: Sein ohnehin schon legendärer Bart zeigte die Form des Peace-Zeichens.

Der Europapokal

Champions League

Qualifikation 3. Runde (13. u. 27.8.2002)

Partizan Belgrad – Bayern München	0:3, 1:3

Gruppenspiele

Gruppe A

Arsenal London – Borussia Dortmund	2:0, 1:2
Borussia Dortmund – AJ Auxerre	2:1, 0:1
PSV Eindhoven – Borussia Dortmund	1:3, 1:1

1. Arsenal London	6	3	1	2	9:4	10
2. Borussia Dortmund	6	3	1	2	8:7	10
3. AJ Auxerre	6	2	1	3	4:7	7
4. PSV Eindhoven	6	1	3	2	5:8	6

Gruppe F

Olympiakos Piräus – Bayer Leverkusen	6:2, 0:2
Bayer Leverkusen – Manchester United	1:2, 0:2
Maccabi Haifa – Bayer Leverkusen	0:2, 1:2

1. Manchester United	6	5	0	1	16:8	15
2. Bayer Leverkusen	6	3	0	3	9:11	9
3. Maccabi Haifa	6	2	1	3	12:12	7
4. Olympiakos Piräus	6	1	1	4	11:17	4

Gruppe G

Bayern München – Dep. La Coruña	2:3, 1:2
Racing Lens – Bayern München	1:1, 3:3
Bayern München – AC Mailand	1:2, 1:2

1. AC Mailand	6	4	0	2	12:7	12
2. Dep. La Coruña	6	4	0	2	11:12	12
3. Racing Lens	6	2	2	2	11:11	8
4. Bayern München	6	0	2	4	9:13	2

Zwischenrunde

Gruppe A

Bayer Leverkusen – FC Barcelona	1:2, 0:2
Inter Mailand – Bayer Leverkusen	3:2, 2:0
Bayer Leverkusen – Newcastle United	1:3, 1:3

1. FC Barcelona	6	5	1	0	12:2	16
2. Inter Mailand	6	3	2	1	11:8	11
3. Newcastle United	6	2	1	3	10:13	7
4. Bayer Leverkusen	6	0	0	6	5:15	0

Gruppe C

Lok Moskau – Borussia Dortmund	1:2, 0:3
Borussia Dortmund – AC Mailand	0:1, 1:0
Real Madrid – Borussia Dortmund	2:1, 1:1

1. AC Mailand	6	4	0	2	5:4	12
2. Real Madrid	6	3	2	1	9:6	11
3. Borussia Dortmund	6	3	1	2	8:5	10
4. Lok Moskau	6	0	1	5	3:10	1

UEFA-Pokal

1. Runde (17.9. – 3.10.2002)

FC Aberdeen – Hertha BSC Berlin	0:0, 0:1
VfB Stuttgart – FK Ventspils	4:1, 4:1
Metallurg Donezk – Werder Bremen	2:2, 0:8
FK Gomel – Schalke 04	1:4, 0:4

2. Runde (29.10. – 14.11.2002)

Ferencvárosi TC – VfB Stuttgart	0:0, 0:2
APOEL Nikosia – Hertha BSC Berlin	0:1, 0:4
Legia Warszawa – Schalke 04	2:3, 0:0
Vitesse Arnheim – Werder Bremen	2:1, 3:3

3. Runde (26.11. – 12.12.2002)

Hertha BSC Berlin – FC Fulham	2:1, 0:0
Wisla Kraków – Schalke 04	1:1, 4:1
Club Brugge KV – VfB Stuttgart	1:2, 0:1

Achtelfinale (20.2. – 5.3.2003)

Hertha BSC Berlin – Boavista Porto	3:2, 0:1
Celtic Glasgow – VfB Stuttgart	3:1, 2:3

Saison 2002/2003

Die Länderspiele

Männer

21.8.	Sofia	Bulgarien	2:2
7.9.	Kaunas	(EMQ) Litauen	2:0
11.10.	Sarajevo	Bosnien-H.	1:1
16.10.	Hannover	(EMQ) Färöer	2:1
20.11.	Gelsenkirchen	Niederlande	1:3
12.2.	Palma d.M.	Spanien	1:3
29.3.	Nürnberg	(EMQ) Litauen	1:1
30.4.	Bremen	Serbien-M.	1:0
1.6.	Wolfsburg	Kanada	4:1
7.6.	Glasgow	(EMQ) Schottland	1:1
11.6.	Torshavn	(EMQ) Färöer	2:0

Frauen

14.9.	Grimstad	Norwegen	3:1
17.10.	Ulm	Dänemark	2:0
14.11.	Lüdenscheid	Russland	4:0
23.1.	Yiwu	China	0:0
26.1.	Wuhan	Norwegen	2:2
29.1.	Shanghai	USA	0:1
4.3.	Gütersloh	China	2:2
6.3.	Arnsberg	China	3:1
27.3.	Potsdam	(EMQ) Schottland	5:0
17.4.	Ozoir	Frankreich	0:1
22.5.	Schönberg	Dänemark	1:1
25.5.	Haderslev	Dänemark	6:2

Die Regionalligen

Nord

1.	Erzgebirge Aue**	34	20	6	8	59:34	66
2.	VfL Osnabrück**	34	19	8	7	56:29	65
3.	Rot-Weiß Essen	34	16	12	6	56:33	60
4.	Wattenscheid 09	34	16	8	10	66:49	56
5.	Bor. Dortmund Am. (N)	34	13	12	9	57:51	51
6.	Werder Bremen Am.	34	13	11	10	59:53	50
7.	Dynamo Dresden (N)	34	13	11	10	34:34	50
8.	SC Paderborn 07	34	13	8	13	58:49	47
9.	1. FC Köln Am. (N)	34	12	9	13	52:55	45
10.	KFC Uerdingen 05	34	13	6	15	43:51	45
11.	Chemnitzer FC	34	12	8	14	47:55	44
12.	Preußen Münster	34	12	7	15	45:55	43
13.	Holstein Kiel	34	10	12	12	54:54	42
14.	Hamburger SV Am. (N)	34	10	11	13	44:52	41
15.	SC Verl*	34	12	4	18	47:65	40
16.	SV Babelsberg 03 (A)*	34	9	7	18	54:73	34
17.	Bayer Leverkusen Am.*	34	9	6	19	46:59	33
18.	Dresdner SC 98*	34	7	8	19	32:58	29

Torjäger

Dimitrijus Guscinas (Holstein Kiel)	23
Halil Altintop (Wattenscheid 09)	19
Vesselin Gerov (SC Paderborn 07)	18
Ersin Demir (Chemnitzer FC)	18

Süd

1.	Unterhaching (A)**	36	22	7	7	75:34	73
2.	Jahn Regensburg**	36	22	7	7	66:25	73
3.	FC Augsburg (N)	36	17	8	11	55:39	59
4.	Bayern München Am.	36	16	9	11	51:35	57
5.	TSG Hoffenheim	36	15	10	11	60:44	55
6.	1. FC Saarbrücken (A)+	36	15	12	9	43:38	53
7.	SV Wehen-T'stein	36	13	11	12	52:47	50
8.	Kickers Offenbach	36	11	17	8	42:38	50
9.	Rot-Weiß Erfurt	36	12	14	10	44:44	50
10.	VfR Aalen+	36	14	6	16	48:55	47
11.	SC Pfullendorf (N)	36	13	8	15	51:61	47
12.	Schweinfurt 05 (A)	36	13	6	17	56:54	45
13.	1. FC K'lautern Am.	36	11	12	13	43:47	45
14.	SV Elversberg	36	13	6	17	38:51	45
15.	Stuttgarter Kickers	36	11	12	13	40:54	45
16.	Spfr. Siegen*	36	11	10	15	47:55	43
17.	Darmstadt 98*	36	11	9	16	42:53	42
18.	E. Frankfurt Am. (N)*	36	7	11	18	36:64	32
19.	Bor. Neunkirchen (N)*	36	3	9	24	23:74	18

+VfR Aalen wurde ein Punkt wegen Verstoß gegen die Lizenzierungsauflagen abgezogen, dem 1. FC Saarbrücken vier Punkte

Torjäger

Francisco Copado (SpVgg Unterhaching)	23
Mark Römer (SC Pfullendorf)	22
Veselin Popovic (Schweinfurt 05)	20

Eric Gerets (li., mit Dimitrios Grammozis) vollbrachte am Betzenberg ein kleines sportliches Wunder und rettete den 1. FCK vor dem Absturz.

Milliardenliga zwischen Boom und Pleite

Die Amateur-Oberligen

Niedersachsen/Bremen

1.	Kickers Emden	83:43	71
2.	SV Wilhelmshaven	70:40	69
3.	VfL Wolfsburg Am.	69:31	68
4.	Eintracht Nordhorn	80:48	65
5.	BV Cloppenburg	59:28	61
6.	VfB Oldenburg (M)	65:36	59
7.	Arminia Hannover	69:50	56
8.	SV Meppen	51:37	54
9.	E. Braunschweig Am. (N)	61:49	54
10.	FC Oberneuland	53:59	44
11.	SC Langenhagen	40:43	42
12.	VfV Hildesheim (N) +	45:71	35
13.	Rotenburger SV	45:64	30
14.	Concordia Ihrhove	37:58	30
15.	Lüneburger SK	37:70	30
16.	Göttingen 05*	27:59	29
17.	FC Schüttorf 09*	36:79	24
18.	FC Bremerhaven (N)*	40:102	23

+ ab 2003/04 nach Fusion mit Borussia 06 Hildesheim als VfV-Borussia 06 Hildesheim

Torjäger
Markus Erdmann (Arminia Hannover) 32

Hamburg/Schleswig-Holstein

1.	FC St. Pauli Am.	82:31	76
2.	VfR Neumünster**	75:40	66
3.	Concordia Hamburg	68:34	64
4.	Bergedorf 85	72:41	62
5.	SV Lurup	65:40	54
6.	Meiendorfer SV (N)	64:53	51
7.	Raspo Elmshorn	40:55	47
8.	Altona 93 (N)	66:50	46
9.	VfL Pinneberg	64:55	45
10.	Husumer SV	41:47	45
11.	Flensburg 08	50:68	43
12.	TSV Altenholz*	51:73	41
13.	Heider SV	41:53	34
14.	V/W Billstedt	51:76	32
15.	Holstein Kiel II (N)	49:66	29
16.	Eimsbütteler TV*	39:84	19
17.	TSB Flensburg (N)*	41:93	14
18.	1. SC Norderstedt*	0:0	0

1. SC Norderstedt zog sich vor Saisonbeginn zurück. TSV Altenholz zog sich nach Saisonende in die Bezirksoberliga zurück.

Torjäger
Sven Beck (VfR Neumünster) 23

Qualifikation zur Regionalliga Nord
VfR Neumünster - Kickers Emden 1:2, 3:2

Nordost-Nord

1.	FC Schönberg 95	122:29	91
2.	Hertha BSC Berlin Am. (M)	121:22	89
3.	Hansa Rostock Am.	93:24	89
4.	Tennis Borussia Berlin	63:39	67
5.	Stahl Eisenhüttenstadt	62:50	61
6.	VfB Lichterfelde+	53:42	57
7.	MSV Neuruppin	55:60	52
8.	BSC Brandenburg-Süd	49:50	49
9.	Lichtenberg 47	49:51	49
10.	Motor Eberswalde	44:66	48
11.	Reinickend. Füchse	60:56	44
12.	Türkiyemspor Berlin	54:71	44
13.	TSG Neustrelitz (N)	44:67	42
14.	Optik Rathenow	41:64	42
15.	Berliner AK 07	46:61	41
16.	1. FC Lok Stendal*	51:81	40
17.	Eintracht Schwerin*	35:77	32
18.	Köpenicker SC (N)*	31:78	21
19.	Eintr. Oranienburg (N)*	25:110	10

+ VfB Lichterfelde nennt sich ab Sommer 2003 Lichterfelder FC Victoria

Torjäger
Enrico Neitzel (FC Schönberg 95) 35

Nordost-Süd

1.	Sachsen Leipzig**	77:19	83
2.	Carl Zeiss Jena	87:22	82
3.	VFC Plauen	76:23	73
4.	VfB Leipzig	57:23	67
5.	Hallescher FC	49:29	59
6.	FSV Zwickau	59:41	54
7.	FV Dresden-Nord	49:36	50
8.	Energie Cottbus Am.	56:58	46
9.	SV Grimma 19	39:44	54
10.	1. FC Magdeburg (A)	36:47	42
11.	OFC Neugersdorf+	52:50	41
12.	FV Dresden 06 (N)	46:65	37
13.	VfB Pößneck (N)	45:65	36
14.	Eintr. Sondershausen	40:75	35
15.	Anhalt Dessau (N)	40:69	32
16.	Wacker Gotha*+	25:59	28
17.	VfB Chemnitz*	25:61	27
18.	Lausitz Hoyerswerda*	21:93	21

+ Die Fußballabteilung des SV Wacker Gotha wurde 2003 als Wacker 03 Gotha eigenständig; OFC Neugersdorf nennt sich ab Sommer 2003 FC Oberlausitz

Torjäger
Ronny Kujat (Sachsen Leipzig) 28

Qualifikation zur Regionalliga
FC Schönberg 95 - Sachsen Leipzig 0:2, 0:1

Westfalen

1.	Schalke 04 Am.**	103:35	86
2.	VfL Bochum Am.	79:35	77
3.	FC Gütersloh 2000	77:39	69
4.	SV Lippstadt 08	74:46	66
5.	Eintracht Rheine	63:60	51
6.	Wattenscheid 09 II	54:59	48
7.	VfB Hüls	55:48	46
8.	SuS Stadtlohn	37:47	44
9.	VfB/Fichte Bielefeld	49:48	43
10.	Spfr. Siegen II (N)	49:61	43
11.	SC Hassel	36:55	41
12.	SV Emsdetten 05 (N)	45:57	39
13.	Lüner SV	55:66	38
14.	Arm. Bielefeld Am. (N)	41:63	37
15.	TSG Sprockhövel (N)	46:72	35
16.	DJK/TuS Hordel	52:62	33
17.	Westfalia Herne*	39:61	28
18.	TSG Dülmen*	40:80	27

Torjäger
Daniel Farke (SV Lippstadt 08) 28

Nordrhein

1.	Wuppertaler SV**	77:22	75
2.	Bor. M'gladbach Am.	65:22	63
3.	SSV Velbert	60:35	58
4.	Adler Osterfeld	58:43	58
5.	Borussia Wuppertal	70:50	55
6.	Schwarz-Weiß Essen	41:35	49
7.	1. FC Bocholt	49:56	48
8.	Fortuna Düsseldorf (A)	47:49	46
9.	GFC Düren 09 (N)	45:49	38
10.	Fortuna Köln (A)	35:46	38
11.	SCB Viktoria Köln	36:57	36
12.	Bonner SC	39:54	35
13.	Germania Ratingen	43:63	35
14.	Union Solingen (N)	31:48	32
15.	Bor. Freialdenhoven	40:62	32
16.	Alem. Aachen Am.*	43:68	29
17.	MSV Duisburg Am.*	38:58	28
18.	Rheydter Spielverein*	0:0	0

Torjäger
Holger Gaißmayer (Borussia Wuppertal) 22

Südwest

1.	Mainz 05 Am.**	70:23	73
2.	SC Hauenstein	73:45	66
3.	Wormatia Worms	71:47	65
4.	SC Idar-Oberstein	70:49	61
5.	FSV Salmrohr	62:49	60
6.	TuS Mayen	60:50	56
7.	SV Weingarten (N)	51:46	56
8.	Eintr. GC Wirges	63:53	54
9.	Spvgg Ingelheim	45:52	49
10.	Eintr. Bad Kreuznach	38:46	49
11.	TuS Koblenz	50:42	48
12.	FC Homburg 08	48:51	48
13.	FK Pirmasens	46:53	48
14.	1. FC Saarbrücken II (N)	53:61	48
15.	FV Engers (N)	45:57	43
16.	VfL Hamm/Sieg*	38:53	40
17.	Röchling Völklingen (N)*	41:66	33
18.	SC Halberg-Brebach*	31:64	25
19.	Spfr. Eisbachtal*	34:82	21

Torjäger
Melori Bigvava (Eintr. GC Wirges) 20
Gerhard Schroll (FV Engers) 20

Hessen

1.	1. FC Eschborn**	78:38	79
2.	Hessen Kassel (N)	76:32	74
3.	FSV Frankfurt	90:36	73
4.	Eint. Wald-Michelbach (N)	57:52	56
5.	Borussia Fulda (A)	55:47	54
6.	KSV Baunatal	68:58	51
7.	VfB Marburg	62:56	49
8.	SV Erzhausen	50:43	44
9.	SV Bernbach	46:45	44
10.	KSV Klein-Karben	54:49	43
11.	SC Neukirchen+	61:82	43
12.	FV Bad Vilbel	49:54	42
13.	Buchonia Flieden	41:68	41
14.	TSG Wörsdorf	48:50	40
15.	OSC Vellmar	33:59	34
16.	Viktoria Aschaffenburg*	57:84	34
17.	FSC Lohfelden (N)*	35:79	30
18.	SC Waldgirmes (N)*	33:61	25

+ Der SC Neukirchen zieht sich in die Bezirksliga zurück.

Torjäger
Thomas Brendel (FSV Frankfurt) 30

Bayern

1.	1. SC Feucht**	107:37	84
2.	TSV München 1860 Am.	83:35	71
3.	FC Ismaning	77:42	66
4.	SpVgg Bayreuth	55:46	62
5.	SC Fürstenfeldbruck (N)	63:43	60
6.	1. FC Nürnberg Am.	70:51	59
7.	TSV Aindling	58:59	53
8.	SpVgg U'haching II	56:56	50
9.	Greuther Fürth Am.	66:69	48
10.	SpVgg Weiden	43:53	42
11.	Jahn Regensburg II (N)	58:63	41
12.	Bayern Hof	52:69	41
13.	SpVgg Ansbach (A)	54:57	40
14.	SC Schwabach 04	43:58	36
15.	SG Quelle Fürth *	49:67	35
16.	Schwaben Augsb. (N)*	36:67	35
17.	Falke Mkt. Schwaben*	37:81	24
18.	TSV Gerbrunn (N)*	32:86	18

Torjäger
Rico Hanke (TSV München 1860 Am.) 26
Stefan Reisinger (Greuther Fürth Am.) 26

Baden-Württemberg

1.	VfB Stuttgart Am. (A)**	72:24	78
2.	SSV Ulm 1846 (N)	71:44	69
3.	SC Freiburg Am.	52:23	65
4.	SV Sandhausen	59:46	56
5.	SpVgg Ludwigsburg 07	57:49	50
6.	FV Lauda	42:40	49
7.	Stuttgarter Kickers II	37:41	49
8.	FC Nöttingen (N)	50:47	47
9.	SV Bonlanden (N)	49:46	47
10.	SVW Mannheim Am.+	44:49	43
11.	SGV Freiberg	51:57	41
12.	1. FC Pforzheim	52:69	41
13.	SpVgg Au/Iller	44:44	39
14.	Bahlinger SC	41:57	39
15.	Karlsruher SC Am.	49:56	38
16.	FC Teningen (N)*	43:69	35
17.	FC Villingen 08*	36:68	33
18.	Spfr. Dorfmerkingen*	37:57	29
19.	VfR Mannheim (A)+	0:0	0

VfR Mannheim zog sich vor Saisonbeginn in die Verbandsliga zurück
+ SV Waldhof Am. muss die Liga wegen des Abstiegs der 1. Mannschaft verlassen.

Torjäger
Mirnes Mesic (SpVgg Ludwigsburg 07) 20

Saison 2002/2003

Der DFB-Pokal

1. Hauptrunde (28.8. – 1.9.2002)

Tennis Borussia Berlin - FC St. Pauli	1:2
VfB Lübeck - MSV Duisburg	2:3 n.V.
TSG Hoffenheim - SpVgg Greuther Fürth	4:1
Schweinfurt 05 - 1. FC Union Berlin	1:2 n.V.
1. FC Saarbrücken - SVW Mannheim	1:1 n.V., 3:4 i.E.
SpVgg Unterhaching - Mainz 05	1:1 n.V., 4:2 i.E.
Eintracht Braunschweig - SSV Reutlingen 05	1:2
SC Paderborn - VfB Stuttgart	1:4
FC Erzgebirge Aue - VfL Bochum	1:3
FC Schönberg 95 - Hamburger SV	0:6
VfR Aalen - Hannover 96	2:3 n.V.
Jahn Regensburg - LR Ahlen	1:2
Concordia Ihrhove - Borussia Dortmund	0:3
Eintracht Trier - 1. FC Nürnberg	0:2
Kickers Offenbach - Karlsruher SC	3:1 n.V
Werder Bremen Am. - Bayern München	0:3
VfL Wolfsburg Am. - 1. FC Köln	1:3
Bahlinger SC - Alemannia Aachen	1:0
Stahl Eisenhüttenstadt - Werder Bremen	0:1
Wacker Burghausen - Energie Cottbus	0:2
Hallescher FC - SC Freiburg	1:3
Bayern München Am. - Schalke 04	1:2
Holstein Kiel - Hertha BSC Berlin	1:1 n.V., 3:0 i.E.
Spfr. Siegen - Rot-Weiß Oberhausen	0:1 n.V.
Rot-Weiß Erfurt - Eintracht Frankfurt	2:3 n.V.
1. FC Saarbrücken II - Arminia Bielefeld	0:5
Alemannia Aachen Am. - TSV München 1860	0:7
Uhlenhorster SC Paloma - 1. FC Kaiserslautern	0:5
SV Babelsberg 03 - Bor. Mönchengladbach	0:1
FSV Salmrohr - VfL Wolfsburg	0:2
Mainz 05 Am. - Hansa Rostock	0:2
Rot-Weiß Essen - Bayer Leverkusen	0:1

2. Hauptrunde (5. - 6.11.2002)

TSG Hoffenheim - 1. FC Köln	1:5
SpVgg Unterhaching - 1. FC Union Berlin	1:0
Rot-Weiß Oberhausen - Arminia Bielefeld	1:0
SC Freiburg - Borussia Dortmund	3:0
TSV München 1860 - VfL Wolfsburg	2:2 n.V., 8:7 i.E.
Hamburger SV - MSV Duisburg	2:0
Hansa Rostock - Eintracht Frankfurt	1:0
Bahlinger SC - SVW Mannheim	1:2
Holstein Kiel - VfL Bochum	1:2
Bayern München - Hannover 96	2:1
Kickers Offenbach - 1. FC Nürnberg	2:3 n.V.
LR Ahlen - SSV Reutlingen 05	3:1
Bayer Leverkusen - VfB Stuttgart	3:0
FC St. Pauli - Werder Bremen	0:3
Energie Cottbus - 1. FC Kaiserslautern	0:1
Schalke 04 - Borussia Mönchengladbach	5:0

Achtelfinale (3. u. 4.12.2002)

Hamburger SV - VfL Bochum	0:1
TSV München 1860 - Rot-Weiß Oberhausen	2:1
Bayer Leverkusen - SVW Mannheim	2:1
SpVgg Unterhaching - Hansa Rostock	3:2
1. FC Kaiserslautern - SC Freiburg	2:0
1. FC Nürnberg - 1. FC Köln	0:2
LR Ahlen - Werder Bremen	1:2
Bayern München - Schalke 04	0:0 n.V., 5:4 i.E.

Viertelfinale (4. u. 5.2.2003)

Bayern München - 1. FC Köln	8:0
VfL Bochum - 1. FC Kaiserslautern	3:3 n.V., 3:4 i.E.
SpVgg Unterhaching - Bayer Leverkusen	2:2 n.V., 4:5 i.E.
TSV München 1860 - Werder Bremen	1:4 n.V.

Halbfinale (4. u. 5.3.2003)

1. FC Kaiserslautern - Werder Bremen	3:0
Bayern München - Bayer Leverkusen	3:1

Finale (31. Mai 2003, Berlin, 70.490)

Bayern München – 1. FC Kaiserslautern   3:1 (2:0)

Bayern: Kahn – Sagnol, Kuffour, Linke, Lizarazu (84. Tarnat) – Jeremies (76. Fink) – Hargreaves, Ballack, Zé Roberto (76. Scholl) – Elber, Pizarro
SR: Fröhlich (Berlin) – **Tore:** 1:0 Ballack (3.), 2:0 Ballack (10./FE), 3:0 Pizarro (50.), 3:1 Klose (79.)
Kaiserslautern: Wiese – H. Koch (46. Riedl), Klos, Lembi, Tchato – Anfang – Hristov, Klose, Lincoln (63. Timm), Dominguez (81. Teber) - Lokvenc

Milliardenliga zwischen Boom und Pleite

	1. Bundesliga	1. FFC Frankfurt	Turbine Potsdam	FCR Duisburg	FFC Heike Rheine	Bayern München	FFC Brauweiler 2000	FSV Frankfurt	SC Freiburg	WSV Wolfsburg	SC Bad Neuenahr	Tennis Bor. Berlin	TuS Niederkirchen	Sp	g	u	v	Tore	Pkt.
1.	1. FFC Frankfurt (M)	-	2:3	3:0	3:1	4:1	2:1	6:0	2:2	5:0	x:0	6:0	7:1	22	18	3	1	90:14	57
2.	Turbine Potsdam	0:0	-	0:0	2:0	1:1	2:1	2:1	2:0	7:0	4:0	5:1	6:0	22	17	4	1	65:15	55
3.	FCR Duisburg	0:4	1:5	-	1:7	3:2	3:1	1:0	3:1	6:1	3:0	5:0	5:1	22	14	2	6	58:32	44
4.	FFC Heike Rheine	0:3	1:2	0:5	-	1:0	2:3	0:2	4:0	3:0	4:1	1:0	6:0	22	12	2	8	52:31	38
5.	Bayern München	0:3	0:2	0:0	1:0	-	2:1	3:2	2:2	1:1	2:3	6:1	7:0	22	11	4	7	45:32	37
6.	FFC Brauweiler 2000	0:1	2:2	4:1	2:2	0:1	-	1:2	0:0	2:1	7:0	2:0	4:0	22	9	4	9	41:27	31
7.	FSV Frankfurt	0:5	0:4	1:6	2:3	1:6	2:1	-	1:2	4:1	3:1	3:0	3:1	22	9	0	13	42:54	27
8.	SC Freiburg	1:4	1:3	0:1	3:4	1:2	1:3	3:1	-	1:3	2:2	3:0	3:1	22	6	6	10	33:43	24
9.	WSV Wolfsburg	2:2	0:3	0:3	1:1	4:1	0:0	3:2	0:1	-	1:3	4:1	5:1	22	6	6	10	31:49	24
10.	SC Bad Neuenahr	0:7	4:3	2:1	0:1	2:3	0:3	1:9	2:3	2:2	-	2:1	3:0	22	7	2	13	31:73	23
11.	Tennis Bor. Berlin (N)*	2:8	0:6	0:5	0:7	0:1	2:0	3:1	2:2	0:0	2:0	-	1:0	22	4	3	15	17:68	15
12.	TuS Niederkirchen (N)*	0:2	0:1	0:5	0:4	0:3	1:3	1:2	1:1	0:2	1:3	1:1	-	22	0	2	20	10:77	2

Torjägerinnen

Inka Grings (FCR Duisburg)		20
Nina Aigner (FC Bayern München)		17
Renate Lingor (1. FFC Frankfurt)		15
Martina Müller (SC 07 Bad Neuenahr)		14
Shelley Thompson (FCR Duisburg)		13
Kerstin Garefrekes (FFC Heike Rheine)		13
Conny Pohlers (FFC Turbine Potsdam)		13
Kerstin Stegemann (FFC Heike Rheine)		12
Petra Wimbersky (FFC Turbine Potsdam)		12
Isabell Bachor (FSV Frankfurt)		11
Jennifer Meier (1. FFC Frankfurt)		11
Birgit Prinz (1. FFC Frankfurt)		11

Aufstiegsrunden zur 1. Bundesliga

1.	1. FC Saarbrücken**	4	3	1	0	5:0	10
2.	Hamburger SV**	4	2	2	0	6:1	8
3.	USV Jena	4	2	0	2	6:5	6
4.	SC Sand	4	1	0	3	4:7	3
4.	FC Gütersloh 2000	4	0	1	3	2:10	1

Frauenmeister und Pokalsieger 2003: 1. FFC Frankfurt.

Pokal

1. Runde (17.-25.8.2002)

1. FC Saarbrücken - SC 07 Bad Neuenahr	0:6
Erzgebirge Aue - Bayern München	0:8
Turbine Potsdam II - Tennis Borussia Berlin	2:4
USV Jena - WSV Wendschott	0:1
FSV 02 Schwerin - Hallescher FC	1:2
ATS Buntentor - FFC Brauweiler Pulheim	1:16
TSV Schilksee - Hamburger SV II	6:1
FSV Jägersburg - SC Freiburg	0:5
SC 07 Bad Neuenahr II - TuS Niederkirchen	0:4
TSV Crailsheim - 1. FFC Frankfurt	1:11
Karlsruher SC - 1. FC Nürnberg	1:3
DFC Allendorf - FSV Frankfurt	0:10
FSV Westerstede - FCR Duisburg	0:12
TuS Köln rrh. - GSV Moers	1:2 n.V.
FC Gütersloh 2000 - FFC Heike Rheine	1:6
Hamburger SV - 1. FFC Turbine Potsdam	2:0

Achtelfinale (12. u. 13.10.2002)

TSV Schilksee - WSV Wendschott	2:5
GSV Moers - FCR Duisburg	0:8
FFC Heike Rheine - 1. FFC Frankfurt	0:7
TuS Niederkirchen - FSV Frankfurt	2:4
Hamburger SV - Bayern München	0:4
1. FC Nürnberg - SC Freiburg	0:3
Hallescher FC - Tennis Borussia Berlin	0:5
FFC Brauweiler Pulheim - SC 07 Bad Neuenahr	6:4

Viertelfinale (23. u. 24.11.2002)

FFC Brauweiler Pulheim - SC Freiburg	2:0
FCR Duisburg - WSV Wendschott	3:0
Bayern München - 1. FFC Frankfurt	0:1
Tennis Borussia Berlin - FSV Frankfurt	0:3

Halbfinale (23.3.2003)

FSV Frankfurt - 1. FFC Frankfurt	0:3
FFC Brauweiler Pulheim - FCR Duisburg	1:2

Finale (31. Mai 2003, Berlin, 25.000)

1. FFC Frankfurt - FCR Duisburg	1:0

Frankfurt: Wissink - Tina Wunderlich, Zerbe (35. Weichelt), Minnert, Rech - Hansen, Künzer - Barucha (25. Woock) - Lingor, Meier, Affeld (71. Pia Wunderlich)

SR: Steinhaus (Hannover) - **Tor:** 1:0 Voss (89./ET)

Duisburg: Wasems - Chojnacki, Schubert, Hauser, Van Bonn - Oster (86. Krohnen), Voss, Bresonik (51. Hauer), Kothe (65. Schröder) - Grings, Thompson

Saison 1998/1999

Fjörtoft entscheidet Abstiegskrimi

Diese Schmach konnten sie nicht auf sich sitzen lassen, die Bayern. Hatte sich doch im Sommer 1998 ausgerechnet ein Aufsteiger - der 1. FC Kaiserslautern -, und noch dazu mit dem zuvor in München gescheiterten Trainer Otto Rehhagel erdreistet, in den Revieren des Rekordmeisters zu wildern und ihm den Titel abspenstig zu machen. Genug Motivation für die Hitzfeld-Elf, um alle Register zu ziehen. Mit einem 3:1 gegen Duisburg wurde bereits am 2. Spieltag der Spitzenrang erklommen. Nur in Runde 16 durfte kurzzeitig Bayer Leverkusen noch einmal vor die Münchner - um am folgenden Spieltag im Olympiastadion beim 0:2 deutlich die Grenzen aufgezeigt zu bekommen. Die Rückserie wurde zu einem Solo der alle überragenden Bayern, die bereits am 31. Spieltag den 15. Titelgewinn einfuhren und letztlich mit dem Rekordabstand von 15 Punkten durchs Ziel liefen.

Fast so souverän wie der FC Bayern blieb auch Bayer Leverkusen auf dem Weg zu Rang 2 und der direkten Champions-League-Qualifikation. Der Abstand von nur einem Zähler auf Platz 3 täuscht, da Leverkusen erst zu Saisonende in einer kurzen Schwächephase einiges von seinem komfortablen Vorsprung einbüßte. Zu den positiven Erscheinungen dieser Spielzeit gehörte zweifellos die Berliner Hertha, die sich mit ihrem Torjäger Michael Preetz im zweiten Jahr nach dem Wiederaufstieg im Vorderfeld etablierte und als Dritter (das war Hertha zuletzt 1978!) in die Champions-League-Qualifikation einzog. Begleitet von Borussia Dortmund, das unter Jungtrainer Michael Skibbe eine äußerst durchwachsene Saison spielte und am dramatischen Finalspieltag unverhofft noch an Kaiserslautern und Wolfsburg vorbeiziehen konnte.

Vorjahres-Sensationsmeister 1. FCK hatte sich eine 1:5-Klatsche bei der Frankfurter Eintracht abgeholt und damit das Zünglein an der Waage im Abstiegskampf gespielt. Dieser war an Dramatik nicht zu überbieten und wird allen Beteiligten nie wieder aus dem Gedächtnis verschwinden. Hatten sich der VfL Bochum und Borussia Mönchengladbach - dass der Serienmeister der 70er Jahre nach 34 Jahren im Oberhaus gehen musste, geriet ob des frühen Feststehens dieser Tatsache zur Randerscheinung - schon beizeiten verabschiedet, war es der 16. Rang, den fünf Teams mit aller Macht verhindern wollten. Stuttgart rettete sich gegen Bremen, Rostock in Bochum. In den letzten Minuten schlug das Pendel immer wieder in unterschiedliche Richtungen aus. Es war ein wahres Herzschlagfinale, in dem die gute, alte Live-Konferenz im Transistorradio wieder auflebte. Hätte der Nürnberger Frank Baumann seine Riesenchance zum 2:2 gegen Freiburg verwertet, wäre er der Held gewesen. Hat er aber nicht. So gebührt dieser Titel dem Norweger Jan Aage Fjörtoft, der mit dem 5:1 gegen Lautern in der 89. Minute der Frankfurter Eintracht genau das Tor bescherte, das neben Punktgleichheit auch die selbe Tordifferenz wie dem „Club" brachte. Da Frankfurt 44, Nürnberg aber nur 40 Tore erzielte, versank das Frankenstadion in einem Meer von Tränen. Dabei hatten die Cluberer als Zwölfter vor dem Spieltag die beste Ausgangslage des Quintetts der Abstiegskandidaten, und die Möglichkeit, dass es sie erwischen könnte, wurde allgemein als äußerst gering erachtet. Diese Rechenspiele waren nun von der Realität überholt worden - und am Main feierten sie Jan Aage Fjörtoft.

Abseits

Mit Skibbe zu neuen Ufern
Die verkorkste Saison 97/98, in die „Schwarz-Gelb" als triumphaler Champions-League-Sieger startete und aus der die Borussen als schmuckloser Ligazehnter entzaubert hervorgingen, war ein Übergangsjahr. Das Experiment mit dem Italiener Nevio Scala als Trainer und Ottmar Hitzfeld als Sportdirektor beendet. Optimismus allenthalben am Borsigplatz im Sommer 1998: Neuzugänge wie Nerlinger, Salou, Barbarez, Hengen und vor allem Routinier Thomas Häßler berechtigen dazu, ebenso die mutige Entscheidung der Verantwortlichen, den im Jugend- und Amateurbereich mit beachtlichen Erfolgen ausgestatteten Michael Skibbe auf den Posten des Cheftrainers zu befördern. Der 33-Jährige erreicht das gesteckte Ziel „UEFA-Cup-Platz". Und macht nebenher die Erfahrung, dass im Oberhaus fachliche Kompetenz nicht der alleinige Gradmesser ist. Das Klima im Kader stimmt nicht, erfahrene Profis (Freund, Häßler, Barbarez) fühlen sich ungerecht behandelt und kritisieren den Coach öffentlich, nach dem 1:0 gegen Lautern Anfang Mai gibt es deutliche „Skibbe-Raus"-Sprechchöre.

Friedel Rauschs doppelter Abstieg
Mit einem 2:0-Erfolg in Wolfsburg haben die ruhmreichen Gladbacher am 9. Mai '98 soeben noch einmal den Hals auf der Abstiegsschlinge gezogen. Friedel Rausch wird als Retter gefeiert. Fast auf den Tag genau ein halbes Jahr später gastieren die Borussen erneut am Elsterweg und geben beim 1:7 ein Bild des Jammers ab - eine Woche nach einem 2:8 gegen Leverkusen... Der „Retter" muss das Schlusslicht verlassen. Doch bevor die Bundesanstalt für Arbeit den eingehenden Zahlungsantrag bearbeiten kann, findet sich in der Stadt dieser Behörde eine offene Stelle: Der „Club" entscheidet sich nach dem aus privaten Gründen zurückgetretenen Willi Reimann und Übergangslösung Thomas Brunner für Rausch. Der bekommt vier Wintereinkäufe (u.a. Rückkehrer Andy Köpke) an die Hand, hat im Frühjahr auch Erfolge vorzuweisen, muss am letzten Spieltag aber den scheinbar unmöglichen Abstieg registrieren. Durch das 1:2 gegen die ebenfalls gefährdeten Freiburger und Siege Stuttgarts, Rostocks und Frankfurts werden die Franken vom 12. auf den 16. Platz durchgereicht. Da ist Gladbachs Abstieg längst besiegelt - kein wirklicher Trost.

Das zweite Jahr ist das Schwerste...
Eine Weisheit, die in 40 Bundesligajahren durchaus mit einigen Beispielen zu stützen ist. Nicht aber im Jahrgang 1999. Klar, Lautern gelingt es nicht, den im Vorjahr sensationell errungenen Titel zu wiederholen - aber die Pfälzer erreichen erneut die Qualifikation für europäische Abenteuer. Diese bewerkstelligen nun auch die Wegbegleiter bei der FCK-Rückkehr in die Eliteliga: Der langjährige Lauterer Profi Wolfgang Wolf führt den (einstigen) Provinzklub VfL Wolfsburg in den UEFA-Cup. Eine Nummer größer macht's die Hauptstadt-Hertha, deren internationales Comeback nach 20-jähriger Durststrecke und zwischenzeitlichem Abtauchen im Berliner Amateurfußball gleich in der Champions League vonstatten geht.

Das späte Glück des Michael P.
Zwölf Jahre liegen zurück seit dem standesgemäßen Auftakt einer hoffnungsvollen Karriere. Am 2. September 1986 greift Dieter Brei nach einem veritablen Fehlstart der von ihm gecoachten Düsseldorfer Fortuna (0:13-Tore, 0:6-Punkte) beim Heimspiel gegen den SV Waldhof in die Trickkiste und nominiert den 19-jährigen Nobody Michael Preetz als Mittelstürmer. Dieser erweist sich als Glücksgriff und leitet mit dem Tor zum 1:0 den ersten Saisonsieg (2:0) ein. Am Ende der ersten Profisaison stehen immerhin 23 Einsätze (5 Tore) zu Buche - aber auch der

Seite 62: Besser kann eine Saison nicht beginnen: Toni Polster ist schneller am Ball als der Schalker Johan de Kock und markiert mit diesem Flugkopfball das 1:0. Viel Grund zum Jubeln gab es danach für die Gladbacher Borussia nicht mehr.

Michael Preetz in ungewohnter Rolle. Beim 3:4 in Kaiserslautern ist der Torschützenkönig im Duell mit dem Dänen Michael Schjönberg zweiter Sieger.

Abstieg der Rheinländer. 1989 gehört Preetz mit elf Treffern zu den Säulen bei der Fortuna-Rückkehr, bekommt aber im folgenden Bundesligajahr wenig Chancen und verlernt das Tore schießen. Im Unterhaus gelingt dies dagegen bestens, sowohl beim 1. FC Saarbrücken als auch beim MSV Duisburg, die er 1992 bzw. 1993 zum Aufstieg „bombt". Nach zwei Jahren in Wattenscheid gelangt Preetz 1996 zum Zweitligisten Hertha BSC, quasi als Aufstiegsversicherung. Preetz schafft den vierten Aufstieg mit vier verschiedenen Klubs. Doch im reifen Alter von mittlerweile 30 Jahren setzt sich der „Mann der 2. Liga" plötzlich auch oben durch. Mit 14 Toren verhilft er Hertha 1998 zum Klassenerhalt - und steigert diese Quote im Jahr darauf auf 23. Damit sichert er sich die Torjägerkanone - mit der höchsten Ausbeute seit 1987 (Uwe Rahn, 24). Am 6. Februar '99 debütiert Preetz im zarten Alter von 31 Lenzen im Adlertrikot beim 0:3 gegen die USA in Jacksonville. Das späte Glück ist ihm im DFB-Dress nicht beschieden. Im Gegensatz zur Bundesliga, wo er mit seiner Hertha zur festen Größe wird.

Trauer um Gladbach
Es war kein plötzlicher Fortgang. Der Weg in die Zweitklassigkeit schien schon einige Male gepflastert in den 90er Jahren für die Elf vom Niederrhein. Zuletzt ein Jahr zuvor, als das 2:0 in Wolfsburg ohne gleichzeitige Rostocker Mithilfe ein statistisches Randereignis geblieben wäre. Trotz Stefan Effenbergs Weggang blickt man im Sommer 1998 beim fünffachen Meister einer ruhigeren Spielzeit entgegen unter dem Motto „schlimmer kann's nicht werden". Zum Auftakt gelingt mit dem neuen Leitwolf Toni Polster ein 3:0 gegen Schalke und der Sprung an die Spitze. Werden die folgenden Misserfolge in Verkennung der Realität noch als Pech abgetan, führt ein böser Doppelschlag im Herbst dem letzten Träumer das Ende einer Ära vor Augen: 2:8 gegen Leverkusen, 1:7 in Wolfsburg binnen acht Tagen. Rainer Bonhof, ein Relikt aus glorreichen Tagen, wird als Nachfolger des machtlosen Friedel Rausch als Trainer installiert. Die zweite Halbserie wird zur Abschiedstour aus der Liga, die dereinst von den „Fohlen" des Hennes Weisweiler mitgeprägt wurde.

Dauerbrenner und Kurzarbeiter
Und noch einmal Michael Preetz. Als einziger Feldspieler bestreitet der Goalgetter die optimalen 3.060 Spielminuten dieser Saison, wird in 34 Spielen nicht einmal ein- oder ausgewechselt. Auf die selbe Arbeitszeit kommen mit Jörg Butt (HSV), Richard Golz (Freiburg), Michael Hofmann (1860), Gabor Kiraly (Hertha), Adam Matysek (Leverkusen), Oka Nikolov (Frankfurt), Martin Pieckenhagen (Rostock), Andreas Reinke (Lautern) und dem Wolfsburger Claus Reitmaier neun Torsteher. HSV-Torjäger Tony Yeboah fehlt nur 14 Minuten. Kurze Auftritte hatten dagegen der Duisburger Peter Schyrba (2 Minuten), Freiburgs Damir Buric (5) und der Frankfurt Alexander Rosen (6).

Kartenkönig Hajto
Einen Rekord der besonderen Art stellt Duisburgs Tomasz Hajto auf. Der polnische Abwehrrecke übertrifft die im Vorjahr vom damaligen Gladbacher Stefan Effenberg aufgestellte Bestmarke von 15 Gelben Karten und legt die Latte auf 16. Beleg für die rustikale Spielweise des Mannes mit der Nummer 5. Oder doch letztlich Ausdruck von Selbstdisziplin? Schließlich wird Hajto in 29 absolvierten Partien nicht einmal mit Gelb-Rot oder Rot bedacht. Übrigens: Stefan Effenberg hat diesmal keine Chance, der jetzige Bayern-Regisseur „enttäuscht" mit acht Gelben Kartons.

Olli toppt Olli
641 Minuten ohne Gegentor - diesen Rekord hielt seit März 1988 der Bremer Oliver Reck. Elf Jahre später pulverisiert Bayern-Keeper Olli Kahn diese Bestleistung und schraubt sie auf 736 Minuten. Zwischen dem 4. Dezember '98 (Stefan Kuntz zur Bochumer 2:1-Führung, Ende 2:2) und dem 3. April '99 (Heiko Herrlich zum 1:0 für den BVB, Ende 2:2) bleibt Kahn vier Monate unüberwindbar.

Seltsame Frühlingsgefühle
Mit den ersten lauen Frühlingslüften befällt die Spitzentorhüter der Liga im April in auffallender Ballung das „Rot-Fieber". Den Auftakt macht der Neu-Dortmunder Jens Lehmann, der frustriert über das 0:2 der Schwarz-Gelben in Rostock Timo Lange an den Haaren zieht und darüber drei Spiele lang nachdenken darf. Eine Woche später folgt ihm Österreichs Nationalkeeper in Stuttgarter Diensten, Franz Wohlfahrt, der wegen einer Notbremse gegen Bochums Andreas Zeyer das Feld räumen muss. Den Schlusspunkt setzt schließlich Oliver Kahn, der gegen Gladbach nach Foul an Pettersson Gelb sieht. Als Polster den fälligen Elfer verwandelt, drischt Kahn die Kugel weg mit gelb-roter Konsequenz.

Torjäger Jörg Butt
Jörg Butts eigentliche Aufgabe ist das Verhindern gegnerischer Treffer, trägt er doch die Rückennummer 1 des HSV. Nachdem Tony Yeboah in Leverkusen vergeigt und im folgenden Spiel gegen Wolfsburg erneut ein Strafstoß für die Hanseaten verhängt wird, schnappt sich Butt die Kugel wie einst in Oldenburger Zeiten und trifft. Dieses Procedere wiederholt sich noch sechs Mal, so dass Butt mit sieben Treffern zweitbester HSV-Torjäger wird. Nur einer durchbricht die Serie, ausgerechnet Richard Golz vom SC Freiburg - dieser war ein Jahr lang hinter Butt die Nummer 2 des HSV! „Ich habe gewusst, wohin er schießen wird", lässt sich der Sieger des besonderen Duells hernach vernehmen. Es war übrigens die 90. Minute, und es blieb beim 0:0. Weniger Glück hatten Golz' ausführende Kollegen - von acht Elfmetern des SC wurde nur ein Viertel versenkt, allein Marco Weißhaupt scheiterte drei Mal.

Feuerwehrmann Berger
Sechs Vereine tauschen im Saisonverlauf ihre Übungsleiter aus, das liegt im Rahmen. Zwei Vereine tun sich aber besonders hervor. In Stuttgart erweisen sich der von den Fans seit Amtsantritt abgelehnte Winfried Schäfer als Fehlbesetzung, Wolfgang Rolff als Interims-, Rainer Adrion als Notlösung, bevor Ralf Rangnick in fünf Spielen mit sechs Punkten zwar auch nicht übermäßig erfolgreich ist, den Abstieg aber in letzter Minute abwendet. In nahezu letzter Sekunde rettet Jörg Berger die eigentlich schon abgestiegene Frankfurter Eintracht und bestätigt seinen Ruf als Feuerwehrmann der Liga. Die Demontage des einst als Aufstiegsheld gefeierten Horst Ehrmantraut war Anfang Dezember „erfolgreich". Nachdem „Co" Bernhard Lippert bis Weihnachten aufstieg, griffen die Klub-Oberen mit dem Duo Reinhold Fanz/Gernot Rohr, letzterer als Manager, voll daneben. Jörg Berger holte aus sieben Spielen 14 Punkte und wurde auf Händen getragen.

Bundesliga 1998/1999

Gelb-Rote Karten (50)

Spieler (Verein)	Spieltag, Gegner, (Ergebnis)	Schiedsrichter
Uwe Bindewald (Eintracht Frankfurt)	4. Sp., VfB Stuttgart (H, 1:1)	Aust (Köln)
Martin Wagner (1. FC Kaiserslautern)	5. Sp., 1. FC Nürnberg (A, 1:1)	Keßler (Wogau)
Dieter Frey (SV Werder Bremen)	5. Sp., VfL Wolfsburg (A, 4:2)	Dr. Wack (Biberbach)
Igor Pamic (FC Hansa Rostock)	6. Sp., Hamburger SV (A, 0:1)	Weber (Essen)
Waldemar Kryger (VfL Wolfsburg)	8. Sp., 1. FC Kaiserslautern (A, 1:1)	Dr. Fleischer (Neuburg)
Bernhard Trares (SV Werder Bremen)	9. Sp., Hamburger SV (A, 1:1)	Albrecht (Kaufbeuren)
Thomas Schneider (VfB Stuttgart)	9. Sp., 1. FC Nürnberg (A, 2:2)	Weber (Essen)
Carsten Jancker (FC Bayern München)	10. Sp., Eintracht Frankfurt (A, 0:1)	Weber (Essen)
Henning Bürger (1. FC Nürnberg)	10. Sp., Hertha BSC Berlin (A, 0:3)	Aust (Köln)
Uwe Ehlers (FC Hansa Rostock)	12. Sp., TSV München 1860 (A, 1:2)	Heynemann (Magdeburg)
Bernhard Winkler (TSV München 1860)	12. Sp., FC Hansa Rostock (H, 2:1)	Heynemann (Magdeburg)
Stefan Emmerling (MSV Duisburg)	12. Sp., Borussia Dortmund (A, 0:2)	Dr. Fleischer (Neuburg)
Dick van Burik (Hertha BSC Berlin)	14. Sp., FC Bayern München (H, 1:0)	Kemmling (Kleinburgwedel)
Zeljko Sopic (Borussia Mönchengladbach)	17. Sp., Borussia Dortmund (A, 1:1)	Zerr (Ottersweier)
Heiko Gerber (1. FC Nürnberg)	17. Sp., SC Freiburg (A, 0:1)	Jansen (Essen)
Timo Lange (FC Hansa Rostock)	18. Sp., Bayer 04 Leverkusen (H, 1:1)	Weber (Essen)
Carsten Ramelow (Bayer 04 Leverkusen)	18. Sp., FC Hansa Rostock (A, 1:1)	Weber (Essen)
Niko Kovac (Bayer 04 Leverkusen)	18. Sp., FC Hansa Rostock (A, 1:1)	Weber (Essen)
Markus Grasser (1. FC Nürnberg)	18. Sp., Hamburger SV (A, 0:2)	Meyer (Braunschweig)
Tore Pedersen (Eintracht Frankfurt)	18. Sp., MSV Duisburg (H, 0:0)	Albrecht (Kaufbeuren)
Miroslav Stevic (Borussia Dortmund)	19. Sp., Hertha BSC Berlin (A, 0:3)	Albrecht (Kaufbeuren)
Sixten Veit (Hertha BSC Berlin)	19. Sp., Borussia Dortmund (H, 3:0)	Albrecht (Kaufbeuren)
Pablo Thiam (VfB Stuttgart)	20. Sp., 1. FC Kaiserslautern (A, 1:1)	Krug (Gelsenkirchen)
Thomas Vogel (Hamburger SV)	20. Sp., Bayer 04 Leverkusen (H, 0:0)	Albrecht (Kaufbeuren)
Boubacar Diarra (SC Freiburg)	20. Sp., VfL Wolfsburg (H, 0:0)	Buchhart (Schrobenhausen)
Marco van Hoogdalem (FC Schalke 04)	21. Sp., 1. FC Nürnberg (A, 0:3)	Kemmling (Kleinburgwedel)
Andreas Herzog (SV Werder Bremen)	21. Sp., Bayer 04 Leverkusen (A, 0:2)	Zerr (Ottersweier)
Marko Rehmer (FC Hansa Rostock)	22. Sp., SC Freiburg (A, 0:3)	Dardenne (Nettersheim)
Heiko Herrlich (Borussia Dortmund)	22. Sp., Bayer 04 Leverkusen (H, 1:0)	Strampe (Handorf)
Axel Sundermann (VfL Bochum)	22. Sp., FC Schalke 04 (A, 2:2)	Fröhlich (Berlin)
Stefan Reuter (Borussia Dortmund)	24. Sp., FC Bayern München (H, 2:2)	Heynemann (Magdeburg)
Gerald Vanenburg (TSV München 1860)	24. Sp., 1. FC Nürnberg (H, 1:2)	Fröhlich (Berlin)
Fabian Ernst (Hamburger SV)	24. Sp., SC Freiburg (H, 2:1)	Sippel (Würzburg)
Kai Michalke (VfL Bochum)	24. Sp., Eintracht Frankfurt (A, 0:1)	Koop (Lüttenmark)
Levan Kobiaschwili (SC Freiburg)	25. Sp., SV Werder Bremen (H, 0:2)	Krug (Gelsenkirchen)
Timo Lange (FC Hansa Rostock)	25. Sp., Borussia Dortmund (H, 2:0)	Dr. Fleischer (Neuburg)
Zeljko Sopic (Borussia Mönchengladbach)	26. Sp., VfL Bochum (H, 2:2)	Heynemann (Magdeburg)
Roman Tyce (TSV München 1860)	26. Sp., Bayer 04 Leverkusen (H, 0:2)	Steinborn (Sinzig)
Uwe Rösler (1. FC Kaiserslautern)	27. Sp., FC Hansa Rostock (A, 1:2)	Wagner (Hofheim)
Thomas Häßler (Borussia Dortmund)	28. Sp., SV Werder Bremen (H, 2:1)	Dardenne (Nettersheim)
Oliver Kahn (FC Bayern München)	29. Sp., Borussia Mönchengladbach (H, 4:2)	Wagner (Hofheim)
Hendrik Herzog (Hertha BSC Berlin)	29. Sp., Bayer 04 Leverkusen (A, 2:2)	Strampe (Handorf)
Andreas Thom (Hertha BSC Berlin)	30. Sp., VfL Wolfsburg (H, 2:0)	Aust (Köln)
Zvonimir Soldo (VfB Stuttgart)	31. Sp., FC Hansa Rostock (A, 0:3)	Strampe (Handorf)
Victor Agali (FC Hansa Rostock)	32. Sp., Hertha BSC Berlin (A, 0:2)	Stark (Landshut)
Andrej Panadic (Hamburger SV)	32. Sp., Borussia Mönchengladbach (A, 2:2)	Krug (Gelsenkirchen)
Michael Büskens (FC Schalke 04)	32. Sp., 1. FC Kaiserslautern (H, 0:2)	Dardenne (Nettersheim)
Martin Driller (1. FC Nürnberg)	33. Sp., FC Hansa Rostock (A, 1:1)	Fandel (Kyllburg)
Roman Tyce (TSV München 1860)	33. Sp., Borussia Dortmund (A, 1:3)	Aust (Köln)
Nico-Jan Hoogma (Hamburger SV)	34. Sp., Hertha BSC Berlin (A, 1:6)	Weber (Essen)

Rote Karten (30)

Spieler (Verein)	Spieltag, Gegner, (Ergebnis)	Schiedsrichter
Jens Todt (SV Werder Bremen)	2. Sp., 1. FC Nürnberg (H, 2:3)	Jansen (Essen)
Jens Nowotny (Bayer 04 Leverkusen)	3. Sp., Hamburger SV (H, 1:2)	Steinborn (Sinzig)
Sergej Barbarez (Borussia Dortmund)	3. Sp., 1. FC Nürnberg (A, 0:0)	Dr. Merk (Kaiserslautern)
Thomas Sobotzik (Eintracht Frankfurt)	5. Sp., Hertha BSC Berlin (A, 1:3)	Zerr (Ottersweier)
Youri Mulder (FC Schalke 04)	5. Sp., VfL Bochum (A, 2:1)	Albrecht (Kaufbeuren)
Maurizio Gaudino (VfL Bochum)	5. Sp., FC Schalke 04 (H, 1:2)	Albrecht (Kaufbeuren)
Abder Ramdane (FC Hansa Rostock)	6. Sp., Hamburger SV (A, 0:1)	Weber (Essen)
Erik Meijer (Bayer 04 Leverkusen)	6. Sp., FC Schalke 04 (A, 1:0)	Fandel (Kyllburg)
Radoslav Latal (FC Schalke 04)	6. Sp., Bayer 04 Leverkusen (H, 0:1)	Fandel (Kyllburg)
Michael Klinkert (Bor. Mönchengladbach)	7. Sp., Hertha BSC Berlin (A, 1:4)	Buchhart (Schrobenhausen)
Pascal Ojigwe (1. FC Kaiserslautern)	7. Sp., Bayer 04 Leverkusen (A, 2:2)	Krug (Gelsenkirchen)
Markus Feldhoff (Bor. Mönchengladbach)	8. Sp., 1. FC Nürnberg (A, 1:1)	Fandel (Kyllburg)
Igor Pamic (FC Hansa Rostock)	11. Sp., Eintracht Frankfurt (H, 2:2)	Jansen (Essen)
Dariusz Wosz (Hertha BSC Berlin)	11. Sp., VfL Bochum (A, 0:2)	Dr. Fleischer (Neuburg)
Marco Weißhaupt (SC Freiburg)	12. Sp., Eintracht Frankfurt (A, 1:3)	Gettke (Haltern)
Torsten Kracht (VfL Bochum)	15. Sp., VfL Wolfsburg (A, 1:4)	Sippel (Würzburg)
Frank Fahrenhorst (VfL Bochum)	17. Sp., FC Hansa Rostock (A, 0:3)	Dr. Wack (Biberbach)
Robert Kovac (Bayer 04 Leverkusen)	17. Sp., FC Bayern München (A, 0:2)	Berg (Konz)
Petr Hubtchev (Eintracht Frankfurt)	18. Sp., MSV Duisburg (H, 0:0)	Albrecht (Kaufbeuren)
Roy Präger (VfL Wolfsburg)	23. Sp., Borussia Dortmund (H, 0:0)	Weber (Essen)
Samuel Osei Kuffour (FC Bayern München)	24. Sp., Borussia Dortmund (A, 2:2)	Heynemann (Magdeburg)
Stefan Emmerling (MSV Duisburg)	25. Sp., Hamburger SV (H, 2:3)	Strampe (Handorf)
Thomas Gravesen (Hamburger SV)	25. Sp., MSV Duisburg (A, 3:2)	Strampe (Handorf)
Jens Lehmann (Borussia Dortmund)	25. Sp., FC Hansa Rostock (A, 0:2)	Dr. Fleischer (Neuburg)
Frank Baumann (1. FC Nürnberg)	26. Sp., VfB Stuttgart (A, 0:0)	Aust (Köln)
Franz Wohlfahrt (VfB Stuttgart)	27. Sp., VfL Bochum (A, 3:3)	Dr. Fleischer (Neuburg)
Martin Schneider (Bor. Mönchengladbach)	29. Sp., FC Bayern München (A, 2:4)	Wagner (Hofheim)
Frank Verlaat (VfB Stuttgart)	30. Sp., FC Bayern München (H, 0:2)	Dardenne (Nettersheim)
Holger Ballwanz (VfL Wolfsburg)	30. Sp., Hertha BSC Berlin (A, 0:2)	Aust (Köln)
Martin Spanring (VfB Stuttgart)	33. Sp., Hamburger SV (A, 1:3)	Keßler (Wogau)

Drei oder mehr Tore in einem Spiel

Spieler (Verein)	Spieltag, Gegner, (Ergebnis)	Anzahl der Tore
Michael Preetz (Hertha BSC Berlin)	7. Sp., Bor. Mönchengladbach (H, 4:1)	3 (Hattrick)
Sergej Kirjakow (Hamburger SV)	8. Sp., MSV Duisburg (H, 4:1)	3
Ulf Kirsten (Bayer 04 Leverkusen)	10. Sp., Bor. Mönchengladbach (A, 8:2)	3
Anthony Yeboah (Hamburger SV)	15. Sp., Bor. Mönchengladbach (H, 3:0)	3
Jonathan Akpoborie (VfB Stuttgart)	16. Sp., Hamburger SV (H, 3:1)	3
Markus Beierle (MSV Duisburg)	21. Sp., FC Hansa Rostock (H, 4:1)	3 (Hattrick)
Jonathan Akpoborie (VfB Stuttgart)	27. Sp., VfL Bochum (A, 3:3)	3
Ulf Kirsten (Bayer 04 Leverkusen)	27. Sp., Bor. Mönchengladbach (H, 4:1)	3
Oliver Neuville (FC Hansa Rostock)	29. Sp., TSV München 1860 (H, 4:1)	3
Markus Beierle (MSV Duisburg)	34. Sp., VfL Wolfsburg (H, 6:1)	3
Michael Preetz (Hertha BSC Berlin)	34. Sp., Hamburger SV (H, 6:1)	3

Die Torjäger

Spieler	Tore	Spieler	Tore
Michael Preetz (Hertha BSC Berlin)	23	Anton Polster (Borussia Mönchengladbach)	11
Ulf Kirsten (Bayer 04 Leverkusen)	19	Pavel Kuka (1. FC Nürnberg)	10
Oliver Neuville (FC Hansa Rostock)	14	Bernhard Winkler (TSV München 1860)	10
Anthony Yeboah (Hamburger SV)	14	Roy Präger (VfL Wolfsburg)	9
Markus Beierle (MSV Duisburg)	13	Fredi Bobic (VfB Stuttgart)	8
Sasa Ciric (1. FC Nürnberg)	13	Marco Bode (SV Werder Bremen)	8
Giovane Elber (FC Bayern München)	13	Rade Bogdanovic (SV Werder Bremen)	8
Carsten Jancker (FC Bayern München)	13	Stéphane Chapuisat (Borussia Dortmund)	8
Andrzej Juskowiak (VfL Wolfsburg)	13	Stefan Effenberg (FC Bayern München)	8
Bernd Hobsch (TSV München 1860)	12	Uwe Rösler (1. FC Kaiserslautern)	8
Olaf Marschall (1. FC Kaiserslautern)	12	Chen Yang (Eintracht Frankfurt)	8
Jonathan Akpoborie (VfB Stuttgart)	11		

Eigentore (20)

Spieler (Verein)	Spieltag, Gegner	Tor zum ... (Minute), Endstand
Marijan Kovacevic (VfL Wolfsburg)	2. Sp., FC Hansa Rostock (A)	2:2 (40.), Ende 3:3
Wolfgang Feiersinger (Borussia Dortmund)	5. Sp., Bayer 04 Leverkusen (A)	0:2 (48.), Ende 1:3
Martin Schneider (Bor. Mönchengladbach)	5. Sp., MSV Duisburg (A)	0:1 (8.), Ende 2:2
Axel Sundermann (VfL Bochum)	6. Sp., 1. FC Kaiserslautern (A)	0:1 (5.), Ende 3:2
Thomas Richter (1. FC Nürnberg)	7. Sp., TSV München 1860 (H)	0:2 (39.), Ende 1:5
Yves Eigenrauch (FC Schalke 04)	8. Sp., FC Bayern München (H)	0:1 (3.), Ende 1:3
Thomas Ernst (VfL Bochum)	10. Sp., VfB Stuttgart (A)	1:2 (11.), Ende 2:4
Frank Verlaat (VfB Stuttgart)	16. Sp., Hamburger SV (H)	0:1 (37.), Ende 3:1
Krzysztof Nowak (VfL Wolfsburg)	17. Sp., MSV Duisburg (H)	2:1 (57.), Ende 4:2
Marco Kurz (TSV München 1860)	17. Sp., FC Schalke 04 (A)	2:2 (90.), Ende 2:2
Sladan Asanin (Bor. Mönchengladbach)	19. Sp., 1. FC Kaiserslautern (H)	0:2 (56.), Ende 0:2
Andreas Fischer (Hamburger SV)	19. Sp., VfL Bochum (A)	0:1 (21.), Ende 0:2
Holger Ballwanz (VfL Wolfsburg)	21. Sp., Hamburger SV (H)	0:1 (9.), Ende 4:1
Jörn Schwinkendorf (SC Freiburg)	21. Sp., FC Bayern München (A)	0:1 (30.), Ende 0:2
Hans-Jörg Butt (Hamburger SV)	22. Sp., FC Bayern München (A)	0:1 (12.), Ende 0:2
Alexander Schur (Eintracht Frankfurt)	26. Sp., VfL Wolfsburg (H)	0:1 (5.), Ende 0:1
Dick van Burik (Hertha BSC Berlin)	26. Sp., MSV Duisburg (H)	0:2 (50.), Ende 1:3
Uwe Bindewald (Eintracht Frankfurt)	27. Sp., FC Bayern München (A)	0:1 (27.), Ende 1:3
Jens Nowotny (Bayer 04 Leverkusen)	29. Sp., Hertha BSC Berlin (H)	1:1 (25.), Ende 2:2
Thorsten Albustin (Bor. Mönchengladbach)	33. Sp., SV Werder Bremen (A)	0:1 (6.), Ende 1:4

Bundesliga 1998/1999

FC Bayern München

Torhüter
Dreher, Bernd	4	0
Kahn, Oliver	30	0
Scheuer, Sven	3	0

Abwehr
Babbel, Markus	27	1
Helmer, Thomas	21	2
Johansson, Nils-Eric	2	0
Kuffour, Samuel Osei	15	0
Linke, Thomas	27	1
Matthäus, Lothar	25	1

Mittelfeld
Basler, Mario	27	5
Effenberg, Stefan	31	8
Fink, Thorsten	28	0
Jarolim, David	1	0
Jeremies, Jens	30	1
Lizarazu, Bixente	19	2
Salihamidzic, Hasan	30	3
Scholl, Mehmet	13	4
Strunz, Thomas	24	4
Tarnat, Michael	20	1

Angriff
Bugera, Alexander	2	0
Daei, Ali	23	6
Elber, Giovane	21	13
Göktan, Berkant	1	0
Jancker, Carsten	26	13
Zickler, Alexander	26	7

Trainer
Hitzfeld, Ottmar (geb. 12.1.49)

FC Bayern München - Hintere Reihe von links: Helmer, Effenberg, Babbel, Jancker, Linke, Tarnat, Daei, Wiblishauser, Bugera, Zickler. Mitte: Masseure Binder und Gebhardt, Strunz, Jeremies, Göktan, Bentil, Weinzierl, Kuffour, Jarolim, Saba, Matthäus, Co-Trainer Henke, Trainer Hitzfeld. Vorne: Reha-Trainer Hauenstein, Fink, Scholl, Salihamidzic, Scheuer, Kahn, Dreher, Elber, Lizarazu, Basler.

Bayer 04 Leverkusen

Torhüter
Heinen, Dirk	0	0
Matysek, Adam	34	0
Vollborn, Rüdiger	1	0

Abwehr
Happe, Markus	24	0
Kovac, Robert	31	0
Lottner, Dirk	3	0
Mamic, Zoran	8	0
Nowotny, Jens	33	1
Zivkovic, Boris	22	2

Mittelfeld
Beinlich, Stefan	23	6
Emerson	28	5
Heintze, Jan	26	1
Kovac, Niko	27	4
Ledwon, Adam	3	0
Lehnhoff, Hans-Peter	16	0
Ramelow, Carsten	27	4
Reeb, Jörg	24	1
Zé Roberto	32	4

Angriff
Hejduk, Frankie	10	1
Kirsten, Ulf	31	19
Meijer, Erik	26	4
Reichenberger, Thomas	20	3
Rink, Paulo Roberto	18	5

Trainer
Daum, Christoph (geb. 24.10.53)

Bayer 04 Leverkusen - Hintere Reihe von links: Nowotny, Ramelow, Lottner, Mamic, Happe, R. Kovac, Zivkovic, Rink, Beinlich. Mitte: Trainer Daum, Torwarttrainer Friese, Physiotherapeut Trzolek, Meijer, Reeb, Ledwon, Heintze, Frydek, Physiotherapeut Rothweiler, Zeugwarte Wohner und Zöller, Co-Trainer Koch. Vorne: Vollborn, Kirsten, Reichenberger, Heinen, N. Kovac, Lehnhoff, Peiser.

Milliardenliga zwischen Boom und Pleite

Hertha BSC Berlin

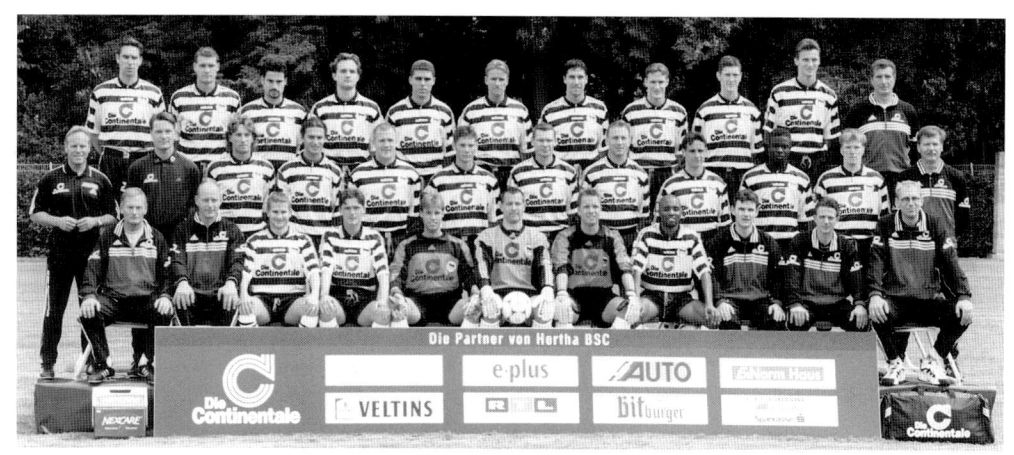

Hertha BSC Berlin - Hintere Reihe von links: Preetz, Herzog, Tretschok, van Burik, Karl, Sverrisson, Veit, Schmidt, Lühring, Glöden, Betreuer di Martino. Mitte: Trainer Röber, Co-Trainer Storck, Maas, Covic, Lakies, Dardai, Mandreko, Thom, Hartmann, Donkor, Neuendorf, Torwarttrainer Maric. Vorne: Masseur Bentin, Physiotherapeut Drill, Arnold, Wosz, Renno, Kiraly, Fiedler, Roy, Betreuer Riedel und Kühnemann, Mannschaftsarzt Dr. Schleicher.

Torhüter
Fiedler, Christian	0	0
Kiraly, Gabor	34	0

Abwehr
Burik van, Dick	24	0
Herzog, Hendrik	26	2
Rekdal, Kjetil-André	24	1
Sanneh, Anthony	5	0
Sverrisson, Eyjölfur	27	2

Mittelfeld
Covic, Ante	13	0
Dardai, Pal	21	1
Hartmann, Michael	27	2
Maas, Rob	6	0
Mandreko, Sergej	13	1
Neuendorf, Andreas	14	3
Saba, Christian	1	0
Schmidt, Andreas	27	1
Thom, Andreas	28	3
Tretschok, René	32	4
Veit, Sixten	25	4
Wosz, Dariusz	31	3

Angriff
Aracic, Ilija	13	5
Olic, Ivica	2	0
Preetz, Michael	34	23
Reiss, Piotr	10	1
Roy, Bryan	7	0
Tchami, Alphonse	11	2

Trainer
Röber, Jürgen (geb. 25.12.53)

Borussia Dortmund

Borussia Dortmund - Hintere Reihe von links: Nerlinger, Batista, Baumann, Binz, Feiersinger, Möller, But, Hengen, Booth, Tanko, Herrlich, Kree. Mitte: Physiotherapeuten Peter, Kuhnt und Zöllner, Salou, Decheiver, Riethmann, Barbarez, Schneider, Kohler, Nijhuis, Torwarttrainer Stahl, Co-Trainer Neuhaus, Trainer Skibbe. Vorne: Zeugwart Wiegandt, Reinhardt, Pedersen, Freund, Häßler, Gambo, Kleinsteiber, Klos, de Beer, Ricken, Timm, Chapuisat, Sauerland, Reuter.

Torhüter
Beer de, Wolfgang	3	0
Klos, Stefan	18	0
Lehmann, Jens	13	0

Abwehr
Baumann, Karsten	30	0
Binz, Manfred	1	0
Feiersinger, Wolfgang	11	0
Julio Cesar	5	0
Kohler, Jürgen	29	2
Kree, Martin	0	0
Nijhuis, Alfred	27	4
Reuter, Stefan	25	0
Sammer, Matthias	0	0
Schneider, René	0	0

Mittelfeld
But, Vladimir	23	3
Dede	29	0
Freund, Steffen	13	0
Häßler, Thomas	18	2
Hengen, Thomas	13	0
Möller, Andreas	30	7
Nerlinger, Christian	23	1
Reinhardt, Knut	4	0
Ricken, Lars	28	5
Stevic, Miroslav	14	1
Timm, Christian	5	0

Angriff
Barbarez, Sergej	22	4
Chapuisat, Stéphane	30	8
Decheiver, Harry	0	0
Herrlich, Heiko	21	6
Salou, Bachirou	26	5
Tanko, Ibrahim	7	0

Trainer
Skibbe, Michael (geb. 4.8.65)

Bundesliga 1998/1999

1. FC Kaiserslautern

Torhüter
Gospodarek, Uwe	0	0
Reinke, Andreas	34	0
Szücs, Lajos	0	0

Abwehr
Hrutka, Janos	12	1
Koch, Harry	24	0
Lutz, Roger	0	0
Ramzy, Hany	32	3
Roos, Axel	23	0
Samir	19	1
Schäfer, Oliver	8	0
Schjönberg, Michael	15	6

Mittelfeld
Ballack, Michael	30	4
Buck, Andreas	23	2
Hristov, Marian	19	3
Ojigwe, Pascal	4	0
Ratinho	21	2
Reich, Marco	27	3
Riedl, Thomas	29	0
Sforza, Ciriaco	32	0
Wagner, Martin	21	1

Angriff
Graf, Daniel	2	0
Junior	8	0
Marschall, Olaf	28	12
Rische, Jürgen	29	3
Rösler, Uwe	28	8

Trainer
Rehhagel, Otto (geb. 9.8.38)

1. FC Kaiserslautern - Hintere Reihe von links: Mannschaftsarzt Dr. Thaler, Reich, Samir, Ramzy, Ballack, Buck, Rische, Koch, Zeugwart Krauß. Mitte: Präsident Keßler, Trainer Rehhagel, Co-Trainer Stumpf, Mannschaftsarzt Dr. Franz, Hrutka, Graf, Torwarttrainer Ehrmann, Ojigwe, Franck, Rösler, Physiotherapeut Weber, Masseure Bossert und Loch, Vizepräsident Ulmer, Geschäftsführer Herzog. Vorne: Riedl, Kuka, Wagner, Szücs, Reinke, Junior, Ratinho, Roos, Schäfer.

VfL Wolfsburg

Torhüter
Hiemann, Holger	0	0
Koltermann, Guido	0	0
Reitmaier, Claus	34	0
Zimmermann, Uwe	0	0

Abwehr
Ballwanz, Holger	23	1
Kleeschätzky, Peter	6	0
Kovacevic, Marijan	13	2
Kryger, Waldemar	27	0
Maltritz, Marcel	15	0
O'Neil, Brian	26	2
Thomsen, Claus	26	2

Mittelfeld
Akonnor, Charles	32	6
Akonnor, Jonathan	0	0
Däbritz, Nico	8	0
Dammeier, Detlev	31	3
Greiner, Frank	31	1
Kapetanovic, Sead	28	1
Nowak, Krzysztof	30	4
Reyna, Claudio	20	2
Schanda, Jan	2	0
Schröder, Gerald	3	1
Stammann, Mathias	9	0

Angriff
Baumgart, Steffen	31	5
Breitenreiter, André	13	1
Juskowiak, Andrzej	31	13
Nagorny, Vitus	4	0
Präger, Roy	29	9

Trainer
Wolf, Wolfgang (geb. 24.9.57)

VfL Wolfsburg - Hintere Reihe von links: Dammeier, Stevanovic, Schanda, Juskowiak, Nagorny, Rosmiarek, Ballwanz, Kleeschätzky, Baumgart, Nowak. Mitte: Co-Trainer Dreßen, Physiotherapeut Kroß, Mannschaftsarzt Dr. Herbst, Physiotherapeut Wehe, Kapetanovic, Kryger, Kovacevic, Ch. Akonnor, Däbritz, Betreuer Mies, Trainer Wolf. Vorne: Heidenreich, Breitenreiter, Hiemann, Zimmermann, Greiner, Koltermann, Reitmaier, Stammann, Präger, Betreuer Steinborn.

Milliardenliga zwischen Boom und Pleite

Hamburger SV

Hamburger SV - Hintere Reihe von links: Reha-Trainer Kleimaker, Ernst, Weetendorf, Panadic, Dembinski, Bäron, Simunic, Vogel, Fischer, Groth, Uysal, Zeugwart Römer. Mitte: Trainer Pagelsdorf, Busfahrer Ahlert, Straube, Grammozis, Hertzsch, Jepsen, Grubac, Trejgis, Gravesen, Babatz, Zeugwart Freytag, Co-Trainer Reutershahn. Vorne: Physiotherapeut Rieger, Spörl, Hollerbach, Friis-Hansen, Ilic, Butt, Bade, Yeboah, Kirjakow, Böger, Doll, Physiotherapeut Valerius.

Torhüter
Bade, Alexander	0	0
Butt, Hans-Jörg	34	7

Abwehr
Böger, Stefan	8	0
Fischer, Andreas	19	0
Hertzsch, Ingo	30	0
Hoogma, Nico-Jan	30	1
Panadic, Andrej	26	2
Vogel, Thomas	13	0
Wojtala, Pawel	1	0

Mittelfeld
Babatz, Christof	14	0
Curtianu, Alexander	8	0
Doll, Thomas	13	0
Ernst, Fabian	29	0
Grammozis, Dimitrios	15	0
Gravesen, Thomas	22	3
Groth, Martin	33	7
Hollerbach, Bernd	29	1
Jepsen, Allan	14	1
Spörl, Harald	11	0
Straube, Oliver	6	0

Angriff
Bäron, Karsten	0	0
Dahlin, Martin	8	0
Dembinski, Jacek	31	3
Grubac, Vanja	7	1
Kirjakow, Sergej	29	5
Trejgis, Marek	1	0
Weetendorf, Dirk	1	0
Yeboah, Anthony	34	14
Yilmaz, Mahmut	1	0

Trainer
Pagelsdorf, Frank (geb. 5.2.58)

MSV Duisburg

MSV Duisburg - Hintere Reihe von links: Mannschaftsarzt Dr. Petsch, Neun, Beierle, Spies, Hirsch, Hoersen, Hajto, Ebbers, Emmerling, Mannschaftsarzt Dr. Retinski. Mitte: Co-Trainer Eichkorn, Busfahrer Jansen, Physiotherapeut Neukirch, Masseur Hinkelmann, Kapic, Wedau, Thüler, Steffen, Physiotherapeut Neikes, Torwarttrainer Bockholt, Trainer Funkel. Vorne: Zeugwart Ricken, Wohlert, Moravcik, Stauce, Gill, Krämer, Vana, Osthoff, Wolters, Zeugwart Kasten.

Torhüter
Gill, Thomas	12	0
Menger, Andreas	2	0
Stauce, Gintaras	20	0

Abwehr
Emmerling, Stefan	23	1
Hajto, Tomasz	29	4
Komljenovic, Slobodan	31	1
Schramm, Thorsten	10	0
Schyrba, Peter	1	0
Wohlert, Torsten	30	2

Mittelfeld
Frydek, Martin	5	0
Hirsch, Dietmar	29	1
Hoersen, Thomas	15	3
Moravcik, Lubomir	5	0
Neun, Jörg	25	2
Osthoff, Markus	24	2
Steffen, Horst	0	0
Töfting, Stig	28	2
Vana, Thomas	14	1
Wedau, Marcus	28	3
Wolters, Carsten	26	1

Angriff
Andersen, Erik Bo	24	2
Beierle, Markus	28	13
Bugera, Alexander	13	1
Diallo, Mamadou	7	0
Ebbers, Marius	2	0
Spies, Uwe	32	6

Trainer
Funkel, Friedhelm (geb. 10.12.53)

TSV München 1860

Torhüter
Hoffmann, Daniel	0	0
Hofmann, Michael	34	0
Meier, Bernd	0	0

Abwehr
Gorges, Guido	11	0
Greilich, Holger	22	0
Kientz, Jochen	6	1
Kurz, Marco	26	4
Schlüter, Thomas	1	0
Stranzl, Martin	3	0
Vanenburg, Gerald	27	2
Zelic, Nedijeljko	33	1

Mittelfeld
Bender, Manfred	6	0
Borimirov, Daniel	23	2
Cerny, Harald	29	3
Cizek, Martin	14	0
Dinzey, Michél	14	1
Heldt, Horst	27	1
Issaka, Awudu	1	0
Malz, Stefan	22	1
Ouakili, Abderrahim	27	3
Richter, Thomas	5	0
Stevic, Miroslav	17	0
Tyce, Roman	18	0

Angriff
Agostino, Paul	7	0
Bodden, Olaf	0	0
Hobsch, Bernd	25	12
Jovov, Hristo	4	1
Schroth, Markus	33	6
Winkler, Bernhard	24	10

Trainer
Lorant, Werner (geb. 21.11.48)

TSV München 1860 - Hintere Reihe von links: Betreuer Hackl, Gorges, Kurz, Schlüter, Zelic, Borimirov, Bodden, Schroth, Agostino, Kientz, Winkler, Co-Trainer Pacult. Mitte: Trainer Lorant, Torwarttrainer Boden, Greilich, Tyce, Öller, Malz, Jovov, Hobsch, Ouakili, Bender, Physiotherapeut Hodrius, Masseur Rainer. Vorne: Hornung, Dinzey, Ernst, Meier, Hofmann, Hoffmann, Vanenburg, Stevic, Cerny, Heldt.

FC Schalke 04

Torhüter
Grodas, Frôde	2	0
Reck, Oliver	18	0
Schober, Mathias	14	0

Abwehr
Eigenrauch, Yves	22	0
Hoogdalem van, Marco	25	1
Kock de, Johan	20	1
Müller, Andreas	27	1
Schierenberg, Mark	1	0
Thon, Olaf	16	2

Mittelfeld
Alpugan, Ünal	15	1
Anderbrügge, Ingo	16	0
Büskens, Michael	27	2
Held, Oliver	21	2
Kaya, Markus	1	0
Kerckhoven van, Nico	22	1
Kliouev, Denis	3	0
Kmetsch, Sven	18	2
Latal, Radoslav	16	0
Nemec, Jiri	27	2
Tapalovic, Filip	18	0
Wilmots, Marc	12	1

Angriff
Eijkelkamp, René	15	5
Goossens, Michael	12	1
Hami Mandirali	22	3
Max, Martin	28	6
Mulder, Youri	26	6
Pereira, Miguel	5	0
Wolf, Sascha	14	3

Trainer
Stevens, Huub (geb. 29.11.53)

FC Schalke 04 - Hintere Reihe von links: Nemec, van Hoogdalem, Mulder, Eijkelkamp, de Kock, van Kerckhoven, Schierenberg, Tapalovic, Eigenrauch, Hami. Mitte: Masseure Drescher und Niehüser, Pereira, Held, Kmetsch, Büskens, Kaya, Kliouev, Anderbrügge, Co-Trainer Achterberg und Neu, Trainer Stevens. Vorne: Masseur Kuipers, Mannschaftsarzt Dr. Rarreck, Latal, Max, Goossens, Schober, Wilmots, Müller, Zeugwarte Simon und Heil, Betreuer Neumann.

Milliardenliga zwischen Boom und Pleite

VfB Stuttgart

VfB Stuttgart - Hintere Reihe von links: Berthold, Bobic, Iseli, Keller, Schneider, Legat, Thiam, Akpoborie, Ristic. Mitte: Trainer Schäfer, Co-Trainer Rolff, Torwarttrainer Rücker, Verlaat, Djordjevic, Stojkovski, Masseure Egger, Wörn und Kraft, Zeugwart Seitz. Vorne: Yakin, Spanring, Endress, Kies, Ziegler, Trautner, Frommer, Lisztes, Zeyer, Poschner.

Torhüter
Trautner, Eberhard	1	0
Wohlfahrt, Franz	26	0
Ziegler, Marc	9	0

Abwehr
Berthold, Thomas	22	0
Endress, Jochen	11	0
Keller, Jens	24	1
Kies, Thomas	3	1
Legat, Thorsten	1	0
Oswald, Kai	5	0
Schneider, Thomas	12	1
Spanring, Martin	12	0
Verlaat, Frank	29	0

Mittelfeld
Balakov, Krassimir	24	5
Carnell, Bradley	20	1
Djordjevic, Kristijan	23	2
Lisztes, Krisztian	31	2
Pinto, Roberto	6	0
Poschner, Gerhard	11	0
Rost, Timo	16	1
Soldo, Zvonimir	29	1
Stojkovski, Mitko	4	0
Thiam, Pablo	27	2
Zeyer, Michael	26	0

Angriff
Akpoborie, Jonathan	28	11
Blessin, Alexander	7	0
Bobic, Fredi	28	8
Frommer, Nico	8	0
Hosny, Ahmed Salah	2	0
Markovic, Sasa	4	1
Ristic, Sreto	24	3

Trainer
Schäfer, Winfried (geb. 10.1.50), bis 4.12.98
Adrion, Rainer (geb. 10.12.53), 1.1.99 - 3.5.99
Rangnick, Ralf (geb. 29.6.58), ab 4.5.99

SC Freiburg

SC Freiburg - Hintere Reihe von links: Diallo, Guezmir, Bornemann, Hampl, Frontzeck, Weißhaupt, Hermel, Baya, Günes, Ben Slimane. Mitte: Physiotherapeut Vetter, Zeugwart Bauer, Co-Trainer Neitzel, Wassmer, Müller, Buric, Kohl, Radlspeck, Schumann, Physiotherapeut Schneider, Mannschaftsarzt Roesinger, Trainer Finke. Vorne: Co-Trainer Sarstedt, Rietpietsch, Diarra, Pavlin, Hummel, Boskovic, Reus, Golz, Schwinkendorf, Hoffmann, Korell, Iaschwili.

Torhüter
Golz, Richard	34	0
Reus, Timo	0	0

Abwehr
Buric, Damir	1	0
Diarra, Boubacar	16	0
Hermel, Lars	24	0
Hoffmann, Torben	20	2
Korell, Steffen	16	1
Müller, Stefan	26	1
Schumann, Daniel	25	0
Schwinkendorf, Jörn	5	0

Mittelfeld
Baya, Zoubaier	32	6
Frontzeck, Michael	17	0
Günes, Ali	32	4
Kobiaschwili, Levan	26	3
Kohl, Ralf	28	2
Pavlin, Miran	29	1
Radlspeck, Thomas	1	0
Rietpietsch, Mike	13	0
Weißhaupt, Marco	28	6
Willi, Tobias	2	0
Zkitischwili, Levan	14	0

Angriff
Ben Slimane, Mehdi	22	1
Hampl, Stefan	4	0
Iaschwili, Alexander	11	6
Sellimi, Adel	30	1
Wassmer, Uwe	17	2

Trainer
Finke, Volker (geb. 24.3.48)

Bundesliga 1998/1999

SV Werder Bremen

Torhüter
Brasas, Stefan	6	0
Rost, Frank	28	0

Abwehr
Barten, Mike	2	0
Benken, Sven	23	0
Frey, Dieter	5	1
Fütterer, Danny	1	0
Schierenbeck, Björn	1	0
Todt, Jens	20	3
Trares, Bernhard	31	3
Wicky, Raphael	31	1
Wojtala, Pawel	19	1

Mittelfeld
Brand, Christian	4	0
Dabrowski, Christoph	15	1
Eilts, Dieter	32	0
Flock, Dirk	18	0
Herzog, Andreas	27	3
Maximow, Juri	20	3
Roembiak, Lodewijk	16	3
Skripnik, Victor	16	0
Wiedener, Andree	30	0

Angriff
Ailton	12	2
Bode, Marco	29	8
Bogdanovic, Rade	23	8
Flo, Håvard	16	0
Frings, Torsten	23	3
Kunz, Adrian	4	0
Seidel, Sören	5	0
Weetendorf, Dirk	7	0

Trainer
Sidka, Wolfgang (geb. 26.5.54) bis 18.10.98
Magath, Felix (geb. 26.7.53) 22.10.98 - 9.5.99
Schaaf, Thomas (geb. 30.4.61) ab 10.5.99

SV Werder Bremen - Hintere Reihe von links: Eilts, Wolter, Seidel, Plump, Flo, Dabrowski, Maximow, Bode, Frey, Herzog. Mitte: Trainer Sidka, Nouri, Roembiak, Kunz, Skripnik, Todt, Schultz, Benken, Tjikuzu, Torwarttrainer Burdenski, Co-Trainer Kamp. Vorne: Wiedener, Wicky, Trares, Borel, Brasas, Rost, Barten, Brand, Frings.

FC Hansa Rostock

Torhüter
Bräutigam, Perry	0	0
Pieckenhagen, Martin	34	0

Abwehr
Ehlers, Uwe	24	2
Gansauge, Thomas	17	0
Holetschek, Olaf	20	0
Rehmer, Marko	30	2
Weilandt, Hilmar	28	0
Zallmann, Marco	18	1

Mittelfeld
Bicanic, Miroslav	4	0
Breitkreutz, Matthias	25	3
Dowe, Jens	23	1
Emara, Mohamed	14	0
Ewen, Ralf	2	0
Laars, Björn	1	0
Lange, Timo	30	2
Majak, Slawomir	33	5
Milinkovic, Zoran	6	0
Noveski, Nikolce	1	0
Ramdane, Abder	19	2
Wibran, Peter	20	2
Yasser, Radwan	33	1

Angriff
Agali, Victor	22	6
Fuchs, Henri	21	1
Neuville, Oliver	33	14
Pamic, Igor	10	6

Trainer
Lienen, Ewald (g. 28.11.53), bis 6.3.99
Zachhuber, A. (geb. 29.5.62), ab 6.3.99

FC Hansa Rostock - Hintere Reihe von links: Zeugwart Thiem, März, Majak, Zallmann, Rehmer, Ehlers, Gansauge, Pamic, Lange, Mannschaftsarzt Dr. Adam. Mitte: Physiotherapeut Scheller, Mannschaftsleiter Weidemann, Physiotherapeut Meier, Agali, Dowe, Bicanic, Fuchs, Holetschek, Ewen, Breitkreutz, Co-Trainer Zachhuber und Schlünz, Trainer Lienen. Vorne: Weilandt, Yasser, Neuville, Klewer, Pieckenhagen, Bräutigam, Milinkovic, Jovic, Tomoski.

Milliardenliga zwischen Boom und Pleite

Eintracht Frankfurt

Eintracht Frankfurt - Hintere Reihe von links: Güntensperger, U. Schneider, Gerster, Yang, Flick, Weber, Agu, Hubtchev, Kutschera, Bindewald. Mitte: Lizenzspieler-Leiter Falkenhain, Trainer Ehrmantraut, Co-Trainer Lippert, Stojak, Rosen, Mutzel, Glöckner, Kaymak, Schur, Brinkmann, Nwosu, Zeugwart Lutz, Masseure Ronconi und und Meinl. Vorne: Sobotzik, Epp, Zampach, Gebhardt, B. Schneider, Nikolov, Schmitt, Petry, Martini, Westerthaler, da Silva, Amstätter, Janßen.

Torhüter
Nikolov, Oka 34 0
Schmitt, Sven 0 0
Abwehr
Bindewald, Uwe 32 0
Hubtchev, Petr 27 0
Janßen, Olaf 16 1
Kaymak, Burhanettin 8 0
Kutschera, Alexander 29 0
Pedersen, Tore 20 1
Rosen, Alexander 1 0
Schneider, Uwe 9 0
Mittelfeld
Amstätter, Sascha 2 0
Bounoua, Morad 7 0
Brinkmann, Ansgar 29 1
Flick, Thorsten 1 0
Gebhardt, Marco 17 2
Gerster, Frank 1 0
Pisont, Istvan 17 0
Schneider, Bernd 33 4
Schur, Alexander 30 4
Sobotzik, Thomas 30 7
Weber, Ralf 20 4
Zampach, Thomas 20 1
Zinnow, Stefan 1 0
Angriff
Epp, Thomas 9 1
Fjörtoft, Jan-Aage 17 6
Nwosu, Henry 4 0
Stojak, Damir 9 1
Westerthaler, Christoph 27 3
Yang, Chen 23 8
Trainer
Ehrmantraut, Horst (geb. 11.12.55) bis 8.12.98
Lippert, Bernhard (12.3.62), 8.-22.12.98
Fanz, Reinh. (16.1.54), 22.12.98 - 18.4.99
Berger, Jörg (geb. 13.10.44), ab 19.4.99

1. FC Nürnberg

1. FC Nürnberg - Hintere Reihe von links: Co-Trainer Brunner, Richter, Grasser, Molz, Täuber, Ciric, Baumann, Rahner, Mannschaftsarzt Dr. Müller-Hörner. Mitte: Sportlicher Leiter Volkert, Trainer Magath (kurz vor Saisonbeginn zurückgetreten), Zeugwart Vogt, Wiesinger, Kurth, Skoog, Günther, Gerber, Lösch, Weigl, Masseur und Torwarttrainer Mösle, Physiotherapeut Liesen, Mannschaftsarzt Dr. Kirchner. Vorne: Driller, Bürger, Oechler, Horcher, Hilfiker, Kampa, Polunin, Ziemer, Störzenhofecker.

Torhüter
Hilfiker, Andreas 17 0
Kampa, Darius 1 0
Köpke, Andreas 16 0
Abwehr
Baumann, Frank 30 1
Eck van, René 16 0
Grasser, Markus 12 0
Günther, Sven 19 0
Lösch, Markus 21 0
Maucksch, Matthias 5 0
Nikl, Marek 22 1
Rahner, Helmut 13 0
Richter, Thomas 11 1
Täuber, Stephan 10 1
Mittelfeld
Bürger, Henning 16 0
Gerber, Heiko 24 2
Juskic, Zivojin 3 0
Molz, Martin 1 0
Oechler, Marc 18 1
Polunin, Andrej 16 2
Reinhardt, Knut 9 0
Störzenhofecker, Armin 32 1
Weigl, Jochen 11 1
Wiesinger, Michael 22 1
Zellner, Tobias 1 0
Ziemer, Thomas 10 1
Angriff
Ciric, Sasa 28 13
Driller, Martin 19 1
Kuka, Pavel 28 10
Kurth, Markus 21 2
Martin, Ersen 1 0
Skoog, Niklas 10 1
Trainer
Reimann, Willi (geb. 24.12.49), bis 2.12.98
Brunner, Thomas (10.8.62), 3.-20.12.98
Rausch, Friedel (27.2.40), ab 21.12.98

Bundesliga 1998/1999

VfL Bochum

Torhüter
Ernst, Thomas 32 0
Kischko, Maik 2 0

Abwehr
Bemben, Michael 8 0
Dickhaut, Mirko 3 0
Fahrenhorst, Frank 18 1
Joppe, Björn 3 0
Kracht, Torsten 26 1
Petrovic, Alen 7 0
Sundermann, Axel 31 1
Toplak, Samir 23 1
Waldoch, Tomasz 27 0

Mittelfeld
Bastürk, Yildiray 28 1
Gaudino, Maurizio 20 2
Hofmann, Norbert 27 1
Peschel, Peter 16 2
Reis, Thomas 25 5
Schindzielorz, Sebastian 28 3
Schreiber, Olaf 10 0
Stickroth, Thomas 3 0
Zeyer, Andreas 11 3

Angriff
Buckley, Delron 33 5
Drincic, Zdravko 16 1
Dzafic, Emir 6 1
Gülünoglu, Nesat 12 0
Ion, Viorel 12 1
Kuntz, Stefan 20 6
Mahdavikia, Mehdi 12 3
Majewski, Jan 1 0
Michalke, Kai 12 1

Trainer
Toppmöller, Klaus (geb. 12.8.51)

VfL Bochum - Hintere Reihe von links: Kracht, Gaudino, Toplak, Stickroth, Ratajczak, Fahrenhorst, Winkler, Petrovic, Waldoch, Hutwelker. Mitte: Mannschaftsarzt Dr. Schubert, Zeugwart Blum, Schreiber, Donkov, Reis, Sundermann, Juran, Kuntz, Co-Trainer Heinemann und Zumdick, Trainer Toppmöller, Manager Hilpert. Vorne: Masseur Zivanovic, Bemben, Hofmann, Michalke, Peschel, Ernst, Kischko, Schindzielorz, Dickhaut, Gülünoglu, Bastürk, Masseur Ohland.

Borussia Mönchengladbach

Torhüter
Albustin, Thorsten 2 0
Enke, Robert 32 0
Kamps, Uwe 0 0

Abwehr
Andersson, Patrik 28 0
Asanin, Sladan 31 3
Eberl, Max 15 0
Eichin, Thomas 4 0
Klinkert, Michael 24 3
Paßlack, Stephan 14 1
Reiter, Markus 10 0

Mittelfeld
Anagnostou, Chrissovalantis 5 0
Chiquinho 7 1
Deisler, Sebastian 17 1
Frontzeck, Michael 15 1
Hagner, Matthias 18 2
Hausweiler, Markus 16 2
Ketelaer, Marcel 26 1
Pflipsen, Karlheinz 21 3
Schneider, Martin 25 0
Sopic, Zeljko 23 2
Witeczek, Marcel 31 2
Wynhoff, Peter 12 0

Angriff
Feldhoff, Markus 18 1
Göktan, Berkant 5 0
Pettersson, Jörgen 27 6
Polster, Anton 31 11
Villa, Marco 7 1

Trainer
Rausch, Friedel (geb. 27.2.40), bis 9.11.98
Bonhof, Rainer (29.3.52), ab 10.11.98

Borussia Mönchengladbach - Hintere Reihe von links: Polster, Feldhoff, Andersson, Klinkert, Reiter, Hagner, Sopic, Asanin, Paßlack. Mitte: Trainer Rausch, Torwarttrainer Heyne, Zeugwart Breuer, Ketelaer, Woronin, Deisler, Anagnostou, Pettersson, Hausweiler, Ivanov, Betreuer Schommen, Co-Trainer Good. Vorne: Masseur Szordykowski, Hochstätter, Schneider, Witeczek, Enke, Chiquinho, Kamps, Wynhoff, Pflipsen, Villa, Physiotherapeut Stiels.

Milliardenliga zwischen Boom und Pleite

1. Spieltag: Samstag, 15.8.1998

Gladbach träumt von Renaissance

MSV Duisburg - Eintracht Frankfurt (Fr., 14.8.)   2:1 (1:1)
Duisburg: Gill - Wohlert, Emmerling, Hajto - Hoersen, Töfting (46. Wolters), Moravcik, Komljenovic, Neun - Beierle (77. Hirsch), Spies (87. Osthoff)
Frankfurt: Nikolov - Kutschera (73. Pisont), Hubtchev, Bindewald - Zampach (61. Brinkmann), Schur, Sobotzik, B. Schneider, Weber - Yang, Epp (61. Westerthaler)
Tore: 1:0 Spies (18.), 1:1 Sobotzik (24.), 2:1 Hoersen (48.) - **SR:** Fandel (Kyllburg) - **ZS:** 21.000 - **Gelb:** Wohlert, Hajto, B. Schneider, Schur

VfB Stuttgart - Borussia Dortmund (Fr., 14.8.)   2:1 (2:1)
Stuttgart: Wohlfahrt - Spanring, Verlaat, Berthold - Djordjevic (84. Thiam), Soldo, Balakov, Keller, Stojkovski - Akpoborie, Bobic (26. Blessin, 76. Lisztes)
BVB: Klos - Kohler, Binz, Baumann - Reuter, Freund, Möller, Nerlinger (66. Häßler), Dede (13. But) - Herrlich (75. Barbarez), Salou
Tore: 1:0 Keller (8.), 2:0 Djordjevic (17.), 2:1 Salou (38.) - **SR:** Heynemann (Magdeburg) - **ZS:** 43.500 - **Gelb:** Stojkovski, Berthold, Kohler

VfL Wolfsburg - FC Bayern München   0:1 (0:0)
Wolfsburg: Reitmaier - Kryger, O'Neil, Kovacevic, Kleeschätzky - Kapetanovic (73. Greiner), Nowak, Reyna (69. Dammeier), Akonnor - Präger, Juskowiak (57. Baumgart)
FC Bayern: Kahn - Babbel, Matthäus (71. Linke), Helmer - Strunz (46. Fink), Jeremies, Effenberg, Tarnat (46. Lizarazu) - Zickler, Elber, Salihamidzic
Tor: 0:1 Elber (65.) - **SR:** Dardenne - **ZS:** 21.600 (ausv.) - **Gelb:** Präger, Nowak, Tarnat, Fink, Matthäus

VfL Bochum - SC Freiburg   1:2 (0:0)
Bochum: Ernst - Sundermann, Waldoch, Kracht, Reis (46. Buckley) - Peschel, Gaudino (68. Bastürk), Hofmann (80. Gülünoglu), Schreiber - Michalke, Kuntz
Freiburg: Golz - Müller, Hermel, Hoffmann - Kohl (52. Rietpietsch), Pavlin (86. Buric), Günes (68. Ben Slimane), Baya, Frontzeck - Weißhaupt, Iaschwili
Tore: 0:1 Weißhaupt (47., FE), 0:2 Iaschwili (72.), 1:2 Kuntz (73.) - **SR:** Fröhlich (Berlin) - **ZS:** 24.306 - **Gelb:** Ernst, Kracht, Michalke, Gaudino, Sundermann, Frontzeck, Ben Slimane, Günes - **B.V.:** Golz hält FE von Kuntz (62.)

Bayer 04 Leverkusen - FC Hansa Rostock   3:1 (1:1)
Leverkusen: Matysek - R. Kovac, Lottner (61. Zé Roberto), Happe - Reeb, Emerson (79. N. Kovac), Nowotny, Beinlich, Heintze (46. Kirsten), Rink (83. Meijer)
Rostock: Pieckenhagen - Ehlers (73. Bicanic), Zallmann, Dowe, Majak - Pamic (70. Agali), Neuville
Tore: 1:0 Beinlich (23.), 1:1 Pamic (43.), 2:1 Beinlich (47.), 3:1 Reeb (73.) - **SR:** Albrecht (Kaufbeuren) - **ZS:** 22.500 (ausverkauft) - **Gelb:** Beinlich, N. Kovac, Neuville, Ramdane

1. FC Nürnberg - Hamburger SV   1:1 (0:0)
Nürnberg: Hilfiker - Täuber, Baumann, Richter - Wiesinger, Maucksch, Polunin, Lösch (81. Störzenhofecker), Bürger - Ciric (74. Kurth), Kuka (74. Rahner)
HSV: Butt - Hertzsch, Gravesen, Panadic - Fischer, Groth, Böger (66. Ernst), Spörl (46. Kirjakow), Hollerbach (66. Straube) - Yeboah, Dembinski
Tore: 1:0 Polunin (48.), 1:1 Yeboah (87.) - **SR:** Krug (Gelsenkirchen) - **ZS:** 40.000 - **Gelb:** Maucksch, Täuber - Hertzsch

Borussia Mönchengladbach - FC Schalke 04   3:0 (2:0)
Gladbach: Enke - Schneider (79. Hausweiler), Andersson, Asanin - Paßlack (80. Klinkert), Sopic, Pflipsen (72. Hagner), Wynhoff, Witeczek - Polster, Pettersson
Schalke: Grodas - De Kock, Thon, Eigenrauch - Latal (77. Held), van Hoogdalen, Kmetsch, Nemec (35. Eijkelkamp), van Kerckhoven - Hami (57. Mulder), Max
Tore: 1:0 Polster (2.), 2:0 Pettersson (10.), 3:0 Hagner (83.) - **SR:** Dr. Merk (Kaiserslautern) - **ZS:** 34.500 (ausverkauft) - **Gelb:** Nemec, Mulder

TSV München 1860 - 1. FC Kaiserslautern   1:2 (1:1)
1860: Hofmann - Gorges (69. Greilich), Vanenburg, Kurz - Cerny, Zelic, Borimirov (65. Schroth), Stevic (46. Tyce), Heldt - Winkler, Hobsch
1. FCK: Reinke - Koch (20. Reich), Samir, Schjönberg - Buck (30. Roos), Ratinho, Sforza, Ballack (50. Rösler), Wagner - Marschall, Hristov
Tore: 1:0 Winkler (12., FE), 1:1 Marschall (42.), 1:2 Samir (62.) - **SR:** Aust (Köln) - **ZS:** 56.000 - **Gelb:** Heldt, Gorges, Kurz, Tyce, Hobsch - Rösler

Hertha BSC Berlin - SV Werder Bremen (So., 16.8.)   1:0 (0:0)
Hertha BSC: Kiraly - van Burik, Rekdal, Sverrisson - Thom, Schmidt, Wosz (90. Dardai), Tretschok, Mandreko - Preetz, Veit
Bremen: Rost - Todt, Trares, Skripnik (60. Flo) - Roembiak, Wicky, Frey (71. Wiedener), Eilts, Bode - Frings, Kunz (66. Seidel)
Tor: 1:0 Preetz (54.) - **SR:** Steinborn (Sinzig) - **ZS:** 62.982 - **Gelb:** Thom, Frey, Flo, Wicky

2. Spieltag: Samstag, 22.8.1998

Wie gehabt: Bayern und 1. FCK wieder vorn

SV Werder Bremen - 1. FC Nürnberg (Fr., 21.8.)   2:3 (2:2)
Bremen: Rost - Todt, Trares (51. Benken), Wicky - Flock (68. Kunz), Roembiak, Eilts, Frey (75. Seidel), Bode - Flo, Frings
Nürnberg: Hilfiker - Täuber, Baumann, Richter - Günther (85. Maucksch), Wiesinger, Polunin, Lösch, Bürger - Ciric (81. Kurth), Kuka (90. Ziemer)
Tore: 0:1 Kuka (19.), 1:1 Roembiak (22., FE), 2:1 Todt (24.), 2:2 Kuka (41.), 2:3 Ciric (62.) - **SR:** Jansen (Essen) - **ZS:** 26.153 - **Gelb:** Roembiak, Eilts, Täuber, Günther, Polunin, **Rot:** Todt (79.)

FC Hansa Rostock - VfL Wolfsburg (Fr., 21.8.)   3:3 (2:2)
Rostock: Pieckenhagen - Rehmer, Weilandt, Zallmann (67. Gansauge) - Ramdane (67. Holetschek), Lange, Yasser, Dowe, Majak - Pamic (75. Agali), Neuville
Wolfsburg: Reitmaier - Kryger, O'Neil, Kovacevic (76. Breitenreiter) - Greiner (65. Baumgart), Nowak, Reyna, Akonnor, Kapetanovic (56. Stammann) - Präger, Juskowiak
Tore: 1:0 Pamic (24.), 1:1 Kovacevic (30., HE), 1:2 Juskowiak (31.), 2:2 Kovacevic (40., ET), 3:2 Pamic (58.), 3:3 Breitenreiter (88.) - **SR:** Buchhart (Schrobenhausen) - **ZS:** 15.000 - **Gelb:** Zallmann, Pamic, Pieckenhagen - Kapetanovic, Kovacevic, Präger, O'Neil

FC Bayern München - MSV Duisburg   3:1 (1:1)
FC Bayern: Kahn - Babbel, Matthäus, Helmer - Basler (82. Jeremies), Strunz, Fink, Effenberg, Lizarazu (79. Tarnat) - Jancker (70. Daei), Elber
Duisburg: Gill - Wohlert, Emmerling (21. Vana), Komljenovic - Hoersen, Wolters, Wedau (68. Töfting), Moravcik (71. Beierle), Hirsch, Neun - Spies
Tore: 1:0 Jancker (20.), 1:1 Wedau (23.), 2:1 Strunz (62.), 3:1 Effenberg (86., FE) - **SR:** Kemmling (Kleinburgwedel) - **ZS:** 63.000 (ausverkauft) - **Gelb:** Elber - Neun

SC Freiburg - Bayer 04 Leverkusen   1:1 (0:0)
Freiburg: Golz - Müller, Hermel, Hoffmann - Kohl, Günes (63. Ben Slimane), Baya, Pavlin (88. Korell), Frontzeck - Weißhaupt, Iaschwili (78. Sellimi)
Leverkusen: Matysek - R. Kovac, Nowotny, Happe - Reeb, Emerson, Beinlich, Zé Roberto, Heintze (46. N. Kovac) - Kirsten (83. Meijer), Rink (83. Reichenberger)
Tore: 1:0 Iaschwili (71.), 1:1 Beinlich (74.) - **SR:** Koop (Lüttenmark) - **ZS:** 22.500 (ausverkauft) - **Gelb:** Pavlin - Emerson, N. Kovac, Rink

Borussia Dortmund - Hertha BSC Berlin   3:0 (1:0)
BVB: Klos - Baumann, Feiersinger, Kohler - Reuter (46. Nijhuis), Häßler (69. But), Möller, Nerlinger, Dede - Salou, Barbarez (74. Chapuisat)
Hertha BSC: Kiraly - van Burik, Rekdal, Sverrisson - Thom, Schmidt, Wosz, Tretschok, Mandreko - Roy (55. Dardai), Preetz
Tore: 1:0, 2:0 Barbarez (39., 52.), 3:0 Salou (64.) - **SR:** Stark - **ZS:** 65.000 - **Gelb:** Salou - van Burik

Eintracht Frankfurt - TSV München 1860   2:3 (1:1)
Frankfurt: Nikolov - Kutschera, Hubtchev, U. Schneider (65. Pisont) - Brinkmann, Schur, Sobotzik (80. Stojak), B. Schneider, Bindewald, Weber - Yang (69. Westerthaler)
1860: Hofmann - Kurz, Vanenburg (58. Stevic) - Greilich (65. Dinzey) - Cerny (56. Ouakili), Zelic, Borimirov, Tyce, Heldt - Winkler, Schroth
Tore: 1:0 Schur (10.), 1:1 Borimirov (35.), 2:1 Weber (54.), 2:2 Ouakili (61.), 2:3 Winkler (75., FE) - **SR:** Strampe (Handorf) - **ZS:** 37.600 - **Gelb:** Yang, Hubtchev, Brinkmann - Kurz

1. FC Kaiserslautern - Borussia Mönchengladbach   2:1 (1:0)
1. FCK: Reinke - Samir, Ramzy, Schjönberg - Reich, Ratinho (83. Ballack), Sforza, Roos (81. Riedl), Wagner - Marschall, Hristov
Gladbach: Enke - Paßlack (18. Klinkert), Andersson, Asanin - Schneider, Sopic, Pflipsen (46. Hagner), Wynhoff (46. Ketelaer), Witeczek - Polster, Pettersson
Tore: 1:0 Wagner (42.), 2:0 Marschall (63.), 2:1 Asanin (83.) - **SR:** Zerr (Ottersweier) - **ZS:** 41.500 (ausverkauft) - **Gelb:** Samir - Schneider, Pettersson

FC Schalke 04 - VfB Stuttgart   1:0 (0:0)
Schalke: Grodas - De Kock (13. Tapalovic), Thon, Eigenrauch - Latal, van Hoogdalen, Hami (67. Anderbrügge), Kmetsch, van Kerckhoven - Max, Eijkelkamp
Stuttgart: Wohlfahrt - Thiam, Verlaat, Berthold - Djordjevic (87. Markovic), Soldo, Balakov, Keller, Stojkovski (71. Legat) - Akpoborie, Ristic (69. Blessin)
Tor: 1:0 Max (56.) - **SR:** Berg (Konz) - **ZS:** 48.248 - **Gelb:** Thiam, Verlaat

Hamburger SV - VfL Bochum (So., 23.8.)   1:0 (1:0)
HSV: Butt - Panadic, Gravesen, Hertzsch - Fischer (82. Wojtala), Groth, Dembinski, F. Ernst (86. Böger), Hollerbach - Yeboah, Kirjakow (57. Grammozis)
Bochum: Th. Ernst - Sundermann, Waldoch, Kracht - Peschel, Bastürk, Petrovic, Hofmann (78. Gülünoglu), Schreiber (46. Buckley) - Michalke, Kuntz
Tor: 1:0 Dembinski (33.) - **SR:** Dr. Fleischer (Neuburg) - **ZS:** 23.846 - **Gelb:** Hollerbach - Waldoch, Peschel

	Sp.	g.	u.	v.	Tore	Diff.	Punkte
1. Bor. M'gladbach	1	1	0	0	3:0	+3	3
2. Bayer Leverkusen	1	1	0	0	3:1	+2	3
3. 1. FC Kaiserslautern	1	1	0	0	2:1	+1	3
. VfB Stuttgart	1	1	0	0	2:1	+1	3
. MSV Duisburg	1	1	0	0	2:1	+1	3
. SC Freiburg	1	1	0	0	2:1	+1	3
7. Bayern München	1	1	0	0	1:0	+1	3
. Hertha BSC Berlin	1	1	0	0	1:0	+1	3
9. Hamburger SV	1	0	1	0	1:1	±0	1
. 1. FC Nürnberg	1	0	1	0	1:1	±0	1
11. TSV München 1860	1	0	0	1	1:2	−1	0
. Borussia Dortmund	1	0	0	1	1:2	−1	0
. Eintracht Frankfurt	1	0	0	1	1:2	−1	0
. VfL Bochum	1	0	0	1	1:2	−1	0
15. VfL Wolfsburg	1	0	0	1	0:1	−1	0
. Werder Bremen	1	0	0	1	0:1	−1	0
17. Hansa Rostock	1	0	0	1	1:3	−2	0
18. Schalke 04	1	0	0	1	0:3	−3	0

	Sp.	g.	u.	v.	Tore	Diff.	Punkte
1. Bayern München	2	2	0	0	4:1	+3	6
2. 1. FC Kaiserslautern	2	2	0	0	4:2	+2	6
3. Bayer Leverkusen	2	1	1	0	4:2	+2	4
4. 1. FC Nürnberg	2	1	1	0	4:3	+1	4
5. SC Freiburg	2	1	1	0	3:2	+1	4
6. Hamburger SV	2	1	1	0	2:1	+1	4
7. Bor. M'gladbach	2	1	0	1	4:2	+2	3
. Borussia Dortmund	2	1	0	1	4:2	+2	3
9. TSV München 1860	2	1	0	1	4:4	±0	3
10. VfB Stuttgart	2	1	0	1	2:2	±0	3
11. MSV Duisburg	2	1	0	1	3:4	−1	3
12. Hertha BSC Berlin	2	1	0	1	1:3	−2	3
. Schalke 04	2	1	0	1	1:3	−2	3
14. VfL Wolfsburg	2	0	1	1	3:4	−1	1
15. Hansa Rostock	2	0	1	1	4:6	−2	1
16. Eintracht Frankfurt	2	0	0	2	3:5	−2	0
17. Werder Bremen	2	0	0	2	2:4	−2	0
18. VfL Bochum	2	0	0	2	1:3	−2	0

Bundesliga 1998/1999

3. Spieltag: Dienstag, 8.9.1998

Werder nach Kellerduell noch punktlos

VfL Bochum - SV Werder Bremen 2:0 (1:0)
Bochum: Ernst - Sundermann, Kracht, Waldoch - Fahrenhorst, Peschel (64. Toplak), Bastürk, Hofmann, Schreiber (7. Reis) - Gaudino (80. Petrovic), Michalke
Bremen: Rost - Wiedener, Wicky (59. Kunz), Skripnik - Roembiak, Eilts, Maximow (70. Flock), Frey, Bode - Flo, Frings (62. Seidel)
Tore: 1:0 Fahrenhorst (1.), 2:0 Toplak (69.) - **SR:** Heynemann (Magdeburg) - **ZS:** 20.127 - **Gelb:** Peschel - Flo, Kunz

VfL Wolfsburg - SC Freiburg 1:1 (0:1)
Wolfsburg: Reitmaier - Kryger, O'Neil, Kovacevic (67. Greiner) - Kapetanovic (46. Präger), Reyna, Nowak, Akonnor, Stammann (75. Nagorny) - Juskowiak, Baumgart
Freiburg: Golz - Hoffmann, Korell, Müller - Kohl (89. Schumann), Günes (46. Pavlin), Baya, Weißhaupt, Frontzeck - Ben Slimane (83. Radlspeck), Iaschwili
Tore: 0:1 Hoffmann (24.), 1:1 O'Neil (77.) - **SR:** Weber (Essen) - **ZS:** 20.152 - **Gelb:** Nagorny, Stammann - Golz, Korell, Müller, Pavlin

MSV Duisburg - TSV München 1860 1:1 (1:0)
Duisburg: Gill - Wohlert, Vana, Hajto - Hoersen, Wedau (65. Töfting), Komljenovic, Moravcik (88. Wolters), Neun - Beierle, Spies (71. Andersen)
1860: Hofmann - Greilich, Zelic, Kurz - Cerny (54. Jovov), Tyce, Ouakili (69. Malz), Stevic, Heldt - Winkler, Schroth
Tore: 1:0 Beierle (8.), 1:1 Winkler (56.) - **SR:** Keßler (Wogau) - **ZS:** 14.578 - **Gelb:** Hajto - Kurz

VfB Stuttgart - 1. FC Kaiserslautern 4:0 (1:0)
Stuttgart: Wohlfahrt - Thiam, Verlaat, Berthold - Djordjevic, Soldo (46. Stojkovski), Balakov, Poschner (54. Zeyer), Keller - Bobic, Ristic (83. Blessin)
1. FCK: Reinke - Samir (64. Ballack), Ramzy (78. Rische), Schjönberg - Buck (46. Reich), Ratinho, Roos, Sforza, Wagner - Marschall, Hristov
Tore: 1:0 Ristic (33.), 2:0 Bobic (71.), 3:0 Ristic (79.), 4:0 Balakov (86., FE) - **SR:** Jansen (Essen) - **ZS:** 39.000 - **Gelb:** Poschner, Stojkovski - Wagner, Ratinho

Borussia Mönchengladbach - Eintracht Frankfurt 1:1 (0:0)
Gladbach: Enke - M. Schneider, Andersson, Asanin - Hausweiler (63. Deisler), Hagner (74. Anagnostou), Pflipsen, Witeczek (78. Villa), Ketelaer - Polster, Pettersson
Frankfurt: Nikolov - Bindewald, Hubtchev, Kutschera - Brinkmann (78. Gebhardt), Sobotzik, Schur, Pisont (63. Westerthaler), Zampach - B. Schneider (80. Weber), Yang
Tore: 0:1 Yang (70.), 1:1 Pettersson (90.) - **SR:** Kemmling (Kleinburgwedel) - **ZS:** 31.300 - **Gelb:** Asanin, M. Schneider - Sobotzik, Brinkmann

1. FC Nürnberg - Borussia Dortmund (Mi., 9.9.) 0:0
Nürnberg: Hilfiker - Täuber (59. Störzenhofecker), F. Baumann, Richter - Wiesinger, Günther (46. Maucksch), Polunin (80. Ziemer), Lösch, Bürger - Ciric, Kuka
BVB: Klos - K. Baumann, Feiersinger, Nijhuis - Timm (46. Tanko), Häßler (55. Hengen), Nerlinger, Möller, Reinhardt - Salou (90. Herrlich), Barbarez
SR: Dr. Merk (Kaiserslautern) - **ZS:** 44.000 (ausverkauft) - **Gelb:** Täuber, F. Baumann, Kuka - Reinhardt, Klos, Tanko - **Rot:** Barbarez (53.) - **B.V.:** Klos hält FE von Ciric (45.)

FC Bayern München - FC Hansa Rostock (Mi., 9.9.) 6:1 (0:0)
FC Bayern: Kahn - Babbel (77. Kuffour), Matthäus, Helmer - Strunz (64. Jeremies), Fink, Effenberg, Lizarazu - Basler (64. Zickler), Jancker, Elber
Rostock: Pieckenhagen - Rehmer, Zallmann, Yasser - Ramdane, Lange, Weilandt, Dowe (62. Breitkreutz), Majak - Pamic (62. Agali), Neuville (75. Gansauge)
Tore: 1:0 Effenberg (50., FE), 2:0 Helmer (53.), 3:0 Lizarazu (56.), 3:1 Ramdane (65.), 4:1 Zickler (72.), 5:1 Jancker (73.), 6:1 Elber (85.) - **SR:** Krug (G'kirchen) - **ZS:** 53.000 - **G.:** Strunz, Lizarazu, Babbel - Agali

Hertha BSC Berlin - FC Schalke 04 (Mi., 9.9.) 2:0 (0:0)
Hertha BSC: Kiraly - Herzog, Rekdal, Sverrisson - Veit, Schmidt, Wosz (90. Dardai), Tretschok, Mandreko - Preetz, Thom (79. van Burik)
Schalke: Schober - Eigenrauch, Thon, De Kock - Latal (83. Pereira), van Hoogdalem, Tapalovic (79. Anderbrügge), Kliouev (69. Hami), van Kerckhoven - Max, Eijkelkamp
Tore: 1:0 Rekdal (65., FE), 2:0 Tretschok (75.) - **SR:** Dr. Wack (Biberbach) - **ZS:** 47.887 - **Gelb:** Wosz - van Kerckhoven

Bayer 04 Leverkusen - Hamburger SV (Mi., 9.9.) 1:2 (0:0)
Leverkusen: Matysek - R. Kovac, Lottner (63. Heintze), Happe - Reeb (71. Lehnhoff), Emerson, Nowotny, Beinlich, Zé Roberto - Kirsten, Rink (75. Meijer)
HSV: Butt - Panadic, Ernst, Hertzsch - Fischer, Groth, Gravesen (61. Grammozis), Dembinski, Jepsen (54. Kirjakow), Hollerbach (70. Straube) - Yeboah
Tore: 0:1 Groth (60.), 1:1 Meijer (85.), 1:2 Groth (87.) - **SR:** Steinborn (Sinzig) - **ZS:** 22.500 (ausverkauft) - **Gelb:** Lehnhoff - Panadic, Ernst - **Rot:** Nowotny (26.) - **B.V.:** Matysek hält FE von Yeboah (26.)

	Sp.	g.	u.	v.	Tore	Diff.	Punkte
1. Bayern München	3	3	0	0	10 : 2	+ 8	9
2. Hamburger SV	3	2	1	0	4 : 2	+ 2	7
3. VfB Stuttgart	3	2	0	1	6 : 2	+ 4	6
4. Hertha BSC Berlin	3	2	0	1	3 : 3	± 0	6
5. 1. FC Kaiserslautern	3	2	0	1	4 : 6	- 2	6
6. SC Freiburg	3	1	2	0	4 : 3	+ 1	5
. 1. FC Nürnberg	3	1	2	0	4 : 3	+ 1	5
8. Bor. M'gladbach	3	1	1	1	5 : 3	+ 2	4
9. Borussia Dortmund	3	1	1	1	4 : 2	+ 2	4
10. Bayer Leverkusen	3	1	1	1	5 : 4	+ 1	4
11. TSV München 1860	3	1	1	1	5 : 5	± 0	4
12. MSV Duisburg	3	1	1	1	4 : 5	- 1	4
13. VfL Bochum	3	1	0	2	3 : 3	± 0	3
14. Schalke 04	3	1	0	2	1 : 5	- 4	3
15. VfL Wolfsburg	3	0	2	1	4 : 5	- 1	2
16. Eintracht Frankfurt	3	0	1	2	4 : 6	- 2	1
17. Hansa Rostock	3	0	1	2	5 :12	- 7	1
18. Werder Bremen	3	0	0	3	2 : 6	- 4	0

4. Spieltag: Samstag, 12.9.1998

Lautern zeigt Moral, BVB in der Krise

Eintracht Frankfurt - VfB Stuttgart (Fr., 11.9.) 1:1 (0:0)
Frankfurt: Nikolov - Kutschera (33. Kaymak, 81. Epp), Hubtchev, Schur - Brinkmann, Pisont, Bindewald, B. Schneider, Sobotzik (72. Westerthaler), Weber - Yang
Stuttgart: Wohlfahrt - Thiam, Verlaat, Berthold - Djordjevic (68. Lisztes), Keller, Balakov, Poschner (58. Zeyer), Stojkovski - Bobic, Ristic (82. Spanring)
Tore: 0:1 Balakov (72.), 1:1 Brinkmann (89., FE) - **SR:** Aust (Köln) - **ZS:** 31.500 - **Gelb:** Keller, Balakov, Spanring - **Gelb-Rot:** Bindewald (75.)

TSV München 1860 - Borussia Mönchengladbach (Fr., 11.9.) 3:1 (2:0)
1860: Hofmann - Kurz, Vanenburg, Greilich - Cerny, Zelic (51. Heldt), Ouakili (60. Malz), Stevic, Tyce - Winkler, Hobsch (72. Schroth)
Gladbach: Enke - Klinkert, Paßlack (24. Reiter), Asanin - Hausweiler, Hagner (46. Ketelaer), Schneider (62. Deisler), Pflipsen, Witeczek - Polster, Pettersson
Tore: 1:0 Winkler (2.), 2:0 Kurz (23.), 2:1 Klinkert (56.), 3:1 Winkler (84.) - **SR:** Berg (Konz) - **ZS:** 28.000 - **Gelb:** Greilich, Tyce - Hagner, Klinkert - **B.V.:** Enke hält FE von Winkler (1.)

FC Hansa Rostock - MSV Duisburg 3:0 (0:0)
Rostock: Pieckenhagen - Rehmer, Weilandt, Zallmann - Ramdane (84. Lange), Gansauge (76. Majak), Breitkreutz (76. Agali), Yasser, Holetschek - Pamic, Neuville
Duisburg: Gill - Wohlert, Vana (81. Hajto), Komljenovic - Wolters, Wedau, Hirsch, Moravcik (53. Töfting), Neun - Spies, Andersen (63. Beierle)
Tore: 1:0 Zallmann (77.), 2:0 Neuville (83., FE), 3:0 Pamic (89.) - **SR:** Stark (Landshut) - **ZS:** 11.200 - **Gelb:** Ramdane, Zallmann, Agali - Wohlert, Neun, Töfting

1. FC Kaiserslautern - Hertha BSC Berlin 4:3 (1:2)
1. FCK: Reinke - Roos (23. Reich), Ramzy (55. Rische), Schjönberg - Buck, Ratinho, Riedl, Sforza, Wagner - Marschall, Rösler (46. Hristov)
Hertha BSC: Kiraly - Herzog, Rekdal, Sverrisson - Thom, Schmidt (84. Tchami), Tretschok, Wosz, Mandreko (31. Dardai), Veit (64. van Burik) - Preetz
Tore: 0:1 Veit (1.), 1:1 Marschall (5.), 1:2 Thom (45.), 1:3 Dardai (53.), 2:3 Marschall (68.), 3:3 Schjönberg (71., FE), 4:3 Schjönberg (82.) - **SR:** Dardenne (Nettersheim) - **ZS:** 39.800 - **Gelb:** Marschall - Rekdal, Veit, Thom, Wosz - **B.V.:** Kiraly hält FE von Marschall (30.)

Hamburger SV - VfL Wolfsburg 1:1 (1:0)
HSV: Butt - Hertzsch, Ernst, Panadic - Fischer, Groth, Gravesen, Dembinski, Hollerbach (46. Jepsen) - Kirjakow (26. Grubac, 62. Grammozis), Yeboah
Wolfsburg: Reitmaier - Kryger, O'Neil, Kovacevic - Kapetanovic (72. Baumgart), Reyna, Nowak, Akonnor, Dammeier (46. Greiner) - Juskowiak, Präger (77. Stammann)
Tore: 1:0 Butt (39., FE), 1:1 Baumgart (90.) - **SR:** Wagner (Hofheim) - **ZS:** 22.003 - **Gelb:** Groth, Yeboah - O'Neil, Nowak, Reyna, Greiner

FC Schalke 04 - 1. FC Nürnberg 2:2 (2:0)
Schalke: Schober - De Kock, Thon (22. Müller), Eigenrauch - Latal, Kmetsch, Wilmots (70. Hami), Nemec, van Kerckhoven - Max, Eijkelkamp (62. Mulder)
Nürnberg: Hilfiker - Täuber, Baumann, Richter - Wiesinger, Maucksch, Lösch, Polunin (46. Kurth), Bürger - Ciric, Kuka (22. Störzenhofecker)
Tore: 1:0 Eijkelkamp (30.), 2:0 Max (42., FE), 2:1 Ciric (52.), 2:2 Kurth (69.) - **SR:** Koop (Lüttenmark) - **ZS:** 48.900 - **Gelb:** De Kock, Mulder - Polunin, Lösch, Maucksch, Hilfiker

SC Freiburg - FC Bayern München 0:2 (0:2)
Freiburg: Golz - Hoffmann, Korell, Müller - Kohl, Weißhaupt, Kobiaschwili, Baya, Frontzeck (68. Pavlin) - Ben Slimane (68. Sellimi), Iaschwili (83. Günes)
FC Bayern: Kahn - Babbel, Matthäus, Helmer - Strunz, Jeremies, Effenberg, Lizarazu - Basler (79. Zickler), Jancker (77. Daei), Elber (90. Salihamidzic)
Tore: 0:1 Elber (21.), 0:2 Strunz (35.) - **SR:** Fandel (Kyllburg) - **ZS:** 22.500 (ausverkauft) - **Gelb:** Effenberg, Matthäus, Strunz

SV Werder Bremen - Bayer 04 Leverkusen 2:2 (0:1)
Bremen: Rost - Flo, Trares, Benken - Roembiak (88. Dabrowski), Maximow, Eilts, Frey, Skripnik (78. Wiedener) - Frings (70. Flock), Bode
Leverkusen: Matysek - R. Kovac, Lottner (66. Heintze), Happe - Reeb (46. Lehnhoff), Emerson, Ramelow (66. N. Kovac), Beinlich, Zé Roberto - Kirsten, Rink
Tore: 0:1 Kirsten (43., FE), 1:1 Roembiak (53., FE), 2:1 Frings (59.), 2:2 Rink (90.) - **SR:** Buchhart (Schrobenhausen) - **ZS:** 27.379 - **Gelb:** Roembiak - Matysek, R. Kovac, Happe, Emerson, Rink

Borussia Dortmund - VfL Bochum (So., 13.9.) 0:1 (0:0)
BVB: Klos - Nijhuis, Kohler, Feiersinger - Baumann, Häßler (46. Tanko), Hengen, Möller, Reinhardt (82. Timm) - Salou, Chapuisat (69. But)
Bochum: Ernst - Waldoch, Kracht, Sundermann - Buckley, Toplak, Gaudino (67. Bemben), Fahrenhorst, Hofmann - Bastürk (62. Petrovic), Michalke (46. Peschel)
Tor: 0:1 Buckley (87.) - **SR:** Strampe (Handorf) - **ZS:** 67.000 - **Gelb:** Hengen, Möller, Reinhardt - Peschel

	Sp.	g.	u.	v.	Tore	Diff.	Punkte
1. Bayern München	4	4	0	0	12 : 2	+10	12
2. 1. FC Kaiserslautern	4	3	0	1	8 : 9	- 1	9
3. Hamburger SV	4	2	2	0	5 : 3	+ 2	8
4. VfB Stuttgart	4	2	1	1	7 : 3	+ 4	7
5. TSV München 1860	4	2	1	1	8 : 6	+ 2	7
6. 1. FC Nürnberg	4	1	3	0	6 : 5	+ 1	6
7. VfL Bochum	4	2	0	2	4 : 3	+ 1	6
8. Hertha BSC Berlin	4	2	0	2	6 : 7	- 1	6
9. Bayer Leverkusen	4	1	2	1	7 : 6	+ 1	5
10. SC Freiburg	4	1	2	1	4 : 5	- 1	5
11. Borussia Dortmund	4	1	1	2	4 : 3	+ 1	4
12. Bor. M'gladbach	4	1	1	2	6 : 6	± 0	4
13. Hansa Rostock	4	1	1	2	8 :12	- 4	4
14. MSV Duisburg	4	1	1	2	4 : 8	- 4	4
15. Schalke 04	4	1	1	2	3 : 7	- 4	4
16. VfL Wolfsburg	4	0	3	1	5 : 6	- 1	3
17. Eintracht Frankfurt	4	0	2	2	5 : 7	- 2	2
18. Werder Bremen	4	0	1	3	4 : 8	- 4	1

Milliardenliga zwischen Boom und Pleite

5. Spieltag: Samstag, 19.9.1998

„Löwen" erster Verfolger der Bayern

Hertha BSC Berlin - Eintracht Frankfurt (Fr., 18.9.) 3:1 (1:1)
Hertha BSC: Kiraly - Herzog, Rekdal - Thom, Veit, Dardai, Tretschok, Wosz, Mandreko (87. Covic) - Preetz, Tchami (82. Roy)
Frankfurt: Nikolov - Kaymak, Hubtchev, Kutschera - Brinkmann (58. Gebhardt), Schur, Sobotzik, Pisont (73. Epp), B. Schneider, Weber - Yang (76. Westerthaler)
Tore: 0:1 Yang (14.), 1:1 Preetz (27.), 2:1 Preetz (55.), 3:1 Tchami (81.) - **SR:** Zerr (Ottersweier) - **ZS:** 44.901 - **Gelb:** Thom - Gebhardt - **Rot:** Sobotzik (63.)

FC Hansa Rostock - SC Freiburg (Fr., 18.9.) 0:2 (0:0)
Rostock: Pieckenhagen - Rehmer, Weilandt, Zallmann - Ramdane, Yasser (59. Majak), Breitkreutz (72. Agali), Gansauge (84. Fuchs), Holetschek - Pamic, Neuville
Freiburg: Golz - Diarra, Korell, Müller - Kohl, Baya, Günes (76. Hermel), Pavlin, Kobiaschwili - Iaschwili, Sellimi (88. Schumann)
Tore: 0:1 Sellimi (83.), 0:2 Iaschwili (90.) - **SR:** Dr. Fleischer (Neuburg) - **ZS:** 11.000 - **Gelb:** Pamic - Korell

1. FC Nürnberg - 1. FC Kaiserslautern 1:1 (1:0)
Nürnberg: Hilfiker - Täuber (69. Grasser), Baumann, Richter - Wiesinger, Lösch, Polunin (55. Störzenhofecker), Maucksch, Bürger - Ciric, Kuka (74. Kurth)
1. FCK: Reinke - Koch (46. Ballack), Ramzy, Schjönberg - Buck, Ratinho, Marschall, Wagner, Reich - Rische (74. Riedl), Rösler (46. Hristov)
Tore: 1:0 Kuka (41.), 1:1 Marschall (85.) - **SR:** Keßler (Wogau) - **ZS:** 44.500 (ausverkauft) - **Gelb:** Lösch, Wiesinger - Marschall, Ballack - **Gelb-Rot:** Wagner (89.)

VfL Wolfsburg - SV Werder Bremen 2:4 (0:3)
Wolfsburg: Reitmaier - Kovacevic (35. Dammeier), O'Neil, Kryger - Greiner, Reyna, Nowak, Akonnor (83. Nagorny), Kapetanovic (80. Breitenreiter) - Juskowiak, Baumgart
Bremen: Rost - Wojtala, Trares, Wiedener - Roembiak, Wicky, Frey, Eilts, Skripnik - Bogdanovic (52. Seidel, 74. Flock), Bode
Tore: 0:1 Frey (23.), 0:2 Bode (26.), 0:3 Bogdanovic (30.), 1:3 Baumgart (48.), 2:3 Akonnor (63.), 2:4 Bode (90.) - **SR:** Dr. Wack (Biberbach) - **ZS:** 13.154 - **Gelb:** O'Neil - **Gelb-Rot:** Frey (90.)

VfL Bochum - FC Schalke 04 1:2 (0:0)
Bochum: Ernst - Waldoch, Kracht, Sundermann - Toplak, Bastürk (68. Bemben), Gaudino, Fahrenhorst, Hofmann - Buckley, Dzafic (46. Gülünoglu)
Schalke: Schober - De Kock, Müller, Büskens - Held, Nemec (87. Tapalovic), Kmetsch, Eigenrauch, van Kerckhoven - Mulder, Eijkelkamp (77. Max, 83. Latal)
Tore: 1:0 Kracht (47.), 1:1 Eijkelkamp (52.), 1:2 Eijkelkamp (70.) - **SR:** Albrecht (Kaufbeuren) - **ZS:** 29.253 - **Gelb:** Sundermann, Gülünoglu - van Kerckhoven, Held - **Rot:** Gaudino (35.) - Mulder (7.)

VfB Stuttgart - TSV München 1860 0:1 (0:0)
Stuttgart: Wohlfahrt - Thiam, Verlaat, Spanring - Djordjevic (66. Lisztes), Keller, Balakov, Poschner, Carnell (82. Zeyer) - Bobic, Ristic (46. Blessin)
1860: Hofmann - Kurz, Vanenburg, Greilich - Cerny, Stevic, Zelic (60. Dinzey), Ouakili (72. Heldt), Tyce - Hobsch (86. Malz), Schroth
Tor: 0:1 Vanenburg (67.) - **SR:** Kemmling (Kleinburgwedel) - **ZS:** 32.000 - **Gelb:** Verlaat - Schroth

Bayer 04 Leverkusen - Borussia Dortmund 3:1 (1:0)
Leverkusen: Matysek - R. Kovac, Nowotny, Happe - N. Kovac, Emerson (77. Zivkovic), Ramelow, Beinlich, Zé Roberto - Kirsten (6. Meijer, 87. Heintze), Rink
BVB: Klos - Nijhuis, Feiersinger, Kohler - Ricken (69. Dede), Baumann, Möller, Hengen, Reinhardt (46. Chapuisat) - Salou, Herrlich (58. But)
Tore: 1:0 N. Kovac (34.), 2:0 Feiersinger (48., ET), 3:0 Meijer (56.), 3:1 Möller (75.) - **SR:** Jansen (Essen) - **ZS:** 22.500 (ausverkauft) - **Gelb:** N. Kovac - Nijhuis, Baumann

MSV Duisburg - Borussia Mönchengladbach (So., 20.9.) 2:2 (1:0)
Duisburg: Gill - Emmerling, Hajto - Hoersen, Komljenovic, Töfting (73. Wedau), Wohlert, Moravcik (46. Vana), Neun - Beierle (57. Spies), Andersen
Gladbach: Enke - Schneider (46. Villa), Andersson, Asanin - Deisler, Hausweiler, Pflipsen, Wynhoff (65. Hagner), Ketelaer (68. Chiquinho), Witeczek - Polster
Tore: 1:0 Schneider (8., ET), 1:1 Polster (70., FE), 1:2 Villa (86.), 2:2 Emmerling (90.) - **SR:** Heynemann (Magdeburg) - **ZS:** 29.000 - **Gelb:** Töfting, Hajto - Polster

FC Bayern München - Hamburger SV (So., 20.9.) 5:3 (2:1)
FC Bayern: Kahn - Babbel, Matthäus, Helmer (66. Linke) - Strunz (74. Jeremies), Basler (46. Salihamidzic), Effenberg, Fink, Tarnat - Daei, Elber
HSV: Butt - Fischer, Panadic, Hoogma, Hertzsch - Groth, Gravesen (73. Trejgis), Ernst (61. Grammozis), Hollerbach - Kirjakow (61. Dembinski), Yeboah
Tore: 1:0 Daei (9.), 1:1 Yeboah (23.), 2:1 Daei (39.), 3:1 Effenberg (58.), 3:2 Butt (69., FE), 4:2 Effenberg (71., FE), 4:3 Groth (74.), 5:3 Elber (89.) - **SR:** Fröhlich (Berlin) - **ZS:** 50.000 - **Gelb:** Matthäus, Kahn, Effenberg, Elber - Ernst, Groth

	Sp.	g.	u.	v.	Tore	Diff.	Punkte
1. Bayern München	5	5	0	0	17 : 5	+12	15
2. TSV München 1860	5	3	1	1	9 : 6	+ 3	10
3. 1. FC Kaiserslautern	5	3	1	1	9 :10	- 1	10
4. Hertha BSC Berlin	5	3	0	2	9 : 8	+ 1	9
5. Bayer Leverkusen	5	2	2	1	10 : 7	+ 3	8
6. SC Freiburg	5	2	2	1	6 : 5	+ 1	8
7. Hamburger SV	5	2	2	1	8 : 8	± 0	8
8. VfB Stuttgart	5	2	1	2	7 : 4	+ 3	7
9. 1. FC Nürnberg	5	1	4	0	7 : 6	+ 1	7
10. Schalke 04	5	2	1	2	5 : 8	- 3	7
11. VfL Bochum	5	2	0	3	5 : 5	± 0	6
12. Bor. M'gladbach	5	1	2	2	8 : 8	± 0	5
13. MSV Duisburg	5	1	2	2	6 :10	- 4	5
14. Borussia Dortmund	5	1	1	3	5 : 6	- 1	4
15. Werder Bremen	5	1	1	3	8 :10	- 2	4
16. Hansa Rostock	5	1	1	3	8 :14	- 6	4
17. VfL Wolfsburg	5	0	3	2	7 :10	- 3	3
18. Eintracht Frankfurt	5	0	2	3	6 :10	- 4	2

6. Spieltag: Samstag, 26.9.1998

Ralf Weber rettet Ehrmantrauts Job

TSV München 1860 - Hertha BSC Berlin (Fr., 25.9.) 2:0 (1:0)
1860: Hofmann - Kurz (45. Heldt), Vanenburg, Greilich - Cerny, Zelic, Ouakili (60. Dinzey), Stevic, Tyce - Winkler, Hobsch (73. Schroth)
Hertha BSC: Kiraly - Herzog, Rekdal, Schmidt - Thom (69. Hartmann), Veit, Dardai (78. Tchami), Tretschok, Wosz, Mandreko (69. Covic) - Preetz
Tore: 1:0 Ouakili (2.), 2:0 Hobsch (46.) - **SR:** Dr. Merk (Kaiserslautern) - **ZS:** 32.000 - **Gelb:** Winkler - Rekdal

Hamburger SV - FC Hansa Rostock (Fr., 25.9.) 1:0 (0:0)
HSV: Butt - Panadic, Hoogma (74. Grubac), Hertzsch - Fischer, Groth, Gravesen, Ernst (46. Dembinski), Hollerbach (46. Jepsen) - Kirjakow, Yeboah
Rostock: Pieckenhagen - Rehmer, Weilandt, Gansauge - Lange (72. Ehlers), Ramdane, Milinkovic (84. Fuchs), Yasser, Majak - Neuville (80. Zallmann), Pamic
Tor: 1:0 Panadic (83.) - **SR:** Weber (Essen) - **ZS:** 25.678 - **Gelb:** Hertzsch, Jepsen - Lange, Gansauge, Neuville - **Gelb-Rot:** Pamic (60.) - **Rot:** Ramdane (16.)

1. FC Kaiserslautern - VfL Bochum 2:3 (1:0)
1. FCK: Reinke - Samir, Ramzy (43. Koch), Schjönberg (40. Ojigwe) - Buck (46. Ballack), Ratinho, Sforza, Riedl, Hristov - Marschall, Rische
Bochum: Ernst - Sundermann, Waldoch, Fahrenhorst - Bemben (58. Dzafic), Petrovic (39. Gülünoglu), Hofmann, Schindzielorz, Toplak (46. Reis) - Bastürk, Buckley
Tore: 1:0 Sundermann (5., ET), 2:0 Marschall (58.), 2:1 Reis (60.), 2:2 Buckley (67.), 2:3 Dzafic (74.) - **SR:** Dr. Wack (Biberbach) - **ZS:** 41.500 (ausverkauft) - **Gelb:** Ramzy, Koch - Bemben

SV Werder Bremen - FC Bayern München 0:1 (0:0)
Bremen: Rost - Wojtala, Trares, Todt - Roembiak, Wiedener (80. Kunz), Maximow (84. Flo), Wicky, Eilts - Frings (72. Herzog), Bode
FC Bayern: Kahn - Babbel, Matthäus, Linke - Strunz, Jeremies (82. Tarnat), Effenberg (89. Kuffour), Salihamidzic, Lizarazu - Elber, Daei (72. Jancker)
Tor: 0:1 Elber (87.) - **SR:** Berg (Konz) - **ZS:** 36.000 (ausverkauft) - **Gelb:** Wojtala - Babbel, Elber

FC Schalke 04 - Bayer 04 Leverkusen 0:1 (0:0)
Schalke: Schober - De Kock, Thon, Eigenrauch - Held (68. Latal), Kmetsch, Wilmots, Nemec (66. van Kerckhoven), Büskens (71. Anderbrügge) - Max, Goossens
Leverkusen: Matysek - R. Kovac, Nowotny, Happe (46. N. Kovac) - Reeb (74. Mamic), Ramelow, Zivkovic, Beinlich, Heintze - Kirsten (81. Rink), Meijer
Tor: 0:1 Kirsten (52.) - **SR:** Fandel (Kyllburg) - **ZS:** 40.823 - **Gelb:** Thon, Nemec - Happe, Ramelow - **Rot:** Latal (90.) - Meijer (68.)

Borussia Mönchengladbach - VfB Stuttgart 2:3 (2:2)
Gladbach: Enke - Hausweiler, Andersson, Asanin - Deisler, Schneider (46. Chiquinho), Ketelaer, Wynhoff (75. Hagner), Witeczek - Pettersson (83. Villa), Polster
Stuttgart: Ziegler - Keller (75. Thiam), Verlaat, Berthold - Lisztes, Soldo, Balakov, Poschner, Carnell - Akpoborie (65. Ristic), Bobic (88. Zeyer)
Tore: 0:1 Akpoborie (12.), 1:1 Polster (37., FE), 2:1 Polster (42.), 2:2 Bobic (45.), 2:3 Soldo (84.) - **SR:** Strampe (Handorf) - **ZS:** 30.000 - **Gelb:** Polster, Asanin - Carnell

Borussia Dortmund - VfL Wolfsburg 2:1 (1:1)
BVB: Klos - Baumann (70. Nijhuis), Feiersinger, Kohler - Ricken, Hengen (76. But), Möller, Nerlinger (59. Häßler), Reinhardt - Salou, Chapuisat
Wolfsburg: Reitmaier - Thomsen, O'Neil, Kryger - Greiner, Nowak, Akonnor (82. Breitenreiter), Dammeier, Kapetanovic - Juskowiak (51. Präger), Baumgart (64. Reyna)
Tore: 1:0 Ricken (27.), 1:1 Kapetanovic (33.), 2:1 Häßler (66., FE) - **SR:** Albrecht (Kaufbeuren) - **ZS:** 62.000 - **Gelb:** Nerlinger - Kapetanovic

SC Freiburg - MSV Duisburg 2:2 (1:0)
Freiburg: Golz - Hoffmann (57. Korell), Hermel, Müller - Kohl (83. Ben Slimane), Weißhaupt, Pavlin (74. Frontzeck), Baya, Kobiaschwili - Sellimi, Iaschwili
Duisburg: Gill - Hajto, Emmerling, Wohlert - Hoersen (83. Wolters), Töfting (82. Hirsch), Komljenovic, Wedau (66. Vana), Neun - Beierle, Spies
Tore: 1:0 Iaschwili (9.), 1:1 Neun (49., FE), 1:2 Hoersen (58.), 2:2 Kohl (62.) - **SR:** Wack (Gersheim) - **ZS:** 22.500 (ausverkauft) - **Gelb:** Kohl, Baya - Wedau, Emmerling

Eintracht Frankfurt - 1. FC Nürnberg (So., 27.9.) 3:2 (1:1)
Frankfurt: Nikolov - Bindewald, Hubtchev, Kutschera - Brinkmann, Schur, B. Schneider, Weber, Gebhardt (66. Westerthaler) - Epp (54. Pisont), Yang (45. Stojak)
Nürnberg: Kampa - Täuber, Baumann, Richter (79. Kurth) - Weigl (79. Skoog), Wiesinger, Lösch, Polunin (79. Störzenhofecker), Bürger - Ciric, Kuka
Tore: 1:0 Weber (20.), 1:1 Polunin (30.), 2:1 Westerthaler (77.), 2:2 Ciric (85.), 3:2 Weber (87.) - **SR:** Fröhlich (Berlin) - **ZS:** 24.000 - **Gelb:** Brinkmann, Bindewald - Polunin, Kuka

	Sp.	g.	u.	v.	Tore	Diff.	Punkte
1. Bayern München	6	6	0	0	18 : 5	+13	18
2. TSV München 1860	6	4	1	1	11 : 6	+ 5	13
3. Bayer Leverkusen	6	3	2	1	11 : 7	+ 4	11
4. Hamburger SV	6	3	2	1	9 : 8	+ 1	11
5. VfB Stuttgart	6	3	1	2	10 : 6	+ 4	10
6. 1. FC Kaiserslautern	6	3	1	2	11 :13	- 2	10
7. VfL Bochum	6	3	0	3	8 : 7	+ 1	9
. SC Freiburg	6	2	3	1	8 : 7	+ 1	9
9. Hertha BSC Berlin	6	3	0	3	9 :10	- 1	9
10. 1. FC Nürnberg	6	1	4	1	9 : 9	± 0	7
11. Borussia Dortmund	6	2	1	3	7 : 7	± 0	7
12. Schalke 04	6	2	1	3	5 : 9	- 4	7
13. MSV Duisburg	6	1	3	2	8 :12	- 4	6
14. Bor. M'gladbach	6	1	2	3	10 :11	- 1	5
15. Eintracht Frankfurt	6	1	2	3	9 :12	- 3	5
16. Werder Bremen	6	1	1	4	8 :11	- 3	4
17. Hansa Rostock	6	1	1	4	8 :15	- 7	4
18. VfL Wolfsburg	6	0	3	3	8 :12	- 4	3

Bundesliga 1998/1999

7. Spieltag: Samstag, 3.10.1998
Preetz krönt 100. BL-Spiel mit Hattrick

Hertha BSC Berlin - Borussia Mönchengladbach (Fr., 2.10.) 4:1 (1:1)
Hertha BSC: Kiraly - Herzog, Rekdal, Schmidt (90. van Burik) - Covic, Veit, Wosz, Tretschok, Mandreko (60. Dardai) - Preetz, Thom (84. Hartmann)
Gladbach: Enke - Klinkert, Andersson, Asanin - Deisler, Hausweiler (62. Reiter), Anagnostou, Ketelaer (69. Hagner), Witeczek - Pflipsen (75. Feldhoff), Polster
Tore: 1:0 Veit (12.), 1:1 Polster (24.), 2:1, 3:1, 4:1 Preetz (58., 81., 88.) - **SR:** Buchhart - **ZS:** 40.493 - **Gelb:** Thom, Kiraly, Mandreko, Schmidt - Hausweiler, Andersson, Anagnostou - **Rot:** Klinkert (49.)

VfL Wolfsburg - FC Schalke 04 (Fr., 2.10.) 0:0
Wolfsburg: Reitmaier - Thomsen, O'Neil, Kryger - Greiner, Nowak (87. Ballwanz), Präger, Dammeier, Kapetanovic (65. Reyna) - Juskowiak (82. Breitenreiter), Baumgart
Schalke: Schober - Eigenrauch, Müller, van Hoogdalem - Held, Nemec, Kmetsch, van Kerckhoven, Büskens - Pereira (76. Wolf), Hami (83. Anderbrügge)
SR: Stark (Landshut) - **ZS:** 15.638 - **Gelb:** Kapetanovic, Dammeier - Nemec

Bayer 04 Leverkusen - 1. FC Kaiserslautern 2:2 (1:2)
Leverkusen: Matysek - R. Kovac, Nowotny (67. Mamic), Happe (53. Lehnhoff) - Zivkovic, Ramelow, Beinlich, Heintze (53. N. Kovac), Zé Roberto - Reichenberger, Rink
1. FCK: Reinke - Samir, Ramzy, Koch - Reich (58. Ojigwe), Riedl, Sforza, Hristov, Wagner - Marschall (70. Rische), Rösler
Tore: 1:0 Zé Roberto (8.), 1:1 Marschall (31.), 1:2 Hristov (41.), 2:2 Rink (65.) - **SR:** Krug (Gelsenkirchen) - **ZS:** 22.500 (ausverkauft) - **Gelb:** Reich, Hristov, Riedl - **Rot:** Ojigwe (74.)

FC Hansa Rostock - SV Werder Bremen 2:1 (1:1)
Rostock: Pieckenhagen - Rehmer, Weilandt, Gansauge - Lange, Milinkovic (74. Holetschek), Bicanic (58. Dowe), Yasser, Majak (58. Fuchs) - Breitkreutz, Neuville
Bremen: Rost - Todt, Trares, Eilts - Roembiak, Maximow, Wicky, Herzog (74. Bogdanovic), Wiedener - Frings (79. Flo), Bode
Tore: 1:0 Neuville (31.), 1:1 Trares (36.), 2:1 Breitkreutz (88.) - **SR:** Aust (Köln) - **ZS:** 15.000 - **Gelb:** Gansauge, Bicanic, Dowe - Maximow

VfL Bochum - Eintracht Frankfurt 0:0
Bochum: Ernst - Sundermann, Kracht, Waldoch - Peschel (46. Dzafic), Fahrenhorst, Gaudino (64. Gülünoglu), Hofmann, Reis - Bastürk (15. Schindzielorz), Buckley
Frankfurt: Nikolov - Bindewald, Hubtchev, Kaymak (83. Zampach) - Brinkmann, Schur, Kutschera, B. Schneider, Weber - Epp (56. Westerthaler), Yang (69. Pisont)
SR: Dardenne (Nettersheim) - **ZS:** 26.357 - **Gelb:** Waldoch, Gaudino - Kutschera, Bindewald, Schur, Weber, Brinkmann

1. FC Nürnberg - TSV München 1860 1:5 (0:2)
Nürnberg: Hilfiker - Täuber (64. Oechler), Baumann, Richter - Störzenhofecker, Wiesinger, Lösch, Polunin (46. Weigl), Bürger - Ciric (64. Skoog), Kuka
1860: Hofmann - Greilich (56. Kientz), Vanenburg, Zelic - Cerny, Stevic, Ouakili (72. Dinzey), Tyce, Heldt (80. Jovov) - Winkler, Schroth
Tore: 0:1 Schroth (6.), 0:2 Richter (39., ET), 1:2 Richter (52.), 1:3 Cerny (55.), 1:4 Dinzey (77.), 1:5 Jovov (86.) - **SR:** Zerr (Ottersweier) - **ZS:** 42.800 (ausverkauft) - **Gelb:** Kuka - Stevic, Heldt

SC Freiburg - Hamburger SV 0:0
Freiburg: Golz - Hoffmann, Hermel, Müller - Kohl, Günes (87. Korell), Weißhaupt, Pavlin, Kobiaschwili - Ben Slimane (79. Frontzeck), Iaschwili
HSV: Butt - Panadic, Hoogma, Hertzsch (33. Jepsen) - Fischer, Groth, Ernst (90. Grammozis), Gravesen, Hollerbach - Kirjakow, Dembinski (59. Grubac)
SR: Keßler (Wogau) - **ZS:** 22.500 (ausverkauft) - **Gelb:** Iaschwili, Ben Slimane, Hollerbach, Ernst - **B.V.:** Golz hält FE von Butt (90.)

MSV Duisburg - VfB Stuttgart (So., 4.10.) 2:0 (1:0)
Duisburg: Gill - Komljenovic, Hajto, Hoersen, Wohlert, Vana (78. Emmerling), Hirsch, Wedau (76. Töfting), Neun - Beierle, Spies (90. Osthoff)
Stuttgart: Ziegler - Keller, Verlaat, Berthold - Zeyer (57. Ristic), Lisztes (42. Djordjevic), Soldo, Balakov, Poschner (86. Rost), Carnell - Bobic
Tore: 1:0 Hoersen (43.), 2:0 Beierle (56.) - **SR:** Koop (Lüttenmark) - **ZS:** 12.922 - **Gelb:** Beierle, Neun, Gill - Berthold, Verlaat

FC Bayern München - Borussia Dortmund (So., 4.10.) 2:2 (2:1)
FC Bayern: Kahn - Babbel, Matthäus, Linke - Fink (78. Tarnat), Jeremies, Effenberg, Lizarazu - Salihamidzic (78. Göktan), Jancker (70. Daei), Elber
BVB: Klos - Kohler, Feiersinger, Nijhuis, Baumann - Ricken, Hengen (46. Freund), Möller, Nerlinger, Barbarez (90. But) - Chapuisat (80. Häßler)
Tore: 0:1 Chapuisat (16.), 1:1 Elber (39.), 2:1 Jancker (40.), 2:2 Nerlinger (50.) - **SR:** Steinborn (Sinzig) - **ZS:** 61.000 - **Gelb:** Lizarazu, Jancker, Elber - Ricken, Hengen, Nijhuis

8. Spieltag: Samstag, 17.10.1998
Bremen und Gladbach weiter im Tiefflug

TSV München 1860 - VfL Bochum (Fr., 16.10.) 2:1 (2:1)
1860: M. Hofmann - Greilich, Vanenburg, Tyce - Cerny (83. Jovov), Stevic, Ouakili (46. Dinzey), Zelic, Heldt - Hobsch, Winkler (72. Schroth)
Bochum: Ernst - Fahrenhorst, Waldoch, Kracht - Sundermann, Schindzielorz, Gaudino (46. Reis), N. Hofmann (29. Peschel), Toplak - Bastürk (62. Dzafic), Buckley
Tore: 1:0 Winkler (4.), 1:1 Schindzielorz (7.), 2:1 Hobsch (46.) - **SR:** Meyer (Braunschweig) - **ZS:** 32.500 - **Gelb:** Heldt, Dinzey, Greilich, Stevic - Toplak, Sundermann

1. FC Kaiserslautern - VfL Wolfsburg (Fr., 16.10.) 1:1 (0:0)
1. FCK: Reinke - Roos (59. Ballack), Ramzy, Koch - Buck (52. Rösler), Samir, Riedl, Sforza, Reich - Marschall, Hristov (46. Rische)
Wolfsburg: Reitmaier - O'Neil, Ballwanz, Thomsen - Greiner (62. Kleeschätzky), Nowak, Dammeier, Akonnor (86. Breitenreiter), Kryger - Baumgart (69. Schanda), Präger
Tore: 0:1 Dammeier (50.), 1:1 Reich (72.) - **SR:** Dr. Fleischer (Neuburg) - **ZS:** 40.061 - **Gelb:** Riedl - Greiner, Akonnor - **Gelb-Rot:** Kryger (67.)

Eintracht Frankfurt - Bayer 04 Leverkusen 2:3 (2:0)
Frankfurt: Nikolov - Kutschera, Hubtchev, Bindewald - Brinkmann, Schur (71. Flick), B. Schneider, Weber, Gebhardt (75. Pisont) - Yang, Epp (77. Stojak)
Leverkusen: Matysek - R. Kovac (73. N. Kovac), Nowotny, Happe - Reeb, Emerson (83. Mamic), Ramelow, Beinlich, Zé Roberto - Kirsten, Rink (79. Reichenberger)
Tore: 1:0 Yang (21.), 2:0 Schur (28.), 2:1 Kirsten (54.), 2:2 N. Kovac (75.), 2:3 Reichenberger (85.) - **SR:** Stark (Landshut) - **ZS:** 30.200 - **Gelb:** Kirsten, Rink

SV Werder Bremen - SC Freiburg 2:3 (1:3)
Bremen: Rost - Eilts, Trares, Wiedener - Roembiak, Herzog, Wicky (78. Flo), Maximow (46. Todt), Bode - Ailton (46. Frings), Bogdanovic
Freiburg: Golz - Hoffmann, Hermel (56. Korell), Müller - Kohl, Günes (78. Schumann), Pavlin, Baya, Kobiaschwili (67. Frontzeck) - Sellimi, Weißhaupt
Tore: 0:1 Müller (8.), 0:2 Hoffmann (27.), 0:3 Weißhaupt (41.), 1:3 Ailton (45.), 2:3 Bogdanovic (69.) - **SR:** Krug (Gelsenkirchen) - **ZS:** 29.980 - **Gelb:** Wiedener, Herzog - Pavlin, Hermel, Günes

VfB Stuttgart - Hertha BSC Berlin 0:0
Stuttgart: Ziegler - Keller, Verlaat, Berthold - Lisztes (72. Rost), Soldo, Balakov, Zeyer (90. Poschner), Carnell - Bobic, Akpoborie (72. Blessin)
Hertha BSC: Kiraly - Herzog, Rekdal, van Burik - Veit, Tretschok, Schmidt, Wosz, Mandreko (66. Hartmann) - Thom, Preetz
SR: Keßler (Wogau) - **ZS:** 31.000 - **Gelb:** Bobic, Keller, Carnell

Borussia Mönchengladbach - 1. FC Nürnberg 0:2 (0:1)
Gladbach: Enke - Paßlack, Andersson, Asanin - Hagner (62. Feldhoff), Deisler, Pflipsen (70. Wynhoff), Schneider, Ketelaer (70. Witeczek) - Pettersson, Polster
Nürnberg: Hilfiker - Täuber, Baumann, Grasser - Störzenhofecker, Wiesinger, Lösch, Polunin (82. Gerber), Bürger - Kuka (89. Skoog), Ciric (82. Rahner)
Tore: 0:1 Ciric (10., FE), 0:2 Ciric (51.) - **SR:** Fandel (Kyllburg) - **ZS:** 28.100 - **Gelb:** Enke, Deisler, Paßlack - Lösch - **Rot:** Feldhoff (81.)

Hamburger SV - MSV Duisburg 4:1 (2:0)
HSV: Butt - Panadic, Hoogma, Hertzsch (46. Ernst) - Fischer, Babatz, Gravesen (56. Dembinski), Jepsen (74. Böger), Hollerbach - Kirjakow, Yeboah
Duisburg: Gill - Komljenovic, Emmerling, Wohlert - Hoersen, Wedau (56. Frydek), Vana, Hirsch, Neun - Beierle, Spies (56. Andersen)
Tore: 1:0 Gravesen (17.), 2:0 Kirjakow (37.), 3:0 Kirjakow (70.), 4:0 Kirjakow (79., FE), 4:1 Beierle (90.) - **SR:** Berg (Konz) - **ZS:** 22.181 - **Gelb:** Jepsen - Hirsch, Wedau

FC Schalke 04 - FC Bayern München 1:3 (1:2)
Schalke: Schober - Eigenrauch, Müller (68. Latal), van Hoogdalem - Held, Nemec, Kmetsch (14. Kliouev, 71. Wolf), van Kerckhoven, Büskens - Hami, Eijkelkamp
FC Bayern: Kahn - Linke, Jeremies, Helmer (22. Kuffour) - Basler (84. Tarnat), Babbel, Effenberg, Fink, Lizarazu - Jancker, Elber (58. Zickler)
Tore: 0:1 Eigenrauch (3., ET), 0:2 Basler (15.), 1:2 Eijkelkamp (20.), 1:3 Jancker (65.) - **SR:** Strampe (Handorf) - **ZS:** 62.109 (ausverkauft) - **Gelb:** Nemec, Wolf, Fink, Basler, Kuffour, Jeremies

Borussia Dortmund - FC Hansa Rostock (So., 18.10.) 2:0 (1:0)
BVB: Klos - Nijhuis, Reuter, Kohler - Ricken (88. Baumann), Freund, Möller, Nerlinger, Barbarez - Salou (75. Häßler), Chapuisat
Rostock: Pieckenhagen - Rehmer (69. Zallmann), Weilandt, Gansauge - Lange, Yasser, Milinkovic (46. Pamic), Dowe, Holetschek (69. Breitkreutz) - Neuville, Majak
Tore: 1:0 Möller (24.), 2:0 Barbarez (85.) - **SR:** Dr. Wack (Biberbach) - **ZS:** 65.500 - **Gelb:** Kohler, Reuter - Dowe, Holetschek

	Sp.	g.	u.	v.	Tore	Diff.	Punkte
1. Bayern München	7	6	1	0	20 : 7	+13	19
2. TSV München 1860	7	5	1	1	16 : 7	+ 9	16
3. Bayer Leverkusen	7	3	3	1	13 : 9	+ 4	12
4. Hertha BSC Berlin	7	4	0	3	13 :11	+ 2	12
5. Hamburger SV	7	3	3	1	9 : 8	+ 1	12
6. 1. FC Kaiserslautern	7	3	2	2	13 :15	- 2	11
7. VfB Stuttgart	7	3	1	3	10 : 8	+ 2	10
8. VfL Bochum	7	3	1	3	8 : 7	+ 1	10
. SC Freiburg	7	2	4	1	8 : 7	+ 1	10
10. MSV Duisburg	7	2	3	2	10 :12	- 2	9
11. Borussia Dortmund	7	2	3	2	9 : 9	± 0	9
12. Schalke 04	7	2	2	3	5 : 9	- 4	8
13. 1. FC Nürnberg	7	1	4	2	10 :14	- 4	7
14. Hansa Rostock	7	2	1	4	10 :16	- 6	7
15. Eintracht Frankfurt	7	1	3	3	9 :12	- 3	6
16. Bor. M'gladbach	7	1	2	4	11 :15	- 4	5
17. Werder Bremen	7	1	1	5	9 :13	- 4	4
18. VfL Wolfsburg	7	0	4	3	8 :12	- 4	4

	Sp.	g.	u.	v.	Tore	Diff.	Punkte
1. Bayern München	8	7	1	0	23 : 8	+15	22
2. TSV München 1860	8	6	1	1	18 : 8	+10	19
3. Bayer Leverkusen	8	4	3	1	16 :11	+ 5	15
4. Hamburger SV	8	4	3	1	13 : 9	+ 4	15
5. Hertha BSC Berlin	8	4	1	3	13 :11	+ 2	13
6. SC Freiburg	8	3	4	1	11 : 9	+ 2	13
7. 1. FC Kaiserslautern	8	3	3	2	14 :16	- 2	12
8. Borussia Dortmund	8	3	2	3	11 : 9	+ 2	11
9. VfB Stuttgart	8	3	2	3	10 : 8	+ 2	11
10. VfL Bochum	8	3	1	4	9 : 9	± 0	10
11. 1. FC Nürnberg	8	2	4	2	12 :14	- 2	10
12. MSV Duisburg	8	2	3	3	11 :16	- 5	9
13. Schalke 04	8	2	2	4	6 :12	- 6	8
14. Hansa Rostock	8	2	1	5	10 :18	- 8	7
15. Eintracht Frankfurt	8	1	4	3	11 :15	- 4	6
16. VfL Wolfsburg	8	0	5	3	9 :13	- 4	5
17. Bor. M'gladbach	8	1	2	5	11 :17	- 6	5
18. Werder Bremen	8	1	1	6	11 :16	- 5	4

Milliardenliga zwischen Boom und Pleite

9. Spieltag: Samstag, 24.10.1998

Meister Lautern beim FC Bayern ohne Chance

Hamburger SV - SV Werder Bremen (Fr., 23.10.) 1:1 (0:0)
HSV: Butt - Panadic, Hoogma, Hertzsch - Groth, Böger, Dembinski, Ernst (78. Fischer), Jepsen - Yeboah, Kirjakow (55. Weetendorf)
Bremen: Rost - Wiedener, Eilts, Todt - Roembiak (46. Benken), Wicky, Herzog (76. Maximow), Trares, Skripnik (62. Bogdanovic) - Frings, Bode
Tore: 1:0 Yeboah (58.), 1:1 Maximow (86.) - **SR:** Albrecht (Kaufbeuren) - **ZS:** 29.052 - **Gelb:** Fischer - Todt - **Gelb-Rot:** Trares (71.)

SC Freiburg - Borussia Dortmund (Fr., 23.10.) 2:2 (1:1)
Freiburg: Golz - Hoffmann, Korell, Müller - Kohl, Günes (65. Ben Slimane), Baya, Pavlin (73. Frontzeck), Kobiaschwili - Sellimi (81. Wassmer), Weißhaupt
BVB: Klos - Nijhuis, Feiersinger, Kohler - Ricken (87. Baumann), Freund, Möller, Nerlinger, Barbarez (85. Dede) - Salou, Chapuisat (77. Häßler)
Tore: 1:0 Baya (20.), 1:1 Chapuisat (45.), 1:2 Nijhuis (52.), 2:2 Baya (65.) - **SR:** Buchhart (Schrobenhausen) - **ZS:** 22.500 (ausverkauft) - **Gelb:** Korell, Kobiaschwili - Nerlinger, Möller, Nijhuis - **B.V.:** Klos hält FE von Weißhaupt (20.) - Baya trifft im Nachschuss

VfL Wolfsburg - Eintracht Frankfurt 2:0 (1:0)
Wolfsburg: Reitmaier - O'Neil, Ballwanz, Thomsen - Greiner, Nowak, Akonnor, Dammeier (75. Juskowiak), Kapetanovic - Präger (88. Breitenreiter), Baumgart (68. Reyna)
Frankfurt: Nikolov - Kaymak, Hubtchev, Bindewald - Brinkmann, Schur, B. Schneider, Kutschera, Pisont - Yang (74. Stojak), Gebhardt (52. Westerthaler)
Tore: 1:0 Ballwanz (11.), 2:0 Juskowiak (90.) - **SR:** Dr. Merk (K'lautern) - **ZS:** 13.776 - **G.:** Ballwanz - Schur

FC Bayern München - 1. FC Kaiserslautern 4:0 (2:0)
FC Bayern: Kahn - Babbel, Jeremies, Kuffour (65. Linke), Lizarazu - Fink, Effenberg, Tarnat - Basler (65. Zickler), Elber (75. Salihamidzic), Daei
1. FCK: Reinke - Roos (73. Schäfer), Ramzy, Samir, Koch (46. Hrutka) - Riedl, Ballack, Sforza - Reich, Rösler (46. Rische), Hristov
Tore: 1:0 Basler (10.), 2:0 Daei (45.), 3:0 Elber (52.), 4:0 Elber (55.) - **SR:** Heynemann (Magdeburg) - **ZS:** 63.000 (ausverkauft) - **Gelb:** Elber, Effenberg, Tarnat - Hrutka

1. FC Nürnberg - VfB Stuttgart 2:2 (0:2)
Nürnberg: Hilfiker - Täuber (70. Molz), Baumann, Rahner - Störzenhofecker, Lösch, Wiesinger, Richter, Bürger (43. Polunin) - Kuka, Ciric (36. Skoog)
Stuttgart: Ziegler - Berthold, Verlaat, Thiam - Lisztes (86. Schneider), Soldo, Balakov, Zeyer, Poschner (73. Rost) - Bobic (66. Blessin), Akpoborie
Tore: 0:1 Akpoborie (25.), 0:2 Bobic (37.), 1:2 Kuka (53.), 2:2 Täuber (65.) - **SR:** Weber (Essen) - **ZS:** 44.000 - **Gelb:** Baumann - Berthold, Blessin, Lisztes, Akpoborie, Thiam - **Gelb-Rot:** Schneider (90.)

VfL Bochum - Borussia Mönchengladbach 2:1 (1:1)
Bochum: Ernst - Sundermann, Waldoch, Kracht - Peschel (68. Toplak), Gaudino, Schindzielorz, Hofmann (56. Fahrenhorst), Reis - Kuntz (56. Bastürk), Buckley
Gladbach: Enke - Witeczek, Andersson, Asanin - Paßlack, Deisler, Pflipsen, Wynhoff (75. Hagner), Schneider - Polster, Pettersson (64. Ketelaer)
Tore: 0:1 Pflipsen (11.), 1:1 Reis (16.), 2:1 Schindzielorz (47.) - **SR:** Aust (Köln) - **ZS:** 26.433 - **Gelb:** Schindzielorz, Peschel - Witeczek, Asanin, Polster, Ketelaer

FC Hansa Rostock - FC Schalke 04 2:2 (0:0)
Rostock: Pieckenhagen - Rehmer, Weilandt, Gansauge - Lange, Yasser, Ehlers, Dowe (83. Holetschek), Majak - Pamic (87. Fuchs), Neuville
Schalke: Schober - Eigenrauch, Müller (72. Wolf), van Hoogdalem - Held, Hami (68. Latal), Nemec, van Kerckhoven, Büskens - Mulder (61. Max), Eijkelkamp
Tore: 1:0 Pamic (64.), 2:0 Dowe (66.), 2:1 Max (81.), 2:2 Wolf (85.) - **SR:** Kemmling (Kleinburgwedel) - **ZS:** 16.000 - **Gelb:** Ehlers - Mulder

Bayer 04 Leverkusen - TSV München 1860 (So., 25.10.) 1:1 (1:0)
Leverkusen: Matysek - R. Kovac, Nowotny, Happe - Reeb, N. Kovac (76. Emerson), Ramelow, Beinlich, Zé Roberto - Kirsten (88. Rink), Meijer (88. Reichenberger)
1860: Hofmann - Greilich, Vanenburg, Kientz (65. Hobsch) - Cerny, Zelic, Heldt, Stevic (70. Jovov), Malz (34. Dinzey) - Winkler, Schroth
Tore: 1:0 Kirsten (7., HE), 1:1 Hobsch (87.) - **SR:** Fröhlich (Berlin) - **ZS:** 22.500 (ausverkauft) - **Gelb:** Meijer - Dinzey, Zelic, Winkler

MSV Duisburg - Hertha BSC Berlin (So., 25.10.) 0:0
Duisburg: Gill - Hajto, Vana, Wohlert - Komljenovic, Hirsch, Osthoff, Töfting (60. Wedau), Neun - Beierle, Spies (64. Andersen)
Hertha BSC: Kiraly - Herzog (64. Hartmann), Rekdal, van Burik - Schmidt, Tretschok, Wosz, Dardai, Veit - Thom, Preetz
SR: Wagner (Hofheim) - **ZS:** 13.430 - **Gelb:** Osthoff, Neun - van Burik, Herzog, Veit, Tretschok

	Sp.	g.	u.	v.	Tore	Diff.	Punkte
1. Bayern München	9	8	1	0	27 : 8	+19	25
2. TSV München 1860	9	6	2	1	19 : 9	+10	20
3. Bayer Leverkusen	9	4	4	1	17 :12	+ 5	16
4. Hamburger SV	9	4	4	1	14 :10	+ 4	16
5. Hertha BSC Berlin	9	4	2	3	13 :11	+ 2	14
. SC Freiburg	9	3	5	1	13 :11	+ 2	14
7. VfL Bochum	9	4	1	4	11 :10	+ 1	13
8. Borussia Dortmund	9	3	3	3	13 :11	+ 2	12
9. VfB Stuttgart	9	3	3	3	12 :10	+ 2	12
10. 1. FC Kaiserslautern	9	3	3	3	14 :20	- 6	12
11. 1. FC Nürnberg	9	2	5	2	14 :16	- 2	11
12. MSV Duisburg	9	2	4	3	11 :16	- 5	10
13. Schalke 04	9	2	3	4	8 :14	- 6	9
14. VfL Wolfsburg	9	1	5	3	11 :13	- 2	8
15. Hansa Rostock	9	2	2	5	12 :20	- 8	8
16. Eintracht Frankfurt	9	1	3	5	11 :17	- 6	6
17. Werder Bremen	9	1	2	6	12 :17	- 5	5
18. Bor. M'gladbach	9	1	2	6	12 :19	- 7	5

10. Spieltag: Samstag, 31.10.1998

Gladbach am Tiefpunkt: 2:8 gegen Leverkusen

Borussia Mönchengladbach - Bayer 04 Leverkusen (Fr., 30.10.) 2:8 (0:4)
Gladbach: Enke - Asanin, Andersson (17. Ketelaer), Reiter - Paßlack, Deisler (68. Anagnostou), Pflipsen, Hagner, Schneider - Polster, Villa (11. Chiquinho)
Leverkusen: Matysek - R. Kovac, Nowotny, Happe - Reeb (46. Zivkovic), N. Kovac, Ramelow, Beinlich, Zé Roberto (76. Heintze) - Kirsten (53. Reichenberger), Meijer
Tore: 0:1 Kirsten (10.), 0:2 Kirsten (15.), 0:3 Zé Roberto (34.), 0:4 Kirsten (39., FE), 1:4 Polster (47.), 1:5 Nowotny (52.), 1:6 Reichenberger (59.), 1:7 Reichenberger (60.), 1:8 N. Kovac (64.), 2:8 Chiquinho (68.) - **SR:** Heynemann (Magdeburg) - **ZS:** 25.500 - **Gelb:** Hagner, Reiter - R. Kovac, Reeb, N. Kovac

1. FC Kaiserslautern - FC Hansa Rostock (Fr., 30.10.) 3:2 (0:2)
1. FCK: Reinke - Roos, Ramzy (46. Rösler), Koch (39. Junior) - Buck (79. Ojigwe), Ballack, Hristov, Riedl, Reich - Rische, Marschall
Rostock: Pieckenhagen - Rehmer, Weilandt, Gansauge - Lange, Yasser (77. Fuchs), Ehlers (77. Zallmann), Dowe, Majak - Pamic (56. Agali), Neuville
Tore: 0:1 Pamic (3.), 0:2 Neuville (23.), 1:2 Marschall (50., FE), 2:2 Ballack (67.), 3:2 Rösler (73.) - **SR:** Fröhlich (Berlin) - **ZS:** 39.910 - **Gelb:** Rösler - Pamic, Ehlers, Lange, Yasser, Agali

TSV München 1860 - VfL Wolfsburg 2:3 (0:1)
1860: Hofmann - Greilich, Vanenburg, Kientz (23. Heldt) - Cerny, Stevic (55. Schroth), Ouakili (63. Agostino), Zelic, Tyce - Winkler, Hobsch
Wolfsburg: Reitmaier - O'Neil, Ballwanz, Thomsen, Kryger - Greiner, Nowak, Akonnor, Dammeier (72. Kovacevic) - Präger (81. Reyna), Baumgart (57. Kleeschätzky)
T.ore 0:1 Dammeier (6.), 0:2 Baumgart (47.), 1:2 Schroth (84.), 1:3 Kovacevic (87., FE), 2:3 Hobsch (90.) - **SR:** Krug (Gelsenkirchen) - **ZS:** 26.300 - **Gelb:** Greilich, Stevic - Baumgart, Dammeier

Eintracht Frankfurt - FC Bayern München 1:0 (1:0)
Frankfurt: Nikolov - Bindewald, Hubtchev, Kutschera, Pedersen (76. Pisont) - Brinkmann (64. Zampach), Schur, B. Schneider, Weber, Sobotzik - Yang (79. Westerthaler)
FC Bayern: Kahn - Babbel (37. Linke), Matthäus, Kuffour (46. Daei) - Strunz, Jeremies, Effenberg, Lizarazu - Basler, Jancker, Salihamidzic (69. Zickler)
Tor: 1:0 Sobotzik (32.) - **SR:** Weber (Essen) - **ZS:** 58.300 (ausverkauft) - **Gelb:** Schur, Bindewald, Weber, B. Schneider - Effenberg, Strunz - **Gelb-Rot:** Jancker (61.)

VfB Stuttgart - VfL Bochum 4:2 (2:1)
Stuttgart: Ziegler - Thiam, Verlaat, Keller - Lisztes (85. Ristic), Rost, Balakov, Zeyer (76. Spanring), Carnell - Akpoborie, Bobic (59. Djordjevic)
Bochum: Ernst - Waldoch, Kracht, Toplak (62. Hofmann) - Bastürk (36. Kuntz), Schindzielorz, Sundermann, Gaudino, Reis - Ion, Buckley (62. Peschel)
Tore: 1:0 Akpoborie (1.), 1:1 Gaudino (6.), 2:1 Ernst (11., ET), 3:1 Akpoborie (47.), 3:2 Reis (53.), 4:2 Ristic (87.) - **SR:** Dr. Merk (Kaiserslautern) - **ZS:** 22.000 - **Gelb:** Carnell - Reis, Sundermann

SV Werder Bremen - MSV Duisburg 1:1 (0:1)
Bremen: Rost - Benken, Maximow, Roembiak - Wicky (46. Flock), Todt, Herzog, Eilts, Bode - Bogdanovic, Frings (61. Flo)
Duisburg: Gill - Hajto (46. Schramm), Vana, Wohlert - Komljenovic, Osthoff, Frydek (69. Emmerling), Hirsch, Neun - Beierle, Andersen (56. Spies)
Tore: 0:1 Neun (24.), 1:1 Bogdanovic (73.) - **SR:** Dardenne (Nettersheim) - **ZS:** 25.509 - **Gelb:** Todt, Herzog - Hirsch, Hajto, Osthoff, Beierle

Hertha BSC Berlin - 1. FC Nürnberg (So., 1.11.) 3:0 (3:0)
Hertha BSC: Kiraly - Herzog (46. Covic), Rekdal, Schmidt - Thom, Tretschok, Wosz, Veit, Mandreko (62. Hartmann) - Tchami (76. Olic), Preetz
Nürnberg: Hilfiker - Grasser, Baumann, Rahner - Störzenhofecker, Lösch, Wiesinger, Richter, Bürger - Kuka, Polunin (52. Gerber)
Tore: 1:0 Mandreko (9.), 2:0 Veit (17.), 3:0 Tchami (44.) - **SR:** Aust (Köln) - **ZS:** 31.493 - **Gelb:** Herzog, Veit - Kuka - **Gelb-Rot:** Bürger (35.)

FC Schalke 04 - SC Freiburg (Di., 3.11.) 1:1 (1:0)
Schalke: Schober - Eigenrauch (51. Tapalovic), A. Müller, van Hoogdalem - Held, Nemec, Mulder (74. Wolf), van Kerckhoven, Büskens - Max (69. Latal), Eijkelkamp
Freiburg: Golz - Hoffmann, Korell (75. Rietpietsch), St. Müller - Kohl, Günes (65. Ben Slimane), Pavlin, Baya, Kobiaschwili (46. Frontzeck) - Weißhaupt, Sellimi
Tore: 1:0 Nemec (25.), 1:1 Korell (71.) - **SR:** Wagner (Hofheim) - **ZS:** 31.450 - **Gelb:** Nemec, van Hoogdalem, Wolf - Kobiaschwili, Pavlin, Sellimi

Borussia Dortmund - Hamburger SV (Di., 24.11.) 2:1 (1:0)
BVB: Klos - Nijhuis, Cesar, Kohler - Reuter (73. Ricken), Häßler (89. Baumann), Freund, Möller, Dede - Salou, Barbarez (46. Chapuisat)
HSV: Butt - Hoogma, Vogel, Hertzsch (61. Böger) - Groth, Spörl (46. Babatz), Gravesen, Jepsen, Hollerbach - Dahlin, Yeboah (79. Kirjakow)
Tore: 1:0 Salou (27.), 1:1 Jepsen (58.), 2:1 Kohler (88.) - **SR:** Stark (Landshut) - **ZS:** 67.000 - **Gelb:** Hoogma, Babatz, Dahlin, Böger, Gravesen

	Sp.	g.	u.	v.	Tore	Diff.	Punkte
1. Bayern München	10	8	1	1	27 : 9	+18	25
2. TSV München 1860	10	6	2	2	21 :12	+ 9	20
3. Bayer Leverkusen	10	5	4	1	25 :14	+11	19
4. Hertha BSC Berlin	10	5	2	3	16 :11	+ 5	17
5. Hamburger SV	9	4	4	1	14 :10	+ 4	16
6. VfB Stuttgart	10	4	3	3	16 :12	+ 4	15
7. 1. FC Kaiserslautern	10	4	3	3	17 :22	- 5	15
8. SC Freiburg	9	3	5	1	13 :11	+ 2	14
9. VfL Bochum	10	4	1	5	13 :14	- 1	13
10. Borussia Dortmund	9	3	3	3	13 :11	+ 2	12
11. VfL Wolfsburg	10	2	5	3	14 :15	- 1	11
12. 1. FC Nürnberg	10	2	5	3	14 :19	- 5	11
13. MSV Duisburg	10	2	5	3	12 :17	- 5	11
14. Eintracht Frankfurt	10	2	3	5	12 :17	- 5	9
15. Schalke 04	9	2	3	4	8 :14	- 6	9
16. Hansa Rostock	10	2	2	6	14 :23	- 9	8
17. Werder Bremen	10	1	3	6	13 :18	- 5	6
18. Bor. M'gladbach	10	1	2	7	14 :27	- 13	5

Bundesliga 1998/1999

11. Spieltag: Samstag, 7.11.1998

Münchner Derby klare Sache für die „Roten"

MSV Duisburg - 1. FC Nürnberg (Fr., 6.11.) 1:1 (0:1)
Duisburg: Gill - Wohlert, Vana, Hajto - Komljenovic, Hirsch (65. Hoersen), Frydek (46. Wedau), Osthoff, Neun - Beierle, Andersen (46. Spies)
Nürnberg: Hilfiker - Grasser (46. Weigl), Baumann, Rahner - Günther, Wiesinger, Lösch (74. Störzenhofecker), Gerber, Richter - Kuka, Driller
Tore: 0:1 Gerber (24.), 1:1 Vana (78.) - **SR:** Weiner (Ottenstein) - **ZS:** 11.876 - **Gelb:** Komljenovic, Osthoff, Vana - Weigl

SV Werder Bremen - Borussia Dortmund (Fr., 6.11.) 1:1 (0:1)
Bremen: Brasas - Skripnik, Trares, Wicky - Flock, Todt, Herzog (65. Flo), Eilts, Bode - Bogdanovic (87. Seidel), Frings (79. Roembiak)
BVB: Klos - Nijhuis, Reuter, Kohler - Baumann, Freund, Nerlinger (64. Hengen), But, Dede - Ricken (80. Herrlich), Salou (74. Chapuisat)
Tore: 0:1 Ricken (8.), 1:1 Bogdanovic (62.) - **SR:** Zerr (Ottersweier) - **ZS:** 31.299 - **Gelb:** Todt, Eilts, Skripnik - Nijhuis, Freund

FC Bayern München - TSV München 1860 3:1 (0:0)
FC Bayern: Kahn - Kuffour, Matthäus (82. Helmer), Linke - Strunz, Effenberg, Jeremies (75. Fink), Lizarazu - Basler, Elber, Zickler (75. Salihamidzic)
1860: Hofmann - Greilich, Vanenburg, Kientz - Cerny, Stevic (72. Borimirov), Zelic, Ouakili (61. Dinzey), Tyce (47. Heldt) - Winkler, Schroth
Tore: 1:0 Jeremies (60.), 2:0 Zickler (64.), 3:0 Linke (87.), 3:1 Kientz (90.) - **SR:** Fandel (Kyllburg) - **ZS:** 69.000 (ausverkauft) - **Gelb:** Lizarazu, Strunz, Elber - Stevic, Zelic, Vanenburg

FC Hansa Rostock - Eintracht Frankfurt 2:2 (1:1)
Rostock: Pieckenhagen - Rehmer, Weilandt, Gansauge (46. Zallmann) - Lange, Yasser, Ehlers (71. Bicanic), Dowe, Majak - Pamic, Neuville
Frankfurt: Nikolov - Bindewald, Hubtchev, Kutschera - Brinkmann, Schur, B. Schneider, Pedersen, Sobotzik, Weber (37. Zampach) - Yang (76. Westerthaler)
Tore: 0:1 Pedersen (26.), 1:1 Ehlers (44.), 2:1 Lange (86.), 2:2 B. Schneider (87.) - **SR:** Jansen (Essen) - **ZS:** 11.000 - **Gelb:** Gansauge, Yasser - Pedersen - **Rot:** Pamic (68.)

VfL Bochum - Hertha BSC Berlin 2:0 (0:0)
Bochum: Ernst - Sundermann, Waldoch, Kracht - Fahrenhorst, Schindzielorz, Gaudino (40. Hofmann), Reis - Ion (66. Toplak), Drincic, Buckley (80. Peschel)
Hertha BSC: Kiraly - Herzog, Rekdal (77. Tchami), van Burik (82. Sverrisson), Veit - Thom, Schmidt, Wosz, Tretschok - Preetz, Olic (46. Dardai)
Tore: 1:0 Sundermann (60.), 2:0 Drincic (89.) - **SR:** Dr. Fleischer (Neuburg) - **ZS:** 21.016 - **Gelb:** Sundermann, Fahrenhorst - Rekdal, Herzog - **Rot:** Wosz (74.)

VfL Wolfsburg - Borussia Mönchengladbach 7:1 (4:1)
Wolfsburg: Reitmaier - O'Neil (66. Kryger), Ballwanz, Thomsen - Greiner, Nowak, Akonnor (72. Reyna), Dammeier, Kapetanovic - Präger (70. Baumgart), Juskowiak
Gladbach: Enke - Asanin, Klinkert, Witeczek (64. Hagner) - Paßlack (46. Ketelaer), Sopic, Pflipsen, Wynhoff, Schneider - Polster, Pettersson (79. Chiquinho)
Tore: 0:1 Polster (3.), 1:1 Akonnor (6.), 2:1 Juskowiak (14.), 3:1 Präger (41.), 4:1 Juskowiak (45.), 5:1 O'Neil (52.), 6:1 Präger (69.), 7:1 Akonnor (72.) - **SR:** Dardenne (Nettersheim) - **ZS:** 15.375 - **Gelb:** O'Neil, Präger - Pflipsen, Paßlack, Hagner, Ketelaer

Hamburger SV - FC Schalke 04 2:2 (1:0)
HSV: Butt - Hoogma, Ernst, Hertzsch (80. Vogel) - Fischer, Groth, Yeboah, Böger, Hollerbach - Kirjakow, Dahlin (60. Dembinski)
Schalke: Schober - van Hoogdalem, Müller (68. Thon), Eigenrauch - Latal, Hami (62. Max), Tapalovic (58. Anderbrügge), van Kerckhoven, Büskens - Eijkelkamp, Mulder
Tore: 1:0 Hollerbach (39.), 2:0 Yeboah (67.), 2:1 Mulder (77.), 2:2 Max (81.) - **SR:** Koop (Lüttenmark) - **ZS:** 28.173 - **Gelb:** Hollerbach, Ernst - Latal, Eigenrauch, van Hoogdalem, Eijkelkamp, Tapalovic

SC Freiburg - 1. FC Kaiserslautern 0:1 (0:1)
Freiburg: Golz - Hoffmann, Korell, Müller - Günes (46. Ben Slimane), Pavlin (65. Schumann), Baya, Kobiaschwili, Frontzeck - Weißhaupt, Sellimi (74. Wassmer)
1. FCK: Reinke - Ramzy, Sforza, Samir - Buck (64. Junior), Roos, Ballack, Hristov, Riedl - Rische (46. Rösler), Marschall
Tor: 0:1 Hristov (37.) - **SR:** Strampe (Handorf) - **ZS:** 22.500 (ausverkauft) - **Gelb:** Pavlin, Frontzeck - Hristov, Buck, Marschall

Bayer 04 Leverkusen - VfB Stuttgart (So., 8.11.) 0:0
Leverkusen: Matysek - R. Kovac, Nowotny, Happe - Reeb, N. Kovac (51. Mamic), Ramelow, Beinlich (51. Emerson), Zé Roberto - Kirsten, Meijer (79. Reichenberger)
Stuttgart: Wohlfahrt (46. Trautner) - Spanring (46. Lisztes), Keller, Berthold - Thiam, Zeyer, Balakov, Poschner, Rost - Djordjevic (61. Ristic), Akpoborie
SR: Berg (Konz) - **ZS:** 22.200 - **Gelb:** Happe, Kirsten - Berthold, Balakov

	Sp.	g.	u.	v.	Tore	Diff.	Punkte
1. Bayern München	11	9	1	1	30 :10	+20	28
2. Bayer Leverkusen	11	5	5	1	25 :14	+11	20
3. TSV München 1860	11	6	2	3	22 :15	+ 7	20
4. 1. FC Kaiserslautern	11	5	3	3	18 :22	- 4	18
5. Hamburger SV	10	4	5	1	16 :12	+ 4	17
6. Hertha BSC Berlin	11	5	2	4	16 :13	+ 3	17
7. VfB Stuttgart	11	4	4	3	16 :12	+ 4	16
8. VfL Bochum	11	5	1	5	15 :14	+ 1	16
9. SC Freiburg	11	3	6	2	14 :13	+ 1	15
10. VfL Wolfsburg	11	3	5	3	21 :16	+ 5	14
11. Borussia Dortmund	10	3	4	3	14 :12	+ 2	13
12. 1. FC Nürnberg	11	2	6	3	15 :20	- 5	12
13. MSV Duisburg	11	2	6	3	13 :18	- 5	12
14. Schalke 04	11	2	5	4	11 :17	- 6	11
15. Eintracht Frankfurt	11	2	4	5	14 :19	- 5	10
16. Hansa Rostock	11	2	3	6	16 :25	- 9	9
17. Werder Bremen	11	1	4	6	14 :19	- 5	7
18. Bor. M'gladbach	11	1	2	8	15 :34	- 19	5

12. Spieltag: Mittwoch, 11.11.1998

Wolfsburg nach drittem Sieg in Folge schon Fünfter

TSV München 1860 - FC Hansa Rostock (Di., 10.11.) 2:1 (1:0)
1860: Hofmann - Greilich, Vanenburg - Cerny, Stevic, Borimirov (54. Schroth), Zelic (69. Bender), Dinzey, Malz (54. Heldt) - Winkler, Hobsch
Rostock: Pieckenhagen - Rehmer, Weilandt, Zallmann - Lange, Yasser, Bicanic (46. Fuchs), Ehlers, Dowe (80. Breitkreutz), Majak - Neuville
Tore: 1:0 Winkler (34., FE), 1:1 Fuchs (50.), 2:1 Winkler (73.) - **SR:** Heynemann (Magdeburg) - **ZS:** 20.800 - **Gelb:** Majak, Bicanic - **Gelb-Rot:** Winkler (88.) - Ehlers (52.)

1. FC Kaiserslautern - Hamburger SV (Di., 10.11.) 1:0 (0:0)
1. FCK: Reinke - Ramzy, Sforza, Samir - Buck, Riedl, Ballack, Wagner (46. Rösler), Reich (59. Junior) - Marschall, Hristov (41. Rische)
HSV: Butt - Hoogma, Vogel (84. Dembinski), Hertzsch - Böger, Fischer, Groth, Ernst (75. Straube), Hollerbach - Kirjakow (46. Dahlin), Yeboah
Tor: 1:0 Rösler (83.) - **SR:** Kemmling (Kleinburgwedel) - **ZS:** 40.112 - **Gelb:** Riedl, Ramzy - Hertzsch, Vogel, Hoogma, Ernst, Hollerbach

Borussia Dortmund - MSV Duisburg 2:0 (2:0)
BVB: Klos - Nijhuis, Reuter, Kohler - Ricken, Häßler (85. But), Freund, Barbarez (46. Möller), Dede - Salou (75. Herrlich), Chapuisat
Duisburg: Gill - Wohlert (66. Emmerling), Vana, Hajto - Hoersen, Komljenovic (57. Hirsch), Frydek (46. Wedau), Osthoff, Neun - Spies, Andersen
Tore: 1:0 Ricken (11.), 2:0 Chapuisat (35.) - **SR:** Dr. Fleischer (Neuburg) - **ZS:** 60.600 - **Gelb:** Dede - Frydek, Hajto - **Gelb-Rot:** Emmerling (77.)

Eintracht Frankfurt - SC Freiburg 3:1 (2:1)
Frankfurt: Nikolov - Bindewald, Hubtchev, Kutschera (46. U. Schneider) - Yang (63. Gebhardt), Schur, Sobotzik, Pedersen, B. Schneider, Pisont - Epp (55. Zampach)
Freiburg: Golz - Hoffmann, Korell (78. Schumann), Müller - Kohl (63. Rietpietsch), Baya, Kobiaschwili, Weißhaupt, Frontzeck - Ben Slimane (75. Sellimi), Wassmer
Tore: 1:0 B. Schneider (12.), 1:1 Wassmer (23.), 2:1 Epp (37.), 3:1 Gebhardt (89.) - **SR:** Gettke (Haltern) - **ZS:** 21.000 - **G.:** Pedersen, U. Schneider, B. Schneider, Hubtchev - Korell, Müller - **R.:** Weißhaupt (81.)

1. FC Nürnberg - VfL Bochum 2:2 (1:1)
Nürnberg: Hilfiker - Rahner, Baumann, Grasser, Störzenhofecker - Günther (61. Weigl), Wiesinger, Polunin, Gerber - Driller, Kuka
Bochum: Ernst - Fahrenhorst (8. Petrovic), Waldoch (17. Joppe), Kracht - Toplak (61. Buckley), Schindzielorz, Hofmann, Bemben - Ion, Drincic, Kuntz
Tore: 1:0 Wiesinger (19.), 1:1 Kuntz (44., FE), 2:1 Kuka (46.), 2:2 Kuntz (71., FE) - **SR:** Wagner (Hofheim) - **ZS:** 23.800 - **Gelb:** Kuka, Polunin, Rahner, Gerber, Weigl - Toplak, Schindzielorz, Ion, Bemben

VfB Stuttgart - VfL Wolfsburg 1:2 (1:1)
Stuttgart: Wohlfahrt - Thiam, Soldo, Berthold - Djordjevic (66. Schneider), Zeyer (46. Rost), Balakov, Poschner, Lisztes - Ristic, Akpoborie (75. Hosny)
Wolfsburg: Reitmaier - Kryger, Ballwanz, O'Neil - Greiner, Nowak, Akonnor, Dammeier, Kapetanovic - Präger (88. Breitenreiter), Baumgart (59. Juskowiak)
Tore: 1:0 Akpoborie (22.), 1:1 Präger (35.), 1:2 Juskowiak (89.) - **SR:** Fröhlich (Berlin) - **ZS:** 13.000 - **Gelb:** Wohlfahrt - Ballwanz

Hertha BSC Berlin - Bayer 04 Leverkusen 0:1 (0:0)
Hertha BSC: Kiraly - Herzog, Rekdal (81. Tchami), van Burik - Covic, Veit, Schmidt, Tretschok, Mandreko (86. Sverrisson) - Preetz, Thom (71. Dardai)
Leverkusen: Matysek - R. Kovac, Nowotny, Happe - Reeb, Emerson (89. N. Kovac), Beinlich, Zé Roberto, Heintze - Kirsten (86. Zivkovic), Meijer
Tor: 0:1 Meijer (73.) - **SR:** Koop (Lüttenmark) - **ZS:** 32.655 - **Gelb:** Mandreko - Meijer, Zé Roberto, R. Kovac, Matysek

FC Schalke 04 - SV Werder Bremen (Di., 24.11.) 1:2 (0:0)
Schalke: Schober - Eigenrauch, Müller, van Kerckhoven - Goossens (74. Anderbrügge), Tapalovic (65. Kmetsch), Mulder, Nemec, Büskens - Max, Eijkelkamp (65. Latal)
Bremen: Rost - Benken, Wicky, Skripnik - Todt, Eilts, Wiedener, Herzog (86. Wojtala), Trares - Bogdanovic (46. Flo), Bode
Tore: 0:1 Todt (55.), 0:2 Herzog (59.), 1:2 van Kerckhoven (87.) - **SR:** Buchhart (Schrobenhausen) - **ZS:** 30.300 - **Gelb:** Tapalovic - Herzog, Flo

Borussia Mönchengladbach - FC Bayern München (Mi., 16.12.) 0:2 (0:2)
Gladbach: Enke - Asanin, Andersson, Klinkert - Hausweiler, Eichin (68. Anagnostou), Pflipsen, Schneider, Ketelaer - Pettersson, Polster (52. Feldhoff)
FC Bayern: Kahn - Kuffour, Jeremies (72. Helmer), Linke - Basler (78. Bugera), Strunz, Fink, Effenberg, Tarnat - Jancker (68. Salihamidzic), Elber
Tore: 0:1 Effenberg (8.), 0:2 Effenberg (27., FE) - **SR:** Krug (Gelsenkirchen) - **ZS:** 34.500 (ausverkauft) - **Gelb:** Ketelaer, Pettersson - Jeremies

	Sp.	g.	u.	v.	Tore	Diff.	Punkte
1. Bayern München	11	9	1	1	30 :10	+20	28
2. Bayer Leverkusen	12	6	5	1	26 :14	+12	23
3. TSV München 1860	12	7	2	3	24 :16	+ 8	23
4. 1. FC Kaiserslautern	12	6	3	3	19 :22	- 3	21
5. VfL Wolfsburg	12	4	5	3	23 :17	+ 6	17
6. Hamburger SV	11	4	5	2	16 :13	+ 3	17
7. Hertha BSC Berlin	12	5	2	5	16 :14	+ 2	17
8. VfL Bochum	12	5	2	5	17 :16	+ 1	17
9. Borussia Dortmund	11	4	4	3	16 :12	+ 4	16
10. VfB Stuttgart	12	4	4	4	17 :14	+ 3	16
11. SC Freiburg	12	3	6	3	15 :16	- 1	15
12. Eintracht Frankfurt	12	3	4	5	17 :20	- 3	13
13. 1. FC Nürnberg	12	2	7	3	17 :22	- 5	13
14. MSV Duisburg	12	2	6	4	13 :20	- 7	12
15. Schalke 04	11	2	5	4	11 :17	- 6	11
16. Hansa Rostock	12	2	3	7	17 :27	- 10	9
17. Werder Bremen	11	1	4	6	14 :19	- 5	7
18. Bor. M'gladbach	11	1	2	8	15 :34	- 19	5

Milliardenliga zwischen Boom und Pleite

13. Spieltag: Samstag, 14.11.1998
0:3 im Derby verschärft Schalker Krise

FC Hansa Rostock - Borussia Mönchengladbach (Fr., 13.11.)   **1:1 (0:1)**
Rostock: Pieckenhagen - Rehmer, Weilandt, Zallmann - Lange, Yasser, Holetschek, Dowe, Majak - Fuchs (68. Agali), Neuville
Gladbach: Enke - Eichin, Andersson, Klinkert - Hagner, Wynhoff, Pflipsen, Schneider, Witeczek, Ketelaer - Polster
Tore: 0:1 Pflipsen (35.), 1:1 Majak (51.) - **SR:** Albrecht (Kaufbeuren) - **ZS:** 12.000 - **Gelb:** Yasser, Majak - Pflipsen, Eichin, Andersson, Schneider

SV Werder Bremen - 1. FC Kaiserslautern (Fr., 13.11.)   **0:1 (0:0)**
Bremen: Brasas - Wojtala, Trares (17. Flock), Skripnik - Roembiak,Todt, Eilts, Wicky, Wiedener (64. Frings) - Bogdanovic, Ailton (64. Flo)
1. FCK: Reinke - Ramzy, Sforza, Samir - Buck (72. Junior), Riedl, Ballack, Hristov, Wagner (84. Hrutka) - Rösler (57. Rische), Marschall
Tor: 0:1 Ramzy (75.) - **SR:** Stark - **ZS:** 28.500 - **Gelb:** Frings, Roembiak, Wiedener - Ballack, Sforza

Borussia Dortmund - FC Schalke 04   **3:0 (2:0)**
BVB: Klos - Nijhuis, Reuter, Kohler - Ricken, Häßler (77. Baumann), Freund, Möller (86. But), Dede - Salou, Barbarez (70. Chapuisat)
Schalke: Schober - Eigenrauch, Thon, van Hoogdalem - Latal (58. Goossens), van Kerckhoven, Mulder, Nemec, Büskens (76. Anderbrügge) - Max (73. Hami), Eijkelkamp
Tore: 1:0 Nijhuis (15.), 2:0 Möller (45., FE), 3:0 Möller (83.) - **SR:** Dr. Merk (Kaiserslautern) - **ZS:** 68.600 (ausverkauft) - **Gelb:** Häßler - Eijkelkamp

Hamburger SV - Eintracht Frankfurt   **0:1 (0:1)**
HSV: Butt - Hoogma, Vogel (83. Grubac), Hertzsch - Fischer, Spörl (61. Kirjakow), Groth, Dembinski, Hollerbach - Yeboah, Dahlin
Frankfurt: Nikolov - U. Schneider, Hubtchev, Bindewald - Brinkmann (72. Zampach), Schur, Sobotzik, Pedersen (66. Gebhardt), B. Schneider, Weber - Epp (84. Pisont)
Tor: 0:1 Sobotzik (33.) - **SR:** Zerr (Ottersweier) - **ZS:** 23.302 - **Gelb:** Hollerbach - Pedersen, Hubtchev, Weber, Bindewald - **B.V.:** Nikolov hält FE von Spörl (5.)

MSV Duisburg - VfL Bochum   **2:0 (1:0)**
Duisburg: Stauce - Hoersen, Vana, Wohlert - Wolters, Wedau (90. Frydek), Hirsch, Osthoff, Neun - Spies, Andersen (88. Ebbers)
Bochum: Ernst - Sundermann, Kuntz, Kracht - Bemben, Ion (60. Gülünoglu), Schindzielorz, Hofmann, Joppe (74. Majewski) - Drincic, Buckley (46. Dzafic)
Tore: 1:0 Wedau (30.), 2:0 Andersen (74.) - **SR:** Keßler (Wogau) - **ZS:** 11.032 - **Gelb:** Neun, Hoersen, Osthoff - Drincic, Hofmann

VfL Wolfsburg - Hertha BSC Berlin   **2:1 (2:1)**
Wolfsburg: Reitmaier - O'Neil, Ballwanz, Kryger - Greiner (68. Stammann), Nowak, Akonnor (81. Reyna), Dammeier, Kapetanovic - Präger (77. Baumgart), Juskowiak
Hertha BSC: Kiraly - Herzog, Rekdal, van Burik - Covic, Thom (71. Neuendorf), Schmidt (58. Hartmann), Tretschok, Veit - Tchami (71. Sverrisson), Preetz
Tore: 0:1 Tretschok (5.), 1:1 Juskowiak (24.), 2:1 Nowak (41.) - **SR:** Berg (Konz) - **ZS:** 17.496 - **Gelb:** Ballwanz, Dammeier - Veit

Bayer 04 Leverkusen - 1. FC Nürnberg   **3:0 (3:0)**
Leverkusen: Matysek - R. Kovac (71. Lehnhoff), Nowotny, Happe - Reeb, Emerson (82. Mamic), Ramelow (68. N. Kovac), Beinlich, Zé Roberto - Kirsten, Meijer
Nürnberg: Hilfiker - Grasser, Baumann, Rahner - Störzenhofecker (56. Polunin), Nikl (81. Bürger), Wiesinger, Richter (41. Gerber) - Skoog, Driller
Tore: 1:0 Meijer (5.), 2:0 Emerson (15.), 3:0 Ramelow (21.) - **SR:** Strampe (Handorf) - **ZS:** 22.500 (ausverkauft) - **Gelb:** Günther

FC Bayern München - VfB Stuttgart   **2:0 (0:0)**
FC Bayern: Kahn - Babbel, Matthäus (78. Linke), Kuffour - Basler (65. Salihamidzic), Strunz, Jeremies, Effenberg (66. Fink), Lizarazu - Daei, Elber
Stuttgart: Wohlfahrt - Thiam, Verlaat, Berthold - Lisztes, Zeyer, Rost (77. Ristic), Balakov, Schneider (61. Poschner) - Akpoborie, Bobic
Tore: 1:0 Effenberg (49.), 2:0 Daei (90.) - **SR:** Jansen (Essen) - **ZS:** 63.000 (ausverkauft) - **Gelb:** Babbel, Elber - Wohlfahrt, Berthold

SC Freiburg - TSV München 1860 (So., 15.11.)   **1:2 (1:0)**
Freiburg: Golz - Schumann, Korell (66. Hermel), Müller - Kohl, Pavlin (71. Günes), Baya, Kobiaschwili, Frontzeck (71. Sellimi) - Ben Slimane, Wassmer
1860: Hofmann - Greilich, Vanenburg, Dinzey (58. Bender) - Cerny (61. Borimirov), Stevic, Ouakili, Zelic, Malz - Schroth, Hobsch (77. Schlüter)
Tore: 1:0 Kohl (59.), 1:1 Malz (65.), 1:2 Hobsch (74.) - **SR:** Weber (Essen) - **ZS:** 22.500 (ausverkauft) - **Gelb:** Baya, Korell, Ben Slimane, Frontzeck, Schumann - Dinzey, Zelic, Greilich

14. Spieltag: Samstag, 21.11.1998
Werder und Gladbach schöpfen neuen Mut

FC Schalke 04 - MSV Duisburg (Fr., 20.11.)   **2:0 (1:0)**
Schalke: Schober - Eigenrauch, Müller, Tapalovic - Goossens, Nemec, Mulder, van Kerckhoven, Büskens - Max (59. Latal), Eijkelkamp (75. Hami)
Duisburg: Stauce - Komljenovic, Vana, Wohlert - Wolters (64. Töfting), Hoersen, Hajto, Wedau, Hirsch - Spies, Andersen (73. Ebbers)
Tore: 1:0 Eijkelkamp (36.), 2:0 Goossens (59.) - **SR:** Heynemann (Magdeburg) - **ZS:** 31.043

Eintracht Frankfurt - SV Werder Bremen (Fr., 20.11.)   **0:2 (0:0)**
Frankfurt: Nikolov - Bindewald, Hubtchev, Kutschera (73. Nwosu) - Brinkmann (60. Pisont), B. Schneider, Schur, Sobotzik, Pedersen, Weber - Epp (60. Gebhardt)
Bremen: Rost - Benken, Wicky, Skripnik - Todt, Eilts (46. Roembiak, 89. Flock), Herzog (80. Flock), Wiedener, Trares - Flo (46. Frings), Bogdanovic
Tore: 0:1 Herzog (47.), 0:2 Bogdanovic (73.) - **SR:** Steinborn (Sinzig) - **ZS:** 27.500 - **Gelb:** Wicky, Todt, Trares, Benken, Roembiak

1. FC Kaiserslautern - Borussia Dortmund   **1:0 (0:0)**
1. FCK: Reinke - Ramzy, Sforza, Samir - Buck (46. Junior), Roos, Hristov, Riedl, Reich (84. Ballack) - Rösler (70. Rische), Marschall
BVB: Klos - Nijhuis, Reuter, Kohler - Baumann (86. Timm), Ricken (78. Häßler), Freund, Möller, Dede - Barbarez, Salou (59. Chapuisat)
Tor: 1:0 Reich (78.) - **SR:** Albrecht (Kaufbeuren) - **ZS:** 41.500 (ausverkauft) - **Gelb:** Sforza, Roos, Marschall - Salou, Barbarez, Dede, Freund

TSV München 1860 - Hamburger SV   **0:0**
1860: Hofmann - Kurz, Vanenburg, Greilich - Cerny (61. Borimirov), Stevic, Ouakili (46. Heldt), Zelic, Malz - Winkler, Hobsch (59. Schroth)
HSV: Butt - Hoogma, Vogel, Hertzsch - Fischer, Spörl (82. Babatz), Gravesen (72. Böger), Jepsen (67. Dembinski), Straube - Yeboah, Dahlin
SR: Dr. Merk (K'lautern) - **ZS:** 27.500 - **Gelb:** Winkler, Kurz, Vanenburg - Gravesen, Hertzsch, Yeboah

VfL Bochum - Bayer 04 Leverkusen   **1:5 (0:2)**
Bochum: Ernst - Sundermann, Kuntz (72. Gülünoglu), Kracht - Bemben, Ion, Schindzielorz, Hofmann, Reis - Drincic (46. Bastürk), Buckley
Leverkusen: Matysek - Zivkovic, Nowotny, R. Kovac - Reeb (72. N. Kovac), Emerson, Ramelow, Beinlich (54. Heintze), Zé Roberto (80. Mamic) - Rink, Meijer
Tore: 0:1 Beinlich (15.), 0:2 Zivkovic (41.), 0:3 Rink (60.), 1:3 Reis (64.), 1:4 Heintze (71.), 1:5 N. Kovac (78.) - **SR:** Fandel (Kyllburg) - **ZS:** 20.128 - **Gelb:** Buckley, Sundermann, Bastürk - Meijer

Hertha BSC Berlin - FC Bayern München   **1:0 (0:0)**
Hertha BSC: Kiraly - Rekdal, Herzog (6. Sverrisson), van Burik - Covic, Veit, Tretschok, Wosz, Mandreko (46. Dardai) - Preetz, Tchami (59. Hartmann)
FC Bayern: Kahn - Babbel, Matthäus, Helmer - Fink, Jeremies (67. Basler), Tarnat, Lizarazu - Salihamidzic (61. Elber), Daei, Zickler (75. Jancker)
Tor: 1:0 Preetz (68.) - **SR:** Kemmling (Kleinburgwedel) - **ZS:** 76.000 (ausverkauft) - **Gelb:** Salihamidzic, Jeremies, Kahn - **Gelb-Rot:** van Burik (58.)

1. FC Nürnberg - VfL Wolfsburg   **1:1 (0:0)**
Nürnberg: Hilfiker - Grasser (46. Störzenhofecker), Baumann, Nikl - Günther, Wiesinger, Rahner, Polunin (81. Gerber), Bürger - Kuka (30. Kurth), Skoog
Wolfsburg: Reitmaier - O'Neil, Ballwanz, Kryger - Greiner, Nowak, Akonnor (51. Reyna), Dammeier, Kapetanovic (81. Stammann) - Präger, Baumgart (51. Juskowiak)
Tore: 1:0 Skoog (64.), 1:1 Juskowiak (86.) - **SR:** Koop (Lüttenmark) - **ZS:** 22.200 - **Gelb:** Günther, Rahner

VfB Stuttgart - FC Hansa Rostock   **1:1 (1:0)**
Stuttgart: Wohlfahrt - Thiam, Verlaat, Schneider - Lisztes, Zeyer (81. Rost), Soldo, Balakov, Keller - Bobic, Akpoborie (81. Ristic)
Rostock: Pieckenhagen - Rehmer, Weilandt, Zallmann - Lange, Yasser, Breitkreutz (87. Ewen), Ehlers (46. Dowe), Majak - Fuchs, Neuville (90. Holetschek)
Tore: 1:0 Lisztes (22.), 1:1 Breitkreutz (61.) - **SR:** Krug (Gelsenkirchen) - **ZS:** 20.000 - **Gelb:** Schneider - Ehlers, Yasser

Borussia Mönchengladbach - SC Freiburg (So., 22.11.)   **3:1 (2:1)**
Gladbach: Enke - Eichin, Andersson, Klinkert - Hagner, Wynhoff (80. Sopic), Pflipsen, Schneider, Witeczek, Ketelaer - Polster (74. Pettersson)
Freiburg: Golz - Hoffmann (77. Schumann), Hermel, Müller - Rietpietsch (67. Günes), Pavlin, Kobiaschwili, Baya, Frontzeck - Ben Slimane, Wassmer (46. Sellimi)
Tore: 0:1 Wassmer (4.), 1:1 Klinkert (17.), 2:1 Hagner (33.), 3:1 Polster (48.) - **SR:** Dr. Wack (Biberbach) - **ZS:** 25.300 - **Gelb:** Eichin - Ben Slimane, Pavlin, Kobiaschwili, Frontzeck - **B.V.:** Enke hält FE von Hermel (65.)

	Sp.	g.	u.	v.	Tore	Diff.	Punkte
1. Bayern München	12	10	1	1	32 :10	+22	31
2. Bayer Leverkusen	13	7	5	1	29 :14	+15	26
3. TSV München 1860	13	8	2	3	26 :17	+ 9	26
4. 1. FC Kaiserslautern	13	7	3	3	20 :22	- 2	24
5. VfL Wolfsburg	13	5	5	3	25 :18	+ 7	20
6. Borussia Dortmund	12	5	4	3	19 :12	+ 7	19
7. Hamburger SV	12	4	5	3	16 :14	+ 2	17
8. Hertha BSC Berlin	13	5	2	6	17 :16	+ 1	17
9. VfL Bochum	13	5	2	6	17 :18	- 1	17
10. VfB Stuttgart	13	4	4	5	17 :16	+ 1	16
11. Eintracht Frankfurt	13	4	4	5	18 :20	- 2	16
12. SC Freiburg	13	3	6	4	16 :18	- 2	15
13. MSV Duisburg	13	3	6	4	15 :20	- 5	15
14. 1. FC Nürnberg	13	3	4	6	17 :25	- 8	13
15. Schalke 04	12	3	2	7	11 :20	- 9	11
16. Hansa Rostock	13	2	4	7	18 :28	- 10	10
17. Werder Bremen	12	1	4	7	14 :20	- 6	7
18. Bor. M'gladbach	12	1	3	8	16 :35	- 19	6

	Sp.	g.	u.	v.	Tore	Diff.	Punkte
1. Bayern München	13	10	1	2	32 :11	+21	31
2. Bayer Leverkusen	14	8	5	1	34 :15	+19	29
3. TSV München 1860	14	8	3	3	26 :17	+ 9	27
4. 1. FC Kaiserslautern	14	8	3	3	21 :22	- 1	27
5. VfL Wolfsburg	14	5	6	3	26 :19	+ 7	21
6. Hertha BSC Berlin	14	6	2	6	18 :16	+ 2	20
7. Borussia Dortmund	13	5	4	4	19 :13	+ 6	19
8. Hamburger SV	13	4	6	3	16 :14	+ 2	18
9. VfB Stuttgart	14	4	5	5	18 :17	+ 1	17
10. VfL Bochum	14	5	2	7	18 :23	- 5	17
11. Eintracht Frankfurt	14	4	4	6	18 :22	- 4	16
12. SC Freiburg	14	3	6	5	17 :21	- 4	15
13. MSV Duisburg	14	3	6	5	15 :22	- 7	15
14. Schalke 04	13	4	2	7	13 :20	- 7	14
15. 1. FC Nürnberg	14	3	5	6	18 :26	- 8	14
16. Hansa Rostock	14	2	5	7	19 :29	- 10	11
17. Werder Bremen	13	2	4	7	16 :20	- 4	10
18. Bor. M'gladbach	13	2	3	8	19 :36	- 17	9

Bundesliga 1998/1999

15. Spieltag: Samstag, 28.11.1998

VfB-Trainer Schäfer kippt nach 0:2 in Freiburg

FC Hansa Rostock - Hertha BSC Berlin (Fr., 27.11.) 1:2 (0:0)
Rostock: Pieckenhagen - Rehmer, Weilandt, Zallmann (55. Dowe) - Lange (46. Ramdane), Wibran (63. Ehlers), Yasser, Breitkreutz, Majak - Fuchs, Neuville
Hertha BSC: Kiraly - Schmidt, Rekdal, Sverrisson - Thom (82. Covic), Veit, Wosz, Tretschok, Hartmann - Preetz, Tchami (20. Maas, 72. Dardai)
Tore: 0:1 Veit (51.), 0:2 Preetz (55.), 1:2 Yasser (89.) - **SR:** Strampe (Handorf) - **ZS:** 14.000 - **Gelb:** Pieckenhagen - Preetz, Rekdal, Maas, Thom

Borussia Dortmund - Eintracht Frankfurt (Fr., 27.11.) 3:1 (1:0)
BVB: Klos - Cesar, Kohler - Ricken, Reuter, Möller (84. But), Freund (69. Baumann), Häßler, Dede - Salou (77. Barbarez), Chapuisat
Frankfurt: Nikolov - Bindewald, Hubtchev, Schur - Brinkmann (72. Gebhardt), Kutschera, Sobotzik, Pedersen (80. Pisont), B. Schneider, Weber - Fjörtoft (72. Stojak)
Tore: 1:0 Chapuisat (14.), 1:1 Weber (53.), 2:1 Salou (62.), 3:1 Möller (74.) - **SR:** Berg (Konz) - **ZS:** 63.500 - **Gelb:** Möller - Gebhardt

SV Werder Bremen - TSV München 1860 4:1 (1:1)
Bremen: Rost - Benken, Wicky, Skripnik (11. Wojtala) - Wiedener (58. Roembiak), Todt, Herzog, Eilts, Trares - Bogdanovic (58. Flo), Bode
1860: Hofmann - Greilich, Vanenburg, Kurz (67. Agostino) - Ouakili, Stevic, Malz, Zelic, Borimirov - Schroth, Hobsch
Tore: 1:0 Bode (6.), 1:1 Ouakili (42.), 2:1 Bode (62.), 3:1 Roembiak (83.), 4:1 Herzog (88., FE) - **SR:** Keßler (Wogau) - **ZS:** 28.632 - **Gelb:** Bode, Roembiak - Ouakili, Hofmann, Borimirov

Hamburger SV - Borussia Mönchengladbach 3:0 (2:0)
HSV: Butt - Hoogma (77. Vogel), Panadic, Hertzsch - Kirjakow (88. Fischer), Groth, Gravesen, Jepsen, Hollerbach - Yeboah, Dahlin (82. Dembinski)
Gladbach: Enke - Eichin (68. Feldhoff), Andersson, Klinkert - Hagner, Wynhoff, Pflipsen, Witeczek, Schneider (38. Sopic), Ketelaer - Polster (46. Pettersson)
Tore: 1:0, 2:0, 3:0 Yeboah (6., 29., 86.) - **SR:** Dr. Fleischer (Neuburg) - **ZS:** 26.525 - **Gelb:** Hagner, Eichin

VfL Wolfsburg - VfL Bochum 4:1 (2:1)
Wolfsburg: Reitmaier - Thomsen, Ballwanz (61. Kovacevic), O'Neil (46. Kryger) - Greiner, Nowak, Akonnor (74. Reyna), Dammeier, Kapetanovic - Präger, Juskowiak
Bochum: Ernst - Sundermann, Kuntz, Kracht - Toplak (64. Gülünoglu), Hofmann, Schindzielorz, Reis, Buckley (46. Bastürk) - Ion, Drincic (70. Petrovic)
Tore: 1:0 Juskowiak (1.), 2:0 Juskowiak (20.), 2:1 Ion (36.), 3:1 Präger (76.), 4:1 Greiner (78.) - **SR:** Sippel (Würzburg) - **ZS:** 14.050 - **Gelb:** Akonnor, Greiner - Drincic, Kuntz, Schindzielorz - **Rot:** Kracht (68.)

FC Bayern München - 1. FC Nürnberg 2:0 (1:0)
FC Bayern: Kahn - Linke, Helmer - Strunz, Jeremies, Effenberg (78. Tarnat), Fink, Lizarazu - Basler (71. Salihamidzic), Jancker (68. Zickler), Elber
Nürnberg: Hilfiker - Grasser (46. Skoog), Lösch, Täuber, Rahner - Günther (68. Weigl), Wiesinger, Nikl (46. Polunin), Baumann, Gerber - Kurth
Tore: 1:0 Elber (36.), 2:0 Lizarazu (63.) - **SR:** Dardenne (Nettersheim) - **ZS:** 63.000 (ausverkauft) - **Gelb:** Effenberg - Günther, Täuber, Lösch

Bayer 04 Leverkusen - MSV Duisburg 2:0 (1:0)
Leverkusen: Matysek - Zivkovic, Nowotny, R. Kovac (83. Mamic) - Reeb, Emerson (86. N. Kovac), Ramelow, Zé Roberto, Heintze - Rink (77. Reichenberger), Meijer
Duisburg: Stauce - Hajto, Emmerling, Wohlert - Hoersen (78. Wolters), Töfting (70. Wedau), Hirsch, Vana, Neun - Spies, Andersen
Tore: 1:0 Rink (1.), 2:0 Emerson (60.) - **SR:** Buchhart (Schrobenhausen) - **ZS:** 22.500 (ausverkauft) - **Gelb:** Hoersen, Hirsch, Hajto - **B.V.:** Matysek hält FE von Neun (51.)

SC Freiburg - VfB Stuttgart 2:0 (2:0)
Freiburg: Golz - Hoffmann, Korell, Müller (61. Schumann) - Kohl, Baya (84. Pavlin), Günes, Kobiashvili, Frontzeck - Iaschwili (87. Wassmer), Sellimi
Stuttgart: Wohlfahrt - Schneider, Verlaat, Berthold (46. Thiam) - Lisztes, Soldo, Zeyer, Balakov, Keller - Bobic (58. Djordjevic), Akpoborie (39. Ristic)
Tore: 1:0 Iaschwili (9.), 2:0 Iaschwili (42.) - **SR:** Aust (Köln) - **ZS:** 22.500 (ausverkauft) - **Gelb:** Iaschwili, Baya, Pavlin - Berthold, Ristic

1. FC Kaiserslautern - FC Schalke 04 (So., 29.11.) 4:1 (1:1)
1. FCK: Reinke - Koch, Sforza, Samir - Buck, Ballack, Hristov, Ramzy (46. Hrutka), Reich (84. Riedl) - Rösler (77. Rische), Marschall
Schalke: Schober - Eigenrauch, van Hoogdalem, Müller, van Kerckhoven - Goossens (74. Hami), Kmetsch, Anderbrügge (80. Kliouev), Büskens (46. Tapalovic) - Mulder, Max
Tore: 1:0 Hristov (9.), 1:1 Max (34.), 2:1 Rösler (67.), 3:1 Hrutka (71.), 4:1 Marschall (74., FE) - **SR:** Zerr (Ottersweier) - **ZS:** 41.500 (ausv.) - **Gelb:** Büskens, van Kerckhoven, Anderbrügge, Müller, Mulder

	Sp.	g.	u.	v.	Tore	Diff.	Punkte
1. Bayern München	14	11	1	2	34 :11	+23	34
2. Bayer Leverkusen	15	9	5	1	36 :15	+21	32
3. 1. FC Kaiserslautern	15	9	3	3	25 :23	+ 2	30
4. TSV München 1860	15	8	3	4	27 :21	+ 6	27
5. Borussia Dortmund	15	7	4	4	24 :15	+ 9	25
6. VfL Wolfsburg	15	6	6	3	30 :20	+10	24
7. Hertha BSC Berlin	15	7	2	6	20 :17	+ 3	23
8. Hamburger SV	15	5	6	4	20 :16	+ 4	21
9. SC Freiburg	15	4	6	5	19 :21	- 2	18
10. VfB Stuttgart	15	4	5	6	18 :19	- 1	17
11. VfL Bochum	15	5	2	8	19 :27	- 8	17
12. Werder Bremen	15	4	4	7	22 :22	± 0	16
13. Eintracht Frankfurt	15	4	4	7	19 :25	- 6	16
14. MSV Duisburg	15	3	6	6	15 :24	- 9	15
15. 1. FC Nürnberg	15	2	8	5	18 :28	- 10	14
16. Schalke 04	15	3	5	7	15 :26	- 11	14
17. Hansa Rostock	15	2	5	8	20 :31	- 11	11
18. Bor. M'gladbach	14	2	3	9	19 :39	- 20	9

16. Spieltag: Samstag, 5.12.1998

Akpoborie mit drei Toren in acht Minuten

1. FC Nürnberg - FC Hansa Rostock (Fr., 4.12.) 2:2 (2:1)
Nürnberg: Hilfiker - Grasser, Baumann (78. Weigl), Rahner - Wiesinger, Nikl, Störzenhofecker, Polunin, Oechler (71. Gerber) - Ciric, Kurth (56. Driller)
Rostock: Pieckenhagen - Rehmer, Weilandt, Zallmann - Lange, Ramdane (78. Agali), Wibran, Majak (46. Dowe), Breitkreutz (71. Fuchs), Yasser - Neuville
Tore: 1:0 Ciric (21.), 2:0 Ciric (42.), 2:1 Ramdane (44.), 2:2 Agali (86.) - **SR:** Dr. Merk (Kaiserslautern) - **ZS:** 23.600 - **Gelb:** Grasser - Weilandt, Breitkreutz, Ramdane, Zallmann

VfL Bochum - FC Bayern München (Fr., 4.12.) 2:2 (1:1)
Bochum: Ernst - Sundermann, Kuntz, Joppe - Ion (63. Toplak), Schindzielorz, Reis, Hofmann (63. Bastürk), Schreiber (78. Bemben) - Drincic, Buckley
FC Bayern: Kahn - Kuffour (46. Salihamidzic), Matthäus (80. Linke), Helmer - Babbel, Fink (46. Strunz), Jeremies, Lizarazu - Basler, Jancker, Elber
Tore: 1:0 Hofmann (3.), 1:1 Jancker (45.), 2:1 Kuntz (87., FE), 2:2 Strunz (88., HE) - **SR:** Heynemann (Magdeburg) - **ZS:** 33.063 (ausv.) - **Gelb:** Matthäus, Helmer, Babbel - **B.V.:** Ernst hält FE von Basler (39.)

Eintracht Frankfurt - FC Schalke 04 1:2 (0:2)
Frankfurt: Nikolov - Kutschera, Hubtchev, Bindewald - Zampach (56. Westerthaler), Schur, Sobotzik, Pedersen (56. Pisont), B. Schneider, Gebhardt (74. Nwosu) - Fjörtoft
Schalke: Reck - van Hoogdalem, Müller, Kmetsch - Goossens (59. Latal), Eigenrauch, Mulder, Nemec (85. Tapalovic), van Kerckhoven - Max, Eijkelkamp (77. Wilmots)
Tore: 0:1 van Hoogdalem (21.), 0:2 Kmetsch (38.), 1:2 Fjörtoft (80.) - **SR:** Dardenne (Nettersheim) - **ZS:** 33.000 - **Gelb:** Schur, B. Schneider - Kmetsch, Nemec

VfB Stuttgart - Hamburger SV 3:1 (1:1)
Stuttgart: Wohlfahrt - Berthold, Verlaat, Keller - Thiam, Soldo, Bobic (46. Ristic, 78. Lisztes), Endress (46. Poschner), Carnell - Zeyer, Akpoborie
HSV: Butt - Hoogma, Panadic, Hertzsch - Kirjakow (53. Ernst), Groth, Gravesen, Jepsen (53. Dembinski), Hollerbach - Yeboah, Dahlin
Tore: 0:1 Verlaat (37., ET), 1:1 Akpoborie (43.), 2:1 Akpoborie (46.), 3:1 Akpoborie (51.) - **SR:** Steinborn (Sinzig) - **ZS:** 32.000 - **Gelb:** Keller - Ernst

Bayer 04 Leverkusen - VfL Wolfsburg 3:0 (2:0)
Leverkusen: Matysek - Zivkovic, Nowotny, R. Kovac - Reeb, Emerson (86. Lehnhoff), Ramelow, Zé Roberto, Heintze (82. N. Kovac) - Kirsten (89. Reichenberger), Meijer
Wolfsburg: Reitmaier - Thomsen, Ballwanz, O'Neil - Greiner, Nowak, Akonnor (86. Reyna), Dammeier, Kapetanovic (61. Stammann) - Präger (61. Baumgart), Juskowiak
Tore: 1:0 Kirsten (21.), 2:0 Kirsten (26.), 3:0 Zé Roberto (57.) - **SR:** Stark (Landshut) - **ZS:** 22.200 - **Gelb:** O'Neil, Dammeier, Akonnor

TSV München 1860 - Borussia Dortmund (So., 6.12.) 2:0 (1:0)
1860: Hofmann - Kurz, Vanenburg, Greilich (62. Stevic) - Cerny (62. Borimirov), Zelic, Ouakili (85. Gorges), Malz, Heldt - Winkler, Schroth
BVB: Klos - Nijhuis, Cesar, Kohler - Reuter, Häßler (46. Ricken), Freund (76. Barbarez), Möller, Dede - Salou (46. Herrlich), Chapuisat
Tore: 1:0, 2:0 Schroth (34., 82.) - **SR:** Kemmling (Burgwedel) - **ZS:** 23.700 - **Gelb:** Winkler - Freund

Borussia Mönchengladbach - SV Werder Bremen (Di., 8.12.) 0:1 (0:1)
Gladbach: Enke - Paßlack (46. Hausweiler), Sopic, Klinkert - Hagner, Wynhoff (46. Pflipsen), Asanin, Witeczek, Ketelaer - Pettersson, Feldhoff (68. Polster)
Bremen: Rost - Wojtala, Wicky, Benken - Wiedener, Todt (81. Flock), Herzog (63. Maximow), Eilts, Trares - Flo (73. Frings), Bode
Tor: 0:1 Bode (23.) - **SR:** Wagner (Hofheim) - **ZS:** 22.000 - **Gelb:** Pettersson, Pflipsen - Wicky, Eilts, Wiedener, Todt

Hertha BSC Berlin - SC Freiburg (Di., 15.12.) 1:0 (1:0)
Hertha BSC: Kiraly - van Burik (14. Maas), Rekdal, Sverrisson - Thom, Schmidt, Wosz (77. Neuendorf), Tretschok, Hartmann - Reiss (57. Dardai), Preetz
Freiburg: Golz - Diarra, Korell, Müller (52. Schumann) - Kohl, Günes (77. Wassmer), Kobiaschwili (77. Pavlin), Baya, Frontzeck - Iaschwili, Sellimi
Tor: 1:0 Preetz (27.) - **SR:** Wagner (Hofheim) - **ZS:** 34.037 - **Gelb:** Rekdal, Sverrisson - Müller, Baya, Schumann

MSV Duisburg - 1. FC Kaiserslautern (Mi., 16.12.) 3:1 (0:1)
Duisburg: Stauce - Komljenovic, Emmerling, Wohlert - Wolters, Töfting (75. Hoersen), Hajto, Hirsch, Neun - Beierle (90. Wedau), Osthoff (81. Andersen)
1. FCK: Reinke - Roos, Sforza, Koch - Junior (66. Ballack), Ramzy, Hristov, Riedl (68. Hrutka), Reich - Rösler (57. Rische), Marschall
Tore: 0:1 Rösler (41.), 1:1 Beierle (49.), 2:1 Töfting (64.), 3:1 Andersen (90.) - **SR:** Fandel (Kyllburg) - **ZS:** 14.700 - **Gelb:** Wolters, Emmerling, Hajto, Hirsch - Ramzy, Ballack

	Sp.	g.	u.	v.	Tore	Diff.	Punkte
1. Bayer Leverkusen	16	10	5	1	39 :15	+24	35
2. Bayern München	15	11	2	2	36 :13	+23	35
3. TSV München 1860	16	9	3	4	29 :21	+ 8	30
4. 1. FC Kaiserslautern	15	9	3	3	25 :23	+ 2	30
5. Borussia Dortmund	16	7	4	5	24 :17	+ 7	25
6. VfL Wolfsburg	16	6	6	4	30 :23	+ 7	24
7. Hertha BSC Berlin	15	7	2	6	20 :17	+ 3	23
8. Hamburger SV	16	5	6	5	21 :19	+ 2	21
9. VfB Stuttgart	16	5	5	6	21 :20	+ 1	20
10. SC Freiburg	15	4	6	5	19 :21	- 2	18
11. VfL Bochum	16	5	3	8	21 :29	- 8	18
12. Schalke 04	16	4	5	7	17 :27	- 10	17
13. Werder Bremen	15	4	4	7	22 :22	± 0	16
14. Eintracht Frankfurt	16	4	4	8	20 :27	- 7	16
15. MSV Duisburg	15	3	6	6	15 :24	- 9	15
16. 1. FC Nürnberg	16	2	9	5	20 :30	- 10	15
17. Hansa Rostock	16	2	6	8	22 :33	- 11	12
18. Bor. M'gladbach	14	2	3	9	19 :39	- 20	9

Milliardenliga zwischen Boom und Pleite

17. Spieltag: Samstag, 12.12.1998

FC Bayern 2:0-Sieger im Schlager und Herbstmeister

Borussia Dortmund - Borussia Mönchengladbach (Fr., 11.12.) 1:1 (1:1)
BVB: Klos - Nijhuis, Cesar (46. Häßler) - Ricken, Reuter, Möller, Freund, But (84. Herrlich), Dede - Salou, Chapuisat (46. Barbarez)
Gladbach: Enke - Klinkert (88. Feldhoff), Andersson, Asanin - Hausweiler, Wynhoff (54. Hagner), Sopic, Pflipsen, Witeczek (28. Schneider), Ketelaer - Polster
Tore: 1:0 But (18.), 1:1 Polster (24., FE im Nachschuss) - **SR:** Zerr (Ottersweier) - **ZS:** 67.500 - **Gelb:** Freund, Klos - Hagner, Hausweiler, Andersson - **G.-R.:** Sopic (88.) - **B.V.:** Enke hält HE von Häßler (78.)

Hamburger SV - Hertha BSC Berlin (Fr., 11.12.) 0:4 (0:1)
HSV: Butt - Panadic, Vogel, Hoogma - Groth, Gravesen (46. Ernst), Hertzsch, Dembinski, Hollerbach (53. Kirjakow) - Yeboah, Dahlin (59. Grubac)
Hertha BSC: Kiraly - van Burik, Rekdal, Sverrisson - Veit (68. Dardai), Schmidt, Wosz (83. Neuendorf), Tretschok, Hartmann - Reiss (61. Maas), Preetz
Tore: 0:1 Reiss (22.), 0:2 Wosz (50.), 0:3 Tretschok (79.), 0:4 Preetz (84.) - **SR:** Weber (Essen) - **ZS:** 20.118 - **Gelb:** Hollerbach - Wosz, Veit, Tretschok

1. FC Kaiserslautern - Eintracht Frankfurt 2:1 (1:0)
1. FCK: Reinke - Ramzy, Sforza, Hrutka - Junior (70. Roos), Hristov, Ballack, Riedl, Reich (76. Rische) - Rösler, Marschall
Frankfurt: Nikolov - Pedersen, Hubtchev, Bindewald, U. Schneider (70. Stojak) - Brinkmann, Janßen (77. Kutschera), B. Schneider, Weber, Sobotzik - Fjörtoft (46. Westerthaler)
Tore: 1:0 Ballack (4.), 1:1 Stojak (74.), 2:1 Ramzy (90.) - **SR:** Buchhart (Schrobenhausen) - **ZS:** 41.500 (ausverkauft) - **Gelb:** Riedl - Janßen, B. Schneider

SV Werder Bremen - VfB Stuttgart 2:2 (0:1)
Bremen: F. Rost - Wojtala, Maximow (46. Roembiak), Benken - Flock, Wicky (37. Wiedener), Eilts, Herzog, Trares - Flo, Bode
Stuttgart: Wohlfahrt - Berthold, Verlaat, Keller - Schneider (68. Endress), Soldo, Zeyer (68. Lisztes), Thiam (86. T. Rost), Carnell - Bobic, Akpoborie
Tore: 0:1 Schneider (22.), 1:1 Trares (62.), 2:1 Bode (65.), 2:2 Bobic (70.) - **SR:** Dr. Merk (Kaiserslautern) - **ZS:** 26.377 - **Gelb:** Wojtala - Zeyer, Soldo, Thiam, Endress

VfL Wolfsburg - MSV Duisburg 4:2 (1:0)
Wolfsburg: Reitmaier - Thomsen, Ballwanz, Kryger - Greiner, Nowak, Akonnor (86. Breitenreiter), Dammeier, Kapetanovic (68. Stammann) - Präger (82. Kovacevic), Juskowiak
Duisburg: Stauce - Hajto, Emmerling (81. Andersen), Wohlert - Hoersen (46. Wolters), Töfting, Hirsch (70. Komljenovic), Osthoff, Neun - Spies, Beierle
Tore: 1:0 Dammeier (40.), 2:0 Akonnor (48.), 2:1 Nowak (57., ET), 3:1 Juskowiak (69.), 3:2 Spies (75.), 4:2 Juskowiak (90.) - **SR:** Krug (Gelsenkirchen) - **ZS:** 12.935 - **Gelb:** Kapetanovic - Hajto, Hirsch, Neun

FC Schalke 04 - TSV München 1860 2:2 (0:1)
Schalke: Reck - van Hoogdalem, Müller (54. Wilmots), Eigenrauch - Goossens (63. Latal), Nemec, Kmetsch, Mulder, van Kerckhoven - Max, Eijkelkamp (72. Anderbrügge)
1860: Hofmann - Greilich, Vanenburg, Kurz - Stevic, Zelic, Ouakili (61. Dinzey), Malz, Richter (68. Gorges) - Cerny, Schroth
Tore: 0:1 Schroth (45.), 0:2 Cerny (49.), 1:2 Kmetsch (73.), 2:2 Kurz (90., ET) - **SR:** Steinborn (Sinzig) - **ZS:** 36.185 - **Gelb:** Eijkelkamp, Nemec - Vanenburg, Stevic

FC Hansa Rostock - VfL Bochum 3:0 (1:0)
Rostock: Pieckenhagen - Rehmer, Weilandt, Zallmann - Lange, Ramdane (83. Fuchs), Wibran, Yasser, Breitkreutz (85. Ehlers), Majak (87. Ewen) - Neuville
Bochum: Ernst - Sundermann, Fahrenhorst, Reis, Schreiber - Ion (76. Gülünoglu), Schindzielorz, Bastürk (57. Buckley), Petrovic (45. Bemben) - Drincic, Kuntz
Tore: 1:0 Neuville (21.), 2:0 Majak (78.), 3:0 Neuville (86.) - **SR:** Dr. Wack (Biberbach) - **ZS:** 9.500 - **Gelb:** Weilandt, Majak, Ramdane, Rehmer - Ernst, Bastürk, Reis - **Rot:** Fahrenhorst (43.)

SC Freiburg - 1. FC Nürnberg 1:0 (1:0)
Freiburg: Golz - Diarra, Korell, Müller - Kohl (86. Pavlin), Baya, Kobiaschwili, Günes (84. Schumann), Frontzeck - Iaschwili, Sellimi (84. Wassmer)
Nürnberg: Hilfiker - Rahner (46. Gerber), Lösch, Störzenhofecker - Wiesinger, Zellner (71. Martin), Ziemer (63. Kurth), Nikl, Bürger - Kuka, Ciric
Tor: 1:0 Kobiaschwili (36.) - **SR:** Jansen (Essen) - **ZS:** 22.000 - **Gelb:** Kobiaschwili, Kohl - Ziemer, Rahner, Störzenhofecker, Martin - **Gelb-Rot:** Gerber (78.)

FC Bayern München - Bayer 04 Leverkusen (So., 13.12.) 2:0 (2:0)
FC Bayern: Kahn - Babbel, Matthäus (71. Strunz), Linke - Jeremies, Effenberg, Tarnat (75. Fink), Lizarazu - Basler, Jancker (71. Zickler), Elber
Leverkusen: Matysek - Zivkovic (46. N. Kovac), Nowotny, R. Kovac, Happe - Reeb, Emerson, Ramelow, Zé Roberto - Kirsten (82. Reichenberger), Meijer (82. Rink)
Tore: 1:0 Tarnat (20.), 2:0 Elber (30.) - **SR:** Berg (Konz) - **ZS:** 36.000 - **Gelb:** Babbel - Zé Roberto, Nowotny, Zivkovic, Ramelow - **Rot:** R. Kovac (76.)

	Sp.	g.	u.	v.	Tore	Diff.	Punkte
1. Bayern München	16	12	2	2	38 :13	+25	38
2. Bayer Leverkusen	17	10	5	2	39 :17	+22	35
3. 1. FC Kaiserslautern	16	10	3	3	27 :24	+ 3	33
4. TSV München 1860	17	9	4	4	31 :23	+ 8	31
5. VfL Wolfsburg	17	7	6	4	34 :25	+ 9	27
6. Borussia Dortmund	17	7	5	5	25 :18	+ 7	26
7. Hertha BSC Berlin	16	8	2	6	24 :17	+ 7	26
8. VfB Stuttgart	17	5	6	6	23 :22	+ 1	21
9. SC Freiburg	16	5	6	5	20 :21	- 1	21
10. Hamburger SV	17	5	6	6	21 :23	- 2	21
11. Werder Bremen	17	5	5	7	25 :24	+ 1	20
12. Schalke 04	17	4	6	7	19 :29	- 10	18
13. VfL Bochum	17	5	3	9	21 :32	- 11	18
14. Eintracht Frankfurt	17	4	4	9	21 :29	- 8	16
15. Hansa Rostock	17	3	6	8	25 :33	- 8	15
16. 1. FC Nürnberg	17	2	9	6	20 :31	- 11	15
17. MSV Duisburg	16	3	6	7	17 :28	- 11	15
18. Bor. M'gladbach	16	2	4	10	20 :41	- 21	10

18. Spieltag: Samstag, 19.12.1998

Klos und Freund verabschieden sich mit 3:0-Sieg

Borussia Dortmund - VfB Stuttgart (Fr., 18.12.) 3:0 (1:0)
BVB: Klos - Nijhuis, Reuter, Baumann - Ricken (76. Cesar), Freund, Möller, But (88. Hengen), Dede - Herrlich (85. Chapuisat), Salou
Stuttgart: Wohlfahrt - Berthold, Verlaat, Keller - Schneider (46. Ristic), Soldo, Zeyer, Thiam, Carnell (36. Endress) - Lisztes (48. Djordjevic), Akpoborie
Tore: 1:0 Herrlich (38.), 2:0 But (47.), 3:0 Salou (69.) - **SR:** Dr. Wack (Biberbach) - **ZS:** 61.000 - **Gelb:** Herrlich - Berthold

SC Freiburg - VfL Bochum (Fr., 18.12.) 1:1 (0:0)
Freiburg: Golz - Schumann, Korell, Diarra (78. Hermel) - Kohl, Günes, Baya, Kobiaschwili (84. Weißhaupt), Frontzeck - Ben Slimane (59. Sellimi), Iaschwili
Bochum: Ernst - Toplak, Kuntz, Kracht - Ion (78. Gülünoglu), Schindzielorz, Reis, Hofmann, Schreiber (62. Buckley) - Bastürk (70. Dzafic), Drincic
Tore: 1:0 Baya (50.), 1:1 Schindzielorz (90.) - **SR:** Steinborn (Sinzig) - **ZS:** 22.000 - **Gelb:** Kohl, Korell - Bastürk, Hofmann

1. FC Kaiserslautern - TSV München 1860 1:1 (0:0)
1. FCK: Reinke - Koch (53. Riedl), Sforza, Hrutka - Buck (46. Roos), Ramzy, Hristov, Ballack, Reich - Rische (46. Rösler), Marschall
1860: Hofmann - Greilich, Vanenburg, Kurz - Cerny, Zelic, Ouakili, Malz, Richter - Winkler, Schroth
Tore: 0:1 Winkler (51.), 1:1 Reich (61.) - **SR:** Strampe (Handorf) - **ZS:** 41.500 (ausverkauft) - **Gelb:** Ballack, Ramzy - Vanenburg, Winkler, Schroth

Eintracht Frankfurt - MSV Duisburg 0:0
Frankfurt: Nikolov - Pedersen, Hubtchev, Bindewald - U. Schneider (46. Brinkmann), Schur (65. Kutschera), Sobotzik, Janßen, Gebhardt (68. Westerthaler) - Fjörtoft, Stojak
Duisburg: Stauce - Komljenovic, Emmerling, Hajto - Wolters, Töfting, Wohlert (65. Hoersen), Osthoff (72. Wedau), Neun - Spies (84. Andersen), Beierle
SR: Albrecht (Kaufbeuren) - **ZS:** 17.000 - **Gelb:** Bindewald, Schur, Sobotzik - Osthoff, Töfting, Hoersen - **Gelb-Rot:** Pedersen (87.) - **Rot:** Hubtchev (73.)

FC Bayern München - VfL Wolfsburg 3:0 (1:0)
FC Bayern: Kahn - Babbel, Matthäus (83. Fink), Linke - Strunz, Jeremies, Effenberg, Lizarazu - Basler (74. Salihamidzic), Elber, Jancker (88. Bugera)
Wolfsburg: Reitmaier - Thomsen, Ballwanz, Kryger - Greiner (54. Kapetanovic), Nowak, Akonnor (54. Reyna), Dammeier (76. Breitenreiter), Stammann - Präger, Baumgart
Tore: 1:0 Jancker (40.), 2:0 Elber (86.), 3:0 Salihamidzic (90., FE) - **SR:** Fröhlich (Berlin) - **ZS:** 39.000 - **Gelb:** Babbel - Präger, Nowak, Reyna, Breitenreiter

FC Schalke 04 - Borussia Mönchengladbach 1:0 (0:0)
Schalke: Reck - van Hoogdalem, Müller, Eigenrauch - Latal, Nemec (60. Wilmots), Kmetsch, Anderbrügge (69. Büskens), van Kerckhoven - Mulder, Max (74. Hami)
Gladbach: Enke - Klinkert (41. Schneider), Andersson, Asanin - Hagner, Hausweiler (70. Anagno-stou), Pflipsen, Sopic, Ketelaer - Pettersson, Polster (60. Feldhoff)
Tor: 1:0 Wilmots (76.) - **SR:** Aust (Köln) - **ZS:** 41.800 - **Gelb:** Latal, Mulder - Pflipsen, Pettersson, Sopic, Ketelaer, Anagnostou

FC Hansa Rostock - Bayer 04 Leverkusen 1:1 (0:1)
Rostock: Pieckenhagen - Rehmer, Ehlers (70. Dowe), Zallmann - Yasser, Lange, Ramdane, Wibran, Breitkreutz (70. Agali), Majak - Neuville (82. Fuchs)
Leverkusen: Matysek - Zivkovic, Nowotny, Happe - Reeb, Emerson, Ramelow, N. Kovac, Zé Roberto - Kirsten, Meijer
Tore: 0:1 Zivkovic (29.), 1:1 Neuville (72.) - **SR:** Weber (Essen) - **ZS:** 12.500 - **Gelb:** Neuville, Yasser, Zallmann, Dowe - Kirsten, Zivkovic - **Gelb-Rot:** Lange (62.) - Ramelow (88.), N. Kovac (90.)

Hamburger SV - 1. FC Nürnberg 2:0 (0:0)
HSV: Butt - Panadic, Hoogma, Hertzsch - Fischer, Groth, Gravesen (64. Ernst), Babatz, Hollerbach - Yeboah (89. Straube), Kirjakow (80. Grubac)
Nürnberg: Hilfiker - Störzenhofecker, Lösch, Grasser - Wiesinger, Baumann, Ciric, Nikl, Bürger - Kuka, Kurth (68. Driller)
Tore: 1:0 Gravesen (54., FE), 2:0 Grubac (90., FE) - **SR:** Meyer (Braunschweig) - **ZS:** 19.200 - **Gelb:** Groth - Hilfiker, Lösch - **Gelb-Rot:** Grasser (83.)

SV Werder Bremen - Hertha BSC Berlin (So., 20.12.) 2:1 (1:0)
Bremen: Rost - Wojtala, Benken (56. Dabrowski) - Roembiak (46. Maximow, 90. Flo), Todt, Wiedener, Herzog, Eilts, Trares - Bogdanovic, Bode
Hertha BSC: Kiraly - Schmidt, Maas (46. Dardai), Sverrisson - Covic, Veit, Wosz (60. Roy), Tretschok, Hartmann - Reiss (46. Neuendorf), Preetz
Tore: 1:0 Bogdanovic (45.), 1:1 Preetz (46.), 2:1 Bogdanovic (47.) - **SR:** Dr. Fleischer (Neuburg) - **ZS:** 28.400 - **Gelb:** Todt, Bogdanovic, Eilts - Maas, Hartmann, Wosz, Covic

	Sp.	g.	u.	v.	Tore	Diff.	Punkte
1. Bayern München	18	14	2	2	43 :13	+30	44
2. Bayer Leverkusen	18	10	6	2	40 :18	+22	36
3. 1. FC Kaiserslautern	18	10	4	4	29 :28	+ 1	34
4. TSV München 1860	18	9	5	4	32 :24	+ 8	32
5. Borussia Dortmund	18	8	5	5	28 :18	+10	29
6. Hertha BSC Berlin	18	9	2	7	26 :19	+ 7	29
7. VfL Wolfsburg	18	7	6	5	34 :28	+ 6	27
8. Hamburger SV	18	6	6	6	23 :23	± 0	24
9. Werder Bremen	18	6	5	7	27 :25	+ 2	23
10. SC Freiburg	18	5	7	6	21 :23	- 2	22
11. VfB Stuttgart	18	5	6	7	23 :25	- 2	21
12. Schalke 04	18	5	6	7	20 :29	- 9	21
13. MSV Duisburg	18	4	7	7	20 :29	- 9	19
14. VfL Bochum	18	5	4	9	22 :33	- 11	19
15. Eintracht Frankfurt	18	4	5	9	21 :29	- 8	17
16. Hansa Rostock	18	3	7	8	26 :34	- 8	16
17. 1. FC Nürnberg	18	2	9	7	20 :33	- 13	15
18. Bor. M'gladbach	18	2	4	12	20 :44	- 24	10

Bundesliga 1998/1999

19. Spieltag: Samstag, 20.2.1999
FC Bayern schon zehn Zähler voraus

VfL Wolfsburg - FC Hansa Rostock (Fr., 19.2.)   1:1 (0:1)
Wolfsburg: Reitmaier - Kryger (61. Baumgart), Ballwanz, Thomsen - Greiner, Nowak, Akonnor (46. Reyna), Dammeier, Stammann (43. Kapetanovic) - Präger, Juskowiak
Rostock: Pieckenhagen - Rehmer, Weilandt, Zallmann (74. Holetschek) - Ramdane (54. Gansauge), Wibran, Milinkovic, Dowe, Emara - Majak, Neuville (80. Agali)
Tore: 0:1 Rehmer (36.), 1:1 Nowak (81.) - **SR:** Aust (Köln) - **ZS:** 14.480 - **Gelb:** Greiner, Juskowiak, Kryger, Kapetanovic - Milinkovic, Agali, Ramdane

Bayer 04 Leverkusen - SC Freiburg   1:1 (0:1)
Leverkusen: Matysek - R. Kovac, Nowotny, Happe (50. Lehnhoff) - Reeb, Emerson, Mamic (46. Reichenberger), Beinlich, Zé Roberto (63. Heintze) - Kirsten, Rink
Freiburg: Golz - Schumann, Hermel, Diarra - Kohl (63. Rietpietsch), Günes (82. Hoffmann), Baya, Pavlin (89. Zkitischwili), Kobiaschwili - Weißhaupt, Sellimi
Tore: 0:1 Weißhaupt (21., FE), 1:1 Rink (84.) - **SR:** Heynemann (Magdeburg) - **ZS:** 22.000 - **Gelb:** Happe - Kohl, Pavlin, Diarra, Günes

TSV München 1860 - Eintracht Frankfurt   4:1 (4:0)
1860: Hofmann - Greilich, Zelic, Kurz - Cerny, Borimirov, Malz (33. Ouakili), Cizek, Heldt (78. Richter) - Schroth, Hobsch (61. Agostino)
Frankfurt: Nikolov - U. Schneider, Hubtchev, Schur (78. Kutschera) - Amstätter, Pisont (64. Westerthaler), Gerster (85. Rosen), Bounoua, Kaymak - B. Schneider, Sobotzik
Tore: 1:0 Borimirov (5.), 2:0 Heldt (15.), 3:0 Kurz (28.), 4:0 Hobsch (44.), 4:1 Westerthaler (68.) - **SR:** Krug (Gelsenkirchen) - **ZS:** 21.000 - **Gelb:** Malz, Borimirov - Amstätter, Kaymak

MSV Duisburg - FC Bayern München   0:3 (0:2)
Duisburg: Stauce - Hajto, Emmerling, Wohlert - Wolters, Töfting, Komljenovic, Bugera (65. Wedau), Neun - Spies (65. Andersen), Beierle
FC Bayern: Kahn - Babbel (43. Helmer, 76. Fink), Matthäus, Linke - Salihamidzic, Jeremies, Effenberg, Lizarazu - Basler (80. Zickler), Elber, Jancker
Tore: 0:1 Jancker (26.), 0:2 Effenberg (43.), 0:3 Helmer (71.) - **SR:** Steinborn (Sinzig) - **ZS:** 26.374 - **Gelb:** Wolters - Effenberg

1. FC Nürnberg - SV Werder Bremen   1:1 (1:1)
Nürnberg: Köpke - Nikl, Baumann, van Eck - Driller (90. Kurth), Wiesinger (86. Oechler), Juskic (46. Störzenhofecker), Gerber, Reinhardt - Kuka, Ciric
Bremen: Brasas - Wicky, Benken, Skripnik, Trares - Flock (46. Dabrowski), Eilts, Herzog, Wiedener - Frings (90. Brand), Weetendorf (80. Schierenbeck)
Tore: 0:1 Frings (8.), 1:1 Kuka (32.) - **SR:** Strampe (Handorf) - **ZS:** 32.000 - **Gelb:** Driller, Reinhardt, Störzenhofecker

VfB Stuttgart - FC Schalke 04   2:1 (0:0)
Stuttgart: Wohlfahrt - Schneider (46. Carnell), Berthold, Verlaat, Keller - Thiam, Soldo, Balakov, Djordjevic (80. Lisztes) - Bobic, Akpoborie (77. Markovic)
Schalke: Reck - De Kock, Müller, van Hoogdalem - Held (82. Pereira), Kmetsch (82. Goossens), Alpugan, Büskens - Mulder, Max, Hami (68. Anderbrügge)
Tore: 1:0 Djordjevic (47.), 1:1 Mulder (48.), 2:1 Markovic (81.) - **SR:** Fandel (Kyllburg) - **ZS:** 26.500 - **Gelb:** Berthold, Balakov, Keller - Held, Mulder, van Hoogdalem, Alpugan

Hertha BSC Berlin - Borussia Dortmund   3:0 (0:0)
Hertha BSC: Kiraly - Herzog, Rekdal (6. Neuendorf), Sverrisson (86. van Burik) - Veit, Schmidt, Tretschok, Wosz, Hartmann - Preetz, Reiss (46. Aracic)
BVB: Lehmann - Nijhuis, Reuter, Kohler - Ricken, Stevic, Möller, Nerlinger (74. But), Dede - Herrlich (46. Chapuisat), Tanko (77. Salou)
Tore: 1:0, 2:0 Aracic (70., 82.), 3:0 Preetz (83.) - **SR:** Albrecht - **ZS:** 68.419 - **Gelb:** Reiss, Tretschok, Wosz, Neuendorf, Herzog - Kohler, Reuter, Lehmann, Möller - **Gelb-Rot:** Veit (76.) - Stevic (71.)

Borussia Mönchengladbach - 1. FC Kaiserslautern (So., 21.2.)   0:2 (0:1)
Gladbach: Enke - Klinkert, Andersson, Asanin - Eberl, Sopic (58. Polster), Deisler, Frontzeck, Ketelaer (62. Witeczek) - Pettersson (84. Göktan), Feldhoff
1. FCK: Reinke - Ramzy, Sforza, Samir - Buck (50. Koch), Ratinho (87. Roos), Riedl (82. Hrutka), Ballack, Wagner - Marschall, Reich
Tore: 0:1 Marschall (26.), 0:2 Asanin (56., ET) - **SR:** Berg (Konz) - **ZS:** 25.000 - **Gelb:** Ketelaer, Pettersson, Klinkert - Reinke, Ballack

VfL Bochum - Hamburger SV (Di., 16.3.)   2:0 (1:0)
Bochum: Th. Ernst - Waldoch, Reis, Fahrenhorst - Zeyer, Schindzielorz, Bastürk, Hofmann, Buckley (85. Toplak) - Ion (76. Schreiber), Drincic (66. Mahdavikia)
HSV: Butt - Fischer, Gravesen, Hoogma - Groth, F. Ernst, Jepsen, Curtianu (46. Doll), Hollerbach (78. Yilmaz) - Dembinski (71. Grubac), Yeboah
Tore: 1:0 Fischer (21., ET), 2:0 Mahdavikia (81.) - **SR:** Dardenne (Nettersheim) - **ZS:** 24.603 - **Gelb:** Bastürk, Buckley, Ion - Ernst, Hollerbach, Curtianu, Doll

20. Spieltag: Samstag, 27.2.1999
Torjäger verrichten Kurzarbeit - 5 x 0:0, nur 11 Tore!

SV Werder Bremen - VfL Bochum (Fr., 26.2.)   1:1 (0:1)
Bremen: Brasas - Wiedener, Benken, Skripnik, Trares - Dabrowski (46. Weetendorf), Wicky, Herzog, Eilts - Bode, Bogdanovic (75. Ailton)
Bochum: Ernst - Sundermann, Kracht, Waldoch - Mahdavikia (46. Stickroth, Gaudino, Schindzielorz, Bastürk (57. Toplak), Reis - Kuntz (68. Drincic), Buckley
Tore: 0:1 Kuntz (20.), 1:1 Ailton (87.) - **SR:** Stark (Landshut) - **ZS:** 26.715 - **Gelb:** Bogdanovic - Bastürk, Buckley, Stickroth, Drincic

1. FC Kaiserslautern - VfB Stuttgart (Fr., 26.2.)   1:1 (0:0)
1. FCK: Reinke - Koch, Sforza, Hrutka - Buck, Ratinho, Ramzy, Wagner, Reich - Rische, Hristov (46. Riedl)
Stuttgart: Wohlfahrt - Thiam, Berthold, Verlaat, Keller - Djordjevic, Soldo, Balakov, Carnell (80. Lisztes) - Ristic (70. Endress), Bobic (89. Rost)
Tore: 0:1 Bobic (60.), 1:1 Ramzy (65.) - **SR:** Krug (Gelsenkirchen) - **ZS:** 41.500 (ausverkauft) - **Gelb:** Ratinho - Verlaat - **Gelb-Rot:** Thiam (64.)

TSV München 1860 - MSV Duisburg   0:0
1860: Hofmann - Greilich, Zelic, Kurz - Cerny, Borimirov (69. Agostino), Malz (71. Ouakili), Cizek, Heldt - Winkler (59. Hobsch), Schroth
Duisburg: Stauce - Komljenovic, Emmerling, Wohlert (86. Schramm) - Wolters, Töfting, Hajto, Hirsch, Neun - Osthoff (65. Beierle), Spies (74. Andersen)
SR: Koop (Lüttenmark) - **ZS:** 30.000 - **Gelb:** Greilich, Cizek - Hajto, Hirsch, Osthoff, Wolters

FC Hansa Rostock - FC Bayern München   0:4 (0:0)
Rostock: Pieckenhagen - Gansauge (77. Agali), Weilandt, Holetschek - Lange, Milinkovic (80. Breitkreutz), Wibran, Yasser, Emara (70. Dowe) - Majak, Neuville
FC Bayern: Kahn - Babbel, Matthäus, Linke - Strunz (68. Salihamidzic), Jeremies, Effenberg, Lizarazu - Zickler (68. Scholl), Jancker (82. Daei), Elber
Tore: 0:1 Elber (69.), 0:2 Jancker (79.), 0:3 Elber (87.), 0:4 Matthäus (89.) - **SR:** Zerr (Ottersweier) - **ZS:** 24.500 (ausverkauft) - **Gelb:** Majak, Gansauge, Lange - Babbel, Matthäus, Strunz, Jeremies

Borussia Dortmund - 1. FC Nürnberg   3:0 (1:0)
BVB: Lehmann - Baumann, Reuter, Kohler - Ricken (71. Tanko), But (82. Hengen), Möller, Nerlinger, Dede - Salou (84. Barbarez), Chapuisat
Nürnberg: Köpke - Störzenhofecker, Nikl, van Eck - Wiesinger (71. Günther), Juskic (64. Oechler), Driller, Gerber, Reinhardt - Kuka, Ciric (75. Skoog)
Tore: 1:0 Möller (11.), 2:0 Chapuisat (54.), 3:0 But (62.) - **SR:** Keßler (Wogau) - **ZS:** 64.000 - **Gelb:** Nikl, Reinhardt, Juskic

SC Freiburg - VfL Wolfsburg   0:0
Freiburg: Golz - Schumann, Hermel, Diarra - Rietpietsch (46. Hoffmann), Günes (77. Wassmer), Baya, Pavlin (63. Zkitischwili), Kobiaschwili - Weißhaupt, Ben Slimane
Wolfsburg: Reitmaier - Kryger, Ballwanz, Thomsen - Greiner, Nowak (90. Kovacevic), Reyna, Dammeier, Maltritz - Präger, Juskowiak (70. Baumgart)
SR: Buchhart (Schrobenhausen) - **ZS:** 22.000 - **Gelb:** Baya, Schumann - Thomsen, Maltritz - **Gelb-Rot:** Diarra (87.)

Hamburger SV - Bayer 04 Leverkusen   0:0
HSV: Butt - Panadic, Vogel, Hoogma - Groth, Ernst, Curtianu (85. Jepsen), Babatz (66. Gravesen), Hollerbach - Dembinski, Yeboah
Leverkusen: Matysek - R. Kovac, Nowotny, Happe - Ledwon, N. Kovac (80. Lehnhoff), Ramelow, Beinlich, Zé Roberto - Rink (80. Reichenberger), Kirsten (80. Meijer)
SR: Albrecht (Kaufbeuren) - **ZS:** 22.000 - **Gelb:** Hoogma, Hollerbach, R. Kovac, Happe, Ledwon - **Gelb-Rot:** Vogel (83.)

Eintracht Frankfurt - Borussia Mönchengladbach   0:0
Frankfurt: Nikolov - Bindewald, Hubtchev, Pedersen - U. Schneider, Brinkmann, Janßen (74. Gebhardt), B. Schneider, Bounoua - Sobotzik (80. Nwosu), Fjörtoft (63. Westerthaler)
Gladbach: Enke - Klinkert, Andersson, Asanin - Eberl, Sopic, Deisler (90. Chiquinho), Frontzeck, Witeczek - Göktan (78. Polster), Feldhoff (78. Hagner)
SR: Fröhlich (Berlin) - **ZS:** 38.000 - **Gelb:** B. Schneider, Bounoua - Frontzeck, Klinkert, Göktan

FC Schalke 04 - Hertha BSC Berlin (So., 28.2.)   0:0
Schalke: Reck - De Kock, Müller, van Hoogdalem - Eigenrauch, Alpugan, Kmetsch, Hami (81. Wolf), Büskens - Goossens (73. Anderbrügge), Max
Hertha BSC: Kiraly - Herzog, Neuendorf (57. van Burik), Sverrisson - Covic (67. Thom), Schmidt, Dardai, Tretschok, Hartmann - Aracic, Preetz
SR: Dr. Wack (Biberbach) - **ZS:** 41.100 - **Gelb:** De Kock - Neuendorf, Covic

	Sp.	g.	u.	v.	Tore	Diff.	Punkte
1. Bayern München	19	15	2	2	46 :13	+33	47
2. Bayer Leverkusen	19	10	7	2	41 :19	+22	37
3. 1. FC Kaiserslautern	19	11	4	4	31 :28	+ 3	37
4. TSV München 1860	19	10	5	4	36 :25	+11	35
5. Hertha BSC Berlin	19	10	2	7	29 :19	+10	32
6. Borussia Dortmund	19	8	5	6	28 :21	+ 7	29
7. VfL Wolfsburg	19	7	7	5	35 :29	+ 6	28
8. Werder Bremen	19	6	6	7	28 :26	+ 2	24
9. Hamburger SV	18	6	6	6	23 :23	± 0	24
10. VfB Stuttgart	19	6	6	7	25 :26	- 1	24
11. SC Freiburg	19	5	8	6	22 :24	- 2	23
12. Schalke 04	19	5	6	8	21 :31	- 10	21
13. VfL Bochum	18	5	4	9	22 :33	- 11	19
14. MSV Duisburg	19	4	7	8	20 :32	- 12	19
15. Hansa Rostock	19	3	8	8	27 :35	- 8	17
16. Eintracht Frankfurt	19	4	5	10	22 :33	- 11	17
17. 1. FC Nürnberg	19	2	10	7	21 :34	- 13	16
18. Bor. M'gladbach	19	2	4	13	20 :46	- 26	10

	Sp.	g.	u.	v.	Tore	Diff.	Punkte
1. Bayern München	20	16	2	2	50 :13	+37	50
2. Bayer Leverkusen	20	10	8	2	41 :19	+22	38
3. 1. FC Kaiserslautern	20	11	5	4	32 :29	+ 3	38
4. TSV München 1860	20	10	6	4	36 :25	+11	36
5. Hertha BSC Berlin	20	10	3	7	29 :19	+10	33
6. Borussia Dortmund	20	9	5	6	31 :21	+10	32
7. VfL Wolfsburg	20	7	8	5	35 :29	+ 6	29
8. Werder Bremen	20	6	7	7	29 :27	+ 2	25
9. Hamburger SV	19	6	7	6	23 :23	± 0	25
10. VfB Stuttgart	20	6	7	7	26 :27	- 1	25
11. SC Freiburg	20	5	9	6	22 :24	- 2	24
12. Schalke 04	20	5	7	8	21 :31	- 10	22
13. VfL Bochum	19	5	5	9	23 :34	- 11	20
14. MSV Duisburg	20	4	8	8	20 :32	- 12	20
15. Eintracht Frankfurt	20	4	6	10	22 :33	- 11	18
16. Hansa Rostock	20	3	8	9	27 :39	- 12	17
17. 1. FC Nürnberg	20	2	10	8	21 :37	- 16	16
18. Bor. M'gladbach	20	2	5	13	20 :46	- 26	11

Milliardenliga zwischen Boom und Pleite

21. Spieltag: Samstag, 6.3.1999

Hansa zieht Reißleine - Lienen muss nach 1:4 gehen

1. FC Nürnberg - FC Schalke 04 (Fr., 5.3.) 3:0 (2:0)
Nürnberg: Köpke - Nikl, Baumann, van Eck - Störzenhofecker, Wiesinger, Oechler (76. Ziemer), Gerber, Reinhardt (74. Juskic) - Kuka, Ciric (79. Kurth)
Schalke: Reck - De Kock, Müller (63. Alpugan), van Hoogdalem - Eigenrauch, Goossens (67. Hami), Nemec, Kmetsch, Büskens - Max (56. Tapalovic), Mulder
Tore: 1:0 Kuka (36.), 2:0 Ciric (45.), 3:0 Kuka (60.) - **SR:** Kemmling (Kleinburgwedel) - **ZS:** 40.100 - **Gelb:** Gerber - Mulder - **Gelb-Rot:** van Hoogdalem (48.)

MSV Duisburg - FC Hansa Rostock (Fr., 5.3.) 4:1 (3:0)
Duisburg: Stauce - Osthoff, Emmerling, Komljenovic - Wolters, Töfting (77. Wedau), Hajto, Hirsch, Neun - Beierle (73. Spies), Bugera (68. Diallo)
Rostock: Pieckenhagen - Yasser, Weilandt (46. Ehlers), Gansauge - Ramdane, Wibran, Milinkovic (46. Agali), Dowe, Emara - Majak (66. Breitkreutz), Neuville
Tore: 1:0 Beierle (31.), 2:0 Beierle (34.), 3:0 Beierle (44.), 4:0 Bugera (67.), 4:1 Breitkreutz (88.) - **SR:** Wagner (Hofheim) - **ZS:** 11.225 - **Gelb:** Osthoff, Hajto, Hirsch - Yasser

Borussia Mönchengladbach - TSV München 1860 2:0 (1:0)
Gladbach: Enke - Klinkert, Andersson, Asanin - Eberl, Sopic, Deisler (86. Paßlack), Schneider, Witeczek - Feldhoff (76. Polster), Pettersson
1860: Hofmann - Kurz, Zelic, Richter - Cerny, Borimirov (68. Agostino), Dinzey, Malz (46. Heldt), Cizek - Schroth, Winkler (59. Hobsch)
Tore: 1:0 Klinkert (43.), 2:0 Deisler (75.) - **SR:** Fandel (Kyllburg) - **ZS:** 25.200 - **Gelb:** Witeczek, Asanin, Sopic - Kurz, Richter, Cizek, Schroth

FC Bayern München - SC Freiburg 2:0 (1:0)
FC Bayern: Kahn - Babbel, Helmer, Kuffour - Jeremies, Effenberg, Tarnat (64. Salihamidzic), Lizarazu - Zickler (75. Scholl), Daei, Elber (69. Basler)
Freiburg: Golz - Hoffmann, Hermel (75. Müller), Schwinkendorf, Kobiaschwili - Kohl, Günes (84. Rietpietsch), Pavlin, Weißhaupt - Sellimi (75. Hampl), Ben Slimane
Tore: 1:0 Schwinkendorf (30., ET), 2:0 Daei (79.) - **SR:** Weber (Essen) - **ZS:** 52.000 - **Gelb:** Effenberg, Tarnat - Günes

VfL Bochum - Borussia Dortmund 0:1 (0:1)
Bochum: Ernst - Sundermann, Kracht, Waldoch - Peschel (46. Mahdavikia), Gaudino (46. Bastürk), Schindzielorz, Reis, Schreiber (46. Drincic) - Kuntz, Buckley
BVB: Lehmann - Baumann (81. Nijhuis), Reuter, Kohler - Ricken, Stevic, But, Nerlinger, Dede (78. Tanko) - Salou (46. Herrlich), Chapuisat
Tor: 0:1 Ricken (29.) - **SR:** Dr. Merk - **ZS:** 30.195 - **G.:** Schreiber, Peschel, Drincic, Kracht - Stevic, Ricken

VfL Wolfsburg - Hamburger SV 4:1 (1:1)
Wolfsburg: Reitmaier - Kryger, Ballwanz, Thomsen - Greiner, Nowak, Reyna (84. Maltritz), Dammeier, Kapetanovic - Präger (82. Baumgart), Juskowiak (74. Akonnor)
HSV: Butt - Panadic (24. Fischer), Gravesen, Hoogma - Groth, Ernst, Curtianu (76. Kirjakow), Babatz (65. Spörl), Hollerbach - Dembinski, Yeboah
Tore: 0:1 Ballwanz (9., ET), 1:1 Thomsen (17.), 2:1 Reyna (53.), 3:1 Reyna (75.), 4:1 Akonnor (89.) - **SR:** Jansen (Essen) - **ZS:** 17.734 - **Gelb:** Präger - Ernst, Babatz

Hertha BSC Berlin - 1. FC Kaiserslautern 1:1 (0:1)
Hertha BSC: Kiraly - Herzog, Neuendorf, Sverrisson - Thom, Veit, Wosz, Tretschok, Hartmann (68. Reiss) - Aracic, Preetz
1. FCK: Reinke - Ramzy, Sforza, Koch (62. Hrutka) - Ratinho (62. Roos), Ballack, Riedl, Wagner, Reich - Rische, Rösler (78. Graf)
Tore: 0:1 Ballack (2.), 1:1 Preetz (79.) - **SR:** Heynemann (Magdeburg) - **ZS:** 54.433 - **Gelb:** Neuendorf, Herzog - Ballack, Wagner, Sforza

VfB Stuttgart - Eintracht Frankfurt 2:0 (1:0)
Stuttgart: Wohlfahrt - Th. Schneider (63. Rost), Berthold, Verlaat, Keller - Djordjevic, Soldo, Balakov, Carnell - Bobic, Akpoborie (78. Lisztes)
Frankfurt: Nikolov - Bindewald, Hubtchev, Pedersen - Amstätter, Brinkmann (68. Nwosu), Kaymak, Janßen, Sobotzik (46. B. Schneider), Bounoua - Yang (74. Westerthaler)
Tore: 1:0 Balakov (40.), 2:0 Carnell (90.) - **SR:** Dr. Fleischer (Neuburg) - **ZS:** 23.500 - **Gelb:** Berthold, Th. Schneider - Amstätter, Yang

Bayer 04 Leverkusen - SV Werder Bremen (So., 7.3.) 2:0 (0:0)
Leverkusen: Matysek - R. Kovac, Nowotny - Ledwon (46. Lehnhoff), N. Kovac (62. Heintze), Ramelow, Beinlich, Zivkovic, Zé Roberto - Kirsten (90. Reichenberger), Meijer
Bremen: Rost - Benken, Skripnik, Wojtala - Wiedener, Maximow (77. Ailton), Eilts (70. Wicky), Dabrowski, Herzog, Trares - Bode
Tore: 1:0 Kirsten (75.), 2:0 Beinlich (90.) - **SR:** Zerr (Ottersweier) - **ZS:** 22.500 (ausverkauft) - **Gelb:** Ledwon - Eilts, Ailton, Trares - **Gelb-Rot:** Herzog (80.)

	Sp.	g.	u.	v.	Tore	Diff.	Punkte
1. Bayern München	21	17	2	2	52 :13	+39	53
2. Bayer Leverkusen	21	11	8	2	43 :19	+24	41
3. 1. FC Kaiserslautern	21	11	6	4	33 :30	+ 3	39
4. TSV München 1860	21	10	6	5	36 :27	+ 9	36
5. Borussia Dortmund	21	10	5	6	32 :21	+11	35
6. Hertha BSC Berlin	21	10	4	7	30 :20	+10	34
7. VfL Wolfsburg	21	8	8	5	39 :30	+ 9	32
8. VfB Stuttgart	21	7	7	7	28 :27	+ 1	28
9. Werder Bremen	21	6	7	8	29 :29	± 0	25
10. Hamburger SV	20	6	7	7	24 :27	- 3	25
11. SC Freiburg	21	5	9	7	22 :26	- 4	24
12. MSV Duisburg	21	5	8	8	24 :33	- 9	23
13. Schalke 04	21	5	7	9	21 :34	- 13	22
14. VfL Bochum	20	5	5	10	23 :35	- 12	20
15. 1. FC Nürnberg	21	3	10	8	24 :37	- 13	19
16. Eintracht Frankfurt	21	4	6	11	22 :35	- 13	18
17. Hansa Rostock	21	3	8	10	28 :43	- 15	17
18. Bor. M'gladbach	21	3	5	13	22 :46	- 24	14

22. Spieltag: Samstag, 13.3.1999

Heiko Herrlich: Siegtor und Platzverweis

Borussia Dortmund - Bayer 04 Leverkusen (Fr., 12.3.) 1:0 (1:0)
BVB: Lehmann - Nijhuis, Reuter, Kohler - Ricken, Stevic, But (77. Salou), Nerlinger, Dede - Herrlich, Chapuisat (75. Baumann)
Leverkusen: Matysek - R. Kovac, Nowotny, Happe (61. N. Kovac) - Zivkovic, Emerson (61. Lehnhoff), Ramelow (73. Meijer), Beinlich, Heintze - Kirsten, Rink
Tor: 1:0 Herrlich (13.) - **SR:** Strampe (Handorf) - **ZS:** 67.500 - **Gelb:** Ricken, Nijhuis, Salou, Kohler - Happe, Heintze, Emerson - **Gelb-Rot:** Herrlich (89.)

SC Freiburg - FC Hansa Rostock (Fr., 12.3.) 3:0 (0:0)
Freiburg: Golz - Schumann, Hermel, Diarra (46. Hoffmann) - Kohl, Günes (46. Zkitischwili), Baya, Pavlin, Kobiaschwili (84. Ben Slimane) - Sellimi, Weißhaupt
Rostock: Pieckenhagen - Rehmer, Holetschek, Gansauge - Lange, Wibran (75. Agali), Yasser, Dowe (60. Ehlers), Majak - Ramdane (65. Breitkreutz), Neuville
Tore: 1:0 Kobiaschwili (62.), 2:0 Baya (81.), 3:0 Weißhaupt (82.) - **SR:** Dardenne (Nettersheim) - **ZS:** 22.500 (ausv.) - **Gelb:** Kobiaschwili - Gansauge, Pieckenhagen, Holetschek, Ramdane, Neuville - **G.-R.:** Rehmer (58.) - **B.V.:** Pieckenhagen hält FE von Weißhaupt (62.) - Kobiaschwili trifft im Nachschuss

Borussia Mönchengladbach - MSV Duisburg 0:2 (0:0)
Gladbach: Enke - Klinkert, Andersson, Asanin - Eberl, Sopic, Deisler, Frontzeck, Witeczek (69. Ketelaer) - Feldhoff (62. Polster), Pettersson
Duisburg: Stauce - Komljenovic, Emmerling, Osthoff - Wolters, Töfting, Hirsch, Neun, Bugera (46. Wedau) - Beierle (86. Diallo), Spies
Tore: 0:1 Spies (58.), 0:2 Töfting (77.) - **SR:** Dr. Wack (Biberbach) - **ZS:** 34.500 (ausverkauft) - **Gelb:** Andersson - Hirsch, Wolters, Emmerling

Hamburger SV - FC Bayern München 0:2 (0:2)
HSV: Butt - Fischer, Vogel, Hoogma, Hertzsch (38. Curtianu) - Groth, Ernst (38. Kirjakow), Gravesen, Hollerbach - Yeboah, Dembinski (65. Doll)
FC Bayern: Kahn - Babbel, Matthäus, Kuffour - Strunz (46. Zickler), Jeremies (46. Fink), Effenberg, Tarnat - Basler, Elber (44. Daei), Salihamidzic
Tore: 0:1 Butt (12., ET), 0:2 Salihamidzic (41.) - **SR:** Krug (Gelsenkirchen) - **ZS:** 28.600 (ausverkauft) - **Gelb:** Fischer, Hollerbach - Babbel, Effenberg, Fink

FC Schalke 04 - VfL Bochum 2:2 (2:2)
Schalke: Reck - Eigenrauch, Müller, De Kock - Alpugan, Nemec, Kmetsch (52. Max), Hami (46. Anderbrügge), Büskens - Goossens (79. Held), Mulder
Bochum: Ernst - Sundermann, Kracht (16. Reis), Waldoch - Zeyer, Bastürk, Schindzielorz, Hofmann, Toplak - Drincic (50. Schreiber), Buckley (76. Kuntz)
Tore: 1:0 Mulder (18., FE), 1:1 Reis (20., HE), 1:2 Bastürk (23.), 2:2 Büskens (28.) - **SR:** Fröhlich (Berlin) - **ZS:** 47.700 - **Gelb:** Kmetsch, Müller, Nemec - Waldoch - **Gelb-Rot:** Sundermann (49.)

SV Werder Bremen - VfL Wolfsburg 0:1 (0:0)
Bremen: Brasas - Benken, Wojtala, Skripnik, Trares - Maximow, Wicky (82. Frings), Wiedener (46. Dabrowski) - Ailton, Bogdanovic (68. Weetendorf), Bode
Wolfsburg: Reitmaier - Kryger, Ballwanz, Thomsen, Maltritz - Nowak, Reyna (73. Breitenreiter), Dammeier, Kapetanovic (70. Kovacevic) - Baumgart (62. Akonnor), Juskowiak
Tor: 0:1 Nowak (83.) - **SR:** Wack (Gersheim) - **ZS:** 28.462 - **Gelb:** Benken, Wojtala - Kapetanovic

1. FC Kaiserslautern - 1. FC Nürnberg 2:0 (1:0)
1. FCK: Reinke - Samir (46. Riedl), Hrutka, Koch - Ratinho (79. Roos), Ramzy, Ballack (86. Graf), Wagner, Reich - Rösler, Sforza
Nürnberg: Köpke - Nikl, Baumann, van Eck - Störzenhofecker, Wiesinger (66. Kurth), Oechler (46. Driller), Gerber, Reinhardt (64. Günther) - Ciric, Kuka
Tore: 1:0 Rösler (39.), 2:0 Ratinho (61.) - **SR:** Koop (Lüttenmark) - **ZS:** 41.500 (ausverkauft) - **Gelb:** Samir, Hrutka - Kuka, Günther

TSV München 1860 - VfB Stuttgart 1:1 (0:0)
1860: Hofmann - Greilich, Zelic, Dinzey - Cerny, Borimirov (82. Agostino), Ouakili (58. Malz), Cizek, Heldt - Hobsch (64. Schroth), Winkler
Stuttgart: Wohlfahrt - Thiam, Berthold, Verlaat, Keller - Djordjevic (78. Lisztes), Soldo, Balakov (85. Endress), Carnell - Bobic, Akpoborie (78. Ristic)
Tore: 0:1 Balakov (81.), 1:1 Zelic (89.) - **SR:** Heynemann (Magdeburg) - **ZS:** 38.400 - **Gelb:** Cerny, Ouakili, Schroth - Keller, Soldo, Balakov, Ristic, Bobic

Eintracht Frankfurt - Hertha BSC Berlin (So., 14.3.) 1:1 (0:0)
Frankfurt: Nikolov - Bindewald, Janßen, Pedersen, Schur (87. Kutschera) - Brinkmann, B. Schneider (84. Bounoua), Sobotzik, Kaymak (69. Westerthaler) - Fjörtoft, Yang
Hertha BSC: Kiraly - van Burik, Neuendorf, Sverrisson - Thom (74. Maas), Tretschok, Wosz, Veit (56. Dardai) - Aracic (46. Hartmann), Preetz, Reiss
Tore: 0:1 Sverrisson (59.), 1:1 Yang (73.) - **SR:** Aust (Köln) - **ZS:** 26.000 - **Gelb:** Sobotzik, B. Schneider, Westerthaler - Neuendorf, Sverrisson, Tretschok

	Sp.	g.	u.	v.	Tore	Diff.	Punkte
1. Bayern München	22	18	2	2	54 :13	+41	56
2. 1. FC Kaiserslautern	22	12	6	4	35 :30	+ 5	42
3. Bayer Leverkusen	22	11	8	3	43 :20	+23	41
4. Borussia Dortmund	22	11	5	6	33 :21	+12	38
5. TSV München 1860	22	10	7	5	37 :28	+ 9	37
6. VfL Wolfsburg	22	9	8	5	40 :30	+10	35
7. Hertha BSC Berlin	22	10	5	7	31 :21	+10	35
8. VfB Stuttgart	22	7	8	7	29 :28	+ 1	29
9. SC Freiburg	22	6	9	7	25 :26	- 1	27
10. MSV Duisburg	22	6	8	8	26 :33	- 7	26
11. Werder Bremen	22	6	7	9	29 :30	- 1	25
12. Hamburger SV	21	6	7	8	24 :29	- 5	25
13. Schalke 04	22	5	8	9	23 :36	- 13	23
14. VfL Bochum	21	5	6	10	25 :37	- 12	21
15. Eintracht Frankfurt	22	4	7	11	23 :36	- 13	19
16. 1. FC Nürnberg	22	3	10	9	24 :39	- 15	19
17. Hansa Rostock	22	3	8	11	28 :46	- 18	17
18. Bor. M'gladbach	22	3	5	14	22 :48	- 26	14

Bundesliga 1998/1999

23. Spieltag: Samstag, 20.3.1999
Rekord: Oliver Kahn 723 Minuten ohne Gegentor!

Bayer 04 Leverkusen - FC Schalke 04 (Fr., 19.3.) 1:1 (1:0)
Leverkusen: Matysek - Nowotny - R. Kovac, Happe (86. Reichenberger) - Lehnhoff, Emerson, Ramelow, Beinlich, Zé Roberto - Kirsten, Meijer (79. Rink)
Schalke: Reck - De Kock, Müller, van Hoogdalem - Held, Kmetsch, Wilmots, Nemec (61. van Kerckhoven), Büskens (66. Eigenrauch) - Goossens (84. Max), Mulder
Tore: 1:0 Beinlich (36.), 1:1 Mulder (56.) - **SR:** Wagner (Hofheim) - **ZS:** 22.500 (ausverkauft) - **Gelb:** Nowotny, Beinlich - Goossens, van Kerckhoven, Mulder

VfL Wolfsburg - Borussia Dortmund (Fr., 19.3.) 0:0
Wolfsburg: Reitmaier - Maltritz - Kryger, Greiner, Nowak, Reyna (77. Akonnor), Dammeier, Thomsen, Kapetanovic - Präger, Juskowiak
BVB: Lehmann - Feiersinger - Baumann, Kohler, Ricken (71. Tanko), Stevic, Möller, Nerlinger (83. But), Barbarez, Dede - Chapuisat (64. Salou)
SR: Weber (Essen) - **ZS:** 21.600 (ausverkauft) - **Gelb:** Greiner, Kapetanovic - Stevic, Nerlinger - **Rot:** Präger (73.)

VfB Stuttgart - Borussia Mönchengladbach 2:2 (1:0)
Stuttgart: Wohlfahrt - Thiam, Berthold, Verlaat, Schneider - Djordjevic (76. Zeyer), Soldo, Balakov (88. Ristic), Lisztes - Bobic, Akpoborie (76. Endress)
Gladbach: Enke - Klinkert, Andersson, Asanin, Eberl, Sopic (68. Ketelaer), Deisler, Frontzeck, Witeczek - Feldhoff (64. Polster), Pettersson (68. Göktan)
Tore: 1:0 Lisztes (19.), 2:0 Balakov (60.), 2:1 Frontzeck (67.), 2:2 Ketelaer (89.) - **SR:** Steinborn (Sinzig) - **ZS:** 28.500 - **Gelb:** Berthold, Soldo - Feldhoff, Deisler, Eberl

FC Bayern München - SV Werder Bremen 1:0 (0:0)
FC Bayern: Kahn - Jeremies - Linke, Helmer - Strunz, Fink (66. Matthäus), Effenberg, Tarnat - Scholl (69. Jancker), Daei, Zickler (26. Salihamidzic)
Bremen: Rost - Benken, Wojtala, Trares (46. Maximow), Skripnik - Wicky, Wiedener (89. Weetendorf), Herzog, Eilts - Bogdanovic (83. Ailton), Bode
Tor: 1:0 Jancker (87.) - **SR:** Aust (Köln) - **ZS:** 46.000 - **Gelb:** Salihamidzic, Tarnat - Wicky, Skripnik

VfL Bochum - 1. FC Kaiserslautern 1:2 (1:0)
Bochum: Ernst - Sundermann, Waldoch, Fahrenhorst - Zeyer, Schindzielorz (89. Stickroth), Hofmann, Reis, Buckley (81. Gülünoglu) - Ion (64. Mahdavikia), Drincic
1. FCK: Reinke - Sforza - Samir, Koch (46. Ratinho) - Roos, Reich (90. Riedl), Ramzy, Ballack, Wagner - Rösler, Rische
Tore: 1:0 Zeyer (42.), 1:1 Ratinho (59.), 1:2 Rösler (86.) - **SR:** Strampe (Handorf) - **ZS:** 23.670 - **Gelb:** Waldoch, Sundermann, Ion, Reis - Samir

MSV Duisburg - SC Freiburg 1:0 (0:0)
Duisburg: Stauce - Hajto, Emmerling, Komljenovic - Wolters, Töfting (84. Wedau), Osthoff, Hirsch, Neun - Beierle, Bugera (69. Diallo)
Freiburg: Golz - Hermel - Schumann, Hoffmann - Kohl (82. Rietpietsch), Pavlin (82. Günes), Baya, Weißhaupt, Zkitischwili - Sellimi (71. Wassmer), Ben Slimane
Tor: 1:0 Beierle (56.) - **SR:** Keßler (Wogau) - **ZS:** 13.060 - **Gelb:** Neun, Osthoff, Stauce, Emmerling - Pavlin, Hoffmann

1. FC Nürnberg - Eintracht Frankfurt 2:2 (1:1)
Nürnberg: Köpke - Baumann - Nikl, van Eck, Driller, Störzenhofecker, Ziemer (63. Oechler), Gerber (68. Kurth), Reinhardt (63. Bürger) - Ciric, Kuka
Frankfurt: Nikolov - Kutschera (62. Kaymak), Janßen (46. Hubtchev), Pedersen - Brinkmann, Schur, Sobotzik, B. Schneider, Bindewald - Yang, Westerthaler (70. Zampach)
Tore: 0:1 Yang (9.), 1:1 Kuka (20.), 1:2 Yang (62.), 2:2 Ciric (79.) - **SR:** Krug (Gelsenkirchen) - **ZS:** 34.500 - **Gelb:** Störzenhofecker, Kurth - Kaymak

Hertha BSC Berlin - TSV München 1860 2:1 (1:1)
Hertha: Kiraly - Herzog, Neuendorf, Sverrisson - Covic, Tretschok, Schmidt (46. van Burik), Wosz (80. Maas), Hartmann - Preetz, Reiss (46. Aracic)
1860: Hofmann - Greilich, Vanenburg, Kurz - Borimirov (79. Agostino), Zelic, Ouakili, Cizek, Malz - Schroth, Winkler
Tore: 1:0 Preetz (10., FE), 1:1 Winkler (24.), 2:1 Tretschok (79.) - **SR:** Jansen (Essen) - **ZS:** 48.364 - **Gelb:** Herzog, Sverrisson - Borimirov, Greilich

FC Hansa Rostock - Hamburger SV (So., 21.3.) 0:1 (0:1)
Rostock: Pieckenhagen - Ehlers, Weilandt (82. Noveski), Holetschek - Lange, Wibran, Breitkreutz (62. Fuchs), Yasser, Majak, Ramdane (31. Dowe), Neuville
HSV: Butt - Panadic, Hoogma, Hertzsch, Ernst (73. Vogel), Gravesen (57. Curtianu), Babatz, Hollerbach - Kirjakow (83. Doll), Yeboah
Tor: 0:1 Gravesen (5.) - **SR:** Fandel (Kyllburg) - **ZS:** 16.000 - **Gelb:** Weilandt, Ehlers, Kirjakow, Gravesen - **B.V.:** Pieckenhagen hält FE von Gravesen (34.)

24. Spieltag: Samstag, 3.4.1999
Ulf Kirsten schießt Bayer auf Platz 2

1. FC Kaiserslautern - Bayer 04 Leverkusen 0:1 (0:1)
1. FCK: Reinke - Roos, Sforza, Ramzy - Buck (61. Rische), Ratinho, Ballack, Wagner, Reich - Marschall, Rösler
Leverkusen: Matysek - R. Kovac, Nowotny - Zivkovic, Emerson, Ramelow, Beinlich, Heintze - Hejduk, Kirsten (85. Reichenberger), Zé Roberto (90. Meijer)
Tor: 0:1 Kirsten (42.) - **SR:** Jansen (Essen) - **ZS:** 41.500 (ausverkauft) - **Gelb:** Rösler, Marschall - Beinlich

Borussia Dortmund - FC Bayern München 2:2 (2:0)
BVB: Lehmann - Baumann, Reuter, Kohler, Dede - Ricken, Stevic, Möller, Nerlinger (59. But) - Herrlich (83. Salou), Chapuisat (53. Feiersinger)
FC Bayern: Kahn - Linke, Helmer, Kuffour (46. Salihamidzic), Fink, Effenberg, Tarnat - Basler (46. Zickler), Jancker (79. Daei), Scholl
Tore: 1:0 Herrlich (13.), 2:0 Herrlich (32.), 2:1 Zickler (58.), 2:2 Jancker (63.) - **SR:** Heynemann (Magdeburg) - **ZS:** 68.600 (ausverkauft) - **Gelb:** Nerlinger - Strunz, Linke - **Gelb-Rot:** Reuter (51.) - **Rot:** Kuffour (36.) - **B.V.:** Kahn hält FE von Ricken (77.)

VfB Stuttgart - MSV Duisburg 0:0
Stuttgart: Wohlfahrt - Schneider (22. Pinto), Spanring, Verlaat, Keller - Thiam, Soldo, Zeyer (84. Frommer), Lisztes (66. Markovic) - Bobic, Akpoborie
Duisburg: Stauce - Hajto, Emmerling, Wohlert - Wolters (66. Diallo), Töfting, Osthoff, Hirsch, Neun - Spies, Beierle (90. Andersen)
SR: Kemmling (Kleinburgwedel) - **ZS:** 24.500 - **Gelb:** Keller, Akpoborie - Wohlert, Hajto, Neun

SV Werder Bremen - FC Hansa Rostock 0:3 (0:2)
Bremen: Rost - Wiedener, Wojtala, Wicky (46. Flock), Maximow, Herzog, Eilts, Trares - Ailton, Bogdanovic, Bode
Rostock: Pieckenhagen - Rehmer, Holetschek, Zallmann (90. Ehlers) - Lange, Wibran, Breitkreutz (88. Fuchs), Yasser, Emara - Agali (83. Majak), Neuville
Tore: 0:1 Agali (26.), 0:2 Lange (42.), 0:3 Neuville (50.) - **SR:** Dr. Wack (Biberbach) - **ZS:** 28.486 - **Gelb:** Eilts, Herzog, Wiedener - Wibran, Breitkreutz

FC Schalke 04 - VfL Wolfsburg 2:0 (0:0)
Schalke: Reck - De Kock, Thon, van Hoogdalem - Held, Nemec (76. Müller), Wilmots (40. Alpugan), van Kerckhoven, Büskens - Mulder, Max (85. Wolf)
Wolfsburg: Reitmaier - Kryger, Ballwanz, Thomsen - Maltritz (70. Schröder), Akonnor, Nowak, Dammeier (79. Nagorny), Kapetanovic - Juskowiak, Breitenreiter (46. Baumgart)
Tore: 1:0 Büskens (60.), 2:0 De Kock (82.) - **SR:** Dr. Fleischer (Neuburg) - **ZS:** 43.700 - **Gelb:** Nemec, van Hoogdalem - Kapetanovic, Thomsen

Hamburger SV - SC Freiburg 2:1 (1:1)
HSV: Butt - Panadic, Hoogma, Hertzsch - Groth, Ernst, Gravesen, Hollerbach (60. Babatz) - Kirjakow (52. Doll), Yeboah, Dembinski (79. Jepsen)
Freiburg: Golz - Schumann, Hermel, Diarra - Rietpietsch (75. Pavlin), Baya, Günes (69. Wassmer), Kobiaschwili - Zkitischwili - Weißhaupt, Sellimi (69. Ben Slimane)
Tore: 0:1 Weißhaupt (10.), 1:1 Yeboah (39.), 2:1 Yeboah (48.) - **SR:** Sippel (Würzburg) - **ZS:** 22.668 - **Gelb:** Hollerbach - Diarra, Pavlin, Weißhaupt - **Gelb-Rot:** Ernst (66.)

TSV München 1860 - 1. FC Nürnberg 1:2 (0:1)
1860: Hofmann - Zelic, Vanenburg, Kurz - Cerny, Borimirov (26. Hobsch), Cizek, Ouakili (58. Malz), Heldt - Schroth, Winkler
Nürnberg: Köpke - van Eck, Baumann, Grasser (46. Rahner) - Driller (69. Günther), Störzenhofecker, Ziemer (54. Oechler), Nikl, Gerber - Ciric, Kuka
Tore: 1:0 Kuka (7.), 1:1 Hobsch (66.), 1:2 Störzenhofecker (75.) - **SR:** Fröhlich (Berlin) - **ZS:** 50.400 - **Gelb:** Winkler, Cizek, Hobsch - Driller, Günther - **Gelb-Rot:** Vanenburg (60.) - **B.V.:** Winkler schießt FE neben das Tor (34.)

Borussia Mönchengladbach - Hertha BSC Berlin (So., 4.4.) 2:4 (0:1)
Gladbach: Enke - Asanin, Andersson, Klinkert - Schneider, Chiquinho (82. Pettersson), Sopic, Pflipsen (73. Ketelaer), Frontzeck - Polster (68. Feldhoff), Witeczek
Hertha BSC: Kiraly - Herzog, van Burik, Sverrisson - Thom, Tretschok, Hartmann, Wosz, Mandreko (56. Schmidt) - Preetz, Aracic
Tore: 1:0 Preetz (34.), 1:1, 2:1 Witeczek (53., 59.), 2:2 Thom (66.), 2:3 Preetz (71., FE), 2:4 Sverrisson (77.) - **SR:** Stark (Landshut) - **ZS:** 31.000 - **Gelb:** Frontzeck, Andersson - Herzog, Mandreko, Wosz

Eintracht Frankfurt - VfL Bochum 1:0 (0:0)
Frankfurt: Nikolov - Bindewald, Janßen, Kutschera - Zampach, Schur, Sobotzik, B. Schneider, Brinkmann - Yang (9. Zinnow, 66. Fjörtoft), Westerthaler (78. Bounoua)
Bochum: Ernst - Sundermann, Kracht, Waldoch - Zeyer, Schindzielorz, Bastürk, Hofmann (68. Gaudino), Reis (57. Peschel) - Drincic (55. Michalke), Buckley
Tor: 1:0 Fjörtoft (86.) - **SR:** Koop (Lüttenmark) - **ZS:** 32.200 - **Gelb:** Fjörtoft, Schur, Zampach - Bastürk, Sundermann - **Gelb-Rot:** Michalke (81.) - **B.V.:** Nikolov hält FE von Reis (56.)

	Sp.	g.	u.	v.	Tore	Diff.	Punkte
1. Bayern München	23	19	2	2	55 :13	+42	59
2. 1. FC Kaiserslautern	23	13	6	4	37 :31	+ 6	45
3. Bayer Leverkusen	23	11	9	3	44 :21	+23	42
4. Borussia Dortmund	23	11	6	6	33 :21	+12	39
5. Hertha BSC Berlin	23	11	5	7	33 :22	+11	38
6. TSV München 1860	23	10	7	6	38 :30	+ 8	37
7. VfL Wolfsburg	23	9	9	5	40 :30	+10	36
8. VfB Stuttgart	23	7	9	7	31 :30	+ 1	30
9. MSV Duisburg	23	7	8	8	27 :33	- 6	29
10. Hamburger SV	23	7	7	9	25 :31	- 6	28
11. SC Freiburg	23	6	9	8	25 :27	- 2	27
12. Werder Bremen	23	6	7	10	29 :31	- 2	25
13. VfL Bochum	23	6	6	11	28 :39	- 11	24
14. Schalke 04	23	5	9	9	24 :37	- 13	24
15. Eintracht Frankfurt	23	4	8	11	25 :38	- 13	20
16. 1. FC Nürnberg	23	3	11	9	26 :41	- 15	20
17. Hansa Rostock	23	3	8	12	28 :47	- 19	17
18. Bor. M'gladbach	23	3	6	14	24 :50	- 26	15

	Sp.	g.	u.	v.	Tore	Diff.	Punkte
1. Bayern München	24	19	3	2	57 :15	+42	60
2. Bayer Leverkusen	24	12	9	3	45 :21	+24	45
3. 1. FC Kaiserslautern	24	13	6	5	37 :32	+ 5	45
4. Hertha BSC Berlin	24	12	5	7	37 :24	+13	41
5. Borussia Dortmund	24	11	7	6	35 :23	+12	40
6. TSV München 1860	24	10	7	7	39 :32	+ 7	37
7. VfL Wolfsburg	24	9	9	6	40 :32	+ 8	36
8. VfB Stuttgart	24	7	10	7	31 :30	+ 1	31
9. Hamburger SV	24	8	7	9	27 :32	- 5	31
10. MSV Duisburg	24	7	9	8	27 :33	- 6	30
11. SC Freiburg	24	6	9	9	26 :29	- 3	27
12. Schalke 04	24	6	9	9	26 :37	- 11	27
13. Werder Bremen	24	6	7	11	29 :34	- 5	25
14. VfL Bochum	24	6	6	12	28 :40	- 12	24
15. Eintracht Frankfurt	24	5	8	11	26 :38	- 12	23
16. 1. FC Nürnberg	24	4	11	9	28 :42	- 14	23
17. Hansa Rostock	24	4	8	12	31 :47	- 16	20
18. Bor. M'gladbach	24	3	6	15	26 :54	- 28	15

Milliardenliga zwischen Boom und Pleite

25. Spieltag: Samstag, 10.4.1999

„Club" und Rostock holen Big points

MSV Duisburg - Hamburger SV (Fr., 9.4.) 2:3 (2:0)
Duisburg: Stauce - Hajto, Emmerling, Wohlert, Osthoff - Wolters (77. Wedau), Töfting (65. Koml-jenovic), Hirsch, Bugera - Beierle (46. Diallo), Spies
HSV: Butt - Panadic, Hoogma, Hertzsch - Babatz, Groth, Gravesen, Jepsen (90. Fischer) - Kirjakow (46. Grammozis), Yeboah, Dembinski (89. Doll)
Tore: 1:0 Osthoff (6.), 2:0 Hajto (7.), 2:1 Groth (58.), 2:2 Dembinski (63.), 2:3 Dembinski (75.) - **SR:** Strampe (Handorf) - **ZS:** 17.170 - **Gelb:** Osthoff, Bugera - **Rot:** Emmerling (67.) - Gravesen (67.)

SC Freiburg - SV Werder Bremen (Fr., 9.4.) 0:2 (0:0)
Freiburg: Golz - Schumann, Hermel, Müller (78. Schwinkendorf) - Rietpietsch (62. Günes), Baya, Weißhaupt, Kobiaschwili, Zkitischwili - Wassmer (62. Ben Slimane), Sellimi
Bremen: Rost - Benken (36. Flock), Eilts, Skripnik - Wiedener, Wicky, Herzog (68. Brand), Dabrowski (46. Frings), Trares - Bogdanovic, Bode
Tore: 0:1 Frings (52.), 0:2 Bogdanovic (81.) - **SR:** Krug (Gelsenkirchen) - **ZS:** 22.500 (ausv.) - **Gelb:** Zkitischwili, Hermel - Trares, Benken - **G.-R.:** Kobiaschwili (25.) - **B.V.:** Weißhaupt verschießt FE (84.)

Hertha BSC Berlin - VfB Stuttgart 2:0 (0:0)
Hertha BSC: Kiraly - Herzog, van Burik, Sverrisson - Thom, Wosz (89. Roy), Schmidt, Tretschok, Hartmann - Preetz, Aracic (71. Neuendorf)
Stuttgart: Wohlfahrt - Thiam, Berthold, Verlaat, Keller (18. Spanring) - Djordjevic, Soldo, Zeyer, Lisztes - Akpoborie (77. Frommer), Bobic (77. Ristic)
Tore: 1:0 Aracic (57.), 2:0 Neuendorf (73.) - **SR:** Weber (Essen) - **ZS:** 57.849 - **Gelb:** Wosz - Soldo, Berthold, Verlaat, Akpoborie, Wohlfahrt - **B.V.:** Wohlfahrt hält FE von Preetz (47.)

FC Hansa Rostock - Borussia Dortmund 2:0 (0:0)
Rostock: Pieckenhagen - Rehmer, Holetschek, Ehlers - Lange, Wibran, Breitkreutz (84. Laars), Yasser, Emara - Agali (80. Majak), Neuville (89. Fuchs)
BVB: Lehmann - Kohler, Feiersinger (78. Chapuisat), Nijhuis (46. Baumann) - Ricken, Stevic, Möller, Nerlinger (46. But), Dede - Herrlich, Barbarez
Tore: 1:0 Neuville (60.), 2:0 Agali (79.) - **SR:** Dr. Fleischer (Neuburg) - **ZS:** 21.500 - **Gelb:** Holetschek - Nijhuis, Stevic - **Gelb-Rot:** Lange (89.) - **Rot:** Lehmann (89.) - Stevic ging ins Tor

VfL Wolfsburg - 1. FC Kaiserslautern 2:1 (1:0)
Wolfsburg: Reitmaier - Thomsen, Ballwanz, Kryger - Greiner, Nowak, Akonnor, Dammeier, Maltritz (68. O'Neil) - Präger (80. Baumgart), Juskowiak (73. Breitenreiter)
1. FCK: Reinke - Koch, Sforza, Roos - Ratinho, Ballack, Ramzy (46. Schäfer), Wagner, Reich (46. Riedl) - Rische, Rösler (22. Buck)
Tore: 1:0 Präger (42.), 2:0 Präger (70.), 2:1 Ballack (75., FE) - **SR:** Zerr (Ottersweier) - **ZS:** 18.000 - **Gelb:** Präger, Maltritz - Ballack, Wagner, Ratinho, Schäfer

FC Bayern München - FC Schalke 04 1:1 (0:0)
FC Bayern: Kahn - Babbel, Helmer, Linke - Strunz (46. Salihamidzic), Fink, Effenberg, Tarnat - Basler (72. Jancker), Daei, Zickler (72. Scholl)
Schalke: Reck - Tapalovic (64. van Kerckhoven), Thon (12. Müller), De Kock, Büskens - Held, Alpugan, van Hoogdalem, Nemec - Mulder, Max
Tore: 1:0 Zickler (49.), 1:1 Held (62.) - **SR:** Berg (Konz) - **ZS:** 63.000 (ausverkauft) - **Gelb:** Müller

1. FC Nürnberg - Borussia Mönchengladbach 2:0 (1:0)
Nürnberg: Köpke - Nikl, Baumann, van Eck - Driller, Ziemer, Störzenhofecker, Lösch (57. Oechler), Gerber - Ciric (73. Kurth), Kuka
Gladbach: Enke - Asanin, Schneider, Klinkert - Eberl (73. Paßlack), Sopic (73. Pflipsen), Witeczek, Frontzeck, Ketelaer - Pettersson, Feldhoff (55. Göktan)
Tore: 1:0 Ziemer (39.), 2:0 Oechler (78.) - **SR:** Dr. Merk (Kaiserslautern) - **ZS:** 43.500 - **Gelb:** Nikl, van Eck, Kuka - Schneider, Ketelaer

Bayer 04 Leverkusen - Eintracht Frankfurt 2:1 (2:0)
Leverkusen: Matysek - R. Kovac, Nowotny - Zivkovic, Emerson (86. N. Kovac), Ramelow, Beinlich, Heintze - Hejduk (70. Lehnhoff), Kirsten, Zé Roberto (73. Meijer)
Frankfurt: Nikolov - Zampach, Janßen, Pedersen, Bindewald - Bounoua, Schur (73. Gebhardt), B. Schneider, Kutschera, Sobotzik (54. Westerthaler) - Brinkmann (54. Fjörtoft)
Tore: 1:0 Kirsten (25.), 2:0 Kirsten (29.), 2:1 Zampach (64.) - **SR:** Dr. Wack (Biberbach) - **ZS:** 22.500 (ausverkauft) - **Gelb:** Hejduk, Beinlich - Nikolov, Janßen, Schur

VfL Bochum - TSV München 1860 (So., 11.4.) 2:0 (0:0)
Bochum: Ernst - Sundermann (45. Zeyer), Waldoch, Kracht, Toplak - Schindzielorz (57. Peschel), Bastürk, Reis (73. Fahrenhorst), N. Hofmann - Mahdavikia, Buckley
1860: M. Hofmann - Kurz, Zelic, Dinzey (78. Richter) - Cerny, Borimirov, Tyce, Cizek (69. Hobsch), Heldt (65. Ouakili) - Schroth, Winkler
Tore: 1:0 Buckley (56.), 2:0 Zeyer (90.) - **SR:** Wagner (Hofheim) - **ZS:** 20.395 - **Gelb:** Schindzielorz, Waldoch, Fahrenhorst - Tyce

	Sp.	g.	u.	v.	Tore	Diff.	Punkte
1. Bayern München	25	19	4	2	58 :16	+42	61
2. Bayer Leverkusen	25	13	9	3	47 :22	+25	48
3. 1. FC Kaiserslautern	25	13	6	6	38 :34	+ 4	45
4. Hertha BSC Berlin	25	13	5	7	39 :24	+15	44
5. Borussia Dortmund	25	11	7	7	35 :25	+10	40
6. VfL Wolfsburg	25	10	9	6	42 :33	+ 9	39
7. TSV München 1860	25	10	7	8	39 :34	+ 5	37
8. Hamburger SV	25	9	7	9	30 :34	- 4	34
9. VfB Stuttgart	25	7	10	8	31 :32	- 1	31
10. MSV Duisburg	25	7	9	9	29 :36	- 7	30
11. Werder Bremen	25	7	7	11	31 :34	- 3	28
12. Schalke 04	25	6	10	9	27 :38	- 11	28
13. SC Freiburg	25	6	9	10	26 :31	- 5	27
14. VfL Bochum	25	7	6	12	30 :40	- 10	27
15. 1. FC Nürnberg	25	5	11	9	30 :42	- 12	26
16. Eintracht Frankfurt	25	5	8	12	27 :40	- 13	23
17. Hansa Rostock	25	5	8	12	33 :47	- 14	23
18. Bor. M'gladbach	25	3	6	16	26 :56	- 30	15

26. Spieltag: Dienstag, 13.4.1999

„Löwen" weiterhin auf Talfahrt

SV Werder Bremen - Hamburger SV 0:0
Bremen: Rost - Wojtala, Trares, Benken, Wicky - Dabrowski, Eilts, Herzog, Bode (10. Wiedener) - Bogdanovic, Frings
HSV: Butt - Panadic, Hoogma, Hertzsch - Groth, Grammozis (77. Fischer), Ernst, Spörl (64. Doll), Dembinski, Hollerbach (55. Babatz) - Yeboah
SR: Keßler (Wogau) - **ZS:** 34.486 - **Gelb:** Trares - Grammozis, Yeboah, Spörl, Doll

Eintracht Frankfurt - VfL Wolfsburg 0:1 (0:1)
Frankfurt: Nikolov - Bindewald, Janßen, Pedersen - Zampach, Sobotzik, Schur, B. Schneider, Brinkmann (71. Gebhardt) - Westerthaler (71. Stojak), Fjörtoft
Wolfsburg: Reitmaier - Thomsen, Ballwanz, Kryger (86. O'Neil) - Greiner, Nowak, Akonnor, Dam-meier, Maltritz - Präger (74. Breitenreiter), Juskowiak (58. Baumgart)
Tor: 0:1 Schur (5., ET) - **SR:** Stark (Landshut) - **ZS:** 17.300 - **Gelb:** Fjörtoft, Schur, Pedersen, Bindewald - Maltritz, Greiner - **B.V.:** Reitmaier hält FE von Brinkmann (44.)

VfB Stuttgart - 1. FC Nürnberg 0:0
Stuttgart: Wohlfahrt - Thiam, Endress, Berthold, Spanring (58. Akpoborie) - Djordjevic, Soldo, Lisztes, Carnell (77. Frommer) - Ristic, Markovic (82. Hosny)
Nürnberg: Köpke - Nikl, Baumann, van Eck - Driller (85. Oechler), Ziemer (77. Günther), Störzenhofecker, Lösch, Gerber - Ciric, Kuka
SR: Aust (Köln) - **ZS:** 21.000 - **Gelb:** Thiam, Spanring, Endress - Gerber - **Rot:** Baumann (32.)

FC Schalke 04 - FC Hansa Rostock 1:0 (0:0)
Schalke: Reck - De Kock, Thon, van Hoogdalem - Held, Alpugan, Nemec (88. Müller), van Kerckhoven (75. Anderbrügge), Büskens - Max (58. Wolf), Mulder
Rostock: Pieckenhagen - Rehmer, Holetschek (7. Gansauge), Ehlers - Ramdane, Breitkreutz, Wibran, Yasser, Emara (77. Fuchs) - Agali (62. Majak), Neuville
Tor: 1:0 Wolf (76.) - **SR:** Albrecht (Kaufbeuren) - **ZS:** 33.160 - **Gelb:** Nemec, van Kerckhoven, Büskens - Ramdane

1. FC Kaiserslautern - FC Bayern München 2:1 (2:1)
1. FCK: Reinke - Koch, Sforza, Schjönberg - Buck (30. Riedl), Roos (61. Hrutka), Ratinho, Wagner (52. Ballack), Schäfer - Marschall, Rische
FC Bayern: Kahn (46. Dreher) - Babbel, Linke, Helmer - Strunz, Scholl (61. Jancker), Fink, Salihamidzic - Basler, Daei (80. Jarolim), Zickler
Tore: 0:1 Daei (5.), 1:1 Buck (29.), 2:1 Rische (43.) - **SR:** Fröhlich (Berlin) - **ZS:** 41.500 (ausverkauft) - **Gelb:** Wagner, Marschall - Scholl, Basler, Fink, Strunz, Helmer, Salihamidzic

Borussia Dortmund - SC Freiburg (Mi., 14.4.) 2:1 (1:1)
BVB: De Beer - Nijhuis (64. Baumann), Reuter, Kohler - Ricken, Stevic, But (33. Möller), Nerlinger, Dede - Salou (39. Häßler), Barbarez
Freiburg: Golz - Schumann, Hermel, Müller - Rietpietsch (57. Kohl), Günes, Baya, Pavlin (72. Ben Slimane), Zkitischwili - Weißhaupt, Sellimi (73. Schwinkendorf)
Tore: 0:1 Günes (18.), 1:1 Barbarez (45.), 2:1 Ricken (76.) - **SR:** Kemmling (Kleinburgwedel) - **ZS:** 61.000 - **Gelb:** Stevic, Möller, Reuter - Hermel, Pavlin - **B.V.:** De Beer hält FE von Hermel (82.)

Hertha BSC Berlin - MSV Duisburg (Mi., 14.4.) 1:3 (0:1)
Hertha BSC: Kiraly - Herzog, van Burik, Sverrisson - Thom (87. Covic), Wosz (63. Roy), Schmidt (54. Neuendorf), Tretschok, Hartmann - Preetz, Reiss
Duisburg: Stauce - Hajto, Komljenovic, Wohlert - Wolters, Töfting (87. Schramm), Wedau, Osthoff, Hirsch (89. Schyrba) - Spies, Andersen (77. Bugera)
Tore: 0:1 Wolters (18.), 0:2 van Burik (50., ET), 1:2 Preetz (70.), 1:3 Wedau (79.) - **SR:** Fandel (Kyllburg) - **ZS:** 40.242 - **Gelb:** Kiraly, Hartmann, Tretschok - Hajto, Wedau, Wolters

TSV München 1860 - Bayer 04 Leverkusen (Mi., 14.4.) 0:2 (0:0)
1860: Hofmann - Cerny, Vanenburg, Kurz, Tyce - Borimirov, Zelic, Cizek (60. Schroth), Heldt - Winkler, Hobsch
Leverkusen: Matysek - R. Kovac, Nowotny - Zivkovic, Emerson, Ramelow, Beinlich, Heintze - Hejduk (82. Reichenberger), Kirsten (85. Rink), Zé Roberto
Tore: 0:1 Emerson (46.), 0:2 Zé Roberto (62.) - **SR:** Steinborn (Sinzig) - **ZS:** 21.000 - **Gelb:** Hobsch, Borimirov - Zivkovic - **Gelb-Rot:** Tyce (76.)

Borussia Mönchengladbach - VfL Bochum (Mi., 14.4.) 2:2 (0:0)
Gladbach: Enke - Klinkert, Andersson, Asanin - Eberl, Sopic, Schneider, Witeczek (84. Ketelaer), Frontzeck - Polster, Pettersson (70. Paßlack)
Bochum: Ernst - Sundermann (72. Gaudino), Kracht, Toplak - Zeyer, Reis, Bastürk, Hofmann (46. Schindzielorz), Buckley - Mahdavikia, Michalke (60. Peschel)
Tore: 1:0 Asanin (65.), 1:1 Peschel (76.), 2:1 Paßlack (90.), 2:2 Mahdavikia (90.) - **SR:** Heynemann (Magdeburg) - **ZS:** 16.000 - **Gelb:** Pettersson, Paßlack - Toplak, Peschel - **Gelb-Rot:** Sopic (69.)

	Sp.	g.	u.	v.	Tore	Diff.	Punkte
1. Bayern München	26	19	4	3	59 :18	+41	61
2. Bayer Leverkusen	26	14	9	3	49 :22	+27	51
3. 1. FC Kaiserslautern	26	14	6	6	40 :35	+ 5	48
4. Hertha BSC Berlin	26	13	5	8	40 :27	+13	44
5. Borussia Dortmund	26	12	7	7	37 :26	+11	43
6. VfL Wolfsburg	26	11	9	6	43 :33	+10	42
7. TSV München 1860	26	10	7	9	39 :36	+ 3	37
8. Hamburger SV	26	9	8	9	30 :34	- 4	35
9. MSV Duisburg	26	8	9	9	32 :37	- 5	33
10. VfB Stuttgart	26	7	11	8	31 :32	- 1	32
11. Schalke 04	26	7	10	9	28 :38	- 10	31
12. Werder Bremen	26	7	8	11	31 :34	- 3	29
13. VfL Bochum	26	7	7	12	32 :42	- 10	28
14. SC Freiburg	26	6	9	11	27 :33	- 6	27
15. 1. FC Nürnberg	26	5	12	9	30 :42	- 12	27
16. Eintracht Frankfurt	26	5	8	13	27 :41	- 14	23
17. Hansa Rostock	26	5	8	13	33 :48	- 15	23
18. Bor. M'gladbach	26	3	7	16	28 :58	- 30	16

Bundesliga 1998/1999

27. Spieltag: Samstag, 17.4.1999
Akpoborie und Kirsten treffen dreifach

FC Hansa Rostock - 1. FC Kaiserslautern (Fr., 16.4.) 2:1 (1:0)
Rostock: Pieckenhagen - Rehmer, Weilandt, Ehlers - Lange, Wibran, Breitkreutz (85. Dowe), Yasser, Emara - Neuville, Majak (82. Fuchs)
1. FCK: Reinke - Koch (83. Schäfer), Sforza, Roos - Ratinho (78. Ojigwe), Riedl, Ramzy, Ballack, Schjönberg - Rische (46. Rösler), Marschall
Tore: 1:0 Neuville (42.), 2:0 Ehlers (59.), 2:1 Rösler (89.) - **SR:** Wagner (Hofheim) - **ZS:** 16.500 - **Gelb:** Breitkreutz, Emara - Riedl, Ballack - **Gelb-Rot:** Rösler (89.)

FC Bayern München - Eintracht Frankfurt (Fr., 16.4.) 3:1 (2:0)
FC Bayern: Dreher - Babbel, Matthäus (60. Fink), Linke - Strunz, Effenberg, Jeremies (88. Daei), Salihamidzic - Basler, Jancker, Zickler (84. Scholl)
Frankfurt: Nikolov - Bindewald, Janßen, Kutschera, Pedersen - Zampach (66. U. Schneider), Schur, B. Schneider, Brinkmann (46. Sobotzik) - Westerthaler (61. Stojak), Fjörtoft
Tore: 1:0 Bindewald (27., ET), 2:0 Zickler (34.), 3:0 Strunz (72.), 3:1 Fjörtoft (80.) - **SR:** Jansen (Essen) - **ZS:** 46.000 - **Gelb:** Linke, Jancker - Schur, Bindewald - **B.V.:** Effenberg verschießt FE (8.)

1. FC Nürnberg - Hertha BSC Berlin 0:0
Nürnberg: Köpke - Nikl, Lösch, van Eck - Driller (46. Günther), Ziemer, Oechler (72. Skoog), Störzenhofecker, Gerber - Kuka, Ciric
Hertha BSC: Kiraly - Herzog, van Burik (89. Rekdal), Sverrisson - Schmidt, Wosz (90. Aracic), Dardai, Hartmann, Roy, Veit (68. Thom) - Preetz
SR: Zerr (Ottersweier) - **ZS:** 33.000 - **Gelb:** Gerber, Nikl - Schmidt, Hartmann

SC Freiburg - FC Schalke 04 0:2 (0:0)
Freiburg: Golz - Schumann (81. Schwinkendorf), Hermel, Diarra - Kohl (50. Rietpietsch), Baya, Weißhaupt, Kobiaschwili (72. Günes), Zkitischwili - Wassmer, Sellimi
Schalke: Reck - De Kock, Thon, van Hoogdalem - Held, Tapalovic (86. Max), Müller, Alpugan, Büskens - Pereira (65. Wolf), Mulder
Tore: 0:1 Alpugan (70.), 0:2 Wolf (85.) - **SR:** Strampe (Handorf) - **ZS:** 22.500 (ausverkauft) - **Gelb:** Müller, van Hoogdalem, De Kock

VfL Bochum - VfB Stuttgart 3:3 (0:2)
Bochum: Ernst - Waldoch, Kracht, Sundermann - A. Zeyer, Schindzielorz (46. Peschel), Bastürk, Stickroth (46. Toplak), Reis (46. Buckley) - Mahdavikia, Michalke
Stuttgart: Wohlfahrt - Spanring, Endress, Verlaat, Carnell - Djordjevic, M. Zeyer, Soldo, Lisztes (75. Frommer) - Ristic (60. Ziegler/TW), Akpoborie (86. Rost)
Tore: 0:1 Akpoborie (42.), 0:2 Akpoborie (45.), 1:3 Mahdavikia (60., FE), 2:3 Michalke (75.), 3:3 Buckley (79.) - **SR:** Dr. Fleischer (Neuburg) - **ZS:** 21.283 - **Gelb:** Waldoch, Peschel - M. Zeyer, Carnell, Frommer, Djordjevic - **Rot:** Wohlfahrt (60.)

VfL Wolfsburg - TSV München 1860 1:0 (0:0)
Wolfsburg: Reitmaier - O'Neil, Ballwanz, Thomsen - Greiner (84. Däbritz), Nowak, Akonnor, Dam-meier, Kapetanovic (61. Maltritz) - Präger, Juskowiak (66. Baumgart)
1860: Hofmann - Gorges (80. Malz), Vanenburg, Kurz - Cerny, Zelic (86. Hobsch), Borimirov (80. Bender), Cizek, Heldt - Winkler, Schroth
Tor: 1:0 Nowak (76.) - **SR:** Koop (Lüttenmark) - **ZS:** 15.909 - **Gelb:** Greiner, Kapetanovic - Winkler, Wiedener, Borimirov

MSV Duisburg - SV Werder Bremen 2:0 (1:0)
Duisburg: Stauce - Wohlert, Komljenovic, Hajto - Bugera (90. Andersen), Töfting, Wedau, Hirsch, Neun - Spies (66. Beierle), Osthoff (85. Schramm)
Bremen: Rost - Benken, Trares, Wicky - Wojtala (46. Flock), Dabrowski (78. Weetendorf), Herzog, Eilts, Wiedener - Bogdanovic, Frings (46. Ailton)
Tore: 1:0 Hajto (8., FE), 2:0 Osthoff (60.) - **SR:** Dr. Merk (Kaiserslautern) - **ZS:** 16.176 - **Gelb:** Töfting, Hirsch - Benken, Bogdanovic

Bayer 04 Leverkusen - Borussia Mönchengladbach 4:1 (1:0)
Leverkusen: Matysek - R. Kovac (86. Happe), Nowotny - Zivkovic, Emerson, Ramelow, Beinlich (79. N. Kovac), Heintze - Hejduk (76. Lehnhoff), Kirsten, Zé Roberto
Gladbach: Enke - Asanin, Andersson, Klinkert - Eberl, Schneider, Witeczek, Frontzeck, Ketelaer (64. Chiquinho) - Pettersson (80. Paßlack), Polster
Tore: 1:0 Kirsten (14.), 2:0 Kirsten (54.), 2:1 Pettersson (66.), 3:1 Kirsten (67.), 4:1 Ramelow (78.) - **SR:** Krug (Gelsenkirchen) - **ZS:** 22.500 (ausverkauft) - **Gelb:** Beinlich - Frontzeck, Eberl

Hamburger SV - Borussia Dortmund (So., 18.4.) 0:0
HSV: Butt - Panadic, Hoogma, Hertzsch - Groth, Grammozis, Ernst, Curtianu (56. Doll), Dembinski (64. Kirjakow), Hollerbach - Yeboah
BVB: De Beer - Baumann, Reuter, Kohler - Ricken, Stevic, But, Nerlinger, Dede - Herrlich, Barbarez
SR: Dr. Wack (Biberbach) - **ZS:** 25.437 - **Gelb:** Grammozis, Hertzsch, Kirjakow - Dede, Ricken

	Sp.	g.	u.	v.	Tore	Diff.	Punkte
1. Bayern München	27	20	4	3	62 :19	+43	64
2. Bayer Leverkusen	27	15	9	3	53 :23	+30	54
3. 1. FC Kaiserslautern	27	14	6	7	41 :37	+ 4	48
4. Hertha BSC Berlin	27	13	6	8	40 :27	+13	45
5. VfL Wolfsburg	27	12	9	6	44 :33	+11	45
6. Borussia Dortmund	27	12	8	7	37 :26	+11	44
7. TSV München 1860	27	10	7	10	39 :37	+ 2	37
8. MSV Duisburg	27	9	9	9	34 :37	- 3	36
9. Hamburger SV	27	9	9	9	30 :34	- 4	36
10. Schalke 04	27	8	10	9	30 :38	- 8	34
11. VfB Stuttgart	27	7	12	8	34 :35	- 1	33
12. Werder Bremen	27	7	8	12	31 :36	- 5	29
13. VfL Bochum	27	7	8	12	35 :45	- 10	29
14. 1. FC Nürnberg	27	5	13	9	30 :42	- 12	28
15. SC Freiburg	27	6	9	12	27 :35	- 8	27
16. Hansa Rostock	27	6	8	13	35 :49	- 14	26
17. Eintracht Frankfurt	27	5	8	14	28 :44	- 16	23
18. Bor. M'gladbach	27	3	7	17	29 :62	- 33	16

28. Spieltag: Samstag, 24.4.1999
Häßler zeigt Nerven: 1. Platzverweis im 284. Spiel!

VfB Stuttgart - Bayer 04 Leverkusen (Fr., 23.4.) 0:1 (0:1)
Stuttgart: Ziegler - Spanring, Endress, Verlaat, Carnell - Djordjevic (46. Lisztes), Soldo, Balakov, Zeyer (79. Frommer) - Bobic (79. Ristic), Akpoborie
Leverkusen: Matysek - R. Kovac, Nowotny - Zivkovic, Emerson, Ramelow, N. Kovac, Heintze (61. Reeb) - Hejduk (90. Lehnhoff), Kirsten (85. Reichenberger), Zé Roberto
Tor: 0:1 Kirsten (36.) - **SR:** Berg (Konz) - **ZS:** 28.000 - **Gelb:** R. Kovac, Zivkovic, Zé Roberto, Heintze

Borussia Dortmund - SV Werder Bremen (Fr., 23.4.) 2:1 (0:1)
BVB: De Beer - Reuter, Kohler - Tanko (46. Häßler), Stevic, Möller, Baumann, But (64. Chapuisat), Dede - Herrlich, Barbarez (84. Nerlinger)
Bremen: Rost - Benken, Wicky (89. Ailton), Wojtala - Wiedener, Todt, Maximow, Herzog (83. Brand), Eilts, Trares - Bogdanovic (74. Weetendorf)
Tore: 0:1 Trares (34.), 1:1 Herrlich (52.), 2:1 Möller (86.) - **SR:** Dardenne (Nettersheim) - **ZS:** 68.600 (ausverkauft) - **Gelb:** Barbarez - Eilts, Wicky, Ailton - **Gelb-Rot:** Häßler (83.)

1. FC Nürnberg - MSV Duisburg 0:2 (0:1)
Nürnberg: Köpke - Nikl, Lösch, van Eck - Driller, Günther (58. Oechler), Ciric, Störzenhofecker, Reinhardt (34. Bürger) - Kuka, Skoog (46. Polunin)
Duisburg: Stauce - Hajto, Komljenovic, Wohlert - Wolters, Töfting, Hirsch, Wedau (78. Osthoff), Neun (84. Schramm) - Spies (54. Bugera), Beierle
Tore: 0:1 Wohlert (4.), 0:2 Beierle (90.) - **SR:** Steinborn (Sinzig) - **ZS:** 26.000 - **Gelb:** Lösch - Hajto, Wedau, Neun, Wohlert

1. FC Kaiserslautern - SC Freiburg 0:2 (0:1)
1. FCK: Reinke - Samir (46. Koch), Sforza, Schjönberg - Ratinho, Roos, Ballack (46. Junior), Ramzy, Reich (76. Hrutka) - Rische, Marschall
Freiburg: Golz - Schumann, Hermel, Diarra - Kohl, Günes, Kobiaschwili, Baya, Zkitischwili (79. Müller) - Ben Slimane (54. Sellimi), Weißhaupt (73. Wassmer)
Tore: 0:1 Weißhaupt (38.), 0:2 Baya (90.) - **SR:** Aust (Köln) - **ZS:** 41.500 (ausverkauft) - **Gelb:** Reich, Schjönberg - Diarra, Sellimi

Hertha BSC Berlin - VfL Bochum 4:1 (3:0)
Hertha BSC: Kiraly - Herzog, van Burik, Sverrisson - Thom, Hartmann, Wosz (81. Dardai), Tretschok, Roy (46. Veit) - Preetz, Reiss (73. Aracic)
Bochum: Ernst - Sundermann, Kracht, Waldoch - Zeyer (74. Gaudino), Fahrenhorst, Michalke, Schindzielorz (67. Peschel), Toplak (46. Kuntz) - Buckley, Mahdavikia
Tore: 1:0 Wosz (14.), 2:0 Herzog (18.), 3:0 Hartmann (37.), 3:1 Buckley (72.), 4:1 Wosz (80.) - **SR:** Buchhart (Schrobenhausen) - **ZS:** 45.646 - **Gelb:** Sverrisson - Kracht, Fahrenhorst

Borussia Mönchengladbach - VfL Wolfsburg 5:2 (2:0)
Gladbach: Enke - Eberl, Andersson, Klinkert - Paßlack (70. Reiter), Sopic, Schneider, Witeczek (82. Pflipsen), Frontzeck - Pettersson, Polster (75. Asanin)
Wolfsburg: Reitmaier - O'Neil (46. Baumgart), Ballwanz, Thomsen - Greiner, Nowak, Akonnor, Dammeier (46. Maltritz), Kapetanovic (53. Däbritz) - Präger, Juskowiak
Tore: 1:0 Sopic (18.), 2:0 Pettersson (28.), 3:0 Polster (58.), 3:1 Präger (61.), 3:2 Akonnor (67.), 4:2 Pettersson (80.), 5:2 Pflipsen (85.) - **SR:** Keßler (Wogau) - **ZS:** 15.000 - **Gelb:** Eberl - Kapetanovic

Eintracht Frankfurt - FC Hansa Rostock 2:2 (0:1)
Frankfurt: Nikolov - Bindewald, Hubtchev, Pedersen - Zampach (46. Brinkmann), Kutschera, B. Schneider, Weber (75. Westerthaler), Gebhardt (46. Sobotzik) - Yang, Fjörtoft
Rostock: Pieckenhagen - Rehmer, Weilandt, Ehlers - Lange, Wibran, Breitkreutz, Yasser, Emara (46. Majak, 84. Dowe) - Agali (88. Fuchs), Neuville
Tore: 0:1 Wibran (42.), 1:1 B. Schneider (54.), 1:2 Agali (69.), 2:2 Westerthaler (90.) - **SR:** Heynemann (Magdeburg) - **ZS:** 33.000 - **Gelb:** Brinkmann, Gebhardt, Yang - Lange, Wibran, Rehmer

FC Schalke 04 - Hamburger SV 1:4 (1:2)
Schalke: Reck - Tapalovic (68. Hami), Thon, De Kock, Büskens - Held, Alpugan, Nemec (59. Wolf), Anderbrügge - Max, Mulder
HSV: Butt - Panadic, Vogel, Hoogma - Groth, Grammozis (88. Spörl), Ernst, Hollerbach (89. Babatz) - Kirjakow, Yeboah, Dembinski (80. Doll)
Tore: 1:0 Thon (6.), 1:1 Panadic (22.), 1:2 Groth (36.), 1:3 Butt (61., FE), 1:4 Yeboah (72.) - **SR:** Stark (Landshut) - **ZS:** 49.800 - **Gelb:** Grammozis, Yeboah, Vogel

TSV München 1860 - FC Bayern München (So., 25.4.) 1:1 (0:0)
1860: Hofmann - Kurz, Gorges, Zelic, Tyce - Cerny, Vanenburg (78. Ouakili), Malz (78. Hobsch), Heldt - Winkler, Schroth
FC Bayern: Kahn - Babbel, Matthäus, Linke (65. Helmer) - Strunz, Jeremies, Effenberg, Tarnat - Salihamidzic (85. Zickler), Jancker, Scholl (74. Daei)
Tore: 0:1 Babbel (75.), 1:1 Kurz (89.) - **SR:** Kemmling (Kleinburgwedel) - **ZS:** 69.000 (ausverkauft) - **Gelb:** Winkler - Babbel

	Sp.	g.	u.	v.	Tore	Diff.	Punkte
1. Bayern München	28	20	5	3	63 :20	+43	65
2. Bayer Leverkusen	28	16	9	3	54 :23	+31	57
3. Hertha BSC Berlin	28	14	6	8	44 :28	+16	48
4. 1. FC Kaiserslautern	28	14	6	8	41 :39	+ 2	48
5. Borussia Dortmund	28	13	8	7	39 :27	+12	47
6. VfL Wolfsburg	28	12	9	7	46 :38	+ 8	45
7. MSV Duisburg	28	10	9	9	36 :37	- 1	39
8. Hamburger SV	28	10	9	9	34 :35	- 1	39
9. TSV München 1860	28	10	8	10	40 :38	+ 2	38
10. Schalke 04	28	8	10	10	31 :42	- 11	34
11. VfB Stuttgart	28	7	12	9	34 :36	- 2	33
12. SC Freiburg	28	7	9	12	29 :35	- 6	30
13. Werder Bremen	28	7	8	13	32 :38	- 6	29
14. VfL Bochum	28	7	8	13	36 :49	- 13	29
15. 1. FC Nürnberg	28	5	13	10	30 :44	- 14	28
16. Hansa Rostock	28	6	9	13	37 :51	- 14	27
17. Eintracht Frankfurt	28	5	9	14	30 :46	- 16	24
18. Bor. M'gladbach	28	4	7	17	34 :64	- 30	19

87

Milliardenliga zwischen Boom und Pleite

29. Spieltag: Samstag, 1.5.1999

Freiburg und Nürnberg siegen in Kellerduellen

VfL Bochum - 1. FC Nürnberg (Fr., 30.4.) 0:3 (0:1)
Bochum: Ernst - Sundermann, Kracht, Waldoch - Mahdavikia, Schindzielorz (46. Gaudino), Bastürk (65. Ion), Reis, Buckley - Michalke, Kuntz
Nürnberg: Köpke - Nikl, Baumann, van Eck - Driller (85. Günther), Störzenhofecker, Oechler, Lösch, Gerber - Ciric, Kuka (41. Kurth)
Tore: 0:1 Ciric (16.), 0:2 Kurth (65.), 0:3 Ciric (70.) - **SR:** Berg (Konz) - **ZS:** 20.000 - **Gelb:** Kracht, Waldoch - van Eck

SC Freiburg - Eintracht Frankfurt (Fr., 30.4.) 2:0 (1:0)
Freiburg: Golz - Schumann, Hermel (53. Müller), Diarra - Kohl, Günes (86. Pavlin), Baya, Kobiaschwili, Zkitischwili - Ben Slimane (66. Sellimi), Weißhaupt
Frankfurt: Nikolov - Bindewald (46. Westerthaler), Hubtchev (64. Janßen), Kutschera - Zampach, Schur, B. Schneider, Sobotzik, Pedersen - Yang (59. Bounoua), Fjörtoft
Tore: 1:0 Ben Slimane (29.), 2:0 Kobiaschwili (48.) - **SR:** Dr. Merk - **ZS:** 22.500 - **Gelb:** Bindewald, Schur

Bayer 04 Leverkusen - Hertha BSC Berlin 2:2 (1:1)
Leverkusen: Matysek - Zivkovic, Nowotny (61. Happe) - Reeb, Emerson, Ramelow, N. Kovac (78. Meijer), Heintze - Hejduk (64. Lehnhoff), Kirsten, Zé Roberto
Hertha BSC: Kiraly - van Burik, Rekdal (54. Schmidt), Herzog, Sverrisson - Thom, Veit, Tretschok, Wosz (80. Sanneh), Hartmann - Preetz
Tore: 1:0 Ramelow (8.), 1:1 Nowotny (25., ET), 2:1 Emerson (46.), 2:2 Herzog (52.) - **SR:** Strampe (Handorf) - **ZS:** 22.500 (ausverkauft) - **Gelb:** Ramelow, Emerson - Rekdal, Preetz, Veit, Thom - **Gelb-Rot:** Herzog (74.) - **B.V.:** Heintze verschießt FE (45.)

Hamburger SV - 1. FC Kaiserslautern 2:0 (1:0)
HSV: Butt - Panadic, Hoogma, Hertzsch (60. Vogel) - Groth, Ernst, Grammozis (72. Doll), Hollerbach - Kirjakow, Yeboah, Dembinski
1. FCK: Reinke - Koch (20. Schäfer), Ramzy, Samir, Wagner - Reich (46. Ratinho), Riedl, Sforza, Schjönberg (53. Ballack) - Marschall, Rösler
Tore: 1:0 Yeboah (37.), 2:0 Kirjakow (49.) - **SR:** Heynemann (Magdeburg) - **ZS:** 26.212 - **Gelb:** Kirjakow - Reich, Marschall, Rösler

FC Bayern München - Borussia Mönchengladbach 4:2 (1:1)
FC Bayern: Kahn - Babbel, Jeremies (66. Scholl), Helmer (46. Linke) - Salihamidzic, Fink (26. Dreher/TW), Effenberg, Tarnat - Basler, Jancker, Zickler
Gladbach: Enke - Eberl, Klinkert (32. Reiter), Schneider, Frontzeck - Sopic, Hausweiler (74. Pflipsen), Witeczek, Asanin - Polster, Pettersson
Tore: 0:1 Polster (25., FE), 1:1 Basler (32.), 1:2 Pettersson (54.), 2:2 Zickler (68.), 3:2 Zickler (69.), 4:2 Scholl (84.) - **SR:** Wagner (Hofheim) - **ZS:** 63.000 (ausverkauft) - **Gelb:** Tarnat, Jancker, Zickler, Basler, Salihamidzic - Pettersson, Hausweiler, Reiter - **Gelb-Rot:** Kahn (26.) - **Rot:** Schneider (83.)

VfL Wolfsburg - VfB Stuttgart 3:2 (0:2)
Wolfsburg: Reitmaier - O'Neil, Ballwanz (17. Kleeschätzky), Thomsen - Greiner, Maltritz, Präger, Dammeier (51. Schröder), Akonnor - Baumgart (89. Däbritz), Juskowiak
Stuttgart: Wohlfahrt - Kies, Endress, Verlaat, Carnell - Rost (88. Pinto), Soldo, Zeyer, Lisztes - Bobic (77. Ristic), Akpoborie (85. Frommer)
Tore: 0:1 Kies (5.), 0:2 Rost (15.), 1:2 Schröder (62.), 2:2 Baumgart (63.), 3:2 Präger (86.) - **SR:** Fandel (Kyllburg) - **ZS:** 17.016 - **Gelb:** Greiner, Ballwanz, Baumgart - Wohlfahrt, Rost, Kies

FC Hansa Rostock - TSV München 1860 4:1 (4:0)
Rostock: Pieckenhagen - Rehmer, Weilandt, Ehlers - Lange, Wibran, Breitkreutz, Yasser (80. Holetschek), Emara (73. Majak) - Neuville, Agali (85. Ramdane)
1860: Hofmann - Gorges, Vanenburg, Kurz - Borimirov, Tyce, Zelic (89. Stranzl), Ouakili, Malz (63. Cizek) - Schroth, Hobsch
Tore: 1:0 Neuville (3.), 2:0 Neuville (36.), 3:0 Agali (40.), 4:0 Neuville (42., FE), 4:1 Hobsch (52.) - **SR:** Krug (Gelsenkirchen) - **ZS:** 21.000 - **Gelb:** Yasser, Majak - Zelic, Gorges, Schroth, Malz

MSV Duisburg - Borussia Dortmund (So., 2.5.) 3:2 (3:1)
Duisburg: Stauce - Hajto, Komljenovic, Wohlert - Wolters, Osthoff, Töfting (87. Bugera), Wedau, Hirsch - Beierle (90. Schramm), Spies (82. Andersen)
BVB: Lehmann - Nijhuis, Reuter, Kohler - Baumann (67. Nerlinger), Stevic, But (46. Chapuisat), Möller, Dede - Salou, Herrlich
Tore: 1:0 Spies (30.), 2:0 Hirsch (40.), 3:0 Beierle (42.), 3:1 Stevic (45., FE), 3:2 Nijhuis (79.) - **SR:** Stark (Landshut) - **ZS:** 28.000 - **Gelb:** Hajto, Hirsch - Baumann, Möller, Kohler, Salou, Stevic

SV Werder Bremen - FC Schalke 04 (Di., 11.5.) 1:0 (0:0)
Bremen: Rost - Wojtala, Trares, Todt - Frings, Eilts (46. Dabrowski), Herzog, Wicky (68. Barten), Wiedener - Bogdanovic (50. Ailton), Bode
Schalke: Reck - De Kock, Thon (26. Müller), van Hoogdalem - Held (73. Hami), Tapalovic, Alpugan, Nemec, Büskens - Wolf (65. Wilmots), Mulder
Tor: 1:0 Dabrowski (54.) - **SR:** Albrecht (Kaufbeuren) - **ZS:** 32.495 - **Gelb:** Mulder, Tapalovic

	Sp.	g.	u.	v.	Tore	Diff.	Punkte
1. Bayern München	29	21	5	3	67 :22	+45	68
2. Bayer Leverkusen	29	16	10	3	56 :25	+31	58
3. Hertha BSC Berlin	29	14	7	8	46 :30	+16	49
4. VfL Wolfsburg	29	13	9	7	49 :40	+ 9	48
5. 1. FC Kaiserslautern	29	14	6	9	41 :41	± 0	48
6. Borussia Dortmund	29	13	8	8	41 :30	+11	47
7. Hamburger SV	29	11	9	9	36 :35	+ 1	42
8. MSV Duisburg	29	11	9	9	39 :39	± 0	42
9. TSV München 1860	29	10	8	11	41 :42	- 1	38
10. Schalke 04	28	8	10	10	31 :42	- 11	34
11. VfB Stuttgart	29	7	12	10	36 :39	- 3	33
12. SC Freiburg	29	8	9	12	31 :35	- 4	33
13. 1. FC Nürnberg	29	6	13	10	33 :44	- 11	31
14. Hansa Rostock	29	7	9	13	41 :52	- 11	30
15. Werder Bremen	28	7	8	13	32 :38	- 6	29
16. VfL Bochum	29	7	8	14	36 :52	- 16	29
17. Eintracht Frankfurt	29	5	9	15	30 :48	- 18	24
18. Bor. M'gladbach	29	4	7	18	36 :68	- 32	19

30. Spieltag: Mittwoch, 5.5.1999

Rangnick-Debüt beim VfB misslungen

Borussia Mönchengladbach - FC Hansa Rostock (Di., 4.5.) 1:1 (0:0)
Gladbach: Enke - Eberl, Andersson (46. Villa), Asanin - Reiter, Sopic, Witeczek, Hausweiler (66. Feldhoff), Frontzeck - Polster, Göktan
Rostock: Pieckenhagen - Rehmer, Weilandt, Ehlers - Lange, Wibran, Breitkreutz, Yasser, Emara (88. Holetschek) - Neuville (89. Fuchs), Agali
Tore: 0:1 Wibran (63.), 1:1 Feldhoff (68.) - **SR:** Steinborn (Sinzig) - **ZS:** 13.000 - **Gelb:** Reiter, Eberl - Emara

Eintracht Frankfurt - Hamburger SV (Di., 4.5.) 2:2 (2:0)
Frankfurt: Nikolov - Kutschera, Janßen, Bindewald - Zampach, B. Schneider (46. Brinkmann), Schur, Sobotzik, Weber - Fjörtoft (88. Hubtchev), Yang (79. Westerthaler)
HSV: Butt - Panadic, Hoogma, Hertzsch - Groth, Ernst (62. Doll), Grammozis (29. Gravesen), Hollerbach (76. Spörl) - Kirjakow, Yeboah, Dembinski
Tore: 1:0 Schur (24.), 2:0 Yang (42.), 2:1 Yeboah (73.), 2:2 Hoogma (90.) - **SR:** Albrecht (Kaufbeuren) - **ZS:** 23.500 - **Gelb:** Yang - Gravesen

VfB Stuttgart - FC Bayern München (Di., 4.5.) 0:2 (0:0)
Stuttgart: Ziegler - Kies, Soldo, Verlaat, Carnell - Rost, Endress (14. Oswald), Zeyer, Lisztes (74. Frommer) - Bobic, Akpoborie (66. Blessin)
FC Bayern: Dreher - Kuffour, Matthäus (70. Jeremies), Linke - Babbel, Fink, Effenberg, Salihamidzic - Basler, Daei (66. Zickler), Scholl (77. Jancker)
Tore: 0:1 Scholl (62.), 0:2 Jancker (82.) - **SR:** Dardenne (Nettersheim) - **ZS:** 52.000 (ausverkauft) - **Gelb:** Bobic, Endress, Wohlfahrt, Rost - Linke, Babbel, Basler - **Rot:** Verlaat (83.) - **B.V.:** Gelbe Karte für VfB-Ersatzkeeper Wohlfahrt wegen unsportlichen Verhaltens

1. FC Kaiserslautern - SV Werder Bremen (Di., 4.5.) 4:0 (1:0)
1. FCK: Reinke - Samir, Ramzy, Schäfer - Buck (72. Reich), Ratinho (83. Ballack), Sforza, Schjönberg, Wagner - Marschall, Rösler (73. Rische)
Bremen: Rost - Barten, Eilts (28. Flock), Benken - Trares, Dabrowski (62. Bogdanovic), Maximow, Todt, Wiedener - Herzog, Bode
Tore: 1:0 Schjönberg (35.), 2:0 Rösler (59.), 3:0 Schjönberg (68., FE), 4:0 Rische (80.) - **SR:** Buchhart (Schrobenhausen) - **ZS:** 40.100 - **Gelb:** Schäfer, Rische - Maximow, Trares, Wiedener

Hertha BSC Berlin - VfL Wolfsburg 2:0 (1:0)
Hertha BSC: Kiraly - van Burik (52. Sanneh), Rekdal, Sverrisson - Thom, Veit, Wosz, Tretschok, Hartmann - Preetz, Reiss (46. Schmidt)
Wolfsburg: Reitmaier - O'Neil, Ballwanz, Thomsen (77. Kleeschätzky) - Greiner (46. Maltritz), Däbritz, Akonnor, Dammeier (54. Baumgart), Kapetanovic - Präger, Juskowiak
Tore: 1:0 Preetz (32.), 2:0 Preetz (74.) - **SR:** Aust (Köln) - **ZS:** 54.444 - **Gelb:** Tretschok - Greiner, Kleeschätzky, O'Neil, Thomsen - **Gelb-Rot:** Thom (14.) - **Rot:** Ballwanz (10.)

VfL Bochum - MSV Duisburg 0:2 (0:1)
Bochum: Ernst - Sundermann (8. Toplak), Waldoch, Kracht - Zeyer, Dickhaut (60. Mahdavikia), Gaudino, Hofmann, Buckley - Kuntz, Michalke (32. Bastürk)
Duisburg: Stauce - Hajto, Komljenovic, Wohlert - Wolters, Töfting, Osthoff, Wedau (81. Emmerling), Bugera - Beierle (60. Diallo), Spies (86. Schramm)
Tore: 0:1 Hajto (25.), 0:2 Wohlert (55.) - **SR:** Zerr (Ottersweier) - **ZS:** 22.107 - **Gelb:** Hofmann, Zeyer, Mahdavikia - Bugera, Osthoff, Diallo, Wohlert

TSV München 1860 - SC Freiburg 2:0 (1:0)
1860: Hofmann - Gorges, Vanenburg, Kurz - Borimirov, Zelic, Cizek, Tyce, Heldt - Ouakili, Hobsch
Freiburg: Golz - Schumann, Müller (40. Pavlin), Diarra - Kohl, Günes (81. Hoffmann), Kobiaschwili, Baya, Zkitischwili - Weißhaupt, Sellimi (70. Hampl)
Tore: 1:0 Vanenburg (37.), 2:0 Hobsch (83.) - **SR:** Berg (Konz) - **ZS:** 23.000 - **Gelb:** Pavlin

FC Schalke 04 - Borussia Dortmund 1:1 (1:1)
Schalke: Reck - De Kock, Thon, van Hoogdalem - Held, Nemec, Tapalovic, Alpugan, Büskens - Mulder, Wolf (76. Wilmots)
BVB: Lehmann - Baumann, Reuter, Nijhuis - Ricken, Hengen (68. Chapuisat), Möller, Nerlinger, Dede - Herrlich (64. Häßler), Barbarez
Tore: 0:1 Nijhuis (3.), 1:1 Mulder (31.) - **SR:** Fröhlich (Berlin) - **ZS:** 61.700 - **Gelb:** Thon, De Kock - Herrlich, Barbarez

1. FC Nürnberg - Bayer 04 Leverkusen 2:2 (1:1)
Nürnberg: Köpke - Nikl, Baumann, van Eck, Gerber (46. Rahner) - Driller, Störzenhofecker, Oechler, Lösch - Ciric (82. Günther), Kurth (67. Weigl)
Leverkusen: Matysek - Zivkovic, Nowotny - Reeb (82. Reichenberger), Emerson, Ramelow, N. Kovac (82. Meijer), Heintze - Hejduk, Kirsten, Zé Roberto
Tore: 0:1 Ramelow (3.), 1:1 Ciric (24.), 2:1 Weigl (74.), 2:2 Emerson (84.) - **SR:** Jansen (Essen) - **ZS:** 31.300 - **Gelb:** Nowotny, Emerson

	Sp.	g.	u.	v.	Tore	Diff.	Punkte
1. Bayern München	30	22	5	3	69 :22	+47	71
2. Bayer Leverkusen	30	16	11	3	58 :27	+31	59
3. Hertha BSC Berlin	30	15	7	8	48 :30	+18	52
4. 1. FC Kaiserslautern	30	15	6	9	45 :41	+ 4	51
5. Borussia Dortmund	30	13	9	8	42 :31	+11	48
6. VfL Wolfsburg	30	13	9	8	49 :42	+ 7	48
7. MSV Duisburg	30	12	9	9	41 :39	+ 2	45
8. Hamburger SV	30	11	10	9	38 :37	+ 1	43
9. TSV München 1860	30	11	8	11	43 :42	+ 1	41
10. Schalke 04	29	8	11	10	32 :43	- 11	35
11. VfB Stuttgart	30	7	12	11	36 :41	- 5	33
12. SC Freiburg	30	8	9	13	31 :37	- 6	33
13. 1. FC Nürnberg	30	6	14	10	35 :46	- 11	32
14. Hansa Rostock	30	7	10	13	42 :53	- 11	31
15. Werder Bremen	29	7	8	14	32 :42	- 10	29
16. VfL Bochum	30	7	8	15	36 :54	- 18	29
17. Eintracht Frankfurt	30	5	10	15	32 :50	- 18	25
18. Bor. M'gladbach	30	4	8	18	37 :69	- 32	20

Bundesliga 1998/1999

31. Spieltag: Samstag, 8.5.1999

FC Bayern feiert 15. Meistertitel

FC Hansa Rostock - VfB Stuttgart (Fr., 7.5.) 3:0 (1:0)
Rostock: Pieckenhagen - Rehmer, Weilandt, Ehlers - Lange, Wibran, Breitkreutz (87. Gansauge), Yasser, Emara (64. Majak) - Agali (81. Holetschek), Neuville
Stuttgart: Ziegler - Kies, Thiam, Oswald, Carnell - Pinto (68. Lisztes), Soldo, Zeyer, Djordjevic (74. Ristic) - Akpoborie (82. Rost), Bobic
Tore: 1:0 Rehmer (29.), 2:0 Majak (80.), 3:0 Majak (89.) - **SR:** Strampe (Handorf) - **ZS:** 21.000 - **Gelb:** Breitkreutz, Neuville, Holetschek - Carnell, Djordjevic, Akpoborie - **Gelb-Rot:** Soldo (45.)

SV Werder Bremen - Eintracht Frankfurt (Fr., 7.5.) 1:2 (0:0)
Bremen: Rost - Wicky, Eilts (46. Maximow), Benken (72. Weetendorf) - Flock, Todt, Herzog, Fütterer (39. Dabrowski), Bode - Bogdanovic, Frings
Frankfurt: Nikolov - Bindewald, Janßen, Kutschera (43. Pedersen) - Zampach (70. Brinkmann), B. Schneider, Schur, Sobotzik, Weber - Yang (84. Hubtchev), Fjörtoft
Tore: 0:1 Schur (55.), 0:2 Sobotzik (70.), 1:2 Bode (72.) - **SR:** Dr. Fleischer (Neuburg) - **ZS:** 31.485 - **Gelb:** Fütterer, Todt - Pedersen, Schur

Hamburger SV - TSV München 1860 3:0 (0:0)
HSV: Butt - Panadic, Hoogma, Hertzsch - Groth, Ernst, Grammozis, Hollerbach (46. Curtianu) - Kirjakow (63. Doll), Yeboah, Dembinski
1860: Hofmann - Zelic (70. Issaka), Vanenburg, Gorges (46. Dinzey), Kurz - Borimirov, Tyce, Ouakili, Cizek - Hobsch (63. Schroth), Winkler
Tore: 1:0 Groth (69.), 2:0 Butt (73., FE), 3:0 Groth (89.) - **SR:** Dr. Merk (Kaiserslautern) - **ZS:** 22.233 - **Gelb:** Ernst, Hollerbach - Hofmann, Kurz, Ouakili, Schroth, Tyce

Borussia Dortmund - 1. FC Kaiserslautern 1:0 (1:0)
BVB: Lehmann - Baumann, Reuter, Nijhuis - Ricken, Stevic, Möller, Nerlinger, Dede - Herrlich (89. Hengen), Chapuisat (75. Barbarez)
1. FCK: Reinke - Koch, Ramzy (75. Rische), Schjönberg - Buck, Ratinho (64. Ballack), Schäfer (37. Riedl), Sforza, Wagner - Marschall, Rösler
Tor: 1:0 Chapuisat (11.) - **SR:** Fandel (Kyllburg) - **ZS:** 68.600 (ausverkauft) - **Gelb:** Dede, Baumann, Möller, Reuter - Wagner, Ballack

VfL Wolfsburg - 1. FC Nürnberg 1:1 (0:1)
Wolfsburg: Reitmaier - Kleeschätzky (40. O'Neil), Maltritz, Thomsen - Greiner, Däbritz (41. Baumgart), Akonnor, Dammeier, Kapetanovic (63. Schröder) - Präger, Juskowiak
Nürnberg: Köpke - Nikl, Baumann, van Eck - Driller, Störzenhofecker, Oechler, Lösch (55. Günther), Gerber - Ciric, Kurth (60. Weigl)
Tore: 0:1 Baumann (29.), 1:1 Präger (90.) - **SR:** Krug (Gelsenkirchen) - **ZS:** 14.849 - **Gelb:** Greiner - van Eck

Bayer 04 Leverkusen - VfL Bochum 2:0 (1:0)
Leverkusen: Matysek - Zivkovic, R. Kovac, Nowotny, Heintze - Reeb (59. Meijer), Ramelow, Zé Roberto - Hejduk (85. Lehnhoff), Kirsten, Reichenberger (80. N. Kovac)
Bochum: Kischko - Fahrenhorst, Sundermann, Waldoch, Toplak - Schindzielorz, Dickhaut (70. Gaudino), Reis - Mahdavikia (53. Bastürk), Drincic (70. Kuntz), Buckley
Tore: 1:0 Kirsten (21.), 2:0 Hejduk (63.) - **SR:** Kemmling (Kleinburgwedel) - **ZS:** 22.500 (ausverkauft) - **Gelb:** Ramelow, Hejduk - Reis

SC Freiburg - Borussia Mönchengladbach 2:1 (1:0)
Freiburg: Golz - Schumann, Hermel, Diarra - Kohl, Günes (83. Pavlin), Baya (90. Müller), Kobiaschwili, Zkitischwili - Weißhaupt, Wassmer (59. Sellimi)
Gladbach: Albustin - Eberl, Witeczek, Hausweiler - Paßlack, Sopic (84. Reiter), Deisler (58. Villa), Asanin, Frontzeck - Polster (58. Feldhoff), Pettersson
Tore: 1:0 Baya (41.), 1:1 Hausweiler (62.), 2:1 Pavlin (87.) - **SR:** Stark (Landshut) - **ZS:** 22.500 (ausverkauft) - **Gelb:** Kohl - Albustin, Paßlack, Deisler - **B.V.:** Albustin hält FE von Zkitischwili (80.)

MSV Duisburg - FC Schalke 04 1:2 (1:0)
Duisburg: Stauce - Komljenovic, Emmerling, Hajto - Wolters, Töfting, Hirsch, Wedau, Bugera - Diallo (59. Andersen), Spies
Schalke: Reck - van Hoogdalem, Müller, De Kock - Held, Tapalovic, Alpugan, Nemec, Büskens - Mulder, Hami (59. Wilmots)
Tore: 1:0 Hajto (37.), 1:1 Müller (47.), 1:2 Mulder (82.) - **SR:** Dr. Wack (Biberbach) - **ZS:** 23.035 - **Gelb:** Hajto, Hirsch - Mulder, Tapalovic, Alpugan - **B.V.:** Hajto schießt FE an die Latte (90.)

FC Bayern München - Hertha BSC Berlin (So., 9.5.) 1:1 (1:0)
FC Bayern: Kahn (54. Scheuer) - Kuffour, Matthäus (46. Fink), Linke - Salihamidzic, Jeremies, Effenberg, Tarnat - Basler, Jancker (46. Daei), Zickler
Hertha BSC: Kiraly - Veit, Rekdal, Herzog (64. Covic, 80. Aracic), Sverrisson - Sanneh, Schmidt, Neuendorf, Wosz, Hartmann - Preetz
Tore: 1:0 Jancker (12.), 1:1 Schmidt (72.) - **SR:** Koop (Lüttenmark) - **ZS:** 63.000 (ausverkauft) - **Gelb:** Basler - Veit, Herzog

	Sp.	g.	u.	v.	Tore	Diff.	Punkte
1. Bayern München	31	22	6	3	70 :23	+47	72
2. Bayer Leverkusen	31	17	11	3	60 :27	+33	62
3. Hertha BSC Berlin	31	15	8	8	49 :31	+18	53
4. Borussia Dortmund	31	14	9	8	43 :31	+12	51
5. 1. FC Kaiserslautern	31	15	6	10	45 :42	+ 3	51
6. VfL Wolfsburg	31	13	10	8	50 :43	+ 7	49
7. Hamburger SV	31	12	10	9	41 :37	+ 4	46
8. MSV Duisburg	31	12	9	10	42 :41	+ 1	45
9. TSV München 1860	31	11	8	12	43 :45	- 2	41
10. Schalke 04	30	9	11	10	34 :44	- 10	38
11. SC Freiburg	31	9	9	13	33 :38	- 5	36
12. Hansa Rostock	31	8	10	13	45 :53	- 8	34
13. VfB Stuttgart	31	7	12	12	36 :44	- 8	33
14. 1. FC Nürnberg	31	6	15	10	36 :47	- 11	33
15. Werder Bremen	30	7	8	15	33 :44	- 11	29
16. VfL Bochum	31	7	8	16	36 :56	- 20	29
17. Eintracht Frankfurt	31	6	10	15	34 :51	- 17	28
18. Bor. M'gladbach	31	4	8	19	38 :71	- 33	20

32. Spieltag: Samstag, 15.5.1999

Gladbach nach 34 Jahren zweitklassig

Hertha BSC Berlin - FC Hansa Rostock (Fr., 14.5.) 2:0 (0:0)
Hertha BSC: Kiraly - Herzog, Rekdal, Sverrisson - Thom (62. Sanneh), Veit (35. Schmidt), Hartmann, Tretschok, Neuendorf (86. Aracic) - Preetz, Wosz
Rostock: Pieckenhagen - Rehmer, Weilandt, Ehlers - Lange (77. Ramdane), Wibran, Breitkreutz, Yasser (77. Dowe), Emara (69. Fuchs) - Agali, Majak
Tore: 1:0 Neuendorf (75.), 2:0 Hartmann (83.) - **SR:** Stark (Landshut) - **ZS:** 76.000 (ausverkauft) - **Gelb:** Herzog, Neuendorf, Hartmann - Breitkreutz, Majak - **Gelb-Rot:** Agali (75.)

Borussia Mönchengladbach - Hamburger SV (Fr., 14.5.) 2:2 (0:0)
Gladbach: Enke - Eberl, Andersson, Asanin, Frontzeck (60. Reiter) - Deisler (71. Polster), Sopic, Witeczek, Hausweiler, Ketelaer (71. Schneider) - Pettersson
HSV: Butt - Hoogma (46. Spörl), Panadic, Hertzsch - Groth, Ernst, Curtianu (24. Babatz), Grammozis - Kirjakow, Yeboah, Dembinski (67. Doll)
Tore: 0:1 Yeboah (58.), 1:1 Sopic (62.), 2:1 Hausweiler (78.), 2:2 Butt (89., FE) - **SR:** Krug (Gelsenkirchen) - **ZS:** 18.000 - **Gelb:** Deisler, Witeczek, Pettersson - Spörl, Babatz - **Gelb-Rot:** Panadic (82.)

TSV München 1860 - SV Werder Bremen 1:3 (1:2)
1860: Hofmann - Zelic, Vanenburg, Kurz (46. Gorges) - Cerny, Borimirov (56. Cizek), Tyce, Bender (64. Ouakili), Heldt - Schroth, Hobsch
Bremen: Rost - Todt, Trares, Wojtala - Frings, Dabrowski, Herzog (56. Flock), Wicky (30. Benken), Wiedener - Maximow, Bode (90. Ailton)
Tore: 0:1 Wojtala (10.), 1:1 Hobsch (18.), 1:2 Bode (38.), 1:3 Maximow (86.) - **SR:** Fandel (Kyllburg) - **ZS:** 25.000 - **Gelb:** Vanenburg, Heldt, Hobsch - Trares, Wiedener

Eintracht Frankfurt - Borussia Dortmund 2:0 (1:0)
Frankfurt: Nikolov - Bindewald, Janßen, Kutschera - Zampach (84. Brinkmann), B. Schneider, Schur, Sobotzik (90. Pisont), Weber - Fjörtoft (86. Hubtchev), Yang
BVB: Lehmann - Baumann, Stevic, Kohler - Ricken (61. Timm), Nerlinger (70. Hengen), Möller, Barbarez (78. Nijhuis), Dede - Herrlich, Chapuisat
Tore: 1:0 Fjörtoft (40.), 2:0 Sobotzik (49.) - **SR:** Strampe (Handorf) - **ZS:** 50.000 - **Gelb:** Janßen, Schur - Baumann, Nerlinger, Chapuisat, Barbarez, Möller, Kohler

1. FC Nürnberg - FC Bayern München 2:0 (0:0)
Nürnberg: Köpke - Nikl, Baumann, van Eck, Günther - Driller, Störzenhofecker (86. Reinhardt), Oechler, Gerber - Ciric (83. Grasser), Kurth (46. Weigl)
FC Bayern: Scheuer - Linke (82. Johansson), Matthäus (46. Jeremies), Helmer - Babbel, Effenberg, Fink, Tarnat - Salihamidzic (46. Zickler), Daei, Scholl
Tore: 1:0 Ciric (72.), 2:0 Driller (82.) - **SR:** Dr. Merk (Kaiserslautern) - **ZS:** 44.400 (ausverkauft) - **Gelb:** Günther, Störzenhofecker - Daei

MSV Duisburg - Bayer 04 Leverkusen 0:0
Duisburg: Stauce - Wolters, Emmerling (69. Schramm), Wohlert, Hirsch - Osthoff, Komljenovic, Wedau - Bugera (88. Spies), Beierle, Andersen
Leverkusen: Matysek - Zivkovic (65. Happe), R. Kovac, Nowotny, Heintze - Reeb, N. Kovac, Emerson - Hejduk (68. Reichenberger), Kirsten (73. Rink), Zé Roberto
SR: Albrecht (Kaufbeuren) - **ZS:** 16.043 - **Gelb:** Hirsch, Wohlert, Emmerling, Wedau, Schramm - Hejduk, Kirsten, Zivkovic, N. Kovac

VfB Stuttgart - SC Freiburg 3:1 (1:1)
Stuttgart: Wohlfahrt - Schneider (46. Pinto), Spanring, Oswald, Keller - Djordjevic (59. Lisztes), Thiam, Balakov, Zeyer, Frommer (59. Akpoborie) - Bobic
Freiburg: Golz - Schumann (60. Müller), Hermel, Diarra - Willi (66. Rietpietsch), Günes, Baya, Pavlin, Zkitischwili (75. Hampl) - Weißhaupt, Sellimi
Tore: 0:1 Günes (33.), 1:1 Thiam (44.), 2:1 Bobic (60.), 3:1 Thiam (87.) - **SR:** Heynemann (Magdeburg) - **ZS:** 46.000 - **Gelb:** Spanring - Willi, Schumann, Zkitischwili

VfL Bochum - VfL Wolfsburg 0:2 (0:1)
Bochum: Kischko - Sundermann, Waldoch, Kracht - Fahrenhorst, Schindzielorz, Michalke, Dickhaut (18. Gaudino), Reis (46. Hofmann) - Drincic (57. Kuntz), Buckley
Wolfsburg: Reitmaier - Kovacevic, Thomsen, Kryger - Kapetanovic, Maltritz, Akonnor (84. Däbritz), O'Neil, Dammeier - Präger (66. Baumgart), Juskowiak (87. Schanda)
Tore: 0:1 Thomsen (27.), 0:2 Baumgart (74.) - **SR:** Steinborn (Sinzig) - **ZS:** 20.194 - **Gelb:** Sundermann - Kryger

FC Schalke 04 - 1. FC Kaiserslautern (So., 16.5.) 0:2 (0:0)
Schalke: Reck - De Kock, Müller, van Hoogdalem - Held, Alpugan, Wilmots, Nemec, Hami (71. Wolf), Büskens - Mulder
1. FCK: Reinke - Koch (46. Samir), Ramzy - Roos, Buck, Riedl, Sforza, Schjönberg, Reich (60. Ballack) - Marschall, Rösler (79. Rische)
Tore: 0:1 Schjönberg (73., FE), 0:2 Rische (89.) - **SR:** Dardenne (Nettersheim) - **ZS:** 41.119 - **Gelb:** Wolf - Ballack - **Gelb-Rot:** Büskens (72.)

	Sp.	g.	u.	v.	Tore	Diff.	Punkte
1. Bayern München	32	22	6	4	70 :25	+45	72
2. Bayer Leverkusen	32	17	12	3	60 :27	+33	63
3. Hertha BSC Berlin	32	16	8	8	51 :31	+20	56
4. 1. FC Kaiserslautern	32	16	6	10	47 :42	+ 5	54
5. VfL Wolfsburg	32	14	10	8	52 :43	+ 9	52
6. Borussia Dortmund	32	14	9	9	43 :33	+10	51
7. Hamburger SV	32	12	11	9	43 :39	+ 4	47
8. MSV Duisburg	32	12	10	10	42 :41	+ 1	46
9. TSV München 1860	32	11	8	13	44 :48	- 4	41
10. Schalke 04	32	9	11	12	34 :47	- 13	38
11. VfB Stuttgart	32	8	12	12	39 :45	- 6	36
12. SC Freiburg	32	9	9	14	34 :41	- 7	36
13. 1. FC Nürnberg	32	7	15	10	38 :47	- 9	36
14. Werder Bremen	32	9	8	15	37 :45	- 8	35
15. Hansa Rostock	32	8	10	14	45 :55	- 10	34
16. Eintracht Frankfurt	32	7	10	15	36 :51	- 15	31
17. VfL Bochum	32	7	8	17	36 :58	- 22	29
18. Bor. M'gladbach	32	4	9	19	40 :73	- 33	21

Milliardenliga zwischen Boom und Pleite

33. Spieltag: Samstag, 22.5.1999

Bremen gerettet, Wolfsburg im UEFA-Cup

FC Hansa Rostock - 1. FC Nürnberg 1:1 (1:0)

Rostock: Pieckenhagen - Rehmer, Holetschek, Ehlers - Lange, Wibran, Dowe (75. Ramdane), Yasser, Emara - Majak (80. Fuchs), Neuville

Nürnberg: Köpke - Nikl, Baumann, van Eck - Driller, Störzenhofecker, Oechler, Günther (46. Reinhardt), Gerber - Kuka (75. Weigl), Ciric (75. Kurth)

Tore: 1:0 Neuville (27., HE), 1:1 Gerber (84.) - **SR:** Fandel (Kyllburg) - **ZS:** 23.500 - **Gelb:** Yasser, Majak - Baumann, Weigl - **Gelb-Rot:** Driller (74.)

SV Werder Bremen - Borussia Mönchengladbach 4:1 (2:0)

Bremen: Rost - Wojtala, Trares, Todt - Frings (88. Flock), Dabrowski (61. Eilts), Maximow, Herzog (63. Brand), Wicky, Wiedener - Bode

Gladbach: Albustin - Asanin, Andersson (65. Schneider), Sopic (46. Reiter), Hausweiler - Eberl, Deisler, Witeczek, Ketelaer (46. Feldhoff), Frontzeck - Pettersson

Tore: 1:0 Albustin (6., ET), 2:0 Todt (12.), 3:0 Wicky (50.), 3:1 Asanin (68.), 4:1 Maximow (84.) - **SR:** Koop (Lüttenmark) - **ZS:** 36.000 (ausverkauft) - **Gelb:** Wojtala - Ketelaer

Borussia Dortmund - TSV München 1860 3:1 (0:0)

BVB: Lehmann - Nijhuis (57. Baumann), Reuter, Kohler - Ricken (89. Timm), Stevic, Möller, Hengen (88. Feiersinger), Dede - Herrlich, Chapuisat

1860: Hofmann - Kurz (46. Kientz), Zelic, Gorges - Borimirov (43. Stranzl), Cizek (65. Malz), Tyce, Bender, Heldt - Cerny, Schroth

Tore: 1:0 Möller (62.), 2:0 Kohler (65.), 2:1 Schroth (75.), 3:1 Herrlich (77.) - **SR:** Aust (Köln) - **ZS:** 67.000 - **Gelb:** Zelic, Borimirov - **Gelb-Rot:** Tyce (76.)

FC Schalke 04 - Eintracht Frankfurt 2:3 (2:1)

Schalke: Reck - Müller, Thon, Tapalovic - Held, Kmetsch, Wilmots (68. Anderbrügge), Alpugan, Nemec - Hami (63. Eijkelkamp), Max (73. Wolf)

Frankfurt: Nikolov - Bindewald, Janßen, Pedersen - Zampach (81. U. Schneider), B. Schneider, Schur, Sobotzik, Weber - Fjörtoft (86. Gebhardt), Yang (61. Westerthaler)

Tore: 1:0 Held (6.), 2:0 Hami (15.), 2:1 Fjörtoft (25.), 2:2 Sobotzik (54., HE), 2:3 Janßen (75.) - **SR:** Dr. Merk (Kaiserslautern) - **ZS:** 51.300 - **Gelb:** Nemec - Bindewald, Zampach

FC Bayern München - VfL Bochum 4:2 (0:1)

FC Bayern: Kahn - Kuffour, Matthäus, Helmer - Strunz, Jeremies (71. Fink), Effenberg (46. Scholl), Salihamidzic - Basler, Jancker, Zickler (75. Daei)

Bochum: Ernst - Sundermann, Fahrenhorst, Waldoch, Schreiber (6. Toplak) - Zeyer, Schindzielorz, Gaudino, Hofmann - Bastürk (71. Gülünoglu), Buckley (61. Mahdavikia)

Tore: 0:1 Gaudino (43.), 1:1 Basler (50.), 2:1 Jancker (60.), 2:2 Zeyer (64.), 3:2 Scholl (78.), 4:2 Salihamidzic (89.) - **SR:** Fröhlich (Berlin) - **ZS:** 63.000 (ausverkauft) - **Gelb:** Jeremies - Fahrenhorst, Zeyer

VfL Wolfsburg - Bayer 04 Leverkusen 1:0 (0:0)

Wolfsburg: Reitmaier - Kryger, Kovacevic, Thomsen, O'Neil - Greiner (87. Kapetanovic), Nowak (84. Däbritz), Maltritz, Dammeier (60. Akonnor) - Baumgart, Juskowiak

Leverkusen: Matysek - Reeb, R. Kovac, Nowotny, Happe - Ramelow, Emerson, Heintze (84. Meijer) - Hejduk (30. Reichenberger), Kirsten, Zé Roberto

Tor: 1:0 Juskowiak (78.) - **SR:** Buchhart (Schrobenhausen) - **ZS:** 20.041 - **Gelb:** Dammeier - Ramelow

SC Freiburg - Hertha BSC Berlin 0:2 (0:1)

Freiburg: Golz - Schumann, Hermel, Diarra - Kohl, Günes, Baya, Pavlin (64. Hoffmann), Zkitischwili - Weißhaupt (74. Wassmer), Hampl (46. Sellimi)

Hertha BSC: Kiraly - Herzog, Rekdal, Sverrisson - Thom, Dardai, Tretschok, Hartmann, Wosz - Preetz, Aracic

Tore: 0:1 Preetz (27.), 0:2 Aracic (70.) - **SR:** Dardenne (Nettersheim) - **ZS:** 22.500 (ausverkauft) - **Gelb:** Schumann, Pavlin - Sverrisson

Hamburger SV - VfB Stuttgart 3:1 (3:1)

HSV: Butt - Hoogma, Vogel, Hertzsch - Groth, Ernst, Spörl, Hollerbach (19. Babatz) - Kirjakow (62. Grammozis), Yeboah, Dembinski

Stuttgart: Wohlfahrt - Thiam, Spanring, Verlaat, Keller - Djordjevic (51. Pinto), Soldo, Balakov, Zeyer (39. Oswald), Carnell (56. Lisztes) - Bobic

Tore: 0:1 Bobic (10.), 1:1 Kirjakow (15.), 2:1 Butt (39., HE), 3:1 Butt (45., FE) - **SR:** Keßler (Wogau) - **ZS:** 26.917 - **Gelb:** Spörl, Babatz - Verlaat, Keller - **Rot:** Spanring (38.)

1. FC Kaiserslautern - MSV Duisburg 3:0 (3:0)

1. FCK: Reinke - Koch, Ramzy, Schjönberg - Buck, Ratinho (76. Schäfer), Sforza (55. Rische), Riedl (66. Roos), Wagner - Rösler, Marschall

Duisburg: Menger - Hajto, Komljenovic, Wohlert - Wolters, Töfting (80. Schramm), Hirsch, Osthoff (46. Bugera) - Beierle, Spies, Andersen

Tore: 1:0 Marschall (3.), 2:0 Marschall (25.), 3:0 Buck (36.) - **SR:** Krug (Gelsenkirchen) - **ZS:** 41.500 (ausverkauft) - **Gelb:** Osthoff, Hirsch, Hajto

	Sp.	g.	u.	v.	Tore	Diff.	Punkte
1. Bayern München	33	23	6	4	74 :27	+47	75
2. Bayer Leverkusen	33	17	12	4	60 :28	+32	63
3. Hertha BSC Berlin	33	17	8	8	53 :31	+22	59
4. 1. FC Kaiserslautern	33	17	6	10	50 :42	+ 8	57
5. VfL Wolfsburg	33	15	10	8	53 :43	+10	55
6. Borussia Dortmund	33	15	9	9	46 :34	+12	54
7. Hamburger SV	33	13	11	9	46 :40	+ 6	50
8. MSV Duisburg	33	12	10	11	42 :44	- 2	46
9. TSV München 1860	33	11	8	14	45 :51	- 6	41
10. Werder Bremen	33	10	8	15	41 :46	- 5	38
11. Schalke 04	33	9	11	13	36 :50	- 14	38
12. 1. FC Nürnberg	33	7	16	10	39 :48	- 9	37
13. VfB Stuttgart	33	8	12	13	40 :48	- 8	36
14. SC Freiburg	33	9	9	15	34 :43	- 9	36
15. Hansa Rostock	33	8	11	14	46 :56	- 10	35
16. Eintracht Frankfurt	33	8	10	15	39 :53	- 14	34
17. VfL Bochum	33	7	8	18	38 :62	- 24	29
18. Bor. M'gladbach	33	4	9	20	41 :77	- 36	21

34. Spieltag: Samstag, 29.5.1999

Böses Ende für FCN im Abstiegskrimi

1. FC Nürnberg - SC Freiburg 1:2 (0:2)

Nürnberg: Köpke - van Eck, Baumann, Nikl - Weigl (46. Ziemer), Störzenhofecker, Oechler, Günther (46. Reinhardt), Gerber - Kuka, Ciric (80. Kurth)

Freiburg: Golz - Müller, Hermel, Diarra - Kohl, Günes, Baya, Pavlin (90. Schwinkendorf), Willi - Weißhaupt, Wassmer (70. Sellimi)

Tore: 0:1 Günes (28.), 0:2 Günes (35.), 1:2 Nikl (85.) - **SR:** Kemmling (Burgwedel) - **ZS:** 44.000 - **Gelb:** Baya

Borussia Mönchengladbach - Borussia Dortmund 0:2 (0:0)

Gladbach: Enke - Hausweiler (82. Villa), Andersson, Klinkert - Eberl, Sopic (78. Feldhoff), Witeczek, Asanin, Frontzeck (46. Reiter) - Pettersson, Deisler

BVB: Lehmann - Nijhuis, Reuter, Kohler - Ricken, Stevic, Möller, Nerlinger (84. Baumann), Dede - Herrlich (90. Salou), Chapuisat (88. Hengen)

Tore: 0:1 Chapuisat (53.), 0:2 Chapuisat (78.) - **SR:** Dardenne (Nettersheim) - **ZS:** 34.500 (ausverkauft) - **Gelb:** Witeczek, Sopic, Eberl, Pettersson - Kohler, Nerlinger, Herrlich

TSV München 1860 - FC Schalke 04 4:5 (4:3)

1860: Hofmann - Kurz, Vanenburg, Gorges (46. Kientz) - Cerny, Borimirov, Bender (64. Ouakili), Malz (75. Stranzl), Heldt - Hobsch, Schroth

Schalke: Schober - Müller, Thon, Tapalovic - Held (46. Schierenberg), Alpugan, Hami, Nemec (63. Kaya), Büskens - Wolf (79. Pereira), Max

Tore: 1:0 Cerny (4.), 1:1 Hami (10.), 2:1 Hobsch (18.), 2:2 Nemec (19.), 2:3 Max (40.), 3:3 Hobsch (41.), 4:3 Kurz (44.), 4:4 Thon (68.), 4:5 Hami (90., FE) - **SR:** Weiner (Ottenstein) - **ZS:** 27.500 - **Gelb:** Kurz, Heldt, Borimirov - Kaya

Eintracht Frankfurt - 1. FC Kaiserslautern 5:1 (0:0)

Frankfurt: Nikolov - Kutschera, Janßen (86. Westerthaler), Bindewald - Zampach (69. Brinkmann), B. Schneider, Schur, Sobotzik, Weber (58. Gebhardt) - Fjörtoft, Yang

1. FCK: Reinke - Koch, Ramzy (58. Ballack), Schjönberg - Buck, Ratinho, Sforza, Wagner, Riedl (52. Reich) - Rösler (35. Rische), Marschall

Tore: 1:0 Yang (46.), 1:1 Schjönberg (68., HE), 2:1 Sobotzik (70.), 3:1 Gebhardt (80.), 4:1 B. Schneider (82.), 5:1 Fjörtoft (89.) - **SR:** Jansen (Essen) - **ZS:** 58.245 (ausverkauft) - **Gelb:** B. Schneider, Gebhardt

VfL Bochum - FC Hansa Rostock 2:3 (0:1)

Bochum: Ernst - Toplak, Waldoch, Sundermann (39. Peschel) - Fahrenhorst, Zeyer, Schindzielorz (46. Michalke), Gaudino (58. Kuntz), Hofmann - Bastürk, Buckley

Rostock: Pieckenhagen - Rehmer, Weilandt, Ehlers (67. Holetschek) - Lange (77. Ramdane), Wibran, Breitkreutz, Yasser, Emara (77. Majak) - Agali, Neuville

Tore: 0:1 Neuville (37.), 1:1 Kuntz (71.), 2:1 Peschel (74.), 2:2 Agali (77.), 2:3 Majak (83.) - **SR:** Dr. Merk (Kaiserslautern) - **ZS:** 20.347 - **Gelb:** Weilandt

MSV Duisburg - VfL Wolfsburg 6:1 (2:1)

Duisburg: Menger - Wohlert, Komljenovic (85. Frydek), Hajto - Wolters, Töfting (85. Andersen), Hirsch, Wedau (72. Emmerling), Osthoff - Spies, Beierle

Wolfsburg: Reitmaier - Kovacevic (46. Kapetanovic), Thomsen, O'Neil - Greiner, Nowak, Akonnor, Maltritz, Kryger (57. Nagorny) - Baumgart (71. Däbritz), Juskowiak

Tore: 0:1 Juskowiak (25.), 1:1 Spies (34.), 2:1 Beierle (37.), 3:1 Beierle (56.), 4:1 Beierle (68.), 5:1 Komljenovic (70.), 6:1 Spies (83.) - **SR:** Berg (Konz) - **ZS:** 15.777 - **Gelb:** O'Neil

Hertha BSC Berlin - Hamburger SV 6:1 (1:0)

Hertha BSC: Kiraly - Sanneh (80. Saba), Herzog, Hartmann - Thom, Dardai, Neuendorf, Wosz, Tretschok (72. Mandreko) - Preetz, Aracic (78. Tchami)

HSV: Butt - Panadic, Hoogma, Hertzsch - Groth, Ernst, Spörl (46. Doll), Babatz (58. Grammozis) - Kirjakow, Yeboah, Dembinski (46. Straube)

Tore: 1:0 Preetz (6.), 2:0 Preetz (51., FE), 2:1 Yeboah (52.), 3:1 Aracic (55.), 4:1 Neuendorf (69.), 5:1 Thom (75.), 6:1 Preetz (86.) - **SR:** Weber (Essen) - **ZS:** 76.000 (ausverkauft) - **Gelb:** Dardai, Neuendorf - Kirjakow - **Gelb-Rot:** Hoogma (88.)

VfB Stuttgart - SV Werder Bremen 1:0 (1:0)

Stuttgart: Wohlfahrt - Keller, Verlaat, Oswald - Pinto (57. T. Rost), Thiam, Balakov, Soldo, Carnell - Bobic (80. Ristic), Akpoborie (62. Zeyer)

Bremen: F. Rost - Wicky, Trares, Wojtala (46. Benken) - Frings, Herzog, Eilts, Maximow (66. Ailton), Bode, Wiedener - Bogdanovic (46. Dabrowski)

Tor: 1:0 Bobic (6.) - **SR:** Fröhlich (Berlin) - **ZS:** 38.000

Bayer 04 Leverkusen - FC Bayern München 1:2 (0:1)

Leverkusen: Matysek (78. Vollborn) - Zivkovic, Nowotny, R. Kovac (74. Happe) - Lehnhoff (48. Ledwon), Emerson, Reeb, Heintze, Zé Roberto - Meijer, Kirsten

FC Bayern: Scheuer - Babbel, Matthäus (79. Johansson), Linke - Strunz, Effenberg, Fink, Salihamidzic - Basler, Daei (88. Jancker), Scholl (79. Zickler)

Tore: 0:1 Basler (11.), 0:2 Scholl (61.), 1:2 Kirsten (78.) - **SR:** Steinborn (Sinzig) - **ZS:** 22.500 (ausverkauft) - **Gelb:** Matthäus, Basler

	Sp.	g.	u.	v.	Tore	Diff.	Punkte
1. Bayern München	34	24	6	4	76 :28	+48	78
2. Bayer Leverkusen	34	17	12	5	61 :30	+31	63
3. Hertha BSC Berlin	34	18	8	8	59 :32	+27	62
4. Borussia Dortmund	34	16	9	9	48 :34	+14	57
5. 1. FC Kaiserslautern	34	17	6	11	51 :47	+ 4	57
6. VfL Wolfsburg	34	15	10	9	54 :49	+ 5	55
7. Hamburger SV	34	13	11	10	47 :46	+ 1	50
8. MSV Duisburg	34	13	10	11	48 :45	+ 3	49
9. TSV München 1860	34	11	8	15	49 :56	- 7	41
10. Schalke 04	34	10	11	13	41 :54	- 13	41
11. VfB Stuttgart	34	9	12	13	41 :48	- 7	39
12. SC Freiburg	34	10	9	15	36 :44	- 8	39
13. Werder Bremen	34	10	8	16	41 :47	- 6	38
14. Hansa Rostock	34	9	11	14	49 :58	- 9	38
15. Eintracht Frankfurt	34	9	10	15	44 :54	- 10	37
16. 1. FC Nürnberg	34	7	16	11	40 :50	- 10	37
17. VfL Bochum	34	7	8	19	40 :65	- 25	29
18. Bor. M'gladbach	34	4	9	21	41 :79	- 38	21

Saison 1999/2000

Unterhaching wird zum Bayer-Trauma

Bayern vor Bayer - der Einlauf war exakt der Gleiche wie vor Jahresfrist. Und doch war in der Millenniumssaison vieles ganz anders. Bayer 04 Leverkusen hatte der Ehrgeiz gepackt, die Vormachtstellung des FC Bayern anzugreifen. Bereits am 2. Spieltag kam es in der BayArena zum ersten Aufeinandertreffen, das der Gastgeber durch zwei späte Tore von Kirsten und Neuville für sich entschied. Dass es diesmal keinen Alleingang der Bajuwaren geben würde, zeichnete sich in den folgenden Wochen ab, als der Titelverteidiger unübersehbare Probleme hatte, den gewohnten Rhythmus zu finden. Am 10. Spieltag setzten sie sich erstmals wieder auf den Thron, blieben dort auch bis zur Winterpause, konnten aber die Elf von Christoph Daum nicht distanzieren. Auch nicht nach dem 4:1 bei der Rückspiel-Revanche, bei der die Werkskicker schon traditionell übergroßen Respekt im Olympiastadion bewiesen und nahezu widerstandslos die Segel strichen. Danach bewiesen die Rheinländer wieder ihre wahren Qualitäten, wussten angetrieben vom „Spieler der Saison", dem Brasilianer Emerson, mit technisch hochklassigem Spiel zu überzeugen und holten Punkt um Punkt auf. Höhepunkt einer Serie von 14 unbesiegten Partien war der 9:1-Kantersieg beim SSV Ulm. Nach der 1:2-Derbypleite des FC Bayern gegen 1860 am 30. Spieltag hatten Nowotny, Kirsten & Co. drei Zähler Vorsprung, die sie mit drei Siegen bis zum Finalspieltag verteidigten.

Was sollte nun noch schief gehen? Zu souverän, zu überlegen, mit gerade mal zwei Niederlagen in 33 Saisonspielen, wirkte Bayer. Und ausgerechnet der Underdog Unterhaching sollte denen ein Bein stellen? Im Notfall würde Leverkusen ja auch ein Unentschieden genügen... Keine Frage, Bayer war in den Sportpark gereist, um sich die Schale aushändigen zu lassen. Die Bayern taten einige Kilometer entfernt das Nötige gegen Bremen und legten bis zur 16. Minute ein 3:0 vor - man will sich ja nicht vorwerfen lassen, nicht alles in seiner Macht stehende getan zu haben. In der 20. Minute dringt die Kunde der Hachinger Führung aus dem Sportpark. Ausgerechnet Michael Ballack, ein Eigentor! Nun bekommt die ganze Geschichte eine Eigendynamik, die „großen" Bayer-Kicker wirken wie paralysiert und bekommen kein Bein mehr auf den Boden. Am Ende steht es 0:2 - und Meister sind wieder die Bayern. „Forever number one" singen diese, und in Leverkusen herrscht tiefste Niedergeschlagenheit.

Im Schatten des spannenden Meisterrennens sicherten sich zwei Klubs die Quali zur Champions League, die niemand so recht auf der Rechnung hatte. Einmal der unter Frank Pagelsdorf eine Renaissance feiernde Hamburger SV, der mit tollem Angriffsfußball, dem neuen Fußballtempel AOL-Arena und einem Torhüter Jörg Butt aufwartet, der sich als treffsicherster HSVer erweist, in dem er neun Elfmeter verwandelt - und darüber hinaus auch seiner Hauptaufgabe des Toreverhinderns mit Bravour nachkommt. Und dann sind da noch die Münchner „Löwen", die mit den Einkäufen Thomas Häßler und Martin Max vor der Saison Volltreffer gelandet haben. Der in Dortmund unglückliche Häßler avanciert zum unbestrittenen Spielgestalter, der aus Schalke geholte Max wird mit 19 Toren Schützenkönig der Liga. Löwen-Dompteur Werner Lorant erntet im achten Jahr die Früchte seiner Arbeit, die einst in der Bayernliga begann.

UEFA-Cup-Ränge sichern sich erwartungsgemäß Kaiserslautern und die Hertha. Die Überraschung der Saison heißt jedoch SpVgg Unterhaching. Der Aufsteiger aus dem 20.000-Einwohner-Städtchen vor den Toren Münchens glänzte nicht durch filigrane Spielkunst oder mit teuren Stars. Trainer Köstner setzte auf das, was seine Elf schon in der 2. Liga ausgezeichnet hatte - mannschaftliche Geschlossenheit, Laufbereitschaft, Wille, Einsatz. Der heimische Sportpark wurde zu einer absoluten Festung,

Die Bayern(hier Babbel, Salihamidzic, Jeremies und Fink, v.l.) wissen, wem ihr besonderer Dank gebührt.

Das ist doch nicht zu fassen... Ein untröstlicher Michael Ballack nach dem vergebenen Matchball in Unterhaching.

aus der nur Bayern und Lautern drei Punkte entführten. Am 32. Spieltag war der Klassenerhalt in trockenen Tüchern, und drei Wochen später machte das kleine Haching die großen Bayern zum Meister und stand für einige Tage bundesweit im Rampenlicht.

Nicht wirklich überraschend kam der Abstieg von Duisburg, Bielefeld und Ulm. Die „Spatzen" schienen in ihrem einzigen Bundesliga-Jahr fast gerettet, ehe nach dem 1:9-Debakel gegen Leverkusen alle Dämme brachen. In einem echten Abstiegsendspiel gab es ein 1:2 in Frankfurt, womit sich die Eintracht erneut in letzter Minute rettete. Gerettet war da schon Borussia Dortmund. Gerettet? Dortmund? Ein beispielloses Katastophenjahr lag hinter dem einstigen Titelkandidaten, der nach gutem Saisonstart völlig aus den Fugen geriet. Erst unter der aus größter Not geborenen Trainer-Doppelvariante mit Altmeister Lattek und Jungfuchs Sammer wurde der Super-GAU Abstieg verhindert.

Abseits

„König Otto" macht die Tausend voll

Als am 24. August 1963 die Bundesliga aus der Taufe gehoben wurde, war er dabei: Als beinharter Verteidiger der Berliner Hertha beim 1:1 gegen den 1. FC Nürnberg. Acht Jahre und einen Monat später, mittlerweile in Diensten des 1. FC Kaiserslautern, endet die aktive Laufbahn des 33-Jährigen abrupt - Knorpelschaden im linken Knie beim 1:0 gegen Duisburg. Nach 201 Ligaeinsätzen schlägt Otto Rehhagel die Trainerlaufbahn ein und debütiert im April 1974 als Nachfolger des legendären Gyula Lorant in Offenbach. Mit forschen Sprüchen und einer DFB-Sperre begründet Rehhagel zunächst einen eher zweifelhaften Ruf und gilt in den ersten Trainerjahren als „Notnagel". Nach Stationen in Bremen, Dortmund, Bielefeld und Düsseldorf heuert er 1981 als Klötzer-Nachfolger zum zweiten Mal beim Zweitligisten SV Werder an. An der Weser findet Rehhagel sein Glück, bleibt unglaubliche 14 Jahre dort und macht aus der einstigen „grauen Maus" eine erste Adresse des deutschen Fußballs. Einem verunglückten Jahr beim FC Bayern folgt das Engagement beim in die 2. Liga abgestürzten 1. FC Kaiserslautern, den er 1997 zum Wiederaufstieg, 1998 sensationell zum Titelgewinn führt. Am 11. Februar 2000, beim Spiel auf der Bielefelder Alm, feiert „König Otto", der einst despektierlich „Torhagel" (nach dem 0:12 seines BVB in Gladbach) und „Otto der Zweite" (nach einigen Vize-Meisterschaften mit Werder) genannt wurde, ein einmaliges Jubiläum: Sein 1000. Bundesligaspiel als Spieler bzw. Trainer. Wie es sich für einen König gehört: Mit einem 2:1-Sieg seines 1. FCK.

Süddeutsche Underdogs ersetzen rheinische Traditionsklubs

Wer hätte das für möglich gehalten? Während die in inniger Abneigung vereinten rheinischen Rivalen aus Köln und Mönchengladbach ihre traditionellen Derbys nunmehr als Montagsspiele live im DSF erleben können, nehmen zwei Südklubs deren angestammte Erstligaplätze ein, an die sich Fußball-Deutschland erst gewöhnen muss. Die SpVgg Unterhaching und der SSV Ulm 1846 sind die Bundesligisten Nr. 46 und 47. Anfangs vielfach belächelt und als sichere Abstiegskandidaten angesehen, sorgen sowohl die „Spatzen" von der Donau als auch die Münchner Vorstädter für einige Farbtupfer und sind keinesfalls nur Platzfüller. Doch während die Elf von Lorenz-Günther Köstner vor allem dank ihrer verblüffenden Heimstärke und der mannschaftlichen Geschlossenheit am 32. Spieltag den Klassenerhalt feiern und drei Wochen später den Meistermacher des großen FC Bayern geben darf, endet das Ulmer Abenteuer tragisch. Das Abstiegs-"Endspiel" in Frankfurt geht mit 1:2 verloren, der einstige Sechs-Punkte-Vorsprung auf Rang 16 ist verspielt - das Donaustadion ist künftig wieder montags im DSF zu bewundern. Allerdings auch nur ein Jahr lang...

Tasmania Bielefeld

Erzielt ein Bundesligist wochenlang keinen Treffer, überwindet ein Spieler innerhalb einer Partie zweimal seinen eigenen Torhüter, kassiert ein Klub mehrere deftige Niederlagen in Folge, dann kommt die große Zeit der Historiker. In aller Regel ist die Suche danach, ob dieses oder jenes Missgeschick schon einmal in die Annalen eingegangen ist, eine relativ leichte Aufgabe. Man blättere zurück ins Jahr 1965/66... Aha, Tasmania 1900 Berlin. Tatsächlich hat die bedauernswerte Berliner Eintagsfliege so manche Rekordmarke gesetzt, an der sich seither jeder noch so Krisen geschüttelte Klub die Zähne ausgebissen hat. Nicht so die Bielefelder Arminia der Jahrtausendwende. Mit dem 0:2 in Wolfsburg am 20. Februar bleiben die Ostwestfalen zehn Spiele in Folge ohne Punktgewinn - das hat auch „Tas" nicht eindrucksvoller geschafft. Mit den Neuköllnern und dem 1. FC Nürnberg (83/84) rangiert der DSC in dieser Sonderwertung nunmehr ganz vorn.

Kartenspiel des Konzertpianisten

Alleiniger Spitzenreiter in der Kategorie „Dezimierung eines Teams" ist seit dem 10. September '99 unbestritten Herbert Fandel. Der im Hauptberuf als Konzertpianist die sanften Töne bevorzugende Rheinländer spielt im Rostocker Ostseestadion einen Grand mit Vieren. Die beinharten Ulmer Spatzen beklagen mit van de Haar, Grauer (jeweils Gelb-Rot), Wise und Radoki (Rot) gleich vier Verluste. Nicht genug damit: Trainer Andermatt und Manager Steer werden vom Spielfeldrand auf die Tribüne verbannt. Überflüssig zu erwähnen, dass die Ulmer mit der Spielleitung des Herrn Fandel nicht glücklich sind. Neutrale Beobachter bescheinigen Fandel indes eine ordentliche Spielleitung, mit einem kleinen Schönheitsfehler: „... auch Stadler hätte Rot sehen müssen" analysiert der *kicker*...

„Loddar" entdeckt die Neue Welt

55 Minuten sind im Stuttgarter Gottlieb-Daimler-Stadion gespielt, als der Hauch der Geschichte durch die Arena weht. Bayern-Trainer Ottmar Hitzfeld winkt seinen Akteur Nr. 10 zur Seitenlinie. Lothar Matthäus, beinahe 39-jähriger Rekord-Nationalspieler und mit den höchsten Weihen des nationalen wie internationalen Fußballs ausgestatteter Libero des FC Bayern, verabschiedet sich von der Bühne Bundesliga. Nahezu 21 Jahre liegen zwischen seinem ersten Auftritt als Jungspund im Trikot von Borussia Mönchengladbach und jenem 4. März 2000. 464 Ligaspiele und 121 Tore. Titel und persönliche Auszeichnungen, die den Rahmen sprengen würden. Speziell in den letzten Jahren seiner Karriere hat der gebürtige Franke neben unzähligen Verehrern seiner fußballerischen Fähigkeiten auch zahlreiche Kritiker ob manch unglücklicher Interviews oder privater

Vorkommnisse - Matthäus ist beliebtes Objekt der Boulevardmedien. In jedem Fall geht mit ihm eine prägende Figur des deutschen Fußballs, um bei den New York MetroStars der Begeisterung für die nordamerikanische Profiliga MLS Antrieb zu verleihen.

Unbezwingbarer Tarnat

Der Bayern-Motor kommt zum Start der neuen Spielzeit nur sehr stotternd in Gang. In Runde 5 gastiert der Rekordmeister bei der Frankfurter Eintracht. Zuerst bringt Salou die Hessen in Führung und dann scheint es so, als habe Glücksgöttin Fortuna den Münchnern vollends die Zuneigung entzogen. Oliver Kahn wehrt nach 52 Minuten zwar einen Foulelfmeter von Fjörtoft ab, verletzt sich aber kurz darauf und wird durch Bernd Dreher ersetzt. Damit nicht genug: Acht Minuten später muss auch Dreher passen. Guter Rat ist teuer. Ein Feldspieler muss den ungewohnten Job zwischen den Pfosten verrichten, und die Entscheidung fällt auf Michael Tarnat. Damit scheint die zweite Saisonniederlage besiegelt. Aber Tarnat hält in den verbleibenden immerhin 26 Minuten seinen Kasten sauber. Und die Bayern zeigen eine ungeahnte Trotzreaktion, sie drehen den Rückstand noch in einen 2:1-Auswärtserfolg um.

Häßler mit Köpfchen

48 Tore stehen bisher auf der Visitenkarte des Neu-Löwen Thomas Häßler. Allseits bekannt und gefürchtet sind die Freistoß-Qualitäten des kleinen Spielmachers, und so manchen Treffer erzielte Häßler überdies mit harten Distanzschüssen. Im 292. Bundesligaspiel erlebt der nach seinem Katastophenjahr in Dortmund wieder auflebende Sechziger gegen Bielefeld eine Premiere. War er nach einer halben Stunde noch per Elfmeter an Georg Koch gescheitert, überwindet er diesen in der 61. Minute zum 2:0 - per Kopf! Eine Flanke von Harald Cerny findet die 1,67 Meter hohe Stirn des „Kopfball-Ungeheuers", der in bester Hrubesch-Manier vollendet.

Das tat richtig weh... Andreas Möller und Kollegen bereiteten ihren Fans manch böse Überraschung und konnten am Ende nur mit viel Mühe den Klassenerhalt sichern.

Thomas Riedl bricht Derby-Bann

Die halbe Ewigkeit von 22 Jahren müssen die Fans der Münchner Löwen auf diesen Tag warten. Ein Großteil davon schauen sie aus der sicheren Distanz der Oberliga Bayern dem zwischenzeitlich Lichtjahre entfernten Lokalrivalen FC Bayern zu, wie der Meisterschaften und Pokalsiege anhäuft. Doch am 27. November '99 ist die Tristesse endgültig Vergangenheit: Thomas Riedl heißt der Mann, der sich mit seinem Rechtsschuss zum 1:0-Sieg in die Herzen der Löwen-Fans schießt und von diesem Tag an einen festen Platz in den Vereinsannalen beanspruchen darf. Der Bann ist gebrochen, auch im Rückspiel ziehen die Bayern den Kürzeren - 1:2, obwohl Riedl verletzt fehlt.

Weihnachtsmärchen im Volkspark

Der Rahmen stimmt. Festtagsstimmung sechs Tage vor Heiligabend, 5:1-Führung des im bisherigen Rundenverlauf wie Phönix aus der Asche aufgestiegenen HSV gegen Duisburg. Zehn Minuten vor Spielschluss spielt MSV-Verteidiger Torsten Wohlert den Ball ins Aus, um einen Wechsel des Gegners zu ermöglichen. Eine symbolische Geste, denn der Mann, der Mehdi Mahdavikia ablöst, stand eigentlich auf keiner Rechnung mehr: Karsten Bäron. 980 Tage nach seinem letzten Auftritt (11. April '97 in Bielefeld), nach sieben Knieoperationen und einem wahren Reha-Marathon, tritt der überglückliche Bäron wieder auf die große Bühne. Ein Kurzeinsatz, der Hoffnung macht. „Jetzt ist es mein einziges Ziel, die Invalidität zu vermeiden", betont der 26-Jährige.

Seuchenjahr des BVB

8. Spieltag: Titelkandidat Dortmund gewinnt 2:0 in Bielefeld und verteidigt die Spitzenposition. 17. Spieltag: UEFA-Cup-Aspirant Dortmund feiert am Tage seines 90. Geburtstages eine 4:0-Gala gegen Hertha BSC. 32. Spieltag: Abstiegskandidat Dortmund verschafft sich mit einem 2:1 beim VfB Stuttgart Luft und kommt dem Klassenerhalt ein großes Stück näher. Drei Eckdaten, zwischen denen elf Remis und ebenso viele Niederlagen liegen. Und die Ablösung des Jungtrainers Skibbe durch Bernd Krauss. Und dessen Ablösung durch das Duo Lattek/Sammer. Der Altmeister und der designierte Nachfolger führen ein wahres Seuchenjahr zu einem glimpflichen Ende. Ein abschließendes 3:0 in Berlin bringt sogar die inoffizielle Westfalen-Meisterschaft, wird doch damit Schalke 04 überholt. Ausgelassen gefeiert wird dies aber nicht...

Peter Wibran macht's wie Preetz

... nein, der wortkarge Schwede aus dem Rostocker Mittelfeld tritt natürlich nicht die Nachfolge des Berliners als Torschützenkönig an, obwohl er mit sechs Treffern eine persönliche Bestmarke setzt. Vielmehr zeichnet er sich als „Mister Zuverlässig" aus, steht in allen 34 Saisonspielen von der 1. bis zur 90. Minute ununterbrochen auf dem Platz. Als Feldspieler allemal eine Erwähnung wert. Vier Torhüter schaffen das auch: Philipp Laux, Claus Reitmaier, Frank Rost und Jörg Butt. Der HSV-Keeper kommt Michael Preetz in einem Punkt sogar näher als der Rostocker Wibran: Er verpasst die Torjägerkanone mit neun (Elfmeter-) Toren weitaus knapper.

Bundesliga 1999/2000

Gelb-Rote Karten (42)

Spieler (Verein)	Spieltag, Gegner, (Ergebnis)	Schiedsrichter
Nedijeljko Zelic (TSV München 1860)	1. Sp., VfL Wolfsburg (A, 1:2)	Fandel (Kyllburg)
Christian Prosenik (TSV München 1860)	1. Sp., VfL Wolfsburg (A, 1:2)	Fandel (Kyllburg)
Zvonimir Soldo (VfB Stuttgart)	1. Sp., SV Werder Bremen (H, 0:0)	Dardenne (Nettersheim)
Ludwig Kögl (SpVgg Unterhaching)	1. Sp., Eintracht Frankfurt (A, 0:3)	Kemmling (Kleinburgwedel)
Mehdi Ben Slimane (SC Freiburg)	1. Sp., SSV Ulm 1846 (A, 1:1)	Fröhlich (Berlin)
Michael Zeyer (MSV Duisburg)	2. Sp., SpVgg Unterhaching (A, 0:2)	Zerr (Ottersweier)
Martin Wagner (1. FC Kaiserslautern)	2. Sp., FC Hansa Rostock (A, 2:4)	Albrecht (Kaufbeuren)
Evanilson (Borussia Dortmund)	3. Sp., SSV Ulm 1846 (A, 1:0)	Koop (Lüttenmark)
Hans van de Haar (SSV Ulm 1846)	4. Sp., FC Hansa Rostock (A, 1:2)	Fandel (Kyllburg)
Uwe Grauer (SSV Ulm 1846)	4. Sp., FC Hansa Rostock (A, 1:2)	Fandel (Kyllburg)
Martin Wagner (1. FC Kaiserslautern)	5. Sp., Hamburger SV (H, 2:0)	Buchhart (Schrobenhausen)
Jens Keller (VfB Stuttgart)	7. Sp., Eintracht Frankfurt (A, 1:0)	Steinborn (Sinzig)
Kai Oswald (FC Hansa Rostock)	7. Sp., Borussia Dortmund (A, 0:3)	Zerr (Ottersweier)
Samuel Osei Kuffour (FC Bayern München)	7. Sp., FC Schalke 04 (A, 1:1)	Strampe (Handorf)
Torsten Wohlert (MSV Duisburg)	7. Sp., Hertha BSC Berlin (A, 1:2)	Buchhart (Schrobenhausen)
Kostas Konstantinidis (Hertha BSC Berlin)	9. Sp., VfB Stuttgart (H, 1:1)	Dr. Wack (Biberbach)
Thomas Berthold (VfB Stuttgart)	9. Sp., Hertha BSC Berlin (A, 1:1)	Dr. Wack (Biberbach)
Alexander Schur (Eintracht Frankfurt)	10. Sp., Arminia Bielefeld (A, 1:1)	Aust (Köln)
Christian Brand (FC Hansa Rostock)	10. Sp., SV Werder Bremen (A, 1:2)	Strampe (Handorf)
Markus Babbel (FC Bayern München)	12. Sp., SC Freiburg (H, 6:1)	Dardenne (Nettersheim)
Zoubaier Baya (SC Freiburg)	16. Sp., 1. FC Kaiserslautern (A, 2:0)	Albrecht (Kaufbeuren)
Zoran Mamic (Bayer 04 Leverkusen)	16. Sp., Eintracht Frankfurt (A, 2:1)	Dr. Fleischer (Neuburg)
Mario Basler (1. FC Kaiserslautern)	17. Sp., TSV München 1860 (A, 1:2)	Krug (Gelsenkirchen)
Alexander Schur (Eintracht Frankfurt)	20. Sp., MSV Duisburg (A, 3:2)	Heynemann (Magdeburg)
Stefan Emmerling (MSV Duisburg)	20. Sp., Eintracht Frankfurt (H, 2:3)	Heynemann (Magdeburg)
Tomasz Waldoch (FC Schalke 04)	20. Sp., Hamburger SV (A, 1:3)	Sippel (Würzburg)
Jens Nowotny (Bayer 04 Leverkusen)	21. Sp., FC Schalke 04 (A, 1:1)	Fandel (Kyllburg)
Thomas Gravesen (Hamburger SV)	22. Sp., 1. FC Kaiserslautern (H, 2:1)	Berg (Konz)
Sead Kapetanovic (Borussia Dortmund)	26. Sp., SV Werder Bremen (A, 2:3)	Albrecht (Kaufbeuren)
Oliver Otto (SSV Ulm 1846)	27. Sp., MSV Duisburg (H, 0:3)	Aust (Köln)
Alexander Strehmel (SpVgg Unterhaching)	27. Sp., SC Freiburg (A, 3:4)	Fandel (Kyllburg)
Oliver Straube (SpVgg Unterhaching)	28. Sp., TSV München 1860 (H, 1:1)	Keßler (Wogau)
Dennis Grassow (SpVgg Unterhaching)	28. Sp., TSV München 1860 (H, 1:1)	Keßler (Wogau)
Stefan Reuter (Borussia Dortmund)	28. Sp., Bayer 04 Leverkusen (A, 1:3)	Strampe (Handorf)
Ioan Viorel Ganea (VfB Stuttgart)	30. Sp., SC Freiburg (H, 1:0)	Dr. Merk (Kaiserslautern)
Stephan Paßlack (TSV München 1860)	32. Sp., FC Schalke 04 (A, 2:2)	Meyer (Braunschweig)
Janos Radoki (SSV Ulm 1846)	32. Sp., 1. FC Kaiserslautern (A, 2:6)	Dr. Wack (Biberbach)
Bernd Hollerbach (Hamburger SV)	32. Sp., Bayer 04 Leverkusen (H, 0:2)	Wagner (Hofheim)
Jiri Nemec (FC Schalke 04)	33. Sp., Borussia Dortmund (A, 1:1)	Fandel (Kyllburg)
Sven Benken (FC Hansa Rostock)	33. Sp., VfB Stuttgart (H, 1:4)	Dr. Wack (Biberbach)
Marcelo José Bordon (VfB Stuttgart)	33. Sp., FC Hansa Rostock (A, 4:1)	Dr. Wack (Biberbach)
Dede (Borussia Dortmund)	34. Sp., Hertha BSC Berlin (A, 3:0)	Dr. Fleischer (Neuburg)

Rote Karten (31)

Spieler (Verein)	Spieltag, Gegner, (Ergebnis)	Schiedsrichter
Boris Zivkovic (Bayer 04 Leverkusen)	1. Sp., MSV Duisburg (A, 0:0)	Dr. Wack (Biberbach)
Sergej Barbarez (Borussia Dortmund)	1. Sp., 1. FC Kaiserslautern (A, 0:1)	Heynemann (Magdeburg)
Adam Matysek (Bayer 04 Leverkusen)	3. Sp., VfB Stuttgart (A, 2:1)	Heynemann (Magdeburg)
Evans Wise (SSV Ulm 1846)	4. Sp., FC Hansa Rostock (A, 1:2)	Fandel (Kyllburg)
Janos Radoki (SSV Ulm 1846)	4. Sp., FC Hansa Rostock (A, 1:2)	Fandel (Kyllburg)
Boubacar Diarra (SC Freiburg)	4. Sp., Borussia Dortmund (A, 1:1)	Kemmling (Kleinburgwedel)
Marian Hristov (1. FC Kaiserslautern)	4. Sp., SV Werder Bremen (A, 0:5)	Aust (Köln)
Radwan Yasser (FC Hansa Rostock)	5. Sp., SC Freiburg (A, 0:5)	Wagner (Hofheim)
Julio Cesar (SV Werder Bremen)	6. Sp., SSV Ulm 1846 (H, 2:2)	Keßler (Wogau)
Victor Agali (FC Hansa Rostock)	6. Sp., TSV München 1860 (H, 0:0)	Berg (Konz)
René Schneider (FC Hansa Rostock)	6. Sp., TSV München 1860 (H, 0:0)	Berg (Konz)
Andreas Buck (1. FC Kaiserslautern)	6. Sp., Bayer 04 Leverkusen (A, 1:3)	Kemmling (Kleinburgwedel)
Dirk van der Ven (Arminia Bielefeld)	7. Sp., TSV München 1860 (A, 0:5)	Weiner (Ottenstein)
Dede (Borussia Dortmund)	9. Sp., SV Werder Bremen (H, 1:3)	Aust (Köln)
Dietmar Hirsch (MSV Duisburg)	10. Sp., SSV Ulm 1846 (H, 0:0)	Steinborn (Sinzig)
Torsten Wohlert (MSV Duisburg)	11. Sp., SC Freiburg (A, 0:3)	Fröhlich (Berlin)
Dieter Eilts (SV Werder Bremen)	17. Sp., FC Bayern München (H, 0:2)	Fröhlich (Berlin)
Joachim Stadler (SSV Ulm 1846)	18. Sp., SC Freiburg (A, 0:2)	Dr. Merk (Kaiserslautern)
Oumar Kondé (SC Freiburg)	19. Sp., Eintracht Frankfurt (A, 0:2)	Dr. Wack (Biberbach)
Dietmar Hirsch (MSV Duisburg)	22. Sp., VfB Stuttgart (H, 1:3)	Meyer (Braunschweig)
Gintaras Stauce (MSV Duisburg)	22. Sp., VfB Stuttgart (H, 1:3)	Meyer (Braunschweig)
Jens Lehmann (Borussia Dortmund)	24. Sp., FC Hansa Rostock (A, 0:1)	Berg (Konz)
Tomasz Hajto (MSV Duisburg)	26. Sp., VfL Wolfsburg (H, 2:3)	Dr. Merk (Kaiserslautern)
Ioan Viorel Ganea (VfB Stuttgart)	26. Sp., Hertha BSC Berlin (H, 1:0)	Dr. Fleischer (Neuburg)
Giovane Elber (FC Bayern München)	27. Sp., VfL Wolfsburg (A, 1:1)	Steinborn (Sinzig)
Martin Pieckenhagen (FC Hansa Rostock)	28. Sp., Hamburger SV (A, 0:1)	Albrecht (Kaufbeuren)
Samuel Osei Kuffour (FC Bayern München)	29. Sp., SC Freiburg (A, 2:1)	Kemmling (Kleinburgwedel)
Ingo Hertzsch (Hamburger SV)	29. Sp., Arminia Bielefeld (A, 0:0)	Dr. Wack (Biberbach)
Holger Greilich (TSV München 1860)	31. Sp., VfB Stuttgart (H, 1:1)	Jansen (Essen)
Juri Maximow (SV Werder Bremen)	32. Sp., SpVgg Unterhaching (A, 0:1)	Koop (Lüttenmark)
Jonathan Akpoborie (VfL Wolfsburg)	33. Sp., SSV Ulm 1846 (A, 0:2)	Jansen (Essen)

Drei oder mehr Tore in einem Spiel

Spieler (Verein)	Spieltag, Gegner, (Ergebnis)	Anzahl der Tore
Roy Präger (Hamburger SV)	4. Sp., Hertha BSC Berlin (H, 5:1)	3
Adel Sellimi (SC Freiburg)	5. Sp., FC Hansa Rostock (H, 5:0)	3
Marco Bode (SV Werder Bremen)	5. Sp., VfL Wolfsburg (A, 7:2)	3
Claudio Pizarro (SV Werder Bremen)	5. Sp., VfL Wolfsburg (A, 7:2)	3 (Hattrick)
Giovane Elber (FC Bayern München)	10. Sp., VfL Wolfsburg (H, 5:0)	3
Anthony Yeboah (Hamburger SV)	12. Sp., Arminia Bielefeld (H, 5:0)	3
Zoltan Sebescen (VfL Wolfsburg)	23. Sp., Hamburger SV (H, 4:4)	3
Martin Max (TSV München 1860)	23. Sp., FC Hansa Rostock (H, 4:3)	3
Jonathan Akpoborie (VfL Wolfsburg)	28. Sp., VfB Stuttgart (A, 5:2)	3
Igli Tare (1. FC Kaiserslautern)	32. Sp., SSV Ulm 1846 (H, 6:2)	3

Die Torjäger

Martin Max (TSV München 1860)	19		Bruno Labbadia (Arminia Bielefeld)	11
Ulf Kirsten (Bayer 04 Leverkusen)	17		Adel Sellimi (SC Freiburg)	11
Giovane Elber (FC Bayern München)	14		Hans van de Haar (SSV Ulm 1846)	10
Ebbe Sand (FC Schalke 04)	14		Claudio Pizarro (SV Werder Bremen)	10
Marco Bode (SV Werder Bremen)	13		Paulo Roberto Rink (Bayer 04 Leverkusen)	10
Paulo Sergio (FC Bayern München)	13		Magnus Arvidsson (FC Hansa Rostock)	9
Ailton (SV Werder Bremen)	12		Hans-Jörg Butt (Hamburger SV)	9
Jonathan Akpoborie (VfL Wolfsburg)	12		Carsten Jancker (FC Bayern München)	9
Michael Preetz (Hertha BSC Berlin)	12		Jörgen Pettersson (1. FC Kaiserslautern)	9
Stefan Beinlich (Bayer 04 Leverkusen)	11		Roy Präger (Hamburger SV)	9
Youri Djorkaeff (1. FC Kaiserslautern)	11		Markus Weissenberger (Arminia Bielefeld)	9
Andrzej Juskowiak (VfL Wolfsburg)	11		Anthony Yeboah (Hamburger SV)	9

Eigentore (20)

Spieler (Verein)	Spieltag, Gegner	Tor zum ... (Minute), Endstand
Tomasz Hajto (FC Schalke 04)	1. Sp., 1. FC Köln (H)	2:1 (89.), Ende 2:1
Robert Kovac (Bayer 04 Leverkusen)	2. Sp., VfB Stuttgart (A)	0:2 (38.), Ende 1:4
Jörg Heinrich (Borussia Dortmund)	6. Sp., FC Schalke 04 (H)	0:3 (60.), Ende 0:4
Jan Seifert (SpVgg Unterhaching)	6. Sp., Hertha BSC Berlin (H)	5:2 (88.), Ende 5:2
Marcel Maltritz (VfL Wolfsburg)	7. Sp., VfB Stuttgart (H)	0:1 (6.), Ende 2:2
René Rydlewicz (FC Hansa Rostock)	10. Sp., VfL Wolfsburg (H)	0:1 (37.), Ende 1:1
Hendrik Herzog (SpVgg Unterhaching)	12. Sp., FC Hansa Rostock (A)	1:1 (75.), Ende 2:2
Axel Sundermann (VfL Bochum)	16. Sp., SC Freiburg (A)	0:5 (76.), Ende 0:5
Vladimir Maljkovic (Eintracht Frankfurt)	17. Sp., VfB Stuttgart (A)	0:1 (34.), Ende 1:4
Hendrik Herzog (SpVgg Unterhaching)	19. Sp., SC Freiburg (A)	0:1 (36.), Ende 0:2
Torsten Kracht (Eintracht Frankfurt)	19. Sp., 1. FC Köln (H)	0:2 (28.), Ende 1:5
Marco Haber (SpVgg Unterhaching)	21. Sp., 1. FC Kaiserslautern (A)	0:2 (18.), Ende 0:4
Milan Fukal (Hamburger SV)	22. Sp., Borussia Dortmund (A)	1:4 (82.), Ende 2:4
Frank Baumann (SV Werder Bremen)	23. Sp., Eintracht Frankfurt (A)	2:1 (90.), Ende 2:1
Levan Kobiaschwili (SC Freiburg)	24. Sp., SV Werder Bremen (A)	0:3 (51.), Ende 1:3
Roman Weidenfeller (1. FC Kaiserslautern)	25. Sp., TSV München 1860 (H)	2:1 (58.), Ende 3:2
Boris Zivkovic (Bayer 04 Leverkusen)	27. Sp., FC Schalke 04 (H)	0:1 (17.), Ende 0:3
Rouven Schröder (VfL Bochum)	28. Sp., TSV München 1860 (H)	2:1 (56.), Ende 4:2
Archil Arweladse (1. FC Köln)	32. Sp., TSV München 1860 (A)	1:3 (83.), Ende 1:3
Dede (Borussia Dortmund)	34. Sp., 1. FC Köln (H)	1:1 (28.), Ende 3:3

Bundesliga 1999/2000

FC Bayern München

Torhüter
Dreher, Bernd	6	0
Kahn, Oliver	27	0
Scheuer, Sven	0	0
Wessels, Stefan	2	0

Abwehr
Andersson, Patrik	16	0
Babbel, Markus	26	1
Kuffour, Samuel Osei	18	2
Linke, Thomas	27	1
Matthäus, Lothar	15	1
Sinkala, Andrew	1	0

Mittelfeld
Basler, Mario	2	0
Effenberg, Stefan	27	2
Fink, Thorsten	26	0
Jeremies, Jens	30	3
Lizarazu, Bixente	22	1
Scholl, Mehmet	25	6
Strunz, Thomas	9	0
Tarnat, Michael	26	1
Wiesinger, Michael	13	1

Angriff
Elber, Giovane	26	14
Jancker, Carsten	23	9
Paulo Sergio	28	13
Salihamidzic, Hasan	30	4
Santa Cruz, Roque	28	5
Wojciechowski, Slawomir	3	1
Zickler, Alexander	14	7

Trainer
Hitzfeld, Ottmar (geb. 12.1.49)

FC Bayern München - Hintere Reihe von links: Effenberg, Babbel, Jancker, Sergio, Linke, Andersson, Tarnat, Zickler. Mitte: Masseur Binder und Gebhardt, Torwarttrainer Maier, Strunz, Jeremies, Wiesinger, Kuffour, Matthäus, Reha-Trainer Hauenstein, Co-Trainer Henke, Trainer Hitzfeld. Vorne: Fink, Scholl, Salihamidzic, Scheuer, Kahn, Dreher, Lizarazu, Elber, Basler.

Bayer 04 Leverkusen

Torhüter
Heinen, Dirk	2	0
Juric, Frank	4	0
Matysek, Adam	29	0

Abwehr
Gresko, Vratislav	9	0
Happe, Markus	7	0
Hoffmann, Torben	13	0
Kovac, Robert	27	1
Mamic, Zoran	7	0
Nowotny, Jens	33	1
Zivkovic, Boris	23	3

Mittelfeld
Babic, Marko	0	0
Ballack, Michael	23	3
Beinlich, Stefan	29	11
Emerson	29	5
Hejduk, Frankie	6	0
Ramelow, Carsten	26	0
Reeb, Jörg	13	0
Schneider, Bernd	32	3
Vranjes, Jurica	2	0
Zé Roberto	27	7

Angriff
Brdaric, Thomas	24	6
Kirsten, Ulf	27	17
Neuville, Oliver	33	4
Ponte, Robson	24	2
Reichenberger, Thomas	4	1
Rink, Paulo Roberto	16	10

Trainer
Daum, Christoph (geb. 24.10.53)

Bayer 04 Leverkusen - Hintere Reihe von links: Nowotny, Ramelow, Brdaric, Hoffmann, Mamic, Zivkovic, Ponte, Beinlich. Mitte: Trainer Daum, Co-Trainer Koch, Torwarttrainer Friese, Physiotherapeut Glass, Reeb, Spizak, Gresko, Happe, Physiotherapeut Trzolek, Betreuer Zöller und Wohner, Physiotherapeut Rothweiler. Vorne: Kovac, Kirsten, Vollborn, Reichenberger, Matysek, Schneider, Heinen, Hejduk, Juric, Neuville, Lehnhoff.

Milliardenliga zwischen Boom und Pleite

Hamburger SV

Hamburger SV - Hintere Reihe von links: Zeugwart Freytag, Ernst, Hoogma, Panadic, Dembinski, Simunic, Bäron, Uysal, Yilmaz, Groth, Zeugwart Römer. Mitte: Physiotherapeut Rieger, Busfahrer Ahlert, Kovac, Mahdavikia, Hashemian, Gümüs, Hertzsch, Grubac, Jepsen, Grammozis, Babatz, Gravesen, Physiotherapeut Adam. Vorne: Spörl, Cardoso, Hollerbach, Co-Trainer Reutershahn, Trainer Pagelsdorf, Reha-Trainer Kleimaker, Ilic, Butt, Bade, Yeboah, Präger, Doll.

Torhüter
Bade, Alexander 0 0
Butt, Hans-Jörg 34 9
Ilic, Sascha 0 0
Abwehr
Gravesen, Thomas 26 1
Hertzsch, Ingo 31 0
Hoogma, Nico-Jan 31 3
Panadic, Andrej 29 1
Simunic, Josip 6 0
Mittelfeld
Babatz, Christof 5 0
Cardoso, Rodolfo Esteban 28 8
Doll, Thomas 21 0
Ernst, Fabian 19 0
Fischer, Andreas 17 1
Grammozis, Dimitrios 17 1
Groth, Martin 15 2
Hollerbach, Bernd 21 2
Khatibi, Rasoul 4 0
Kovac, Niko 30 8
Spörl, Harald 4 0
Angriff
Bäron, Karsten 7 0
Dembinski, Jacek 7 0
Grubac, Vanja 4 1
Hashemian, Vahid 11 0
Mahdavikia, Mehdi 29 4
Präger, Roy 32 9
Uysal, Soner 8 1
Yeboah, Anthony 24 9
Yilmaz, Mahmut 2 0
Trainer
Pagelsdorf, Frank (geb. 5.2.58)

TSV München 1860

TSV München 1860 - Hintere Reihe von links: Co-Trainer Pacult, Gorges, Stranzl, Greilich, Kurz, Zelic, Votava, Bodden, Agostino, Schroth, Paßlack, Winkler, Betreuer Hackl. Mitte: Torwarttrainer Boden, Trainer Lorant, Cizek, Meggle, Fuchs, Max, Borimirov, Tapalovic, Scherbe, Richter, Tyce, Physiotherapeuten Frank und Rainer. Vorne: Häßler, Fröhlich, Dinzey, Pürk, Hofmann, Hoffmann, Prosenik, Riedl, Cerny, Issaka.

Torhüter
Hoffmann, Daniel 33 0
Hofmann, Michael 2 0
Abwehr
Greilich, Holger 20 0
Kurz, Marco 26 1
Paßlack, Stephan 24 1
Stranzl, Martin 22 0
Tapalovic, Filip 22 2
Vanenburg, Gerald 16 0
Votava, Tomas 2 0
Zelic, Nedijeljko 23 2
Mittelfeld
Borimirov, Daniel 20 2
Cerny, Harald 32 2
Cizek, Martin 19 0
Dinzey, Michél 1 0
Häßler, Thomas 33 8
Prosenik, Christian 19 1
Pürk, Marcus 10 0
Riedl, Thomas 22 1
Tyce, Roman 25 1
Angriff
Agostino, Paul 18 4
Bodden, Olaf 0 0
Max, Martin 32 19
Schroth, Markus 22 3
Winkler, Bernhard 22 3
Trainer
Lorant, Werner (geb. 21.11.48)

Bundesliga 1999/2000

1. FC Kaiserslautern

Torhüter
Gospodarek, Uwe	8	0
Koch, Georg	9	0
Reinke, Andreas	18	0

Abwehr
Hrutka, Janos	2	0
Koch, Harry	30	6
Komljenovic, Slobodan	23	2
Lutz, Roger	5	0
Ramzy, Hany	25	2
Roos, Axel	16	0
Schjönberg, Michael	32	2

Mittelfeld
Basler, Mario	18	1
Buck, Andreas	26	2
Hristov, Marian	22	3
Junior	0	0
Ratinho	27	0
Reich, Marco	26	2
Sforza, Ciriaco	27	1
Sobotzik, Thomas	3	0
Strasser, Jeff	27	2
Wagner, Martin	20	1

Angriff
Djorkaeff, Youri	25	11
Klose, Miroslav	2	0
Marschall, Olaf	25	4
Pettersson, Jörgen	25	9
Rische, Jürgen	5	0
Tare, Igli	22	4

Trainer
Rehhagel, Otto (geb. 9.8.38)

1. FC Kaiserslautern - Hintere Reihe von links: Physiotherapeut Weber, Buck, Reich, Hristov, Schjönberg, Rische, Sforza, H. Koch. Mitte: Co-Trainer Neu, Torwarttrainer Ehrmann, Komljenovic, Strasser, Hrutka, Tare, Ballack, Marschall, Zeugwart Krauß, Masseure Bossert und Loch, Co-Trainer Stumpf, Trainer Rehhagel. Vorne: Ratinho, Wagner, Pettersson, Szücs, Reinke, Gospodarek, Roos, Sobotzik, Junior.

Hertha BSC Berlin

Torhüter
Fiedler, Christian	7	0
Kiraly, Gabor	27	0

Abwehr
Burik van, Dick	25	0
Helmer, Thomas	5	1
Herzog, Hendrik	20	0
Konstantinidis, Kostas	20	1
Rehmer, Marko	19	2
Rekdal, Kjetil-André	14	0
Simunic, Josip	0	0
Sverrisson, Eyjölfur	28	1

Mittelfeld
Covic, Ante	6	0
Dardai, Pal	15	1
Deisler, Sebastian	20	2
Hartmann, Michael	16	0
Maas, Rob	0	0
Mandreko, Sergej	4	0
Michalke, Kai	18	1
Neuendorf, Andreas	15	0
Sanneh, Anthony	15	1
Schmidt, Andreas	32	0
Thom, Andreas	10	0
Tretschok, René	3	1
Veit, Sixten	16	1
Wosz, Dariusz	32	5

Angriff
Alex Alves	15	4
Aracic, Ilija	12	1
Daei, Ali	28	3
Preetz, Michael	32	12
Roy, Bryan	13	1

Trainer
Röber, Jürgen (geb. 25.12.53)

Hertha BSC Berlin - Hintere Reihe von links: Preetz, Herzog, Konstantinidis, van Burik, Aracic, Sverrisson, Veit, Schmidt, Maas, Rehmer, Daei, Betreuer di Martino. Mitte: Trainer Röber, Mannschaftsarzt Dr. Schleicher, Co-Trainer Storck, Tretschok, Covic, Michalke, Tchami, Mandreko, Thom, Reiss, Deisler, Rekdal, Sanneh, Torwarttrainer Maric. Vorne: Masseur Bentin, Physiotherapeut Drill, Neuendorf, Wosz, Olic, Kiraly, Fiedler, Hartmann, Roy, Dardai, Betreuer Riedel, Busfahrer Kühnemann.

VfL Wolfsburg

VfL Wolfsburg - Hintere Reihe von links: Dammeier, Juskowiak, Nagorny, Wück, Feldhoff, Ballwanz, Kleeschätzky, Sebescen, Nowak, Baumgart. Mitte: Trainer Wolf, Mannschaftsarzt Dr. Herbst, Physiotherapeuten Lossau und Kroß, Akpoborie, Brand, Akonnor, Biliskov, Thomsen, O'Neil, Weiser, Müller, Maltritz, Däbritz, Torwarttrainer Hoßbach, Co-Trainer Dreßen. Vorne: Mannschaftsarzt Dr. Pfeiler, Breitenreiter, Kryger, Munteanu, Hiemann, Koltermann, Reitmaier, Greiner, Banza, Stammann, Betreuer Mies und Steinborn.

Torhüter
Hiemann, Holger	0	0
Reitmaier, Claus	34	0

Abwehr
Ballwanz, Holger	16	1
Biliskov, Marino	20	2
Hengen, Thomas	8	1
Kryger, Waldemar	31	1
Maltritz, Marcel	23	0
O'Neil, Brian	16	1
Thomsen, Claus	24	0

Mittelfeld
Akonnor, Charles	25	1
Brand, Christian	1	0
Däbritz, Nico	11	0
Dammeier, Detlev	16	0
Greiner, Frank	29	0
Müller, Nils	0	0
Munteanu, Dorinel	22	3
Nowak, Krzysztof	33	3
Schröder, Gerald	1	0
Sebescen, Zoltan	17	6
Weiser, Patrick	33	1
Wück, Christian	14	0

Angriff
Akpoborie, Jonathan	19	12
Banza, Jean Kasongo	11	2
Baumgart, Steffen	1	0
Breitenreiter, André	1	0
Feldhoff, Markus	18	2
Juskowiak, Andrzej	32	11
Nagorny, Vitus	1	0
Rische, Jürgen	11	4

Trainer
Wolf, Wolfgang (geb. 24.9.57)

VfB Stuttgart

VfB Stuttgart - Hintere Reihe von links: Berthold, Bordon, Iseli, Ristic, Legat, Keller, Soldo, Lisztes, Djordjevic, Hosny, Todt, Schneider. Mitte: Zeugwart Seitz, Teammanager Förster, Co-Trainer Starzmann, Trainer Rangnick, Torwarttrainer Rücker, Konditionstrainer Stock, Kuka, Ganea, Catizone, Thiam, Endress, Stojkovski, Masseure Egger, Wörn und Kraft. Vorne: Spanring, Markovic, Kies, Balakov, Hildebrand, Wohlfahrt, Hollerieth, Trautner, Pinto, Gerber, Carnell, Rost, Zaharievski.

Torhüter
Hildebrand, Timo	6	0
Hollerieth, Achim	1	0
Wohlfahrt, Franz	27	0

Abwehr
Berthold, Thomas	23	0
Bordon, Marcelo José	23	2
Carnell, Bradley	24	1
Keller, Jens	24	0
Kies, Thomas	6	0
Legat, Thorsten	0	0
Schneider, Thomas	22	0

Mittelfeld
Balakov, Krassimir	30	6
Catizone, Giuseppe	5	0
Djordjevic, Kristijan	9	0
Endress, Jochen	20	1
Gerber, Heiko	29	4
Kauf, Rüdiger	2	0
Lisztes, Krisztian	29	4
Pinto, Roberto	27	2
Soldo, Zvonimir	31	2
Thiam, Pablo	33	3
Todt, Jens	6	0

Angriff
Didi	2	0
Dundee, Sean	28	8
Ganea, Ioan Viorel	29	7
Hosny, Ahmed Salah	16	2
Kuka, Pavel	20	1
Ristic, Sreto	3	0

Trainer
Rangnick, Ralf (geb. 29.6.58)

Bundesliga 1999/2000

SV Werder Bremen

Torhüter
Borel, Pascal	0	0
Brasas, Stefan	0	0
Rost, Frank	34	0

Abwehr
Barten, Mike	16	0
Baumann, Frank	32	5
Julio Cesar	12	0
Skripnik, Victor	5	0
Tjikuzu, Razundara	25	0
Trares, Bernhard	20	3
Wiedener, Andree	25	0
Wojtala, Pawel	2	0

Mittelfeld
Bode, Marco	27	13
Dabrowski, Christoph	28	2
Eilts, Dieter	29	1
Flock, Dirk	12	1
Frey, Dieter	3	0
Frings, Torsten	33	3
Herzog, Andreas	27	7
Maximow, Juri	29	3
Roembiak, Lodewijk	2	0
Wicky, Raphael	15	0

Angriff
Ailton	29	12
Bogdanovic, Rade	22	4
Pizarro, Claudio	25	10
Seidel, Sören	6	1

Trainer
Schaaf, Thomas (geb. 30.4.61)

SV Werder Bremen - Hintere Reihe von links: Eilts, Benken, Flock, Seidel, Plump, Bogdanovic, Wojtala, Bode, Baumann, Frey, Weetendorf, Herzog. Mitte: Sportdirektor Allofs, Trainer Schaaf, Torwarttrainer Burdenski, Tjikuzu, Wicky, Skripnik, Dabrowski, Schierenbeck, Maximow, Schultz, Stalteri, Fütterer, Co-Trainer Fazlic und Kamp. Vorne: Wiedener, Barten, Roembiak, Trares, Rost, Brasas, Borel, Chanko, Ailton, Kunz, Frings.

SpVgg Unterhaching

Torhüter
Mai, Udo	0	0
Tremmel, Gerhard	7	0
Wittmann, Jürgen	27	0

Abwehr
Bergen, Jörg	19	0
Bucher, Ralf	21	0
Frühbeis, Stefan	0	0
Grassow, Dennis	26	1
Seifert, Jan	31	2
Strehmel, Alexander	25	2
Vladimir, Ivica	0	0

Mittelfeld
Haber, Marco	28	2
Hartig, Andreas	0	0
Hertl, Björn	18	0
Kögl, Ludwig	16	1
Oberleitner, Markus	33	3
Schwarz, Danny	34	2
Straube, Oliver	30	3
Tammen, Arne	1	0
Zeiler, Peter	5	0
Zimmermann, Matthias	34	3

Angriff
Breitenreiter, André	19	7
Garcia, Alfonso	15	1
Mendez, Alberto	6	0
Rraklli, Altin	32	6
Seitz, Jochen	34	5
Zimmermann, Mark	9	0

Trainer
Köstner, Lorenz-Günther (geb. 30.1.52)

SpVgg Unterhaching - Hintere Reihe von links: Grassow, Garcia, Schwarz, Frühbeis, Hofmann, Tammen, Vladimir, Pflug, Matthias Zimmermann, Bergen. Mitte: Betreuer Binderberger und Pflüger, Physiotherapeutin Le Berre, Mannschaftsärzte Dr. Englhard und Dr. Nieper, Reha-Trainer Babock, Seitz, Seifert, Bucher, Rraklli, Co-Trainer Deutinger, Trainer Köstner. Vorne: Oberleitner, Mark Zimmermann, Straube, Strehmel, Mai, Sirch, Tremmel, Wittmann, Hartig, Hertl, Zeiler, Kögl.

Milliardenliga zwischen Boom und Pleite

Borussia Dortmund

Borussia Dortmund - Hintere Reihe von links: Nerlinger, Baumann, Addo, Feiersinger, Herrlich, Wörns, But, Kapetanovic, Timm, Tanko, Möller. Mitte: Physiotherapeuten Peter, Kuhnt und Zöllner, Mannschaftsarzt Dr. Preuhs, Bobic, Barbarez, Kohler, Nijhuis, Torwarttrainer Stahl, Co-Trainer Neuhaus, Trainer Skibbe. Vorne: Zeugwart Wiegandt, Stevic, Reina, Ikpeba, Lehmann, de Beer, Dede, Ricken, Chapuisat, Reuter.

Torhüter
Beer de, Wolfgang	4	0
Lehmann, Jens	31	0

Abwehr
Baumann, Karsten	11	0
Feiersinger, Wolfgang	9	0
Kohler, Jürgen	30	2
Nijhuis, Alfred	20	2
Reuter, Stefan	26	0
Wörns, Christian	26	2

Mittelfeld
Addo, Otto	22	2
Bugri, Francis	3	0
But, Vladimir	19	1
Dede	24	1
Evanilson	25	0
Kapetanovic, Sead	4	0
Möller, Andreas	18	3
Nerlinger, Christian	16	0
Ricken, Lars	29	4
Stevic, Miroslav	30	0

Angriff
Barbarez, Sergej	14	2
Bobic, Fredi	29	7
Gambo, Bashiru	2	0
Herrlich, Heiko	22	6
Ikpeba, Victor	21	2
Reina, Giuseppe	26	5
Tanko, Ibrahim	3	0

Trainer
Skibbe, Michael (geb. 4.8.65)
bis 5.2.2000
Krauss, Bernd (geb. 8.5.57)
6.2.2000 - 12.4.2000
Lattek, Udo (geb. 16.1.35)/Sammer, M.
ab 13.4.2000

SC Freiburg

SC Freiburg - Hintere Reihe von links: Willi, Kanyuk, Böttjer, Hampl, Hermel, Weißhaupt, Zkitischwili, Baya, Günes, Ben Slimane. Mitte: Physiotherapeut Vetter, Zeugwart Bauer, Co-Trainer Neitzel, Wassmer, Müller, Kobiaschwili, Kohl, Zeyer, Schumann, Physiotherapeut Schneider, Mannschaftsarzt Roesinger, Trainer Finke. Vorne: Co-Trainer Sarstedt, Korell, Diarra, Pavlin, Bruns, Schoppel, Golz, Reus, Kondé, Dreyer, Sellimi, Iaschwili.

Torhüter
Golz, Richard	33	0
Reus, Timo	1	0
Schoppel, Manuel	0	0

Abwehr
Diarra, Boubacar	27	0
Hermel, Lars	26	0
Kondé, Oumar	25	1
Korell, Steffen	12	1
Müller, Stefan	25	2
Schumann, Daniel	12	0

Mittelfeld
Baya, Zoubaier	25	4
Bornemann, Andreas	3	0
Dreyer, Björn	6	0
Günes, Ali	14	2
Kobiaschwili, Levan	33	6
Kohl, Ralf	19	1
Pavlin, Miran	1	0
Ramdane, Abder	19	2
Weißhaupt, Marco	30	2
Willi, Tobias	29	0
Zeyer, Andreas	33	4
Zkitischwili, Levan	3	1

Angriff
Ben Slimane, Mehdi	22	4
Bruns, Florian	22	1
Hampl, Stefan	2	0
Iaschwili, Alexander	22	1
Sellimi, Adel	27	11

Trainer
Finke, Volker (geb. 24.3.48)

Bundesliga 1999/2000

Eintracht Frankfurt

Torhüter
Heinen, Dirk	17	0
Nikolov, Oka	17	0
Schmitt, Sven	0	0

Abwehr
Bindewald, Uwe	20	0
Hubtchev, Petr	18	0
Janßen, Olaf	16	0
Kracht, Torsten	32	1
Kutschera, Alexander	29	1
Schneider, Uwe	7	0

Mittelfeld
Bulut, Erol	5	0
Dombi, Tibor	15	0
Falk, Patrick	13	0
Gebhardt, Marco	30	3
Guié-Mien, Rolf-Christel	29	6
Heldt, Horst	30	4
Hendricks, Rowan	1	0
Mutzel, Michael	4	1
Rasiejewski, Jens	21	0
Schur, Alexander	26	2
Sobotzik, Thomas	12	3
Weber, Ralf	18	2
Zampach, Thomas	11	1

Angriff
Fjörtoft, Jan-Aage	21	5
Reichenberger, Thomas	15	1
Salou, Bachirou	32	8
Westerthaler, Christoph	4	0
Yang, Chen	27	4

Trainer
Berger, Jörg (geb. 13.10.44)
bis 19.12.1999
Magath, Felix (geb. 26.7.53)
ab 26.12.1999

Eintracht Frankfurt - Hintere Reihe von links: Agu, Fjörtoft, Kracht, Salou, Yang, Weber, Schur, Hubtchev, Kutschera, Bindewald. Mitte: Lizenzspieler-Leiter Falkenhain, Trainer Berger, Co-Trainer Engel und Lippert, Schneider, Rosen, Mutzel, Bulut, Guié-Mien, Zinnow, Streit, Torwarttrainer Müller, Zeugwart Lutz, Masseure Ronconi und Meinl. Vorne: Epp, Heldt, Dombi, Zampach, Gebhardt, Nikolov, Schmitt, Westerthaler, Rasiejewski, Falk, Janßen.

FC Schalke 04

Torhüter
Reck, Oliver	25	0
Schober, Mathias	10	0

Abwehr
Eigenrauch, Yves	23	1
Happe, Markus	15	0
Hoogdalem van, Marco	4	0
Kock de, Johan	4	0
Müller, Andreas	6	0
Szollar, Krisztian	1	0
Thon, Olaf	23	1
Waldoch, Tomasz	31	1

Mittelfeld
Alpugan, Ünal	26	0
Anderbrügge, Ingo	2	0
Büskens, Michael	9	0
Hajnal, Tamas	8	0
Held, Oliver	18	0
Kerckhoven van, Nico	16	1
Kmetsch, Sven	24	0
Latal, Radoslav	24	1
Legat, Thorsten	4	0
Nemec, Jiri	29	1
Oude Kamphuis, Niels	26	2
Wilmots, Marc	32	7

Angriff
Asamoah, Gerald	33	4
Goossens, Michael	15	0
Mpenza, Emile	15	6
Mulder, Youri	3	0
Pinto, Sergio	2	0
Sand, Ebbe	32	14

Trainer
Stevens, Huub (geb. 29.11.53)

FC Schalke 04 - Hintere Reihe von links: Nemec, Eigenrauch, Alpugan, Sand, Oude Kamphuis, Waldoch, Mulder, van Kerckhoven, Wilmots, de Kock, van Hoogdalem, Müller. Mitte: Latal, Asamoah, Held, Kmetsch, Büskens, Goossens, Kaya, Pinto, Szollar, Anderbrügge, Torwarttrainer Gehrke, Co-Trainer Achterberg, Trainer Stevens. Vorne: Physiotherapeuten Drescher und Niehüser, Mannschaftsarzt Dr. Rarreck, Hajnal, Grodas, Schober, Reck, Tapalovic, Thon, Betreuer Neumann, Zeugwarte Heil und Simon.

Milliardenliga zwischen Boom und Pleite

FC Hansa Rostock

Torhüter
Bräutigam, Perry	15	0
Klewer, Daniel	0	0
Pieckenhagen, Martin	20	0

Abwehr
Benken, Sven	24	1
Ehlers, Uwe	21	0
Gansauge, Thomas	2	0
Holetschek, Olaf	17	1
Oswald, Kai	19	2
Schneider, René	9	1
Weilandt, Hilmar	31	0
Zallmann, Marco	8	0

Mittelfeld
Brand, Christian	24	3
Breitkreutz, Matthias	21	1
Emara, Mohamed	22	0
Lange, Timo	27	3
Lantz, Marcus	18	2
Majak, Slawomir	20	0
Ramdane, Abder	2	0
Thielemann, Ronny	7	0
Wibran, Peter	34	6
Yasser, Radwan	21	0

Angriff
Agali, Victor	22	6
Ahanfouf, Abdelaziz	13	0
Arvidsson, Magnus	33	9
Baumgart, Steffen	26	4
Kovacec, Kreso	17	2

Trainer
Zachhuber, Andreas (geb. 29.5.62)

FC Hansa Rostock - Hintere Reihe von links: Wibran, Majak, Fuchs, Gansauge, Ehlers, Zallmann, Thielemann, Ramdane. Mitte: Physiotherapeuten Scheller und Meier, Mannschaftsleiter Weidemann, Zeugwart Thiem, Lange, Laars, Agali, Oswald, Ahanfouf, Schneider, Holetschek, Mannschaftsarzt Dr. Adam, Co-Trainer Schlünz, Mannschaftsarzt Dr. Bartel, Trainer Zachhuber. Vorne: Weilandt, Arvidsson, Klewer, Pieckenhagen, Bräutigam, Breitkreutz, Kovacec.

SSV Ulm 1846

Torhüter
Betz, Holger	0	0
Laux, Philipp	34	0
Tuzyna, Oliver	0	0

Abwehr
Bodog, Tamas	23	2
Grauer, Uwe	16	0
Kinkel, Frank	11	0
Konrad, Marco	4	0
Marques, Rui Manuel	32	0
Radoki, Janos	25	0
Stadler, Joachim	31	1

Mittelfeld
Demirkiran, Ünal	2	0
Gora, Janusz	25	3
Maier, Bernd	24	1
Otto, Oliver	33	2
Pleuler, Markus	19	1
Rösler, Sascha	26	0
Scharinger, Rainer	29	4
Unsöld, Oliver	33	1
Wise, Evans	9	0

Angriff
Leandro	25	3
Haar van de, Hans	25	10
Trkulja, Dragan	20	1
Zdrilic, David Allen	22	6

Trainer
Andermatt, Martin (geb. 21.11.61)

SSV Ulm 1846 - Hintere Reihe von links: Mannschaftsarzt Dr. Klett, Konrad, Otto, van de Haar, Marques, Scharinger, Bodog, Mirwald, Stadler, Grauer, Torwarttrainer Santelli, Co-Trainer Baumann, Trainer Andermatt. Mitte: Betreuer Greißing, Mannschaftsärzte Dr. Pfarr und Dr. Buck, Demirkiran, Mangold, Zimmermann, Schrötter, Zdrilic, Pleuler, Kinkel, Wise, Physiotherapeuten Scheuchl und Pfetsch. Vorne: Betreuer Seefried, Maier, Radoki, Unsöld, Tuzyna, Laux, Betz, Motzke, Gora, Trkulja.

Arminia Bielefeld

Torhüter
- Gößling, Frederic — 1 / 0
- Koch, Georg — 16 / 0
- Miletic, Zdenko — 13 / 0
- Ziegler, Marc — 5 / 0

Abwehr
- Borges, Marcio — 2 / 0
- Fensch, Marcell — 1 / 0
- Gansauge, Thomas — 10 / 0
- Klitzpera, Alexander — 31 / 0
- Peeters, Jacky — 29 / 1
- Straal, Roberto — 7 / 0
- Stratos, Thomas — 31 / 4
- Waterink, Thijs — 21 / 0

Mittelfeld
- Alder, Christian — 1 / 0
- Bagheri, Karim — 11 / 1
- Bode, Jörg — 24 / 3
- Böhme, Jörg — 25 / 1
- Hofschneider, André — 22 / 0
- Maul, Ronald — 28 / 1
- Meißner, Silvio — 27 / 5
- Rydlewicz, René — 29 / 0
- Sternkopf, Michael — 7 / 0
- Weissenberger, Markus — 33 / 9

Angriff
- Göktan, Berkant — 14 / 1
- Ivanovic, Josef — 1 / 0
- Labbadia, Bruno — 34 / 11
- Ven van der, Dirk — 23 / 2
- Wichniarek, Artur — 17 / 0

Trainer
Gerland, Hermann (geb. 4.6.54)

Arminia Bielefeld - Hintere Reihe von links: Stratos, Hofschneider, Alder, Straal, Peeters, Klitzpera, Bagheri, Bremke, Kwasniok, Betreuer Giersch. Mitte: Physiotherapeut Zeyer, Bode, Sternkopf, van der Ven, Borges, Saba, Nehrbauer, Böhme, Fensch, Partyka. Vorne: Zeugwart Obercanin, Physiotherapeut Horstkötter, Mannschaftsarzt Dr. Dickob, Manager Bruchhagen, Göktan, Meißner, Rydlewicz, Miletic, Koch, Gößling, Baya Baya, Maul, Labbadia, Trainer Gerland, Co-Trainer Geideck, Torwarttrainer Kowarz.

MSV Duisburg

Torhüter
- Krämer, Carsten — 1 / 0
- Menger, Andreas — 10 / 0
- Stauce, Gintaras — 25 / 0

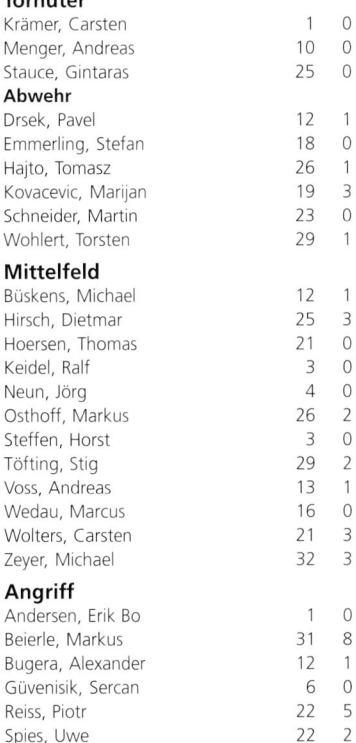

Abwehr
- Drsek, Pavel — 12 / 1
- Emmerling, Stefan — 18 / 0
- Hajto, Tomasz — 26 / 1
- Kovacevic, Marijan — 19 / 3
- Schneider, Martin — 23 / 0
- Wohlert, Torsten — 29 / 1

Mittelfeld
- Büskens, Michael — 12 / 1
- Hirsch, Dietmar — 25 / 3
- Hoersen, Thomas — 21 / 0
- Keidel, Ralf — 3 / 0
- Neun, Jörg — 4 / 0
- Osthoff, Markus — 26 / 2
- Steffen, Horst — 3 / 0
- Töfting, Stig — 29 / 2
- Voss, Andreas — 13 / 1
- Wedau, Marcus — 16 / 0
- Wolters, Carsten — 21 / 3
- Zeyer, Michael — 32 / 3

Angriff
- Andersen, Erik Bo — 1 / 0
- Beierle, Markus — 31 / 8
- Bugera, Alexander — 12 / 1
- Güvenisik, Sercan — 6 / 0
- Reiss, Piotr — 22 / 5
- Spies, Uwe — 22 / 2

Trainer
Funkel, Friedhelm (geb. 10.12.53) bis 24.3.2000
Eichkorn, Josef (geb. 16.9.56) ab 25.3.2000

MSV Duisburg - Hintere Reihe von links: Physiotherapeut Neukirch, Neun, Beierle, Schramm, Spies, Hirsch, Voss, Hajto, Drsek, Hoersen, Emmerling, Physiotherapeut Neikes. Mitte: Co-Trainer Eichkorn, Mannschaftsarzt Dr. Retinski, Masseur Hinkelmann, Keidel, Schneider, Zeyer, Wedau, Güvenisik, Steffen, Andersen, Busfahrer Jansen, Torwarttrainer Bockholt, Trainer Funkel. Vorne: Zeugwart Ricken, Wohlert, Töfting, Torres, Bugera, Stauce, Menger, Krämer, Kovacevic, Vana, Osthoff, Wolters, Schyrba, Zeugwart Kasten.

Milliardenliga zwischen Boom und Pleite

1. Spieltag: Samstag, 14.8.1999
7 Platzverweise, Hertha erster Spitzenreiter

MSV Duisburg - Bayer 04 Leverkusen (Fr., 13.8.) 0:0
Duisburg: Stauce - M. Schneider, Emmerling, Wohlert, Osthoff - Hajto, Hirsch, Töfting (68. Zeyer) - Wolters, Beierle, Bugera (74. Andersen).
Leverkusen: Matysek - Zivkovic, Kovac, Nowotny, Happe - B. Schneider (80. Mamic), Ramelow, Ballack - Ponte (89. Hejduk), Kirsten, Neuville (74. Brdaric).
SR: Dr. Wack (Biberbach) - **ZS:** 20.307 - **Gelb:** Hajto, Emmerling, Osthoff - Ponte, Ramelow - **Rot:** Zivkovic (4.)

VfL Wolfsburg - TSV München 1860 (Fr., 13.8.) 2:1 (0:1)
Wolfsburg: Reitmaier - O'Neil, Thomsen, Kryger - Greiner, Akonnor, Nowak, Munteanu (52. Banza), Weiser (74. Baumgart) - Juskowiak (52. Wück), Akpoborie.
1860: Hoffmann - Zelic, Vanenburg, Kurz - Cerny, Tyce, Häßler, Prosenik, Pürk - Schroth, Max.
Tore: 0:1 Thomsen (17., ET), 1:1 Banza (75.), 2:1 Nowak (89.) - **SR:** Fandel (Kyllburg) - **ZS:** 18.268 - **Gelb:** Thomsen - Cerny - **Gelb-Rot:** Zelic (60.), Prosenik (67.) - **B.V.:** Hoffmann hält FE von Munteanu (5.)

FC Bayern München - Hamburger SV 2:2 (1:1)
FC Bayern: Dreher - Babbel, Matthäus (63. Strunz), Linke, Lizarazu - Jeremies (72. Elber), Scholl, Tarnat - Salihamidzic (67. Basler), Jancker, Zickler.
HSV: Butt - Hertzsch, Gravesen, Panadic, Kovac - Groth, Cardoso (90. Ernst), Grammozis - Mahdavikia, Yeboah (73. Hashemian), Präger.
Tore: 1:0 Babbel (33.), 1:1 Kovac (35.), 1:2 Präger (83.), 2:2 Elber (90.) - **SR:** Dr. Merk (Kaiserslautern) - **ZS:** 63.000 (ausverkauft) - **Gelb:** Scholl, Jancker - Cardoso

1. FC Kaiserslautern - Borussia Dortmund 1:0 (0:0)
1. FCK: Reinke - Ramzy, Komljenovic, H. Koch, Schjönberg - Buck, Sforza (68. Djorkaeff), Hristov (85. Reich), Wagner - Marschall, Pettersson (89. Tare).
BVB: Lehmann - Wörns, Reuter, Kohler - Ricken (68. Reina), Stevic, Nerlinger (72. Möller), Dede - Bobic, Herrlich (82. Ikpeba), Barbarez.
Tor: 1:0 Marschall (66.) - **SR:** Heynemann (Magdeburg) - **ZS:** 41.500 (ausverkauft) - **Gelb:** Schjönberg, Ramzy, Wagner, Reich, Marschall - Kohler, Ricken, Dede, Stevic - **Rot:** Barbarez (66.)

Eintracht Frankfurt - SpVgg Unterhaching 3:0 (1:0)
Frankfurt: Nikolov - Bindewald, Janßen, Kracht - Zampach (46. Dombi), Guié-Mien, Weber, Heldt (68. Falk), Gebhardt - Salou, Fjörtoft (85. Yang).
Unterhaching: Wittmann - Seifert, Bergen, Grassow - Strehmel, Schwarz, Oberleitner, Mat. Zimmermann (71. Hertl), Kögl - Rraklli (71. Mark Zimmermann), Seitz.
Tore: 1:0 Guié-Mien (38.), 2:0 Fjörtoft (47., FE), 3:0 Salou (88.) - **SR:** Kemmling (Kleinburgwedel) - **ZS:** 40.000 - **Gelb:** Fjörtoft, Weber - Mat. Zimmermann, Schwarz - **Gelb-Rot:** Kögl (80.)

VfB Stuttgart - SV Werder Bremen 0:0
Stuttgart: Wohlfahrt - Thiam, Todt, Bordon, Keller - Djordjevic (58. Endress), Soldo, Balakov, Carnell - Ganea (76. Catizone), Kuka (46. Dundee).
Bremen: Rost - Tjikuzu (73. Dabrowski), Baumann, Barten, Wiedener - Frings, Eilts, Maximow, Wicky - Seidel (72. Bogdanovic), Bode.
SR: Dardenne (Nettersheim) - **ZS:** 33.000 - **Gelb-Rot:** Soldo (57.)

FC Schalke 04 - Arminia Bielefeld 1:1 (1:0)
Schalke: Reck - De Kock, Thon, Waldoch - Goossens, Eigenrauch (79. Held), Wilmots, Nemec, Büskens, Asamoah (75. Mulder), Sand.
Bielefeld: Koch - Peeters, Stratos, Borges - Rydlewicz, Meißner, Hofschneider (53. Waterink), Weissenberger (61. Böhme), Maul - van der Ven (65. Göktan), Labbadia.
Tore: 1:0 Nemec (45.), 1:1 Labbadia (67.) - **SR:** Steinborn (Sinzig) - **ZS:** 51.000 - **Gelb:** Weissenberger

SSV Ulm 1846 - SC Freiburg (So., 15.8.) 1:1 (0:1)
Ulm: Laux - Bodog, Grauer, Stadler, Radoki (80. Marques) - Pleuler, Otto, Gora, Rösler (75. Unsöld) - van de Haar, Zdrilic (46. Trkulja).
Freiburg: Golz - Schumann (46. Müller), Hermel, Kondé - Willi (48. Kohl), Günes, Baya, Zeyer, Kobiaschwili - Bruns (80. Hampl), Ben Slimane.
Tore: 0:1 Grauer (2., ET), 1:1 Gora (48., FE) - **SR:** Fröhlich (Berlin) - **ZS:** 22.000 - **Gelb:** Gora, Rösler, Otto - Schumann, Hermel, Kondé - **Gelb-Rot:** Ben Slimane (67.) - **B.V.:** Laux hält FE von Kobiaschwili (60.)

Hertha BSC Berlin - FC Hansa Rostock (So., 15.8.) 5:2 (2:1)
Hertha BSC: Kiraly - Herzog, Konstantinidis, Sverrisson - Deisler (77. Sanneh), Dardai, Wosz (79. Schmidt), Tretschok, Hartmann - Preetz, Daei (58. Aracic).
Rostock: Pieckenhagen - Ehlers, Weilandt, Oswald, Lange (46. Ramdane), Wibran, Breitkreutz, Yasser, Majak, Kovacec (54. Arvidsson), Agali.
Tore: 0:1 Schneider (7.), 1:1 Ehlers (14., ET), 2:1 Daei (33.), 3:1 Wosz (51.), 4:1 Preetz (61.), 4:2 Arvidsson (68.), 5:2 Deisler (76.) - **SR:** Krug (Gelsenkirchen) - **ZS:** 65.996 - **Gelb:** Dardai, Sverrisson - Ehlers, Wibran

2. Spieltag: Samstag, 21.8.1999
Salou bewahrt Frankfurts weiße Weste

SpVgg Unterhaching - MSV Duisburg (Fr., 20.8.) 2:0 (0:0)
Unterhaching: Wittmann - Grassow, Bergen, Seifert - Mat. Zimmermann, Strehmel, Oberleitner (82. Hertl), Schwarz, Straube - Rraklli (75. Mark Zimmermann), Seitz (87. Garcia).
Duisburg: Stauce - Hajto, Emmerling (74. Zeyer), Wohlert - Wolters (77. Bugera), Töfting (58. Wedau), Hirsch, Zeyer, Osthoff - Spies, Beierle.
Tore: 1:0 Rraklli (68., FE), 2:0 Straube (80.) - **SR:** Zerr (Ottersweier) - **ZS:** 8.200 - **Gelb:** Oberleitner, Schwarz - Hirsch, Osthoff, Wedau - **Gelb-Rot:** Zeyer (66.)

Arminia Bielefeld - Hertha BSC Berlin (Fr., 20.8.) 1:1 (0:0)
Bielefeld: Koch - Peeters, Stratos, Borges - Rydlewicz (75. Bode), Meißner, Hofschneider, Weissenberger (62. Waterink), Maul - Labbadia, van der Ven (83. Böhme).
Hertha BSC: Kiraly - Herzog, Konstantinidis, Sverrisson (62. Aracic) - Deisler, Schmidt, Wosz (62. Dardai), Tretschok, Hartmann - Preetz (46. Neuendorf), Daei.
Tore: 1:0 Meißner (51.), 1:1 Deisler (82.) - **SR:** Dr. Fleischer (Neuburg) - **ZS:** 23.600 (ausverkauft) - **Gelb:** Maul, Weissenberger, Hofschneider - Deisler, Neuendorf, Tretschok

Hamburger SV - VfB Stuttgart 3:0 (1:0)
HSV: Butt - Hertzsch, Gravesen, Panadic - Groth, Kovac, Cardoso (87. Ernst), Grammozis - Mahdavikia, Hashemian, Präger.
Stuttgart: Wohlfahrt - Thiam, Berthold, Bordon, Keller - Lisztes (63. Djordjevic), Todt, Balakov, Carnell - Ganea (46. Ristic), Kuka (70. Didi).
Tore: 1:0 Cardoso (5.), 2:0 Butt (55., FE), 3:0 Butt (79., FE) - **SR:** Jansen (Essen) - **ZS:** 34.487 - **Gelb:** Kovac, Präger - Kuka, Ristic

Borussia Dortmund - VfL Wolfsburg 2:1 (0:0)
BVB: Lehmann - Wörns, Reuter (47. Feiersinger), Kohler - Reina, Stevic (70. Herrlich), Möller, Nerlinger, Dede - Ikpeba (83. Nijhuis), Bobic.
Wolfsburg: Reitmaier - O'Neil, Thomsen, Kryger - Greiner (83. Juskowiak), Nowak, Munteanu (55. Brand), Akonnor, Weiser - Akpoborie, Banza (62. Wück).
Tore: 0:1 Akpoborie (69.), 1:1 Reina (77.), 2:1 Möller (82., FE) - **SR:** Stark (Landshut) - **ZS:** 64.500 - **Gelb:** Bobic, Möller, Greiner, O'Neil, Thomsen, Wück

SC Freiburg - Eintracht Frankfurt 2:3 (1:0)
Freiburg: Golz - Kondé, Hermel, Diarra - Willi, Günes (73. Pavlin), Baya, Zeyer (46. Korell), Kobiaschwili - Sellimi, Bruns (80. Hampl).
Frankfurt: Nikolov - Bindewald, Janßen, Kracht - Zampach (46. Dombi), Guié-Mien, Heldt (83. Falk), Weber, Gebhardt - Salou, Fjörtoft (46. Yang).
Tore: 1:0 Sellimi (39., FE), 2:0 Günes (51.), 2:1 Weber (72.), 2:2 Salou (76.), 2:3 Salou (86.) - **SR:** Strampe (Handorf) - **ZS:** 25.000 (ausverkauft) - **Gelb:** Korell, Kobiaschwili, Diarra, Günes - Salou

SV Werder Bremen - FC Schalke 04 0:1 (0:0)
Bremen: Rost - Tjikuzu, Baumann, Barten (71. Dabrowski), Wiedener - Frings, Eilts, Wicky, Maximow (51. Bogdanovic) - Seidel, Bode.
Schalke: Reck - De Kock, Thon, Waldoch - Alpugan (69. Eigenrauch), van Hoogdalem, Wilmots, Nemec (77. Büskens), Goossens - Asamoah, Sand (74. Mulder).
Tor: 0:1 Asamoah (48.) - **SR:** Buchhart (Schrobenhausen) - **ZS:** 32.740 - **Gelb:** Eilts - Sand, Goossens, Nemec, Thon - **B.V.:** Reck hält FE von Bode (65.)

TSV München 1860 - SSV Ulm 1846 4:1 (4:1)
1860: Hoffmann - Paßlack, Vanenburg, Kurz - Cerny, Riedl, Tyce, Häßler, Pürk (78. Cizek) - Schroth, Max (74. Winkler).
Ulm: Laux - Bodog (43. Pleuler), Grauer, Stadler, Radoki - Marques, Otto, Gora, Unsöld (77. Scharinger) - van de Haar, Rösler (46. Zdrilic).
Tore: 0:1 Unsöld (17.), 1:1 Max (19.), 2:1 Häßler (23., FE), 3:1 Max (25.), 4:1 Paßlack (31.) - **SR:** Meyer (Braunschweig) - **ZS:** 44.000 - **Gelb:** Kurz - Marques, Zdrilic

Bayer 04 Leverkusen - FC Bayern München (So., 22.8.) 2:0 (0:0)
Leverkusen: Matysek - Kovac, Nowotny, Happe - Schneider, Emerson, Ramelow, Zé Roberto (77. Hejduk) - Ponte, Kirsten, Neuville (89. Hoffmann).
FC Bayern: Dreher - Babbel, Andersson, Linke, Lizarazu - Strunz (79. Salihamidzic), Jeremies, Scholl, Tarnat - Sergio (70. Elber), Santa Cruz (74. Jancker).
Tore: 1:0 Kirsten (79.), 2:0 Neuville (85.) - **SR:** Berg (Konz) - **ZS:** 22.500 (ausverkauft) - **Gelb:** Kovac, Ponte, Scholl, Jeremies

FC Hansa Rostock - 1. FC Kaiserslautern (So., 22.8.) 4:2 (4:2)
Rostock: Pieckenhagen - Ehlers, Weilandt, Oswald - Lange, Wibran, Breitkreutz (79. Thielemann), Yasser, Emara - Agali (86. Majak), Arvidsson (70. Ahanfouf).
1. FCK: Reinke - Ramzy, Komljenovic (46. H. Koch), Schjönberg - Ratinho, Djorkaeff (66. Buck), Sforza, Hristov, Wagner - Marschall, Pettersson (56. Tare).
Tore: 1:0 Lange (5., FE), 2:0 Sforza (28., ET), 2:1 Marschall (29.), 3:1 Agali (31.), 3:2 Djorkaeff (32.), 4:2 Arvidsson (44.) - **SR:** Albrecht, **ZS:** 24.000 - **Gelb:** Agali - Ramzy, Schjönberg - **G.-Rot:** Wagner (86.)

		Sp.	g.	u.	v.	Tore	Diff.	Punkte
1.	Hertha BSC Berlin	1	1	0	0	5:2	+3	3
2.	Eintracht Frankfurt	1	1	0	0	3:0	+3	3
3.	VfL Wolfsburg	1	1	0	0	2:1	+1	3
4.	1. FC Kaiserslautern	1	1	0	0	1:0	+1	3
5.	Hamburger SV	1	0	1	0	2:2	±0	1
.	Bayern München	1	0	1	0	2:2	±0	1
7.	Arminia Bielefeld	1	0	1	0	1:1	±0	1
.	SC Freiburg	1	0	1	0	1:1	±0	1
.	Schalke 04	1	0	1	0	1:1	±0	1
.	SSV Ulm 1846	1	0	1	0	1:1	±0	1
11.	Werder Bremen	1	0	1	0	0:0	±0	1
.	Bayer Leverkusen	1	0	1	0	0:0	±0	1
.	VfB Stuttgart	1	0	1	0	0:0	±0	1
.	MSV Duisburg	1	0	1	0	0:0	±0	1
15.	TSV München 1860	1	0	0	1	1:2	-1	0
16.	Borussia Dortmund	1	0	0	1	0:1	-1	0
17.	Hansa Rostock	1	0	0	1	2:5	-3	0
18.	SpV. Unterhaching	1	0	0	1	0:3	-3	0

		Sp.	g.	u.	v.	Tore	Diff.	Punkte
1.	Eintracht Frankfurt	2	2	0	0	6:2	+4	6
2.	Hertha BSC Berlin	2	1	1	0	6:3	+3	4
3.	Hamburger SV	2	1	1	0	5:2	+3	4
4.	Bayer Leverkusen	2	1	1	0	2:0	+2	4
5.	Schalke 04	2	1	1	0	2:1	+1	4
6.	TSV München 1860	2	1	0	1	5:3	+2	3
7.	VfL Wolfsburg	2	1	0	1	3:3	±0	3
8.	Borussia Dortmund	2	1	0	1	2:2	±0	3
9.	Hansa Rostock	2	1	0	1	6:7	-1	3
10.	1. FC Kaiserslautern	2	1	0	1	3:4	-1	3
11.	SpV. Unterhaching	2	1	0	1	2:3	-1	3
12.	Arminia Bielefeld	2	0	2	0	2:2	±0	2
13.	SC Freiburg	2	0	1	1	3:4	-1	1
14.	Werder Bremen	2	0	1	1	0:1	-1	1
15.	Bayern München	2	0	1	1	2:4	-2	1
16.	MSV Duisburg	2	0	1	1	0:2	-2	1
17.	SSV Ulm 1846	2	0	1	1	2:5	-3	1
18.	VfB Stuttgart	2	0	1	1	0:3	-3	1

Bundesliga 1999/2000

3. Spieltag: Samstag, 28.8.1999

Bielefeld schießt Lautern in die Krise

FC Schalke 04 - Hamburger SV (Fr., 27.8.) 1:3 (1:1)
Schalke: Reck - Eigenrauch, Thon, De Kock, Büskens - Goossens, Nemec (60. Mulder), Wilmots, van Kerckhoven (75. Latal) - Asamoah, Sand (64. Alpugan)
HSV: Butt - Hertzsch, Hoogma, Panadic (34. Gravesen) - Groth, Kovac, Cardoso (71. Simunic), Hollerbach - Mahdavikia, Yeboah (83. Babatz), Präger
Tore: 1:0 Wilmots (32.), 1:1 Hollerbach (45.), 1:2 Kovac (53.), 1:3 Hoogma (58.) - **SR:** Fandel (Kyllburg) - **ZS:** 45.000 - **Gelb:** Thon - Hertzsch, Hollerbach, Präger - **B.V.:** Butt hält FE von Mulder (69.)

1. FC Kaiserslautern - Arminia Bielefeld (Fr., 27.8.) 0:2 (0:0)
1. FCK: Reinke - H. Koch (65. Tare), Ramzy, Schjönberg - Buck, Ratinho (46. Rische), Djorkaeff (85. Sobotzik), Sforza, Reich - Marschall, Hristov
Bielefeld: G. Koch - Peeters, Stratos, Klitzpera - Rydlewicz (84. Sternkopf), Meißner, Hofschneider, Weissenberger (78. Bode), Maul - van der Ven (66. Waterink), Labbadia
Tore: 0:1 Labbadia (51.), 0:2 Meißner (87.) - **SR:** Zerr (Ottersweier) - **ZS:** 39.661 - **Gelb:** Hristov, Marschall, Sforza, Tare - Maul

VfB Stuttgart - Bayer 04 Leverkusen 1:2 (1:1)
Stuttgart: Wohlfahrt - Th. Schneider, Todt (80. Dundee), Bordon, Keller (72. Didi) - Thiam, Soldo, Balakov, Carnell - Ganea (46. Berthold), Kuka
Leverkusen: Matysek - Kovac, Nowotny, Happe - B. Schneider (76. Hejduk), Emerson, Ramelow, Zé Roberto - Ponte (58. Heinen/TW), Kirsten (67. Beinlich), Neuville
Tore: 1:0 Soldo (26.), 1:1 Ponte (44.), 1:2 Beinlich (78.) - **SR:** Heynemann (Magdeburg) - **ZS:** 27.000 - **Gelb:** Bordon, Kuka - Kovac, Kirsten, Emerson - **Rot:** Matysek (58.)

VfL Wolfsburg - FC Hansa Rostock 2:0 (2:0)
Wolfsburg: Reitmaier - O'Neil, Thomsen, Kryger - Greiner (77. Biliskov), Akonnor, Nowak, Munteanu (71. Dammeier), Weiser - Juskowiak (66. Wück), Akpoborie
Rostock: Pieckenhagen - Ehlers, Weilandt, Oswald - Lange (46. Thielemann), Wibran, Breitkreutz, Yasser, Emara (75. Majak) - Agali, Arvidsson (46. Ahanfouf)
Tore: 1:0 Weiser (11.), 2:0 Nowak (43.) - **SR:** Steinborn (Sinzig) - **ZS:** 17.944 - **Gelb:** Akpoborie, Wück

SC Freiburg - TSV München 1860 3:0 (1:0)
Freiburg: Golz - Kondé, Hermel, Diarra (76. Dreyer) - Willi, Günes, Baya, Kobiaschwili, Zkitischwili (60. Müller) - Bruns, Sellimi (60. Ben Slimane)
1860: Hoffmann - Kurz, Vanenburg, Paßlack - Cerny (63. Borimirov), Riedl (3. Prosenik), Häßler, Tyce, Pürk (58. Winkler) - Schroth, Max
Tore: 1:0 Zkitischwili (44.), 2:0 Günes (80.), 3:0 Ben Slimane (90.) - **SR:** Krug (Gelsenkirchen) - **ZS:** 25.000 (ausverkauft) - **Gelb:** Hermel, Sellimi, Müller - Hoffmann, Kurz, Tyce, Pürk - **B.V.:** Sellimi schießt FE an den Pfosten (44.) - Zkitischwili trifft im Nachschuss

Hertha BSC Berlin - SV Werder Bremen 1:1 (1:0)
Hertha BSC: Kiraly - Herzog, Konstantinidis, Sverrisson - Deisler (36. Schmidt), Tretschok, Wosz (69. Dardai), Veit, Neuendorf - Thom, Aracic (79. Daei)
Bremen: Rost - Tjikuzu, Baumann, Cesar, Wiedener - Eilts (31. Maximow), Flock (58. Pizarro), Wicky, Frings - Bogdanovic, Bode
Tore: 1:0 Aracic (10.), 1:1 Bogdanovic (75.) - **SR:** Dr. Merk (Kaiserslautern) - **ZS:** 52.500 - **Gelb:** Herzog - Maximow

FC Bayern München - SpVgg Unterhaching 1:0 (1:0)
FC Bayern: Dreher - Babbel, Matthäus, Linke - Scholl (85. Elber), Strunz (75. Effenberg), Jeremies, Lizarazu, Sergio - Santa Cruz, Jancker (78. Basler)
Unterhaching: Wittmann - Seifert, Bergen (81. Haber), Strehmel - Mat. Zimmermann, Grassow, Oberleitner (46. Kögl), Schwarz, Straube (78. Mark Zimmermann) - Rraklli, Seitz
Tor: 1:0 Santa Cruz (40.) - **SR:** Aust (Köln) - **ZS:** 63.000 (ausverkauft) - **Gelb:** Jeremies, Matthäus - Seifert, Seitz, Grassow

Eintracht Frankfurt - MSV Duisburg (So., 29.8.) 2:2 (1:1)
Frankfurt: Nikolov - Bindewald, Janßen, Kracht - Dombi, Guié-Mien, Weber, Heldt (76. Falk), Gebhardt (46. Schur) - Salou, Fjörtoft (58. Yang)
Duisburg: Stauce - Hajto, Emmerling, Wohlert - Wolters (89. Hoersen), Töfting (84. Kovacevic), Hirsch, Wedau (65. Beierle), Schneider - Spies, Osthoff
Tore: 1:0 Salou (24.), 1:1 Osthoff (37.), 2:1 Guié-Mien (48.), 2:2 Wolters (73.) - **SR:** Keßler (Wogau) - **ZS:** 40.000 - **Gelb:** Kracht - Hirsch, Wohlert, Emmerling, Hajto, Osthoff

SSV Ulm 1846 - Borussia Dortmund (So., 29.8.) 0:1 (0:1)
Ulm: Laux - Bodog (69. Scharinger), Grauer, Stadler, Radoki - Unsöld, Otto, Gora, Wise (56. Rösler) - van de Haar, Trkulja (84. Zdrilic)
BVB: Lehmann - Wörns, Feiersinger, Kohler - Evanilson, Stevic, Nerlinger, Dede - Reina (68. Ricken), Bobic (84. Nijhuis), Ikpeba (64. Möller)
Tor: 0:1 Bobic (12.) - **SR:** Koop (Lüttenmark) - **ZS:** 22.500 (ausverkauft) - **Gelb:** Trkulja, Grauer - Dede, Bobic, Lehmann, Nerlinger, Feiersinger - **Gelb-Rot:** Evanilson (71.)

	Sp.	g.	u.	v.	Tore	Diff.	Punkte
1. Hamburger SV	3	2	1	0	8 : 3	+ 5	7
2. Eintracht Frankfurt	3	2	1	0	8 : 4	+ 4	7
3. Bayer Leverkusen	3	2	1	0	4 : 1	+ 3	7
4. VfL Wolfsburg	3	2	0	1	5 : 3	+ 2	6
5. Borussia Dortmund	3	2	0	1	3 : 2	+ 1	6
6. Hertha BSC Berlin	3	1	2	0	7 : 4	+ 3	5
7. Arminia Bielefeld	3	1	2	0	4 : 2	+ 2	5
8. SC Freiburg	3	1	1	1	6 : 4	+ 2	4
9. Bayern München	3	1	1	1	3 : 4	- 1	4
. Schalke 04	3	1	1	1	3 : 4	- 1	4
11. TSV München 1860	3	1	0	2	5 : 6	- 1	3
12. SpV. Unterhaching	3	1	0	2	2 : 4	- 2	3
13. Hansa Rostock	3	1	0	2	6 : 9	- 3	3
14. 1. FC Kaiserslautern	3	1	0	2	3 : 6	- 3	3
15. Werder Bremen	3	0	2	1	1 : 2	- 1	2
16. MSV Duisburg	3	0	2	1	2 : 4	- 2	2
17. SSV Ulm 1846	3	0	1	2	2 : 6	- 4	1
18. VfB Stuttgart	3	0	1	2	1 : 5	- 4	1

4. Spieltag: Samstag, 11.9.1999

Vier „Spatzen" fliegen in Rostock

FC Hansa Rostock - SSV Ulm 1846 (Fr., 10.9.) 2:1 (1:0)
Rostock: Pieckenhagen - Gansauge, Weilandt, Oswald - Lange (75. Thielemann), Wibran, Breitkreutz (58. Ahanfouf), Yasser, Emara - Agali, Kovacec (68. Arvidsson)
Ulm: Laux - Unsöld, Grauer, Stadler, Radoki - van de Haar, Otto, Gora, Rösler - Zdrilic (76. Wise), Trkulja (46. Scharinger)
Tore: 1:0 Oswald (4.), 1:1 Gora (80.), 2:1 Agali (90.) - **SR:** Fandel (Kyllburg) - **ZS:** 20.000 - **Gelb:** Emara, Lange - Gora - **Gelb-Rot:** van de Haar (44.), Grauer (60.) - **Rot:** Wise (79.), Radoki (90.)

Arminia Bielefeld - VfL Wolfsburg (Fr., 10.9.) 0:0
Bielefeld: Koch - Peeters, Stratos, Klitzpera - Rydlewicz (58. Bode), Hofschneider (70. Waterink), Meißner, Weissenberger (70. Bagheri), Maul - van der Ven, Labbadia
Wolfsburg: Reitmaier - O'Neil, Thomsen, Kryger (28. Maltritz) - Greiner, Nowak, Dammeier (78. Wück), Akonnor, Weiser (86. Ballwanz) - Juskowiak, Akpoborie
SR: Dr. Wack (Biberbach) - **ZS:** 24.100 - **Gelb:** Koch, Bode - Nowak, Wück

SpVgg Unterhaching - VfB Stuttgart 2:0 (1:0)
Unterhaching: Wittmann - Strehmel, Bergen, Seifert - Mat. Zimmermann, Oberleitner, Schwarz, Kögl (79. Hertl), Straube - Rraklli (59. Mark Zimmermann), Seitz (90. Garcia)
Stuttgart: Wohlfahrt - Schneider, Keller, Bordon - Djordjevic (46. Pinto), Thiam, Soldo, Balakov, Carnell (63. Lisztes) - Dundee (46. Ganea), Kuka
Tore: 1:0 Rraklli (27.), 2:0 Kögl (62.) - **SR:** Krug (Gelsenkirchen) - **ZS:** 10.300 (ausverkauft) - **Gelb:** Straube - Keller, Lisztes, Wohlfahrt

Bayer 04 Leverkusen - FC Schalke 04 3:2 (0:1)
Leverkusen: Heinen - Kovac, Nowotny, Happe (51. Gresko) - Schneider, Ramelow, Emerson, Beinlich - Ponte (58. Brdaric), Neuville, Zé Roberto (63. Reichenberger)
Schalke: Reck - Eigenrauch, Thon, Waldoch, van Kerckhoven - Goossens (76. Latal), Held (68. Müller), Wilmots, Alpugan - Asamoah (76. Pinto), Sand
Tore: 0:1 Sand (38.), 1:1 Neuville (63.), 2:1 Reichenberger (69.), 3:1 Brdaric (76.), 3:2 Gresko (80., ET) - **SR:** Dr. Fleischer (Neuburg) - **ZS:** 22.500 (ausverkauft) - **Gelb:** Kovac, Zé Roberto, Ramelow - van Kerckhoven, Asamoah, Waldoch

Borussia Dortmund - SC Freiburg 1:1 (0:1)
BVB: Lehmann - Wörns (25. Nijhuis), Reuter, Kohler - Reina, Stevic (63. Ricken), Möller, Nerlinger, Dede - Bobic, Ikpeba (46. Herrlich)
Freiburg: Golz - Kondé, Hermel, Diarra - Willi, Zeyer, Baya, Günes (37. Müller), Kobiaschwili - Bruns (63. Ben Slimane), Sellimi (77. Zkitschwili)
Tore: 0:1 Baya (41.), 1:1 Bobic (89.) - **SR:** Kemmling (Kleinburgwedel) - **ZS:** 65.000 - **Gelb:** Nerlinger - Hermel, Baya, Kondé - **Rot:** Diarra (33.)

Hamburger SV - Hertha BSC Berlin 5:1 (3:0)
HSV: Butt - Fischer, Hoogma, Hertzsch - Groth, Kovac, Cardoso (83. Grammozis), Hollerbach - Mahdavikia, Yeboah (79. Hashemian), Präger (74. Dembinski)
Hertha BSC: Kiraly - Veit (46. Schmidt), Herzog, Helmer, Hartmann - Thom, Wosz (62. Daei), Konstantinidis, Dardai, Neuendorf (62. Michalke) - Preetz
Tore: 1:0 Hollerbach (2.), 2:0, 3:0, 4:0 Präger (24., 41., 67.), 4:1 Dardai (84.), 5:1 Kovac (90.) - **SR:** Dardenne (Nettersheim) - **ZS:** 40.761 - **Gelb:** Präger - Konstantinidis, Thom - **B.V.:** Butt hält FE von Preetz (55.)

MSV Duisburg - FC Bayern München 1:2 (0:2)
Duisburg: Menger - Wohlert, Emmerling (79. Bugera), Kovacevic, Schneider - Wolters (52. Hoersen), Töfting, Hirsch, Zeyer - Spies (56. Beierle), Osthoff
FC Bayern: Dreher - Andersson, Matthäus, Linke - Strunz, Jeremies (68. Fink), Effenberg, Tarnat - Salihamidzic, Santa Cruz (86. Elber), Sergio (81. Scholl)
Tore: 0:1 Tarnat (7.), 0:2 Linke (43.), 1:2 Osthoff (67.) - **SR:** Steinborn (Sinzig) - **ZS:** 30.112 (ausverkauft) - **Gelb:** Hirsch, Schneider, Emmerling, Wohlert - Effenberg, Salihamidzic, Strunz

TSV München 1860 - Eintracht Frankfurt (So., 12.9.) 2:0 (1:0)
1860: Hoffmann - Kurz, Vanenburg, Paßlack - Cerny (85. Borimirov), Riedl, Häßler (62. Prosenik), Tyce, Pürk (80. Greilich) - Winkler, Max
Frankfurt: Nikolov - Bindewald, Janßen (78. Fjörtoft), Kracht - Zampach (46. Kutschera), Guié-Mien, Schur (46. Gebhardt), Heldt, Weber - Yang, Salou
Tore: 1:0 Max (25.), 2:0 Cerny (83.) - **SR:** Fröhlich (Berlin) - **ZS:** 32.500 - **Gelb:** Häßler - Schur, Weber

SV Werder Bremen - 1. FC Kaiserslautern (So., 12.9.) 5:0 (2:0)
Bremen: Rost - Tjikuzu (75. Roembiak), Baumann, Cesar (74. Dabrowski), Wiedener - Eilts, Frings, Wicky, Bode - Bogdanovic (67. Ailton), Pizarro
1. FCK: Reinke - H. Koch (46. Ratinho), Ramzy, Schjönberg - Buck, Strasser (51. Reich), Marschall, Komljenovic, Wagner - Pettersson (46. Tare), Hristov
Tore: 1:0 Pizarro (20.), 2:0 Bode (42.), 3:0 Bogdanovic (47.), 4:0 Frings (49.), 5:0 Dabrowski (89.) - **SR:** Aust (Köln) - **ZS:** 28.885 - **Gelb:** Wiedener - **Rot:** Hristov (18.)

	Sp.	g.	u.	v.	Tore	Diff.	Punkte
1. Hamburger SV	4	3	1	0	13 : 4	+ 9	10
2. Bayer Leverkusen	4	3	1	0	7 : 3	+ 4	10
3. Eintracht Frankfurt	4	2	1	1	8 : 6	+ 2	7
4. VfL Wolfsburg	4	2	1	1	5 : 3	+ 2	7
5. Borussia Dortmund	4	2	1	1	4 : 3	+ 1	7
6. Bayern München	4	2	1	1	5 : 5	± 0	7
7. Arminia Bielefeld	4	1	3	0	4 : 2	+ 2	6
8. TSV München 1860	4	2	0	2	7 : 6	+ 1	6
9. SpV. Unterhaching	4	2	0	2	4 : 4	± 0	6
10. Hansa Rostock	4	2	0	2	8 :10	- 2	6
11. Werder Bremen	4	1	2	1	6 : 2	+ 4	5
12. SC Freiburg	4	1	2	1	7 : 5	+ 2	5
13. Hertha BSC Berlin	4	1	2	1	8 : 9	- 1	5
14. Schalke 04	4	1	1	2	5 : 7	- 2	4
15. 1. FC Kaiserslautern	4	1	0	3	3 :11	- 8	3
16. MSV Duisburg	4	0	2	2	3 : 6	- 3	2
17. SSV Ulm 1846	4	0	1	3	3 : 8	- 5	1
18. VfB Stuttgart	4	0	1	3	1 : 7	- 6	1

Milliardenliga zwischen Boom und Pleite

5. Spieltag: Samstag, 18.9.1999
Dreierpacks von Bode, Pizarro, Sellimi

SC Freiburg - FC Hansa Rostock (Fr., 17.9.)   5:0 (4:0)
Freiburg: Golz - Schumann, Hermel, Müller - Willi (20. Kohl), Zeyer, Baya, Günes (77. Weißhaupt), Kobiaschwili - Sellimi, Iaschwili (71. Ben Slimane)
Rostock: Pieckenhagen - Ehlers, Holetschek, Oswald - Lange (85. Ramdane), Wibran, Weilandt, Yasser, Emara - Agali (46. Arvidsson), Kovacec (30. Majak)
Tore: 1:0 Müller (12.), 2:0 Sellimi (27., HE), 3:0 Baya (39.), 4:0 Sellimi (42., FE im Nachschuss), 5:0 Sellimi (78.) - **SR:** Wagner (Hofheim) - **ZS:** 24.900 - **Gelb:** Müller - Weilandt, Majak - **Rot:** Yasser (26.)

TSV München 1860 - Borussia Dortmund (Fr., 17.9.)   0:3 (0:2)
1860: Hoffmann - Paßlack (31. Greilich), Kurz, Tyce - Cerny, Riedl (65. Prosenik), Häßler, Vanenburg, Pürk - Winkler, Max (58. Schroth)
BVB: Lehmann - Feiersinger, Reuter, Kohler - Evanilson (83. Baumann), Ricken (86. But), Nerlinger, Dede - Addo, Bobic, Möller (70. Reina)
Tore: 0:1 Möller (24.), 0:2 Kurz (37., ET), 0:3 Bobic (49.) - **SR:** Dr. Merk (Kaiserslautern) - **ZS:** 32.000 - **Gelb:** Paßlack, Vanenburg, Winkler, Cerny - Reuter

FC Schalke 04 - SpVgg Unterhaching   1:0 (0:0)
Schalke: Schober - Eigenrauch (68. Held), De Kock, Thon (22. Büskens), Waldoch - Goossens (56. Latal), Wilmots, Alpugan, Nemec - Asamoah, Sand
Unterhaching: Wittmann - Seifert, Bergen, Strehmel - Mat. Zimmermann, Oberleitner (81. Mark Zimmermann), Schwarz, Kögl (46. Hertl), Straube - Rrakli (75. Tammen), Seitz
Tor: 1:0 Sand (77.) - **SR:** Meyer (Braunschweig) - **ZS:** 36.500 - **Gelb:** Asamoah, Nemec - Strehmel, Oberleitner - **B.V.:** Schober hält FE von Rrakli (12.)

Hertha BSC Berlin - Bayer 04 Leverkusen   0:0
Hertha BSC: Kiraly - Konstantinidis, Herzog, van Burik, Schmidt - Thom, Dardai, Neuendorf (62. Deisler), Michalke (82. Sanneh) - Daei (80. Aracic), Preetz
Leverkusen: Matysek - Kovac, Nowotny - Ramelow, Schneider, Emerson, Zé Roberto (46. Beinlich), Gresko - Neuville (83. Hejduk), Kirsten, Ponte (46. Brdaric)
SR: Stark (Landshut) - **ZS:** 48.667 - **Gelb:** Dardai - Kovac, Ramelow, Brdaric

SSV Ulm 1846 - Arminia Bielefeld   2:0 (2:0)
Ulm: Laux - Bodog, Marques, Stadler, Kinkel - Scharinger, Otto, Gora, Unsöld - Zdrilic (85. Trkulja), Pleuler (90. Konrad)
Bielefeld: Koch - Peeters, Bagheri (59. Göktan), Klitzpera - Rydlewicz (29. Bode), Hofschneider, Meißner, Weissenberger (29. Böhme), Maul - van der Ven, Labbadia
Tore: 1:0 Zdrilic (15.), 2:0 Scharinger (28.) - **SR:** Strampe (Handorf) - **ZS:** 19.500 - **Gelb:** Zdrilic, Pleuler - Klitzpera, Peeters, Göktan

VfB Stuttgart - MSV Duisburg   4:2 (2:1)
Stuttgart: Hollerieth - Thiam, Berthold, Bordon, Keller - Pinto, Soldo, Balakov (70. Lisztes), Carnell (87. Ganea) - Dundee (46. Kuka), Ganea
Duisburg: Menger - Kovacevic, Emmerling, Wohlert - Hoersen (62. Wolters), Töfting, Schneider, Zeyer, Hirsch, Osthoff (70. Bugera) - Beierle
Tore: 1:0 Bordon (18.), 1:1 Hirsch (31.), 2:1 Ganea (45.), 2:2 Beierle (63.), 3:2 Ganea (75.), 4:2 Töfting (77., ET) - **SR:** Berg (Konz) - **ZS:** 18.000 - **Gelb:** Carnell, Soldo, Berthold, Ganea - Töfting, Osthoff, Hirsch

Eintracht Frankfurt - FC Bayern München   1:2 (1:0)
Frankfurt: Nikolov - Bindewald, Janßen, Kutschera, Kracht - Guié-Mien, Schur (33. Dombi), Weber (85. Falk), Heldt - Salou, Fjörtoft (65. Yang)
FC Bayern: Kahn (56. Dreher, 64. Tarnat) - Kuffour, Strunz, Linke - Salihamidzic, Wiesinger (36. Scholl), Fink, Effenberg, Lizarazu - Jancker, Elber
Tore: 1:0 Salou (20.), 1:1 Elber (66.), 1:2 Kuffour (80.) - **SR:** Heynemann (Magdeburg) - **ZS:** 59.500 (ausverkauft) - **Gelb:** Kuffour, Strunz, Lizarazu - **B.V.:** Kahn hält FE von Fjörtoft (52.)

VfL Wolfsburg - SV Werder Bremen (So., 19.9.)   2:7 (2:3)
Wolfsburg: Reitmaier - O'Neil, Thomsen, Kryger - Greiner (46. Maltritz), Nowak, Munteanu (46. Wück), Akonnor, Weiser (59. Banza) - Juskowiak, Akpoborie
Bremen: Rost - Tjikuzu, Baumann, Cesar, Wiedener - Eilts (67. Maximow), Bode, Wicky, Frings (80. Flock) - Pizarro, Ailton (75. Dabrowski)
Tore: 1:0 Juskowiak (4.), 1:1 Bode (25.), 2:1 Akpoborie (37.), 2:2 Bode (40.), 2:3 Ailton (42.), 2:4, 2:5, 2:6 Pizarro (46.,71., 83.), 2:7 Bode (89.) - **SR:** Albrecht (Kaufbeuren) - **ZS:** 20.400 - **Gelb:** Eilts

6. Spieltag: Samstag, 25.9.1999
Stuttgarts Coup im Olympiastadion

FC Bayern München - VfB Stuttgart (Fr., 24.9.)   0:1 (0:0)
FC Bayern: Kahn - Linke (77. Tarnat), Matthäus, Andersson (30. Kuffour) - Strunz, Scholl, Jeremies, Effenberg, Lizarazu - Jancker (70. Santa Cruz), Elber
Stuttgart: Wohlfahrt - Thiam, Berthold, Todt, Keller - Pinto (60. Catizone), Lisztes, Soldo, Balakov (88. Endress), Gerber - Ganea (82. Hosny)
Tor: 0:1 Balakov (75., FE) - **SR:** Fröhlich (Berlin) - **ZS:** 62.000 - **Gelb:** Effenberg, Kuffour - Ganea, Berthold, Todt

Hamburger SV - VfL Wolfsburg (Fr., 24.9.)   2:2 (1:1)
HSV: Butt - Hertzsch, Hoogma, Panadic - Grammozis, Kovac, Cardoso, Hollerbach (82. Simunic) - Mahdavikia, Yeboah, Präger
Wolfsburg: Reitmaier - Greiner, O'Neil, Thomsen, Kryger - Sebescen (74. Ballwanz), Maltritz, Nowak, Weiser - Juskowiak, Akpoborie
Tore: 1:0 Cardoso (9.), 1:1 Akpoborie (12.), 2:1 Cardoso (56.), 2:2 Akpoborie (65.) - **SR:** Heynemann (Magdeburg) - **ZS:** 42.232 - **Gelb:** Hollerbach - Greiner, Kryger, Thomsen

SpVgg Unterhaching - Hertha BSC Berlin   1:1 (0:1)
Unterhaching: Wittmann - Seifert, Bergen, Grasswo - Mat. Zimmermann, Oberleitner (46. Garcia), Schwarz, Kögl (76. Hertl), Straube - Rrakli (81. Mendez), Seitz
Hertha BSC: Kiraly - Herzog (46. Veit), Helmer, Schmidt - Deisler, Dardai, Konstantinidis (88. van Burik), Wosz, Michalke - Preetz, Daei
Tore: 0:1 Helmer (24.), 1:1 Garcia (46.) - **SR:** Jansen (Essen) - **ZS:** 10.000 (ausverkauft) - **Gelb:** Bergen - Preetz, Konstantinidis

FC Hansa Rostock - TSV München 1860   0:0
Rostock: Bräutigam - Schneider, Holetschek, Oswald - Thielemann (75. Lange), Weilandt, Agali, Wibran, Majak - Kovacec (33. Arvidsson), Ahanfouf (60. Ehlers)
1860: Hoffmann - Tyce, Vanenburg, Kurz - Cerny, Prosenik, Paßlack, Häßler (74. Borimirov), Cizek - Winkler (68. Max), Schroth (78. Agostino)
SR: Berg (Konz) - **ZS:** 18.000 - **Gelb:** Holetschek, Majak - Tyce, Kurz, Prosenik - **Rot:** Agali (83.), Schneider (87.)

SV Werder Bremen - SSV Ulm 1846   2:2 (1:0)
Bremen: Rost - Tjikuzu, Baumann, Cesar, Wiedener - Eilts, Frings, Wicky (69. Maximow), Bode - Pizarro, Ailton (62. Bogdanovic)
Ulm: Laux - Bodog, Marques, Stadler (76. Grauer), Kinkel (76. Radoki) - Scharinger, Otto, Zdrilic, Unsöld (88. Demirkiran) - Pleuler, van de Haar
Tore: 1:0 Baumann (16.), 1:1 Zdrilic (60.), 1:2 van de Haar (75., FE), 2:2 Maximow (82.) - **SR:** Keßler (Wogau) - **ZS:** 32.106 - **Gelb:** Eilts, Baumann, Ailton - Bodog - **Rot:** Cesar (74.)

MSV Duisburg - FC Schalke 04   1:1 (0:0)
Duisburg: Menger - Wohlert, Emmerling, Hajto - Wolters, Töfting, Hirsch, Zeyer (85. Wedau), Schneider - Beierle, Osthoff (77. Spies)
Schalke: Schober - Eigenrauch, Thon, Waldoch - Goossens (64. Oude Kamphuis), Held, Wilmots, Nemec (64. Alpugan), van Kerckhoven - Asamoah (88. Pinto), Sand
Tore: 1:0 Hirsch (49.), 1:1 van Kerckhoven (80.) - **SR:** Sippel (Würzburg) - **ZS:** 21.982 - **Gelb:** Schneider, Wohlert, Waldoch, Nemec

Borussia Dortmund - Eintracht Frankfurt   1:0 (1:0)
BVB: Lehmann - Reuter, Kohler, Nijhuis - Evanilson (69. Kapetanovic), Stevic, Nerlinger, Dede - Reina (83. Addo), Bobic, Ricken (87. Wörns)
Frankfurt: Nikolov - Bindewald, Janßen (59. Yang), Kutschera, Kracht - Dombi, Guié-Mien, Falk (84. Westerthaler), Weber, Heldt (46. Gebhardt) - Salou
Tor: 1:0 Ricken (34.) - **SR:** Dardenne (Nettersheim) - **ZS:** 68.600 (ausverkauft) - **Gelb:** Dede - Janßen, Dombi, Yang, Weber, Bindewald

Arminia Bielefeld - SC Freiburg (So., 26.9.)   2:1 (0:1)
Bielefeld: Koch - Peeters, Stratos, Klitzpera - Rydlewicz, Hofschneider (65. Waterink), Meißner, Weissenberger (71. Bagheri), Maul (48. Bode) - van der Ven, Labbadia
Freiburg: Golz - Kondé, Hermel, Müller - Willi (70. Kohl), Zeyer, Baya, Günes (56. Weißhaupt), Kobiaschwili - Sellimi, Iaschwili (59. Ben Slimane)
Tore: 0:1 Baya (39.), 1:1 Stratos (56.), 2:1 Hermel (68., ET) - **SR:** Dr. Merk (Kaiserslautern) - **ZS:** 20.035 - **Gelb:** Kondé - **B.V.:** Golz hält FE von Labbadia (32.)

Bayer 04 Leverkusen - 1. FC Kaiserslautern (So., 26.9.)   3:1 (0:1)
Leverkusen: Matysek - Zivkovic (36. Hejduk, 68. Ponte), Nowotny, Kovac - Schneider, Emerson, Ramelow, Beinlich - Neuville (81. Reichenberger), Kirsten, Brdaric
1. FCK: Reinke - H. Koch, Ramzy, Schjönberg, Strasser (90. Pettersson) - Buck, Komljenovic, Sforza, Ratinho (60. Reich) - Djorkaeff, Tare (51. Roos)
Tore: 0:1 Schjönberg (27., FE), 1:1 Brdaric (60.), 2:1 Kirsten (82.), 3:1 Kirsten (85.) - **SR:** Kemmling (Kleinburgwedel) - **ZS:** 22.500 (ausv.) - **Gelb:** Zivkovic, Kovac - Tare, Djorkaeff - **Rot:** Buck (50.)

	Sp.	g.	u.	v.	Tore	Diff.	Punkte
1. Bayer Leverkusen	5	3	2	0	7 : 3	+ 4	11
2. Hamburger SV	5	3	1	1	13 : 6	+ 7	10
3. Borussia Dortmund	5	3	1	1	7 : 3	+ 4	10
4. Bayern München	5	3	1	1	7 : 6	+ 1	10
5. Werder Bremen	5	2	2	1	13 : 4	+ 9	8
6. SC Freiburg	5	2	2	1	12 : 5	+ 7	8
7. Eintracht Frankfurt	5	2	1	2	9 : 8	+ 1	7
8. Schalke 04	5	2	1	2	6 : 7	- 1	7
9. VfL Wolfsburg	5	2	1	2	7 :10	- 3	7
10. Arminia Bielefeld	5	1	3	1	4 : 4	± 0	6
11. Hertha BSC Berlin	5	1	3	1	8 : 9	- 1	6
12. SpV. Unterhaching	5	2	0	3	4 : 5	- 1	6
13. TSV München 1860	5	2	0	3	7 : 9	- 2	6
14. 1. FC Kaiserslautern	5	2	0	3	5 :11	- 6	6
15. Hansa Rostock	5	2	0	3	8 :15	- 7	6
16. SSV Ulm 1846	5	1	1	3	5 : 8	- 3	4
17. VfB Stuttgart	5	1	1	3	5 : 9	- 4	4
18. MSV Duisburg	5	0	2	3	5 :10	- 5	2

	Sp.	g.	u.	v.	Tore	Diff.	Punkte
1. Bayer Leverkusen	6	4	2	0	10 : 4	+ 6	14
2. Borussia Dortmund	6	4	1	1	8 : 3	+ 5	13
3. Hamburger SV	6	3	2	1	15 : 8	+ 7	11
4. Bayern München	6	3	1	2	7 : 7	± 0	10
5. Werder Bremen	6	2	3	1	15 : 6	+ 9	9
6. Arminia Bielefeld	6	2	3	1	6 : 5	+ 1	9
7. SC Freiburg	6	2	2	2	13 : 7	+ 6	8
8. Schalke 04	6	2	2	2	7 : 8	- 1	8
9. VfL Wolfsburg	6	2	2	2	9 :12	- 3	8
10. Eintracht Frankfurt	6	2	1	3	9 : 9	± 0	7
11. Hertha BSC Berlin	6	1	4	1	9 :10	- 1	7
12. SpV. Unterhaching	6	2	1	3	5 : 6	- 1	7
13. TSV München 1860	6	2	1	3	7 : 9	- 2	7
14. VfB Stuttgart	6	2	1	3	6 : 9	- 3	7
15. Hansa Rostock	6	2	1	3	8 :15	- 7	7
16. 1. FC Kaiserslautern	6	2	0	4	6 :14	- 8	6
17. SSV Ulm 1846	6	1	2	3	7 :10	- 3	5
18. MSV Duisburg	6	0	3	3	6 :11	- 5	3

Bundesliga 1999/2000

7. Spieltag: Samstag, 2.10.1999

Nun hat's auch Leverkusen erwischt

Eintracht Frankfurt - VfB Stuttgart (Fr., 1.10.) 0:1 (0:0)

Frankfurt: Nikolov - Kutschera, Janßen (80. Heldt), Kracht - Bindewald (58. Dombi), Guié-Mien, Weber, Falk, Gebhardt - Salou, Fjörtoft (80. Westerthaler)

Stuttgart: Wohlfahrt - Thiam (80. Catizone), Todt (46. Bordon), Berthold, Keller - Pinto (83. Schneider), Lisztes, Soldo, Gerber - Ganea, Balakov

Tor: 0:1 Balakov (47.) - **SR:** Steinborn (Sinzig) - **ZS:** 30.000 - **Gelb:** Falk - **Gelb-Rot:** Keller (75.)

TSV München 1860 - Arminia Bielefeld (Fr., 1.10.) 5:0 (1:0)

1860: Hoffmann - Kurz (77. Tapalovic), Vanenburg, Paßlack - Cerny, Riedl, Häßler, Pürk (68. Cizek), Tyce - Schroth (74. Agostino), Max

Bielefeld: Koch - Peeters, Stratos, Klitzpera - Rydlewicz (65. Böhme), Hofschneider, Meißner (68. Waterink), Weissenberger, Maul (31. Bode) - van der Ven, Labbadia

Tore: 1:0 Max (22.), 2:0 Häßler (61.), 3:0 Max (68., FE), 4:0 Tyce (71.), 5:0 Agostino (85.) - **SR:** Weiner (Ottenstein) - **ZS:** 25.000 - **Gelb:** Koch, Meißner, Hofschneider - **Rot:** van der Ven (28.) - **B.V.:** Koch hält HE von Häßler (29.)

Hertha BSC Berlin - MSV Duisburg 2:1 (0:0)

Hertha BSC: Kiraly - Herzog, Helmer, Schmidt - Deisler, Dardai, Wosz (85. Sverrisson), Michalke, Sanneh (46. Roy, 88. van Burik) - Daei, Preetz

Duisburg: Menger - Hajto, Emmerling, Wohlert - Schneider, Osthoff, Zeyer (71. Wedau), Töfting (75. Bugera), Hirsch - Beierle, Spies

Tore: 0:1 Spies (63.), 1:1, 2:1 Preetz (66., 70.) - **SR:** Buchhart - **ZS:** 37.871 - **G.:** Hajto - **G.-R.:** Wohlert (90.)

Borussia Dortmund - FC Hansa Rostock 3:0 (0:0)

BVB: Lehmann - Nijhuis, Reuter, Kohler - Evanilson, Ricken (78. But), Nerlinger (46. Möller), Dede - Reina, Ikpeba, Addo (83. Feiersinger)

Rostock: Bräutigam - Ehlers, Holetschek, Oswald, Emara - Lange (85. Thielemann), Wibran, Weilandt, Yasser - Arvidsson (50. Gansauge), Majak (17. Ahanfouf)

Tore: 1:0 Ikpeba (56.), 2:0 Reina (65.), 3:0 Ikpeba (88.) - **SR:** Zerr (Ottersweier) - **ZS:** 62.500 - **Gelb:** Nerlinger, Addo - **Gelb-Rot:** Oswald (49.)

SSV Ulm 1846 - Hamburger SV 1:2 (0:0)

Ulm: Laux - Bodog, Marques, Stadler, Kinkel - Scharinger, Otto, Gora, Unsöld (69. Rösler) - Pleuler (60. Trkulja), Zdrilic

HSV: Butt - Hertzsch (78. Grubac), Hoogma, Panadic - Kovac, Ernst, Cardoso, Hollerbach (58. Grammozis) - Mahdavikia (58. Doll), Yeboah, Präger

Tore: 1:0 Trkulja (74.), 1:1 Hoogma (86.), 1:2 Yeboah (90.) - **SR:** Aust (Köln) - **ZS:** 22.800 (ausverkauft) - **Gelb:** Bodog - Panadic, Cardoso, Mahdavikia, Kovac

FC Schalke 04 - FC Bayern München 1:1 (0:0)

Schalke: Schober - Eigenrauch, Thon, Waldoch, Nemec (86. Büskens) - Oude Kamphuis, Wilmots, Alpugan, van Kerckhoven - Asamoah, Sand (90. Goossens)

FC Bayern: Kahn - Babbel, Matthäus (46. Jeremies), Kuffour - Salihamidzic, Effenberg, Fink, Lizarazu - Wiesinger (68. Scholl), Jancker, Santa Cruz (68. Elber)

Tore: 1:0 Wilmots (51.), 1:1 Effenberg (90.) - **SR:** Strampe (Handorf) - **ZS:** 62.109 (ausverkauft) - **Gelb:** Sand, Nemec - Matthäus, Effenberg, Salihamidzic, Lizarazu - **Gelb-Rot:** Kuffour (79.)

VfL Wolfsburg - Bayer 04 Leverkusen 3:1 (1:0)

Wolfsburg: Reitmaier - O'Neil, Thomsen, Kryger - Greiner, Sebescen (84. Dammeier), Maltritz, Munteanu, Weiser - Juskowiak (78. Feldhoff), Akpoborie (88. Wück)

Leverkusen: Matysek - Reeb, Zivkovic (46. Hejduk), Nowotny, Happe (67. Mamic) - Emerson, Schneider (67. Ponte), Ramelow, Beinlich - Neuville, Kirsten

Tore: 1:0 Akpoborie (35.), 2:0 Sebescen (47.), 3:0 Juskowiak (55.), 3:1 Beinlich (81.) - **SR:** Krug (Gelsenkirchen) - **ZS:** 16.575 - **Gelb:** Kryger - Happe

SC Freiburg - SV Werder Bremen (So., 3.10.) 2:1 (1:0)

Freiburg: Golz - Schumann, Hermel, Kondé - Kohl (84. Müller), Zeyer, Baya, Günes (62. Weißhaupt), Kobiaschwili - Sellimi, Iaschwili (42. Ben Slimane)

Bremen: Rost - Roembiak (46. Dabrowski), Baumann, Eilts, Wiedener (65. Herzog) - Frings, Maximow (78. Ailton), Wicky, Bode - Pizarro, Bogdanovic

Tore: 1:0 Zeyer (33.), 1:1 Bogdanovic (59.), 2:1 Sellimi (63.) - **SR:** Dr. Wack (Biberbach) - **ZS:** 25.000 (ausverkauft) - **Gelb:** Baya, Schumann, Ben Slimane - Wicky, Maximow, Roembiak, Baumann, Rost - **B.V.:** Sellimi schießt FE an den Pfosten (83.)

1. FC Kaiserslautern - SpVgg Unterhaching (So., 3.10.) 4:2 (1:1)

1. FCK: Reinke - H. Koch, Ramzy, Schjönberg - Ratinho (89. Komljenovic), Roos, Sforza, Strasser, Wagner (46. Reich) - Djorkaeff, Marschall (85. Rische)

Unterhaching: Wittmann - Grassow, Bergen (79. Seifert), Schwarz - Haber, Oberleitner, Mat. Zimmermann, Kögl, Straube - Rraklli (72. Garcia), Seitz

Tore: 0:1 Seitz (15.), 1:1 Sforza (21.), 2:1 H. Koch (60.), 3:1 Djorkaeff (66.), 3:2 Seitz (68.), 4:2 Djorkaeff (81.) - **SR:** Wagner (Hofheim) - **ZS:** 39.700 - **Gelb:** Rraklli, Seitz

	Sp.	g.	u.	v.	Tore	Diff.	Punkte
1. Borussia Dortmund	7	5	1	1	11 : 3	+ 8	16
2. Hamburger SV	7	4	2	1	17 : 9	+ 8	14
3. Bayer Leverkusen	7	4	2	1	11 : 7	+ 4	14
4. SC Freiburg	7	3	2	2	15 : 8	+ 7	11
5. Bayern München	7	3	2	2	8 : 8	± 0	11
6. VfL Wolfsburg	7	3	2	2	12 :13	- 1	11
7. TSV München 1860	7	3	1	3	12 : 9	+ 3	10
8. Hertha BSC Berlin	7	2	4	1	11 :11	± 0	10
9. VfB Stuttgart	7	3	1	3	7 : 9	- 2	10
10. Werder Bremen	7	2	3	2	16 : 8	+ 8	9
11. Schalke 04	7	2	3	2	8 : 9	- 1	9
12. Arminia Bielefeld	7	2	3	2	6 :10	- 4	9
13. 1. FC Kaiserslautern	7	3	0	4	10 :16	- 6	9
14. Eintracht Frankfurt	7	2	1	4	9 :10	- 1	7
15. SpV. Unterhaching	7	2	1	4	7 :10	- 3	7
16. Hansa Rostock	7	2	1	4	8 :18	- 10	7
17. SSV Ulm 1846	7	1	2	4	8 :12	- 4	5
18. MSV Duisburg	7	0	3	4	7 :13	- 6	3

8. Spieltag: Samstag, 16.10.1999

Spitzentrio gibt sich keine Blöße

Arminia Bielefeld - Borussia Dortmund (Fr., 15.10.) 0:2 (0:0)

Bielefeld: Miletic - Peeters (60. Waterink), Klitzpera, Maul (72. Böhme) - Rydlewicz (82. Ivanovic), Meißner, Stratos, Hofschneider, Weissenberger - Labbadia, van der Ven

BVB: Lehmann - Wörns, Reuter, Kohler - Evanilson, Ricken (89. Feiersinger), Nerlinger, Dede - Addo (74. Barbarez), Ikpeba (60. Reina), Möller

Tore: 0:1 Reina (72.), 0:2 Ricken (85.) - **SR:** Heynemann (Magdeburg) - **ZS:** 26.600 (ausverkauft) - **Gelb:** Peeters, Weissenberger - Addo, Evanilson

Bayer 04 Leverkusen - SSV Ulm 1846 (Fr., 15.10.) 4:1 (3:0)

Leverkusen: Matysek - Reeb, Nowotny (72. Hoffmann), Zivkovic - Schneider, Ramelow, Emerson, Beinlich - Neuville (83. Brdaric), Kirsten, Zé Roberto (46. Ponte)

Ulm: Laux - Bodog, Marques, Stadler, Kinkel - Unsöld, Pleuler (74. Scharinger), Otto, Gora, Wise (18. Rösler) - Zdrilic (66. van de Haar)

Tore: 1:0 Zivkovic (12.), 2:0 Kirsten (14.), 3:0 Kirsten (18.), 4:0 Ponte (67.), 4:1 Stadler (90.) - **SR:** Wagner (Hofheim) - **ZS:** 22.500 (ausverkauft) - **Gelb:** Kirsten - Stadler, Pleuler

FC Bayern München - Hertha BSC Berlin 3:1 (2:0)

FC Bayern: Kahn - Babbel (66. Andersson), Matthäus, Linke - Salihamidzic, Jeremies, Effenberg (66. Fink), Lizarazu - Sergio (78. Tarnat), Jancker, Elber

Hertha BSC: Kiraly - Sverrisson (46. Rekdal), Herzog (79. Covic), Helmer, Konstantinidis - Deisler, Wosz, Dardai, Michalke - Daei, Preetz (65. Aracic)

Tore: 1:0 Elber (4.), 2:0 Sergio (14.), 3:0 Sergio (61.), 3:1 Wosz (82.) - **SR:** Kemmling (Kleinburgwedel) - **ZS:** 63.000 (ausverkauft) - **Gelb:** Linke - Helmer, Wosz

FC Hansa Rostock - Eintracht Frankfurt 3:1 (1:0)

Rostock: Bräutigam - Benken, Holetschek, Ehlers - Lange, Wibran, Weilandt (70. Yasser), Brand, Emara - Baumgart (84. Kovacec), Arvidsson (76. Ahanfouf)

Frankfurt: Nikolov - Kutschera (46. Dombi), Janßen, Kracht - Bindewald, Guié-Mien, Weber, Bulut, Gebhardt (67. Fjörtoft) - Salou, Yang

Tore: 1:0 Brand (35.), 2:0 Holetschek (66.), 2:1 Fjörtoft (77.), 3:1 Lange (86., FE) - **SR:** Stark (Landshut) - **ZS:** 15.000 - **Gelb:** Baumgart, Arvidsson, Ahanfouf - Bulut, Kracht, Guié-Mien

Hamburger SV - SC Freiburg 2:0 (1:0)

HSV: Butt - Hertzsch, Hoogma, Panadic - Gravesen (72. Fischer), Ernst, Cardoso, Grammozis (90. Simunic) - Präger (87. Doll), Yeboah, Dembinski

Freiburg: Golz - Schumann (46. Kondé), Hermel, Müller, Kobiaschwili - Kohl (75. Bruns), Weißhaupt (75. Günes), Zeyer, Baya - Sellimi, Iaschwili

Tore: 1:0 Butt (22., FE), 2:0 Panadic (74.) - **SR:** Meyer (Braunschweig) - **ZS:** 38.529 - **Gelb:** Präger, Hertzsch, Grammozis - Günes, Müller

MSV Duisburg - 1. FC Kaiserslautern 2:2 (0:2)

Duisburg: Stauce - Kovacevic, Schneider, Osthoff - Hajto, Töfting, Hirsch, Zeyer (63. Wedau), Neun (81. Bugera) - Beierle, Spies (46. Voss)

1. FCK: Reinke - H. Koch, Ramzy, Schjönberg - Ratinho (64. Buck), Komljenovic, Sforza (70. Hristov), Wagner, Strasser - Djorkaeff (77. Pettersson), Marschall

Tore: 0:1 Komljenovic (16.), 0:2 Marschall (23.), 1:2 Kovacevic (62., FE), 2:2 Beierle (90.) - **SR:** Koop (Lüttenmark) - **ZS:** 14.737 - **Gelb:** Osthoff, Hajto - Ratinho

SV Werder Bremen - TSV München 1860 1:3 (0:1)

Bremen: Rost - Tjikuzu, Baumann, Cesar, Wiedener (64. Herzog) - Eilts (32. Maximow), Frings, Wicky, Bode - Pizarro, Ailton (59. Bogdanovic)

1860: Hoffmann - Greilich, Vanenburg, Paßlack (46. Stranzl) - Cerny (79. Borimirov), Zelic, Häßler (90. Prosenik), Tapalovic, Cizek - Schroth, Winkler

Tore: 0:1 Tapalovic (9.), 0:2 Winkler (60.), 1:2 Herzog (73., FE), 1:3 Borimirov (90.) - **SR:** Krug (Gelsenkirchen) - **ZS:** 29.936 - **Gelb:** Ailton, Wicky - Greilich, Tapalovic

VfB Stuttgart - FC Schalke 04 (So., 17.10.) 0:2 (0:0)

Stuttgart: Wohlfahrt - Thiam, Berthold, Bordon, Schneider (68. Carnell) - Pinto (50. Djordjevic), Soldo, Balakov, Gerber - Ristic (72. Dundee), Ganea

Schalke: Schober - Eigenrauch, Thon, Waldoch - Oude Kamphuis, Alpugan, Wilmots, Nemec (81. Kmetsch), van Kerckhoven - Goossens (60. Sand), Asamoah (75. Latal)

Tore: 0:1 Oude Kamphuis (70.), 0:2 Sand (85.) - **SR:** Dr. Merk (Kaiserslautern) - **ZS:** 35.000 - **Gelb:** Nemec, Schober

SpVgg Unterhaching - VfL Wolfsburg (So., 17.10.) 1:1 (0:0)

Unterhaching: Wittmann - Grassow, Bergen, Seifert - Haber, Oberleitner (70. Rraklli), Mat. Zimmermann (84. Garcia), Schwarz, Straube - Seitz, Kögl (79. Bucher)

Wolfsburg: Reitmaier - Biliskov, Thomsen, O'Neil - Greiner, Maltritz (67. Sebescen), Munteanu (61. Wück), Nowak, Weiser - Juskowiak (80. Feldhoff), Akpoborie

Tore: 1:0 Straube (50.), 1:1 Akpoborie (71.) - **SR:** Berg (Konz) - **ZS:** 8.600 - **Gelb:** Schwarz, Bergen - Greiner, O'Neil

	Sp.	g.	u.	v.	Tore	Diff.	Punkte
1. Borussia Dortmund	8	6	1	1	13 : 3	+10	19
2. Hamburger SV	8	5	2	1	19 : 9	+10	17
3. Bayer Leverkusen	8	5	2	1	15 : 8	+ 7	17
4. Bayern München	8	4	2	2	11 : 9	+ 2	14
5. TSV München 1860	8	4	1	3	15 :10	+ 5	13
6. Schalke 04	8	3	3	2	10 : 9	+ 1	12
7. VfL Wolfsburg	8	3	3	2	13 :14	- 1	12
8. SC Freiburg	8	3	2	3	15 :10	+ 5	11
9. Hertha BSC Berlin	8	2	4	2	12 :14	- 2	10
10. VfB Stuttgart	8	3	1	4	7 :11	- 4	10
11. 1. FC Kaiserslautern	8	3	1	4	12 :18	- 6	10
12. Hansa Rostock	8	3	1	4	11 :19	- 8	10
13. Werder Bremen	8	2	3	3	17 :11	+ 6	9
14. Arminia Bielefeld	8	2	3	3	6 :12	- 6	9
15. SpV. Unterhaching	8	2	2	4	8 :11	- 3	8
16. Eintracht Frankfurt	8	2	1	5	10 :13	- 3	7
17. SSV Ulm 1846	8	1	2	5	9 :16	- 7	5
18. MSV Duisburg	8	0	4	4	9 :15	- 6	4

Milliardenliga zwischen Boom und Pleite

9. Spieltag: Samstag, 23.10.1999
Frankfurt verliert zum sechsten Mal in Folge

FC Hansa Rostock - Arminia Bielefeld (Fr., 22.10.)   **2:1 (1:0)**
Rostock: Bräutigam - Benken, Holetschek, Ehlers - Lange, Wibran, Weilandt (66. Yasser), Brand, Emara (76. Oswald) - Baumgart, Arvidsson (80. Kovacec)
Bielefeld: Koch - Peeters, Stratos (76. Waterink), Klitzpera - Rydlewicz (73. Göktan), Meißner, Hofschneider, Weissenberger (56. Böhme), Maul - van der Ven, Labbadia
Tore: 1:0 Arvidsson (20.), 2:0 Arvidsson (68.), 2:1 Meißner (81.) - **SR:** Jansen (Essen) - **ZS:** 15.500 - **Gelb:** Kovacec - Stratos

Eintracht Frankfurt - FC Schalke 04 (Fr., 22.10.)   **0:2 (0:0)**
Frankfurt: Nikolov - Bindewald, Hubtchev, Kracht - Dombi, Schur (83. Rasiejewski), Bulut (46. Guié-Mien), Weber, Gebhardt (63. Heldt) - Fjörtoft, Salou
Schalke: Schober - Waldoch, Thon, Eigenrauch - Oude Kamphuis, Kmetsch (74. Goossens), Wilmots, Alpugan, van Kerckhoven - Sand (72. Held), Asamoah (83. Latal)
Tore: 0:1 Wilmots (53., FE), 0:2 Asamoah (83.) - **SR:** Fandel (Kyllburg) - **ZS:** 34.000 - **Gelb:** Weber, Schur - Thon, van Kerckhoven

1. FC Kaiserslautern - FC Bayern München   **0:2 (0:0)**
1. FCK: Reinke - H. Koch (65. Buck), Ramzy, Schjönberg, Strasser (55. Reich) - Ratinho, Komljenovic (82. Tare), Sforza, Wagner, Djorkaeff, Marschall
FC Bayern: Wessels - Andersson, Jeremies, Linke - Salihamidzic (46. Babbel), Fink, Effenberg, Tarnat - Sergio (68. Lizarazu), Elber (78. Jeremies), Santa Cruz
Tore: 0:1 Santa Cruz (52.), 0:2 Elber (86.) - **SR:** Krug (Gelsenkirchen) - **ZS:** 41.500 (ausverkauft) - **Gelb:** Djorkaeff, Wagner, Komljenovic

SC Freiburg - Bayer 04 Leverkusen   **0:0**
Freiburg: Golz - Kondé, Hermel (65. Korell), Diarra - Willi, Günes (65. Weißhaupt), Kobiaschwili - Iaschwili (77. Bruns), Sellimi
Leverkusen: Matysek - Hoffmann, Nowotny, Zivkovic - Reeb, Ramelow, Schneider (67. Ponte), Emerson, Beinlich - Kirsten, Neuville
SR: Albrecht (Kaufbeuren) - **ZS:** 25.000 (ausverkauft) - **Gelb:** Willi, Kobiaschwili - Emerson, Beinlich, Hoffmann, Nowotny, Kirsten

TSV München 1860 - Hamburger SV   **0:0**
1860: Hoffmann - Zelic, Vanenburg, Paßlack, Greilich - Cerny (59. Borimirov), Tapalovic, Häßler, Cizek (46. Pürk) - Winkler, Max (71. Agostino)
HSV: Butt - Hertzsch, Hoogma, Panadic - Gravesen (68. Fischer), Ernst (84. Simunic), Cardoso, Grammozis, Mahdavikia, Yeboah, Dembinski (46. Doll)
SR: Dr. Merk (Kaiserslautern) - **ZS:** 32.300

SSV Ulm 1846 - SpVgg Unterhaching   **1:0 (1:0)**
Ulm: Laux - Unsöld, Marques, Stadler, Radoki - Maier, Otto, Scharinger, Rösler (67. Zdrilic) - Trkulja (67. Pleuler), van de Haar
Unterhaching: Wittmann - Seifert, Bergen, Grassow - Haber, Mat. Zimmermann, Schwarz (78. Oberleitner), Kögl (57. Garcia), Straube - Rraklli (46. Mendez), Seitz
Tor: 1:0 Otto (36.) - **SR:** Dardenne (Nettersheim) - **ZS:** 20.000 - **Gelb:** Stadler, Trkulja, Scharinger, Rösler, Marques - Seifert, Grassow

Hertha BSC Berlin - VfB Stuttgart   **1:1 (1:0)**
Hertha BSC: Kiraly - van Burik, Rekdal - Thom (85. Herzog), Deisler (46. Schmidt), Sverrisson, Wosz (58. Helmer), Konstantinidis, Neuendorf - Preetz, Daei
Stuttgart: Wohlfahrt - Schneider, Berthold, Bordon, Keller - Thiam (57. Hosny), Lisztes (74. Djordjevic), Soldo, Balakov, Gerber (57. Carnell) - Ganea
Tore: 1:0 Wosz (29.), 1:1 Carnell (80.) - **SR:** Dr. Wack (Biberbach) - **ZS:** 40.219 - **Gelb:** Sverrisson - Bordon - **Gelb-Rot:** Konstantinidis (54.) - Berthold (90.)

Borussia Dortmund - SV Werder Bremen (So., 24.10.)   **1:3 (0:2)**
BVB: Lehmann - Nijhuis, Reuter, Kohler (65. Ikpeba) - Evanilson (46. Addo), Ricken, Stevic (79. But), Dede - Reina, Bobic, Möller
Bremen: Rost - Frings, Baumann, Cesar, Wiedener - Dabrowski, Maximow (88. Wojtala), Wicky, Herzog (58. Flock) - Pizarro, Bode
Tore: 0:1 Herzog (4.), 0:2 Bode (42.), 1:2 Ricken (57.), 1:3 Pizarro (80.) - **SR:** Aust (Köln) - **ZS:** 68.600 (ausverkauft) - **Gelb:** Nijhuis - Frings, Wiedener, Herzog, Wicky, Maximow - **Rot:** Dede (90.)

VfL Wolfsburg - MSV Duisburg (So., 24.10.)   **1:0 (0:0)**
Wolfsburg: Reitmaier - Kryger, Thomsen, O'Neil - Greiner (69. Maltritz), Sebescen, Nowak, Munteanu (33. Dammeier), Weiser - Juskowiak (80. Feldhoff), Akpoborie
Duisburg: Stauce - Kovacevic, Schneider, Wohlert - Hajto (77. Wolters), Töfting (65. Wedau), Voss (80. Zeyer), Hirsch, Neun - Beierle, Spies
Tor: 1:0 Akpoborie (49.) - **SR:** Keßler (Wogau) - **ZS:** 15.184 - **Gelb:** Akpoborie - Kovacevic, Wedau

10. Spieltag: Samstag, 30.10.1999
Bayern profitiert von Remis' der Konkurrenz

Arminia Bielefeld - Eintracht Frankfurt (Fr., 29.10.)   **1:1 (0:0)**
Bielefeld: Koch - Peeters, Stratos, Klitzpera - Rydlewicz (88. Sternkopf), Hofschneider, Meißner, Weissenberger, Maul (58. Waterink) - Bagheri (82. Bode), Labbadia
Frankfurt: Nikolov - Kracht, Janßen, Kutschera - Dombi, Schur, Guié-Mien, Weber, Bulut (66. Heldt) - Fjörtoft, Salou (20. Yang)
Tore: 1:0 Bagheri (56.), 1:1 Guié-Mien (90.) - **SR:** Aust (Köln) - **ZS:** 21.418 - **Gelb:** Stratos, Weissenberger, Nikolov, Guié-Mien - **Gelb-Rot:** Schur (60.) - **B.V.:** Nikolov hält FE von Labbadia (60.)

SV Werder Bremen - FC Hansa Rostock (Fr., 29.10.)   **2:1 (1:0)**
Bremen: Rost - Frings, Baumann, Cesar, Wiedener (76. Ailton) - Maximow, Dabrowski, Wicky, Herzog (88. Flock) - Pizarro, Bode
Rostock: Bräutigam - Benken, Holetschek (86. Kovacec), Ehlers - Yasser, Wibran, Brand, Weilandt, Emara (46. Breitkreutz) - Baumgart, Arvidsson
Tore: 1:0 Wibran (74., FE), 1:1 Brand (85.), 2:1 Ailton (85.) - **SR:** Strampe (Handorf) - **ZS:** 29.467 - **Gelb:** Frings, Ailton - Benken, Baumgart - **Gelb-Rot:** Brand (86.)

FC Bayern München - VfL Wolfsburg   **5:0 (3:0)**
FC Bayern: Wessels - Babbel, Matthäus (75. Salihamidzic), Kuffour - Strunz, Effenberg (46. Jeremies), Fink, Scholl (69. Wiesinger), Tarnat - Santa Cruz, Elber
Wolfsburg: Reitmaier - O'Neil, Thomsen, Kryger - Biliskov, Dammeier, Nowak (75. Akonnor), Weiser - Feldhoff (36. Maltritz), Akpoborie, Wück (61. Juskowiak)
Tore: 1:0 Elber (11.), 2:0 Santa Cruz (15.), 3:0 Elber (26.), 4:0 Elber (78.), 5:0 Wiesinger (89.) - **SR:** Jansen (Essen) - **ZS:** 47.000 - **Gelb:** Kuffour - O'Neil

Bayer 04 Leverkusen - TSV München 1860   **1:1 (0:0)**
Leverkusen: Matysek - Reeb, Zivkovic, Nowotny, Happe - Schneider (75. Ponte), Ramelow, Emerson, Beinlich - Kirsten, Neuville
1860: Hoffmann - Tapalovic, Vanenburg, Paßlack (44. Greilich) - Cerny (79. Riedl), Stranzl (64. Schroth), Zelic, Häßler, Tyce - Max, Winkler
Tore: 1:0 Kirsten (61., HE), 1:1 Winkler (90.) - **SR:** Koop (Lüttenmark) - **ZS:** 22.500 - **Gelb:** Emerson - Winkler, Stranzl, Greilich, Tapalovic, Tyce, Vanenburg

Hamburger SV - Borussia Dortmund   **1:1 (0:0)**
HSV: Butt - Fischer, Panadic, Hoogma, Hertzsch - Groth (24. Ernst), Cardoso, Grammozis - Mahdavikia (80. Doll), Yeboah, Präger
BVB: Lehmann - Wörns, Reuter, Kohler, Kapetanovic (63. Baumann) - Ricken (63. Evanilson), Stevic, Nerlinger - Addo, Bobic, Möller (36. Reina)
Tore: 1:0 Butt (62., FE), 1:1 Bobic (68.) - **SR:** Stark (Landshut) - **ZS:** 52.000 (ausverkauft) - **Gelb:** Grammozis, Groth, Fischer - Evanilson, Lehmann, Kohler, Nerlinger, Ricken

MSV Duisburg - SSV Ulm 1846   **0:0**
Duisburg: Stauce - Hajto, Schneider, Wohlert - Töfting (79. Bugera), Hirsch, Wedau (56. Zeyer), Neun - Hoersen (68. Wolters), Beierle, Osthoff
Ulm: Laux - Unsöld, Marques, Stadler, Radoki - Maier (83. Pleuler), Otto, Zdrilic, Scharinger (46. Rösler) - Trkulja (46. Leandro), van de Haar
SR: Steinborn (Sinzig) - **ZS:** 13.400 - **Gelb:** Schneider, Töfting, Neun, Osthoff - Unsöld - **Rot:** Hirsch (89.) - **B.V.:** Laux hält HE von Beierle (59.)

FC Schalke 04 - Hertha BSC Berlin   **1:1 (1:1)**
Schalke: Schober - Waldoch, Thon, Eigenrauch - Oude Kamphuis (70. Latal), Nemec (64. Kmetsch), Wilmots, Alpugan (87. Held), van Kerckhoven - Asamoah, Sand
Hertha: Kiraly - Rekdal, van Burik - Sanneh, Deisler, Wosz (87. Thom), Sverrisson, Neuendorf, Michalke - Aracic (73. Daei)
Tore: 0:1 Sanneh (3.), 1:1 Eigenrauch (42.) - **SR:** Berg (Konz) - **ZS:** 51.200 - **Gelb:** Nemec, Asamoah - Deisler, Neuendorf, Sverrisson, Herzog

VfB Stuttgart - 1. FC Kaiserslautern (So., 31.10.)   **0:1 (0:1)**
Stuttgart: Wohlfahrt - Schneider, Thiam, Todt, Keller (46. Carnell) - Djordjevic (72. Pinto), Lisztes (46. Dundee), Soldo, Balakov, Gerber - Ganea
1. FCK: Reinke - H. Koch, Ramzy, Schjönberg - Buck, Roos, Komljenovic (8. Reich, 66. Pettersson), Sforza, Strasser (81. Wagner) - Marschall, Hristov
Tor: 0:1 Hristov (25.) - **SR:** Heynemann (Magdeburg) - **ZS:** 37.000 - **Gelb:** Ganea - Roos, Pettersson

SpVgg Unterhaching - SC Freiburg (So., 31.10.)   **1:0 (0:0)**
Unterhaching: Wittmann - Seifert, Strehmel, Grassow - Haber (59. Garcia), Mat. Zimmermann, Oberleitner, Schwarz, Straube (76. Kögl) - Rraklli, Seitz (76. Mendez)
Freiburg: Golz - Kondé, Hermel, Diarra - Willi (46. Kohl), Zeyer, Baya, Günes (85. Korell), Kobiaschwili - Sellimi, Bruns (62. Weißhaupt)
Tor: 1:0 Rraklli (80., FE) - **SR:** Fandel (Kyllburg) - **ZS:** 10.300 (ausverkauft) - **Gelb:** Willi

	Sp.	g.	u.	v.	Tore	Diff.	Punkte
1. Borussia Dortmund	9	6	1	2	14 : 6	+ 8	19
2. Hamburger SV	9	5	3	1	19 : 9	+10	18
3. Bayer Leverkusen	9	5	3	1	15 : 8	+ 7	18
4. Bayern München	9	5	2	2	13 : 9	+ 4	17
5. Schalke 04	9	4	3	2	12 : 9	+ 3	15
6. VfL Wolfsburg	9	4	3	2	14 :14	± 0	15
7. TSV München 1860	9	4	2	3	15 :10	+ 5	14
8. Hansa Rostock	9	4	1	4	13 :20	- 7	13
9. Werder Bremen	9	3	3	3	20 :12	+ 8	12
10. SC Freiburg	9	3	3	3	15 :10	+ 5	12
11. Hertha BSC Berlin	9	2	5	2	13 :15	- 2	11
12. VfB Stuttgart	9	3	2	4	8 :12	- 4	11
13. 1. FC Kaiserslautern	9	3	1	5	12 :20	- 8	10
14. Arminia Bielefeld	9	2	3	4	7 :14	- 7	9
15. SpV. Unterhaching	9	2	2	5	8 :12	- 4	8
16. SSV Ulm 1846	9	2	2	5	10 :16	- 6	8
17. Eintracht Frankfurt	9	2	1	6	10 :15	- 5	7
18. MSV Duisburg	9	0	4	5	9 :16	- 7	4

	Sp.	g.	u.	v.	Tore	Diff.	Punkte
1. Bayern München	10	6	2	2	18 : 9	+ 9	20
2. Borussia Dortmund	10	6	2	2	15 : 7	+ 8	20
3. Hamburger SV	10	5	4	1	20 :10	+10	19
4. Bayer Leverkusen	10	5	4	1	16 : 9	+ 7	19
5. Schalke 04	10	4	4	2	13 :10	+ 3	16
6. Werder Bremen	10	4	3	3	22 :13	+ 9	15
7. TSV München 1860	10	4	3	3	16 :11	+ 5	15
8. VfL Wolfsburg	10	4	3	3	14 :19	- 5	15
9. 1. FC Kaiserslautern	10	4	1	5	13 :20	- 7	13
10. Hansa Rostock	10	4	1	5	14 :22	- 8	13
11. SC Freiburg	10	3	3	4	15 :11	+ 4	12
12. Hertha BSC Berlin	10	2	6	2	14 :16	- 2	12
13. SpV. Unterhaching	10	3	2	5	9 :12	- 3	11
14. VfB Stuttgart	10	3	2	5	8 :13	- 5	11
15. Arminia Bielefeld	10	2	4	4	8 :15	- 7	10
16. SSV Ulm 1846	10	2	3	5	10 :16	- 6	9
17. Eintracht Frankfurt	10	2	2	6	11 :16	- 5	8
18. MSV Duisburg	10	0	5	5	9 :16	- 7	5

Bundesliga 1999/2000

11. Spieltag: Samstag, 6.11.1999

MSV setzt Talfahrt fort und verliert Wohlert

SC Freiburg - MSV Duisburg (Fr., 5.11.) 3:0 (2:0)
Freiburg: Golz - Kondé, Hermel, Diarra (82. Schumann) - Willi, A. Zeyer (69. Müller), Baya, Korell (46. Bruns), Kobiaschwili - Weißhaupt, Sellimi
Duisburg: Stauce - Hajto, Schneider, Wohlert - Hoersen, Voss, M. Zeyer, Osthoff, Neun (54. Bugera) - Reiss (11. Kovacevic), Spies
Tore: 1:0 Sellimi (26.), 2:0 A. Zeyer (27.), 3:0 Kobiaschwili (90.) - **SR:** Fröhlich (Berlin) - **ZS:** 24.500 - **Gelb:** Korell, Hermel, Diarra - Hoersen, Hajto, Kovacevic - **Rot:** Wohlert (5.)

FC Hansa Rostock - Hamburger SV (Fr., 5.11.) 3:3 (2:1)
Rostock: Bräutigam - Benken, Holetschek, Ehlers - Lange (90. Thielemann), Wibran, Weilandt, Oswald, Yasser - Baumgart (88. Kovacec), Arvidsson (79. Breitkreutz)
HSV: Butt - Hertzsch (71. Doll), Hoogma, Panadic - Gravesen (71. Grubac), Kovac, Cardoso, Grammozis - Mahdavikia, Yeboah, Präger
Tore: 1:0 Lange (4.), 2:0 Baumgart (5.), 2:1 Butt (39., FE), 2:2 Grammozis (48.), 3:2 Oswald (55.), 3:3 Grubac (76.) - **SR:** Krug (Gelsenk.) - **ZS:** 19.500 - **Gelb:** Ehlers, Holetschek, Lange - Hoogma, Cardoso

VfL Wolfsburg - VfB Stuttgart 0:2 (0:1)
Wolfsburg: Reitmaier - O'Neil, Thomsen, Kryger (62. Banza) - Greiner, Akonnor (71. Dammeier), Nowak, Weiser (80. Feldhoff) - Akpoborie, Juskowiak, Wück
Stuttgart: Wohlfahrt - Thiam, Berthold, Keller, Schneider - Pinto, Soldo, Balakov, Gerber (84. Carnell) - Ganea (74. Hosny), Dundee (54. Endress)
Tore: 0:1 Gerber (38.), 0:2 Hosny (90.) - **SR:** Dr. Fleischer (Neuburg) - **ZS:** 15.668 - **Gelb:** Thomsen, Akpoborie, Wück - Keller, Carnell

TSV München 1860 - SpVgg Unterhaching 2:1 (1:0)
1860: Hoffmann - Greilich (69. Agostino), Vanenburg, Tapalovic - Cerny, Tyce, Häßler (84. Stranzl), Prosenik, Cizek (67. Pürk) - Winkler, Max
Unterhaching: Wittmann - Seifert, Strehmel, Grassow - Mat. Zimmermann, Oberleitner (46. Zeiler), Schwarz, Kögl (46. Bucher), Straube - Rraklli, Seitz (75. Hertl)
Tore: 1:0 Prosenik (18.), 1:1 Schwarz (62.), 2:1 Tapalovic (83.) - **SR:** Wagner (Hofheim) - **ZS:** 31.000 - **Gelb:** Hoffmann, Cerny - Oberleitner - **B.V.:** Hoffmann hält FE von Rraklli (68.)

Borussia Dortmund - Bayer 04 Leverkusen 1:1 (1:1)
BVB: Lehmann - Evanilson, Nijhuis, Reuter, Wörns - Ricken, Stevic, Nerlinger - Addo, Bobic (62. Herrlich), Ikpeba
Leverkusen: Matysek - Zivkovic, Hoffmann, Nowotny, Happe (64. Beinlich) - Ramelow, Mamic (80. Schneider), Emerson - Neuville, Kirsten, Brdaric (64. Zé Roberto)
Tore: 0:1 Kirsten (33.), 1:1 Addo (43.) - **SR:** Dr. Wack (Biberbach) - **ZS:** 68.600 (ausverkauft) - **Gelb:** Bobic, Ikpeba, Stevic - Ramelow, Brdaric, Nowotny, Emerson

SSV Ulm 1846 - FC Bayern München 0:1 (0:1)
Ulm: Laux - Unsöld, Marques, Stadler, Radoki (90. Trkulja) - Pleuler (60. Scharinger), Otto, Gora, Maier - van de Haar, Zdrilic (80. Leandro)
FC Bayern: Kahn - Andersson, Jeremies, Kuffour - Salihamidzic, Effenberg, Tarnat, Lizarazu (29. Fink) - Santa Cruz (70. Scholl), Jancker, Zickler (70. Elber)
Tor: 0:1 Jancker (44.) - **SR:** Dr. Merk (Kaiserslautern) - **ZS:** 23.000 (ausverkauft) - **Gelb:** Radoki, Maier - Andersson, Effenberg, Zickler

Eintracht Frankfurt - Hertha BSC Berlin 4:0 (3:0)
Frankfurt: Nikolov - Kutschera, Janßen, Kracht - Dombi, Guié-Mien (36. Falk), Rasiejewski (46. Bulut), Heldt, Weber - Fjörtoft (81. Gebhardt), Yang
Hertha BSC: Kiraly - van Burik (36. Michalke), Rekdal (59. Preetz), Sverrisson - Thom, Konstantinidis, Wosz, Schmidt, Neuendorf (46. Sanneh) - Daei, Aracic
Tore: 1:0 Guié-Mien (17.), 2:0 Weber (22.), 3:0 Fjörtoft (28.), 4:0 Heldt (89., FE) - **SR:** Meyer (Braunschweig) - **ZS:** 28.000 - **Gelb:** Neuendorf, Thom - **B.V.:** Nikolov hält FE von Rekdal (52.)

1. FC Kaiserslautern - FC Schalke 04 (So., 7.11.) 2:1 (0:1)
1. FCK: Reinke - H. Koch, Strasser, Schjönberg - Buck (46. Reich), Ratinho, Roos, Djorkaeff, Wagner - Hristov (34. Pettersson), Tare (74. Rische)
Schalke: Schober - Waldoch, Thon, Eigenrauch - Oude Kamphuis, Alpugan (85. Held), Wilmots, Nemec (76. Kmetsch), van Kerckhoven - Asamoah (70. Latal), Sand
Tore: 0:1 Wilmots (45., FE), 1:1 Wagner (83.), 2:1 Djorkaeff (89.) - **SR:** Keßler (Wogau) - **ZS:** 41.500 (ausverkauft) - **Gelb:** H. Koch, Roos - Waldoch, Thon

Arminia Bielefeld - SV Werder Bremen (So., 7.11.) 2:2 (1:0)
Bielefeld: Koch - Peeters, Stratos, Klitzpera - Rydlewicz (84. Sternkopf), Meißner, Waterink, Weissenberger (80. Bagheri), Maul (46. Böhme) - Labbadia, Wichniarek
Bremen: Rost - Tjikuzu, Baumann, Wicky, Wiedener (46. Ailton) - Maximow (46. Flock), Frings, Herzog (69. Seidel), Dabrowski - Pizarro, Bode
Tore: 1:0 Weissenberger (6.), 1:1 Bode (52.), 2:1 Weissenberger (71.), 2:2 Seidel (88.) - **SR:** Zerr (Ottersweier) - **ZS:** 25.000 - **Gelb:** Peeters, Maul, Waterink - Baumann

	Sp.	g.	u.	v.	Tore	Diff.	Punkte
1. Bayern München	11	7	2	2	19 : 9	+10	23
2. Borussia Dortmund	11	6	3	2	16 : 8	+ 8	21
3. Hamburger SV	11	5	5	1	23 :13	+10	20
4. Bayer Leverkusen	11	5	5	1	17 :10	+ 7	20
5. TSV München 1860	11	5	3	3	18 :12	+ 6	18
6. Werder Bremen	11	4	4	3	24 :15	+ 9	16
7. Schalke 04	11	4	4	3	14 :12	+ 2	16
8. 1. FC Kaiserslautern	11	5	1	5	15 :21	- 6	16
9. SC Freiburg	11	4	3	4	18 :11	+ 7	15
10. VfL Wolfsburg	11	4	3	4	14 :21	- 7	15
11. VfB Stuttgart	11	4	2	5	10 :13	- 3	14
12. Hansa Rostock	11	4	2	5	17 :25	- 8	14
13. Hertha BSC Berlin	11	2	6	3	14 :20	- 6	12
14. Eintracht Frankfurt	11	3	2	6	15 :16	- 1	11
15. SpV. Unterhaching	11	3	2	6	10 :14	- 4	11
16. Arminia Bielefeld	11	2	5	4	10 :17	- 7	11
17. SSV Ulm 1846	11	2	3	6	10 :17	- 7	9
18. MSV Duisburg	11	0	5	6	9 :19	- 10	5

12. Spieltag: Samstag, 20.11.1999

Bayern und HSV feiern Kantersiege

SV Werder Bremen - Eintracht Frankfurt (Fr., 19.11.) 3:1 (1:1)
Bremen: Rost - Frings, Baumann, Cesar, Wiedener - Dabrowski, Herzog, Wicky, Bode - Seidel (88. Barten), Ailton
Frankfurt: Nikolov - Kutschera, Janßen (61. Gebhardt), Kracht - Schur, Guié-Mien (74. Salou), Weber, Bulut - Yang, Fjörtoft, Heldt (46. Dombi)
Tore: 1:0 Ailton (3.), 1:1 Schur (24.), 2:1 Ailton (66.), 3:1 Bode (90.) - **SR:** Dr. Merk (Kaiserslautern) - **ZS:** 26.235 - **Gelb:** Fjörtoft

Bayer 04 Leverkusen - FC Hansa Rostock 1:1 (1:1)
Leverkusen: Matysek - Zivkovic, Nowotny, Gresko (81. Brdaric) - Schneider, Mamic (62. Ballack), Emerson, Beinlich - Neuville (41. Ponte), Kirsten, Zé Roberto
Rostock: Bräutigam - Benken, Holetschek, Oswald - Lange (64. Majak), Wibran, Brand (69. Breitkreutz), Yasser, Emara - Baumgart, Arvidsson (90. Ehlers)
Tore: 0:1 Baumgart (19.), 1:1 Emerson (36.) - **SR:** Buchhart (Schrobenhausen) - **ZS:** 22.500 (ausverkauft) - **Gelb:** Kirsten, Gresko - Emara, Benken

VfB Stuttgart - SSV Ulm 1846 2:0 (1:0)
Stuttgart: Wohlfahrt - Thiam, Berthold, Keller, Schneider - Pinto (87. Carnell), Soldo, Lisztes (57. Endress), Gerber - Ganea (83. Hosny), Dundee
Ulm: Laux - Unsöld (65. Maier), Marques, Stadler, Radoki - Scharinger, Otto, Gora, Rösler (81. Trkulja) - Zdrilic, Leandro (59. van de Haar)
Tore: 1:0 Dundee (16.), 2:0 Gerber (82.) - **SR:** Krug (Gelsenkirchen) - **ZS:** 42.000 - **Gelb:** Thiam, Ganea, Pinto - Scharinger

FC Schalke 04 - VfL Wolfsburg 1:1 (1:1)
Schalke: Schober - Eigenrauch, Nemec, Waldoch - Oude Kamphuis, Kmetsch, Wilmots, Alpugan, van Kerckhoven - Asamoah (67. Goossens), Sand
Wolfsburg: Reitmaier - O'Neil, Ballwanz, Thomsen - Greiner, Nowak, Maltritz, Dammeier, Weiser - Juskowiak, Akonnor (89. Däbritz)
Tore: 1:0 Sand (17.), 1:1 Nowak (19.) - **SR:** Fröhlich (Berlin) - **ZS:** 30.500 - **Gelb:** O'Neil, Ballwanz, Akonnor, Maltritz

Hertha BSC Berlin - 1. FC Kaiserslautern 0:1 (0:1)
Hertha BSC: Kiraly - van Burik, Rekdal, Sverrisson - Covic (46. Thom), Schmidt, Neuendorf (46. Roy), Wosz, Michalke - Daei, Aracic (46. Preetz)
1. FCK: Reinke - H. Koch, Ramzy, Schjönberg - Ratinho (69. Buck), Roos, Sforza (53. Tare), Djorkaeff, Wagner, Strasser - Marschall
Tor: 0:1 Strasser (38.) - **SR:** Wagner (Hofheim) - **ZS:** 40.992 - **Gelb:** Covic, Wosz, Roy - Ratinho, Roos

FC Bayern München - SC Freiburg 6:1 (3:1)
FC Bayern: Kahn - Babbel, Matthäus (62. Fink), Linke - Sergio, Effenberg, Jeremies, Scholl (61. Kuffour), Tarnat - Jancker, Elber (31. Zickler)
Freiburg: Golz - Schumann, Kondé, Diarra - Willi, Korell (65. Ramdane), Baya, Zeyer, Kobiaschwili - Weißhaupt (75. Bruns), Sellimi (77. Ben Slimane)
Tore: 1:0 Jeremies (4.), 2:0 Matthäus (12.), 2:1 Sellimi (14.), 3:1 Sergio (44.), 4:1 Jancker (71.), 5:1 Zickler (75.), 6:1 Jancker (87.) - **SR:** Dardenne (Nettersheim) - **ZS:** 46.000 - **Gelb:** Scholl, Matthäus, Zickler - Zeyer, Korell, Baya, Willi - **Gelb-Rot:** Babbel (58.)

Hamburger SV - Arminia Bielefeld (So., 21.11.) 5:0 (2:0)
HSV: Butt - Hertzsch, Hoogma, Panadic - Grammozis, Kovac, Cardoso (86. Gravesen), Hollerbach (53. Fischer) - Doll (67. Mahdavikia), Yeboah, Präger
Bielefeld: Koch - Peeters, Stratos, Klitzpera (71. Bagheri), Maul - Rydlewicz, Meißner, Hofschneider, Weissenberger - Labbadia, Wichniarek (71. Göktan)
Tore: 1:0 Yeboah (16.), 2:0 Präger (26.), 3:0 Yeboah (49.), 4:0 Yeboah (74.), 5:0 Fischer (78.) - **SR:** Dr. Fleischer (Neuburg) - **ZS:** 32.460 - **Gelb:** Hollerbach - Koch

MSV Duisburg - TSV München 1860 (So., 21.11.) 3:0 (1:0)
Duisburg: Stauce - Kovacevic, Schneider, Drsek - Hoersen, Voss, Osthoff, Zeyer (78. Töfting), Bugera (90. Emmerling) - Reiss (83. Spies), Beierle
1860: Hoffmann - Paßlack, Vanenburg, Kurz - Cerny, Tapalovic, Häßler, Prosenik (46. Tyce), Borimirov (58. Schroth) - Winkler, Max
Tore: 1:0 Reiss (34.), 2:0 Bugera (54.), 3:0 Voss (90.) - **SR:** Zerr (Ottersweier) - **ZS:** 11.750 - **Gelb:** Kovacevic, Osthoff - Paßlack, Cerny

SpVgg Unterhaching - Borussia Dortmund (Mi., 1.12.) 1:0 (1:0)
Unterhaching: Wittmann - Bucher, Strehmel, Grassow, Straube - Haber (58. Hertl), Schwarz, Oberleitner (51. Seifert), Mat. Zimmermann, Seitz - Rraklli (72. Garcia)
BVB: Lehmann - Wörns (46. Evanilson), Reuter, Nijhuis (46. Kohler) - Baumann (70. Herrlich), Stevic, But, Addo - Ikpeba, Bobic, Barbarez
Tor: 1:0 Rraklli (38., FE) - **SR:** Kemmling (Kleinburgwedel) - **ZS:** 10.000 - **Gelb:** Reuter, Wörns, Nijhuis, Baumann, Stevic

	Sp.	g.	u.	v.	Tore	Diff.	Punkte
1. Bayern München	12	8	2	2	25 :10	+15	26
2. Hamburger SV	12	6	5	1	28 :13	+15	23
3. Borussia Dortmund	11	6	3	2	16 : 8	+ 8	21
4. Bayer Leverkusen	12	5	6	1	18 :11	+ 7	21
5. Werder Bremen	12	5	4	3	27 :16	+11	19
6. 1. FC Kaiserslautern	12	6	1	5	16 :21	- 5	19
7. TSV München 1860	12	5	3	4	18 :15	+ 3	18
8. Schalke 04	12	4	5	3	15 :13	+ 2	17
9. VfB Stuttgart	12	5	2	5	12 :13	- 1	17
10. VfL Wolfsburg	12	4	4	4	15 :22	- 7	16
11. SC Freiburg	12	4	3	5	19 :17	+ 2	15
12. Hansa Rostock	12	4	3	5	18 :26	- 8	15
13. Hertha BSC Berlin	12	2	6	4	14 :21	- 7	12
14. Eintracht Frankfurt	12	3	2	7	16 :19	- 3	11
15. SpV. Unterhaching	11	3	2	6	10 :14	- 4	11
16. Arminia Bielefeld	12	2	5	5	10 :22	- 12	11
17. SSV Ulm 1846	12	2	3	7	10 :19	- 9	9
18. MSV Duisburg	12	1	5	6	12 :19	- 7	8

13. Spieltag: Samstag, 27.11.1999
Riedls Tor bringt 1860 ersten Derbysieg seit 1977

SSV Ulm 1846 - FC Schalke 04 (Fr., 26.11.) 1:1 (1:0)
Ulm: Laux - Unsöld, Marques, Stadler, Radoki (83. Kinkel) - Pleuler (46. Gora), Otto, Scharinger, Rösler - Leandro, Trkulja (70. Zdrilic)
Schalke: Reck - Eigenrauch, Nemec (73. Hajnal), Waldoch - Oude Kamphuis, Kmetsch, Alpugan (68. Büskens), Wilmots, van Kerckhoven - Asamoah (61. Goossens), Sand
Tore: 1:0 Sand (45., ET), 1:1 Sand (76.) - **SR:** Dr. Wack (Biberbach) - **ZS:** 23.000 (ausverkauft) - **Gelb:** Pleuler, Kinkel - Kmetsch, Nemec

SC Freiburg - VfB Stuttgart (Fr., 26.11.) 0:2 (0:1)
Freiburg: Golz - Kondé, Hermel, Diarra - Willi (46. Kohl), Zeyer, Weißhaupt, Korell (60. Günes), Kobiaschwili - Ben Slimane (56. Baya), Sellimi
Stuttgart: Hildebrand - Thiam, Berthold, Keller, Schneider - Pinto, Soldo, Lisztes, Gerber (82. Carnell) - Ganea (38. Hosny), Dundee (89. Kauf)
Tore: 0:1 Lisztes (20.), 0:2 Dundee (76.) - **SR:** Berg (Konz) - **ZS:** 25.000 (ausverkauft) - **Gelb:** Hermel, Diarra - Lisztes

TSV München 1860 - FC Bayern München 1:0 (0:0)
1860: Hoffmann - Kurz, Vanenburg (72. Paßlack), Greilich (70. Stranzl) - Cerny (84. Borimirov), Tapalovic, Riedl, Häßler, Tyce - Max, Agostino
FC Bayern: Kahn - Linke, Jeremies, Kuffour - Salihamidzic, Fink, Effenberg, Tarnat - Santa Cruz (46. Sergio), Jancker, Scholl (75. Zickler)
Tor: 1:0 Riedl (85.) - **SR:** Heynemann (Magdeburg) - **ZS:** 69.000 (ausverkauft) - **Gelb:** Tyce - Tarnat, Effenberg

VfL Wolfsburg - Hertha BSC Berlin 2:3 (2:1)
Wolfsburg: Reitmaier - Kryger, O'Neil (62. Nowak), Thomsen, Greiner, Däbritz, Maltritz, Akonnor, Weiser (73. Banza) - Feldhoff (78. Breitenreiter), Juskowiak
Hertha BSC: Kiraly - Herzog, Rekdal, Sverrisson - Rehmer (73. Veit), Schmidt, Wosz, Michalke, Konstantinidis (43. Thom), Roy (68. Aracic) - Preetz
Tore: 1:0 Feldhoff (12.), 2:0 O'Neil (22.), 2:1 Preetz (45.), 2:2 Wosz (51.), 2:3 Michalke (53.) - **SR:** Aust (Köln) - **ZS:** 16.866 - **Gelb:** Thomsen, Däbritz, Maltritz, Banza - Sverrisson

Arminia Bielefeld - Bayer 04 Leverkusen 1:2 (0:1)
Bielefeld: Koch - Peeters, Stratos (76. Göktan), Klitzpera - Rydlewicz, Meißner, Hofschneider (72. Bagheri), Weissenberger, Maul (55. Böhme) - Wichniarek, Labbadia
Leverkusen: Matysek - Zivkovic, Nowotny, Kovac, Gresko - Ramelow, Ballack (89. Mamic), Emerson, Zé Roberto - Ponte (65. Reichenberger), Brdaric (82. Schneider)
Tore: 0:1 Brdaric (40.), 1:1 Weissenberger (58.), 1:2 Zé Roberto (62.) - **SR:** Keßler (Wogau) - **ZS:** 19.129 - **Gelb:** Maul, Labbadia, Böhme, Meißner - Gresko, Ponte, Zivkovic

FC Hansa Rostock - SpVgg Unterhaching 1:1 (1:0)
Rostock: Bräutigam - Benken (58. Scholten), Holetschek, Ehlers - Lange (73. Breitkreutz), Wibran, Brand, Yasser, Emara - Baumgart, Arvidsson (46. Kovacec)
Unterhaching: Wittmann - Bucher, Strehmel, Grassow - Haber, Schwarz, Mat. Zimmermann, Zeiler (64. Oberleitner), Straube - Garcia (79. Seifert), Seitz (64. Mark Zimmermann)
Tore: 1:0 Baumgart (14.), 1:1 Oberleitner (70.) - **SR:** Meyer (Braunschweig) - **ZS:** 13.500 - **Gelb:** Holetschek, Lange - Strehmel, Grassow

SV Werder Bremen - Hamburger SV (So., 28.11.) 2:1 (0:0)
Bremen: Rost - Tjikuzu, Baumann, Cesar (54. Wojtala), Bode - Maximow, Eilts, Herzog (74. Dabrowski), Frings - Pizarro, Ailton (86. Trares)
HSV: Butt - Hertzsch, Hoogma (75. Doha), Panadic - Fischer (40. Simunic), Kovac, Cardoso, Grammozis, Doll (63. Dembinski), Yeboah, Präger
Tore: 1:0 Bode (62.), 2:0 Ailton (81.), 2:1 Butt (90., FE) - **SR:** Fandel (Kyllburg) - **ZS:** 35.838 (ausverkauft) - **Gelb:** Eilts, Herzog, Dabrowski - Kovac, Präger, Hertzsch

Borussia Dortmund - MSV Duisburg (So., 28.11.) 2:2 (1:2)
BVB: Lehmann - Wörns, Reuter, Kohler - Evanilson (46. Reina), Ricken (76. Nijhuis), Möller, Stevic, Addo (68. But) - Herrlich, Ikpeba
Duisburg: Stauce - Kovacevic, Schneider, Wohlert - Voss (70. Hajto), Töfting, Hoersen, Zeyer (79. Drsek), Osthoff - Spies (52. Beierle), Reiss
Tore: 1:0 Herrlich (24.), 1:1 Töfting (33.), 1:2 Reiss (45.), 2:2 Herrlich (48.) - **SR:** Strampe (Handorf) - **ZS:** 60.500 - **Gelb:** Möller - Töfting, Wohlert

Eintracht Frankfurt - 1. FC Kaiserslautern (So., 28.11.) 0:1 (0:1)
Frankfurt: Nikolov - Schur (78. Heldt), Janßen, Kracht - Dombi, Guié-Mien, Kutschera, Falk, Gebhardt - Salou, Fjörtoft (57. Yang)
1. FCK: Reinke - H. Koch, Ramzy, Schjönberg - Ratinho (76. Sobotzik), Basler (72. Roos), Hristov, Wagner, Strasser - Marschall (29. Tare), Djorkaeff
Tor: 0:1 H. Koch (42.) - **SR:** Jansen (Essen) - **ZS:** 35.000 - **Gelb:** Tare

	Sp.	g.	u.	v.	Tore	Diff.	Punkte
1. Bayern München	13	8	2	3	25:11	+14	26
2. Bayer Leverkusen	13	6	6	1	20:12	+ 8	24
3. Hamburger SV	13	6	5	2	29:15	+14	23
4. Werder Bremen	13	6	4	3	29:17	+12	22
5. Borussia Dortmund	12	6	4	2	18:10	+ 8	22
6. 1. FC Kaiserslautern	13	7	1	5	17:21	- 4	22
7. TSV München 1860	13	6	3	4	19:15	+ 4	21
8. VfB Stuttgart	13	6	2	5	17:16	+ 1	20
9. Schalke 04	13	4	6	3	16:14	+ 2	18
10. Hansa Rostock	13	4	4	5	19:27	- 8	16
11. VfL Wolfsburg	13	4	4	5	17:25	- 8	16
12. SC Freiburg	13	4	3	6	19:19	± 0	15
13. Hertha BSC Berlin	13	3	6	4	17:23	- 6	15
14. SpV. Unterhaching	12	3	3	6	11:15	- 4	12
15. Eintracht Frankfurt	13	3	2	8	16:20	- 4	11
16. Arminia Bielefeld	13	2	5	6	11:24	- 13	11
17. SSV Ulm 1846	13	2	4	7	11:20	- 9	10
18. MSV Duisburg	13	1	6	6	14:21	- 7	9

14. Spieltag: Samstag, 4.12.1999
Neuling Unterhaching nun schon Zehnter!

Hamburger SV - Eintracht Frankfurt (Fr., 3.12.) 1:0 (0:0)
HSV: Butt - Hoogma, Gravesen, Hertzsch - Grammozis, Kovac, Cardoso, Hollerbach (69. Doll) - Mahdavikia, Yeboah (90. Hashemian), Präger (80. Simunic)
Frankfurt: Nikolov - Schur, Janßen, Kracht, Kutschera, Falk (79. Dombi), Rasiejewski, Guié-Mien, Gebhardt (46. Heldt) - Salou, Fjörtoft (63. Yang)
Tor: 1:0 Yeboah (77.) - **SR:** Zerr (Ottersweier) - **ZS:** 26.494 - **Gelb:** Hollerbach, Kovac, Rasiejewski, Janßen, Yang

MSV Duisburg - FC Hansa Rostock (Fr., 3.12.) 2:2 (1:1)
Duisburg: Stauce - Kovacevic (63. Hajto), Schneider, Wohlert (82. Drsek) - Hoersen, Töfting, Voss (46. Hirsch), Zeyer, Bugera - Beierle, Reiss
Rostock: Bräutigam - Benken (70. Weilandt), Holetschek, Ehlers - Yasser, Wibran, Brand (88. Breitkreutz), Lantz, Emara - Baumgart, Arvidsson (75. Majak)
Tore: 1:0 Beierle (24.), 1:1 Baumgart (37.), 1:2 Arvidsson (55.), 2:2 Beierle (67.) - **SR:** Dr. Fleischer (Neuburg) - **ZS:** 10.758 - **Gelb:** Zeyer, Wohlert - Brand

FC Bayern München - Borussia Dortmund 1:1 (1:0)
FC Bayern: Kahn - Babbel, Andersson, Kuffour, Tarnat, Fink, Jeremies (87. Wiesinger), Scholl (58. Salihamidzic) - Sergio, Jancker, Zickler (72. Santa Cruz)
BVB: Lehmann - Wörns, Reuter, Kohler (73. Baumann) - Evanilson, Stevic, Nerlinger (46. Bobic) - Ricken (80. But), Herrlich, Ikpeba
Tore: 1:0 Jeremies (23.), 1:1 Kohler (50.) - **SR:** Fandel (Kyllburg) - **ZS:** 53.000 - **Gelb:** Babbel, Kuffour, Jancker, Zickler - Lehmann, Wörns, Nerlinger, Ricken

Hertha BSC Berlin - SSV Ulm 1846 3:0 (1:0)
Hertha BSC: Kiraly - Herzog, van Burik, Sverrisson - Covic (76. Sanneh), Schmidt, Wosz, Neuendorf (79. Thom), Roy (46. Veit) - Daei, Preetz
Ulm: Laux - Unsöld (66. Zdrilic), Marques, Stadler, Radoki - Gora, Otto, Maier, Rösler (61. Wise) - Leandro, Trkulja (37. van de Haar)
Tore: 1:0 Wosz (2.), 2:0 Sverrisson (66.), 3:0 Preetz (74.) - **SR:** Buchhart (Schrobenhausen) - **ZS:** 37.942 - **Gelb:** Neuendorf, Covic, Kiraly, Daei - Radoki

Bayer 04 Leverkusen - SV Werder Bremen 3:2 (1:1)
Leverkusen: Matysek - Zivkovic, Nowotny, Kovac, Gresko (73. Hoffmann) - Ramelow (58. Schneider), Ballack (76. Mamic), Emerson, Zé Roberto - Neuville, Kirsten
Bremen: Rost - Tjikuzu, Eilts, Baumann, Bode - Wicky (55. Herzog), Dabrowski (46. Wiedener), Maximow (68. Trares), Frings - Pizarro, Ailton
Tore: 1:0 Zivkovic (5.), 1:1 Pizarro (20.), 2:1 Kirsten (47., FE), 2:2 Ailton (54.), 3:2 Emerson (66.) - **SR:** Berg (Konz) - **ZS:** 22.500 (ausv.) - **G.:** Kovac, Kirsten, Emerson, Ballack - Frings, Ailton, Wiedener, Herzog

FC Schalke 04 - SC Freiburg 2:2 (1:1)
Schalke: Schober - Waldoch, Nemec, van Kerckhoven - Oude Kamphuis, Alpugan (72. Hajnal), Wilmots, Kmetsch (88. Goossens), Büskens - Asamoah, Sand
Freiburg: Golz - Schumann (9. Diarra), Korell (85. Ramdane), Müller - Willi (52. Kohl), Weißhaupt, Zeyer, Baya, Kobiaschwili, Bruns
Tore: 0:1 Sellimi (34., FE), 1:1 Asamoah (38.), 2:1 Wilmots (83., FE), 2:2 Bruns (87.) - **SR:** Strampe (Handorf) - **ZS:** 29.100 - **Gelb:** van Kerckhoven, Oude Kamphuis, Büskens, Nemec - Korell, Diarra

VfB Stuttgart - TSV München 1860 1:3 (0:1)
Stuttgart: Wohlfahrt - Thiam, Berthold, Endress, Carnell - Catizone (46. Djordjevic), Soldo, Balakov, Lisztes (63. Hosny) - Dundee, Ganea
1860: Hoffmann - Greilich, Zelic, Stranzl - Cerny, Riedl (67. Paßlack), Tapalovic, Häßler (82. Borimirov), Tyce - Schroth, Winkler (77. Agostino)
Tore: 0:1 Schroth (3.), 0:2 Zelic (54.), 1:2 Thiam (64.), 1:3 Borimirov (83.) - **SR:** Steinborn (Sinzig) - **ZS:** 37.500 - **Gelb:** Ganea, Berthold - Riedl, Tapalovic, Schroth

SpVgg Unterhaching - Arminia Bielefeld (So., 5.12.) 2:0 (1:0)
Unterhaching: Wittmann - Bucher, Strehmel, Grassow - Haber (60. Seifert), Mat. Zimmermann, Oberleitner (80. Zeiler), Schwarz, Straube - Rraklli (66. Breitenreiter), Seitz
Bielefeld: Koch - Alder, Waterink, Klitzpera - Rydlewicz (46. Bagheri), Hofschneider, Meißner, Weissenberger, Maul (46. Böhme) - Wichniarek (61. Göktan), Labbadia
Tore: 1:0 Strehmel (18.), 2:0 Breitenreiter (83., FE) - **SR:** Dr. Merk (Kaiserslautern) - **ZS:** 5.000 - **Gelb:** Strehmel, Mat. Zimmermann - Meißner, Böhme

1. FC Kaiserslautern - VfL Wolfsburg (So., 5.12.) 2:2 (1:0)
1. FCK: Reinke - H. Koch, Ramzy, Schjönberg - Basler, Ratinho, Sforza, Strasser, Wagner (46. Reich) - Djorkaeff, Hristov
Wolfsburg: Reitmaier - Biliskov, Ballwanz, Kryger - Greiner, Akonnor, Nowak, Dammeier, Maltritz - Feldhoff (84. Wück), Juskowiak
Tore: 1:0 Hristov (33., FE), 1:1 Akonnor (57., FE), 1:2 Ballwanz (65.), 2:2 Djorkaeff (67., FE) - **SR:** Dr. Wack (Biberbach) - **ZS:** 39.985 - **Gelb:** Hristov - Greiner, Dammeier, Kryger, Ballwanz

	Sp.	g.	u.	v.	Tore	Diff.	Punkte
1. Bayern München	14	8	3	3	26:12	+14	27
2. Bayer Leverkusen	14	7	6	1	23:14	+ 9	27
3. Hamburger SV	14	7	5	2	30:15	+15	26
4. TSV München 1860	14	7	3	4	22:16	+ 6	24
5. Borussia Dortmund	14	6	5	3	19:12	+ 7	23
6. 1. FC Kaiserslautern	14	7	2	5	19:23	- 4	23
7. Werder Bremen	14	6	4	4	31:20	+11	22
8. VfB Stuttgart	14	6	2	6	15:16	- 1	20
9. Schalke 04	14	4	7	3	18:16	+ 2	19
10. SpV. Unterhaching	14	4	3	7	14:15	- 1	18
11. Hertha BSC Berlin	14	4	6	4	20:23	- 3	18
12. Hansa Rostock	14	4	5	5	21:29	- 8	17
13. VfL Wolfsburg	14	4	5	5	19:27	- 8	17
14. SC Freiburg	14	4	4	6	21:21	± 0	16
15. Eintracht Frankfurt	14	3	2	9	16:21	- 5	11
16. Arminia Bielefeld	14	2	5	7	11:26	- 15	11
17. MSV Duisburg	14	1	7	6	16:23	- 7	10
18. SSV Ulm 1846	14	2	4	8	11:23	- 12	10

Bundesliga 1999/2000

15. Spieltag: Samstag, 11.12.1999
Souveräne Bayern - Verfolger teilen die Punkte

SV Werder Bremen - SpVgg Unterhaching (Fr., 10.12.) 2:2 (2:0)
Bremen: Rost - Tjikuzu, Baumann, Cesar - Maximow (66. Eilts), Frings, Herzog, Trares, Bode - Ailton, Pizarro
Unterhaching: Wittmann - Seifert, Strehmel, Bucher - Mat. Zimmermann, Hertl (46. Haber), Oberleitner, Schwarz, Straube - Rraklli (72. Breitenreiter), Seitz (84. Garcia)
Tore: 1:0 Maximow (27.), 2:0 Ailton (35.), 2:1 Straube (76.), 2:2 Breitenreiter (88.) - **SR:** Weiner (Ottenstein) - **ZS:** 25.404 - **Gelb:** Maximow, Trares - Straube

Arminia Bielefeld - MSV Duisburg (Fr., 10.12.) 0:1 (0:0)
Bielefeld: Koch - Klitzpera, Stratos, Straal - Peeters (75. Rydlewicz), Meißner, Waterink (79. Bagheri), Weissenberger, Böhme - Labbadia, Wichniarek (46. Göktan)
Duisburg: Stauce - Hajto, Schneider, Kovacevic - Hoersen, Töfting, Hirsch, Zeyer (83. Voss), Osthoff - Beierle (90. Drsek), Reiss (71. Spies)
Tor: 0:1 Kovacevic (75., FE) - **SR:** Albrecht (Kaufbeuren) - **ZS:** 13.770 - **Gelb:** Göktan - Hirsch

FC Hansa Rostock - FC Bayern München 0:3 (0:1)
Rostock: Bräutigam - Schneider, Holetschek (38. Weilandt), Ehlers - Yasser, Wibran, Brand, Lantz, Majak (85. Emara) - Baumgart, Arvidsson (58. Agali)
FC Bayern: Kahn - Babbel (46. Linke), Matthäus, Kuffour - Salihamidzic, Fink, Jeremies, Tarnat - Wiesinger, Santa Cruz (72. Jancker), Sergio (79. Sinkala)
Tore: 0:1 Sergio (45.), 0:2 Sergio (60.), 0:3 Santa Cruz (65.) - **SR:** Kemmling (Kleinburgwedel) - **ZS:** 24.500 (ausverkauft) - **Gelb:** Holetschek, Majak - Babbel, Salihamidzic, Fink

SC Freiburg - Hertha BSC Berlin 0:1 (0:0)
Freiburg: Golz - Müller (83. Kondé), Hermel, Diarra - Willi, Weißhaupt, Zeyer (71. Korell), Baya, Kobiaschwili - Sellimi, Bruns (77. Ramdane)
Hertha BSC: Kiraly - Herzog (58. van Burik), Rekdal, Sverrisson - Covic, Schmidt (59. Konstantinidis), Wosz, Michalke, Hartmann (75. Thom) - Daei, Preetz
Tor: 0:1 Daei (76.) - **SR:** Krug (Gelsenkirchen) - **ZS:** 24.500 - **Gelb:** Michalke, Daei, Schmidt, van Burik, Sverrisson

Borussia Dortmund - VfB Stuttgart 1:1 (1:1)
BVB: Lehmann - Nijhuis, Reuter - Ricken, Baumann, Barbarez (73. Stevic), Kohler, But, Addo (52. Wörns) - Bobic, Ikpeba (68. Herrlich)
Stuttgart: Wohlfahrt - Thiam, Berthold, Bordon, Carnell - Pinto (64. Endress), Lisztes, Soldo, Balakov (68. Hosny), Gerber - Dundee (83. Ristic)
Tore: 1:0 Bobic (23.), 1:1 Dundee (26.) - **SR:** Aust (Köln) - **ZS:** 60.500 - **Gelb:** Ricken, Ikpeba, Addo, Reuter - Pinto, Carnell, Bordon, Berthold

TSV München 1860 - FC Schalke 04 3:3 (1:2)
1860: Hoffmann - Stranzl, Vanenburg, Kurz - Cerny (87. Paßlack), Zelic, Tapalovic, Häßler (74. Borimirov), Tyce (54. Pürk) - Max, Winkler
Schalke: Reck - Waldoch, Nemec, Happe - Oude Kamphuis, Kmetsch (79. Hajnal), Wilmots, Goossens (76. Held), Büskens (76. Anderbrügge) - Asamoah, Sand
Tore: 1:0 Häßler (19.), 1:1 Wilmots (24.), 1:2 Sand (36.), 2:2 Max (53.), 3:2 Cerny (69.), 3:3 Sand (89.) - **SR:** Jansen (Essen) - **ZS:** 25.000 - **Gelb:** Zelic, Cerny - Kmetsch, Sand, Nemec

Bayer 04 Leverkusen - Hamburger SV (So., 12.12.) 2:2 (1:1)
Leverkusen: Matysek - Reeb, Nowotny, R. Kovac - Schneider, Ramelow, Ballack (83. Reichenberger), Beinlich - Ponte (83. Brdaric), Neuville, Zé Roberto
HSV: Butt - Hoogma, Gravesen, Hertzsch - Grammozis, Ernst, Cardoso, N. Kovac - Mahdavikia (77. Doll), Yeboah (90. Hashemian), Präger (77. Khatibi)
Tore: 0:1 N. Kovac (32., FE), 1:1 Beinlich (34.), 2:1 Beinlich (49.), 2:2 Nowotny (55., ET) - **SR:** Heynemann (Magdeburg) - **ZS:** 22.500 (ausverkauft) - **Gelb:** Beinlich - Gravesen, Cardoso

SSV Ulm 1846 - 1. FC Kaiserslautern (So., 12.12.) 3:1 (3:0)
Ulm: Laux - Bodog, Marques, Stadler, Radoki - Unsöld, Otto (76. Rösler), Gora (90. Scharinger), Maier - Leandro, van de Haar (81. Zdrilic)
1. FCK: Reinke - H. Koch, Strasser (25. Rische), Schjönberg - Ratinho, Basler, Roos (30. Reich), Sforza, Djorkaeff, Wagner (46. Pettersson) - Hristov
Tore: 1:0 Gora (3.), 2:0 van de Haar (19.), 3:0 Bodog (22.), 3:1 Bodog (55., ET) - **SR:** Fröhlich (Berlin) - **ZS:** 23.000 (ausverkauft) - **Gelb:** Unsöld, Gora - Schjönberg, Wagner, Djorkaeff, H. Koch

VfL Wolfsburg - Eintracht Frankfurt (So., 12.12.) 1:0 (0:0)
Wolfsburg: Reitmaier - Biliskov, Ballwanz, Kryger - Greiner (59. Maltritz), Nowak, Dammeier, Akonnor, Weiser - Feldhoff (78. Schröder), Juskowiak (73. Wück)
Frankfurt: Nikolov - Kutschera, Janßen, Kracht - Schur (66. Zampach), Guié-Mien, Rasiejewski, Falk (73. Dombi), Gebhardt - Salou, Yang (73. Westerthaler)
Tor: 1:0 Biliskov (57.) - **SR:** Koop (Lüttenmark) - **ZS:** 13.839

16. Spieltag: Mittwoch, 15.12.1999
Keine Tore in dürfigem Revierderby

MSV Duisburg - SV Werder Bremen (Di., 14.12.) 0:1 (0:1)
Duisburg: Stauce - Wohlert, Schneider, Kovacevic - Hajto, Töfting, Voss (78. Hoersen), Zeyer, Osthoff (67. Bugera) - Reiss (67. Spies), Beierle
Bremen: Rost - Trares, Baumann - Frings, Eilts, Maximow, Dabrowski, Herzog (67. Wiedener), Bode - Ailton (88. Flock), Pizarro
Tor: 0:1 Dabrowski (14.) - **SR:** Wagner (Hofheim) - **ZS:** 14.969 - **Gelb:** Hajto - Dabrowski, Pizarro

FC Bayern München - Arminia Bielefeld (Di., 14.12.) 2:1 (1:1)
FC Bayern: Kahn - Linke (46. Babbel), Matthäus, Kuffour - Salihamidzic, Jeremies, Effenberg (72. Fink), Tarnat - Wiesinger (46. Santa Cruz), Jancker, Sergio
Bielefeld: Koch - Peeters, Stratos, Straal - Meißner (32. Bagheri), Waterink (81. Wichniarek), Weissenberger, Böhme (74. Rydlewicz) - Göktan, Labbadia
Tore: 0:1 Labbadia (5.), 1:1 Salihamidzic (28.), 2:1 Salihamidzic (58., FE) - **SR:** Meyer (Braunschweig) - **ZS:** 27.000 - **Gelb:** Labbadia, Böhme, Waterink, Klitzpera

VfB Stuttgart - FC Hansa Rostock (Di., 14.12.) 3:1 (0:0)
Stuttgart: Wohlfahrt - Thiam, Berthold, Bordon (88. Kies), Carnell - Pinto (82. Kies), Soldo, Balakov (46. Lisztes), Gerber - Ganea, Dundee
Rostock: Bräutigam - Schneider, Weilandt, Ehlers (39. Benken) - Yasser, Wibran, Brand, Lantz, Emara (61. Agali) - Baumgart (82. Ahanfouf), Arvidsson
Tore: 1:0 Ganea (57.), 2:0 Ganea (62.), 2:1 Arvidsson (70.), 3:1 Pinto (76.) - **SR:** Keßler (Wogau) - **ZS:** 14.000 - **Gelb:** Wohlfahrt, Ganea - Yasser

Hertha BSC Berlin - TSV München 1860 (Di., 14.12.) 1:1 (0:0)
Hertha BSC: Kiraly - Herzog, Rekdal, van Burik - Covic (55. Sanneh), Schmidt, Wosz, Konstantinidis, Michalke (55. Roy) - Preetz, Daei
1860: Hoffmann - Kurz, Vanenburg, Greilich - Borimirov (79. Paßlack), Zelic, Riedl, Häßler, Tyce - Max, Schroth
Tore: 0:1 Max (52.), 1:1 Konstantinidis (71.) - **SR:** Fandel (Kyllburg) - **ZS:** 37.200 - **Gelb:** Herzog, Konstantinidis - Riedl, Tyce, Paßlack

FC Schalke 04 - Borussia Dortmund 0:0
Schalke: Reck - Waldoch, Nemec, Happe - Oude Kamphuis, Kmetsch, Wilmots, Alpugan (76. Anderbrügge), Latal (60. Goossens) - Asamoah, Sand
BVB: Lehmann - Wörns, Reuter, Kohler - Ricken (86. Nijhuis), Stevic, Möller (58. But), Nerlinger, Addo - Herrlich (68. Bobic), Ikpeba
SR: Dr. Merk (Kaiserslautern) - **ZS:** 52.000 - **Gelb:** Nemec, Wilmots - Addo, Stevic, Ricken

SpVgg Unterhaching - Hamburger SV 1:1 (0:1)
Unterhaching: Wittmann - Bucher, Strehmel, Grassow, Straube - Haber, Mat. Zimmermann, Oberleitner (78. Zeiler), Schwarz (57. Breitenreiter), Seitz - Rraklli (87. Seifert)
HSV: Butt - Hoogma, Gravesen, Kovac - Grammozis, Ernst, Cardoso, Hollerbach - Mahdavikia, Yeboah, Präger (89. Doll)
Tore: 0:1 Mahdavikia (25.), 1:1 Seitz (67.) - **SR:** Steinborn (Sinzig) - **ZS:** 9.000 - **Gelb:** Straube

Eintracht Frankfurt - Bayer 04 Leverkusen 1:2 (1:0)
Frankfurt: Nikolov - Kutschera (46. U. Schneider), Janßen, Kracht - Schur, Guié-Mien, Rasiejewski, Sobotzik, Gebhardt - Fjörtoft (78. Falk), Yang (46. Salou)
Leverkusen: Matysek - Reeb, Nowotny, Kovac - B. Schneider (55. Neuville), Emerson, Ballack (71. Mamic), Beinlich, Zé Roberto - Kirsten, Ponte (81. Brdaric)
Tore: 1:0 Fjörtoft (20.), 1:1 Beinlich (49.), 1:2 Beinlich (87.) - **SR:** Dr. Fleischer (Neuburg) - **ZS:** 21.000 - **Gelb:** Fjörtoft, Kovac, Emerson, Kirsten, Ponte - **Gelb-Rot:** Mamic (0.)

1. FC Kaiserslautern - SC Freiburg 0:2 (0:0)
1. FCK: Reinke - H. Koch, Ramzy (46. Rische), Schjönberg - Buck (46. Basler), Ratinho, Sforza, Roos, Strasser (74. Pettersson) - Djorkaeff, Hristov
Freiburg: Golz - Kondé, Hermel, Diarra - Willi, Baya, Zeyer, Weißhaupt, Kobiaschwili - Ramdane (65. Korell), Sellimi (89. Ben Slimane)
Tore: 0:1 Ramdane (57.), 0:2 Korell (86.) - **SR:** Albrecht (Kaufbeuren) - **ZS:** 38.654 - **Gelb:** Ratinho - **Gelb-Rot:** Baya (80.)

VfL Wolfsburg - SSV Ulm 1846 1:2 (0:1)
Wolfsburg: Reitmaier - Biliskov, Ballwanz, Kryger - Maltritz (53. Wück), Däbritz (46. Akonnor), Nowak, Dammeier, Weiser - Feldhoff, Juskowiak (46. Banza)
Ulm: Laux - Bodog (53. Rösler), Marques, Stadler, Radoki - Unsöld, Otto, Gora, Maier - Leandro, van de Haar (59. Zdrilic)
Tore: 0:1 van de Haar (38.), 0:2 van de Haar (48.), 1:2 Biliskov (62.) - **SR:** Sippel (Würzburg) - **ZS:** 12.267 - **Gelb:** Feldhoff

		Sp.	g.	u.	v.	Tore	Diff.	Punkte
1.	Bayern München	15	9	3	3	29:12	+17	30
2.	Bayer Leverkusen	15	7	7	1	25:16	+ 9	28
3.	Hamburger SV	15	7	6	2	32:17	+15	27
4.	TSV München 1860	15	7	4	4	25:19	+ 6	25
5.	Borussia Dortmund	15	6	6	3	20:13	+ 7	24
6.	Werder Bremen	15	6	5	4	33:22	+11	23
7.	1. FC Kaiserslautern	15	7	2	6	20:26	- 6	23
8.	VfB Stuttgart	15	5	6	4	16:17	- 1	21
9.	Hertha BSC Berlin	15	5	6	4	21:23	- 2	21
10.	Schalke 04	15	4	8	3	21:19	+ 2	20
11.	VfL Wolfsburg	15	5	5	5	20:27	- 7	20
12.	SpV. Unterhaching	15	5	4	6	16:17	- 1	19
13.	Hansa Rostock	15	4	5	6	21:32	-11	17
14.	SC Freiburg	15	4	4	7	21:22	- 1	16
15.	MSV Duisburg	15	4	1	10	17:23	- 6	13
16.	SSV Ulm 1846	15	3	4	8	14:24	-10	13
17.	Eintracht Frankfurt	15	3	2	10	16:22	- 6	11
18.	Arminia Bielefeld	15	2	5	8	11:27	-16	11

		Sp.	g.	u.	v.	Tore	Diff.	Punkte
1.	Bayern München	16	10	3	3	31:13	+18	33
2.	Bayer Leverkusen	16	8	7	1	27:17	+10	31
3.	Hamburger SV	16	7	7	2	33:18	+15	28
4.	Werder Bremen	16	7	5	4	34:22	+12	26
5.	TSV München 1860	16	7	5	4	26:20	+ 6	26
6.	Borussia Dortmund	16	6	7	3	20:13	+ 7	25
7.	VfB Stuttgart	16	6	3	7	19:18	+ 1	24
8.	1. FC Kaiserslautern	16	7	2	7	20:28	- 8	23
9.	Hertha BSC Berlin	16	5	7	4	22:24	- 2	22
10.	Schalke 04	16	4	9	3	21:19	+ 2	21
11.	SpV. Unterhaching	16	5	5	6	17:18	- 1	20
12.	VfL Wolfsburg	16	5	5	6	21:29	- 8	20
13.	SC Freiburg	16	5	4	7	23:22	+ 1	19
14.	Hansa Rostock	16	4	5	7	22:35	-13	17
15.	SSV Ulm 1846	16	4	4	8	16:25	- 9	16
16.	MSV Duisburg	16	4	1	11	17:24	- 7	13
17.	Eintracht Frankfurt	16	3	2	11	17:24	- 7	11
18.	Arminia Bielefeld	16	2	5	9	12:29	-17	11

Milliardenliga zwischen Boom und Pleite

17. Spieltag: Samstag, 18.12.1999
Eintracht-"Retter" Berger muss Trainerstuhl räumen

SV Werder Bremen - FC Bayern München (Fr., 17.12.) 0:2 (0:0)
Bremen: Rost - Frings, Trares (76. Seidel), Baumann, Bode - Maximow, Eilts, Herzog, Dabrowski - Ailton, Pizarro
FC Bayern: Kahn - Linke, Matthäus, Kuffour, Babbel, Jeremies, Effenberg, Tarnat - Salihamidzic (85. Zickler), Jancker (80. Santa Cruz), Sergio (90. Wiesinger)
Tore: 0:1 Jancker (71.), 0:2 Sergio (81.) - **SR:** Fröhlich (Berlin) - **ZS:** 36.000 (ausverkauft) - **Gelb:** Maximow, Baumann, Pizarro - Kuffour, Jeremies - **Rot:** Eilts (79.)

Arminia Bielefeld - VfB Stuttgart (Fr., 17.12.) 1:2 (0:0)
Bielefeld: Koch - Meißner, Stratos (62. Bagheri), Straal - Peeters, Waterink, Weissenberger, Klitzpera, Böhme (77. Maul) - Labbadia, Göktan (72. van der Ven)
Stuttgart: Wohlfahrt - Thiam, Berthold (62. Keller), Bordon (62. Endress), Carnell - Pinto, Lisztes, Soldo, Gerber - Ganea (77. Hosny), Dundee
Tore: 1:0 Böhme (61.), 1:1 Dundee (75.), 1:2 Dundee (82.) - **SR:** Kemmling (Kleinburgwedel) - **ZS:** 13.071 - **Gelb:** Peeters - Gerber

Hamburger SV - MSV Duisburg 6:1 (5:1)
HSV: Butt - Kovac, Hoogma, Hertzsch - Grammozis, Gravesen (63. Ernst), Cardoso (71. Doll), Hollerbach - Mahdavikia (80. Bäron), Yeboah, Präger
Duisburg: Stauce - Wohlert, Schneider, Hajto (46. Kovacevic), Osthoff - Hoersen, Töfting, Zeyer (46. Voss), Hirsch - Spies, Beierle
Tore: 1:0 Yeboah (8.), 2:0 Hajto (11., ET), 2:1 Beierle (20.), 3:1 Yeboah (29.), 4:1 Butt (41., FE), 5:1 Hirsch (43., ET), 6:1 Hoogma (90.) - **SR:** Aust (Köln) - **ZS:** 28.587 - **Gelb:** Hirsch, Töfting, Kovacevic

TSV München 1860 - 1. FC Kaiserslautern 2:1 (1:1)
1860: Hoffmann - Tapalovic, Vanenburg, Kurz - Cerny (81. Prosenik), Zelic, Häßler, Stranzl (46. Pürk), Riedl - Winkler (57. Agostino), Max
1. FCK: Gospodarek - H. Koch (86. Pettersson), Basler, Schjönberg - Ratinho (54. Buck), Sforza, Strasser, Hristov, Wagner - Marschall, Djorkaeff
Tore: 1:0 Max (4.), 1:1 Djorkaeff (15., FE), 2:1 Häßler (75., FE) - **SR:** Krug (Gelsenkirchen) - **ZS:** 27.000 - **Gelb:** Kurz, Vanenburg - Sforza, H. Koch - **Gelb-Rot:** Basler (78.)

SC Freiburg - VfL Wolfsburg 1:1 (0:1)
Freiburg: Golz - Kondé, Hermel (71. Günes), Diarra - Willi, Zeyer (60. Ben Slimane), Weißhaupt, Korell, Kobiaschwili - Ramdane (78. Kohl), Sellimi
Wolfsburg: Reitmaier - Biliskov, Ballwanz, Kryger - Däbritz, Nowak, Akonnor, Dammeier, Weiser - Feldhoff (85. Wück), Juskowiak
Tore: 0:1 Juskowiak (19.), 1:1 Sellimi (48.) - **SR:** Stark (Landshut) - **ZS:** 23.500 - **Gelb:** Korell - Ballwanz, Juskowiak, Nowak, Dammeier

Bayer 04 Leverkusen - SpVgg Unterhaching 2:1 (0:0)
Leverkusen: Matysek - Reeb, Nowotny, Kovac - Schneider, Ballack (89. Ramelow), Emerson, Beinlich, Gresko (46. Brdaric) - Kirsten, Ponte (46. Neuville)
Unterhaching: Wittmann - Bucher, Bergen, Grassow - Haber (70. Hertl), Schwarz (78. Zeiler), Mat. Zimmermann, Strehmel, Straube - Seitz, Rraklli (58. Breitenreiter)
Tore: 1:0 Mat. Zimmermann (61.), 1:1 Brdaric (69.), 2:1 Brdaric (71.) - **SR:** Strampe (Handorf) - **ZS:** 22.000

SSV Ulm 1846 - Eintracht Frankfurt 3:0 (1:0)
Ulm: Laux - Bodog, Marques, Stadler, Radoki - Maier, Otto (46. Scharinger), Gora, Unsöld - Leandro (86. Pleuler), van de Haar (51. Zdrilic)
Frankfurt: Nikolov - Schur, Janßen, Kracht - Zampach (57. Dombi), Guié-Mien, Rasiejewski, Sobotzik, Gebhardt - Salou (46. Yang), Fjörtoft (61. Westerthaler)
Tore: 1:0 Leandro (9.), 2:0 Scharinger (47.), 3:0 Zdrilic (69.) - **SR:** Albrecht (Kaufbeuren) - **ZS:** 22.500 - **Gelb:** Otto, van de Haar, Leandro - Salou, Fjörtoft

FC Hansa Rostock - FC Schalke 04 (So., 19.12.) 1:0 (0:0)
Rostock: Bräutigam - Benken, Weilandt, Ehlers - Lange, Wibran, Yasser, Breitkreutz (85. Brand), Majak - Baumgart (90. Holetschek), Arvidsson (59. Agali)
Schalke: Reck (57. Schober) - Waldoch, Müller, Happe - Oude Kamphuis, Kmetsch, Wilmots, Alpugan (54. Büskens), van Kerckhoven - Asamoah (78. Goossens), Sand
Tor: 1:0 Benken (70.) - **SR:** Heynemann (Magdeburg) - **ZS:** 11.500 - **Gelb:** Majak, Breitkreutz - Wilmots

Borussia Dortmund - Hertha BSC Berlin (So., 19.12.) 4:0 (3:0)
BVB: Lehmann - Nijhuis, Baumann, Kohler - Addo, Stevic (73. Nerlinger), Möller, But (83. Barbarez), Wörns - Ikpeba, Bobic (67. Herrlich)
Hertha BSC: Kiraly - Konstantinidis, Rekdal, van Burik - Rehmer (46. Sanneh), Michalke, Schmidt, Wosz (76. Neuendorf), Hartmann - Preetz, Daei (54. Aracic)
Tore: 1:0 Nijhuis (16.), 2:0 Michalke (22., ET), 3:0 Bobic (33.), 4:0 Wörns (69.) - **SR:** Zerr (Ottersweier) - **ZS:** 59.000 - **Gelb:** Addo, Nijhuis - Rekdal

18. Spieltag: Samstag, 5.2.2000
BVB ersetzt Skibbe durch Bernd Krauss

Borussia Dortmund - 1. FC Kaiserslautern (Fr., 4.2.) 0:1 (0:0)
BVB: Lehmann - Wörns, Reuter, Kohler - Evanilson (57. Bobic), Ricken, Nerlinger (66. Stevic), But (71. Barbarez), Dede - Reina, Herrlich
1. FCK: Gospodarek - H. Koch, Komljenovic, Schjönberg - Pettersson (75. Lutz), Ratinho, Strasser, Hristov, Wagner - Marschall, Djorkaeff
Tor: 0:1 H. Koch (52.) - **SR:** Dr. Fleischer (Neuburg) - **ZS:** 62.000 - **Gelb:** Nerlinger, Bobic, Ricken, Stevic - Ratinho

FC Hansa Rostock - Hertha BSC Berlin (Fr., 4.2.) 0:1 (0:0)
Rostock: Pieckenhagen - Benken, Holetschek, Schneider - Lange (82. Kovacec), Wibran, Lantz, Breitkreutz, Majak (75. Ahanfouf) - Baumgart (60. Agali), Arvidsson
Hertha BSC: Fiedler - van Burik, Rekdal, Sverrisson - Rehmer, Wosz, Michalke (81. Veit), Hartmann (46. Roy) - Alves (84. Daei), Preetz
Tore: 0:1 Preetz (62.) - **SR:** Strampe (Handorf) - **ZS:** 16.000 - **Gelb:** Schneider - Sverrisson, Roy, van Burik

Bayer 04 Leverkusen - MSV Duisburg 3:0 (2:0)
Leverkusen: Matysek - Hoffmann, Nowotny, Kovac - B. Schneider, Ballack, Emerson, Beinlich (81. Gresko), Zé Roberto (84. Vranjes) - Ponte (70. Brdaric), Neuville
Duisburg: Stauce - Wohlert, Emmerling, Osthoff (46. Zeyer) - Hoersen, M. Schneider (73. Hajto), Töfting, Hirsch, Büskens - Reiss (73. Spies), Beierle
Tore: 1:0 B. Schneider (3.), 2:0 Beinlich (38.), 3:0 Beinlich (59.) - **SR:** Krug (Gelsenkirchen) - **ZS:** 22.500 (ausverkauft) - **Gelb:** Ballack - Osthoff, Hajto

TSV München 1860 - VfL Wolfsburg 1:2 (1:1)
1860: Hoffmann - Greilich, Votava, Kurz - Cerny, Tapalovic (32. Riedl), Häßler, Tyce (38. Prosenik), Borimirov - Winkler, Max (74. Agostino)
Wolfsburg: Reitmaier - Biliskov, Hengen, Thomsen - Greiner (68. Sebescen), Nowak, Kryger, Munteanu (89. Dammeier), Weiser - Rische (73. Feldhoff), Juskowiak
Tore: 0:1 Juskowiak (10.), 1:1 Winkler (40.), 1:2 Juskowiak (78.) - **SR:** Steinborn (Sinzig) - **ZS:** 26.500 - **Gelb:** Votava - Thomsen

SC Freiburg - SSV Ulm 1846 2:0 (1:0)
Freiburg: Golz - Kondé, Hermel, Diarra - Willi (83. Kohl), Zeyer, Ramdane (68. Müller), Weißhaupt, Kobiaschwili - Iaschwili (75. Bruns), Ben Slimane
Ulm: Laux - Bodog, Marques, Stadler, Radoki - Maier (77. Zdrilic), Otto, Gora, Unsöld (55. Scharinger) - Leandro, van de Haar (55. Rösler)
Tore: 1:0 Ben Slimane (23.), 2:0 Ben Slimane (80.) - **SR:** Dr. Merk (Kaiserslautern) - **ZS:** 24.800 - **Gelb:** Weißhaupt - Bodog, Gora, Unsöld - **Rot:** Stadler (50.) - **B.V.:** Laux hält FE von Weißhaupt (51.)

Arminia Bielefeld - FC Schalke 04 1:2 (0:1)
Bielefeld: Miletic - Klitzpera, Stratos, Gansauge (22. Peeters) - Bode, Meißner, Weissenberger (67. Göktan), Maul, Böhme - Labbadia, Wichniarek
Schalke: Reck - Waldoch, Thon, Happe - Latal (82. Held), Kmetsch (67. Alpugan), Wilmots, Nemec, Legat, Sand (79. Asamoah), Mpenza
Tore: 0:1 Sand (16.), 0:2 Meißner (78., ET), 1:2 Labbadia (87.) - **SR:** Stark (Landshut) - **ZS:** 25.049 - **Gelb:** Wichniarek, Böhme - Happe, Legat, Thon

SV Werder Bremen - VfB Stuttgart 2:1 (2:0)
Bremen: Rost - Tjikuzu, Baumann, Cesar, Wiedener - Frings, Trares, Herzog (78. Dabrowski), Eilts (90. Frey) - Pizarro, Ailton
Stuttgart: Wohlfahrt - Thiam, Berthold, Bordon (60. Carnell) - Pinto, Soldo, Balakov (60. Lisztes), Gerber - Dundee, Ganea (60. Kuka)
Tore: 1:0 Trares (6.), 2:0 Herzog (13.), 2:1 Lisztes (68.) - **SR:** Dr. Wack (Biberbach) - **ZS:** 26.000 - **Gelb:** Trares, Pizarro - Berthold, Lisztes, Wohlfahrt

SpVgg Unterhaching - Eintracht Frankfurt (So., 6.2.) 1:0 (0:0)
Unterhaching: Wittmann - Grassow, Strehmel (75. Seifert), Bucher - Haber, Mat. Zimmermann, Oberleitner (77. Bergen), Schwarz, Straube - Rraklli, Garcia (46. Seitz)
Frankfurt: Heinen - Bindewald, Hubtchev, Kracht (61. Kutschera) - Mutzel (46. Rasiejewski), Sobotzik (67. Yang), Schur, Heldt, Weber - Reichenberger, Salou
Tor: 1:0 Rraklli (62., FE) - **SR:** Aust (Köln) - **ZS:** 9.400 - **Gelb:** Strehmel, Straube - Kracht, Sobotzik, Weber

Hamburger SV - FC Bayern München (So., 6.2.) 0:0
HSV: Butt - Hoogma, Panadic, Hertzsch - Fischer, Gravesen, Cardoso, Kovac - Mahdavikia, Yeboah, Präger
FC Bayern: Kahn - Babbel, Matthäus, Linke, Tarnat - Effenberg, Jeremies, Scholl - Salihamidzic (74. Santa Cruz), Elber (88. Zickler), Sergio
SR: Heynemann (Magdeburg) - **ZS:** 53.250 (ausverkauft) - **Gelb:** Fischer, Gravesen, Elber, Matthäus - **B.V.:** Butt hält FE von Effenberg (68.)

	Sp.	g.	u.	v.	Tore	Diff.	Punkte
1. Bayern München	17	11	3	3	33 :13	+20	36
2. Bayer Leverkusen	17	9	7	1	29 :18	+11	34
3. Hamburger SV	17	8	7	2	39 :19	+20	31
4. TSV München 1860	17	8	5	4	28 :21	+ 7	29
5. Borussia Dortmund	17	7	7	3	24 :13	+11	28
6. VfB Stuttgart	17	8	3	6	21 :19	+ 2	27
7. Werder Bremen	17	7	5	5	34 :24	+10	26
8. 1. FC Kaiserslautern	17	7	2	8	21 :30	- 9	23
9. Hertha BSC Berlin	17	5	7	5	22 :28	- 6	22
10. Schalke 04	17	4	9	4	21 :20	+ 1	21
11. VfL Wolfsburg	17	6	3	8	22 :30	- 8	21
12. SC Freiburg	17	5	5	7	24 :23	+ 1	20
13. SpV. Unterhaching	17	5	5	7	18 :20	- 2	20
14. Hansa Rostock	17	5	5	7	23 :35	- 12	20
15. SSV Ulm 1846	17	4	7	6	19 :25	- 6	19
16. MSV Duisburg	17	2	7	8	18 :30	- 12	13
17. Eintracht Frankfurt	17	3	2	12	17 :27	- 10	11
18. Arminia Bielefeld	17	2	5	10	13 :31	- 18	11

	Sp.	g.	u.	v.	Tore	Diff.	Punkte
1. Bayern München	18	11	4	3	33 :13	+20	37
2. Bayer Leverkusen	18	10	7	1	32 :18	+14	37
3. Hamburger SV	18	8	8	2	39 :19	+20	32
4. Werder Bremen	18	8	5	5	36 :25	+11	29
5. TSV München 1860	18	8	5	5	29 :23	+ 6	29
6. Borussia Dortmund	18	7	7	4	24 :14	+10	28
7. VfB Stuttgart	18	8	3	7	22 :21	+ 1	27
8. 1. FC Kaiserslautern	18	8	2	8	22 :30	- 8	26
9. Hertha BSC Berlin	18	6	7	5	23 :28	- 5	25
10. Schalke 04	18	5	9	4	23 :21	+ 2	24
11. VfL Wolfsburg	18	6	6	6	24 :31	- 7	24
12. SC Freiburg	18	6	5	7	26 :23	+ 3	23
13. SpV. Unterhaching	18	6	5	7	19 :20	- 1	23
14. Hansa Rostock	18	5	5	8	23 :36	- 13	20
15. SSV Ulm 1846	18	5	4	9	19 :27	- 8	19
16. MSV Duisburg	18	2	7	9	18 :33	- 15	13
17. Eintracht Frankfurt	18	3	2	13	17 :28	- 11	11
18. Arminia Bielefeld	18	2	5	11	14 :33	- 19	11

Bundesliga 1999/2000

19. Spieltag: Mittwoch, 9.2.2000
Bayern weist Bayer klar in die Schranken

1. FC Kaiserslautern - FC Hansa Rostock (Di., 8.2.) 2:2 (0:1)
1. FCK: Gospodarek - H. Koch, Komljenovic, Schjönberg - Pettersson, Ratinho, Strasser (78. Tare), Hristov (46. Buck), Wagner - Marschall, Djorkaeff (46. Reich)
Rostock: Pieckenhagen - Benken (53. Weilandt), Holetschek, Schneider (46. Ehlers) - Lange, Wibran, Brand, Lantz, Majak - Agali, Arvidsson (83. Baumgart)
Tore: 0:1 Arvidsson (11.), 0:2 Agali (73.), 1:2 Pettersson (85.), 2:2 Komljenovic (86.) - **SR:** Meyer (Braunschweig) - **ZS:** 36.291 - **Gelb:** Holetschek, Benken, Brand, Lange

Hertha BSC Berlin - Arminia Bielefeld (Di., 8.2.) 2:0 (0:0)
Hertha BSC: Fiedler - van Burik (12. Herzog), Rekdal, Sverrisson - Rehmer, Schmidt, Wosz, Michalke (54. Veit), Roy - Preetz, Alves (73. Deisler)
Bielefeld: Miletic - Klitzpera, Stratos, Gansauge - Peeters, Weissenberger, Meißner, Bode (74. Rydlewicz), Böhme, Maul - Labbadia
Tore: 1:0 Preetz (51.), 2:0 Preetz (76.) - **SR:** Albrecht (Kaufbeuren) - **ZS:** 34.333 - **Gelb:** Roy

FC Schalke 04 - SV Werder Bremen (Di., 8.2.) 3:1 (1:1)
Schalke: Reck - Waldoch, Müller, Happe - Latal, Wilmots, Kmetsch, Alpugan (80. Held), Nemec - Sand (89. Oude Kamphuis), Mpenza (85. Asamoah)
Bremen: Rost - Tjikuzu (77. Bogdanovic), Baumann, Cesar (46. Dabrowski), Wiedener - Frings, Trares, Herzog, Eilts (55. Maximow) - Ailton, Pizarro
Tore: 1:0 Sand (6.), 1:1 Ailton (33.), 2:1 Mpenza (46.), 3:1 Sand (83.) - **SR:** Koop (Lüttenmark) - **ZS:** 27.500 - **Gelb:** Latal, Nemec - Tjikuzu

SSV Ulm 1846 - TSV München 1860 (Di., 8.2.) 3:0 (2:0)
Ulm: Laux - Bodog, Marques, Grauer, Radoki - Scharinger (88. Pleuler), Otto, Gora, Maier - Leandro (88. Trkulja), van de Haar (75. Rösler)
1860: Hoffmann - Paßlack, Votava (52. Stranzl), Kurz - Cerny, Zelic, Häßler, Riedl, Borimirov (57. Schroth) - Winkler, Max
Tore: 1:0 Otto (4.), 2:0 van de Haar (14.), 3:0 Scharinger (72.) - **SR:** Jansen (Essen) - **ZS:** 23.500 (ausverkauft) - **Gelb:** Otto, Bodog - Paßlack, Zelic, Kurz, Häßler, Winkler

Eintracht Frankfurt - SC Freiburg 2:0 (1:0)
Frankfurt: Heinen - Kutschera, Hubtchev, Kracht - Sobotzik, Rasiejewski, Schur, Heldt (86. Guié-Mien), Gebhardt (76. Mutzel) - Salou, Reichenberger (63. Yang)
Freiburg: Golz - Kondé, Hermel, Diarra - Willi (43. Müller), Zeyer, Weißhaupt (74. Kohl), Ramdane, Kobiaschwili - Iaschwili (46. Bruns), Ben Slimane
Tore: 1:0 Sobotzik (32.), 2:0 Mutzel (82.) - **SR:** Dr. Wack (Biberbach) - **ZS:** 18.400 - **Gelb:** Sobotzik, Heldt - **Rot:** Kondé (42.)

VfL Wolfsburg - Borussia Dortmund 1:0 (1:0)
Wolfsburg: Reitmaier - Biliskov, Hengen, Thomsen - Greiner (64. Sebescen), Nowak, Kryger, Munteanu (81. Dammeier), Weiser - Rische (90. Ballwanz), Juskowiak
BVB: Lehmann - Wörns, Reuter, Kohler - Evanilson (74. Barbarez), Baumann, Ricken, Nerlinger (84. Tanko), Dede (60. Herrlich) - Herrlich, Bobic
Tor: 1:0 Rische (44.) - **SR:** Keßler (Wogau) - **ZS:** 18.320 - **Gelb:** Greiner, Munteanu - Reuter, Wörns, Herrlich

VfB Stuttgart - Hamburger SV 1:3 (0:0)
Stuttgart: Wohlfahrt - Thiam (70. Balakov), Keller, Bordon (38. Endress), Carnell - Thiam, Soldo, Lisztes, Gerber - Dundee, Ganea (63. Kuka)
HSV: Butt - Hertzsch, Hoogma, Panadic - Fischer, Gravesen, Cardoso (68. Dembinski), Kovac (29. Hollerbach) - Mahdavikia, Yeboah, Präger (87. Ernst)
Tore: 0:1 Yeboah (65.), 0:2 Yeboah (68.), 1:2 Endress (69.), 1:3 Mahdavikia (89.) - **SR:** Krug (Gelsenkirchen) - **ZS:** 17.500 - **Gelb:** Thiam, Ganea, Keller

MSV Duisburg - SpVgg Unterhaching 2:0 (2:0)
Duisburg: Stauce - Wohlert, Emmerling, Hajto - Wolters (68. Hoersen), Töfting, Hirsch, Zeyer (81. Wedau), Büskens - Reiss, Beierle (89. Spies)
Unterhaching: Wittmann - Bucher (26. Seifert), Bergen, Grassow - Haber, Schwarz, Oberleitner (58. Mendez), Mat. Zimmermann, Straube - Breitenreiter (64. Seitz), Rraklli
Tore: 1:0 Hajto (13.), 2:0 Reiss (19.) - **SR:** Berg (Konz) - **ZS:** 10.473 - **Gelb:** Hirsch, Hajto - Breitenreiter, Mat. Zimmermann

FC Bayern München - Bayer 04 Leverkusen 4:1 (2:0)
FC Bayern: Kahn - Babbel, Matthäus (73. Fink), Linke - Salihamidzic, Jeremies, Effenberg, Tarnat - Sergio, Elber (87. Zickler), Scholl (80. Andersson)
Leverkusen: Matysek - Hoffmann (58. Reeb), Nowotny, Kovac - Schneider, Ballack, Emerson, Beinlich, Zé Roberto (75. Rink) - Ponte (58. Brdaric), Neuville
Tore: 1:0 Hoffmann (2., ET), 2:0 Effenberg (45.), 3:0 Scholl (56.), 3:1 Ballack (65.), 4:1 Zickler (90.) - **SR:** Dr. Merk (K'lautern) - **ZS:** 31.000 - **Gelb:** Matthäus, Jeremies, Salihamidzic - Ponte, Ballack, Beinlich

20. Spieltag: Samstag, 12.2.2000
„König Otto" feiert Jubiläum: 1000. BL-Spiel!

Arminia Bielefeld - 1. FC Kaiserslautern (Fr., 11.2.) 1:2 (1:1)
Bielefeld: Miletic - Klitzpera, Stratos, Gansauge - Peeters, Weissenberger, Meißner, Bode, Böhme, Maul (76. Wichniarek) - Labbadia
1. FCK: Gospodarek - H. Koch (46. Lutz), Komljenovic, Schjönberg - Buck, Ratinho, Hristov, Strasser, Wagner (76. Reich) - Marschall (67. Tare), Pettersson
Tore: 1:0 Weissenberger (36.), 1:1 H. Koch (38.), 1:2 Buck (89.) - **SR:** Wagner (Hofheim) - **ZS:** 16.211 - **Gelb:** Meißner, Gansauge - H. Koch, Pettersson

SV Werder Bremen - Hertha BSC Berlin (Fr., 11.2.) 4:1 (3:0)
Bremen: Rost - Tjikuzu, Barten, Baumann, Wiedener (70. Skripnik) - Frings, Trares, A. Herzog, Eilts (85. Frey) - Ailton, Pizarro (75. Dabrowsky)
Hertha BSC: Fiedler - H. Herzog, Rekdal, Sverrisson (84. Daei) - Rehmer, Schmidt, Wosz, Veit, Mandreko (88. Roy) - Preetz, Alves
Tore: 1:0 Trares (8.), 2:0 Baumann (17.), 3:0 Eilts (20.), 3:1 Alves (50.), 4:1 Ailton (78.) - **SR:** Stark (Landshut) - **ZS:** 26.400 - **Gelb:** Rehmer, Veit, H. Herzog, Mandreko, Rekdal

SpVgg Unterhaching - FC Bayern München 0:2 (0:0)
Unterhaching: Wittmann - Bucher, Bergen, Seifert, Straube - Haber (81. Garcia), Mat. Zimmermann, Oberleitner (75. Mendez), Schwarz - Rraklli, Seitz (75. Breitenreiter)
FC Bayern: Kahn - Babbel, Andersson, Linke - Lizarazu - Salihamidzic, Fink, Effenberg - Sergio (90. Wojciechowski), Santa Cruz (46. Elber), Zickler (69. Scholl)
Tore: 0:1 Sergio (71.), 0:2 Scholl (90.) - **SR:** Kemmling (Kleinburgwedel) - **ZS:** 10.300 (ausverkauft) - **Gelb:** Haber - Kahn

Borussia Dortmund - SSV Ulm 1846 1:1 (1:0)
BVB: Lehmann - Nijhuis, Reuter, Kohler - Reina, Stevic, Ricken, But (70. Tanko), Dede (75. Nerlinger) - Herrlich, Bobic
Ulm: Laux - Bodog, Marques, Grauer, Radoki (46. Rösler), Otto (70. Unsöld), Gora, Maier - Leandro, van de Haar
Tore: 1:0 Herrlich (21.), 1:1 Bodog (60.) - **SR:** Steinborn (Sinzig) - **ZS:** 58.500 - **Gelb:** Bodog

MSV Duisburg - Eintracht Frankfurt 2:3 (1:2)
Duisburg: Stauce - Hajto, Emmerling, Wohlert - Wolters (72. Hoersen), Töfting (65. Wedau), Hirsch, Zeyer (46. Osthoff), Büskens - Reiss, Beierle
Frankfurt: Heinen - Kutschera (69. Bindewald), Hubtchev, Kracht - Sobotzik, Schur, Heldt (57. Rasiejewski), Weber, Gebhardt - Salou (75. Yang), Reichenberger
Tore: 0:1, 0:2 Sobotzik (19., 26.), 1:2 Reiss (45.), 1:3 Gebhardt (90.), 2:3 Reiss (90.) - **SR:** Heynemann (Magdeburg) - **ZS:** 12.000 - **Gelb:** Hajto, Wohlert - Weber - **Gelb-Rot:** Emmerling (43.) - Schur (39.)

FC Hansa Rostock - VfL Wolfsburg 1:1 (1:0)
Rostock: Pieckenhagen - Benken, Weilandt, Schneider (76. Ehlers) - Lange (80. Ahanfouf), Wibran, Brand, Lantz, Baumgart - Agali, Arvidsson
Wolfsburg: Reitmaier - Kryger, Hengen (60. Wück), Thomsen - Biliskov, Sebescen, Nowak, Munteanu (89. Däbritz), Weiser - Rische (81. Ballwanz), Juskowiak
Tore: 1:0 Brand (24.), 1:1 Sebescen (66.) - **SR:** Albrecht (Kaufbeuren) - **ZS:** 12.500 - **Gelb:** Schneider, Lantz - Sebescen, Thomsen, Munteanu

Bayer 04 Leverkusen - VfB Stuttgart 1:0 (0:0)
Leverkusen: Matysek - Reeb (60. Rink), Nowotny, Kovac (33. Zivkovic) - Schneider, Ballack, Emerson, Beinlich, Zé Roberto - Neuville (80. Vranjes), Brdaric
Stuttgart: Wohlfahrt - Thiam, Endress, Keller, Carnell - Djordjevic (46. Ganea), Kauf (74. Kuka), Lisztes (46. Balakov), Soldo, Gerber - Dundee
Tor: 1:0 Rink (69.) - **SR:** Fröhlich (Berlin) - **ZS:** 22.500 (ausverkauft) - **Gelb:** Matysek, Reeb, Rink, Emerson - Keller, Djordjevic, Lisztes

Hamburger SV - FC Schalke 04 (So., 13.2.) 3:1 (0:1)
HSV: Butt - Hertzsch, Hoogma, Panadic (17. Fischer, 70. Bäron) - Kovac, Gravesen, Cardoso, Hollerbach (46. Spörl) - Mahdavikia, Yeboah, Präger
Schalke: Reck - Oude Kamphuis (85. Held), Thon, Waldoch, Happe - Latal (74. Asamoah), Wilmots, Kmetsch, Nemec (81. Alpugan) - Mpenza, Sand
Tore: 0:1 Mpenza (15.), 1:1 Kovac (60.), 2:1 Butt (72., FE), 3:1 Kovac (78.) - **SR:** Sippel (Würzburg) - **ZS:** 44.000 - **Gelb:** Hollerbach, Präger - Sand, Kmetsch, Reck, Thon - **Gelb-Rot:** Waldoch (77.) - **B.V.:** Butt hält FE von Wilmots (30.)

TSV München 1860 - SC Freiburg (So., 13.2.) 3:1 (1:1)
1860: Hoffmann - Tapalovic, Zelic, Greilich (74. Paßlack) - Cerny, Riedl, Häßler, Prosenik, Cizek - Winkler, Max
Freiburg: Golz - Müller, Hermel, Diarra (85. Bornemann) - Kohl, Korell (67. Korell), Zeyer, Weißhaupt, Kobiaschwili - Ben Slimane (67. Bruns), Iaschwili
Tore: 1:0 Zelic (11.), 1:1 Kohl (22.), 2:1 Häßler (67.), 3:1 Golz (77., ET) - **SR:** Aust (Köln) - **ZS:** 23.700 - **Gelb:** Prosenik, Cizek - Ramdane, Weißhaupt, Korell

	Sp.	g.	u.	v.	Tore	Diff.	Punkte
1. Bayern München	19	12	4	3	37 :14	+23	40
2. Bayer Leverkusen	19	10	7	2	33 :22	+11	37
3. Hamburger SV	19	9	8	2	42 :20	+22	35
4. Werder Bremen	19	8	5	6	37 :28	+ 9	29
5. TSV München 1860	19	8	5	6	29 :26	+ 3	29
6. Borussia Dortmund	19	7	7	5	24 :15	+ 9	28
7. Hertha BSC Berlin	19	7	7	5	25 :28	- 3	28
8. Schalke 04	19	6	9	4	26 :22	+ 4	27
9. VfB Stuttgart	19	8	3	8	23 :24	- 1	27
10. VfL Wolfsburg	19	7	6	6	25 :31	- 6	27
11. 1. FC Kaiserslautern	19	8	3	8	24 :32	- 8	27
12. SC Freiburg	19	6	5	8	26 :25	+ 1	23
13. SpV. Unterhaching	19	6	5	8	19 :22	- 3	23
14. SSV Ulm 1846	19	6	4	9	22 :27	- 5	22
15. Hansa Rostock	19	5	6	8	25 :38	- 13	21
16. MSV Duisburg	19	3	7	9	20 :33	- 13	16
17. Eintracht Frankfurt	19	4	2	13	19 :28	- 9	14
18. Arminia Bielefeld	19	2	5	12	14 :35	- 21	11

	Sp.	g.	u.	v.	Tore	Diff.	Punkte
1. Bayern München	20	13	4	3	39 :14	+25	43
2. Bayer Leverkusen	20	11	7	2	34 :22	+12	40
3. Hamburger SV	20	10	8	2	45 :21	+24	38
4. Werder Bremen	20	9	5	6	41 :29	+12	32
5. TSV München 1860	20	9	5	6	32 :27	+ 5	32
6. 1. FC Kaiserslautern	20	9	3	8	26 :33	- 7	30
7. Borussia Dortmund	20	7	8	5	25 :16	+ 9	29
8. Hertha BSC Berlin	20	7	7	6	26 :32	- 6	28
. VfL Wolfsburg	20	7	7	6	26 :32	- 6	28
10. Schalke 04	20	6	9	5	27 :25	+ 2	27
11. VfB Stuttgart	20	8	3	9	23 :25	- 2	27
12. SC Freiburg	20	6	5	9	27 :28	- 1	23
13. SSV Ulm 1846	20	6	5	9	23 :28	- 5	23
14. SpV. Unterhaching	20	6	5	9	19 :24	- 5	23
15. Hansa Rostock	20	5	7	8	26 :39	-13	22
16. Eintracht Frankfurt	20	5	2	13	22 :30	- 8	17
17. MSV Duisburg	20	3	7	10	22 :36	-16	16
18. Arminia Bielefeld	20	2	5	13	15 :37	-22	11

Milliardenliga zwischen Boom und Pleite

21. Spieltag: Samstag, 19.2.2000

Bielefeld kassiert zehnte Niederlage in Serie

FC Schalke 04 - Bayer 04 Leverkusen (Fr., 18.2.) 1:1 (1:1)

Schalke: Reck - Oude Kamphuis, Thon, Happe - Latal (75. Held), Kmetsch, Wilmots, Alpugan, Nemec - Sand, Mpenza (58. Asamoah)

Leverkusen: Matysek - Reeb, Nowotny, Kovac - Ramelow, Ballack (69. Schneider), Emerson, Beinlich, Zé Roberto - Neuville, Rink (69. Brdaric)

Tore: 1:0 Mpenza (16.), 1:1 Rink (30.) - **SR:** Fandel (Kyllburg) - **ZS:** 36.039 - **Gelb:** Latal, Kmetsch, Oude Kamphuis - Rink, Zé Roberto - **Gelb-Rot:** Nowotny (89.)

Hertha BSC Berlin - Hamburger SV (Fr., 18.2.) 2:1 (0:0)

Hertha BSC: Fiedler - Rehmer, Sverrisson, Rekdal, van Burik - Deisler, Schmidt, Wosz (85. Veit), Mandreko (55. Roy) - Preetz, Alves (46. Daei)

HSV: Butt - Hertzsch, Hoogma, Panadic - Ernst, Gravesen (68. Doll), Cardoso (52. Khatibi), Kovac - Mahdavikia, Yeboah, Präger (68. Bäron)

Tore: 1:0 Preetz (65.), 2:0 Preetz (82.), 2:1 Kovac (88.) - **SR:** Kemmling (Kleinburgwedel) - **ZS:** 48.067 - **Gelb:** Rekdal, van Burik, Roy, Sverrisson - Butt

VfB Stuttgart - SpVgg Unterhaching 0:2 (0:0)

Stuttgart: Wohlfahrt - Thiam, Berthold, Endress, Gerber (68. Carnell) - Lisztes, Soldo, Balakov - Pinto (73. Hosny), Dundee, Ganea (61. Kuka)

Unterhaching: Wittmann - Grassow, Strehmel, Seifert, Straube - Haber (76. Bucher), Schwarz, Oberleitner (63. Breitenreiter), Mat. Zimmermann (87. Hertl), Seitz - Rraklli

Tore: 0:1 Rraklli (67.), 0:2 Mat. Zimmermann (86.) - **SR:** Wagner - **ZS:** 18.500 - **Gelb:** Ganea, Berthold

SC Freiburg - Borussia Dortmund 1:1 (1:1)

Freiburg: Golz - Müller, Hermel (62. Iaschwili), Diarra - Willi, Weißhaupt, Zeyer, Bruns (82. Kohl), Kobiaschwili - Sellimi, Ben Slimane (77. Baya)

BVB: Lehmann - Nijhuis, Reuter, Kohler - Evanilson, Stevic, Ricken (69. Reina), But, Dede - Herrlich, Bobic (78. Ikpeba)

Tore: 1:0 Ben Slimane (8.), 1:1 Herrlich (21.) - **SR:** Heynemann (Magdeburg) - **ZS:** 25.000 (ausverkauft) - **Gelb:** Willi, Bruns, Diarra - Dede, Nijhuis, Herrlich, Reuter

Eintracht Frankfurt - TSV München 1860 3:1 (2:1)

Frankfurt: Heinen - Kutschera, Hubtchev, Kracht - Sobotzik, Rasiejewski (46. Mutzel), Weber, Heldt (76. Bindewald), Gebhardt - Salou, Reichenberger (83. Yang)

1860: Hoffmann - Kurz, Zelic, Greilich - Cerny, Riedl, Häßler, Tapalovic (67. Stranzl), Cizek (36. Prosenik) - Schroth, Winkler (46. Max)

Tore: 1:0 Kutschera (6.), 2:0 Heldt (21.), 2:1 Schroth (36.), 3:1 Salou (55.) - **SR:** Berg (Konz) - **ZS:** 30.800 - **Gelb:** Sobotzik, Kracht, Weber - Zelic, Greilich, Schroth

FC Bayern München - MSV Duisburg 4:1 (0:0)

FC Bayern: Kahn - Linke, Matthäus (66. Fink), Kuffour - Salihamidzic, Jeremies, Effenberg, Lizarazu - Sergio, Elber (77. Zickler), Scholl (80. Wiesinger)

Duisburg: Stauce - Hajto, Schneider, Wohlert, Büskens - Wolters, Hirsch, Töfting, Osthoff - Spies (71. Beierle), Reiss

Tore: 1:0 Sergio (62.), 2:0 Elber (68.), 2:1 Wolters (75.), 3:1 Lizarazu (78.), 4:1 Zickler (86.) - **SR:** Koop (Lüttenmark) - **ZS:** 28.000 - **Gelb:** Jeremies - Osthoff, Büskens, Hirsch

1. FC Kaiserslautern - SV Werder Bremen 4:3 (1:2)

1. FCK: Gospodarek - Strasser, Sforza, Ramzy - Buck (46. Basler), Ratinho, Schjönberg, Hristov, Wagner (46. Reich) - Djorkaeff, Pettersson (87. Tare)

Bremen: Rost - Tjikuzu (61. Flock), Barten, Baumann, Trares (61. Skripnik) - Maximow (80. Bogdanovic), Dabrowski, Eilts, Herzog, Frings - Ailton

Tore: 0:1 Baumann (24.), 1:1 Pettersson (26.), 1:2 Baumann (42.), 2:2 Djorkaeff (49., FE), 3:2 Djorkaeff (67.), 4:2 Strasser (72.), 4:3 Herzog (81.) - **SR:** Keßler (Wogau) - **ZS:** 39.187 - **Gelb:** Ramzy, Hristov, Wagner, Djorkaeff, Strasser, Buck - Baumann, Tjikuzu, Ailton

SSV Ulm 1846 - FC Hansa Rostock (So., 20.2.) 1:1 (0:1)

Ulm: Laux - Unsöld (75. Pleuler), Marques, Grauer, Radoki - Maier, Otto, Gora, Scharinger (55. Rösler) - Leandro (75. Trkulja), van de Haar

Rostock: Pieckenhagen - Benken, Weilandt, Holetschek - Lange, Wibran, Brand (87. Breitkreutz), Lantz, Yasser (60. Emara) - Baumgart, Arvidsson (85. Kovacec)

Tore: 0:1 Wibran (37.), 1:1 van de Haar (83.) - **SR:** Stark (Landshut) - **ZS:** 21.500 - **Gelb:** Grauer, van de Haar, Rösler - Holetschek, Lantz, Weilandt, Brand, Lange, Kovacec

VfL Wolfsburg - Arminia Bielefeld (So., 20.2.) 2:0 (1:0)

Wolfsburg: Reitmaier - Biliskov, Hengen, Thomsen (9. Greiner) - Sebescen, Kryger, Munteanu, Nowak, Weiser - Rische (81. Akonnor), Juskowiak (88. Ballwanz)

Bielefeld: Miletic - Klitzpera, Stratos, Gansauge - Peeters, Meißner (80. Rydlewicz), van der Ven, Bode, Böhme (71. Wichniarek) - Weissenberger, Labbadia

Tore: 1:0 Munteanu (35.), 2:0 Juskowiak (68.) - **SR:** Jansen - **ZS:** 15.530 - **Gelb:** Biliskov - Miletic, Meißner, Labbadia, van der Ven - **B.V.:** Reitmaier hält FE von Labbadia (7.), Miletic hält FE von Greiner (49.)

	Sp.	g.	u.	v.	Tore	Diff.	Punkte
1. Bayern München	21	14	4	3	43 :15	+28	46
2. Bayer Leverkusen	21	11	8	2	35 :23	+12	41
3. Hamburger SV	21	10	8	3	46 :23	+23	38
4. 1. FC Kaiserslautern	21	10	3	8	30 :36	- 6	33
5. Werder Bremen	21	9	5	7	44 :33	+11	32
6. TSV München 1860	21	9	5	7	33 :30	+ 3	32
7. VfL Wolfsburg	21	8	7	6	28 :32	- 4	31
8. Hertha BSC Berlin	21	8	7	6	28 :33	- 5	31
9. Borussia Dortmund	21	7	9	5	26 :17	+ 9	30
10. Schalke 04	21	6	10	5	28 :26	+ 2	28
11. VfB Stuttgart	21	8	3	10	23 :27	- 4	27
12. SpV. Unterhaching	21	7	5	9	21 :24	- 3	26
13. SC Freiburg	21	6	6	9	28 :29	- 1	24
14. SSV Ulm 1846	21	6	6	9	24 :29	- 5	24
15. Hansa Rostock	21	5	8	8	27 :40	- 13	23
16. Eintracht Frankfurt	21	6	2	13	25 :31	- 6	20
17. MSV Duisburg	21	3	7	11	23 :40	- 17	16
18. Arminia Bielefeld	21	2	5	14	15 :39	- 24	11

22. Spieltag: Samstag, 26.2.2000

Butts 9. Treffer hält HSV auf Champions-League-Kurs

FC Hansa Rostock - SC Freiburg (Fr., 25.2.) 1:1 (0:0)

Rostock: Pieckenhagen - Benken, Weilandt, Holetschek - Thielemann, Wibran, Lantz, Breitkreutz (46. Brand), Majak (81. Ahanfouf) - Baumgart (79. Kovacec), Arvidsson

Freiburg: Golz - Kondé, Hermel (75. Bornemann), Müller - Willi, Weißhaupt, Zeyer, Kohl (46. Bruns), Kobiaschwili - Ben Slimane, Iaschwili

Tore: 1:0 Wibran (51.), 1:1 Holetschek (75., ET) - **SR:** Weiner (Ottenstein) - **ZS:** 10.000 - **Gelb:** Holetschek, Benken, Wibran - Müller, Bruns, Kobiaschwili

Hamburger SV - 1. FC Kaiserslautern 2:1 (1:0)

HSV: Butt - Hertzsch, Hoogma, Panadic - Gravesen, Kovac, Cardoso (90. Babatz), Hollerbach - Mahdavikia, Yeboah (90. Ernst), Präger (84. Doll)

1. FCK: Gospodarek - Lutz (46. Marschall), Sforza, Schjönberg, Strasser - Basler, Ramzy, Hristov, Wagner (46. Reich) - Djorkaeff, Pettersson

Tore: 1:0 Präger (7.), 2:0 Butt (63., HE), 2:1 Pettersson (79.) - **SR:** Berg (Konz) - **ZS:** 45.000 - **Gelb:** Yeboah - Hristov, Strasser - **Gelb-Rot:** Gravesen (33.)

MSV Duisburg - VfB Stuttgart 1:3 (1:2)

Duisburg: Stauce - Hajto, M. Schneider, Wohlert, Osthoff (73. Zeyer) - Wolters (46. Voss), Hirsch, Töfting, Büskens - Reiss (84. Menger/TW), Beierle

Stuttgart: Wohlfahrt - Thiam, Berthold, Bordon, Th. Schneider - Pinto (80. Kuka), Lisztes, Soldo (57. Endress), Balakov, Gerber - Ganea (70. Dundee)

Tore: 1:0 Beierle (24.), 1:1 Balakov (26.), 1:2 Balakov (43.), 1:3 Dundee (85.) - **SR:** Meyer (Braunschweig) - **ZS:** 12.126 - **Gelb:** Hajto, Wohlert - Bordon, Wohlfahrt - **Rot:** Hirsch (36.), Stauce (83.)

Bayer 04 Leverkusen - Hertha BSC Berlin 3:1 (3:1)

Leverkusen: Juric - Zivkovic, Ramelow, Kovac - Neuville (75. Schneider), Ballack, Emerson, Beinlich, Zé Roberto - Kirsten (63. Hoffmann), Rink (75. Brdaric)

Hertha BSC: Fiedler - van Burik, Rekdal (27. Herzog), Sverrisson - Rehmer (46. Michalke), Deisler, Wosz, Schmidt, Hartmann - Preetz, Alves (60. Daei)

Tore: 0:1 Rehmer (9.), 1:1 Kirsten (13.), 2:1 Zé Roberto (24.), 3:1 Rink (27.) - **SR:** Steinborn (Sinzig) - **ZS:** 22.500 (ausverkauft) - **Gelb:** Sverrisson, Rekdal

FC Bayern München - Eintracht Frankfurt 4:1 (1:0)

FC Bayern: Kahn - Babbel, Jeremies, Kuffour - Salihamidzic, Fink (84. Wiesinger), Effenberg (79. Andersson), Tarnat - Sergio (75. Elber), Zickler, Santa Cruz

Frankfurt: Heinen - Kutschera, Hubtchev, Schur - Sobotzik, Mutzel (77. Guié-Mien), Weber, Heldt, Gebhardt - Salou, Reichenberger

Tore: 1:0 Zickler (34.), 2:0 Sergio (46., FE), 2:1 Reichenberger (49.), 3:1 Zickler (63.), 4:1 Elber (85.) - **SR:** Krug (Gelsenkirchen) - **ZS:** 45.000 - **Gelb:** Schur

SV Werder Bremen - VfL Wolfsburg 2:2 (1:1)

Bremen: Rost - Flock (70. Tjikuzu), Barten, Skripnik, Wiedener - Frings, Eilts (66. Maximow), Herzog, Trares (76. Dabrowski) - Pizarro, Bogdanovic

Wolfsburg: Reitmaier - Kryger, Hengen, Ballwanz (46. Maltritz) - Greiner, Sebescen, Nowak, Munteanu (87. Dammeier), Akonnor (85. Däbritz), Weiser - Juskowiak

Tore: 0:1 Munteanu (2.), 1:1 Trares (6.), 1:2 Hengen (63.), 2:2 Pizarro (83.) - **SR:** Dr. Fleischer (Neuburg) - **ZS:** 27.650 - **Gelb:** Herzog - Ballwanz, Munteanu

SpVgg Unterhaching - FC Schalke 04 (So., 27.2.) 3:1 (0:1)

Unterhaching: Wittmann - Grassow, Strehmel (89. Bergen), Seifert - Haber, Schwarz (59. Breitenreiter), Oberleitner, Mat. Zimmermann, Straube - Rraklli (81. Hertl), Seitz

Schalke: Reck - Oude Kamphuis, Thon, Waldoch - Latal, Kmetsch, Wilmots, Nemec (78. Alpugan), Happe - Sand, Asamoah

Tore: 0:1 Wilmots (24.), 1:1 Breitenreiter (66.), 2:1 Grassow (69.), 3:1 Oberleitner (80.) - **SR:** Zerr (Ottersweier) - **ZS:** 10.500 (ausverkauft) - **Gelb:** Happe, Latal, Oude Kamphuis

Borussia Dortmund - TSV München 1860 (So., 27.2.) 1:1 (0:0)

BVB: Lehmann - Nijhuis, Wörns, Kohler - Evanilson, Stevic, Ricken, But (63. Ikpeba), Dede - Herrlich, Bobic

1860: Hoffmann - Paßlack, Zelic, Kurz - Borimirov (84. Tapalovic), Prosenik (84. Schroth), Häßler, Stranzl, Cizek (88. Cerny) - Max, Agostino

Tore: 0:1 Max (63.), 1:1 Bobic (82.) - **SR:** Fröhlich (Berlin) - **ZS:** 68.600 (ausverkauft) - **Gelb:** Herrlich - Kurz, Borimirov, Max

Arminia Bielefeld - SSV Ulm 1846 (Mo., 28.2.) 4:1 (3:1)

Bielefeld: Miletic - Klitzpera, Stratos, Gansauge - Peeters, Bode (75. Rydlewicz), Hofschneider, Weissenberger, Böhme - van der Ven (64. Wichniarek), Labbadia (81. Göktan)

Ulm: Laux - Bodog, Marques, Stadler (46. Unsöld), Radoki - Pleuler (79. Trkulja), Grauer, Gora, Otto, Rösler (46. Leandro) - van de Haar

Tore: 0:1 Pleuler (6.), 1:1 Bode (14.), 2:1 Weissenberger (18.), 3:1 Bode (33.), 4:1 Weissenberger (86.) - **SR:** Heynemann - **ZS:** 13.041 - **G.:** Klitzpera, Hofschneider, Stratos, Böhme - Pleuler, Bodog, van de Haar

	Sp.	g.	u.	v.	Tore	Diff.	Punkte
1. Bayern München	22	15	4	3	47 :16	+31	49
2. Bayer Leverkusen	22	12	8	2	38 :24	+14	44
3. Hamburger SV	22	11	8	3	48 :24	+24	41
4. Werder Bremen	22	9	6	7	46 :35	+11	33
5. TSV München 1860	22	9	6	7	34 :31	+ 3	33
6. 1. FC Kaiserslautern	22	10	3	9	31 :38	- 7	33
7. VfL Wolfsburg	22	8	8	6	30 :34	- 4	32
8. Borussia Dortmund	22	7	10	5	27 :18	+ 9	31
9. Hertha BSC Berlin	22	8	7	7	29 :36	- 7	31
10. VfB Stuttgart	22	9	3	10	26 :28	- 2	30
11. SpV. Unterhaching	22	8	5	9	24 :25	- 1	29
12. Schalke 04	22	6	10	6	29 :29	± 0	28
13. SC Freiburg	22	6	7	9	29 :30	- 1	25
14. SSV Ulm 1846	22	6	6	10	25 :33	- 8	24
15. Hansa Rostock	22	5	9	8	28 :41	- 13	24
16. Eintracht Frankfurt	22	6	2	14	26 :35	- 9	20
17. MSV Duisburg	22	3	7	12	24 :43	- 19	16
18. Arminia Bielefeld	22	3	5	14	19 :40	- 21	14

Bundesliga 1999/2000

23. Spieltag: Samstag, 4.3.2000

Lothar Matthäus verabschiedet sich in die USA

SC Freiburg - Arminia Bielefeld (Fr., 3.3.) 1:1 (0:1)
Freiburg: Golz - Kondé, Zeyer, Müller - Willi, Kohl, Weißhaupt, Kobiaschwili - Sellimi, Ben Slimane, Iaschwili (46. Ramdane)
Bielefeld: Miletic - Klitzpera, Stratos, Gansauge, Meißner - Peeters (66. Rydlewicz), Hofschneider, Weissenberger, Bode - Labbadia, van der Ven (46. Wichniarek)
Tore: 0:1 Labbadia (18.), 1:1 Müller (61.) - **SR:** Dr. Fleischer (Neuburg) - **ZS:** 23.500 - **Gelb:** Ramdane - Meißner, Gansauge, Klitzpera

VfL Wolfsburg - Hamburger SV (Fr., 3.3.) 4:4 (1:3)
Wolfsburg: Reitmaier - Greiner, Hengen, Kryger, Weiser (46. Maltritz) - Sebescen, Nowak, Munteanu, Akonnor (90. Däbritz) - Juskowiak, Rische (78. Feldhoff)
HSV: Butt - Fischer, Hoogma, Panadic, Hertzsch - Kovac, Cardoso (90. Ernst), Hollerbach - Mahdavikia, Yeboah (83. Hashemian), Präger (70. Dembinski)
Tore: 0:1 Mahdavikia (9.), 0:2 Cardoso (21.), 0:3 Mahdavikia (40.), 1:3 Sebescen (43.), 1:4 Cardoso (53.), 2:4 Sebescen (54.), 3:4 Sebescen (59.), 4:4 Rische (74.) - **SR:** Stark (Landshut) - **ZS:** 20.400 (ausverkauft) - **Gelb:** Greiner, Akonnor, Munteanu - Hoogma, Präger

VfB Stuttgart - FC Bayern München 2:0 (0:0)
Stuttgart: Wohlfahrt - Thiam, Berthold, Bordon, Schneider - Pinto (89. Kuka), Lisztes, Soldo, Balakov (90. Endress), Gerber - Ganea (87. Dundee)
FC Bayern: Dreher - Linke, Matthäus (55. Andersson), Lizarazu - Salihamidzic, Jeremies, Effenberg, Tarnat - Santa Cruz (67. Elber), Jancker, Scholl (63. Sergio)
Tore: 1:0 Balakov (50.), 2:0 Lisztes (69.) - **SR:** Aust (Köln) - **ZS:** 46.500 (ausverkauft) - **Gelb:** Berthold, Thiam, Schneider - Jancker, Lizarazu, Tarnat

Hertha BSC Berlin - SpVgg Unterhaching 2:1 (0:1)
Hertha BSC: Fiedler - Rehmer, van Burik, Sverrisson - Covic, Veit, Wosz (46. Deisler), Michalke, Roy (83. Schmidt) - Preetz, Daei (46. Alves)
Unterhaching: Wittmann - Grassow, Strehmel, Seifert - Haber, Mat. Zimmermann, Schwarz (85. Mark Zimmermann), Oberleitner, Straube - Rraklli (69. Mendez), Seitz
Tore: 0:1 Haber (16.), 1:1 Veit (79.), 2:1 Roy (81.) - **SR:** Koop (Lüttenmark) - **ZS:** 35.024 - **Gelb:** Covic - Oberleitner, Straube, Seitz

TSV München 1860 - FC Hansa Rostock 4:3 (1:1)
1860: Hoffmann - Paßlack, Zelic, Kurz (76. Greilich) - Cerny, Stranzl, Häßler, Prosenik (58. Cizek), Tyce - Agostino, Max (85. Schroth)
Rostock: Pieckenhagen - Benken (65. Ehlers), Weilandt, Holetschek - Lange (58. Baumgart), Wibran, Lantz, Breitkreutz, Majak (66. Brand) - Arvidsson, Agali
Tore: 0:1 Arvidsson (27.), 1:1, 2:1 Max (44., 48.), 2:2 Arvidsson (52.), 3:2 Max (58.), 4:2 Häßler (63., FE), 4:3 Lantz (90.) - **SR:** Kemmling - **ZS:** 24.900 - **Gelb:** Paßlack, Cizek - Lantz, Majak, Baumgart

1. FC Kaiserslautern - Bayer 04 Leverkusen 1:3 (1:2)
1. FCK: Gospodarek - Ramzy (46. Buck), Sforza, Schjönberg - Ratinho, Basler, Hristov, Komljenovic, Strasser (67. Reich) - Djorkaeff, Pettersson (46. Marschall)
Leverkusen: Juric - Nowotny, Ramelow, Kovac - Neuville (60. Zivkovic), Ballack, Emerson, Beinlich, Zé Roberto - Kirsten (72. Hoffmann), Rink (80. Ponte)
Tore: 1:0 Basler (21.), 1:1 Zé Roberto (36.), 1:2 Kirsten (38.), 1:3 Kovac (58.) - **SR:** Heynemann (Magdeburg) - **ZS:** 41.500 (ausverkauft) - **Gelb:** Basler - Kovac, Beinlich

FC Schalke 04 - MSV Duisburg 3:0 (1:0)
Schalke: Reck - Waldoch, Thon (53. Müller), Happe - Latal, Oude Kamphuis, Wilmots, Kmetsch (87. Hajnal), Nemec - Sand, Mpenza (81. Asamoah)
Duisburg: Menger - Kovacevic, Schneider, Wohlert - Wolters (56. Hoersen), Zeyer, Voss, Osthoff (76. Töfting), Büskens - Beierle, Reiss
Tore: 1:0 Zeyer (4., ET), 2:0, 3:0 Sand (79., 90.) - **SR:** Albrecht - **ZS:** 36.410 - **Gelb:** Latal, Thon - Hoersen

Eintracht Frankfurt - Borussia Dortmund (So., 5.3.) 1:1 (0:1)
Frankfurt: Heinen - Bindewald (26. Schneider), Hubtchev, Kutschera - Sobotzik, Schur, Guié-Mien (76. Fjörtoft), Rasiejewski (53. Heldt), Gebhardt - Salou, Reichenberger
BVB: Lehmann - Nijhuis, Feiersinger, Kohler - Wörns, Ricken, Stevic, Bugri (65. But), Kapetanovic - Reina (78. Bobic), Herrlich
Tore: 0:1 Herrlich (5.), 1:1 Fjörtoft (77.) - **SR:** Fandel (Kyllburg) - **ZS:** 41.400 - **Gelb:** Bindewald, Schneider, Reichenberger, Schur - Feiersinger, Reina

SSV Ulm 1846 - SV Werder Bremen (So., 5.3.) 2:1 (1:0)
Ulm: Laux - Bodog, Marques, Stadler, Kinkel (70. Unsöld) - Scharinger, Otto (70. Rösler), Gora, Maier - Leandro (89. Grauer), van de Haar
Bremen: Rost - Tjikuzu, Barten, Baumann, Wiedener - Frings (60. Frey), Eilts (64. Bogdanovic), Herzog, Maximow (60. Dabrowski) - Pizarro, Ailton
Tore: 1:0 van de Haar (15.), 2:0 van de Haar (51.), 2:1 Ailton (68.) - **SR:** Wagner (Hofheim) - **ZS:** 22.500 - **Gelb:** Scharinger - Frings, Frey, Pizarro

	Sp.	g.	u.	v.	Tore	Diff.	Punkte
1. Bayern München	23	15	4	4	47 :18	+29	49
2. Bayer Leverkusen	23	13	8	2	41 :25	+16	47
3. Hamburger SV	23	11	9	3	52 :28	+24	42
4. TSV München 1860	23	10	6	7	38 :34	+ 4	36
5. Hertha BSC Berlin	23	9	7	7	31 :37	- 6	34
6. Werder Bremen	23	9	6	8	47 :37	+10	33
7. VfB Stuttgart	23	10	3	10	28 :28	± 0	33
8. VfL Wolfsburg	23	8	9	6	34 :38	- 4	33
9. 1. FC Kaiserslautern	23	10	3	10	32 :41	- 9	33
10. Borussia Dortmund	23	7	11	5	28 :19	+ 9	32
11. Schalke 04	23	7	10	6	32 :29	+ 3	31
12. SpV. Unterhaching	23	8	5	10	25 :27	- 2	29
13. SSV Ulm 1846	23	7	6	10	27 :34	- 7	27
14. SC Freiburg	23	6	8	9	30 :31	- 1	26
15. Hansa Rostock	23	5	9	9	31 :45	- 14	24
16. Eintracht Frankfurt	23	6	3	14	27 :36	- 9	21
17. MSV Duisburg	23	3	7	13	24 :46	- 22	16
18. Arminia Bielefeld	23	3	6	14	20 :41	- 21	15

24. Spieltag: Samstag, 11.3.2000

BVB stürzt weiter ab - Lehmann sieht „Rot"

VfB Stuttgart - Eintracht Frankfurt (Fr., 10.3.) 0:2 (0:0)
Stuttgart: Wohlfahrt - Thiam, Berthold, Bordon, Th. Schneider - Pinto (46. Dundee), Lisztes (65. Carnell), Soldo, Balakov, Gerber - Ganea (62. Kuka)
Frankfurt: Heinen - Kutschera (76. Bindewald), Hubtchev, Kracht - Sobotzik, Schur, Guié-Mien, Heldt, Rasiejewski (46. U. Schneider), Gebhardt - Salou (52. Yang)
Tore: 0:1 Yang (60.), 0:2 Gebhardt (80.) - **SR:** Dr. Merk (Kaiserslautern) - **ZS:** 25.000 - **Gelb:** Thiam - Kutschera - **B.V.:** Heinen hält FE von Balakov (2.)

SpVgg Unterhaching - 1. FC Kaiserslautern (Fr., 10.3.) 1:2 (0:2)
Unterhaching: Wittmann - Grassow (46. Breitenreiter), Strehmel, Bucher - Haber, Hertl, Oberleitner, Schwarz (65. Kögl), Mat. Zimmermann - Rraklli (74. Garcia), Seitz
1. FCK: G. Koch - H. Koch (80. Roos), Sforza (46. Ratinho), Schjönberg - Buck, Basler, Komljenovic, Ramzy, Reich - Djorkaeff, Hristov (77. Marschall)
Tore: 0:1 H. Koch (11.), 0:2 Buck (16.), 1:2 Breitenreiter (85.) - **SR:** Strampe - **ZS:** 9.500 - **Gelb:** Strehmel, Rraklli, Haber - Schjönberg, Sforza, Buck, Roos - **B.V.:** Wittmann hält FE von Djorkaeff (19.)

FC Bayern München - FC Schalke 04 4:1 (1:0)
FC Bayern: Kahn - Linke (73. Andersson), Jeremies, Kuffour - Salihamidzic, Fink (76. Wiesinger), Effenberg, Lizarazu - Zickler (73. Sergio), Santa Cruz, Elber
Schalke: Reck - Waldoch, Müller (64. Alpugan), Happe (64. van Hoogdalem) - Oude Kamphuis, Kmetsch, Wilmots, Latal - Asamoah (73. Hajnal), Sand, Mpenza
Tore: 1:0 Kuffour (42.), 2:0 Zickler (47.), 3:0 Zickler (65.), 4:0 Santa Cruz (68.), 4:1 Mpenza (81.) - **SR:** Fröhlich (Berlin) - **ZS:** 48.000 - **Gelb:** Elber, Zickler, Salihamidzic - Happe

MSV Duisburg - Hertha BSC Berlin 0:0
Duisburg: Menger - Hajto, Kovacevic, Wohlert - Voss, Wedau (69. Zeyer), Töfting (85. Bugera), Hoersen, Büskens - Reiss, Beierle
Hertha BSC: Fiedler - Schmidt, van Burik, Sverrisson - Rehmer, Deisler, Wosz (80. Sanneh), Veit (17. Konstantinidis), Mandreko (62. Hartmann) - Alves, Preetz
SR: Keßler (Wogau) - **ZS:** 10.362 - **Gelb:** Töfting, Büskens, Wohlert - Wosz, Sverrisson

Arminia Bielefeld - TSV München 1860 2:2 (2:0)
Bielefeld: Miletic - Klitzpera, Stratos, Gansauge - Bode, Hofschneider (89. Rydlewicz), Weissenberger, Meißner, Böhme - Labbadia, van der Ven (72. Sternkopf)
1860: Hoffmann - Greilich, Zelic, Tapalovic (46. Riedl) - Cerny (70. Winkler), Stranzl, Häßler, Borimirov, Tyce (46. Cizek) - Max, Agostino
Tore: 1:0 Labbadia (41.), 2:0 Labbadia (45.), 2:1 Max (68.), 2:2 Häßler (80., FE) - **SR:** Zerr (Ottersweier) - **ZS:** 15.743 - **Gelb:** Meißner, Labbadia, Böhme - Zelic, Häßler, Tapalovic, Riedl

Bayer 04 Leverkusen - VfL Wolfsburg 4:1 (1:0)
Leverkusen: Juric - Ramelow (67. Zivkovic), Nowotny, Kovac - Neuville, Ballack, Emerson, Beinlich, Zé Roberto - Kirsten (80. Schneider), Rink (80. Ponte)
Wolfsburg: Reitmaier - Kryger, Hengen (62. O'Neil), Biliskov - Greiner, Sebescen, Nowak, Munteanu, Weiser (25. Maltritz), Akonnor (57. Feldhoff) - Juskowiak
Tore: 1:0 Kirsten (23.), 2:0 Kirsten (51.), 2:1 Juskowiak (62.), 3:1 Zivkovic (72.), 4:1 Beinlich (90.) - **SR:** Dr. Wack (Biberbach) - **ZS:** 22.500 (ausv.) - **Gelb:** Kovac - Greiner, Akonnor, Sebescen, Maltritz

Hamburger SV - SSV Ulm 1846 1:2 (0:1)
HSV: Butt - Hertzsch, Hoogma, Panadic (74. Doll) - Groth, Kovac, Cardoso, Hollerbach (46. Gravesen) - Mahdavikia, Hashemian (46. Bäron), Präger
Ulm: Laux - Bodog, Marques, Stadler, Kinkel - Scharinger, Otto (69. Unsöld), Gora, Maier - Leandro (90. Trkulja), van de Haar (74. Rösler)
Tore: 0:1 Scharinger (35.), 0:2 Maier (65.), 1:2 Gravesen (90.) - **SR:** Meyer (Braunschweig) - **ZS:** 29.100 - **Gelb:** Panadic, Hoogma

FC Hansa Rostock - Borussia Dortmund (So., 12.3.) 1:0 (0:0)
Rostock: Pieckenhagen - Benken, Weilandt, Oswald - Lange (68. Baumgart), Wibran, Lantz, Breitkreutz (46. Ahanfouf), Brand - Arvidsson, Agali
BVB: Lehmann - Baumann, Feiersinger, Kohler - Evanilson, Ricken (60. Reina), Stevic, Bugri (68. But, 87. de Beer/TW), Dede - Herrlich, Bobic
Tor: 1:0 Baumann (90., ET) - **SR:** Berg (Konz) - **ZS:** 15.000 - **Gelb:** Benken, Agali, Ahanfouf - Herrlich, Dede, Stevic, Bobic, Kohler - **Rot:** Lehmann (86.)

SV Werder Bremen - SC Freiburg (So., 12.3.) 5:2 (2:1)
Bremen: Rost - Tjikuzu, Barten, Baumann, Wiedener - Dabrowski, Eilts, Herzog (55. Frings), Bode (75. Maximow) - Ailton (77. Bogdanovic), Pizarro
Freiburg: Golz - Kondé, Müller, Diarra (68. Kohl) - Willi, Weißhaupt, Ramdane, Zeyer, Kobiaschwili - Ben Slimane (59. Iaschwili), Sellimi (59. Bruns)
Tore: 1:0 Bode (4.), 1:1 Weißhaupt (16.), 2:1 Pizarro (43.), 3:1 Baumann (52.), 4:1 Bode (53.), 4:2 Zeyer (64., FE), 5:2 Ailton (72., FE) - **SR:** Krug (Gelsenkirchen) - **ZS:** 31.620 - **Gelb:** Tjikuzu - Willi, Diarra

	Sp.	g.	u.	v.	Tore	Diff.	Punkte
1. Bayern München	24	16	4	4	51 :19	+32	52
2. Bayer Leverkusen	24	14	8	2	45 :26	+19	50
3. Hamburger SV	24	11	9	4	53 :30	+23	42
4. TSV München 1860	24	10	7	7	40 :36	+ 4	37
5. Werder Bremen	24	10	6	8	52 :39	+13	36
6. 1. FC Kaiserslautern	24	11	3	10	34 :42	- 8	36
7. Hertha BSC Berlin	24	9	8	7	31 :37	- 6	35
8. VfB Stuttgart	24	10	3	11	28 :30	- 2	33
9. VfL Wolfsburg	24	8	9	7	35 :42	- 7	33
10. Borussia Dortmund	24	7	11	6	28 :20	+ 8	32
11. Schalke 04	24	7	10	7	33 :33	± 0	31
12. SSV Ulm 1846	24	8	6	10	29 :35	- 6	30
13. SpV. Unterhaching	24	8	5	11	26 :29	- 3	29
14. Hansa Rostock	24	6	9	9	32 :45	- 13	27
15. SC Freiburg	24	6	8	10	32 :36	- 4	26
16. Eintracht Frankfurt	24	7	3	14	29 :36	- 7	24
17. MSV Duisburg	24	3	8	13	24 :46	- 22	17
18. Arminia Bielefeld	24	3	7	14	22 :43	- 21	16

Milliardenliga zwischen Boom und Pleite

25. Spieltag: Samstag, 18.3.2000

Ulmer Aufwind böse gestoppt - 1:9 gegen Bayer 04!

Eintracht Frankfurt - FC Hansa Rostock (Fr., 17.3.) 0:0

Frankfurt: Heinen - Kutschera, Hubtchev, Kracht - Zampach (70. Guié-Mien), Schur, Weber, Heldt, Gebhardt - Reichenberger (63. Salou), Fjörtoft
Rostock: Pieckenhagen - Zallmann, Weilandt, Oswald - Lange, Wibran, Lantz, Ahanfouf (83. Majak), Brand (90. Ehlers) - Agali, Arvidsson (67. Baumgart)
SR: Dr. Wack (Biberbach) - **ZS:** 32.200 - **Gelb:** Kracht - Agali

VfL Wolfsburg - SpVgg Unterhaching (Fr., 17.3.) 2:2 (1:0)

Wolfsburg: Reitmaier - Biliskov (75. Nagorny), Maltritz, Kryger - Greiner, Sebescen (68. Akonnor), Nowak, Munteanu, Weiser - Feldhoff (68. Akpoborie), Juskowiak
Unterhaching: Wittmann - Grassow, Bergen, Seifert - Haber, Mat. Zimmermann (68. Hertl), Schwarz, Oberleitner (79. Rraklli), Straube, Seitz (90. Kögl) - Breitenreiter
Tore: 1:0 Feldhoff (40.), 1:1 Mat. Zimmermann (53.), 1:2 Haber (54.), 2:2 Akpoborie (88.) - **SR:** Heynemann (Magdeburg) - **ZS:** 14.045 - **Gelb:** Kryger, Feldhoff, Akpoborie - Grassow

FC Schalke 04 - VfB Stuttgart 3:0 (1:0)

Schalke: Reck - Eigenrauch (66. Held), Waldoch, Happe - Latal, Kmetsch, Nemec, Wilmots (83. Hajnal), Alpugan (57. Legat) - Sand, Mpenza
Stuttgart: Wohlfahrt - Thiam, Berthold, Keller, Schneider - Pinto (68. Hosny), Lisztes, Soldo, Balakov (46. Kuka), Gerber - Ganea (43. Dundee)
Tore: 1:0 Mpenza (58.), 2:0 Mpenza (75.), 3:0 Waldoch (81.) - **SR:** Berg (Konz) - **ZS:** 33.230 - **Gelb:** Happe - Keller

Hertha BSC Berlin - FC Bayern München 1:1 (0:1)

Hertha BSC: Kiraly - Rehmer, Sverrisson, van Burik, Konstantinidis - Deisler, Schmidt (73. Daei), Wosz, Hartmann - Preetz, Alves
FC Bayern: Kahn - Linke, Jeremies (80. Tarnat), Kuffour - Babbel, Fink, Effenberg, Lizarazu - Sergio (77. Zickler), Elber (83. Santa Cruz), Scholl
Tore: 0:1 Jeremies (32.), 1:1 Alves (76.) - **SR:** Fandel (Kyllburg) - **ZS:** 74.600 (ausverkauft) - **Gelb:** Sverrisson - Kahn, Effenberg, Babbel

1. FC Kaiserslautern - MSV Duisburg 3:2 (1:0)

1. FCK: G. Koch - H. Koch, Ramzy, Schjönberg - Buck, Basler (79. Ratinho), Komljenovic, Hristov, Wagner (66. Reich) - Djorkaeff, Marschall (79. Tare)
Duisburg: Menger - Hajto, Kovacevic, Wohlert - Hoersen, Voss, Wedau (63. Zeyer), Büskens, Osthoff (63. Reiss) - Beierle, Spies
Tore: 1:0 Djorkaeff (29.), 2:0 Ramzy (54.), 3:0 Hristov (78.), 3:1 Zeyer (85., HE), 3:2 Büskens (90.) - **SR:** Kemmling (Kleinburgwedel) - **ZS:** 37.549 - **Gelb:** Hristov - Voss

SSV Ulm 1846 - Bayer 04 Leverkusen 1:9 (0:4)

Ulm: Laux - Bodog (46. Unsöld), Marques, Stadler, Kinkel - Maier, Otto (46. Rösler), Gora, Scharinger (75. Pleuler) - Leandro, van de Haar
Leverkusen: Juric - Nowotny, Ramelow, Kovac - Ballack, Emerson, Beinlich (78. Gresko), Zé Roberto (82. Schneider) - Neuville, Kirsten (52. Zivkovic), Rink
Tore: 0:1 Emerson (10.), 0:2 Rink (14.), 0:3 Kirsten (19.), 0:4 Emerson (39.), 0:5 Neuville (68.), 0:6 Zé Roberto (74.), 0:7 Ballack (75.), 0:8 Zé Roberto (81.), 0:9 Schneider (85.), 1:9 Leandro (90.) - **SR:** Krug (Gelsenkirchen) - **ZS:** 23.500 (ausv.) - **Gelb:** Rösler, Unsöld, Scharinger - Zé Roberto, Kirsten, Kovac

SC Freiburg - Hamburger SV 0:2 (0:1)

Freiburg: Golz - Müller, Zeyer, Diarra - Kohl, Ramdane (70. Bruns), Dreyer (82. Günes), Weißhaupt, Kobiaschwili - Ben Slimane (56. Sellimi), Iaschwili
HSV: Butt - Hertzsch, Hoogma, Panadic - Groth, Gravesen, Cardoso (88. Ernst), Kovac - Mahdavikia (46. Doll), Bäron (71. Fischer), Präger
Tore: 0:1 Cardoso (27.), 0:2 Cardoso (53.) - **SR:** Steinborn (Sinzig) - **ZS:** 25.000 (ausverkauft) - **Gelb:** Kohl - Präger

Borussia Dortmund - Arminia Bielefeld (So., 19.3.) 1:3 (1:2)

BVB: de Beer - Baumann (67. Tanko), Kohler - Evanilson, Stevic (57. But), Feiersinger, Möller, Bugri, Wörns - Reina, Ricken
Bielefeld: Miletic - Klitzpera, Stratos, Gansauge (46. Peeters) - Rydlewicz (83. Sternkopf), Waterink, Weissenberger, Bode, Maul - Labbadia, van der Ven (74. Straal)
Tore: 1:0 Möller (15., HE), 1:1 van der Ven (23.), 1:2 Stratos (26., FE), 1:3 Labbadia (64.) - **SR:** Keßler (Wogau) - **ZS:** 64.500 - **Gelb:** Ricken, Evanilson, Baumann - Stratos, Waterink, Klitzpera

TSV München 1860 - SV Werder Bremen (So., 19.3.) 1:0 (0:0)

1860: Hofmann - Greilich, Zelic, Paßlack - Cerny, Stranzl, Häßler (65. Borimirov), Kurz, Cizek (82. Prosenik) - Winkler, Max (85. Schroth)
Bremen: Rost - Frings, Barten (46. Skripnik), Baumann, Wiedener - Eilts (57. Dabrowski), Herzog, Trares, Bode (57. Maximow) - Bogdanovic, Ailton
Tor: 1:0 Kurz (51.) - **SR:** Strampe (Handorf) - **ZS:** 22.800 - **Gelb:** Paßlack, Stranzl, Cizek - Skripnik, Trares, Maximow

	Sp.	g.	u.	v.	Tore	Diff.	Punkte
1. Bayern München	25	16	5	4	52 :20	+32	53
2. Bayer Leverkusen	25	15	8	2	54 :27	+27	53
3. Hamburger SV	25	12	9	4	55 :30	+25	45
4. TSV München 1860	25	11	7	7	41 :36	+ 5	40
5. 1. FC Kaiserslautern	25	12	3	10	37 :44	- 7	39
6. Werder Bremen	25	10	6	9	52 :40	+12	36
7. Hertha BSC Berlin	25	9	9	7	32 :38	- 6	36
8. Schalke 04	25	8	10	7	36 :33	+ 3	34
9. VfL Wolfsburg	25	8	10	7	37 :44	- 7	34
10. VfB Stuttgart	25	10	3	12	28 :33	- 5	33
11. Borussia Dortmund	25	7	11	7	29 :23	+ 6	32
12. SpV. Unterhaching	25	8	6	11	28 :31	- 3	30
13. SSV Ulm 1846	25	8	6	11	30 :44	- 14	30
14. Hansa Rostock	25	6	10	9	32 :45	- 13	28
15. SC Freiburg	25	6	8	11	32 :38	- 6	26
16. Eintracht Frankfurt	25	7	4	14	29 :36	- 7	25
17. Arminia Bielefeld	25	4	7	14	25 :44	- 19	19
18. MSV Duisburg	25	3	8	14	26 :49	- 23	17

26. Spieltag: Samstag, 25.3.2000

HSV verkürzt Abstand auf Bayern und Bayer

Arminia Bielefeld - FC Hansa Rostock (Fr., 24.3.) 2:2 (0:1)

Bielefeld: Miletic - Peeters (24. Straal), Stratos, Gansauge - Rydlewicz, Waterink (46. Maul), Weissenberger, Bode, Böhme (86. Sternkopf) - van der Ven, Labbadia
Rostock: Pieckenhagen - Benken, Weilandt, Oswald (27. Zallmann) - Lange (77. Arvidsson), Wibran, Breitkreutz, Lantz, Brand (86. Ehlers) - Baumgart, Agali
Tore: 0:1 Lantz (19.), 1:1 Maul (55.), 1:2 Wibran (66.), 2:2 Stratos (74., FE) - **SR:** Wagner (Hofheim) - **ZS:** 19.118 - **Gelb:** Rydlewicz - Weilandt, Lantz, Breitkreutz, Wibran, Agali

SpVgg Unterhaching - SSV Ulm 1846 (Fr., 24.3.) 1:0 (0:0)

Unterhaching: Wittmann - Seifert, Strehmel, Grassow - Haber, Mat. Zimmermann, Oberleitner, Schwarz (72. Rraklli), Straube (57. Kögl) - Breitenreiter (89. Hertl), Seitz
Ulm: Laux - Bodog, Marques, Stadler, Radoki - Maier, Otto (86. Scharinger), Gora (72. Demirkiran), Unsöld - Leandro, Trkulja (60. Rösler)
Tor: 1:0 Stadler (84., ET) - **SR:** Jansen (Essen) - **ZS:** 10.000 - **Gelb:** Haber - Gora, Marques

VfB Stuttgart - Hertha BSC Berlin 1:0 (0:0)

Stuttgart: Wohlfahrt - Berthold, Soldo, Schneider (22. Kies) - Pinto, Thiam, Lisztes, Balakov (83. Carnell), Gerber - Kuka (58. Ganea), Dundee
Hertha BSC: Kiraly - Herzog, van Burik, Konstantinidis (26. Mandreko) - Rehmer, Schmidt (71. Daei), Wosz, Michalke (46. Neuendorf), Hartmann - Preetz, Alves
Tor: 1:0 Dundee (62.) - **SR:** Dr. Fleischer (Neuburg) - **ZS:** 23.000 - **Gelb:** Soldo, Gerber - Konstantinidis, Rehmer, Michalke, Hartmann - **Rot:** Ganea (90.) - **B.V.:** Wohlfahrt hält HE von Preetz (53.)

FC Bayern München - 1. FC Kaiserslautern 2:2 (1:2)

FC Bayern: Kahn - Babbel, Jeremies, Kuffour - Salihamidzic, Fink (58. Santa Cruz), Effenberg, Lizarazu - Scholl (86. Tarnat), Elber, Sergio
1. FCK: G. Koch - Schjönberg, Sforza, H. Koch, Roos (57. Komljenovic) - Buck, Basler, Ramzy, Reich (59. Pettersson) - Djorkaeff, Tare (64. Marschall)
Tore: 0:1 Djorkaeff (20.), 1:1 Elber (22.), 1:2 Reich (30.), 2:2 Elber (61.) - **SR:** Zerr (Ottersweier) - **ZS:** 63.000 (ausverkauft) - **Gelb:** Scholl, Effenberg, Fink - Schjönberg, Ramzy, Tare

MSV Duisburg - VfL Wolfsburg 2:3 (1:0)

Duisburg: Menger - Hajto, Kovacevic, Wohlert - Wolters, Töfting (71. Hoersen), Drsek (31. Schneider), Zeyer, Osthoff (63. Spies) - Beierle, Reiss
Wolfsburg: Reitmaier - Kryger, Hengen (60. Sebescen), Biliskov - Greiner, Nowak (75. Akonnor), Munteanu, Dammeier, Weiser - Feldhoff (46. Akpoborie), Juskowiak
Tore: 1:0 Drsek (29.), 1:1 Akpoborie (62.), 2:1 Zeyer (78., FE), 2:2 Juskowiak (83.), 2:3 Munteanu (86.) - **SR:** Dr. Merk (Kaiserslautern) - **ZS:** 9.749 - **Gelb:** Osthoff, Zeyer - Kryger, Akonnor, Greiner - **Rot:** Hajto (60.)

Bayer 04 Leverkusen - SC Freiburg 1:1 (0:1)

Leverkusen: Matysek - Nowotny, Ramelow (46. Schneider), Kovac - Neuville, Ballack, Emerson (85. Zivkovic), Beinlich, Zé Roberto - Kirsten, Rink (78. Brdaric)
Freiburg: Golz - Müller, Zeyer, Diarra - Kohl, Ramdane (71. Günes), Weißhaupt, Dreyer (87. Bornemann), Kobiaschwili - Bruns (85. Schumann), Iaschwili
Tore: 0:1 Kobiaschwili (3.), 1:1 Emerson (53.) - **SR:** Meyer (Braunschweig) - **ZS:** 22.500 (ausverkauft) - **Gelb:** Brdaric - Zeyer, Diarra

Hamburger SV - TSV München 1860 2:0 (1:0)

HSV: Butt - Panadic, Hoogma, Hertzsch - Groth (74. Babatz), Kovac, Cardoso (81. Ernst), Hollerbach - Mahdavikia, Bäron (46. Grubac), Präger
1860: Hoffmann - Greilich (57. Tapalovic), Zelic, Paßlack, Stranzl - Cerny (65. Max), Kurz, Häßler, Cizek (51. Borimirov) - Winkler, Schroth
Tore: 1:0 Präger (45.), 2:0 Cardoso (53.) - **SR:** Fröhlich (Berlin) - **ZS:** 43.212 - **Gelb:** Hertzsch - Cerny, Greilich, Stranzl, Borimirov

SV Werder Bremen - Borussia Dortmund (So., 26.3.) 3:2 (2:1)

Bremen: Rost - Tjikuzu, Barten (76. Skripnik), Baumann, Wiedener - Dabrowski (76. Frings), Maximow, Herzog, Trares - Bogdanovic, Ailton
BVB: de Beer - Wörns, Feiersinger (81. Gambo), Kohler - Kapetanovic, Stevic, Möller (38. Ikpeba), But, Dede - Ricken, Reina (73. Addo)
Tore: 0:1 Reina (22.), 1:1 Ailton (32.), 2:1 Maximow (40.), 3:1 Bogdanovic (50.), 3:2 But (56.) - **SR:** Albrecht (Kaufbeuren) - **ZS:** 33.245 - **Gelb:** Frings, Herzog - Wörns - **Gelb-Rot:** Kapetanovic (68.)

FC Schalke 04 - Eintracht Frankfurt (So., 26.3.) 0:0

Schalke: Reck - Eigenrauch, Waldoch, Nemec, Legat - Latal (87. Asamoah), Kmetsch, Wilmots, Oude Kamphuis - Sand, Mpenza
Frankfurt: Heinen - Kutschera (46. Schneider), Hubtchev, Kracht - Sobotzik (64. Salou), Weber, Schur, Rasiejewski, Heldt, Gebhardt - Reichenberger (87. Guié-Mien)
SR: Stark (Landshut) - **ZS:** 42.335 - **Gelb:** Latal, Nemec, Legat - Kutschera, Rasiejewski, Schneider

	Sp.	g.	u.	v.	Tore	Diff.	Punkte
1. Bayern München	26	16	6	4	54 :22	+32	54
2. Bayer Leverkusen	26	15	9	2	55 :28	+27	54
3. Hamburger SV	26	13	9	4	57 :30	+27	48
4. TSV München 1860	26	11	7	8	41 :38	+ 3	40
5. 1. FC Kaiserslautern	26	12	4	10	39 :46	- 7	40
6. Werder Bremen	26	11	6	9	55 :42	+13	39
7. VfL Wolfsburg	26	9	10	7	40 :46	- 6	37
8. VfB Stuttgart	26	11	3	12	29 :33	- 4	36
9. Hertha BSC Berlin	26	9	9	8	32 :39	- 7	36
10. Schalke 04	26	8	11	7	36 :33	+ 3	35
11. SpV. Unterhaching	26	9	6	11	29 :31	- 2	33
12. Borussia Dortmund	26	7	11	8	31 :26	+ 5	32
13. SSV Ulm 1846	26	8	6	12	30 :45	- 15	30
14. Hansa Rostock	26	6	11	9	34 :47	- 13	29
15. SC Freiburg	26	6	9	11	33 :39	- 6	27
16. Eintracht Frankfurt	26	7	5	14	29 :36	- 7	26
17. Arminia Bielefeld	26	4	8	14	27 :46	- 19	20
18. MSV Duisburg	26	3	8	15	28 :52	- 24	17

Bundesliga 1999/2000

27. Spieltag: Samstag, 1.4.2000

Bayer jetzt Spitze - Frankfurt setzt Aufholjagd fort

SSV Ulm 1846 - MSV Duisburg (Fr., 31.3.) 0:3 (0:2)
Ulm: Laux - Bodog (63. Stadler), Marques, Grauer, Radoki - Scharinger, Otto, Maier (46. Pleuler), Unsöld - Rösler (46. Trkulja), Leandro
Duisburg: Menger - Wohlert, Emmerling, Drsek - Wolters, Töfting (88. Schneider), Hirsch, Zeyer (80. Hoersen), Büskens - Beierle (88. Keidel), Spies
Tore: 0:1 Beierle (33.), 0:2 Hirsch (38.), 0:3 Spies (76.) - **SR:** Aust (Köln) - **ZS:** 23.500 (ausverkauft) - **Gelb:** Leandro - Töfting, Wohlert, Emmerling - **Gelb-Rot:** Otto (59.)

SC Freiburg - SpVgg Unterhaching (Fr., 31.3.) 4:3 (1:1)
Freiburg: Golz - Müller, Hermel (79. Dreyer), Diarra - Kohl (46. Willi), Weißhaupt (55. Ramdane), Baya, Zeyer, Kobiaschwili - Sellimi, Iaschwili
Unterhaching: Wittmann - Bucher, Strehmel, Grassow - Haber, Schwarz, Oberleitner, Mat. Zimmermann (87. Hertl), Seitz - Rraklli (63. Straube), Breitenreiter
Tore: 1:0 Sellimi (5., FE), 1:1 Breitenreiter (42.), 2:1 Kobiaschwili (50.), 3:1 Baya (61.), 3:2 Seitz (65.), 3:3 Breitenreiter (71.), 4:3 Ramdane (78.) - **SR:** Fandel (Kyllburg) - **ZS:** 24.000 - **Gelb:** Kohl, Ramdane, Baya, Dreyer - Haber, Breitenreiter, Bucher - **Gelb-Rot:** Strehmel (90.)

Hertha BSC Berlin - FC Schalke 04 2:1 (1:1)
Hertha BSC: Kiraly - Schmidt, van Burik, Sverrisson - Rehmer, Konstantinidis, Neuendorf (87. Herzog), Wosz (68. Dardai), Hartmann - Preetz, Alves (79. Aracic)
Schalke: Reck - Waldoch, Nemec, Happe (68. Asamoah) - Eigenrauch, Oude Kamphuis (58. Held), Kmetsch (75. Alpugan), Wilmots, van Kerckhoven - Sand, Mpenza
Tore: 1:0 Alves (16.), 1:1 Sand (45.), 2:1 Preetz (53.) - **SR:** Dr. Wack (Biberbach) - **ZS:** 50.259 - **Gelb:** Wosz, Rehmer, van Burik, Dardai, Sverrisson - Oude Kamphuis, van Kerckhoven, Sand

VfL Wolfsburg - FC Bayern München 1:1 (0:1)
Wolfsburg: Reitmaier - Greiner, Ballwanz, Biliskov, Maltritz - Sebescen (82. Däbritz), Nowak, Munteanu (72. Akonnor), Weiser - Akpoborie (70. Feldhoff), Juskowiak
FC Bayern: Kahn - Babbel, Andersson, Kuffour, Tarnat - Salihamidzic, Jeremies, Fink - Elber, Jancker (89. Santa Cruz), Sergio
Tore: 0:1 Jancker (29.), 1:1 Juskowiak (60.) - **SR:** Steinborn (Sinzig) - **ZS:** 20.400 (ausverkauft) - **Gelb:** Greiner, Munteanu - Sergio, Jeremies, Fink, Salihamidzic - **Rot:** Elber (81.)

Eintracht Frankfurt - Arminia Bielefeld 2:1 (1:0)
Frankfurt: Heinen - Kutschera, Hubtchev, Kracht - Zampach, Rasiejewski, Heldt, Schur, Gebhardt (73. Schneider) - Yang (85. Hendricks), Reichenberger (46. Salou)
Bielefeld: Miletic - Peeters, Stratos, Klitzpera - Rydlewicz, Hofschneider (82. Sternkopf), Weissenberger, Bode, Maul - van der Ven (58. Wichniarek), Labbadia
Tore: 1:0 Zampach (39.), 1:1 Weissenberger (61.), 2:1 Schur (75.) - **SR:** Koop (Lüttenmark) - **ZS:** 26.700 - **Gelb:** Kutschera, Schur - Rydlewicz, Klitzpera, Peeters

TSV München 1860 - Bayer 04 Leverkusen 1:2 (0:0)
1860: D. Hoffmann - Paßlack (56. Tapalovic), Zelic, Kurz - Stranzl, Riedl, Häßler, Tyce (84. Cizek) - Max, Schroth, Winkler (75. Agostino)
Leverkusen: Matysek - Zivkovic, Nowotny, Kovac - Neuville (73. Schneider), Ballack, Emerson, Beinlich, Zé Roberto - Kirsten (69. Reeb), Rink (87. T. Hoffmann)
Tore: 0:1 Rink (46.), 0:2 Kirsten (52.), 1:2 Schroth (55.) - **SR:** Wagner (Hofheim) - **ZS:** 34.800 - **Gelb:** Kurz, Riedl - Zivkovic, Matysek, Kovac

Borussia Dortmund - Hamburger SV 0:1 (0:0)
BVB: de Beer - Wörns, Reuter, Kohler, Dede - Evanilson (76. Ikpeba), Stevic, Addo (66. Ricken), But - Herrlich (62. Bobic), Reina
HSV: Butt - Hoogma, Gravesen, Panadic - Groth (87. Fischer), Kovac, Cardoso, Hollerbach - Präger, Yeboah (80. Uysal), Doll (46. Spörl)
Tor: 0:1 Präger (79.) - **SR:** Dr. Merk (Kaiserslautern) - **ZS:** 68.600 (ausverkauft) - **Gelb:** Addo, Reuter, Bobic - Präger, Gravesen, Groth

FC Hansa Rostock - SV Werder Bremen (So., 2.4.) 1:1 (1:1)
Rostock: Pieckenhagen - Benken, Weilandt, Oswald - Yasser (67. Baumgart), Wibran, Brand, Lantz, Emara - Arvidsson (82. Majak), Agali (72. Kovacec)
Bremen: Rost - Tjikuzu, Barten, Baumann, Wiedener - Maximow (82. Dabrowski), Eilts, Trares, Bode - Bogdanovic, Ailton
Tore: 1:0 Wibran (35., FE), 1:1 Bode (36.) - **SR:** Krug (Gelsenkirchen) - **ZS:** 15.600 - **Gelb:** Yasser - Baumann, Maximow

1. FC Kaiserslautern - VfB Stuttgart (So., 2.4.) 1:2 (1:1)
1. FCK: G. Koch - H. Koch, Sforza, Hrutka (50. Komljenovic) - Buck (35. Reich), Ratinho, Ramzy, Basler, Pettersson - Djorkaeff, Tare
Stuttgart: Wohlfahrt - Berthold, Bordon, Keller - Pinto, Thiam, Balakov, Endress (68. Kies), Gerber - Kuka (81. Hosny), Dundee (71. Lisztes)
Tore: 1:0 Djorkaeff (25.), 1:1 Dundee (28.), 1:2 Balakov (78., FE) - **SR:** Heynemann - **ZS:** 41.500 - **Gelb:** Sforza, Pettersson, Komljenovic - Endress, Keller, Thiam - **B.V.:** Wohlfahrt hält FE von Djorkaeff (90.)

	Sp.	g.	u.	v.	Tore	Diff.	Punkte
1. Bayer Leverkusen	27	16	9	2	57 :29	+28	57
2. Bayern München	27	16	7	4	55 :23	+32	55
3. Hamburger SV	27	14	9	4	58 :30	+28	51
4. Werder Bremen	27	11	7	9	56 :43	+13	40
5. TSV München 1860	27	11	7	9	42 :40	+ 2	40
6. 1. FC Kaiserslautern	27	12	4	11	40 :48	- 8	40
7. VfB Stuttgart	27	12	3	12	31 :34	- 3	39
8. Hertha BSC Berlin	27	10	9	8	34 :40	- 6	39
9. VfL Wolfsburg	27	9	11	7	41 :47	- 6	38
10. Schalke 04	27	8	11	8	37 :35	+ 2	35
11. SpV. Unterhaching	27	9	6	12	32 :35	- 3	33
12. Borussia Dortmund	27	7	11	9	31 :27	+ 4	32
13. SC Freiburg	27	7	9	11	37 :42	- 5	30
14. Hansa Rostock	27	6	12	9	35 :48	- 13	30
15. SSV Ulm 1846	27	8	6	13	30 :48	- 18	30
16. Eintracht Frankfurt	27	8	5	14	31 :37	- 6	29
17. Arminia Bielefeld	27	4	8	15	28 :48	- 20	20
18. MSV Duisburg	27	4	8	15	31 :52	- 21	20

28. Spieltag: Samstag, 8.4.2000

BVB nach elf Spielen ohne Sieg im Abstiegskampf!

Hamburger SV - FC Hansa Rostock (Fr., 7.4.) 1:0 (1:0)
HSV: Butt - Panadic, Hoogma, Hertzsch - Groth (79. Doll), Gravesen, Cardoso (90. Ernst), Kovac, Hollerbach - Uysal, Yeboah (10. Fischer)
Rostock: Pieckenhagen - Benken (83. Kovacec), Zallmann, Oswald - Lantz, Wibran, Weilandt, Yasser, Emara (76. Majak) - Baumgart, Arvidsson (65. Bräutigam/TW)
Tor: 1:0 Groth (19.) - **SR:** Albrecht (Kaufbeuren) - **ZS:** 44.180 - **Gelb:** Panadic, Hoogma, Uysal, Hollerbach - Weilandt, Yasser - **Rot:** Pieckenhagen (64.)

SpVgg Unterhaching - TSV München 1860 (Fr., 7.4.) 1:1 (0:0)
Unterhaching: Tremmel - Grassow, Bergen, Seifert - Haber, Mat. Zimmermann (72. Bucher), Oberleitner (55. Hertl), Schwarz, Straube - Breitenreiter, Seitz
1860: Hoffmann - Greilich (52. Agostino), Zelic, Kurz - Cerny, Stranzl, Riedl (77. Winkler), Häßler, Tyce (57. Cizek) - Max, Schroth
Tore: 1:0 Seifert (47.), 1:1 Agostino (90.) - **SR:** Keßler (Wogau) - **ZS:** 11.300 (ausverkauft) - **Gelb:** Greilich, Häßler, Stranzl - **Gelb-Rot:** Straube (37.), Grassow (72.)

Hertha BSC Berlin - Eintracht Frankfurt 1:0 (1:0)
Hertha BSC: Kiraly - Schmidt, van Burik, Sverrisson - Rehmer, Konstantinidis, Wosz, Neuendorf, Hartmann - Preetz, Alves (85. Dardai)
Frankfurt: Heinen - Bindewald (75. Reichenberger), Hubtchev, Kutschera - Zampach (58. Rasiejewski), Guié-Mien, Kracht, Heldt, Gebhardt - Salou (46. Fjörtoft), Yang
Tor: 1:0 Preetz (37.) - **SR:** Jansen (Essen) - **ZS:** 42.683 - **Gelb:** Neuendorf, van Burik - Yang

FC Bayern München - SSV Ulm 1846 4:0 (2:0)
FC Bayern: Kahn - Babbel, Jeremies, Linke - Salihamidzic (84. Tarnat), Fink, Effenberg (70. Santa Cruz), Lizarazu - Sergio (73. Wojciechowski), Jancker, Scholl
Ulm: Laux - Bodog, Marques, Stadler, Kinkel (46. Unsöld) - Scharinger, Maier, Grauer, Radoki - Pleuler (46. Wise), Leandro
Tore: 1:0 Scholl (21.), 2:0 Sergio (24., HE), 3:0 Jancker (62.), 4:0 Wojciechowski (85.) - **SR:** Koop (Lüttenmark) - **ZS:** 63.000 (ausverkauft) - **Gelb:** Fink, Salihamidzic - Kinkel, Stadler

FC Schalke 04 - 1. FC Kaiserslautern 1:2 (1:2)
Schalke: Reck - Waldoch, Thon (74. Held), Eigenrauch - Asamoah, Kmetsch, Wilmots, Nemec, Happe - Latal, Mpenza
1. FCK: G. Koch - H. Koch, Sforza, Schjönberg - Buck, Basler, Ramzy, Komljenovic, Strasser (78. Roos) - Djorkaeff (30. Pettersson), Tare (84. Reich)
Tore: 0:1 Tare (6.), 1:1 Latal (17.), 1:2 Pettersson (45.) - **SR:** Aust (Köln) - **ZS:** 46.300 - **Gelb:** Latal, Nemec - Komljenovic

Bayer 04 Leverkusen - Borussia Dortmund 3:1 (1:1)
Leverkusen: Matysek - Zivkovic (78. Brdaric), Ramelow (51. Schneider), Nowotny - Neuville (78. Ponte), Ballack, Emerson, Beinlich, Zé Roberto - Kirsten, Rink
BVB: Lehmann - Wörns, Reuter, Kohler - Evanilson, Stevic, Ricken, Addo (85. Bobic), Dede - Herrlich (56. Barbarez), Reina (74. Ikpeba)
Tore: 0:1 Reina (2.), 1:1 Rink (42.), 2:1 Rink (84.), 3:1 Brdaric (90.) - **SR:** Strampe (Handorf) - **ZS:** 22.500 (ausverkauft) - **Gelb:** Nowotny, Zé Roberto, Zivkovic, Ballack, Kirsten - Addo, Kohler - **Gelb-Rot:** Reuter (53.) - **B.V.:** Lehmann hält FE von Ballack (12.)

VfB Stuttgart - VfL Wolfsburg 2:5 (2:2)
Stuttgart: Wohlfahrt - Berthold, Bordon, Keller - Pinto (68. Djordjevic), Lisztes, Balakov, Soldo (68. Endress), Gerber - Kuka, Dundee (76. Hosny)
Wolfsburg: Reitmaier - Biliskov, Ballwanz, Thomsen - Greiner, Sebescen (90. Däbritz), Kryger, Nowak, Weiser - Juskowiak (27. Feldhoff), Akpoborie (86. Maltritz)
Tore: 1:0 Kuka (8.), 1:1 Akpoborie (10.), 1:2 Juskowiak (22.), 2:2 Soldo (30.), 2:3, 2:4 Akpoborie (67., 84.), 2:5 Sebescen (90.) - **SR:** Fandel (Kyllburg) - **ZS:** 21.000 - **Gelb:** Berthold, Balakov - Ballwanz

SV Werder Bremen - Arminia Bielefeld (So., 9.4.) 3:1 (2:0)
Bremen: Rost - Tjikuzu, Barten, Baumann, M. Bode - Eilts, Frings (61. Flock), Herzog (76. Maximow), Trares (82. Dabrowski) - Bogdanovic, Ailton
Bielefeld: Miletic - Straal (46. Wichniarek), Stratos, Klitzpera - J. Bode, Waterink, Weissenberger, Maul, Böhme (67. Göktan) - Labbadia, van der Ven (73. Rydlewicz)
Tore: 1:0 Frings (21.), 2:0 Herzog (41., FE), 3:0 Frings (54.), 3:1 J. Bode (65.) - **SR:** Meyer (Braunschweig) - **ZS:** 29.400

MSV Duisburg - SC Freiburg (So., 9.4.) 1:2 (0:0)
Duisburg: Stauce - Wohlert, Emmerling (87. Wedau), Drsek - Wolters, Töfting, Hirsch, M. Zeyer, Osthoff (54. Keidel) - Spies (46. Reiss), Beierle
Freiburg: Golz - Müller, A. Zeyer, Diarra - Willi, Ramdane (73. Weißhaupt), Dreyer (73. Hermel), Baya, Kobiaschwili - Sellimi (84. Ben Slimane), Iaschwili
Tore: 0:1 Iaschwili (49.), 1:1 Wohlert (67.), 1:2 Weißhaupt (89.) - **SR:** Fröhlich (Berlin) - **ZS:** 12.541 - **Gelb:** Töfting, Osthoff - Ramdane, Kobiaschwili, A. Zeyer, Diarra

	Sp.	g.	u.	v.	Tore	Diff.	Punkte
1. Bayer Leverkusen	28	17	9	2	60 :30	+30	60
2. Bayern München	28	17	7	4	59 :23	+36	58
3. Hamburger SV	28	15	9	4	59 :30	+29	54
4. Werder Bremen	28	12	7	9	59 :44	+15	43
5. 1. FC Kaiserslautern	28	13	4	11	42 :49	- 7	43
6. Hertha BSC Berlin	28	11	9	8	35 :40	- 5	42
7. TSV München 1860	28	11	8	9	43 :41	+ 2	41
8. VfL Wolfsburg	28	10	11	7	46 :49	- 3	41
9. VfB Stuttgart	28	12	3	13	33 :39	- 6	39
10. Schalke 04	28	8	11	9	38 :37	+ 1	35
11. SpV. Unterhaching	28	9	7	12	33 :36	- 3	34
12. SC Freiburg	28	8	9	11	39 :43	- 4	33
13. Borussia Dortmund	28	7	11	10	32 :30	+ 2	32
14. Hansa Rostock	28	6	12	10	35 :49	- 14	30
15. SSV Ulm 1846	28	8	6	14	30 :52	- 22	30
16. Eintracht Frankfurt	28	8	5	15	31 :38	- 7	29
17. MSV Duisburg	28	4	8	16	32 :54	- 22	20
18. Arminia Bielefeld	28	4	8	16	29 :51	- 22	20

Milliardenliga zwischen Boom und Pleite

29. Spieltag: Mittwoch, 12.4.2000

Frankfurter Aufholjagd stürzt Ulm auf Rang 16

VfL Wolfsburg - FC Schalke 04 (Di., 11.4.)   0:0
Wolfsburg: Reitmaier - Kryger, Thomsen, Biliskov - Greiner, Sebescen, Nowak, Munteanu (60. Akonnor), Weiser - Akpoborie (83. Banza), Feldhoff (60. Rische)
Schalke: Reck - Waldoch, Thon, Eigenrauch - Latal (65. Held), Kmetsch, Wilmots (81. Asamoah), Oude Kamphuis, Nemec - Sand, Mpenza
SR: Wagner (Hofheim) - **ZS:** 18.008 - **Gelb:** Banza - Kmetsch, Oude Kamphuis

Borussia Dortmund - SpVgg Unterhaching (Di., 11.4.)   1:3 (1:1)
BVB: Lehmann - Wörns, Kohler - Evanilson, Ricken, Stevic (81. Barbarez), Addo (61. Bobic), Dede - Reina, Herrlich (86. But), Ikpeba
Unterhaching: Tremmel - Strehmel, Bergen, Seifert, Bucher - Haber, Mat. Zimmermann, Oberleitner (72. Rraklli), Schwarz, Seitz - Breitenreiter (81. Hertl)
Tore: 0:1 Seitz (8.), 1:1 Ricken (28.), 1:2 Strehmel (49.), 1:3 Schwarz (57.) - **SR:** Steinborn (Sinzig) - **ZS:** 61.500

1. FC Kaiserslautern - Hertha BSC Berlin (Di., 11.4.)   1:2 (1:1)
1. FCK: G. Koch - H. Koch, Sforza, Schjönberg - Buck, Basler, Ramzy (34. Roos), Komljenovic (64. Ratinho), Strasser - Pettersson, Tare (70. Marschall)
Hertha BSC: Kiraly - Schmidt, Konstantinidis, Sverrisson - Rehmer, Sanneh (70. Aracic), Wosz (86. Herzog), Dardai, Hartmann - Alves (41. Veit), Preetz
Tore: 0:1 Alves (8.), 1:1 Pettersson (11.), 1:2 Preetz (84.) - **SR:** Stark (Landshut) - **ZS:** 39.268 - **Gelb:** H. Koch, Komljenovic, Basler - Konstantinidis, Wosz, Schmidt

SSV Ulm 1846 - VfB Stuttgart (Di., 11.4.)   1:1 (0:1)
Ulm: Laux - Bodog (38. Wise), Marques, Stadler, Radoki - Unsöld, Otto, Gora (35. Scharinger), Maier - van de Haar, Leandro
Stuttgart: Hildebrand - Kies, Endress, Bordon, Keller - Lisztes (74. Schneider), Thiam, Balakov, Gerber (90. Carnell) - Hosny (57. Pinto), Dundee
Tore: 0:1 Bordon (3.), 1:1 Leandro (71.) - **SR:** Krug (Gelsenkirchen) - **ZS:** 23.000 (ausverkauft) - **Gelb:** Bodog - Keller

Arminia Bielefeld - Hamburger SV   3:0 (1:0)
Bielefeld: Miletic (46. Ziegler) - Waterink, Stratos, Klitzpera, Maul - Bode, Hofschneider, Weissenberger, Böhme (80. Rydlewicz) - Labbadia, van der Ven (36. Göktan)
HSV: Butt - Hertzsch, Hoogma, Panadic - Groth (9. Ernst), Kovac, Doll (63. Khatibi), Hollerbach - Präger, Uysal (75. Hashemian), Gravesen
Tore: 1:0 Labbadia (7.), 2:0 Stratos (66., FE), 3:0 Göktan (76.) - **SR:** Dr. Wack (Biberbach) - **ZS:** 20.162 - **Gelb:** Weissenberger, Böhme, Klitzpera - Präger, Hashemian - **Rot:** Hertzsch (65.)

FC Hansa Rostock - Bayer 04 Leverkusen   1:1 (1:0)
Rostock: Bräutigam - Benken, Weilandt, Oswald - Lange, Wibran, Breitkreutz (82. Brand), Yasser, Emara - Baumgart (90. Zallmann), Agali (77. Arvidsson)
Leverkusen: Matysek - Zivkovic (52. Schneider), Nowotny, Kovac - Neuville, Reeb, Emerson (43. Ramelow), Beinlich, Zé Roberto - Kirsten, Rink (73. Brdaric)
Tore: 1:0 Breitkreutz (44.), 1:1 Schneider (66.) - **SR:** Dr. Merk (Kaiserslautern) - **ZS:** 12.500 - **Gelb:** Breitkreutz, Agali

SC Freiburg - FC Bayern München   1:2 (1:1)
Freiburg: Golz - Müller, Hermel, Diarra - Willi (60. Weißhaupt), Ramdane (82. Ben Slimane), Zeyer, Baya, Kobiaschwili - Sellimi (74. Bruns), Iaschwili
FC Bayern: Kahn - Linke, Jeremies, Kuffour - Salihamidzic, Fink, Effenberg, Lizarazu - Sergio (88. Babbel), Elber (74. Santa Cruz), Jancker (74. Scholl)
Tore: 1:0 Kobiaschwili (11.), 1:1 Jancker (23.), 1:2 Scholl (87., FE) - **SR:** Kemmling (Kleinburgwedel) - **ZS:** 25.000 (ausv.) - **Gelb:** Kobiaschwili, Müller, Diarra - Effenberg, Jancker, Elber - **Rot:** Kuffour (17.)

Eintracht Frankfurt - SV Werder Bremen   1:0 (0:0)
Frankfurt: Heinen - Kutschera, Hubtchev, Kracht - Guié-Mien (66. Zampach), Schur, Heldt, Rasiejewski (46. Schneider), Gebhardt - Reichenberger, Yang (90. Bindewald)
Bremen: Rost - Tjikuzu (80. Bogdanovic), Barten, Baumann, Bode - Eilts (55. Dabrowski), Frings, Herzog, Trares (55. Maximow) - Pizarro, Ailton
Tor: 1:0 Heldt (70., FE) - **SR:** Heynemann (Magdeburg) - **ZS:** 30.500 - **Gelb:** Kracht, Yang, Schur - Trares, Baumann, Frings

TSV München 1860 - MSV Duisburg   4:1 (3:0)
1860: Hoffmann - Kurz (46. Tapalovic), Zelic, Stranzl - Cerny, Riedl (54. Paßblack), Häßler (63. Prosenik), Tyce, Cizek - Max, Agostino
Duisburg: Stauce - Wohlert, Emmerling, Drsek - Wolters (46. Hoersen), Töfting, Hirsch (56. Büskens), Zeyer, Osthoff - Spies, Reiss (71. Güvenisik)
Tore: 1:0 Max (3.), 2:0 Agostino (29.), 3:0 Max (43.), 4:0 Agostino (81.), 4:1 Töfting (84.) - **SR:** Weiner (Ottenstein) - **ZS:** 20.600 - **Gelb:** Riedl - Wohlert, Osthoff, Güvenisik

30. Spieltag: Samstag, 15.4.2000

Udo Lattek soll Dortmunder Super-GAU verhindern

FC Schalke 04 - SSV Ulm 1846 (Fr., 14.4.)   0:0
Schalke: Reck - Eigenrauch, Thon, Waldoch - Held (61. Asamoah), Latal, Oude Kamphuis, Alpugan (56. Hajnal), Nemec - Sand, Mpenza
Ulm: Laux - Unsöld, Marques, Stadler, Radoki (67. Konrad) - Maier, Scharinger, Otto, Wise (86. Pleuler) - Leandro, Rösler (81. Grauer)
SR: Keßler (Wogau) - **ZS:** 30.800 - **Gelb:** Alpugan, Hajnal

Hertha BSC Berlin - VfL Wolfsburg (Fr., 14.4.)   0:0
Hertha BSC: Kiraly - Schmidt, van Burik, Sverrisson - Rehmer, Dardai (60. Deisler), Neuendorf (83. Michalke), Veit, Hartmann - Preetz, Sanneh (60. Daei)
Wolfsburg: Reitmaier - Kryger, Thomsen, Biliskov - Greiner (65. Maltritz), Sebescen (89. Däbritz), Nowak, Munteanu, Akonnor, Weiser (84. Rische)
SR: Berg (Konz) - **ZS:** 38.202 - **Gelb:** Dardai, Daei - Biliskov, Akpoborie

1. FC Kaiserslautern - Eintracht Frankfurt   1:0 (0:0)
1. FCK: G. Koch - Schjönberg, Sforza, Strasser (61. Lutz) - Buck, Basler, Roos, Komljenovic, Reich - Pettersson (76. Klose), Tare (34. Marschall)
Frankfurt: Heinen - Kutschera, Hubtchev, Kracht - Schneider (46. Zampach), Schur, Heldt, Rasiejewski, Gebhardt - Reichenberger (79. Fjörtoft), Yang (46. Salou)
Tor: 1:0 Reich (57.) - **SR:** Dr. Fleischer (Neuburg) - **ZS:** 41.500 (ausverkauft) - **Gelb:** Roos, Marschall, G. Koch - Schneider, Reichenberger, Schur, Zampach, Fjörtoft

VfB Stuttgart - SC Freiburg   1:0 (0:0)
Stuttgart: Hildebrand - Schneider, Soldo (64. Endress), Bordon (46. Keller) - Pinto (85. Kies), Thiam, Balakov, Lisztes, Gerber - Dundee, Ganea
Freiburg: Golz - Schumann (85. Kondé), Hermel, Diarra - Willi, Weißhaupt, Zeyer, Baya, Bruns - Sellimi (53. Ben Slimane), Iaschwili
Tor: 1:0 Ganea (82.) - **SR:** Dr. Merk (Kaiserslautern) - **ZS:** 26.000 - **Gelb:** Keller, Lisztes, Iaschwili - **Gelb-Rot:** Ganea (83.)

Hamburger SV - SV Werder Bremen   0:0
HSV: Butt - Hoogma, Gravesen, Panadic - Fischer, Kovac, Doll (57. Yilmaz), Hollerbach - Mahdavikia, Uysal (61. Hashemian), Präger (78. Khatibi)
Bremen: Rost - Frings, Barten, Baumann, Wiedener - Eilts, Herzog, Trares (73. Dabrowski), Bode (68. Maximow) - Pizarro, Ailton (86. Bogdanovic)
SR: Strampe (Handorf) - **ZS:** 52.800 - **Gelb:** Hoogma, Fischer - Pizarro, Wiedener, Ailton

MSV Duisburg - Borussia Dortmund   2:2 (2:2)
Duisburg: Stauce - Kovacevic, Emmerling, Drsek - Wolters (75. Hajto), Töfting, Hirsch, Zeyer, Osthoff - Spies, Reiss (80. Güvenisik)
BVB: Lehmann - Wörns, Reuter, Baumann - Evanilson, Addo, Stevic, Ricken (72. Barbarez), Dede - Reina (75. Ikpeba), Bobic
Tore: 1:0 Kovacevic (6.), 1:1 Addo (13.), 1:2 Wörns (25.), 2:2 Zeyer (44., FE) - **SR:** Dr. Wack (Biberbach) - **ZS:** 21.255 - **Gelb:** Kovacevic, Töfting - Wörns, Dede, Addo, Bobic

FC Bayern München - TSV München 1860   1:2 (1:2)
FC Bayern: Kahn - Babbel, Jeremies, Linke (67. Tarnat) - Salihamidzic, Fink (80. Santa Cruz), Effenberg (41. Jancker), Lizarazu - Scholl, Elber, Sergio
1860: Hoffmann - Greilich (67. Paßblack), Zelic, Kurz, Stranzl (46. Cerny, Tyce (46. Tapalovic, Häßler), Cizek (46. Prosenik) - Max, Agostino
Tore: 0:1 Max (22.), 1:1 Scholl (29.), 1:2 Jeremies (40., ET) - **SR:** Fandel (Kyllburg) - **ZS:** 69.000 (ausverkauft) - **Gelb:** Lizarazu, Jeremies, Tarnat, Scholl - Tyce, Greilich, Zelic

Bayer 04 Leverkusen - Arminia Bielefeld (So., 16.4.)   4:1 (3:0)
Leverkusen: Matysek - Nowotny, Ramelow, Kovac - Zivkovic, Neuville, Ballack (69. Beinlich), Zé Roberto - Kirsten (78. Ponte), Rink (78. Brdaric)
Bielefeld: Ziegler - Klitzpera, Waterink, Meißner - Peeters, Bode, Böhme, Hofschneider, Maul - Göktan (46. Wichniarek), Labbadia
Tore: 1:0 Beinlich (11.), 2:0 Kirsten (22.), 3:0 Ballack (38.), 4:0 Rink (51., FE), 4:1 Meißner (66., FE) - **SR:** Jansen (Essen) - **ZS:** 22.500 (ausverkauft) - **Gelb:** Ballack - Klitzpera

SpVgg Unterhaching - FC Hansa Rostock (So., 16.4.)   1:1 (0:0)
Unterhaching: Tremmel - Seifert, Strehmel, Grassow - Haber, Mat. Zimmermann, Oberleitner, Schwarz (86. Bucher), Straube - Breitenreiter (46. Rraklli), Seitz (74. Mark Zimmermann)
Rostock: Bräutigam - Benken, Weilandt, Oswald - Lange, Wibran, Breitkreutz (79. Brand), Yasser, Emara (79. Majak) - Baumgart, Arvidsson (55. Kovacec)
Tore: 1:0 Seifert (78.), 1:1 Kovacec (90.) - **SR:** Fröhlich (Berlin) - **ZS:** 10.000 - **Gelb:** Grassow - Lange

	Sp.	g.	u.	v.	Tore	Diff.	Punkte
1. Bayern München	29	18	7	4	61 :24	+37	61
2. Bayer Leverkusen	29	17	10	2	61 :31	+30	61
3. Hamburger SV	29	15	9	5	59 :33	+26	54
4. Hertha BSC Berlin	29	12	9	8	37 :41	- 4	45
5. TSV München 1860	29	12	8	9	47 :42	+ 5	44
6. Werder Bremen	29	12	7	10	59 :45	+14	43
7. 1. FC Kaiserslautern	29	13	4	12	43 :51	- 8	43
8. VfL Wolfsburg	29	10	12	7	46 :49	- 3	42
9. VfB Stuttgart	29	12	4	13	34 :40	- 6	40
10. SpV. Unterhaching	29	10	7	12	36 :37	- 1	37
11. Schalke 04	29	8	12	9	38 :37	+ 1	36
12. SC Freiburg	29	8	9	12	40 :45	- 5	33
13. Borussia Dortmund	29	7	11	11	33 :33	± 0	32
14. Eintracht Frankfurt	29	9	5	15	32 :38	- 6	32
15. Hansa Rostock	29	6	13	10	36 :50	- 14	31
16. SSV Ulm 1846	29	8	7	14	31 :53	- 22	31
17. Arminia Bielefeld	29	5	8	16	32 :51	- 19	23
18. MSV Duisburg	29	4	8	17	33 :58	- 25	20

	Sp.	g.	u.	v.	Tore	Diff.	Punkte
1. Bayer Leverkusen	30	18	10	2	65 :32	+33	64
2. Bayern München	30	18	7	5	62 :26	+36	61
3. Hamburger SV	30	15	10	5	59 :33	+26	55
4. TSV München 1860	30	13	8	9	49 :43	+ 6	47
5. Hertha BSC Berlin	30	12	10	8	37 :41	- 4	46
6. 1. FC Kaiserslautern	30	14	4	12	44 :51	- 7	46
7. Werder Bremen	30	12	8	10	59 :45	+14	44
8. VfL Wolfsburg	30	10	13	7	46 :49	- 3	43
9. VfB Stuttgart	30	13	4	13	35 :40	- 5	43
10. SpV. Unterhaching	30	10	8	12	37 :38	- 1	38
11. Schalke 04	30	8	13	9	38 :37	+ 1	37
12. Borussia Dortmund	30	7	12	11	35 :35	± 0	33
13. SC Freiburg	30	8	9	13	40 :46	- 6	33
14. Hansa Rostock	30	6	14	10	37 :51	- 14	32
15. SSV Ulm 1846	30	8	8	14	31 :53	- 22	32
16. Eintracht Frankfurt*	30	9	5	16	32 :39	- 7	30
17. Arminia Bielefeld	30	5	8	17	33 :55	- 22	23
18. MSV Duisburg	30	4	9	17	35 :60	- 25	21

* Eintracht Frankfurt werden wegen Verstößen gegen die Lizenzauflagen zwei Punkte abgezogen.

Bundesliga 1999/2000

31. Spieltag: Samstag, 22.4.2000

Leverkusener Gala - Duisburg erster Absteiger

SV Werder Bremen - Bayer 04 Leverkusen (Do., 20.4.) 1:3 (0:3)
Bremen: Rost - Frings (46. Flock), Barten (46. Maximow), Baumann, Wiedener - Eilts, Herzog, Trares, Bode - Bogdanovic, Ailton
Leverkusen: Matysek - Nowotny, Ramelow, Kovac - Zivkovic, Neuville (62. Reeb), Ballack, Beinlich, Zé Roberto - Kirsten (74. Hoffmann), Rink (87. Brdaric)
Tore: 0:1 Kirsten (29.), 0:2 Rink (35.), 0:3 Zé Roberto (41.), 1:3 Flock (86.) - **SR:** Krug (Gelsenkirchen) - **ZS:** 31.973 - **Gelb:** Herzog - Kovac, Rink, Beinlich

Eintracht Frankfurt - Hamburger SV (Do., 20.4.) 3:0 (1:0)
Frankfurt: Heinen - Kutschera, Hubtchev, Kracht - Schur (81. Bindewald), Guié-Mien, Rasiejewski, Heldt, Gebhardt (81. Falk) - Yang, Reichenberger (64. Salou)
HSV: Butt - Hertzsch, Gravesen, Panadic - Fischer, Kovac, Präger, Babatz - Mahdavikia, Uysal, Yilmaz (54. Hashemian)
Tore: 1:0 Guié-Mien (6.), 2:0 Yang (71.), 3:0 Guié-Mien (76.) - **SR:** Fandel (Kyllburg) - **ZS:** 50.000 - **Gelb:** Schur - Hertzsch, Mahdavikia, Babatz

VfL Wolfsburg - 1. FC Kaiserslautern 3:2 (0:2)
Wolfsburg: Reitmaier - Biliskov, Thomsen, O'Neil (46. Maltritz) - Kryger, Däbritz (46. Banza), Nowak, Munteanu, Weiser - Rische (79. Ballwanz), Juskowiak
1. FCK: Reinke - H. Koch, Sforza, Schjönberg - Buck, Ratinho (76. Lutz), Komljenovic, Strasser, Reich (88. Klose) - Marschall (46. Tare), Pettersson
Tore: 0:1 Pettersson (22.), 0:2 Schjönberg (39., FE), 1:2 Banza (63.), 2:2 Rische (69.), 3:2 Kryger (76.) - **SR:** Fröhlich (Berlin) - **ZS:** 19.418 - **Gelb:** Reich

SC Freiburg - FC Schalke 04 2:1 (1:1)
Freiburg: Golz - Müller, Zeyer, Diarra - Willi, Weißhaupt (65. Ramdane), Dreyer (29. Kondé), Baya, Kobiaschwili - Sellimi (70. Ben Slimane), Iaschwili
Schalke: Reck - Eigenrauch (86. Hajnal), Thon (62. Alpugan), Waldoch - Latal (79. van Hoogdalem), Oude Kamphuis, Nemec, Kmetsch, van Kerckhoven - Sand, Asamoah
Tore: 0:1 Asamoah (6.), 1:1 Kobiaschwili (17.), 2:1 Kondé (75.) - **SR:** Dr. Fleischer (Neuburg) - **ZS:** 25.000 (ausverkauft) - **Gelb:** Willi - Eigenrauch, Thon

SSV Ulm 1846 - Hertha BSC Berlin 0:1 (0:0)
Ulm: Laux - Marques, Grauer (67. Pleuler), Stadler - Unsöld, Otto, Scharinger (77. Trkulja), Maier, Wise - Zdrilic (46. Rösler), Leandro
Hertha BSC: Kiraly - Schmidt, Konstantinidis, Sverrisson - Rehmer (71. Deisler), Sanneh, Wosz, Dardai, Hartmann (62. Veit) - Preetz, Alves (46. Daei)
Tor: 0:1 Rehmer (51.) - **SR:** Meyer (Braunschweig) - **ZS:** 23.500 (ausv.) - **Gelb:** Rösler - Sverrisson, Wosz

FC Hansa Rostock - MSV Duisburg 3:1 (2:0)
Rostock: Pieckenhagen - Benken, Weilandt, Zallmann - Lange, Wibran, Breitkreutz (67. Brand), Lantz, Emara (89. Majak) - Agali, Baumgart (73. Kovacec)
Duisburg: Stauce - Wohlert, Emmerling, Drsek - Hoersen, Töfting, Hirsch, Zeyer (78. Güvenisik), Osthoff (46. Büskens) - Reiss (59. Wedau), Beierle
Tore: 1:0 Wibran (31.), 2:0 Agali (34.), 3:0 Kovacec (83.), 3:1 Beierle (84.) - **SR:** Stark (Landshut) - **ZS:** 16.000 (ausverkauft) - **Gelb:** Emara, Benken - Emmerling

TSV München 1860 - VfB Stuttgart 1:1 (0:0)
1860: Hoffmann - Greilich, Prosenik, Kurz - Cerny (63. Borimirov), Tapalovic (71. Riedl), Häßler, Stranzl, Tyce (63. Cizek) - Max, Agostino
Stuttgart: Hildebrand - Schneider (75. Endress), Bordon, Keller - Pinto, Thiam, Balakov, Soldo (78. Kies), Gerber - Dundee, Kuka (66. Hosny)
Tore: 0:1 Hosny (84.), 1:1 Häßler (89.) - **SR:** Jansen (Essen) - **ZS:** 36.500 - **Gelb:** Kurz - Gerber - **Rot:** Greilich (51.)

Arminia Bielefeld - SpVgg Unterhaching (So., 23.4.) 1:0 (0:0)
Bielefeld: Gößling - Meißner, Stratos, Klitzpera - Bode, Hofschneider, Weissenberger, Böhme (55. Peeters), Maul - van der Ven (75. Wichniarek), Labbadia
Unterhaching: Tremmel - Strehmel, Bergen, Seifert - Haber, Schwarz, Oberleitner (75. Kögl), Mat. Zimmermann, Seitz - Rraklli (75. Mark Zimmermann), Breitenreiter (60. Bucher)
Tor: 1:0 Weissenberger (64.) - **SR:** Berg (Konz) - **ZS:** 12.062 - **Gelb:** Meißner, Böhme - Seitz, Bucher

Borussia Dortmund - FC Bayern München (So., 23.4.) 0:1 (0:1)
BVB: Lehmann - Evanilson, Reuter, Nijhuis, Dede - Addo (84. Ikpeba), Stevic, Möller, Barbarez - Reina (67. Ricken), Bobic
FC Bayern: Kahn - Babbel, Andersson, Linke, Lizarazu - Fink, Jeremies, Tarnat - Salihamidzic (90. Wiesinger), Jancker (88. Santa Cruz), Sergio
Tor: 0:1 Salihamidzic (30.) - **SR:** Dr. Merk (Kaiserslautern) - **ZS:** 68.600 (ausverkauft) - **Gelb:** Evanilson, Stevic, Möller - Fink, Tarnat, Jeremies

	Sp.	g.	u.	v.	Tore	Diff.	Punkte
1. Bayer Leverkusen	31	19	10	2	68 :33	+35	67
2. Bayern München	31	19	7	5	63 :26	+37	64
3. Hamburger SV	31	15	10	6	59 :36	+23	55
4. Hertha BSC Berlin	31	13	10	8	38 :41	- 3	49
5. TSV München 1860	31	13	9	9	50 :44	+ 6	48
6. VfL Wolfsburg	31	11	13	7	49 :51	- 2	46
7. 1. FC Kaiserslautern	31	14	4	13	46 :54	- 8	46
8. Werder Bremen	31	12	8	11	60 :48	+12	44
9. VfB Stuttgart	31	13	5	13	36 :41	- 5	44
10. SpV. Unterhaching	31	10	8	13	37 :39	- 2	38
11. Schalke 04	31	8	13	10	39 :39	± 0	37
12. SC Freiburg	31	9	9	13	42 :47	- 5	36
13. Hansa Rostock	31	7	14	10	40 :52	- 12	35
14. Borussia Dortmund	31	7	12	12	35 :36	- 1	33
15. Eintracht Frankfurt*	31	10	5	16	35 :39	- 4	33
16. SSV Ulm 1846	31	8	8	15	31 :54	- 23	32
17. Arminia Bielefeld	31	6	8	17	34 :55	- 21	26
18. MSV Duisburg	31	4	9	18	36 :63	- 27	21

* Eintracht Frankfurt werden wegen Verstößen gegen die Lizenzauflagen zwei Punkte abgezogen.

32. Spieltag: Samstag, 29.4.2000

Frankfurt und BVB feiern wichtige Siege

MSV Duisburg - Arminia Bielefeld (Do., 27.4.) 0:3 (0:2)
Duisburg: Stauce - Kovacevic, Steffen, Drsek - Wolters, Hirsch, Wedau (73. Hajto), Zeyer, Büskens - Reiss, Beierle (46. Güvenisik)
Bielefeld: Ziegler - Klitzpera, Stratos, Waterink - Peeters, Bode, Hofschneider, Böhme (83. Rydlewicz), Maul (46. Weissenberger) - van der Ven (75. Straal), Labbadia
Tore: 0:1 van der Ven (6.), 0:2 Peeters (26.), 0:3 Labbadia (89.) - **SR:** Gagelmann (Bremen) - **ZS:** 11.000 - **Gelb:** Hirsch, Wedau - Peeters

Eintracht Frankfurt - VfL Wolfsburg (Fr., 28.4.) 4:0 (2:0)
Frankfurt: Heinen - Kutschera, Hubtchev, Kracht - Schur, Guié-Mien, Rasiejewski, Heldt (65. Bindewald), Gebhardt (78. Falk) - Salou (73. Fjörtoft), Yang
Wolfsburg: Reitmaier - Maltritz, Thomsen, Biliskov (71. Rische) - Greiner (46. Banza), Nowak, Kryger, Akonnor, Weiser - Akpoborie (82. Ballwanz), Juskowiak
Tore: 1:0 Salou (8.), 2:0 Gebhardt (16.), 3:0 Yang (76.), 4:0 Yang (79.) - **SR:** Krug (Gelsenkirchen) - **ZS:** 34.000 - **Gelb:** Rasiejewski - Nowak

Hertha BSC Berlin - SC Freiburg (Fr., 28.4.) 0:0
Hertha BSC: Kiraly - Schmidt (89. Sanneh), van Burik, Sverrisson - Rehmer, Deisler, Wosz, Neuendorf (81. Roy), Veit (46. Dardai) - Preetz, Daei
Freiburg: Golz - Müller, Hermel, Diarra (57. Kondé) - Willi (61. Schumann), Weißhaupt (72. Ramdane), Zeyer, Baya, Kobiaschwili - Sellimi, Iaschwili
SR: Fandel (Kyllburg) - **ZS:** 45.128 - **Gelb:** Veit, van Burik - Iaschwili, Kobiaschwili, Sellimi

FC Schalke 04 - TSV München 1860 2:2 (2:1)
Schalke: Reck - Eigenrauch, Thon, Happe - Oude Kamphuis, Kmetsch (79. Legat), Wilmots, Nemec, van Kerckhoven - Latal (69. Asamoah), Mpenza
1860: Hoffmann - Stranzl, Zelic, Paßlack - Borimirov, Riedl (50. Tyce), Tapalovic, Häßler, Cizek (60. Cerny) - Schroth, Max (85. Dinzey)
Tore: 0:1 Max (26.), 1:1 Oude Kamphuis (36.), 2:1 Thon (43.), 2:2 Max (65.) - **SR:** Meyer (Braunschweig) - **ZS:** 37.780 - **Gelb:** Latal - **Gelb-Rot:** Paßlack (42.)

1. FC Kaiserslautern - SSV Ulm 1846 6:2 (1:1)
1. FCK: G. Koch - H. Koch, Schjönberg - Buck, Basler (83. Hrutka), Sforza (60. Roos), Komljenovic, Strasser, Reich (79. Ratinho) - Pettersson, Tare
Ulm: Laux - Bodog (56. Wise), Marques, Stadler (46. Grauer), Radoki - Unsöld, Otto, Scharinger (75. Trkulja), Maier - Zdrilic, Leandro
Tore: 0:1 Zdrilic (36.), 1:1 Tare (40.), 2:1 Grauer (54., ET), 3:1 Tare (58.), 4:1 Pettersson (62.), 4:2 Zdrilic (70.), 5:2 Pettersson (82.), 6:2 Tare (86.) - **SR:** Dr. Wack (Biberbach) - **ZS:** 41.500 (ausverkauft) - **Gelb:** Pettersson - Otto, Grauer - **Gelb-Rot:** Radoki (83.)

FC Bayern München - FC Hansa Rostock 4:1 (0:1)
FC Bayern: Kahn - Salihamidzic, Babbel, Linke (84. Lizarazu), Tarnat - Sergio, Jeremies, Scholl, Wojciechowski (46. Wiesinger) - Elber, Jancker (84. Santa Cruz)
Rostock: Pieckenhagen - Benken, Weilandt, Zallmann - Lange, Wibran, Breitkreutz, Lantz (66. Brand), Emara - Agali (68. Arvidsson), Kovacec (60. Baumgart)
Tore: 0:1 Agali (17.), 1:1 Sergio (58.), 2:1 Elber (62.), 3:1 Sergio (81., FE im Nachschuss), 4:1 Scholl (82.) - **SR:** Aust (Köln) - **ZS:** 60.000 - **Gelb:** Elber - Benken, Pieckenhagen, Lange, Agali

VfB Stuttgart - Borussia Dortmund 1:2 (0:1)
Stuttgart: Hildebrand - Schneider, Bordon, Keller - Pinto (74. Catizone), Thiam, Balakov (62. Lisztes), Soldo, Gerber - Kuka (69. Hosny), Ganea
BVB: Lehmann - Wörns, Reuter, Kohler - Evanilson, Möller, Stevic, Addo, Dede - Bobic (86. Reina), Barbarez (66. Herrlich)
Tore: 0:1 Kohler (27.), 1:1 Thiam (47.), 1:2 Herrlich (90.) - **SR:** Fröhlich (Berlin) - **ZS:** 45.000 - **Gelb:** Thiam - Kohler, Stevic, Barbarez, Reina

SpVgg Unterhaching - SV Werder Bremen 1:0 (0:0)
Unterhaching: Tremmel - Bucher, Strehmel, Seifert - Haber, Oberleitner, Schwarz, Mat. Zimmermann, Straube (55. Kögl), Seitz (86. Hertl) - Rraklli (55. Breitenreiter)
Bremen: Rost - Eilts, Baumann - Flock, Tjikuzu (76. Seidel), Trares, Herzog (75. Maximow), Frings, Bode - Pizarro, Ailton (57. Bogdanovic)
Tor: 1:0 Breitenreiter (73.) - **SR:** Koop (Lüttenmark) - **ZS:** 10.000 - **Gelb:** Schwarz - Herzog, Frings, Tjikuzu - **Rot:** Maximow (86.)

Hamburger SV - Bayer 04 Leverkusen (So., 30.4.) 0:2 (0:2)
HSV: Butt - Fischer, Hoogma, Panadic, Hertzsch (80. Groth) - Gravesen, N. Kovac, Hollerbach - Mahdavikia, Uysal (72. Spörl), Präger (86. Doll)
Leverkusen: Matysek - Zivkovic, Nowotny, R. Kovac - Neuville (83. Hoffmann), Ballack, Ramelow, Schneider, Zé Roberto - Kirsten (72. Ponte), Rink (88. Brdaric)
Tore: 0:1 Zé Roberto (19.), 0:2 Nowotny (30.) - **SR:** Wagner (Hofheim) - **ZS:** 52.800 (ausv.) - **Gelb:** Hoogma, N. Kovac - Zivkovic, Zé Roberto, Ramelow, Rink, Ballack, R. Kovac - **Gelb-Rot:** Hollerbach (54.)

	Sp.	g.	u.	v.	Tore	Diff.	Punkte
1. Bayer Leverkusen	32	20	10	2	70 :33	+37	70
2. Bayern München	32	20	7	5	67 :27	+40	67
3. Hamburger SV	32	15	10	7	59 :38	+21	55
4. Hertha BSC Berlin	32	13	11	8	38 :41	- 3	50
5. TSV München 1860	32	13	10	9	52 :46	+ 6	49
6. 1. FC Kaiserslautern	32	15	4	13	52 :56	- 4	49
7. VfL Wolfsburg	32	11	13	8	49 :55	- 6	46
8. Werder Bremen	32	12	8	12	60 :49	+11	44
9. VfB Stuttgart	32	13	5	14	37 :43	- 6	44
10. SpV. Unterhaching	32	11	8	13	38 :39	- 1	41
11. Schalke 04	32	8	14	10	41 :41	± 0	38
12. SC Freiburg	32	9	10	13	42 :47	- 5	37
13. Eintracht Frankfurt*	32	11	5	16	39 :39	± 0	36
14. Borussia Dortmund	32	8	12	12	37 :37	± 0	36
15. Hansa Rostock	32	7	14	11	41 :56	- 15	35
16. SSV Ulm 1846	32	8	8	16	33 :60	- 27	32
17. Arminia Bielefeld	32	7	8	17	37 :55	- 18	29
18. MSV Duisburg	32	4	9	19	36 :66	- 30	21

* Eintracht Frankfurt werden wegen Verstößen gegen die Lizenzauflagen zwei Punkte abgezogen.

Milliardenliga zwischen Boom und Pleite

33. Spieltag: Samstag, 13.5.2000

Dortmund gerettet, Ulm, Rostock & Frankfurt zittern

Arminia Bielefeld - FC Bayern München 0:3 (0:3)
Bielefeld: Ziegler - Klitzpera, Stratos, Meißner - Bode, Hofschneider (59. Peeters), Weissenberger, Maul, Böhme (79. Rydlewicz) - van der Ven (79. Wichniarek), Labbadia
FC Bayern: Kahn - Babbel, Andersson, Linke, Lizarazu - Salihamidzic, Fink, Effenberg (73. Strunz), Sergio (83. Wiesinger) - Santa Cruz, Elber (59. Scholl)
Tore: 0:1 Salihamidzic (28.), 0:2 Elber (32.), 0:3 Elber (42.) - **SR:** Fröhlich (Berlin) - **ZS:** 27.600 (ausverkauft) - **Gelb:** Meißner, Hofschneider - Elber

SSV Ulm 1846 - VfL Wolfsburg 2:0 (1:0)
Ulm: Laux - Konrad (69. Bodog), Marques, Stadler, Kinkel - Maier, Otto (85. Grauer), Leandro, Unsöld - van de Haar (89. Rösler), Zdrilic
Wolfsburg: Reitmaier - Greiner, Thomsen, Ballwanz (59. Akonnor), Kryger - Maltritz (46. Banza), Nowak, Munteanu (76. Rische), Weiser - Akpoborie, Juskowiak
Tore: 1:0 Zdrilic (9.), 2:0 van de Haar (87.) - **SR:** Jansen (Essen) - **ZS:** 22.000 - **Gelb:** Leandro - Ballwanz, Banza - **Rot:** Akpoborie (79.)

SC Freiburg - 1. FC Kaiserslautern 2:1 (1:1)
Freiburg: Golz - Müller, Hermel, Diarra - Willi (61. Schumann), Weißhaupt (86. Kondé), Baya, Zeyer, Kobiaschwili - Sellimi (74. Ramdane), Iaschwili
1. FCK: G. Koch (31. Gospodarek, 46. Roos) - Basler, H. Koch, Sforza, Schjönberg - Buck (61. Marschall), Ramzy, Hristov, Strasser, Reich - Pettersson
Tore: 0:1 Pettersson (21.), 1:1 Sellimi (42.), 2:1 Kobiaschwili (59.) - **SR:** Strampe (Handorf) - **ZS:** 25.000 (ausv.) - **Gelb:** Iaschwili - Basler - **B.V.:** Schjönberg hält FE von Iaschwili (84.) - **Anm.:** Ab der 46. Minute spielte M. Schjönberg für den verletzten Gospodarek im Tor, Roos spielte in der Abwehr.

TSV München 1860 - Hertha BSC Berlin 2:1 (1:0)
1860: Hoffmann - Stranzl, Zelic, Kurz - Cerny, Borimirov, Riedl (57. Greilich), Häßler (87. Schroth), Tyce - Max, Agostino
Hertha BSC: Kiraly - Schmidt (76. Roy), van Burik (64. Daei), Sverrisson - Deisler, Dardai, Wosz, Sanneh, Rehmer - Alves, Preetz
Tore: 1:0 Schmidt (22., ET), 2:0 Max (58.), 2:1 Daei (77.) - **SR:** Krug (Gelsenkirchen) - **ZS:** 47.800 - **Gelb:** Häßler, Riedl, Kurz - Sanneh

Borussia Dortmund - FC Schalke 04 1:1 (0:0)
BVB: Lehmann - Wörns (50. Baumann), Reuter, Nijhuis - Evanilson (73. Reina), Möller, Stevic, Addo, Dede - Bobic (46. Herrlich), Barbarez
Schalke: Reck - Waldoch, Thon, Happe - Latal (84. Held), Oude Kamphuis, Wilmots, Nemec, van Kerckhoven - Sand (79. Eigenrauch), Mpenza (87. Asamoah)
Tore: 0:1 Sand (57.), 1:1 Nijhuis (82.) - **SR:** Fandel (Kyllburg) - **ZS:** 68.600 (ausverkauft) - **Gelb:** Wörns, Herrlich - Latal, Thon, Wilmots, van Kerckhoven - **Gelb-Rot:** Nemec (27.)

FC Hansa Rostock - VfB Stuttgart 1:4 (0:2)
Rostock: Pieckenhagen - Benken, Weilandt, Zallmann - Lange (46. Oswald), Wibran, Breitkreutz (60. Brand), Lantz, Emara (46. Ahanfouf) - Agali, Arvidsson
Stuttgart: Hildebrand - Schneider, Soldo, Bordon, Carnell - Lisztes, Thiam (72. Endress), Balakov (46. Pinto) - Kuka (59. Keller), Ganea, Gerber
Tore: 0:1 Ganea (6.), 0:2 Gerber (21.), 0:3 Lisztes (46.), 0:4 Pinto (67.), 1:4 Soldo (78., ET) - **SR:** Dr. Wack - **ZS:** 16.000 (ausv.) - **Gelb:** Zallmann, Brand - Thiam, Soldo - **Gelb-Rot:** Benken (43.) - Bordon (58.)

SV Werder Bremen - MSV Duisburg 4:0 (2:0)
Bremen: Rost - Tjikuzu, Eilts, Baumann, Bode - Frings (77. Flock), Trares, Herzog, Wicky (67. Dabrowski) - Pizarro (64. Ailton), Bogdanovic
Duisburg: Stauce - Kovacevic, Emmerling, Wohlert - Wolters (57. Wedau), Hajto, Zeyer, Steffen, Hirsch - Beierle, Reiss (57. Güvenisik)
Tore: 1:0 Pizarro (4.), 2:0 Bode (18.), 3:0 Herzog (69., HE), 4:0 Herzog (76.) - **SR:** Albrecht (Kaufbeuren) - **ZS:** 30.530 - **Gelb:** Hirsch

Hamburger SV - SpVgg Unterhaching 3:0 (1:0)
HSV: Butt - Hertzsch, Hoogma, Panadic - Groth, Ernst (75. Fischer), Gravesen, Babatz (61. Spörl) - Mahdavikia, Uysal (77. Bäron), Präger
Unterhaching: Tremmel - Bucher, Bergen, Seifert, Straube - Haber, Schwarz (78. Oberleitner), Mat. Zimmermann, Kögl (55. Seitz) - Garcia (55. Rraklli), Breitenreiter
Tore: 1:0 Groth (41.), 2:0 Uysal (51.), 3:0 Präger (89.) - **SR:** Wezel (Tübingen) - **ZS:** 46.500

Bayer 04 Leverkusen - Eintracht Frankfurt 4:1 (1:1)
Leverkusen: Matysek - Hoffmann, Nowotny, Kovac - Neuville (81. Ponte), Ballack, Emerson, Beinlich, Schneider - Kirsten (79. Brdaric), Rink (86. Gresko)
Frankfurt: Heinen - Kutschera, Hubtchev, Kracht, Rasiejewski - Zampach (46. Heldt), Bindewald, Guié-Mien (75. Reichenberger), Schur, Gebhardt (65. Sobotzik) - Salou
Tore: 1:0 Neuville (10.), 1:1 Kracht (40.), 2:1 Kirsten (56.), 3:1 Rink (72.), 4:1 Beinlich (81., FE) - **SR:** Dr. Merk (Kaiserslautern) - **ZS:** 22.500 (ausverkauft) - **Gelb:** Schur, Salou, Kracht

	Sp.	g.	u.	v.	Tore	Diff.	Punkte
1. Bayer Leverkusen	33	21	10	2	74 :34	+40	73
2. Bayern München	33	21	7	5	70 :27	+43	70
3. Hamburger SV	33	16	10	7	62 :38	+24	58
4. TSV München 1860	33	14	10	9	54 :47	+ 7	52
5. Hertha BSC Berlin	33	13	11	9	39 :43	- 4	50
6. 1. FC Kaiserslautern	33	15	4	14	53 :58	- 5	49
7. Werder Bremen	33	13	8	12	64 :49	+15	47
8. VfB Stuttgart	33	14	5	14	41 :44	- 3	47
9. VfL Wolfsburg	33	11	13	9	49 :57	- 8	46
10. SpV. Unterhaching	33	11	8	14	38 :42	- 4	41
11. SC Freiburg	33	10	10	13	44 :48	- 4	40
12. Schalke 04	33	8	15	10	42 :42	± 0	39
13. Borussia Dortmund	33	8	13	12	38 :38	± 0	37
14. Eintracht Frankfurt*	33	11	5	17	40 :43	- 3	36
15. Hansa Rostock	33	7	14	12	42 :60	- 18	35
16. SSV Ulm 1846	33	9	8	16	35 :60	- 25	35
17. Arminia Bielefeld	33	7	8	18	37 :58	- 21	29
18. MSV Duisburg	33	4	9	20	36 :70	- 34	21

* Eintracht Frankfurt werden wegen Verstößen gegen die Lizenzauflagen zwei Punkte abgezogen.

34. Spieltag: Samstag, 20.5.2000

Bayer 04 scheitert an den Nerven und Unterhaching

FC Bayern München - SV Werder Bremen 3:1 (3:1)
FC Bayern: Kahn - Babbel, Andersson, Linke, Lizarazu - Salihamidzic, Fink, Effenberg - Sergio, Jancker (44. Santa Cruz, 49. Zickler, 55. Strunz), Scholl
Bremen: Rost - Tjikuzu, Eilts, Barten, Bode - Trares (38. Maximow), Herzog, Wicky, Frings (24. Dabrowski) - Pizarro, Ailton (69. Bogdanovic)
Tore: 1:0 Jancker (2.), 2:0 Jancker (12.), 3:0 Sergio (16.), 3:1 Bode (40.) - **SR:** Dr. Merk (Kaiserslautern) - **ZS:** 63.000 (ausverkauft) - **Gelb:** Effenberg, Salihamidzic - Ailton, Tjikuzu, Herzog

VfL Wolfsburg - SC Freiburg 2:1 (1:0)
Wolfsburg: Reitmaier - Kryger, O'Neil, Thomsen - Greiner, Nowak, Munteanu (74. Dammeier), Akonnor (90. Maltritz), Weiser - Juskowiak, Rische (80. Banza)
Freiburg: Reus - Schumann, Zeyer, Diarra - Willi, Weißhaupt (45. Ramdane), Kondé (74. Zkitischwili), Baya, Kobiaschwili - Bruns (46. Korell), Iaschwili
Tore: 1:0 Rische (39.), 2:0 Juskowiak (82.), 2:1 Zeyer (87.) - **SR:** Albrecht (Kaufbeuren) - **ZS:** 18.197 - **Gelb:** Munteanu, Greiner

1. FC Kaiserslautern - TSV München 1860 1:1 (0:0)
1. FCK: Reinke - H. Koch, Ramzy (82. Komljenovic), Schjönberg - Ratinho (68. Reich), Basler, Sforza, Hristov, Strasser - Marschall, Pettersson (74. Tare)
1860: Hoffmann (53. Hofmann) - Stranzl, Zelic, Kurz - Cerny (63. Schroth), Borimirov, Riedl, Prosenik (73. Tapalovic), Tyce - Max, Agostino
Tore: 1:0 Ramzy (55.), 1:1 Basler (67., ET) - **SR:** Aust (Köln) - **ZS:** 41.500 (ausverkauft) - **Gelb:** Hristov, Marschall - Hoffmann, Kurz, Tyce, Stranzl - **B.V.:** Hoffmann hält FE von Basler (45.)

Hertha BSC Berlin - Borussia Dortmund 0:3 (0:0)
Hertha BSC: Kiraly - Rehmer, van Burik (59. Daei), Sverrisson - Deisler, Schmidt, Wosz, Veit (61. Roy), Hartmann (46. Sanneh) - Alves, Preetz
BVB: Lehmann - Nijhuis, Reuter, Kohler - Evanilson, Addo (36. Barbarez), Stevic, Möller, Dede - Ricken, Bobic (89. Tanko)
Tore: 0:1 Barbarez (58.), 0:2 Barbarez (87.), 0:3 Dede (89.) - **SR:** Dr. Fleischer (Neuburg) - **ZS:** 75.000 (ausverkauft) - **Gelb:** Hartmann - Stevic, Barbarez - **Gelb-Rot:** Dede (89.)

FC Schalke 04 - FC Hansa Rostock 0:2 (0:1)
Schalke: Reck - Eigenrauch, Thon (83. Müller), Waldoch - Latal, Oude Kamphuis (58. Alpugan), Wilmots, van Hoogdalem (73. Szollar) - Asamoah, Sand, Mpenza
Rostock: Pieckenhagen - Lange (89. Schneider), Weilandt, Zallmann, Oswald - Wibran, Lantz, Brand, Emara - Agali (77. Majak), Arvidsson (67. Baumgart)
Tore: 0:1 Agali (20.), 0:2 Brand (56.) - **SR:** Strampe (Handorf) - **ZS:** 41.000 - **Gelb:** Asamoah - Agali, Zallmann, Lange

VfB Stuttgart - Arminia Bielefeld 3:3 (3:1)
Stuttgart: Wohlfahrt - Schneider, Soldo, Keller, Carnell - Pinto (81. Hosny), Thiam, Lisztes (63. Endress), Gerber - Dundee (63. Kuka), Ganea
Bielefeld: Ziegler - Klitzpera, Stratos, Waterink - Bode (82. Fensch), Meißner, Weissenberger, Maul - van der Ven (46. Gansauge), Labbadia, Wichniarek (77. Rydlewicz)
Tore: 1:0 Thiam (5.), 2:0 Gerber (14.), 3:0 Ganea (38.), 3:1 Meißner (43.), 3:2 Labbadia (59.), 3:3 Weissenberger (76.) - **SR:** Stark (Landshut) - **ZS:** 23.000 - **Gelb:** Thiam - Wichniarek

MSV Duisburg - Hamburger SV 1:1 (1:1)
Duisburg: Stauce (64. Krämer) - Wohlert, Emmerling, Hajto, Drsek - Wolters, Steffen, Zeyer (62. Wedau), Keidel - Reiss, Beierle (81. Güvenisik)
HSV: Butt - Hertzsch, Hoogma (46. Ernst), Panadic (49. Grammozis) - Groth, Kovac, Gravesen, Hollerbach - Mahdavikia (72. Doll), Uysal, Präger
Tore: 0:1 Kovac (6.), 1:1 Wolters (20.) - **SR:** Kemmling (Burgwedel) - **ZS:** 16.338 - **Gelb:** Hajto - Uysal

SpVgg Unterhaching - Bayer 04 Leverkusen 2:0 (1:0)
Unterhaching: Tremmel - Seifert, Strehmel, Grassow - Haber, Mat. Zimmermann, Oberleitner (80. Bucher), Schwarz, Straube - Rraklli (71. Breitenreiter), Seitz (89. Garcia)
Leverkusen: Matysek - Zivkovic (46. Rink), Nowotny, Kovac - Neuville (74. Ponte), Schneider, Emerson, Beinlich, Ballack (67. Brdaric), Zé Roberto - Kirsten
Tore: 1:0 Ballack (20., ET), 2:0 Oberleitner (72.) - **SR:** Fandel (Kyllburg) - **ZS:** 11.300 (ausverkauft) - **Gelb:** Seitz - Kovac, Schneider

Eintracht Frankfurt - SSV Ulm 1846 2:1 (1:1)
Frankfurt: Heinen - Kutschera, Hubtchev, Kracht - Guié-Mien (84. Reichenberger), Sobotzik (78. Bindewald), Heldt, Schur, Rasiejewski - Salou (67. Fjörtoft), Yang
Ulm: Laux - Konrad, Marques, Stadler, Kinkel (70. Trkulja) - Maier (76. Scharinger), Otto, Leandro, Unsöld - van de Haar (64. Gora), Zdrilic
Tore: 1:0 Salou (24.), 1:1 van de Haar (41.), 2:1 Heldt (89., FE) - **SR:** Krug (Gelsenkirchen) - **ZS:** 58.245 (ausverkauft) - **Gelb:** Schur, Fjörtoft - Konrad, Kinkel, Maier, Trkulja

	Sp.	g.	u.	v.	Tore	Diff.	Punkte
1. Bayern München	34	22	7	5	73 :28	+45	73
2. Bayer Leverkusen	34	21	10	3	74 :36	+38	73
3. Hamburger SV	34	16	11	7	63 :39	+24	59
4. TSV München 1860	34	14	11	9	55 :48	+ 7	53
5. 1. FC Kaiserslautern	34	15	5	14	54 :59	- 5	50
6. Hertha BSC Berlin	34	13	11	10	39 :46	- 7	50
7. VfL Wolfsburg	34	12	13	9	51 :58	- 7	49
8. VfB Stuttgart	34	14	6	14	44 :47	- 3	48
9. Werder Bremen	34	13	8	13	65 :52	+13	47
10. SpV. Unterhaching	34	12	8	14	40 :42	- 2	44
11. Borussia Dortmund	34	9	13	12	41 :38	+ 3	40
12. SC Freiburg	34	10	10	14	45 :50	- 5	40
13. Schalke 04	34	8	15	11	42 :44	- 2	39
. Eintracht Frankfurt*	34	12	5	17	42 :44	- 2	39
15. Hansa Rostock	34	8	14	12	44 :60	- 16	38
16. SSV Ulm 1846	34	9	8	17	36 :62	- 26	35
17. Arminia Bielefeld	34	7	9	18	40 :61	- 21	30
18. MSV Duisburg	34	4	10	20	37 :71	- 34	22

* Eintracht Frankfurt werden wegen Verstößen gegen die Lizenzauflagen zwei Punkte abgezogen.

Saison 2000/2001

Titel-Hattrick in der 95. Minute

Traumatische Erinnerungen plagen seit dem 20. Mai 2000 Bayer Leverkusen, wenn der Name Unterhaching fällt. Auch den 1. FC Nürnberg seit dem 29. Mai 1999 bei der Nennung von Eintracht Frankfurt oder Jan Aage Fjörtoft. Selbst die Bayern haben ihr Trauma - seit dem 26. Mai '99. Manchester United, Stadion Nou Camp in Barcelona, Sheringham und Solskjær... Innerhalb weniger Sekunden verloren die Münchner die sicher geglaubte Champions-League-Trophäe. Zwei Jahre später ist die „starke seelische Erschütterung", als die der Duden den Begriff Trauma erklärt, überwunden - im Elfmeterschießen gegen den FC Valencia geht Europas Vereinskrone endlich wieder an die Säbener Straße. Die ganze Konzentration der Kahn, Effenberg & Co. galt diesem Ziel, so dass die „Basis", die nationale Meisterschaft, offenkundig deutlich ins Hintertreffen geriet. Beleg sind neun Niederlagen, u.a. zwei gegen Rostock, je eine gegen Frankfurt, in Stuttgart, Unterhaching oder Cottbus - selten war es für die „Kleinen" so leicht, der Hitzfeld-Elf die Punkte zu entführen.

Dass der Meister trotzdem wiederum FC Bayern heißt, grenzt an ein Wunder und ist der Inkonstanz der Rivalen aus Leverkusen, Dortmund, Schalke, Berlin und Kaiserslautern zu danken. Selten war die Spitze so dicht gedrängt wie in dieser Saison - am 25. Spieltag lagen zwischen Leader FC Bayern und dem Sechsten Schalke mal eben vier Zähler. Jedes der Spitzenteams nahm sich seine Auszeiten, legte abenteuerliche Berg- und Talfahrten hin. Kaiserslautern verlor als Erster des genannten Sextetts den Anschluss, am 32. Spieltag mussten auch Dortmund, Hertha und Leverkusen klein beigeben. Blieben noch Schalke und Bayern, die punktgleich auf die Zielgerade gingen, wobei das Torverhältnis für die „Königsblauen" sprach. Die hatten mit dem Offensiv-Trio Möller/Sand/Mpenza an der Spitze eine sensationelle Serie gespielt und standen vor dem ersten Titelgewinn seit 1958. In Runde 33 gastieren sie beim VfB Stuttgart, wo sie mit einer unerklärlich passiven Spielweise ein 0:0 nach Hause fahren wollen, um den Status quo zu erhalten - denn gleichzeitig steht's bei Bayern gegen Lautern 1:1. In der 90. Minute werden alle Planungen über den Haufen geworfen: Balakov bringt Stuttgart 1:0 in Führung, in München trifft Zickler zeitgleich zum 2:1 der Bayern. Verrechnet. Drei Punkte Rückstand. Alles vorbei? Scheint so, bis 17.16 Uhr am Samstag darauf. Barbarez macht Schalke zum Meister für fünf Minuten, Andersson dann doch die Bayern. Mehr dazu in *Last-Minute-Tore entscheiden Meisterschaft*. Das dramatischste Finale in einer an dramatischen Finals erprobten Bundesliga - das verrückteste noch dazu, und für den Unterlegenen das tragischste. Solche Erlebnisse sind es, die dann später gern als „traumatisch" bezeichnet werden - nun hatte Schalke sein ganz eigenes. Als kleinen Trost gab es jedoch eine Woche später den DFB-Pokal und dazu den Titel „Meister der Herzen".

Borussia Dortmund hatte unter dem nunmehr allein verantwortlichen Coach Matthias Sammer eine ordentliche Saison als Dritter beendet, womit die Chaos-Saison 99/00 vergessen gemacht wurde - Bayer Leverkusen konnte mit Rang 4 angesichts großer interner Turbulenzen um designierte bzw. ehemalige Nationaltrainer halbwegs zufrieden sein. Beide hatten sich die Berechtigung für die Vorausscheidung der europäischen Königsklasse geholt.

Zum dritten Mal in Folge qualifizierte sich Hertha BSC international - wieder für den UEFA-Cup. Das gelang auch dem SC Freiburg, der in einer grandiosen Rückrunde dem Ruf der „Breisgau-Brasilianer" alle Ehre machte und neben Schalke und Wiederaufsteiger 1. FC Köln positiv zu überraschen wusste.

Derweil war der Höhenflug des HSV und der Münchner Löwen schon wieder vorüber - Eintagsfliegen. Und Enttäuschungen, wie auch der VfB Stuttgart, der nach dem Trainerwechsel Magath für Rangnick soeben noch die Kurve zum Klassenerhalt bekam, und der 1. FC Kaiserslautern. In der Pfalz endete die Ära des Meistertrainers Otto Rehhagel. Unter Nachfolger Andy Brehme präsentierten sich die „Roten Teufel" mal meisterlich, mal wie ein Absteiger. Unter dem Strich stand folgerichtig Rang 8 - Durchschnitt.

Der VfL Bochum hatte sich zeitig mit dem vierten Abstieg in acht Jahren vertraut gemacht und war ganz und gar nicht mehr „unabsteigbar", Frankfurt hatte es im dritten Anlauf ebenfalls wieder erwischt. Dazu endete das kurze, aber erfreuliche Kapitel SpVgg Unterhaching im zweiten Jahr. Dagegen konnte sich der zu Saisonbeginn als erster Absteiger gehandelte FC Energie Cottbus vor allem aufgrund seiner enormen Heimstärke und dank seines kampfbetonten Spiels ein weiteres Jahr im Oberhaus sichern.

Wenige Minuten lagen an jenem legendären 19. Mai 2001 zwischen Himmel und Hölle. Impressionen aus dem Parkstadion.

Abseits

Christoph Daum zieht's nach Florida...

Geplant war alles ganz anders. Bevor am 12. August der Startschuss zur 38. Saison erklang, war beschlossene Sache, dass Bayer-Coach Christoph Daum ein Jahr später nicht mehr auf der Kommandobrücke der Rheinländer stehen würde. Zum 1. Juni 2001 sollte 46-jährige Motivationskünstler die nach dem Euro-Debakel und dem Rücktritt ihres Coaches Erich Ribbeck am Boden liegende Nationalelf übernehmen. Bis dahin sollte Rudi Völler, von Bayer 04 als Sportdirektor eigens für ein Jahr beurlaubt, als Interimslösung das Feld bereiten. So weit alles klar. Zehn Wochen später sind alle schönen Pläne Makulatur, und der ehemals hoch gelobte Daum befindet sich als Privatier im sonnigen Florida. Völlers gelungener Einstand als Teamchef sorgt für öffentliche Diskussionen, ob Daum die richtige Wahl ist. Am 30. September schaltet sich Bayern-Manager Uli Hoeneß ein und bezichtigt Daum öffentlich des Kokain-Konsums. Eine Welle der Entrüstung schlägt Hoeneß entgegen. Daum erklärt zu den Vorwürfen: „Da war nie etwas, da wird nie etwas sein. Ich bin mir meiner Vorbildfunktion bewusst." Im Oktober beherrscht eine beispiellose Schlammschlacht die deutschen Medien. Anwälte haben das Wort, der DFB hält in Frankfurt eine als „Friedensgipfel" bezeichnete Sitzung ab, an der Reiner Calmund als Vertreter von Bayer 04 und Uli Hoeneß, nicht jedoch Daum teilnehmen. Sechs Tage später platzt die Bombe: Die von Daum zum Nachweis seiner Unschuld entnommene Haarprobe ist positiv! Innerhalb weniger Stunden ist alles Schall und Rauch: Christoph Daum ist nicht mehr Trainer von Bayer, wird zum 1. Juni 2001 nicht Bundestrainer - und nimmt einen Flieger nach Florida, um dem Medienrummel um seine Person vorerst zu entgehen.

... und Berti Vogts in die Wüste

Vier Wochen hatte Rudi Völler auch in Leverkusen nach dem Daum-Abgesang die Scherben zusammengekehrt, ehe der Nachfolger am 14. November seinen Dienst antritt. Mit einem Vertrag bis 2003 ausgestattet und von einem Dutzend Fernsehteams begleitet, bittet Berti Vogts um 15 Uhr zum ersten Training. „Ich weiß jetzt schon, dass meine Entscheidung, in Leverkusen Trainer zu werden, absolut richtig war", sprüht der sonst eher reservierte ehemalige „Bundes-Berti" auf der Pressekonferenz geradezu vor Optimismus. Und tatsächlich: Mit einem 3:1-Sieg beim HSV gelingt im ersten Spiel unter neuem Kommando prompt der Sprung an die Spitze. Zum Jahresende ist der Höhenflug vorbei, Niederlagen in Bochum und Wolfsburg bringen die erste Ernüchterung. Nach wechselhaften Wochen stellt Vogts im April vor dem HSV-Spiel die Vertrauensfrage an sein Team. Er bleibt - noch bis Saisonende. Dann wird das „Missverständnis" vorzeitig beendet. Bayer 04 verpflichtet Klaus Toppmöller - und Berti Vogts wird wieder Nationaltrainer. In Kuwait.

Talente auf dem Vormarsch

Die Misserfolge des (überalterten) deutschen Nationalteams bei den jüngsten beiden internationalen Großveranstaltungen haben den Ruf nach neuen Konzepten in der Nachwuchsarbeit anschwellen lassen. Wenigen Nachwuchsspielern war es zuletzt gelungen, sich ins Rampenlicht zu spielen. Die Problematik, dass als Folge des Bosman-Urteils jegliche Ausländerbeschränkungen gefallen waren und viele Klubs lieber erfahrene, aber kostengünstige Gastarbeiter verpflichteten, tat ein Übriges zu einer alarmierenden Entwicklung. Dass es durchaus noch hoffnungsvolle Talente gibt, belegen in dieser Saison allen voran Sebastian Kehl (SC Freiburg, 21), Christoph Metzelder (BVB, 20) und Miroslav Klose (Kaiserslautern, 22), die in ihrer ersten Spielzeit groß einschlagen.

Multikulturelle Lausitz

Ein junges deutsches Talent steht mit Sebastian Helbig auch im Kader des Aufsteigers Energie Cottbus. Da Helbig aber mit Rückenschmerzen passen muss und Jörg Scherbe wie auch Keeper Thomas Köhler 90 Minuten auf der Bank sitzen, schreiben die Lausitzer am 28. Spieltag Geschichte. Erstmals stehen in der Startformation eines Bundesligisten elf Ausländer! Piplica (Kroatien) - Matyus (Ungarn), Vata (Albanien), Hujdurovic (Bosnien-Herzegowina) - Reghecampf (Rumänien), Latoundji (Benin), Akrapovic (Bosnien-Herzegowina), Miriuta (Ungarn), Kobylanski (Polen) - Labak (Kroatien), Franklin (Brasilien). Eingewechselt werden später Ilie (Rumänien), Rödlund (Schweden) und Wawrzyczek (Polen). Von Trainer Geyer (Deutschland!).

Zeit des Abschieds

Neben einigen neuen Gesichtern gibt es in jedem Jahr auch Abschiede zu vermelden von Persönlichkeiten, die der Bundesliga über einen langen Zeitraum in unterschiedlichen Funktionen zu ihrem Profil verholfen haben. Drei seien hier stellvertretend erwähnt. Nach vier Jahren am Betzenberg mit dem Höhepunkt des Titelgewinnes 1998 und 1.021 Auftritten als Spieler bzw. Trainer im Oberhaus wirft Otto Rehhagel am 1. Oktober, 17 Stunden nach dem 1:1 gegen Cottbus, das Handtuch in Kaiserslautern. Nach öffentlichem Druck in den vorherigen Wochen geht Otto stilvoll, bittet um Vertragsauflösung und stellt keine finanziellen Forderungen. Beim VfB Stuttgart endet im Oktober die über 25-jährige Ära des Präsidenten Gerhard Mayer-Vorfelder. Der designierte DFB-Präsident räumt seinen Stuhl

Leverkusen und seine Trainer - ein Dauerthema dieser Spielzeit. Berti Vogts (hier mit Pierre Littbarski, einem seiner zahlreichen Assistenten) wurde nicht glücklich mit Bayer - und Bayer nicht mit Vogts.

für Manfred Haas. Und schließlich pfeift Bernd Heynemann nach 151 Einsätzen beim Lauterer 0:1 gegen Hertha BSC am 34. Spieltag seine Schiedsrichter-Laufbahn selbst ab - der Magdeburger hat mit 47 Jahren die Altersgrenze erreicht, bleibt aber in anderen Funktionen dem Fußball erhalten. 2002 erreicht seine zweite Karriere als Politiker ihren vorläufigen Höhepunkt - Heynemann zieht als CDU-Abgeordneter in den Bundestag ein.

Pro 15:30
Im Zeitalter der allgegenwärtigen Medienpräsenz hat sich auch die Bundesliga dem Diktat der Fernsehsender SAT1 bzw. Premiere weitgehend unterworfen. Ein Spiel am Freitagabend, fünf am Samstag um 15.30 Uhr, eines am Samstagabend, zwei am Sonntag um 17.30 Uhr. Wer blickt da noch durch? Speziell die Abendtermine am Samstag und Sonntag sind den Fans ein Dorn im Auge. Gegen die zerrissenen Spieltage und für die Rückkehr zum angestammten Termin am Samstag um 15.30 Uhr richtet sich die Aktion „Pro 15:30", die am 24. Spieltag in allen neun Stadien von Faninitiativen ausgerufen und zehntausendfach unterstützt wird. Mit Erfolg, oder zumindest einem Teilerfolg: Der Samstagabendtermin verschwindet zur neuen Saison - nicht jedoch die Sonntagsspiele. Künftig lautet die Gleichung: Sieben Mal Samstag, 15.30 Uhr, zwei Spiele Sonntag, 17.30 Uhr.

Traumgespann Adhemar/Ganea
Kann es einen besseren Einstand in der Bundesliga geben, als den, den der soeben vom brasilianischen AD Sao Caetano an den Stuttgarter Wasen gekommene Adhemar gegen den 1. FC Kaiserslautern hinlegt? Der 28-jährige Mittelstürmer mit der Schuhgröße 36 trifft gegen die Pfälzer dreimal mit seinem linken Paradefuß - und weckt die Hoffnung, dass er den höchst abstiegsbedrohten VfB bald in andere Tabellengefilde ballert. Überboten wird der Mann vom Zuckerhut noch vom Rumänen Ioan Viorel Ganea, der sich gleich sechs Scorerpunkte sichert. Dreimal legt er für Adhemar auf, den Rest besorgt Ganea beim 6:1-Sieg höchstselbst - das nennt man wohl Effektivität.

Komische Diva vom Main
Sportliche Schlagzeilen schreibt die Frankfurter Eintracht in dieser Spielzeit relativ selten. Doch abseits des grünen Rasens präsentieren sich die Adlerträger als äußerst medienwirksam. Die am 1. Juli gegründete Eintracht Frankfurt Fußball AG sorgte mit ihren Protagonisten Steven Jedlicki (Vorstandsboss), Dr. Thomas Pröckl (Finanzvorstand), Rolf Dohmen (Sportdirektor) und Günter-Peter Ploog (Mediendirektor) für reichlich Wirbel im Blätterwald. Einige der seltsamen Maßnahmen: Im Winter wird der einst für 7 Millionen DM aus Dortmund geholte Bachirou Salou für 350.000 DM zum Abstiegskonkurrenten Rostock ausgeliehen, nach dem ersten Spiel im neuen Jahr (1:5 gegen Köln) wird Coach Magath entlassen. Ein ungewöhnlicher Zeitpunkt, hatte es doch schon vor der Winterpause fünf Niederlagen in Folge gegeben. Interimscoach Rolf Dohmen wird nach Anfangserfolgen (7 Punkte in drei Spielen) kurzzeitig zur Dauerlösung - um fünf Spiele später wieder „Interims"-Status zu erlangen. Als Friedel Rausch kommt, liegt die Eintracht schon auf der Intensivstation - die Reanimation bleibt ohne Erfolg. Zum zweiten Mal nach 1996 sind die Hessen zweitklassig.

Heiko Herrlichs schwerster Kampf
Sehstörungen verhindern Anfang November den Einsatz Heiko Herrlichs beim Dortmunder 2:0 über Hertha BSC. Schon zwei Wochen zuvor, beim 1:2 gegen Lautern, hatte der 28-jährige Stürmer unter diesen Symptomen zu leiden. Herrlich begibt sich in die Neurologie der Städtischen Kliniken Dortmund, wo ihm am 13. November die schockierende Diagnose gestellt wird: „Tumor im Bereich des Mittelhirns". Ein schwerer Schlag für den bis dahin mit sieben Treffern besten BVB-Torschützen, der die Nachricht ruhig aufnimmt. Mittels einer Strahlentherapie wird der Tumor zerstört. Im März beginnt Herrlich wieder mit dosiertem Lauftraining - in dem Wissen, den schwersten Kampf seines Lebens bestanden zu haben.

Last-Minute-Tore entscheiden Meisterschaft
Dramatische Schlussrunden scheinen mittlerweile zur Regel zu werden. Wer gedacht hatte, die Szenerie der Abschlussrunde des Jahres 2000, als Leverkusen am letzten Spieltag den scheinbar sicheren Titelgewinn in Unterhaching verspielte, wäre so schnell nicht zu überbieten, wird am 19. Mai 2001 eines Besseren belehrt. Der FC Bayern geht mit drei Punkten Vorsprung gegenüber Schalke 04 auf die Zielgerade. Schalke hat große Mühe, Absteiger Unterhaching nach zweifachem Rückstand doch noch mit 5:3 in die Knie zu zwingen, hat aber letztlich alles getan, was in seiner Macht steht. Nun kommt es auf die Bayern und deren Gegner HSV an. In der AOL-Arena scheinen die Münchner das notwendige 0:0 cool-clever über die Zeit zu schaukeln. Um 17.16 Uhr beginnt der Krimi: Barbarez köpft den HSV nach vorn. 17.18 Uhr: Schlusspfiff im Parkstadion, Tausende Fans stürmen den Rasen. Eine halbe Minute später: Die Ente vom Abpfiff in Hamburg macht die Runde, Spieler und Fans bejubeln den ersten königsblauen Titelgewinn seit 1958. Zwei Zeigerumdrehungen darauf: Auf der Videowand laufen die letzten Sekunden aus Hamburg, Rückpass Ujfalusi auf Schober, der nimmt den Ball mit der Hand auf - Freistoß für Bayern in der fünften Minute der Nachspielzeit. Patrik Andersson zielt an der Mauer vorbei ins kurze Eck - 1:1! Zwei Minuten später ist Schluss. Bayern ist zum 17. Mal Meister, Schalke bleibt der inoffizielle Titel „Meister der Herzen". Dramatisches Ende einer verrückten Saison.

Reitmaier auf Sepp Maiers Spuren
1998 war Claus Reitmaier mit dem KSC aus der Bundesliga abgestiegen und suchte eine neue Herausforderung im Oberhaus. Da kam das Angebot des VfL Wolfsburg gerade recht, der einen Nachfolger für Uwe Zimmermann suchte. Reitmaier erkämpfte sich sofort einen Stammplatz und wurde zum Rückhalt der aufstrebenden VW-Städter. Der mittlerweile 37-jährige Franke stand seit dem 15. August 1998 (0:1 gegen den FC Bayern) in 102 Ligaspielen von der ersten bis zur letzten Minute im Kasten der Wölfe - und befindet sich langsam auf den Spuren des legendären Maier Sepp, der zwischen 1966 und 1979 442 Ligaspiele in Folge bestritt. Hochgerechnet könnte im Mai 2011 diese Marke eingestellt werden...

Bundesliga 2000/2001

Gelb-Rote Karten (51)

Spieler (Verein)	Spieltag, Gegner, (Ergebnis)	Schiedsrichter
Martin Stranzl (TSV München 1860)	1. Sp., Hamburger SV (A, 2:2)	Fandel (Kyllburg)
Hany Ramzy (1. FC Kaiserslautern)	2. Sp., VfL Wolfsburg (A, 0:4)	Sippel (München)
Andrej Panadic (Hamburger SV)	2. Sp., Hertha BSC Berlin (A, 0:4)	Aust (Köln)
Abdelaziz Ahanfouf (FC Hansa Rostock)	2. Sp., FC Schalke 04 (H, 0:4)	Kemmling (Kleinburgwedel)
Sven Benken (FC Hansa Rostock)	3. Sp., Eintracht Frankfurt (A, 0:4)	Weiner (Hildesheim)
Peter Peschel (VfL Bochum)	4. Sp., Hamburger SV (H, 0:4)	Keßler (Höhenkirchen)
Sebastian Kehl (SC Freiburg)	6. Sp., TSV München 1860 (A, 1:3)	Fröhlich (Berlin)
Nico van Kerckhoven (FC Schalke 04)	7. Sp., Hamburger SV (A, 0:2)	Wagner (Hofheim)
Gerd Wimmer (Eintracht Frankfurt)	8. Sp., FC Schalke 04 (A, 0:4)	Meyer (Braunschweig)
Martin Stranzl (TSV München 1860)	8. Sp., 1. FC Kaiserslautern (H, 0:4)	Kemmling (Kleinburgwedel)
Sebastian Deisler (Hertha BSC Berlin)	8. Sp., FC Hansa Rostock (A, 2:0)	Strampe (Handorf)
Radwan Yasser (FC Hansa Rostock)	8. Sp., Hertha BSC Berlin (H, 0:2)	Strampe (Handorf)
Daniel Borimirov (TSV München 1860)	9. Sp., FC Bayern München (A, 1:3)	Aust (Köln)
Oumar Kondé (SC Freiburg)	10. Sp., Eintracht Frankfurt (A, 0:3)	Strampe (Handorf)
Jörg Heinrich (Borussia Dortmund)	11. Sp., FC Bayern München (A, 2:6)	Strampe (Handorf)
Fabian Ernst (SV Werder Bremen)	11. Sp., Hertha BSC Berlin (A, 1:4)	Dr. Wack (Biberbach)
Jens Keller (1. FC Köln)	12. Sp., Hamburger SV (H, 4:2)	Albrecht (Kaufbeuren)
Slawomir Majak (FC Hansa Rostock)	13. Sp., 1. FC Köln (A, 2:5)	Sippel (München)
Krisztian Lisztes (VfB Stuttgart)	14. Sp., SV Werder Bremen (A, 0:1)	Fröhlich (Berlin)
Faruk Hujdurovic (FC Energie Cottbus)	15. Sp., FC Hansa Rostock (H, 1:0)	Fandel (Kyllburg)
Bernd Hollerbach (Hamburger SV)	15. Sp., 1. FC Kaiserslautern (A, 1:2)	Dr. Fleischer (Hallstadt)
Krassimir Balakov (VfB Stuttgart)	16. Sp., FC Schalke 04 (A, 1:2)	Wagner (Hofheim)
Paul Stalteri (SV Werder Bremen)	16. Sp., 1. FC Köln (H, 2:1)	Kemmling (Kleinburgwedel)
Sebastian Deisler (Hertha BSC Berlin)	17. Sp., FC Kaiserslautern (H, 2:4)	Jansen (Essen)
Alexander Voigt (1. FC Köln)	18. Sp., FC Schalke 04 (H, 2:2)	Fandel (Kyllburg)
Sergej Barbarez (Hamburger SV)	18. Sp., TSV München 1860 (A, 1:2)	Dr. Merk (Kaiserslautern)
Tomasz Klos (1. FC Kaiserslautern)	19. Sp., VfL Wolfsburg (H, 0:0)	Krug (Gelsenkirchen)
Lars Ricken (Borussia Dortmund)	20. Sp., TSV München 1860 (A, 0:1)	Aust (Köln)
Rayk Schröder (FC Hansa Rostock)	20. Sp., Eintracht Frankfurt (H, 0:2)	Dr. Wack (Biberbach)
Chen Yang (Eintracht Frankfurt)	20. Sp., FC Hansa Rostock (A, 2:0)	Dr. Wack (Biberbach)
Kai Oswald (FC Hansa Rostock)	22. Sp., Bayer 04 Leverkusen (H, 2:1)	Steinborn (Sinzig)
Alexander Schur (Eintracht Frankfurt)	24. Sp., Borussia Dortmund (A, 1:6)	Kemmling (Kleinburgwedel)
Yildiray Bastürk (VfL Bochum)	24. Sp., SpVgg Unterhaching (A, 1:2)	Meyer (Braunschweig)
Oliver Kahn (FC Bayern München)	24. Sp., FC Hansa Rostock (A, 2:3)	Dr. Merk (Kaiserslautern)
Ulf Kirsten (Bayer 04 Leverkusen)	24. Sp., TSV München 1860 (A, 0:1)	Fandel (Kyllburg)
Harald Cerny (TSV München 1860)	24. Sp., Bayer 04 Leverkusen (H, 1:0)	Fandel (Kyllburg)
Miroslaw Spizak (SpVgg Unterhaching)	25. Sp., VfL Wolfsburg (A, 1:6)	Heynemann (Magdeburg)
Zdravko Drincic (VfL Bochum)	25. Sp., 1. FC Köln (H, 2:3)	Fröhlich (Berlin)
Christian Springer (1. FC Köln)	25. Sp., VfL Bochum (A, 3:2)	Fröhlich (Berlin)
Dirk Lottner (1. FC Köln)	25. Sp., VfL Bochum (A, 3:2)	Fröhlich (Berlin)
Marcus Lantz (FC Hansa Rostock)	25. Sp., Hertha BSC Berlin (A, 0:1)	Aust (Köln)
Michael Ballack (Bayer 04 Leverkusen)	26. Sp., Borussia Dortmund (A, 3:1)	Heynemann (Magdeburg)
Andreas Zeyer (SC Freiburg)	26. Sp., FC Schalke 04 (A, 0:0)	Kemmling (Kleinburgwedel)
Robert Kovac (Bayer 04 Leverkusen)	28. Sp., Eintracht Frankfurt (A, 3:1)	Keßler (Höhenkirchen)
Bixente Lizarazu (FC Bayern München)	28. Sp., Borussia Dortmund (A, 1:1)	Strampe (Handorf)
Pal Dardai (Hertha BSC Berlin)	29. Sp., Borussia Dortmund (H, 1:0)	Albrecht (Kaufbeuren)
Frankie Hejduk (Bayer 04 Leverkusen)	30. Sp., Hamburger SV (H, 1:1)	Wagner (Hofheim)
Victor Agali (FC Hansa Rostock)	31. Sp., Hamburger SV (A, 1:2)	Heynemann (Magdeburg)
Yildiray Bastürk (VfL Bochum)	32. Sp., Eintracht Frankfurt (A, 0:3)	Dr. Merk (Kaiserslautern)
Sergej Mandreko (VfL Bochum)	33. Sp., SC Freiburg (H, 1:3)	Sippel (München)
Claudio Pizarro (SV Werder Bremen)	34. Sp., FC Hansa Rostock (H, 3:0)	Kemmling (Kleinburgwedel)

Drei oder mehr Tore in einem Spiel

Spieler (Verein)	Spieltag, Gegner, (Ergebnis)	Anzahl der Tore
Andrzej Juskowiak (VfL Wolfsburg)	2. Sp., 1. FC Kaiserslautern (H, 4:0)	3
Emile Mpenza (FC Schalke 04)	2. Sp., FC Hansa Rostock (A, 4:0)	3
Ebbe Sand (FC Schalke 04)	3. Sp., FC Energie Cottbus (H, 3:0)	3
Jonathan Akpoborie (VfL Wolfsburg)	6. Sp., Hamburger SV (H, 4:4)	3
André Breitenreiter (SpVgg Unterhaching)	6. Sp., Hertha BSC Berlin (H, 5:2)	3
Ebbe Sand (FC Schalke 04)	13. Sp., Hertha BSC Berlin (A, 4:0)	3
Marijo Maric (VfL Bochum)	17. Sp., Bayer 04 Leverkusen (H, 3:2)	3
Adhemar (VfB Stuttgart)	20. Sp., 1. FC Kaiserslautern (H, 6:1)	3
Ioan Viorel Ganea (VfB Stuttgart)	20. Sp., 1. FC Kaiserslautern (H, 6:1)	3
Ebbe Sand (FC Schalke 04)	29. Sp., FC Bayern München (A, 3:1)	3

Rote Karten (38)

Spieler (Verein)	Spieltag, Gegner, (Ergebnis)	Schiedsrichter
Marco Haber (SpVgg Unterhaching)	3. Sp., Bayer 04 Leverkusen (A, 0:1)	Zerr (Ottersweier)
Rolf-Christel Guié-Mien (Eintracht Frankfurt)	3. Sp., FC Hansa Rostock (H, 4:0)	Weiner (Hildesheim)
Jurica Vranjes (Bayer 04 Leverkusen)	4. Sp., 1. FC Köln (A, 1:1)	Dr. Merk (Kaiserslautern)
Dimitrios Grammozis (1. FC Kaiserslautern)	5. Sp., 1. FC Köln (H, 3:1)	Strampe (Handorf)
Petr Hubtchev (Eintracht Frankfurt)	6. Sp., SV Werder Bremen (A, 1:1)	Sippel (München)
Vasile Miriuta (FC Energie Cottbus)	6. Sp., Bayer 04 Leverkusen (H, 1:2)	Wagner (Hofheim)
Paulo Roberto Rink (Bayer 04 Leverkusen)	7. Sp., TSV München 1860 (H, 0:0)	Strampe (Handorf)
Pascal Zuberbühler (Bayer 04 Leverkusen)	8. Sp., SV Werder Bremen (A, 3:3)	Krug (Gelsenkirchen)
Moses Sichone (1. FC Köln)	11. Sp., SpVgg Unterhaching (A, 0:0)	Heynemann (Magdeburg)
Christoph Preuß (Eintracht Frankfurt)	14. Sp., Hertha BSC Berlin (H, 0:4)	Krug (Gelsenkirchen)
Robson Ponte (Bayer 04 Leverkusen)	15. Sp., FC Bayern München (A, 0:2)	Krug (Gelsenkirchen)
Peter Wibran (FC Hansa Rostock)	15. Sp., FC Energie Cottbus (A, 0:1)	Fandel (Kyllburg)
Zdravko Drincic (VfL Bochum)	16. Sp., SC Freiburg (A, 0:5)	Keßler (Höhenkirchen)
Alex Alves (Hertha BSC Berlin)	16. Sp., Bayer 04 Leverkusen (A, 0:4)	Heynemann (Magdeburg)
Damir Milinovic (VfL Bochum)	18. Sp., 1. FC Kaiserslautern (H, 0:1)	Dr. Wack (Biberbach)
Marino Biliskov (VfL Wolfsburg)	19. Sp., 1. FC Kaiserslautern (A, 0:0)	Krug (Gelsenkirchen)
Rob Maas (Hertha BSC Berlin)	19. Sp., Hamburger SV (A, 2:1)	Fandel (Kyllburg)
Rodolfo Esteban Cardoso (Hamburger SV)	19. Sp., Hertha BSC Berlin (H, 1:2)	Fandel (Kyllburg)
Krassimir Balakov (VfB Stuttgart)	19. Sp., Bayer 04 Leverkusen (A, 0:4)	Dr. Fleischer (Hallstadt)
Jörg Böhme (FC Schalke 04)	20. Sp., FC Energie Cottbus (A, 1:4)	Meyer (Braunschweig)
Torsten Kracht (Eintracht Frankfurt)	20. Sp., FC Hansa Rostock (A, 2:0)	Dr. Wack (Biberbach)
Hendrik Herzog (SpVgg Unterhaching)	20. Sp., Bayer 04 Leverkusen (H, 1:2)	Gagelmann (Bremen)
Dennis Grassow (SpVgg Unterhaching)	21. Sp., 1. FC Kaiserslautern (A, 0:4)	Aust (Köln)
Vidar Riseth (TSV München 1860)	21. Sp., FC Schalke 04 (A, 0:2)	Heynemann (Magdeburg)
Vahid Hashemian (Hamburger SV)	22. Sp., Borussia Dortmund (A, 2:4)	Dr. Wack (Biberbach)
Harry Koch (1. FC Kaiserslautern)	23. Sp., FC Hansa Rostock (H, 0:1)	Fröhlich (Berlin)
Miroslav Klose (1. FC Kaiserslautern)	24. Sp., FC Energie Cottbus (A, 2:0)	Dr. Fleischer (Hallstadt)
Frank Fahrenhorst (VfL Bochum)	24. Sp., SpVgg Unterhaching (A, 1:2)	Meyer (Braunschweig)
Moses Sichone (1. FC Köln)	25. Sp., VfL Bochum (A, 3:2)	Fröhlich (Berlin)
Thomas Christiansen (VfL Bochum)	26. Sp., FC Hansa Rostock (A, 0:2)	Keßler (Höhenkirchen)
Stefan Effenberg (FC Bayern München)	28. Sp., Borussia Dortmund (A, 1:1)	Strampe (Handorf)
Evanilson (Borussia Dortmund)	28. Sp., FC Bayern München (H, 1:1)	Strampe (Handorf)
Miroslav Baranek (1. FC Köln)	29. Sp., Hamburger SV (A, 1:1)	Keßler (Höhenkirchen)
Sergej Barbarez (Hamburger SV)	32. Sp., 1. FC Kaiserslautern (H, 1:1)	Krug (Gelsenkirchen)
Serge Branco (Eintracht Frankfurt)	32. Sp., VfL Bochum (H, 3:0)	Dr. Merk (Kaiserslautern)
Rein van Duijnhoven (VfL Bochum)	34. Sp., Bayer 04 Leverkusen (A, 0:1)	Weiner (Hildesheim)
Jörg Heinrich (Borussia Dortmund)	34. Sp., 1. FC Köln (H, 3:3)	Gagelmann (Bremen)
Sven Benken (FC Hansa Rostock)	34. Sp., SV Werder Bremen (A, 0:3)	Kemmling (Kleinburgwedel)

Die Torjäger

Sergej Barbarez (Hamburger SV)	22	Ulf Kirsten (Bayer 04 Leverkusen)	12
Ebbe Sand (FC Schalke 04)	22	Dirk Lottner (1. FC Köln)	11
Claudio Pizarro (SV Werder Bremen)	19	Vasile Miriuta (FC Energie Cottbus)	11
Michael Preetz (Hertha BSC Berlin)	16	Fredi Bobic (Borussia Dortmund)	10
Giovane Elber (FC Bayern München)	15	Jörg Böhme (FC Schalke 04)	10
Oliver Neuville (Bayer 04 Leverkusen)	15	Adel Sellimi (SC Freiburg)	10
Ailton (SV Werder Bremen)	14	Otto Addo (Borussia Dortmund)	9
Emile Mpenza (FC Schalke 04)	13	Miroslav Klose (1. FC Kaiserslautern)	9
Paul Agostino (TSV München 1860)	12	Vratislav Lokvenc (1. FC Kaiserslautern)	9
Carsten Jancker (FC Bayern München)	12	Mehmet Scholl (FC Bayern München)	9
Andrzej Juskowiak (VfL Wolfsburg)	12		

Eigentore (20)

Spieler (Verein)	Spieltag, Gegner	Tor zum ... (Minute), Endstand
Tomasz Hajto (FC Schalke 04)	1. Sp., 1. FC Köln (H)	2:1 (89.), Ende 2:1
Robert Kovac (Bayer 04 Leverkusen)	2. Sp., VfB Stuttgart (A)	0:2 (38.), Ende 1:4
Jörg Heinrich (Borussia Dortmund)	6. Sp., FC Schalke 04 (H)	0:3 (60.), Ende 0:4
Jan Seifert (SpVgg Unterhaching)	6. Sp., Hertha BSC Berlin (H)	5:2 (88.), Ende 5:2
Marcel Maltritz (VfL Wolfsburg)	7. Sp., VfB Stuttgart (H)	0:1 (6.), Ende 2:2
René Rydlewicz (FC Hansa Rostock)	10. Sp., VfL Wolfsburg (H)	0:1 (37.), Ende 1:1
Hendrik Herzog (SpVgg Unterhaching)	12. Sp., FC Hansa Rostock (A)	1:1 (75.), Ende 2:2
Axel Sundermann (VfL Bochum)	16. Sp., SC Freiburg (A)	0:5 (76.), Ende 0:5
Vladimir Maljkovic (Eintracht Frankfurt)	17. Sp., VfB Stuttgart (A)	0:1 (34.), Ende 1:4
Hendrik Herzog (SpVgg Unterhaching)	19. Sp., SC Freiburg (A)	0:1 (36.), Ende 0:2
Torsten Kracht (Eintracht Frankfurt)	19. Sp., 1. FC Köln (H)	0:2 (28.), Ende 1:5
Marco Haber (SpVgg Unterhaching)	21. Sp., 1. FC Kaiserslautern (A)	0:2 (18.), Ende 0:4
Milan Fukal (Hamburger SV)	22. Sp., Borussia Dortmund (A)	1:4 (82.), Ende 2:4
Frank Baumann (SV Werder Bremen)	23. Sp., Eintracht Frankfurt (A)	2:1 (90.), Ende 2:1
Levan Kobiaschwili (SC Freiburg)	24. Sp., SV Werder Bremen (A)	0:3 (51.), Ende 1:3
Roman Weidenfeller (1. FC Kaiserslautern)	25. Sp., TSV München 1860 (H)	2:1 (58.), Ende 3:2
Boris Zivkovic (Bayer 04 Leverkusen)	27. Sp., FC Schalke 04 (H)	0:1 (17.), Ende 0:3
Rouven Schröder (VfL Bochum)	28. Sp., TSV München 1860 (A)	2:1 (56.), Ende 4:2
Archil Arweladse (1. FC Köln)	32. Sp., TSV München 1860 (A)	1:3 (83.), Ende 1:3
Dede (Borussia Dortmund)	34. Sp., 1. FC Köln (H)	1:1 (28.), Ende 3:3

Bundesliga 2000/2001

FC Bayern München

Torhüter
Dreher, Bernd	1	0
Kahn, Oliver	32	0
Wessels, Stefan	1	0

Abwehr
Andersson, Patrik	22	1
Kuffour, Samuel Osei	23	1
Linke, Thomas	28	0
Sagnol, Willy	27	0
Sforza, Ciriaco	20	0

Mittelfeld
Effenberg, Stefan	20	4
Fink, Thorsten	24	1
Hargreaves, Owen	14	0
Jeremies, Jens	21	1
Lizarazu, Bixente	15	0
Salihamidzic, Hasan	31	4
Scholl, Mehmet	29	9
Strunz, Thomas	5	0
Tarnat, Michael	23	1
Wiesinger, Michael	6	0

Angriff
Elber, Giovane	27	15
Göktan, Berkant	1	0
Jancker, Carsten	25	12
Paulo Sergio	26	5
Salvo di, Antonio	6	0
Santa Cruz, Roque	19	5
Zickler, Alexander	24	3

Trainer
Hitzfeld, Ottmar (geb. 12.1.49)

FC Bayern München - Hintere Reihe von links: Effenberg, Jancker, di Salvo, Wojciechowski, Sergio, Linke, Andersson, Sagnol, Tarnat, Zickler. Mitte: Masseur Gebhardt, Physiotherapeut Hoffmann, Strunz, Jeremies, Wiesinger, Göktan, Sforza, Hargreaves, Backer, Mölzl, Kuffour, Co-Trainer Henke, Trainer Hitzfeld. Vorne: Masseur Binder, Fink, Scholl, Wessels, Kahn, Dreher, Salihamidzic, Sinkala, Reha-Trainer Hauenstein.

FC Schalke 04

Torhüter
Grodas, Frôde	1	0
Reck, Oliver	33	0
Tapalovic, Toni	0	0

Abwehr
Eigenrauch, Yves	7	0
Hajto, Tomasz	32	0
Happe, Markus	11	1
Kerckhoven van, Nico	22	1
Kock de, Johan	0	0
Thon, Olaf	4	0
Waldoch, Tomasz	29	5

Mittelfeld
Alpugan, Ünal	1	0
Böhme, Jörg	30	10
Büskens, Michael	23	0
Held, Oliver	2	0
Hoogdalem van, Marco	24	2
Kmetsch, Sven	5	0
Latal, Radoslav	28	2
Legat, Thorsten	0	0
Mikolajczak, Christian	13	0
Möller, Andreas	32	1
Nemec, Jiri	31	1
Oude Kamphuis, Niels	16	0

Angriff
Asamoah, Gerald	29	4
Mpenza, Emile	27	13
Mulder, Youri	21	1
Sand, Ebbe	33	22

Trainer
Stevens, Huub (geb. 29.11.53)

FC Schalke 04 - Hintere Reihe von links: Happe, Peric, Hajto, van Kerckhoven, van Hoogdalem, Mulder, Waldoch. 2. Reihe: Nemec, Göl, Sand, Wingerter, Koch, Möller, Böhme, Hajnal, Mpenza, Oude Kamphuis. 3. Reihe: Eigenrauch, Latal, Asamoah, Held, Alpugan, Legat, Thon, Büskens, Reha-Trainer Dr. Papadopoulos, Trainer Stevens, Torwarttrainer Gehrke. Vorne: Physiotherapeuten Drescher, Niehüser und Meyer, Mannschaftsarzt Dr. Rarreck, Grodas, Tapalovic, Reck, Schober, Betreuer Neumann, Zeugwarte Heil und Simon.

Milliardenliga zwischen Boom und Pleite

Borussia Dortmund

Torhüter		
Beer de, Wolfgang	0	0
Laux, Philipp	3	0
Lehmann, Jens	31	0
Abwehr		
Heinrich, Jörg	30	5
Kohler, Jürgen	28	0
Metzelder, Christoph	19	0
Nijhuis, Alfred	14	0
Reuter, Stefan	5	0
Wörns, Christian	23	3
Mittelfeld		
Bugri, Francis	0	0
But, Vladimir	0	0
Dede	31	3
Evanilson	28	3
Kapetanovic, Sead	5	0
Nerlinger, Christian	20	1
Oliseh, Sunday	22	0
Ricken, Lars	29	6
Rosicky, Tomás	15	0
Stevic, Miroslav	23	5
Angriff		
Addo, Otto	32	9
Bobic, Fredi	24	10
Herrlich, Heiko	10	7
Ikpeba, Victor	9	1
Krontiris, Emmanuel	3	0
Reina, Giuseppe	31	8
Sörensen, Jan Derek	9	0
Tanko, Ibrahim	9	0
Trainer		
Sammer, Matthias (geb. 5.9.67)		

Borussia Dortmund - *Hintere Reihe von links: Addo, Herrlich, Metzelder, Heinrich, Nijhuis, Ikpeba, Wörns, Oliseh, But, Kohler, Nerlinger. Mitte: Physiotherapeuten Peter, Kuhnt und Zöllner, Mannschaftsarzt Dr. Preuhs, Reina, Kapetanovic, Dede, Co-Trainer Kolodziej, Torwarttrainer Stahl, Co-Trainer Neuhaus, Trainer Sammer. Vorne: Zeugwart Wiegandt, Stevic, Tanko, Bugri, de Beer, Lehmann, Laux, Kleinsteiber, Gambo, Sahin, Ricken, Reuter.*

Bayer 04 Leverkusen

Torhüter		
Juric, Frank	6	0
Matysek, Adam	15	0
Zuberbühler, Pascal	13	0
Abwehr		
Hoffmann, Torben	6	0
Kovac, Robert	31	0
Lucio	15	5
Nowotny, Jens	28	1
Placente, Diego Rodolfo	12	0
Zivkovic, Boris	30	0
Mittelfeld		
Babic, Marko	3	0
Ballack, Michael	27	7
Dzaka, Anel	1	0
Gresko, Vratislav	6	0
Hejduk, Frankie	3	0
Neuendorf, Andreas	7	0
Ojigwe, Pascal	11	0
Ramelow, Carsten	32	2
Reeb, Jörg	17	0
Schneider, Bernd	31	2
Vranjes, Jurica	21	0
Zé Roberto	24	2
Angriff		
Berbatov, Dimitar	6	0
Brdaric, Thomas	18	3
Daun, Markus	3	0
Kirsten, Ulf	29	12
Neuville, Oliver	34	15
Ponte, Robson	12	0
Rink, Paulo Roberto	24	5
Trainer		
Daum, Christoph (geb. 24.10.53) bis 21.10.2000		
Völler, Rudi (geb. 13.4.60), 21.10. - 13.11.		
Vogts, Hans-Hubert (30.12.46), ab 14.11.		

Bayer 04 Leverkusen - *Hintere Reihe von links: Nowotny, Ramelow, Hoffmann, Ballack, Vranjes, Ponte, Gresko, Marquinhos, Rink, Brdaric. Mitte: Trainer Daum, Mentaltrainer Gerisch, Torwarttrainer Friese, Physiotherapeuten Trzolek und Glass, Reeb, Daun, Dzaka, Musawi, Physiotherapeut Rothweiler, Betreuer Zöller und Blum, Co-Trainer Koch. Vorne: Kovac, Kirsten, Zivkovic, Schneider, Juric, Matysek, Neuville, Ojigwe, Donovan, Neuendorf, Betreuer Wohner.*

Bundesliga 2000/2001

Hertha BSC Berlin

Torhüter
Eckhardt, Michael	0	0
Fiedler, Christian	0	0
Kiraly, Gabor	34	0

Abwehr
Burik van, Dick	29	2
Konstantinidis, Kostas	21	1
Rehmer, Marko	23	2
Simunic, Josip	14	0
Sverrisson, Eyjölfur	30	3

Mittelfeld
Beinlich, Stefan	15	5
Dardai, Pal	24	2
Deisler, Sebastian	25	4
Hartmann, Michael	34	2
Maas, Rob	6	0
Marx, Thorben	1	0
Sanneh, Anthony	12	0
Schmidt, Andreas	29	1
Thom, Andreas	1	0
Tretschok, René	29	2
Veit, Sixten	12	0
Wosz, Dariusz	22	3

Angriff
Alex Alves	23	8
Daei, Ali	23	3
Köhler, Benjamin	1	0
Michalke, Kai	4	2
Preetz, Michael	33	16
Reiss, Piotr	6	0
Roy, Bryan	8	1
Zilic, Sead	1	0

Trainer
Röber, Jürgen (geb. 25.12.53)

Hertha BSC Berlin - Hintere Reihe von links: Preetz, Marques, Konstantinidis, van Burik, Simunic, Sverrisson, Veit, Schmidt, Daei, Betreuer di Martino. Mitte: Mannschaftsarzt Dr. Schleicher, Trainer Röber, Co-Trainer Storck, Tretschok, Beinlich, Michalke, Roy, Reiss, Alves, Sanneh, Torwarttrainer Maric. Vorne: Masseur Bentin, Physiotherapeut Drill, Köhler, Eckhard, Kiraly, Fiedler, Hartmann, Dardai, Zeugwart Riedel, Busfahrer Kühnemann.

SC Freiburg

Torhüter
Golz, Richard	34	0
Reus, Timo	0	0
Schoppel, Manuel	0	0

Abwehr
Diarra, Boubacar	34	1
Hermel, Lars	8	0
Kehl, Sebastian	25	2
Kondé, Oumar	15	1
Müller, Stefan	13	1
Schumann, Daniel	21	1

Mittelfeld
Baya, Zoubaier	28	5
But, Vladimir	24	4
Coulibaly, Soumaila	28	2
Dreyer, Björn	3	1
Kobiaschwili, Levan	31	7
Kohl, Ralf	6	0
Ramdane, Abder	26	3
Willi, Tobias	25	0
Zandi, Ferydoon	7	0
Zeyer, Andreas	30	4
Zkitischwili, Levan	20	0

Angriff
Bruns, Florian	3	0
Dorn, Regis	15	4
Iaschwili, Alexander	26	4
Sellimi, Adel	26	10
Tanko, Ibrahim	5	1
Weißhaupt, Marco	21	1

Trainer
Finke, Volker (geb. 24.3.48)

SC Freiburg - Hintere Reihe von links: Willi, Dorn, Kehl, Hermel, Weißhaupt, Zkitischwili, Baya, Zandi, Ramdane, Borrozzino. Mitte: Physiotherapeut Vetter, Zeugwart Bauer, Co-Trainer Neitzel, Müller, Kobiaschwili, Kohl, Zeyer, Schumann, Physiotherapeut Schillinger, Mannschaftsarzt Roesinger, Trainer Finke. Vorne: Co-Trainer Sarstedt, Mannschaftsarzt Dr. Schmid, Diarra, Hügel, Bruns, Schoppel, Golz, Reus, Kondé, Dreyer, Sellimi, Iaschwili.

Milliardenliga zwischen Boom und Pleite

SV Werder Bremen

SV Werder Bremen - Hintere Reihe von links: Eilts, Flock, Pizarro, Dabrowski, Schierenbeck, Bode, Borowski, Baumann, Frey. Mitte: Sportdirektor Allofs, Trainer Schaaf, Banovic, Krstajic, Maximow, Bogdanovic, Wicky, Schmedes, Barten, Fütterer, Torwarttrainer Burdenski. Vorne: Wiedener, Skripnik, Herzog, Borel, Jürgen, Brasas, Rost, Ernst, Ailton, Frings.

Torhüter
Borel, Pascal	0	0
Brasas, Stefan	0	0
Rost, Frank	34	0

Abwehr
Barten, Mike	9	0
Baumann, Frank	30	2
Krstajic, Mladen	25	2
Schierenbeck, Björn	1	0
Skripnik, Victor	10	0
Tjikuzu, Razundara	13	0
Verlaat, Frank	19	1
Wiedener, Andree	6	0

Mittelfeld
Bode, Marco	26	5
Banovic, Ivica	17	0
Borowski, Tim	0	0
Dabrowski, Christoph	6	0
Eilts, Dieter	30	0
Ernst, Fabian	28	2
Flock, Dirk	1	0
Frey, Dieter	0	0
Frings, Torsten	30	1
Herzog, Andreas	32	2
Maximow, Juri	8	0
Stalteri, Paul	31	1
Trares, Bernhard	12	0
Wicky, Raphael	15	0

Angriff
Ailton	31	14
Bogdanovic, Rade	11	3
Lee, Dong-Gook	7	0
Pizarro, Claudio	31	19

Trainer
Schaaf, Thomas (geb. 30.4.61)

1. FC Kaiserslautern

1. FC Kaiserslautern - Hintere Reihe von links: Strasser, Ramzy, Hristov, Komljenovic, Klose, Samir, Schjönberg, H. Koch. Mitte: Trainer Rehhagel, Co-Trainer Stumpf, Lokvenc, Gabriel, Tare, Grammozis, Yakin, Reich, Marschall, Torwarttrainer Ehrmann, Physiotherapeut Weber, Masseur Loch. Vorne: Basler, Pettersson, Ratinho, Weidenfeller, G. Koch, Gospodarek, Buck, Adzic, Roos.

Torhüter
Koch, Georg	31	0
Weidenfeller, Roman	3	0

Abwehr
Hauck, Rainer	2	0
Klos, Tomasz	22	2
Koch, Harry	28	4
Komljenovic, Slobodan	16	1
Ramzy, Hany	27	1
Roos, Axel	3	0
Schjönberg, Michael	12	0
Stark, Marco	2	0
Yakin, Murat	9	0

Mittelfeld
Basler, Mario	21	4
Bjelica, Nenad	13	1
Buck, Andreas	20	0
Djorkaeff, Youri	26	3
Dominguez, José Manuel	7	1
Grammozis, Dimitrios	23	0
Hristov, Marian	31	4
Ratinho	9	0
Reich, Marco	18	2
Strasser, Jeff	30	2
Ziehl, Rüdiger	3	0

Angriff
Adzic, Silvio	6	1
Klose, Miroslav	29	9
Lokvenc, Vratislav	30	9
Marschall, Olaf	12	1
Pettersson, Jörgen	25	3
Tare, Igli	4	0
Toppmöller, Marco	2	0

Trainer
Rehhagel, Otto (geb. 9.8.38), bis 1.10.00
Brehme, Andreas (9.11.60), ab 6.10.00

VfL Wolfsburg

Torhüter
Hiemann, Holger	0	0
Reitmaier, Claus	34	0

Abwehr
Biliskov, Marino	20	0
Hengen, Thomas	31	0
Ifejiagwa, Emeka	8	0
Kryger, Waldemar	25	0
Müller, Sven	16	2
O'Neil, Brian	8	0
Schnoor, Stefan	17	2
Thomsen, Claus	4	1

Mittelfeld
Akonnor, Charles	27	5
Greiner, Frank	23	1
Kühbauer, Dietmar	28	7
Maltritz, Marcel	11	0
Munteanu, Dorinel	24	3
Nowak, Krzysztof	20	3
Sebescen, Zoltan	23	4
Siegert, Benjamin	1	0
Voss, Andreas	9	0
Wagner, Martin	2	0
Weiser, Patrick	32	0

Angriff
Akpoborie, Jonathan	20	8
Feldhoff, Markus	0	0
Juskowiak, Andrzej	30	12
Kennedy, Joshua	1	0
Maric, Tomislav	30	6
Rische, Jürgen	29	5

Trainer
Wolf, Wolfgang (geb. 24.9.57)

VfL Wolfsburg - Hintere Reihe von links: Mannschaftsarzt Dr. Pfeiler, Physiotherapeut Lossau, Feldhoff, Busch, Weiser, Nowak, Kryger, Rische. 2. Reihe: Müller, Juskowiak, Voss, Fahner, Maric, Maltritz, Betreuer Mies. 3. Reihe: Trainer Wolf, Physiotherapeut Kroß, Mannschaftsarzt Dr. Herbst, Sebescen, Thomsen, Biliskov, Akonnor, Zeugwart Rüttger, Torwarttrainer Hoßbach, Co-Trainer Higl. Vorne: Greiner, Wagner, O'Neil, Hiemann, Loboué, Reitmaier, Hengen, Kühbauer.

1. FC Köln

Torhüter
Bade, Alexander	5	0
Pröll, Markus	29	0

Abwehr
Bulajic, Spasoje	15	0
Cichon, Thomas	24	0
Cullmann, Carsten	25	3
Dziwior, Janosch	24	0
Keller, Jens	29	0
Sichone, Moses	26	0
Sinkala, Andrew	6	0

Mittelfeld
Baranek, Miroslav	16	2
Grlic, Ivica	2	0
Hauptmann, Ralf	13	0
Kreuz, Markus	25	6
Lottner, Dirk	31	11
Ouedraogo, Alhassane	1	0
Scherz, Matthias	30	3
Springer, Christian	29	6
Voigt, Alexander	26	1
Vukomanovic, Ivan	2	0
Wollitz, Claus-Dieter	2	0

Angriff
Arweladse, Archil	26	7
Donkov, Georgi	19	1
Dworrak, Markus	3	0
Kurth, Markus	26	7
Pivaljevic, Darko	5	1
Timm, Christian	32	8

Trainer
Lienen, Ewald (geb. 28.11.53)

1. FC Köln - Hintere Reihe von links: Grlic, Scherz, Lottner, Vukomanovic, Wollitz, Springer, Donkov, Cullmann, Cichon. Mitte: Co-Trainer Kocian, Betreuer Lüken, Busfahrer Dick, Hauptmann, Cannizarro, Voigt, Baranek, Dworrak, Bulajic, Dziwior, Pivaljevic, Keller, Mannschaftsärzte Dr. Schäferhoff und Böhle, Trainer Lienen. Vorne: Physiotherapeut Kuhlbach, Arweladse, Kreuz, Kurth, Pröll, Sichone, Bade, Timm, Gebhardt, Ouedraogo, Physiotherapeut Schäfer.

Milliardenliga zwischen Boom und Pleite

TSV München 1860

TSV München 1860 - Hintere Reihe von links: Co-Trainer Pacult, Ehlers, Stranzl, Greilich, Kurz, Zelic, Votava, Pfuderer, Paßlack, Winkler, Aygün, Schroth, Physiotherapeuten Frank und Rainer. Mitte: Torwarttrainer Boden, Cizek, Trainer Lorant, Lacic, Holzer, Max, Prosenik, Bierofka, Pürk, Beierle, Tapalovic, Borimirov, Agostino, Betreuer Hackl und Gandlgruber. Vorne: Häßler, Fröhlich, Tyce, Hofmann, Hoffmann, Jentzsch, Riedl, Cerny, Mykland.

Torhüter
Hofmann, Michael	8	0
Jentzsch, Simon	27	0

Abwehr
Ehlers, Uwe	15	0
Greilich, Holger	2	0
Hoffmann, Torben	14	0
Kurz, Marco	26	0
Paßlack, Stephan	10	0
Pfuderer, Achim	9	0
Riseth, Vidar	21	1
Stranzl, Martin	22	1
Tapalovic, Filip	10	0
Votava, Tomas	8	0
Zelic, Nedijeljko	27	0

Mittelfeld
Bierofka, Daniel	28	3
Borimirov, Daniel	25	3
Cerny, Harald	24	0
Häßler, Thomas	32	7
Mykland, Erik	21	0
Pürk, Marcus	6	0
Riedl, Thomas	11	0
Tyce, Roman	25	1

Angriff
Agostino, Paul	27	12
Beierle, Markus	18	2
Max, Martin	31	8
Schroth, Markus	13	2
Winkler, Bernhard	7	0

Trainer
Lorant, Werner (geb. 21.11.48)

FC Hansa Rostock

FC Hansa Rostock - Hintere Reihe von links: Jakobsson, Majak, Wibran, Benken, Ahanfouf, Schröder, Agali, Zallmann, Baumgart. Mitte: Physiotherapeut Scheller, Mannschaftsleiter Weidemann, Zeugwart Thiem, Physiotherapeut Meier, Lantz, Arvidsson, Lange, Oswald, Schneider, Holetschek, Mannschaftsarzt Dr. Adam, Co-Trainer Schlünz. Vorne: Weilandt, Breitkreutz, Emara, Pieckenhagen, Bräutigam, Klewer, Brand, Rydlewicz, Kovacec.

Torhüter
Bräutigam, Perry	0	0
Klewer, Daniel	0	0
Pieckenhagen, Martin	34	0

Abwehr
Benken, Sven	22	1
Jakobsson, Andreas	34	1
Oswald, Kai	27	0
Schneider, René	2	0
Schröder, Rayk	29	1
Weilandt, Hilmar	4	0
Zallmann, Marco	15	0

Mittelfeld
Brand, Christian	20	2
Breitkreutz, Matthias	8	1
Emara, Mohamed	24	0
Lange, Timo	13	1
Lantz, Marcus	26	0
Majak, Slawomir	25	4
Rydlewicz, René	30	5
Wibran, Peter	31	1
Yasser, Radwan	12	1

Angriff
Agali, Victor	22	5
Ahanfouf, Abdelaziz	4	0
Arvidsson, Magnus	29	4
Baumgart, Steffen	29	2
Fuchs, Henri	2	0
Kovacec, Kreso	8	1
Salou, Bachirou	11	3

Trainer
Zachhuber, Andreas (geb. 29.5.62)
bis 7.9.2000
Schlünz, Juri (geb. 27.7.61)
7.9. - 18.9.2000 (interim)
Funkel, Friedhelm (geb. 10.12.53)
ab 19.9.2000

Bundesliga 2000/2001

Hamburger SV

Torhüter
Butt, Hans-Jörg	32	3
Schober, Mathias	3	0

Abwehr
Fischer, Andreas	9	0
Fukal, Milan	12	0
Hertzsch, Ingo	27	1
Hoogma, Nico-Jan	31	1
Kientz, Jochen	12	1
Kruse, Benjamin	2	0
Panadic, Andrej	24	0
Ujfalusi, Tomas	19	0

Mittelfeld
Barbarez, Sergej	31	22
Cardoso, Rodolfo Esteban	8	1
Doll, Thomas	7	0
Groth, Martin	10	0
Hollerbach, Bernd	27	0
Kovac, Niko	25	4
Maul, Ronald	3	0
Sandmann, Jan	5	0
Spörl, Harald	3	0
Töfting, Stig	28	2

Angriff
Bester, Marinus	11	2
Hashemian, Vahid	1	0
Heinz, Marek	26	4
Ketelaer, Marcel	14	1
Mahdavikia, Mehdi	29	5
Meijer, Erik	12	3
Präger, Roy	28	5
Yeboah, Anthony	14	2
Yilmaz, Mahmut	10	0

Trainer
Pagelsdorf, Frank (geb. 5.2.58)

Hamburger SV - Hintere Reihe von links: Busfahrer Ahlert, Betreuer Römer, Sandmann, Panadic, Bester, Dembinski, Bäron, Hoogma, Fischer, Heinz, Physiotherapeuten Rieger und Adam. 2. Reihe: Zeugwart Freytag, Töfting, Barbarez, Uysal, Kruse, Kovac, Gravesen, Babatz, Mannschaftsarzt Dr. Schwartz. 3. Reihe: Mahdavikia, Hashemian, Hertzsch, Wehlmann, Butt, Hillenbrand, Grubac, Yilmaz, Maul. Vorne: Spörl, Cardoso, Hollerbach, Groth, Reha-Trainer Kleimaker, Co-Trainer Reutershahn, Trainer Pagelsdorf, Torwarttrainer Rieckhof, Yeboah, Präger, Ketelaer, Doll.

FC Energie Cottbus

Torhüter
Köhler, Thomas	0	0
Piplica, Tomislav	34	0

Abwehr
Beeck, Christian	17	0
Hujdurovic, Faruk	26	1
Matyus, Janos	23	2
McKenna, Kevin	2	0
Sebök, Vilmos	25	1
Vata, Rudi	30	1

Mittelfeld
Akrapovic, Bruno	30	0
Heidrich, Steffen	2	0
Kobylanski, Andrzej	29	3
Latoundji, Moussa	26	0
Micevski, Toni	16	2
Miriuta, Vasile	29	11
Reghecampf, Laurentiu A.	26	2
Rödlund, Jonny	7	0
Scherbe, Jörg	19	0
Thielemann, Ronny	16	0
Wawrzyczek, Witold	6	0
Zvetanov, Zanko	5	0

Angriff
Franklin	23	4
Helbig, Sebastian	28	4
Horvath, Ferenc	9	0
Ilie, Sabin	10	0
Konetzke, Toralf	0	0
Labak, Antun	30	7

Trainer
Geyer, Eduard (geb. 7.10.44)

FC Energie Cottbus - Hintere Reihe von links: Beeck, Helbig, Heidrich, Akrapovic, Labak, Kobylanski, Zvetanov, Latoundji. Mitte: Trainer Geyer, Co-Trainer Reeck und Sander, Micevski, Sebök, Matyus, Wawrzyczek, Horvath, Miriuta, Physiotherapeut Heinrich, Teamleiter Prinz. Vorne: Scherbe, Rödlund, Trehkopf, Vata, Köhler, Piplica, Konetzke, Franklin, Rachwal, Thielemann.

VfB Stuttgart

Torhüter
Ernst, Thomas	2	0
Hildebrand, Timo	32	0

Abwehr
Blank, Stefan	7	0
Bordon, Marcelo José	28	0
Carnell, Bradley	20	0
Hinkel, Andreas	10	0
Marques, Rui Manuel	12	0
Meißner, Silvio	22	0
Schneider, Thomas	18	0
Soldo, Zvonimir	28	2
Wenzel, Timo	7	0

Mittelfeld
Balakov, Krassimir	28	6
Djordjevic, Kristijan	12	0
Endress, Jochen	10	0
Gerber, Heiko	20	2
Hleb, Aliaksandr	6	0
Kauf, Rüdiger	12	0
Lisztes, Krisztian	23	3
Pinto, Roberto	19	0
Seitz, Jochen	25	1
Thiam, Pablo	29	4
Tiffert, Christian	6	0
Todt, Jens	14	0

Angriff
Adhemar	11	7
Dundee, Sean	28	6
Ganea, Ioan Viorel	32	8
Hosny, Ahmed Salah	8	0
Vaccaro, Angelo	2	0

Trainer
Rangnick, Ralf (geb. 29.6.58)
bis 23.2.2001
Magath, Felix (geb. 26.7.53)
ab 24.2.2001

VfB Stuttgart - Hintere Reihe von links: Trainer Rangnick, Co-Trainer Starzmann, Torwarttrainer Rücker, Konditionstrainer Stock, Masseur Egger, Kraft und Wörn, Zeugwart Seitz. 2. Reihe: Blank, Bordon, Wenzel, Soldo, Todt, Hinkel, Hosny, Kuka, Dangelmayr, Seitz. 3. Reihe: Ganea, Amanatidis, Lisztes, Gerber, Djordjevic, Hleb, Dundee, Thiam, Schneider. Vorne: Catizone, Meißner, Pinto, Miller, Hildebrand, Trautner, Chvalovsky, Kauf, Carnell, Balakov.

SpVgg Unterhaching

Torhüter
Tremmel, Gerhard	32	0
Wittmann, Jürgen	2	0

Abwehr
Bergen, Jörg	5	0
Bucher, Ralf	7	0
Grassow, Dennis	18	0
Hertl, Björn	2	0
Herzog, Hendrik	18	1
Seifert, Jan	29	3
Strehmel, Alexander	32	2

Mittelfeld
Cizek, Martin	14	0
Haber, Marco	29	0
Hirsch, Dietmar	22	1
Kögl, Ludwig	5	0
Novak, Dzoni	9	0
Oberleitner, Markus	30	3
Schwarz, Danny	34	1
Straube, Oliver	26	4
Zimmermann, Matthias	32	1

Angriff
Ahanfouf, Abdelaziz	10	1
Breitenreiter, André	30	8
Bugera, Alexander	7	0
Copado, Francisco	5	0
Garcia, Alfonso	7	0
Rraklli, Altin	30	4
Spizak, Miroslaw	23	5
Zdrilic, David Allen	16	1

Trainer
Köstner, Lorenz-Günther (geb. 30.1.52)

SpVgg Unterhaching - Hintere Reihe von links: Grassow, Garcia, Hirsch, Bugera, Hofmann, Spizak, Schwarz, Glas, Zdrilic, Matthias Zimmermann, Bergen. Mitte: Betreuer Binderberger und Pflüger, Physiotherapeuten Le Berre und Veronik, Mannschaftsärzte Dr. Englhard und Dr. Nieper, Iseli, Seifert, Zeiler, Rraklli, Reha-Trainer Babock, Co-Trainer Deutinger, Trainer Köstner. Vorne: Oberleitner, Kögl, Straube, Strehmel, Sirch, Tremmel, Wittmann, Hertl, Mark Zimmermann, Breitenreiter, Haber.

Bundesliga 2000/2001

Eintracht Frankfurt

Torhüter
Heinen, Dirk	30	0
Nikolov, Oka	4	0
Schmitt, Sven	2	0

Abwehr
Berntsen, Tommy	3	0
Bindewald, Uwe	14	0
Bulut, Erol	2	0
Hubtchev, Petr	18	0
Kracht, Torsten	32	0
Kutschera, Alexander	22	1
Lösch, Markus	15	0
Maljkovic, Vladimir	3	0
Rada, Karel	11	0

Mittelfeld
Branco, Serge	18	2
Deißenberger, Peter	1	0
Gebhardt, Marco	17	3
Gemiti, Giuseppe	3	0
Guié-Mien, Rolf-Christel	25	2
Heldt, Horst	34	5
Mutzel, Michael	18	0
Preuß, Christoph	21	1
Rasiejewski, Jens	12	0
Rosen, Alexander	3	0
Schur, Alexander	24	1
Sobotzik, Thomas	22	2
Streit, Albert	4	0
Wimmer, Gerd	23	1
Zinnow, Stefan	2	0

Angriff
Ciric, Sasa	9	1
Fjörtoft, Jan-Aage	14	3
Jones, Jermaine	2	0
Kryszalowicz, Pawel	18	7
Reichenberger, Thomas	26	6
Salou, Bachirou	2	0
Schmitt, Ralf	1	0
Yang, Chen	15	4

Trainer
Magath, Felix (geb. 26.7.53), bis 29.1.01
Dohmen, Rolf (geb. 4.4.52), 29.1. - 2.4.01
Rausch, Friedel (geb. 27.2.40), ab 3.4.01

Eintracht Frankfurt - Hintere Reihe von links: Ciric, Fjörtoft, Kracht, Salou, Yang, Weber, Bindewald, Schur, Hubtchev, Kutschera, Hrutka, R. Schmitt. Mitte: Trainer Magath, Co-Trainer Kaltz, Sobotzik, Guié-Mien, Mutzel, Schneider, Bulut, Gerster, Lösch, Zeugwart Lutz, Physiotherapeut Meinl. Vorne: Reichenberger, Heldt, Zampach, Gebhardt, Nikolov, Heinen, S. Schmitt, Deißenberger, Falk, Rasiejewski, Janßen.

VfL Bochum

Torhüter
Duijnhoven van, Rein	33	0
Ernst, Thomas	1	0
Vander, Christian	2	0

Abwehr
Bemben, Michael	17	0
Dickhaut, Mirko	20	0
Fahrenhorst, Frank	18	2
Mamic, Zoran	22	0
Milinovic, Damir	20	0
Ristau, Hilko	13	0
Schröder, Rouven	8	0
Stickroth, Thomas	10	0
Sundermann, Axel	12	0
Toplak, Samir	10	0

Mittelfeld
Bastürk, Yildiray	29	4
Colding, Sören	16	0
Covic, Ante	5	0
Freier, Paul	22	1
Lust, Matthias	3	0
Mandreko, Sergej	23	0
Meichelbeck, Martin	19	0
Reis, Thomas	12	3
Rietpietsch, Mike	5	0
Schindzielorz, Sebastian	30	2
Schreiber, Olaf	7	0
Siebert, Sascha	1	0

Angriff
Baluszynski, Henryk	11	0
Buckley, Delron	19	2
Christiansen, Thomas	12	1
Drincic, Zdravko	16	3
Maric, Marijo	26	8
Müller, René	1	0
Peschel, Peter	20	3
Weber, Achim	9	1

Trainer
Zumdick, Ralf (geb. 10.5.58), bis 12.2.01
Schafstall, Rolf (geb. 22.2.37), ab 12.2.01

VfL Bochum - Hintere Reihe von links: Lust, Müller, Toplak, Stickroth, Ristau, Meichelbeck, Fahrenhorst, Mamic, Milinovic, Drincic, Weber. Mitte: Mannschaftsärzte Dr. Zülch und Dr. Bauer, Zeugwart Pahl, Sundermann, Baluszynski, Bemben, Rietpietsch, Mandreko, Maric, Dickhaut, Co-Trainer Heinemann, Trainer Zumdick. Vorne: Masseur Zivanovic, Freier, Covic, Peschel, van Duijnhoven, Vander, Ernst, Bastürk, Schindzielorz, Schreiber, Physiotherapeut Dolls.

Milliardenliga zwischen Boom und Pleite

1. Spieltag: Samstag, 12.8.2000

Wiederaufsteiger Bochum stürmt den „Betze"

Borussia Dortmund - FC Hansa Rostock (Fr., 11.8.) 1:0 (0:0)
Dortmund: Lehmann - Metzelder, Heinrich, Kohler (73. Nijhuis) - Evanilson, Stevic, Oliseh, Kapetanovic - Reina (90. Tanko), Herrlich, Ikpeba (69. Addo)
Rostock: Pieckenhagen - Zallmann, Jakobsson, Schneider (38. Benken) - Rydlewicz, Wibran, Lantz, Brand (73. Ahanfouf), Emara - Baumgart (64. Arvidsson), Agali
Tor: 1:0 Herrlich (61.) - **SR:** Keßler (Höhenkirchen) - **ZS:** 61.000 - **Gelb:** Evanilson - Schneider, Emara, Rydlewicz, Ahanfouf, Agali

Bayer 04 Leverkusen - VfL Wolfsburg 2:0 (2:0)
Leverkusen: Zuberbühler - Zivkovic, Nowotny, Kovac - Reeb, Neuville (79. Ponte), Ramelow, Ballack, Gresko - Kirsten (73. Schneider), Rink (85. Brdaric)
Wolfsburg: Reitmaier - O'Neil, Hengen, Kryger - Maltritz, Sebescen, Nowak (77. Akonnor), Kühbauer (46. Maric), Munteanu, Wagner (46. Weiser) - Juskowiak
Tore: 1:0, 2:0 Kirsten (14., 24. FE) - **SR:** Steinborn (Sinzig) - **ZS:** 22.000 - **Gelb:** Kühbauer, O'Neil

FC Bayern München - Hertha BSC Berlin 4:1 (1:0)
FC Bayern: Kahn - Sagnol, Andersson, Linke, Tarnat - Wiesinger, Fink (83. Hargreaves), Sforza, Scholl - Jancker (83. Salihamidzic), Santa Cruz (67. Zickler)
Hertha BSC: Kiraly - van Burik, Tretschok (85. Simunic), Sverrisson (71. Sanneh) - Rehmer, Deisler, Schmidt (71. Daei), Beinlich, Wosz, Hartmann - Preetz
Tore: 1:0 Scholl (9., FE), 2:0 Jancker (65.), 3:0 Zickler (81.), 4:0 Salihamidzic (88.), 4:1 Daei (89.) - **SR:** Dr. Merk (Kaiserslautern) - **ZS:** 57.000 - **Gelb:** Sforza

1. FC Kaiserslautern - VfL Bochum 0:1 (0:0)
1. FCK: G. Koch - H. Koch (46. Roos), Yakin, Schjönberg - Basler, Ramzy, Hristov (73. Pettersson), Strasser, Reich (37. Buck) - Lokvenc, Djorkaeff
Bochum: van Duijnhoven - Bemben, Mamic, Stickroth, Meichelbeck - Peschel, Schindzielorz, Bastürk (75. Freier), Dickhaut (86. Milinovic), Buckley - Weber (90. Maric)
Tor: 0:1 Buckley (62.) - **SR:** Dr. Fleischer (Hallstadt) - **ZS:** 38.355 - **Gelb:** Hristov - Bemben, Schindzielorz, Weber

SV Werder Bremen - FC Energie Cottbus 3:1 (2:1)
Bremen: Rost - Tjikuzu, Baumann, Verlaat, Skripnik - Eilts (73. Frings), Herzog, Wicky, Bode (77. Trares) - Stalteri (81. Bogdanovic), Pizarro
Cottbus: Piplica - McKenna (76. Micevski), Beeck, Matyus - Reghecampf, Thielemann, Latoundji, Miriuta, Zvetanov - Franklin (65. Helbig), Labak (50. Horvath)
Tore: 0:1 Miriuta (16.), 1:1 Stalteri (34.), 2:1 Bode (45.), 3:1 Pizarro (70.) - **SR:** Stark (Landshut) - **ZS:** 30.660 - **Gelb:** Eilts, Pizarro, Verlaat - McKenna, Beeck, Zvetanov, Franklin

Hamburger SV - TSV München 1860 2:2 (2:2)
HSV: Butt - Panadic, Hoogma, Hertzsch - Groth, Kovac, Barbarez (60. Heinz), Hollerbach - Präger, Yeboah (66. Bester), Ketelaer (75. Doll)
1860: Hofmann - Paßlack, Zelic, Kurz, Stranzl - Cerny, Mykland, Häßler (70. Votava, 79. Borimirov), Bierofka - Agostino (46. Winkler), Max
Tore: 0:1 Agostino (6.), 0:2 Max (7.), 1:2 Ketelaer (34.), 2:2 Präger (45.) - **SR:** Fandel (Kyllburg) - **ZS:** 38.167 - **Gelb:** Kovac, Ketelaer - Kurz - **Gelb-Rot:** Stranzl (82.)

SC Freiburg - VfB Stuttgart 4:0 (2:0)
Freiburg: Golz - Schumann, Kehl, Diarra - Dreyer (59. Müller), Ramdane (63. Coulibaly), Zeyer, Baya, Kobiaschwili - Weißhaupt (57. Dorn), Iaschwili
Stuttgart: Hildebrand - Schneider (46. Endress), Soldo, Bordon (29. Seitz), Carnell - Pinto, Lisztes, Thiam, Balakov, Hosny (64. Ganea) - Dundee
Tore: 1:0 Dreyer (4.), 2:0 Zeyer (28.), 3:0 Baya (48.), 4:0 Dorn (80.) - **SR:** Krug (Gelsenkirchen) - **ZS:** 25.000 (ausverkauft) - **Gelb:** Dreyer - Lisztes

Eintracht Frankfurt - SpVgg Unterhaching (So., 13.8.) 3:0 (1:0)
Frankfurt: Heinen - Lösch (46. Kutschera), Hubtchev, Kracht, Rasiejewski (79. Bulut) - Wimmer (66. Preuß), Guié-Mien, Heldt, Sobotzik - Reichenberger, Ciric
Unterhaching: Wittmann - Grassow, Strehmel, Hirsch - Haber, Oberleitner (52. Breitenreiter), Zimmermann, Schwarz, Copado (57. Bugera), Straube - Rraklli (84. Seifert)
Tore: 1:0 Kracht (29.), 2:0 Ciric (49.), 3:0 Heldt (79., FE) - **SR:** Strampe (Handorf) - **ZS:** 28.500 - **Gelb:** Wimmer - Haber

FC Schalke 04 - 1. FC Köln (So., 13.8.) 2:1 (2:0)
Schalke: Reck - Hajto, Waldoch, van Kerckhoven - Latal (81. Eigenrauch), Oude Kamphuis, Möller, Nemec (69. van Hoogdalem), Böhme - Sand, Mpenza (69. Mulder)
Köln: Pröll - Cullmann, Lottner (77. Kreuz), Keller - Timm, Hauptmann, Baranek (50. Scherz), Voigt, Springer - Arweladse (73. Donkov), Kurth
Tore: 1:0 Sand (12.), 2:0 Mpenza (37.), 2:1 Hajto (89., ET) - **SR:** Albrecht (Kaufbeuren) - **ZS:** 62.000 - **Gelb:** Hajto, Sand - Voigt, Lottner, Kurth

	Sp.	g.	u.	v.	Tore	Diff.	Punkte
1. SC Freiburg	1	1	0	0	4 : 0	+ 4	3
2. Bayern München	1	1	0	0	4 : 1	+ 3	3
3. Eintracht Frankfurt	1	1	0	0	3 : 0	+ 3	3
4. Werder Bremen	1	1	0	0	3 : 1	+ 2	3
5. Bayer Leverkusen	1	1	0	0	2 : 0	+ 2	3
6. Schalke 04	1	1	0	0	2 : 1	+ 1	3
7. Borussia Dortmund	1	1	0	0	1 : 0	+ 1	3
. VfL Bochum	1	1	0	0	1 : 0	+ 1	3
9. TSV München 1860	1	0	1	0	2 : 2	± 0	1
. Hamburger SV	1	0	1	0	2 : 2	± 0	1
11. 1. FC Köln	1	0	0	1	1 : 2	- 1	0
12. 1. FC Kaiserslautern	1	0	0	1	0 : 1	- 1	0
. Hansa Rostock	1	0	0	1	0 : 1	- 1	0
14. Energie Cottbus	1	0	0	1	1 : 3	- 2	0
15. VfL Wolfsburg	1	0	0	1	0 : 2	- 2	0
16. Hertha BSC Berlin	1	0	0	1	1 : 4	- 3	0
17. SpV. Unterhaching	1	0	0	1	0 : 3	- 3	0
18. VfB Stuttgart	1	0	0	1	0 : 4	- 4	0

2. Spieltag: Samstag, 19.8.2000

Mpenza und Juskowiak im Dreierpack

FC Energie Cottbus - Borussia Dortmund (Fr., 18.8.) 1:4 (0:1)
Cottbus: Piplica - Thielemann, Vata, Beeck, Matyus - Micevski (66. Helbig), Akrapovic, Miriuta, Latoundji - Labak (77. Horvath), Heidrich (61. Franklin)
Dortmund: Lehmann - Metzelder, Heinrich, Kohler - Evanilson, Stevic, Oliseh, Dede (69. Kapetanovic) - Addo (86. Tanko), Herrlich, Ikpeba (69. Reina)
Tore: 0:1 Evanilson (9.), 0:2 Stevic (59.), 0:3 Herrlich (64.), 1:3 Miriuta (68., FE), 1:4 Herrlich (81.) - **SR:** Dr. Wack (Biberbach) - **ZS:** 19.500 - **Gelb:** Matyus, Vata - Dede, Stevic, Lehmann

VfL Wolfsburg - 1. FC Kaiserslautern 4:0 (1:0)
Wolfsburg: Reitmaier - O'Neil, Hengen, Maltritz - Sebescen (66. Greiner), Kühbauer, Akonnor, Munteanu (65. Nowak), Wagner (71. Biliskov) - Juskowiak, Rische
1. FCK: G. Koch - H. Koch, Yakin, Schjönberg (38. Grammozis) - Basler, Pettersson (84. Komljenovic), Ramzy, Djorkaeff, Strasser, Hristov (68. Tare) - Lokvenc
Tore: 1:0 Juskowiak (35.), 2:0 Rische (54.), 3:0 Juskowiak (69.), 4:0 Juskowiak (81.) - **SR:** Sippel (München) - **ZS:** 15.123 - **Gelb:** Hengen, Akonnor - Grammozis, Djorkaeff - **Gelb-Rot:** Ramzy (25.)

VfL Bochum - FC Bayern München 0:3 (0:3)
Bochum: van Duijnhoven - Bemben (41. Toplak), Stickroth, Mamic (74. Milinovic), Meichelbeck - Peschel, Schindzielorz, Bastürk, Dickhaut, Buckley - Weber (81. Covic)
FC Bayern: Kahn - Sagnol, Andersson, Linke, Tarnat (79. Lizarazu) - Salihamidzic, Fink, Sforza, Scholl - Jancker (70. di Salvo), Zickler (10. Santa Cruz)
Tore: 0:1 Jancker (16.), 0:2 Santa Cruz (19.), 0:3 Jancker (23.) - **SR:** Berg (Konz) - **ZS:** 32.645 (ausverkauft) - **Gelb:** Schindzielorz - **B.V.:** van Duijnhoven hält FE von Salihamidzic (40.)

Hertha BSC Berlin - Hamburger SV 4:0 (3:0)
Hertha BSC: Kiraly - Rehmer, van Burik (56. Konstantinidis), Tretschok, Hartmann (46. Michalke) - Deisler (71. Simunic), Schmidt, Wosz, Beinlich - Preetz, Reiss
HSV: Butt - Panadic, Hoogma, Hertzsch - Groth, Kovac, Barbarez (46. Töfting), Maul - Präger, Yeboah (46. Heinz), Ketelaer (71. Mahdavikia)
Tore: 1:0 Beinlich (18.), 2:0 Beinlich (32.), 3:0 Hartmann (34.), 4:0 Rehmer (75.) - **SR:** Aust (Köln) - **ZS:** 48.555 - **Gelb:** Beinlich, Hartmann, Wosz, Deisler - Heinz, Töfting - **Gelb-Rot:** Panadic (30.)

TSV München 1860 - SV Werder Bremen 2:1 (1:1)
1860: Hofmann - Paßlack (17. Tapalovic), Zelic, Kurz - Cerny, Borimirov (66. Riedl), Häßler, Mykland, Bierofka - Max (73. Winkler), Agostino
Bremen: Rost - Tjikuzu, Baumann, Verlaat, Skripnik - Herzog (67. Flock), Eilts (80. Trares), Frings, Wicky, Bode (73. Ernst) - Stalteri
Tore: 0:1 Herzog (14.), 1:1 Häßler (44.), 2:1 Agostino (81.) - **SR:** Heynemann (Magdeburg) - **ZS:** 28.200 - **Gelb:** Borimirov

VfB Stuttgart - Bayer 04 Leverkusen 4:1 (2:0)
Stuttgart: Hildebrand - Th. Schneider (79. Seitz), Soldo, Endress, Carnell - Pinto, Thiam, Balakov, Lisztes, Gerber (74. Djordjevic) - Dundee (82. Ganea)
Leverkusen: Zuberbühler - Zivkovic (42. B. Schneider), Nowotny (46. Vranjes), Kovac - Reeb, Neuville, Ramelow, Ballack, Gresko (58. Ponte) - Kirsten, Rink
Tore: 1:0 Gerber (31.), 2:0 Kovac (38., ET), 2:1 Ballack (61.), 3:1 Lisztes (62.), 4:1 Gerber (71.) - **SR:** Fandel (Kyllburg) - **ZS:** 25.000 - **Gelb:** Gerber - Kirsten, Neuville, Vranjes, Kovac

SpVgg Unterhaching - SC Freiburg 1:1 (1:0)
Unterhaching: Wittmann - Grassow, Strehmel, Seifert - Hertl (78. Garcia), Schwarz, Oberleitner (59. Hirsch), Zimmermann, Straube - Rraklli, Breitenreiter (65. Zdrilic)
Freiburg: Golz - Schumann, Kehl, Diarra - Dreyer (46. Coulibaly), Ramdane (72. Dorn), Zeyer, Baya, Kobiaschwili - Weißhaupt (62. Zkitischwili), Iaschwili
Tore: 1:0 Rraklli (44.), 1:1 Kobiaschwili (55., FE) - **SR:** Wagner (Hofheim) - **ZS:** 10.200 - **Gelb:** Grassow - Schumann, Zkitischwili

1. FC Köln - Eintracht Frankfurt (So., 20.8.) 4:1 (2:0)
Köln: Pröll - Sichone, Cichon (65. Bulajic), Keller - Scherz (84. Donkov), Hauptmann, Lottner (72. Kreuz), Voigt, Springer - Arweladse, Timm
Frankfurt: Heinen - Kutschera, Hubtchev, Kracht, Rasiejewski - Guié-Mien (65. Preuß), Sobotzik, Lösch (46. Reichenberger), Heldt, Gebhardt (46. Bulut) - Ciric
Tore: 1:0 Voigt (25.), 2:0 Scherz (39.), 3:0 Springer (58.), 3:1 Kutschera (82.), 4:1 Kreuz (90.) - **SR:** Jansen (Essen) - **ZS:** 35.000 - **Gelb:** Lösch

FC Hansa Rostock - FC Schalke 04 (So., 20.8.) 0:4 (0:3)
Rostock: Pieckenhagen - Zallmann, Jakobsson, Oswald - Rydlewicz, Wibran, Lantz, Brand (36. Baumgart), Emara - Arvidsson (54. Ahanfouf), Agali
Schalke: Reck - Hajto, Waldoch, van Kerckhoven - Latal (80. Eigenrauch), Oude Kamphuis, Möller, Nemec, Böhme - Sand (76. Mikolajczak), Mpenza (63. Asamoah)
Tore: 0:1, 0:2 Mpenza (25., 30.), 0:3 Sand (40.), 0:4 Mpenza (51.) - **SR:** Kemmling - **ZS:** 15.000 (ausv.) - **Gelb:** Lantz - Nemec, Böhme, Reck - **Gelb-Rot:** Ahanfouf (85.) - **B.V.:** Reck hält FE von Wibran (73.)

	Sp.	g.	u.	v.	Tore	Diff.	Punkte
1. Bayern München	2	2	0	0	7 : 1	+ 6	6
2. Schalke 04	2	2	0	0	6 : 1	+ 5	6
3. Borussia Dortmund	2	2	0	0	5 : 1	+ 4	6
4. SC Freiburg	2	1	1	0	5 : 1	+ 4	4
5. TSV München 1860	2	1	1	0	4 : 3	+ 1	4
6. 1. FC Köln	2	1	0	1	5 : 3	+ 2	3
7. VfL Wolfsburg	2	1	0	1	4 : 2	+ 2	3
8. Hertha BSC Berlin	2	1	0	1	5 : 4	+ 1	3
9. Werder Bremen	2	1	0	1	4 : 3	+ 1	3
10. Eintracht Frankfurt	2	1	0	1	4 : 4	± 0	3
11. VfB Stuttgart	2	1	0	1	4 : 5	- 1	3
12. Bayer Leverkusen	2	1	0	1	3 : 4	- 1	3
13. VfL Bochum	2	1	0	1	1 : 3	- 2	3
14. SpV. Unterhaching	2	0	1	1	1 : 4	- 3	1
15. Hamburger SV	2	0	1	1	2 : 6	- 4	1
16. Energie Cottbus	2	0	0	2	2 : 7	- 5	0
17. 1. FC Kaiserslautern	2	0	0	2	0 : 5	- 5	0
. Hansa Rostock	2	0	0	2	0 : 5	- 5	0

Bundesliga 2000/2001

3. Spieltag: Mittwoch, 6.9.2000
Ostklubs weiterhin punktlos

FC Schalke 04 - FC Energie Cottbus (Di., 5.9.) 3:0 (2:0)
Schalke: Reck - Hajto, Waldoch, van Kerckhoven - Latal, Oude Kamphuis, Möller, Nemec (76. Thon), Böhme - Sand (72. Asamoah), Mpenza (72. Mulder)
Cottbus: Piplica - Thielemann, Sebök, Matyus (51. Scherbe) - Reghecampf, Akrapovic, Miriuta, Vata, Latoundji - Horvath (72. Rödlund), Helbig (88. Kobylanski)
Tore: 1:0 Sand (6.), 2:0 Sand (8.), 3:0 Sand (50.) - **SR:** Steinborn (Sinzig) - **ZS:** 36.200 - **Gelb:** Latal - Reghecampf, Thielemann, Helbig, Scherbe - **B.V.:** Piplica hält HE von Möller (70.)

1. FC Kaiserslautern - VfB Stuttgart (Di., 5.9.) 1:0 (1:0)
1. FCK: G. Koch - Klos, Yakin, H. Koch - Basler, Grammozis, Klose (60. Hristov), Komljenovic, Strasser (77. Roos) - Djorkaeff (90. Pettersson), Lokvenc
Stuttgart: Hildebrand - Schneider (3. Balk), Soldo, Endress, Carnell - Pinto (78. Seitz), Lisztes, Thiam, Balakov (56. Ganea), Gerber - Dundee
Tor: 1:0 Basler (3.) - **SR:** Dr. Wack (Biberbach) - **ZS:** 37.594 - **Gelb:** Djorkaeff, Yakin, Roos - Schneider, Soldo, Pinto

SC Freiburg - 1. FC Köln (Di., 5.9.) 0:0
Freiburg: Golz - Schumann (46. Bruns), Müller, Diarra - Willi, Ramdane (63. Kobiaschwili), Zeyer (85. Dorn), Baya, Zkitischwili - Coulibaly, Iaschwili
Köln: Pröll - Bulajic, Cichon, Keller - Scherz, Cullmann, Kreuz (89. Hauptmann), Voigt (90. Lottner), Springer - Timm, Arwelaedse (75. Donkov)
SR: Meyer (Braunschweig) - **ZS:** 25.000 (ausverkauft) - **Gelb:** Ramdane - Voigt, Keller, Springer

Bayer 04 Leverkusen - SpVgg Unterhaching (Di., 5.9.) 1:0 (1:0)
Leverkusen: Zuberbühler - Zivkovic, Nowotny, Kovac - Neuville, Vranjes, Ramelow (69. Neuendorf), Ballack (84. Schneider), Zé Roberto - Kirsten (80. Brdaric), Rink
Unterhaching: Tremmel - Seifert, Strehmel, Grassow - Haber, Zimmermann (84. Bergen), Schwarz, Oberleitner (64. Breitenreiter), Hirsch, Straube - Rrakli (46. Spizak)
Tor: 1:0 Ballack (23.) - **SR:** Zerr (Ottersweier) - **ZS:** 22.000 - **Gelb:** Ramelow, Kovac, Nowotny, Kirsten, Rink - Grassow, Seifert - **Rot:** Haber (41.)

Borussia Dortmund - TSV München 1860 2:3 (1:1)
Dortmund: Lehmann - Metzelder, Heinrich, Kohler - Evanilson, Stevic (90. Nijhuis), Oliseh (72. Ricken), Dede - Addo (63. Reina), Herrlich, Ikpeba
1860: Hofmann (28. Jentzsch) - Tapalovic, Zelic, Kurz, Stranzl - Cerny, Mykland, Häßler (85. Pürk), Bierofka (46. Borimirov) - Max, Agostino
Tore: 0:1 Max (34.), 1:1 Ikpeba (37.), 1:2 Stranzl (49.), 2:2 Herrlich (54.), 2:3 Agostino (86.) - **SR:** Berg (Konz) - **ZS:** 59.000 - **Gelb:** Heinrich, Oliseh, Evanilson - Bierofka, Borimirov

FC Bayern München - VfL Wolfsburg 3:1 (2:0)
FC Bayern: Kahn - Salihamidzic, Andersson, Kuffour (46. Linke), Tarnat - Wiesinger, Sforza, Fink, Scholl - Santa Cruz (60. Zickler, 67. Sagnol), Jancker
Wolfsburg: Reitmaier - O'Neil, Hengen (75. Munteanu), Biliskov (70. Kryger) - Sebescen, Nowak, Kühbauer, Akonnor, Weiser - Maric (80. Rische), Juskowiak
Tore: 1:0 Scholl (19., FE), 2:0 Jancker (36.), 2:1 Akonnor (59.), 3:1 Fink (87.) - **SR:** Wagner (Hofheim) - **ZS:** 41.000 - **Gelb:** O'Neil, Kühbauer, Kryger, Akonnor

Hertha BSC Berlin - VfL Bochum 4:0 (3:0)
Hertha BSC: Kiraly - Rehmer (35. Sverrisson), Tretschok, van Burik - Deisler (61. Michalke), Schmidt, Wosz, Beinlich, Hartmann - Preetz, Alves (71. Reiss)
Bochum: van Duijnhoven - Bemben (46. Milinovic), Stickroth, Mamic, Meichelbeck (64. Mandreko) - Peschel, Schindzielorz, Bastürk, Dickhaut, Buckley - Weber (60. Covic)
Tore: 1:0 Preetz (20.), 2:0 Alves (35.), 3:0 Hartmann (43.), 4:0 Preetz (60.) - **SR:** Strampe (Handorf) - **ZS:** 30.944 - **Gelb:** Peschel, Dickhaut

Eintracht Frankfurt - FC Hansa Rostock 4:0 (0:0)
Frankfurt: Heinen - Kutschera, Hubtchev, Kracht - Wimmer, Guié-Mien, Heldt, Schur, Rosen (72. Preuß) - Reichenberger (84. Salou), Ciric (70. Mutzel)
Rostock: Pieckenhagen - Benken, Jakobsson, Schröder (46. Schneider) - Lange (63. Arvidsson), Wibran, Yasser, Lantz, Emara (72. Brand) - Kovacec, Agali
Tore: 1:0 Reichenberger (60.), 2:0 Heldt (65., FE), 3:0 Heldt (79., FE), 4:0 Reichenberger (81.) - **SR:** Weiner (Hildesheim) - **ZS:** 20.500 - **Gelb:** Kracht, Schur, Reichenberger - Schröder, Jakobsson - **Gelb-Rot:** Benken (74.) - **Rot:** Guié-Mien (43.)

Hamburger SV - SV Werder Bremen 2:1 (1:0)
HSV: Butt - Fukal, Hoogma, Hertzsch - Groth (87. Fischer), Kovac, Barbarez, Hollerbach - Präger (67. Mahdavikia), Yeboah (67. Bester), Ketelaer
Bremen: Rost - Frings, Baumann, Verlaat, Skripnik - Stalteri (67. Pizarro), Eilts (84. Ailton), Wikky, Herzog, Bode - Bogdanovic
Tore: 1:0 Barbarez (26.), 1:1 Bode (47.), 2:1 Hertzsch (82.) - **SR:** Dr. Fleischer (Hallstadt) - **ZS:** 37.382 - **Gelb:** Barbarez, Fukal - Bogdanovic, Frings

4. Spieltag: Samstag, 9.9.2000
FC Bayern mit VfB-Komplex - Schalke vorn

SpVgg Unterhaching - 1. FC Kaiserslautern (Fr., 8.9.) 0:0
Unterhaching: Tremmel, Grassow, Strehmel, Seifert - Oberleitner (71. Zdrilic), Garcia (52. Copado), Schwarz, Hirsch, Kögl, Straube - Breitenreiter
1. FCK: G. Koch - Yakin (9. Reich), H. Koch, Ramzy - Basler, Klos, Komljenovic (65. Hristov), Grammozis, Strasser - Djorkaeff, Lokvenc
SR: Krug (Gelsenkirchen) - **ZS:** 13.000 - **Gelb:** Breitenreiter - Klos

VfB Stuttgart - FC Bayern München 2:1 (1:1)
Stuttgart: Hildebrand - Meißner, Soldo, Bordon, Carnell - Pinto (73. Seitz), Lisztes, Balakov (89. Endress), Thiam, Gerber - Ganea (67. Dundee)
FC Bayern: Kahn - Sagnol, Andersson (76. Strunz), Linke, Lizarazu - Sforza (70. Hargreaves), Fink, Scholl - Salihamidzic, Jancker, Santa Cruz (46. di Salvo)
Tore: 0:1 Jancker (5.), 1:1 Thiam (30.), 2:1 Balakov (62.) - **SR:** Heynemann (Magdeburg) - **ZS:** 51.200 (ausverkauft) - **Gelb:** Hildebrand, Bordon, Carnell - Salihamidzic, Fink, Santa Cruz

1. FC Köln - Bayer 04 Leverkusen 1:1 (0:1)
Köln: Pröll - Sichone, Cichon, Keller - Scherz (84. Baranek), Voigt, Vukomanovic (62. Lottner), Kreuz, Cullmann - Timm, Arweladse (78. Donkov)
Leverkusen: Zuberbühler - Zivkovic, Nowotny, Kovac - Neuville, Vranjes, Ramelow, Ballack, Zé Roberto (80. Neuendorf) - Kirsten (59. Schneider), Rink (80. Brdaric)
Tore: 0:1 Kirsten (32.), 1:1 Lottner (75.) - **SR:** Dr. Merk (Kaiserslautern) - **ZS:** 40.000 - **Gelb:** Cichon - Kovac, Neuendorf - **Rot:** Vranjes (86.)

TSV München 1860 - FC Schalke 04 1:1 (0:0)
1860: Hofmann - Stranzl, Zelic, Kurz (46. Ehlers) - Cerny, Riedl (60. Borimirov), Häßler, Mykland, Bierofka (57. Beierle) - Max, Agostino
Schalke: Reck - Hajto, Waldoch, van Kerckhoven - Latal (50. Eigenrauch), Oude Kamphuis, Möller (83. Mulder), Nemec, Böhme (89. Happe) - Sand, Mpenza
Tore: 0:1 Mpenza (54.), 1:1 Beierle (64.) - **SR:** Gagelmann (Bremen) - **ZS:** 35.500 - **Gelb:** Bierofka, Beierle - Böhme, Waldoch, Eigenrauch

SV Werder Bremen - Borussia Dortmund 1:2 (0:1)
Bremen: Rost - Frings (55. Tjikuzu), Baumann, Verlaat (68. Stalteri), Skripnik - Ernst (60. Ailton), Herzog, Wicky, Bode, Pizarro, Bogdanovic
Dortmund: Lehmann - Wörns, Kohler, Heinrich, Metzelder - Stevic (90. Nijhuis), Addo, Oliseh - Evanilson, Herrlich, Dede (80. Kapetanovic)
Tore: 0:1 Wörns (41.), 1:1 Bogdanovic (78.), 1:2 Addo (83.) - **SR:** Fröhlich (Berlin) - **ZS:** 31.800 - **Gelb:** Bogdanovic, Verlaat, Skripnik, Frings - Evanilson, Oliseh

VfL Wolfsburg - Hertha BSC Berlin 2:1 (1:0)
Wolfsburg: Reitmaier - O'Neil, Hengen, Kryger - Sebescen (67. Greiner), Nowak (63. Biliskov), Kühbauer (76. Maltritz), Akonnor, Weiser - Rische, Juskowiak
Hertha BSC: Kiraly - van Burik, Tretschok (78. Sanneh), Sverrisson - Deisler, Schmidt, Wosz (59. Roy), Beinlich, Hartmann - Preetz, Alves (59. Daei)
Tore: 1:0 Akonnor (33., FE), 2:0 Nowak (58.), 2:1 Daei (88.) - **SR:** Albrecht (Kaufbeuren) - **ZS:** 16.333 - **Gelb:** Akonnor, Sebescen - Sverrisson, Deisler, Beinlich

VfL Bochum - Hamburger SV 0:4 (0:2)
Bochum: van Duijnhoven - Toplak, Stickroth, Mamic (56. Ristau), Meichelbeck - Freier, Peschel, Schindzielorz, Bastürk, Dickhaut - Weber (60. Maric)
HSV: Butt - Panadic, Hoogma, Hertzsch - Groth, Kovac, Cardoso (60. Präger), Hollerbach (46. Töfting) - Mahdavikia, Barbarez, Ketelaer (78. Spörl)
Tore: 0:1 Kovac (24.), 0:2 Mahdavikia (32.), 0:3 Barbarez (55.), 0:4 Barbarez (59.) - **SR:** Keßler (Höhenkirchen) - **ZS:** 20.500 - **Gelb:** Hollerbach, Kovac - **Gelb-Rot:** Peschel (28.)

FC Energie Cottbus - Eintracht Frankfurt (So., 10.9.) 2:0 (0:0)
Cottbus: Piplica - Thielemann (68. Scherbe), Sebök, Vata - Reghecampf, Miriuta, Akrapovic, Latoundji, Zvetanov (69. Kobylanski) - Horvath (61. Labak), Helbig
Frankfurt: Heinen - Kutschera, Hubtchev, Kracht - Wimmer, Lösch (76. Salou), Heldt, Schur, Rosen (46. Gebhardt) - Reichenberger (85. Fjörtoft), Ciric
Tore: 1:0 Labak (72.), 2:0 Helbig (90.) - **SR:** Aust (Köln) - **ZS:** 14.012 - **Gelb:** Latoundji, Reghecampf - Reichenberger, Kracht, Lösch, Fjörtoft

FC Hansa Rostock - SC Freiburg (So., 10.9.) 0:0
Rostock: Pieckenhagen - Schröder, Jakobsson, Oswald - Lange, Wibran, Breitkreutz (84. Majak), Yasser (75. Lantz), Emara - Arvidsson, Kovacec (60. Baumgart)
Freiburg: Golz - Schumann, Müller, Diarra - Willi (80. Dorn), Baya (85. Coulibaly), Kobiaschwili (63. Weißhaupt), Ramdane, Zkitischwili - Sellimi, Iaschwili
SR: Jansen (Essen) - **ZS:** 12.000 - **Gelb:** Breitkreutz - Schumann, Weißhaupt

	Sp.	g.	u.	v.	Tore	Diff.	Punkte
1. Bayern München	3	3	0	0	10 : 2	+ 8	9
2. Schalke 04	3	3	0	0	9 : 1	+ 8	9
3. TSV München 1860	3	2	1	0	7 : 5	+ 2	7
4. Hertha BSC Berlin	3	2	0	1	9 : 4	+ 5	6
5. Eintracht Frankfurt	3	2	0	1	8 : 4	+ 4	6
6. Borussia Dortmund	3	2	0	1	7 : 4	+ 3	6
7. Bayer Leverkusen	3	2	0	1	4 : 4	± 0	6
8. SC Freiburg	3	1	2	0	5 : 1	+ 4	5
9. 1. FC Köln	3	1	1	1	5 : 3	+ 2	4
10. Hamburger SV	3	1	1	1	4 : 7	- 3	4
11. VfL Wolfsburg	3	1	0	2	5 : 5	± 0	3
. Werder Bremen	3	1	0	2	5 : 5	± 0	3
13. VfB Stuttgart	3	1	0	2	4 : 6	- 2	3
14. 1. FC Kaiserslautern	3	1	0	2	1 : 5	- 4	3
15. VfL Bochum	3	1	0	2	1 : 7	- 6	3
16. SpV. Unterhaching	3	0	1	2	1 : 5	- 4	1
17. Energie Cottbus	3	0	0	3	2 :10	- 8	0
18. Hansa Rostock	3	0	0	3	0 : 9	- 9	0

	Sp.	g.	u.	v.	Tore	Diff.	Punkte
1. Schalke 04	4	3	1	0	10 : 2	+ 8	10
2. Bayern München	4	3	0	1	11 : 4	+ 7	9
3. Borussia Dortmund	4	3	0	1	9 : 5	+ 4	9
4. TSV München 1860	4	2	2	0	8 : 6	+ 2	8
5. Hamburger SV	4	2	1	1	8 : 7	+ 1	7
6. Bayer Leverkusen	4	2	1	1	5 : 5	± 0	7
7. Hertha BSC Berlin	4	2	0	2	10 : 6	+ 4	6
8. SC Freiburg	4	1	3	0	5 : 1	+ 4	6
9. Eintracht Frankfurt	4	2	0	2	8 : 6	+ 2	6
10. VfL Wolfsburg	4	2	0	2	7 : 6	+ 1	6
11. VfB Stuttgart	4	2	0	2	6 : 6	± 0	6
12. 1. FC Köln	4	1	2	1	6 : 4	+ 2	5
13. 1. FC Kaiserslautern	4	1	1	2	1 : 5	- 4	4
14. Werder Bremen	4	1	0	3	6 : 7	- 1	3
15. Energie Cottbus	4	1	0	3	4 :10	- 6	3
16. VfL Bochum	4	1	0	3	1 :11	- 10	3
17. SpV. Unterhaching	4	0	2	2	1 : 5	- 4	2
18. Hansa Rostock	4	0	1	3	0 : 9	- 9	1

Milliardenliga zwischen Boom und Pleite

5. Spieltag: Samstag, 16.9.2000
Rostocker Sensation in der BayArena

1. FC Kaiserslautern - 1. FC Köln (Fr., 15.9.) 3:1 (1:1)
1. FCK: G. Koch - Klos, Ramzy, H. Koch - Pettersson, Klose (46. Reich), Komljenovic, Hristov, Strasser (78. Grammozis) - Djorkaeff (46. Tare), Lokvenc
Köln: Pröll - Sichone, Cichon (90. Lottner), Cullmann - Scherz, Hauptmann (86. Vukomanovic), Voigt, Kreuz, Springer - Timm, Arweladse (76. Donkov)
Tore: 1:0 Djorkaeff (10., HE), 1:1 Timm (18.), 2:1 Ramzy (88.), 3:1 Komljenovic (90.) - **SR:** Strampe (Handorf) - **ZS:** 39.733 - **Gelb:** Klose - Sichone - **Rot:** Grammozis (89.)

FC Bayern München - SpVgg Unterhaching 3:1 (1:1)
FC Bayern: Wessels - Sagnol, Linke (46. Salihamidzic), Kuffour, Tarnat - Hargreaves, Sforza, Strunz, Scholl (75. Fink) - Elber (46. Jancker), Santa Cruz
Unterhaching: Tremmel - Seifert, Strehmel, Grassow, Straube - Haber, Copado, Schwarz, Hirsch (78. Spizak), Kögl (73. Oberleitner) - Breitenreiter (73. Zdrilic)
Tore: 0:1 Schwarz (21.), 1:1 Elber (37.), 2:1 Scholl (70., FE), 3:1 Jancker (83.) - **SR:** Jansen (Essen) - **ZS:** 48.000 - **Gelb:** Jancker, Salihamidzic

Bayer 04 Leverkusen - FC Hansa Rostock 1:2 (0:2)
Leverkusen: Zuberbühler - Zivkovic (68. Ponte), Nowotny, Kovac - Neuville, Ojigwe, Ramelow (56. Schneider), Ballack, Gresko - Kirsten (21. Brdaric), Rink
Rostock: Pieckenhagen - Schröder, Jakobsson, Oswald - Rydlewicz, Wibran, Breitkreutz (72. Lange), Yasser, Emara - Arvidsson (63. Kovacec), Baumgart (84. Ahanfouf)
Tore: 0:1 Arvidsson (24.), 0:2 Breitkreutz (38.), 1:2 Rink (48.) - **SR:** Dr. Wack (Biberbach) - **ZS:** 22.000 - **Gelb:** Nowotny, Rink - Rydlewicz, Baumgart

Eintracht Frankfurt - TSV München 1860 1:0 (1:0)
Frankfurt: Heinen - Kutschera, Hubtchev, Kracht - Wimmer, Lösch, Heldt, Mutzel (62. Rosen), Schur - Reichenberger (86. Fjörtoft), Ciric (62. Yang)
1860: Jentzsch - Kurz, Zelic, Stranzl (51. Pfuderer) - Cerny (68. Beierle), Borimirov, Häßler, Mykland, Bierofka (37. Riedl) - Max, Agostino
Tor: 1:0 Reichenberger (31.) - **SR:** Krug (Gelsenkirchen) - **ZS:** 25.600 - **Gelb:** Hubtchev, Lösch, Yang - Bierofka, Kurz, Borimirov, Riedl

Hamburger SV - Borussia Dortmund 2:3 (1:1)
HSV: Butt - Fukal (46. Fischer), Hoogma, Panadic, Hertzsch - Töfting, Cardoso (77. Yeboah), Kovac - Mahdavikia (58. Präger), Barbarez, Ketelaer
Dortmund: Lehmann - Wörns, Metzelder, Heinrich, Dede - Evanilson, Stevic, Oliseh, Addo, Ricken (74. Reina) - Herrlich
Tore: 0:1 Addo (30.), 1:1 Barbarez (44.), 2:1 Barbarez (49.), 2:2 Herrlich (76.), 2:3 Herrlich (81., FE) - **SR:** Heynemann (Magdeburg) - **ZS:** 46.694 - **Gelb:** Hertzsch, Fukal - Herrlich, Ricken

VfL Bochum - VfL Wolfsburg 2:1 (1:0)
Bochum: van Duijnhoven - Ristau, Mamic, Meichelbeck - Bemben (75. Sundermann), Schindzielorz, Bastürk, Dickhaut (66. Fahrenhorst), Mandreko (88. Müller) - M. Maric, Freier
Wolfsburg: Reitmaier - Kryger (55. Greiner), Nowak, O'Neil - Sebescen, Kühbauer, Munteanu, Akonnor (75. Akpoborie), Weiser - T. Maric (46. Rische), Juskowiak
Tore: 1:0 M. Maric (18., FE), 2:0 Fahrenhorst (48.), 2:1 Rische (82.) - **SR:** Fröhlich (Berlin) - **ZS:** 14.107 - **Gelb:** Dickhaut, Bastürk - Akonnor, Kühbauer, Sebescen

SC Freiburg - FC Energie Cottbus 4:1 (0:0)
Freiburg: Golz - Müller, Diarra - Willi, Kehl (68. Schumann), Ramdane (54. Weißhaupt), Zkitischwili, Baya, Kobiaschwili - Sellimi (56. Coulibaly), Iaschwili
Cottbus: Piplica - Thielemann, Sebök, Vata - Reghecampf, Latoundji (64. Horvath), Akrapovic, Miriuta, Micevski (64. Labak), Zvetanov - Helbig (71. Kobylanski)
Tore: 1:0 Iaschwili (53.), 2:0 Iaschwili (60.), 3:0 Baya (88.), 4:0 Weißhaupt (89.), 4:1 Labak (90.) - **SR:** Dr. Fleischer (Hallstadt) - **ZS:** 24.500 - **Gelb:** Baya - Sebök, Vata

FC Schalke 04 - SV Werder Bremen (So., 17.9.) 1:1 (0:0)
Schalke: Reck - Hajto, Waldoch, van Kerckhoven - Latal, Oude Kamphuis, Möller, Nemec, Böhme - Mpenza, Asamoah
Bremen: Rost - Tjikuzu, Barten (78. Skripnik), Baumann, Krstajic - Stalteri, Ernst, Eilts (83. Trares), Bode - Pizarro, Ailton
Tore: 0:1 Ailton (50.), 1:1 Böhme (55., FE) - **SR:** Berg (Konz) - **ZS:** 45.025 - **Gelb:** Latal, Oude Kamphuis - Tjikuzu, Pizarro, Baumann

Hertha BSC Berlin - VfB Stuttgart (So., 17.9.) 2:0 (0:0)
Hertha BSC: Kiraly - Schmidt, Tretschok, van Burik - Sanneh, Deisler, Roy (56. Daei), Beinlich (90. Sverrisson), Hartmann - Preetz, Alves (86. Veit)
Stuttgart: Hildebrand - Meißner, Soldo, Schneider, Carnell - Pinto, Balakov, Thiam, Lisztes (84. Todt), Gerber (80. Seitz) - Ganea (60. Dundee)
Tore: 1:0 Daei (77.), 2:0 Alves (79.) - **SR:** Meyer (Braunschweig) - **ZS:** 32.980

6. Spieltag: Samstag, 23.9.2000
Dortmunder Debakel ausgerechnet gegen Schalke

TSV München 1860 - SC Freiburg (Fr., 22.9.) 3:1 (0:1)
1860: Jentzsch - Tapalovic, Zelic, Stranzl - Cerny (62. Borimirov, Kurz, Häßler, Mykland (54. Beierle), Bierofka (81. Pürk) - Max, Agostino
Freiburg: Golz - Müller, Kehl, Diarra - Willi, Zeyer (59. Schumann), Zkitischwili (78. Weißhaupt), Baya, Kobiaschwili - Coulibaly (68. Sellimi), Iaschwili
Tore: 0:1 Müller (35.), 1:1 Agostino (75.), 2:1 Agostino (84.), 3:1 Max (90.) - **SR:** Fröhlich (Berlin) - **ZS:** 22.800 - **Gelb:** Max - Coulibaly, Baya - **Gelb-Rot:** Kehl (89.)

1. FC Köln - FC Bayern München 1:2 (1:1)
Köln: Pröll - Cullmann, Cichon (78. Donkov), Sichone - Scherz, Hauptmann, Lottner (78. Baranek), Voigt, Kreuz - Timm, Arweladse (84. Kurth)
FC Bayern: Kahn - Sagnol (82. Göktan), Andersson, Kuffour, Tarnat - Hargreaves (46. Sforza), Fink, Strunz, Salihamidzic - Elber (75. Linke), Santa Cruz
Tore: 0:1 Elber (15.), 1:1 Scherz (41.), 1:2 Santa Cruz (73.) - **SR:** Krug (Gelsenkirchen) - **ZS:** 41.000 (ausv.)

FC Energie Cottbus - Bayer 04 Leverkusen 1:2 (1:1)
Cottbus: Piplica - Matyus, Sebök, Hujdurovic - Reghecampf (63. Thielemann), Vata, Miriuta, Scherbe, Kobylanski - Labak (46. Horvath, 84. Latoundji), Helbig
Leverkusen: Zuberbühler - Zivkovic, Nowotny, Kovac - Hoffmann (53. Schneider), Vranjes (53. Brdaric), Ramelow, Ballack, Gresko - Neuville, Rink
Tore: 1:0 Miriuta (6.), 1:1 Rink (24.), 1:2 Brdaric (89.) - **SR:** Wagner (Hofheim) - **ZS:** 15.438 - **Gelb:** Helbig - Ramelow, Nowotny, Ballack - **Rot:** Miriuta (90.)

SV Werder Bremen - Eintracht Frankfurt 1:1 (1:1)
Bremen: Rost - Tjikuzu (46. Frings), Barten, Baumann, Krstajic (46. Herzog) - Stalteri, Eilts (68. Wicky), Ernst, Bode - Pizarro, Ailton
Frankfurt: Heinen - Kutschera, Hubtchev, Kracht - Schur, Heldt, Lösch, Mutzel (46. Gebhardt) - Reichenberger (82. Preuß), Ciric (46. Yang)
Tore: 0:1 Heldt (8., FE), 1:1 Ernst (44.) - **SR:** Sippel (München) - **ZS:** 26.517 - **Gelb:** Baumann, Ailton - **Rot:** Hubtchev (50.)

Borussia Dortmund - FC Schalke 04 0:4 (0:2)
Dortmund: Lehmann - Wörns (46. Metzelder), Heinrich, Kohler - Evanilson, Stevic, Addo, Oliseh (46. Ricken), Dede - Reina, Herrlich
Schalke: Reck - Hajto, Waldoch, van Kerckhoven - Latal (80. Eigenrauch), Thon, Oude Kamphuis, Möller, Böhme (86. Mikolajczak) - Sand (88. Mulder), Mpenza
Tore: 0:1 Böhme (39., FE), 0:2 Mpenza (45.), 0:3 Heinrich (60., ET), 0:4 Sand (76.) - **SR:** Dr. Merk (Kaiserslautern) - **ZS:** 68.600 (ausverkauft) - **Gelb:** Lehmann, Heinrich, Dede, Stevic - Latal, Oude Kamphuis

VfB Stuttgart - VfL Bochum 1:1 (0:1)
Stuttgart: Hildebrand - Meißner (68. Schneider), Soldo, Bordon (46. Seitz), Carnell - Thiam, Lisztes, Balakov, Gerber (73. Blank) - Dundee, Ganea
Bochum: van Duijnhoven - Milinovic, Mamic, Ristau - Mandreko (68. Buckley), Dickhaut, Schindzielorz, Meichelbeck, Peschel, Maric (81. Weber), Bastürk (86. Freier)
Tore: 0:1 Peschel (11.), 1:1 Dundee (90.) - **SR:** Stark (Landshut) - **ZS:** 18.000 - **Gelb:** Meißner, Balakov, Seitz, Soldo - Meichelbeck, Schindzielorz

VfL Wolfsburg - Hamburger SV 4:4 (2:1)
Wolfsburg: Reitmaier - Greiner, O'Neil, Nowak (85. Kennedy), Weiser - Sebescen, Kühbauer, Akonnor, Munteanu (60. Maltritz) - Rische (73. Maric), Akpoborie
HSV: Butt - Fukal, Hoogma, Hertzsch - Töfting (67. Sandmann), Kovac, Cardoso (76. Ketelaer), Hollerbach - Mahdavikia, Barbarez, Präger (86. Kientz)
Tore: 1:0 Rische (11.), 2:0 Akpoborie (17.), 2:1 Mahdavikia (44.), 2:2 Fukal (50.), 2:3 Cardoso (64.), 3:3 Akpoborie (74.), 3:4 Präger (82.), 4:4 Akpoborie (90.) - **SR:** Berg (Konz) - **ZS:** 17.885 - **Gelb:** Greiner - Hoogma, Hollerbach

FC Hansa Rostock - 1. FC Kaiserslautern (So., 24.9.) 1:0 (0:0)
Rostock: Pieckenhagen - Schröder, Jakobsson, Oswald - Rydlewicz, Wibran, Brand (72. Majak), Yasser, Emara - Baumgart (76. Zallmann), Arvidsson (81. Kovacec)
1. FCK: G. Koch - Klos, Ramzy, H. Koch - Pettersson, Klose, Komljenovic (74. Tare), Hristov, Strasser (76. Reich) - Djorkaeff (82. Stark), Lokvenc
Tor: 1:0 Rydlewicz (71.) - **SR:** Aust (Köln) - **ZS:** 15.000 - **Gelb:** Yasser, Emara - Strasser

SpVgg Unterhaching - Hertha BSC Berlin (So., 24.9.) 5:2 (2:1)
Unterhaching: Tremmel - Grassow, Strehmel, Seifert - Zimmermann, Oberleitner, Schwarz, Copado (86. Spizak), Straube - Zdrilic (34. Rraklli), Breitenreiter (71. Hirsch)
Hertha BSC: Kiraly - Rehmer, Tretschok (63. Roy), van Burik - Deisler, Schmidt, Wosz, Beinlich, Hartmann - Daei, Preetz
Tore: 0:1 Beinlich (22.), 1:1, 2:1, 3:1 Breitenreiter (34. FE, 45., 48.), 4:1 Rraklli (50.), 5:1 Straube (84.), 5:2 Seifert (88., ET) - **SR:** Weiner (Hildesheim) - **ZS:** 10.000 - **Gelb:** Strehmel - van Burik, Rehmer, Kiraly

	Sp.	g.	u.	v.	Tore	Diff.	Punkte
1. Bayern München	5	4	0	1	14 : 5	+ 9	12
2. Borussia Dortmund	5	4	0	1	12 : 7	+ 5	12
3. Schalke 04	5	3	2	0	11 : 3	+ 8	11
4. SC Freiburg	5	2	3	0	9 : 2	+ 7	9
5. Hertha BSC Berlin	5	3	0	2	12 : 6	+ 6	9
6. Eintracht Frankfurt	5	3	0	2	9 : 6	+ 3	9
7. TSV München 1860	5	2	2	1	8 : 7	+ 1	8
8. Hamburger SV	5	2	1	2	10 :10	± 0	7
9. Bayer Leverkusen	5	2	1	2	6 : 7	- 1	7
10. 1. FC Kaiserslautern	5	2	1	2	4 : 6	- 2	7
11. VfL Wolfsburg	5	2	0	3	8 : 8	± 0	6
12. VfB Stuttgart	5	2	0	3	6 : 9	- 3	6
13. VfL Bochum	5	2	0	3	3 :12	- 9	6
14. 1. FC Köln	5	1	2	2	7 : 7	± 0	5
15. Werder Bremen	5	1	1	3	7 : 8	- 1	4
16. Hansa Rostock	5	1	1	3	2 :10	- 8	4
17. Energie Cottbus	5	1	0	4	5 :14	- 9	3
18. SpV. Unterhaching	5	0	2	3	2 : 8	- 6	2

	Sp.	g.	u.	v.	Tore	Diff.	Punkte
1. Bayern München	6	5	0	1	16 : 6	+10	15
2. Schalke 04	6	4	2	0	15 : 3	+12	14
3. Borussia Dortmund	6	4	0	2	12 :11	+ 1	12
4. TSV München 1860	6	3	2	1	11 : 8	+ 3	11
5. Eintracht Frankfurt	6	3	1	2	10 : 7	+ 3	10
6. Bayer Leverkusen	6	3	1	2	8 : 8	± 0	10
7. SC Freiburg	6	2	3	1	10 : 5	+ 5	9
8. Hertha BSC Berlin	6	3	0	3	14 :11	+ 3	9
9. Hamburger SV	6	2	2	2	14 :14	± 0	8
10. VfL Wolfsburg	6	2	1	3	12 :12	± 0	7
11. VfB Stuttgart	6	2	1	3	7 :10	- 3	7
12. 1. FC Kaiserslautern	6	2	1	3	4 : 7	- 3	7
13. Hansa Rostock	6	2	1	3	3 :10	- 7	7
14. VfL Bochum	6	2	1	3	4 :13	- 9	7
15. 1. FC Köln	6	1	2	3	8 : 9	- 1	5
. Werder Bremen	6	1	2	3	8 : 9	- 1	5
17. SpV. Unterhaching	6	1	2	3	7 :10	- 3	5
18. Energie Cottbus	6	1	0	5	6 :16	- 10	3

Bundesliga 2000/2001

7. Spieltag: Samstag, 30.9.2000

Otto Rehhagel gibt in Lautern auf

Eintracht Frankfurt - Borussia Dortmund (Fr., 29.9.) 1:1 (1:0)
Frankfurt: Heinen - Schur, Kutschera, Kracht, Lösch - Wimmer, Guié-Mien, Heldt (58. Deißenberger), Mutzel (46. Rasiejewski) - Reichenberger, Yang (79. Ciric)
Dortmund: Lehmann - Nijhuis, Metzelder, Kohler - Evanilson, Stevic (65. Ricken), Oliseh, Dede - Addo, Bobic, Ikpeba (65. Reina)
Tore: 1:0 Wimmer (21.), 1:1 Bobic (71.) - **SR:** Albrecht (Kaufbeuren) - **ZS:** 38.600 - **Gelb:** Kracht, Wimmer - Addo, Stevic, Evanilson

Hertha BSC Berlin - 1. FC Köln 4:2 (3:2)
Hertha BSC: Kiraly - Rehmer (46. Sverrisson), Tretschok, van Burik - Deisler, Schmidt, Wosz (78. Veit), Beinlich, Hartmann - Preetz, Alves (81. Daei)
Köln: Pröll - Sichone, Cichon (63. Hauptmann), Keller - Baranek (63. Donkov), Cullmann, Lottner, Kreuz, Voigt (82. Dworrak) - Timm, Arweladse
Tore: 0:1 Arweladse (23.), 0:2 Lottner (28., FE), 1:2 Alves (28.), 2:2 Preetz (29.), 3:2 Wosz (45.), 4:2 Wosz (46.) - **SR:** Steinborn (Sinzig) - **ZS:** 37.714 - **Gelb:** van Burik, Schmidt - Cichon, Sichone

Bayer 04 Leverkusen - TSV München 1860 0:0
Leverkusen: Zuberbühler - Zivkovic, Nowotny, Kovac - Neuville (60. Schneider), Ramelow, Ballack, Reeb (60. Gresko), Zé Roberto - Kirsten (60. Rink), Brdaric
1860: Jentzsch - Stranzl, Zelic (10. Ehlers), Kurz - Cerny, Mykland, Häßler (62. Borimirov), Tyce, Bierofka (83. Paßlack) - Max, Agostino
SR: Strampe (Handorf) - **ZS:** 22.500 (ausverkauft) - **Gelb:** Reeb, Ballack, Brdaric - Kurz, Stranzl, Mykland - **Rot:** Rink (90.)

FC Bayern München - FC Hansa Rostock 0:1 (0:1)
FC Bayern: Kahn - Salihamidzic, Linke, Kuffour (46. Wiesinger), Lizarazu - Strunz (63. Hargreaves), Sforza, Fink, Scholl - Jancker, Elber (76. di Salvo)
Rostock: Pieckenhagen - Schröder, Jakobsson, Oswald - Rydlewicz, Wibran, Lantz, Brand (88. Weilandt), Emara - Arvidsson (72. Kovacec), Baumgart (61. Majak)
Tor: 0:1 Brand (15.) - **SR:** Berg (Konz) - **ZS:** 60.000 - **Gelb:** Linke - Rydlewicz, Lantz

Hamburger SV - FC Schalke 04 2:0 (1:0)
HSV: Butt - Fukal, Hoogma, Hertzsch - Töfting, Kovac, Barbarez, Hollerbach - Mahdavikia (90. Bester), Yeboah (62. Ketelaer), Heinz (79. Fischer)
Schalke: Reck - Hajto, Waldoch, Oude Kamphuis, van Kerckhoven - Latal, Thon (33. Nemec), Möller, Böhme - Asamoah (64. Mulder), Sand
Tore: 1:0 Heinz (35.), 2:0 Mahdavikia (82.) - **SR:** Wagner (Hofheim) - **ZS:** 51.366 - **Gelb:** Hertzsch, Fischer - Hajto, Böhme - **Gelb-Rot:** van Kerckhoven (87.)

VfL Bochum - SpVgg Unterhaching 3:0 (0:0)
Bochum: van Duijnhoven (58. Ernst) - Dickhaut, Mamic, Milinovic - Mandreko, Peschel (89. Ristau), Schindzielorz, Bastürk, Meichelbeck, Buckley (46. Weber) - Maric
Unterhaching: Tremmel - Grassow, Seifert, Strehmel - Oberleitner (66. Garcia), Schwarz, Zimmermann, Copado (61. Kögl), Straube - Rraklli (79. Hirsch), Breitenreiter
Tore: 1:0 Maric (50.), 2:0 Peschel (69.), 3:0 Maric (88.) - **SR:** Kemmling (Kleinburgwedel) - **ZS:** 15.500 - **Gelb:** Mandreko, Weber, Meichelbeck - Straube

1. FC Kaiserslautern - FC Energie Cottbus 1:1 (1:0)
1. FCK: G. Koch - H. Koch, Ramzy, Klos - Pettersson, Klose (86. Roos), Komljenovic, Hristov (89. Stark), Strasser - Lokvenc, Tare (68. Adzic)
Cottbus: Piplica - Matyus, Sebök, Hujdurovic - Reghecampf, Scherbe, Akrapovic, Micevski (78. Latoundji), Kobylanski (85. Beeck) - Labak (82. Horvath), Helbig
Tore: 1:0 H. Koch (2., FE), 1:1 Micevski (47.) - **SR:** Heynemann (Magdeburg) - **ZS:** 35.354 - **Gelb:** Ramzy, Klose - Akrapovic, Hujdurovic

SC Freiburg - SV Werder Bremen (So., 1.10.) 0:1 (0:0)
Freiburg: Golz - Müller, Zeyer, Diarra - Willi (61. Ramdane), Weißhaupt, Baya, Zkitischwili, Kobiaschwili - Iaschwili, Sellimi (61. Dorn)
Bremen: Rost - Frings, Eilts (56. Barten), Baumann, Bode - Ernst, Stalteri, Herzog (71. Pizarro), Wicky - Ailton (90. Krstajic), Bogdanovic
Tor: 0:1 Ailton (54.) - **SR:** Keßler (Höhenkirchen) - **ZS:** 25.000 (ausverkauft) - **Gelb:** Baya, Zeyer, Ramdane, Dorn - Wicky, Ailton, Ernst

VfL Wolfsburg - VfB Stuttgart (So., 1.10.) 2:2 (1:1)
Wolfsburg: Reitmaier - Kryger, Nowak, Biliskov - Maltritz, Sebescen (84. Maric), Kühbauer, Munteanu, Weiser - Rische (60. Juskowiak), Akpoborie
Stuttgart: Hildebrand - Meißner (56. Balakov), Schneider, Bordon, Blank - Pinto, Thiam, Todt, Carnell (56. Lisztes) - Seitz (37. Dundee), Ganea
Tore: 0:1 Maltritz (6., ET), 1:1 Akpoborie (30.), 2:1 Munteanu (74.), 2:2 Lisztes (75.) - **SR:** Dr. Merk (Kaiserslautern) - **ZS:** 15.378

	Sp.	g.	u.	v.	Tore	Diff.	Punkte
1. Bayern München	7	5	0	2	16 : 7	+ 9	15
2. Schalke 04	7	4	2	1	15 : 5	+10	14
3. Borussia Dortmund	7	4	1	2	13 :12	+ 1	13
4. Hertha BSC Berlin	7	4	0	3	18 :13	+ 5	12
5. TSV München 1860	7	3	3	1	11 : 8	+ 3	12
6. Eintracht Frankfurt	7	3	2	2	11 : 8	+ 3	11
7. Hamburger SV	7	3	2	2	16 :14	+ 2	11
8. Bayer Leverkusen	7	3	2	2	8 : 8	± 0	11
9. VfL Bochum	7	3	1	3	7 :13	- 6	10
10. Hansa Rostock	7	3	1	3	4 :10	- 6	10
11. SC Freiburg	7	2	3	2	10 : 6	+ 4	9
12. VfL Wolfsburg	7	2	2	3	14 :14	± 0	8
13. Werder Bremen	7	2	2	3	9 : 9	± 0	8
14. VfB Stuttgart	7	2	2	3	9 :12	- 3	8
15. 1. FC Kaiserslautern	7	2	2	3	5 : 8	- 3	8
16. 1. FC Köln	7	1	2	4	10 :13	- 3	5
17. SpV. Unterhaching	7	1	2	4	7 :13	- 6	5
18. Energie Cottbus	7	1	1	5	7 :17	- 10	4

8. Spieltag: Samstag, 14.10.2000

Schlusslicht Cottbus bezwingt Spitzenreiter Bayern

Borussia Dortmund - SC Freiburg (Fr., 13.10.) 1:0 (0:0)
Dortmund: Lehmann - Wörns, Heinrich, Metzelder - Kapetanovic (46. Tanko), Oliseh, Addo, Dede - Evanilson, Bobic (90. Nijhuis), Reina (79. Herrlich)
Freiburg: Golz - Willi, Hermel (72. Schumann), Diarra, Kobiaschwili - Zeyer, Kehl, Baya (61. Weißhaupt), Zkitischwili - Coulibaly, Iaschwili (46. Ramdane)
Tor: 1:0 Heinrich (83.) - **SR:** Fandel (Kyllburg) - **ZS:** 62.000 - **Gelb:** Evanilson - Coulibaly, Willi

1. FC Köln - VfL Bochum 2:0 (0:0)
Köln: Pröll - Cullmann, Lottner, Sichone - Scherz, Hauptmann, Springer, Keller (59. Dziwior), Timm - Kurth, Arweladse (8. Kreuz, 72. Pivaljevic)
Bochum: van Duijnhoven - Ristau, Mamic, Milinovic - Schindzielorz (36. Bemben), Peschel, Dickhaut, Bastürk, Mandreko - Maric (68. Weber), Buckley (77. Freier)
Tore: 1:0 Timm (82.), 2:0 Kurth (86.) - **SR:** Weiner (Hildesheim) - **ZS:** 33.500 - **Gelb:** Dziwior, Kreuz, Kurth - Milinovic, Bemben, Mandreko

TSV München 1860 - 1. FC Kaiserslautern 0:4 (0:1)
1860: Jentzsch - Stranzl, Paßlack, Kurz (33. Tapalovic) - Cerny (64. Beierle), Borimirov, Häßler, Mykland, Bierofka (54. Tyce) - Max, Agostino
1. FCK: G. Koch - H. Koch, Ramzy, Klos - Buck, Pettersson, Grammozis, Basler (88. Adzic), Hristov (80. Reich), Strasser - Klose (51. Lokvenc)
Tore: 0:1 H. Koch (14., FE), 0:2 Lokvenc (56.), 0:3 Pettersson (83.), 0:4 Reich (87.) - **SR:** Kemmling (Kleinburgwedel) - **ZS:** 33.500 - **Gelb:** Kurz, Häßler - Hristov, Strasser, Basler - **Gelb-Rot:** Stranzl (49.)

FC Energie Cottbus - FC Bayern München 1:0 (1:0)
Cottbus: Piplica - Hujdurovic, Sebök, Beeck, Matyus - Scherbe, Latoundji (72. Franklin), Akrapovic, Micevski (88. Vata) - Labak (78. Kobylanski), Helbig
FC Bayern: Kahn - Sagnol, Andersson, Linke, Tarnat - Wiesinger (46. Salihamidzic), Jeremies, Fink (46. Sergio), Scholl - Jancker, Elber (62. Santa Cruz)
Tor: 1:0 Sebök (14.) - **SR:** Dr. Merk (Kaiserslautern) - **ZS:** 20.500 (ausverkauft) - **Gelb:** Akrapovic - Tarnat, Scholl, Jancker, Salihamidzic, Sagnol

FC Schalke 04 - Eintracht Frankfurt 4:0 (1:0)
Schalke: Reck - Hajto, Waldoch, Happe - Latal, Oude Kamphuis, Möller, Nemec, Böhme (79. Büskens) - Sand, Mpenza (56. Asamoah, 67. Mulder)
Frankfurt: Heinen - Kutschera, Hubtchev, Kracht - Wimmer, Guié-Mien, Schur, Heldt, Rasiejewski (46. Ciric), Gebhardt (56. Bindewald) - Reichenberger
T.ore 1:0 Böhme (38.), 2:0 Latal (51.), 3:0 Böhme (53.), 4:0 Happe (62.) - **SR:** Meyer (Braunschweig) - **ZS:** 44.100 - **Gelb:** Möller, Hajto, Nemec, Waldoch - Kutschera - **Gelb-Rot:** Wimmer (47.)

SV Werder Bremen - Bayer 04 Leverkusen 3:3 (0:1)
Bremen: Rost - Frings, Baumann, Verlaat, Bode - Stalteri, Ernst (90. Wicky), Eilts (58. Banovic), Herzog - Ailton, Bogdanovic (46. Pizarro)
Leverkusen: Zuberbühler - Zivkovic, Nowotny, Kovac - Reeb, Ballack, Ramelow, Gresko - Neuville (83. Ponte), Kirsten (75. Brdaric), Zé Roberto (75. Schneider)
Tore: 0:1, 0:2 Neuville (20., 55.), 1:2 Baumann (70.), 1:3 Ballack (81., FE), 2:3 Bode (88.), 3:3 Ailton (90., FE) - **SR:** Krug (Gelsenkirchen) - **ZS:** 29.053 - **Gelb:** Rost, Frings, Baumann, Verlaat, Pizarro - Kovac, Reeb - **Rot:** Zuberbühler (90.) - Zivkovic geht ins Tor - **B.V.:** Zuberbühler hält HE von Herzog (88.)

VfB Stuttgart - Hamburger SV 3:3 (2:2)
Stuttgart: Hildebrand - Schneider (46. Hosny, 86. Ganea), Todt, Bordon, Meißner - Seitz (77. Pinto), Lisztes, Thiam, Balakov, Gerber - Dundee
HSV: Butt - Hertzsch, Hoogma, Panadic - Töfting, Kovac, Barbarez, Hollerbach (23. Fischer) - Präger, Yeboah, Heinz
Tore: 0:1 Kovac (17.), 1:1 Lisztes (21.), 2:1 Dundee (28.), 2:2 Barbarez (31.), 3:2 Dundee (46.), 3:3 Barbarez (59.) - **SR:** Aust (Köln) - **ZS:** 26.000 - **Gelb:** Thiam, Todt, Lisztes - Hollerbach, Panadic, Barbarez

FC Hansa Rostock - Hertha BSC Berlin (So., 15.10.) 0:2 (0:1)
Rostock: Pieckenhagen - Schröder, Jakobsson, Oswald (61. Agali) - Rydlewicz, Wibran, Brand (65. Breitkreutz), Yasser, Emara - Baumgart, Arvidsson (78. Kovacec)
Hertha BSC: Kiraly - Rehmer, Schmidt, Sverrisson - Deisler, Veit, Wosz (76. Konstantinidis), Beinlich, Hartmann - Preetz, Reiss (55. Dardai)
Tore: 0:1 Deisler (3.), 0:2 Beinlich (72.) - **SR:** Strampe (Handorf) - **ZS:** 16.500 (ausverkauft) - **Gelb:** Rydlewicz, Oswald, Baumgart - Schmidt, Dardai - **Gelb-Rot:** Yasser (84.) - Deisler (54.)

SpVgg Unterhaching - VfL Wolfsburg (So., 15.10.) 0:3 (0:1)
Unterhaching: Tremmel - Strehmel, Bergen, Seifert - Zimmermann, Schwarz, Oberleitner, Hirsch (46. Breitenreiter), Straube - Zdrilic (63. Spizak), Rraklli (63. Bugera)
Wolfsburg: Reitmaier - Kryger, Hengen, Biliskov (57. Maltritz) - Sebescen (73. Greiner), Nowak, Akonnor, Kühbauer (70. Voss), Weiser - Juskowiak, Akpoborie
Tore: 0:1 Kühbauer (39.), 0:2 Juskowiak (54.), 0:3 Akpoborie (63.) - **SR:** Steinborn (Sinzig) - **ZS:** 7.500 - **Gelb:** Hirsch, Straube - Sebescen

	Sp.	g.	u.	v.	Tore	Diff.	Punkte
1. Schalke 04	8	5	2	1	19 : 5	+14	17
2. Borussia Dortmund	8	5	1	2	14 :12	+ 2	16
3. Bayern München	8	5	0	3	16 : 8	+ 8	15
4. Hertha BSC Berlin	8	5	0	3	20 :13	+ 7	15
5. Hamburger SV	8	3	3	2	19 :17	+ 2	12
6. Bayer Leverkusen	8	3	3	2	11 :11	± 0	12
7. TSV München 1860	8	3	3	2	11 :12	- 1	12
8. VfL Wolfsburg	8	3	2	3	17 :14	+ 3	11
9. 1. FC Kaiserslautern	8	3	2	3	9 : 8	+ 1	11
10. Eintracht Frankfurt	8	3	2	3	11 :12	- 1	11
11. VfL Bochum	8	3	1	4	7 :15	- 8	10
12. Hansa Rostock	8	3	1	4	4 :12	- 8	10
13. SC Freiburg	8	2	3	3	10 : 7	+ 3	9
14. Werder Bremen	8	2	3	3	12 :12	± 0	9
15. VfB Stuttgart	8	2	3	3	12 :15	- 3	9
16. 1. FC Köln	8	2	2	4	12 :13	- 1	8
17. Energie Cottbus	8	2	1	5	8 :17	- 9	7
18. SpV. Unterhaching	8	1	2	5	7 :16	- 9	5

Milliardenliga zwischen Boom und Pleite

9. Spieltag: Samstag, 21.10.2000
Christoph Daum stolpert über Kokain-Affäre

1. FC Kaiserslautern - SV Werder Bremen (Fr., 20.10.)   **2:0 (1:0)**
1. FCK: G. Koch - Klos, Ramzy, H. Koch - Buck (29. Reich), Basler (61. Djorkaeff), Grammozis, Pettersson (85. Lokvenc), Hristov, Strasser - Klose
Bremen: Rost - Frings (85. Bogdanovic), Baumann, Verlaat, Krstajic - Stalteri (64. Pizarro), Wikky, Herzog, Ernst (76. Banovic), Bode - Ailton
Tore: 1:0 Pettersson (14.), 2:0 Klose (85.) - **SR:** Jansen (Essen) - **ZS:** 39.229 - **Gelb:** Reich - Frings, Wicky, Ailton, Ernst

VfL Wolfsburg - 1. FC Köln   **6:0 (4:0)**
Wolfsburg: Reitmaier - Greiner, Hengen, Kryger, Sebescen, Nowak, Akonnor, Kühbauer, Weiser (69. Maltritz) - Juskowiak (63. Rische), Akpoborie (61. Maric)
Köln: Pröll - Cullmann, Lottner, Sichone - Scherz, Hauptmann (75. Dziwior), Springer, Keller, Kreuz (46. Cichon) - Kurth, Timm (46. Voigt)
Tore: 1:0 Kühbauer (3.), 2:0 Nowak (18.), 3:0 Akpoborie (29.), 4:0 Sebescen (38.), 5:0 Maric (67.), 6:0 Akonnor (90., FE) - **SR:** Dr. Wack - **ZS:** 15.816 - **Gelb:** Hengen - Hauptmann, Kurth, Dziwior

FC Bayern München - TSV München 1860   **3:1 (1:0)**
FC Bayern: Kahn - Sagnol, Andersson, Sforza, Tarnat - Salihamidzic, Jeremies, Fink - Scholl (76. Wiesinger), Elber (84. Santa Cruz), Sergio (67. Zickler)
1860: Jentzsch - Paßlack, Cerny, Ehlers, Tyce (76. Max) - Borimirov, Riedl (52. Agostino), Mykland, Häßler, Bierofka - Beierle
Tore: 1:0 Elber (45.), 2:0 Salihamidzic (56.), 3:0 Elber (65.), 3:1 Häßler (75.) - **SR:** Aust (Köln) - **ZS:** 69.000 (ausverkauft) - **Gelb:** Jeremies - Bierofka, Beierle, Ehlers, Mykland - **Gelb-Rot:** Borimirov (82.)

Hertha BSC Berlin - FC Energie Cottbus   **3:1 (1:1)**
Hertha BSC: Kiraly - Rehmer, Schmidt, van Burik (57. Tretschok) - Sanneh (46. Roy), Veit, Wosz, Beinlich, Hartmann - Preetz, Reiss (78. Sverrisson)
Cottbus: Piplica - Matyus, Sebök, Beeck - Hujdurovic, Latoundji (72. Kobylanski), Scherbe, Akrapovic (79. Franklin), Micevski, Labak (79. Horvath), Helbig
Tore: 0:1 Labak (20.), 1:1 Wosz (42.), 2:1 Roy (66.), 3:1 Sverrisson (85.) - **SR:** Keßler (Höhenkirchen) - **ZS:** 49.457 - **Gelb:** van Burik, Wosz - Micevski, Hujdurovic

Hamburger SV - Eintracht Frankfurt   **2:0 (1:0)**
HSV: Butt - Hertzsch, Hoogma, Panadic - Töfting, Kovac, Barbarez, Hollerbach - Präger, Yeboah (85. Doll), Heinz (52. Ketelaer)
Frankfurt: Heinen - Kutschera, Hubtchev, Kracht, Rasiejewski - Lösch (22. Preuß), Guié-Mien, Schur, Heldt - Reichenberger, Ciric (66. Fjörtoft)
Tore: 1:0 Barbarez (35.), 2:0 Kovac (69.) - **SR:** Fröhlich (Berlin) - **ZS:** 41.250 - **Gelb:** Panadic, Barbarez, Hollerbach - Rasiejewski

Bayer 04 Leverkusen - Borussia Dortmund   **2:0 (1:0)**
Leverkusen: Matysek - Reeb, Zivkovic, Nowotny, Kovac - Ballack, Ramelow, Zé Roberto (75. Ojigwe) - Neuville (82. Vranjes), Kirsten (72. Schneider), Brdaric
Dortmund: Lehmann - Wörns, Metzelder, Kohler (75. Stevic), Dede - Oliseh, Ricken (63. Herrlich), Heinrich - Reina, Bobic (15. Tanko), Addo
Tore: 1:0 Nowotny (25.), 2:0 Neuville (62.) - **SR:** Dr. Fleischer (Hallstadt) - **ZS:** 22.500 (ausverkauft) - **Gelb:** Zé Roberto - Reina, Wörns

VfB Stuttgart - SpVgg Unterhaching   **2:2 (1:2)**
Stuttgart: Hildebrand - Thiam, Todt (65. Hleb), Bordon, Carnell - Seitz, Lisztes, Balakov, Gerber (61. Pinto) - Hosny (81. Vaccaro), Dundee
Unterhaching: Tremmel - Strehmel, Bergen, Hirsch - Haber (61. Bucher), Schwarz, Zimmermann, Straube - Breitenreiter, Rraklli (73. Hertl), Spizak (87. Zdrilic)
Tore: 0:1 Rraklli (8.), 1:1 Seitz (27.), 1:2 Spizak (33.), 2:2 Balakov (86., FE) - **SR:** Fandel (Kyllburg) - **ZS:** 17.000 - **Gelb:** Balakov

VfL Bochum - FC Hansa Rostock (So., 22.10.)   **1:2 (0:0)**
Bochum: van Duijnhoven - Dickhaut (86. Drincic), Mamic, Milinovic (73. Rietpietsch) - Mandreko (77. Buckley), Peschel, Schindzielorz, Bastürk, Meichelbeck - Maric, Weber
Rostock: Pieckenhagen - Schröder, Jakobsson, Oswald - Rydlewicz, Wibran, Brand, Lantz, Emara (62. Majak) - Arvidsson, Baumgart (62. Kovacec, 80. Benken)
Tore: 1:0 Weber (56.), 1:1 Arvidsson (67.), 1:2 Kovacec (76.) - **SR:** Gagelmann (Bremen) - **ZS:** 17.871 - **Gelb:** Brand

SC Freiburg - FC Schalke 04 (So., 22.10.)   **3:1 (1:0)**
Freiburg: Golz - Schumann, Kehl, Diarra - Willi (84. Kondé), Zeyer, Kobiaschwili, Baya, Zkitischwili - Coulibaly (67. Ramdane), Iaschwili (77. Sellimi)
Schalke: Grodas - Hajto, Waldoch, van Kerckhoven - Latal (58. Asamoah), Oude Kamphuis (84. Mulder), Möller, Nemec, Böhme - Sand, Mpenza
Tore: 1:0 Zeyer (33.), 1:1 Waldoch (74.), 2:1 Sellimi (80.), 3:1 Ramdane (90.) - **SR:** Stark (Landshut) - **ZS:** 25.000 (ausverkauft) - **Gelb:** Kobiaschwili, Kondé - Hajto, Böhme

	Sp.	g.	u.	v.	Tore	Diff.	Punkte
1. Bayern München	9	6	0	3	19 : 9	+10	18
2. Hertha BSC Berlin	9	6	0	3	23 :14	+ 9	18
3. Schalke 04	9	5	2	2	20 : 8	+12	17
4. Borussia Dortmund	9	5	1	3	14 :14	± 0	16
5. Hamburger SV	9	4	3	2	21 :17	+ 4	15
6. Bayer Leverkusen	9	4	3	2	13 :11	+ 2	15
7. VfL Wolfsburg	9	4	2	3	23 :14	+ 9	14
8. 1. FC Kaiserslautern	9	4	2	3	11 : 8	+ 3	14
9. Hansa Rostock	9	4	1	4	6 :13	- 7	13
10. SC Freiburg	9	3	3	3	13 : 8	+ 5	12
11. TSV München 1860	9	3	3	3	12 :15	- 3	12
12. Eintracht Frankfurt	9	3	2	4	11 :14	- 3	11
13. VfB Stuttgart	9	2	4	3	14 :17	- 3	10
14. VfL Bochum	9	3	1	5	8 :17	- 9	10
15. Werder Bremen	9	2	3	4	12 :14	- 2	9
16. 1. FC Köln	9	2	2	5	12 :19	- 7	8
17. Energie Cottbus	9	2	1	6	9 :20	- 11	7
18. SpV. Unterhaching	9	1	3	5	9 :18	- 9	6

10. Spieltag: Samstag, 28.10.2000
Sverrisson köpft Hertha an die Spitze

FC Energie Cottbus - VfL Bochum (Fr., 27.10.)   **2:0 (2:0)**
Cottbus: Piplica - Beeck, Sebök, Hujdurovic - Reghecampf, Akrapovic, Micevski (87. Vata), Miriuta, Matyus - Labak (75. Horvath), Franklin (71. Helbig)
Bochum: van Duijnhoven - Milinovic, Mamic, Meichelbeck (46. Ristau) - Peschel (67. Mandreko), Schindzielorz, Bastürk, Dickhaut, Buckley - Maric, Weber (67. Drincic)
Tore: 1:0 Micevski (29.), 2:0 Miriuta (43.) - **SR:** Albrecht (Kaufbeuren) - **ZS:** 14.835 - **Gelb:** Labak, Helbig, Beeck - Buckley, Dickhaut, Weber, Drincic

FC Hansa Rostock - VfL Wolfsburg   **1:1 (0:1)**
Rostock: Pieckenhagen - Schröder, Jakobsson, Oswald - Rydlewicz (81. Ahanfouf), Wibran, Brand (69. Breitkreutz), Lantz, Emara (65. Baumgart) - Arvidsson, Majak
Wolfsburg: Reitmaier - O'Neil, Hengen, Kryger - Greiner (83. Maltritz), Nowak, Akonnor, Kühbauer, Weiser - Juskowiak (87. Rische), Akpoborie (79. Maric)
Tore: 0:1 Rydlewicz (37., ET), 1:1 Majak (89.) - **SR:** Krug (Gelsenkirchen) - **ZS:** 14.000 - **Gelb:** Kühbauer, Greiner, Nowak, Akonnor, Akpoborie

SV Werder Bremen - FC Bayern München   **1:1 (1:1)**
Bremen: Rost - Frings, Eilts (66. Barten), Baumann, Krstajic - Banovic (76. Stalteri), Wicky, Herzog, Ernst, Bode - Ailton
FC Bayern: Kahn - Sagnol, Sforza, Andersson, Tarnat - Jeremies, Scholl, Fink - Salihamidzic (84. Jancker), Elber, Sergio (81. Zickler)
Tore: 0:1 Sergio (6.), 1:1 Ailton (11., FE) - **SR:** Fandel (Kyllburg) - **ZS:** 35.282 (ausverkauft) - **Gelb:** Frings, Krstajic - Kahn, Scholl, Fink

Borussia Dortmund - 1. FC Kaiserslautern   **1:2 (0:1)**
Dortmund: Lehmann - Wörns (89. Nijhuis), Heinrich, Metzelder - Evanilson, Stevic, Ricken, Dede - Addo, Herrlich, Reina (58. Krontiris)
1. FCK: G. Koch - Grammozis, Ramzy (66. Reich), Klos, H. Koch - Adzic (63. Komljenovic), Pettersson, Hristov (85. Lokvenc), Strasser - Djorkaeff, Klose
Tore: 0:1 Hristov (12.), 1:1 Evanilson (63.), 1:2 Reich (88.) - **SR:** Berg (Konz) - **ZS:** 62.000 - **Gelb:** Evanilson, Addo - G. Koch, Djorkaeff

SpVgg Unterhaching - Hamburger SV   **2:1 (0:1)**
Unterhaching: Tremmel - Bucher (75. Novak), Bergen (38. Zdrilic), Herzog, Straube - Haber, Schwarz, Strehmel, Zimmermann, Spizak - Rraklli (76. Oberleitner)
HSV: Butt - Hertzsch, Hoogma, Panadic (63. Kruse) - Töfting, Kientz, Barbarez, Hollerbach - Mahdavikia, Präger (55. Maul), Ketelaer (46. Heinz)
Tore: 0:1 Kientz (11.), 1:1 Straube (87.), 2:1 Spizak (90.) - **SR:** Meyer (Braunschweig) - **ZS:** 12.000 - **Gelb:** Spizak

FC Schalke 04 - Bayer 04 Leverkusen   **0:0**
Schalke: Reck - Hajto, Waldoch, van Kerckhoven - Latal (79. Asamoah), Oude Kamphuis, Möller, Nemec, Böhme - Sand, Mpenza
Leverkusen: Matysek - Zivkovic, Nowotny, Kovac - Reeb (70. Hoffmann), Ramelow, Ballack (80. Schneider), Ojigwe - Neuville, Kirsten (65. Brdaric), Zé Roberto
SR: Fröhlich (Berlin) - **ZS:** 41.545 - **Gelb:** Latal, Hajto, Mpenza - Neuville, Nowotny, Ballack

Eintracht Frankfurt - SC Freiburg   **3:0 (2:0)**
Frankfurt: Heinen - Kutschera, Hubtchev, Kracht - Sobotzik (75. Zinnow), Rasiejewski), Heldt, Branco, Wimmer (59. Guié-Mien) - Fjörtoft, Reichenberger
Freiburg: Golz - Schumann, Hermel, Diarra (46. Kondé) - Willi (46. Ramdane), Zeyer, Kobiaschwili, Baya, Zkitischwili - Weißhaupt (67. Sellimi), Coulibaly
Tore: 1:0 Reichenberger (10.), 2:0 Fjörtoft (21.), 3:0 Branco (85.) - **SR:** Strampe (Handorf) - **ZS:** 23.800 - **Gelb:** Sobotzik - Kobiaschwili, Coulibaly, Willi - **Gelb-Rot:** Kondé (78.)

TSV München 1860 - Hertha BSC Berlin (So., 29.10.)   **0:1 (0:0)**
1860: Jentzsch - Stranzl, Kurz (5. Ehlers), Tapalovic - Cerny, Mykland, Häßler (87. Winkler), Riedl (79. Bierofka), Tyce - Max, Agostino
Hertha BSC: Kiraly - van Burik, Rehmer, Schmidt, Sverrisson - Sanneh - Deisler (69. Veit), Konstantinidis, Beinlich, Hartmann - Alves (46. Daei), Preetz
Tor: 0:1 Sverrisson (90.) - **SR:** Jansen (Essen) - **ZS:** 27.600 - **Gelb:** Tapalovic - van Burik

1. FC Köln - VfB Stuttgart (So., 29.10.)   **3:2 (2:2)**
Köln: Pröll - Cullmann, Cichon, Sichone (46. Dziwior) - Scherz, Voigt, Lottner (82. Wollitz), Keller - Timm, Kurth (89. Grlic), Springer
Stuttgart: Hildebrand - Schneider, Soldo (53. Endress), Bordon, Carnell - Pinto, Thiam, Lisztes, Gerber (87. Meißner) - Dundee (87. Hleb), Ganea
Tore: 0:1 Ganea (28.), 1:1 Springer (31.), 2:1 Springer (36.), 2:2 Thiam (41.), 3:2 Lottner (75.) - **SR:** Dr. Fleischer (Hallstadt) - **ZS:** 32.000 - **Gelb:** Keller, Scherz, Springer, Voigt - Soldo, Ganea, Endress

	Sp.	g.	u.	v.	Tore	Diff.	Punkte
1. Hertha BSC Berlin	10	7	0	3	24 :14	+10	21
2. Bayern München	10	6	1	3	20 :10	+10	19
3. Schalke 04	10	5	3	2	20 : 8	+12	18
4. 1. FC Kaiserslautern	10	5	2	3	13 : 9	+ 4	17
5. Bayer Leverkusen	10	4	4	2	13 :11	+ 2	16
6. Borussia Dortmund	10	5	1	4	15 :16	- 1	16
7. VfL Wolfsburg	10	4	3	3	24 :15	+ 9	15
8. Hamburger SV	10	4	3	3	22 :19	+ 3	15
9. Eintracht Frankfurt	10	4	2	4	14 :14	± 0	14
10. Hansa Rostock	10	4	2	4	7 :14	- 7	14
11. SC Freiburg	10	3	3	4	13 :11	+ 2	12
12. TSV München 1860	10	3	3	4	12 :16	- 4	12
13. 1. FC Köln	10	3	2	5	15 :21	- 6	11
14. Werder Bremen	10	2	4	4	13 :15	- 2	10
15. VfB Stuttgart	10	2	4	4	16 :20	- 4	10
16. Energie Cottbus	10	3	1	6	11 :20	- 9	10
17. VfL Bochum	10	3	1	6	8 :19	- 11	10
18. SpV. Unterhaching	10	2	3	5	11 :19	- 8	9

Bundesliga 2000/2001

11. Spieltag: Samstag, 4.11.2000

Bayern-Gala beim 6:2 gegen Dortmund

Bayer 04 Leverkusen - Eintracht Frankfurt (Fr., 3.11.) 1:0 (0:0)
Leverkusen: Matysek - Zivkovic, Nowotny, Kovac - Hejduk (46. Schneider), Ramelow, Ballack, Ojigwe (75. Neuendorf), Zé Roberto - Neuville (67. Ponte), Brdaric
Frankfurt: Heinen - Kutschera (67. Maljkovic), Hubtchev, Kracht - Sobotzik (70. Rasiejewski), Schur, Heldt, Branco, Wimmer - Reichenberger, Yang (31. Guié-Mien)
Tor: 1:0 Ballack (79.) - **SR:** Fandel (Kyllburg) - **ZS:** 22.500 (ausv.) - **Gelb:** Nowotny - Yang, Hubtchev

VfB Stuttgart - FC Hansa Rostock 1:0 (1:0)
Stuttgart: Hildebrand - Schneider, Bordon, Carnell - Pinto, Thiam, Lisztes (72. Kauf), Meißner, Gerber (75. Hosny) - Dundee, Ganea (63. Seitz)
Rostock: Pieckenhagen - Schröder, Jakobsson, Oswald - Rydlewicz, Wibran (74. Breitkreutz), Lantz, Majak, Emara (59. Brand) - Arvidsson, Agali (80. Baumgart)
Tor: 1:0 Dundee (34.) - **SR:** Weiner (Hildesheim) - **ZS:** 19.000 - **Gelb:** Meißner, Ganea - Emara, Lantz, Agali

FC Bayern München - Borussia Dortmund 6:2 (3:1)
FC Bayern: Kahn - Sagnol, Andersson, Sforza, Tarnat - Jeremies (67. Strunz), Scholl (85. Santa Cruz), Fink - Salihamidzic, Elber, Sergio (67. Zickler)
Dortmund: Lehmann - Wörns, Heinrich, Nijhuis - Evanilson (59. Ikpeba), Addo, Metzelder, Rikken, Dede - Herrlich, Reina (74. Tanko)
Tore: 0:1 Herrlich (2.), 1:1 Salihamidzic (7.), 2:1 Elber (10.), 3:1 Scholl (39.), 4:1 Scholl (58.), 5:1 Sergio (64.), 5:2 Addo (72.), 6:2 Salihamidzic (83.) - **SR:** Strampe (Handorf) - **ZS:** 62.000 - **Gelb:** Scholl, Elber, Jeremies, Fink - Lehmann, Nijhuis, Dede, Addo - **Gelb-Rot:** Heinrich (84.)

1. FC Kaiserslautern - FC Schalke 04 3:2 (0:1)
1. FCK: Weidenfeller - Klos, Ramzy (43. Komljenovic), H. Koch - Hauck, Basler (61. Marschall), Grammozis, Hristov, Strasser - Djorkaeff, Klose (89. Lokvenc)
Schalke: Reck - van Hoogdalem (27. Happe), Waldoch, van Kerckhoven - Latal, Nemec, Möller, Büskens, Böhme - Sand (46. Asamoah), Mpenza
Tore: 0:1 Sand (37.), 0:2 Waldoch (57.), 1:2 H. Koch (67., FE), 2:2 Klos (72.), 3:2 Marschall (87.) - **SR:** Steinborn (Sinzig) - **ZS:** 41.500 (ausv.) - **Gelb:** H. Koch, Hristov, Marschall - van Hoogdalem, Böhme

Hamburger SV - SC Freiburg 5:0 (4:0)
HSV: Butt - Kientz, Hoogma, Hertzsch - Präger (79. Spörl), Töfting, Barbarez (66. Doll), Hollerbach - Mahdavikia, Bester, Ketelaer (53. Heinz)
Freiburg: Golz - Willi (21. Hermel), Schumann, Diarra, Zkitischwili (64. Baya) - Ramdane, Zeyer, But, Kobiaschwili - Coulibaly (64. Iaschwili), Sellimi
Tore: 1:0 Mahdavikia (12.), 2:0 Präger (21.), 3:0 Hoogma (33.), 4:0 Bester (45.), 5:0 Töfting (76.) - **SR:** Krug (Gelsenkirchen) - **ZS:** 35.328 - **Gelb:** Hollerbach, Präger - Schumann, Ramdane - **B.V.:** Butt hält FE von Kobiaschwili (49.)

VfL Bochum - TSV München 1860 1:1 (0:0)
Bochum: van Duijnhoven - Ristau, Mamic, Milinovic - Peschel (46. Bemben), Dickhaut, Schindzielorz, Bastürk, Meichelbeck (46. Drincic) - Maric (84. Baluszynski), Buckley
1860: Jentzsch - Stranzl, Zelic, Kurz - Cerny, Tapalovic (25. Riedl, 68. Paßlack), Häßler, Mykland, Tyce (71. Bierofka) - Max, Agostino
Tore: 0:1 Agostino (53.), 1:1 Drincic (62.) - **SR:** Dr. Merk (Kaiserslautern) - **ZS:** 15.591 - **Gelb:** Buckley, Dickhaut - Kurz, Riedl, Agostino, Häßler

Hertha BSC Berlin - SV Werder Bremen 4:1 (2:0)
Hertha BSC: Kiraly - van Burik, Schmidt, Konstantinidis - Rehmer, Sanneh, Wosz (43. Tretschok), Beinlich (83. Dardai), Hartmann - Preetz (80. Daei), Alves
Bremen: Rost - Tjikuzu (60. Bogdanovic), Eilts (66. Maximow), Baumann, Krstajic - Banovic, Ernst, Wicky, Bode - Stalteri, Ailton (46. Pizarro)
Tore: 1:0 Alves (12.), 2:0 Preetz (43.), 3:0 Preetz (49.), 3:1 Pizarro (71., FE), 4:1 Beinlich (79.) - **SR:** Dr. Wack (Biberbach) - **ZS:** 40.097 - **Gelb:** Preetz - Stalteri - **Gelb-Rot:** Ernst (86.)

VfL Wolfsburg - FC Energie Cottbus (So., 5.11.) 1:1 (0:1)
Wolfsburg: Reitmaier - Kryger, Hengen, O'Neil - Greiner, Maltritz (46. Maric), Kühbauer, Nowak (84. Voss), Weiser - Juskowiak, Rische
Cottbus: Piplica - Vata, Sebök, Beeck - Thielemann, Akrapovic, Scherbe (77. Zvetanov), Miriuta, Matyus - Labak (52. Kobylanski), Helbig (90. Franklin)
Tore: 0:1 Vata (38.), 1:1 Kühbauer (60.) - **SR:** Stark (Landshut) - **ZS:** 15.210 - **Gelb:** Juskowiak - Thielemann, Beeck, Sebök

SpVgg Unterhaching - 1. FC Köln (So., 5.11.) 0:0
Unterhaching: Tremmel - Herzog, Strehmel, Bucher - Haber (60. Zdrilic), Schwarz, Breitenreiter (68. Oberleitner), Zimmermann (79. Garcia), Straube - Rraklli, Spizak
Köln: Pröll - Cullmann, Cichon, Sichone - Scherz, Voigt (88. Hauptmann), Lottner, Keller, Springer - Timm (90. Baranek), Kurth (79. Dziwior)
SR: Heynemann (Magdeburg) - **ZS:** 9.500 - **G.:** Rraklli, Spizak, Herzog - Springer - **Rot:** Sichone (38.)

	Sp.	g.	u.	v.	Tore	Diff.	Punkte
1. Hertha BSC Berlin	11	8	0	3	28 :15	+13	24
2. Bayern München	11	7	1	3	26 :12	+14	22
3. 1. FC Kaiserslautern	11	6	2	3	16 :11	+ 5	20
4. Bayer Leverkusen	11	5	4	2	14 :11	+ 3	19
5. Schalke 04	11	5	3	3	22 :11	+11	18
6. Hamburger SV	11	5	3	3	27 :19	+ 8	18
7. VfL Wolfsburg	11	4	4	3	25 :16	+ 9	16
8. Borussia Dortmund	11	5	1	5	17 :22	- 5	16
9. Eintracht Frankfurt	11	4	2	5	14 :15	- 1	14
10. Hansa Rostock	11	4	2	5	7 :15	- 8	14
11. VfB Stuttgart	11	3	4	4	17 :20	- 3	13
12. TSV München 1860	11	3	4	4	13 :17	- 4	13
13. SC Freiburg	11	3	3	5	13 :16	- 3	12
14. 1. FC Köln	11	3	3	5	15 :21	- 6	12
15. Energie Cottbus	11	3	2	6	12 :21	- 9	11
16. VfL Bochum	11	3	2	6	9 :20	- 11	11
17. Werder Bremen	11	2	4	5	14 :19	- 5	10
18. SpV. Unterhaching	11	2	4	5	11 :19	- 8	10

12. Spieltag: Samstag, 11.11.2000

Spitzenduo verliert, Verfolger rücken auf

Borussia Dortmund - Hertha BSC Berlin (Fr., 10.11.) 2:0 (1:0)
Dortmund: Lehmann - Nijhuis, Metzelder, Kohler - Evanilson, Stevic, Ricken, Dede - Addo, Ikpeba (78. Tanko), Reina (89. Nerlinger)
Hertha BSC: Kiraly - Sanneh, Tretschok (65. Daei), Sverrisson, Konstantinidis - Deisler (82. Roy), Veit, Beinlich, Hartmann (78. Dardai) - Preetz, Alves
Tore: 1:0 Ricken (3.), 2:0 Reina (72.) - **SR:** Meyer (Braunschweig) - **ZS:** 61.000 - **Gelb:** Ikpeba - Veit

FC Hansa Rostock - SpVgg Unterhaching 2:2 (0:1)
Rostock: Pieckenhagen - Schröder, Jakobsson, Oswald (82. Benken) - Rydlewicz, Wibran (68. Yasser), Brand (85. Zallmann), Lantz, Majak - Agali, Arvidsson
Unterhaching: Tremmel - Herzog, Strehmel, Seifert (85. Novak) - Haber, Schwarz, Breitenreiter, Zimmermann (82. Oberleitner), Straube - Rraklli (46. Zdrilic), Spizak
Tore: 0:1 Herzog (45.), 1:1 Herzog (75., ET), 2:1 Rydlewicz (81.), 2:2 Breitenreiter (89.) - **SR:** Dr. Merk (Kaiserslautern) - **ZS:** 12.000 - **Gelb:** Arvidsson, Rydlewicz, Majak - Strehmel, Straube

FC Schalke 04 - FC Bayern München 3:2 (0:1)
Schalke: Reck - Hajto, Waldoch, van Kerckhoven - Latal (54. Asamoah), Nemec, Möller, van Hoogdalem, Büskens - Sand, Mpenza
FC Bayern: Kahn - Sagnol, Andersson, Sforza, Tarnat - Effenberg, Jeremies, Scholl (73. Zickler) - Salihamidzic (73. Jancker), Elber (85. Santa Cruz), Sergio
Tore: 0:1 Elber (33.), 1:1 Möller (58.), 1:2 Sergio (59.), 2:2 Asamoah (68.), 3:2 Sand (71.) - **SR:** Heynemann (Magdeburg) - **ZS:** 62.109 (ausverkauft) - **Gelb:** Nemec, Büskens, van Hoogdalem - Tarnat, Sergio, Jeremies, Effenberg, Salihamidzic

SC Freiburg - Bayer 04 Leverkusen 0:1 (0:0)
Freiburg: Golz - Kondé, Hermel, Diarra - Weißhaupt, Coulibaly (63. Sellimi), Baya, Zkitischwili (71. But), Kobiaschwili - Ramdane, Iaschwili (76. Dorn)
Leverkusen: Matysek - Zivkovic, Vranjes, Kovac - Hoffmann, Ramelow, Ballack, Ojigwe, Zé Roberto - Neuville (85. Schneider), Brdaric (74. Ponte)
Tor: 0:1 Ramelow (62.) - **SR:** Dr. Wack (Biberbach) - **ZS:** 25.000 (ausverkauft) - **Gelb:** Ramdane, Kobiaschwili - Ballack, Matysek, Ramelow, Ponte

1. FC Köln - Hamburger SV 4:2 (2:0)
Köln: Pröll - Cullmann, Cichon, Dziwior, Keller - Scherz, Voigt, Lottner (88. Hauptmann), Springer - Timm (79. Donkov), Kurth (79. Baranek)
HSV: Butt - Kientz (79. Doll), Panadic, Hertzsch - Töfting, Hoogma (75. Bester), Barbarez, Maul (46. Yeboah) - Präger, Mahdavikia, Ketelaer
Tore: 1:0 Kurth (16.), 2:0 Timm (19.), 3:0 Lottner (49.), 3:1 Barbarez (62.), 3:2 Yeboah (69.), 4:2 Lottner (86.) - **SR:** Albrecht (Kaufbeuren) - **ZS:** 40.000 - **Gelb:** Voigt - Hertzsch, Präger, Barbarez, Ketelaer - **Gelb-Rot:** Keller (78.)

TSV München 1860 - VfL Wolfsburg 2:2 (2:1)
1860: Jentzsch - Riseth, Zelic, Paßlack - Cerny, Mykland, Stranzl, Häßler, Bierofka (64. Pfuderer) - Max, Agostino (79. Borimirov)
Wolfsburg: Reitmaier - Kryger (46. Biliskov), Hengen, Thomsen - Greiner (62. Maric), Nowak (79. Rische), Kühbauer, Akonnor, Weiser - Juskowiak, Akpoborie
Tore: 0:1 Juskowiak (1.), 1:1 Agostino (33.), 2:1 Max (37.), 2:2 Maric (88.) - **SR:** Fandel (Kyllburg) - **ZS:** 21.800 - **Gelb:** Mykland - Greiner, Kryger, Reitmaier - **B.V.:** Reitmaier hält FE von Häßler (24.)

SV Werder Bremen - VfL Bochum 2:0 (0:0)
Bremen: Rost - Frings, Eilts, Baumann, Krstajic - Stalteri (86. Maximow), Wicky, Herzog, Bode - Ailton (88. Banovic), Pizarro (90. Bogdanovic)
Bochum: van Duijnhoven - Ristau, Dickhaut, Milinovic - Bemben, Mandreko, Schindzielorz, Mamic (82. Baluszynski), Meichelbeck (57. Buckley) - Maric, Drincic
Tore: 1:0 Ailton (46.), 2:0 Pizarro (81.) - **SR:** Dr. Fleischer (Hallstadt) - **ZS:** 27.525 - **Gelb:** Maric

FC Energie Cottbus - VfB Stuttgart (So., 12.11.) 2:1 (1:1)
Cottbus: Piplica - Vata, Sebök, Beeck - Thielemann (63. Latoundji), Miriuta, Akrapovic, Micevski (90. Hujdurovic), Matyus - Franklin, Labak (63. Helbig)
Stuttgart: Hildebrand - Schneider, Bordon, Carnell - Pinto, Meißner, Balakov (76. Lisztes), Soldo, Gerber (76. Hosny) - Dundee, Ganea (46. Endress)
Tore: 0:1 Soldo (16.), 1:1 Miriuta (34.), 2:1 Matyus (86.) - **SR:** Kemmling (Kleinburgwedel) - **ZS:** 16.296 - **Gelb:** Thielemann, Matyus, Sebök - Hildebrand, Soldo - **B.V.:** Miriuta schießt FE neben das Tor (39.)

Eintracht Frankfurt - 1. FC Kaiserslautern (So., 12.11.) 3:1 (1:0)
Frankfurt: Heinen - Kutschera, Hubtchev, Kracht - Sobotzik (65. Guié-Mien), Schur, Heldt, Branco, Gebhardt (47. Lösch) - Fjörtoft, Reichenberger (89. Rasiejewski)
1. FCK: G. Koch - H. Koch, Komljenovic, Klos - Hauck (59. Reich), Pettersson, Grammozis (78. Marschall), Djorkaeff, Strasser - Klose, Hristov
Tore: 1:0 Reichenberger (44.), 2:0 Sobotzik (52.), 3:0 Fjörtoft (77.), 3:1 Klos (83.) - **SR:** Stark (Landshut) - **ZS:** 35.000 - **Gelb:** Fjörtoft - Djorkaeff, Grammozis, Pettersson, Hauck

	Sp.	g.	u.	v.	Tore	Diff.	Punkte
1. Hertha BSC Berlin	12	8	0	4	28 :17	+11	24
2. Bayern München	12	7	1	4	28 :15	+13	22
3. Bayer Leverkusen	12	6	4	2	15 :11	+ 4	22
4. Schalke 04	12	6	3	3	25 :13	+12	21
5. 1. FC Kaiserslautern	12	6	2	4	17 :14	+ 3	20
6. Borussia Dortmund	12	6	1	5	19 :22	- 3	19
7. Hamburger SV	12	5	3	4	29 :23	+ 6	18
8. VfL Wolfsburg	12	4	5	3	27 :18	+ 9	17
9. Eintracht Frankfurt	12	5	2	5	17 :16	+ 1	17
10. 1. FC Köln	12	4	3	5	19 :23	- 4	15
11. Hansa Rostock	12	4	3	5	9 :17	- 8	15
12. TSV München 1860	12	3	5	4	15 :19	- 4	14
13. Energie Cottbus	12	4	2	6	14 :22	- 8	14
14. Werder Bremen	12	3	4	5	16 :19	- 3	13
15. VfB Stuttgart	12	3	4	5	18 :22	- 4	13
16. SC Freiburg	12	3	3	6	13 :17	- 4	12
17. SpV. Unterhaching	12	2	5	5	13 :21	- 8	11
18. VfL Bochum	12	3	2	7	9 :22	- 13	11

13. Spieltag: Samstag, 18.11.2000
Vogts-Einstand geglückt: Bayer ist die Nummer 1!

VfB Stuttgart - TSV München 1860 (Fr., 17.11.) 2:2 (1:0)
Stuttgart: Hildebrand - Schneider, Bordon, Meißner - Pinto (88. Seitz), Thiam (87. Hleb), Balakov (82. Lisztes), Soldo, Gerber - Dundee, Ganea
1860: Jentzsch - Stranzl, Zelic, Riseth - Cerny, Kurz, Häßler, Mykland (76. Winkler), Tyce (53. Borimirov) - Max (62. Beierle), Agostino
Tore: 1:0 Thiam (19.), 1:1 Agostino (64.), 2:1 Ganea (71.), 2:2 Häßler (80.) - **SR:** Krug (Gelsenkirchen) - **ZS:** 22.000 - **Gelb:** Riseth, Max

1. FC Köln - FC Hansa Rostock 5:2 (3:2)
Köln: Pröll - Sichone, Cichon (84. Baranek) - Dziwior - Cullmann, Voigt, Lottner, Springer - Scherz, Kurth (75. Arwelladse), Timm (89. Kreuz)
Rostock: Pieckenhagen - Benken, Jakobsson, Schröder - Lange, Wibran, Brand, Lantz, Majak - Agali, Arvidsson
Tore: 1:0 Cullmann (9.), 1:1 Arvidsson (24.), 1:2 Lange (29.), 2:2 Lottner (34.), 3:2 Kurth (40.), 4:2 Timm (49.), 5:2 Timm (71.) - **SR:** Sippel (München) - **ZS:** 27.000 - **Gelb:** Cichon - **Gelb-Rot:** Majak (84.)

FC Bayern München - Eintracht Frankfurt 1:2 (1:1)
FC Bayern: Kahn - Sagnol (78. Zickler), Kuffour, Sforza, Tarnat - Jeremies (64. Jancker), Effenberg (64. Scholl), Fink - Salihamidzic, Elber, Sergio
Frankfurt: Heinen - Preuß (60. Bindewald), Hubtchev, Kracht, Wimmer - Lösch (46. Rasiejewski), Schur, Heldt, Branco - Fjörtoft, Reichenberger (85. Sobotzik)
Tore: 1:0 Sergio (13.), 1:1 Schur (38.), 1:2 Fjörtoft (63.) - **SR:** Steinborn (Sinzig) - **ZS:** 47.000 - **Gelb:** Elber, Tarnat - Kracht

Hamburger SV - Bayer 04 Leverkusen 1:3 (1:2)
HSV: Butt - Hertzsch, Hoogma, Panadic - Sandmann, Töfting, Barbarez, Hollerbach (63. Ketelaer) - Mahdavikia, Yeboah, Präger
Leverkusen: Matysek - Ojigwe, Zivkovic, Nowotny, Kovac - Vranjes (67. Schneider), Ramelow, Zé Roberto - Ponte (89. Hoffmann), Rink (80. Kirsten), Neuville
Tore: 0:1 Rink (1.), 1:1 Präger (10.), 1:2 Rink (33.), 1:3 Neuville (73.) - **SR:** Dr. Merk (Kaiserslautern) - **ZS:** 49.000 - **Gelb:** Hollerbach - Kovac, Ramelow

Hertha BSC Berlin - FC Schalke 04 0:4 (0:2)
Hertha BSC: Kiraly - Konstantinidis, Schmidt, Sverrisson - Sanneh (24. Dardai), Veit (57. Roy), Wosz, Tretschok, Hartmann - Preetz, Alves (46. Daei)
Schalke: Reck - Hajto, Waldoch, van Kerckhoven - Latal (88. Mikolajczak), Nemec (87. Büskens), Möller, van Hoogdalem, Böhme - Sand, Asamoah (82. Mulder)
Tore: 0:1 Sand (4.), 0:2 Sand (19.), 0:3 Böhme (80.), 0:4 Sand (86.) - **SR:** Fandel (Kyllburg) - **ZS:** 49.476 - **Gelb:** Hartmann, Wosz - Latal

VfL Wolfsburg - SV Werder Bremen 1:1 (0:1)
Wolfsburg: Reitmaier - Thomsen, Hengen, Kryger - Biliskov (77. Greiner), Nowak (46. Maric), Kühbauer, Akonnor, Weiser - Juskowiak (90. Rische), Akpoborie
Bremen: Rost - Frings, Eilts, Baumann, Krstajic - Ernst, Herzog (71. Stalteri), Wicky, Bode - Ailton (76. Bogdanovic), Pizarro
Tore: 1:0 Bode (40.), 1:1 Maric (64.) - **SR:** Keßler (Höhenkirchen) - **ZS:** 15.860 - **Gelb:** Akonnor, Juskowiak, Nowak - Krstajic, Wicky

1. FC Kaiserslautern - SC Freiburg 0:2 (0:1)
1. FCK: G. Koch - H. Koch, Komljenovic, Klos - Buck, Grammozis, Pettersson, Strasser (46. Djorkaeff), Dominguez (70. Reich) - Klose, Hristov (58. Lokvenc)
Freiburg: Golz - Kondé, Hermel, Diarra - Willi, Kehl, But (88. Schumann), Baya (62. Zeyer), Kobiaschwili - Sellimi, Ramdane (70. Weißhaupt)
Tore: 0:1 Sellimi (14.), 0:2 Zeyer (90.) - **SR:** Wagner (Hofheim) - **ZS:** 39.383 - **Gelb:** Strasser - Kehl, Hermel, Sellimi

SpVgg Unterhaching - FC Energie Cottbus (So., 19.11.) 2:1 (2:0)
Unterhaching: Tremmel - Herzog (81. Bergen), Strehmel, Seifert - Haber, Schwarz, Oberleitner (61. Zdrilic), Zimmermann, Straube - Breitenreiter, Rraklli (67. Spizak)
Cottbus: Piplica - Hujdurovic, Sebök, Beeck - Thielemann (75. Latoundji), Vata, Akrapovic, Micevski (75. Rödlund), Matyus - Franklin, Labak (66. Helbig)
Tore: 1:0 Breitenreiter (6.), 2:0 Oberleitner (42.), 2:1 Franklin (55.) - **SR:** Gagelmann (Bremen) - **ZS:** 10.500 - **Gelb:** Straube, Strehmel, Herzog, Spizak - Helbig

VfL Bochum - Borussia Dortmund (So., 19.11.) 1:1 (0:0)
Bochum: van Duijnhoven - Bemben, Mamic, Ristau, Meichelbeck (70. Fahrenhorst) - Mandreko (57. Freier), Schindzielorz, Bastürk, Dickhaut - Maric, Drincic
Dortmund: Lehmann - Wörns, Kohler - Evanilson, Stevic, Ricken, Nerlinger (83. Krontiris), Heinrich - Addo (78. Tanko), Ikpeba, Reina
Tore: 1:0 Drincic (75.), 1:1 Heinrich (87.) - **SR:** Aust (Köln) - **ZS:** 33.000 (ausverkauft) - **Gelb:** Ristau, Bemben, Bastürk, Dickhaut - Reina, Stevic

14. Spieltag: Samstag, 25.11.2000
1860 nach Derby-Niederlage weiter im Sturzflug

FC Schalke 04 - VfL Bochum (Fr., 24.11.) 2:1 (1:0)
Schalke: Reck - Hajto, Waldoch, van Kerckhoven - Asamoah (80. Mikolajczak), van Hoogdalem, Möller, Nemec, Böhme (84. Büskens) - Sand (90. Held), Mulder
Bochum: van Duijnhoven - Ristau, Mamic, Milinovic (43. Fahrenhorst) - Freier, Schindzielorz, Bastürk, Meichelbeck, Buckley - Maric, Drincic (71. Baluszynski)
Tore: 1:0 Mulder (37.), 1:1 Maric (48.), 2:1 Sand (90.) - **SR:** Kemmling (Kleinburgwedel) - **ZS:** 41.719 - **Gelb:** Böhme, Mulder, van Hoogdalem - Mandreko

FC Hansa Rostock - Hamburger SV 1:0 (0:0)
Rostock: Pieckenhagen - Yasser (75. Lange), Jakobsson, Schröder, Emara - Rydlewicz, Wibran, Brand (77. Baumgart), Lantz - Agali, Arvidsson (90. Oswald)
HSV: Butt - Hertzsch, Hoogma, Panadic - Sandmann (71. Kruse), Töfting, Barbarez, Präger - Mahdavikia (62. Kientz), Bester, Heinz (46. Yilmaz)
Tor: 1:0 Arvidsson (86.) - **SR:** Jansen (Essen) - **ZS:** 14.500 - **Gelb:** Brand, Lange - Töfting, Barbarez

SC Freiburg - FC Bayern München 1:1 (1:1)
Freiburg: Golz - Kondé, Kehl, Diarra - Willi, Zeyer, Baya, But (74. Hermel), Kobiaschwili - Sellimi (74. Coulibaly), Ramdane (90. Weißhaupt)
FC Bayern: Kahn - Linke, Sforza, Kuffour - Salihamidzic, Fink (74. Jeremies) Effenberg, Tarnat (80. Lizarazu) - Sergio (78. Zickler), Jancker, Elber
Tore: 0:1 Jancker (18.), 1:1 But (26.) - **SR:** Fandel (Kyllburg) - **ZS:** 25.000 (ausverkauft) - **Gelb:** Zeyer, Kondé, Baya, But - Kahn, Effenberg, Jancker, Linke, Salihamidzic

FC Energie Cottbus - 1. FC Köln 0:2 (0:1)
Cottbus: Piplica - Hujdurovic, Sebök, Beeck, Matyus (74. Kobylanski) - Latoundji, Vata, Miriuta, Micevski (64. Labak) - Helbig, Franklin
Köln: Pröll - Cullmann, Cichon, Sichone - Springer, Dziwior, Lottner, Keller - Scherz, Kurth (66. Arwelladse), Timm (88. Donkov)
Tore: 0:1 Timm (13.), 0:2 Lottner (69.) - **SR:** Berg (Konz) - **ZS:** 13.816 - **Gelb:** Kurth

Eintracht Frankfurt - Hertha BSC Berlin 0:4 (0:2)
Frankfurt: Heinen - Bindewald (46. Sobotzik), Hubtchev, Kracht, Wimmer - Schur, Heldt, Branco, Preuß - Fjörtoft, Reichenberger
Hertha BSC: Kiraly - Rehmer, van Burik, Schmidt - Deisler (88. Marx), Dardai (86. Köhler), Konstantinidis, Tretschok, Hartmann - Sverrisson, Preetz
Tore: 0:1 van Burik (18.), 0:2 Konstantinidis (21.), 0:3 Preetz (83.), 0:4 Preetz (88.) - **SR:** Krug (Gelsenkirchen) - **ZS:** 32.000 - **Gelb:** Schur - Dardai, Preetz - **Rot:** Preuß (64.)

Borussia Dortmund - VfL Wolfsburg 2:1 (2:1)
Dortmund: Lehmann - Wörns, Kohler - Evanilson, Stevic (87. Nerlinger), Oliseh, Ricken, Dede - Addo (80. Krontiris), Ikpeba (59. Bobic), Reina
Wolfsburg: Reitmaier - Biliskov, Thomsen, Hengen (71. Munteanu), Kryger - Voss (62. Maric), Kühbauer, Akonnor, Weiser - Juskowiak (76. Rische), Akpoborie
Tore: 1:0 Reina (27.), 2:0 Evanilson (27.), 2:1 Akpoborie (32.) - **SR:** Dr. Merk (Kaiserslautern) - **ZS:** 60.500 - **Gelb:** Kohler - Kühbauer, Akonnor

Bayer 04 Leverkusen - 1. FC Kaiserslautern (So., 26.11.) 4:2 (2:1)
Leverkusen: Matysek - Hoffmann, Nowotny, Zivkovic - Hejduk (82. Reeb), Ballack, Ramelow, Neuendorf (73. Vranjes) - Neuville, Kirsten (62. Rink), Zé Roberto
1. FCK: G. Koch - H. Koch, Ramzy, Strasser (80. Lokvenc), Grammozis - Buck (16. Reich), Pettersson, Djorkaeff, Hristov, Dominguez (75. Marschall) - Klose
Tore: 1:0 Neuville (30.), 1:1 Hristov (36.), 2:1 Kirsten (37.), 2:2 Dominguez (66.), 3:2 Ballack (68., HE), 4:2 Neuville (86.) - **SR:** Albrecht (Kaufbeuren) - **ZS:** 22.500 (ausverkauft) - **Gelb:** Neuendorf, Nowotny, Klose, Pettersson, Hristov

TSV München 1860 - SpVgg Unterhaching (So., 26.11.) 0:2 (0:1)
1860: Jentzsch - Kurz, Zelic, Riseth - Cerny, Mykland (46. Borimirov), Häßler, Tyce, Bierofka (55. Beierle) - Max (67. Winkler), Agostino
Unterhaching: Tremmel - Herzog - Haber, Seifert - Novak, Zimmermann, Schwarz, Breitenreiter (82. Oberleitner), Straube - Zdrilic (67. Hirsch), Spizak (73. Rraklli)
Tore: 0:1 Zdrilic (18.), 0:2 Oberleitner (85.) - **SR:** Meyer (Braunschweig) - **ZS:** 29.600 - **Gelb:** Zelic, Agostino, Cerny, Borimirov

SV Werder Bremen - VfB Stuttgart (So., 26.11.) 1:0 (0:0)
Bremen: Rost - Tjikuzu, Barten, Baumann, Wiedener (46. Krstajic) - Eilts, Herzog (80. Maximow), Wicky (75. Banovic), Bode - Pizarro, Ailton
Stuttgart: Hildebrand - Meißner (46. Hleb), Soldo, Bordon - Seitz, Thiam (80. Pinto), Endress, Kauf, Lisztes, Blank (80. Hosny) - Ganea
Tor: 1:0 Ailton (77.) - **SR:** Fröhlich (Berlin) - **ZS:** 26.189 - **Gelb:** Herzog - **Gelb-Rot:** Lisztes (90.)

	Sp.	g.	u.	v.	Tore	Diff.	Punkte
1. Bayer Leverkusen	13	7	4	2	18 :12	+ 6	25
2. Schalke 04	13	7	3	3	29 :13	+16	24
3. Hertha BSC Berlin	13	8	0	5	28 :21	+ 7	24
4. Bayern München	13	7	1	5	29 :17	+12	22
5. Eintracht Frankfurt	13	6	2	5	19 :17	+ 2	20
6. 1. FC Kaiserslautern	13	6	2	5	17 :16	+ 1	20
7. Borussia Dortmund	13	6	2	5	20 :23	- 3	20
8. VfL Wolfsburg	13	4	6	3	28 :19	+ 9	18
9. Hamburger SV	13	5	3	5	30 :26	+ 4	18
10. 1. FC Köln	13	5	3	5	24 :25	- 1	18
11. SC Freiburg	13	4	3	6	15 :17	- 2	15
12. TSV München 1860	13	3	6	4	17 :21	- 4	15
13. Hansa Rostock	13	4	3	6	11 :22	- 11	15
14. Werder Bremen	13	3	5	5	17 :20	- 3	14
15. VfB Stuttgart	13	3	5	5	20 :24	- 4	14
16. SpV. Unterhaching	13	3	5	5	15 :22	- 7	14
17. Energie Cottbus	13	4	2	7	15 :24	- 9	14
18. VfL Bochum	13	3	3	7	10 :23	- 13	12

	Sp.	g.	u.	v.	Tore	Diff.	Punkte
1. Bayer Leverkusen	14	8	4	2	22 :14	+ 8	28
2. Schalke 04	14	8	3	3	31 :14	+17	27
3. Hertha BSC Berlin	14	9	0	5	32 :21	+11	27
4. Bayern München	14	7	2	5	30 :18	+12	23
5. Borussia Dortmund	14	7	2	5	22 :24	- 2	23
6. 1. FC Köln	14	6	3	5	26 :25	+ 1	21
7. 1. FC Kaiserslautern	14	6	2	6	19 :20	- 1	20
8. Eintracht Frankfurt	14	6	2	6	19 :21	- 2	20
9. VfL Wolfsburg	14	4	6	4	29 :21	+ 8	18
10. Hamburger SV	14	5	3	6	30 :27	+ 3	18
11. Hansa Rostock	14	5	3	6	12 :22	- 10	18
12. Werder Bremen	14	4	5	5	18 :20	- 2	17
13. SpV. Unterhaching	14	4	5	5	17 :22	- 5	17
14. SC Freiburg	14	4	4	6	16 :18	- 2	16
15. TSV München 1860	14	3	6	5	17 :23	- 6	15
16. VfB Stuttgart	14	3	5	6	20 :25	- 5	14
17. Energie Cottbus	14	4	2	8	15 :26	- 11	14
18. VfL Bochum	14	3	3	8	11 :25	- 14	12

Bundesliga 2000/2001

15. Spieltag: Samstag, 2.12.2000
Bayern profitiert von Ausrutschern der Konkurrenz

VfL Wolfsburg - FC Schalke 04   2:0 (0:0)
Wolfsburg: Reitmaier - Thomsen, Hengen, Kryger - Greiner (83. Voss), Nowak, Akonnor, Munteanu, Weiser - Juskowiak (78. Biliskov), Maric (83. Rische)
Schalke: Reck - Hajto, Waldoch, van Kerckhoven - Latal (67. Mulder), van Hoogdalem (71. Mikolajczak), Möller, Nemec (86. Happe), Böhme - Asamoah, Sand
Tore: 1:0 Thomsen (56.), 2:0 Akonnor (89.) - **SR:** Aust (Köln) - **ZS:** 17.216 - **Gelb:** Greiner, Kryger, Maric - Böhme, Waldoch

VfL Bochum - Eintracht Frankfurt   2:1 (2:0)
Bochum: van Duijnhoven - Ristau, Mamic, Meichelbeck - Freier, Drincic (88. Bemben), Fahrenhorst, Schindzielorz, Bastürk, Buckley (73. Peschel) - Maric (60. Dickhaut)
Frankfurt: Heinen - Kutschera (84. Zinnow), Hubtchev, Kracht - Schur, Sobotzik, Heldt, Branco, Wimmer (29. Rasiejewski), Gemiti (46. Guié-Mien) - Reichenberger
Tore: 1:0 Drincic (15.), 2:0 Fahrenhorst (34.), 2:1 Reichenberger (49.) - **SR:** Heynemann (Magdeburg) - **ZS:** 17.300 - **Gelb:** Freier - Rasiejewski, Guié-Mien

FC Bayern München - Bayer 04 Leverkusen   2:0 (1:0)
FC Bayern: Kahn - Linke, Sforza, Kuffour - Sagnol, Jeremies (69. Fink), Effenberg, Tarnat - Elber (80. Zickler), Jancker (66. Scholl), Sergio
Leverkusen: Matysek - Reeb (75. Ojigwe), Zivkovic, Nowotny, Kovac - Ramelow, Ballack (27. Ponte), Vranjes - Neuville, Kirsten (75. Rink), Zé Roberto
Tore: 1:0 Jancker (5.), 2:0 Elber (48.) - **SR:** Krug (Gelsenkirchen) - **ZS:** 48.000 - **Gelb:** Sagnol, Kuffour, Effenberg, Jancker - Kovac, Kirsten - **Rot:** Ponte (52.)

1. FC Köln - TSV München 1860   4:0 (1:0)
Köln: Bade - Sichone, Cichon (83. Baranek), Keller - Cullmann, Dziwior (73. Hauptmann), Lottner, Springer - Scherz, Kurth (77. Donkov), Arweladse
1860: Hofmann - Stranzl (20. Ehlers), Riseth, Kurz, Borimirov (35. Paßlack) - Cerny, Zelic, Häßler, Bierofka (61. Agostino) - Winkler, Beierle
Tore: 1:0 Kurth (42.), 2:0 Arweladse (65.), 3:0 Lottner (67.), 4:0 Springer (76.) - **SR:** Fröhlich (Berlin) - **ZS:** 30.000 - **Gelb:** Cullmann, Springer - Zelic, Häßler, Winkler, Stranzl

Hertha BSC Berlin - SC Freiburg   2:2 (2:1)
Hertha BSC: Kiraly - Rehmer, Schmidt, van Burik (61. Daei) - Deisler, Dardai, Wosz (82. Roy), Tretschok, Hartmann - Preetz - Sverrisson
Freiburg: Golz - Kondé, Hermel (71. Weißhaupt), Diarra - Willi, Zeyer, Kehl, But (51. Baya), Kobiaschwili - Dorn (46. Iaschwili), Sellimi
Tore: 1:0 Tretschok (28., FE), 2:0 Sverrisson (29.), 2:1 Dorn (35.), 2:2 Kobiaschwili (73., FE) - **SR:** Dr. Merk (Kaiserslautern) - **ZS:** 28.191 - **Gelb:** Dardai, Sverrisson, Kiraly, Tretschok - Kondé, Kobiaschwili, Kehl

VfB Stuttgart - Borussia Dortmund   0:2 (0:1)
Stuttgart: Hildebrand - Thiam, Soldo, Bordon, Carnell - Pinto, Endress (46. Kauf), Balakov, Gerber (66. Seitz) - Dundee, Ganea (72. Vaccaro)
Dortmund: Lehmann - Wörns, Oliseh, Kohler - Evanilson, Stevic, Heinrich, Dede - Ricken (89. Nerlinger), Bobic (59. Addo), Reina (72. Tanko)
Tore: 0:1 Dede (5.), 0:2 Stevic (64., FE) - **SR:** Steinborn (Sinzig) - **ZS:** 30.000 - **Gelb:** Hildebrand - Kohler, Dede

1. FC Kaiserslautern - Hamburger SV (So., 3.12.)   2:1 (0:0)
1. FCK: G. Koch - H. Koch (89. Schjönberg), Yakin, Ramzy, Grammozis - Buck, Hristov, Djorkaeff (74. Marschall), Dominguez (61. Reich) - Klose, Pettersson
HSV: Butt - Hertzsch, Hoogma, Panadic - Töfting, Kovac, Cardoso (65. Kientz), Hollerbach - Mahdavikia (76. Doll), Heinz, Präger (60. Spörl)
Tore: 1:0 Klose (86.), 2:0 Klose (88.), 2:1 Butt (90., FE) - **SR:** Dr. Fleischer (Hallstadt) - **ZS:** 38.481 - **Gelb:** Dominguez, Yakin, Ramzy - Cardoso, Kovac, Kientz - **Gelb-Rot:** Hollerbach (85.)

FC Energie Cottbus - FC Hansa Rostock (So., 3.12.)   1:0 (0:0)
Cottbus: Piplica - Hujdurovic, Vata, Beeck - Reghecampf, Miriuta (90. Sebök), Akrapovic, Scherbe, Kobylanski - Helbig, Franklin (77. Labak)
Rostock: Pieckenhagen - Schröder, Jakobsson, Yasser (78. Oswald) - Rydlewicz, Wibran, Brand (74. Baumgart), Lantz, Emara (74. Majak) - Agali, Arvidsson
Tor: 1:0 Reghecampf (70.) - **SR:** Fandel (Kyllburg) - **ZS:** 19.699 - **Gelb:** Reghecampf, Franklin, Scherbe - Yasser, Schröder, Arvidsson - **Gelb-Rot:** Hujdurovic (38.) - **Rot:** Wibran (60.)

SpVgg Unterhaching - SV Werder Bremen (Mi., 20.12.)   0:0
Unterhaching: Tremmel - H. Herzog, Strehmel, Seifert - Haber, Schwarz, Breitenreiter (88. Garcia), Zimmermann, Straube - Rraklli (57. Spizak), Zdrilic (57. Novak)
Bremen: Rost - Tjikuzu, Schierenbeck, Ernst, Skripnik - Eilts, A. Herzog (69. Dabrowski), Frings, Stalteri - Maximow, Bode
SR: Strampe (Handorf) - **ZS:** 8.500 - **Gelb:** H. Herzog

	Sp.	g.	u.	v.	Tore	Diff.	Punkte
1. Hertha BSC Berlin	15	9	1	5	34 :23	+11	28
2. Bayer Leverkusen	15	8	4	3	22 :16	+ 6	28
3. Schalke 04	15	8	3	4	31 :16	+15	27
4. Bayern München	15	8	2	5	32 :18	+14	26
5. Borussia Dortmund	15	8	2	5	24 :24	± 0	26
6. 1. FC Köln	15	7	3	5	30 :25	+ 5	24
7. 1. FC Kaiserslautern	15	7	2	6	21 :21	± 0	23
8. VfL Wolfsburg	15	5	6	4	31 :21	+10	21
9. Eintracht Frankfurt	15	6	2	7	20 :23	- 3	20
10. Hamburger SV	15	5	3	7	31 :29	+ 2	18
11. Hansa Rostock	15	5	3	7	12 :23	- 11	18
12. Werder Bremen	14	4	5	5	18 :20	- 2	17
. SC Freiburg	15	4	5	6	18 :20	- 2	17
14. SpV. Unterhaching	14	4	5	5	17 :22	- 5	17
15. Energie Cottbus	15	5	2	8	16 :26	- 10	17
16. TSV München 1860	15	3	6	6	17 :27	- 10	15
17. VfL Bochum	15	4	3	8	13 :26	- 13	15
18. VfB Stuttgart	15	3	5	7	20 :27	- 7	14

16. Spieltag: Samstag, 9.12.2000
Leverkusen schießt Hertha mit 4:0 von der Spitze

Eintracht Frankfurt - VfL Wolfsburg (Fr., 8.12.)   1:2 (1:0)
Frankfurt: Heinen - Kutschera, Hubtchev (58. Lösch), Kracht - Sobotzik, Schur, Heldt, Branco, Gebhardt (76. Guié-Mien) - Fjörtoft, Reichenberger (46. Kryszalowicz)
Wolfsburg: Reitmaier - Kryger, Hengen, Biliskov - Greiner (46. Müller), Nowak (77. Voss), Kühbauer (32. Juskowiak), Akonnor, Munteanu, Weiser - Maric
Tore: 1:0 Gebhardt (13.), 1:1 Juskowiak (52.), 1:2 Maric (75.) - **SR:** Gagelmann (Bremen) - **ZS:** 19.300 - **Gelb:** Kracht, Branco, Sobotzik, Heinen, Schur - Nowak

SC Freiburg - VfL Bochum   5:0 (1:0)
Freiburg: Golz - Kondé, Kehl (69. Dorn), Diarra, Kobiaschwili (53. Zkitischwili) - Willi (40. Ramdane), Zeyer, Baya, But - Sellimi, Iaschwili
Bochum: van Duijnhoven - Ristau, Mamic, Fahrenhorst (31. Sundermann) - Freier, Schindzielorz, Bastürk, Meichelbeck (46. Maric) - Peschel, Drincic, Buckley (67. Mandreko)
Tore: 1:0 Diarra (21.), 2:0 Sellimi (48.), 3:0 Iaschwili (51.), 4:0 Baya (66.), 5:0 Sundermann (76., ET) - **SR:** Keßler - **ZS:** 24.500 - **Gelb:** Zeyer, Kehl - Peschel, Bastürk, Buckley, Fahrenhorst - **Rot:** Drincic (65.)

1. FC Kaiserslautern - FC Bayern München   0:0
1. FCK: G. Koch - Grammozis, H. Koch, Yakin, Ramzy - Buck, Hristov, Pettersson, Strasser - Lokvenc (59. Klose), Djorkaeff (83. Marschall)
FC Bayern: Kahn - Linke, Kuffour, Tarnat - Salihamidzic, Fink, Sforza, Effenberg - Sergio, Elber (68. Jancker), Scholl (46. Zickler)
SR: Aust (Köln) - **ZS:** 41.500 (ausverkauft) - **Gelb:** H. Koch - Tarnat, Linke, Salihamidzic, Kahn, Jancker, Effenberg

TSV München 1860 - FC Hansa Rostock   2:1 (1:0)
1860: Hofmann - Stranzl, Zelic, Ehlers (29. Pfuderer), Kurz - Cerny, Riseth (32. Tyce), Häßler, Bierofka - Agostino (81. Beierle), Max
Rostock: Pieckenhagen - Schröder, Jakobsson, Oswald - Rydlewicz, Yasser, Brand (85. Weilandt), Emara - Arvidsson (82. Majak), Agali (90. Benken), Baumgart
Tore: 1:0 Max (21.), 1:1 Agali (66.), 2:1 Max (68.) - **SR:** Berg (Konz) - **ZS:** 20.300 - **Gelb:** Max, Stranzl, Bierofka - Arvidsson, Agali, Brand

FC Schalke 04 - VfB Stuttgart   2:1 (1:0)
Schalke: Reck - Hajto (64. Eigenrauch), Waldoch, van Kerckhoven (58. Happe) - Latal (77. Mikolajczak), van Hoogdalem, Möller, Nemec, Böhme - Asamoah, Sand
Stuttgart: Hildebrand - Meißner, Soldo, Bordon (46. Endress), Blank - Seitz, Lisztes (77. Todt), Kauf, Balakov, Carnell (61. Gerber) - Ganea
Tore: 1:0 Latal (22.), 1:1 Ganea (47.), 2:1 Waldoch (90.) - **SR:** Wagner (Hofheim) - **ZS:** 31.281 - **Gelb:** Hajto, Böhme, van Hoogdalem - Seitz - **Gelb-Rot:** Balakov (58.)

Borussia Dortmund - SpVgg Unterhaching   3:0 (3:0)
Dortmund: Lehmann - Wörns, Oliseh (17. Addo), Kohler - Evanilson, Stevic, Heinrich, Dede - Ricken (78. Nerlinger), Bobic (72. Tanko), Reina
Unterhaching: Tremmel - Bucher, Strehmel, Seifert (75. Grassow) - Haber, Zimmermann, Oberleitner (46. Hirsch), Schwarz, Straube - Zdrilic, Spizak (27. Rraklli)
Tore: 1:0 Stevic (16.), 2:0 Bobic (30.), 3:0 Reina (40.) - **SR:** Weiner (Hildesheim) - **ZS:** 60.500 - **Gelb:** Heinrich, Ricken - Bucher, Zdrilic

Hamburger SV - FC Energie Cottbus (So., 10.12.)   2:1 (0:1)
HSV: Butt - Hertzsch, Hoogma, Panadic (65. Präger) - Kovac, Ujfalusi, Barbarez, Töfting - Yilmaz (46. Heinz), Bester, Ketelaer (88. Sandmann)
Cottbus: Piplica - Thielemann (89. McKenna), Vata, Sebök, Matyus - Reghecampf, Miriuta, Akrapovic, Scherbe (86. Franklin), Kobylanski (78. Micevski) - Helbig
Tore: 0:1 Reghecampf (42.), 1:1 Barbarez (72.), 2:1 Heinz (78.) - **SR:** Dr. Wack (Biberbach) - **ZS:** 39.600 - **Gelb:** Hoogma, Kovac, Matyus - Scherbe

Bayer 04 Leverkusen - Hertha BSC Berlin (So., 10.12.)   4:0 (2:0)
Leverkusen: Matysek - Zivkovic, Vranjes, Kovac - Reeb, Schneider, Ramelow, Neuendorf (69. Babic), Ojigwe, Kirsten (78. Rink), Neuville (83. Daun)
Hertha BSC: Kiraly - Rehmer, Sverrisson, Schmidt (22. Beinlich) - Deisler, Dardai (62. Veit), Wosz, Tretschok, Hartmann - Daei (46. Alves), Preetz
Tore: 1:0, 2:0 Neuville (7., 19.), 3:0 Ramelow (67.), 4:0 Rink (82.) - **SR:** Heynemann (Magdeburg) - **ZS:** 22.500 (ausv.) - **Gelb:** Ramelow - Wosz, Kiraly - **Rot:** Alves (70.) - **B.V.:** Kiraly hält FE von Kirsten (72.)

SV Werder Bremen - 1. FC Köln (So., 10.12.)   2:1 (0:0)
Bremen: Rost - Tjikuzu, Baumann, Krstajic, Bode - Frings, Stalteri, Ernst (71. Bogdanovic), Herzog - Ailton (86. Skripnik), Pizarro (90. Maximow)
Köln: Pröll - Sichone, Cichon, Keller - Cullmann, Dziwior (86. Donkov), Lottner, Springer - Scherz, Kurth (58. Arweladse), Timm
Tore: 0:1 Arweladse (69.), 1:1 Bogdanovic (73.), 2:1 Bogdanovic (84.) - **SR:** Kemmling (Kleinburgwedel) - **ZS:** 29.144 - **Gelb:** Ailton, Bogdanovic - Dziwior, Sichone - **Gelb-Rot:** Stalteri (39.)

	Sp.	g.	u.	v.	Tore	Diff.	Punkte
1. Bayer Leverkusen	16	9	4	3	26 :16	+10	31
2. Schalke 04	16	9	3	4	33 :17	+16	30
3. Borussia Dortmund	16	9	2	5	27 :24	+ 3	29
4. Hertha BSC Berlin	16	9	1	6	34 :27	+ 7	28
5. Bayern München	16	8	3	5	32 :18	+14	27
6. VfL Wolfsburg	16	6	6	4	33 :22	+11	24
7. 1. FC Köln	16	7	3	6	31 :27	+ 4	24
8. 1. FC Kaiserslautern	16	7	3	6	21 :21	± 0	24
9. Hamburger SV	16	6	3	7	33 :30	+ 3	21
10. SC Freiburg	16	5	5	6	23 :20	+ 3	20
11. Werder Bremen	15	5	5	5	20 :21	- 1	20
12. Eintracht Frankfurt	16	6	2	8	21 :25	- 4	20
13. TSV München 1860	16	4	6	6	19 :28	- 9	18
14. Hansa Rostock	16	5	3	8	13 :25	- 12	18
15. SpV. Unterhaching	15	4	5	6	17 :25	- 8	17
16. Energie Cottbus	16	5	2	9	17 :28	- 11	17
17. VfL Bochum	16	4	3	9	13 :31	- 18	15
18. VfB Stuttgart	16	3	5	8	21 :29	- 8	14

Milliardenliga zwischen Boom und Pleite

17. Spieltag: Mittwoch, 13.12.2000

Schalke 04 ist Herbstmeister

VfB Stuttgart - Eintracht Frankfurt (Di., 12.12.) 4:1 (1:1)
Stuttgart: Hildebrand - Schneider, Soldo, Bordon (86. Blank) - Pinto (84. Djordjevic), Thiam (72. Meißner), Lisztes, Kauf, Gerber - Ganea, Dundee
Frankfurt: Heinen (59. S. Schmitt) - Maljkovic, Hubtchev, Preuß - Rasiejewski (55. Kryszalowicz), Schur, Heldt, Lösch (72. Sobotzik), Branco, Gebhardt - Reichenberger
Tore: 1:0 Maljkovic (34., ET), 1:1 Gebhardt (38.), 2:1 Soldo (60.), 3:1 Ganea (76.), 4:1 Dundee (84.) - **SR:** Sippel (München) - **ZS:** 18.000 - **Gelb:** Schneider, Lisztes - Hubtchev, Lösch, Branco

VfL Wolfsburg - SC Freiburg (Di., 12.12.) 1:2 (0:1)
Wolfsburg: Reitmaier - Kryger (79. Rische), Hengen, Biliskov - Greiner (46. Voss), Nowak (62. Müller), Munteanu, Akonnor, Weiser - Juskowiak, Maric
Freiburg: Golz - Kondé, Kehl, Diarra - Ramdane, Zeyer, Baya (90. Schumann), But, Zkitischwili - Sellimi (73. Coulibaly), Iaschwili (82. Weißhaupt)
Tore: 0:1 Kehl (30.), 0:2 Kondé (59.), 1:2 Juskowiak (66.) - **SR:** Albrecht (Kaufbeuren) - **ZS:** 11.889 - **Gelb:** Weiser, Müller - Baya, Iaschwili

SpVgg Unterhaching - FC Schalke 04 (Di., 12.12.) 0:2 (0:1)
Unterhaching: Tremmel - Grassow, Strehmel, Seifert - Haber (79. Garcia), Zimmermann (53. Kögl), Schwarz, Hirsch, Straube - Rraklli, Zdrilic
Schalke: Reck - Hajto, Waldoch, van Kerckhoven - Latal (89. Eigenrauch), van Hoogdalem, Alpugan, Büskens, Böhme (84. Mikolajczak) - Asamoah, Sand (76. Mulder)
Tore: 0:1 Sand (26.), 0:2 van Hoogdalem (60.) - **SR:** Fröhlich (Berlin) - **ZS:** 10.000 - **Gelb:** Rraklli, Grassow - Asamoah

FC Hansa Rostock - SV Werder Bremen 5:2 (2:1)
Rostock: Pieckenhagen - Schröder, Jakobsson, Oswald (64. Zallmann, 81. Majak) - Rydlewicz, Brand, Wibran, Yasser - Arvidsson (61. Benken), Agali, Baumgart
Bremen: Rost - Tjikuzu (83. Wiedener), Baumann, Krstajic, Bode - Frings, Eilts (58. Pizarro), Wicky (71. Maximow), Herzog - Ailton, Bogdanovic
Tore: 1:0 Baumgart (8.), 1:1 Krstajic (38.), 2:1 Schröder (42.), 3:1 Wibran (54.), 3:2 Pizarro (74.), 4:2 Brand (78.), 5:2 Yasser (80.) - **SR:** Stark (Landshut) - **ZS:** 12.000 - **Gelb:** Oswald, Wibran - Baumann, Tjikuzu, Krstajic, Pizarro, Frings

FC Energie Cottbus - TSV München 1860 2:3 (2:0)
Cottbus: Piplica - Matyus (71. Sebök), Vata, Hujdurovic - Reghecampf, Miriuta, Thielemann, Akrapovic (79. Heidrich), Kobylanski - Franklin, Helbig (71. Micevski)
1860: Hofmann - Stranzl, Zelic (17. Riedl), Kurz (68. Pfuderer) - Cerny, Tyce, Häßler, Riseth, Pürk - Max, Agostino (72. Beierle)
Tore: 1:0 Kobylanski (6.), 2:0 Miriuta (9.), 2:1 Häßler (54.), 2:2 Riseth (58.), 2:3 Agostino (67.) - **SR:** Steinborn (Sinzig) - **ZS:** 12.453 - **Gelb:** Vata - Riedl

1. FC Köln - Borussia Dortmund 0:0
Köln: Pröll - Cullmann, Cichon, Sichone, Keller - Voigt (84. Donkov), Lottner, Springer - Scherz, Kurth (75. Arweladse), Timm
Dortmund: Lehmann - Wörns, Oliseh, Kohler (46. Addo) - Evanilson, Stevic, Heinrich, Dede - Ricken, Bobic, Reina
SR: Dr. Fleischer (Hallstadt) - **ZS:** 41.000 - **Gelb:** Lottner - Oliseh, Stevic, Dede

FC Bayern München - Hamburger SV 2:1 (0:1)
FC Bayern: Kahn - Linke, Kuffour (46. Santa Cruz), Sforza - Salihamidzic, Jeremies, Effenberg, Tarnat - Scholl, Elber (86. Zickler), Sergio (75. Andersson)
HSV: Butt - Ujfalusi, Hoogma, Panadic, Hollerbach - Mahdavikia (74. Yilmaz), Töfting, Kovac (82. Doll), Präger (66. Heinz) - Barbarez, Meijer
Tore: 0:1 Barbarez (28.), 1:1 Elber (64.), 2:1 Elber (67.) - **SR:** Strampe (Handorf) - **ZS:** 32.000 - **Gelb:** Sergio, Tarnat - Panadic, Barbarez, Kovac, Ujfalusi

VfL Bochum - Bayer 04 Leverkusen 3:2 (1:0)
Bochum: van Duijnhoven - Dickhaut (75. Sundermann), Mamic (50. Fahrenhorst), Milinovic - Bemben, Schindzielorz, Bastürk (87. Ristau), Reis, Mandreko - Peschel, Maric
Leverkusen: Matysek - Zivkovic, Nowotny, Kovac - Reeb, Vranjes, Schneider (59. Rink), Neuendorf (83. Daun), Ojigwe (55. Babic) - Neuville, Kirsten
Tore: 1:0 Maric (40.), 2:0 Maric (52., FE), 2:1 Kirsten (67.), 3:1 Maric (74., FE), 3:2 Neuville (76.) - **SR:** Meyer (Braunschweig) - **ZS:** 15.755 - **Gelb:** Maric - Schneider, Nowotny, Babic

Hertha BSC Berlin - 1. FC Kaiserslautern 2:4 (0:2)
Hertha BSC: Kiraly - Rehmer, van Burik (46. Daei), Simunic - Deisler, Dardai, Beinlich, Tretschok (82. Wosz), Hartmann (75. Roy) - Sverrisson, Preetz
1. FCK: G. Koch - H. Koch, Yakin, Ramzy - Buck (55. Lokvenc), Hristov, Grammozis, Pettersson (46. Basler), Strasser - Klose (74. Schjönberg), Djorkaeff
Tore: 0:1 Strasser (21.), 0:2 Klose (41.), 1:2 Deisler (60.), 2:2 Preetz (65.), 2:3 Klose (70.), 2:4 Djorkaeff (90.) - **SR:** Jansen (Essen) - **ZS:** 28.146 - **Gelb:** Tretschok, Simunic - G. Koch, Ramzy - **G.-Rot:** Deisler (87.)

18. Spieltag: Samstag, 16.12.2000

Cottbus und Unterhaching gewinnen Kellerduelle

SpVgg Unterhaching - Eintracht Frankfurt (Fr., 15.12.) 2:0 (1:0)
Unterhaching: Tremmel - Herzog, Strehmel, Seifert - Haber, Schwarz, Zimmermann, Hirsch (89. Bucher), Straube - Rraklli (85. Kögl), Zdrilic (76. Breitenreiter)
Frankfurt: S. Schmitt - Maljkovic, Lösch (69. Guié-Mien), Kracht - Rasiejewski (45. Sobotzik), Schur (46. Kryszalowicz), Heldt, Branco, Hubtchev, Gebhardt - Fjörtoft
Tore: 1:0 Hirsch (19.), 2:0 Breitenreiter (86.) - **SR:** Kemmling (Kleinburgwedel) - **ZS:** 6.000 - **Gelb:** Zdrilic, Herzog - Lösch, Fjörtoft, Branco, Kracht

VfL Wolfsburg - Bayer 04 Leverkusen 2:0 (0:0)
Wolfsburg: Reitmaier - Greiner, Hengen, Biliskov - Müller, Nowak, Munteanu (72. Voss), Akonnor, Weiser - Juskowiak (79. Rische), Maric (85. Schnoor)
Leverkusen: Matysek - Hoffmann (63. Vranjes), Nowotny, Kovac - Zivkovic, Schneider (83. Daun), Ramelow, Neuendorf (68. Babic), Ojigwe - Neuville, Kirsten
Tore: 1:0 Müller (55.), 2:0 Nowak (88.) - **SR:** Wagner (Hofheim) - **ZS:** 12.955 - **Gelb:** Maric, Juskowiak, Voss - Nowotny, Neuendorf, Ojigwe, Schneider

1. FC Köln - FC Schalke 04 2:2 (0:2)
Köln: Pröll - Cullmann, Cichon, Sichone, Keller - Voigt, Lottner, Springer (54. Arweladse) - Scherz, Kurth (68. Donkov), Timm (90. Kreuz)
Schalke: Reck - Hajto, Waldoch, van Kerckhoven - Latal, van Hoogdalem (71. Büskens), Möller, Nemec, Böhme - Asamoah (65. Mpenza), Sand
Tore: 0:1 Böhme (11.), 0:2 Asamoah (34.), 1:2 Donkov (72.), 2:2 Cullmann (75.) - **SR:** Fandel (Kyllburg) - **ZS:** 42.000 (ausv.) - **Gelb:** Cichon, Sichone, Cullmann - Asamoah, Büskens - **Gelb-Rot:** Voigt (78.)

FC Hansa Rostock - Borussia Dortmund 1:2 (0:1)
Rostock: Pieckenhagen - Yasser, Jakobsson, Schröder, Lantz - Rydlewicz, Brand (72. Majak), Wibran (81. Breitkreutz), Baumgart (81. Emara) - Arvidsson, Agali
Dortmund: Lehmann - Nijhuis, Oliseh, Wörns - Evanilson, Ricken, Nerlinger, Heinrich - Addo, Bobic, Reina
Tore: 0:1 Reina (8.), 0:2 Addo (48.), 1:2 Rydlewicz (57., FE) - **SR:** Heynemann (Magdeburg) - **ZS:** 14.000 - **Gelb:** Rydlewicz, Lantz - Lehmann, Ricken

TSV München 1860 - Hamburger SV 2:1 (1:0)
1860: Jentzsch - Stranzl, Zelic, Ehlers, Kurz - Cerny (57. Pürk), Häßler (89. Riedl), Riseth, Bierofka - Max, Agostino (79. Tyce)
HSV: Butt (14. Schober) - Hertzsch, Hoogma, Panadic (71. Doll) - Sandmann, Töfting, Barbarez, Ujfalusi - Mahdavikia, Heinz, Ketelaer (29. Yilmaz)
Tore: 1:0 Bierofka (23.), 2:0 Agostino (63.), 2:1 Barbarez (74.) - **SR:** Dr. Merk (Kaiserslautern) - **ZS:** 19.700 - **Gelb:** Panadic, Töfting - **Gelb-Rot:** Barbarez (84.)

VfL Bochum - 1. FC Kaiserslautern 0:1 (0:1)
Bochum: van Duijnhoven - Dickhaut (84. Freier), Reis, Milinovic - Bemben (46. Rietpietsch), Schindzielorz, Bastürk, Fahrenhorst, Mandreko - Drincic (67. Baluszynski), Maric
1. FCK: G. Koch - H. Koch, Yakin, Schjönberg - Basler (67. Adzic), Hristov, Ramzy, Dominguez (72. Marschall), Strasser - Klose (89. Reich), Djorkaeff
Tor: 0:1 Klose (37.) - **SR:** Dr. Wack (Biberbach) - **ZS:** 15.800 - **Gelb:** Bastürk, Freier, Rietpietsch - Dominguez, H. Koch, Hristov, G. Koch, Schjönberg - **Rot:** Milinovic (80.)

VfB Stuttgart - SC Freiburg 0:0
Stuttgart: Hildebrand - Meißner (66. Lisztes), Soldo, Bordon - Pinto (46. Djordjevic), Thiam, Balakov, Kauf, Gerber (79. Seitz) - Dundee, Ganea
Freiburg: Golz - Kondé, Kehl, Diarra - Ramdane, Weißhaupt (89. Coulibaly), Zeyer, But (82. Zandi), Zkitischwili - Sellimi, Iaschwili (72. Dorn)
SR: Krug (Gelsenkirchen) - **ZS:** 19.500 - **Gelb:** Thiam, Kauf - Kehl, Weißhaupt, Ramdane

FC Energie Cottbus - SV Werder Bremen (So., 17.12.) 3:1 (2:1)
Cottbus: Piplica - Vata, Sebök, Hujdurovic (68. Matyus) - Reghecampf (60. Scherbe), Miriuta, Thielemann, Akrapovic, Kobylanski - Franklin (78. Labak), Helbig
Bremen: Rost - Frings, Eilts, Skripnik, Wiedener - Stalteri (60. Pizarro), Ernst (63. Maximow), Wicky, Herzog (76. Dabrowski), Bode - Ailton
Tore: 1:0 Kobylanski (4.), 1:1 Ailton (38., FE), 2:1 Helbig (44.), 3:1 Matyus (68.) - **SR:** Aust (Köln) - **ZS:** 12.738 - **Gelb:** Hujdurovic, Sebök - Ailton, Pizarro, Wiedener, Bode

Hertha BSC Berlin - FC Bayern München (So., 17.12.) 1:3 (1:2)
Hertha BSC: Kiraly - Rehmer, van Burik, Sverrisson - Dardai, Tretschok, Wosz (66. Daei), Beinlich (66. Sanneh), Hartmann - Alves, Preetz
FC Bayern: Kahn - Linke, Sforza, Kuffour - Jeremies, Effenberg, Fink, Salihamidzic - Santa Cruz (88. Sergio), Elber (80. Scholl), Zickler
Tore: 0:1 Santa Cruz (16.), 1:1 Preetz (25.), 1:2 Effenberg (33., FE), 1:3 Zickler (60.) - **SR:** Berg (Konz) - **ZS:** 57.169 (ausverkauft) - **Gelb:** van Burik - Jeremies, Sforza

	Sp.	g.	u.	v.	Tore	Diff.	Punkte
1. Schalke 04	17	10	3	4	35 :17	+18	33
2. Bayer Leverkusen	17	9	4	4	28 :19	+ 9	31
3. Bayern München	17	9	3	5	34 :19	+15	30
4. Borussia Dortmund	17	9	3	5	27 :24	+ 3	30
5. Hertha BSC Berlin	17	9	1	7	36 :31	+ 5	28
6. 1. FC Kaiserslautern	17	8	3	6	25 :23	+ 2	27
7. 1. FC Köln	17	7	4	6	31 :27	+ 4	25
8. VfL Wolfsburg	17	6	6	5	34 :24	+10	24
9. SC Freiburg	17	6	5	6	25 :21	+ 4	23
10. Hamburger SV	17	6	3	8	34 :32	+ 2	21
11. TSV München 1860	17	5	6	6	22 :30	- 8	21
12. Hansa Rostock	17	6	3	8	18 :27	- 9	21
13. Werder Bremen	16	5	5	6	22 :26	- 4	20
14. Eintracht Frankfurt	17	6	2	9	22 :29	- 7	20
15. VfL Bochum	17	5	3	9	16 :33	- 17	18
16. VfB Stuttgart	17	4	5	8	25 :30	- 5	17
17. SpV. Unterhaching	16	4	5	7	17 :27	- 10	17
18. Energie Cottbus	17	5	2	10	19 :31	- 12	17

	Sp.	g.	u.	v.	Tore	Diff.	Punkte
1. Schalke 04	18	10	4	4	37 :19	+18	34
2. Bayern München	18	10	3	5	37 :20	+17	33
3. Borussia Dortmund	18	10	3	5	29 :25	+ 4	33
4. Bayer Leverkusen	18	9	4	5	28 :21	+ 7	31
5. 1. FC Kaiserslautern	18	9	3	6	26 :23	+ 3	30
6. Hertha BSC Berlin	18	9	1	8	37 :34	+ 3	28
7. VfL Wolfsburg	18	7	6	5	36 :24	+12	27
8. 1. FC Köln	18	7	5	6	33 :29	+ 4	26
9. SC Freiburg	18	6	6	6	25 :21	+ 4	24
10. TSV München 1860	18	6	6	6	24 :31	- 7	24
11. Hamburger SV	18	6	3	9	35 :34	+ 1	21
12. Hansa Rostock	18	6	3	9	19 :29	- 10	21
13. Werder Bremen	17	5	5	7	23 :29	- 6	20
14. SpV. Unterhaching	17	5	5	7	19 :27	- 8	20
15. Eintracht Frankfurt	18	6	2	10	22 :31	- 9	20
16. Energie Cottbus	18	6	2	10	22 :32	- 10	20
17. VfB Stuttgart	18	4	6	8	25 :30	- 5	18
18. VfL Bochum	18	5	3	10	16 :34	- 18	18

Bundesliga 2000/2001

19. Spieltag: Samstag, 27.1.2001

Frankfurt entlässt Felix Magath

FC Schalke 04 - FC Hansa Rostock (Fr., 26.1.) 2:0 (1:0)
Schalke: Reck - Hajto, Waldoch, van Kerckhoven - Latal, van Hoogdalem, Möller (78. Mulder), Nemec, Böhme (76. Büskens) - Asamoah (87. Mpenza), Sand
Rostock: Pieckenhagen - Schröder, Jakobsson, Benken - Rydlewicz, Wibran (63. Baumgart), Breitkreutz, Lantz, Majak - Arvidsson (82. Oswald), Salou
Tore: 1:0 Böhme (4.), 2:0 Nemec (67.) - **SR:** Strampe (Handorf) - **ZS:** 29.700 - **Gelb:** Benken, Lantz

1. FC Kaiserslautern - VfL Wolfsburg 0:0
1. FCK: G. Koch - H. Koch, Marschall, Klos - Buck, Basler, Bjelica, Djorkaeff, Strasser - Pettersson (86. Toppmöller), Klose (46. Reich)
Wolfsburg: Reitmaier - Ifejiagwa, Hengen, Biliskov - Sebescen, Kryger, Kühbauer (90. Schnoor), Nowak, Weiser - Rische (46. Müller), Juskowiak (89. Maric)
SR: Krug (Gelsenkirchen) - **ZS:** 36.787 - **Gelb:** Pettersson - Sebescen, Ifejiagwa - **Gelb-Rot:** Klos (80.) - **Rot:** Biliskov (41.)

Eintracht Frankfurt - 1. FC Köln 1:5 (0:4)
Frankfurt: Nikolov - Wimmer (36. Branco), Hubtchev, Rada, Kracht - Sobotzik, Schur, Heldt, Gebhardt - Kryszalowicz, Yang (76. Fjörtoft)
Köln: Bade - Sichone (90. Bulajic), Cichon, Keller - Cullmann, Dziwior, Lottner, Springer - Scherz (82. Arweladse), Kurth (90. Dworrak), Timm
Tore: 0:1 Kurth (12.), 0:2 Kracht (28., ET), 0:3 Scherz (36.), 0:4 Kurth (41.), 1:4 Kryszalowicz (63.), 1:5 Arweladse (89.) - **SR:** Stark (Landshut) - **ZS:** 28.100 - **Gelb:** Gebhardt, Schur, Rada, Branco - Springer

Borussia Dortmund - FC Energie Cottbus 2:0 (0:0)
Dortmund: Lehmann - Evanilson, Wörns, Kohler, Dede - Stevic, Heinrich (89. Nijhuis), Nerlinger, Ricken - Sörensen (78. Metzelder), Bobic
Cottbus: Piplica - Vata, Sebök, Hujdurovic - Reghecampf, Scherbe, Miriuta, Akrapovic, Kobylanski - Helbig, Latoundji (69. Ilie)
Tore: 1:0 Nerlinger (64.), 2:0 Bobic (65.) - **SR:** Fröhlich (Berlin) - **ZS:** 61.500 - **Gelb:** Sebök, Reghecampf, Kobylanski, Akrapovic

SV Werder Bremen - TSV München 1860 2:0 (0:0)
Bremen: Rost - Barten (38. Baumann), Verlaat, Krstajic - Frings, Eilts, Herzog (80. Trares), Ernst (88. Banovic), Stalteri - Pizarro, Ailton
1860: Jentzsch - Stranzl, Zelic, Hoffmann - Cerny (46. Borimirov), Kurz, Häßler, Riseth, Bierofka (68. Schroth) - Max (80. Agostino), Beierle
Tore: 1:0 Ailton (65.), 2:0 Pizarro (71.) - **SR:** Wagner (Hofheim) - **ZS:** 24.473 - **Gelb:** Rost - Beierle, Max, Zelic

FC Bayern München - VfL Bochum 3:2 (1:1)
FC Bayern: Kahn - Andersson, Sforza (73. Hargreaves), Linke - Salihamidzic, Jeremies, Effenberg, Lizarazu (70. Tarnat) - Scholl, Elber, Zickler (70. Sergio)
Bochum: van Duijnhoven - Fahrenhorst, Stickroth, Milinovic, Dickhaut (54. Sundermann) - Colding, Freier, Bastürk, Mandreko - Maric (80. Rietpietsch), Christiansen (46. Drincic)
Tore: 1:0 Effenberg (21.), 1:1 Bastürk (41.), 2:1 Elber (53.), 2:2 Bastürk (59.), 3:2 Effenberg (89.) - **SR:** Steinborn (Sinzig) - **ZS:** 32.000 - **Gelb:** Mandreko

SC Freiburg - SpVgg Unterhaching 2:0 (1:0)
Freiburg: Golz - Kondé, Kehl, Diarra - Willi (61. Zkitischwili), Coulibaly (85. Hermel), Zeyer, But (88. Müller), Kobiaschwili - Sellimi, Iaschwili
Unterhaching: Tremmel - Herzog, Strehmel, Bucher - Haber, Schwarz, Cizek (61. Oberleitner), Zimmermann, Straube (80. Spizak) - Breitenreiter, Rraklli (61. Zdrilic)
Tore: 1:0 Herzog (36., ET), 2:0 Zeyer (54.) - **SR:** Dr. Merk (Kaiserslautern) - **ZS:** 24.000 - **Gelb:** Coulibaly

Bayer 04 Leverkusen - VfB Stuttgart (So., 28.1.) 4:0 (0:0)
Leverkusen: Zuberbühler - Zivkovic, Lucio, Nowotny, Placente (67. Zé Roberto) - Kovac, B. Schneider (79. Rink), Ramelow, Ballack - Neuville, Kirsten (82. Ponte)
Stuttgart: Hildebrand - Th. Schneider, Soldo, Bordon - Kauf (65. Djordjevic), Thiam, Balakov, Lisztes (65. Endress), Gerber - Dundee, Ganea (58. Seitz)
Tore: 1:0 B. Schneider (46.), 2:0 Kirsten (49., HE), 3:0 Ballack (51.), 4:0 Kirsten (66., FE) - **SR:** Dr. Fleischer (Hallstadt) - **ZS:** 22.500 (ausverkauft) - **Gelb:** Neuville, Ballack - Ganea, Hildebrand - **Rot:** Balakov (48.)

Hamburger SV - Hertha BSC Berlin (So., 28.1.) 1:2 (1:0)
HSV: Butt - Panadic, Hoogma, Ujfalusi (56. Fukal, 83. Heinz) - Präger (66. Mahdavikia), Groth, Cardoso, Töfting, Hollerbach - Yeboah, Meijer
Hertha BSC: Kiraly - Simunic, Maas, Sverrisson - Deisler, Dardai, Wosz (85. Sanneh), Konstantinidis, Hartmann - Alves (46. Tretschok), Preetz
Tore: 1:0 Butt (29., HE), 1:1 Preetz (63.), 1:2 Preetz (81.) - **SR:** Fandel (Kyllburg) - **ZS:** 40.057 - **Gelb:** Ujfalusi, Meijer - Konstantinidis, Hartmann - **Rot:** Cardoso (77.) - Maas (28.)

	Sp.	g.	u.	v.	Tore	Diff.	Punkte
1. Schalke 04	19	11	4	4	39 :19	+20	37
2. Bayern München	19	11	3	5	40 :22	+18	36
3. Borussia Dortmund	19	11	3	5	31 :25	+ 6	36
4. Bayer Leverkusen	19	10	4	5	32 :21	+11	34
5. Hertha BSC Berlin	19	10	1	8	39 :35	+ 4	31
6. 1. FC Kaiserslautern	19	9	4	6	26 :23	+ 3	31
7. 1. FC Köln	19	8	5	6	38 :30	+ 8	29
8. VfL Wolfsburg	19	7	7	5	36 :24	+12	28
9. SC Freiburg	19	7	6	6	27 :21	+ 6	27
10. Werder Bremen	19	6	6	7	25 :29	- 4	24
11. TSV München 1860	19	6	6	7	24 :33	- 9	24
12. Hamburger SV	19	6	3	10	36 :36	± 0	21
13. SpV. Unterhaching	19	5	6	8	19 :29	- 10	21
14. Hansa Rostock	19	6	3	10	19 :31	- 12	21
15. Energie Cottbus	19	6	2	11	22 :34	- 12	20
16. Eintracht Frankfurt	19	6	2	11	23 :36	- 13	20
17. VfB Stuttgart	19	4	6	9	25 :34	- 9	18
18. VfL Bochum	19	5	3	11	18 :37	- 19	18

20. Spieltag: Samstag, 3.2.2001

Adhemars Traumdebüt mit drei Toren

TSV München 1860 - Borussia Dortmund (Fr., 2.2.) 1:0 (0:0)
1860: Jentzsch - Kurz, Zelic (4. Ehlers), Hoffmann, Riseth - Borimirov, Stranzl, Häßler (73. Tyce), Bierofka - Schroth (90. Agostino), Max
Dortmund: Lehmann - Evanilson, Wörns, Kohler, Dede - Nerlinger (60. Rosicky), Heinrich, Ricken - Sörensen (60. Addo), Bobic, Reina
Tor: 1:0 Häßler (53., FE) - **SR:** Aust (Köln) - **ZS:** 20.000 - **Gelb:** Bierofka, Borimirov, Schroth, Stranzl - Dede, Evanilson, Kohler - **Gelb-Rot:** Ricken (90.)

VfL Wolfsburg - FC Bayern München 1:3 (1:2)
Wolfsburg: Reitmaier - Kryger, Hengen, Ifejiagwa (74. Munteanu) - Sebescen, Akonnor, Kühbauer, Nowak (57. Schnoor), Weiser - Juskowiak, Akpoborie (18. Maric)
FC Bayern: Kahn - Kuffour, Jeremies, Linke - Sagnol, Fink, Effenberg, Salihamidzic - Scholl (81. Hargreaves), Elber (88. Sergio), Zickler (81. Jancker)
Tore: 0:1 Elber (13.), 1:1 Juskowiak (27.), 1:2 Scholl (45.), 1:3 Elber (60.) - **SR:** Fröhlich (Berlin) - **ZS:** 20.400 (ausverkauft) - **Gelb:** Kuffour

1. FC Köln - SC Freiburg 0:1 (0:0)
Köln: Bade - Sichone, Cichon (89. Bulajic), Keller - Dziwior, Sinkala, Lottner, Voigt - Scherz (85. Donkov), Kurth (72. Arweladse), Timm
Freiburg: Golz - Kondé, Kehl, Diarra - Willi (46. Zkitischwili), Coulibaly, But (80. Baya), Zeyer, Kobiaschwili - Sellimi (74. Dorn), Iaschwili
Tor: 0:1 Kobiaschwili (87., FE) - **SR:** Keßler (Höhenkirchen) - **ZS:** 28.500 - **Gelb:** Timm, Keller - Coulibaly, Kehl, Willi, Kondé

FC Energie Cottbus - FC Schalke 04 4:1 (2:0)
Cottbus: Piplica - Hujdurovic, Vata, Beeck - Reghecampf, Thielemann, Akrapovic, Miriuta, Kobylanski - Franklin (63. Labak), Helbig (76. Ilie)
Schalke: Reck - Hajto, Happe, van Kerckhoven - Asamoah (65. Latal), van Hoogdalem, Mulder (82. Mikolajczak), Nemec (76. Büskens), Böhme - Sand, Mpenza
Tore: 1:0 Miriuta (1.), 2:0 Helbig (42.), 2:1 Sand (54.), 3:1 Kobylanski (72.), 4:1 Labak (75.) - **SR:** Meyer (Braunschweig) - **ZS:** 16.009 - **Gelb:** Helbig, Labak - Asamoah - **Rot:** Böhme (62.)

SV Werder Bremen - Hamburger SV 3:1 (1:0)
Bremen: Rost - Frings (83. Stalteri), Krstajic, Verlaat, Bode - Ernst, Baumann, Herzog (81. Lee), Eilts (37. Trares) - Pizarro, Ailton
HSV: Butt - Panadic (77. Fukal), Hoogma, Ujfalusi - Groth (77. Meijer), Kovac, Barbarez, Hollerbach (71. Yilmaz) - Mahdavikia, Yeboah, Heinz
Tore: 1:0 Pizarro (45.), 1:1 Heinz (56.), 2:1 Ailton (71., FE), 3:1 Pizarro (89.) - **SR:** Albrecht (Kaufbeuren) - **ZS:** 31.526 - **Gelb:** Baumann, Verlaat, Eilts, Bode - Panadic, Groth, Kovac, Heinz

VfL Bochum - Hertha BSC Berlin 1:3 (0:1)
Bochum: van Duijnhoven - Dickhaut, Stickroth, Milinovic - Colding, Peschel, Schindzielorz (73. Buckley), Bastürk, Mandreko (64. Freier) - Christiansen (46. Drincic), Maric
Hertha BSC: Kiraly - Rehmer (69. van Burik), Sverrisson, Simunic - Deisler (43. Michalke), Dardai, Konstantinidis (85. Veit), Tretschok, Wosz, Hartmann - Preetz
Tore: 0:1 Preetz (32.), 1:1 Peschel (62.), 1:2 Michalke (67.), 1:3 Michalke (90.) - **SR:** Sippel (München) - **ZS:** 15.302 - **Gelb:** Bastürk, Maric - Konstantinidis, Sverrisson

VfB Stuttgart - 1. FC Kaiserslautern 6:1 (3:1)
Stuttgart: Hildebrand - Schneider, Soldo, Bordon (80. Blank) - Seitz (72. Pinto), Thiam, Lisztes (76. Meißner), Kauf, Gerber - Ganea, Adhemar
1. FCK: G. Koch - H. Koch, Marschall, Ramzy - Buck (46. Yakin), Basler, Bjelica, Hristov, Strasser - Lokvenc (79. Toppmöller), Djorkaeff (39. Klose)
Tore: 1:0 Adhemar (11.), 1:1 Basler (21.), 2:1, 3:1 Ganea (31., 37.), 4:1, 5:1 Adhemar (53., 78.), 6:1 Ganea (85.) - **SR:** Weiner (Hildesheim) - **ZS:** 18.000 - **G.:** Gerber, Seitz, Thiam - Ramzy, Lokvenc, Buck, Klose

SpVgg Unterhaching - Bayer 04 Leverkusen (So., 4.2.) 1:2 (1:1)
Unterhaching: Tremmel - Herzog, Strehmel, Grassow (64. Novak) - Haber, Zimmermann, Cizek (64. Oberleitner), Schwarz, Straube - Ahanfouf (68. Rraklli), Breitenreiter
Leverkusen: Zuberbühler - Lucio, Kovac, Nowotny - Zivkovic, Schneider, Ramelow, Placente, Zé Roberto (74. Rink) - Kirsten (80. Vranjes), Neuville (87. Ponte)
Tore: 0:1 Kirsten (27.), 1:1 Straube (32.), 1:2 Neuville (53.) - **SR:** Gagelmann (Bremen) - **ZS:** 9.000 - **Gelb:** Ahanfouf, Rraklli, Novak - Lucio, Kovac - **Rot:** Herzog (90.)

FC Hansa Rostock - Eintracht Frankfurt (So., 4.2.) 0:2 (0:2)
Rostock: Pieckenhagen - Schröder, Jakobsson, Benken - Rydlewicz, Wibran, Breitkreutz (60. Baumgart), Yasser, Majak - Agali, Salou
Frankfurt: Nikolov - Kutschera, Rada, Kracht - Mutzel (89. Bindewald), Sobotzik (46. Guié-Mien), Schur, Heldt, Gebhardt - Yang, Kryszalowicz (79. Lösch)
Tore: 0:1 Kryszalowicz (30.), 0:2 Gebhardt (45.) - **SR:** Dr. Wack (Biberbach) - **ZS:** 11.000 - **Gelb:** Schur, Gebhardt, Yang - **Gelb-Rot:** Schröder (37.) - Yang (90.) - **Rot:** Kracht (66.)

	Sp.	g.	u.	v.	Tore	Diff.	Punkte
1. Bayern München	20	12	3	5	43 :23	+20	39
2. Schalke 04	20	11	4	5	40 :23	+17	37
3. Bayer Leverkusen	20	11	4	5	34 :22	+12	37
4. Borussia Dortmund	20	11	3	6	31 :26	+ 5	36
5. Hertha BSC Berlin	20	11	1	8	42 :36	+ 6	34
6. 1. FC Kaiserslautern	20	9	4	7	27 :29	- 2	31
7. SC Freiburg	20	8	6	6	28 :21	+ 7	30
8. 1. FC Köln	20	8	5	7	38 :31	+ 7	29
9. VfL Wolfsburg	20	7	7	6	37 :27	+10	28
10. Werder Bremen	20	7	6	7	28 :30	- 2	27
11. TSV München 1860	20	7	6	7	25 :33	- 8	27
12. Energie Cottbus	20	7	2	11	26 :35	- 9	23
13. Eintracht Frankfurt	20	7	2	11	25 :36	- 11	23
14. Hamburger SV	20	6	3	11	37 :39	- 2	21
15. VfB Stuttgart	20	5	6	9	31 :35	- 4	21
16. SpV. Unterhaching	20	5	6	9	20 :31	- 11	21
17. Hansa Rostock	20	6	3	11	19 :33	- 14	21
18. VfL Bochum	20	5	3	12	19 :40	- 21	18

Milliardenliga zwischen Boom und Pleite

21. Spieltag: Samstag, 10.2.2001
SC Freiburg neun Spiele unbezwungen

Eintracht Frankfurt - FC Energie Cottbus (Fr., 9.2.)   **1:0 (0:0)**
Frankfurt: Nikolov - Kutschera, Rada, Bindewald - Mutzel, Guié-Mien (80. Branco), Lösch (61. Preuß), Heldt, Gebhardt (83. Wimmer) - Fjörtoft, Kryszalowicz
Cottbus: Piplica - Hujdurovic, Vata (85. Wawrzyczek), Beeck - Reghecampf, Thielemann, Miriuta, Akrapovic (78. Micevski), Kobylanski - Ilie (69. Latoundji), Labak
Tor: 1:0 Heldt (65.) - **SR:** Dr. Merk (Kaiserslautern) - **ZS:** 20.000 - **Gelb:** Gebhardt, Mutzel - Vata, Thielemann

FC Bayern München - VfB Stuttgart   **1:0 (1:0)**
FC Bayern: Kahn - Kuffour, Jeremies, Linke - Sagnol, Fink, Effenberg, Lizarazu - Sergio, Elber (74. Jancker), Zickler (69. Scholl)
Stuttgart: Hildebrand - Schneider (67. Tiffert), Marques, Bordon, Carnell - Pinto, Thiam, Soldo, Balakov, Gerber (66. Adhemar) - Ganea
Tor: 1:0 Elber (8.) - **SR:** Kemmling (Kleinburgwedel) - **ZS:** 41.000 - **Gelb:** Lizarazu, Effenberg, Sagnol, Scholl - Gerber

Bayer 04 Leverkusen - 1. FC Köln   **4:1 (0:1)**
Leverkusen: Zuberbühler - Zivkovic, Lucio, Nowotny - Placente, Ramelow, Kovac, Ballack, Zé Roberto (84. Schneider) - Kirsten (75. Berbatov), Neuville (86. Ponte)
Köln: Bade - Sichone, Cichon, Keller, Cullmann, Dziwior (81. Bulajic), Lottner (81. Donkov), Springer - Scherz (63. Kreuz), Arweladse, Timm
Tore: 0:1 Lottner (8., FE), 1:1 Lucio (57.), 2:1 Ballack (65.), 3:1 Neuville (78.), 4:1 Lucio (90.) - **SR:** Krug (Gelsenkirchen) - **ZS:** 22.500 (ausverkauft) - **Gelb:** Ramelow, Kirsten - Sichone, Keller, Scherz, Arweladse, Dziwior

FC Schalke 04 - TSV München 1860   **2:0 (0:0)**
Schalke: Reck - Hajto, Nemec, Happe (64. Büskens) - Latal, van Hoogdalem, Möller, van Kerckhoven - Asamoah, Sand (76. Mulder), Mpenza (85. Mikolajczak)
1860: Jentzsch - Riseth, Zelic, Pfuderer, Kurz - Cerny, Stranzl, Häßler (74. Votava), Bierofka (46. Tyce) - Agostino (46. Ehlers), Max
Tore: 1:0 Mpenza (50.), 2:0 Mpenza (64.) - **SR:** Heynemann (Magdeburg) - **ZS:** 33.705 - **Gelb:** Nemec, Asamoah - **Rot:** Riseth (41.)

Hamburger SV - VfL Bochum   **3:0 (3:0)**
HSV: Butt - Hertzsch, Hoogma (83. Fukal), Ujfalusi - Groth, Kovac, Barbarez (70. Meijer), Hollerbach - Mahdavikia (57. Präger), Yeboah, Heinz
Bochum: van Duijnhoven - Colding, Reis, Milinovic, Bemben, Peschel, Fahrenhorst (46. Sundermann), Schindzielorz, Freier - Drincic (65. Covic), Buckley
Tore: 1:0 Yeboah (16.), 2:0 Butt (34., FE), 3:0 Barbarez (38.) - **SR:** Strampe (Handorf) - **ZS:** 31.827 - **Gelb:** Groth - van Duijnhoven, Milinovic, Schindzielorz, Fahrenhorst, Covic

Hertha BSC Berlin - VfL Wolfsburg   **1:3 (0:1)**
Hertha BSC: Kiraly - Simunic, van Burik, Schmidt (46. Zilic), Sverrisson - Sanneh (57. Schmidt), Dardai, Wosz, Tretschok, Hartmann - Preetz, Daei
Wolfsburg: Reitmaier - Ifejiagwa, Hengen, Schnoor - Sebescen, Kühbauer, Akonnor, Munteanu (79. Nowak), Weiser - Juskowiak (82. Voss), Maric (67. Rische)
Tore: 0:1 Juskowiak (37.), 0:2 Juskowiak (50.), 0:3 Schnoor (55.), 1:3 Tretschok (74., FE) - **SR:** Jansen (Essen) - **ZS:** 36.957 - **Gelb:** Zilic - Sebescen, Juskowiak, Voss

1. FC Kaiserslautern - SpVgg Unterhaching   **4:0 (3:0)**
1. FCK: G. Koch - H. Koch, Ramzy, Klos (77. Schjönberg) - Ratinho (77. Adzic), Basler, Bjelica, Hristov (81. Lokvenc), Strasser - Klose, Marschall
Unterhaching: Tremmel - Strehmel, Haber (58. Seifert), Grassow - Novak (58. Spizak), Oberleitner, Schwarz, Zimmermann, Straube - Breitenreiter, Rraklli (25. Hirsch)
Tore: 1:0 H. Koch (8.), 2:0 Haber (18., ET), 3:0 Klose (22.), 4:0 Strasser (79.) - **SR:** Aust (Köln) - **ZS:** 36.276 - **Gelb:** H. Koch - Haber, Hirsch - **Rot:** Grassow (20.)

Borussia Dortmund - SV Werder Bremen (So., 11.2.)   **0:0**
Dortmund: Laux - Evanilson, Wörns, Kohler, Dede - Oliseh, Rosicky (82. Nerlinger), Heinrich - Addo (78. Sörensen), Bobic, Reina (85. Ikpeba)
Bremen: Rost - Frings, Verlaat, Krstajic, Stalteri - Ernst (59. Trares), Eilts, Herzog - Pizarro, Ailton (78. Dabrowski), Bode (47. Wiedener)
SR: Fandel (Kyllburg) - **ZS:** 62.000 - **Gelb:** Wörns, Reina - Frings, Stalteri, Verlaat

SC Freiburg - FC Hansa Rostock (So., 11.2.)   **0:0**
Freiburg: Golz - Müller (78. Dorn), Kondé, Diarra - Zkitishvili, Baya (62. Ramdane), Zeyer, But, Kobiaschwili - Sellimi (86. Bruns), Iaschwili
Rostock: Pieckenhagen - Oswald, Jakobsson, Benken - Lange, Wibran, Rydlewicz, Lantz, Majak - Baumgart (77. Salou), Agali (90. Majak)
SR: Albrecht (Kaufbeuren) - **ZS:** 25.000 (ausverkauft) - **Gelb:** Ramdane, Zkitishvili - Agali, Lantz, Baumgart, Majak

22. Spieltag: Samstag, 17.2.2001
Führungstrio verliert - BVB kommt heran

TSV München 1860 - Eintracht Frankfurt (Fr., 16.2.)   **2:2 (0:1)**
1860: Jentzsch - Pfuderer (46. Ehlers), Zelic, Kurz (10. Tyce) - Cerny (65. Agostino), Borimirov, Stranzl, Häßler, Bierofka - Max, Schroth
Frankfurt: Heinen - Kutschera, Rada, Kracht - Preuß (59. Wimmer), Mutzel, Heldt (79. Bindewald), Schur, Gebhardt - Yang (90. Guié-Mien), Kryszalowicz
Tore: 0:1 Yang (22.), 0:2 Kryszalowicz (58.), 1:2 Max (72.), 2:2 Häßler (81., HE) - **SR:** Weiner (Hildesheim) - **ZS:** 20.200 - **Gelb:** Borimirov - Yang, Mutzel, Schur

SpVgg Unterhaching - FC Bayern München   **1:0 (0:0)**
Unterhaching: Tremmel - Strehmel, Bucher, Seifert - Haber, Schwarz (85. Cizek), Zimmermann, Hirsch, Spizak - Rraklli (72. Straube), Oberleitner (76. Breitenreiter)
FC Bayern: Kahn - Kuffour (68. Salihamidzic), Jeremies, Linke - Sagnol, Hargreaves (70. di Salvo), Fink, Scholl, Tarnat - Sergio, Zickler (46. Elber)
Tor: 1:0 Spizak (57.) - **SR:** Wagner (Hofheim) - **ZS:** 15.000 (ausverkauft) - **Gelb:** Hargreaves, Fink

FC Hansa Rostock - Bayer 04 Leverkusen   **2:1 (1:1)**
Rostock: Pieckenhagen - Benken, Jakobsson, Oswald - Rydlewicz, Wibran, Schröder, Lantz, Emara - Baumgart (90. Zallmann), Agali
Leverkusen: Zuberbühler - Zivkovic, Lucio, Nowotny (46. Schneider), Placente (74. Berbatov) - Ramelow, Ballack, Kovac, Zé Roberto - Neuville, Kirsten
Tore: 0:1 Kirsten (23.), 1:1 Agali (45.), 2:1 Baumgart (56.) - **SR:** Steinborn (Sinzig) - **ZS:** 12.500 - **Gelb:** Wibran - Kirsten, Sichone, Kovac - **Gelb-Rot:** Oswald (86.)

SV Werder Bremen - FC Schalke 04   **2:1 (2:0)**
Bremen: Rost - Frings, Krstajic, Baumann, Stalteri - Banovic, Eilts, Herzog, Ernst - Pizarro, Ailton (79. Lee)
Schalke: Reck - Hajto, Nemec (82. Mulder), Happe - Latal (64. Kmetsch), van Hoogdalem, Möller, van Kerckhoven (18. Büskens) - Asamoah, Sand, Mpenza
Tore: 1:0 Pizarro (17.), 2:0 Ernst (26.), 2:1 Sand (66.) - **SR:** Dr. Fleischer (Hallstadt) - **ZS:** 33.065 - **Gelb:** Ernst - Hajto, Kmetsch

VfL Wolfsburg - VfL Bochum   **0:0**
Wolfsburg: Reitmaier - Biliskov, Hengen, Schnoor (84. Rische) - Voss (46. Müller), Kühbauer, Akonnor, Munteanu, Weiser - T. Maric (69. Akpoborie), Juskowiak
Bochum: van Duijnhoven - Milinovic, Stickroth, Sundermann (71. Fahrenhorst) - Bemben, Colding, Bastürk, Schindzielorz (60. Mamic), Meichelbeck - Freier (65. Peschel), M. Maric
SR: Berg (Konz) - **ZS:** 12.318 - **Gelb:** Biliskov - Milinovic

Borussia Dortmund - Hamburger SV   **4:2 (1:0)**
Dortmund: Laux - Wörns, Kohler (62. Metzelder), Oliseh, Dede - Heinrich, Rosicky, Ricken - Addo, Bobic (87. Nijhuis), Reina (52. Nerlinger)
HSV: Butt - Hertzsch, Fukal, Hoogma, Ujfalusi - Kovac, Barbarez (87. Töfting), Hollerbach - Präger (52. Mahdavikia), Yeboah (62. Maltritz), Heinz
Tore: 1:0 Bobic (6.), 2:0 Addo (54.), 3:0 Bobic (59.), 3:1 Barbarez (77.), 4:1 Fukal (82., ET), 4:2 Meijer (90.) - **SR:** Dr. Wack (Biberbach) - **ZS:** 64.500 - **Gelb:** Bobic - Barbarez, Präger - **Rot:** Hashemian (70.)

FC Energie Cottbus - SC Freiburg   **0:2 (0:0)**
Cottbus: Piplica - Hujdurovic, Vata, Beeck - Reghecampf, Thielemann, Miriuta, Akrapovic (75. Latoundji), Kobylanski (75. Ilie) - Helbig, Labak (61. Franklin)
Freiburg: Golz - Kondé (69. Müller), Kehl, Diarra - Zkitishvili, Coulibaly, Zeyer, But (84. Ramdane), Kobiaschwili - Weißhaupt, Sellimi (46. Dorn)
Tore: 0:1 Dorn (50.), 0:2 Dorn (90.) - **SR:** Sippel (München) - **ZS:** 14.133 - **Gelb:** Akrapovic, Miriuta, Helbig, Kobylanski, Thielemann - Kondé, Golz, Dorn, But - **B.V.:** Golz hält FE von Reghecampf (67.)

1. FC Köln - 1. FC Kaiserslautern (So., 18.2.)   **0:1 (0:1)**
Köln: Bade - Cullmann, Keller, Bulajic - Dziwior (61. Sinkala), Lottner (70. Kreuz), Springer, Voigt - Timm, Kurth, Arweladse (70. Donkov)
1. FCK: G. Koch - H. Koch, Ramzy, Klos, Strasser - Buck, Basler, Bjelica (60. Djorkaeff), Hristov (84. Pettersson) - Klose (90. Marschall), Lokvenc
Tor: 0:1 Lokvenc (14.) - **SR:** Meyer (Braunschweig) - **ZS:** 36.000 - **Gelb:** Bulajic, Kurth - Bjelica, Basler, Hristov, Lokvenc

VfB Stuttgart - Hertha BSC Berlin (So., 18.2.)   **0:1 (0:0)**
Stuttgart: Hildebrand - Hinkel, Soldo, Bordon, Carnell - Meißner, Pinto, Hleb (46. Marques), Lisztes (76. Djordjevic) - Adhemar, Dundee (46. Ganea)
Hertha BSC: Kiraly - Simunic, van Burik, Schmidt - Dardai, Sverrisson, Konstantinidis, Wosz, Tretschok, Hartmann - Preetz
Tor: 0:1 Preetz (77.) - **SR:** Stark (Landshut) - **ZS:** 18.500 - **Gelb:** Lisztes - Tretschok

	Sp.	g.	u.	v.	Tore	Diff.	Punkte
1. Bayern München	21	13	3	5	44 :23	+21	42
2. Schalke 04	21	12	4	5	42 :23	+19	40
3. Bayer Leverkusen	21	12	4	5	38 :23	+15	40
4. Borussia Dortmund	21	11	4	6	31 :26	+ 5	37
5. Hertha BSC Berlin	21	11	1	9	43 :39	+ 4	34
6. 1. FC Kaiserslautern	21	10	4	7	31 :29	+ 2	34
7. VfL Wolfsburg	21	8	7	6	40 :28	+12	31
8. SC Freiburg	21	8	7	6	28 :21	+ 7	31
9. 1. FC Köln	21	8	5	8	39 :35	+ 4	29
10. Werder Bremen	21	7	7	7	28 :30	- 2	28
11. TSV München 1860	21	8	3	10	25 :35	- 10	27
12. Eintracht Frankfurt	21	8	2	11	26 :36	- 10	26
13. Hamburger SV	21	7	3	11	40 :39	+ 1	24
14. Energie Cottbus	21	7	2	12	26 :36	- 10	23
15. Hansa Rostock	21	6	4	11	19 :33	- 14	22
16. VfB Stuttgart	21	5	6	10	31 :36	- 5	21
17. SpV. Unterhaching	21	5	6	10	20 :35	- 15	21
18. VfL Bochum	21	5	3	13	19 :43	- 24	18

	Sp.	g.	u.	v.	Tore	Diff.	Punkte
1. Bayern München	22	13	3	6	44 :24	+20	42
2. Schalke 04	22	12	4	6	43 :25	+18	40
3. Bayer Leverkusen	22	12	4	6	39 :25	+14	40
4. Borussia Dortmund	22	12	4	6	35 :28	+ 7	40
5. Hertha BSC Berlin	22	12	1	9	44 :39	+ 5	37
6. 1. FC Kaiserslautern	22	11	4	7	32 :29	+ 3	37
7. SC Freiburg	22	9	7	6	30 :21	+ 9	34
8. VfL Wolfsburg	22	8	8	6	40 :28	+12	32
9. Werder Bremen	22	8	7	7	30 :31	- 1	31
10. 1. FC Köln	22	8	5	9	39 :36	+ 3	29
11. TSV München 1860	22	7	7	8	27 :37	- 10	28
12. Eintracht Frankfurt	22	8	3	11	28 :38	- 10	27
13. Hansa Rostock	22	7	4	11	21 :34	- 13	25
14. Hamburger SV	22	7	3	12	42 :43	- 1	24
15. SpV. Unterhaching	22	6	6	10	21 :35	- 14	24
16. Energie Cottbus	22	7	2	13	26 :38	- 12	23
17. VfB Stuttgart	22	5	6	11	31 :37	- 6	21
18. VfL Bochum	22	5	4	13	19 :43	- 24	19

Bundesliga 2000/2001

23. Spieltag: Samstag, 24.2.2001

Energie und Hansa feiern Auswärtssensationen

Bayer 04 Leverkusen - FC Energie Cottbus (Fr., 23.2.) 1:3 (0:2)
Leverkusen: Zuberbühler - Zivkovic, Ramelow, Lucio, Placente - Schneider (46. Ponte), Ballack, Kovac, Zé Roberto - Berbatov (46. Rink), Neuville
Cottbus: Piplica - Hujdurovic, Vata, Beeck - Reghecampf, Micevski (67. Latoundji), Sebök, Miriuta, Akrapovic (83. Scherbe), Kobylanski - Labak (77. Ilie)
Tore: 0:1 Miriuta (33.), 0:2 Labak (42.), 0:3 Miriuta (62.), 1:3 Zé Roberto (74.) - **SR:** Albrecht (Kaufbeuren) - **ZS:** 22.200 - **Gelb:** Zivkovic, Ballack - Reghecampf, Vata, Hujdurovic, Latoundji

FC Bayern München - 1. FC Köln 1:1 (0:1)
FC Bayern: Kahn - Jeremies, Linke - Salihamidzic (80. Sagnol), Fink, Effenberg, Tarnat (46. Scholl), Lizarazu - Sergio, Jancker, Elber
Köln: Pröll - Cullmann, Dziwior, Sichone, Keller - Timm, Springer, Voigt, Lottner (90. Hauptmann), Kreuz (90. Baranek) - Donkov (70. Dworrak)
Tore: 0:1 Kreuz (25.), 1:1 Jancker (65.) - **SR:** Heynemann (Magdeburg) - **ZS:** 36.000 - **Gelb:** Jancker - Sichone, Voigt, Cullmann

FC Schalke 04 - Borussia Dortmund 0:0
Schalke: Reck - Hajto, Nemec, van Hoogdalem - Latal, Kmetsch, Möller, Büskens, Böhme - Sand, Mpenza
Dortmund: Lehmann - Wörns, Oliseh, Kohler - Heinrich, Nerlinger, Ricken, Rosicky (83. Sörensen), Dede - Addo (61. Reina), Bobic
SR: Dr. Merk (Kaiserslautern) - **ZS:** 62.109 (ausverkauft) - **Gelb:** Nemec, van Hoogdalem, Möller, Büskens - Lehmann, Nerlinger, Oliseh, Addo

Hamburger SV - VfL Wolfsburg 3:2 (2:1)
HSV: Butt - Hertzsch, Hoogma, Ujfalusi - Töfting (74. Fischer), Kovac, Cardoso (82. Kientz), Hollerbach - Mahdavikia (89. Präger), Meijer, Barbarez
Wolfsburg: Reitmaier - Biliskov, Hengen, Ifejiagwa, Schnoor - Sebescen, Kühbauer (69. Müller), Munteanu, Weiser - Juskowiak (16. Maric), Akpoborie (72. Rische)
Tore: 0:1 Sebescen (11.), 1:1 Meijer (31.), 2:1 Barbarez (45.), 3:1 Mahdavikia (62.), 3:2 Müller (71.) - **SR:** Gagelmann (Bremen) - **ZS:** 35.355 - **Gelb:** Hoogma, Meijer - Weiser, Biliskov, Kühbauer

Eintracht Frankfurt - SV Werder Bremen 1:2 (0:1)
Frankfurt: Heinen - Bindewald, Rada, Kracht - Mutzel (46. Wimmer), Sobotzik (46. Guié-Mien), Schur, Heldt (69. Fjörtoft), Gebhardt - Yang, Kryszalowicz
Bremen: Rost - Baumann, Verlaat, Krstajic - Frings, Ernst, Herzog (71. Trares), Eilts, Bode - Pizarro, Ailton (74. Stalteri)
Tore: 0:1 Ailton (21.), 0:2 Pizarro (90.), 1:2 Baumann (90., ET) - **SR:** Aust (Köln) - **ZS:** 21.000 - **Gelb:** Bindewald, Gebhardt - Ernst - **B.V.:** Heldt schießt FE an den Pfosten (52.)

SC Freiburg - TSV München 1860 0:3 (0:2)
Freiburg: Golz - Müller, Kehl, Diarra - Zkitischwili (60. Willi), Coulibaly, Zeyer, But (70. Ramdane), Kobiaschwili - Iaschwili, Weißhaupt (46. Dorn)
1860: Jentzsch - Tyce, Votava, Hoffmann - Cerny, Zelic (39. Ehlers), Borimirov, Stranzl (84. Pfuderer), Bierofka (78. Paßlack) - Max, Schroth
Tore: 0:1 Borimirov (36.), 0:2 Borimirov (43.), 0:3 Schroth (50.) - **SR:** Jansen (Essen) - **ZS:** 25.000 (ausverkauft) - **Gelb:** Diarra, But, Ramdane - Tyce, Ehlers, Pfuderer

1. FC Kaiserslautern - FC Hansa Rostock (So., 25.2.) 0:1 (0:1)
1. FCK: G. Koch - H. Koch, Bjelica (46. Pettersson), Klos (78. Reich) - Buck, Basler, Djorkaeff (67. Marschall), Hristov, Strasser - Klose, Lokvenc
Rostock: Pieckenhagen - Zallmann, Jakobsson, Benken - Rydlewicz (89. Lange), Wibran (90. Weilandt), Schröder, Lantz, Baumgart - Agali, Salou
Tor: 0:1 Salou (2.) - **SR:** Fröhlich (Berlin) - **ZS:** 38.983 - **Gelb:** Bjelica, Strasser, Basler - Rydlewicz, Baumgart, Jakobsson - **Rot:** H. Koch (76.)

VfL Bochum - VfB Stuttgart (So., 25.2.) 0:0
Bochum: van Duijnhoven - Milinovic, Stickroth (81. Fahrenhorst), Sundermann - Colding, Peschel, Bastürk, Schindzielorz, Meichelbeck (46. Mandreko) - Maric (46. Baluszynski), Christiansen
Stuttgart: Hildebrand - Marques, Soldo, Bordon - Djordjevic (81. Seitz), Thiam, Balakov, Meißner (66. Hinkel), Gerber - Tiffert, Ganea (66. Adhemar)
SR: Fandel (Kyllburg) - **ZS:** 18.800 - **Gelb:** Meichelbeck, Christiansen - Tiffert, Gerber

Hertha BSC Berlin - SpVgg Unterhaching (Mi., 7.3.) 2:1 (0:0)
Hertha BSC: Kiraly - van Burik, Tretschok, Schmidt - Sanneh (46. Thom), Dardai, Wosz, Konstantinidis (77. Sverrisson), Hartmann - Preetz, Alves (90. Veit)
Unterhaching: Tremmel - Herzog (63. Straube), Strehmel, Seifert - Haber, Schwarz, Zimmermann (74. Cizek), Hirsch, Spizak (79. Rraklli) - Oberleitner, Breitenreiter
Tore: 0:1 Zimmermann (52.), 1:1 Dardai (55.), 2:1 van Burik (68.) - **SR:** Strampe (Handorf) - **ZS:** 27.326 - **Gelb:** Wosz, Konstantinidis - Zimmermann, Breitenreiter

	Sp.	g.	u.	v.	Tore	Diff.	Punkte
1. Bayern München	23	13	4	6	45 :25	+20	43
2. Schalke 04	23	12	5	6	43 :25	+18	41
3. Borussia Dortmund	23	12	5	6	35 :28	+ 7	41
4. Bayer Leverkusen	23	12	4	7	40 :28	+12	40
5. Hertha BSC Berlin	22	12	1	9	44 :39	+ 5	37
6. 1. FC Kaiserslautern	23	11	4	8	32 :30	+ 2	37
7. SC Freiburg	23	9	7	7	30 :24	+ 6	34
8. Werder Bremen	23	9	7	7	32 :32	± 0	34
9. VfL Wolfsburg	23	8	8	7	42 :31	+11	32
10. TSV München 1860	23	8	7	8	30 :37	- 7	31
11. 1. FC Köln	23	8	6	9	40 :37	+ 3	30
12. Hansa Rostock	23	8	4	11	22 :34	- 12	28
13. Hamburger SV	23	8	3	12	45 :45	± 0	27
14. Eintracht Frankfurt	23	8	3	12	29 :40	- 11	27
15. Energie Cottbus	23	8	2	13	29 :39	- 10	26
16. SpV. Unterhaching	22	6	6	10	21 :35	- 14	24
17. VfB Stuttgart	23	5	7	11	31 :37	- 6	22
18. VfL Bochum	23	5	5	13	19 :43	- 24	20

24. Spieltag: Samstag, 3.3.2001

Dortmund legt vor - Bayern, Schalke, Bayer patzen!

Borussia Dortmund - Eintracht Frankfurt (Fr., 2.3.) 6:1 (1:0)
Dortmund: Laux - Wörns, Oliseh, Kohler - Evanilson, Ricken (90. Sörensen), Rosicky (77. Addo), Heinrich, Dede - Bobic, Reina (46. Nerlinger)
Frankfurt: Heinen - Berntsen (13. Bindewald), Rada, Kracht - Preuß, Mutzel (70. Wimmer), Heldt, Schur, Gebhardt (74. Kutschera) - Yang, Kryszalowicz
Tore: 1:0 Wörns (30.), 1:1 Yang (48.), 2:1 Ricken (64.), 3:1 Ricken (67.), 4:1 Bobic (71.), 5:1 Addo (79.), 6:1 Bobic (90.) - **SR:** Kemmling (Kleinburgwedel) - **ZS:** 62.000 - **Gelb:** Nerlinger, Addo, Oliseh - Mutzel, Bindewald - **Gelb-Rot:** Schur (26.)

FC Hansa Rostock - FC Bayern München 3:2 (1:1)
Rostock: Pieckenhagen - Lantz, Jakobsson, Benken, Emara - Rydlewicz (90. Oswald), Wibran, Schröder, Baumgart - Agali, Salou (84. Zallmann)
FC Bayern: Kahn - Kuffour, Jeremies, Linke - Sagnol, Effenberg, Fink (69. Sergio), Lizarazu (84. Tarnat) - Salihamidzic (84. Jancker), Elber, Scholl
Tore: 1:0 Agali (29.), 1:1 Kuffour (33.), 2:1 Salou (51.), 3:1 Jakobsson (61.), 3:2 Jeremies (66.) - **SR:** Dr. Merk (Kaiserslautern) - **ZS:** 20.500 (ausverkauft) - **Gelb:** Lantz, Agali - Jeremies, Effenberg, Lizarazu, Elber - **Gelb-Rot:** Kahn (90.)

1. FC Köln - Hertha BSC Berlin 1:0 (0:0)
Köln: Pröll - Cullmann, Dziwior, Sichone, Keller - Arweladse (83. Bulajic), Springer, Lottner - Timm (90. Baranek), Kurth, Kreuz (87. Scherz)
Hertha BSC: Kiraly - Rehmer, Maas (62. Sverrisson), van Burik, Hartmann - Schmidt, Tretschok (79. Daei), Wosz, Konstantinidis (62. Dardai) - Alves, Preetz
Tor: 1:0 Cullmann (48.) - **SR:** Dr. Wack (Biberbach) - **ZS:** 34.500 - **Gelb:** Sverrisson

VfB Stuttgart - VfL Wolfsburg 2:1 (1:0)
Stuttgart: Hildebrand - Schneider, Soldo, Bordon - Djordjevic (90. Marques), Thiam, Balakov, Meißner (46. Todt), Blank - Adhemar, Ganea (46. Seitz)
Wolfsburg: Reitmaier - Ifejiagwa, Hengen, Schnoor (25. Biliskov) - Sebescen, Kühbauer, Akonnor, Munteanu (65. Müller), Weiser - Maric (65. Rische), Akpoborie
Tore: 1:0 Adhemar (2.), 2:0 Adhemar (61.), 2:1 Rische (86.) - **SR:** Wagner (Hofheim) - **ZS:** 15.000 - **Gelb:** Meißner, Soldo, Adhemar, Ganea - Ifejiagwa, Akpoborie

SV Werder Bremen - SC Freiburg 3:1 (2:0)
Bremen: Rost - Baumann, Verlaat, Krstajic - Frings (87. Tjikuzu), Eilts, Herzog, Ernst (69. Banovic), Bode - Ailton, Pizarro (87. Lee)
Freiburg: Golz - Müller, Kondé, Diarra - Willi (52. Dorn), Coulibaly, Zeyer, But, Kobiaschwili - Weißhaupt (74. Baya), Ramdane (64. Kohl)
Tore: 1:0 Pizarro (23.), 2:0 Pizarro (45.), 3:0 Kobiaschwili (51., ET), 3:1 Kobiaschwili (68., FE) - **SR:** Krug (Gelsenkirchen) - **ZS:** 29.650 - **Gelb:** Krstajic, Ailton - Kobiaschwili, Müller

SpVgg Unterhaching - VfL Bochum 2:1 (1:1)
Unterhaching: Tremmel - Herzog, Strehmel, Seifert - Haber (61. Cizek), Zimmermann, Oberleitner, Schwarz (74. Ahanfouf), Straube - Rraklli (46. Breitenreiter), Spizak
Bochum: van Duijnhoven - Milinovic, Stickroth (22. Mamic), Sundermann (34. Fahrenhorst) - Colding, Peschel (63. Bemben), Bastürk, Schindzielorz, Mandreko - Maric, Christiansen
Tore: 0:1 Christiansen (27.), 1:1 Straube (37.), 2:1 Breitenreiter (85.) - **SR:** Meyer (Braunschweig) - **ZS:** 9.000 - **Gelb:** Schwarz - Milinovic, Maric - **Gelb-Rot:** Bastürk (60.) - **Rot:** Fahrenhorst (89.)

FC Energie Cottbus - 1. FC Kaiserslautern 0:2 (0:0)
Cottbus: Piplica - Hujdurovic, Sebök, Beeck - Latoundji, Thielemann (85. Matyus), Miriuta, Akrapovic (73. Rödlund), Kobylanski - Labak, Micevski (53. Franklin)
1. FCK: G. Koch - Ramzy, Basler, Klos - Buck (77. Reich), Ratinho, Hristov, Bjelica, Strasser - Klose, Lokvenc
Tore: 0:1 Basler (52., FE), 0:2 Hristov (63.) - **SR:** Dr. Fleischer (Hallstadt) - **ZS:** 18.246 - **Gelb:** Hujdurovic, Miriuta - Ramzy - **Rot:** Klose (86.)

TSV München 1860 - Bayer 04 Leverkusen (So., 4.3.) 1:0 (0:0)
1860: Jentzsch - Hoffmann, Votava (64. Beierle), Riseth - Borimirov, Zelic, Häßler (86. Ehlers), Cerny, Tyce (67. Bierofka) - Max, Schroth
Leverkusen: Matysek - Zivkovic, Vranjes, Kovac - Reeb, Schneider (86. Rink), Ramelow, Ballack, Zé Roberto - Neuville (76. Brdaric), Kirsten
Tor: 1:0 Schroth (85.) - **SR:** Fandel (Kyllburg) - **ZS:** 21.500 - **Gelb:** Zé Roberto, Ballack, Ramelow, Kovac - **Gelb-Rot:** Cerny (70.) - Kirsten (62.)

FC Schalke 04 - Hamburger SV (So., 4.3.) 0:1 (0:0)
Schalke: Reck - Hajto, Waldoch, Happe - Asamoah (80. Latal), Kmetsch, Möller, Büskens, Böhme (87. Mikolajczak) - Sand (83. Mulder), Mpenza
HSV: Butt - Fischer, Hoogma (46. Kientz), Ujfalusi - Töfting, Kovac, Cardoso (82. Heinz), Hollerbach - Mahdavikia (90. Yilmaz), Meijer, Barbarez
Tor: 0:1 Meijer (87.) - **SR:** Keßler - **ZS:** 37.421 - **Gelb:** Kmetsch, Sand - Meijer, Kovac, Ujfalusi

	Sp.	g.	u.	v.	Tore	Diff.	Punkte
1. Borussia Dortmund	24	13	5	6	41 :29	+12	44
2. Bayern München	24	13	4	7	47 :28	+19	43
3. Schalke 04	24	12	5	7	43 :26	+17	41
4. Bayer Leverkusen	24	12	4	8	40 :29	+11	40
5. 1. FC Kaiserslautern	24	12	4	8	34 :30	+ 4	40
6. Hertha BSC Berlin	23	12	1	10	44 :40	+ 4	37
7. Werder Bremen	24	10	7	7	35 :33	+ 2	37
8. SC Freiburg	24	9	7	8	31 :27	+ 4	34
9. TSV München 1860	24	9	7	8	31 :37	- 6	34
10. 1. FC Köln	24	9	6	9	41 :37	+ 4	33
11. VfL Wolfsburg	24	8	8	8	43 :33	+10	32
12. Hansa Rostock	24	9	4	11	25 :36	- 11	31
13. Hamburger SV	24	9	3	12	46 :45	+ 1	30
14. SpV. Unterhaching	23	7	6	10	23 :36	- 13	27
15. Eintracht Frankfurt	24	8	3	13	30 :46	- 16	27
16. Energie Cottbus	24	8	2	14	29 :41	- 12	26
17. VfB Stuttgart	24	6	7	11	33 :38	- 5	25
18. VfL Bochum	24	5	5	14	20 :45	- 25	20

Milliardenliga zwischen Boom und Pleite

25. Spieltag: Samstag, 10.3.2001
Köln trotz drei Platzverweisen Sieger in Bochum

Bayer 04 Leverkusen - SV Werder Bremen (Fr., 9.3.) 3:0 (1:0)
Leverkusen: Matysek - Zivkovic, Lucio (81. Vranjes), Kovac - Reeb, Schneider (86. Dzaka), Ramelow, Ballack, Zé Roberto - Neuville, Rink (46. Brdaric)
Bremen: Rost - Stalteri, Verlaat, Krstajic - Frings, Eilts (58. Dabrowski), Herzog, Ernst (62. Lee), Bode - Pizarro, Ailton (86. Trares)
Tore: 1:0 Lucio (12.), 2:0 Neuville (54.), 3:0 Brdaric (62.) - **SR:** Stark (Landshut) - **ZS:** 22.500 (ausverkauft) - **Gelb:** Schneider, Zé Roberto, Zivkovic - Ailton, Frings, Krstajic

Hertha BSC Berlin - FC Hansa Rostock 1:0 (0:0)
Hertha BSC: Kiraly - Schmidt, van Burik (76. Reiss), Sverrisson - Veit (87. Simunic), Dardai, Tretschok, Konstantinidis, Hartmann - Preetz, Alves
Rostock: Pieckenhagen - Benken, Jakobsson, Oswald - Rydlewicz (90. Lange), Wibran, Schröder, Lantz, Baumgart (81. Zallmann) - Salou, Majak (67. Arvidsson)
Tor: 1:0 Dardai (90.) - **SR:** Aust (Köln) - **ZS:** 40.895 - **Gelb:** Hartmann, Sverrisson - Benken, Salou - **Gelb-Rot:** Lantz (90.)

VfL Bochum - 1. FC Köln 2:3 (2:1)
Bochum: Vander - Sundermann, Milinovic, Mamic, Reis (64. Christiansen) - Freier, Colding, Schindzielorz (70. Rietpietsch), Buckley - Baluszynski (46. Siebert), Drincic
Köln: Pröll - Cullmann, Sichone, Dziwior, Keller (53. Voigt) - Arweladse (62. Pivaljevic), Springer, Lottner - Scherz, Timm, Kreuz (83. Bulajic)
Tore: 1:0 Buckley (24.), 2:0 Schindzielorz (31.), 2:1 Arweladse (38.), 2:2 Kreuz (61.), 2:3 Pivaljevic (80.) - **SR:** Fröhlich (Berlin) - **ZS:** 21.683 - **Gelb:** Colding, Buckley - Cullmann - **Gelb-Rot:** Drincic (40.) - Springer (82.), Lottner (85.) - **Rot:** Sichone (34.)

VfL Wolfsburg - SpVgg Unterhaching 6:1 (2:1)
Wolfsburg: Reitmaier - Greiner, Hengen, Biliskov - Sebescen (24. Schnoor), Müller (72. Munteanu), Akonnor, Kühbauer, Weiser - Rische, Akpoborie (59. Maric)
Unterhaching: Tremmel - Grassow (63. Herzog), Haber, Seifert - Novak, Schwarz, Cizek (71. Oberleitner), Zimmermann, Straube - Breitenreiter (74. Ahanfouf), Spizak
Tore: 1:0 Kühbauer (11.), 1:1 Seifert (17.), 2:1 Schnoor (40.), 3:1 Rische (47.), 4:1 Maric (70.), 5:1 Munteanu (79.), 6:1 Akonnor (87.) - **SR:** Heynemann (Magdeburg) - **ZS:** 12.103 - **Gelb:** Kühbauer, Akonnor - Novak - **Gelb-Rot:** Spizak (38.)

SC Freiburg - Borussia Dortmund 2:2 (1:2)
Freiburg: Golz - Müller, Kehl, Diarra, Zandi - Willi (46. Kohl), But (80. Kondé), Zeyer, Coulibaly - Sellimi (72. Baya), Iaschwili
Dortmund: Lehmann - Evanilson, Kohler, Metzelder, Dede - Heinrich, Ricken, Nerlinger - Rosikky, Bobic, Reina
Tore: 0:1 Dede (19.), 0:2 Reina (44.), 1:2 Sellimi (45., FE), 2:2 Sellimi (58.) - **SR:** Berg (Konz) - **ZS:** 25.000 (ausverkauft) - **Gelb:** Willi, Kohl - Evanilson, Dede

Eintracht Frankfurt - FC Schalke 04 0:0
Frankfurt: Heinen - Kutschera, Rada, Kracht - Preuß, Guié-Mien, Mutzel, Heldt, Gebhardt (88. Branco) - Yang (84. Fjörtoft), Kryszalowicz (82. Reichenberger)
Schalke: Reck - Hajto, Nemec, Waldoch - Latal, van Hoogdalem, Möller, Happe (63. Büskens), Böhme (84. Mikolajczak) - Asamoah, Sand
SR: Albrecht - **ZS:** 37.400 - **Gelb:** Kracht - Asamoah, Latal, van Hoogdalem, Waldoch, Nemec

FC Bayern München - FC Energie Cottbus 2:0 (2:0)
FC Bayern: Dreher - Sagnol (62. Sergio), Andersson, Linke, Lizarazu - Salihamidzic, Fink, Effenberg, Scholl (86. Hargreaves) - Jancker (90. di Salvo), Elber
Cottbus: Piplica - Vata, Sebök, Matyus - Reghecampf, Scherbe, Akrapovic, Miriuta, Kobylanski - Franklin (62. Rödlund), Labak (62. Latoundji)
Tore: 1:0 Scholl (24.), 2:0 Effenberg (38.) - **SR:** Weiner - **ZS:** 38.000 - **Gelb:** Jancker, Linke, Sergio - Sebök

1. FC Kaiserslautern - TSV München 1860 (So., 11.3.) 3:2 (0:0)
1. FCK: Weidenfeller - Klos, Basler, Schjönberg - Buck (43. Komljenovic), Ratinho (83. Ziehl), Bjelica, Hristov, Grammozis - Pettersson (78. Reich), Lokvenc
1860: Jentzsch - Hoffmann, Votava (85. Mykland), Riseth - Paßlack (51. Bierofka), Zelic, Häßler, Borimirov, Tyce (74. Beierle) - Max, Schroth
Tore: 1:0 Lokvenc (46.), 2:0 Bjelica (48.), 2:1 Weidenfeller (58., ET), 2:2 Bierofka (69.), 3:2 Hristov (72.) - **SR:** Strampe - **ZS:** 39.172 - **Gelb:** Klos, Grammozis, Lokvenc, Ratinho - Riseth, Paßlack, Häßler, Zelic

Hamburger SV - VfB Stuttgart (So., 11.3.) 2:2 (2:1)
HSV: Butt - Panadic, Kovac, Ujfalusi - Fischer, Töfting, Cardoso (77. Kientz), Hollerbach - Mahdavikia, Meijer, Barbarez
Stuttgart: Hildebrand - Hinkel (71. Djordjevic), Marques, Bordon, Wenzel - Thiam, Balakov, Todt, Seitz (79. Hosny) - Adhemar (68. Ganea), Dundee
Tore: 1:0 Barbarez (10.), 1:1 Thiam (18.), 2:1 Barbarez (44.), 2:2 Ganea (80.) - **SR:** Jansen (Essen) - **ZS:** 40.065 - **Gelb:** Hollerbach, Barbarez - Adhemar, Thiam

	Sp.	g.	u.	v.	Tore	Diff.	Punkte
1. Bayern München	25	14	4	7	49 :28	+21	46
2. Borussia Dortmund	25	13	6	6	43 :31	+12	45
3. Bayer Leverkusen	25	13	4	8	43 :29	+14	43
4. Hertha BSC Berlin	25	14	1	10	47 :41	+ 6	43
5. 1. FC Kaiserslautern	25	13	4	8	37 :32	+ 5	43
6. Schalke 04	25	12	6	7	43 :26	+17	42
7. Werder Bremen	25	10	7	8	35 :36	- 1	37
8. 1. FC Köln	25	10	6	9	44 :39	+ 5	36
9. VfL Wolfsburg	25	9	8	8	49 :34	+15	35
10. SC Freiburg	25	9	8	8	33 :29	+ 4	35
11. TSV München 1860	25	9	7	9	33 :40	- 7	34
12. Hamburger SV	25	9	4	12	48 :47	+ 1	31
13. Hansa Rostock	25	9	4	12	25 :37	- 12	31
14. Eintracht Frankfurt	25	8	4	13	30 :46	- 16	28
15. SpV. Unterhaching	25	7	6	12	25 :44	- 19	27
16. VfB Stuttgart	25	6	8	11	35 :40	- 5	26
17. Energie Cottbus	25	8	2	15	29 :43	- 14	26
18. VfL Bochum	25	5	5	15	22 :48	- 26	20

26. Spieltag: Samstag, 17.3.2001
Kaiserslautern im Kreis der Titelanwärter

1. FC Köln - VfL Wolfsburg (Fr., 16.3.) 0:0
Köln: Pröll - Bulajic, Sinkala, Dziwior - Scherz (82. Donkov), Voigt, Arweladse (65. Baranek), Keller - Timm, Kurth (65. Pivaljevic), Kreuz
Wolfsburg: Reitmaier - Greiner, Schnoor, Biliskov, Weiser - Hengen, Kühbauer, Akonnor, Müller (77. Munteanu) - Rische (70. Akpoborie), Juskowiak (56. Maric)
SR: Fandel (Kyllburg) - **ZS:** 27.500 - **Gelb:** Biliskov

FC Hansa Rostock - VfL Bochum 2:0 (0:0)
Rostock: Pieckenhagen - Benken (69. Zallmann), Jakobsson, Oswald - Lange, Rydlewicz, Wibran, Schröder, Emara (87. Majak) - Baumgart (67. Arvidsson), Agali
Bochum: van Duijnhoven - Fahrenhorst (82. Toplak), Mamic, Sundermann - Freier (59. Baluszynski), Schindzielorz (72. Maric), Colding, Buckley, Meichelbeck - Bastürk, Christiansen
Tore: 1:0 Agali (71.), 2:0 Agali (80.) - **SR:** Keßler (Höhenkirchen) - **ZS:** 15.000 - **Gelb:** Benken, Agali - Sundermann, Fahrenhorst, Bastürk, van Duijnhoven - **Rot:** Christiansen (90.)

Borussia Dortmund - Bayer 04 Leverkusen 1:3 (1:2)
Dortmund: Lehmann - Wörns, Oliseh (85. Nijhuis), Kohler - Evanilson (69. Sörensen), Heinrich, Ricken, Nerlinger (57. Addo), Dede - Rosicky, Bobic
Leverkusen: Matysek - Zivkovic, Lucio, Kovac - Reeb, Schneider (64. Nowotny), Ramelow, Ballack, Zé Roberto - Kirsten (79. Brdaric), Neuville (77. Vranjes)
Tore: 0:1 Schneider (7.), 0:2 Kirsten (10.), 1:2 Wörns (15.), 1:3 Brdaric (90.) - **SR:** Heynemann (Magdeburg) - **ZS:** 68.600 (ausverkauft) - **Gelb:** Nerlinger, Oliseh, Rosicky, Heinrich - Kovac, Ramelow, Brdaric - **Gelb-Rot:** Ballack (75.)

FC Energie Cottbus - Hertha BSC Berlin 3:0 (2:0)
Cottbus: Piplica - Beeck (24. Hujdurovic), Vata, Matyus - Reghecampf, Scherbe, Akrapovic, Miriuta, Kobylanski - Franklin (56. Ilie), Labak (56. Helbig)
Hertha BSC: Kiraly - Schmidt, van Burik, Simunic (46. Deisler) - Veit, Dardai, Konstantinidis, Wosz, Hartmann (73. Daei) - Alves (46. Reiss), Preetz
Tore: 1:0 Miriuta (19.), 2:0 Franklin (43.), 3:0 Helbig (72.) - **SR:** Berg (Konz) - **ZS:** 19.780 - **Gelb:** Akrapovic, Franklin, Hujdurovic - Dardai, Simunic

FC Schalke 04 - SC Freiburg 0:0
Schalke: Reck - Hajto, Waldoch, van Hoogdalem (87. Held) - Latal (80. Oude Kamphuis), Nemec, Möller, Büskens, Böhme - Sand, Mpenza
Freiburg: Golz - Müller, Diarra - Kohl (73. Schumann), Coulibaly (73. Baya), Zeyer, But, Kobiaschwili - Sellimi, Iaschwili (80. Bruns)
SR: Kemmling (Kleinburgwedel) - **ZS:** 34.214 - **Gelb:** Hajto, Büskens, Kehl, Sellimi - **Gelb-Rot:** Zeyer (85.)

Eintracht Frankfurt - Hamburger SV 1:1 (0:0)
Frankfurt: Heinen - Preuß (72. Sobotzik), Kutschera, Rada, Kracht - Guié-Mien, Mutzel, Heldt, Gebhardt - Yang, Kryszalowicz (65. Fjörtoft)
HSV: Butt - Panadic, Kientz, Ujfalusi - Töfting (46. Präger), Barbarez, Kovac, Hollerbach (68. Hertzsch) - Mahdavikia, Meijer, Heinz
Tore: 0:1 Kovac (54.), 1:1 Sobotzik (78.) - **SR:** Dr. Fleischer (Hallstadt) - **ZS:** 33.000 - **Gelb:** Gebhardt, Yang, Heldt - Töfting

TSV München 1860 - FC Bayern München 0:2 (0:0)
1860: Jentzsch - Hoffmann, Votava, Riseth, Cerny, Stranzl (54. Bierofka), Häßler, Borimirov, Tyce - Max (67. Agostino), Schroth
FC Bayern: Kahn - Kuffour, Andersson, Linke - Salihamidzic, Effenberg, Jeremies (68. Fink), Scholl (69. Sergio), Lizarazu - Elber, Jancker (12. Sagnol)
Tore: 0:1 Elber (48.), 0:2 Sergio (80.) - **SR:** Krug (Gelsenkirchen) - **ZS:** 69.000 (ausverkauft) - **Gelb:** Scholl, Jeremies, Salihamidzic

SV Werder Bremen - 1. FC Kaiserslautern (So., 18.3.) 1:2 (0:2)
Bremen: Rost - Baumann, Verlaat, Barten (81. Stalteri) - Frings, Trares (57. Banovic), Herzog, Ernst, Bode - Ailton (57. Lee), Pizarro
1. FCK: G. Koch - Ramzy, Basler, Klos - Buck, Ratinho (74. Grammozis), Hristov, Bjelica, Strasser - Pettersson (85. Komljenovic), Lokvenc
Tore: 0:1, 0:2 Lokvenc (11., 39.), 1:2 Herzog (58.) - **SR:** Dr. Wack (Biberbach) - **ZS:** 29.250 - **Gelb:** Ernst, Barten, Frings, Banovic - G. Koch, Ratinho, Strasser, Hristov - **B.V.:** G. Koch hält FE von Ailton (23.)

SpVgg Unterhaching - VfB Stuttgart (So., 18.3.) 0:0
Unterhaching: Tremmel - Herzog, Strehmel, Seifert - Haber, Zimmermann (86. Cizek), Schwarz, Hirsch, Straube - Oberleitner (54. Breitenreiter), Rraklli (64. Ahanfouf)
Stuttgart: Hildebrand - Marques, Bordon (46. Meißner), Carnell - Djordjevic (62. Hinkel), Thiam, Balakov, Todt, Seitz - Dundee, Ganea (78. Adhemar)
SR: Fröhlich (Berlin) - **ZS:** 12.000 - **Gelb:** Todt, Bordon

	Sp.	g.	u.	v.	Tore	Diff.	Punkte
1. Bayern München	26	15	4	7	51 :28	+23	49
2. Bayer Leverkusen	26	14	4	8	46 :30	+16	46
3. 1. FC Kaiserslautern	26	14	4	8	39 :33	+ 6	46
4. Borussia Dortmund	26	13	6	7	44 :34	+10	45
5. Schalke 04	26	12	7	7	43 :26	+17	43
6. Hertha BSC Berlin	26	14	1	11	47 :44	+ 3	43
7. 1. FC Köln	26	10	7	9	44 :39	+ 5	37
8. Werder Bremen	26	10	7	9	36 :38	- 2	37
9. VfL Wolfsburg	26	9	9	8	49 :34	+15	36
10. SC Freiburg	26	9	9	8	33 :29	+ 4	36
11. TSV München 1860	26	9	7	10	33 :42	- 9	34
12. Hansa Rostock	26	10	4	12	27 :37	- 10	34
13. Hamburger SV	26	9	5	12	49 :48	+ 1	32
14. Energie Cottbus	26	9	2	15	32 :43	- 11	29
15. Eintracht Frankfurt	26	8	5	13	31 :47	- 16	29
16. SpV. Unterhaching	26	7	7	12	25 :44	- 19	28
17. VfB Stuttgart	26	6	9	11	35 :40	- 5	27
18. VfL Bochum	26	5	5	16	22 :50	- 28	20

Bundesliga 2000/2001

27. Spieltag: Samstag, 31.3.2001

Drei Schlagerspiele - drei Auswärtssiege

VfL Wolfsburg - FC Hansa Rostock (Fr., 30.3.) 2:1 (1:0)

Wolfsburg: Reitmaier - Greiner, Schnoor, Biliskov - Sebescen, Hengen (75. Müller), Kühbauer (85. Kryger), Akonnor, Weiser - Rische, Maric (80. Akpoborie)

Rostock: Pieckenhagen - Benken, Jakobsson, Oswald - Baumgart, Rydlewicz, Schröder, Wibran, Emara (84. Fuchs) - Agali (46. Majak), Arvidsson

Tore: 1:0 Kühbauer (14.), 2:0 Kühbauer (60.), 2:1 Majak (66.) - **SR:** Jansen (Essen) - **ZS:** 14.882 - **Gelb:** Greiner, Rische - Rydlewicz

VfB Stuttgart - 1. FC Köln 0:3 (0:2)

Stuttgart: Hildebrand - Meißner, Thiam, Carnell - Djordjevic (46. Lisztes), Soldo, Balakov, Todt, Seitz - Dundee, Ganea (46. Hosny)

Köln: Pröll - Dziwior, Sinkala (78. Hauptmann), Keller - Bulajic, Voigt, Baranek (85. Kurth), Springer, Kreuz - Scherz (89. Grlic), Timm

Tore: 0:1 Springer (3.), 0:2 Kreuz (23.), 0:3 Baranek (76.) - **SR:** Gagelmann (Bremen) - **ZS:** 32.000 - **Gelb:** Bulajic, Sinkala, Baranek

Bayer 04 Leverkusen - FC Schalke 04 0:3 (0:1)

Leverkusen: Juric - Zivkovic, Nowotny, Lucio - Reeb (68. Berbatov), Schneider, Ramelow, Zé Roberto, Placente (57. Rink) - Kirsten, Neuville

Schalke: Reck - Hajto, Kmetsch (73. Nemec), Waldoch - Asamoah (79. Latal), van Hoogdalem, Möller, Büskens, Böhme - Sand (86. Mulder), Mpenza

Tore: 0:1 Zivkovic (17., ET), 0:2 Mpenza (51.), 0:3 Asamoah (74.) - **SR:** Dr. Merk (Kaiserslautern) - **ZS:** 22.500 (ausverkauft) - **Gelb:** Zivkovic, Nowotny, Neuville, Zé Roberto - Kmetsch, Mpenza

Hertha BSC Berlin - TSV München 1860 3:0 (1:0)

Hertha BSC: Kiraly - Sverrisson, van Burik, Schmidt - Rehmer, Dardai, Konstantinidis (56. Simunic), Deisler (69. Tretschok), Hartmann - Alves (79. Daei), Preetz

1860: Jentzsch - Hoffmann, Votava (15. Tyce), Kurz - Stranzl (74. Bierofka), Zelic, Häßler, Riseth - Max, Agostino (77. Beierle), Schroth

Tore: 1:0 Alves (19.), 2:0 Preetz (78.), 3:0 Preetz (89.) - **SR:** Steinborn (Sinzig) - **ZS:** 33.530 - **Gelb:** Alves - Stranzl, Kurz

SC Freiburg - Eintracht Frankfurt 5:2 (2:0)

Freiburg: Golz - Schumann, Kehl, Diarra - Willi, Coulibaly (72. Baya), But (82. Weißhaupt), Kobiaschwili, Zkitischwili (17. Zandi) - Sellimi, Iaschwili

Frankfurt: Heinen (30. Nikolov) - Kutschera (70. Reichenberger), Rada, Kracht - Mutzel (46. Branco), Sobotzik, Schur, Heldt, Preuß - Yang, Kryszalowicz

Tore: 1:0 Iaschwili (35.), 2:0 Kobiaschwili (40.), 3:0 Sellimi (53.), 3:1 Kryszalowicz (70.), 3:2 Kryszalowicz (72.), 4:2 Kehl (83.), 5:2 Sellimi (90.) - **SR:** Fandel (Kyllburg) - **ZS:** 25.000 (ausverkauft) - **Gelb:** Kobiaschwili, Diarra, Coulibaly - Heinen, Kracht, Schur, Mutzel

Hamburger SV - SpVgg Unterhaching 1:1 (0:0)

HSV: Butt - Hertzsch, Ujfalusi, Panadic - Groth (57. Präger), Kovac, Barbarez, Hollerbach - Mahdavikia, Meijer, Heinz (57. Yeboah)

Unterhaching: Tremmel - Haber, Strehmel, Herzog, Hirsch - Spizak (66. Grassow), Zimmermann, Seifert, Schwarz (78. Oberleitner), Bugera (75. Rraklli) - Breitenreiter

Tore: 1:0 Barbarez (75.), 1:1 Seifert (79.) - **SR:** Krug (Gelsenkirchen) - **ZS:** 36.115 - **Gelb:** Barbarez, Hollerbach, Ujfalusi

FC Bayern München - SV Werder Bremen 2:3 (0:1)

FC Bayern: Kahn - Kuffour, Jeremies (62. Jancker), Linke (26. Andersson) - Sagnol, Fink (26. Salihamidzic), Effenberg, Tarnat - Sergio, Elber, Zickler

Bremen: Rost - Frings, Verlaat, Krstajic (82. Barten), Bode - Banovic (90. Ailton), Eilts, Herzog (47. Trares), Baumann, Stalteri - Pizarro

Tore: 0:1 Pizarro (25., FE), 1:1 Elber (47.), 1:2 Bode (58.), 2:2 Jancker (65.), 2:3 Pizarro (88.) - **SR:** Meyer (Braunschweig) - **ZS:** 45.000 - **Gelb:** Elber, Jeremies, Effenberg, Tarnat - Banovic, Baumann, Verlaat

1. FC Kaiserslautern - Borussia Dortmund (So., 1.4.) 1:4 (0:1)

1. FCK: G. Koch - Ramzy, Basler, Klos, Grammozis (68. Reich) - Ratinho, Komljenovic (51. Dominguez), Hristov, Pettersson - Klose, Lokvenc

Dortmund: Lehmann - Wörns, Oliseh, Kohler - Evanilson, Ricken (71. Reina), Heinrich, Dede - Rosicky (80. Nerlinger), Bobic (80. Stevic), Addo

Tore: 0:1 Bobic (33.), 0:2 Addo (46.), 1:2 Lokvenc (58.), 1:3 Ricken (62.), 1:4 Heinrich (76.) - **SR:** Fröhlich (Berlin) - **ZS:** 41.500 (ausverkauft) - **Gelb:** Grammozis - Rosicky

VfL Bochum - FC Energie Cottbus (So., 1.4.) 1:0 (0:0)

Bochum: van Duijnhoven - Schröder, Reis, Toplak - Colding, Freier (73. Maric), Mandreko, Bastürk, Schindzielorz, Schreiber (63. Buckley) - Drincic (46. Rietpietsch)

Cottbus: Piplica - Vata (81. Latoundji), Hujdurovic - Reghecampf, Scherbe, Miriuta, Sebök, Zvetanov, Kobylanski - Micevski (55. Franklin), Labak (74. Ilie)

Tor: 1:0 Reis (75.) - **SR:** Dr. Wack (Biberbach) - **ZS:** 12.351 - **Gelb:** Toplak - Vata

	Sp.	g.	u.	v.	Tore	Diff.	Punkte
1. Bayern München	27	15	4	8	53 :31	+22	49
2. Borussia Dortmund	27	14	6	7	48 :35	+13	48
3. Schalke 04	27	13	7	7	46 :26	+20	46
4. Bayer Leverkusen	27	14	4	9	46 :33	+13	46
5. Hertha BSC Berlin	27	15	1	11	50 :44	+ 6	46
6. 1. FC Kaiserslautern	27	14	4	9	40 :37	+ 3	46
7. 1. FC Köln	27	11	7	9	47 :39	+ 8	40
8. Werder Bremen	27	11	7	9	39 :40	- 1	40
9. VfL Wolfsburg	27	10	9	8	51 :35	+16	39
10. SC Freiburg	27	10	9	8	38 :31	+ 7	39
11. Hansa Rostock	27	10	4	13	28 :39	- 11	34
12. TSV München 1860	27	9	7	11	33 :45	- 12	34
13. Hamburger SV	27	9	6	12	50 :49	+ 1	33
14. Energie Cottbus	27	9	2	16	32 :44	- 12	29
15. Eintracht Frankfurt	27	8	5	14	33 :52	- 19	29
16. SpV. Unterhaching	27	7	8	12	26 :45	- 19	29
17. VfB Stuttgart	27	6	9	12	35 :43	- 8	27
18. VfL Bochum	27	6	5	16	23 :50	- 27	23

28. Spieltag: Samstag, 7.4.2001

Premiere: Cottbus mit 11 Ausländern gegen Wölfe!

FC Energie Cottbus - VfL Wolfsburg (Fr., 6.4.) 0:0

Cottbus: Piplica - Matyus, Vata, Hujdurovic - Reghecampf (79. Rödlund), Latoundji, Akrapovic, Miriuta, Kobylanski - Labak (86. Wawrzyczek), Franklin (79. Ilie)

Wolfsburg: Reitmaier - Kryger, Schnoor, Biliskov (29. Ifejiagwa) - Sebescen, Hengen, Kühbauer, Akonnor, Weiser - Rische (65. Juskowiak), Maric (65. Akpoborie)

SR: Albrecht (Kaufbeuren) - **ZS:** 15.019 - **Gelb:** Miriuta - Kühbauer, Schnoor, Sebescen

1. FC Köln - SpVgg Unterhaching 1:1 (1:0)

Köln: Pröll - Bulajic, Sinkala, Dziwior, Keller - Baranek, Voigt (75. Arweladse), Springer - Scherz (64. Kurth), Timm, Kreuz

Unterhaching: Tremmel - Haber, Strehmel, Herzog, Hirsch - Schwarz, Zimmermann, Seifert (46. Cizek) - Oberleitner (81. Novak), Rraklli (64. Ahanfouf), Bugera

Tore: 1:0 Timm (11.), 1:1 Oberleitner (46.) - **SR:** Berg (Konz) - **ZS:** 32.500 - **Gelb:** Keller, Springer - Oberleitner, Seifert

Eintracht Frankfurt - Bayer 04 Leverkusen 1:3 (0:1)

Frankfurt: Heinen - Kutschera (59. Branco), Kracht, Bindewald (51. Sobotzik) - Wimmer, Mutzel, Guié-Mien, Preuß, Heldt (69. Reichenberger), Gebhardt - Yang

Leverkusen: Juric - Lucio, Nowotny, Kovac - Schneider, Ballack, Ramelow, Vranjes - Rink (76. Reeb), Kirsten (63. Placente), Neuville (89. Berbatov)

Tore: 0:1 Kirsten (21.), 1:1 Yang (58.), 1:2 Lucio (67.), 1:3 Lucio (82.) - **SR:** Keßler (Höhenkirchen) - **ZS:** 27.000 - **Gelb:** Yang, Reichenberger - Rink, Ramelow, Placente - **Gelb-Rot:** Kovac (36.)

SV Werder Bremen - Hertha BSC Berlin 3:1 (1:0)

Bremen: Rost - Baumann, Verlaat, Krstajic - Frings, Banovic (69. Ernst), Eilts, Herzog (76. Wiedener), Stalteri - Ailton, Pizarro

Hertha BSC: Kiraly - van Burik (76. Simunic), Sverrisson, Hartmann - Rehmer (69. Daei), Schmidt (78. Michalke), Dardai, Konstantinidis, Deisler - Alves, Preetz

Tore: 1:0 Pizarro (7.), 1:1 Schmidt (49.), 2:1 Pizarro (65.), 3:1 Frings (87.) - **SR:** Sippel (München) - **ZS:** 33.120 - **Gelb:** Frings - Sverrisson, Schmidt, Deisler

SC Freiburg - Hamburger SV 0:0

Freiburg: Golz - Schumann, Kehl, Diarra - Willi, Coulibaly (70. Baya), But, Zeyer (79. Zandi), Kobiaschwili - Sellimi, Iaschwili

HSV: Butt - Panadic, Hoogma, Ujfalusi - Kovac (46. Präger), Kientz, Töfting, Hollerbach (63. Hertzsch) - Mahdavikia (71. Heinz), Meijer, Barbarez

SR: Dr. Merk (Kaiserslautern) - **ZS:** 25.000 (ausverkauft) - **Gelb:** Coulibaly, Willi, Kobiaschwili - Töfting, Panadic, Meijer, Hollerbach

TSV München 1860 - VfL Bochum 2:4 (0:1)

1860: Jentzsch - Ehlers, Riseth, Kurz (46. Max) - Riedl, Hoffmann, Borimirov, Mykland, Tyce - Schroth, Agostino

Bochum: van Duijnhoven - Schröder, Reis, Toplak - Colding, Schindzielorz, Mandreko, Bastürk (90. Christiansen), Schreiber (47. Sundermann) - Freier, Buckley (66. Dickhaut)

Tore: 0:1 Bastürk (37.), 0:2 Bastürk (49.), 1:2 Schröder (56., ET), 1:3 Reis (59.), 2:3 Borimirov (86.), 2:4 Schindzielorz (88.) - **SR:** Heynemann (Magdeburg) - **ZS:** 26.300 - **Gelb:** Riedl, Ehlers

Borussia Dortmund - FC Bayern München 1:1 (0:1)

Dortmund: Lehmann - Wörns, Oliseh, Metzelder (64. Reina) - Evanilson, Ricken (71. Nerlinger), Heinrich, Dede - Rosicky, Bobic, Addo (87. Nijhuis)

FC Bayern: Kahn - Kuffour, Andersson, Linke, Lizarazu - Salihamidzic, Jeremies, Effenberg, Scholl (80. Sergio) - Elber (83. Zickler), Santa Cruz (56. Sagnol)

Tore: 0:1 Santa Cruz (6.), 1:1 Bobic (52.) - **SR:** Strampe (Handorf) - **ZS:** 68.600 (ausverkauft) - **Gelb:** Addo, Oliseh - Kuffour, Elber, Jeremies, Linke, Salihamidzic, Scholl, Kahn, Sagnol - **Gelb-Rot:** Lizarazu (35.) - **Rot:** Evanilson (90.) - Effenberg (55.)

FC Schalke 04 - 1. FC Kaiserslautern (So., 8.4.) 5:1 (2:0)

Schalke: Reck - Hajto, Nemec, Waldoch - Asamoah (84. Latal), van Hoogdalem, Möller, Büskens (87. Kmetsch), Böhme (89. Mikolajczak) - Sand, Mpenza

1. FCK: G. Koch - H. Koch, Basler, Klos - Ramzy, Ratinho, Grammozis (46. Klose), Hristov, Strasser (85. Dominguez) - Djorkaeff, Lokvenc

Tore: 1:0, 2:0 Waldoch (3., 9.), 3:0 Sand (55.), 3:1 Klose (72.), 4:1 Mpenza (87.), 5:1 Sand (89.) - **SR:** Stark - **ZS:** 51.129 - **Gelb:** Nemec, Asamoah, van Hoogdalem - Grammozis, Lokvenc, G. Koch, H. Koch

FC Hansa Rostock - VfB Stuttgart (So., 8.4.) 1:1 (0:0)

Rostock: Pieckenhagen - Benken (83. Fuchs), Jakobsson, Oswald - Rydlewicz, Schröder, Lantz, Wibran, Emara (46. Majak) - Arvidsson (46. Baumgart), Salou

Stuttgart: Hildebrand - Hinkel (90. Tiffert), Marques, Soldo, Wenzel - Thiam, Balakov, Todt, Gerber (58. Djordjevic) - Seitz, Ganea (58. Dundee)

Tore: 0:1 Balakov (72.,FE), 1:1 Rydlewicz (88., HE) - **SR:** Dr. Wack (Biberbach) - **ZS:** 15.500 - **Gelb:** Lantz, Pieckenhagen, Rydlewicz - Soldo, Hildebrand

	Sp.	g.	u.	v.	Tore	Diff.	Punkte
1. Bayern München	28	15	5	8	54 :32	+22	50
2. Schalke 04	28	14	7	7	51 :27	+24	49
3. Bayer Leverkusen	28	15	4	9	49 :34	+15	49
4. Borussia Dortmund	28	14	7	7	49 :36	+13	49
5. Hertha BSC Berlin	28	15	1	12	51 :47	+ 4	46
6. 1. FC Kaiserslautern	28	14	4	10	41 :42	- 1	46
7. Werder Bremen	28	12	7	9	42 :41	+ 1	43
8. 1. FC Köln	28	11	8	9	48 :40	+ 8	41
9. VfL Wolfsburg	28	10	10	8	51 :35	+16	40
10. SC Freiburg	28	10	10	8	38 :31	+ 7	40
11. Hansa Rostock	28	10	5	13	29 :40	- 11	35
12. Hamburger SV	28	9	7	12	50 :49	+ 1	34
13. TSV München 1860	28	9	7	12	35 :49	- 14	34
14. Energie Cottbus	28	9	3	16	32 :44	- 12	30
15. SpV. Unterhaching	28	7	9	12	27 :46	- 19	30
16. Eintracht Frankfurt	28	8	5	15	34 :55	- 21	29
17. VfB Stuttgart	28	6	10	12	36 :44	- 8	28
18. VfL Bochum	28	7	5	16	27 :52	- 25	26

Milliardenliga zwischen Boom und Pleite

29. Spieltag: Samstag, 14.4.2001

Traumduo Sand/Mpenza zerlegt den FC Bayern

VfB Stuttgart - FC Energie Cottbus (Do., 12.4.) 1:0 (0:0)
Stuttgart: Ernst - Marques, Soldo (22. Hinkel), Wenzel - Lisztes, Thiam, Balakov, Todt, Seitz (46. Tiffert) - Dundee, Ganea (84. Carnell)
Cottbus: Piplica - Matyus, Vata, Hujdurovic - Reghecampf, Scherbe (82. Ilie), Akrapovic, Latoundji, Kobylanski (75. Wawrzyczek) - Helbig, Labak (77. Rödlund)
Tor: 1:0 Balakov (72., FE) - **SR:** Heynemann (Magdeburg) - **ZS:** 36.000 - **Gelb:** Marques, Todt, Hinkel - Piplica, Helbig, Kobylanski, Vata

VfL Wolfsburg - TSV München 1860 0:1 (0:1)
Wolfsburg: Reitmaier - Kryger, Hengen, Schnoor - Greiner, Sebescen, Akonnor, Munteanu (46. Müller), Weiser - Juskowiak, Akpoborie (46. Maric, 66. Rische)
1860: Jentzsch - Hoffmann, Zelic, Pfuderer - Borimirov, Riseth, Häßler (90. Tyce), Mykland, Bierofka (72. Tapalovic) - Schroth, Max
Tor: 0:1 Bierofka (31.) - **SR:** Fröhlich (Berlin) - **ZS:** 13.639 - **Gelb:** Hoffmann

Bayer 04 Leverkusen - SC Freiburg 1:3 (0:1)
Leverkusen: Juric - Zivkovic, Lucio, Nowotny - Schneider (77. Ojigwe), Ballack (58. Rink), Ramelow, Vranjes, Zé Roberto - Neuville, Kirsten
Freiburg: Golz - Schumann, Kobiaschwili - Kohl (67. Ramdane), Kehl, Coulibaly (67. Baya), But, Zeyer, Zandi - Sellimi (86. Diarra), Iaschwili
Tore: 0:1 Schumann (11.), 1:1 Zé Roberto (51.), 1:2 Baya (81.), 1:3 But (89.) - **SR:** Dr. Fleischer (Hallstadt) - **ZS:** 22.500 (ausverkauft) - **Gelb:** Nowotny, Ramelow - Kehl

VfL Bochum - SV Werder Bremen 1:2 (0:1)
Bochum: van Duijnhoven - Toplak (73. Peschel), Reis, Schröder - Colding, Freier, Schindzielorz (89. Fahrenhorst), Mandreko, Bastürk, Schreiber (46. Maric) - Christiansen
Bremen: Rost - Baumann, Verlaat, Krstajic - Tjikuzu, Eilts, Herzog, Ernst, Stalteri (84. Skripnik) - Ailton (71. Banovic), Pizarro
Tore: 0:1 Pizarro (38.), 1:1 Reis (62.), 1:2 Verlaat (74.) - **SR:** Kemmling (Kleinburgwedel) - **ZS:** 21.974 - **Gelb:** Mandreko, Colding, Schröder - Verlaat, Krstajic

FC Bayern München - FC Schalke 04 1:3 (1:1)
FC Bayern: Kahn - Sagnol, Andersson (69. Hargreaves), Kuffour, Tarnat - Salihamidzic, Jeremies, Scholl, Sergio (69. Zickler) - Jancker, Santa Cruz (81. Wiesinger)
Schalke: Reck - Hajto, Nemec, Waldoch - Asamoah (89. Latal), van Hoogdalem, Möller, Büskens, Böhme - Sand, Mpenza
Tore: 1:0 Jancker (3.), 1:1 Sand (14.), 1:2 Sand (48.), 1:3 Sand (76.) - **SR:** Aust (Köln) - **ZS:** 63.000 (ausverkauft) - **Gelb:** Kuffour, Jeremies, Sagnol, Salihamidzic - Möller, Waldoch

1. FC Kaiserslautern - Eintracht Frankfurt 4:2 (1:2)
1. FCK: Weidenfeller - Ramzy, Klos (46. Schjönberg) - Ratinho, Basler, Bjelica (46. Djorkaeff), Hristov, Strasser, Dominguez (57. Reich) - Klose, Lokvenc
Frankfurt: Heinen - Rada (79. Sobotzik), Kracht, Bindewald - Wimmer, Mutzel, Heldt (68. Reichenberger), Guié-Mien (87. R. Schmitt), Preuß, Branco - Kryszalowicz
Tore: 1:0 Lokvenc (1.), 1:1 Guié-Mien (21.), 1:2 Kryszalowicz (36.), 2:2 Basler (50., FE), 3:2 Lokvenc (52.), 4:2 Klose (89.) - **SR:** Krug (Gelsenkirchen) - **ZS:** 41.500 (ausverkauft) - **Gelb:** Dominguez, Strasser, Ratinho, Basler - Mutzel

Hertha BSC Berlin - Borussia Dortmund 1:0 (0:0)
Hertha BSC: Kiraly - van Burik, Sverrisson, Schmidt - Rehmer, Konstantinidis, Dardai, Deisler (82. Maas), Hartmann - Alves (72. Simunic), Daei
Dortmund: Lehmann - Wörns (54. Kapetanovic), Oliseh (68. Reina), Kohler - Metzelder (76. Stevic), Ricken, Heinrich, Dede - Addo, Bobic, Rosicky
Tor: 1:0 Rehmer (65.) - **SR:** Albrecht (Kaufbeuren) - **ZS:** 54.429 - **Gelb:** Konstantinidis, Deisler - Bobic, Kapetanovic - **Gelb-Rot:** Dardai (74.)

Hamburger SV - 1. FC Köln (So., 15.4.) 1:1 (0:1)
HSV: Butt - Ujfalusi, Hoogma (89. Bester), Panadic, Hollerbach - Groth, Barbarez, Kovac - Mahdavikia, Meijer, Heinz
Köln: Pröll - Sichone, Bulajic, Dziwior, Voigt - Baranek, Springer, Lottner (89. Cichon) - Scherz, Timm (90. Kurth), Kreuz (90. Donkov)
Tore: 0:1 Baranek (20.), 1:1 Barbarez (76.) - **SR:** Keßler (Höhenkirchen) - **ZS:** 50.029 - **Gelb:** Heinz, Kovac, Barbarez, Hollerbach, Meijer - Pröll, Voigt, Sichone, Scherz, Dziwior - **Rot:** Baranek (85.) - **B.V.:** Pröll hält FE von Butt (53.), Barbarez schießt FE an den Pfosten (71.)

SpVgg Unterhaching - FC Hansa Rostock (So., 15.4.) 1:1 (0:0)
Unterhaching: Tremmel - Grassow, Strehmel, Seifert - Haber (90. Garcia), Zimmermann, Schwarz (58. Cizek), Hirsch - Oberleitner, Breitenreiter, Bugera (46. Ahanfouf)
Rostock: Pieckenhagen - Benken (67. Brand), Jakobsson, Oswald - Rydlewicz, Wibran, Lantz, Schröder (46. Zallmann), Baumgart (67. Majak) - Arvidsson, Salou
Tore: 1:0 Ahanfouf (53.), 1:1 Majak (75.) - **SR:** Steinborn (Sinzig) - **ZS:** 10.000 - **Gelb:** Ahanfouf, Haber

	Sp.	g.	u.	v.	Tore	Diff.	Punkte
1. Schalke 04	29	15	7	7	54 :28	+26	52
2. Bayern München	29	15	5	9	55 :35	+20	50
3. Bayer Leverkusen	29	15	4	10	50 :37	+13	49
4. Borussia Dortmund	29	14	7	8	49 :37	+12	49
5. Hertha BSC Berlin	29	16	1	12	52 :47	+ 5	49
6. 1. FC Kaiserslautern	29	15	4	10	45 :44	+ 1	49
7. Werder Bremen	29	13	7	9	44 :42	+ 2	46
8. SC Freiburg	29	11	10	8	41 :32	+ 9	43
9. 1. FC Köln	29	11	9	9	49 :41	+ 8	42
10. VfL Wolfsburg	29	10	10	9	51 :36	+15	40
11. TSV München 1860	29	10	7	12	36 :49	- 13	37
12. Hansa Rostock	29	10	6	13	30 :41	- 11	36
13. Hamburger SV	29	9	8	12	51 :50	+ 1	35
14. VfB Stuttgart	29	7	10	12	37 :44	- 7	31
15. SpV. Unterhaching	29	7	10	12	28 :47	- 19	31
16. Energie Cottbus	29	9	3	17	32 :45	- 13	30
17. Eintracht Frankfurt	29	8	5	16	36 :59	- 23	29
18. VfL Bochum	29	7	5	17	28 :54	- 26	26

30. Spieltag: Samstag, 21.4.2001

1860 und Rostock praktisch gerettet

Borussia Dortmund - VfL Bochum (Fr., 20.4.) 5:0 (2:0)
Dortmund: Lehmann - Reuter (83. Nijhuis), Kohler - Heinrich (83. Metzelder), Stevic, Rosicky, Ricken, Dede - Addo (55. Nerlinger), Bobic, Reina
Bochum: van Duijnhoven - Sundermann, Reis, Schröder, Toplak - Freier, Schindzielorz (51. Dickhaut), Colding, Bastürk, Schreiber (67. Christiansen) - Peschel (33. Baluszynski)
Tore: 1:0 Ricken (18.), 2:0 Heinrich (29.), 3:0 Reina (66.), 4:0 Reina (68.), 5:0 Stevic (89., FE) - **SR:** Dr. Fleischer (Hallstadt) - **ZS:** 65.500 - **Gelb:** Reuter - Schröder, Sundermann

SV Werder Bremen - VfL Wolfsburg 2:3 (1:2)
Bremen: Rost - Baumann, Verlaat (61. Lee), Krstajic - Frings, Eilts, Herzog, Ernst (46. Banovic), Bode (70. Stalteri) - Ailton, Pizarro
Wolfsburg: Reitmaier - Kryger, Schnoor, Greiner - Sebescen, Hengen, Akonnor, Munteanu (71. Maltritz), Weiser - Juskowiak (90. Rische), Akpoborie (85. Müller)
Tore: 0:1 Akpoborie (29.), 1:1 Ailton (42.), 1:2 Sebescen (44.), 1:3 Sebescen (68.), 2:3 Pizarro (84.) - **SR:** Krug (Gelsenkirchen) - **ZS:** 32.107 - **Gelb:** Bode, Frings, Baumann - Weiser, Kryger, Akpoborie

Bayer 04 Leverkusen - Hamburger SV 1:1 (1:1)
Leverkusen: Juric - Hejduk, Lucio, R. Kovac, Placente - Neuville (62. Schneider), Ballack, Vranjes, Zé Roberto - Kirsten, Rink (68. Berbatov)
HSV: Butt - Hoogma, Panadic, Hertzsch - Ujfalusi, Groth (79. Fukal), N. Kovac, Töfting - Mahdavikia, Heinz, Präger
Tore: 0:1 Töfting (41.), 1:1 Kirsten (44.) - **SR:** Wagner (Hofheim) - **ZS:** 22.500 (ausverkauft) - **Gelb:** R. Kovac - **Gelb-Rot:** Hejduk (87.)

FC Energie Cottbus - SpVgg Unterhaching 1:0 (0:0)
Cottbus: Piplica - Hujdurovic, Vata, Matyus - Latoundji, Reghecampf (80. Kobylanski), Akrapovic, Miriuta, Wawrzyczek - Helbig, Franklin (70. Labak)
Unterhaching: Tremmel - Grassow, Strehmel, Seifert - Haber, Schwarz (82. Novak), Oberleitner, Zimmermann (58. Cizek), Hirsch (69. Rraklli) - Breitenreiter, Bugera
Tor: 1:0 Franklin (57.) - **SR:** Dr. Merk (Kaiserslautern) - **ZS:** 17.358 - **Gelb:** Helbig, Franklin - Bugera

Eintracht Frankfurt - FC Bayern München 0:2 (0:1)
Frankfurt: Heinen - Bindewald, Berntsen (72. Streit), Kracht - Wimmer (60. Sobotzik), Schur (46. Reichenberger), Heldt, Preuß, Branco - Guié-Mien, Kryszalowicz
FC Bayern: Kahn - Kuffour, Andersson, Linke - Salihamidzic, Hargreaves, Scholl, Sergio, Lizarazu - Zickler (90. di Salvo), Santa Cruz (82. Tarnat)
Tore: 0:1 Scholl (22.), 0:2 Tarnat (90.) - **SR:** Jansen (Essen) - **ZS:** 57.000 (ausverkauft) - **Gelb:** Bindewald - Zickler

FC Hansa Rostock - 1. FC Köln 2:1 (1:0)
Rostock: Pieckenhagen - Lange, Benken, Jakobsson, Schröder - Rydlewicz (88. Zallmann), Wibran, Lantz, Emara - Salou, Majak (80. Arvidsson)
Köln: Pröll - Bulajic, Sinkala (37. Cichon), Sichone - Springer, Voigt, Lottner, Keller (68. Arweladse) - Timm, Kurth, Kreuz (27. Scherz)
Tore: 1:0 Benken (23.), 2:0 Majak (48.), 2:1 Kurth (73.) - **SR:** Stark (Landshut) - **ZS:** 15.200 - **Gelb:** Rydlewicz, Lange, Benken, Wibran - Voigt, Springer, Kurth

FC Schalke 04 - Hertha BSC Berlin 3:1 (0:1)
Schalke: Reck - Hajto, Nemec - Asamoah (90. Eigenrauch), Oude Kamphuis, van Hoogdalem, Möller, Büskens (87. Happe), Böhme - Sand (88. Mulder), Mpenza
Hertha BSC: Kiraly - Schmidt, van Burik, Sverrisson - Rehmer, Maas (82. Preetz), Konstantinidis, Deisler, Tretschok (82. Daei), Hartmann (67. Simunic) - Alves
Tore: 0:1 Deisler (34.), 1:1 Böhme (57.), 2:1 van Hoogdalem (79.), 3:1 Mpenza (86.) - **SR:** Fandel (Kyllburg) - **ZS:** 56.556 - **Gelb:** Hajto, Böhme - Konstantinidis, Simunic - **B.V.:** Reck hält FE von Alves (5.)

SC Freiburg - 1. FC Kaiserslautern (So., 22.4.) 5:2 (5:0)
Freiburg: Golz - Schumann, Diarra - Willi (72. Ramdane), Kehl, Baya (83. Kohl), Zeyer, But (78. Tanko), Kobiaschwili - Sellimi, Iaschwili
1. FCK: G. Koch - Klos, Ramzy, Strasser - Buck, Ratinho (46. Ziehl), Bjelica, Hristov, Grammozis (46. Pettersson) - Lokvenc (76. Klose), Djorkaeff
Tore: 1:0 But (15.), 2:0 Sellimi (30.), 3:0 Baya (37.), 4:0 But (39.), 5:0 Kobiaschwili (42.), 5:1 Djorkaeff (49.), 5:2 Pettersson (69.) - **SR:** Strampe (Handorf) - **ZS:** 25.000 (ausverkauft) - **Gelb:** Baya - Hristov, G. Koch, Klos

TSV München 1860 - VfB Stuttgart (So., 22.4.) 2:1 (1:1)
1860: Jentzsch - Kurz, Zelic - Borimirov, Hoffmann, Riseth, Häßler (85. Tapalovic), Mykland (56. Tyce), Bierofka - Schroth (41. Beierle), Max
Stuttgart: Ernst - Schneider, Soldo, Bordon - Djordjevic (59. Lisztes), Kauf, Balakov, Todt, Carnell, Seitz (59. Dundee) - Ganea
Tore: 1:0 Max (12.), 1:1 Balakov (28., FE), 2:1 Beierle (56.) - **SR:** Weiner (Hildesheim) - **ZS:** 24.100 - **Gelb:** Zelic, Max, Kurz, Tyce, Djordjevic, Todt, Balakov, Carnell, Ganea

	Sp.	g.	u.	v.	Tore	Diff.	Punkte
1. Schalke 04	30	16	7	7	57 :29	+28	55
2. Bayern München	30	16	5	9	57 :35	+22	53
3. Borussia Dortmund	30	15	7	8	54 :37	+17	52
4. Bayer Leverkusen	30	15	5	10	51 :38	+13	50
5. Hertha BSC Berlin	30	16	1	13	53 :50	+ 3	49
6. 1. FC Kaiserslautern	30	15	4	11	47 :49	- 2	49
7. SC Freiburg	30	12	10	8	46 :34	+12	46
8. Werder Bremen	30	13	7	10	46 :45	+ 1	46
9. VfL Wolfsburg	30	11	10	9	54 :38	+16	43
10. 1. FC Köln	30	11	9	10	50 :43	+ 7	42
11. TSV München 1860	30	11	7	12	38 :50	- 12	40
12. Hansa Rostock	30	11	6	13	32 :42	- 10	39
13. Hamburger SV	30	9	9	12	52 :51	+ 1	36
14. Energie Cottbus	30	10	3	17	33 :45	- 12	33
15. VfB Stuttgart	30	7	10	13	38 :46	- 8	31
16. SpV. Unterhaching	30	7	10	13	28 :48	- 20	31
17. Eintracht Frankfurt	30	8	5	17	36 :61	- 25	29
18. VfL Bochum	30	7	5	18	28 :59	- 31	26

Bundesliga 2000/2001

31. Spieltag: Samstag, 28.4.2001
Frankfurts Chancen sinken gen Nullpunkt

VfL Wolfsburg - Borussia Dortmund (Fr., 27.4.) 1:1 (1:1)
Wolfsburg: Reitmaier - Greiner (74. Müller), Schnoor, Ifejiagwa, Weiser - Sebescen, Hengen, Kryger, Munteanu (77. Rische) - Juskowiak, Akpoborie (58. Maric)
Dortmund: Lehmann - Reuter, Kohler - Heinrich, Stevic, Rosicky, Ricken (70. Nerlinger), Dede - Addo, Bobic, Reina
Tore: 1:0 Juskowiak (10.), 1:1 Heinrich (22.) - **SR:** Fandel (Kyllburg) - **ZS:** 20.400 (ausverkauft) - **Gelb:** Ifejiagwa, Weiser, Schnoor, Sebescen - Stevic

VfB Stuttgart - SV Werder Bremen 2:1 (1:0)
Stuttgart: Hildebrand - Marques, Soldo, Bordon - Hinkel, Thiam (65. Kauf), Balakov, Todt, Wenzel (87. Schneider) - Dundee, Adhemar (78. Meißner)
Bremen: Rost - Barten, Verlaat (41. Wiedener), Baumann - Frings, Eilts, Banovic, Herzog (72. Maximow), Ernst (46. Ailton), Stalteri - Pizarro
Tore: 1:0 Adhemar (5.), 1:1 Pizarro (48.), 2:1 Adhemar (49.) - **SR:** Dr. Merk (Kaiserslautern) - **ZS:** 34.000 - **Gelb:** Adhemar, Marques

1. FC Kaiserslautern - Bayer 04 Leverkusen 0:1 (0:1)
1. FCK: G. Koch - H. Koch, Ramzy (63. Buck), Schjönberg - Basler, Grammozis, Hristov, Strasser, Lokvenc - Klose (85. Marschall), Djorkaeff
Leverkusen: Matysek - Lucio, Nowotny, Kovac - Reeb, Schneider (77. Vranjes), Ramelow, Placente, Zé Roberto - Kirsten (71. Brdaric), Neuville (90. Rink)
Tor: 0:1 Neuville (9.) - **SR:** Albrecht (Kaufbeuren) - **ZS:** 41.500 (ausverkauft) - **Gelb:** Schjönberg, Grammozis, H. Koch, Hristov, Djorkaeff - Lucio, Ramelow, Placente

1. FC Köln - FC Energie Cottbus 4:0 (2:0)
Köln: Pröll - Sichone, Bulajic, Voigt, Lottner (78. Arweladse), Cichon, Dziwor, Springer - Timm, Kurth (50. Pivaljevic), Kreuz (65. Ouedraogo)
Cottbus: Piplica - Scherbe, Hujdurovic, Vata, Matyus (24. Sebök) - Latoundji, Reghecampf, Miriuta, Akrapovic, Kobylanski (49. Labak) - Helbig
Tore: 1:0 Lottner (21., FE), 2:0 Lottner (33.), 3:0 Springer (46.), 4:0 Arweladse (81.) - **SR:** Krug (Gelsenkirchen) - **ZS:** 30.000 - **Gelb:** Pivaljevic - Reghecampf, Kobylanski, Miriuta

FC Bayern München - SC Freiburg 1:0 (0:0)
FC Bayern: Kahn - Kuffour (63. Sergio), Andersson, Linke - Sagnol, Effenberg, Hargreaves, Salihamidzic - Santa Cruz (77. Elber), Jancker, Scholl (74. Tarnat)
Freiburg: Golz - Schumann, Kehl, Diarra, Kobiaschwili - Willi (77. Ramdane), But (63. Tanko), Zeyer, Baya (73. Coulibaly) - Sellimi, laschwili
Tor: 1:0 Scholl (64.) - **SR:** Steinborn (Sinzig) - **ZS:** 63.000 (ausverkauft) - **Gelb:** Effenberg

Hertha BSC Berlin - Eintracht Frankfurt 3:0 (3:0)
Hertha BSC: Kiraly - Simunic (70. Maas), van Burik, Sverrisson (75. Dardai) - Rehmer, Schmidt, Deisler (80. Wosz), Tretschok, Hartmann - Alves, Preetz
Frankfurt: Heinen - Schur, Kracht, Bindewald - Jones (46. Heldt), Preuß, Mutzel, Guié-Mien (57. Sobotzik), Branco - Yang, Kryszalowicz (63. Reichenberger)
Tore: 1:0 Alves (2.), 2:0 Alves (28.), 3:0 Preetz (32.) - **SR:** Dr. Fleischer (Hallstadt) - **ZS:** 35.969 - **Gelb:** Sverrisson - Schur

VfL Bochum - FC Schalke 04 1:1 (1:0)
Bochum: van Duijnhoven - Toplak, Reis, Schröder - Colding, Fahrenhorst, Schindzielorz, Mandreko (46. Lust), Meichelbeck (59. Schreiber) - Freier (84. Bemben), Bastürk
Schalke: Reck - Hajto, Nemec, Waldoch - Asamoah, van Hoogdalem (65. Oude Kamphuis), Möller (83. Mulder), Büskens, Böhme - Sand, Mpenza
Tore: 1:0 Freier (2.), 1:1 Mpenza (70.) - **SR:** Berg (Konz) - **ZS:** 32.645 (ausverkauft) - **Gelb:** Schindzielorz, Reis - Hajto

Hamburger SV - FC Hansa Rostock (So., 29.4.) 2:1 (0:1)
HSV: Butt - Ujfalusi, Hoogma, Panadic, Hollerbach (79. Bester) - Töfting (82. Fukal), Heinz, Kovac - Mahdavikia, Barbarez, Präger (79. Yilmaz)
Rostock: Pieckenhagen - Lange, Jakobsson, Schröder, Emara - Wibran (82. Oswald), Benken (46. Zallmann), Lantz - Salou (90. Arvidsson), Agali, Majak
Tore: 0:1 Salou (3.), 1:1 Heinz (46.), 2:1 Bester (90.) - **SR:** Heynemann (Magdeburg) - **ZS:** 51.551 - **Gelb:** Hollerbach, Präger, Barbarez, Fukal - Benken, Zallmann, Schröder - **Gelb-Rot:** Agali (75.)

SpVgg Unterhaching - TSV München 1860 (So., 29.4.) 3:2 (2:1)
Unterhaching: Tremmel - Herzog, Strehmel, Seifert - Haber, Oberleitner (46. Schwarz), Zimmermann, Cizek (77. Ahanfouf), Spizak - Breitenreiter (67. Grassow), Rraklli
1860: Jentzsch - Hoffmann, Riseth, Kurz, Borimirov (65. Agostino), Mykland (71. Tapalovic), Häßler (83. Ehlers), Tyce, Bierofka - Beierle, Schroth
Tore: 1:0 Strehmel (5.), 2:0 Rraklli (34.), 2:1 Häßler (40.), 2:2 Tyce (63.), 3:2 Spizak (89.) - **SR:** Aust (Köln) - **ZS:** 15.300 (ausverkauft) - **Gelb:** Ahanfouf - Borimirov, Mykland, Riseth

32. Spieltag: Samstag, 5.5.2001
Aus im Titelkampf für BVB, Leverkusen, Hertha

Borussia Dortmund - VfB Stuttgart (Fr., 4.5.) 0:0
Dortmund: Lehmann - Reuter, Kohler - Evanilson, Stevic, Ricken (75. Addo), Heinrich, Dede - Rosicky, Bobic, Reina (83. Sörensen)
Stuttgart: Hildebrand - Hinkel, Marques, Bordon, Wenzel - Thiam (70. Kauf), Soldo, Balakov, Todt - Adhemar (58. Ganea, 86. Tiffert), Dundee
SR: Berg (Konz) - **ZS:** 67.500 - **Gelb:** Heinrich - Todt, Thiam

FC Schalke 04 - VfL Wolfsburg 2:1 (2:0)
Schalke: Reck - van Hoogdalem, Nemec, Waldoch - Asamoah, Oude Kamphuis, Möller, Büskens, Böhme (90. Mikolajczak) - Sand, Mpenza (83. Mulder)
Wolfsburg: Reitmaier - Greiner, Schnoor, Kryger - Sebescen, Kühbauer, Hengen, Munteanu (73. Müller), Weiser - Juskowiak, Rische (60. Maric)
Tore: 1:0 Sand (31.), 2:0 Mpenza (33.), 2:1 Juskowiak (90.) - **SR:** Dr. Fleischer (Hallstadt) - **ZS:** 58.370 - **Gelb:** Mpenza - Kühbauer, Greiner, Müller

Bayer 04 Leverkusen - FC Bayern München 0:1 (0:0)
Leverkusen: Matysek - Kovac, Lucio, Nowotny, Placente - Reeb (61. Brdaric), Ramelow, Ballack, Zé Roberto - Neuville, Kirsten
FC Bayern: Kahn - Kuffour (61. Sforza), Andersson, Linke - Sagnol, Jeremies, Effenberg, Lizarazu - Sergio (23. Santa Cruz), Jancker, Zickler (61. Salihamidzic)
Tor: 0:1 Santa Cruz (87.) - **SR:** Heynemann (Magdeburg) - **ZS:** 22.500 (ausverkauft) - **Gelb:** Ballack - Jeremies, Linke

TSV München 1860 - 1. FC Köln 3:1 (1:1)
1860: Jentzsch - Kurz (46. Greilich), Zelic, Hoffmann - Riedl, Mykland, Häßler, Riseth, Tyce (56. Pürk) - Schroth (78. Agostino), Max
Köln: Pröll - Bulajic, Cichon, Dziwor - Keller, Lottner, Voigt, Springer (83. Arweladse), Kreuz (46. Scherz) - Timm, Kurth (75. Pivaljevic)
Tore: 0:1 Timm (11.), 1:1 Max (12.), 2:1 Agostino (82.), 3:1 Arweladse (83., ET) - **SR:** Meyer (Braunschweig) - **ZS:** 26.900 - **Gelb:** Zelic, Max - Kurth, Cichon

FC Hansa Rostock - FC Energie Cottbus 1:0 (1:0)
Rostock: Pieckenhagen - Schröder, Jakobsson, Oswald - Rydlewicz (89. Lange), Wibran, Lantz, Brand (68. Baumgart), Majak - Salou, Arvidsson (80. Zallmann)
Cottbus: Piplica - Hujdurovic, Sebök, Vata - Latoundji, Akrapovic (79. Labak), Miriuta, Helbig, Wawrzyczek (79. Kobylanski), Ilie (74. Reghecampf), Franklin
Tor: 1:0 Rydlewicz (9.) - **SR:** Strampe (Handorf) - **ZS:** 22.000 (ausverkauft) - **Gelb:** Majak, Rydlewicz - Sebök. **B.V.:** Pieckenhagen hält FE von Piplica (45.)

Eintracht Frankfurt - VfL Bochum 3:0 (0:0)
Frankfurt: Heinen - Wimmer, Kracht, Bindewald - Guié-Mien, Preuß, Mutzel, Heldt (66. Streit), Branco - Reichenberger (46. Kryszalowicz), Yang (87. Sobotzik)
Bochum: van Duijnhoven - Fahrenhorst, Reis, Schröder - Bemben (46. Covic), Mandreko, Bastürk, Colding, Lust (54. Maric) - Freier, Christiansen (46. Baluszynski)
Tore: 1:0 Branco (53.), 2:0 Yang (82.), 3:0 Preuß (84.) - **SR:** Dr. Merk (Kaiserslautern) - **ZS:** 20.600 - **Gelb:** Kracht, van Duijnhoven, Schröder, Reis - **Gelb-Rot:** Bastürk (80.) - **Rot:** Branco (68.) - **B.V.:** van Duijnhoven hält FE von Heldt (51.)

Hamburger SV - 1. FC Kaiserslautern 1:1 (1:0)
HSV: Butt - Fukal, Hoogma, Panadic, Hollerbach - Töfting (52. Hertzsch), Heinz, Ujfalusi - Mahdavikia (89. Fischer), Barbarez, Präger (81. Yilmaz)
1. FCK: G. Koch - Ziehl, Komljenovic, Schjönberg, Grammozis - Buck (60. Adzic), H. Koch, Hristov (69. Bjelica), Pettersson - Lokvenc, Klose
Tore: 1:0 Präger (21.), 1:1 Adzic (84.) - **SR:** Krug (Gelsenkirchen) - **ZS:** 52.124 - **Gelb:** Hoogma, Hollerbach, Fukal, Hristov, Schjönberg, Grammozis, Buck, Ziehl - **Rot:** Barbarez (17.)

SC Freiburg - Hertha BSC Berlin (So., 6.5.) 1:0 (0:0)
Freiburg: Golz - Schumann, Zeyer, Diarra - Willi, But (85. Weißhaupt), Dreyer (66. Zandi), Coulibaly, Kobiaschwili - Ramdane, Tanko (79. Dorn)
Hertha BSC: Kiraly - Schmidt (84. Daei), van Burik, Sverrisson - Rehmer (84. Dardai), Konstantinidis, Deisler, Tretschok, Hartmann - Alves, Preetz
Tor: 1:0 Ramdane (80.) - **SR:** Aust (Köln) - **ZS:** 25.000 (ausverkauft) - **Gelb:** But - Alves, Sverrisson, Tretschok

SV Werder Bremen - SpVgg Unterhaching (So., 6.5.) 0:0
Bremen: Rost - Frings, Baumann (46. Skripnik), Krstajic - Banovic (77. Dabrowski), Eilts, A. Herzog, Ernst (77. Trares), Stalteri - Ailton, Pizarro
Unterhaching: Tremmel - H. Herzog, Strehmel, Seifert - Haber, Cizek (64. Oberleitner), Schwarz, Zimmermann, Spizak - Breitenreiter (82. Ahanfouf), Rraklli (89. Bugera)
SR: Fröhlich (Berlin) - **ZS:** 29.810 - **Gelb:** Frings, Dabrowski - Breitenreiter

	Sp.	g.	u.	v.	Tore	Diff.	Punkte
1. Schalke 04	31	16	8	7	58 :30	+28	56
2. Bayern München	31	17	5	9	58 :35	+23	56
3. Borussia Dortmund	31	15	8	8	55 :38	+17	53
4. Bayer Leverkusen	31	16	5	10	52 :38	+14	53
5. Hertha BSC Berlin	31	17	1	13	56 :50	+ 6	52
6. 1. FC Kaiserslautern	31	15	4	12	47 :50	- 3	49
7. SC Freiburg	31	12	10	9	46 :35	+11	46
8. Werder Bremen	31	13	7	11	47 :47	± 0	46
9. 1. FC Köln	31	12	9	10	54 :43	+11	45
10. VfL Wolfsburg	31	11	11	9	55 :39	+16	44
11. TSV München 1860	31	11	7	13	40 :53	- 13	40
12. Hamburger SV	31	10	9	12	54 :52	+ 2	39
13. Hansa Rostock	31	11	6	14	33 :44	- 11	39
14. VfB Stuttgart	31	8	10	13	40 :47	- 7	34
15. SpV. Unterhaching	31	10	13	13	31 :50	- 19	34
16. Energie Cottbus	31	10	3	18	33 :49	- 16	33
17. Eintracht Frankfurt	31	8	5	18	36 :64	- 28	29
18. VfL Bochum	31	7	6	18	29 :60	- 31	27

	Sp.	g.	u.	v.	Tore	Diff.	Punkte
1. Schalke 04	32	17	8	7	60 :31	+29	59
2. Bayern München	32	18	5	9	59 :35	+24	59
3. Borussia Dortmund	32	15	9	8	55 :38	+17	54
4. Bayer Leverkusen	32	16	5	11	52 :39	+13	53
5. Hertha BSC Berlin	32	17	1	14	56 :51	+ 5	52
6. 1. FC Kaiserslautern	32	15	5	12	48 :51	- 3	50
7. SC Freiburg	32	13	10	9	47 :35	+12	49
8. Werder Bremen	32	13	8	11	47 :47	± 0	47
9. 1. FC Köln	32	12	9	11	55 :46	+ 9	45
10. VfL Wolfsburg	32	11	11	10	56 :41	+15	44
11. TSV München 1860	32	12	7	13	43 :53	- 11	43
12. Hansa Rostock	32	12	6	14	34 :44	- 10	42
13. Hamburger SV	32	10	10	12	55 :53	+ 2	40
14. VfB Stuttgart	32	8	11	13	40 :47	- 7	35
15. SpV. Unterhaching	32	8	11	13	31 :50	- 19	35
16. Energie Cottbus	32	10	3	19	33 :50	- 17	33
17. Eintracht Frankfurt	32	9	5	18	39 :64	- 25	32
18. VfL Bochum	32	7	6	19	29 :63	- 34	27

Milliardenliga zwischen Boom und Pleite

33. Spieltag: Samstag, 12.5.2001

Balakov rettet VfB und hilft dem FC Bayern

VfB Stuttgart - FC Schalke 04 1:0 (0:0)

Stuttgart: Hildebrand - Hinkel, Marques, Bordon, Wenzel - Meißner, Soldo, Balakov, Kauf - Dundee, Adhemar (80. Ganea)

Schalke: Reck - Hajto, Nemec, Waldoch - Asamoah, Oude Kamphuis, van Hoogdalem, Möller, Büskens - Sand (90. Mulder), Mpenza

Tor: 1:0 Balakov (90.) - **SR:** Heynemann (Magdeburg) - **ZS:** 51.000 (ausv.) - **Gelb:** Adhemar, Ganea - Sand

VfL Wolfsburg - Eintracht Frankfurt 3:0 (3:0)

Wolfsburg: Reitmaier - Kryger, Schnoor, Greiner - Sebescen, Kühbauer (68. Müller), Hengen, Munteanu, Weiser (83. Siegert) - Juskowiak, Rische (64. Maric)

Frankfurt: Heinen - Bindewald, Kracht, Rada - Wimmer (46. Sobotzik), Guié-Mien, Mutzel (46. Reichenberger), Preuß, Heldt (64. Streit), Gemiti - Kryszalowicz

Tore: 1:0 Munteanu (12.), 2:0 Greiner (17.), 3:0 Kühbauer (31., FE) - **SR:** Krug (Gelsenkirchen) - **ZS:** 16.105 - **Gelb:** Bindewald, Wimmer

FC Bayern München - 1. FC Kaiserslautern 2:1 (0:1)

FC Bayern: Kahn - Kuffour, Andersson, Linke - Salihamidzic (89. Zickler), Effenberg, Sforza, Hargreaves (85. Sagnol), Lizarazu - Jancker, Santa Cruz (67. Elber)

1. FCK: G. Koch - H. Koch, Komljenovic, Schjönberg - Buck (70. Pettersson), Ramzy, Lokvenc, Grammozis, Strasser (77. Bjelica) - Klose, Djorkaeff

Tore: 0:1 Lokvenc (5.), 1:1 Jancker (56.), 2:1 Zickler (90.) - **SR:** Wagner (Hofheim) - **ZS:** 63.000 (ausverkauft) - **Gelb:** Jancker, Salihamidzic - Grammozis, Strasser

1. FC Köln - SV Werder Bremen 1:3 (1:1)

Köln: Pröll - Scherz (67. Kurth), Cullmann, Dziwior, Keller - Baranek, Springer, Lottner (75. Wollitz) - Timm, Arweladse (46. Sichone), Kreuz

Bremen: Rost - Tjikuzu, Baumann, Krstajic, Stalteri - Frings, Eilts (86. Dabrowski), Herzog (79. Banovic), Ernst - Ailton (82. Lee), Pizarro

Tore: 0:1 Pizarro (14.), 1:1 Arweladse (20.), 1:2 Ailton (70.), 1:3 Ailton (74.) - **SR:** Albrecht (Kaufbeuren) - **ZS:** 41.760 (ausverkauft) - **Gelb:** Tjikuzu

FC Hansa Rostock - TSV München 1860 0:0

Rostock: Pieckenhagen - Zallmann (74. Benken), Jakobsson, Oswald - Rydlewicz, Lantz, Brand, Majak, Emara - Arvidsson (71. Baumgart), Agali

1860: Jentzsch - Hoffmann, Zelic, Kurz - Greilich, Mykland (58. Pfuderer), Häßler (75. Ehlers), Riseth (58. Riedl), Tyce - Beierle, Max

SR: Dr. Merk (Kaiserslautern) - **ZS:** 19.000 - **Gelb:** Mykland, Riseth

VfL Bochum - SC Freiburg 1:3 (0:1)

Bochum: van Duijnhoven - Toplak, Fahrenhorst, Schröder (46. Covic) - Colding, Mandreko, Christiansen (74. Drincic), Reis, Bemben (65. Schreiber) - Maric, Baluszynski

Freiburg: Golz - Schumann, Kehl, Diarra - Willi (39. Sellimi), Coulibaly, Zeyer, But (80. Weißhaupt), Kobiaschwili - Ramdane, Tanko (70. Baya)

Tore: 0:1 Tanko (33.), 0:2 Sellimi (47.), 1:2 Maric (54., FE), 1:3 Sellimi (90.) - **SR:** Sippel (München) - **ZS:** 12.332 - **Gelb:** Colding - Willi, Kehl, Zeyer - **Gelb-Rot:** Mandreko (57.)

FC Energie Cottbus - Hamburger SV 4:2 (2:1)

Cottbus: Piplica - Vata (58. Scherbe), Sebök, Hujdurovic - Reghecampf (83. Wawrzyczek), Miriuta, Akrapovic, Latoundji - Labak, Franklin (69. Kobylanski), Helbig

HSV: Schober - Fukal (64. Yilmaz), Hoogma, Ujfalusi, Hollerbach - Töfting, Kovac (36. Hertzsch), Heinz - Mahdavikia, Barbarez, Präger (69. Bester)

Tore: 1:0 Hujdurovic (1.), 2:0 Labak (23.), 2:1 Barbarez (40.), 3:1 Miriuta (50., FE), 3:2 Barbarez (55.), 4:2 Franklin (62.) - **SR:** Jansen (Essen) - **ZS:** 19.910 - **Gelb:** Hujdurovic, Latoundji, Franklin - Kovac, Hollerbach, Fukal, Töfting

Hertha BSC Berlin - Bayer 04 Leverkusen 1:1 (1:0)

Hertha BSC: Kiraly - Sverrisson, van Burik (68. Daei), Schmidt - Rehmer, Konstantinidis, Deisler, Dardai (89. Tretschok), Hartmann - Alves, Preetz

Leverkusen: Juric - Lucio, Nowotny, Kovac - Zivkovic, Schneider (62. Brdaric), Ramelow, Ballack, Placente - Neuville, Kirsten (81. Rink)

Tore: 1:0 Deisler (21.), 1:1 Neuville (62.) - **SR:** Fandel (Kyllburg) - **ZS:** 53.906 - **Gelb:** Rehmer, Konstantinidis - Schneider, Ballack, Kirsten, Placente, Nowotny

SpVgg Unterhaching - Borussia Dortmund 1:4 (0:1)

Unterhaching: Tremmel - Grassow (46. Cizek), Strehmel, Herzog, Seifert - Haber, Zimmermann, Schwarz (75. Oberleitner), Spizak - Breitenreiter (63. Ahanfouf), Rraklli

Dortmund: Lehmann - Reuter, Kohler - Evanilson, Stevic, Ricken, Nerlinger, Dede - Rosicky (78. Metzelder), Addo (90. Bobic), Reina (90. Sörensen)

Tore: 0:1 Addo (4.), 0:2 Addo (59.), 1:2 Strehmel (66.), 1:3 Ricken (74.), 1:4 Dede (90.) - **SR:** Steinborn (Sinzig) - **ZS:** 15.300 (ausverkauft) - **Gelb:** Grassow, Herzog - Nerlinger, Metzelder

	Sp.	g.	u.	v.	Tore	Diff.	Punkte
1. Bayern München	33	19	5	9	61 :36	+25	62
2. Schalke 04	33	17	8	8	60 :32	+28	59
3. Borussia Dortmund	33	16	9	8	59 :39	+20	57
4. Bayer Leverkusen	33	16	6	11	53 :40	+13	54
5. Hertha BSC Berlin	33	17	2	14	57 :52	+ 5	53
6. SC Freiburg	33	14	10	9	50 :36	+14	52
7. Werder Bremen	33	14	8	11	50 :48	+ 2	50
8. 1. FC Kaiserslautern	33	15	5	13	49 :53	- 4	50
9. VfL Wolfsburg	33	12	11	10	59 :41	+18	47
10. 1. FC Köln	33	12	9	12	56 :49	+ 7	45
11. TSV München 1860	33	12	8	13	43 :54	- 11	44
12. Hansa Rostock	33	12	7	14	34 :44	- 10	43
13. Hamburger SV	33	10	10	13	57 :57	± 0	40
14. VfB Stuttgart	33	9	11	13	41 :47	- 6	38
15. Energie Cottbus	33	11	3	19	37 :52	- 15	36
16. SpV. Unterhaching	33	8	11	14	32 :54	- 22	35
17. Eintracht Frankfurt	33	9	5	19	39 :67	- 28	32
18. VfL Bochum	33	7	6	20	30 :66	- 36	27

34. Spieltag: Samstag, 19.5.2001

Dramatik pur: Andersson entreißt Schalke die Schale

FC Schalke 04 - SpVgg Unterhaching 5:3 (2:2)

Schalke: Reck - Hajto, Waldoch (29. Oude Kamphuis), van Kerckhoven (68. Büskens) - Asamoah, van Hoogdalem, Möller, Nemec (72. Thon), Böhme - Sand, Mpenza

Unterhaching: Tremmel - Grassow, Strehmel, Seifert - Haber, Zimmermann, Schwarz (79. Oberleitner), Cizek, Hirsch - Breitenreiter (79. Ahanfouf), Spizak (68. Rraklli)

Tore: 0:1 Breitenreiter (3.), 0:2 Spizak (26.), 1:2 van Kerckhoven (44.), 2:2 Asamoah (45.), 2:3 Seifert (69.), 3:3 Böhme (73.), 4:3 Böhme (74.), 5:3 Sand (89.) - **SR:** Strampe (Handorf) - **ZS:** 65.000 (ausverkauft) - **Gelb:** Böhme, Asamoah - Grassow, Hirsch, Ahanfouf

SC Freiburg - VfL Wolfsburg 4:1 (2:0)

Freiburg: Golz - Schumann, Kehl, Diarra - Willi (59. Kohl), Coulibaly, Zeyer, But, Kobiaschwili (60. Zandi) - Ramdane (78. Weißhaupt), Tanko

Wolfsburg: Reitmaier - Kryger, Schnoor, Greiner (46. Ifejiagwa) - Sebescen, Kühbauer, Hengen, Munteanu (46. Akonnor), Müller - Juskowiak (59. Maltritz), Maric

Tore: 1:0 Ramdane (5.), 2:0 Kobiaschwili (36., FE), 3:0 Coulibaly (51.), 4:0 Coulibaly (54.), 4:1 Maric (90.) - **SR:** Berg (Konz) - **ZS:** 25.000 (ausverkauft) - **Gelb:** Diarra, Zeyer - Müller, Kühbauer, Munteanu

Hamburger SV - FC Bayern München 1:1 (0:0)

HSV: Schober - Hertzsch, Hoogma, Ujfalusi, Hollerbach - Töfting, Heinz, Kientz (77. Bester) - Mahdavikia (90. Fischer), Barbarez, Präger (77. Yilmaz)

FC Bayern: Kahn - Kuffour, Andersson, Linke - Sagnol, Effenberg, Hargreaves, Lizarazu - Jancker (77. Zickler), Elber (88. Santa Cruz), Scholl (68. Sergio)

Tore: 1:0 Barbarez (90.), 1:1 Andersson (90.) - **SR:** Dr. Merk (Kaiserslautern) - **ZS:** 55.280 (ausverkauft) - **Gelb:** Heinz, Hertzsch, Hollerbach, Töfting - Scholl, Kuffour

Borussia Dortmund - 1. FC Köln 3:3 (1:2)

Dortmund: Lehmann - Reuter, Kohler - Evanilson (64. Sörensen), Stevic, Ricken (84. Nerlinger), Heinrich, Dede - Rosicky, Addo (67. Bobic), Reina

Köln: Pröll - Cullmann, Cichon, Sichone, Keller (81. Voigt) - Scherz, Dziwior, Lottner (85. Kurth), Springer, Kreuz - Baranek

Tore: 1:0 Stevic (21.), 1:1 Dede (28., ET), 1:2 Kreuz (35.), 2:2 Reina (49.), 2:3 Kreuz (82.), 3:3 Bobic (89.) - **SR:** Gagelmann (Bremen) - **ZS:** 68.600 (ausverkauft) - **Gelb:** Stevic - Springer, Sichone, Scherz, Dziwior - **Rot:** Heinrich (73.) - **B.V.:** Pröll hält FE von Stevic (53.)

TSV München 1860 - FC Energie Cottbus 0:1 (0:1)

1860: Hofmann - Hoffmann, Votava, Riseth - Borimirov, Tapalovic, Häßler, Tyce, Pürk - Winkler, Beierle

Cottbus: Piplica - Hujdurovic, Sebök, Vata - Reghecampf, Latoundji (31. Rödlund, 70. Scherbe), Akrapovic, Miriuta, Kobylanski (69. Matyus) - Labak, Helbig

Tor: 0:1 Labak (25.) - **SR:** Fandel (Kyllburg) - **ZS:** 28.700 - **Gelb:** Borimirov, Tapalovic, Tyce - Vata

Bayer 04 Leverkusen - VfL Bochum 1:0 (1:0)

Leverkusen: Juric - Lucio (85. Vranjes), Nowotny, Kovac - Zivkovic, Ramelow, Ballack (80. Schneider), Placente - Neuville, Kirsten, Rink (58. Brdaric)

Bochum: van Duijnhoven - Fahrenhorst, Stickroth, Schröder, Toplak - Colding, Mamic (73. Vander/TW), Reis, Schreiber - Baluszynski (63. Lust), Christiansen (63. Drincic)

Tor: 1:0 Neuville (21.) - **SR:** Weiner (Hildesheim) - **ZS:** 22.500 (ausverkauft) - **Gelb:** Ballack, Ramelow - Schröder, Schreiber - **Rot:** van Duijnhoven (72.)

SV Werder Bremen - FC Hansa Rostock 3:0 (2:0)

Bremen: Rost - Baumann, Verlaat (52. Trares), Krstajic - Frings, Eilts, Herzog, Ernst, Stalteri - Ailton, Pizarro

Rostock: Pieckenhagen - Benken, Jakobsson, Oswald - Rydlewicz, Lantz, Brand (88. Weilandt), Lange, Baumgart (46. Arvidsson) - Majak (88. Kovacec), Agali

Tore: 1:0 Ailton (31.), 2:0 Krstajic (43.), 3:0 Baumann (87.) - **SR:** Kemmling (Kleinburgwedel) - **ZS:** 35.200 (ausv.) - **Gelb:** Rydlewicz, Agali, Baumgart, Lange, Lantz - **G.-R.:** Pizarro (90.) - **Rot:** Benken (90.)

1. FC Kaiserslautern - Hertha BSC Berlin 0:1 (0:0)

1. FCK: G. Koch - H. Koch, Komljenovic, Schjönberg - Buck, Ramzy (59. Ratinho), Djorkaeff (73. Bjelica), Lokvenc (79. Pettersson), Grammozis, Strasser - Klose

Hertha BSC: Kiraly - Schmidt, van Burik, Sverrisson - Rehmer, Maas, Deisler (88. Tretschok), Dardai, Hartmann - Alves (88. Daei), Preetz (79. Konstantinidis)

Tor: 0:1 Alves (47.) - **SR:** Heynemann (Magdeburg) - **ZS:** 41.500 (ausverkauft) - **Gelb:** Lokvenc, Buck, G. Koch - Deisler, Maas, Hartmann

Eintracht Frankfurt - VfB Stuttgart 2:1 (2:0)

Frankfurt: Heinen - Wimmer, Berntsen, Kracht - Guié-Mien, Mutzel, Heldt (60. Streit), Preuß, Gemiti (70. Lösch) - Reichenberger (81. Jones), Kryszalowicz

Stuttgart: Hildebrand - Marques, Bordon, Carnell (46. Thiam) - Hinkel, Meißner (75. Tiffert), Soldo, Balakov, Wenzel - Dundee, Adhemar (46. Ganea)

Tore: 1:0 Kryszalowicz (16.), 2:0 Guié-Mien (45.), 2:1 Dundee (62.) - **SR:** Fröhlich (Berlin) - **ZS:** 34.000

	Sp.	g.	u.	v.	Tore	Diff.	Punkte
1. Bayern München	34	19	6	9	62 :37	+25	63
2. Schalke 04	34	18	8	8	65 :35	+30	62
3. Borussia Dortmund	34	16	10	8	62 :42	+20	58
4. Bayer Leverkusen	34	17	6	11	54 :40	+14	57
5. Hertha BSC Berlin	34	18	2	14	58 :52	+ 6	56
6. SC Freiburg	34	15	10	9	54 :37	+17	55
7. Werder Bremen	34	15	8	11	53 :48	+ 5	53
8. 1. FC Kaiserslautern	34	15	5	14	49 :54	- 5	50
9. VfL Wolfsburg	34	12	11	11	60 :45	+15	47
10. 1. FC Köln	34	12	10	12	59 :52	+ 7	46
11. TSV München 1860	34	12	8	14	43 :55	- 12	44
12. Hansa Rostock	34	12	7	15	34 :47	- 13	43
13. Hamburger SV	34	10	11	13	58 :58	± 0	41
14. Energie Cottbus	34	12	3	19	38 :52	- 14	39
15. VfB Stuttgart	34	9	11	14	42 :49	- 7	38
16. SpV. Unterhaching	34	8	11	15	35 :59	- 24	35
17. Eintracht Frankfurt	34	10	5	19	41 :68	- 27	35
18. VfL Bochum	34	7	6	21	30 :67	- 37	27

Saison 2001/2002

Bayer wieder mit leeren Händen

„Ihr werdet nie Deutscher Meister" gehört seit einigen Jahren zu den favorisierten Gesängen gegnerischer Fangruppen, wenn Bayer 04 Leverkusen irgendwo in der Republik zu einem Meisterschaftsspiel auftaucht. Oft standen die Werkskicker ganz kurz vor dem heiß ersehnten Triumph, um sich am Ende knapp (den Bayern) geschlagen zu geben. Im Sommer 2002 war aber nun alles anders: Bayer 04 stand vor dem FC Bayern, in der Liga, in der Champions League, im DFB-Pokal. Die erfolgsverwöhnten Münchner hatten nach dem Champions-League-Coup anno 2001 unübersehbare Probleme, die sonst übliche Motivation aufzubauen, und riefen die Saison 01/02 als „Übergangsjahr" aus, als abzusehen war, dass sie titellos bleiben würden.

Bayer Leverkusen schien die Gunst der Stunde nutzen zu können. Nach dem Chaos des Vorjahres war unter dem neuen Coach Klaus Toppmöller endlich Ruhe eingekehrt. Der ehemalige „Pfalz-Bomber" verstand es, die individuellen Stärken seiner Spieler zu fördern und diese zum Wohle des mannschaftlichen Erfolges einzusetzen. Ein Traumstart mit 14 ungeschlagenen Spielen legte die Basis. Selbst eine Schwächephase im Winter, als es fünf Niederlagen in sieben Spielen setzte, wurde locker weggesteckt - und die Begehrlichkeiten der Konkurrenz um Spieler wie Ballack, Zé Roberto, Lucio & Co. waren lästige Randerscheinungen, die die Rheinländer aber nicht vom Weg abbrachten. Bayer zelebrierte Fußball. Unter Toppmöller ging die äußerst attraktive Spielweise mit positiven Resultaten einher.

Und so tanzte der Werksklub auf drei Hochzeiten - und stand am Ende doch ohne Braut, oder in diesem Falle Pokal, da. Ein Fünf-Punkte-Vorsprung auf Dortmund in der Liga nach Runde 31 wurde mit Niederlagen gegen Bremen und in Nürnberg binnen zwei Wochen zu einem Rückstand, im Champions-League-Finale bot Bayer dem großen Real Madrid lange Paroli, unterlag aber doch 1:2, und die letzte Option mit dem DFB-Pokalfinale ging mit 4:2 an Schalke 04. Die Fans der Bundesliga-Gegner brauchen ihr Gesangs-Repertoire vorerst nicht zu ändern, wenn Bayer 04 kommt. Doch eins war diesmal wirklich anders: „Wir haben sehr wohl registriert, dass es diesmal keine Häme gab", gab Manager Reiner Calmund zu Protokoll. Selbst eingefleischte Bayer-Gegner mussten die Leistung dieser Mannschaft anerkennen, und außerhalb Kölns empfanden viele Fußballfans ehrliches Mitleid.

Gefeiert wurde derweil in Dortmund. Zwei Jahre nach dem Beinahe-Absturz in die 2. Liga und sechs Jahre nach dem bis dato letzten Titelgewinn ging die „Salatschüssel" zum nunmehr sechsten Male an die Borussia. Matthias Sammer brachte als Dritter in der Liga-Geschichte nach Helmut Benthaus und - na klar - Franz Beckenbauer das Kunststück fertig, den Titel sowohl als Spieler wie auch als Trainer zu erringen. Er galt als Architekt einer Mannschaft, deren Leistungsträger im Kreativbereich vorwiegend aus Tschechien (Spielmacher Rosicky, Sturmriese Jan Koller) und Brasilien (die Torjäger Amoroso und Ewerthon sowie die Außenbahnspieler Evanilson und Dede) stammten, während in der Defensive auf traditionell deutsche Tugenden und Akteure (Torwart Lehmann, Kehl, Kohler, Metzelder, Reuter, Wörns) gesetzt wurde. Meisterlichen Glanz verstrahlte der BVB nur sporadisch, doch letztlich setzte sich die Nüchternheit und Effektivität durch.

Die UEFA-Cup-Ränge belegten Hertha BSC Berlin und Schalke 04. Da die „Knappen" zudem Pokalsieger wurden, wurde ein weiterer Platz für Werder Bremen frei. Der 1. FC Kaiserslautern scheiterte mal wieder knapp am letzten Spieltag - und pflegte damit eine lieb gewordene Tradition.

Im Gegensatz zu den letzten Jahren war die Abstiegsfrage diesmal bereits vor der letzten Runde geklärt. Neben den sich früh abzeichnenden FC St. Pauli und 1. FC Köln musste etwas überraschend auch der SC Freiburg ins Gras beißen - nach vorjähriger UEFA-Cup-Qualifikation und passablem Start wurde der Finke-Elf nicht zuletzt eine riesige Verletzungsmisere zum Verhängnis.

Schöner hätte das Karriere-Ende für Jürgen Kohler nicht sein können. Mit der Meisterschale in den Händen verabschiedet sich der BVB-Abwehrrecke und wechselt als U-21-Trainer zum DFB.

Abseits

„Rote Teufel" zum Start teuflisch gut
Ein Sieg zum Auftakt in München - da war doch was...!? Richtig, anno 1997, Meister FC Bayern unterliegt zum Start dem Wiederaufsteiger aus der Pfalz sensationell mit 0:1. Die weitere Geschichte ist bekannt. Nun, am 28. Juli 2001 gastiert der 1. FCK wieder am 1. Spieltag im Olympiastadion, diesmal bei den Löwen. Nach Treffern von Strasser, Marschall, Pettersson und Harry Koch gibt es ein glattes 4:0 - und die Tabellenführung. Als in den folgenden Wochen weitere sechs Spiele hintereinander gewonnen werden, hat die Elf von Teammanager Andy Brehme den Startrekord der Bayern aus dem Jahre 1995 eingestellt. Und die Fangemeinde beginnt sich des Wortes zu erinnern, nach dem sich Geschichte wiederholt. Mit einem 0:2 beim Angstgegner VfL Wolfsburg verlieren die Lauterer den Nimbus der Unbesiegbarkeit in Runde 8. Bis Mitte der Rückrunde halten die „Roten Teufel" Tuchfühlung zur Spitze, ehe im März/April durch fünf sieglose Spiele der Anschluss verloren geht. Schlimmer noch: Mit einem 3:4 beim VfB Stuttgart verfehlen die Lauterer letztlich sogar den UEFA-Cup-Platz. Dass man an 31 Spieltagen auf einem dazu berechtigenden Rang stand, interessiert letztlich nur die Statistiker - ebenso wie der Startrekord.

Arena AufSchalke erlebt Premiere
28 Jahre nach seiner Einweihung hat das anlässlich der WM 1974 errichtete Gelsenkirchener Parkstadion schon wieder ausgedient. Die 70.600 Zuschauer fassende Betonschüssel war dem zahlreichen Anhang der Königsblauen schon lange ein Dorn im Auge ob ihrer tristen Architektur und der stimmungsfeindlichen Entfernung zum Spielfeld. Nun hat Schalke endlich seine Arena - über 60.000 überdachte Plätze, davon in Zeiten allgemeiner „Versitzplatzung" beachtliche 16.500 Stehränge, ein 560 Tonnen schweres Schiebedach, das sich in 30 Minuten verschließen lässt, ein Rasenspielfeld von 11.000 Tonnen Gewicht, das auf einer Betonwanne liegt und zwischen den Spielen aus der Arena gefahren wird. Dazu 1.400 Business-Seats, 72 Logen für je zehn Personen, 32 Imbissbuden, fünf Fanshops, 68 Toiletten, ein riesiger Videowürfel... Mit einem Mini-Turnier (Teilnehmer Schalke, BVB und Nürnberg) erlebt das Schmuckkästchen seine Premiere, ehe es gegen Leverkusen erstmals um Punkte geht. In hitziger Atmosphäre endet das dramatische Duell 3:3.

Derby-Debakel demontiert Denkmal Lorant
Gerade sind die Münchner Löwen nach einjährigem Aufenthalt wieder aus der 2. Bundesliga abgestiegen, da beginnt ein neuer Trainer das Zepter zu schwingen. Es ist der 1. Juli 1992, und der Neue heißt Werner Lorant. Dass dieser Mann beim damals mehr als Chaos- denn als Traditionsverein bekannten TSV 1860 zu einer Institution werden würde, hätte in jenem Sommer niemand für möglich gehalten. Lorant räumte im Verbund mit Präsident Karl-Heinz Wildmoser auf, führte die „Sechzger" sofort wieder in die 2. Liga - und 1994 sogar erstmals nach 13 Jahren zurück in die Erstklassigkeit. Dort etablierte er den Verein nach einem Jahr Abstiegskampf im Mittelfeld, 1997 und 2000 sprang sogar die UEFA-Cup-Teilnahme heraus. Das Duo Lorant/Wildmoser schien unzertrennlich, und die Ehe 1860/Lorant eine Bindung für die Ewigkeit. Doch die „Männerfreundschaft" hatte 2001 einige Kratzer bekommen, u.a. weil Lorant hinter Wildmosers Rücken mit Eintracht Frankfurt verhandelt haben soll. Ausgerechnet fünf Tage nach dem 1:5-Derby-Debakel gegen die Bayern, und noch dazu für die Öffentlichkeit völlig unerwartet, setzt Wildmoser das „Denkmal" schließlich nach 243 Bundesligaspielen vor die Tür.

Krisenmanagement à la Geenen
1:2 verliert der 1. FC Nürnberg in Runde 10 gegen Mitaufsteiger Mönchengladbach, rutscht damit auf den letzten Tabellenplatz ab. Die sportliche Leitung entschließt sich, den Kader aufzuteilen. Bergner, David, Günther, Hobsch, Leitl, Ogungbure und Störzenhofecker müssen als so genannter «B-Kader» zunächst getrennt vom «A-Kader» trainieren. Während Trainer Augenthaler erklärt: «Geben sie Gas, ist der Weg zurück möglich», haut Manager Edgar Geenen auf die Pauke. «Sie vergiften das Klima», wirft er den Spielern vor, um mit weiteren unschönen Worten wie «sie sind nicht den Schuss Pulver wert, um sie abzuschießen» verbales Krisenmanagement zu betreiben. Die «Wutrede» des Herrn Geenen wirbelt mächtig Staub auf im Herbst - erst nachdem eine Welle der Entrüstung durchs Land geht, sieht sich Geenen bemüßigt, eine Entschuldigung nachzuschieben.

Bayern präsentieren die Herbstmode
Den Auftritt in Köln-Müngersdorf nutzen die Münchner Bayern, um vor großer Kulisse die neue Herbstkollektion vorzuführen. Auf einhelligen Jubel trifft die neue Arbeitskleidung des Rekordmeisters jedoch nicht. Über dem üblichen roten Langarmtrikot tragen die Akteure ein weißes, ärmelloses Etwas - mit Sponsorenaufschrift wohl, aber ohne Rückennummer. Keine Angst: Die unter modischen Gesichtspunkten sehr gewöhnungsbedürftige Kombination ist keine neue Innovation aus der Ideenschmiede des Bundesliga-Vordenkers Uli Hoeneß. Sie ist vielmehr ein Beleg dafür, dass auch die ultra-professionellen Bayern an manchen Tagen nur mit Wasser kochen. Weil sie schlicht und einfach ihre Auswärtstrikots vergessen haben, der 1. FC Köln aber als Gastgeber auch in roten Jerseys aufläuft, müssen sich die Bayern-Spieler als Schneiderlehrlinge betätigen und ihre weißen Trainingsleibchen um die Ärmel kürzen, um sie dann über das eigentliche Trikot zu stülpen. Sportlich keine Schwächung übrigens, es gibt einen 2:0-Sieg.

Funkel in Lienens Spur
In höchster Abstiegsgefahr entlässt der 1. FC Köln nach dem 0:3 bei München 1860 im ersten Spiel des neuen Jahres seinen einstigen „Aufstiegshelden" Ewald Lienen. Dank der wenig durchdachten Suche eines Nachfolgers darf Interimstrainer Christoph John drei Spiele die Bank hüten, ehe die Rheinländer mit Friedhelm Funkel den „Neuen" präsentieren. Der 48-jährige Ex-Profi ist sicher die nahe liegende und perspektivisch aussichtsreichste Lösung, führte er doch schon drei Mal Zweitligisten wieder ins Oberhaus (1992 und '94 Uerdingen, '96 Duisburg). Interessantes Detail am Rande: Wie schon im September 2000 (in Rostock, nach Interimstrainer Schlünz) und im Mai 1996 (in Duisburg, Zwischenlösung war Hannes Bongartz) folgt Funkel indirekt auf Ewald Lienen.

Hattrick mit alten Schuhen
Zwei Jahre war Borussia Mönchengladbach in die 2. Liga entschwunden, nun ist der fünfmalige Meister endlich wieder da. Und wie sich die „Fohlen" im Oberhaus anmelden: Gleich zum Auftakt ein 1:0 über den FC Bayern, Torschütze Arie van Lent. Der einstige Zweitliga-Torjäger erwischt mit fünf Toren bis zum 7. Spieltag einen grandiosen Start, ehe ihn zunächst ein Muskelfaserriss in der Wade drei Wochen auf Eis legt - und danach eine

Milliardenliga zwischen Boom und Pleite

rätselhafte Torflaute befällt. In den folgenden zehn Spielen trifft der gebürtige Niederländer lediglich ein Mal und seine Borussia rutscht ohne Sieg in den Keller. Rechtzeitig zum Gastspiel des noch erfolgloseren rheinischen Rivalen 1. FC Köln naht die Rettung. Ein Borussen-Fan hatte nach dem Aufstieg die alten Treter van Lents ersteigert und 855 DM für einen guten Zweck gestiftet. Nun schickt er sie wieder zurück, um alte Qualitäten des Torjägers zu wecken. Und siehe da: Mit den Schuhen aus dem Antiquariat gelingt van Lent ein lupenreiner Hattrick und ein Befreiungsschlag im Abstiegskampf.

Marcelo José Bordon wie einst Trares

Seit 1999 kickt der Brasilianer Marcelo José Bordon für den VfB Stuttgart. Von Beginn an erwirbt sich der vom FC Sao Paulo an den Wasen transferierte Innenverteidiger einen guten Ruf durch konstant starke Leistungen, gilt als Kopf der jungen Defensive der Schwaben. In seiner dritten Bundesliga-Serie fällt er nach guter Vorrunde just nach der Verpflichtung des portugiesischen Nebenmannes Fernando Meira in ein Leistungsloch, sichert sich aber trotzdem (oder gerade deswegen) einen Eintrag im Geschichtsbuch der Liga. Gegen Rostock, in Berlin und gegen Leverkusen muss der 26-Jährige vorzeitig vom Feld - jeweils nach Gelb-Roter Karte. Drei Platzverweise in einer Saison hatte bis dato lediglich Bernhard Trares in der Saison 94/95 erhalten.

Frank Rost als Torjäger

Es läuft nicht gut für den SV Werder beim Heimspiel gegen Hansa Rostock. Der Abstiegskandidat von der Ostseeküste setzt dem UEFA-Cup-Aspiranten von der Weser an jenem Ostersonntag schwer zu, geht mit 2:1 und 3:2 in Führung. Dass es in der 90. Minute nicht schlimmer um Werder steht, ist Verdienst von Frank Rost, der gegen die freistehenden Arvidsson und Baumgart den Knockout verhindert. Doch damit nicht genug: Als die Bemühungen der Ailton & Co. um den Ausgleich keine Früchte tragen, schleicht sich der künftige Schalker in den gegnerischen Strafraum - und trifft aus kurzer Distanz mit trockenem Rechtsschuss zum 3:3! Die Wende für Werder, das in der Nachspielzeit durch Ailton noch gewinnt - und für Rost ein Eintrag in den Liga-Annalen. Lediglich dem damaligen Schalker Jens Lehmann war 1997 das Kunststück gelungen, als Torwart aus dem Spielgeschehen heraus zu treffen.

Bayerns verlängerter Winterschlaf

Die Zielsetzung des Rekordmeisters war klar. Nach den Titelgewinnen der Jahre 1999, 2000 und 2001 sollte das gelingen, was weder die Serienmeister Schalke und Nürnberg in grauer Vorzeit, noch die Bayern höchstselbst in ihrer nun 30-jährigen Blütezeit bewerkstelligen konnten: Die Meisterschale vier Jahre in Folge in die Vitrinen zu stellen. Es lässt sich auch nicht schlecht an. Am 12. Spieltag führen die Münchner mit nur vier Gegentoren (10 Siege, 1 Remis, 1 Niederlage) standesgemäß die Tabelle an. Doch nach dem 3:0 über den HSV am 3. November scheinen die Bayern bereits den Winterschlaf anzutreten: 0:1 in Bremen, 0:0 gegen Nürnberg, 1:2 bei Hertha, 3:3 gegen Wolfsburg, 0:1 in Rostock, 0:0 gegen Gladbach und zur Krönung ein 1:5-Debakel in Schalke! Sieben Spiele ohne Sieg - das hatte es zuletzt 1968 gegeben. Am 3. Februar erwachen die Münchner mit dem 2:0 gegen Lieblingsgegner und Tabellenführer Leverkusen. Bei sechs Punkten Rückstand ist der Meisterschaftszug allerdings fast abgefahren.

Cichon beendet das lange Warten

November 2001: Der 1. FC Köln dümpelt nach starker Aufstiegssaison prompt wieder im Keller der Liga herum. Pünktlich zum Abstiegsduell beim FC St. Pauli werden mit dem Kameruner Rigobert Song und dem Schweizer Marc Zellweger zwei neue Hoffnungsträger verpflichtet - der Schweizer trifft in der 31. Minute zum 2:0, ist Wegbereiter des Sieges und zeigt seine einzig gute Leistung im Geißbock-Trikot. Neue Hoffnung keimt am Rhein. Zu diesem Zeitpunkt ahnt noch niemand, dass exakt 1.033 Minuten folgen würden, in denen die Null beharrlich stehen bleibt. Der Winter ist fast schon wieder vorbei, der Abstieg nahezu besiegelt, als ausgerechnet Libero Thomas Cichon in der 75. Minute der Partie gegen Hertha BSC mit seinem ersten Bundesliga-Tor im 101. Spiel die längste Flaute aller Zeiten beendet.

Leo Kirch: Erst verzockt, dann untergegangen

Zum Saisonstart hatte Medienzar Leo Kirch den Fußball-Fans ein dickes Ei ins Nest gelegt. Die samstägliche Bundesliga-Sendung „ran" auf SAT.1 erhielt einen neuen Sendeplatz, 20.15 Uhr statt wie bisher 18.30 Uhr. Ziel der Aktion war es, den vom zahlenden Publikum äußerst schleppend angenommenen Verkauf des „Premiere World"-Abos zu pushen. Ergebnis: Entsetzen bei den Fans, die in Massen „ran" boykottieren, katastrophale Einschaltquoten - und kaum zusätzlich verkaufte Abos. Ab dem 5. Spieltag macht SAT.1 zähneknirschend einen Rückzieher, beginnt seine Sendung um 19 Uhr und sendet „nur" noch 75 Minuten statt bisher annähernd zwei Stunden. Dass die „goldenen" Jahre der sprudelnden Geldquellen und der ständig steigenden Fernsehhonorare vorüber sind, offenbart sich im Frühjahr. Bundesliga-Rechteinhaber KirchMedia meldet Insolvenz an. Für die laufende Saison müssen sich die 36 Profiklubs mit 328 statt kalkulierter 358 Millionen Euro zufrieden geben, in den kommenden Jahren sieht der korrigierte Vertrag noch kräftigere Einschnitte vor: 2002/03 werden 290 Millionen Euro gezahlt (alter Vertrag: 360 Millionen), für 2003/04 ebenfalls 290 Millionen statt 460 Millionen. Keine Frage: Rückbesinnung tut Not.

Thomas Cichon beendet mit einem trockenen Linksschuss die längste Torflaute seit Ligagründung. Hertha-Keeper Kiraly sieht das Unheil nahen, kann es aber nicht mehr verhindern.

Bundesliga 2001/2002

Gelb-Rote Karten (40)

Spieler (Verein)	Spieltag, Gegner, (Ergebnis)	Schiedsrichter
Paul Stalteri (SV Werder Bremen)	1. Sp., SC Freiburg (A, 0:3)	Strampe (Handorf)
Gerald Asamoah (FC Schalke 04)	1. Sp., FC Hansa Rostock (H, 3:1)	Kemmling (Kleinburgwedel)
Josip Simunic (Hertha BSC Berlin)	3. Sp., SC Freiburg (A, 3:1)	Fandel (Kyllburg)
Michael Ballack (Bayer 04 Leverkusen)	6. Sp., FC St. Pauli (H, 3:1)	Kemmling (Kleinburgwedel)
Sebastian Helbig (FC Energie Cottbus)	6. Sp., FC Hansa Rostock (A, 0:0)	Dr. Fleischer (Hallstadt)
Didier Dheedene (TSV München 1860)	6. Sp., Hertha BSC Berlin (A, 1:2)	Wagner (Hofheim)
Marcelo José Bordon (VfB Stuttgart)	7. Sp., FC Hansa Rostock (H, 2:1)	Keßler (Höhenkirchen)
Charles Akonnor (VfL Wolfsburg)	7. Sp., TSV München 1860 (A, 1:2)	Kinhöfer (Herne)
Zoltan Sebescen (Bayer 04 Leverkusen)	9. Sp., FC Energie Cottbus (A, 3:2)	Fandel (Kyllburg)
Tomas Rosicky (Borussia Dortmund)	9. Sp., Borussia Mönchengladbach (A, 2:1)	Aust (Köln)
Mladen Krstajic (SV Werder Bremen)	10. Sp., Hertha BSC Berlin (A, 1:3)	Dr. Merk (Kaiserslautern)
Hamid Termina (FC Energie Cottbus)	10. Sp., FC St. Pauli (A, 0:4)	Koop (Lüttenmark)
Lucio (Bayer 04 Leverkusen)	11. Sp., TSV München 1860 (A, 4:1)	Strampe (Handorf)
Matthias Scherz (1. FC Köln)	12. Sp., FC Schalke 04 (A, 1:3)	Wagner (Hofheim)
Rob Maas (Hertha BSC Berlin)	13. Sp., VfL Wolfsburg (H, 2:0)	Stark (Ergolding)
Jens Keller (1. FC Köln)	13. Sp., Bayer 04 Leverkusen (H, 1:2)	Kemmling (Kleinburgwedel)
Kai Oswald (FC Hansa Rostock)	13. Sp., 1. FC Nürnberg (A, 0:2)	Jansen (Essen)
Tomasz Kos (1. FC Nürnberg)	15. Sp., FC Schalke 04 (H, 0:3)	Strampe (Handorf)
Uwe Ehlers (TSV München 1860)	18. Sp., 1. FC Kaiserslautern (A, 3:1)	Wagner (Hofheim)
Miroslav Karhan (VfL Wolfsburg)	19. Sp., FC St. Pauli (A, 1:3)	Fandel (Kyllburg)
Tommy Svindal Larsen (1. FC Nürnberg)	21. Sp., VfB Stuttgart (A, 3:2)	Koop (Lüttenmark)
Steffen Korell (Borussia Mönchengladbach)	22. Sp., Bayer 04 Leverkusen (A, 0:5)	Stark (Ergolding)
Marcelo José Bordon (VfB Stuttgart)	22. Sp., Hertha BSC Berlin (A, 0:2)	Sippel (München)
Silvio Meißner (VfB Stuttgart)	24. Sp., FC Hansa Rostock (A, 1:1)	Krug (Gelsenkirchen)
Maik Franz (VfL Wolfsburg)	24. Sp., TSV München 1860 (H, 1:3)	Fröhlich (Berlin)
Jan Koller (Borussia Dortmund)	24. Sp., Bayer 04 Leverkusen (A, 0:4)	Dr. Fleischer (Hallstadt)
Hany Ramzy (1. FC Kaiserslautern)	26. Sp., FC Hansa Rostock (A, 1:2)	Weiner (Hildesheim)
Collin Benjamin (Hamburger SV)	26. Sp., Hertha BSC Berlin (A, 0:6)	Strampe (Handorf)
Dimitrios Grammozis (1. FC Kaiserslautern)	27. Sp., FC Bayern München (H, 0:0)	Koop (Lüttenmark)
Marcelo José Bordon (VfB Stuttgart)	27. Sp., Bayer 04 Leverkusen (A, 0:2)	Albrecht (Kaufbeuren)
Timo Rost (FC Energie Cottbus)	28. Sp., Borussia Dortmund (A, 0:3)	Wagner (Hofheim)
Markus Weissenberger (TSV München 1860)	29. Sp., FC St. Pauli (H, 4:2)	Meyer (Braunschweig)
Diego Rodolfo Placente (Bayer 04 Leverkusen)	29. Sp., 1. FC Kaiserslautern (A, 4:2)	Krug (Gelsenkirchen)
Oliver Held (FC St. Pauli)	30. Sp., 1. FC Kaiserslautern (H, 1:1)	Kemmling (Kleinburgwedel)
Jeff Strasser (1. FC Kaiserslautern)	30. Sp., FC St. Pauli (A, 1:1)	Kemmling (Kleinburgwedel)
Tomasz Kos (1. FC Nürnberg)	31. Sp., FC Bayern München (H, 1:2)	Krug (Gelsenkirchen)
Christian Wörns (Borussia Dortmund)	33. Sp., Hamburger SV (A, 4:3)	Fandel (Kyllburg)
Vidar Riseth (TSV München 1860)	33. Sp., VfB Stuttgart (H, 3:3)	Fröhlich (Berlin)
Ivica Banovic (SV Werder Bremen)	33. Sp., FC St. Pauli (H, 3:2)	Strampe (Handorf)
Mladen Krstajic (SV Werder Bremen)	34. Sp., Borussia Dortmund (A, 1:2)	Steinborn (Sinzig)

Rote Karten (31)

Spieler (Verein)	Spieltag, Gegner, (Ergebnis)	Schiedsrichter
Markus Beierle (FC Hansa Rostock)	1. Sp., FC Schalke 04 (A, 1:3)	Kemmling (Kleinburgwedel)
Paul Agostino (TSV München 1860)	4. Sp., SV Werder Bremen (A, 3:1)	Aust (Köln)
Timo Wenzel (VfB Stuttgart)	5. Sp., Hertha BSC Berlin (H, 0:0)	Gagelmann (Bremen)
Alex Alves (Hertha BSC Berlin)	6. Sp., TSV München 1860 (H, 2:1)	Wagner (Hofheim)
Vidar Riseth (TSV München 1860)	6. Sp., Hertha BSC Berlin (A, 1:2)	Wagner (Hofheim)
Marcus Lantz (FC Hansa Rostock)	7. Sp., VfB Stuttgart (A, 1:2)	Keßler (Höhenkirchen)
Marino Biliskov (VfL Wolfsburg)	7. Sp., TSV München 1860 (A, 1:2)	Kinhöfer (Herne)
Silvio Meißner (VfB Stuttgart)	8. Sp., FC Bayern München (A, 0:4)	Meyer (Braunschweig)
Jochen Kientz (FC St. Pauli)	11. Sp., VfB Stuttgart (A, 0:2)	Fandel (Kyllburg)
Sebastian Kehl (SC Freiburg)	12. Sp., FC Energie Cottbus (H, 3:1)	Keßler (Höhenkirchen)
Dietmar Kühbauer (VfL Wolfsburg)	13. Sp., Hertha BSC Berlin (A, 0:2)	Stark (Ergolding)
Peter Nielsen (Borussia Mönchengladbach)	13. Sp., FC Energie Cottbus (H, 0:0)	Sippel (München)
Jörg Scherbe (FC Energie Cottbus)	14. Sp., VfB Stuttgart (H, 0:0)	Krug (Gelsenkirchen)
Nico Patschinski (FC St. Pauli)	14. Sp., 1. FC Köln (H, 1:2)	Dr. Merk (Kaiserslautern)
Vragel da Silva (FC Energie Cottbus)	15. Sp., TSV München 1860 (A, 0:1)	Dr. Merk (Kaiserslautern)
Marek Nikl (1. FC Nürnberg)	15. Sp., FC Schalke 04 (H, 0:3)	Strampe (Handorf)
Jens Nowotny (Bayer 04 Leverkusen)	15. Sp., SV Werder Bremen (A, 1:2)	Keßler (Höhenkirchen)
Steffen Korell (Borussia Mönchengladbach)	16. Sp., FC Hansa Rostock (H, 0:2)	Dr. Merk (Kaiserslautern)
Michael Tarnat (FC Bayern München)	19. Sp., FC Schalke 04 (A, 1:5)	Fröhlich (Berlin)
Zlatan Bajramovic (FC St. Pauli)	22. Sp., FC Schalke 04 (A, 0:4)	Dr. Fleischer (Hallstadt)
Lilian Laslandes (1. FC Köln)	22. Sp., Hamburger SV (A, 0:4)	Meyer (Braunschweig)
Ingo Hertzsch (Hamburger SV)	23. Sp., Borussia Mönchengladbach (A, 1:2)	Wagner (Hofheim)
Holger Wehlage (SV Werder Bremen)	23. Sp., 1. FC Köln (A, 0:0)	Koop (Lüttenmark)
Janos Matyus (FC Energie Cottbus)	24. Sp., FC Bayern München (A, 0:6)	Meyer (Braunschweig)
Laurentiu Aurelian Reghecampf (Energie Cottbus)	24. Sp., FC Bayern München (A, 0:6)	Meyer (Braunschweig)
Thomas Meggle (FC St. Pauli)	25. Sp., Borussia Dortmund (A, 1:1)	Fröhlich (Berlin)
Abder Ramdane (SC Freiburg)	26. Sp., FC St. Pauli (A, 0:1)	Dr. Merk (Kaiserslautern)
Maik Franz (VfL Wolfsburg)	27. Sp., Hamburger SV (A, 1:1)	Stark (Ergolding)
Perry Bräutigam (FC Hansa Rostock)	27. Sp., 1. FC Köln (A, 2:4)	Krug (Gelsenkirchen)
Dick van Burik (Hertha BSC Berlin)	32. Sp., FC Bayern München (A, 0:3)	Kemmling (Kleinburgwedel)
Ingo Hertzsch (Hamburger SV)	33. Sp., Borussia Dortmund (H, 3:4)	Fandel (Kyllburg)

Drei und mehr Tore in einem Spiel

Spieler (Verein)	Spieltag, Gegner, (Ergebnis)	Anzahl der Tore
Giovane Elber (FC Bayern München)	8. Sp., VfB Stuttgart (H, 4:0)	3
Oliver Neuville (Bayer 04 Leverkusen)	14. Sp., Hamburger SV (H, 4:1)	3
Arie van Lent (Borussia Mönchengladbach)	21. Sp., 1. FC Köln (H, 4:0)	3 (Hattrick)
Bart Goor (Hertha BSC Berlin)	26. Sp., Hamburger SV (H, 6:0)	4 (Hattrick)
Martin Max (TSV München 1860)	29. Sp., FC St. Pauli (H, 4:2)	3 (Hattrick)
Soumaila Coulibaly (SC Freiburg)	34. Sp., Hamburger SV (H, 4:3)	3

Die Torjäger

Spieler	Tore	Spieler	Tore
Marcio Amoroso (Borussia Dortmund)	18	Tomislav Maric (VfL Wolfsburg)	12
Martin Max (TSV München 1860)	18	Michael Preetz (Hertha BSC Berlin)	12
Michael Ballack (Bayer 04 Leverkusen)	17	Ulf Kirsten (Bayer 04 Leverkusen)	11
Giovane Elber (FC Bayern München)	17	Jan Koller (Borussia Dortmund)	11
Ailton (SV Werder Bremen)	16	Vratislav Lokvenc (1. FC Kaiserslautern)	11
Miroslav Klose (1. FC Kaiserslautern)	16	Ebbe Sand (FC Schalke 04)	11
Claudio Pizarro (FC Bayern München)	15	Ewerthon (Borussia Dortmund)	10
Marcelinho (Hertha BSC Berlin)	13	Ioan Viorel Ganea (VfB Stuttgart)	10
Oliver Neuville (Bayer 04 Leverkusen)	13	Diego Fernando Klimowicz (VfL Wolfsburg)	10
Arie van Lent (Borussia Mönchengladbach)	12	Thomas Meggle (FC St. Pauli)	10

Eigentore (32)

Spieler (Verein)	Spieltag, Gegner	Tor zum ... (Minute), Endstand
Andreas Jakobsson (FC Hansa Rostock)	1. Sp., FC Schalke 04 (A)	0:1 (9.), Ende 1:3
Timo Wenzel (VfB Stuttgart)	4. Sp., 1. FC Nürnberg (A)	1:2 (50.), Ende 4:2
Sven Benken (FC Hansa Rostock)	5. Sp., SC Freiburg (A)	0:1 (56.), Ende 1:1
Carsten Cullmann (1. FC Köln)	5. Sp., Hamburger SV (H)	0:1 (21.), Ende 2:1
Filip Tapalovic (TSV München 1860)	6. Sp., Hertha BSC Berlin (A)	1:1 (59.), Ende 1:2
Tomasz Hajto (FC Schalke 04)	7. Sp., SC Freiburg (A)	0:1 (55.), Ende 0:2
Tomislav Piplica (FC Energie Cottbus)	7. Sp., FC Bayern München (H)	0:3 (74.), Ende 0:3
Michael Preetz (Hertha BSC Berlin)	7. Sp., 1. FC Kaiserslautern (A)	1:3 (82.), Ende 1:4
Steffen Baumgart (FC Hansa Rostock)	8. Sp., TSV München 1860 (H)	2:2 (85.), Ende 2:2
Simon Jentzsch (TSV München 1860)	10. Sp., FC Schalke 04 (A)	0:1 (13.), Ende 0:1
Radoslaw Kaluzny (FC Energie Cottbus)	10. Sp., FC St. Pauli (A)	0:2 (52.), Ende 0:4
Marek Nikl (1. FC Nürnberg)	10. Sp., Borussia Mönchengladbach (H)	0:2 (62.), Ende 1:2
Torben Hoffmann (TSV München 1860)	11. Sp., Bayer 04 Leverkusen (H)	1:1 (33.), Ende 1:1
Cory Gibbs (FC St. Pauli)	12. Sp., TSV München 1860 (H)	0:1 (6.), Ende 0:3
Hans Sarpei (VfL Wolfsburg)	13. Sp., Hertha BSC Berlin (A)	0:1 (22.), Ende 0:2
Ronald Maul (FC Hansa Rostock)	13. Sp., 1. FC Nürnberg (A)	0:2 (86.), Ende 0:2
Jiri Nemec (FC Schalke 04)	17. Sp., VfL Wolfsburg (A)	0:1 (51.), Ende 1:3
Jochen Kientz (FC St. Pauli)	19. Sp., VfL Wolfsburg (H)	0:1 (11.), Ende 3:1
Ingo Hertzsch (Hamburger SV)	19. Sp., VfB Stuttgart (A)	0:2 (31.), Ende 0:3
Marcelo José Pletsch (Borussia Mönchengladbach)	19. Sp., 1. FC Kaiserslautern (H)	0:1 (76.), Ende 0:2
Moses Sichone (1. FC Köln)	22. Sp., Hamburger SV (A)	0:2 (63.), Ende 0:4
Darius Kampa (1. FC Nürnberg)	25. Sp., Hamburger SV (A)	0:1 (22.), Ende 1:3
Marian Hristov (1. FC Kaiserslautern)	25. Sp., VfL Wolfsburg (H)	0:1 (49.), Ende 3:2
Peter Nielsen (Borussia Mönchengladbach)	26. Sp., Borussia Dortmund (A)	0:1 (10.), Ende 1:3
Dede (Borussia Dortmund)	26. Sp., Borussia Mönchengladbach (H)	1:1 (48.), Ende 3:1
Anthony Sanneh (1. FC Nürnberg)	27. Sp., Borussia Mönchengladbach (A)	0:1 (28.), Ende 0:1
Tomislav Piplica (FC Energie Cottbus)	30. Sp., Borussia Mönchengladbach (H)	3:3 (85.), Ende 3:3
Michael Hartmann (Hertha BSC Berlin)	32. Sp., FC Bayern München (A)	0:1 (67.), Ende 0:3
Faruk Hujdurovic (FC Energie Cottbus)	32. Sp., TSV München 1860 (A)	0:1 (69.), Ende 1:1
Marino Biliskov (VfL Wolfsburg)	33. Sp., FC Bayern München (H)	0:1 (33.), Ende 0:1
Milan Fukal (Hamburger SV)	34. Sp., SC Freiburg (A)	1:1 (28.), Ende 3:4
Steffen Baumgart (FC Hansa Rostock)	34. Sp., FC Bayern München (A)	0:1 (39.), Ende 2:3

Bundesliga 2001/2002

Borussia Dortmund

Torhüter
Laux, Philipp 5 0
Lehmann, Jens 30 0
Ratajczak, Michael 0 0

Abwehr
Kohler, Jürgen 22 0
Madouni, Ahmed Reda 7 0
Metzelder, Christoph 25 0
Reuter, Stefan 28 0
Wörns, Christian 29 2

Mittelfeld
Bugri, Francis 1 0
Dede 28 1
Evanilson 27 1
Heinrich, Jörg 16 2
Kehl, Sebastian 15 1
Oliseh, Sunday 18 1
Ricken, Lars 28 6
Rosicky, Tomás 30 5
Stevic, Miroslav 24 2

Angriff
Addo, Otto 8 0
Amoroso, Marcio 31 18
Bobic, Fredi 3 0
Ewerthon 27 10
Herrlich, Heiko 10 0
Koller, Jan 33 11
Odonkor, David 2 0
Reina, Giuseppe 6 1
Sörensen, Jan Derek 15 0

Trainer
Sammer, Matthias (geb. 5.9.67)

Borussia Dortmund - Hintere Reihe von links: Addo, Herrlich, Metzelder, Heinrich, Koller, Madouni, Bobic, Kapetanovic, Wörns, Oliseh, Kohler. Mitte: Mannschaftsarzt Dr. Preuhs, Physiotherapeuten Zöllner, Kuhnt und Frank, Sörensen, Reina, Rosicky, Amoroso, Krontiris, Co-Trainer Kolodziej, Torwarttrainer Stahl, Co-Trainer Neuhaus, Trainer Sammer. Vorne: Zeugwart Wiegandt, Stevic, Evanilson, Kringe, Ratajczak, Lehmann, Laux, Odonkor, Dede, Ricken, Reuter.

Bayer 04 Leverkusen

Torhüter
Butt, Hans-Jörg 34 2
Juric, Frank 0 0
Starke, Tom 0 0

Abwehr
Kleine, Thomas 4 0
Lucio 29 4
Nowotny, Jens 29 0
Placente, Diego Rodolfo 32 1
Zepek, Michael 0 0
Zivkovic, Boris 23 2

Mittelfeld
Babic, Marko 3 0
Ballack, Michael 29 17
Bastürk, Yildiray 30 3
Dzaka, Anel 1 0
Ojigwe, Pascal 3 0
Ramelow, Carsten 32 2
Schneider, Bernd 30 5
Sebescen, Zoltan 25 3
Vranjes, Jurica 20 0
Wittek, Thorsten 1 0
Zé Roberto 30 4

Angriff
Berbatov, Dimitar 24 8
Brdaric, Thomas 24 1
Kirsten, Ulf 32 11
Neuville, Oliver 33 13
Rink, Paulo Roberto 1 0

Trainer
Toppmöller, Klaus (geb. 12.8.51)

Bayer 04 Leverkusen - Hintere Reihe von links: Kleine, Nowotny, Ramelow, Rink, Zepek, Burkhardt, Babic, Berbatov, Sebescen, Vranjes, Marquinhos, Lucio, Ballack, Brdaric. Mitte: Trainer Toppmöller, Co-Trainer Hermann, Betreuer Blum und Wohner, Physiotherapeuten Rothweiler und Glass, Bozic, Dogan, Placente, Zé Roberto, Wittek, Physiotherapeut Scheuchl, Betreuer Zöller und Valentin, Physiotherapeut Trzolek, Co-Trainer Minge, Torwarttrainer Schumacher. Vorne: Schneider, Kirsten, Zivkovic, Hejduk, Starke, Daun, Butt, Neuville, Ojigwe, Dzaka, Bastürk.

FC Bayern München

FC Bayern München - Hintere Reihe von links: Effenberg, Jancker, Santa Cruz, Sergio, Linke, di Salvo, Thiam, Kling, Tarnat, Zickler. Mitte: Masseur Gebhardt, Physiotherapeut Hoffmann, Masseur Binder, Jeremies, Pizarro, Wojciechowski, R. Kovac, Sagnol, Kuffour, Co-Trainer Henke, Trainer Hitzfeld. Vorne: Fink, Scholl, Salihamidzic, N. Kovac, Wessels, Kahn, Dreher, Hargreaves, Lizarazu, Elber, Reha-Trainer Hauenstein.

Torhüter
Dreher, Bernd	0	0
Kahn, Oliver	32	0
Wessels, Stefan	2	0

Abwehr
Kovac, Robert	29	0
Kuffour, Samuel Osei	21	0
Linke, Thomas	20	0
Sagnol, Willy	28	1
Sforza, Ciriaco	16	1

Mittelfeld
Effenberg, Stefan	17	2
Feulner, Markus	1	0
Fink, Thorsten	28	2
Hargreaves, Owen	29	0
Hofmann, Steffen	1	0
Jeremies, Jens	10	0
Kovac, Niko	16	2
Lizarazu, Bixente	25	1
Salihamidzic, Hasan	19	5
Scholl, Mehmet	18	6
Tarnat, Michael	10	0
Thiam, Pablo	12	0

Angriff
Elber, Giovane	30	17
Jancker, Carsten	18	0
Paulo Sergio	23	3
Pizarro, Claudio	30	15
Santa Cruz, Roque	22	5
Zickler, Alexander	13	1

Trainer
Hitzfeld, Ottmar (geb. 12.1.49)

Hertha BSC Berlin

Hertha BSC Berlin - Hintere Reihe von links: Beinlich, Goor, Rehmer, van Burik, Simunic, Preetz, Daei, Konstantinidus, Sverrisson, Deisler, Schmidt, Physiotherapeut Sennewald. Mitte: Trainer Röber, Co-Trainer Storck, Tretschok, Maas, Neuendorf, Hartmann, Dardai, Reiss, Alves, Marcelinho, Torwarttrainer di Martino und Maric, Mannschaftsarzt Dr. Schleicher. Vorne: Physiotherapeuten Bentin und Drill, Lapaczinski, Zilic, Nedzipi, Kuszczak, Kiraly, Fiedler, Wosz, Pinto, Marx, Zeugwart Riedel.

Torhüter
Fiedler, Christian	10	0
Kiraly, Gabor	25	0

Abwehr
Burik van, Dick	28	1
Lapaczinski, Denis	13	1
Rehmer, Marko	20	2
Schmidt, Andreas	24	1
Simunic, Josip	27	0
Sverrisson, Eyjölfur	22	0

Mittelfeld
Beinlich, Stefan	26	3
Dardai, Pal	27	3
Deisler, Sebastian	11	3
Goor, Bart	30	8
Hartmann, Michael	26	1
Konstantinidis, Kostas	6	0
Maas, Rob	19	0
Marx, Thorben	13	1
Neuendorf, Andreas	19	3
Pinto, Roberto	2	0
Tretschok, René	18	0

Angriff
Alex Alves	22	7
Daei, Ali	8	0
Ludvigsen, Trond Fredrik	2	0
Marcelinho	33	13
Preetz, Michael	34	12
Tchami, Joel	1	0

Trainer
Röber, Jürgen (geb. 25.12.53) bis 6.2.2002
Götz, Falko (geb. 26.3.62) ab 6.2.2002

FC Schalke 04

Torhüter
- Grodas, Frôde — 0 0
- Reck, Oliver — 34 1
- Tapalovic, Toni — 0 0

Abwehr
- Hajto, Tomasz — 24 2
- Happe, Markus — 0 0
- Kerckhoven van, Nico — 30 0
- Matellan, Anibal — 13 0
- Oude Kamphuis, Niels — 27 2
- Rozgonyi, Marcel — 0 0
- Thon, Olaf — 5 0
- Waldoch, Tomasz — 31 2

Mittelfeld
- Asamoah, Gerald — 32 6
- Böhme, Jörg — 31 7
- Büskens, Michael — 11 0
- Djordjevic, Kristijan — 10 0
- Hoogdalem van, Marco — 28 1
- Kmetsch, Sven — 18 0
- Möller, Andreas — 32 4
- Nemec, Jiri — 17 0
- Vermant, Sven — 28 0
- Wilmots, Marc — 24 6

Angriff
- Agali, Victor — 22 4
- Hanke, Mike — 1 0
- Mpenza, Emile — 16 4
- Mulder, Youri — 10 0
- Sand, Ebbe — 28 11

Trainer
Stevens, Huub (geb. 29.11.53)

FC Schalke 04 - Hintere Reihe von links: Happe, Peric, Oude Kamphuis, Hajto, Agali, van Kerckhoven, Mulder, Waldoch. van Hoogdalem. 2. Reihe: Nemec, Asamoah, Sand, Koch, Möller, Böhme, Mikolajczak, Wilmots, Djordjevic, Vermant. 3. Reihe: Ökotrophologe Frank, Pinto, Wingerter, Eigenrauch, Mpenza, Kmetsch, Büskens, Rozgonyi, Szollar, Trojan, Reha-Trainer Dr. Papadopoulos, Trainer Stevens, Co-Trainer Gehrke. Vorne: Physiotherapeuten Ohland, Birkners und Niehüser, Thon, Heimeroth, Grodas, Reck, Tapalovic, Hajnal, Mannschaftsarzt Dr. Rarreck, Zeugwart Heil, Betreuer Neumann.

SV Werder Bremen

Torhüter
- Borel, Pascal — 0 0
- Rost, Frank — 34 1
- Wierzchowski, Jakub — 0 0

Abwehr
- Barten, Mike — 0 0
- Baumann, Frank — 34 1
- Blank, Stefan — 1 0
- Krstajic, Mladen — 26 2
- Skripnik, Victor — 31 4
- Verlaat, Frank — 33 2
- Wiedener, Andree — 0 0

Mittelfeld
- Banovic, Ivica — 17 1
- Borowski, Tim — 26 1
- Eilts, Dieter — 4 0
- Ernst, Fabian — 27 3
- Frings, Torsten — 33 6
- Herzog, Andreas — 9 1
- Lisztes, Krisztian — 29 5
- Magnin, Ludovic — 4 0
- Stalteri, Paul — 22 3
- Tjikuzu, Razundara — 22 0
- Wehlage, Holger — 8 0

Angriff
- Ailton — 33 16
- Bode, Marco — 31 7
- Bogdanovic, Rade — 0 0
- Kern, Enrico — 0 0
- Klasnic, Ivan — 23 1
- Silva, Roberto — 6 0

Trainer
Schaaf, Thomas (geb. 30.4.61)

SV Werder Bremen - Hintere Reihe von links: Blank, Rolfes, Krstajic, Borowski, Bode, Baumann, Verlaat, Stalteri, Eilts. Mitte: Trainer Schaaf, Tjikuzu, Wehlage, Banovic, Bogdanovic, Kern, Ernst, Lisztes, Ailton, Torwarttrainer Burdeski, Co-Trainer Kamp. Vorne: Wiedener, Skripnik, Herzog, Wierzchowski, Borel, Walke, Rost, Klasnic, Barten, Frings.

1. FC Kaiserslautern

1. FC Kaiserslautern - *Hintere Reihe von links: Strasser, Hristov, Marschall, Gabriel, Lokvenc, Knavs, Klose, Kullig, H. Koch. Mitte: Trainer Stumpf, Co-Trainer Emig, Torwarttrainer Ehrmann, Lincoln, Klos, Pettersson, Buck, Boskovic, Grammozis, Malz, Team-Manager Brehme. Vorne: Basler, Ratinho, Riedl, Reuter, Weidenfeller, G. Koch, Dominguez, Adzic, Bjelica, Hengen.*

Torhüter
Koch, Georg	32	0
Weidenfeller, Roman	3	0
Wiese, Tim	0	0

Abwehr
Gabriel, Petr	7	0
Hengen, Thomas	33	0
Klos, Tomasz	11	1
Knavs, Aleksander	23	0
Koch, Harry	17	4
Kullig, Markus	5	0
Ramzy, Hany	29	5
West, Taribo	10	0

Mittelfeld
Basler, Mario	29	2
Bjelica, Nenad	11	1
Buck, Andreas	3	0
Djorkaeff, Youri	4	0
Dominguez, José Manuel	2	0
Grammozis, Dimitrios	17	1
Hristov, Marian	13	2
Lincoln	27	8
Malz, Stefan	13	0
Ratinho	23	1
Riedl, Thomas	26	0
Strasser, Jeff	24	3

Angriff
Adzic, Silvio	2	0
Klose, Miroslav	31	16
Lokvenc, Vratislav	31	11
Marschall, Olaf	10	2
Mifsud, Michael	5	0
Ognjenovic, Perica	2	0
Pettersson, Jörgen	17	3

Trainer
Brehme, Andreas (geb. 9.11.60)

VfB Stuttgart

VfB Stuttgart - *Hintere Reihe von links: Seitz, Kuranyi, Dundee, Bordon, Soldo, Todt, Schneider. Mitte: Zeugwart Meusch, Physiotherapeuten Egger und Wörn, Wenzel, Tiffert, Gerber, Endress, Marques, Hinkel, Torwarttrainer Rücker, Trainer Magath. Vorne: Carnell, Ganea, Morena, Balakov, Hildebrand, Ernst, Vujevic, Hleb, Meißner, Adhemar.*

Torhüter
Ernst, Thomas	3	0
Hildebrand, Timo	31	0

Abwehr
Bordon, Marcelo José	28	3
Carnell, Bradley	12	0
Hinkel, Andreas	30	0
Kocholl, Steffen	1	0
Marques, Rui Manuel	23	0
Meira, Fernando	14	2
Rundio, Michael	1	0
Schneider, Thomas	0	0
Wenzel, Timo	32	1

Mittelfeld
Balakov, Krassimir	30	4
Braun, Marvin	1	0
Endress, Jochen	9	1
Gerber, Heiko	15	0
Hleb, Aliaksandr	32	2
Meißner, Silvio	26	8
Seitz, Jochen	28	2
Soldo, Zvonimir	33	0
Tiffert, Christian	27	3
Todt, Jens	19	1
Vujevic, Robert	1	0

Angriff
Adhemar	28	2
Dundee, Sean	12	5
Ganea, Ioan Viorel	23	10
Handschuh, Steffen	1	1
Kuranyi, Kevin	5	1

Trainer
Magath, Felix (geb. 26.7.53)

Bundesliga 2001/2002

TSV München 1860

Torhüter
Hofmann, Michael	0	0
Jentzsch, Simon	34	0

Abwehr
Dheedene, Didier	19	1
Ehlers, Uwe	15	0
Greilich, Holger	5	0
Hoffmann, Torben	22	0
Kurz, Marco	9	0
Pfuderer, Achim	16	0
Stranzl, Martin	7	1
Tapalovic, Filip	24	0
Votava, Tomas	19	0
Zelic, Nedijeljko	6	0

Mittelfeld
Bierofka, Daniel	27	4
Borimirov, Daniel	26	4
Cerny, Harald	23	2
Görlitz, Andreas	3	0
Häßler, Thomas	29	6
Mykland, Erik	5	0
Pürk, Marcus	15	0
Riseth, Vidar	19	2
Rösler, Sascha	0	0
Tyce, Roman	6	2
Weissenberger, Markus	26	3
Wiesinger, Michael	25	1

Angriff
Agostino, Paul	19	5
Ipoua, Samuel	5	0
Lauth, Benjamin	1	0
Max, Martin	28	18
Schroth, Markus	21	3
Suker, Davor	14	4
Winkler, Bernhard	3	0

Trainer
Lorant, Werner (21.11.48), bis 18.10.2001
Pacult, Peter (geb. 28.10.59), ab 19.10.01

TSV München 1860 - Hintere Reihe von links: Co-Trainer Pacult, Ehlers, Stranzl, Greilich, Zelic, Hoffmann, Riseth, Winkler, Paßlack, Pfuderer, Schroth, Physiotherapeuten Schmidtlein und Rainer. Mitte: Torwarttrainer Boden, Trainer Lorant, Rösler, Kurz, Max, Dheedene, Ipoua, Beierle, Votava, Tapalovic, Borimirov, Agostino, Zeugwarte Hackl und Fendt. Vorne: Häßler, Weissenberger, Bierofka, Tyce, Hofmann, Jentzsch, Wiesinger, Pürk, Cerny, Mykland.

VfL Wolfsburg

Torhüter
Ramovic, Sead	2	0
Reitmaier, Claus	32	0

Abwehr
Biliskov, Marino	25	1
Franz, Maik	23	0
Greiner, Frank	18	1
Kryger, Waldemar	16	0
Petkovic, Dusan	4	1
Rytter, Thomas	13	0
Sarpei, Hans	15	0
Schnoor, Stefan	21	0

Mittelfeld
Akonnor, Charles	23	1
Habryka, Michael	4	0
Karhan, Miroslav	33	3
Kühbauer, Dietmar	21	1
Madsen, Michael	3	0
Müller, Sven	11	0
Munteanu, Dorinel	33	3
Plassnegger, Gernot	5	0
Rau, Tobias	22	1
Weiser, Patrick	20	0

Angriff
Feldhoff, Markus	2	1
Juskowiak, Andrzej	15	3
Kennedy, Joshua	7	2
Klimowicz, Diego Fernando	17	10
Maric, Tomislav	17	12
Petrov, Martin	32	6
Ponte, Robson	31	8
Rische, Jürgen	7	0

Trainer
Wolf, Wolfgang (geb. 24.9.57)

VfL Wolfsburg - Hintere Reihe von links: Zeugwart Rüttger, Weiser, Feldhoff, Thomsen, Petrov, Nowak, Schnoor, Rische, Reha-Trainer Bode. 2. Reihe: Mannschaftsarzt Dr. Herbst, Akonnor, Juskowiak, Karhan, Maric, Madsen, Biliskov, Lorenz, Torwarttrainer Hoßbach. 3. Reihe: Trainer Wolf, Physiotherapeut Kroß, Mannschaftsarzt Dr. Pfeiler, Siegert, Franz, Sarpei, Habryka, Akpoborie, Rau, Ifejiagwa, Müller, Betreuer Mies, Co-Trainer Higl. Vorne: Greiner, Kryger, Munteanu, Loboué, Reitmaier, Ramovic, Ponte, Plassnegger, Kühbauer.

Milliardenliga zwischen Boom und Pleite

Hamburger SV

Hamburger SV - Hintere Reihe von links: Betreuer Römer, Mannschaftsarzt Dr. Schwartz, Busfahrer Ahlert, Panadic, Barbarez, Meijer, Bester, Heinz, Ujfalusi, Physiotherapeut Adam, Zeugwart Freytag, Physiotherapeut Rieger. Mitte: Groth, Fukal, Hertzsch, Sandmann, Wehlmann, Wächter, Pieckenhagen, Hillenbrand, Maltritz, Kruse, Yilmaz, Ketelaer. Vorne: Töfting, Cardoso, Hollerbach, Albertz, Reha-Trainer Kleimaker, Co-Trainer Reutershahn, Trainer Pagelsdorf, Torwarttrainer Rieckhof, Hoogma, Yeboah, Präger, Mahdavikia.

Torhüter
Hillenbrand, Thomas	0	0
Pieckenhagen, Martin	34	0
Wächter, Stefan	0	0

Abwehr
Fukal, Milan	19	4
Hertzsch, Ingo	29	0
Hoogma, Nico-Jan	28	5
Maltritz, Marcel	22	0
Panadic, Andrej	9	0
Ujfalusi, Tomas	29	0

Mittelfeld
Albertz, Jörg	24	4
Antar, Roda	16	1
Barbarez, Sergej	24	7
Benjamin, Collin	17	3
Cardoso, Rodolfo Esteban	9	2
Groth, Martin	21	1
Hollerbach, Bernd	29	0
Sandmann, Jan	1	0
Töfting, Stig	20	0
Wicky, Raphael	13	1

Angriff
Bester, Marinus	4	0
Christensen, Kim	4	0
Heinz, Marek	15	1
Ketelaer, Marcel	15	2
Mahdavikia, Mehdi	11	1
Meijer, Erik	25	4
Präger, Roy	23	4
Romeo, Bernardo	16	8
Yeboah, Anthony	5	0

Trainer
Pagelsdorf, Frank (geb. 5.2.58)
bis 15.9.2001
Hieronymus, Holger (geb. 22.2.59)
16.9. - 2.10.2001 (interim)
Jara, Kurt (geb. 14.10.50)
ab 3.10.2001

Borussia Mönchengladbach

Borussia Mönchengladbach - Hintere Reihe von links: Mannschaftsarzt Wiggering, Hausweiler, Ulich, Nielsen, Demo, Aidoo, Pletsch, van Lent, Korell, Betreuer Hülswitt. Mitte: Trainer Meyer, Co-Trainer Frontzeck und Stefes, Bäumer, ter Avest, Küntzel, Mieciel, Lanzaat, Felgenhauer, Stassin, Kluge, Physiotherapeut Fischer. Vorne: Masseur Szordykowski, van Houdt, Schüßler, Osthoff, Eberl, Kamps, Meier, Asanin, Witeczek, Korzynietz, Münch, Zeugwart Breuer.

Torhüter
Meier, Bernd	1	0
Melka, Michael	3	0
Stiel, Jörg	30	0

Abwehr
Asanin, Sladan	27	1
Eberl, Max	30	0
Korell, Steffen	29	0
Lanzaat, Quido	1	0
Münch, Markus	28	4
Pletsch, Marcelo José	27	0
Witeczek, Marcel	24	1

Mittelfeld
Avest ter, Berthil	1	0
Demo, Igor	24	4
Hausweiler, Markus	28	0
Kluge, Peer	10	0
Nielsen, Peter	25	0
Stassin, Stéphane	11	0
Ulich, Ivo	29	1

Angriff
Aidoo, Lawrence	14	2
Auer, Benjamin	8	1
Felgenhauer, Daniel	12	0
Houdt van, Peter	31	6
Korzynietz, Bernd	21	2
Küntzel, Marco	10	1
Lent van, Arie	30	12
Mieciel, Marcin	18	2
Osthoff, Markus	0	0

Trainer
Meyer, Hans (geb. 3.11.42)

Bundesliga 2001/2002

FC Energie Cottbus

Torhüter
Berntsen, Gunnar	0	0
Lenz, André	3	0
Piplica, Tomislav	31	0

Abwehr
Beeck, Christian	20	1
Hujdurovic, Faruk	23	0
Matyus, Janos	23	1
Scherbe, Jörg	13	0
Sebök, Vilmos	16	1
Silva da, Vragel	26	4
Vata, Rudi	1	0

Mittelfeld
Akrapovic, Bruno	30	0
Kaluzny, Radoslaw	25	5
Kobylanski, Andrzej	30	3
Latoundji, Moussa	4	0
Miriuta, Vasile	27	4
Reghecampf, Laurentiu A.	30	1
Rost, Timo	6	0
Schröter, Silvio	20	1
Termina, Hamid	3	0
Thielemann, Ronny	9	0
Vincze, Otto	9	0
Wawrzyczek, Witold	7	0

Angriff
Brasilia	19	1
Feldhoff, Markus	2	0
Franklin	13	1
Helbig, Sebastian	23	4
Jungnickel, Lars	3	0
Labak, Antun	15	1
Reichenberger, Thomas	10	1
Topic, Marko	29	7

Trainer
Geyer, Eduard (geb. 7.10.44)

FC Energie Cottbus - Hintere Reihe von links: Beeck, Helbig, Vincze, Sebök, Labak, da Silva, Matyus, Latoundji. Mitte: Teamleiter Prinz, Physiotherapeut Heinrich, Geschäftsführer Stabach, Torwarttrainer Köhler, Vata, Topic, Micevski, Termina, Hujdurovic, Zvetanov, Miriuta, Reghecampf, Co-Trainer Reeck, Trainer Geyer, Co-Trainer Sander. Vorne: Scherbe, Akrapovic, Kobylanski, Lenz, Piplica, Berntsen, Franklin, Schröter, Thielemann.

FC Hansa Rostock

Torhüter
Bräutigam, Perry	6	0
Klewer, Daniel	8	0
Schober, Mathias	22	0

Abwehr
Benken, Sven	10	0
Haber, Marco	2	0
Hill, Delano	21	1
Jakobsson, Andreas	32	2
Oswald, Kai	20	1
Schröder, Rayk	20	2

Mittelfeld
Brand, Christian	4	0
Emara, Mohamed	16	0
Hansen, Kevin	1	1
Hirsch, Dietmar	25	2
Lange, Timo	18	1
Lantz, Marcus	29	2
Maul, Ronald	28	0
Rydlewicz, René	32	5
Weilandt, Hilmar	4	0
Weißhaupt, Marco	9	0
Wibran, Peter	27	3
Yasser, Radwan	20	1

Angriff
Arvidsson, Magnus	27	5
Baumgart, Steffen	12	0
Beierle, Markus	26	5
Kovacec, Kreso	3	0
Salou, Bachirou	11	0
Salvo di, Antonio	24	4
Schied, Marcel	2	0

Trainer
Funkel, Friedhelm (geb.10.12.53), bis 1.12.
Schlünz, Juri (geb. 27.7.61), 2.12. - 31.12.
Veh, Armin (geb. 1.2.61), ab 1.1.2002

FC Hansa Rostock - Hintere Reihe von links: Physiotherapeut Scheller, Wibran, Oswald, Benken, Hill, Schröder, Weißhaupt, Baumgart, Mannschaftsarzt Dr. Bartel. Mitte: Betreuer Weidemann, Zeugwart Thiem, Physiotherapeut Meier, Jakobsson, Vorbeck, Arvidsson, Lange, Lantz, Salou, Mannschaftsarzt Dr. Adam, Co-Trainer Schlünz und W. Funkel, Trainer F. Funkel. Vorne: Weilandt, Kovacec, Bräutigam, Klewer, Schober, Brand, Maul, Rydlewicz.

Milliardenliga zwischen Boom und Pleite

1. FC Nürnberg

Torhüter
Kampa, Darius	32	0
Schäfer, Raphael	2	0

Abwehr
Johansson, Nils-Eric	8	0
Kos, Tomasz	27	0
Nikl, Marek	31	4
Sanneh, Anthony	30	2
Stehle, Thomas	12	0
Wiblishauser, Frank	19	1
Wolf, Andreas	4	0

Mittelfeld
Frey, Dieter	13	1
Jarolim, David	28	0
Junior	9	1
Krzynowek, Jacek	29	5
Larsen, Tommy Svindal	21	1
Leitl, Stefan	5	0
Müller, Lars	28	1
Ogungbure, Adebowale	3	0
Paßlack, Stephan	19	0
Stoilov, Stoicho	8	0
Tavcar, Rajko	12	1

Angriff
Cacau	17	6
David, Pavel	2	0
Driller, Martin	11	0
Gomis, Louis	25	2
Hobsch, Bernd	5	0
Michalke, Kai	28	4
Möckel, Christian	7	0
Rink, Paulo Roberto	19	3
Villa, Marco	6	0

Trainer
Augenthaler, Klaus (geb. 26.9.57)

1. FC Nürnberg - Hintere Reihe von links: Hobsch, Stoilov, Kos, Gomis, Bergner, Sanneh, Johansson, Nikl, Möckel. Mitte: Trainer Augenthaler, Co-Trainer Brunner, Torwarttrainer Fuchs, Günther, Frey, Wiblishauser, Tavcar, Michalke, Krzynowek, Villa, Junior, Ogungbure, Physiotherapeut Nagy, Zeugwart Vogt. Vorne: Stehle, Müller, Jarolim, Horcher, Kampa, Schäfer, Leitl, Driller, Störzenhofecker, Physiotherapeut Kranz.

SC Freiburg

Torhüter
Golz, Richard	24	0
Reus, Timo	10	0
Schoppel, Manuel	1	0

Abwehr
Diarra, Boubacar	24	0
Hermel, Lars	20	0
Kaufmann, Andreas	3	0
Kehl, Sebastian	15	2
Kondé, Oumar	23	0
Kruse, Benjamin	16	0
Müller, Stefan	29	2
Schumann, Daniel	1	0

Mittelfeld
But, Vladimir	28	3
Coulibaly, Soumaila	24	6
Kobiaschwili, Levan	31	4
Männer, Jan	8	1
Willi, Tobias	28	0
Zandi, Ferydoon	3	0
Zeyer, Andreas	31	2
Zkitischwili, Levan	26	1

Angriff
Bruns, Florian	19	1
Dorn, Regis	6	0
Gerber, Fabian	11	0
Iaschwili, Alexander	29	5
Ramdane, Abder	23	0
Sellimi, Adel	25	5
Tanko, Ibrahim	16	2

Trainer
Finke, Volker (geb. 24.3.48)

SC Freiburg - Hintere Reihe von links: Iaschwili, Sellimi, Hügel, Zeyer, Coulibaly, Ramdane, Willi, Borrozzino. 2. Reihe: Zeugwart Bauer, Co-Trainer Neitzel, Schumann, Zkitischwili, Kehl, Kiknadse, Physiotherapeuten Vetter und Schillinger, Mannschaftsarzt Roesinger. 3. Reihe: Co-Trainer Sarstedt, Diarra, Männer, Schwehr, Zandi, Dorn, Gerber, Zamtaradse, Tanko, Trainer Finke. Vorne: Ben Slimane, Hermel, Müller, Bruns, Schoppel, Golz, Reus, Dreyer, Kondé, But, Kobiaschwili.

Bundesliga 2001/2002

1. FC Köln

Torhüter
Bade, Alexander	10	0
Pröll, Markus	24	0

Abwehr
Bulajic, Spasoje	2	0
Cichon, Thomas	26	1
Cullmann, Carsten	28	1
Dziwior, Janosch	10	0
Keller, Jens	26	0
Sichone, Moses	13	0
Sinkala, Andrew	8	2
Song, Rigobert	16	0
Zellweger, Marc	13	1

Mittelfeld
Balitsch, Hanno	24	0
Baranek, Miroslav	21	1
Kreuz, Markus	27	1
Lottner, Dirk	27	9
Nessou, Efangelos	3	0
Reeb, Jörg	16	0
Springer, Christian	32	2
Voigt, Alexander	22	0

Angriff
Arweladse, Archil	3	0
Donkov, Georgi	8	0
Kurth, Markus	30	5
Laslandes, Lilian	5	0
Ouedraogo, Alhassane	2	0
Pivaljevic, Darko	3	0
Reich, Marco	24	0
Scherz, Matthias	29	3
Timm, Christian	10	0

Trainer
Lienen, Ewald (geb. 28.11.53), bis 28.1.02
John, Christoph (24.12.58), 29.1.-14.2.02
Funkel, Friedhelm (10.12.53), ab 15.2.02

1. FC Köln - Hintere Reihe von links: Bulajic, Scherz, Donkov, Baranek, Springer, Lottner, Cullmann, Cichon. Mitte: Co-Trainer Kocian, Betreuer Lüken, Busfahrer Dick, Reich, Arweladse, Reeb, Voigt, Kurth, Timm, Keller, Mannschaftsarzt Dr. Schäferhoff, Torwarttrainer Herings, Mannschaftsarzt Böhle, Trainer Lienen. Vorne: Physiotherapeut Kuhlbach, Ouedraogo, Kreuz, Pröll, Sinkala, Sichone, Bade, Pivaljevic, Dziwior, Physiotherapeut Schäfer.

FC St. Pauli

Torhüter
Bulat, Tihomir	17	0
Henzler, Simon	17	0

Abwehr
Adamu, Yakubu	4	0
Amadou, Moudachirou	21	0
Gibbs, Cory	25	1
Kientz, Jochen	21	1
Kolinger, Dubravko	8	0
Scheinhardt, Daniel	8	0
Stanislawski, Holger	34	0
Trulsen, André	17	2

Mittelfeld
Bajramovic, Zlatan	23	2
Baris, Deniz	20	0
Berre, Morten	10	0
Bürger, Henning	25	0
Held, Oliver	20	0
Inceman, Ugur	20	1
Kowalenko, Dema	5	0
Lotter, Markus	1	0
Mansourian, Ali Reza	4	0
Meggle, Thomas	31	10
Meier, Alexander	2	0
Racanel, Catalin	7	0
Rahn, Christian	31	3

Angriff
Albrecht, Philip	1	0
Cenci, Matias	13	1
Konetzke, Toralf	10	1
Marcao	19	2
Patschinski, Nico	28	8
Rath, Marcel	31	4

Trainer
Demuth, Dietmar (geb. 14.1.55)

FC St. Pauli - Hintere Reihe von links: Betreuer Zadach, Puschmann, Lotter, Bürger, Rath, Bajramovic, Gibbs, Amadou, Matthies, Patschinski, Trulsen. Mitte: Mannschaftsärzte Dr. Lütten und Dr. Holz, Physiotherapeut Eplinius, Masseur Wollmann, Zeugwart Bubke, Meggle, Adamu, Held, Inceman, Baris, Torwarttrainer Ippig, Co-Trainer Philipkowski, Trainer Demuth. Vorne: Stanislawski, Scheinhardt, Rahn, Mansourian, Bulat, Henzler, Konetzke, Racanel, Basic, Kolinger

Milliardenliga zwischen Boom und Pleite

1. Spieltag: Samstag, 28.7.2001

Arie van Lent beschert „Fohlen" Traumdebüt

Borussia Mönchengladbach - FC Bayern München   **1:0 (1:0)**
Gladbach: Stiel - Eberl, Korell, Pletsch, Witeczek - Hausweiler, Nielsen, Demo (83. Asanin) - Korzynietz (72. Küntzel), van Lent, van Houdt (78. Ulich)
FC Bayern: Kahn - Salihamidzic, R. Kovac, Linke, Lizarazu - Hargreaves, Effenberg, N. Kovac (78. Zickler), Sergio (46. Scholl) - Jancker (68. Santa Cruz), Elber
Tor: 1:0 van Lent (23.) - **SR:** Steinborn (Sinzig) - **ZS:** 34.500 (ausverkauft) - **Gelb:** Effenberg, Jancker, N. Kovac, Hargreaves

Bayer 04 Leverkusen - VfL Wolfsburg   **2:1 (1:0)**
Leverkusen: Butt - Sebescen, Lucio, Nowotny - Schneider (85. Vranjes), Ramelow, Bastürk, Ballack (64. Zivkovic), Zé Roberto (75. Placente) - Neuville, Kirsten
Wolfsburg: Reitmaier - Plassnegger, Kryger, Schnoor, Madsen - Karhan, Kühbauer (59. Munteanu), Akonnor - Ponte (59. Greiner), Rische (78. Feldhoff), Petrov
Tore: 1:0 Lucio (40.), 2:0 Lucio (47.), 2:1 Feldhoff (86.) - **SR:** Albrecht (Kaufbeuren) - **ZS:** 22.000 - **Gelb:** Bastürk, Neuville - Madsen

Borussia Dortmund - 1. FC Nürnberg   **2:0 (2:0)**
Dortmund: Lehmann - Evanilson, Wörns, Kohler, Dede (32. Stevic) - Reuter, Ricken, Heinrich - Rosicky (86. Sörensen), Koller, Amoroso (75. Reina)
Nürnberg: Kampa - Frey (78. Ogungbure), Kos, Johansson, Wiblishauser - Sanneh, Nikl, Stoilov (68. Hobsch), Müller (68. Krzynowek) - Gomis, Michalke
Tore: 1:0 Amoroso (12.), 2:0 Amoroso (33.) - **SR:** Weiner (Hildesheim) - **ZS:** 65.500 - **Gelb:** Dede, Stevic, Ricken - Johansson, Michalke

TSV München 1860 - 1. FC Kaiserslautern   **0:4 (0:0)**
1860: Jentzsch - Greilich, Zelic, Riseth - Wiesinger, Cerny (27. Dheedene), Häßler, Mykland, Weissenberger (56. Bierofka) - Ipoua (56. Agostino), Max
1. FCK: G. Koch - H. Koch, Hengen, Knavs - Basler, Ramzy, Bjelica, Riedl, Strasser (79. Klos) - Marschall (65. Mifsud), Pettersson (81. Ratinho)
Tore: 0:1 Strasser (57.), 0:2 Marschall (60.), 0:3 Pettersson (76.), 0:4 H. Koch (83., FE) - **SR:** Krug (Gelsenkirchen) - **ZS:** 26.500 - **Gelb:** Zelic, Bierofka - Knavs, Marschall, Basler

SC Freiburg - SV Werder Bremen   **3:0 (0:0)**
Freiburg: Golz - Müller, Kehl, Diarra - Willi (62. Zkitischwili), But (77. Kondé), Zeyer, Coulibaly, Kobiaschwili - Tanko, Ramdane (69. Iaschwili)
Bremen: Rost - Baumann, Verlaat, Krstajic - Frings, Ernst (66. Klasnic), Herzog, Eilts (74. Silva), Stalteri, Bode - Ailton
Tore: 1:0 Kobiaschwili (50., FE), 2:0 Tanko (87.), 3:0 Coulibaly (90.) - **SR:** Strampe (Handorf) - **ZS:** 25.000 (ausverkauft) - **Gelb:** Kehl - Ailton, Frings, Herzog - **Gelb-Rot:** Stalteri (83.)

FC Energie Cottbus - Hamburger SV   **1:0 (0:0)**
Cottbus: Piplica - Hujdurovic, Sebök, Matyus - Reghecampf, Kaluzny, Akrapovic, Miriuta, Kobylanski (89. Scherbe) - Labak (62. Topic), Franklin (62. Brasilia)
HSV: Pieckenhagen - Hertzsch, Hoogma, Panadic - Groth, Töfting, Albertz, Hollerbach - Mahdavikia, Meijer (61. Yeboah), Ketelaer (46. Heinz)
Tor: 1:0 Miriuta (90., FE) - **SR:** Dr. Wack (Biberbach) - **ZS:** 17.783 - **Gelb:** Kobylanski, Brasilia - Mahdavikia, Pieckenhagen

VfB Stuttgart - 1. FC Köln   **0:0**
Stuttgart: Hildebrand - Hinkel, Marques, Bordon, Wenzel - Tiffert (84. Seitz), Soldo, Balakov, Todt (46. Meißner) - Adhemar (46. Dundee), Kuranyi
Köln: Bade - Scherz, Cullmann, Cichon, Keller - Reeb, Lottner (80. Kurth), Springer - Reich (71. Balitsch), Baranek, Kreuz (89. Ouedraogo)
SR: Dr. Merk (Kaiserslautern) - **ZS:** 32.000 - **Gelb:** Soldo - Cichon

FC St. Pauli - Hertha BSC Berlin (So., 29.7.)   **0:0**
St. Pauli: Bulat - Amadou, Stanislawski, Scheinhardt - Held, Inceman (71. Bajramovic), Meggle, Bürger, Rahn - Baris (86. Baris), Cenci (81. Konetzke)
Hertha BSC: Kiraly - Rehmer, van Burik, Konstantinidis - Hartmann, Deisler, Beinlich, Marcelinho, Goor (81. Neuendorf) - Alves, Preetz
SR: Aust (Köln) - **ZS:** 19.700 (ausverkauft) - **Gelb:** Held - Rehmer, Konstantinidis

FC Schalke 04 - FC Hansa Rostock (Di., 21.8.)   **3:1 (1:1)**
Schalke: Reck - Hajto, Waldoch, van Kerckhoven - Vermant, van Hoogdalem (55. Wilmots), Möller (84. Sand), Kmetsch, Böhme - Agali, Mpenza (29. Asamoah)
Rostock: Schober - Hill, Jakobsson, Schröder (88. Benken), Rydlewicz, Lantz (85. Weißhaupt), Hirsch, Maul - di Salvo (82. Arvidsson), Salou, Beierle
Tore: 1:0 Jakobsson (9., ET), 1:1 Schröder (44.), 2:1 Agali (60.), 3:1 Böhme (89., FE) - **SR:** Kemmling (Kleinburgwedel) - **ZS:** 60.683 (ausverkauft) - **Gelb:** Möller - Schröder, Jakobsson, Hirsch, Rydlewicz, Schober - **Gelb-Rot:** Asamoah (58.) - **Rot:** Beierle (49.) - **B.V.:** Schober hält HE von Böhme (80.)

2. Spieltag: Samstag, 4.8.2001

Lautern mit Moral und Glück weiter vorn

FC Bayern München - FC Schalke 04   **3:0 (3:0)**
FC Bayern: Kahn - R. Kovac, Thiam, Linke, Lizarazu - Salihamidzic, N. Kovac, Hargreaves, Scholl (85. Fink) - Pizarro (85. Jancker), Elber (71. Zickler)
Schalke: Reck - Hajto, Nemec (46. Kmetsch), Waldoch - Oude Kamphuis (46. van Hoogdalem), Asamoah (76. Vermant), Möller, van Kerckhoven, Böhme - Sand, Mpenza
Tore: 1:0 Pizarro (6.), 2:0 Scholl (13.), 3:0 N. Kovac (39.) - **SR:** Fandel (Kyllburg) - **ZS:** 63.000 (ausverkauft) - **Gelb:** Hajto, Sand, Asamoah, van Hoogdalem

VfL Wolfsburg - FC St. Pauli   **1:1 (0:1)**
Wolfsburg: Reitmaier - Biliskov, Schnoor (71. Feldhoff), Kryger (75. Plassnegger) - Karhan, Akonnor, Kühbauer, Madsen (58. Munteanu) - Ponte, Rische, Petrov
St. Pauli: Bulat - Held, Stanislawski, Scheinhardt, Amadou - Inceman (74. Adamu), Meggle, Bürger, Rahn - Rath (83. Patschinski), Cenci (56. Bajramovic)
Tore: 0:1 Rahn (7.), 1:1 Karhan (85.) - **SR:** Stark (Ergolding) - **ZS:** 16.187 - **Gelb:** Kühbauer, Ponte, Plassnegger - Amadou, Rath

Hertha BSC Berlin - Borussia Dortmund   **0:2 (0:0)**
Hertha BSC: Kiraly - van Burik (80. Hartmann), Simunic, Konstantinidis - Rehmer, Deisler, Beinlich, Marcelinho, Goor (78. Neuendorf) - Alves (78. Sverrisson), Preetz
Dortmund: Lehmann - Evanilson, Wörns, Kohler, Heinrich - Reuter, Ricken (74. Reina), Stevic - Rosicky (89. Metzelder), Koller, Amoroso (78. Oliseh)
Tore: 0:1 Amoroso (52.), 0:2 Stevic (87.) - **SR:** Dr. Fleischer (Hallstadt) - **ZS:** 55.000 (ausverkauft) - **Gelb:** Konstantinidis, Simunic, Neuendorf - Heinrich

1. FC Köln - TSV München 1860   **2:0 (0:0)**
Köln: Bade - Reeb, Cullmann, Sichone, Keller - Baranek, Springer, Lottner (83. Voigt) - Reich (73. Scherz), Kurth, Kreuz (82. Ouedraogo)
1860: Jentzsch - Hoffmann, Riseth, Greilich (52. Tapalovic), Tyce (53. Dheedene) - Wiesinger (68. Ipoua), Borimirov, Häßler, Mykland - Max, Schroth
Tore: 1:0 Kurth (47.), 2:0 Kurth (88.) - **SR:** Berg (Konz) - **ZS:** 30.000 - **Gelb:** Baranek, Sichone - Riseth, Schroth, Tapalovic

SV Werder Bremen - FC Energie Cottbus   **3:2 (1:2)**
Bremen: Rost - Baumann, Verlaat, Frings, Ernst, Banovic, Eilts, Herzog, Bode - Klasnic, Ailton (88. Skripnik)
Cottbus: Piplica - Hujdurovic, Sebök, Matyus - Reghecampf, Akrapovic, Miriuta, Kaluzny, Kobylanski (75. Brasilia) - Labak, Topic
Tore: 0:1 Ernst (15.), 1:1 Kaluzny (25.), 1:2 Labak (29.), 2:2 Ailton (55.), 3:2 Ailton (64.) - **SR:** Keßler (Höhenkirchen) - **ZS:** 26.040 - **Gelb:** Banovic, Ailton - Piplica, Hujdurovic, Reghecampf, Miriuta, Topic

Hamburger SV - VfB Stuttgart   **2:0 (1:0)**
HSV: Pieckenhagen - Hertzsch, Hoogma, Panadic - Groth (63. Maltritz), Töfting, Albertz (70. Heinz), Hollerbach - Mahdavikia, Yeboah, Meijer (86. Benjamin)
Stuttgart: Hildebrand - Hinkel, Marques, Bordon, Wenzel - Tiffert, Soldo (75. Vujevic), Balakov, Todt (53. Kuranyi) - Ganea (75. Adhemar), Seitz
Tore: 1:0 Albertz (40.), 2:0 Meijer (50.) - **SR:** Wagner (Hofheim) - **ZS:** 39.026 - **Gelb:** Hertzsch

FC Hansa Rostock - Bayer 04 Leverkusen   **0:3 (0:1)**
Rostock: Schober - Benken, Jakobsson, Oswald - Rydlewicz, Lantz, Weißhaupt, Hirsch, Maul - Salou (87. di Salvo), Arvidsson (63. Beierle)
Leverkusen: Butt - Lucio, Ramelow, Nowotny - Sebescen, Schneider, Bastürk (78. Ojigwe), Placente, Zé Roberto (46. Vranjes) - Kirsten, Neuville (70. Brdaric)
Tore: 0:1 Bastürk (12.), 0:2 Kirsten (65.), 0:3 Sebescen (76.) - **SR:** Meyer (Braunschweig) - **ZS:** 25.100 - **Gelb:** Hirsch, Rydlewicz, Beierle - Ramelow, Schneider, Vranjes, Placente

1. FC Nürnberg - SC Freiburg (So., 5.8.)   **2:0 (1:0)**
Nürnberg: Kampa - Frey, Kos, Johansson, Wiblishauser - Sanneh, Nikl (81. Ogungbure), Jarolim (73. Hobsch), L. Müller - Gomis (8. Driller), Michalke
Freiburg: Golz - St. Müller, Kehl, Diarra - Zkitischwili (66. Willi), Coulibaly, Zeyer, But (46. Bruns), Kobiaschwili - Tanko, Ramdane (37. Iaschwili)
Tore: 1:0 Michalke (23.), 2:0 Gomis (56.) - **SR:** Jansen (Essen) - **ZS:** 36.700 - **Gelb:** Kos - Ramdane, Kobiaschwili

1. FC Kaiserslautern - Borussia Mönchengladbach (So., 5.8.)   **3:2 (0:0)**
1. FCK: G. Koch - H. Koch, Hengen, Knavs, Strasser - Basler, Ramzy, Lincoln (65. Ratinho), Riedl (79. Marschall) - Lokvenc, Pettersson (60. Klose)
Gladbach: Stiel - Eberl, Korell, Pletsch, Witeczek - Hausweiler, Nielsen, Demo - Korzynietz (57. Küntzel), van Lent (74. Asanin), van Houdt (76. Mieciel)
Tore: 0:1 van Lent (52.), 0:2 van Lent (61.), 1:2 Basler (67.), 2:2 H. Koch (89., FE), 3:2 Ramzy (90.) - **SR:** Sippel (München) - **ZS:** 40.600 - **Gelb:** Lincoln - van Lent, Korell

		Sp.	g.	u.	v.	Tore	Diff.	Punkte
1.	1. FC Kaiserslautern	1	1	0	0	4 : 0	+ 4	3
2.	SC Freiburg	1	1	0	0	3 : 0	+ 3	3
3.	Borussia Dortmund	1	1	0	0	2 : 0	+ 2	3
4.	Bayer Leverkusen	1	1	0	0	2 : 1	+ 1	3
5.	Energie Cottbus	1	1	0	0	1 : 0	+ 1	3
.	Bor. M'gladbach	1	1	0	0	1 : 0	+ 1	3
7.	Hertha BSC Berlin	1	0	1	0	0 : 0	± 0	1
.	1. FC Köln	1	0	1	0	0 : 0	± 0	1
.	FC St. Pauli	1	0	1	0	0 : 0	± 0	1
.	VfB Stuttgart	1	0	1	0	0 : 0	± 0	1
11.	Hansa Rostock	0	0	0	0	0 : 0	± 0	0
.	Schalke 04	0	0	0	0	0 : 0	± 0	0
13.	VfL Wolfsburg	1	0	0	1	1 : 2	- 1	0
14.	Bayern München	1	0	0	1	0 : 1	- 1	0
.	Hamburger SV	1	0	0	1	0 : 1	- 1	0
16.	1. FC Nürnberg	1	0	0	1	0 : 2	- 2	0
17.	Werder Bremen	1	0	0	1	0 : 3	- 3	0
18.	TSV München 1860	1	0	0	1	0 : 4	- 4	0

		Sp.	g.	u.	v.	Tore	Diff.	Punkte
1.	1. FC Kaiserslautern	2	2	0	0	7 : 2	+ 5	6
2.	Bayer Leverkusen	2	2	0	0	5 : 1	+ 4	6
3.	Borussia Dortmund	2	2	0	0	4 : 0	+ 4	6
4.	1. FC Köln	2	1	1	0	2 : 0	+ 2	4
5.	Bayern München	2	1	0	1	3 : 1	+ 2	3
6.	SC Freiburg	2	1	0	1	3 : 2	+ 1	3
7.	Hamburger SV	2	1	0	1	2 : 1	+ 1	3
8.	Energie Cottbus	2	1	0	1	3 : 3	± 0	3
.	Bor. M'gladbach	2	1	0	1	3 : 3	± 0	3
10.	1. FC Nürnberg	2	1	0	1	2 : 2	± 0	3
11.	Werder Bremen	2	1	0	1	3 : 5	- 2	3
12.	FC St. Pauli	2	0	2	0	1 : 1	± 0	2
13.	VfL Wolfsburg	2	0	1	1	2 : 3	- 1	1
14.	Hertha BSC Berlin	2	0	1	1	0 : 2	- 2	1
.	VfB Stuttgart	2	0	1	1	0 : 2	- 2	1
16.	Hansa Rostock	1	0	0	1	0 : 3	- 3	0
.	Schalke 04	1	0	0	1	0 : 3	- 3	0
18.	TSV München 1860	2	0	0	2	0 : 6	- 6	0

Bundesliga 2001/2002

3. Spieltag: Samstag, 11.8.2001
Rosicky zaubert, Amoroso trifft - glücklicher BVB

Bayer 04 Leverkusen - FC Bayern München   1:1 (0:0)
Leverkusen: Butt - Sebescen, Lucio, Nowotny, Placente - Schneider, Ramelow, Bastürk, Vranjes - Kirsten (77. Brdaric), Neuville
FC Bayern: Kahn - R. Kovac, Thiam, Linke - Salihamidzic, N. Kovac (78. Jancker), Hargreaves, Scholl (68. Sagnol), Lizarazu - Elber (89. Santa Cruz), Pizarro
Tore: 1:0 Kirsten (69.), 1:1 Elber (79.) - **SR:** Krug (Gelsenkirchen) - **ZS:** 22.500 (ausverkauft) - **Gelb:** Ramelow, Sebescen, Vranjes - Pizarro, Hargreaves, R. Kovac, Elber, Thiam

Borussia Dortmund - VfL Wolfsburg   4:0 (3:0)
Dortmund: Lehmann - Evanilson, Wörns, Kohler (85. Madouni), Dede - Reuter, Ricken, Heinrich (41. Oliseh) - Rosicky, Koller, Amoroso (60. Sörensen)
Wolfsburg: Reitmaier - Biliskov, Schnoor (46. Franz), Petkovic, Kryger - Karhan, Akonnor, Kühbauer (46. Munteanu), Plassnegger - Petrov (64. Habryka), Ponte
Tore: 1:0 Amoroso (29.), 2:0 Ricken (33.), 3:0 Koller (41.), 4:0 Rosicky (84.) - **SR:** Dr. Wack (Biberbach) - **ZS:** 66.000 - **Gelb:** Kohler - Petkovic, Kühbauer

SC Freiburg - Hertha BSC Berlin   1:3 (0:2)
Freiburg: Golz - Müller, Kehl, Diarra - Willi (46. Ramdane), But (77. Zkitischwili), Zeyer (66. Sellimi), Coulibaly, Kobiaschwili - Iaschwili, Tanko
Hertha BSC: Kiraly - Rehmer, van Burik, Simunic - Hartmann, Maas, Deisler (77. Dardai), Beinlich (84. Neuendorf), Goor - Alves (54. Schmidt), Preetz
Tore: 0:1 Deisler (11., FE), 0:2 Deisler (42.), 0:3 Preetz (69.), 1:3 Iaschwili (88.) - **SR:** Fandel (Kyllburg) - **ZS:** 25.000 (ausverkauft) - **Gelb:** Kehl - Beinlich, Deisler - **Gelb-Rot:** Simunic (51.)

TSV München 1860 - Hamburger SV   1:1 (0:1)
1860: Jentzsch - Borimirov, Riseth, Hoffmann, Dheedene - Wiesinger (59. Schroth), Pfuderer, Häßler (53. Bierofka), Weissenberger - Max, Agostino
HSV: Pieckenhagen - Hertzsch, Hoogma, Panadic - Groth, Töfting, Meijer (86. Antar), Hollerbach (74. Maltritz) - Mahdavikia, Yeboah, Albertz (74. Heinz)
Tore: 0:1 Hoogma (6.), 1:1 Agostino (67.) - **SR:** Steinborn (Sinzig) - **ZS:** 25.500 - **Gelb:** Meijer

FC Energie Cottbus - 1. FC Nürnberg   1:0 (1:0)
Cottbus: Piplica - da Silva, Sebök, Matyus - Reghecampf (75. Thielemann), Akrapovic, Kaluzny, Kobylanski (66. Helbig), Brasilia (81. Scherbe), Topic
Nürnberg: Kampa - Frey (66. Krzynowek), Kos, Johansson, Wiblishauser - Sanneh, Nikl, Jarolim, Müller - Gomis (71. Hobsch), Michalke
Tor: 1:0 Kobylanski (20.) - **SR:** Gagelmann (Bremen) - **ZS:** 15.702 - **Gelb:** Kaluzny, Helbig, Thielemann - Frey, Kos, Krzynowek

VfB Stuttgart - SV Werder Bremen   0:0
Stuttgart: Hildebrand - Hinkel, Marques, Bordon (53. Wenzel), Carnell - Tiffert (77. Hleb), Soldo, Balakov, Todt - Dundee, Adhemar
Bremen: Rost - Baumann, Verlaat, Skripnik - Frings, Lisztes, Eilts, Ernst (83. Stalteri), Herzog, Bode - Ailton
SR: Koop (Lüttenmark) - **ZS:** 22.000 - **Gelb:** Adhemar - Ailton, Ernst

1. FC Kaiserslautern - 1. FC Köln   2:1 (2:0)
1. FCK: G. Koch - H. Koch, Hengen (56. Kullig), Knavs, Strasser - Basler, Ratinho, Lincoln (68. Riedl), Ramzy - Lokvenc, Pettersson (72. Klose)
Köln: Bade - Reeb, Cullmann, Sichone, Keller (80. Voigt) - Baranek, Springer, Lottner - Reich (46. Scherz), Kurth, Kreuz (71. Arweladse)
Tore: 1:0 Lokvenc (27.), 2:0 Lokvenc (37.), 2:1 Springer (47.) - **SR:** Kemmling (Kleinburgwedel) - **ZS:** 39.603 - **Gelb:** Basler, Riedl, Lottner, Sichone, Scherz

FC St. Pauli - FC Hansa Rostock (So., 12.8.)   0:1 (0:1)
St. Pauli: Bulat - Trulsen (67. Baris), Stanislawski, Amadou - Held, Bürger, Meggle (46. Bajramovic), Inceman (67. Konetzke), Rahn - Cenci, Rath
Rostock: Schober - Benken, Jakobsson, Oswald - Rydlewicz, Lantz (90. Schröder), Weißhaupt, Hirsch, Maul (76. Hill) - Beierle, Salou (62. di Salvo)
Tor: 0:1 Beierle (20.) - **SR:** Weiner (Hildesheim) - **ZS:** 19.700 (ausverkauft) - **Gelb:** Rath, Rahn, Stanislawski, Maul, di Salvo, Rydlewicz

Borussia Mönchengladbach - FC Schalke 04 (So., 12.8.)   0:0
Gladbach: Stiel - Eberl, Korell (51. Ulich), Pletsch, Witeczek - Hausweiler, Nielsen, Demo - Korzynietz (70. Küntzel), van Lent, van Houdt
Schalke: Reck - Hajto, Waldoch, van Kerckhoven - Asamoah (62. Vermant), van Hoogdalem (73. Oude Kamphuis), Möller, Kmetsch, Böhme - Sand (56. Agali), Mpenza
SR: Fröhlich (Berlin) - **ZS:** 34.500 (ausverkauft) - **Gelb:** Eberl, Pletsch - Vermant

4. Spieltag: Samstag, 18.8.2001
Arena AufSchalke erlebt glanzvolle Liga-Premiere

FC Schalke 04 - Bayer 04 Leverkusen   3:3 (2:0)
Schalke: Reck - Hajto, Waldoch - Oude Kamphuis (26. van Hoogdalem), Asamoah (79. Djordjevic), Kmetsch, Möller (77. Wilmots), van Kerckhoven, Böhme - Agali, Mpenza
Leverkusen: Butt - Lucio, Nowotny, Sebescen, Schneider, Ramelow, Bastürk, Ballack (83. Berbatov), Placente (83. Vranjes) - Kirsten, Neuville (70. Brdaric)
Tore: 1:0 Hajto (10.), 2:0 Böhme (40., FE), 2:1 Ballack (58.), 2:2 Kirsten (73.), 3:2 Mpenza (80.), 3:3 Schneider (90.) - **SR:** Berg - **ZS:** 60.683 (ausv.) - **G.:** Böhme, Kmetsch, Agali - Lucio, Nowotny, Brdaric

FC Hansa Rostock - Borussia Dortmund   0:2 (0:2)
Rostock: Schober - Hill, Jakobsson, Schröder, Emara - Rydlewicz, Lantz, Weißhaupt (70. di Salvo), Hirsch, Baumgart (46. Salou) - Beierle
Dortmund: Lehmann - Wörns, Metzelder (81. Madouni) - Evanilson, Reuter, Ricken (74. Stevic), Oliseh, Dede - Rosicky, Koller, Amoroso (64. Sörensen)
Tore: 0:1 Rosicky (4.), 0:2 Oliseh (13.) - **SR:** Albrecht (Kaufbeuren) - **ZS:** 25.900 - **Gelb:** Lantz, Rydlewicz - Ricken, Evanilson, Madouni

VfL Wolfsburg - SC Freiburg   1:1 (0:1)
Wolfsburg: Reitmaier - Greiner, Petkovic, Kryger - Karhan (53. Kennedy), Habryka (53. Kühbauer), Munteanu, Akonnor, Rau (53. Petrov) - Ponte, Rische
Freiburg: Golz - Müller, Diarra, Kobiaschwili - Willi (67. Schumann), Zeyer, Tanko (61. Ramdane), Kehl, Coulibaly - Sellimi, Iaschwili (81. Hermel)
Tore: 0:1 Sellimi (35.), 1:1 Munteanu (67.) - **SR:** Steinborn (Sinzig) - **ZS:** 11.766 - **Gelb:** Greiner, Kennedy - Kobiaschwili

SV Werder Bremen - TSV München 1860   1:3 (1:2)
Bremen: Rost - Baumann, Verlaat, Frings, Banovic, Eilts (46. Lisztes), Ernst (65. Borowski), Herzog, Bode (46. Silva) - Ailton, Klasnic
1860: Jentzsch - Pfuderer, Riseth, Hoffmann - Borimirov, Mykland, Häßler (62. Dheedene), Tapalovic, Weissenberger (68. Ipoua) - Schroth, Agostino
Tore: 0:1 Borimirov (30.), 1:1 Herzog (34., FE), 1:2 Agostino (39.), 1:3 Schroth (58.) - **SR:** Aust (Köln) - **ZS:** 25.968 - **Gelb:** Baumann, Verlaat, Herzog, Frings, Ailton - Tapalovic, Schroth - **Rot:** Agostino (66.)

1. FC Nürnberg - VfB Stuttgart   2:4 (1:1)
Nürnberg: Kampa - Frey (73. Junior), Kos, Johansson, Wiblishauser - Sanneh, Nikl, Jarolim, Müller (77. Krzynowek) - Gomis (76. Hobsch), Michalke
Stuttgart: Hildebrand - Hinkel, Marques, Bordon, Wenzel - Meißner, Hleb (90. Seitz), Soldo, Balakov (75. Adhemar), Todt - Ganea (83. Tiffert)
Tore: 0:1 Ganea (4.), 1:1 Nikl (38.), 2:1 Wenzel (50., ET), 2:2 Todt (58.), 2:3 Ganea (61.), 2:4 Adhemar (88.) - **SR:** Meyer (Braunschweig) - **ZS:** 40.000 - **Gelb:** Kos, Johansson, Müller, Sanneh, Michalke - Soldo, Todt

FC Bayern München - FC St. Pauli   2:0 (2:0)
FC Bayern: Kahn - Kuffour, Thiam, Linke - Sagnol (78. Salihamidzic), Hargreaves, Sforza (68. Fink), Lizarazu - Jancker, Elber, Sergio (18. Zickler)
St. Pauli: Bulat - Baris (66. Meggle), Stanislawski, Amadou, Scheinhardt - Lotter (57. Inceman), Held, Bürger, Rahn (57. Racanel) - Patschinski, Rath
Tore: 1:0 Sforza (13.), 2:0 Elber (45.) - **SR:** Jansen (Essen) - **ZS:** 60.000 - **Gelb:** Linke - Bürger, Inceman

Hamburger SV - 1. FC Kaiserslautern   2:3 (0:3)
HSV: Pieckenhagen - Hertzsch, Hoogma, Panadic - Groth, Töfting (90. Maltritz), Albertz (46. Bester), Hollerbach (31. Ketelaer) - Mahdavikia, Meijer, Heinz
1. FCK: G. Koch - H. Koch (66. Klos), Hengen, Knavs, Strasser - Basler, Ramzy, Lincoln, Ratinho (57. Riedl) - Lokvenc, Pettersson (72. Klose)
Tore: 0:1 Lincoln (18.), 0:2 Lincoln (22.), 0:3 Strasser (28.), 1:3 Hoogma (56.), 2:3 Meijer (64.) - **SR:** Dr. Fleischer (Hallstadt) - **ZS:** 42.073 - **Gelb:** Hoogma, Pieckenhagen - Klose

Hertha BSC Berlin - FC Energie Cottbus (So., 19.8.)   2:3 (1:0)
Hertha BSC: Kiraly - Rehmer, van Burik, Konstantinidis - Hartmann (60. Pinto), Maas (72. Neuendorf), Marcelinho, Beinlich (68. Dardai), Goor - Alves, Preetz
Cottbus: Piplica - Kaluzny, Sebök, da Silva - Reghecampf, Thielemann, Akrapovic, Termina (82. Scherbe), Kobylanski - Labak (77. Helbig), Topic (77. Brasilia)
Tore: 1:0 Marcelinho (26.), 1:1 da Silva (56.), 1:2 Kobylanski (64.), 1:3 Brasilia (80.), 2:3 Preetz (90.) - **SR:** Stark (Ergolding) - **ZS:** 42.791 - **Gelb:** Rehmer - Labak, Thielemann, Scherbe

1. FC Köln - Borussia Mönchengladbach (So., 19.8.)   0:2 (0:0)
Köln: Bade - Reeb, Cullmann, Cichon (73. Baranek), Keller - Voigt, Lottner (73. Arweladse), Springer - Scherz (65. Kreuz), Kurth, Reich
Gladbach: Stiel - Eberl, Korell, Pletsch (62. Asanin), Witeczek - Hausweiler, Nielsen, Demo - Korzynietz (77. Ulich), van Lent, van Houdt (80. Küntzel)
Tore: 0:1 Korzynietz (47.), 0:2 van Lent (90.) - **SR:** Wagner (Hofheim) - **ZS:** 41.836 (ausverkauft) - **Gelb:** Reeb, Voigt - Pletsch, Korell, van Lent, Eberl

	Sp.	g.	u.	v.	Tore	Diff.	Punkte
1. Borussia Dortmund	3	3	0	0	8 : 0	+ 8	9
2. 1. FC Kaiserslautern	3	3	0	0	9 : 3	+ 6	9
3. Bayer Leverkusen	3	2	1	0	6 : 2	+ 4	7
4. Energie Cottbus	3	2	0	1	4 : 3	+ 1	6
5. Bayern München	3	1	1	1	4 : 2	+ 2	4
6. 1. FC Köln	3	1	1	1	3 : 2	+ 1	4
. Hamburger SV	3	1	1	1	3 : 2	+ 1	4
8. Bor. M'gladbach	3	1	1	1	3 : 3	± 0	4
. Hertha BSC Berlin	3	1	1	1	3 : 3	± 0	4
10. Werder Bremen	3	1	1	1	3 : 5	- 2	4
11. SC Freiburg	3	1	0	2	4 : 5	- 1	3
12. 1. FC Nürnberg	3	1	0	2	2 : 3	- 1	3
13. Hansa Rostock	2	1	0	1	1 : 3	- 2	3
14. FC St. Pauli	3	0	2	1	1 : 2	- 1	2
15. VfB Stuttgart	3	0	2	1	0 : 2	- 2	2
16. Schalke 04	2	0	1	1	0 : 3	- 3	1
17. VfL Wolfsburg	3	0	1	2	2 : 7	- 5	1
18. TSV München 1860	3	0	1	2	1 : 7	- 6	1

	Sp.	g.	u.	v.	Tore	Diff.	Punkte
1. Borussia Dortmund	4	4	0	0	10 : 0	+10	12
2. 1. FC Kaiserslautern	4	4	0	0	12 : 5	+ 7	12
3. Energie Cottbus	4	3	0	1	7 : 5	+ 2	9
4. Bayer Leverkusen	4	2	2	0	9 : 5	+ 4	8
5. Bayern München	4	2	1	1	6 : 2	+ 4	7
6. Bor. M'gladbach	4	2	1	1	5 : 3	+ 2	7
7. VfB Stuttgart	4	1	2	1	4 : 4	± 0	5
8. Hamburger SV	4	1	1	2	5 : 5	± 0	4
9. Hertha BSC Berlin	4	1	1	2	5 : 6	- 1	4
. SC Freiburg	4	1	1	2	5 : 6	- 1	4
11. 1. FC Köln	4	1	1	2	3 : 4	- 1	4
12. Werder Bremen	4	1	1	2	4 : 8	- 4	4
. TSV München 1860	4	1	1	2	4 : 8	- 4	4
14. 1. FC Nürnberg	4	1	0	3	4 : 7	- 3	3
15. Hansa Rostock	3	1	0	2	1 : 5	- 4	3
16. Schalke 04	3	0	2	1	3 : 6	- 3	2
17. FC St. Pauli	4	0	2	2	1 : 4	- 3	2
18. VfL Wolfsburg	4	0	2	2	3 : 8	- 5	2

Milliardenliga zwischen Boom und Pleite

5. Spieltag: Samstag, 8.9.2001
Lehrmeister Hitzfeld besiegt Schüler Sammer

Borussia Mönchengladbach - Bayer 04 Leverkusen   0:1 (0:1)
Gladbach: Stiel - Witeczek, Korell, Pletsch, Münch - Hausweiler, Nielsen (72. Asanin), Demo (63. Ulich) - Korzynietz (72. Mieciel), van Lent, van Houdt
Leverkusen: Butt - Sebescen, Lucio, Nowotny, Zé Roberto (70. Ojigwe) - Schneider, Ramelow, Bastürk, Ballack (46. Placente) - Kirsten (65. Zivkovic), Neuville
Tor: 0:1 Butt (3., FE) - **SR:** Strampe (Handorf) - **ZS:** 30.184 - **Gelb:** Korell - Kirsten, Zivkovic, Schneider

Borussia Dortmund - FC Bayern München   0:2 (0:1)
Dortmund: Lehmann - Evanilson, Wörns, Kohler (69. Bobic), Dede - Reuter, Ricken, Oliseh - Rosicky, Koller, Amoroso
FC Bayern: Kahn - Sagnol, Kuffour, Linke, Lizarazu - Salihamidzic, Fink, Sforza (46. Hargreaves), N. Kovac (Jancker (78. Pizarro), Santa Cruz (78. Thiam)
Tore: 0:1 Salihamidzic (22.), 0:2 Santa Cruz (58.) - **SR:** Fröhlich (Berlin) - **ZS:** 68.600 (ausverkauft) - **Gelb:** Wörns - Fink, Kuffour

SC Freiburg - FC Hansa Rostock   1:1 (0:0)
Freiburg: Golz - Kondé, Kehl, Diarra - Willi, Zeyer, Coulibaly, But (58. Zkitischwili), Kobiaschwili - Sellimi, Iaschwili
Rostock: Schober - Benken, Jakobsson, Oswald - Rydlewicz, Wibran, Schröder (74. Brand), Lantz, Maul (89. Hill) - Arvidsson (74. Baumgart), di Salvo
Tore: 1:0 Benken (56., ET), 1:1 di Salvo (81.) - **SR:** Krug (Gelsenkirchen) - **ZS:** 24.500 - **Gelb:** Diarra - Rydlewicz, Schröder

TSV München 1860 - 1. FC Nürnberg   1:0 (0:0)
1860: Jentzsch - Riseth, Zelic, Pfuderer - Borimirov, Mykland (31. Bierofka), Häßler, Hoffmann, Weissenberger - Max (54. Ipoua, 67. Wiesinger), Schroth
Nürnberg: Kampa - Nikl, Kos, Johansson, Wiblishauser - Sanneh (74. Leitl), Frey, Jarolim, Müller (61. Krzynowek) - Gomis (79. Driller), Michalke
Tor: 1:0 Riseth (76.) - **SR:** Kircher (Rottenburg) - **ZS:** 40.200 - **Gelb:** Borimirov - Wiblishauser

VfB Stuttgart - Hertha BSC Berlin   0:0
Stuttgart: Hildebrand - Hinkel, Marques, Bordon, Wenzel - Hleb (62. Tiffert), Soldo, Balakov, Todt - Ganea (53. Carnell), Adhemar (72. Kuranyi)
Hertha BSC: Kiraly - Rehmer, van Burik, Schmidt (62. Alves) - Hartmann, Dardai, Deisler, Maas (46. Neuendorf), Goor - Preetz, Marcelinho (46. Sverrisson)
SR: Gagelmann (Bremen) - **ZS:** 22.500 - **Gelb:** Soldo, Adhemar, Tiffert, Bordon - Maas, Schmidt, Deisler, Dardai - **Rot:** Wenzel (52.)

FC St. Pauli - FC Schalke 04   0:2 (0:1)
St. Pauli: Bulat - Amadou (68. Mansourian), Stanislawski, Baris - Bajramovic, Held (46. Rahn), Meggle, Kientz, Bürger - Patschinski, Rath (63. Konetzke)
Schalke: Reck - Hajto, van Hoogdalem, van Kerckhoven - Vermant, Oude Kamphuis, Wilmots (87. Büskens), Kmetsch (38. Thon), Möller, Böhme - Agali (81. Mulder)
Tore: 0:1 Agali (35.), 0:2 Agali (77.) - **SR:** Keßler (Höhenkirchen) - **ZS:** 20.725 (ausverkauft) - **Gelb:** Möller, Wilmots

FC Energie Cottbus - VfL Wolfsburg   3:3 (2:2)
Cottbus: Piplica - da Silva, Sebök, Matyus - Reghecampf, Kaluzny, Miriuta, Akrapovic, Kobylanski - Helbig (76. Topic), Labak (67. Brasilia)
Wolfsburg: Reitmaier - Biliskov, Petkovic, Kryger (76. Kennedy) - Karhan, Akonnor, Munteanu, Rau, Petrov - Ponte (46. Maric), Juskowiak (78. Greiner)
Tore: 1:0 Kaluzny (2.), 1:1 Juskowiak (28.), 1:2 Petkovic (39.), 2:2 da Silva (45.), 3:2 da Silva (47.), 3:3 Kennedy (77.) - **SR:** Sippel (München) - **ZS:** 14.442 - **Gelb:** Sebök, Miriuta - Kryger, Petkovic, Petrov

1. FC Kaiserslautern - SV Werder Bremen (So., 9.9.)   2:1 (0:1)
1. FCK: G. Koch - Ramzy, Hengen, Knavs - Basler (59. Buck), Ratinho, Lincoln (81. Grammozis), Kullig, Strasser - Lokvenc, Pettersson (55. Klose)
Bremen: Rost - Baumann, Verlaat (82. Herzog), Skripnik - Tjikuzu, Borowski, Banovic (78. Klasnic), Frings, Banovic, Stalteri - Ailton, Bode
Tore: 0:1 Banovic (14.), 1:1 Ramzy (64.), 2:1 Klose (70.) - **SR:** Albrecht (Kaufbeuren) - **ZS:** 36.763 - **Gelb:** Strasser - Tjikuzu, Verlaat, Frings, Skripnik, Stalteri

1. FC Köln - Hamburger SV (So., 9.9.)   2:1 (0:1)
Köln: Bade - Reeb, Dziwior, Cullmann, Voigt (42. Keller) - Balitsch (74. Kurth), Kreuz, Springer - Scherz, Baranek, Donkov (53. Lottner)
HSV: Pieckenhagen - Hertzsch, Hoogma, Panadic, Hollerbach - Groth, Töfting, Barbarez (75. Bester) - Benjamin, Meijer (72. Albertz), Ketelaer (60. Heinz)
Tore: 0:1 Cullmann (21., ET), 1:1 Lottner (67.), 2:1 Lottner (90.) - **SR:** Fandel (Kyllburg) - **ZS:** 35.000 - **Gelb:** Springer - Meijer

	Sp.	g.	u.	v.	Tore	Diff.	Punkte
1. 1. FC Kaiserslautern	5	5	0	0	14 : 6	+ 8	15
2. Borussia Dortmund	5	4	0	1	10 : 2	+ 8	12
3. Bayer Leverkusen	5	3	2	0	10 : 5	+ 5	11
4. Bayern München	5	3	1	1	8 : 2	+ 6	10
5. Energie Cottbus	5	3	1	1	10 : 8	+ 2	10
6. Schalke 04	5	2	2	1	8 : 7	+ 1	8
7. Bor. M'gladbach	5	2	1	2	5 : 4	+ 1	7
8. 1. FC Köln	5	2	1	2	5 : 5	± 0	7
9. TSV München 1860	5	2	1	2	5 : 8	- 3	7
10. VfB Stuttgart	5	1	3	1	4 : 4	± 0	6
11. SC Freiburg	5	1	2	2	6 : 7	- 1	5
12. Hertha BSC Berlin	5	1	2	2	5 : 6	- 1	5
13. Hamburger SV	5	1	1	3	6 : 7	- 1	4
14. Werder Bremen	5	1	1	3	5 :10	- 5	4
15. Hansa Rostock	5	1	1	3	3 : 9	- 6	4
16. 1. FC Nürnberg	5	1	0	4	4 : 8	- 4	3
17. VfL Wolfsburg	5	0	3	2	6 :11	- 5	3
18. FC St. Pauli	5	0	2	3	1 : 6	- 5	2

6. Spieltag: Samstag, 15.9.2001
Andy Möller entscheidet Revierderby für S04

Hamburger SV - Borussia Mönchengladbach   3:3 (2:1)
HSV: Pieckenhagen - Hertzsch, Hoogma, Töfting, Ujfalusi - Groth (71. Maltritz), Meijer, Albertz - Benjamin, Bester (71. Yeboah), Ketelaer (64. Präger)
Gladbach: Stiel - Witeczek, Korell, Pletsch, Münch - Hausweiler (36. Asanin), Nielsen, Demo - Korzynietz (78. Mieciel), van Lent, van Houdt (84. Ulich)
Tore: 1:0 Benjamin (14.), 2:0 Albertz (17., FE), 2:1 Münch (21.), 2:2 van Houdt (56.), 3:2 Albertz (90.), 3:3 Mieciel (90.) - **SR:** Krug (Gelsenkirchen) - **ZS:** 54.092 - **Gelb:** Hertzsch, Albertz, Meijer - Witeczek

FC Schalke 04 - Borussia Dortmund   1:0 (1:0)
Schalke: Reck - Hajto, van Hoogdalem, van Kerckhoven - Vermant, Oude Kamphuis, Möller, Nemec (76. Thon), Böhme - Agali (88. Wilmots), Mpenza (76. Asamoah)
Dortmund: Lehmann - Wörns, Kohler - Evanilson, Stevic (77. Herrlich), Reuter (16. Oliseh), Rosicky, Dede - Ricken (63. Sörensen), Koller, Amoroso
Tor: 1:0 Möller (17.) - **SR:** Fandel (Kyllburg) - **ZS:** 60.683 (ausverkauft) - **Gelb:** van Kerckhoven - Reuter, Stevic, Kohler, Amoroso

FC Bayern München - SC Freiburg   1:0 (0:0)
FC Bayern: Kahn - Sagnol, Kuffour, Linke (39. R. Kovac), Lizarazu - N. Kovac (68. Jancker), Sforza, Fink (32. Thiam), Salihamidzic - Pizarro, Elber
Freiburg: Golz - Müller (22. Kondé), Diarra, Kobiaschwili - Zkitischwili (75. Willi), Zeyer, Kehl, Tanko, Coulibaly - Sellimi, Iaschwili (82. Gerber)
Tor: 1:0 Elber (89.) - **SR:** Weiner (Hildesheim) - **ZS:** 46.000 - **Gelb:** Fink, Kobiaschwili

1. FC Nürnberg - 1. FC Kaiserslautern   0:2 (0:0)
Nürnberg: Kampa - Nikl, Kos, Johansson, Wiblishauser - Sanneh (74. Leitl), Frey, Jarolim, Müller - Driller (65. Gomis), Michalke (71. Hobsch)
1. FCK: G. Koch - Klos, Hengen, Knavs - Grammozis, Ramzy, Lincoln (76. Malz), Ratinho (88. Kullig), Strasser - Lokvenc, Klose
Tore: 0:1 Lincoln (67.), 0:2 Klos (73.) - **SR:** Koop (Lüttenmark) - **ZS:** 30.000 - **Gelb:** Müller, Frey, Kos, Wiblishauser - Hengen, G. Koch, Ratinho

VfL Wolfsburg - VfB Stuttgart   0:2 (0:1)
Wolfsburg: Reitmaier - Kryger (71. Greiner), Biliskov, Petkovic (46. Kühbauer), Rau - Karhan, Munteanu, Akonnor - Ponte (46. Maric), Kennedy, Petrov
Stuttgart: Hildebrand - Hinkel, Marques, Bordon, Carnell - Hleb (46. Tiffert), Soldo, Balakov, Meißner, Seitz (90. Gerber) - Adhemar
Tore: 0:1 Seitz (8.), 0:2 Balakov (65., FE) - **SR:** Aust (Köln) - **ZS:** 12.476 - **Gelb:** Akonnor, Biliskov, Petkovic - Soldo

Bayer 04 Leverkusen - FC St. Pauli   3:1 (1:0)
Leverkusen: Butt - Lucio, Nowotny - Sebescen, Schneider, Ramelow, Bastürk (85. Rink), Ballack, Zé Roberto - Kirsten (80. Berbatov), Neuville (65. Placente)
St. Pauli: Bulat - Trulsen (72. Rath), Stanislawski, Amadou - Kolinger (63. Adamu), Baris, Inceman, Kientz, Gibbs - Mansourian (3. Meggle), Patschinski
Tore: 1:0 Ballack (45.), 2:0 Kirsten (60.), 2:1 Rath (79.), 3:1 Schneider (80.) - **SR:** Kemmling (Kleinburgwedel) - **ZS:** 21.000 - **Gelb:** Sebescen, Ramelow, Neuville, Placente, Schneider - Kientz, Trulsen, Meggle, Gibbs - **Gelb-Rot:** Ballack (61.)

SV Werder Bremen - 1. FC Köln   1:1 (0:1)
Bremen: Rost - Baumann, Verlaat, Skripnik - Tjikuzu, Borowski, Banovic (46. Herzog), Frings, Stalteri (66. Klasnic) - Ailton, Bode
Köln: Bade - Cullmann, Dziwior, Keller - Reeb (46. Sichone), Balitsch, Lottner, Springer - Scherz (90. Cichon), Baranek (68. Donkov), Kreuz
Tore: 0:1 Lottner (16.), 1:1 Ailton (68.) - **SR:** Meyer (Braunschweig) - **ZS:** 26.718 - **Gelb:** Bode, Borowski, Herzog, Dziwior, Baranek

Hertha BSC Berlin - TSV München 1860 (So., 16.9.)   2:1 (0:1)
Hertha BSC: Kiraly - van Burik (27. Simunic), Sverrisson - Rehmer, Schmidt, Deisler, Maas, Marcelinho, Goor (46. Neuendorf) - Preetz, Alves
1860: Jentzsch - Riseth, Zelic, Pfuderer - Wiesinger (46. Tapalovic), Borimirov, Häßler (65. Dheedene), Hoffmann, Weissenberger - Agostino, Schroth (22. Max)
Tore: 0:1 Agostino (45.), 1:1 Tapalovic (59., ET), 2:1 Preetz (79.) - **SR:** Wagner (Hofheim) - **ZS:** 27.914 - **Gelb:** Deisler, Schroth, Borimirov - **Gelb-Rot:** Dheedene (80.) - **Rot:** Alves (88.) - Riseth (88.)

FC Hansa Rostock - FC Energie Cottbus (So., 16.9.)   0:0
Rostock: Schober - Benken (60. Salou), Jakobsson, Oswald - Lange, Wibran, Schröder (80. Brand), Lantz, Maul - Beierle (89. Arvidsson), di Salvo
Cottbus: Piplica - da Silva, Sebök, Matyus - Reghecampf, Akrapovic (52. Scherbe), Miriuta, Thielemann (64. Hujdurovic), Kobylanski - Helbig, Labak (69. Topic)
SR: Dr. Fleischer (Hallstadt) - **ZS:** 21.500 - **Gelb:** Lantz - Kobylanski, Piplica - **Gelb-Rot:** Helbig (57.) - **B.V.:** Piplica hält HE von Lange (4.)

	Sp.	g.	u.	v.	Tore	Diff.	Punkte
1. 1. FC Kaiserslautern	6	6	0	0	16 : 6	+10	18
2. Bayer Leverkusen	6	4	2	0	13 : 6	+ 7	14
3. Bayern München	6	4	1	1	9 : 2	+ 7	13
4. Borussia Dortmund	6	4	0	2	10 : 3	+ 7	12
5. Energie Cottbus	6	3	2	1	10 : 8	+ 2	11
6. Schalke 04	6	3	2	1	9 : 7	+ 2	11
7. VfB Stuttgart	6	2	3	1	6 : 4	+ 2	9
8. Bor. M'gladbach	6	2	2	2	8 : 7	+ 1	8
9. Hertha BSC Berlin	6	2	2	2	7 : 7	± 0	8
10. 1. FC Köln	6	2	2	2	6 : 6	± 0	8
11. TSV München 1860	6	2	1	3	6 :10	- 4	7
12. Hamburger SV	6	1	2	3	9 :10	- 1	5
13. SC Freiburg	6	1	2	3	6 : 8	- 2	5
14. Werder Bremen	6	1	2	3	6 :11	- 5	5
15. Hansa Rostock	6	1	2	3	3 : 9	- 6	5
16. 1. FC Nürnberg	6	1	0	5	4 :10	- 6	3
17. VfL Wolfsburg	6	0	3	3	6 :13	- 7	3
18. FC St. Pauli	6	0	2	4	2 : 9	- 7	2

Bundesliga 2001/2002

7. Spieltag: Samstag, 22.9.2001
Kaiserslautern stellt Startrekord der Bayern ein

Hamburger SV - SV Werder Bremen 0:4 (0:2)
HSV: Pieckenhagen - Hertzsch, Hoogma, Ujfalusi - Groth, Töfting, Barbarez, Albertz - Benjamin (46. Präger), Meijer, Ketelaer (62. Heinz)
Bremen: Rost - Tjikuzu, Verlaat, Krstajic, Skripnik - Frings, Baumann, Lisztes, Borowski (67. Ernst) - Ailton (79. Stalteri), Bode (88. Klasnic)
Tore: 0:1 Ailton (13.), 0:2 Bode (34.), 0:3 Ernst (84.), 0:4 Stalteri (86.) - **SR:** Fröhlich (Berlin) - **ZS:** 43.014 - **Gelb:** Töfting, Barbarez, Präger - Verlaat

Borussia Dortmund - Bayer 04 Leverkusen 1:1 (1:0)
Dortmund: Lehmann - Wörns, Reuter, Kohler - Evanilson, Stevic, Rosicky, Dede - Sörensen (58. Ricken), Koller, Amoroso (78. Herrlich)
Leverkusen: Butt - Sebescen, Lucio, Nowotny, Placente - Ramelow, Bastürk (62. Berbatov), Schneider, Zé Roberto - Neuville (62. Brdaric), Kirsten (81. Zivkovic)
Tore: 1:0 Amoroso (7.), 1:1 Berbatov (79.) - **SR:** Jansen (Essen) - **ZS:** 64.500 - **Gelb:** Amoroso, Evanilson, Rosicky - Ramelow, Lucio, Nowotny

FC Energie Cottbus - FC Bayern München 0:3 (0:2)
Cottbus: Piplica - da Silva, Sebök, Matyus - Hujdurovic (46. Labak), Reghecampf, Akrapovic, Miriuta, Kobylanski (46. Vincze) - Topic, Brasilia
FC Bayern: Kahn - Sagnol, Kuffour, R. Kovac, Tarnat - Salihamidzic (74. Sergio), Thiam, Fink (81. Sforza), Zickler (25. N. Kovac) - Santa Cruz, Pizarro
Tore: 0:1 Zickler (2.), 0:2 Pizarro (3.), 0:3 Piplica (74., ET) - **SR:** Aust (Köln) - **ZS:** 20.100 - **Gelb:** Hujdurovic - N. Kovac, Salihamidzic, Tarnat

1. FC Kaiserslautern - Hertha BSC Berlin 4:1 (1:0)
1. FCK: G. Koch - Klos (86. Kullig), Hengen, Knavs - Basler, Ramzy, Ratinho, Lincoln, Strasser (80. Grammozis) - Lokvenc, Klose (70. Djorkaeff)
Hertha BSC: Kiraly - Sverrisson, van Burik (69. Tretschok), Simunic - Marx (63. Hartmann), Maas (58. Daei), Deisler, Beinlich, Goor - Preetz, Marcelinho
Tore: 1:0 Klose (23.), 2:0 Lokvenc (50.), 2:1 Marcelinho (80., FE), 3:1 Preetz (82., ET), 4:1 Lincoln (83.) - **SR:** Strampe (Handorf) - **ZS:** 36.927 - **Gelb:** Ratinho, Basler - Maas, Simunic, Marx - **B.V.:** Basler schießt FE über das Tor (63.)

VfB Stuttgart - FC Hansa Rostock 2:1 (0:1)
Stuttgart: Hildebrand - Hinkel, Marques, Bordon, Carnell - Hleb (89. Todt), Soldo, Balakov, Meißner, Seitz (75. Tiffert) - Adhemar (79. Ganea)
Rostock: Schober - Benken, Jakobsson - Lange, Wibran, Hirsch, Lantz, Oswald - Rydlewicz, Beierle (83. Salou), di Salvo (69. Baumgart)
Tore: 0:1 Jakobsson (11.), 1:1 Balakov (55., FE), 2:1 Ganea (85.) - **SR:** Keßler - **ZS:** 19.500 - **Gelb:** Marques, Meißner, Soldo, Tiffert - Benken, Schröder, Lange - **G.-Rot:** Bordon (60.) - **Rot:** Lantz (64.)

SC Freiburg - FC Schalke 04 2:0 (0:0)
Freiburg: Golz - Kondé, Kehl, Diarra - Zkitischwili, Coulibaly, Tanko (79. Gerber), Zeyer (90. Kaufmann), Kobiaschwili - Sellimi, Iaschwili (63. But)
Schalke: Reck - Hajto, Waldoch, van Kerckhoven (76. Matellan) - Asamoah, Kmetsch, Vermant (72. Agali), Oude Kamphuis (79. Büskens), Möller, Böhme - Mpenza
Tore: 1:0 Hajto (55., ET), 2:0 Tanko (68.) - **SR:** Gagelmann (Bremen) - **ZS:** 25.000 (ausv.) - **Gelb:** Hajto, Agali

1. FC Köln - 1. FC Nürnberg 1:2 (1:2)
Köln: Bade - Cullmann, Keller - Scherz, Baranek, Balitsch, Lottner (80. Pivaljevic), Springer - Reich (46. Dziwior), Arweladse (46. Kurth), Kreuz
Nürnberg: Kampa - Sanneh, Kos, Johansson, Wiblishauser - Leitl, Nikl, Jarolim, Müller (75. Krzynowek) - Driller (62. Gomis), Michalke (80. Stoilov)
Tore: 0:1 Nikl (15.), 1:1 Baranek (24.), 1:2 Sanneh (28.) - **SR:** Steinborn (Sinzig) - **ZS:** 29.000 - **Gelb:** Springer, Baranek

TSV München 1860 - VfL Wolfsburg (So., 23.9.) 2:1 (1:0)
1860: Jentzsch - Tapalovic, Zelic, Greilich (73. Max) - Wiesinger (59. Pfuderer), Borimirov, Häßler (67. Weissenberger), Hoffmann, Bierofka - Agostino, Schroth
Wolfsburg: Reitmaier - Biliskov, Schnoor, Franz - Greiner, Kühbauer (55. Karhan), Akonnor, Munteanu, Rau (69. Madsen) - Maric, Rische (46. Petrov).
Tore: 1:0 Borimirov (5.), 1:1 Akonnor (67.), 2:1 Max (75.) - **SR:** Kinhöfer (Herne) - **ZS:** 18.000 - **Gelb:** Agostino, Bierofka, Borimirov, Greiner - **Gelb-Rot:** Akonnor (84.) - **Rot:** Biliskov (90.)

8. Spieltag: Samstag, 29.9.2001
Herthas 1000. Bundesliga-Tor durch Deisler

SV Werder Bremen - Borussia Mönchengladbach 1:0 (0:0)
Bremen: Rost - Baumann (77. Silva), Verlaat, Krstajic - Tjikuzu, Frings, Lisztes (74. Banovic), Borowski (62. Herzog), Skripnik - Ailton, Bode
Gladbach: Stiel - Eberl, Asanin, Pletsch, Witeczek - Nielsen, Ulich (87. Demo), Korell - Hausweiler (89. Ter Avest), Mieciel, Korzynietz (87. Küntzel)
Tor: 1:0 Verlaat (84.) - **SR:** Weiner (Hildesheim) - **ZS:** 33.231 - **Gelb:** Baumann, Lisztes, Frings, Tjikuzu - Hausweiler

FC St. Pauli - Borussia Dortmund 1:2 (0:2)
St. Pauli: Bulat - Amadou, Stanislawski, Kientz, Bürger - Baris (46. Bajramovic), Meggle, Kolinger (46. Rahn), Gibbs - Marcao (67. Adamu), Rath
Dortmund: Lehmann - Metzelder, Kohler - Evanilson, Oliseh, Rosicky (80. Stevic), Ricken, Dede - Ewerthon, Koller (90. Madouni), Amoroso (58. Bobic)
Tore: 0:1 Ewerthon (12.), 0:2 Koller (33.), 1:2 Meggle (77.) - **SR:** Sippel (München) - **ZS:** 20.735 (ausverkauft) - **Gelb:** Bürger, Meggle - Evanilson, Metzelder, Ricken, Rosicky - **B.V.:** Koller schießt FE neben das Tor (74.)

FC Schalke 04 - FC Energie Cottbus 2:0 (2:0)
Schalke: Reck - Hajto, Waldoch, van Kerckhoven - Asamoah, Kmetsch, Möller (19. Vermant), Oude Kamphuis (29. van Hoogdalem), Böhme - Mpenza, Sand (66. Agali)
Cottbus: Piplica - Hujdurovic, da Silva, Matyus - Reghecampf, Akrapovic (62. Termina), Scherbe, Miriuta, Kobylanski (75. Labak) - Helbig, Topic (55. Brasilia)
Tore: 1:0 Mpenza (19.), 2:0 Asamoah (33.) - **SR:** Albrecht (Kaufbeuren) - **ZS:** 60.683 (ausverkauft) - **Gelb:** Böhme, Mpenza - Akrapovic, Hujdurovic, da Silva

VfL Wolfsburg - 1. FC Kaiserslautern 2:0 (1:0)
Wolfsburg: Reitmaier - Greiner, Schnoor, Franz - Müller (78. Plassnegger), Karhan (70. Kühbauer), Kryger, Munteanu, Rau - Juskowiak, Petrov (74. Ponte)
1. FCK: G. Koch - Klos, Hengen, Knavs - Grammozis, Ramzy, Lincoln (46. Djorkaeff), Ratinho, Strasser (46. Basler) - Lokvenc, Klose (54. Mifsud)
Tore: 1:0 Juskowiak (14.), 2:0 Greiner (82.) - **SR:** Berg (Konz) - **ZS:** 14.758 - **Gelb:** Kryger - Hengen, Strasser

FC Hansa Rostock - TSV München 1860 2:2 (1:1)
Rostock: Schober - Schröder, Jakobsson, Hill - Rydlewicz, Wibran, Hirsch, Weißhaupt (81. Baumgart), Maul - Beierle, di Salvo (72. Arvidsson)
1860: Jentzsch - Hoffmann, Zelic, Pfuderer - Wiesinger (65. Bierofka), Borimirov, Häßler, Dheedene (65. Ipoua), Weissenberger - Agostino, Max (86. Tapalovic)
Tore: 0:1 Max (3.), 1:1 Wibran (23.), 2:1 Wibran (61.), 2:2 Baumgart (85., ET) - **SR:** Fandel (Kyllburg) - **ZS:** 14.000 - **Gelb:** Hirsch, Baumgart

1. FC Nürnberg - Hamburger SV 0:0
Nürnberg: Kampa - Sanneh, Kos, Johansson, Wiblishauser - Leitl (71. Krzynowek), Nikl, Jarolim, Müller - Driller (76. David), Gomis (78. Michalke)
HSV: Pieckenhagen - Hertzsch, Hoogma, Ujfalusi - Fukal, Maltritz, Töfting, Albertz (63. Groth), Hollerbach - Barbarez (90. Yeboah), Meijer (76. Heinz)
SR: Kemmling (Kleinburgwedel) - **ZS:** 31.200 - **Gelb:** Nikl, Jarolim - Hoogma, Albertz, Barbarez

Hertha BSC Berlin - 1. FC Köln 3:0 (1:0)
Hertha BSC: Kiraly - Rehmer, Schmidt, van Burik, Hartmann - Deisler (67. Sverrisson), Konstantinidis (46. Dardai), Tretschok, Beinlich (34. Maas) - Preetz, Marcelinho
Köln: Bade - Cullmann, Cichon (58. Reich), Keller - Balitsch (65. Donkov), Springer, Lottner, Dziwior (81. Pivaljevic) - Scherz, Baranek, Kreuz
Tore: 1:0 Deisler (27., FE), 2:0 Marcelinho (49.), 3:0 Preetz (85.) - **SR:** Krug (Gelsenkirchen) - **ZS:** 34.926 - **Gelb:** Tretschok, Konstantinidis - Springer, Scherz, Keller

FC Bayern München - VfB Stuttgart (So., 30.9.) 4:0 (2:0)
FC Bayern: Kahn - Sagnol, Kuffour (78. Hargreaves), R. Kovac, Lizarazu - Salihamidzic (68. Santa Cruz), Thiam, Fink (46. Sforza), Sergio - Elber, Pizarro
Stuttgart: Hildebrand - Hinkel, Marques (66. Rundio), Wenzel, Carnell (64. Kocholl) - Hleb (71. Adhemar), Meißner, Endress, Todt, Seitz - Balakov
Tore: 1:0 Elber (9.), 2:0 Elber (13.), 3:0 Elber (59.), 4:0 Sergio (90.) - **SR:** Meyer (Braunschweig) - **ZS:** 61.000 - **Gelb:** Todt, Hleb - **Rot:** Meißner (18.)

Bayer 04 Leverkusen - SC Freiburg (So., 30.9.) 4:1 (3:1)
Leverkusen: Butt - Lucio, Nowotny - Schneider (69. Sebescen), Ramelow, Ballack, Bastürk (73. Vranjes), Placente - Zé Roberto - Neuville (78. Brdaric), Kirsten
Freiburg: Golz - Kondé, Hermel (18. Willi), Diarra - Zkitischwili, Tanko, Zeyer, Coulibaly, Kobiaschwili - Sellimi (67. Bruns), Iaschwili (46. But)
Tore: 1:0 Bastürk (10.), 2:0 Ballack (23.), 2:1 Sellimi (25.), 3:1 Ballack (42.), 4:1 Neuville (60.) - **SR:** Dr. Fleischer (Hallstadt) - **ZS:** 22.500 (ausverkauft) - **Gelb:** Bastürk - Kobiaschwili

	Sp.	g.	u.	v.	Tore	Diff.	Punkte
1. 1. FC Kaiserslautern	7	7	0	0	20 : 7	+13	21
2. Bayern München	7	5	1	1	12 : 2	+10	16
3. Bayer Leverkusen	7	4	3	0	14 : 7	+ 7	15
4. Borussia Dortmund	7	4	1	2	11 : 4	+ 7	13
5. VfB Stuttgart	7	3	3	1	8 : 5	+ 3	12
6. Schalke 04	7	3	2	2	9 : 9	± 0	11
7. Energie Cottbus	7	3	2	2	10 :11	- 1	11
8. TSV München 1860	7	3	1	3	8 :11	- 3	10
9. Bor. M'gladbach	7	2	3	2	10 : 9	+ 1	9
10. SC Freiburg	7	2	2	3	8 : 8	± 0	8
11. Werder Bremen	7	2	2	3	10 :11	- 1	8
12. 1. FC Köln	7	2	2	3	7 : 8	- 1	8
13. Hertha BSC Berlin	7	2	2	3	8 :11	- 3	8
14. 1. FC Nürnberg	7	2	0	5	6 :11	- 5	6
15. Hamburger SV	7	1	2	4	9 :14	- 5	5
16. Hansa Rostock	7	1	2	4	4 :11	- 7	5
17. FC St. Pauli	7	0	3	4	4 :11	- 7	3
18. VfL Wolfsburg	7	0	3	4	7 :15	- 8	3

	Sp.	g.	u.	v.	Tore	Diff.	Punkte
1. 1. FC Kaiserslautern	8	7	0	1	20 : 9	+11	21
2. Bayern München	8	6	1	1	16 : 2	+14	19
3. Bayer Leverkusen	8	5	3	0	18 : 8	+10	18
4. Borussia Dortmund	8	5	1	2	13 : 5	+ 8	16
5. Schalke 04	8	4	2	2	11 : 9	+ 2	14
6. VfB Stuttgart	8	3	3	2	8 : 9	- 1	12
7. Hertha BSC Berlin	8	3	2	3	11 :11	± 0	11
. Werder Bremen	8	3	2	3	11 :11	± 0	11
9. Energie Cottbus	8	3	2	3	10 :13	- 3	11
. TSV München 1860	8	3	2	3	10 :13	- 3	11
11. Bor. M'gladbach	8	2	3	3	10 :10	± 0	9
12. SC Freiburg	8	2	2	4	9 :12	- 3	8
13. 1. FC Köln	8	2	2	4	7 :11	- 4	8
14. 1. FC Nürnberg	8	2	1	5	6 :11	- 5	7
15. Hamburger SV	8	1	3	4	9 :14	- 5	6
16. VfL Wolfsburg	8	1	3	4	9 :15	- 6	6
17. Hansa Rostock	8	1	3	4	6 :13	- 7	6
18. FC St. Pauli	8	0	3	5	5 :13	- 8	3

Milliardenliga zwischen Boom und Pleite

9. Spieltag: Samstag, 13.10.2001

Derby-Abfuhr beendet die „Ära Lorant"

Borussia Mönchengladbach - Borussia Dortmund 1:2 (0:2)

Gladbach: Stiel - Eberl, Pletsch, Korell (42. Küntzel), Witeczek - Hausweiler, Nielsen, Demo - Korzynietz (71. Felgenhauer), Mieciel, van Houdt (32. Münch)

Dortmund: Lehmann (29. Laux) - Evanilson, Wörns, Dede - Reuter, Rosicky, Oliseh, Ricken (20. Stevic) - Ewerthon, Koller, Amoroso (46. Kohler)

Tore: 0:1 Ricken (13.), 0:2 Ewerthon (23.), 1:2 Demo (78., FE) - **SR:** Aust (Köln) - **ZS:** 34.500 (ausverkauft) - **Gelb:** Demo, Eberl, Stiel - Oliseh - **Gelb-Rot:** Rosicky (38.)

SC Freiburg - FC St. Pauli 2:2 (1:1)

Freiburg: Golz - Kondé, Müller (84. Bruns) - Willi (61. Zkitischwili), Tanko (72. Gerber), Zeyer, Kehl, But, Kobiaschwili - Sellimi, Iaschwili

St. Pauli: Bulat - Amadou (76. Konetzke), Stanislawski, Gibbs - Bajramovic, Baris (57. Trulsen), Meggle, Kientz, Bürger, Rahn - Marcao (66. Patschinski)

Tore: 0:1 Marcao (14.), 1:1 Kobiaschwili (40., FE), 2:1 Iaschwili (74.), 2:2 Konetzke (81.) - **SR:** Fröhlich (Berlin) - **ZS:** 25.000 (ausverkauft) - **Gelb:** Rahn, Bajramovic, Marcao

FC Energie Cottbus - Bayer 04 Leverkusen 2:3 (1:2)

Cottbus: Piplica - Hujdurovic, Sebök, da Silva - Reghecampf, Scherbe, Miriuta, Akrapovic (60. Brasilia), Kobylanski (74. Vincze) - Labak (60. Topic), Helbig

Leverkusen: Butt - Lucio, Zivkovic - Sebescen, Ramelow, Vranjes, Schneider (90. Ojigwe), Ballack, Placente - Neuville (60. Nowotny), Kirsten (70. Brdaric)

Tore: 0:1 Kirsten (4.), 1:1 Helbig (12.), 1:2 Ballack (43.), 2:2 Sebök (52.), 2:3 Kirsten (57., FE) - **SR:** Fandel (Kyllburg) - **ZS:** 16.460 - **Gelb:** Labak, da Silva, Reghecampf, Hujdurovic - Kirsten, Ramelow - **Gelb-Rot:** Sebescen (18.)

1. FC Kaiserslautern - FC Hansa Rostock 3:1 (0:1)

1. FCK: G. Koch - Klos (46. H. Koch), Hengen, Knavs - Basler, Ramzy, Lincoln (83. Djorkaeff), Ratinho (80. Riedl), Grammozis - Klose, Lokvenc

Rostock: Schober - Schröder, Jakobsson, Hill - Rydlewicz, Wibran, Hirsch (64. Yasser), Weißhaupt, Maul - Beierle, di Salvo

Tore: 0:1 Beierle (37.), 1:1 Grammozis (46.), 2:1 Lokvenc (49.), 3:1 Ramzy (76.) - **SR:** Stark (Ergolding) - **ZS:** 39.387 - **Gelb:** Wibran, Hirsch, Weißhaupt

TSV München 1860 - FC Bayern München 1:5 (1:2)

1860: Jentzsch - Greilich, Zelic (62. Dheedene), Riseth (46. Wiesinger) - Borimirov, Hoffmann, Häßler, Cerny, Bierofka - Schroth, Agostino (73. Winkler)

FC Bayern: Kahn - Sagnol, Kuffour, R. Kovac, Lizarazu - Salihamidzic, Hargreaves (87. Sforza), Fink, Sergio (82. Tarnat) - Elber, Santa Cruz (75. Pizarro)

Tore: 1:0 Bierofka (9.), 1:1 Santa Cruz (28.), 1:2 Fink (44.), 1:3 Salihamidzic (57.), 1:4 Elber (80.), 1:5 Pizarro (86., FE) - **SR:** Krug (Gelsenk.) - **ZS:** 69.000 (ausv.) - **Gelb:** Cerny, Greilich, Borimirov, Schroth

Hamburger SV - Hertha BSC Berlin 4:0 (2:0)

HSV: Pieckenhagen - Hertzsch, Hoogma, Ujfalusi - Benjamin, Töfting, Barbarez (81. Präger), Maltritz, Hollerbach - Meijer (60. Antar), Ketelaer (71. Heinz)

Hertha BSC: Kiraly - Rehmer, van Burik, Sverrisson, Hartmann (64. Maas) - Deisler (66. Dardai), Konstantinidis, Tretschok, Goor - Preetz (64. Tchami), Marcelinho

Tore: 1:0 Barbarez (37.), 2:0 Ketelaer (41.), 3:0 Ketelaer (46.), 4:0 Benjamin (58.) - **SR:** Steinborn (Sinzig) - **ZS:** 43.129 - **Gelb:** Meijer - Tretschok

VfB Stuttgart - FC Schalke 04 3:0 (1:0)

Stuttgart: Hildebrand - Hinkel, Marques, Bordon, Wenzel - Hleb (72. Adhemar), Soldo, Balakov, Todt (72. Endress), Seitz - Ganea (84. Gerber)

Schalke: Reck - Hajto, Waldoch (57. Thon), van Kerckhoven - van Hoogdalem, Asamoah, Kmetsch, Vermant (54. Wilmots), Böhme - Sand (70. Agali), Mpenza

Tore: 1:0 Bordon (35.), 2:0 Ganea (52.), 3:0 Hleb (54.) - **SR:** Weiner (Hildesheim) - **ZS:** 34.000 - **Gelb:** Gerber - Kmetsch, van Hoogdalem, Waldoch, Thon

SV Werder Bremen - 1. FC Nürnberg (So., 14.10.) 3:0 (1:0)

Bremen: Rost - Baumann, Verlaat, Krstajic - Tjikuzu, Frings, Lisztes (80. Ernst), Borowski (80. Herzog), Skripnik - Ailton (72. Klasnic), Bode

Nürnberg: Kampa - Paßlack, Kos, Nikl, Wiblishauser - Sanneh, Ogungbure (65. Stoilov), Jarolim, Müller (65. Krzynowek) - Driller (68. David), Gomis

Tore: 1:0, 2:0 Lisztes (4., 56.), 3:0 Ernst (90.) - **SR:** Wagner - **ZS:** 26.650 - **Gelb:** Skripnik - Paßlack

1. FC Köln - VfL Wolfsburg (So., 14.10.) 0:4 (0:2)

Köln: Bade - Keller, Bulajic, Cichon (18. Balitsch, 41. Reich), Springer - Lottner (77. Dziwior), Voigt, Kreuz - Kurth, Pivaljevic, Scherz

Wolfsburg: Reitmaier - Greiner (77. Kryger), Franz, Schnoor, Rau - Müller, Karhan (78. Sarpei), Akonnor, Munteanu - Ponte (68. Weiser), Petrov

Tore: 0:1 Petrov (2.), 0:2 Ponte (7.), 0:3 Petrov (50., FE), 0:4 Karhan (61.) - **SR:** Albrecht (Kaufbeuren) - **ZS:** 29.000 - **Gelb:** Bulajic, Scherz - Ponte

	Sp.	g.	u.	v.	Tore	Diff.	Punkte
1. 1. FC Kaiserslautern	9	8	0	1	23 :10	+13	24
2. Bayern München	9	7	1	1	21 : 3	+18	22
3. Bayer Leverkusen	9	6	3	0	21 :10	+11	21
4. Borussia Dortmund	9	6	1	2	15 : 6	+ 9	19
5. VfB Stuttgart	9	4	3	2	11 : 9	+ 2	15
6. Werder Bremen	9	4	2	3	14 :11	+ 3	14
7. Schalke 04	9	4	2	3	11 :12	- 1	14
8. Energie Cottbus	9	3	2	4	12 :16	- 4	11
9. Hertha BSC Berlin	9	3	2	4	11 :15	- 4	11
10. TSV München 1860	9	3	2	4	11 :18	- 7	11
11. Hamburger SV	9	2	3	4	13 :14	- 1	9
12. Bor. M'gladbach	9	2	3	4	11 :12	- 1	9
13. VfL Wolfsburg	9	2	3	4	13 :15	- 2	9
14. SC Freiburg	9	2	3	4	11 :14	- 3	9
15. 1. FC Köln	9	2	2	5	7 :15	- 8	8
16. 1. FC Nürnberg	9	2	1	6	6 :14	- 8	7
17. Hansa Rostock	9	1	3	5	7 :16	- 9	6
18. FC St. Pauli	9	0	4	5	7 :15	- 8	4

10. Spieltag: Samstag, 20.10.2001

Bayern bremst Lauterer Höhenflug abrupt - 4:1

1. FC Nürnberg - Borussia Mönchengladbach 1:2 (0:1)

Nürnberg: Kampa - Paßlack, Kos, Nikl, Wiblishauser - Sanneh (28. Leitl), Frey, Jarolim (77. Stoilov), Müller - Gomis, Driller (57. Michalke)

Gladbach: Stiel - Eberl, Pletsch, Korell, Münch - Hausweiler, Witeczek, Nielsen - Korzynietz (77. Felgenhauer), Mieciel (89. Ulich), van Houdt (75. Asanin)

Tore: 0:1 Mieciel (10.), 0:2 Nikl (62., ET), 1:2 Frey (75.) - **SR:** Keßler (Höhenkirchen) - **ZS:** 33.300 - **Gelb:** Driller, Frey, Leitl - Nielsen, Witeczek, Mieciel

FC St. Pauli - FC Energie Cottbus 4:0 (1:0)

St. Pauli: Bulat - Amadou, Stanislawski, Gibbs - Bajramovic, Kientz, Meggle, Bürger (46. Rath), Rahn - Marcao (71. Inceman), Patschinski (64. Konetzke)

Cottbus: Piplica - da Silva, Sebök, Matyus - Reghecampf (51. Brasilia), Termina, Thielemann (51. Kaluzny), Miriuta, Kobylanski - Helbig, Topic (81. Hujdurovic)

Tore: 1:0 Patschinski (4.), 2:0 Kaluzny (52., ET), 3:0 Patschinski (55.), 4:0 Meggle (77.) - **SR:** Koop (Lüttenmark) - **ZS:** 19.617 (ausv.) - **Gelb:** Inceman - Helbig, Thielemann - **Gelb-Rot:** Termina (30.)

Bayer 04 Leverkusen - VfB Stuttgart 4:1 (1:1)

Leverkusen: Butt - Zivkovic, Lucio, Placente - Schneider, Vranjes, Ballack, Bastürk (87. Wittek), Zé Roberto - Neuville (71. Berbatov), Kirsten (82. Brdaric)

Stuttgart: Hildebrand - Hinkel, Marques, Bordon, Wenzel - Seitz, Soldo, Balakov, Todt, Hleb (78. Tiffert) - Ganea

Tore: 0:1 Ganea (9.), 1:1 Zé Roberto (24.), 2:1 Zivkovic (59.), 3:1 Lucio (63.), 4:1 Berbatov (85.) - **SR:** Sippel (München) - **ZS:** 22.500 (ausverkauft) - **Gelb:** Lucio, Zivkovic - Wenzel

FC Bayern München - 1. FC Kaiserslautern 4:1 (3:0)

FC Bayern: Kahn - Sagnol, Kuffour, R. Kovac, Lizarazu (77. Tarnat) - Salihamidzic, Fink (77. Sforza), Hargreaves, Sergio - Elber (69. Pizarro), Santa Cruz

1. FCK: G. Koch - H. Koch, Hengen, Knavs (46. Klos) - Grammozis, Ramzy, Lincoln (46. Pettersson), Ratinho, Strasser - Klose, Lokvenc

Tore: 1:0 Santa Cruz (16.), 2:0 Salihamidzic (23.), 3:0 Salihamidzic (29., FE), 3:1 H. Koch (82., FE), 4:1 Pizarro (90.) - **SR:** Jansen (Essen) - **ZS:** 63.000 (ausverkauft) - **Gelb:** Grammozis

FC Schalke 04 - TSV München 1860 1:0 (1:0)

Schalke: Reck - Hajto, Waldoch, Matellan, van Kerckhoven - Asamoah, Kmetsch, Möller (62. Böhme), Nemec (46. van Hoogdalem), Vermant (67. Mulder) - Sand

1860: Jentzsch - Ehlers (72. Agostino), Votava, Hoffmann, Dheedene - Cerny, Tapalovic (59. Häßler), Weissenberger (53. Wiesinger) - Borimirov, Pürk, Bierofka

Tor: 1:0 Jentzsch (13., ET) - **SR:** Gagelmann (Bremen) - **ZS:** 60.683 (ausverkauft) - **Gelb:** Vermant, Matellan, Hajto - Ehlers, Dheedene

Hertha BSC Berlin - SV Werder Bremen 3:1 (2:1)

Hertha BSC: Kiraly - Schmidt, Maas (63. van Burik), Simunic - Rehmer (75. Lapaczinski), Dardai, Marcelinho, Tretschok, Goor (68. Hartmann) - Alves, Preetz

Bremen: Rost - Baumann, Verlaat (75. Banovic), Krstajic - Tjikuzu (65. Stalteri), Frings, Lisztes, Borowski (65. Herzog), Skripnik - Ailton, Bode

Tore: 1:0 Dardai (6.), 1:1 Ailton (7.), 2:1 Goor (32.), 3:1 Rehmer (61.) - **SR:** Dr. Merk (Kaiserslautern) - **ZS:** 34.426 - **Gelb:** Goor, Maas, van Burik - Skripnik, Lisztes, Herzog - **Gelb-Rot:** Krstajic (22.)

FC Hansa Rostock - 1. FC Köln 3:0 (0:0)

Rostock: Schober - Jakobsson, Hill (52. Yasser), Emara (46. Arvidsson) - Rydlewicz, Schröder, Wibran, Lantz (87. Benken), Maul - Beierle, di Salvo

Köln: Bade - Cullmann, Dziwior, Keller - Reeb, Sinkala, Lottner (74. Baranek), Voigt (74. Springer), Kreuz - Scherz (52. Kurth), Reich

Tore: 1:0 Yasser (60.), 2:0 Beierle (62.), 3:0 Wibran (73.) - **SR:** Strampe (Handorf) - **ZS:** 15.000 - **Gelb:** Rydlewicz - Reeb

Borussia Dortmund - SC Freiburg (So., 21.10.) 0:2 (0:1)

Dortmund: Lehmann - Evanilson, Wörns, Kohler, Dede - Oliseh, Ewerthon, Ricken - Amoroso, Koller, Sörensen (57. Stevic, 73. Bobic)

Freiburg: Golz - Kondé, Diarra, Kruse - Willi, Kehl, But, Hermel (83. Iaschwili), Kobiaschwili - Ramdane (69. Gerber), Coulibaly (78. Kaufmann)

Tore: 0:1 Coulibaly (44.), 0:2 Kehl (90.) - **SR:** Berg (Konz) - **ZS:** 66.500 - **Gelb:** Ewerthon - Diarra

VfL Wolfsburg - Hamburger SV (So., 21.10.) 0:1 (0:0)

Wolfsburg: Reitmaier - Greiner, Schnoor, Franz, Rau (74. Weiser) - Müller (65. Rische), Karhan, Akonnor, Munteanu - Juskowiak (58. Ponte), Petrov

HSV: Pieckenhagen - Hertzsch, Hoogma, Ujfalusi - Benjamin, Maltritz, Präger (77. Groth), Töfting, Hollerbach - Barbarez, Ketelaer (85. Heinz)

Tor: 0:1 Hoogma (57.) - **SR:** Dr. Wack (Biberbach) - **ZS:** 19.080 - **Gelb:** Rau, Schnoor, Ponte - Hoogma, Hertzsch, Hollerbach - **B.V.:** Pieckenhagen hält FE von Petrov (81.)

	Sp.	g.	u.	v.	Tore	Diff.	Punkte
1. Bayern München	10	8	1	1	25 : 4	+21	25
2. Bayer Leverkusen	10	7	3	0	25 :11	+14	24
3. 1. FC Kaiserslautern	10	8	0	2	24 :14	+10	24
4. Borussia Dortmund	10	6	1	3	15 : 8	+ 7	19
5. Schalke 04	10	5	2	3	12 :12	± 0	17
6. VfB Stuttgart	10	4	3	3	12 :13	- 1	15
7. Werder Bremen	10	4	2	4	15 :14	+ 1	14
8. Hertha BSC Berlin	10	4	2	4	14 :16	- 2	14
9. Hamburger SV	10	3	3	4	14 :14	± 0	12
10. Bor. M'gladbach	10	3	3	4	13 :13	± 0	12
11. SC Freiburg	10	3	3	4	13 :14	- 1	12
12. Energie Cottbus	10	3	2	5	12 :20	- 8	11
13. TSV München 1860	10	3	2	5	11 :19	- 8	11
14. VfL Wolfsburg	10	2	3	5	13 :16	- 3	9
15. Hansa Rostock	10	2	3	5	10 :16	- 6	9
16. 1. FC Köln	10	2	2	6	7 :18	- 11	8
17. FC St. Pauli	10	1	4	5	11 :15	- 4	7
18. 1. FC Nürnberg	10	2	1	7	7 :16	- 9	7

Bundesliga 2001/2002

11. Spieltag: Samstag, 27.10.2001
Köln und Cottbus: Fünfte Niederlage in Serie!

Borussia Mönchengladbach - SC Freiburg 2:2 (1:1)
Gladbach: Stiel - Eberl (72. Ulich), Korell (37. Asanin), Pletsch, Münch - Hausweiler, Nielsen, Witeczek - Korzynietz, Mieciel (60. van Lent), van Houdt
Freiburg: Golz - Kondé, Diarra, Kruse - Willi (58. Kaufmann), Hermel (66. Gerber), Kehl, But, Kobiaschwili - Sellimi, Iaschwili (61. Ramdane)
Tore: 0:1 Kehl (3.), 1:1 Münch (10., FE), 1:2 Sellimi (65.), 2:2 Witeczek (81.) - **SR:** Dr. Merk (Kaiserslautern) - **ZS:** 27.876 - **Gelb:** van Houdt - Kruse, Kehl, Kobiaschwili

FC Energie Cottbus - Borussia Dortmund 0:2 (0:0)
Cottbus: Piplica - Hujdurovic (81. Brasilia), Sebök, Beeck, da Silva - Kaluzny, Akrapovic, Miriuta - Helbig, Franklin (68. Vincze), Topic (46. Kobylanski)
Dortmund: Lehmann - Evanilson, Metzelder, Wörns, Dede - Stevic (70. Reuter), Rosicky (76. Oliseh), Ricken - Ewerthon (76. Sörensen), Koller, Amoroso
Tore: 0:1 Ricken (78.), 0:2 Amoroso (83.) - **SR:** Kemmling (Kleinburgwedel) - **ZS:** 19.300 - **Gelb:** Sebök, Helbig, Franklin, Kobylanski, Miriuta - Evanilson, Stevic, Ricken, Wörns, Lehmann

TSV München 1860 - Bayer 04 Leverkusen 1:4 (1:1)
1860: Jentzsch - Hoffmann, Votava (79. Winkler), Tapalovic - Wiesinger, Cerny, Borimirov, Häßler, Dheedene (70. Agostino), Bierofka - Pürk (80. Schroth)
Leverkusen: Butt - Lucio, Nowotny, Placente - Schneider, Ramelow, Bastürk (82. Vranjes), Ballack (76. Sebescen), Zé Roberto - Neuville, Kirsten (70. Zivkovic)
Tore: 1:0 Häßler (31.), 1:1 Hoffmann (33., ET), 1:2 Placente (78.), 1:3 Schneider (84.), 1:4 Neuville (90., FE) - **SR:** Strampe (Handorf) - **ZS:** 25.000 - **Gelb:** Votava, Wiesinger - Bastürk, Ballack - **Gelb-Rot:** Lucio (68.)

1. FC Kaiserslautern - FC Schalke 04 0:0
1. FCK: G. Koch - H. Koch, Hengen, Strasser - Basler (66. Buck), Ramzy, Djorkaeff (78. Mifsud), Ratinho (46. Riedl), Grammozis - Klose, Lokvenc
Schalke: Reck - Hajto, Waldoch - Vermant, Nemec, van Hoogdalem, Möller, van Kerckhoven, Böhme (86. Büskens) - Asamoah (89. Djordjevic), Sand (65. Mulder)
SR: Dr. Fleischer - **ZS:** 40.600 (ausv.) - **Gelb:** Lokvenc, Hengen - van Kerckhoven, Nemec, Mulder

VfB Stuttgart - FC St. Pauli 2:0 (1:0)
Stuttgart: Hildebrand - Hinkel, Marques, Bordon, Wenzel - Soldo, Hleb, Todt (75. Endress) - Tiffert (68. Carnell), Ganea (85. Adhemar), Seitz
St. Pauli: Bulat - Amadou, Stanislawski, Gibbs - Bajramovic, Kientz, Meggle, Bürger, Rahn (56. Rath) - Marcao (56. Konetzke), Patschinski (76. Inceman)
Tore: 1:0 Tiffert (11.), 2:0 Endress (89.) - **SR:** Fandel (Kyllburg) - **ZS:** 23.000 - **Gelb:** Wenzel - Bürger, Meggle - **Rot:** Kientz (74.)

SV Werder Bremen - VfL Wolfsburg 1:0 (0:0)
Bremen: Rost - Baumann, Verlaat (62. Borowski), Skripnik - Tjikuzu (62. Banovic), Frings, Lisztes, Ernst (71. Klasnic), Stalteri - Ailton, Bode
Wolfsburg: Reitmaier - Greiner (39. Kryger), Schnoor, Franz - Müller (82. Kennedy), Karhan, Munteanu, Akonnor, Rau (73. Weiser) - Ponte, Petrov
Tor: 1:0 Bode (79.) - **SR:** Steinborn (Sinzig) - **ZS:** 25.814 - **Gelb:** Ernst, Ailton - Petrov, Ponte - **B.V.:** Reitmaier hält FE von Ailton (90.)

1. FC Köln - FC Bayern München 0:2 (0:1)
Köln: Pröll - Sichone (75. Baranek), Dziwior, Cullmann - Reeb, Sinkala, Lottner (42. Springer), Keller (75. Reich) - Scherz, Kurth, Kreuz
FC Bayern: Kahn - Sagnol (70. Hargreaves), Kuffour, R. Kovac, Tarnat - Sergio, Thiam, Fink (86. Sforza), Zickler, Santa Cruz, Pizarro (90. Hofmann)
Tore: 0:1 Pizarro (27.), 0:2 Pizarro (70.) - **SR:** Fröhlich (Berlin) - **ZS:** 42.000 (ausverkauft) - **Gelb:** Baranek, Keller, Zickler

1. FC Nürnberg - Hertha BSC Berlin (So., 28.10.) 1:3 (0:1)
Nürnberg: Kampa - Tavcar (70. Michalke), Kos, Nikl, Wiblishauser - Junior, Jarolim, Frey, Stoilov (46. Möckel), Krzynowek - Gomis
Hertha BSC: Kiraly - Schmidt, van Burik, Rehmer, Simunic - Dardai, Maas, Tretschok (68. Beinlich) - Goor, Preetz, Marcelinho
Tore: 1:0 Marcelinho (20.), 1:1 Wiblishauser (59.), 1:2 Goor (74.), 1:3 Marcelinho (90.) - **SR:** Gagelmann (Bremen) - **ZS:** 24.700 - **Gelb:** Nikl, Kos, Frey - Dardai, Simunic, Marcelinho

Hamburger SV - FC Hansa Rostock (So., 28.10.) 0:1 (0:1)
HSV: Pieckenhagen - Hertzsch, Hoogma, Ujfalusi - Benjamin (55. Präger), Töfting, Maltritz, Barbarez, Hollerbach - Meijer (69. Bester), Ketelaer (55. Heinz)
Rostock: Schober - Yasser, Jakobsson, Schröder - Rydlewicz, Hirsch, Wibran, Lantz (88. Benken), Maul (79. Oswald) - Beierle, di Salvo (76. Salou)
Tor: 0:1 Beierle (42.) - **SR:** Albrecht (Kaufbeuren) - **ZS:** 46.169 - **Gelb:** Maltritz, Präger, Hollerbach, Töfting - di Salvo

12. Spieltag: Samstag, 3.11.2001
Club-Debakel im Wolfsburger Kellerduell

Bayer 04 Leverkusen - 1. FC Kaiserslautern 2:1 (1:1)
Leverkusen: Butt - Nowotny, Zivkovic - Schneider, Ballack, Ramelow, Bastürk, Placente, Zé Roberto (86. Vranjes) - Kirsten (71. Sebescen), Neuville (89. Brdaric)
1. FCK: G. Koch - H. Koch, Hengen, Klos - Grammozis (87. Buck), Riedl, Basler, Ramzy (84. Adzic), Strasser - Klose, Lokvenc
Tore: 0:1 Strasser (18.), 1:1 Ballack (34.), 2:1 Ballack (50., FE) - **SR:** Meyer (Braunschweig) - **ZS:** 22.500 (ausverkauft) - **Gelb:** Neuville, Ramelow, Ballack - Strasser, Ramzy, H. Koch

Borussia Dortmund - VfB Stuttgart 1:0 (0:0)
Dortmund: Lehmann - Metzelder, Wörns - Evanilson, Stevic, Rosicky, Ricken, Dede (80. Madouni) - Ewerthon (68. Sörensen), Koller, Amoroso (90. Oliseh)
Stuttgart: Hildebrand - Hinkel, Marques, Bordon, Wenzel - Tiffert (46. Carnell), Soldo, Balakov, Todt (75. Meißner), Hleb - Ganea (61. Adhemar)
Tor: 1:0 Ricken (51.) - **SR:** Stark (Ergolding) - **ZS:** 66.000 - **Gelb:** Evanilson, Ricken, Ewerthon - Todt

FC St. Pauli - TSV München 1860 0:3 (0:1)
St. Pauli: Bulat - Amadou, Stanislawski, Trulsen, Gibbs - Bajramovic (66. Konetzke), Inceman (46. Rath), Meggle, Rahn - Cenci (66. Patschinski), Marcao
1860: Jentzsch - Ehlers (75. Borimirov), Votava, Tapalovic - Cerny, Riseth, Häßler, Dheedene - Wiesinger (54. Schroth), Pürk, Bierofka (60. Weissenberger)
Tore: 0:1 Gibbs (6., ET), 0:2 Cerny (78.), 0:3 Häßler (90.) - **SR:** Weiner (Hildesheim) - **ZS:** 19.617 (ausverkauft) - **Gelb:** Bajramovic, Rahn, Rath - Votava, Riseth, Pürk, Bierofka, Schroth

FC Schalke 04 - 1. FC Köln 3:1 (1:1)
Schalke: Reck - Hajto, Waldoch, van Kerckhoven (74. Matellan) - Asamoah, Nemec (71. Thon), Möller, Kmetsch, Böhme (85. Büskens) - Sand, Mulder
Köln: Pröll - Cullmann, Sinkala, Keller - Reeb (76. Reich), Baranek, Dziwior, Kreuz, Springer - Scherz, Kurth (59. Donkov, 76. Nessou)
Tore: 0:1 Sinkala (37.), 1:1 Sand (45.), 2:1 Möller (54.), 3:1 Asamoah (80.) - **SR:** Wagner (Hofheim) - **ZS:** 60.683 (ausverkauft) - **Gelb:** Nemec - Keller - **Gelb-Rot:** Scherz (31.)

VfL Wolfsburg - 1. FC Nürnberg 5:0 (2:0)
Wolfsburg: Reitmaier - Greiner, Franz - Sarpei, Karhan, Kühbauer (77. Kennedy), Akonnor, Weiser - Ponte, Maric (63. Munteanu), Petrov (80. Rau)
Nürnberg: Kampa - Paßback (72. Stehle), Sanneh, Nikl, Wiblishauser - Junior, Jarolim, Michalke, Krzynowek - Gomis, Driller (57. Möckel)
Tore: 1:0 Ponte (6.), 2:0 Ponte (30.), 3:0 Petrov (68.), 4:0 Kennedy (87.), 5:0 Munteanu (89.) - **SR:** Koop (Lüttenmark) - **ZS:** 11.298 - **Gelb:** Akonnor, Franz - Gomis - **B.V.:** Reitmaier hält FE von Gomis (79.)

FC Hansa Rostock - SV Werder Bremen 0:1 (0:0)
Rostock: Schober - Schröder (70. Benken), Jakobsson, Oswald - Rydlewicz, Wibran, Hirsch, Lantz, Maul - Beierle, di Salvo (65. Arvidsson)
Bremen: Rost - Baumann, Verlaat - Krstajic, Stalteri, Frings, Lisztes, Ernst, Skripnik - Bode, Klasnic (84. Borowski)
Tor: 0:1 Klasnic (76.) - **SR:** Aust (Köln) - **ZS:** 16.000 - **Gelb:** Maul, Oswald, Rydlewicz - Krstajic, Klasnic

FC Bayern München - Hamburger SV 3:0 (0:0)
FC Bayern: Kahn - Sagnol, Kuffour, R. Kovac, Lizarazu - Salihamidzic, Fink, Hargreaves (70. Sforza), Sergio - Santa Cruz (42. Zickler), Pizarro
HSV: Pieckenhagen - Hertzsch, Hoogma, Panadic - Maltritz (75. Präger), Groth, Töfting (75. Meijer), Ujfalusi, Hollerbach - Barbarez, Heinz
Tore: 1:0 Sergio (70.), 2:0 Pizarro (84.), 3:0 Pizarro (89.) - **SR:** Berg (Konz) - **ZS:** 55.000 - **Gelb:** Sforza - Präger

Hertha BSC Berlin - Borussia Mönchengladbach (So., 4.11.) 3:0 (2:0)
Hertha BSC: Kiraly (52. Fiedler) - Schmidt, van Burik, Rehmer (83. Sverrisson), Simunic - Dardai, Maas, Tretschok - Goor, Preetz, Marcelinho (69. Beinlich)
Gladbach: Stiel - Eberl, Korell, Pletsch, Münch (46. Ulich) - Hausweiler, Nielsen (63. Mieciel), Witeczek - Korzynietz (69. Asanin), van Lent, van Houdt
Tore: 1:0 Marcelinho (12.), 2:0 van Burik (29.), 3:0 Preetz (66.) - **SR:** Krug (Gelsenkirchen) - **ZS:** 34.925 - **Gelb:** Maas - Münch, Korell

SC Freiburg - FC Energie Cottbus (So., 4.11.) 3:1 (1:1)
Freiburg: Golz - Kondé, Diarra - Willi (73. Müller), Kehl, Tanko, Zkitischwili, But, Kruse (69. Zeyer) - Sellimi, Iaschwili (79. Ramdane)
Cottbus: Piplica - da Silva, Sebök, Beeck (24. Hujdurovic) - Reghecampf, Akrapovic, Miriuta, Kaluzny (69. Topic), Kobylanski - Helbig, Franklin (69. Brasilia)
Tore: 1:0 Iaschwili (32.), 1:1 Kobylanski (43.), 2:1 Zkitischwili (61.), 3:1 But (76.) - **SR:** Keßler (Höhenkirchen) - **ZS:** 25.000 (ausverkauft) - **Gelb:** Zkitischwili - Miriuta, Sebök, Kaluzny, Reghecampf - **Rot:** Kehl (28.)

	Sp.	g.	u.	v.	Tore	Diff.	Punkte
1. Bayern München	11	9	1	1	27 : 4	+23	28
2. Bayer Leverkusen	11	8	3	0	29 :12	+17	27
3. 1. FC Kaiserslautern	11	8	1	2	24 :14	+10	25
4. Borussia Dortmund	11	7	1	3	17 : 8	+ 9	22
5. VfB Stuttgart	11	5	3	3	14 :13	+ 1	18
6. Schalke 04	11	5	3	3	12 :12	± 0	18
7. Werder Bremen	11	5	2	4	16 :14	+ 2	17
8. Hertha BSC Berlin	11	5	2	4	17 :17	± 0	17
9. Bor. M'gladbach	11	3	4	4	15 :15	± 0	13
10. SC Freiburg	11	3	4	4	15 :16	- 1	13
11. Hamburger SV	11	3	3	5	14 :15	- 1	12
12. Hansa Rostock	11	3	3	5	11 :16	- 5	12
13. Energie Cottbus	11	3	2	6	12 :22	- 10	11
14. TSV München 1860	11	3	2	6	12 :23	- 11	11
15. VfL Wolfsburg	11	2	3	6	13 :17	- 4	9
16. 1. FC Köln	11	2	2	7	7 :20	- 13	8
17. FC St. Pauli	11	1	4	6	11 :17	- 6	7
18. 1. FC Nürnberg	11	2	1	8	8 :19	- 11	7

	Sp.	g.	u.	v.	Tore	Diff.	Punkte
1. Bayern München	12	10	1	1	30 : 4	+26	31
2. Bayer Leverkusen	12	9	3	0	31 :13	+18	30
3. Borussia Dortmund	12	8	1	3	18 : 8	+10	25
4. 1. FC Kaiserslautern	12	8	1	3	25 :16	+ 9	25
5. Schalke 04	12	6	3	3	15 :13	+ 2	21
6. Hertha BSC Berlin	12	6	2	4	20 :17	+ 3	20
7. Werder Bremen	12	6	2	4	17 :14	+ 3	20
8. VfB Stuttgart	12	5	3	4	14 :14	± 0	18
9. SC Freiburg	12	4	4	4	18 :17	+ 1	16
10. TSV München 1860	12	4	2	6	15 :23	- 8	14
11. Bor. M'gladbach	12	3	4	5	15 :18	- 3	13
12. VfL Wolfsburg	12	3	3	6	18 :17	+ 1	12
13. Hamburger SV	12	3	3	6	14 :18	- 4	12
14. Hansa Rostock	12	3	3	6	11 :17	- 6	12
15. Energie Cottbus	12	3	2	7	13 :25	- 12	11
16. 1. FC Köln	12	2	2	8	8 :23	- 15	8
17. FC St. Pauli	12	1	4	7	11 :20	- 9	7
18. 1. FC Nürnberg	12	2	1	9	8 :24	- 16	7

Milliardenliga zwischen Boom und Pleite

13. Spieltag: Samstag, 17.11.2001

Skripniks Tor hebt Bayer 04 auf den Thron

1. FC Köln - Bayer 04 Leverkusen 1:2 (0:0)
Köln: Pröll - Sichone, Cichon (80. Donkov), Keller - Cullmann, Springer, Sinkala, Reeb, Kreuz - Kurth (69. Dziwior), Reich (59. Timm)
Leverkusen: Butt - Lucio, Nowotny, Placente (62. Brdaric) - Schneider (38. Sebescen), Bastürk, Ramelow, Ballack, Zé Roberto - Kirsten, Neuville (83. Vranjes)
Tore: 1:0 Kurth (57.), 1:1 Kirsten (63.), 1:2 Neuville (72.) - **SR:** Kemmling (Kleinburgwedel) - **ZS:** 41.000 - **Gelb:** Springer, Sinkala, Cullmann - Kirsten, Nowotny, Lucio - **Gelb-Rot:** Keller (52.)

TSV München 1860 - Borussia Dortmund 1:3 (0:0)
1860: Jentzsch - Kurz (60. Tapalovic), Votava, Pfuderer, Dheedene (46. Weissenberger) - Cerny, Hoffmann (68. Winkler), Häßler, Mykland, Bierofka - Pürk
Dortmund: Lehmann - Metzelder, Wörns, Dede - Reuter (12. Stevic), Oliseh, Amoroso (88. Madouni), Heinrich - Sörensen, Koller, Ewerthon (90. Bugri)
Tore: 0:1 Ewerthon (61.), 0:2 Koller (70.), 1:2 Häßler (78.), 1:3 Amoroso (81., FE) - **SR:** Koop (Lüttenmark) - **ZS:** 27.200 - **Gelb:** Mykland, Jentzsch - Dede, Stevic, Heinrich

1. FC Kaiserslautern - FC St. Pauli 5:1 (2:1)
1. FCK: G. Koch - H. Koch (73. Gabriel), Hengen, West (81. Klos) - Basler, Ramzy, Lincoln, Ratinho (65. Riedl), Malz - Klose, Lokvenc
St. Pauli: Bulat - Amadou, Stanislawski, Gibbs - Baris (72. Rath), Berre, Adamu (16. Trulsen), Inceman, Rahn - Cenci (81. Bürger), Marcao
Tore: 0:1 Marcao (30.), 1:1 Lokvenc (40.), 2:1 H. Koch (45.), 3:1 Klose (60.), 4:1 Lincoln (71.), 5:1 Klose (78.) - **SR:** Strampe (Handorf) - **ZS:** 39.289 - **Gelb:** Lincoln, West, Malz - Inceman - **B.V.:** Bulat hält FE von H. Koch (24.)

Hamburger SV - FC Schalke 04 0:0
HSV: Pieckenhagen - Hertzsch, Hoogma, Panadic - Maltritz, Töfting (67. Präger), Ujfalusi, Albertz (76. Antar), Hollerbach - Meijer, Barbarez (90. Heinz)
Schalke: Reck - Hajto, Waldoch, van Kerckhoven - Vermant (67. Mulder), van Hoogdalem, Möller, Nemec, Böhme (76. Büskens) - Sand, Asamoah (90. Oude Kamphuis)
SR: Fröhlich (Berlin) - **ZS:** 55.300 (ausverkauft) - **Gelb:** Barbarez, Panadic - Böhme, Nemec, Büskens

Hertha BSC Berlin - VfL Wolfsburg 2:0 (1:0)
Hertha BSC: Fiedler - Schmidt, van Burik, Simunic - Dardai, Maas, Tretschok, Hartmann (60. Sverrisson) - Beinlich (76. Goor), Preetz, Marcelinho (82. Neuendorf)
Wolfsburg: Reitmaier - Greiner (80. Biliskov), Schnoor, Franz (72. Munteanu), Rau - Sarpei (30. Kennedy), Karhan, Kühbauer, Akonnor - Ponte, Petrov
Tore: 1:0 Sarpei (22., ET), 2:0 Goor (82.) - **SR:** Stark (Ergolding) - **ZS:** 27.400 - **Gelb:** van Burik - Greiner, Karhan - **Gelb-Rot:** Maas (38.) - **Rot:** Kühbauer (41.)

SV Werder Bremen - FC Bayern München 1:0 (1:0)
Bremen: Rost - Baumann, Verlaat, Krstajic - Tjikuzu, Frings, Lisztes (88. Borowski), Ernst, Skripnik - Ailton, Bode (79. Stalteri)
FC Bayern: Kahn - Sagnol, Kuffour, R. Kovac, Lizarazu - Salihamidzic (46. Zickler), Fink, Effenberg (46. Sforza), Sergio - Elber (77. Jancker), Pizarro
Tor: 1:0 Skripnik (40., FE) - **SR:** Fandel (Kyllburg) - **ZS:** 35.800 (ausverkauft) - **Gelb:** Verlaat, Krstajic, Stalteri - Lizarazu, Effenberg, Zickler

VfB Stuttgart - SC Freiburg 3:0 (1:0)
Stuttgart: Hildebrand - Hinkel, Marques, Bordon, Wenzel - Hleb (63. Tiffert), Soldo, Balakov (87. Gerber), Meißner, Seitz - Ganea (63. Adhemar)
Freiburg: Golz - Müller, Diarra, Kruse (46. Zeyer) - Willi (69. Dorn), Tanko, Kobiaschwili, But, Zkitischwili (69. Ramdane) - Sellimi, Iaschwili
Tore: 1:0 Meißner (4.), 2:0 Tiffert (75.), 3:0 Seitz (90.) - **SR:** Steinborn (Sinzig) - **ZS:** 33.000 - **Gelb:** Willi

Borussia Mönchengladbach - FC Energie Cottbus (So., 18.11.) 0:0
Gladbach: Stiel - Eberl, Pletsch, Asanin, Münch - Hausweiler, Nielsen, Ulich (83. Stassin) - Korzynietz (64. Mieciel), van Lent, van Houdt
Cottbus: Piplica - Hujdurovic, da Silva, Beeck, Scherbe - Reghecampf, Akrapovic (64. Vincze), Kaluzny, Kobylanski - Helbig (69. Brasilia), Topic (86. Labak)
SR: Sippel (München) - **ZS:** 27.800 - **Gelb:** Hausweiler, Ulich, Eberl - Akrapovic, Helbig - **Rot:** Nielsen (57.)

1. FC Nürnberg - FC Hansa Rostock (So., 18.11.) 2:0 (0:0)
Nürnberg: Kampa - Stehle, Kos, Wiblishauser - Paßlack, Sanneh, Larsen, Tavcar, Müller - Michalke (79. Cacau), Gomis (67. Möckel)
Rostock: Schober - Schröder, Jakobsson, Oswald - Yasser (73. Weißhaupt), Rydlewicz, Wibran, Lantz (62. Brand), Maul - Beierle, Arvidsson
Tore: 1:0 Michalke (51.), 2:0 Maul (86., ET) - **SR:** Jansen (Essen) - **ZS:** 20.000 - **Gelb:** Kos, Wiblishauser - Schröder - **Gelb-Rot:** Oswald (81.)

	Sp.	g.	u.	v.	Tore	Diff.	Punkte
1. Bayer Leverkusen	13	10	3	0	33 :14	+19	33
2. Bayern München	13	10	1	2	30 : 5	+25	31
3. 1. FC Kaiserslautern	13	9	1	3	30 :17	+13	28
4. Borussia Dortmund	13	9	1	3	21 : 9	+12	28
5. Hertha BSC Berlin	13	7	2	4	22 :17	+ 5	23
6. Werder Bremen	13	7	2	4	18 :14	+ 4	23
7. Schalke 04	13	6	4	3	15 :13	+ 2	22
8. VfB Stuttgart	13	6	3	4	17 :14	+ 3	21
9. SC Freiburg	13	4	4	5	18 :20	- 2	16
10. Bor. M'gladbach	13	3	5	5	15 :18	- 3	14
11. TSV München 1860	13	4	2	7	16 :26	- 10	14
12. Hamburger SV	13	3	4	6	14 :18	- 4	13
13. VfL Wolfsburg	13	3	3	7	18 :19	- 1	12
14. Hansa Rostock	13	3	3	7	11 :19	- 8	12
15. Energie Cottbus	13	3	3	7	13 :25	- 12	12
16. 1. FC Nürnberg	13	3	1	9	10 :24	- 14	10
17. 1. FC Köln	13	2	2	9	9 :25	- 16	8
18. FC St. Pauli	13	1	4	8	12 :25	- 13	7

14. Spieltag: Samstag, 24.11.2001

Zugänge Zellweger/Song lassen Köln wieder hoffen

Bayer 04 Leverkusen - Hamburger SV 4:1 (2:1)
Leverkusen: Butt - Sebescen, Lucio, Nowotny, Placente (80. Zivkovic) - Bastürk (75. Vranjes), Ramelow, Ballack, Zé Roberto - Kirsten, Neuville (85. Brdaric)
HSV: Pieckenhagen - Hertzsch, Hoogma (21. Töfting), Ujfalusi - Groth, Maltritz, Barbarez (73. Panadic), Albertz, Hollerbach - Präger, Meijer
Tore: 0:1 Albertz (7.), 1:1 Ballack (14.), 2:1 Neuville (27.), 3:1 Neuville (58.), 4:1 Neuville (63.) - **SR:** Fandel (Kyllburg) - **ZS:** 22.500 (ausverkauft) - **Gelb:** Maltritz, Präger, Töfting

FC St. Pauli - 1. FC Köln 1:2 (0:2)
St. Pauli: Bulat - Amadou (75. Patschinski), Stanislawski, Gibbs - Berre (43. Rath), Held (65. Baris), Meggle, Bürger, Rahn - Cenci, Marcao
Köln: Pröll - Zellweger, Cichon, Song - Cullmann, Scherz, Reeb (57. Dziwior), Sinkala (88. Lottner), Springer, Reich (83. Sichone) - Kurth
Tore: 0:1 Sinkala (28.), 0:2 Zellweger (31.), 1:2 Gibbs (88.) - **SR:** Dr. Merk (Kaiserslautern) - **ZS:** 19.617 (ausv.) - **Gelb:** Amadou, Meggle, Berre - Cullmann, Sinkala, Reich, Zellweger - **Rot:** Patschinski (90.)

FC Bayern München - 1. FC Nürnberg 0:0
FC Bayern: Kahn - Sagnol, Linke, R. Kovac, Tarnat - Hargreaves, Fink (74. Sforza), Effenberg (46. N. Kovac), Sergio - Jancker, Pizarro (70. Elber)
Nürnberg: Kampa - Sanneh, Kos, Nikl, Wiblishauser - Paßlack (70. Krzynowek), Larsen, Tavcar, Müller - Michalke (86. Möckel), Rink (76. Driller)
SR: Weiner (Hildesheim) - **ZS:** 63.000 (ausverkauft) - **Gelb:** Linke, Sergio - Nikl, Wiblishauser - **B.V.:** Kampa hält FE von Pizarro (12.)

FC Schalke 04 - SV Werder Bremen 1:4 (0:2)
Schalke: Reck - Hajto, Waldoch, van Kerckhoven - Asamoah (61. Oude Kamphuis), van Hoogdalem (56. Wilmots), Möller, Nemec, Böhme (46. Vermant) - Sand, Mulder
Bremen: Rost - Baumann, Verlaat, Krstajic - Tjikuzu, Frings, Lisztes (74. Stalteri), Ernst (84. Borowski), Skripnik - Ailton (88. Klasnic), Bode
Tore: 0:1 Bode (20.), 0:2 Ailton (28.), 0:3 Lisztes (49.), 0:4 Skripnik (51., FE), 1:4 Sand (58.) - **SR:** Dr. Wack (Biberbach) - **ZS:** 60.683 (ausverkauft) - **Gelb:** Böhme, Asamoah, Waldoch, Hajto - Ailton

VfL Wolfsburg - Borussia Mönchengladbach 3:1 (2:0)
Wolfsburg: Reitmaier - Greiner (41. Biliskov), Franz, Rau (74. Kryger) - Karhan, Schnoor, Munteanu, Akonnor - Ponte, Maric (67. Sarpei), Petrov
Gladbach: Stiel - Eberl (46. Kluge), Pletsch, Korell (72. Witeczek), Münch - Hausweiler, Asanin, Ulich - Mieciel (64. Küntzel), van Lent, van Houdt
Tore: 1:0 Maric (6.), 2:0 Petrov (22.), 3:0 Ponte (57.), 3:1 van Houdt (65.) - **SR:** Dr. Fleischer (Hallstadt) - **ZS:** 14.493 - **Gelb:** Ponte - Korell, van Lent, Hausweiler

FC Hansa Rostock - Hertha BSC Berlin 1:1 (0:0)
Rostock: Schober - Yasser (89. Lange), Jakobsson, Schröder, Hill - Rydlewicz, Wibran, Lantz (83. Weißhaupt), Hirsch - Beierle, Arvidsson
Hertha BSC: Fiedler - Rehmer, van Burik (50. Lapaczinski), Sverrisson, Hartmann - Dardai, Schmidt, Beinlich - Goor, Preetz (74. Daei), Marcelinho (58. Neuendorf)
Tore: 1:0 Rydlewicz (67., FE), 1:1 Rehmer (82.) - **SR:** Meyer (Braunschweig) - **ZS:** 14.700 - **Gelb:** Schober - Marcelinho, Schmidt, Neuendorf, Sverrisson

FC Energie Cottbus - VfB Stuttgart 0:0
Cottbus: Piplica - da Silva, Beeck - Scherbe, Reghecampf, Akrapovic, Miriuta (63. Labak), Kaluzny, Kobylanski (29. Hujdurovic) - Helbig, Topic (79. Brasilia)
Stuttgart: Hildebrand - Hinkel, Marques, Bordon, Wenzel - Hleb (63. Tiffert), Soldo, Balakov, Meißner (63. Endress), Seitz (88. Adhemar) - Ganea
SR: Krug (Gelsenkirchen) - **ZS:** 13.780 - **Gelb:** Kaluzny, da Silva, Akrapovic, Helbig - Seitz, Meißner, Hinkel - **Rot:** Scherbe (88.)

Borussia Dortmund - 1. FC Kaiserslautern (So., 25.11.) 3:0 (0:0)
Dortmund: Lehmann - Metzelder, Kohler - Evanilson, Ricken, Oliseh, Rosicky (66. Stevic), Heinrich (61. Wörns) - Ewerthon (89. Herrlich), Koller, Amoroso
1. FCK: G. Koch - H. Koch (67. Klos), West, Ramzy - Grammozis, Hengen, Lincoln, Riedl, Malz (76. Strasser) - Klose, Lokvenc
Tore: 1:0 Ewerthon (77.), 2:0 Amoroso (86., FE), 3:0 Amoroso (90.) - **SR:** Wagner (Hofheim) - **ZS:** 67.000 - **Gelb:** Rosicky - H. Koch, G. Koch, Malz

SC Freiburg - TSV München 1860 (So., 25.11.) 1:3 (1:2)
Freiburg: Golz - Müller, Diarra - Zkitischwili, Hermel (69. Ramdane), Tanko, Zeyer, But (46. Coulibaly), Kobiaschwili - Sellimi, Iaschwili
1860: Jentzsch - Tapalovic, Votava, Ehlers - Wiesinger, Cerny, Häßler, Borimirov, Bierofka (60. Weissenberger) - Schroth (88. Dheedene), Pürk (78. Max)
Tore: 0:1 Borimirov (23.), 1:1 Zeyer (28.), 1:2 Häßler (40.), 1:3 Schroth (67.) - **SR:** Jansen (Essen) - **ZS:** 24.500 - **Gelb:** Tapalovic

	Sp.	g.	u.	v.	Tore	Diff.	Punkte
1. Bayer Leverkusen	14	11	3	0	37 :15	+22	36
2. Bayern München	14	10	2	2	30 : 5	+25	32
3. Borussia Dortmund	14	10	1	3	24 : 9	+15	31
4. 1. FC Kaiserslautern	14	9	1	4	30 :20	+10	28
5. Werder Bremen	14	8	2	4	22 :15	+ 7	26
6. Hertha BSC Berlin	14	7	3	4	23 :18	+ 5	24
7. VfB Stuttgart	14	6	4	4	17 :14	+ 3	22
8. Schalke 04	14	6	4	4	16 :17	- 1	22
9. TSV München 1860	14	5	2	7	19 :27	- 8	17
10. SC Freiburg	14	4	4	6	19 :23	- 4	16
11. VfL Wolfsburg	14	4	3	7	21 :20	+ 1	15
12. Bor. M'gladbach	14	3	5	6	16 :21	- 5	14
13. Hamburger SV	14	3	4	7	15 :22	- 7	13
14. Hansa Rostock	14	3	4	7	12 :20	- 8	13
15. Energie Cottbus	14	3	4	7	13 :25	- 12	13
16. 1. FC Nürnberg	14	3	2	9	10 :24	- 14	11
17. 1. FC Köln	14	3	2	9	11 :26	- 15	11
18. FC St. Pauli	14	1	4	9	13 :27	- 14	7

Bundesliga 2001/2002

15. Spieltag: Samstag, 1.12.2001

SV Werder bricht Leverkusens Nimbus

SV Werder Bremen - Bayer 04 Leverkusen 2:1 (1:1)
Bremen: Rost - Baumann, Verlaat (80. Stalteri), Krstajic - Tjikuzu, Lisztes, Frings, Ernst, Skripnik - Ailton, Bode
Leverkusen: Butt - Lucio, Nowotny, Placente (74. Sebescen) - Schneider, Ballack, Ramelow, Bastürk (46. Zivkovic), Zé Roberto - Kirsten (74. Berbatov), Neuville
Tore: 0:1 Schneider (38.), 1:1 Bode (39.), 2:1 Verlaat (58.) - **SR:** Keßler (Höhenkirchen) - **ZS:** 32.100 - **Gelb:** Ernst, Verlaat, Stalteri - Zé Roberto, Kirsten, Bastürk, Ballack, Ramelow, Zivkovic - **Rot:** Nowotny (70.)

1. FC Köln - Borussia Dortmund 0:2 (0:2)
Köln: Pröll - Zellweger, Cichon (76. Scherz), Song, Keller - Sinkala (58. Lottner), Reeb, Springer (82. Kreuz) - Reich, Kurth, Timm
Dortmund: Lehmann - Metzelder, Wörns, Dede - Evanilson, Reuter, Rosicky (64. Heinrich), Ricken (88. Stevic) - Ewerthon, Koller, Amoroso (73. Sörensen)
Tore: 0:1 Amoroso (17., FE), 0:2 Ewerthon (42.) - **SR:** Fandel (Kyllburg) - **ZS:** 42.000 (ausverkauft) - **Gelb:** Lottner, Song - Amoroso, Ewerthon, Dede, Wörns

1. FC Nürnberg - FC Schalke 04 0:3 (0:0)
Nürnberg: Kampa - Sanneh, Kos, Nikl, Wiblishauser - Paßlack (81. Krzynowek), Larsen, Tavcar, Müller - Rink (73. Gomis), Michalke (73. Möckel)
Schalke: Reck - Hajto, Waldoch, van Kerckhoven - Asamoah (80. Böhme), Oude Kamphuis, Nemec (74. van Hoogdalem), Möller, Vermant - Wilmots, Sand
Tore: 0:1 Hajto (61., HE), 0:2 Sand (90.), 0:3 Sand (90.) - **SR:** Strampe (Handorf) - **ZS:** 40.000 - **Gelb:** Paßlack, Tavcar - Nemec, Oude Kamphuis - **Gelb-Rot:** Kos (68.) - **Rot:** Nikl (61.)

FC Hansa Rostock - VfL Wolfsburg 1:2 (0:1)
Rostock: Schober - Hill, Jakobsson, Schröder - Rydlewicz, Wibran, Lantz, Hirsch, Maul (57. Yasser) - Beierle, Arvidsson (57. Baumgart)
Wolfsburg: Reitmaier - Biliskov, Schnoor, Franz - Müller, Karhan, Munteanu (68. Kühbauer), Akonnor, Kryger - Maric (88. Rische), Petrov (80. Plassnegger)
Tore: 0:1, 0:2 Maric (32., 65.), 1:2 Beierle (89.) - **SR:** Gagelmann - **ZS:** 11.000 - **Gelb:** Petrov, Schnoor

VfB Stuttgart - Borussia Mönchengladbach 1:1 (0:0)
Stuttgart: Hildebrand - Hinkel, Marques, Wenzel, Carnell - Hleb (73. Tiffert), Soldo, Balakov, Meißner, Seitz (90. Gerber) - Ganea (46. Adhemar)
Gladbach: Stiel - Eberl, Pletsch, Stassin, Münch - Hausweiler (71. Asanin), Korell, Ulich - Korzynietz (71. Mieciel), van Lent, van Houdt (56. Küntzel)
Tore: 1:0 Wenzel (48.), 1:1 Küntzel (89.) - **SR:** Berg (Konz) - **ZS:** 31.000 - **Gelb:** Hinkel, Meißner, Seitz - Korell, Stassin

1. FC Kaiserslautern - SC Freiburg 3:0 (1:0)
1. FCK: G. Koch - H. Koch, Hengen, West (82. Gabriel) - Basler, Ratinho (78. Riedl), Lincoln, Ramzy, Malz - Marschall (80. Mifsud), Klose
Freiburg: Golz - Müller, Kehl, Hermel (62. But) - Willi, Zeyer, Tanko, Zkitischwili, Kruse - Sellimi (46. Ramdane), Iaschwili (85. Gerber)
Tore: 1:0 Klose (31.), 2:0 Ramzy (47.), 3:0 Klose (52.) - **SR:** Stark (Ergolding) - **ZS:** 38.248 - **Gelb:** H. Koch - Hermel

TSV München 1860 - FC Energie Cottbus 1:0 (0:0)
1860: Jentzsch - Kurz (70. Agostino), Votava (61. Schroth), Tapalovic - Wiesinger, Cerny, Häßler, Borimirov, Bierofka (70. Weissenberger) - Suker, Max
Cottbus: Piplica - Hujdurovic, da Silva, Beeck - Reghecampf, Akrapovic, Miriuta (58. Vata), Thielemann, Schröter - Brasilia (58. Topic), Labak (65. Matyus)
Tor: 1:0 Max (71.) - **SR:** Dr. Merk (Kaiserslautern) - **ZS:** 18.600 - **Rot:** da Silva (53.)

Hertha BSC Berlin - FC Bayern München (So., 2.12.) 2:1 (0:0)
Hertha BSC: Fiedler - Schmidt (69. Daei), van Burik, Sverrisson, Simunic - Dardai, Maas (62. Neuendorf), Tretschok (90. Lapaczinski) - Goor, Preetz, Marcelinho
FC Bayern: Wessels - Sagnol, Kuffour, Linke, Lizarazu - N. Kovac (82. Scholl), Fink, Sforza (73. Hargreaves), Sergio - Elber (73. Pizarro), Zickler
Tore: 0:1 N. Kovac (46.), 1:1 Neuendorf (71.), 2:1 Dardai (84.) - **SR:** Aust (Köln) - **ZS:** 52.000 (ausverkauft) - **Gelb:** Simunic, van Burik, Goor - Kuffour, Fink

Hamburger SV - FC St. Pauli (So., 2.12.) 4:3 (3:0)
HSV: Pieckenhagen - Fukal, Hertzsch, Ujfalusi, Hollerbach - Benjamin (82. Maltritz), Töfting (74. Mahdavikia), Albertz, Präger - Meijer (85. Panadic), Barbarez
St. Pauli: Bulat - Held, Trulsen, Stanislawski, Gibbs (55. Baris) - Berre (61. Konetzke), Inceman, Meggle, Rahn - Marcao (46. Cenci), Rath
Tore: 1:0 Meijer (4.), 2:0 Fukal (8.), 3:0 Benjamin (45.), 3:1 Meggle (47.), 4:1 Barbarez (52.), 4:2 Trulsen (79.), 4:3 Trulsen (83., FE) - **SR:** Krug (Gelsenkirchen) - **ZS:** 54.800 - **Gelb:** Albertz, Töfting, Barbarez, Hollerbach, Maltritz - Meggle, Trulsen, Stanislawski

	Sp.	g.	u.	v.	Tore	Diff.	Punkte
1. Bayer Leverkusen	15	11	3	1	38 :17	+21	36
2. Borussia Dortmund	15	11	1	3	26 : 9	+17	34
3. Bayern München	15	10	2	3	31 : 7	+24	32
4. 1. FC Kaiserslautern	15	10	1	4	33 :20	+13	31
5. Werder Bremen	15	9	2	4	24 :16	+ 8	29
6. Hertha BSC Berlin	15	8	3	4	25 :19	+ 6	27
7. Schalke 04	15	7	4	4	19 :17	+ 2	25
8. VfB Stuttgart	15	6	5	4	18 :15	+ 3	23
9. TSV München 1860	15	6	2	7	20 :27	- 7	20
10. VfL Wolfsburg	15	5	3	7	23 :21	+ 2	18
11. Hamburger SV	15	4	4	7	19 :25	- 6	16
12. SC Freiburg	15	4	4	7	19 :26	- 7	16
13. Bor. M'gladbach	15	3	6	6	17 :22	- 5	15
14. Hansa Rostock	15	3	4	8	13 :22	- 9	13
15. Energie Cottbus	15	3	4	8	13 :26	- 13	13
16. 1. FC Köln	15	3	2	10	11 :28	- 17	11
17. 1. FC Nürnberg	15	3	2	10	10 :27	- 17	11
18. FC St. Pauli	15	1	4	10	16 :31	- 15	7

16. Spieltag: Samstag, 8.12.2001

Gladbach und Cottbus im freien Fall

FC St. Pauli - SV Werder Bremen 0:3 (0:1)
St. Pauli: Bulat - Amadou, Stanislawski, Gibbs - Held, Trulsen (59. Konetzke), Bürger, Inceman (43. Baris), Rahn - Marcao (59. Cenci), Rath
Bremen: Rost - Baumann, Ernst, Krstajic - Tjikuzu, Lisztes, Frings, Borowski (81. Banovic), Skripnik (85. Blank) - Ailton (76. Klasnic), Bode
Tore: 0:1 Skripnik (19., HE), 0:2 Ailton (55.), 0:3 Borowski (70.) - **SR:** Albrecht (Kaufbeuren) - **ZS:** 19.617 (ausverkauft) - **Gelb:** Rahn, Bürger, Held - Lisztes, Krstajic, Borowski

Borussia Dortmund - Hamburger SV 1:0 (0:0)
Dortmund: Lehmann - Wörns, Metzelder (46. Kohler) - Evanilson, Reuter, Rosicky (84. Stevic), Ricken, Dede - Ewerthon, Koller, Amoroso (66. Heinrich)
HSV: Pieckenhagen - Fukal, Maltritz (80. Ketelaer), Ujfalusi, Hollerbach - Benjamin (72. Mahdavikia), Töfting, Albertz, Präger - Meijer, Barbarez
Tor: 1:0 Ricken (50.) - **SR:** Dr. Fleischer (Hallstadt) - **ZS:** 67.500 - **Gelb:** Wörns - Benjamin, Barbarez, Hollerbach

Bayer 04 Leverkusen - 1. FC Nürnberg 4:2 (1:1)
Leverkusen: Butt - Zivkovic, Lucio, Placente - Schneider, Ramelow, Bastürk (46. Sebescen), Ballack, Zé Roberto - Kirsten (71. Berbatov), Neuville (86. Brdaric)
Nürnberg: Kampa - Sanneh, Stehle, Tavcar, Wiblishauser - Paßlack (88. Junior), Jarolim (71. Stoilov), Larsen, Müller - Cacau, Michalke (80. Gomis)
Tore: 0:1 Cacau (26.), 1:1 Zé Roberto (27.), 1:2 Cacau (58.), 2:2 Sebescen (62.), 3:2 Ballack (63.), 4:2 Neuville (85.) - **SR:** Wagner (Hofheim) - **ZS:** 22.500 (ausv.) - **Gelb:** Ballack, Schneider - Stehle, Cacau

FC Bayern München - VfL Wolfsburg 3:3 (2:1)
FC Bayern: Wessels - Sagnol, Kuffour, R. Kovac, Lizarazu - N. Kovac (75. Jancker), Thiam, Hargreaves, Scholl (60. Sergio) - Elber, Pizarro (69. Zickler)
Wolfsburg: Reitmaier - Biliskov, Franz, Schnoor (23. Rau), Kryger - Kühbauer, Karhan, Munteanu - Ponte (90. Sarpei), Maric (83. Klimowicz), Petrov
Tore: 1:0 Pizarro (11.), 2:0 Elber (17.), 2:1 Maric (44.), 2:2 Kühbauer (52.), 3:2 Pizarro (56.), 3:3 Maric (70.) - **SR:** Koop (Lüttenmark) - **ZS:** 37.000 - **G.:** Lizarazu, N. Kovac - Kryger, Munteanu, Kühbauer, Franz

VfB Stuttgart - TSV München 1860 0:1 (0:0)
Stuttgart: Hildebrand - Hinkel, Marques (82. Adhemar), Bordon, Wenzel - Hleb (88. Tiffert), Soldo, Balakov, Meißner, Seitz - Ganea
1860: Jentzsch - Ehlers, Votava, Hoffmann, Dheedene - Cerny, Tapalovic (70. Wiesinger), Häßler (88. Pürk), Bierofka - Schroth, Max (70. Suker)
Tor: 0:1 Dheedene (65.) - **SR:** Kemmling (Kleinburgwedel) - **ZS:** 22.000 - **Gelb:** Votava, Häßler, Cerny, Schroth, Ehlers, Bierofka

FC Energie Cottbus - 1. FC Kaiserslautern 0:2 (0:1)
Cottbus: Piplica - Beeck, Sebök (73. Kaluzny), Hujdurovic - Schröter, Reghecampf, Akrapovic, Miriuta, Wawrzyczek - Vincze (70. Brasilia), Kobylanski (59. Labak)
1. FCK: Weidenfeller - H. Koch, Hengen, West - Basler, Ramzy, Lincoln (73. Lokvenc), Ratinho (46. Riedl), Malz - Klose, Marschall (89. Bjelica)
Tore: 0:1 Marschall (30.), 0:2 Lincoln (47.) - **SR:** Fröhlich (Berlin) - **ZS:** 13.020 - **Gelb:** Sebök, Hujdurovic, Miriuta - Hengen, Ratinho, Marschall, Ramzy

Borussia Mönchengladbach - FC Hansa Rostock 0:2 (0:1)
Gladbach: Stiel - Eberl, Korell, Pletsch, Münch - Stassin (46. Witeczek), Nielsen, Ulich (59. Kluge) - Korzynietz (61. Küntzel), van Lent, van Houdt
Rostock: Schober - Lange (87. Benken), Jakobsson, Schröder (34. Oswald), Emara - Rydlewicz, Wibran, Lantz, Yasser (85. Hirsch) - Beierle, Arvidsson
Tore: 0:1 Rydlewicz (12.), 0:2 Arvidsson (73.) - **SR:** Dr. Merk (K'lautern) - **ZS:** 24.600 - **Gelb:** van Houdt, Pletsch - **Rot:** Korell (17.) - **B.V.:** Stiel hält FE von Rydlewicz (73.), Arvidsson verwandelt Nachschuss

FC Schalke 04 - Hertha BSC Berlin (So., 9.12.) 0:0
Schalke: Reck - Hajto, Oude Kamphuis, Waldoch (46. Matellan), van Kerckhoven - Vermant (56. Agali), van Hoogdalem, Möller, Böhme - Asamoah (75. Wilmots), Sand
Hertha BSC: Fiedler - Lapaczinski, Rehmer, van Burik, Simunic - Schmidt, Goor (52. Hartmann), Maas, Tretschok, Neuendorf (80. Daei) - Marcelinho (87. Preetz)
SR: Steinborn (Sinzig) - **ZS:** 60.683 (ausverkauft) - **Gelb:** van Hoogdalem - Lapaczinski, Neuendorf, Tretschok, van Burik

SC Freiburg - 1. FC Köln (So., 9.12.) 0:0
Freiburg: Golz - Müller, Diarra - Willi, Zeyer, But (63. Coulibaly), Hermel (68. Kehl), Ramdane (75. Bruns), Kobiaschwili - Sellimi, Iaschwili
Köln: Pröll - Zellweger, Cichon, Song - Cullmann, Balitsch, Lottner, Keller (72. Kreuz) - Timm (90. Scherz), Kurth, Springer
SR: Dr. Wack (Biberbach) - **ZS:** 25.000 (ausverkauft) - **Gelb:** Diarra, Sellimi - Cullmann, Lottner, Keller, Song

	Sp.	g.	u.	v.	Tore	Diff.	Punkte
1. Bayer Leverkusen	16	12	3	1	42 :19	+23	39
2. Borussia Dortmund	16	12	1	3	27 : 9	+18	37
3. 1. FC Kaiserslautern	16	11	1	4	35 :20	+15	34
4. Bayern München	16	10	3	3	34 :10	+24	33
5. Werder Bremen	16	10	2	4	27 :16	+11	32
6. Hertha BSC Berlin	16	8	4	4	25 :19	+ 6	28
7. Schalke 04	16	7	5	4	19 :17	+ 2	26
8. VfB Stuttgart	16	6	5	5	18 :16	+ 2	23
9. TSV München 1860	16	7	2	7	21 :27	- 6	23
10. VfL Wolfsburg	16	5	4	7	26 :24	+ 2	19
11. SC Freiburg	16	4	5	7	19 :26	- 7	17
12. Hamburger SV	16	4	4	8	19 :26	- 7	16
13. Hansa Rostock	16	4	4	8	15 :22	- 7	16
14. Bor. M'gladbach	16	3	6	7	17 :24	- 7	15
15. Energie Cottbus	16	3	4	9	13 :28	- 15	13
16. 1. FC Köln	16	3	3	10	11 :28	- 17	12
17. 1. FC Nürnberg	16	3	2	11	12 :31	- 19	11
18. FC St. Pauli	16	1	4	11	16 :34	- 18	7

17. Spieltag: Samstag, 15.12.2001
Bayern in der Krise - Bayer 04 Halbzeitmeister

SV Werder Bremen - Borussia Dortmund   1:1 (1:0)
Bremen: Rost - Baumann, Verlaat, Krstajic - Tjikuzu, Frings, Lisztes, Ernst, Skripnik - Ailton, Bode
Dortmund: Lehmann - Heinrich (46. Sörensen), Wörns, Kohler, Dede - Reuter, Oliseh, Ricken (88. Stevic), Rosicky - Ewerthon, Koller
Tore: 1:0 Frings (40.), 1:1 Ewerthon (56.) - **SR:** Berg (Konz) - **ZS:** 35.200 (ausverkauft) - **Gelb:** Verlaat - Ewerthon

Hamburger SV - SC Freiburg   1:1 (1:0)
HSV: Pieckenhagen - Fukal, Maltritz, Ujfalusi, Hollerbach - Töfting (73. Cardoso), Albertz, Wicky - Benjamin (69. Mahdavikia), Meijer, Präger
Freiburg: Golz - Zkitischwili, Müller, Diarra, Kobiaschwili - Hermel, Zeyer (66. Willi), Kehl, Coulibaly - Ramdane (61. Sellimi), Iaschwili (83. Bruns)
Tore: 1:0 Präger (30.), 1:1 Müller (69.) - **SR:** Dr. Merk (Kaiserslautern) - **ZS:** 35.012 - **Gelb:** Hollerbach, Ujfalusi - Müller, Willi

Hertha BSC Berlin - Bayer 04 Leverkusen   2:1 (1:1)
Hertha BSC: Fiedler - Schmidt, van Burik (13. Hartmann), Rehmer, Simunic - Dardai, Maas, Tretschok (80. Lapaczinski) - Neuendorf (78. Sverrisson), Preetz, Marcelinho
Leverkusen: Butt - Zivkovic, Lucio, Nowotny (34. Sebescen), Placente (74. Bastürk) - Neuville, Ramelow, Ballack, Zé Roberto - Berbatov, Kirsten (74. Brdaric)
Tore: 1:0 Neuendorf (19.), 1:1 Neuville (37.), 2:1 Dardai (62.) - **SR:** Dr. Wack (Biberbach) - **ZS:** 34.635 - **Gelb:** Dardai, Tretschok, Maas - Placente, Ballack, Brdaric

FC Hansa Rostock - FC Bayern München   1:0 (0:0)
Rostock: Schober - Lange, Jakobsson, Oswald, Emara - Rydlewicz, Lantz, Wibran (90. Weilandt), Yasser (83. Hirsch) - Beierle, Arvidsson (90. Kovacec)
FC Bayern: Kahn - Thiam, Linke, R. Kovac (46. N. Kovac), Tarnat, Hargreaves, Effenberg, Fink - Elber (78. Jancker), Pizarro, Zickler (66. Scholl)
Tor: 1:0 Hirsch (86.) - **SR:** Steinborn (Sinzig) - **ZS:** 29.500 (ausverkauft) - **Gelb:** Lantz, Yasser - R. Kovac, Linke, Jancker, Effenberg, Fink

TSV München 1860 - Borussia Mönchengladbach   2:2 (2:2)
1860: Jentzsch - Ehlers, Cerny, Pfuderer, Tapalovic - Wiesinger, Hoffmann, Häßler, Weissenberger (65. Suker) - Max, Pürk
Gladbach: Stiel - Eberl, Pletsch, Asanin, Münch - Hausweiler, Ulich (75. Demo), Nielsen - van Houdt (71. Küntzel), van Lent, Korzyniest
Tore: 0:1 Korzyniest (22.), 1:1 Max (23.), 1:2 van Lent (26.), 2:2 Max (42.) - **SR:** Fandel (Kyllburg) - **ZS:** 19.700 - **Gelb:** Korzyniest, van Lent. **B.V.:** Jentzsch hält FE von van Lent (53.)

1. FC Köln - FC Energie Cottbus   0:0
Köln: Pröll - Zellweger, Cichon (69. Baranek), Song, Keller - Cullmann, Lottner (58. Kreuz), Springer - Timm, Kurth, Reich
Cottbus: Piplica - Scherbe, Sebök, Beeck, Wawrzyczek - Schröter, Reghecampf (83. Vincze), Akrapovic (86. Thielemann), Kaluzny, Kobylanski - Feldhoff (66. Labak)
SR: Krug (Gelsenkirchen) - **ZS:** 29.000 - **Gelb:** Springer - Beeck, Reghecampf, Kobylanski

1. FC Nürnberg - FC St. Pauli   0:0
Nürnberg: Kampa - Nikl, Kos, Tavcar, Wiblishauser - Müller, Jarolim, Larsen, Krzynowek - Rink, Michalke (62. Cacau)
St. Pauli: Henzler - Trulsen, Stanislawski, Gibbs - Held, Kientz, Meggle, Bürger, Rahn - Patschinski (84. Baris), Rath (88. Cenci)
SR: Fröhlich (Essen) - **ZS:** 20.000 - **Gelb:** Larsen - Rahn, Gibbs, Bürger

VfL Wolfsburg - FC Schalke 04 (So., 16.12.)   3:1 (0:0)
Wolfsburg: Reitmaier - Rytter, Franz, Biliskov, Weiser - Kühbauer (88. Rau), Karhan, Munteanu - Ponte (46. Klimowicz), Maric, Petrov (69. Müller)
Schalke: Reck - Oude Kamphuis, Waldoch, van Hoogdalem - Asamoah, Kmetsch, Möller, Nemec (65. Agali), Böhme (85. Vermant) - Wilmots, Sand
Tore: 1:0 Nemec (51., ET), 2:0 Maric (61.), 2:1 Wilmots (66.), 3:1 Maric (74., FE) - **SR:** Wagner (Hofheim) - **ZS:** 15.147 - **Gelb:** Ponte, Rytter, Klimowicz, Maric - Böhme, Nemec, van Hoogdalem, Kmetsch

1. FC Kaiserslautern - VfB Stuttgart (So., 16.12.)   2:2 (1:1)
1. FCK: G. Koch - H. Koch, West - Basler, Ratinho (79. Marschall), Ramzy, Lincoln, Hengen (58. Riedl), Malz - Klose (85. Gabriel), Lokvenc
Stuttgart: Hildebrand - Hinkel, Marques (69. Kuranyi), Bordon, Wenzel - Hleb (83. Dundee), Soldo, Balakov, Meißner, Carnell (46. Gerber) - Adhemar
Tore: 1:0 Ratinho (4.), 1:1 Meißner (32.), 2:1 Lokvenc (63.), 2:2 Kuranyi (85.) - **SR:** Jansen (Essen) - **ZS:** 39.030 - **Gelb:** Malz, Basler, Wenzel, Kuranyi

18. Spieltag: Dienstag, 18.12.2001
Bremen nutzt Ausrutscher der Spitzenteams

SV Werder Bremen - SC Freiburg   3:2 (1:1)
Bremen: Rost - Baumann, Verlaat, Krstajic - Tjikuzu, Frings, Lisztes, Ernst (59. Borowski), Skripnik - Ailton (46. Klasnic), Bode
Freiburg: Golz - Müller, Diarra, Willi (82. Dorn), Zeyer, Zkitischwili (60. Sellimi), Kehl, Coulibaly, Kobiaschwili - Bruns (76. But), Iaschwili
Tore: 1:0 Bode (13.), 1:1 Coulibaly (45.), 2:1 Krstajic (51.), 2:2 Zeyer (53.), 3:2 Skripnik (58., FE) - **SR:** Sippel (München) - **ZS:** 25.277 - **Gelb:** Lisztes, Skripnik, Klasnic - Zeyer

Hamburger SV - FC Energie Cottbus   5:2 (0:1)
HSV: Pieckenhagen - Fukal, Maltritz (46. Ketelaer), Ujfalusi, Hertzsch - Wicky, Barbarez, Albertz - Mahdavikia, Meijer (83. Töfting), Präger (87. Groth)
Cottbus: Piplica - Scherbe, Sebök, Beeck, Wawrzyczek - Schröter, Akrapovic (67. Brasilia), Kaluzny, Vincze, Reghecampf - Feldhoff (67. Labak)
Tore: 0:1 Schröter (26.), 1:1 Präger (52.), 2:1 Präger (60.), 3:1 Fukal (63.), 4:1 Mahdavikia (75.), 5:1 Barbarez (82.), 5:2 Reghecampf (83.) - **SR:** Aust (Köln) - **ZS:** 32.425 - **Gelb:** Albertz, Barbarez, Wicky, Sebök, Beeck

Hertha BSC Berlin - FC St. Pauli   2:2 (0:0)
Hertha BSC: Fiedler - Lapaczinski (52. Sverrisson), Rehmer, Simunic - Dardai, Schmidt, Tretschok, Hartmann (70. Alves) - Neuendorf (46. Pinto), Preetz, Marcelinho
St. Pauli: Henzler - Held (24. Baris), Stanislawski, Trulsen, Gibbs - Bajramovic (82. Berre), Kientz, Meggle, Racanel (70. Amadou) - Patschinski, Rath
Tore: 0:1 Meggle (50., FE), 1:1 Marcelinho (62.), 1:2 Rath (63.), 2:2 Schmidt (85.) - **SR:** Dr. Merk (Kaiserslautern) - **ZS:** 27.100 - **Gelb:** Lapaczinski, Simunic, Schmidt - Kientz, Meggle, Baris

FC Bayern München - Borussia Mönchengladbach   0:0
FC Bayern: Kahn - Thiam (88. Sforza), Linke, R. Kovac, Tarnat - N. Kovac, Hargreaves, Effenberg, Scholl (68. Zickler) - Pizarro, Elber
Gladbach: Stiel - Pletsch, Nielsen, Asanin (65. Witeczek) - Eberl, Hausweiler, Ulich (79. Demo), Münch - Korzyniest, van Lent, van Houdt (71. Mieciel)
SR: Kircher (Rottenburg) - **ZS:** 41.000 - **Gelb:** N. Kovac - Münch, Hausweiler

1. FC Nürnberg - Borussia Dortmund   2:2 (0:0)
Nürnberg: Kampa - Nikl, Kos, Tavcar, Wiblishauser - Müller, Larsen, Jarolim, Krzynowek - Rink, Cacau
Dortmund: Lehmann - Reuter, Metzelder, Kohler (9. Madouni), Dede - Ricken, Rosicky, Stevic - Sörensen (56. Amoroso), Koller (76. Herrlich), Ewerthon
Tore: 1:0 Müller (52.), 2:0 Nikl (66.), 2:1 Ricken (73.), 2:2 Stevic (76.) - **SR:** Meyer (Braunschweig) - **ZS:** 25.000 - **Gelb:** Wiblishauser, Jarolim, Cacau - Stevic, Rosicky, Amoroso

1. FC Köln - VfB Stuttgart (Mi., 19.12.)   0:0
Köln: Pröll - Zellweger, Cichon, Song, Cullmann - Sinkala (54. Voigt), Balitsch, Lottner - Timm, Kurth (73. Scherz), Kreuz (83. Donkov)
Stuttgart: Hildebrand - Hinkel, Marques (65. Endress), Bordon, Wenzel - Hleb, Soldo, Balakov, Meißner, Seitz (87. Gerber) - Adhemar (67. Kuranyi)
SR: Dr. Fleischer (Hallstadt) - **ZS:** 28.000 - **Gelb:** Lottner, Scherz - Seitz, Kuranyi

FC Hansa Rostock - FC Schalke 04 (Mi., 19.12.)   1:3 (0:2)
Rostock: Schober - Lange, Jakobsson, Oswald, Emara - Rydlewicz (64. Brand), Wibran, Hirsch (80. Maul), Yasser - Beierle, Arvidsson (80. Kovacec)
Schalke: Reck - Waldoch, Matellan, van Kerckhoven - Oude Kamphuis, Wilmots, van Hoogdalem, Möller, Vermant (89. Büskens) - Agali (80. Asamoah), Sand (90. Mulder)
Tore: 0:1 Wilmots (17.), 0:2 Sand (26.), 1:2 Oswald (70.), 1:3 Wilmots (75.) - **SR:** Stark (Ergolding) - **ZS:** 16.434 - **Gelb:** Lange, Agali, Möller, Oude Kamphuis

VfL Wolfsburg - Bayer 04 Leverkusen (Mi., 19.12.)   3:1 (1:0)
Wolfsburg: Reitmaier - Rytter (75. Greiner), Franz, Biliskov, Weiser - Kühbauer (79. Müller), Karhan, Munteanu - Ponte (65. Klimowicz), Maric, Petrov
Leverkusen: Butt - Sebescen, Zivkovic, Vranjes, Placente - Neuville, Dzaka (85. Kleine), Ramelow, Zé Roberto (62. Babic) - Berbatov, Kirsten (62. Brdaric)
Tore: 1:0 Ponte (40.), 2:0 Maric (56.), 3:0 Maric (77.), 3:1 Neuville (86.) - **SR:** Krug (Gelsenkirchen) - **ZS:** 12.116 - **Gelb:** Biliskov - Placente, Ramelow, Berbatov

1. FC Kaiserslautern - TSV München 1860 (Mi., 19.12.)   1:3 (0:0)
1. FCK: G. Koch - H. Koch, Hengen, West - Basler (46. Riedl), Ratinho, Lincoln (84. Marschall), Ramzy, Malz (25. Strasser) - Klose, Lokvenc
1860: Jentzsch - Ehlers, Votava, Hoffmann - Wiesinger, Cerny, Häßler, Tapalovic, Bierofka (63. Tyce) - Max (84. Pfuderer), Pürk (63. Schroth)
Tore: 1:0 Klose (57.), 1:1 Häßler (70., FE), 1:2 Max (77.), 1:3 Wiesinger (86.) - **SR:** Wagner (Hofheim) - **ZS:** 34.049 - **Gelb:** H. Koch, Ratinho - Tapalovic, Schroth - **Gelb-Rot:** Ehlers (57.)

	Sp.	g.	u.	v.	Tore	Diff.	Punkte
1. Bayer Leverkusen	17	12	3	2	43 :21	+22	39
2. Borussia Dortmund	17	12	2	3	28 :10	+18	38
3. 1. FC Kaiserslautern	17	11	2	4	37 :22	+15	35
4. Bayern München	17	10	3	4	34 :11	+23	33
5. Werder Bremen	17	10	3	4	28 :17	+11	33
6. Hertha BSC Berlin	17	9	4	4	27 :20	+ 7	31
7. Schalke 04	17	7	5	5	20 :20	± 0	26
8. VfB Stuttgart	17	6	6	5	20 :18	+ 2	24
9. TSV München 1860	17	7	3	7	23 :29	- 6	24
10. VfL Wolfsburg	17	6	4	7	29 :25	+ 4	22
11. Hansa Rostock	17	5	4	8	16 :22	- 6	19
12. SC Freiburg	17	4	6	7	20 :27	- 7	18
13. Hamburger SV	17	4	5	8	20 :27	- 7	17
14. Bor. M'gladbach	17	3	7	7	19 :26	- 7	16
15. Energie Cottbus	17	3	5	9	13 :28	- 15	14
16. 1. FC Köln	17	3	4	10	11 :28	- 17	13
17. 1. FC Nürnberg	17	3	3	11	12 :31	- 19	12
18. FC St. Pauli	17	1	5	11	16 :34	- 18	8

	Sp.	g.	u.	v.	Tore	Diff.	Punkte
1. Bayer Leverkusen	18	12	3	3	44 :24	+20	39
2. Borussia Dortmund	18	12	3	3	30 :12	+18	39
3. Werder Bremen	18	11	3	4	31 :19	+12	36
4. 1. FC Kaiserslautern	18	11	2	5	38 :25	+13	35
5. Bayern München	18	10	4	4	34 :11	+23	34
6. Hertha BSC Berlin	18	9	5	4	29 :22	+ 7	32
7. Schalke 04	18	8	5	5	23 :21	+ 2	29
8. TSV München 1860	18	8	3	7	26 :30	- 4	27
9. VfL Wolfsburg	18	7	4	7	32 :26	+ 6	25
10. VfB Stuttgart	18	6	7	5	20 :18	+ 2	25
11. Hamburger SV	18	5	5	8	25 :29	- 4	20
12. Hansa Rostock	18	5	4	9	17 :25	- 8	19
13. SC Freiburg	18	4	6	8	22 :30	- 8	18
14. Bor. M'gladbach	18	3	8	7	19 :26	- 7	17
15. 1. FC Köln	18	3	5	10	11 :28	- 17	14
16. Energie Cottbus	18	3	5	10	15 :33	- 18	14
17. 1. FC Nürnberg	18	3	4	11	14 :33	- 19	13
18. FC St. Pauli	18	1	6	11	18 :36	- 18	9

Bundesliga 2001/2002

19. Spieltag: Samstag, 26.1.2002
Schalke führt die Bayern vor - 5:1!

SC Freiburg - 1. FC Nürnberg 2:0 (1:0)
Freiburg: Golz - St. Müller, Hermel, Kruse - Willi, Zeyer, Ramdane (70. But), Zkitischwili (85. Männer), Kobiaschwili - Bruns (85. Gerber), Iaschwili
Nürnberg: Kampa - Sanneh, Kos, Nikl, L. Müller - Paßlack (85. Gomis), Larsen, Jarolim, Krzynowek - Rink, Cacau
Tore: 1:0 Bruns (41.), 2:0 Iaschwili (49.) - **SR:** Kinhöfer (Herne) - **ZS:** 24.600 - **Gelb:** Kobiaschwili, Ramdane - L. Müller, Larsen, Cacau - **B.V.:** Rink schießt FE über das Tor (69.)

VfB Stuttgart - Hamburger SV 3:0 (2:0)
Stuttgart: Hildebrand - Hinkel, Meira, Bordon, Wenzel - Hleb (62. Tiffert), Meißner, Balakov, Soldo (79. Endress), Seitz (83. Gerber) - Ganea
HSV: Pieckenhagen - Fukal, Hertzsch, Ujfalusi, Hollerbach - Mahdavikia (57. Benjamin), Wicky, Barbarez, Präger - Meijer (72. Ketelaer), Romeo
Tore: 1:0 Ganea (26.), 2:0 Hertzsch (31., ET), 3:0 Bordon (77.) - **SR:** Krug (Gelsenkirchen) - **ZS:** 23.000 - **Gelb:** Tiffert - Hollerbach, Fukal, Wicky

FC St. Pauli - VfL Wolfsburg 3:1 (0:1)
St. Pauli: Henzler - Amadou (65. Marcao), Stanislawski, Gibbs - Kowalenko, Bajramovic, Meggle, Kientz, Rahn (46. Racanel) - Rath (81. Trulsen), Patschinski
Wolfsburg: Reitmaier - Rytter (77. Klimowicz), Biliskov, Franz, Weiser - Kühbauer, Karhan, Munteanu (81. Rau) - Ponte (61. Müller), Maric, Petrov
Tore: 0:1 Kientz (11., ET), 1:1 Meggle (52.), 2:1 Rath (75.), 3:1 Bajramovic (83.) - **SR:** Fandel (Kyllburg) - **ZS:** 19.876 - **Gelb:** Rahn - Kühbauer, Rau - **Gelb-Rot:** Karhan (58.)

FC Schalke 04 - FC Bayern München 5:1 (2:0)
Schalke: Reck - Oude Kamphuis, Waldoch, van Hoogdalem, Matellan - Wilmots (81. Asamoah), Nemec (82. Kmetsch), Möller, Böhme - Sand, Mpenza (85. Vermant)
FC Bayern: Kahn - Sagnol, Linke, R. Kovac, Tarnat - Thiam, Effenberg, Jeremies (67. Fink), Scholl (81. Hargreaves) - Santa Cruz, Elber (67. Pizarro)
Tore: 1:0 Mpenza (34.), 2:0 Sand (35.), 2:1 Scholl (49.), 3:1 Böhme (54.), 4:1 van Hoogdalem (75.), 5:1 Oude Kamphuis (90.) - **SR:** Fröhlich - **ZS:** 60.683 (ausv.) - **Gelb:** Wilmots - Effenberg - **Rot:** Tarnat (41.)

Borussia Mönchengladbach - 1. FC Kaiserslautern 0:2 (0:0)
Gladbach: Stiel - Eberl (46. Asanin), Korell, Pletsch, Münch - Hausweiler (78. Auer), Nielsen, Ulich - Korzynietz (60. van Houdt), van Lent, Felgenhauer
1. FCK: G. Koch - H. Koch, Hengen, Knavs, Strasser - Basler, Lincoln (64. Bjelica), Malz - Pettersson, Lokvenc, Klose (82. Riedl)
Tore: 0:1 Pletsch (76., ET), 0:2 Pettersson (90.) - **SR:** Dr. Wack (Biberach) - **ZS:** 24.700 - **Gelb:** Eberl, Auer - Strasser, Klose, Malz, Pettersson

TSV München 1860 - 1. FC Köln 3:0 (0:0)
1860: Jentzsch - Borimirov, Cerny, Stranzl, Tapalovic - Wiesinger (59. Hoffmann), Häßler, Tyce (78. Riseth), Weissenberger (56. Pürk) - Max, Suker
Köln: Pröll - Zellweger, Cichon (70. Reich), Cullmann, Nessou, Balitsch, Voigt (78. Lottner), Keller - Timm, Laslandes, Kreuz (78. Kurth)
Tore: 1:0 Max (56.), 2:0 Tyce (61.), 3:0 Suker (80.) - **SR:** Strampe (Handorf) - **ZS:** 20.000 - **Gelb:** Stranzl - Voigt, Nessou

Bayer 04 Leverkusen - FC Hansa Rostock 2:0 (0:0)
Leverkusen: Butt - Zivkovic, Nowotny - Schneider, Bastürk (85. Vranjes), Ramelow, Ballack, Placente, Zé Roberto - Kirsten (73. Brdaric), Neuville (73. Berbatov)
Rostock: Schober - Lange, Jakobsson, Oswald, Maul - Rydlewicz (86. Arvidsson), Lantz, Weilandt (85. Hirsch), Wibran - Salou - di Salvo (70. Baumgart)
Tore: 1:0 Zivkovic (76.), 2:0 Ballack (80., FE) - **SR:** Dr. Fleischer (Hallstadt) - **ZS:** 22.500 (ausverkauft) - **Gelb:** Bastürk, Ballack, Ramelow

Borussia Dortmund - Hertha BSC Berlin (So., 27.1.) 3:1 (1:0)
Dortmund: Lehmann - Metzelder, Wörns, Dede - Reuter, Kehl, Rosicky, Heinrich - Ewerthon (76. Evanilson), Koller (90. Herrlich), Ricken (85. Stevic)
Hertha BSC: Fiedler - Rehmer, van Burik, Sverrisson, Hartmann (62. Beinlich) - Dardai, Maas, Tretschok (83. Alves) - Goor (46. Neuendorf), Preetz, Marcelinho
Tore: 1:0, 2:0 Koller (7., 54.), 2:1 Neuendorf (71.), 3:1 Wörns (76.) - **SR:** Aust (Köln) - **ZS:** 63.000 - **Gelb:** Reuter - van Burik, Maas, Fiedler, Hartmann, Sverrisson - **B.V.:** Fiedler hält FE von Ewerthon (36.)

FC Energie Cottbus - SV Werder Bremen (So., 27.1.) 2:1 (1:1)
Cottbus: Piplica - Beeck, da Silva, Matyus - Reghecampf, Kaluzny (46. Topic), Miriuta (90. Scherbe), Akrapovic, Schröter - Kobylanski, Reichenberger (57. Franklin)
Bremen: Rost - Baumann, Verlaat, Krstajic - Tjikuzu, Lisztes, Frings, Borowski, Magnin (81. Klasnic) - Ailton, Bode
Tore: 0:1 Ailton (28.), 1:1 Matyus (41.), 2:1 Topic (79.) - **SR:** Dr. Merk (Kaiserslautern) - **ZS:** 14.350 - **Gelb:** da Silva, Miriuta, Reghecampf, Beeck, Akrapovic - Ailton

	Sp.	g.	u.	v.	Tore	Diff.	Punkte
1. Bayer Leverkusen	19	13	3	3	46 :24	+22	42
2. Borussia Dortmund	19	13	3	3	33 :13	+20	42
3. 1. FC Kaiserslautern	19	12	2	5	40 :25	+15	38
4. Werder Bremen	19	11	3	5	32 :21	+11	36
5. Bayern München	19	10	4	5	35 :16	+19	34
6. Schalke 04	19	9	5	5	28 :22	+ 6	32
7. Hertha BSC Berlin	19	9	5	5	30 :25	+ 5	32
8. TSV München 1860	19	9	3	7	29 :30	- 1	30
9. VfB Stuttgart	19	7	7	5	23 :18	+ 5	28
10. VfL Wolfsburg	19	7	4	8	33 :29	+ 4	25
11. SC Freiburg	19	5	6	8	24 :30	- 6	21
12. Hamburger SV	19	5	5	9	25 :32	- 7	20
13. Hansa Rostock	19	5	4	10	17 :27	- 10	19
14. Bor. M'gladbach	19	3	8	8	19 :28	- 9	17
15. Energie Cottbus	19	4	5	10	17 :34	- 17	17
16. 1. FC Köln	19	3	5	11	11 :31	- 20	14
17. 1. FC Nürnberg	19	3	4	12	14 :35	- 21	13
18. FC St. Pauli	19	2	6	11	21 :37	- 16	12

20. Spieltag: Samstag, 2.2.2002
100. Liga-Tor für Marco Bode

1. FC Nürnberg - FC Energie Cottbus 2:0 (0:0)
Nürnberg: Kampa - Nikl, Kos, Tavcar, Wiblishauser (17. Paßlack) - Sanneh, Larsen, Jarolim (90. Gomis), Krzynowek - Rink (80. Michalke), Cacau
Cottbus: Piplica - Beeck, da Silva, Matyus - Thielemann (68. Reichenberger), Akrapovic (68. Vincze), Miriuta, Schröter, Kobylanski (81. Franklin) - Topic, Helbig
Tore: 1:0 Rink (60.), 2:0 Krzynowek (87., FE) - **SR:** Steinborn (Sinzig) - **ZS:** 20.000 - **Gelb:** Jarolim, Rink, Paßlack, Cacau - Thielemann, Helbig, Piplica

SV Werder Bremen - VfB Stuttgart 1:2 (1:0)
Bremen: Rost - Baumann, Verlaat (68. Borowski), Krstajic - Tjikuzu, Ernst, Frings, Lisztes, Skripnik - Ailton, Bode
Stuttgart: Hildebrand - Hinkel, Bordon, Meira, Wenzel - Hleb (46. Tiffert), Meißner, Balakov, Soldo, Seitz (86. Todt) - Ganea
Tore: 1:0 Bode (40.), 1:1 Ganea (62.), 1:2 Tiffert (84.) - **SR:** Stark (Ergolding) - **ZS:** 26.000 - **Gelb:** Ernst, Frings - Meira

VfL Wolfsburg - Borussia Dortmund 1:1 (1:1)
Wolfsburg: Reitmaier - Rytter, Franz, Biliskov, Weiser - Kühbauer, Sarpei, Munteanu - Ponte (88. Rau), Maric, Petrov (60. Klimowicz)
Dortmund: Lehmann - Metzelder, Wörns, Dede - Reuter, Kehl, Rosicky (39. Stevic), Heinrich - Evanilson (69. Amoroso), Koller, Ewerthon (80. Sörensen)
Tore: 0:1 Heinrich (3.), 1:1 Maric (36., FE) - **SR:** Dr. Merk (Kaiserslautern) - **ZS:** 17.226 - **Gelb:** Biliskov, Petrov, Munteanu - Evanilson, Metzelder, Kehl

FC Schalke 04 - Borussia Mönchengladbach 2:0 (1:0)
Schalke: Reck - Oude Kamphuis, Waldoch, van Hoogdalem, Matellan - Wilmots (80. Asamoah), Nemec (70. Kmetsch), Möller, Böhme - Sand (88. Mulder), Mpenza
Gladbach: Stiel - Asanin, Korell, Pletsch, Münch - Hausweiler, Nielsen, Ulich (74. Mieciel) - Felgenhauer (60. Aidoo), van Lent, Korzynietz (60. van Houdt)
Tore: 1:0 Wilmots (1.), 2:0 Asamoah (90.) - **SR:** Albrecht (Kaufbeuren) - **ZS:** 60.683 (ausverkauft) - **Gelb:** Waldoch, Mpenza - Stiel, Aidoo

1. FC Köln - 1. FC Kaiserslautern 0:1 (0:0)
Köln: Pröll - Cullmann, Zellweger, Cichon (81. Baranek), Voigt (76. Reich) - Scherz (60. Kurth), Balitsch, Lottner, Springer - Timm, Laslandes
1. FCK: G. Koch - H. Koch, Hengen, Knavs, Strasser - Basler (46. Hristov), Lincoln, Ratinho (78. Grammozis) - Pettersson, Lovkenc, Klose (66. Ognjenovic)
Tor: 0:1 Klose (57.) - **SR:** Gagelmann (Bremen) - **ZS:** 27.000 - **Gelb:** Voigt, Cichon, Reich, Kurth - H. Koch, Ratinho, Lokvenc, Lincoln, Pettersson, Hristov

Hamburger SV - TSV München 1860 2:1 (0:0)
HSV: Pieckenhagen - Fukal, Hoogma, Hertzsch - Wicky (76. Töfting), Ujfalusi, Cardoso (70. Antar), Hollerbach - Präger (86. Groth), Romeo, Barbarez
1860: Jentzsch - Cerny, Ehlers, Votava (76. Pürk), Dheedene - Borimirov (76. Weissenberger), Riseth (57. Hoffmann), Häßler, Tyce - Max, Suker
Tore: 1:0 Präger (60.), 2:0 Romeo (81.), 2:1 Weissenberger (89.) - **SR:** Jansen (Essen) - **ZS:** 34.026 - **Gelb:** Präger - Dheedene - **B.V.:** Barbarez schießt FE an die Latte (48.)

Hertha BSC Berlin - SC Freiburg 1:1 (0:1)
Hertha BSC: Fiedler - Schmidt, Sverrisson, Simunic (46. Alves) - Rehmer, Dardai, Maas, Beinlich (74. Goor), Neuendorf - Marcelinho, Preetz (80. Daei)
Freiburg: Golz - Müller, Hermel, Kruse - Willi (64. Kondé), Zeyer, Ramdane (66. Männer), Zkitischwili, Kobiaschwili - Bruns (87. But), Iaschwili
Tore: 0:1 Iaschwili (37.), 1:1 Alves (57.) - **SR:** Kemmling (Kleinburgwedel) - **ZS:** 25.146 - **Gelb:** Neuendorf - Bruns

FC Bayern München - Bayer 04 Leverkusen (So., 3.2.) 2:0 (0:0)
FC Bayern: Kahn - Sagnol, Linke, R. Kovac, Kuffour - Scholl, Fink, Effenberg (90. Jeremies), Hargreaves - Elber (90. Sergio), Jancker (78. Pizarro)
Leverkusen: Butt - Zivkovic, Kleine, Nowotny, Placente - Schneider, Ramelow, Ballack, Zé Roberto - Neuville (62. Brdaric), Berbatov (57. Kirsten)
Tore: 1:0 Elber (67.), 2:0 Effenberg (71., FE) - **SR:** Fandel (Kyllburg) - **ZS:** 43.000 - **Gelb:** R. Kovac, Hargreaves, Elber - Ballack, Nowotny

FC Hansa Rostock - FC St. Pauli (So., 3.2.) 1:0 (0:0)
Rostock: Schober - Haber, Jakobsson (68. Hill), Oswald, Maul - Rydlewicz (79. Arvidsson), Wibran, Lantz, di Salvo - Beierle, Salou (46. Hirsch)
St. Pauli: Henzler - Amadou (85. Marcao), Stanislawski, Gibbs - Kowalenko (61. Berre), Bajramovic, Meggle, Kientz, Racanel (75. Rahn) - Rath, Patschinski
Tor: 1:0 Hirsch (82., FE) - **SR:** Sippel (München) - **ZS:** 18.600 - **Gelb:** Meggle, Bajramovic, Gibbs

	Sp.	g.	u.	v.	Tore	Diff.	Punkte
1. Borussia Dortmund	20	13	4	3	34 :14	+20	43
2. Bayer Leverkusen	20	13	3	4	46 :26	+20	42
3. 1. FC Kaiserslautern	20	13	2	5	41 :25	+16	41
4. Bayern München	20	11	4	5	37 :16	+21	37
5. Werder Bremen	20	11	3	6	33 :23	+10	36
6. Schalke 04	20	10	5	5	30 :22	+ 8	35
7. Hertha BSC Berlin	20	9	6	5	31 :26	+ 5	33
8. VfB Stuttgart	20	8	7	5	25 :19	+ 6	31
9. TSV München 1860	20	9	3	8	30 :32	- 2	30
10. VfL Wolfsburg	20	7	5	8	34 :30	+ 4	26
11. Hamburger SV	20	6	5	9	27 :33	- 6	23
12. SC Freiburg	20	5	7	8	25 :31	- 6	22
13. Hansa Rostock	20	6	4	10	18 :27	- 9	22
14. Bor. M'gladbach	20	3	8	9	19 :30	- 11	17
15. Energie Cottbus	20	4	5	11	17 :36	- 19	17
16. 1. FC Nürnberg	20	4	4	12	16 :35	- 19	16
17. 1. FC Köln	20	3	5	12	11 :32	- 21	14
18. FC St. Pauli	20	2	6	12	21 :38	- 17	12

Milliardenliga zwischen Boom und Pleite

21. Spieltag: Dienstag, 5.2.2002

Kellerkinder proben den Aufstand

FC Energie Cottbus - Hertha BSC Berlin 1:0 (0:0)

Cottbus: Piplica - Rost, da Silva, Beeck, Matyus - Schröter, Reghecampf, Miriuta (83. Reichenberger), Wawrzyczek (73. Kobylanski) - Franklin (71. Helbig), Topic

Hertha BSC: Fiedler - van Burik, Sverrisson, Rehmer (46. Simunic) - Schmidt, Maas (86. Preetz), Beinlich, Tretschok - Goor, Daei, Marcelinho (60. Alves)

Tor: 1:0 Topic (85.) - **SR:** Jansen (Essen) - **ZS:** 15.600 - **Gelb:** Beeck, Topic - Goor, Schmidt

VfB Stuttgart - 1. FC Nürnberg 2:3 (1:2)

Stuttgart: Hildebrand - Hinkel, Meira, Bordon, Wenzel - Seitz, Soldo, Balakov, Meißner (55. Dundee, 78. Adhemar), Hleb (46. Tiffert) - Ganea

Nürnberg: Kampa - Sanneh, Kos, Nikl, Tavcar - Paßlack (68. Müller), Larsen, Jarolim, Krzynowek - Rink (89. Gomis), Cacau (76. Michalke)

Tore: 0:1 Cacau (15.), 1:1 Bordon (24.), 1:2 Cacau (26.), 2:2 Ganea (60.), 2:3 Larsen (77.) - **SR:** Koop (Lüttenmark) - **ZS:** 21.000 - **Gelb:** Ganea - Sanneh - **Gelb-Rot:** Larsen (84.)

SC Freiburg - VfL Wolfsburg 0:0

Freiburg: Reus - Müller, Hermel, Kruse - Willi (70. But), Zeyer (68. Kondé), Ramdane, Zkitischwili, Kobiaschwili - Bruns (61. Sellimi), Iaschwili

Wolfsburg: Reitmaier - Rytter, Franz, Biliskov, Weiser - Kühbauer, Karhan, Munteanu (77. Sarpei) - Ponte, Maric (61. Klimowicz), Petrov (82. Rau)

SR: Keßler (Höhenkirchen) - **ZS:** 24.000 - **Gelb:** Kobiaschwili - Ponte

Borussia Mönchengladbach - 1. FC Köln 4:0 (0:0)

Gladbach: Stiel - Eberl, Pletsch, Korell, Münch (71. Asanin) - Demo, Nielsen, Ulich (75. Witeczek) - Aidoo, van Lent, Felgenhauer (80. Auer)

Köln: Pröll - Cullmann, Zellweger, Keller - Reeb, Balitsch, Lottner, Voigt (61. Springer) - Timm (17. Reich), Kurth, Laslandes (75. Cichon)

Tore: 1:0 Münch (51., FE), 2:0 van Lent (54.), 3:0 van Lent (60.), 4:0 van Lent (68.) - **SR:** Fröhlich (Berlin) - **ZS:** 32.200 - **Gelb:** Münch, Ulich - Zellweger, Voigt, Lottner, Keller, Reeb

TSV München 1860 - SV Werder Bremen 3:1 (1:1)

1860: Jentzsch - Ehlers (20. Riseth), Votava, Tapalovic - Cerny, Borimirov, Häßler, Tyce, Bierofka (64. Pürk) - Max, Agostino (69. Suker)

Bremen: Rost - Baumann, Verlaat (71. Banovic), Krstajic - Tjikuzu (86. Wehlage), Lisztes, Ernst, Borowski (76. Klasnic), Skripnik - Ailton, Bode

Tore: 1:0 Agostino (18.), 1:1 Lisztes (24.), 2:1 Max (68.), 3:1 Häßler (74., FE) - **SR:** Meyer (Braunschweig) - **ZS:** 17.200 - **Gelb:** Häßler, Borimirov, Tapalovic - Baumann, Krstajic, Tjikuzu

1. FC Kaiserslautern - Hamburger SV (Mi., 6.2.) 2:2 (1:1)

1. FCK: G. Koch - Knavs (25. Kullig), Hengen, Strasser - Basler, Grammozis, Lincoln, Riedl - Klose, Lokvenc, Pettersson (68. Ognjenovic)

HSV: Pieckenhagen - Fukal (66. Groth), Hertzsch, Hoogma, Ujfalusi - Töfting (79. Heinz), Wicky, Antar (82. Maltritz), Hollerbach - Romeo, Barbarez

Tore: 1:0 Basler (4.), 1:1 Romeo (11.), 2:1 Klose (76.), 2:2 Heinz (80.) - **SR:** Kircher (Rottenburg) - **ZS:** 34.958 - **Gelb:** Pettersson - Fukal, Hoogma

FC St. Pauli - FC Bayern München (Mi., 6.2.) 2:1 (2:0)

St. Pauli: Henzler - Gibbs, Stanislawski - Kowalenko, Berre (66. Trulsen), Kientz, Meggle, Bajramovic, Rahn - Rath (88. Baris), Patschinski

FC Bayern: Kahn - Sagnol, Linke, R. Kovac, Kuffour - Sforza (46. Sergio), Fink (64. Elber), Effenberg, Hargreaves - Jancker (46. Scholl), Pizarro

Tore: 1:0 Meggle (30.), 2:0 Patschinski (33.), 2:1 Sagnol (87.) - **SR:** Krug (Gelsenkirchen) - **ZS:** 20.735 (ausverkauft) - **Gelb:** Berre, Gibbs, Meggle - Hargreaves, Fink

Bayer 04 Leverkusen - FC Schalke 04 (Mi., 6.2.) 0:1 (0:0)

Leverkusen: Butt - Lucio (75. Brdaric), Nowotny - Schneider, Ramelow, Bastürk, Ballack, Placente, Zé Roberto - Kirsten, Neuville (72. Berbatov)

Schalke: Reck - Oude Kamphuis, Waldoch, van Hoogdalem, Matellan (38. van Kerckhoven) - Wilmots, Nemec (72. Kmetsch), Möller, Böhme - Sand, Mpenza (75. Asamoah)

Tor: 0:1 Böhme (52.) - **SR:** Berg (Konz) - **ZS:** 22.500 (ausverkauft) - **Gelb:** Kirsten, Bastürk - Böhme, van Hoogdalem, Mpenza, Oude Kamphuis, Sand

Borussia Dortmund - FC Hansa Rostock (Mi., 6.2.) 2:0 (0:0)

Dortmund: Lehmann - Metzelder, Wörns, Dede - Reuter, Kehl, Ricken (89. Stevic), Heinrich - Sörensen (60. Amoroso), Koller (84. Herrlich), Ewerthon

Rostock: Schober - Lange, Schröder, Oswald, Maul - Rydlewicz, Wibran, Lantz, Hirsch (72. di Salvo) - Beierle (80. Salou), Arvidsson (63. Hill)

Tore: 1:0 Ewerthon (66.), 2:0 Amoroso (81.) - **SR:** Weiner (Hildesheim) - **ZS:** 60.500 - **Gelb:** Metzelder - Maul, Beierle, Lange

	Sp.	g.	u.	v.	Tore	Diff.	Punkte
1. Borussia Dortmund	21	14	4	3	36 :14	+22	46
2. Bayer Leverkusen	21	13	3	5	46 :27	+19	42
3. 1. FC Kaiserslautern	21	13	3	5	43 :27	+16	42
4. Schalke 04	21	11	5	5	31 :22	+ 9	38
5. Bayern München	21	11	4	6	38 :18	+20	37
6. Werder Bremen	21	11	3	7	34 :26	+ 8	36
7. Hertha BSC Berlin	21	9	6	6	31 :27	+ 4	33
8. TSV München 1860	21	10	3	8	33 :33	± 0	33
9. VfB Stuttgart	21	8	7	6	27 :22	+ 5	31
10. VfL Wolfsburg	21	7	6	8	34 :30	+ 4	27
11. Hamburger SV	21	6	6	9	29 :35	- 6	24
12. SC Freiburg	21	5	8	8	25 :31	- 6	23
13. Hansa Rostock	21	6	4	11	18 :29	- 11	22
14. Bor. M'gladbach	21	4	8	9	23 :30	- 7	20
15. Energie Cottbus	21	5	5	11	18 :36	- 18	20
16. 1. FC Nürnberg	21	5	4	12	19 :37	- 18	19
17. FC St. Pauli	21	3	6	12	23 :39	- 16	15
18. 1. FC Köln	21	3	5	13	11 :36	- 25	14

22. Spieltag: Samstag, 9.2.2002

Remis im Spitzenspiel, sonst nur Heimsiege

Hertha BSC Berlin - VfB Stuttgart 2:0 (2:0)

Hertha BSC: Kiraly - Schmidt, van Burik (64. Sverrisson), Simunic, Hartmann - Dardai, Marcelinho (86. Marx), Beinlich - Alves (76. Tretschok), Preetz, Goor

Stuttgart: Hildebrand - Hinkel, Meira, Bordon, Wenzel - Soldo, Balakov, Meißner - Tiffert (57. Hleb), Ganea, Seitz

Tore: 1:0 Marcelinho (16.), 2:0 Marcelinho (37.) - **SR:** Sippel (München) - **ZS:** 25.329 - **Gelb:** Preetz, Sverrisson - Tiffert, Meißner - **Gelb-Rot:** Bordon (70.)

FC Bayern München - Borussia Dortmund 1:1 (0:0)

FC Bayern: Kahn - Sagnol, Kuffour, R. Kovac, Lizarazu - Hargreaves, Effenberg, Jeremies (69. Santa Cruz), Scholl (88. Sergio) - Jancker (75. Pizarro), Elber

Dortmund: Lehmann - Reuter, Wörns, Kohler, Dede - Ricken (65. Amoroso), Kehl, Heinrich (37. Evanilson) - Ewerthon, Koller, Rosicky (80. Stevic)

Tore: 0:1 Amoroso (78.), 1:1 Elber (81.) - **SR:** Steinborn (Sinzig) - **ZS:** 54.000 - **Gelb:** Jancker, Kahn, Lizarazu, Kuffour, R. Kovac - Reuter, Evanilson

VfL Wolfsburg - FC Energie Cottbus 2:1 (2:0)

Wolfsburg: Reitmaier - Rytter, Franz, Biliskov, Weiser (88. Rau) - Kühbauer, Karhan, Munteanu - Ponte (74. Sarpei), Klimowicz, Petrov (74. Juskowiak)

Cottbus: Piplica - Rost, da Silva, Beeck, Matyus - Schröter, Reghecampf, Vincze (46. Helbig), Wawrzyczek - Franklin (68. Scherbe), Topic (68. Reichenberger)

Tore: 1:0 Ponte (12.), 2:0 Ponte (24.), 2:1 da Silva (90.) - **SR:** Gagelmann (Bremen) - **ZS:** 11.217 - **Gelb:** Klimowicz, Munteanu, Franz - Topic, Scherbe, Helbig

Bayer 04 Leverkusen - Borussia Mönchengladbach 5:0 (3:0)

Leverkusen: Butt - Lucio, Nowotny, Placente (68. Zivkovic) - Schneider, Ramelow, Bastürk, Ballack (84. Vranjes), Zé Roberto - Neuville (68. Brdaric), Berbatov

Gladbach: Stiel - Eberl, Korell, Pletsch, Münch - Hausweiler, Nielsen, Ulich - Korzynietz (60. Asanin), van Lent, Felgenhauer (46. Demo)

Tore: 1:0 Ballack (9.), 2:0 Neuville (17.), 3:0 Schneider (31.), 4:0 Ramelow (84.), 5:0 Berbatov (87.) - **SR:** Stark - **ZS:** 22.500 (ausv.) - **Gelb:** Zé Roberto, Ballack, Lucio, Placente - Hausweiler - **G.-R.:** Korell (57.)

SV Werder Bremen - 1. FC Kaiserslautern 1:0 (0:0)

Bremen: Rost - Wehlage (86. Stalteri), Baumann, Verlaat, Krstajic - Lisztes, Frings, Ernst (31. Borowski), Skripnik - Ailton (80. Klasnic), Bode

1. FCK: G. Koch - H. Koch (53. Hristov), Hengen, Strasser - Basler (68. Bjelica), Ramzy, Lincoln, Riedl - Adzic (31. Grammozis), Lokvenc, Klose

Tor: 1:0 Ailton (51.) - **SR:** Fröhlich (Berlin) - **ZS:** 27.100 - **Gelb:** Baumann, Wehlage - Strasser, Riedl, Klose, Hristov

FC Hansa Rostock - SC Freiburg 4:0 (2:0)

Rostock: Schober (67. Bräutigam) - Lange, Jakobsson, Oswald, Emara - Yasser (74. Wibran), Lantz, Maul - Rydlewicz, Beierle (82. Arvidsson), di Salvo

Freiburg: Reus - Willi (65. Gerber), Müller, Kruse, Kobiaschwili - Zeyer, Hermel (80. Kondé), Ramdane, Zkitischwili - Iaschwili, Bruns (46. But)

Tore: 1:0 di Salvo (10.), 2:0 Lange (24.), 3:0 di Salvo (61.), 4:0 Rydlewicz (71.) - **SR:** Strampe (Handorf) - **ZS:** 12.100 - **Gelb:** Yasser, Rydlewicz - Ramdane - **B.V.:** Schober hält FE von Zkitischwili (64.)

FC Schalke 04 - FC St. Pauli 4:0 (2:0)

Schalke: Reck - Oude Kamphuis, Waldoch, van Kerckhoven - Asamoah, Wilmots, Möller (52. Vermant), Kmetsch, Böhme (73. Büskens) - Mpenza (64. Djordjevic), Sand

St. Pauli: Henzler - Stanislawski, Gibbs - Kowalenko (30. Trulsen), Berre (61. Baris), Kientz, Meggle, Bajramovic, Rahn - Patschinski, Rath (86. Amadou)

Tore: 1:0 Sand (9.), 2:0 Möller (24.), 3:0 Böhme (54., HE), 4:0 Reck (80., FE) - **SR:** Dr. Fleischer - **ZS:** 60.190 - **Gelb:** Kmetsch, Wilmots, Oude Kamphuis - Henzler, Kientz, Trulsen - **Rot:** Bajramovic (53.)

1. FC Nürnberg - TSV München 1860 (So., 10.2.) 2:1 (1:0)

Nürnberg: Kampa - Sanneh, Kos, Nikl, Müller - Paßlack (79. Stehle), Jarolim (90. Möckel), Tavcar, Krzynowek - Cacau (85. Michalke), Rink

1860: Jentzsch - Hoffmann, Votava, Greilich (46. Dheedene) - Görlitz (70. Suker), Cerny, Häßler, Riseth, Bierofka - Agostino, Max (79. Pürk)

Tore: 1:0 Rink (35.), 1:1 Bierofka (48.), 2:1 Tavcar (65.) - **SR:** Kemmling (Kleinburgwedel) - **ZS:** 38.200 - **Gelb:** Cacau, Jarolim - Votava, Jentzsch, Cerny

Hamburger SV - 1. FC Köln (So., 10.2.) 4:0 (1:0)

HSV: Pieckenhagen - Fukal (84. Heinz), Hertzsch, Hoogma, Ujfalusi - Präger (72. Mahdavikia), Wicky, Cardoso (62. Antar), Hollerbach - Romeo, Barbarez

Köln: Pröll - Zellweger, Cichon, Sichone - Scherz (60. Nessou), Reeb (74. Voigt), Baranek, Balitsch, Springer - Laslandes, Kreuz (74. Reich)

Tore: 1:0 Fukal (34.), 2:0 Sichone (63., ET), 3:0 Barbarez (67.), 4:0 Romeo (83.) - **SR:** Meyer (Braunschweig) - **ZS:** 38.719 - **Gelb:** Hollerbach, Präger, Wicky - Baranek, Scherz, Reeb - **Rot:** Laslandes (87.)

	Sp.	g.	u.	v.	Tore	Diff.	Punkte
1. Borussia Dortmund	22	14	5	3	37 :15	+22	47
2. Bayer Leverkusen	22	14	3	5	51 :27	+24	45
3. 1. FC Kaiserslautern	22	13	3	6	43 :28	+15	42
4. Schalke 04	22	12	5	5	35 :22	+13	41
5. Werder Bremen	22	12	3	7	35 :26	+ 9	39
6. Bayern München	22	11	5	6	39 :19	+20	38
7. Hertha BSC Berlin	22	10	6	6	33 :27	+ 6	36
8. TSV München 1860	22	10	3	9	34 :35	- 1	33
9. VfB Stuttgart	22	8	7	7	27 :24	+ 3	31
10. VfL Wolfsburg	22	8	6	8	36 :31	+ 5	30
11. Hamburger SV	22	7	6	9	33 :35	- 2	27
12. Hansa Rostock	22	7	4	11	22 :29	- 7	25
13. SC Freiburg	22	5	8	9	25 :35	- 10	23
14. 1. FC Nürnberg	22	6	4	12	21 :38	- 17	22
15. Bor. M'gladbach	22	4	8	10	23 :35	- 12	20
15. Energie Cottbus	22	5	5	12	19 :38	- 19	20
17. FC St. Pauli	22	3	6	13	23 :43	- 20	15
18. 1. FC Köln	22	3	5	14	11 :40	- 29	14

Bundesliga 2001/2002

23. Spieltag: Samstag, 16.2.2002

Cottbus im Nordost-Duell souverän

TSV München 1860 - Hertha BSC Berlin 0:3 (0:1)
1860: Jentzsch - Stranzl, Votava (46. Ehlers), Hoffmann - Cerny (65. Görlitz), Borimirov, Häßler (65. Weissenberger), Riseth, Bierofka - Agostino, Max
Hertha BSC: Kiraly - Lapaczinski, Schmidt, Simunic - Marx (79. Maas), Dardai, Beinlich, Hartmann - Alves (73. Tretschok), Preetz, Marcelinho (84. Goor)
Tore: 0:1 Preetz (12.), 0:2 Beinlich (47.), 0:3 Preetz (49.) - **SR:** Berg (Konz) - **ZS:** 20.000 - **Gelb:** Borimirov - Schmidt

Borussia Dortmund - FC Schalke 04 1:1 (0:1)
Dortmund: Lehmann - Evanilson, Wörns, Metzelder, Dede - Reuter, Rosicky, Kehl - Ricken, Koller, Ewerthon (69. Amoroso)
Schalke: Reck - Oude Kamphuis, Waldoch, van Hoogdalem, van Kerckhoven - Wilmots, Nemec, Möller (86. Vermant), Böhme - Asamoah (62. Agali), Sand
Tore: 0:1 Oude Kamphuis (17.), 1:1 Ewerthon (50.) - **SR:** Dr. Wack (Biberbach) - **ZS:** 68.600 (ausverkauft) - **Gelb:** Rosicky, Dede - Sand, Möller, Nemec

VfB Stuttgart - VfL Wolfsburg 2:1 (1:0)
Stuttgart: Hildebrand - Hinkel, Meira, Wenzel, Gerber - Tiffert (65. Hleb), Soldo, Balakov, Meißner, Seitz (85. Todt) - Adhemar
Wolfsburg: Reitmaier - Rytter (63. Sarpei), Franz, Biliskov, Weiser - Kühbauer, Karhan, Munteanu (46. Juskowiak) - Ponte, Klimowicz, Petrov
Tore: 1:0 Meißner (9.), 2:0 Hleb (77.), 2:1 Klimowicz (88.) - **SR:** Albrecht (Kaufbeuren) - **ZS:** 16.000 - **Gelb:** Ponte, Franz

Borussia Mönchengladbach - Hamburger SV 2:1 (2:1)
Gladbach: Stiel - Eberl, Asanin, Pletsch, Münch - Demo (79. Witeczek), Nielsen, Ulich - Aidoo (78. Mieciel), van Lent, van Houdt (89. Felgenhauer)
HSV: Pieckenhagen - Fukal, Hoogma, Hertzsch, Hollerbach - Wicky (82. Albertz), Cardoso (59. Ketelaer), Ujfalusi - Präger (82. Mahdavikia), Romeo, Barbarez
Tore: 1:0 van Houdt (3.), 1:1 Cardoso (30., FE), 2:1 Demo (32., FE) - **SR:** Wagner (Hofheim) - **ZS:** 30.100 - **Gelb:** Münch - Barbarez, Cardoso - **Rot:** Hertzsch (48.)

1. FC Kaiserslautern - 1. FC Nürnberg 2:1 (1:0)
1. FCK: G. Koch (90. Weidenfeller) - Ramzy, Hengen, West - Basler, Hristov, Lincoln (55. Bjelica), Riedl, Dominguez (61. Ratinho) - Klose, Lokvenc
Nürnberg: Kampa - Sanneh, Kos, Nikl, Müller - Paßlack (73. Junior), Larsen, Jarolim, Krzynowek - Rink (83. Möckel), Michalke (65. Gomis)
Tore: 1:0 Lokvenc (31.), 2:0 Bjelica (71.), 2:1 Sanneh (90.) - **SR:** Krug (Gelsenkirchen) - **ZS:** 36.927 - **Gelb:** Basler, Hristov - Junior, Gomis

SC Freiburg - FC Bayern München 0:2 (0:2)
Freiburg: Golz - Kondé, Müller - Zkitischwili, Zeyer, Sellimi (46. Tanko), Hermel, Coulibaly, Kobiaschwili - Bruns (65. Ramdane, 72. But), Iaschwili
FC Bayern: Kahn - Sagnol, Kuffour, R. Kovac, Lizarazu - Jeremies, Effenberg, Fink, Scholl (72. Sergio) - Santa Cruz (82. Pizarro), Elber (85. Jancker)
Tore: 0:1 Lizarazu (32.), 0:2 Elber (41.) - **SR:** Dr. Merk (Kaiserslautern) - **ZS:** 25.000 (ausverkauft)

FC St. Pauli - Bayer 04 Leverkusen 2:2 (1:1)
St. Pauli: Bulat - Kowalenko (46. Baris), Stanislawski, Gibbs - Berre (75. Held), Kientz, Meggle, Bürger, Rahn (75. Marcao) - Patschinski, Rath
Leverkusen: Butt - Schneider, Kleine, Nowotny, Zivkovic - Ballack, Ramelow (46. Vranjes), Bastürk - Neuville, Kirsten (85. Berbatov), Zé Roberto
Tore: 0:1 Kirsten (6.), 1:1 Rath (27.), 1:2 Ballack (70.), 2:2 Meggle (90., HE) - **SR:** Jansen (Essen) - **ZS:** 19.881 - **Gelb:** Gibbs, Bürger, Kowalenko - Schneider, Ballack, Zé Roberto, Kirsten, Bastürk

FC Energie Cottbus - FC Hansa Rostock (So., 17.2.) 3:0 (2:0)
Cottbus: Piplica - Rost, da Silva, Beeck, Matyus - Schröter, Akrapovic, Miriuta (87. Kaluzny), Kobylanski - Franklin (65. Helbig), Topic (76. Reghecampf)
Rostock: Bräutigam - Lange, Jakobsson (60. Hill), Oswald, Emara - Yasser, Lantz (38. Wibran), Maul - Rydlewicz, Beierle, di Salvo
Tore: 1:0 Beeck (31.), 2:0 Miriuta (33.), 3:0 Topic (68.) - **SR:** Fandel (Kyllburg) - **ZS:** 17.100 - **Gelb:** Beeck, Akrapovic, da Silva, Schröter, Rost, Matyus - Maul, Yasser

1. FC Köln - SV Werder Bremen (So., 17.2.) 0:0
Köln: Pröll - Zellweger, Cichon, Cullmann - Timm, Balitsch, Kreuz, Voigt, Springer - Kurth, Donkov (73. Reich)
Bremen: Rost - Baumann, Verlaat, Krstajic - Wehlage, Lisztes (82. Borowski), Frings, Banovic (61. Tjikuzu), Skripnik - Ailton, Bode (89. Stalteri)
SR: Koop (Lüttenmark) - **ZS:** 26.000 - **Gelb:** Springer, Cichon - Verlaat - **Rot:** Wehlage (58.)

	Sp.	g.	u.	v.	Tore	Diff.	Punkte
1. Borussia Dortmund	23	14	6	3	38 :16	+22	48
2. Bayer Leverkusen	23	14	4	5	53 :29	+24	46
3. 1. FC Kaiserslautern	23	14	3	6	45 :29	+16	45
4. Schalke 04	23	12	6	5	36 :23	+13	42
5. Bayern München	23	12	5	6	41 :19	+22	41
6. Werder Bremen	23	12	4	7	35 :26	+ 9	40
7. Hertha BSC Berlin	23	11	6	6	36 :27	+ 9	39
8. VfB Stuttgart	23	9	7	7	29 :25	+ 4	34
9. TSV München 1860	23	10	3	10	34 :38	- 4	33
10. VfL Wolfsburg	23	8	6	9	37 :33	+ 4	30
11. Hamburger SV	23	7	6	10	34 :37	- 3	27
12. Hansa Rostock	23	7	4	12	22 :32	- 10	25
13. Bor. M'gladbach	23	5	8	10	25 :36	- 11	23
14. SC Freiburg	23	5	8	10	25 :37	- 12	23
15. Energie Cottbus	23	6	5	12	22 :38	- 16	23
16. 1. FC Nürnberg	23	6	4	13	22 :40	- 18	22
17. FC St. Pauli	23	3	7	13	25 :45	- 20	16
18. 1. FC Köln	23	3	6	14	11 :40	- 29	15

24. Spieltag: Samstag, 23.2.2002

Leverkusen demontiert BVB und ist Spitze

Hertha BSC Berlin - 1. FC Kaiserslautern 5:1 (3:1)
Hertha BSC: Kiraly - Lapaczinski, Rehmer (81. Sverrisson), Simunic - Dardai, Marcelinho, Beinlich, Hartmann - Alves, Preetz (87. Daei), Goor (73. Marx)
1. FCK: Weidenfeller - Ramzy, Hengen, West, Strasser - Bjelica, Riedl, Lincoln (24. Grammozis), Hristov (84. Dominguez) - Klose, Lokvenc
Tore: 1:0 Marcelinho (13., FE), 2:0 Goor (37.), 3:0 Preetz (43.), 3:1 Klose (45.), 4:1 Preetz (60.), 5:1 Marcelinho (69.) - **SR:** Keßler (Höhenkirchen) - **ZS:** 33.652 - **Gelb:** Hartmann, Rehmer - Hristov, Riedl

FC Schalke 04 - SC Freiburg 3:0 (3:0)
Schalke: Reck - Oude Kamphuis, Waldoch, van Hoogdalem, van Kerckhoven - Wilmots (82. Agali), Nemec (52. Kmetsch), Möller, Böhme (69. Matellan) - Asamoah, Sand
Freiburg: Golz - Willi, Kondé, Müller, Kobiaschwili - Hermel (46. Kruse), Ramdane (61. Sellimi), Zeyer, Tanko - Iaschwili, Coulibaly (84. Bruns)
Tore: 1:0 Böhme (15.), 2:0 Asamoah (37.), 3:0 Wilmots (39.) - **SR:** Aust (Köln) - **ZS:** 60.683 (ausverkauft) - **Gelb:** Möller, Nemec, van Kerckhoven - Hermel, Ramdane, Zeyer, Kruse, Sellimi

FC Hansa Rostock - VfB Stuttgart 1:1 (1:0)
Rostock: Bräutigam - Lange (73. Baumgart), Schröder, Oswald, Emara - Yasser, Wibran, Maul - Rydlewicz, Beierle (74. Salou), di Salvo (82. Arvidsson)
Stuttgart: Hildebrand - Hinkel, Meira, Bordon (61. Wenzel), Gerber - Tiffert (81. Endress), Soldo, Balakov, Meißner, Seitz - Adhemar (73. Hleb)
Tore: 1:0 Rydlewicz (30., FE), 1:1 Meira (72.) - **SR:** Krug (Gelsenkirchen) - **ZS:** 12.000 - **Gelb:** Yasser, Lange, Baumgart - **Gelb-Rot:** Meißner (59.) - **B.V.:** Bräutigam hält FE von Balakov (53.)

FC St. Pauli - Borussia Mönchengladbach 1:1 (1:1)
St. Pauli: Henzler - Held, Stanislawski, Bürger - Berre (64. Baris), Kientz, Meggle, Bajramovic (81. Racanel), Rahn - Patschinski, Rath
Gladbach: Stiel - Eberl, Korell, Pletsch, Münch (70. Asanin) - Nielsen, Hausweiler, Ulich (87. Demo) - Felgenhauer (78. Aidoo), van Lent, van Houdt
Tore: 0:1 van Lent (31.), 1:1 Kientz (35.) - **SR:** Strampe (Handorf) - **ZS:** 20.629 (ausverkauft) - **Gelb:** Kientz, Rath, Patschinski, Stanislawski - Ulich

1. FC Nürnberg - 1. FC Köln 2:0 (1:0)
Nürnberg: Kampa - Sanneh, Kos, Nikl, Tavcar - Paßlack, Larsen, Jarolim (90. Stehle), Krzynowek - Cacau (90. Villa), Rink (84. Michalke)
Köln: Pröll - Zellweger, Cichon, Song - Cullmann, Balitsch, Kreuz, Voigt (63. Baranek) - Scherz (63. Reich), Kurth, Springer
Tore: 1:0, 2:0 Cacau (2., 71.) - **SR:** Berg (Konz) - **ZS:** 25.100 - **Gelb:** Kos, Tavcar - Voigt, Zellweger, Kurth

FC Bayern München - FC Energie Cottbus 6:0 (3:0)
FC Bayern: Kahn - Sagnol, Kuffour, Linke, Lizarazu - Hargreaves, Effenberg (65. Feulner), Fink (41. Jeremies), Scholl (69. Elber) - Jancker, Pizarro
Cottbus: Piplica - Hujdurovic, Matyus, Scherbe, Kaluzny - Schröter (79. Wawrzyczek), Reghecampf, Miriuta (62. Thielemann), Rost, Kobylanski - Topic (75. Reichenberger)
Tore: 1:0 Pizarro (15.), 2:0 Effenberg (35., FE), 3:0 Scholl (45.), 4:0 Scholl (48.), 5:0 Pizarro (55.), 6:0 Elber (74.) - **SR:** Meyer (Braunschweig) - **ZS:** 28.000 - **Gelb:** Fink - Hujdurovic, Topic - **Rot:** Matyus (44.), Reghecampf (58.) - **B.V.:** Piplica hält FE von Kahn (90.)

VfL Wolfsburg - TSV München 1860 1:3 (0:0)
Wolfsburg: Reitmaier - Rytter, Franz, Biliskov, Weiser (86. Rau) - Kühbauer, Karhan, Munteanu (73. Rische) - Ponte, Juskowiak (86. Kennedy), Petrov
1860: Jentzsch - Tapalovic, Votava, Stranzl, Tyce (66. Dheedene) - Cerny, Weissenberger, Borimirov, Bierofka (83. Pürk) - Schroth, Suker (6. Max)
Tore: 1:0 Biliskov (53.), 1:1 Tyce (54.), 1:2 Max (59.), 1:3 Weissenberger (90.) - **SR:** Fröhlich (Berlin) - **ZS:** 10.612 - **Gelb:** Kühbauer - Max - **Gelb-Rot:** Franz (77.)

Bayer 04 Leverkusen - Borussia Dortmund (So., 24.2.) 4:0 (1:0)
Leverkusen: Butt - Lucio, Nowotny, Placente - Zivkovic, Ramelow, Bastürk (72. Vranjes), Ballack, Zé Roberto - Neuville (80. Brdaric), Kirsten (52. Berbatov)
Dortmund: Lehmann - Evanilson, Kohler, Metzelder, Dede - Reuter, Ricken (53. Addo), Kehl - Ewerthon (75. Reina), Koller, Amoroso (62. Stevic)
Tore: 1:0 Ballack (32.), 2:0 Ramelow (50.), 3:0 Neuville (64.), 4:0 Berbatov (74.) - **SR:** Dr. Fleischer - **ZS:** 22.500 (ausv.) - **Gelb:** Bastürk, Nowotny, Kirsten - Reuter, Lehmann - **Gelb-Rot:** Koller (53.)

SV Werder Bremen - Hamburger SV (So., 24.2.) 0:1 (0:0)
Bremen: Rost - Baumann, Verlaat (77. Borowski), Skripnik - Banovic (61. Klasnic), Lisztes, Frings, Ernst, Magnin (46. Stalteri) - Ailton, Bode
HSV: Pieckenhagen - Fukal, Hoogma, Ujfalusi - Präger (77. Groth), Wicky, Antar, Albertz, Hollerbach - Romeo, Barbarez (9. Heinz, 90. Cardoso)
Tor: 0:1 Romeo (74.) - **SR:** Weiner (Hildesheim) - **ZS:** 32.250 - **Gelb:** Magnin, Ernst, Frings - Hoogma, Hollerbach

	Sp.	g.	u.	v.	Tore	Diff.	Punkte
1. Bayer Leverkusen	24	15	4	5	57 :29	+28	49
2. Borussia Dortmund	24	14	6	4	38 :20	+18	48
3. Schalke 04	24	13	6	5	39 :23	+16	45
4. 1. FC Kaiserslautern	24	14	3	7	46 :34	+12	45
5. Bayern München	24	13	5	6	47 :19	+28	44
6. Hertha BSC Berlin	24	12	6	6	41 :28	+13	42
7. Werder Bremen	24	12	4	8	35 :27	+ 8	40
8. TSV München 1860	24	11	3	10	37 :39	- 2	36
9. VfB Stuttgart	24	9	8	7	30 :26	+ 4	35
10. VfL Wolfsburg	24	8	6	10	38 :36	+ 2	30
11. Hamburger SV	24	8	6	10	35 :37	- 2	30
12. Hansa Rostock	24	7	5	12	23 :33	- 10	26
13. 1. FC Nürnberg	24	7	4	13	24 :40	- 16	25
14. Bor. M'gladbach	24	5	9	10	26 :37	- 11	24
15. SC Freiburg	24	5	8	11	25 :40	- 15	23
16. Energie Cottbus	24	6	5	13	22 :44	- 22	23
17. FC St. Pauli	24	3	8	13	26 :46	- 20	17
18. 1. FC Köln	24	3	6	15	11 :42	- 31	15

Milliardenliga zwischen Boom und Pleite

25. Spieltag: Samstag, 2.3.2002

1. FC Köln trifft wieder nach 1033 Minuten!

1. FC Köln - Hertha BSC Berlin 1:1 (0:1)
Köln: Pröll - Zellweger, Cichon, Song, Cullmann - Baranek, Balitsch, Sinkala - Scherz, Donkov (64. Kurth), Springer (59. Timm)
Hertha BSC: Kiraly - Lapaczinski, Rehmer (18. Schmidt), Simunic, Hartmann (86. Sverrisson) - Dardai, Marcelinho, Beinlich - Alves (79. Marx), Preetz, Goor
Tore: 0:1 Beinlich (12.), 1:1 Cichon (75.) - **SR:** Albrecht (Kaufbeuren) - **ZS:** 22.000 - **Gelb:** Springer - Dardai

SC Freiburg - Bayer 04 Leverkusen 2:2 (1:0)
Freiburg: Golz - Willi (72. Zkitischwili), Müller, Kruse, Kobiaschwili - Kondé, Tanko (63. Bruns), Zeyer, But (82. Dorn) - Sellimi, Iaschwili
Leverkusen: Butt - Zivkovic, Lucio, Placente - Schneider, Ramelow (46. Sebescen), Bastürk (62. Brdaric), Ballack, Zé Roberto - Kirsten (62. Berbatov), Neuville
Tore: 1:0 Sellimi (41.), 2:0 But (53.), 2:1 Berbatov (64.), 2:2 Ballack (76.) - **SR:** Steinborn (Sinzig) - **ZS:** 25.000 (ausverkauft) - **Gelb:** Willi, Kondé, Iaschwili, Dorn - Bastürk, Schneider, Zivkovic

VfB Stuttgart - FC Bayern München 0:2 (0:2)
Stuttgart: Hildebrand - Hinkel, Meira (46. Gerber), Bordon, Wenzel - Hleb, Soldo, Balakov (45. Dundee), Todt (64. Carnell), Seitz - Ganea
FC Bayern: Kahn - Sagnol (46. Linke), Kuffour, R. Kovac, Lizarazu - Hargreaves, Effenberg, Fink, Scholl (69. Sergio) - Santa Cruz (69. Pizarro), Elber
Tore: 0:1 Santa Cruz (32.), 0:2 Scholl (39.) - **SR:** Aust (Köln) - **ZS:** 54.300 (ausverkauft) - **Gelb:** Bordon, Carnell - Effenberg, R. Kovac, Lizarazu

Borussia Mönchengladbach - SV Werder Bremen 1:0 (1:0)
Gladbach: Stiel - Eberl, Korell, Pletsch, Münch (65. Asanin) - Demo, Nielsen, Ulich (90. Mieciel) - Aidoo (54. Hausweiler), van Lent, van Houdt
Bremen: Rost - Tjikuzu (78. Silva), Verlaat, Krstajic, Skripnik - Frings, Lisztes (54. Banovic), Baumann, Borowski (46. Ailton) - Klasnic, Bode
Tor: 1:0 van Houdt (36.) - **SR:** Krug (Gelsenkirchen) - **ZS:** 28.600 - **Gelb:** Korell - Frings, Krstajic

Hamburger SV - 1. FC Nürnberg 3:1 (2:1)
HSV: Pieckenhagen - Fukal, Wicky, Ujfalusi - Benjamin, Antar, Cardoso (67. Maltritz), Albertz, Hollerbach - Präger (85. Groth), Romeo
Nürnberg: Kampa - Sanneh, Kos, Nikl, Tavcar - Paßlack (75. Michalke), Larsen, Jarolim, Krzynowek - Cacau (86. Junior), Rink (79. Gomis)
Tore: 1:0 Kampa (22., ET), 2:0 Fukal (39.), 2:1 Krzynowek (41.), 3:1 Antar (86.) - **SR:** Dr. Merk (Kaiserslautern) - **ZS:** 35.033 - **Gelb:** Antar, Präger - Kos, Jarolim

FC Energie Cottbus - FC Schalke 04 2:0 (1:0)
Cottbus: Piplica - Beeck, da Silva, Hujdurovic - Schröter, Kaluzny, Miriuta (88. Rost), Akrapovic, Kobylanski - Reichenberger (76. Jungnickel), Topic (63. Brasilia)
Schalke: Reck - Waldoch (76. Djordjevic), van Hoogdalem, Matellan (61. Agali) - Oude Kamphuis, Vermant, Kmetsch (79. Mulder), Wilmots, Böhme - Asamoah, Sand
Tore: 1:0 Miriuta (37., FE), 2:0 Kaluzny (90.) - **SR:** Koop (Lüttenmark) - **ZS:** 17.060 - **Gelb:** Kobylanski, da Silva, Kaluzny - Kmetsch

TSV München 1860 - FC Hansa Rostock 2:0 (1:0)
1860: Jentzsch - Ehlers, Votava, Stranzl, Tapalovic - Wiesinger (69. Görlitz), Borimirov, Weissenberger (69. Riseth), Bierofka - Max, Schroth (69. Agostino)
Rostock: Bräutigam - Haber (58. Rydlewicz), Jakobsson, Oswald, Maul - Yasser, Wibran, Weißhaupt (58. Hirsch), Emara - Baumgart, di Salvo
Tore: 1:0 Max (42.), 2:0 Max (52.) - **SR:** Kircher (Rottenburg) - **ZS:** 17.200 - **Gelb:** Stranzl, Görlitz - Yasser, Jakobsson

Borussia Dortmund - FC St. Pauli (So., 3.3.) 1:1 (0:1)
Dortmund: Lehmann - Reuter, Wörns, Metzelder, Dede - Stevic (53. Addo), Rosicky, Kehl - Sörensen (58. Reina), Amoroso, Ewerthon (72. Odonkor)
St. Pauli: Henzler - Gibbs, Stanislawski, Bürger - Held (86. Trulsen), Inceman, Meggle, Bajramovic, Rahn (81. Racanel) - Patschinski, Marcao (62. Cenci)
Tore: 0:1 Patschinski (32.), 1:1 Amoroso (83., FE) - **SR:** Fröhlich (Berlin) - **ZS:** 65.000 - **Gelb:** Stevic, Kehl - Held, Bajramovic, Bürger, Stanislawski - **Rot:** Meggle (90.)

1. FC Kaiserslautern - VfL Wolfsburg (So., 3.3.) 3:2 (0:0)
1. FCK: G. Koch - West, Hengen, Knavs - Basler (61. Pettersson), Ratinho (90. Gabriel), Riedl, Hristov (86. Bjelica), Strasser - Klose, Lokvenc
Wolfsburg: Reitmaier - Rytter (87. Juskowiak), Biliskov, Schnoor, Weiser - Sarpei (69. Munteanu), Karhan, Ponte, Akonnor (82. Müller) - Klimowicz, Petrov
Tore: 0:1 Hristov (49., ET), 1:1 Hristov (64.), 1:2 Munteanu (72.), 2:2 Klose (74.), 3:2 Lokvenc (84.) - **SR:** Dr. Wack (Biberbach) - **ZS:** 36.816 - **Gelb:** Riedl, Strasser, West - Schnoor, Klimowicz

	Sp.	g.	u.	v.	Tore	Diff.	Punkte
1. Bayer Leverkusen	25	15	5	5	59 :31	+28	50
2. Borussia Dortmund	25	14	7	4	39 :21	+18	49
3. 1. FC Kaiserslautern	25	15	3	7	49 :36	+13	48
4. Bayern München	25	14	5	6	49 :19	+30	47
5. Schalke 04	25	13	6	6	39 :25	+14	45
6. Hertha BSC Berlin	25	12	7	6	42 :29	+13	43
7. Werder Bremen	25	12	4	9	35 :28	+ 7	40
8. TSV München 1860	25	12	3	10	39 :39	± 0	39
9. VfB Stuttgart	25	9	8	8	30 :28	+ 2	35
10. Hamburger SV	25	9	6	10	38 :38	± 0	33
11. VfL Wolfsburg	25	8	6	11	40 :39	+ 1	30
12. Bor. M'gladbach	25	6	9	10	27 :37	- 10	27
13. Hansa Rostock	25	7	5	13	23 :35	- 12	26
14. Energie Cottbus	25	7	5	13	24 :44	- 20	26
15. 1. FC Nürnberg	25	7	4	14	25 :43	- 18	25
16. SC Freiburg	25	5	9	11	27 :42	- 15	24
17. FC St. Pauli	25	3	9	13	27 :47	- 20	18
18. 1. FC Köln	25	3	7	15	12 :43	- 31	16

26. Spieltag: Samstag, 9.3.2002

Hertha 6:0 - vier Tore von Bart Goor

VfL Wolfsburg - 1. FC Köln 5:1 (3:1)
Wolfsburg: Reitmaier - Greiner (30. Kryger), Franz, Schnoor, Rau - Karhan, Akonnor, Munteanu - Ponte (72. Kühbauer), Klimowicz (75. Juskowiak), Petrov
Köln: Pröll - Zellweger (24. Kreuz), Cichon, Song, Cullmann - Balitsch, Baranek, Voigt - Scherz (58. Springer), Laslandes, Reich
Tore: 1:0 Klimowicz (4.), 2:0 Rau (7.), 3:0 Klimowicz (18.), 3:1 Kreuz (45.), 4:1 Petrov (62.), 5:1 Karhan (77.) - **SR:** Sippel (München) - **ZS:** 12.583 - **Gelb:** Laslandes, Kreuz

Bayer 04 Leverkusen - FC Energie Cottbus 2:0 (1:0)
Leverkusen: Butt - Lucio, Nowotny, Placente - Schneider (90. Zivkovic), Ramelow, Bastürk, Ballack, Zé Roberto - Kirsten (61. Berbatov), Neuville (74. Brdaric)
Cottbus: Piplica - Hujdurovic, da Silva, Beeck - Reghecampf (58. Wawrzyczek), Kaluzny, Akrapovic, Miriuta, Schröter - Helbig (85. Jungnickel), Reichenberger (58. Brasilia)
Tore: 1:0 Zé Roberto (12.), 2:0 Berbatov (90.) - **SR:** Krug (Gelsenkirchen) - **ZS:** 22.500 (ausverkauft) - **Gelb:** Ramelow - Piplica, da Silva, Hujdurovic, Helbig - **B.V.:** Piplica hält FE von Kirsten (56.)

FC Bayern München - TSV München 1860 2:1 (0:0)
FC Bayern: Kahn - Sagnol, Linke, Sforza, Tarnat (67. Pizarro) - Hargreaves, Jeremies, Fink - Santa Cruz (85. Jancker), Elber (85. Zickler), Sergio
1860: Jentzsch - Borimirov, Votava, Kurz, Pfuderer - Wiesinger (86. Ehlers), Weissenberger (64. Häßler), Stranzl, Bierofka - Max, Pürk (64. Schroth)
Tore: 1:0 Sergio (72.), 1:1 Stranzl (75.), 2:1 Fink (90.) - **SR:** Berg (Konz) - **ZS:** 69.000 (ausverkauft) - **Gelb:** Elber - Stranzl, Kurz, Pfuderer - **B.V.:** Tarnat schießt FE an den Pfosten (31.)

Borussia Dortmund - Borussia Mönchengladbach 3:1 (1:0)
Dortmund: Lehmann - Metzelder (46. Addo), Wörns, Dede - Evanilson, Oliseh, Rosicky, Reuter - Ewerthon (68. Odonkor), Koller, Amoroso (78. Madouni)
Gladbach: Stiel - Eberl, Pletsch, Korell, Münch - Hausweiler (72. Demo), Nielsen (15. Witeczek), Ulich - Aidoo (77. Mieciel), van Lent, van Houdt
Tore: 1:0 Nielsen (10., ET), 1:1 Dede (48., ET), 2:1 Amoroso (63., FE), 3:1 Koller (77.) - **SR:** Gagelmann (Bremen) - **ZS:** 68.600 (ausverkauft) - **Gelb:** Evanilson, Rosicky - Münch, Pletsch, Aidoo

1. FC Nürnberg - SV Werder Bremen 0:4 (0:3)
Nürnberg: Kampa - Stehle, Kos, Nikl - Paßlack, Larsen, Sanneh, Michalke, Krzynowek - Cacau, Rink
Bremen: Rost - Baumann, Verlaat, Skripnik - Tjikuzu, Lisztes (69. Borowski), Ernst, Frings (80. Magnin), Stalteri - Ailton, Bode (75. Banovic)
Tore: 0:1 Frings (6.), 0:2 Ailton (21.), 0:3 Ailton (30.), 0:4 Stalteri (51.) - **SR:** Keßler (Höhenkirchen) - **ZS:** 24.500 - **Gelb:** Nikl - Ernst - **B.V.:** Kampa hält FE von Skripnik (84.)

FC St. Pauli - SC Freiburg 1:0 (0:0)
St. Pauli: Henzler - Stanislawski, Gibbs - Held (83. Berre), Inceman (55. Marcao), Kientz, Bajramovic, Bürger, Rahn - Rath (89. Scheinhardt), Patschinski
Freiburg: Golz - Müller, Kruse - Zkitischwili, Sellimi (73. Dorn), Kondé, Zeyer, But (62. Ramdane), Kobiaschwili - Tanko (19. Coulibaly), Iaschwili
Tor: 1:0 Patschinski (57.) - **SR:** Dr. Merk (Kaiserslautern) - **ZS:** 20.358 - **Gelb:** Rath, Kientz - Zeyer, Müller, Kobiaschwili - **Rot:** Ramdane (78.)

FC Hansa Rostock - 1. FC Kaiserslautern 2:1 (1:0)
Rostock: Bräutigam - Lange, Jakobsson, Hill, Oswald (46. Wibran) - Lantz, Hirsch (70. Schröder), Maul - Rydlewicz, Arvidsson (85. Beierle), di Salvo
1. FCK: G. Koch - Riedl, Hengen, Knavs, Strasser - Basler, Ramzy, Hristov, West (46. Pettersson) - Klose, Lokvenc
Tore: 1:0 Arvidsson (37.), 1:1 Klose (72.), 2:1 Lantz (73.) - **SR:** Weiner (Hildesheim) - **ZS:** 15.800 - **Gelb:** Hirsch, Schröder - Riedl, Strasser, Klose - **Gelb-Rot:** Ramzy (31.)

Hertha BSC Berlin - Hamburger SV (So., 10.3.) 6:0 (2:0)
Hertha BSC: Kiraly - Lapaczinski, van Burik, Simunic - Marx (77. Konstantinidis), Dardai, Marcelinho, Beinlich (83. Tretschok) - Alves, Preetz, Goor
HSV: Pieckenhagen - Fukal, Hertzsch (35. Benjamin), Hoogma, Hollerbach - Wicky, Antar, Ujfalusi, Albertz - Romeo, Präger
Tore: 1:0 Preetz (40.), 2:0 Goor (44.), 3:0 Marcelinho (54.), 4:0, 5:0, 6:0 Goor (62., 85., 90.) - **SR:** Strampe (Handorf) - **ZS:** 36.238 - **Gelb:** van Burik - Hollerbach, Wicky - **Gelb-Rot:** Benjamin (88.)

FC Schalke 04 - VfB Stuttgart (So., 10.3.) 2:1 (0:0)
Schalke: Reck - Oude Kamphuis, Waldoch, van Hoogdalem (80. Vermant), van Kerckhoven - Asamoah (84. Djordjevic), Thon (72. Hajto), Möller, Böhme - Agali, Sand
Stuttgart: Hildebrand - Hinkel, Wenzel, Bordon, Gerber (46. Marques) - Todt (61. Tiffert), Hleb (88. Carnell), Soldo, Meißner - Ganea, Adhemar
Tore: 1:0 Waldoch (60.), 1:1 Adhemar (78.), 2:1 Sand (90.) - **SR:** Kemmling (Kleinburgwedel) - **ZS:** 60.683 (ausverkauft) - **Gelb:** Oude Kamphuis - Todt, Bordon, Tiffert

	Sp.	g.	u.	v.	Tore	Diff.	Punkte
1. Bayer Leverkusen	26	16	5	5	61 :31	+30	53
2. Borussia Dortmund	26	15	7	4	42 :22	+20	52
3. Bayern München	26	15	5	6	51 :20	+31	50
4. Schalke 04	26	14	6	6	41 :26	+15	48
5. 1. FC Kaiserslautern	26	15	3	8	50 :38	+12	48
6. Hertha BSC Berlin	26	13	7	6	48 :29	+19	46
7. Werder Bremen	26	13	4	9	39 :28	+11	43
8. TSV München 1860	26	12	3	11	40 :41	- 1	39
9. VfB Stuttgart	26	9	8	9	31 :30	+ 1	35
10. VfL Wolfsburg	26	9	6	11	45 :40	+ 5	33
11. Hamburger SV	26	9	6	11	38 :44	- 6	33
12. Hansa Rostock	26	8	5	13	25 :36	- 11	29
13. Bor. M'gladbach	26	6	9	11	28 :40	- 12	27
14. Energie Cottbus	26	7	5	14	24 :46	- 22	26
15. 1. FC Nürnberg	26	7	4	15	25 :47	- 22	25
16. SC Freiburg	26	5	9	12	27 :43	- 16	24
17. FC St. Pauli	26	4	9	13	28 :47	- 19	21
18. 1. FC Köln	26	3	7	16	13 :48	- 35	16

Bundesliga 2001/2002

27. Spieltag: Samstag, 16.3.2002

Gladbach, Cottbus, Köln siegen im Tabellenkeller

1. FC Köln - FC Hansa Rostock 4:2 (0:2)
Köln: Pröll - Cullmann, Cichon, Song, Voigt - Balitsch, Lottner, Kreuz - Scherz, Kurth, Springer (86. Keller)
Rostock: Bräutigam - Lange, Jakobsson, Hill, Oswald (86. Schied) - Wibran, Lantz (61. di Salvo), Maul - Rydlewicz, Arvidsson (70. Klewer/TW), Yasser
Tore: 0:1 Arvidsson (6.), 0:2 Arvidsson (32.), 1:2 Lottner (46.), 2:2 Kurth (51.), 3:2 Springer (76.), 4:2 Scherz (90.) - **SR:** Krug (Gelsenkirchen) - **ZS:** 21.500 - **Gelb:** Cullmann - Rydlewicz - **Rot:** Bräutigam (69.)

FC Energie Cottbus - FC St. Pauli 4:0 (3:0)
Cottbus: Piplica - Beeck, da Silva, Hujdurovic - Schröter, Kaluzny, Akrapovic, Miriuta, Kobylanski (83. Reghecampf) - Topic (76. Matyus), Franklin (62. Helbig)
St. Pauli: Henzler - Stanislawski, Gibbs - Held (35. Inceman), Bajramovic, Kientz, Meggle (73. Kolinger), Bürger, Rahn (52. Marcao) - Rath, Patschinski
Tore: 1:0 Franklin (20.), 2:0 Topic (28.), 3:0 Topic (34.), 4:0 Helbig (85.) - **SR:** Dr. Fleischer (Hallstadt) - **ZS:** 16.680 - **Gelb:** Kobylanski, Franklin, da Silva - Bürger, Inceman

1. FC Kaiserslautern - FC Bayern München 0:0
1. FCK: G. Koch - Grammozis, Hengen, Knavs, Strasser - Basler, Ratinho, Hristov, Bjelica (73. Pettersson) - Klose, Lokvenc
FC Bayern: Kahn - Sagnol, Linke, R. Kovac, Lizarazu - Hargreaves, Effenberg, Fink - Santa Cruz (82. Sergio), Elber, Zickler (46. Pizarro)
SR: Koop (Lüttenmark) - **ZS:** 40.600 (ausverkauft) - **Gelb:** Lokvenc, Ratinho - Linke, Pizarro, Elber - **Gelb-Rot:** Grammozis (77.) - **B.V.:** Kahn hält FE von Basler (12.)

Borussia Mönchengladbach - 1. FC Nürnberg 1:0 (1:0)
Gladbach: Stiel - Eberl (74. Stassin), Korell, Pletsch (23. Asanin), Witeczek - Demo, Kluge (46. Hausweiler), Ulich - Aidoo, van Lent, van Houdt
Nürnberg: Schäfer - Sanneh, Stehle, Nikl, Müller - Paßlack (62. Gomis), Larsen (79. Michalke), Jarolim, Krzynowek - Cacau, Rink (84. Villa)
Tor: 1:0 Sanneh (28., ET) - **SR:** Berg (Konz) - **ZS:** 31.000 - **Gelb:** Demo, Eberl, Korell - Nikl, Rink, Jarolim

SV Werder Bremen - Hertha BSC Berlin 0:3 (0:0)
Bremen: Rost - Baumann (67. Klasnic), Verlaat (71. Borowski), Skripnik, Stalteri - Tjikuzu, Lisztes, Frings, Ernst (84. Krstajic), Bode - Ailton
Hertha BSC: Kiraly - Lapaczinski, van Burik, Simunic - Marx, Dardai, Marcelinho, Beinlich - Alves (86. Sverrisson), Preetz, Goor (87. Neuendorf)
Tore: 0:1 Lapaczinski (62.), 0:2 Alves (66.), 0:3 Alves (85.) - **SR:** Dr. Wack (Biberbach) - **ZS:** 31.350 - **Gelb:** Frings - van Burik, Beinlich

VfB Stuttgart - Bayer 04 Leverkusen 0:2 (0:2)
Stuttgart: Hildebrand - Hinkel (75. Endress), Wenzel, Bordon, Gerber - Hleb, Soldo, Balakov, Meißner, Seitz (46. Adhemar) - Ganea (70. Dundee)
Leverkusen: Butt - Lucio, Nowotny, Placente - Sebescen, Schneider, Ballack, Bastürk, Zé Roberto (75. Babic) - Brdaric (82. Vranjes), Berbatov (82. Kirsten)
Tore: 0:1 Brdaric (41.), 0:2 Berbatov (45.) - **SR:** Albrecht (Kaufbeuren) - **ZS:** 25.000 - **Gelb:** Zé Roberto, Berbatov, Ballack, Placente - **Gelb-Rot:** Bordon (80.)

Hamburger SV - VfL Wolfsburg 1:1 (0:1)
HSV: Pieckenhagen - Hertzsch (61. Ketelaer), Fukal, Hoogma, Ujfalusi - Wicky, Cardoso, Hollerbach (53. Meijer) - Präger, Romeo, Barbarez (75. Antar)
Wolfsburg: Reitmaier - Greiner, Franz, Schnoor, Rau - Karhan, Akonnor, Munteanu (76. Kühbauer) - Ponte (76. Sarpei), Klimowicz, Petrov (58. Kryger)
Tore: 0:1 Klimowicz (45.), 1:1 Barbarez (67.) - **SR:** Stark (Ergolding) - **ZS:** 37.517 - **Gelb:** Romeo, Cardoso - Akonnor - **Rot:** Franz (55.)

SC Freiburg - Borussia Dortmund (So., 17.3.) 1:5 (1:1)
Freiburg: Reus - Müller, Diarra, Kruse - Kobiaschwili, Willi (64. Zkitischwili), Kondé, But, Zeyer - Coulibaly (87. Dorn), Iaschwili (67. Bruns)
Dortmund: Lehmann - Wörns, Metzelder - Reuter (71. Kohler), Ricken, Kehl, Rosicky, Dede - Evanilson, Koller (77. Ewerthon), Addo (59. Amoroso)
Tore: 1:0 Kobiaschwili (9.), 1:1 Evanilson (15.), 1:2 Dede (64.), 1:3 Amoroso (66.), 1:4 Koller (69.), 1:5 Koller (70.) - **SR:** Fandel (Kyllburg) - **ZS:** 25.000 (ausv.) - **Gelb:** Willi, Kobiaschwili - Ricken, Wörns

TSV München 1860 - FC Schalke 04 (So., 17.3.) 1:2 (0:1)
1860: Jentzsch - Stranzl, Kurz (64. Ehlers) - Hoffmann, Bierofka, Borimirov (58. Suker), Häßler, Dheedene, Weissenberger (58. Wiesinger) - Max, Agostino
Schalke: Reck - Hajto, Waldoch, Matellan, van Kerckhoven - Asamoah (88. Djordjevic), Kmetsch, Möller (90. Wilmots), Vermant (86. Büskens) - Agali, Sand
Tore: 0:1 Asamoah (3.), 1:1 Agostino (81.), 1:2 Sand (83.) - **SR:** Steinborn (Sinzig) - **ZS:** 30.000 - **Gelb:** Stranzl - Asamoah, Kmetsch

	Sp.	g.	u.	v.	Tore	Diff.	Punkte
1. Bayer Leverkusen	27	17	5	5	63 :31	+32	56
2. Borussia Dortmund	27	16	7	4	47 :23	+24	55
3. Bayern München	27	15	6	6	51 :20	+31	51
4. Schalke 04	27	15	6	6	43 :27	+16	51
5. Hertha BSC Berlin	27	14	7	6	51 :29	+22	49
6. 1. FC Kaiserslautern	27	15	4	8	50 :38	+12	49
7. Werder Bremen	27	13	4	10	39 :31	+ 8	43
8. TSV München 1860	27	12	3	12	41 :43	- 2	39
9. VfB Stuttgart	27	9	8	10	31 :32	- 1	35
10. VfL Wolfsburg	27	9	7	11	46 :41	+ 5	34
11. Hamburger SV	27	9	7	11	39 :45	- 6	34
12. Bor. M'gladbach	27	7	9	11	29 :40	- 11	30
13. Hansa Rostock	27	8	5	14	27 :40	- 13	29
14. Energie Cottbus	27	8	5	14	28 :46	- 18	29
15. 1. FC Nürnberg	27	7	4	16	25 :48	- 23	25
16. SC Freiburg	27	5	9	13	28 :48	- 20	24
17. FC St. Pauli	27	4	9	14	28 :51	- 23	21
18. 1. FC Köln	27	4	7	16	17 :50	- 33	19

28. Spieltag: Samstag, 23.3.2002

„Große Fünf" gewinnen ohne Gegentor

FC Bayern München - 1. FC Köln 3:0 (0:0)
FC Bayern: Kahn - Hargreaves, Sforza, R. Kovac, Lizarazu - Jeremies (46. Salihamidzic), Effenberg, Fink - Santa Cruz, Elber, Sergio (84. N. Kovac)
Köln: Pröll - Cullmann (73. Keller), Cichon, Song, Sichone - Balitsch, Lottner, Voigt - Scherz, Kurth, Springer
Tore: 1:0 Elber (64.), 2:0 Salihamidzic (83., FE), 3:0 Elber (88.) - **SR:** Gagelmann (Bremen) - **ZS:** 44.000 - **Gelb:** Cullmann, Sichone

FC St. Pauli - VfB Stuttgart 1:2 (0:0)
St. Pauli: Henzler - Held, Stanislawski, Gibbs - Inceman (77. Cenci), Kientz, Meggle, Bajramovic (66. Marcao), Bürger (58. Rahn) - Patschinski, Rath
Stuttgart: Ernst - Marques (58. Endress), Meira, Wenzel, Carnell - Hleb (51. Tiffert), Soldo, Balakov, Meißner, Seitz (83. Todt) - Dundee
Tore: 0:1 Balakov (75.), 0:2 Dundee (82.), 1:2 Cenci (83.) - **SR:** Krug (Gelsenkirchen) - **ZS:** 20.629 (ausverkauft) - **Gelb:** Gibbs - Marques, Seitz

FC Schalke 04 - 1. FC Kaiserslautern 3:0 (1:0)
Schalke: Reck - Hajto, Waldoch, van Kerckhoven - Asamoah (85. Djordjevic), Wilmots (83. Vermant), Möller, Oude Kamphuis, Böhme (88. Büskens) - Sand, Agali
1. FCK: G. Koch - Ramzy, Hengen, Knavs - Riedl, Ratinho (63. Pettersson), Lincoln, Hristov, Bjelica, Strasser (80. Gabriel) - Lokvenc
Tore: 1:0 Wilmots (45.), 2:0 Möller (59.), 3:0 Agali (81.) - **SR:** Aust (Köln) - **ZS:** 60.683 (ausverkauft) - **Gelb:** Hristov, Lokvenc, Lincoln, Bjelica

Hertha BSC Berlin - 1. FC Nürnberg 2:0 (2:0)
Hertha BSC: Kiraly - Lapaczinski, van Burik, Simunic, Hartmann - Dardai (84. Schmidt), Marcelinho (77. Deisler), Beinlich - Alves (53. Marx), Preetz, Goor
Nürnberg: Kampa - Stehle (89. Stoilov), Wolf, Sanneh, Müller - Cacau, Larsen, Jarolim, Krzynowek - Michalke (58. Junior), Rink
Tore: 1:0 Alves (3.), 2:0 Alves (32.) - **SR:** Weiner (Hildesheim) - **ZS:** 37.163 - **Gelb:** Beinlich - Jarolim, Rink, Cacau, Krzynowek - **B.V.:** Marcelinho schießt HE neben das Tor (39.)

SC Freiburg - Borussia Mönchengladbach 0:1 (0:0)
Freiburg: Reus - Willi (55. Männer), Müller, Diarra, Kruse (77. Gerber) - Zeyer, Hermel, Zandi (46. Sellimi), Kobiaschwili - Coulibaly, Iaschwili
Gladbach: Stiel - Eberl, Korell, Asanin, Münch - Kluge, Stassin, Ulich (83. Demo) - Aidoo (89. Hausweiler), van Lent, van Houdt (90. Witeczek)
Tor: 0:1 van Lent (79.) - **SR:** Fröhlich (Berlin) - **ZS:** 25.000 (ausverkauft)

Bayer 04 Leverkusen - TSV München 1860 4:0 (1:0)
Leverkusen: Butt - Sebescen, Lucio, Nowotny, Placente - Schneider (77. Vranjes), Ramelow, Bastürk, Zé Roberto - Neuville (70. Brdaric), Berbatov (46. Kirsten)
1860: Jentzsch - Ehlers (54. Pfuderer), Riseth, Stranzl - Wiesinger, Borimirov (63. Hoffmann), Weissenberger, Tapalovic, Bierofka - Max (63. Schroth), Agostino
Tore: 1:0 Sebescen (45.), 2:0 Kirsten (49.), 3:0 Bastürk (61.), 4:0 Kirsten (81.) - **SR:** Kemmling (Kleinburgwedel) - **ZS:** 22.500 (ausverkauft) - **Gelb:** Zé Roberto, Bastürk, Berbatov, Placente, Kirsten - Jentzsch, Tapalovic, Wiesinger, Borimirov

FC Hansa Rostock - Hamburger SV 1:1 (0:0)
Rostock: Klewer - Yasser, Jakobsson, Hill, Emara - Lantz, Hirsch, Maul - Rydlewicz, Arvidsson, di Salvo (77. Beierle)
HSV: Pieckenhagen - Hertzsch, Hoogma, Ujfalusi - Benjamin (54. Präger), Maltritz, Antar, Albertz, Hollerbach (84. Sandmann) - Romeo (90. Meijer), Barbarez
Tore: 1:0 Jakobsson (51.), 1:1 Barbarez (66.) - **SR:** Jansen (Essen) - **ZS:** 22.200 - **Gelb:** Benjamin

Borussia Dortmund - FC Energie Cottbus (So., 24.3.) 3:0 (2:0)
Dortmund: Laux - Metzelder, Kohler - Evanilson, Oliseh, Rosicky, Kehl (82. Ricken), Dede - Ewerthon (72. Reina), Koller, Amoroso (68. Stevic)
Cottbus: Piplica - Hujdurovic, Kaluzny (85. Latoundji), Beeck, Matyus - Schröter (35. Reghecampf), Akrapovic, Rost, Miriuta, Kobylanski - Topic (70. Helbig)
Tore: 1:0 Ewerthon (28.), 2:0 Rosicky (35.), 3:0 Reina (80.) - **SR:** Wagner (Hofheim) - **ZS:** 65.000 - **Gelb:** Beeck, Hujdurovic - **Gelb-Rot:** Rost (17.)

VfL Wolfsburg - SV Werder Bremen (So., 24.3.) 2:0 (0:0)
Wolfsburg: Reitmaier - Biliskov, Greiner, Schnoor, Rau - Karhan, Munteanu, Akonnor - Ponte (84. Maric), Klimowicz (86. Juskowiak), Petrov (90. Weiser)
Bremen: Rost - Stalteri, Verlaat (70. Klasnic), Krstajic, Skripnik - Lisztes, Ernst (83. Silva), Frings, Baumann, Bode - Ailton
Tore: 1:0 Klimowicz (64.), 2:0 Petrov (78.) - **SR:** Dr. Fleischer (Hallstadt) - **ZS:** 14.275 - **Gelb:** Schnoor, Munteanu, Petrov - Stalteri

	Sp.	g.	u.	v.	Tore	Diff.	Punkte
1. Bayer Leverkusen	28	18	5	5	67 :31	+36	59
2. Borussia Dortmund	28	17	7	4	50 :23	+27	58
3. Bayern München	28	16	6	6	54 :20	+34	54
4. Schalke 04	28	16	6	6	46 :27	+19	54
5. Hertha BSC Berlin	28	15	7	6	53 :29	+24	52
6. 1. FC Kaiserslautern	28	15	4	9	50 :41	+ 9	49
7. Werder Bremen	28	13	4	11	39 :33	+ 6	43
8. TSV München 1860	28	12	3	13	41 :47	- 6	39
9. VfB Stuttgart	28	10	8	10	33 :33	± 0	38
10. VfL Wolfsburg	28	10	7	11	48 :41	+ 7	37
11. Hamburger SV	28	9	8	11	40 :46	- 6	35
12. Bor. M'gladbach	28	8	9	11	30 :40	- 10	33
13. Hansa Rostock	28	8	6	14	28 :41	- 13	30
14. Energie Cottbus	28	8	5	15	28 :49	- 21	29
15. 1. FC Nürnberg	28	7	4	17	25 :50	- 25	25
16. SC Freiburg	28	5	9	14	28 :49	- 21	24
17. FC St. Pauli	28	4	9	15	29 :53	- 24	21
18. 1. FC Köln	28	4	7	17	17 :53	- 36	19

Milliardenliga zwischen Boom und Pleite

29. Spieltag: Samstag, 30.3.2002

Leverkusen der Sieger des Tages

Hamburger SV - FC Bayern München 0:0
HSV: Pieckenhagen - Hertzsch, Hoogma, Ujfalusi - Fukal, Maltritz, Barbarez (90. Christensen), Albertz, Hollerbach - Romeo, Meijer (87. Präger)
FC Bayern: Kahn - Linke, R. Kovac, Lizarazu - Salihamidzic, Hargreaves, Effenberg, Fink - Santa Cruz (71. Pizarro), Elber, Sergio (71. Scholl, 84. N. Kovac)
SR: Fandel (Kyllburg) - **ZS:** 55.360 (ausverkauft) - **Gelb:** Hoogma, Barbarez, Romeo, Hollerbach - Lizarazu, Salihamidzic, Hargreaves, Linke

VfB Stuttgart - Borussia Dortmund 3:2 (2:0)
Stuttgart: Ernst - Meißner, Meira, Bordon, Wenzel - Tiffert (61. Hleb), Soldo, Todt (61. Marques), Seitz - Ganea (72. Adhemar), Dundee
Dortmund: Laux - Wörns, Metzelder - Reuter (54. Reina), Evanilson (46. Ewerthon), Kehl (83. Herrlich), Rosicky, Heinrich, Dede - Koller, Amoroso
Tore: 1:0 Dundee (33.), 2:0 Meißner (37.), 2:1 Wörns (51.), 3:1 Ganea (63.), 3:2 Koller (78.) - **SR:** Dr. Merk (Kaiserslautern) - **ZS:** 44.500 - **Gelb:** Todt, Meißner - Amoroso, Heinrich

1. FC Kaiserslautern - Bayer 04 Leverkusen 2:4 (1:2)
1. FCK: G. Koch - Ramzy, Hengen, Knavs, Strasser - Basler (74. Riedl), Ratinho (27. Pettersson), Lincoln, Malz - Klose, Lokvenc
Leverkusen: Butt - Sebescen, Lucio, Nowotny, Placente - Schneider, Ramelow, Ballack - Neuville (81. Berbatov), Kirsten (54. Zivkovic), Brdaric (89. Kleine)
Tore: 0:1 Kirsten (1.), 0:2 Neuville (16.), 1:2 Ramzy (45.), 2:2 Lokvenc (55.), 2:3 Ballack (77., FE), 2:4 Berbatov (86.) - **SR:** Krug (Gelsenkirchen) - **ZS:** 39.578 - **Gelb:** Klose, Lokvenc, Hengen, G. Koch - Brdaric - **Gelb-Rot:** Placente (89.)

Borussia Mönchengladbach - Hertha BSC Berlin 3:1 (1:1)
Gladbach: Stiel - Eberl, Kluge (68. Stassin), Asanin, Münch - Demo (67. Hausweiler), Korell, Ulich - Aidoo (90. Auer), van Lent, van Houdt
Hertha BSC: Kiraly - Schmidt, van Burik (88. Ludvigsen), Simunic, Hartmann - Dardai (69. Tretschok), Marcelinho, Beinlich - Deisler, Preetz, Goor (68. Neuendorf)
Tore: 1:0 Ulich (4.), 1:1 Marcelinho (33.), 2:1 Aidoo (57.), 3:1 Aidoo (67.) - **SR:** Stark (Ergolding) - **ZS:** 32.200 - **Gelb:** van Houdt - Schmidt, van Burik

FC Energie Cottbus - SC Freiburg 2:0 (1:0)
Cottbus: Piplica - Hujdurovic, da Silva, Beeck - Schröter (79. Reghecampf), Kaluzny, Akrapovic, Miriuta, Kobylanski - Topic (75. Matyus), Franklin (61. Helbig)
Freiburg: Reus - Kondé (46. Willi), Müller, Diarra, Zkitischwili - Zeyer (69. Gerber), Hermel, Coulibaly, Kobiaschwili - Dorn (46. Bruns), Männer
Tore: 1:0 Miriuta (38., FE), 2:0 Helbig (69.) - **SR:** Berg (Konz) - **ZS:** 18.120 - **Gelb:** Beeck - Zkitischwili, Männer, Zeyer

TSV München 1860 - FC St. Pauli 4:2 (1:1)
1860: Jentzsch - Kurz, Häßler, Pfuderer - Wiesinger (54. Borimirov), Cerny (58. Max), Weissenberger, Tapalovic, Bierofka (58. Schroth) - Agostino, Suker
St. Pauli: Henzler - Stanislawski, Kientz, Scheinhardt - Held, Inceman (68. Cenci), Bajramovic (68. Rath), Bürger (61. Amadou), Meggle, Rahn - Patschinski
Tore: 0:1 Rahn (38.), 1:1 Weissenberger (44.), 1:2 Patschinski (55.), 2:2, 3:2, 4:2 Max (64., 66., 76.) - **SR:** Meyer (B'schweig) - **ZS:** 23.600 - **Gelb:** Jentzsch, Häßler, Max - Held - **Gelb-Rot:** Weissenberger (53.)

1. FC Nürnberg - VfL Wolfsburg 3:0 (1:0)
Nürnberg: Kampa - Nikl, Stehle, Sanneh, Müller - Michalke (72. Wolf), Larsen, Jarolim (90. Frey), Krzynowek - Gomis (88. Villa), Rink
Wolfsburg: Ramovic - Greiner (46. Rytter), Biliskov, Schnoor, Weiser - Karhan, Akonnor, Rau (20. Munteanu) - Ponte, Klimowicz, Maric (8. Juskowiak)
Tore: 1:0 Rink (14., FE im Nachschuss), 2:0 Krzynowek (74., FE), 3:0 Gomis (86.) - **SR:** Steinborn (Sinzig) - **ZS:** 23.600 - **Gelb:** Larsen, Jarolim, Frey - Greiner, Ramovic

1. FC Köln - FC Schalke 04 (So., 31.3.) 1:1 (0:1)
Köln: Pröll - Song, Cichon, Sichone - Keller, Lottner, Balitsch (67. Kreuz), Springer (82. Baranek), Voigt (75. Reich) - Scherz, Kurth
Schalke: Reck - Oude Kamphuis, Waldoch, van Kerckhoven - Asamoah (86. Vermant), Wilmots (84. Djordjevic), Nemec, Möller, Böhme - Sand, Agali (71. Hajto)
Tore: 0:1 Sand (40.), 1:1 Lottner (60.) - **SR:** Strampe - **ZS:** 30.000 (ausv.) - **Gelb:** Voigt - Waldoch, Agali

SV Werder Bremen - FC Hansa Rostock (So., 31.3.) 4:3 (1:2)
Bremen: Rost - Baumann, Verlaat, Krstajic (30. Stalteri) - Wehlage, Lisztes, Ernst (46. Borowski), Frings, Skripnik (77. Silva) - Ailton, Klasnic
Rostock: Klewer - Yasser, Jakobsson, Hill, Emara - Rydlewicz, Lantz, Hirsch, Maul (86. Wibran) - Arvidsson (75. Baumgart), di Salvo (46. Schröder)
Tore: 1:0 Ailton (3.), 1:1 Rydlewicz (24., FE), 1:2 di Salvo (30.), 2:2 Frings (47.), 2:3 Schröder (49.), 3:3 Rost (90.), 4:3 Ailton (90., FE) - **SR:** Sippel (München) - **ZS:** 26.742 - **Gelb:** Borowski, Verlaat, Krstajic - Emara, Maul, Baumgart

	Sp.	g.	u.	v.	Tore	Diff.	Punkte
1. Bayer Leverkusen	29	19	5	5	71 :33	+38	62
2. Borussia Dortmund	29	17	7	5	52 :26	+26	58
3. Bayern München	29	16	7	6	54 :20	+34	55
4. Schalke 04	29	16	7	6	47 :28	+19	55
5. Hertha BSC Berlin	29	15	7	7	54 :32	+22	52
6. 1. FC Kaiserslautern	29	15	4	10	52 :45	+ 7	49
7. Werder Bremen	29	14	4	11	43 :36	+ 7	46
8. TSV München 1860	29	13	3	13	45 :49	- 4	42
9. VfB Stuttgart	29	11	8	10	36 :35	+ 1	41
10. VfL Wolfsburg	29	10	7	12	48 :44	+ 4	37
11. Hamburger SV	29	9	9	11	40 :46	- 6	36
12. Bor. M'gladbach	29	9	9	11	33 :41	- 8	36
13. Energie Cottbus	29	9	5	15	30 :49	- 19	32
14. Hansa Rostock	29	8	6	15	31 :45	- 14	30
15. 1. FC Nürnberg	29	8	4	17	28 :50	- 22	28
16. SC Freiburg	29	5	9	15	28 :51	- 23	24
17. FC St. Pauli	29	4	9	16	31 :57	- 26	21
18. 1. FC Köln	29	4	8	17	18 :54	- 36	20

30. Spieltag: Samstag, 6.4.2002

Freiburg in Not: Schon elf Spiele ohne Dreier

FC Bayern München - SV Werder Bremen 2:2 (1:1)
FC Bayern: Kahn - Sagnol, Linke, R. Kovac, Tarnat (65. Lizarazu) - N. Kovac, Effenberg, Fink - Santa Cruz, Elber (65. Salihamidzic), Pizarro
Bremen: Rost - Stalteri, Verlaat, Krstajic, Skripnik - Lisztes (61. Banovic), Baumann (72. Wehlage), Frings, Ernst - Ailton, Bode (66. Klasnic)
Tore: 1:0 Pizarro (21.), 1:1 Ailton (24., FE), 2:1 Santa Cruz (55.), 2:2 Krstajic (90.) - **SR:** Aust (Köln) - **ZS:** 52.000 - **Gelb:** Fink, Sagnol - Lisztes, Klasnic

Bayer 04 Leverkusen - 1. FC Köln 2:0 (2:0)
Leverkusen: Butt - Lucio, Nowotny, Zivkovic - Schneider, Ballack, Ramelow, Bastürk (61. Brdaric), Zé Roberto - Kirsten (61. Berbatov), Neuville (88. Vranjes)
FC: Pröll - Song, Cichon, Sichone - Keller, Balitsch, Lottner, Springer, Voigt - Scherz (46. Reich), Kurth
Tore: 1:0 Butt (13., FE), 2:0 Lucio (25.) - **SR:** Fandel (Kyllburg) - **ZS:** 22.500 (ausverkauft) - **Gelb:** Zivkovic, Kirsten - Voigt, Sichone, Cichon, Lottner

FC St. Pauli - 1. FC Kaiserslautern 1:1 (0:0)
St. Pauli: Henzler - Stanislawski, Kientz, Scheinhardt - Held, Inceman (78. Baris), Meggle, Bajramovic (56. Rahn), Bürger - Patschinski, Marcao (56. Rath)
1. FCK: G. Koch - Klos, Ramzy (17. Gabriel), Knavs - Grammozis, Basler, Bjelica, Hristov, Malz (62. Strasser) - Lincoln (83. Mifsud), Marschall
Tore: 0:1 Lincoln (48.), 1:1 Meggle (69., FE) - **SR:** Kemmling (Kleinburgwedel) - **ZS:** 20.499 - **Gelb:** Bajramovic, Patschinski - Malz, Lincoln, Knavs, Grammozis, Bjelica, Basler, Gabriel - **Gelb-Rot:** Held (22.) - Strasser (89.)

VfL Wolfsburg - Hertha BSC Berlin 1:3 (1:2)
Wolfsburg: Ramovic - Greiner (68. Juskowiak), Franz, Biliskov, Weiser - Karhan, Akonnor, Munteanu - Ponte, Klimowicz, Petrov (78. Müller)
Hertha BSC: Kiraly - Lapaczinski (67. Maas), van Burik, Simunic, Hartmann - Marx, Dardai (90. Ludvigsen), Marcelinho, Beinlich - Preetz, Goor (89. Neuendorf)
Tore: 0:1 Hartmann (25.), 0:2 Preetz (28.), 1:2 Klimowicz (36.), 1:3 Marx (48.) - **SR:** Dr. Merk (Kaiserslautern) - **ZS:** 15.127 - **Gelb:** Biliskov, Munteanu, Franz - Goor, Marcelinho, Maas

FC Energie Cottbus - Borussia Mönchengladbach 3:3 (2:1)
Cottbus: Piplica - Hujdurovic, da Silva, Beeck, Kobylanski - Schröter, Akrapovic (46. Thielemann), Miriuta, Kaluzny - Topic (76. Matyus), Franklin (59. Helbig)
Gladbach: Stiel - Eberl (79. Felgenhauer), Asanin, Korell, Münch - Kluge, Ulich, Stassin (74. Witeczek) - Aidoo, van Lent, van Houdt (59. Auer)
Tore: 1:0 Topic (31.), 2:0 Kaluzny (34.), 2:1 Asanin (37.), 2:2 Münch (64., FE), 3:2 Kaluzny (70.), 3:3 Piplica (85., ET) - **SR:** Dr. Wack (Biberbach) - **ZS:** 18.450 - **Gelb:** Hujdurovic, Kaluzny, Beeck - Korell, Stiel, Münch, Stassin

FC Schalke 04 - Hamburger SV 2:0 (2:0)
Schalke: Reck - Waldoch, van Hoogdalem (82. Hajto), van Kerckhoven - Asamoah (24. Vermant), Wilmots, Oude Kamphuis, Möller, Böhme - Sand, Mpenza (66. Agali)
HSV: Pieckenhagen - Hertzsch, Hoogma, Fukal (53. Ketelaer) - Groth, Maltritz (63. Antar), Barbarez, Albertz, Ujfalusi - Romeo, Meijer (75. Christensen)
Tore: 1:0 Mpenza (8.), 2:0 Sand (41.) - **SR:** Keßler (Höhenkirchen) - **ZS:** 60.683 (ausverkauft) - **Gelb:** Barbarez, Fukal

FC Hansa Rostock - 1. FC Nürnberg 1:0 (1:0)
Rostock: Klewer - Yasser, Jakobsson, Hill, Emara - Lantz, Hirsch, Wibran - Rydlewicz (90. Lange), Arvidsson, di Salvo (33. Beierle)
Nürnberg: Kampa - Nikl, Kos, Sanneh, Müller - Cacau, Jarolim, Larsen (69. Stehle), Krzynowek - Gomis (59. Villa), Rink (81. Driller)
Tor: 1:0 Arvidsson (4.) - **SR:** Fröhlich (Berlin) - **ZS:** 19.200 - **Gelb:** Yasser, Hirsch, Rydlewicz - Rink

Borussia Dortmund - TSV München 1860 (So., 7.4.) 2:1 (2:1)
Dortmund: Laux - Wörns, Metzelder - Evanilson, Oliseh (83. Kohler), Rosicky, Kehl, Heinrich - Ewerthon (90. Herrlich), Koller, Addo (71. Reuter)
1860: Jentzsch - Kurz, Votava, Pfuderer, Tapalovic - Cerny (60. Suker), Riseth, Häßler (77. Agostino), Dheedene (77. Bierofka) - Max, Schroth
Tore: 0:1 Schroth (12.), 1:1 Kehl (20.), 2:1 Heinrich (26.) - **SR:** Weiner (Hildesheim) - **ZS:** 66.000 - **Gelb:** Evanilson, Reuter, Kehl - Dheedene, Pfuderer, Riseth, Votava

SC Freiburg - VfB Stuttgart (So., 7.4.) 0:2 (0:0)
Freiburg: Reus - Kondé, Müller, Diarra, Zkitischwili (80. Männer) - Zeyer, Hermel (31. But), Coulibaly, Kobiaschwili - Ramdane (77. Bruns), Sellimi
Stuttgart: Ernst - Marques, Meira, Bordon, Wenzel - Tiffert (64. Handschuh), Soldo, Balakov, Hleb (77. Gerber), Seitz - Ganea (19. Adhemar)
Tore: 0:1 Meira (79.), 0:2 Handschuh (87.) - **SR:** Dr. Fleischer (Hallstadt) - **ZS:** 25.000 (ausverkauft) - **Gelb:** Hermel, Kondé, Kobiaschwili, Männer - Seitz

	Sp.	g.	u.	v.	Tore	Diff.	Punkte
1. Bayer Leverkusen	30	20	5	5	73 :33	+40	65
2. Borussia Dortmund	30	18	7	5	54 :27	+27	61
3. Schalke 04	30	17	7	6	49 :28	+21	58
4. Bayern München	30	16	8	6	56 :22	+34	56
5. Hertha BSC Berlin	30	16	7	7	57 :33	+24	55
6. 1. FC Kaiserslautern	30	15	5	10	53 :46	+ 7	50
7. Werder Bremen	30	14	5	11	45 :38	+ 7	47
8. VfB Stuttgart	30	12	8	10	38 :35	+ 3	44
9. TSV München 1860	30	13	3	14	46 :51	- 5	42
10. VfL Wolfsburg	30	10	7	13	49 :47	+ 2	37
11. Bor. M'gladbach	30	9	10	11	36 :44	- 8	37
12. Hamburger SV	30	9	9	12	40 :48	- 8	36
13. Hansa Rostock	30	9	6	15	32 :45	- 13	33
14. Energie Cottbus	30	9	6	15	33 :52	- 19	33
15. 1. FC Nürnberg	30	8	4	18	28 :51	- 23	28
16. SC Freiburg	30	5	9	16	28 :53	- 25	24
17. FC St. Pauli	30	4	10	16	32 :58	- 26	22
18. 1. FC Köln	30	4	8	18	18 :56	- 38	20

Bundesliga 2001/2002

31. Spieltag: Samstag, 13.4.2002

Leverkusen macht großen Schritt zum Titelgewinn

1. FC Nürnberg - FC Bayern München 1:2 (0:2)

Nürnberg: Kampa - Nikl, Kos, Sanneh, Wolf - Müller, Larsen (67. Frey), Jarolim (90. Villa), Krzynowek - Cacau, Rink (81. Gomis)

FC Bayern: Kahn - Sagnol, Linke, R. Kovac, Lizarazu - Hargreaves, Effenberg, N. Kovac (81. Jeremies) - Salihamidzic (88. Sergio), Elber (76. Santa Cruz), Pizarro

Tore: 0:1 Elber (11.), 0:2 Pizarro (41.), 1:2 Krzynowek (73., FE) - **SR:** Krug (Gelsenkirchen) - **ZS:** 44.696 (ausverkauft) - **Gelb:** Wolf - Hargreaves, Kahn, R. Kovac - **Gelb-Rot:** Kos (74.)

Hamburger SV - Bayer 04 Leverkusen 1:1 (1:1)

HSV: Pieckenhagen - Hoogma, Ujfalusi, Hertzsch - Groth, Antar, Barbarez, Albertz, Hollerbach - Meijer (81. Christensen), Romeo

Leverkusen: Butt - Lucio, Nowotny - Schneider, Ramelow, Bastürk, Ballack, Placente, Zé Roberto - Neuville (81. Sebescen), Berbatov (74. Kirsten)

Tore: 1:0 Barbarez (5.), 1:1 Neuville (13.) - **SR:** Strampe (Handorf) - **ZS:** 54.503 - **Gelb:** Hertzsch, Hoogma, Barbarez - Zé Roberto, Bastürk, Ballack, Lucio, Ramelow

1. FC Köln - FC St. Pauli 2:1 (1:0)

Köln: Pröll - Song, Cichon, Sichone - Keller (68. Scherz), Balitsch, Lottner, Springer (64. Reich), Voigt - Baranek (77. Kreuz), Kurth

St. Pauli: Henzler - Stanislawski, Kientz (46. Kolinger), Scheinhardt - Gibbs, Inceman, Meggle, Bürger, Rahn (68. Racanel) - Patschinski, Rath (74. Marcao)

Tore: 1:0 Lottner (7.), 1:1 Inceman (46.), 2:1 Scherz (90.) - **SR:** Stark (Ergolding) - **ZS:** 26.000 - **Gelb:** Sichone, Baranek, Song - Rath, Patschinski

Hertha BSC Berlin - FC Hansa Rostock 1:0 (1:0)

Hertha BSC: Kiraly - van Burik, Simunic - Marx (90. Sverrisson), Dardai, Marcelinho, Beinlich, Hartmann - Alves, Preetz, Goor (75. Schmidt)

Rostock: Klewer - Lange (73. Baumgart), Jakobsson, Hill, Emara - Yasser, Lantz, Hirsch, Wibran (85. Schied), Maul - Arvidsson

Tor: 1:0 Alves (2.) - **SR:** Meyer (Braunschweig) - **ZS:** 42.537 - **Gelb:** Simunic, Marx

Borussia Mönchengladbach - VfL Wolfsburg 0:2 (0:0)

Gladbach: Meier - Eberl, Stassin, Asanin, Münch - Demo (55. Auer), Kluge (57. Hausweiler), Ulich - Aidoo (64. Felgenhauer), van Lent, van Houdt

Wolfsburg: Reitmaier - Kryger, Biliskov, Schnoor, Weiser - Sarpei (90. Habryka), Karhan, Akonnor - Juskowiak, Klimowicz, Petrov (62. Müller)

Tore: 0:1 Klimowicz (48.), 0:2 Klimowicz (60.) - **SR:** Koop (Lüttenmark) - **ZS:** 26.900 - **Gelb:** van Houdt

SV Werder Bremen - FC Schalke 04 3:0 (1:0)

Bremen: Rost - Baumann, Verlaat, Krstajic - Wehlage (88. Tjikuzu), Frings, Stalteri, Ernst, Banovic (81. Borowski), Skripnik (86. Magnin) - Ailton

Schalke: Reck - Waldoch, van Hoogdalem, van Kerckhoven - Wilmots (76. Vermant), Oude Kamp-huis, Möller, Nemec (46. Hajto), Böhme - Sand, Mpenza (68. Agali)

Tore: 1:0 Baumann (24.), 2:0 Ailton (63.), 3:0 Frings (77.) - **SR:** Wagner (Hofheim) - **ZS:** 35.600 (ausverkauft) - **Gelb:** Ernst - Oude Kamphuis, van Kerckhoven, Mpenza

TSV München 1860 - SC Freiburg 5:2 (3:1)

1860: Jentzsch - Pfuderer, Kurz (60. Ehlers), Tapalovic - Cerny, Borimirov, Häßler, Riseth, Weissenberger (90. Schroth) - Max, Suker

Freiburg: Reus - Willi, Müller, Diarra, Kruse - Zeyer (46. Männer), But, Hermel (65. Kondé), Coulibaly - Ramdane, Bruns (65. Sellimi)

Tore: 1:0 Suker (24.), 2:0 Riseth (29.), 2:1 But (32.), 3:1 Max (45.), 4:1 Cerny (59.), 4:2 Müller (66.), 5:2 Max (89., FE) - **SR:** Gagelmann (Bremen) - **ZS:** 20.700 - **Gelb:** Kurz, Häßler - **B.V.:** Jentzsch hält FE von But (84.)

1. FC Kaiserslautern - Borussia Dortmund (So., 14.4.) 1:0 (0:0)

1. FCK: G. Koch - Ramzy, Hengen, Knavs, Grammozis - Basler, Riedl, Hristov, Pettersson (71. Marschall) - Klose (87. Gabriel), Lokvenc

Dortmund: Laux - Wörns, Kohler, Metzelder - Evanilson, Kehl, Rosicky, Ricken (76. Herrlich) - Addo (68. Ewerthon), Koller, Amoroso

Tor: 1:0 Pettersson (48.) - **SR:** Albrecht (Kaufbeuren) - **ZS:** 40.600 (ausverkauft) - **Gelb:** Grammozis, Riedl, Hristov - Koller

VfB Stuttgart - FC Energie Cottbus (So., 14.4.) 0:0

Stuttgart: Hildebrand - Meißner (65. Marques), Meira, Wenzel, Gerber - Soldo, Balakov, Hleb - Tiffert (88. Braun), Dundee, Adhemar (65. Ganea)

Cottbus: Piplica - Hujdurovic, Sebök, da Silva, Kobylanski - Schröter, Reghecampf, Akrapovic, Miriuta - Topic (89. Matyus), Helbig (59. Reichenberger)

SR: Jansen (Essen) - **ZS:** 21.000 - **Gelb:** da Silva, Helbig, Miriuta

32. Spieltag: Samstag, 20.4.2002

Hoffen im Breisgau, Zittern unterm Bayer-Kreuz

FC St. Pauli - Hamburger SV (Fr., 19.4.) 0:4 (0:2)

St. Pauli: Henzler - Stanislawski, Kolinger, Scheinhardt - Held, Inceman (59. Cenci, 78. Meier), Trulsen (46. Rath), Bürger, Meggle, Rahn - Patschinski

HSV: Pieckenhagen - Hertzsch, Hoogma, Ujfalusi - Groth, Antar (68. Benjamin), Cardoso (46. Fukal), Albertz (81. Maltritz), Hollerbach - Meijer, Romeo

Tore: 0:1 Romeo (19.), 0:2 Groth (45.), 0:3 Hoogma (49.), 0:4 Romeo (58.) - **SR:** Dr. Merk (Kaiserslautern) - **ZS:** 54.130 (in der AOL-Arena) - **Gelb:** Inceman, Scheinhardt, Patschinski, Kolinger - Albertz, Hollerbach, Benjamin - **B.V.:** Pieckenhagen hält FE von Meggle (12.)

Bayer 04 Leverkusen - SV Werder Bremen 1:2 (1:1)

Leverkusen: Butt - Lucio, Nowotny - Schneider, Ramelow (71. Sebescen), Bastürk, Ballack, Placente (80. Zivkovic), Zé Roberto - Neuville, Kirsten (46. Berbatov)

Bremen: Rost - Baumann, Verlaat, Krstajic - Stalteri, Borowski (82. Wehlage), Lisztes (87. Banovic), Ernst, Frings, Skripnik - Ailton (80. Klasnic)

Tore: 0:1 Lisztes (5.), 1:1 Zé Roberto (31.), 1:2 Ailton (61.) - **SR:** Berg (Konz) - **ZS:** 22.500 (ausverkauft) - **Gelb:** Nowotny, Kirsten - Ernst, Borowski - **B.V.:** Rost hält FE von Butt (40.)

Borussia Dortmund - 1. FC Köln 2:1 (1:0)

Dortmund: Lehmann - Wörns (51. Oliseh), Kohler, Metzelder - Evanilson, Reuter, Rosicky, Kehl - Ewerthon (75. Ricken), Koller (75. Herrlich), Amoroso

Köln: Pröll - Cullmann, Cichon, Song, Keller - Balitsch, Voigt, Lottner, Springer (84. Reeb) - Scherz (71. Kreuz), Kurth

Tore: 1:0 Rosicky (21.), 1:1 Lottner (56.), 2:1 Amoroso (89., FE) - **SR:** Dr. Fleischer (Hallstadt) - **ZS:** 68.600 (ausverkauft) - **Gelb:** Evanilson, Metzelder, Kohler - Reeb, Cullmann, Voigt, Balitsch, Song

FC Bayern München - Hertha BSC Berlin 3:0 (0:0)

FC Bayern: Kahn - Sagnol, Kuffour, R. Kovac, Lizarazu - Salihamidzic, Fink, Hargreaves, Scholl (70. Santa Cruz) - Elber, Pizarro (86. Jancker)

Hertha BSC: Kiraly - Schmidt, van Burik, Simunic, Hartmann - Marx (46. Sverrisson), Marcelinho, Beinlich, Tretschok - Alves (76. Daei), Preetz

Tore: 1:0 Hartmann (67., ET), 2:0 Elber (82.), 3:0 Pizarro (83.) - **SR:** Kemmling (Kleinburgwedel) - **ZS:** 63.000 (ausverkauft) - **Gelb:** Sagnol, Fink - Tretschok, Beinlich, Hartmann - **Rot:** van Burik (34.)

VfL Wolfsburg - FC Hansa Rostock 4:0 (4:0)

Wolfsburg: Reitmaier - Rytter, Biliskov (46. Franz), Schnoor, Weiser - Sarpei, Karhan, Munteanu (72. Habryka) - Ponte, Juskowiak, Klimowicz (59. Maric)

Rostock: Klewer - Yasser, Jakobsson, Hill, Emara - Rydlewicz, Lantz (62. Lange), Hirsch, Wibran (18. Schröder), Maul - Arvidsson

Tore: 1:0, 2:0 Klimowicz (4., 5.), 3:0 Ponte (7.), 4:0 Juskowiak (37.) - **SR:** Keßler - **ZS:** 12.615

FC Schalke 04 - 1. FC Nürnberg 2:1 (0:0)

Schalke: Reck - Hajto (75. Asamoah), Waldoch, van Hoogdalem, van Kerckhoven - Vermant, Oude Kamphuis, Möller, Böhme (83. Büskens) - Wilmots (49. Agali), Mpenza

Nürnberg: Kampa - Nikl, Sanneh, Wolf - Müller, Larsen, Jarolim, Frey (84. Paßlack), Krzynowek - Rink, Cacau (72. Michalke)

Tore: 1:0 Böhme (54.), 1:1 Krzynowek (62.), 2:1 Waldoch (66.) - **SR:** Fandel (Kyllburg) - **ZS:** 60.683 (ausverkauft) - **Gelb:** Hajto, Böhme - Jarolim

FC Energie Cottbus - TSV München 1860 1:1 (0:0)

Cottbus: Lenz - da Silva, Sebök (20. Matyus), Hujdurovic - Schröter, Reghecampf (65. Latoundji), Akrapovic (72. Franklin), Kaluzny, Kobylanski - Helbig, Topic

1860: Jentzsch - Ehlers, Votava (79. Pfuderer), Hoffmann - Cerny, Riseth (46. Wiesinger), Häßler, Tapalovic, Weissenberger (69. Bierofka) - Max, Schroth

Tore: 0:1 Hujdurovic (69., ET), 1:1 Helbig (81.) - **SR:** Krug (Gelsenkirchen) - **ZS:** 15.430 - **Gelb:** Helbig - Votava, Riseth

SC Freiburg - 1. FC Kaiserslautern (So., 21.4.) 3:1 (0:0)

Freiburg: Reus - Kondé, Müller, Diarra - Willi (57. Männer), Coulibaly, Hermel (63. Zkitischwili), But, Kobiaschwili - Iaschwili (77. Ramdane), Sellimi

1. FCK: G. Koch - Ramzy, Hengen, Knavs - Basler (46. Lincoln), Riedl, Hristov, Malz, Pettersson (65. Marschall) - Klose, Lokvenc

Tore: 1:0 Kobiaschwili (47., FE), 2:0 Sellimi (78.), 3:0 Männer (81.), 3:1 Klose (84., HE) - **SR:** Dr. Wack (Biberbach) - **ZS:** 25.000 (ausv.) - **Gelb:** Zkitischwili, Sellimi - Lokvenc, Pettersson, Malz, Hristov

Borussia Mönchengladbach - VfB Stuttgart (So., 21.4.) 2:2 (0:0)

Gladbach: Melka - Eberl, Stassin (67. Felgenhauer), Korell, Münch - Demo, Hausweiler (35. Witeczek), Kluge - Aidoo (76. Mieciel), Auer, van Houdt

Stuttgart: Hildebrand - Meißner, Meira, Bordon, Wenzel - Tiffert (46. Adhemar), Soldo, Balakov, Todt (54. Hinkel), Seitz (81. Hleb) - Dundee

Tore: 0:1 Balakov (48.), 1:1 van Houdt (68.), 2:1 Auer (80.), 2:2 Dundee (84.) - **SR:** Aust (Köln) - **ZS:** 28.805 - **Gelb:** Witeczek - Seitz, Tiffert, Soldo

	Sp.	g.	u.	v.	Tore	Diff.	Punkte
1. Bayer Leverkusen	31	20	6	5	74 :34	+40	66
2. Borussia Dortmund	31	18	7	6	54 :28	+26	61
3. Bayern München	31	17	8	6	58 :23	+35	59
4. Hertha BSC Berlin	31	17	7	7	58 :33	+25	58
5. Schalke 04	31	17	7	7	49 :31	+18	58
6. 1. FC Kaiserslautern	31	16	5	10	54 :46	+ 8	53
7. Werder Bremen	31	15	5	11	48 :38	+10	50
8. VfB Stuttgart	31	12	9	10	38 :35	+ 3	45
9. TSV München 1860	31	14	3	14	51 :53	- 2	45
10. VfL Wolfsburg	31	11	7	13	51 :47	+ 4	40
11. Hamburger SV	31	9	10	12	41 :49	- 8	37
12. Bor. M'gladbach	31	9	10	12	36 :46	- 10	37
13. Energie Cottbus	31	9	7	15	33 :52	- 19	34
14. Hansa Rostock	31	9	6	16	32 :46	- 14	33
15. 1. FC Nürnberg	31	8	4	19	29 :53	- 24	28
16. SC Freiburg	31	5	9	17	30 :58	- 28	24
17. 1. FC Köln	31	5	8	18	20 :57	- 37	23
18. FC St. Pauli	31	4	10	17	33 :60	- 27	22

	Sp.	g.	u.	v.	Tore	Diff.	Punkte
1. Bayer Leverkusen	32	20	6	6	75 :36	+39	66
2. Borussia Dortmund	32	19	7	6	56 :29	+27	64
3. Bayern München	32	18	8	6	61 :23	+38	62
4. Schalke 04	32	18	7	7	51 :32	+19	61
5. Hertha BSC Berlin	32	17	7	8	58 :36	+22	58
6. Werder Bremen	32	16	5	11	50 :39	+11	53
7. 1. FC Kaiserslautern	32	16	5	11	55 :49	+ 6	53
8. VfB Stuttgart	32	12	10	10	40 :37	+ 3	46
9. TSV München 1860	32	14	4	14	52 :54	- 2	46
10. VfL Wolfsburg	32	12	7	13	55 :47	+ 8	43
11. Hamburger SV	32	10	10	12	45 :49	- 4	40
12. Bor. M'gladbach	32	9	11	12	38 :48	- 10	38
13. Energie Cottbus	32	9	8	15	34 :53	- 19	35
14. Hansa Rostock	32	9	6	17	32 :50	- 18	33
15. 1. FC Nürnberg	32	8	4	20	30 :55	- 25	28
16. SC Freiburg	32	6	9	17	33 :59	- 26	27
17. 1. FC Köln	32	5	8	19	21 :59	- 38	23
18. FC St. Pauli	32	4	10	18	33 :64	- 31	22

Milliardenliga zwischen Boom und Pleite

33. Spieltag: Samstag, 27.4.2002

Nikl rettet Club - BVB nun Erster

Hamburger SV - Borussia Dortmund 3:4 (1:2)
HSV: Pieckenhagen - Hertzsch, Hoogma, Ujfalusi - Fukal (69. Benjamin), Groth, Barbarez (43. Antar), Wicky (81. Ketelaer), Hollerbach - Meijer, Romeo
Dortmund: Lehmann - Wörns, Metzelder - Addo, Kehl (89. Oliseh), Reuter, Rosicky, Ricken (43. Kohler), Heinrich - Koller, Amoroso (90. Ewerthon)
Tore: 0:1 Amoroso (36., FE), 0:2 Rosicky (38.), 1:2 Wicky (42., FE), 1:3 Amoroso (63.), 2:3 Hoogma (80.), 2:4 Koller (86.), 3:4 Meijer (90.) - **SR:** Fandel (Kyllburg) - **ZS:** 55.340 (ausverkauft) - **Gelb:** Meijer, Barbarez, Hollerbach, Ujfalusi - Addo, Amoroso - **Gelb-Rot:** Wörns (42.) - **Rot:** Hertzsch (35.)

1. FC Nürnberg - Bayer 04 Leverkusen 1:0 (1:0)
Nürnberg: Kampa - Sanneh, Nikl, Kos (75. Stehle) - Paßlack (55. Müller), Larsen, Jarolim, Frey, Krzynowek - Rink (70. Junior), Cacau
Leverkusen: Butt - Zivkovic, Lucio, Nowotny, Placente (46. Neuville) - Schneider, Ramelow (61. Sebescen), Bastürk, Ballack, Zé Roberto - Berbatov
Tor: 1:0 Nikl (23.) - **SR:** Dr. Merk (Kaiserslautern) - **ZS:** 44.416 (ausverkauft) - **Gelb:** Frey - Placente, Ramelow, Ballack, Bastürk, Neuville

1. FC Köln - SC Freiburg 2:0 (1:0)
Köln: Pröll - Song (87. Keller), Cichon, Sichone - Cullmann, Balitsch, Lottner (71. Kreuz), Voigt, Springer - Baranek (63. Scherz), Kurth
Freiburg: Reus - Kondé, Müller, Diarra - Willi (78. Zkitischwili), Coulibaly, Hermel (61. Zeyer), But, Kobiaschwili - Ramdane, Sellimi (46. Bruns)
Tore: 1:0 Cullmann (26.), 2:0 Scherz (86.) - **SR:** Krug (Gelsenkirchen) - **ZS:** 30.000 (ausverkauft) - **Gelb:** Cichon, Lottner - Ramdane, Kondé, Diarra

VfL Wolfsburg - FC Bayern München 0:1 (0:1)
Wolfsburg: Reitmaier - Rytter, Biliskov, Schnoor, Weiser - Sarpei, Ponte, Karhan, Munteanu (67. Akonnor) - Juskowiak (56. Petrov), Klimowicz (18. Maric)
FC Bayern: Kahn - Sagnol, Kuffour, R. Kovac, Lizarazu - Salihamidzic, Fink, Hargreaves (46. Jeremies), Scholl (67. Santa Cruz) - Elber (73. N. Kovac), Pizarro
Tor: 0:1 Biliskov (33., ET) - **SR:** Berg - **ZS:** 20.400 (ausv.) - **Gelb:** Sarpei - Lizarazu, Pizarro, Jeremies

FC Hansa Rostock - Borussia Mönchengladbach 1:1 (1:1)
Rostock: Klewer - Yasser, Jakobsson, Hill, Emara - Lantz (90. Weilandt), Hirsch, Maul - Rydlewicz, Beierle (71. Baumgart), Arvidsson (84. Lange)
Gladbach: Melka - Eberl, Korell, Stassin, Münch - Korzynietz (59. Witeczek), Kluge, Demo (67. Lanzaat), van Houdt - Auer (75. Aidoo), van Lent
Tore: 1:0 Hill (9.), 1:1 Demo (17.) - **SR:** Albrecht (Kaufbeuren) - **ZS:** 25.800 - **Gelb:** Baumgart - Stassin

Hertha BSC Berlin - FC Schalke 04 2:0 (0:0)
Hertha BSC: Kiraly - Sverrisson (46. Marx), Simunic, Schmidt - Dardai, Marcelinho, Beinlich, Hartmann - Alves (75. Neuendorf), Preetz, Goor
Schalke: Reck - van Hoogdalem, Waldoch, Matellan, van Kerckhoven - Asamoah (61. Djordjevic), Möller, Oude Kamphuis, Vermant - Sand, Mpenza (57. Agali)
Tore: 1:0 Preetz (50.), 2:0 Alves (53.) - **SR:** Steinborn (Sinzig) - **ZS:** 55.000 (ausverkauft) - **Gelb:** Schmidt, Preetz - Asamoah, Waldoch, Oude Kamphuis

1. FC Kaiserslautern - FC Energie Cottbus 4:0 (2:0)
1. FCK: G. Koch - Ramzy, Hengen, Knavs - Basler (82. Bjelica), Riedl, Lincoln (77. Ratinho), Hristov (65. Marschall), Malz - Klose, Lokvenc
Cottbus: Lenz - Matyus, da Silva, Hujdurovic - Reghecampf, Kaluzny, Akrapovic, Miriuta (77. Latoundji), Kobylanski (54. Schröter) - Reichenberger, Brasilia (54. Jungnickel)
Tore: 1:0 Lokvenc (25.), 2:0 Klose (37.), 3:0 Klose (47.), 4:0 Lokvenc (47.) - **SR:** Stark (Ergolding) - **ZS:** 40.600 (ausverkauft) - **Gelb:** Hujdurovic, da Silva, Matyus, Kaluzny

SV Werder Bremen - FC St. Pauli 3:2 (0:2)
Bremen: Rost - Baumann, Verlaat, Krstajic - Wehlage (46. Banovic), Lisztes, Ernst (76. Borowski), Frings, Skripnik (73. Klasnic) - Ailton, Bode
St. Pauli: Henzler - Amadou, Stanislawski, Gibbs, Rahn - Trulsen, Meier (73. Baris), Kolinger (82. Rath), Meggle - Patschinski, Marcao (76. Albrecht)
Tore: 0:1 Rahn (5.), 0:2 Meggle (16.), 1:2 Frings (50.), 2:2 Bode (54.), 3:2 Frings (78.) - **SR:** Strampe (Handorf) - **ZS:** 35.600 (ausverkauft) - **Gelb:** Lisztes, Ailton - Rahn, Albrecht - **Gelb-Rot:** Banovic (90.)

TSV München 1860 - VfB Stuttgart 3:3 (0:2)
1860: Jentzsch - Hoffmann (46. Wiesinger), Votava (72. Bierofka), Kurz, Dheedene (46. Agostino) - Cerny, Riseth, Borimirov, Weissenberger - Max, Suker
Stuttgart: Hildebrand - Hinkel, Meira, Bordon, Wenzel - Hleb, Soldo, Balakov, Meißner, Seitz (88. Adhemar) - Dundee
Tore: 0:1 Dundee (20.), 0:2 Meißner (45.), 1:2 Max (52., FE), 2:2 Max (60.), 2:3 Meißner (63.), 3:3 Borimirov (79.) - **SR:** Fröhlich (Berlin) - **ZS:** 30.000 - **Gelb:** Kurz, Max - Hildebrand, Meißner, Seitz - **Gelb-Rot:** Riseth (84.)

	Sp.	g.	u.	v.	Tore	Diff.	Punkte
1. Borussia Dortmund	33	20	7	6	60 :32	+28	67
2. Bayer Leverkusen	33	20	6	7	75 :37	+38	66
3. Bayern München	33	19	8	6	62 :23	+39	65
4. Hertha BSC Berlin	33	18	7	8	60 :36	+24	61
5. Schalke 04	33	18	7	8	51 :34	+17	61
6. Werder Bremen	33	17	5	11	53 :41	+12	56
7. 1. FC Kaiserslautern	33	17	5	11	59 :49	+10	56
8. VfB Stuttgart	33	12	11	10	43 :40	+ 3	47
9. TSV München 1860	33	14	5	14	55 :57	- 2	47
10. VfL Wolfsburg	33	12	7	14	55 :48	+ 7	43
11. Hamburger SV	33	10	10	13	48 :53	- 5	40
12. Bor. M'gladbach	33	9	12	12	39 :49	- 10	39
13. Energie Cottbus	33	9	8	16	34 :57	- 23	35
14. Hansa Rostock	33	9	7	17	33 :51	- 18	34
15. 1. FC Nürnberg	33	9	4	20	31 :55	- 24	31
16. SC Freiburg	33	6	9	18	33 :61	- 28	27
17. 1. FC Köln	33	6	8	19	23 :59	- 36	26
18. FC St. Pauli	33	4	10	19	35 :67	- 32	22

34. Spieltag: Samstag, 4.5.2002

Joker Ewerthon holt die Schale nach Dortmund

Borussia Dortmund - SV Werder Bremen 2:1 (1:1)
Dortmund: Lehmann - Reuter, Metzelder, Heinrich (73. Ewerthon) - Addo, Kehl, Rosicky, Ricken (78. Kohler), Dede - Koller, Amoroso (90. Stevic)
Bremen: Rost - Baumann, Verlaat, Krstajic - Tjikuzu, Ernst, Frings, Stalteri, Lisztes (89. Bode), Skripnik - Ailton
Tore: 0:1 Stalteri (17.), 1:1 Koller (41.), 2:1 Ewerthon (74.) - **SR:** Steinborn (Sinzig) - **ZS:** 68.600 (ausverkauft) - **Gelb:** Ricken - Verlaat, Skripnik - **Gelb-Rot:** Krstajic (77.)

Bayer 04 Leverkusen - Hertha BSC Berlin 2:1 (1:0)
Leverkusen: Butt - Sebescen, Lucio, Placente - Schneider, Ramelow, Bastürk (90. Babic), Ballack, Zé Roberto - Kirsten (46. Vranjes), Neuville (75. Berbatov)
Hertha BSC: Kiraly - Schmidt (29. Marx), van Burik, Simunic - Dardai, Beinlich, Preetz, Hartmann, Goor (63. Neuendorf) - Alves, Marcelinho (79. Deisler)
T: 1:0 Ballack (10.), 2:0 Ballack (51.), 2:1 Beinlich (83.) - **SR:** Fandel (Kyllburg) - **ZS:** 22.500 (ausv.)

FC Bayern München - FC Hansa Rostock 3:2 (1:0)
FC Bayern: Kahn - Sagnol, Kuffour, R. Kovac, Lizarazu - Salihamidzic (73. Sergio), Fink, Hargreaves (80. Jeremies), Scholl - Santa Cruz (70. Jancker), Elber
Rostock: Klewer - Lange, Jakobsson, Hill, Emara - Lantz, Hirsch (88. Weilandt), Maul - Rydlewicz, Arvidsson (77. Kovacec), Baumgart (70. Hansen)
Tore: 1:0 Baumgart (39., ET), 2:0 Scholl (55.), 2:1 Hansen (82.), 3:1 Elber (83.), 3:2 Lantz (89.) - **SR:** Jansen (Essen) - **ZS:** 63.000 (ausverkauft) - **Gelb:** Hirsch, Emara

FC Energie Cottbus - 1. FC Köln 2:3 (0:1)
Cottbus: Lenz - Beeck, Kaluzny, Matyus - Schröter, Helbig (66. Reghecampf), Akrapovic, Miriuta, Kobylanski (66. Latoundji) - Topic, Franklin (76. Reichenberger)
Köln: Pröll - Song, Keller, Sichone (71. Bulajic) - Cullmann, Balitsch, Lottner, Voigt (88. Reeb), Springer - Baranek, Kurth (77. Scherz)
Tore: 0:1 Kurth (35.), 0:2 Lottner (57.), 0:3 Lottner (63.), 1:3 Topic (81.), 2:3 Reichenberger (87.) - **SR:** Albrecht (Kaufbeuren) - **ZS:** 19.435 - **Gelb:** Franklin, Akrapovic, Topic, Miriuta - Keller, Voigt, Song

Borussia Mönchengladbach - TSV München 1860 2:4 (1:1)
Gladbach: Melka - Eberl, Korell, Witeczek, Münch - van Houdt (63. Aidoo), Kluge, Demo (77. Nielsen), Felgenhauer - Auer (54. Stassin), van Lent
1860: Jentzsch - Tapalovic, Pfuderer, Votava (46. Pürk), Kurz - Cerny, Borimirov, Weissenberger (87. Lauth), Bierofka (66. Wiesinger) - Max, Suker
Tore: 1:0 Demo (6.), 1:1 Bierofka (25.), 1:2 Bierofka (46.), 1:3 Suker (64.), 2:3 van Lent (66.), 2:4 Suker (69.) - **SR:** Berg (Konz) - **ZS:** 34.500 (ausverkauft) - **Gelb:** Cerny - **B.V.:** Melka hält FE von Max (68.), Suker verwandelt den Nachschuss

FC Schalke 04 - VfL Wolfsburg 1:2 (0:1)
Schalke: Reck - Hajto (74. Djordjevic), van Hoogdalem, Matellan, van Kerckhoven - Wilmots, Nemec (67. Büskens), Möller, Böhme - Asamoah, Mulder (78. Hanke)
Wolfsburg: Reitmaier - Rytter, Biliskov, Schnoor, Weiser - Sarpei, Ponte (87. Kryger), Karhan (10. Munteanu), Akonnor - Maric (84. Juskowiak), Petrov
Tore: 0:1 Maric (30.), 0:2 Maric (81.), 1:2 Asamoah (90.) - **SR:** Sippel (München) - **ZS:** 60.683 (ausverkauft) - **Gelb:** Nemec, Hajto - Ponte

VfB Stuttgart - 1. FC Kaiserslautern 4:3 (1:1)
Stuttgart: Hildebrand - Hinkel, Meira, Wenzel, Gerber - Hleb, Soldo (46. Todt), Meißner, Seitz (74. Tiffert) - Dundee, Adhemar (62. Ganea)
1. FCK: G. Koch - Ramzy, Hengen, Knavs - Basler, Riedl, Lincoln (74. Pettersson), Hristov, Malz (46. Grammozis) - Klose, Lokvenc
Tore: 1:0 Meißner (42.), 1:1 Lincoln (44., FE), 2:1 Dundee (46.), 2:2 Hristov (60.), 3:2 Meißner (65.), 3:3 Klose (71.), 4:3 Ganea (73.) - **SR:** Krug - **ZS:** 34.000 - **Gelb:** Meira, Meißner - Riedl, Malz, Hristov

FC St. Pauli - 1. FC Nürnberg 2:3 (1:2)
St. Pauli: Henzler - Stanislawski, Gibbs - Held, Inceman (74. Bajramovic), Trulsen, Kolinger (57. Konetzke), Bürger, Rahn - Meggle (40. Mansourian), Patschinski
Nürnberg: Schäfer - Paßlack, Stehle, Nikl, Müller - Junior, Larsen (86. Stoilov), Frey, Krzynowek - Villa (86. Gomis), Michalke (81. Driller)
Tor: 0:1 Junior (15.), 1:1 Patschinski (19.), 1:2 Michalke (22.), 1:3 Michalke (67.), 2:3 Patschinski (90.) - **SR:** Aust (Köln) - **ZS:** 20.499 (ausverkauft) - **Gelb:** Junior, Stehle, Müller

SC Freiburg - Hamburger SV 4:3 (2:2)
Freiburg: Reus (46. Schoppel) - Kondé, Müller, Diarra - Männer, But, Zeyer, Kobiaschwili, Kruse (73. Zandi) - Bruns (46. Gerber), Coulibaly
HSV: Pieckenhagen - Fukal, Maltritz, Hoogma, Ujfalusi (46. Benjamin) - Groth, Wicky (59. Präger), Cardoso (74. Christensen), Albertz - Antar, Romeo
Tore: 0:1 Cardoso (26.), 1:1 Fukal (28., ET), 2:1 Coulibaly (36.), 2:2, 2:3 Romeo (43., 69.), 3:3, 4:3 Coulibaly (75., 83.) - **SR:** Fröhlich (Berlin) - **ZS:** 25.000 (ausverkauft) - **Gelb:** Kondé, Kruse - Ujfalusi

	Sp.	g.	u.	v.	Tore	Diff.	Punkte
1. Borussia Dortmund	34	21	7	6	62 :33	+29	70
2. Bayer Leverkusen	34	21	6	7	77 :38	+39	69
3. Bayern München	34	20	8	6	65 :25	+40	68
4. Hertha BSC Berlin	34	18	7	9	61 :38	+23	61
5. Schalke 04	34	18	7	9	52 :36	+16	61
6. Werder Bremen	34	17	5	12	54 :43	+11	56
7. 1. FC Kaiserslautern	34	17	5	12	62 :53	+ 9	56
8. VfB Stuttgart	34	13	11	10	47 :43	+ 4	50
9. TSV München 1860	34	15	5	14	59 :59	± 0	50
10. VfL Wolfsburg	34	13	7	14	57 :49	+ 8	46
11. Hamburger SV	34	10	10	14	51 :57	- 6	40
12. Bor. M'gladbach	34	9	12	13	41 :53	- 12	39
13. Energie Cottbus	34	9	8	17	36 :60	- 24	35
14. Hansa Rostock	34	9	7	18	35 :54	- 19	34
15. 1. FC Nürnberg	34	10	4	20	34 :57	- 23	34
16. SC Freiburg	34	7	9	18	37 :64	- 27	30
17. 1. FC Köln	34	7	8	19	26 :61	- 35	29
18. FC St. Pauli	34	4	10	20	37 :70	- 33	22

Saison 2002/2003

Europäische Blamage, nationale Dominanz

„Was wir heute Abend erlebt haben, ist nicht nur eine Enttäuschung, das ist eine Blamage, eine Schande für den FC Bayern". Äußerst angefressen wirkte Vorstandschef Karl-Heinz Rummenigge bei seiner Rede auf dem Bankett nach dem 1:2 seines FC Bayern bei Deportivo La Coruña. An diesem 29. Oktober hatten sich die erfolgsverwöhnten Münchner vorzeitig, in der ersten Gruppenphase, aus der Champions League gekickt. Sogar die Trostrunde UEFA-Cup fand ohne die Münchner statt, die letztlich aus sechs Spielen müde zwei Punkte eroberten. Je zwei Niederlagen gegen Deportivo und den AC Mailand, zwei Remis gegen Lens - viel zu wenig für das Selbstverständnis des deutschen Branchenführers. Abgesehen vom finanziellen Verlust - weit schwerer wog in den Augen von Kalle Rummenigge der Imageschaden für die stolzen Bajuwaren.

Fortan legten die Herren Kahn, Ballack, Elber & Co. ihr ganzes Augenmerk auf die nationalen Wettbewerbe - und das sollte der Spannung in der Bundesliga und der versammelten Konkurrentenschar überhaupt nicht gut bekommen. Fünf Tage nach besagtem Debakel in Galizien setzte es noch eine 0:2-Schlappe in Bremen. Titelverteidiger BVB witterte bei nur noch zwei Punkten Rückstand wieder Morgenluft, stand doch eine Woche darauf das „Giganten-Duell" im Olympiastadion auf dem Plan. Kollers frühes 1:0 schien dort den verunsicherten Bayern endgültig den Gnadenstoß zu versetzen. Nach Frings' Platzverweis drehten diese jedoch in der 2. Halbzeit mit einer kämpferisch beeindruckenden Leistung den Spieß um und gewannen 2:1. Der Angriff der Borussia war abgewehrt, und nun zogen die Bayern von dannen. Weihnachten feierten sie bei sechs Zählern Differenz auf Dortmund und Bremen recht geruhsam, und als es mal wieder eine Niederlage zu vermelden gab - übrigens wieder gegen Angstgegner Bremen -, tat dies angesichts eines 14-Punkte-Polsters nicht mehr sonderlich weh.

Am Ende lagen 16 Punkte zwischen dem Rekordmeister, der sich seinen 18. Titel schon am 30. Spieltag sicherte, und dem Anführer des „Verfolgerfeldes", das sich angesichts der Verhältnisse mehr in der Rolle des Claqueurs gefiel.

„Vize" wurde mit dem VfB Stuttgart *die* Überraschungsmannschaft schlechthin. Die „jungen Wilden" um Shooting-Star Kuranyi, Hinkel, Hleb, angereichert mit der Routine eines Krassimir Balakov und Zvonimir Soldo, hatten eine Mammutsaison zu bestreiten, die schon im Juli mit dem UI-Cup begonnen hatte. Trainer Felix Magath, in früheren Jahren als „harter Hund" verschrien und mit dem Spitznamen „Quälix" ausgestattet, fand die richtige Dosierung in der täglichen Arbeit - und er bewies ungeahntes Einfühlungsvermögen, wenn es galt, seine Spieler einerseits von ihren Fähigkeiten zu überzeugen, andererseits immer auf dem Teppich zu halten. Nach der Entlassung des Managers Rolf Rüssmann im Winter übernahm Magath zusätzlich dessen Aufgaben und handelte kurz nach Saisonschluss, mit einer Offerte aus Schalke als Druckmittel, einen neuen Vertrag aus, der ihm weitreichende Kompetenzen einräumt. Unter Magath avancierten die Schwaben in nur zwei Jahren vom Abstiegskandidaten zum Champions-League-Teilnehmer und können dort in Zukunft das Geld einspielen, um den einst immensen Schuldenberg nahezu verschwinden zu lassen.

Gemessen an den Möglichkeiten, war das Abschneiden des Titelverteidigers eine Enttäuschung. Selten wusste die Dortmunder Borussia ihr zweifellos vorhandenes Potenzial Gewinn bringend in die Waagschale zu werfen. Mit vornehmlich glanzlosen Heimsiegen wurde nichtsdestotrotz eine Basis für Titelambitionen gelegt. Da es aber in acht Auswärtsspielen des Jahres 2003 keinen einzigen Sieg gab, waren die Bayern nicht zu stoppen. Der vermeintlich sichere 2. Platz wurde jedoch im Westfalenstadion hergeschenkt, als gegen Absteiger Cottbus trotz drückender Überlegenheit ein mager-peinliches 1:1 einen bezeichnenden Abschluss bildete.

Wie der BVB stützte sich auch der Hamburger SV in erster Linie auf seine Stärken im eigenen Stadion. Nachdem Trainer Kurt Jara im Herbst auf der Kippe stand, besann sich die Mannschaft, rückte enger zusammen und schob sich stetig weiter nach vorn. Der UEFA-Cup-Platz weckte im Norden Hoffnungen auf eine Renaissance des einzigen „ewigen Bundesligisten". Auch Hertha BSC qualifizierte sich wie gehabt, dazu der 1. FC Kaiserslautern als Pokalfinalist.

Während der VfB Stuttgart, der HSV, dazu die Aufsteiger Hannover 96 (mit dem Comeback des fast vergessenen Fredi Bobic) und VfL Bochum (mit schön anzusehendem Offensivfußball und Torjäger Christiansen) insgesamt überraschten, gehörten besagtem 1. FC Kaiserslautern speziell in der ersten Saisonhälfte die Negativschlagzeilen. Missmanagement, Vorstandskrise, Trainerrauswurf, Schwarzgeldzahlungen, drohender Konkurs, sportliche Talfahrt - die Liste ist lang, siehe *Höllenritt der Roten Teufel*. Die Herren Jäggi und Gerets mussten schon ein kleines Wunder vollbringen, um die Pfälzer finanziell und sportlich am Leben zu halten. Als der FCK im Frühjahr in ruhigeres Fahrwasser geriet, nahm Bayer Leverkusen den Platz als Chaos-Klub Nummer eins dankend an. Aus dem dreifachen Zweiten des Vorjahres war binnen weniger Monate zunächst eine mittelmäßige Truppe, später dann ein heißer Abstiegsaspirant geworden. Am letzten Spieltag zogen die Lucio, Neuville oder Bastürk eben so den Hals aus der Schlinge.

Angesichts solcher Talfahrten relativiert sich die Enttäuschung, die der FC Schalke 04 seinen Fans bereitete. Und selbst die Absteiger, die Energie Cottbus, 1. FC Nürnberg und Arminia Bielefeld hießen, hatten vergleichsweise ruhige Zeiten.

Das Zittern hat ein Ende, jetzt wird gefeiert: Gladbachs Coach Ewald Lienen und sein Vorgänger Hans Meyer.

Abseits

Effenbergs gar nicht so stiller Abschied

Die Zeiten, da Stefan Effenbergs sportliche Glanztaten für mediales Interesse gesorgt haben, liegen schon etwas zurück. Und doch füllte sein Name (ein letztes Mal?) fast das ganze Jahr über die Presse. Nach dem Abschied vom FC Bayern war es zunächst die langwierige Suche nach einem passenden Betätigungsfeld des alternden „Tigers". Internationale Ziele (Fulham, Atletico Madrid) zerschlugen sich aus unterschiedlichen Gründen, so dass im August der unter seinem biederen Image leidende VfL Wolfsburg den schillernden Altstar verpflichtet. „Konzept und Ideen haben mich überzeugt. Eine große sportliche Herausforderung", lässt der 34-Jährige verlauten. Und eine lukrative Geschichte dazu bei einem Jahresgehalt von zwei Millionen Euro. Auf der Bielefelder Alm gibt „Effe" ein unauffälliges Debüt - und das wäre dann auch das Gesamtfazit seiner 19 Spiele während Wolfsburger Episode. Der VfL spielt eine höchst mittelmäßige Serie, gerät zu Jahresbeginn an den Rand der Abstiegszone und trennt sich von Trainer Wolfgang Wolf. Dessen Nachfolger Jürgen Röber plant ohne Effenberg, bemängelt einige überflüssige Pfunde beim einstigen Regisseur - was der sich nun wahrlich nicht sagen lassen muss. Anfang April steigt Effenberg aus - und promotet seine im Mai erscheinende Biographie „Ich hab's allen gezeigt."

Auf der Bielefelder Alm feiert Stefan Effenberg seinen Einstand für den VfL Wolfsburg. Nach einem guten halben Jahr ist das Kapitel VfL schon wieder geschlossen, der „Tiger" schreibt ein Buch und geht nach Katar.

Von Null auf Hundert: Kuranyi und Lauth

Beim Saisonauftakt sitzen beide 90 Minuten auf der Bank. Kein Wunder, der VfB Stuttgart hat Dundee und Ganea, 1860 Max, Agostino, Suker und Schroth. Da können junge Sturmtalente keine Ansprüche erheben. Gut trainieren und auf die Chance warten, vielleicht mal als „Joker" auf sich aufmerksam machen. Doch manchmal dauert das gar nicht so lang. Als sich VfB-Torjäger Dundee verletzt und Statthalter Ganea schwächelt, wirft Felix Magath in Gladbach Kevin Kuranyi ins kalte Wasser - der gleicht zum 1:1 aus, trifft eine Woche später dreimal gegen Bielefeld und ist fortan „gesetzt". Nicht ganz so spektakulär verläuft der Einstand des Benjamin Lauth, der nach der Verletzung des Vorjahres-Schützenkönigs Martin Max mit Markus Schroth eine Doppelspitze bildet. Am 9. Spieltag, beim 3:0 gegen Schalke, trifft Lauth dann aber zweimal und liefert den Assist zu Schroths 3:0. Die nächsten Heimspiele gegen Bielefeld (3:1) und Nürnberg (2:2) nutzt Lauth zu weiteren Doppelschlägen. Am Ende stehen für Kuranyi 15, für Lauth 13 Tore zu Buche. Und Teamchef Rudi Völler hat die Himmelsstürmer längst in seinem Aufgebot. Vom Bankdrücker zum Nationalstürmer in wenigen Monaten!

Höllenritt der Roten Teufel

Chaos am „Betze", daran hat sich Fußball-Deutschland in den letzten Jahren gewöhnen können. Doch die Ereignisse der Saison 2002/03 stellen all die Zwistigkeiten und Dissonanzen der jüngeren Vergangenheit mühelos in den Schatten. Den Anfang macht die Entlassung von Trainer Reinhard Stumpf mitten in der Vorbereitungsphase, dem einige Wochen später nach dem peinlichen 0:3 in Gladbach auch Teamchef Brehme folgt. Dazwischen liegt der fast schon legendäre Auftritt des Aufsichtsratsvorsitzenden Dr. Robert Wieschemann im DSF-Doppelpass, der einräumt: „Wir haben ein Defizit an Durchblick - alle." Wieschemann muss abdanken, und mit ihm Vorstandsvorsitzender Jürgen Friedrich. Eine Oppositionsgruppe formiert sich, eine Krisensitzung folgt der anderen. Mit der Verpflichtung des Schweizers René C. Jäggi als Vereinschef und des Belgiers Erik Gerets beginnen die Aufräumarbeiten. Beide krempeln die Ärmel auf, werden aber immer wieder mit den Sünden der Vergangenheit konfrontiert. Jäggi muss sich mit einem horrenden Schuldenberg und mit Nachforderungen der Finanzbehörden herumschlagen, die wegen verdeckter Lohnzahlungen in der Ära Friedrich/Herzog/Wieschemann ermitteln und letztlich 12,9 Millionen Euro einfordern. Gerets kann die sportliche Talfahrt der verunsicherten und völlig überforderten Mannschaft zunächst nicht bremsen (nur ein Sieg und sechs Punkte in elf Spielen) und gerät zunehmend in die Kritik. Der Abstand zum rettenden Ufer beträgt mitunter acht Punkte. Nach der Winterpause kehrt langsam Ruhe ein, Jäggis Sanierungskonzept steht - und die Mannschaft kämpft sich mit einer eindrucksvollen Energieleistung aus dem Keller. Im Sommer ist der FCK gerettet, sportlich wie finanziell. Und am Betzenberg hoffen alle auf eine ruhigere Zukunft.

Die Rekorde der Bayern

Zwei Scharten haben sie auszuwetzen, die Rekord-Bayern, und das tun sie souverän, solide, manchmal auch glanzvoll. Da ist die im Vorjahr verlorene Meisterschale, die es Borussia Dortmund wieder zu entreißen gilt. Und da ist die Schmach des Herbstes, als in der Champions League gegen Milan, La Coruña und Lens lediglich zwei Punkte erzielt werden und nach der ersten Gruppenphase nur die Zuschauerrolle bleibt. Volle Konzentration der Liga ist nunmehr das Motto. Schon zur Winterpause liegen sechs Punkte zwischen den „Roten" und den von Dortmund angeführten Statisten, pardon, Konkurrenten. Dieser Abstand wächst bis zum Mai auf 16 Punkte an - der größte Vorsprung seit Einführung der Drei-Punkte-Regel. Oliver Kahn bleibt zwischenzeitlich 803 Minuten unbezwungen und löscht seinen eigenen Rekord aus der Saison 98/99 (736 Minuten) aus.

Giovane Elber wird nun auch mal Torschützenkönig, wenn auch „nur" gemeinsam mit dem Bochumer Thomas Christiansen (je 21 Tore), und dann steht nach dem 3:1-Finalsieg gegen Kaiserslautern auch noch das vierte Double. Nicht nur Bayern-Fans wünschen sich daher für 2003/04, dass die Hitzfeld-Elf international wieder erfolgreicher agiert - und das Rotationsverfahren wieder die Liga erfreut.

Wir werden sie vermissen...
Immer, wenn der Vorhang fällt nach einer Saison, gilt es Abschied zu nehmen von verdienten Akteuren. Persönlichkeiten, denen man ob ihrer spielerischen Fähigkeiten zugejubelt hat, denen man wegen des Wechsels vom eigenen zum „feindlichen" Klub sauer war, die mit kleinen Aussagen in der Lage waren, einen Sturm der Entrüstung zu entfachen. Persönlichkeiten halt, irgendwie waren sie das, in jedem Fall unverwechselbar. Wenn im Spätsommer der Ball wieder rollt, werden eine ganze Menge fehlen im Mittelfeld ihrer Klubs: Kein Balakov mehr beim VfB Stuttgart, kein Häßler mehr bei den Löwen, kein Möller mehr in Schalke, kein Basler mehr in Lautern, kein Effenberg mehr in Wolfsburg. Ein Generationswechsel vollzieht sich an den Schalthebeln der Bundesliga.

Abstiegsspezialisten
Während Energie Cottbus nach drei Jahren in der Eliteliga seinen ersten Abstieg aus dem Oberhaus zu verkraften hat (allerdings Erfahrungen aus alten DDR-Oberliga-Zeiten mitbringt), gerät das in Nürnberg und Bielefeld fast schon zur Tradition. Die Franken ereilte das Schicksal nach 1969, 1979, 1984, 1994 und 1999 ebenso wie die Ostwestfalen (1972, 1979, 1985, 1998, 2000) nun zum sechsten Mal. Kein anderer Klub musste so oft den Fahrstuhl nach unten nehmen. Da ist es nur tröstlich, dass jeder Abstieg einen vorher gehenden Aufstieg bedingt und beide auch in dieser Kategorie zwangsläufig große Erfahrung haben...

Magath und Neururer mit Riecher
Peter Neururer, dem Coach des überraschend starken Wiederaufsteigers VfL Bochum, sieht man ihn bei genauerem Hinsehen schon an - den „Riecher" für den richtigen Wechsel, um dem Spiel noch eine Wende zu geben. Bei Stuttgarts Felix Magath, der mit seinen Jungs für die Sensation der Saison sorgte und in die Champions League einzog, ist es wohl weniger das „Näschen", sondern das goldene „Händchen". Was beide verbindet: Sie haben die besten Joker der Liga in ihren Reihen. Der Rumäne Ioan Viorel Ganea vom VfB erzielte neun Tore nach Einwechslungen, Bochums Vahid Hashemian stand ihm mit sieben Treffern nur wenig nach. Neururer einen taktischen Fehler vorzuwerfen für die 2:3-Niederlage im Daimler-Stadion würde zu weit führen: Ganea drehte den Rückstand mit drei Toren um, während Hashemian just in diesem Spiel leer ausging. Kein Wunder, hatte Neururer entgegen sonstiger Praxis den Iraner vom Anpfiff weg gebracht - und sich damit seines wirkungsvollsten Mittels selbst beraubt...

Bastian Reinhardt nicht zu stoppen
Ein Frühstarter ist Bastian Reinhardt nun wahrlich nicht. Erst mit 26 Jahren gibt der Innenverteidiger sein Debüt in der Bundesliga. Dort entwickelt sich der Bielefelder aber schnell als starker Rückhalt des Aufsteigers. Beim 3:0 gegen Bremen zum Auftakt gelingt ihm nach 16 Minuten per Kopf überdies der erste Treffer nach dem Wiederaufstieg der Arminia. Als Ende Mai abgerechnet wird, ist Arminia wieder mal abgestiegen - an Reinhardt hat es am allerwenigsten gelegen. Der hat eine starke Saison gespielt und sich als Muster an Beständigkeit erwiesen. Reinhardt ist der einzige Feldspieler der Liga, der in allen 34 Spielen von der ersten bis zur letzten Minute auf dem Platz steht - macht 3.060 Spielminuten. Drei Torhütern, seinem Klubkollegen Mathias Hain, Martin Pieckenhagen (HSV) und Mathias Schober (Rostock), gelingt dies auch.

Leverkusen ganz nah am Abgrund
Sie hatten die tragische Rolle des „ewigen Zweiten" in Vollendung gegeben im Mai 2002. Vizemeister, Vize-Pokalsieger, Vize in der Champions League. Nach einer grandiosen Saison mit streckenweise furiosem Offensivfußball ging bei der Einbringung der Ernte einiges daneben. „Auf ein Neues im nächsten Jahr", dachten Manager Calmund, Trainer Toppmöller und das kickende Personal. Doch wieder ging vieles daneben. Die als Verstärkungen geholten Franca und Simak kapitale Fehlgriffe, Nowotny mit zwei Kreuzbandrissen völlig außer Gefecht, die Abgänge von Ballack und Zé Roberto sowie das Fehlen von Ulf Kirsten nicht zu kompensieren. Fehlstart in die Saison, Heimpleiten gegen „Underdogs", hintere Tabellenregionen. Durchhalteparolen wie „in der Rückrunde kommen wir unten raus". Rückrundenstart 0:3 gegen Cottbus, nach drei weiteren Klatschen geht Toppmöller, Thomas Hörster übernimmt. Siege gegen Hannover und Bremen. Die Wende? Nein! 32. Spieltag, 1:4 beim HSV, 16. Platz, Hörster gibt auf. Augenthaler kommt, Siege gegen 1860 und in Nürnberg. Rettung in letzter Sekunde. Wie gerne hätten sie in Leverkusen die Luxusprobleme des Sommers 2002 gehabt.

Sinnbild für die Krise von Bayer 04: Thomas Hörsters Uhr als Trainer war nach dem 1:4 in Hamburg abgelaufen.

Keine Feier ohne Meyer
Bis zum letzten Spieltag müssen die Gladbacher Borussen um den Klassenerhalt zittern. Im zweiten Jahr nach der Rückkehr des fünffachen Meisters in die Eliteliga wird den „Mönchen" ihre eklatante Auswärtsschwäche (nur ein Sieg bei Hertha BSC) in Kombination mit einer heftigen Verletzungsmisere beinahe zum Verhängnis. Nach dem abschließenden 4:1 über Werder Bremen fällt die Anspannung von Fans und Spielern und mündet in einer riesigen Klassenerhalts-Party. Der Bökelberg bebt. Als Retter wird Mikael Forssell gefeiert, der Finne, der für ein halbes Jahr vom FC Chelsea ausgeliehen war und mit sieben ganz wichtigen Toren und seinem vorbildlichen Auftreten viele Sympathien erwarb - nun aber auf die Insel zurück muss. Natürlich auch Coach Ewald Lienen, der die Borussen nach seinem Amtsantritt Anfang März noch vom 16. auf den 12. Rang führte. Doch Lienen und die Mannschaft wissen, wem an diesem Tag ein besonderer Dank gebührt. Max Eberl & Co. holen den Mann von der Tribüne, der das Traineramt im September 1999 im Keller der 2. Liga übernahm, mit einem Berg voller Schulden noch dazu, den Klub zurück ins Oberhaus brachte und wieder auf gesunde Beine stellte: Hans Meyer. Nach dem 2:2 gegen Schalke räumte Meyer „freiwillig", allerdings von einer Medienkampagne zermürbt, den Posten für Lienen. Nun feiert Meyer mit „seinen Jungs" vor der Nordkurve. Ungewohnte Bilder im knallharten Geschäft Bundesliga. Da ist nichts aufgesetzt - Danke, Hans Meyer!

Gelb-Rote Karten (38)

Spieler (Verein)	Spieltag, Gegner, (Ergebnis)	Schiedsrichter
Fabian Ernst (SV Werder Bremen)	1. Sp., Arminia Bielefeld (A, 0:3)	Fandel (Kyllburg)
Marco Kurz (TSV München 1860)	1. Sp., FC Hansa Rostock (H, 0:2)	Kinhöfer (Herne)
Sven Vermant (FC Schalke 04)	2. Sp., 1. FC Kaiserslautern (A, 3:1)	Strampe (Handorf)
Bruno Akrapovic (FC Energie Cottbus)	2. Sp., VfL Bochum (A, 0:5)	Kemmling (Kleinburgwedel)
Michael Baur (Hamburger SV)	6. Sp., Hertha BSC Berlin (A, 0:2)	Krug (Gelsenkirchen)
Thomas Brdaric (Bayer 04 Leverkusen)	7. Sp., FC Bayern München (H, 2:1)	Krug (Gelsenkirchen)
Artur Wichniarek (Arminia Bielefeld)	7. Sp., FC Schalke 04 (H, 2:1)	Weiner (Giesen)
Boris Zivkovic (Bayer 04 Leverkusen)	9. Sp., 1. FC Kaiserslautern (H, 1:0)	Kemmling (Kleinburgwedel)
Sergej Barbarez (Hamburger SV)	10. Sp., Arminia Bielefeld (A, 1:2)	Dr. Fleischer (Hallstadt)
Torsten Frings (Borussia Dortmund)	12. Sp., FC Bayern München (A, 1:2)	Weiner (Giesen)
Jens Lehmann (Borussia Dortmund)	12. Sp., FC Bayern München (A, 1:2)	Weiner (Giesen)
Ronny Thielemann (FC Energie Cottbus)	12. Sp., Borussia Mönchengladbach (A, 0:3)	Strampe (Handorf)
Christian Beeck (FC Energie Cottbus)	13. Sp., Arminia Bielefeld (H, 2:1)	Meyer (Burgdorf)
Ciriaco Sforza (1. FC Kaiserslautern)	13. Sp., SV Werder Bremen (A, 3:5)	Koop (Lüttenmark)
Andreas Jakobsson (FC Hansa Rostock)	16. Sp., Arminia Bielefeld (A, 0:3)	Stark (Ergolding)
Timo Rost (FC Energie Cottbus)	16. Sp., 1. FC Nürnberg (A, 2:2)	Krug (Gelsenkirchen)
Sergej Barbarez (Hamburger SV)	16. Sp., VfL Bochum (H, 1:1)	Albrecht (Kaufbeuren)
Steffen Korell (Borussia Mönchengladbach)	20. Sp., 1. FC Kaiserslautern (A, 0:2)	Sippel (München)
Sasa Ciric (1. FC Nürnberg)	20. Sp., Hannover 96 (A, 2:4)	Keßler (Höhenkirchen)
Gustavo Varela (FC Schalke 04)	20. Sp., Hertha BSC Berlin (A, 2:4)	Strampe (Handorf)
Marcio Amoroso (Borussia Dortmund)	20. Sp., VfB Stuttgart (A, 0:1)	Dr. Fleischer (Hallstadt)
Tomislav Maric (VfL Wolfsburg)	21. Sp., Hamburger SV (A, 0:2)	Kinhöfer (Herne)
Jens Lehmann (Borussia Dortmund)	22. Sp., FC Schalke 04 (A, 2:2)	Fandel (Kyllburg)
Martin Stranzl (TSV München 1860)	24. Sp., Hertha BSC Berlin (A, 0:6)	Weiner (Giesen)
Zsolt Löw (FC Energie Cottbus)	24. Sp., VfL Wolfsburg (A, 2:3)	Krug (Gelsenkirchen)
Silvio Meißner (VfB Stuttgart)	24. Sp., Hamburger SV (H, 1:1)	Dr. Merk (Kaiserslautern)
Johan Micoud (SV Werder Bremen)	25. Sp., FC Hansa Rostock (A, 0:1)	Weiner (Giesen)
Christian Poulsen (FC Schalke 04)	25. Sp., Hamburger SV (A, 1:3)	Aust (Köln)
Dick van Burik (Hertha BSC Berlin)	28. Sp., VfL Bochum (H, 1:0)	Dr. Wack (Biberbach)
Torsten Frings (Borussia Dortmund)	28. Sp., Hamburger SV (A, 1:1)	Dr. Fleischer (Hallstadt)
David Jarolim (1. FC Nürnberg)	29. Sp., Arminia Bielefeld (H, 0:0)	Gagelmann (Bremen)
Benjamin Lense (Arminia Bielefeld)	29. Sp., 1. FC Nürnberg (A, 0:0)	Gagelmann (Bremen)
Cristian Raul Ledesma (Hamburger SV)	31. Sp., FC Energie Cottbus (A, 0:0)	Kircher (Rottenburg)
Tomasz Hajto (FC Schalke 04)	31. Sp., FC Hansa Rostock (A, 1:3)	Stark (Ergolding)
Ansgar Brinkmann (Arminia Bielefeld)	31. Sp., Bayer 04 Leverkusen (A, 1:3)	Weiner (Giesen)
Daniel Bogusz (Arminia Bielefeld)	32. Sp., VfL Bochum (H, 1:3)	Aust (Köln)
Tomasz Waldoch (FC Schalke 04)	32. Sp., Hannover 96 (H, 0:2)	Dr. Fleischer (Hallstadt)
Godfried Aduobe (FC Hansa Rostock)	34. Sp., Hamburger SV (A, 0:2)	Jansen (Essen)

Rote Karten (33)

Spieler (Verein)	Spieltag, Gegner, (Ergebnis)	Schiedsrichter
Razundara Tjikuzu (SV Werder Bremen)	1. Sp., Arminia Bielefeld (A, 0:3)	Fandel (Kyllburg)
Marcus Lantz (FC Hansa Rostock)	4. Sp., Bayer 04 Leverkusen (H, 1:3)	Strampe (Handorf)
Max Eberl (Borussia Mönchengladbach)	5. Sp., VfB Stuttgart (H, 1:1)	Fandel (Kyllburg)
Johan Micoud (SV Werder Bremen)	6. Sp., Bayer 04 Leverkusen (H, 3:2)	Stark (Ergolding)
Dimitar Berbatov (Bayer 04 Leverkusen)	6. Sp., SV Werder Bremen (A, 2:3)	Stark (Ergolding)
Dame Diouf (Hannover 96)	8. Sp., Borussia Dortmund (H, 0:3)	Albrecht (Kaufbeuren)
Marco Kurz (TSV München 1860)	9. Sp., FC Schalke 04 (H, 3:0)	Strampe (Handorf)
Gustavo Varela (FC Schalke 04)	9. Sp., TSV München 1860 (A, 0:3)	Strampe (Handorf)
Stéphane Stassin (Borussia Mönchengladbach)	11. Sp., 1. FC Nürnberg (A, 1:2)	Kinhöfer (Herne)
Erik Meijer (Hamburger SV)	11. Sp., Borussia Dortmund (H, 1:1)	Dr. Wack (Biberbach)
Angelos Charisteas (SV Werder Bremen)	12. Sp., VfL Wolfsburg (A, 1:3)	Keßler (Höhenkirchen)
Frank Rost (FC Schalke 04)	12. Sp., Bayer 04 Leverkusen (H, 0:1)	Dr. Wack (Biberbach)
Bachirou Salou (FC Hansa Rostock)	13. Sp., VfB Stuttgart (H, 1:1)	Albrecht (Kaufbeuren)
Fernando Meira (VfB Stuttgart)	13. Sp., FC Hansa Rostock (A, 1:1)	Albrecht (Kaufbeuren)
Diego Rodolfo Placente (Bayer 04 Leverkusen)	13. Sp., Borussia Mönchengladbach (H, 2:2)	Gagelmann (Bremen)
Christoph Dabrowski (Arminia Bielefeld)	13. Sp., FC Energie Cottbus (A, 1:2)	Meyer (Burgdorf)
Yildiray Bastürk (Bayer 04 Leverkusen)	19. Sp., Borussia Dortmund (A, 0:2)	Fröhlich (Berlin)
Rade Prica (FC Hansa Rostock)	20. Sp., FC Energie Cottbus (H, 0:0)	Dr. Merk (Kaiserslautern)
Robson Ponte (VfL Wolfsburg)	21. Sp., Hamburger SV (A, 0:2)	Kinhöfer (Herne)
Markus Daun (SV Werder Bremen)	21. Sp., 1. FC Nürnberg (A, 0:1)	Kemmling (Kleinburgwedel)
Fredi Bobic (Hannover 96)	21. Sp., FC Energie Cottbus (A, 0:3)	Dr. Wack (Biberbach)
Victor Agali (FC Schalke 04)	22. Sp., Borussia Dortmund (H, 2:2)	Fandel (Kyllburg)
Martin Petrov (VfL Wolfsburg)	22. Sp., TSV München 1860 (H, 1:1)	Dr. Merk (Kaiserslautern)
Hans Sarpei (VfL Wolfsburg)	22. Sp., TSV München 1860 (H, 1:1)	Dr. Merk (Kaiserslautern)
Steffen Korell (Borussia Mönchengladbach)	22. Sp., VfB Stuttgart (A, 0:4)	Weiner (Giesen)
Krisztian Lisztes (SV Werder Bremen)	25. Sp., FC Hansa Rostock (A, 0:1)	Weiner (Giesen)
Anibal Matellan (FC Schalke 04)	25. Sp., Hamburger SV (A, 1:3)	Aust (Köln)
Marc van Hintum (Hannover 96)	29. Sp., 1. FC Kaiserslautern (H, 2:1)	Wagner (Kriftel)
Rodrigo Costa (TSV München 1860)	31. Sp., 1. FC Nürnberg (A, 2:1)	Krug (Gelsenkirchen)
Tomas Ujfalusi (Hamburger SV)	32. Sp., Bayer 04 Leverkusen (H, 4:1)	Krug (Gelsenkirchen)
Bernd Schneider (Bayer 04 Leverkusen)	32. Sp., Hamburger SV (A, 1:4)	Krug (Gelsenkirchen)
Stefan Paßlack (1. FC Nürnberg)	33. Sp., FC Energie Cottbus (A, 1:2)	Strampe (Handorf)
Frank Verlaat (SV Werder Bremen)	34. Sp., Borussia Mönchengladbach (A, 1:4)	Stark (Ergolding)

Drei oder mehr Tore in einem Spiel

Spieler (Verein)	Spieltag, Gegner, (Ergebnis)	Anzahl der Tore
Michael Preetz (Hertha BSC Berlin)	7. Sp., Bor. Mönchengladbach (H, 4:1)	3 (Hattrick)
Sergej Kirjakow (Hamburger SV)	8. Sp., MSV Duisburg (H, 4:1)	3
Ulf Kirsten (Bayer 04 Leverkusen)	10. Sp., Bor. Mönchengladbach (A, 8:2)	3
Anthony Yeboah (Hamburger SV)	15. Sp., Bor. Mönchengladbach (H, 3:0)	3
Jonathan Akpoborie (VfB Stuttgart)	16. Sp., Hamburger SV (H, 3:1)	3
Markus Beierle (MSV Duisburg)	21. Sp., FC Hansa Rostock (H, 4:1)	3 (Hattrick)
Jonathan Akpoborie (VfB Stuttgart)	27. Sp., VfL Bochum (A, 3:3)	3
Ulf Kirsten (Bayer 04 Leverkusen)	27. Sp., Bor. Mönchengladbach (H, 4:1)	3
Oliver Neuville (FC Hansa Rostock)	29. Sp., TSV München 1860 (H, 4:1)	3
Markus Beierle (MSV Duisburg)	34. Sp., VfL Wolfsburg (H, 6:1)	3
Michael Preetz (Hertha BSC Berlin)	34. Sp., Hamburger SV (H, 6:1)	3

Die Torjäger

Spieler	Tore	Spieler	Tore
Thomas Christiansen (VfL Bochum)	21	Sasa Ciric (1. FC Nürnberg)	12
Giovane Elber (FC Bayern München)	21	Tomislav Maric (VfL Wolfsburg)	12
Ailton (SV Werder Bremen)	16	Artur Wichniarek (Arminia Bielefeld)	12
Kevin Kuranyi (VfB Stuttgart)	15	Ewerthon (Borussia Dortmund)	11
Claudio Pizarro (FC Bayern München)	15	Michael Ballack (FC Bayern München)	10
Fredi Bobic (Hannover 96)	14	Mamadou Diabang (Arminia Bielefeld)	10
Marcelinho (Hertha BSC Berlin)	14	Vahid Hashemian (VfL Bochum)	10
Bernardo Romeo (Hamburger SV)	14	Angelos Charisteas (SV Werder Bremen)	9
Markus Schroth (TSV München 1860)	14	Ioan Viorel Ganea (VfB Stuttgart)	9
Jan Koller (Borussia Dortmund)	13	Mohammadou Idrissou (Hannover 96)	9
Benjamin Lauth (TSV München 1860)	13	Miroslav Klose (1. FC Kaiserslautern)	9

Eigentore (20)

Spieler (Verein)	Spieltag, Gegner	Tor zum ... (Minute), Endstand
Mohammadou Idrissou (Hannover 96)	4. Sp., FC Energie Cottbus (H)	1:2 (63.), Ende 1:3
Gerd Wimmer (FC Hansa Rostock)	4. Sp., Bayer 04 Leverkusen (H)	1:3 (87.), Ende 1:3
Tomislav Piplica (FC Energie Cottbus)	5. Sp., SV Werder Bremen (H)	0:1 (51.), Ende 0:1
Paul Stalteri (SV Werder Bremen)	6. Sp., Bayer 04 Leverkusen (H)	3:2 (41.), Ende 3:2
Faruk Hujdurovic (FC Energie Cottbus)	8. Sp., 1. FC Kaiserslautern (A)	0:4 (76.), Ende 0:4
Samuel Osei Kuffour (FC Bayern München)	10. Sp., Hannover 96 (H)	3:3 (82.), Ende 3:3
Raymond Kalla (VfL Bochum)	13. Sp., FC Schalke 04 (H)	0:1 (48.), Ende 0:2
Miroslav Klose (1. FC Kaiserslautern)	13. Sp., SV Werder Bremen (A)	3:2 (61.), Ende 3:5
Danijel Stefulj (Hannover 96)	14. Sp., VfB Stuttgart (A)	0:3 (73.), Ende 0:3
Christian Vander (VfL Bochum)	15. Sp., Arminia Bielefeld (H)	0:2 (53.), Ende 0:3
Stefan Schnoor (VfL Wolfsburg)	19. Sp., Borussia Mönchengladbach (A)	0:1 (33.), Ende 0:2
Anibal Matellan (FC Schalke 04)	20. Sp., Hertha BSC Berlin (A)	1:3 (51.), Ende 2:4
Tomasz Waldoch (FC Schalke 04)	24. Sp., Arminia Bielefeld (H)	0:1 (57.), Ende 1:1
Simon Jentzsch (TSV München 1860)	24. Sp., Hertha BSC Berlin (A)	0:6 (79.), Ende 0:6
Marco van Hoogdalem (FC Schalke 04)	26. Sp., TSV München 1860 (H)	1:1 (44.), Ende 1:1
Michal Kovar (FC Hansa Rostock)	26. Sp., FC Bayern München (A)	0:1 (60.), Ende 0:1
Mathias Hain (Arminia Bielefeld)	27. Sp., Hamburger SV (A)	0:1 (9.), Ende 0:1
Michael Ballack (FC Bayern München)	32. Sp., Hertha BSC Berlin (A)	0:1 (5.), Ende 6:3
Rui Manuel Marques (VfB Stuttgart)	32. Sp., SV Werder Bremen (H)	0:1 (51.), Ende 0:1
Bernd Korzynietz (Borussia Mönchengladbach)	34. Sp., SV Werder Bremen (H)	3:1 (84.), Ende 4:1

FC Bayern München

Torhüter
Dreher, Bernd	0	0
Kahn, Oliver	33	0
Wessels, Stefan	1	0

Abwehr
Kovac, Robert	24	0
Kuffour, Samuel Osei	20	1
Linke, Thomas	32	0
Lizarazu, Bixente	26	2
Sagnol, Willy	23	2

Mittelfeld
Ballack, Michael	26	10
Deisler, Sebastian	8	0
Feulner, Markus	10	0
Fink, Thorsten	10	0
Hargreaves, Owen	25	1
Jeremies, Jens	29	0
Kovac, Niko	18	1
Salihamidzic, Hasan	12	2
Scholl, Mehmet	18	4
Schweinsteiger, Bastian	14	0
Tarnat, Michael	11	0
Thiam, Pablo	4	0
Trochowski, Piotr	3	0
Zé Roberto	31	1

Angriff
Elber, Giovane	33	21
Misimovic, Zvjezdan	1	0
Pizarro, Claudio	31	15
Santa Cruz, Roque	14	5
Zickler, Alexander	12	4

Trainer
Hitzfeld, Ottmar (geb. 12.1.49)

FC Bayern München - Hintere Reihe von links: Ballack, Jancker, Santa Cruz, Linke, Sforza, Tarnat, Zickler. 2. Reihe: Jeremies, Feulner, R. Kovac, Pizarro, Zé Roberto, Hargreaves, Sagnol, Kuffour. 3. Reihe: Torwarttrainer Maier, Physiotherapeuten Binder, Gebhardt und Hoffmann, Reha-Trainer Schmidtlein und Hauenstein, Co-Trainer Henke, Trainer Hitzfeld. Vorne: Fink, Scholl, Salihamidzic, Wessels, Kahn, Dreher, Lizarazu, Elber, N. Kovac.

VfB Stuttgart

Torhüter
Benaglio, Diego	0	0
Ernst, Thomas	14	0
Hildebrand, Timo	20	0

Abwehr
Bordon, Marcelo José	26	2
Dangelmayr, Steffen	5	0
Gerber, Heiko	28	0
Hinkel, Andreas	33	0
Marques, Rui Manuel	12	0
Meira, Fernando	31	1
Rundio, Michael	3	0
Schneider, Thomas	4	1
Wenzel, Timo	18	0

Mittelfeld
Balakov, Krassimir	28	2
Carnell, Bradley	6	0
Heldt, Horst	4	1
Hleb, Aliaksandr	34	4
Meißner, Silvio	28	4
Mutzel, Michael	16	0
Seitz, Jochen	21	1
Soldo, Zvonimir	28	1
Tiffert, Christian	18	0
Todt, Jens	3	0

Angriff
Amanatidis, Ioannis	27	5
Dundee, Sean	9	6
Ganea, Ioan Viorel	23	9
Kuranyi, Kevin	32	15

Trainer
Magath, Felix (geb. 26.7.53)

VfB Stuttgart - Hintere Reihe von links: Tiffert, Hinkel, Dundee, Kuranyi, Soldo, Bordon, Meira, Todt, Gerber, Seitz, Schneider. Mitte: Physiotherapeuten Wörn und Egger, Marques, Meißner, Mutzel, Amanatidis, Ganea, Adrion, Wenzel, Famewo, Carnell, Torwarttrainer Rücker und Trautner. Vorne: Zeugwart Meusch, Konditionstrainer Leuthard, Adhemar, Handschuh, Ernst, Hildebrand, Benaglio, Hleb, Balakov, Co-Trainer Eichkorn, Trainer Magath.

Milliardenliga zwischen Boom und Pleite

Borussia Dortmund

Torhüter
Lehmann, Jens	24	0
Weidenfeller, Roman	11	0

Abwehr
Dede	30	3
Madouni, Ahmed Reda	28	1
Metzelder, Christoph	24	0
Thorwart, Florian	1	0
Wörns, Christian	30	0

Mittelfeld
Demel, Guy	4	0
Evanilson	24	0
Fernandez, Juan Ramon	4	0
Frings, Torsten	31	6
Heinrich, Jörg	17	0
Kehl, Sebastian	28	0
Oliseh, Sunday	2	0
Reuter, Stefan	31	0
Ricken, Lars	24	4
Rosicky, Tomás	30	4

Angriff
Addo, Otto	4	0
Amoroso, Marcio	24	6
Ewerthon	33	11
Herrlich, Heiko	5	0
Koller, Jan	34	13
Leandro	6	1
Odonkor, David	6	0
Reina, Giuseppe	12	2

Trainer
Sammer, Matthias (geb. 5.9.67)

Borussia Dortmund - Hintere Reihe von links: Physiotherapeuten Kuhnt und Frank, Herrlich, Heinrich, Koller, Madouni, Bobic, Oliseh, Co-Trainer Kolodziej, Reha-Trainer Zetlmeisl. Mitte: Mannschaftsarzt Dr. Preuhs, Physiotherapeut Zöllner, Thorwart, Sörensen, Reina, Wörns, Rosicky, Amoroso, Torwarttrainer de Beer, Co-Trainer Neuhaus, Trainer Sammer. Vorne: Evanilson, Ewerthon, Achenbach, Addo, Laux, Weidenfeller, Odonkor, Fernandez, Dede, Reuter.

Hamburger SV

Torhüter
Hillenbrand, Thomas	0	0
Pieckenhagen, Martin	34	0
Wächter, Stefan	0	0

Abwehr
Baur, Michael	10	0
Fukal, Milan	28	2
Hertzsch, Ingo	19	0
Hoogma, Nico-Jan	27	1
Jacobsen, Lars	12	1
Kling, Stephan	6	0
Ujfalusi, Tomas	31	2

Mittelfeld
Albertz, Jörg	4	2
Antar, Roda	7	1
Benjamin, Collin	20	1
Cardoso, Rodolfo Esteban	22	3
Groth, Martin	1	0
Hollerbach, Bernd	25	0
Kitzbichler, Richard	7	0
Ledesma, Cristian Raul	16	0
Maltritz, Marcel	23	1
Rahn, Christian	9	1
Wicky, Raphael	26	0

Angriff
Barbarez, Sergej	24	6
Christensen, Kim	8	1
Heinz, Marek	11	0
Mahdavikia, Mehdi	26	2
Meijer, Erik	21	4
Romeo, Bernardo	26	14
Takahara, Naohiro	16	3

Trainer
Jara, Kurt (geb. 14.10.50)

Hamburger SV - Hintere Reihe von links: Busfahrer Ahlert, Mannschaftsarzt Dr. Schwartz, Barbarez, Meijer, Christensen, Heinz, Fukal, Mannschaftsarzt Dr. Dierk, Betreuer Römer. 2. Reihe: Betreuer Freytag, Physiotherapeut Rieger, Ledesma, Baur, Benjamin, Antar, Ujfalusi, Maltritz, Rahn, Physiotherapeut Adam. 3. Reihe: Trainer Jara, Co-Trainer Reutershahn, Romeo, Kling, Jacobsen, Kitzbichler, Hertzsch, Wicky, Torwarttrainer Rieckhof, Co-Trainer Linzmaier. Vorne: Mahdavikia, Cardoso, Hoogma, Wehlmann, Pieckenhagen, Wächter, Hillenbrand, Albertz, Groth, Hollerbach.

Bundesliga 2002/2003

Hertha BSC Berlin

Torhüter
Fiedler, Christian	1	0
Kiraly, Gabor	33	0

Abwehr
Burik van, Dick	16	0
Friedrich, Arne	33	5
Lapaczinski, Denis	3	0
Madlung, Alexander	9	0
Nené	10	0
Rehmer, Marko	21	0
Schmidt, Andreas	19	0
Simunic, Josip	22	1
Sverrisson, Eyjölfur	6	0

Mittelfeld
Beinlich, Stefan	23	0
Dardai, Pal	29	4
Goor, Bart	33	5
Hartmann, Michael	29	0
Karwan, Bartosz	14	0
Konstantinidis, Kostas	1	0
Maas, Rob	3	0
Marcelinho	33	14
Marx, Thorben	26	2
Mladenov, Alexander	2	0
Neuendorf, Andreas	11	1
Pinto, Roberto	13	0
Tretschok, René	3	0

Angriff
Alex Alves	21	6
Luizao	19	2
Preetz, Michael	31	7
Rafael, Nando	6	2

Trainer
Stevens, Huub (geb. 29.11.53)

Hertha BSC Berlin - Hintere Reihe von links: Friedrich, Sverrisson, Konstantinidis, Simunic, Preetz, Mladenov, van Burik, Lapaczinski, Konditionstrainer Schünemann. 2. Reihe: Schmidt, Beinlich, Tretschok, Marx, Maas, Karwan, Neuendorf, Goor. 3. Reihe: Co-Trainer Gehrke, Trainer Stevens, Ludvigsen, Hartmann, Alves, Marcelinho, Dardai, Torwarttrainer Maric und di Martino, Physiotherapeut Sennewald, Mannschaftsarzt Dr. Schleicher. Vorne: Physiotherapeuten Bentin und Drill, Kuszczak, Kiraly, Fiedler, Pinto, Zeugwart Riedel.

SV Werder Bremen

Torhüter
Borel, Pascal	31	0
Walke, Alexander	0	0
Wierzchowski, Jakub	3	0

Abwehr
Barten, Mike	7	0
Baumann, Frank	24	0
Friedrich, Manuel	0	0
Krstajic, Mladen	31	4
Skripnik, Victor	25	1
Verlaat, Frank	29	2

Mittelfeld
Banovic, Ivica	15	1
Borowski, Tim	18	0
Ernst, Fabian	31	2
Lisztes, Krisztian	31	0
Magnin, Ludovic	12	1
Micoud, Johan	28	5
Reich, Marco	15	0
Schulz, Christian	11	0
Stalteri, Paul	33	0
Tjikuzu, Razundara	8	0
Wehlage, Holger	2	1

Angriff
Ailton	31	16
Charisteas, Angelos	31	9
Daun, Markus	27	3
Haedo Valdez, Nelson	2	0
Klasnic, Ivan	13	2

Trainer
Schaaf, Thomas (geb. 30.4.61)

SV Werder Bremen - Hintere Reihe von links: Charisteas, Krstajic, Blank, Borowski, Baumann, Verlaat, Daun, Stalteri. Mitte: Trainer Schaaf, Tjikuzu, Mamoum, Banovic, Rolfes, Ernst, Lisztes, Ailton, Torwarttrainer Burdenski, Co-Trainer Kamp. Vorne: Reich, Skripnik, Magnin, Jürgen, Wierzchowski, Borel, Klasnic, Barten, Wehlage.

Milliardenliga zwischen Boom und Pleite

FC Schalke 04

FC Schalke 04 - Hintere Reihe von links: Poulsen, Sand, Vermant, van Hoogdalem, Hajto, Agali, van Kerckhoven, Djordjevic, Lamotte, Oude Kamphuis. Mitte: Ökotrophologe Frank, Mannschaftsarzt Dr. Rarreck, Physiotherapeuten Birkners, Ohland und Niehüser, Waldoch, Zeugwart Heil, Betreuer Neumann, Reha-Trainer Dr. Papadopoulos, Co-Trainer Elgert, Trainer Neubarth. Vorne: Böhme, Matellan, Wilmots, Ünlü, Rost, Reck, Heimeroth, Möller, Mpenza, Kmetsch.

Torhüter
Heimeroth, Christopher	0	0
Reck, Oliver	2	0
Rost, Frank	33	0

Abwehr
Hajto, Tomasz	29	3
Kerckhoven van, Nico	16	1
Matellan, Anibal	20	0
Oude Kamphuis, Niels	26	2
Rodriguez, Dario	14	0
Waldoch, Tomasz	14	1

Mittelfeld
Asamoah, Gerald	27	3
Böhme, Jörg	24	5
Djordjevic, Kristijan	0	0
Hoogdalem van, Marco	25	1
Kmetsch, Sven	23	1
Möller, Andreas	22	1
Pinto, Sergio	8	0
Poulsen, Christian	24	1
Trojan, Filip	3	0
Varela, Gustavo	23	4
Vermant, Sven	23	4
Wilmots, Marc	10	0

Angriff
Agali, Victor	20	7
Hanke, Mike	9	0
Iyodo, Abdul	4	0
Mpenza, Emile	21	5
Sand, Ebbe	33	6

Trainer
Neubarth, Frank (geb. 29.7.62)
bis 25.3.2003
Wilmots, Marc (geb. 22.2.69)
ab 26.3.2003

VfL Wolfsburg

VfL Wolfsburg - Hintere Reihe von links: Karhan, Klimowicz, Müller, K. Madsen, Biliskov, M. Madsen, Franz, Weiser, Akonnor. Mitte: Trainer Wolf, Betreuer Mies, Physiotherapeut Hüsig, Mannschaftsarzt Dr. Herbst, Ifejiagwa, Sarpei, Petrov, Maric, Rau, Plassnegger, Rytter, Schnoor, Torwarttrainer Hoßbach, Masseur Kross, Co-Trainer Higl. Vorne: Mannschaftsarzt Dr. Pfeiler, Greiner, Habryka, Präger, Ramovic, Reitmaier, Platins, Munteanu, Ponte, Kühbauer, Physiotherapeut Glatz.

Torhüter
Christiansen, Jesper	0	0
Platins, Patrick	0	0
Ramovic, Sead	5	0
Reitmaier, Claus	29	0

Abwehr
Biliskov, Marino	20	1
Franz, Maik	13	0
Greiner, Frank	1	0
Lorenz, Stefan	1	0
Madsen, Kim	13	1
Quattrocchi, Pablo	10	0
Rytter, Thomas	26	0
Schnoor, Stefan	31	1

Mittelfeld
Akonnor, Charles	14	0
Effenberg, Stefan	19	3
Karhan, Miroslav	32	0
Müller, Sven	14	0
Munteanu, Dorinel	18	2
Rau, Tobias	27	0
Sarpei, Hans	21	1
Thiam, Pablo	16	2
Weiser, Patrick	20	0

Angriff
Janicki, Michal	2	0
Klimowicz, Diego Fernando	25	7
Madsen, Peter	4	0
Maric, Tomislav	27	12
Petrov, Martin	26	2
Ponte, Robson	30	5
Präger, Roy	25	2

Trainer
Wolf, Wolfgang (geb. 24.9.57), bis 4.3.03
Röber, Jürgen (geb. 25.12.53), ab 5.3.03

Bundesliga 2002/2003

VfL Bochum

Torhüter		
Duijnhoven van, Rein	28	0
Tapalovic, Toni	0	0
Vander, Christian	7	0
Abwehr		
Bemben, Michael	24	0
Colding, Sören	34	0
Dickhaut, Mirko	1	0
Fahrenhorst, Frank	26	3
Kalla, Raymond	26	0
Meichelbeck, Martin	22	0
Reis, Thomas	18	1
Thamm, Alexander	2	0
Vriesde, Anton	17	0
Mittelfeld		
Buckley, Delron	30	3
Fiel, Cristian	6	0
Freier, Paul	32	7
Gudjonsson, Thordur	29	3
Mandreko, Sergej	7	0
Oliseh, Sunday	11	0
Schindzielorz, Sebastian	24	2
Tapalovic, Filip	20	1
Velardi, Luciano	2	0
Wosz, Dariusz	30	2
Zajas, David	1	0
Angriff		
Christiansen, Thomas	34	21
Fischer, Marcus	2	0
Graulund, Peter	8	2
Hashemian, Vahid	34	10
Trainer		
Neururer, Peter (geb. 26.4.55)		

VfL Bochum - Hintere Reihe von links: Tapalovic, Reis, Joppe, Meichelbeck, Kalla, Fahrenhorst, Vriesde, Bemben, Hashemian. Mitte: Mannschaftsarzt Dr. Bauer, Zeugwart Pahl, Mandreko, Freier, Schindzielorz, Christiansen, Dickhaut, Co-Trainer Michaty und Heinemann, Trainer Neururer. Vorne: Masseur Zivanovic, Berchtold, Gudjonsson, Colding, van Duijnhoven, Vander, Buckley, Wosz, Graulund, Physiotherapeut Dolls.

TSV München 1860

Torhüter		
Hofmann, Michael	2	0
Jentzsch, Simon	32	0
Abwehr		
Costa, Rodrigo	26	1
Ehlers, Uwe	12	0
Hoffmann, Torben	26	0
Kurz, Marco	26	0
Meyer, Remo	28	0
Pfuderer, Achim	4	0
Rafael	5	0
Stranzl, Martin	19	2
Votava, Tomas	20	0
Mittelfeld		
Borimirov, Daniel	26	2
Cerny, Harald	31	1
Görlitz, Andreas	2	0
Häßler, Thomas	21	0
Pürk, Marcus	10	0
Riseth, Vidar	3	0
Schwarz, Danny	8	0
Shao, Jiayi	12	1
Tyce, Roman	7	0
Weissenberger, Markus	26	1
Wiesinger, Michael	16	1
Angriff		
Agostino, Paul	12	0
Lauth, Benjamin	32	13
Max, Martin	21	6
Schroth, Markus	32	14
Suker, Davor	11	1
Trainer		
Pacult, Peter (geb. 28.10.59), bis 12.3.03		
Götz, Falko (geb. 26.3.62), ab 12.3.03		

TSV München 1860 - Hintere Reihe von links: Physiotherapeuten Rainer und Veronik, Ehlers, Stranzl, Greilich, Hoffmann, Costa, Cescutti, Riseth, Pfuderer, Schroth, Torwarttrainer Boden. Mitte: Zeugwarte Hackl und Fendt, Kurz, Suker, Max, Schwarz, Votava, Meyer, Agostino, Borimirov, Co-Trainer Maurer, Trainer Pacult. Vorne: Häßler, Weissenberger, Tyce, Görlitz, Hofmann, Jentzsch, Lauth, Pürk, Cerny, Wiesinger.

Hannover 96

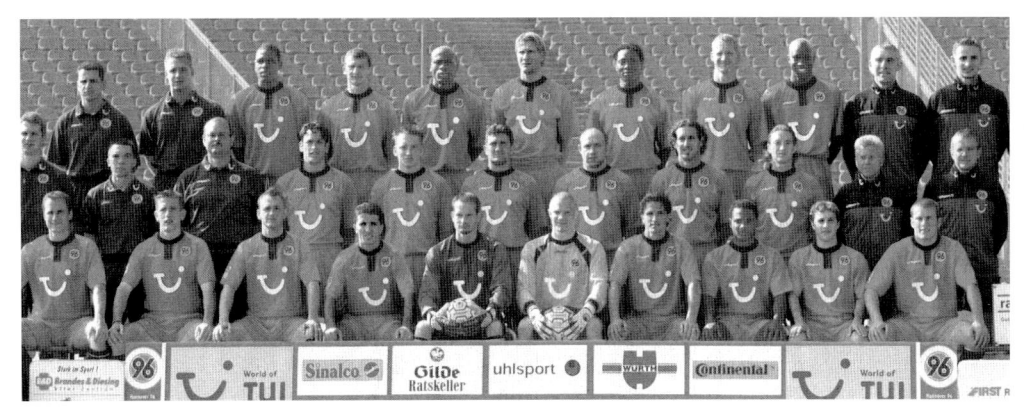

Hannover 96 - Hintere Reihe von links: Physiotherapeuten Gerst und Herzog, Idrissou, Zuraw, N'Kufo, Gorges, Diouf, Linke, N'Diaye, Co-Trainer Slomka, Torwarttrainer Santelli, Chefscout Geiger. Mitte: Mannschaftsbetreuer Westphal, Zeugwart Gorgas, Mannschaftsarzt Dr. Kregehr, Schuler, Kotuljac, Stefulj, Stajner, Krupnikovic, Kaufman, Co-Trainer Kowalczuk, Trainer Rangnick, Sportdirektor Moar. Vorne: Oswald, Stendel, Nehrbauer, Lala, Sievers, Ochs, van Hintum, de Guzman, Cherundolo, Casey.

Torhüter
Sievers, Jörg	17	0
Tremmel, Gerhard	18	0

Abwehr
Cherundolo, Steven	33	0
Diouf, Dame	6	0
Gorges, Guido	1	0
Hintum van, Marc	10	0
José Manuel	1	0
Konstantinidis, Kostas	21	2
Linke, Carsten	15	1
Oswald, Kai	2	0
Schuler, Markus	20	0
Vinicius	17	2
Zuraw, Dariusz	14	2

Mittelfeld
Fernando	2	0
Guzman de, Julian	18	0
Jaime	22	0
Krupnikovic, Nebojsa	32	5
Lala, Altin	32	0
Nehrbauer, Thorsten	2	0
Popescu, Gheorghe	14	1
Stefulj, Danijel	22	1

Angriff
Bobic, Fredi	27	14
Casey, Conor	4	1
Idrissou, Mohammadou	30	9
Kaufman, Jiri	12	1
N'Diaye, Babacar	5	1
N'Kufo, Blaise	9	0
Stajner, Jiri	32	4
Stendel, Daniel	31	2

Trainer
Rangnick, Ralf (geb. 29.6.58)

Borussia Mönchengladbach

Borussia Mönchengladbach - Hintere Reihe von links: Mannschaftsarzt Wiggering, Korell, Auer, ter Avest, van Lent, Strasser, Asanin, Pletsch, Stassin, Physiotherapeut Fischer, Masseur Szordykowski. Mitte: Trainer Meyer, Kluge, Aidoo, Ketelaer, Bäumer, Hausweiler, Schüßler, van Houdt, Küntzel, Co-Trainer Stefes und Frontzeck. Vorne: Betreuer Hülswitt, Münch, Witeczek, Eberl, Stiel, Fredriksson, Melka, Kamps, Felgenhauer, Ulich, Korzynietz, Zeugwart Breuer.

Torhüter
Melka, Michael	3	0
Stiel, Jörg	31	0

Abwehr
Asanin, Sladan	12	1
Eberl, Max	27	0
Embers, Daniel	9	0
Gaede, Enrico	1	0
Korell, Steffen	19	0
Münch, Markus	17	3
Plate, Sebastian	1	0
Pletsch, Marcelo José	26	2
Schulz-Winge, Stephan	2	0
Spann, Andreas	1	0
Strasser, Jeff	28	1
Witeczek, Marcel	17	0

Mittelfeld
Demo, Igor	28	7
Hausweiler, Markus	17	0
Kluge, Peer	24	2
Stassin, Stéphane	10	0
Ulich, Ivo	29	2

Angriff
Aidoo, Lawrence	29	3
Felgenhauer, Daniel	9	1
Forssell, Mikael	16	7
Houdt van, Peter	17	2
Hout van, Joris	16	6
Ketelaer, Marcel	19	0
Korzynietz, Bernd	20	1
Küntzel, Marco	6	0
Lent van, Arie	13	0
Schlaudraff, Jan	4	0
Skoubo, Morten	21	4

Trainer
Meyer, Hans (geb. 3.11.42), bis 1.3.2003
Lienen, Ewald (geb. 28.11.53), ab 2.3.03

Bundesliga 2002/2003

FC Hansa Rostock

Torhüter
Klewer, Daniel	0	0
Schober, Mathias	34	0

Abwehr
Hill, Delano	20	2
Jakobsson, Andreas	33	1
Kientz, Jochen	14	1
Kovar, Michal	20	0
Lange, Timo	2	0
Maul, Ronald	24	0
Möhrle, Uwe	2	0
Wimmer, Gerd	26	0

Mittelfeld
Aduobe, Godfried	29	1
Hansen, Kevin	8	0
Hirsch, Dietmar	18	1
Lantz, Marcus	28	1
Meggle, Thomas	20	1
Persson, Joakim	26	0
Rydlewicz, René	22	6
Wibran, Peter	25	3

Angriff
Arvidsson, Magnus	22	1
Prica, Rade	27	7
Salou, Bachirou	24	4
Salvo di, Antonio	16	2
Vorbeck, Marco	22	4

Trainer
Veh, Armin (geb. 1.2.61)

FC Hansa Rostock - Hintere Reihe von links: Hirsch, di Salvo, Möhrle, Beierle, Salou, Kientz, Prica, Wibran. Mitte: Physiotherapeut Scheller, Co-Trainer W. Funkel, Betreuer Weidemann, Physiotherapeut Meier, Zeugwart Thiem, Meggle, Hansen, Lange, Arvidsson, Lantz, Persson, Mannschaftsärzte Dr. Adam und Dr. Bartel, Co-Trainer Schlünz, Torwarttrainer Bräutigam, Trainer Veh. Vorne: Rydlewicz, Aduobe, Schied, Busch, Klewer, Schober, Maul, Wimmer, Hill.

1. FC Kaiserslautern

Torhüter
Koch, Georg	13	0
Wiese, Tim	21	0

Abwehr
Hengen, Thomas	10	0
Klos, Tomasz	18	2
Knavs, Aleksander	16	2
Koch, Harry	27	3
Lembi, Hervé Nzelo	15	0
Ramzy, Hany	16	1
Reuter, Torsten	7	0
Tchato, Bill	16	0

Mittelfeld
Anfang, Markus	19	0
Basler, Mario	23	1
Bjelica, Nenad	21	1
Dominguez, José Manuel	21	3
Grammozis, Dimitrios	27	0
Hristov, Marian	8	1
Lincoln	20	2
Malz, Stefan	4	0
Ratinho	7	0
Riedl, Thomas	19	1
Sforza, Ciriaco	23	1

Angriff
Adzic, Silvio	4	0
Klose, Miroslav	32	9
Lokvenc, Vratislav	30	8
Mifsud, Michael	16	2
Teber, Selim	15	0
Timm, Christian	18	2

Trainer
Brehme, Andreas (geb. 9.11.60)
bis 25.8.2002
Gerets, Erik (geb. 28.5.54)
ab 4.9.2002

1. FC Kaiserslautern - Hintere Reihe von links: Boskovic, Hristov, Lembi, Gabriel, Lokvenc, Knavs, Klos, Ramzy, H. Koch. Mitte: Trainer Stumpf, Co-Trainer Emig, Torwarttrainer Ehrmann, Lincoln, Teber, Timm, Bjelica, Anfang, Grammozis, Malz, Team-Manager Brehme. Vorne: Basler, Ratinho, Riedl, Reuter, G. Koch, Wiese, Dominguez, Adzic, Mifsud, Hengen.

Bayer 04 Leverkusen

Bayer 04 Leverkusen - Hintere Reihe von links: Nowotny, Sebescen, Pogatetz, Kleine, Vranjes, Berbatov, Babic, Juan, Franca, Brdaric. Mitte: Trainer Toppmöller, Physiotherapeut Trzolek, Co-Trainer Hermann, Betreuer Wohner, Ojigwe, Bozic, Simak, Dogan, Physiotherapeuten Rothweiler, Glass und Scheuchl, Co-Trainer Minge, Torwarttrainer Schumacher. Vorne: Zivkovic, Kirsten, Balitsch, Placente, Juric, Starke, El Kasmi, Preuß, Bierofka, Dzaka.

Torhüter
Butt, Hans-Jörg	33	1
Juric, Frank	1	0

Abwehr
Cris	2	0
Juan	24	2
Kleine, Thomas	6	0
Lucio	21	3
Nowotny, Jens	1	0
Placente, Diego Rodolfo	23	1
Zivkovic, Boris	30	1

Mittelfeld
Babic, Marko	25	3
Balitsch, Hanno	30	3
Bastürk, Yildiray	26	3
Bierofka, Daniel	30	7
Dzaka, Anel	1	0
Kaluzny, Radoslaw	4	0
Ojigwe, Pascal	16	0
Preuß, Christoph	4	0
Ramelow, Carsten	32	1
Schneider, Bernd	28	2
Sebescen, Zoltan	7	0
Simak, Jan	22	3
Vranjes, Jurica	4	0

Angriff
Berbatov, Dimitar	24	4
Brdaric, Thomas	16	4
Franca	16	1
Kirsten, Ulf	3	0
Neuville, Oliver	33	4
Schoof, Sebastian	7	2

Trainer
Toppmöller, Klaus (geb. 12.8.51) bis 16.2.2003
Hörster, Thomas (geb. 27.11.56) 16.2. - 12.5.2003
Augenthaler, Klaus (geb. 26.9.57) ab 13.5.2003

Arminia Bielefeld

Arminia Bielefeld - Hintere Reihe von links: Dammeier, Flock, Lense, Dabrowski, Reinhardt, Amedick, Brinkmann, Wichniarek, Murawski, van der Ven, Zeugwart Schonz. Mitte: Co-Trainer Geideck, Trainer Möhlmann, Torwarttrainer Schlieck, Betreuer Geßler, Porcello, Rauw, Borges, Bogdanovic, Bogusz, Diabang, Mannschaftsärzte Dr. Dickob und Dr. Neundorf, Physiotherapeut Zeyer, Betreuer Giersch. Vorne: Zeugwart Obarcanin, Kauf, Albayrak, Sinisterra, Hain, Eilhoff, Müller, Sadovic, Vata, Janic, Physiotherapeut Horstkötter.

Torhüter
Hain, Mathias	34	0
Henzler, Simon	0	0
Müller, Heinz	0	0

Abwehr
Bogusz, Daniel	14	0
Borges, Marcio	11	0
Hansén, Torjus	31	0
Lense, Benjamin	14	1
Rauw, Bernd Gerd	18	0
Reinhardt, Bastian	34	3

Mittelfeld
Albayrak, Erhan	16	1
Brinkmann, Ansgar	30	2
Dabrowski, Christoph	27	1
Dammeier, Detlev	30	0
Janic, Sasa	1	0
Kauf, Rüdiger	31	1
Murawski, Maciej	12	0
Porcello, Massimilian	20	1
Sinisterra, Jesus	1	0
Vata, Fatmir	29	0

Angriff
Bogdanovic, Rade	19	0
Cha, Du-Ri	22	1
Diabang, Mamadou	34	10
Heinz, Marek	14	0
Ven van der, Dirk	1	0
Wichniarek, Artur	30	12

Trainer
Möhlmann, Benno (geb. 1.8.54)

Bundesliga 2002/2003

1. FC Nürnberg

Torhüter
Kampa, Darius	34	0
Schäfer, Raphael	1	0

Abwehr
Kos, Tomasz	26	0
Kügler, Michael	2	0
Nikl, Marek	29	2
Petkovic, Dusan	22	2
Popovic, Milorad	23	0
Reinhardt, Dominik	1	0
Sanneh, Anthony	15	2
Stehle, Thomas	17	2
Wiblishauser, Frank	0	0
Wolf, Andreas	14	0

Mittelfeld
Frey, Dieter	17	0
Jarolim, David	32	3
Junior	19	3
Krzynowek, Jacek	17	1
Larsen, Tommy Svindal	30	0
Müller, Lars	33	2
Paßlack, Stephan	14	0
Todorovic, Rade	7	0

Angriff
Belic, Milan	7	0
Cacau	27	2
Ciric, Sasa	27	12
David, Pavel	3	0
Driller, Martin	18	2
Kießling, Stefan	1	0
Michalke, Kai	15	0
Villa, Marco	5	0

Trainer
Augenthaler, Klaus (26.9.57), bis 29.4.03
Wolf, Wolfgang (geb. 24.9.57), ab 30.4.03

1. FC Nürnberg - Hintere Reihe von links: Reha-Trainer Wilhelmi, Popovic, Paßlack, Petkovic, Kos, Sanneh, Frey, Ciric, Nikl, Wolf, Zeugwart Vogt. Mitte: Co-Trainer Brunner, Torwarttrainer Fuchs, Driller, Wiblishauser, Villa, Michalke, Krzynowek, Cacau, Todorovic, Junior, Physiotherapeuten Nagy und Walter. Vorne: Trainer Augenthaler, Stehle, Müller, Jarolim, Kampa, Schäfer, Larsen, Belic, Kügler, Mannschaftsarzt Dr. Drummer.

FC Energie Cottbus

Torhüter
Berntsen, Gunnar	2	0
Lenz, André	23	0
Piplica, Tomislav	9	0

Abwehr
Beeck, Christian	16	1
Berhalter, Gregg	23	0
Hujdurovic, Faruk	11	0
Jahn, Patrick	2	0
Löw, Zsolt	31	0
Rozgonyi, Marcel	16	0
Schröder, Rayk	0	0
Sebök, Vilmos	3	1
Silva da, Vragel	28	1

Mittelfeld
Akrapovic, Bruno	7	0
Gebhardt, Marco	18	3
Kaluzny, Radoslaw	15	2
Kobylanski, Andrzej	17	1
Latoundji, Moussa	25	1
Mattuschka, Torsten	4	0
Miriuta, Vasile	7	0
Reghecampf, Laurentiu A.	30	3
Rost, Timo	27	2
Schröter, Silvio	25	0
Thielemann, Ronny	7	0

Angriff
Feldhoff, Markus	3	0
Franklin	3	0
Jungnickel, Lars	23	2
Juskowiak, Andrzej	24	5
Reichenberger, Thomas	11	0
Rink, Paulo Roberto	13	3
Topic, Marko	29	6
Vagner, Robert	20	2

Trainer
Geyer, Eduard (geb. 7.10.44)

FC Energie Cottbus - Hintere Reihe von links: Kaluzny, Beeck, Juskowiak, Schröder, Topic, da Silva, Rozgonyi, Löw, Feldhoff. Mitte: Zeugwart Prinz, Physiotherapeut Heinrich, Geschäftsführer Stabach, Torwarttrainer Köhler, Jungnickel, Vagner, Hujdurovic, Kobylanski, Latoundji, Termina, Miriuta, Reghecampf, Co-Trainer Reeck, Trainer Geyer, Co-Trainer Sander. Vorne: Gebhardt, Reichenberger, Akrapovic, Brasilia, Lenz, Piplica, Berntsen, Franklin, Schröter, Thielemann, Rost.

Milliardenliga zwischen Boom und Pleite

1. Spieltag: Samstag, 10.8.2002
Aufsteiger Bochum und Bielefeld setzen Zeichen

Borussia Dortmund - Hertha BSC Berlin (Fr., 9.8.) 2:2 (2:1)
Dortmund: Lehmann - Evanilson, Metzelder, Fernandez - Kehl, Heinrich, Rosicky, Frings - Addo (89. Odonkor), Koller, Ewerthon (74. Oliseh)
Hertha BSC: Kiraly - Schmidt, Friedrich, Simunic, Neuendorf - Marx, Marcelinho, Dardai (66. Pinto) - Alves, Preetz, Goor
Tore: 0:1 Goor (1.), 1:1 Frings (4.), 2:1 Ewerthon (36.), 2:2 Neuendorf (85.) - **SR:** Dr. Merk (Kaiserslautern) - **ZS:** 68.000 - **Gelb:** Rosicky, Fernandez - Marx, Friedrich, Schmidt, Marcelinho

Borussia Mönchengladbach - FC Bayern München 0:0
Gladbach: Stiel - Eberl, Kluge, Strasser, Münch - Korell, Hausweiler, Ulich (67. Ketelaer) - Korzynietz, van Hout (77. Witeczek), van Houdt (80. Aidoo)
FC Bayern: Kahn - Sagnol, R. Kovac, Linke, Tarnat - Salihamidzic, Jeremies, Scholl (75. Hargreaves), Ballack, Zé Roberto (67. Zickler) - Elber (80. Pizarro)
SR: Krug (Gelsenkirchen) - **ZS:** 34.500 (ausverkauft) - **Gelb:** Korell - Linke

FC Energie Cottbus - Bayer 04 Leverkusen 1:1 (0:0)
Cottbus: Piplica - da Silva (64. Sebök), Beeck - Hujdurovic, Schröter, Akrapovic, Miriuta, Kaluzny, Löw - Topic (80. Reichenberger), Juskowiak (59. Feldhoff)
Leverkusen: Butt - Zivkovic, Juan, Lucio, Placente (46. Sebescen) - Schneider, Balitsch (82. Neuville), Ramelow, Bastürk, Simak - Berbatov (67. Brdaric)
Tore: 0:1 Simak (64.), 1:1 Sebök (79.) - **SR:** Dr. Fleischer (Hallstadt) - **ZS:** 13.750 - **Gelb:** Hujdurovic, Beeck, Kaluzny - Juan, Lucio

FC Schalke 04 - VfL Wolfsburg 1:0 (0:0)
Schalke: Rost - Asamoah, Hajto, van Hoogdalem, Matellan - Vermant, Poulsen, Möller, Böhme (67. Mpenza) - Sand, Agali
Wolfsburg: Reitmaier - Rytter, K. Madsen, Schnoor, Weiser - Karhan, Ponte (83. Müller), Akonnor - Präger (80. Sarpei), Maric, Petrov
Tor: 1:0 Vermant (89.) - **SR:** Stark (Ergolding) - **ZS:** 58.645 - **Gelb:** Asamoah - Petrov, Maric

VfB Stuttgart - 1. FC Kaiserslautern 1:1 (1:0)
Stuttgart: Hildebrand - Schneider (80. Hinkel), Meira, Bordon - Hleb, Soldo (63. Todt), Balakov, Meißner, Gerber - Dundee, Seitz
1. FCK: Wiese - Reuter, Lembi, H. Koch - Basler, Anfang, Grammozis, Ramzy, Malz - Lokvenc (63. Dominguez), Klose (86. Mifsud)
Tore: 1:0 Dundee (45.), 1:1 Klose (51.) - **SR:** Fröhlich (Berlin) - **ZS:** 28.000 - **Gelb:** Balakov, Gerber, Schneider - Lembi, Grammozis, Basler

1. FC Nürnberg - VfL Bochum 1:3 (0:2)
Nürnberg: Kampa - Sanneh, Kos, Petkovic, Popovic - Paßlack (46. Cacau), Frey, Jarolim (71. Larsen), Müller - Belic (71. Driller), Ciric
Bochum: van Duijnhoven - Colding, Kalla, Fahrnhorst, Meichelbeck (77. Reis) - Freier, Gudjonsson, Wosz, Tapalovic, Buckley (96. Dickhaut) - Christiansen (83. Hashemian)
Tore: 0:1 Christiansen (6.), 0:2 Christiansen (20.), 1:2 Ciric (51.), 1:3 Hashemian (83.) - **SR:** Weiner (Giesen) - **ZS:** 31.000 - **Gelb:** Belic, Jarolim, Frey - Kalla

Hamburger SV - Hannover 96 (So., 11.8.) 2:1 (0:1)
HSV: Pieckenhagen - Hertzsch, Baur, Ujfalusi, Hollerbach (75. Fukal) - Kitzbichler (46. Antar), Wicky, Albertz, Rahn (46. Ledesma) - Meijer, Heinz
Hannover: Sievers - Cherundolo (71. N'Diaye), Linke, Zuraw, van Hintum (86. Schuler) - Lala, Stajner, Krupnikovic - Stendel, N'Kufo (59. Idrissou), Stefulj
Tore: 0:1 Zuraw (6.), 1:1 Albertz (82., FE), 2:1 Albertz (84.) - **SR:** Albrecht (Kaufbeuren) - **ZS:** 52.139 - **Gelb:** Fukal, Hollerbach, Baur, Meijer - N'Kufo, van Hintum, Lala

Arminia Bielefeld - SV Werder Bremen (So., 11.8.) 3:0 (1:0)
Bielefeld: Hain - Murawski, Reinhardt, Bogusz - Brinkmann (83. Diabang), Kauf, Dabrowski, Dammeier (86. Porcello), Albayrak - Wichniarek, Vata (71. Bogdanovic)
Bremen: Borel - Stalteri (77. Lisztes), Verlaat, Skripnik - Tjikuzu, Banovic, Ernst, Magnin (84. Reich) - Charistéas, Ailton, Daun (56. Borowski)
Tore: 1:0 Reinhardt (16.), 2:0 Wichniarek (90.), 3:0 Porcello (90.) - **SR:** Fandel (Kyllburg) - **ZS:** 25.148 - **Gelb:** Bogusz - Skripnik, Banovic - **Gelb-Rot:** Ernst (52.) - **Rot:** Tjikuzu (90.)

TSV München 1860 - FC Hansa Rostock (Mi., 14.8.) 0:2 (0:1)
1860: Jentzsch - Cerny, Costa, Ehlers, Pürk - Schwarz (46. Borimirov), Kurz, Häßler (46. Agostino), Weissenberger - Suker (58. Max), Max
Rostock: Schober - Wimmer, Jakobsson, Kientz, Maul (89. Hansen) - Rydlewicz (81. Salou), Aduobe, Lantz, Persson - Vorbeck (67. Wibran), Prica
Tore: 0:1 Vorbeck (44.), 0:2 Lantz (54.) - **SR:** Kinhöfer (Herne) - **ZS:** 22.800 - **Gelb:** Costa, Max - Vorbeck - **Gelb-Rot:** Kurz (85.)

2. Spieltag: Samstag, 17.8.2002
Tag der Torjäger: Elber 4, Christiansen 3!

Bayer 04 Leverkusen - Borussia Dortmund 1:1 (1:0)
Leverkusen: Butt - Zivkovic, Juan, Lucio, Placente - Schneider, Ramelow, Bastürk, Simak - Berbatov (73. Brdaric), Neuville (68. Bierofka)
Dortmund: Lehmann - Evanilson, Metzelder, Heinrich, Dede (26. Madouni) - Kehl, Rosicky, Frings, (87. Oliseh) - Addo (75. Odonkor), Koller, Ewerthon
Tore: 1:0 Placente (23.), 1:1 Koller (61.) - **SR:** Dr. Wack (Biberbach) - **ZS:** 22.500 (ausverkauft) - **Gelb:** Simak, Schneider, Bastürk, Neuville, Placente - Dede, Addo

FC Bayern München - Arminia Bielefeld 6:2 (3:0)
FC Bayern: Kahn - Sagnol, Kuffour, Linke, Hargreaves - Salihamidzic (81. Zickler), Jeremies (74. Fink), Ballack, Zé Roberto (74. Scholl) - Elber, Pizarro
Bielefeld: Hain - Murawski, Reinhardt, Bogusz (27. Lense) - Kauf, Brinkmann (67. Diabang), Dabrowski, Dammeier, Albayrak - Wichniarek, Vata (83. Sinisterra)
Tore: 1:0 Elber (18.), 2:0 Ballack (26.), 3:0 Elber (41.), 3:1 Wichniarek (51.), 4:1 Elber (65.), 5:1 Pizarro (81.), 6:1 Elber (85.), 6:2 Diabang (89.) - **SR:** Gagelmann (Bremen) - **ZS:** 60.000 - **Gelb:** Bogusz, Dabrowski

VfL Bochum - FC Energie Cottbus 5:0 (3:0)
Bochum: van Duijnhoven - Colding (76. Bemben), Kalla, Fahrnhorst, Meichelbeck - Freier, Gudjonsson, Wosz, Tapalovic (66. Schindzielorz), Buckley (50. Hashemian) - Christiansen
Cottbus: Piplica - Hujdurovic (46. Rozgonyi), Sebök, Beeck, Löw - Schröter, Akrapovic, Miriuta, Vagner (73. Reghecampf) - Feldhoff (46. Thielemann), Topic
Tore: 1:0 Christiansen (26.), 2:0 Freier (33.), 3:0 Christiansen (35.), 4:0 Hashemian (64.), 5:0 Christiansen (84.) - **SR:** Kemmling (Kleinburgwedel) - **ZS:** 22.201 - **Gelb:** Buckley, Wosz - Thielemann, Löw, Topic - **Gelb-Rot:** Akrapovic (45.)

1. FC Kaiserslautern - FC Schalke 04 1:3 (1:0)
1. FCK: G. Koch - H. Koch, Sforza, Lembi (67. Dominguez) - Basler, Ramzy, Riedl, Anfang, Grammozis - Lokvenc, Klose
Schalke: Rost - Asamoah, Hajto, van Hoogdalem, Matellan - Vermant, Poulsen, Möller (74. Kmetsch), Böhme - Sand, Agali (78. Mpenza)
Tore: 1:0 Riedl (34.), 1:1 Böhme (48., FE), 1:2 Agali (56.), 1:3 Sand (90.) - **SR:** Strampe (Handorf) - **ZS:** 39.300 (ausverkauft) - **Gelb:** Lembi, Ramzy - Böhme, Agali, Poulsen - **Gelb-Rot:** Vermant (36.)

Hertha BSC Berlin - VfB Stuttgart 1:1 (0:1)
Hertha BSC: Kiraly - Friedrich, Simunic, Nené - Marx (78. Konstantinidis), Dardai (71. Luizao), Marcelinho, Neuendorf (55. Pinto), Goor - Alves, Preetz
Stuttgart: Hildebrand - Hinkel, Meira, Wenzel, Gerber - Mutzel, Hleb (69. Amanatidis), Todt, Balakov, Meißner - Dundee (78. Kuranyi)
Tore: 0:1 Dundee (14.), 1:1 Friedrich (85.) - **SR:** Meyer (Burgdorf) - **ZS:** 49.202 - **Gelb:** Luizao - Todt, Gerber, Dundee, Balakov

FC Hansa Rostock - 1. FC Nürnberg 2:0 (1:0)
Rostock: Schober - Wimmer, Jakobsson, Kientz, Maul - Rydlewicz (89. Meggle), Lantz, Aduobe, Persson - Prica (85. Salou), Vorbeck (78. Wibran)
Nürnberg: Kampa - Nikl, Sanneh, Kos, Popovic - Paßlack (70. Belic), Jarolim, Larsen (63. Cacau), Frey, Müller - Ciric (78. Driller)
Tore: 1:0 Rydlewicz (37.), 2:0 Rydlewicz (83.) - **SR:** Keßler (Höhenkirchen) - **ZS:** 19.600 - **Gelb:** Lantz, Kientz - Kos, Ciric

Hannover 96 - TSV München 1860 1:3 (1:2)
Hannover: Sievers - Cherundolo, Linke, Zuraw, van Hintum (65. Schuler) - Lala, Stajner, Krupnikovic - Stendel, N'Diaye, N'Kufo (74. Kaufman), Stefulj
1860: Jentzsch - Cerny, Costa, Ehlers (65. Meyer), Pürk - Borimirov, Hoffmann, Häßler (80. Lauth), Weissenberger - Schroth, Max
Tore: 0:1 Borimirov (6.), 1:1 Stajner (28.), 1:2 Max (41.), 1:3 Lauth (90.) - **SR:** Jansen (Essen) - **ZS:** 42.123 - **Gelb:** Hoffmann, Meyer, Lauth

SV Werder Bremen - Hamburger SV (So., 18.8.) 2:1 (1:1)
Bremen: Borel - Stalteri, Verlaat, Krstajic - Wehlage, Borowski, Lisztes, Banovic (68. Reich), Skripnik - Charistéas (88. Klasnic), Daun (76. Ailton)
HSV: Pieckenhagen - Hertzsch, Ujfalusi - Groth (56. Meijer), Ledesma, Wicky (81. Kitzbichler), Baur, Albertz, Hollerbach (68. Antar) - Romeo, Heinz
Tore: 1:0 Charistéas (9.), 1:1 Ujfalusi (20.), 2:1 Wehlage (50.) - **SR:** Steinborn (Sinzig) - **ZS:** 33.000 - **Gelb:** Wicky, Meijer

VfL Wolfsburg - Borussia Mönchengladbach (So., 18.8.) 1:0 (0:0)
Wolfsburg: Reitmaier - Rytter, K. Madsen, Schnoor, Weiser - Karhan, Ponte (87. Rau), Akonnor - Maric (62. Präger), Klimowicz, Petrov (82. Sarpei)
Gladbach: Stiel - Eberl, Korell (70. Witeczek), Strasser, Münch - Hausweiler, Ulich, Kluge - Korzynietz (71. Küntzel), van Hout (78. Aidoo), van Houdt
Tor: 1:0 Petrov (67.) - **SR:** Kircher (Rottenburg) - **ZS:** 16.039 - **Gelb:** Rytter, Weiser - Eberl, Korell

	Sp.	g.	u.	v.	Tore	Diff.	Punkte
1. Arminia Bielefeld	1	1	0	0	3:0	+3	3
2. VfL Bochum	1	1	0	0	3:1	+2	3
3. Hansa Rostock	1	1	0	0	2:0	+2	3
4. Hamburger SV	1	1	0	0	2:1	+1	3
5. Schalke 04	1	1	0	0	1:0	+1	3
6. Borussia Dortmund	1	0	1	0	2:2	±0	1
. Hertha BSC Berlin	1	0	1	0	2:2	±0	1
8. 1. FC Kaiserslautern	1	0	1	0	1:1	±0	1
. Energie Cottbus	1	0	1	0	1:1	±0	1
. VfB Stuttgart	1	0	1	0	1:1	±0	1
. Bayer Leverkusen	1	0	1	0	1:1	±0	1
12. Bayern München	1	0	1	0	0:0	±0	1
. Bor. M'gladbach	1	0	1	0	0:0	±0	1
14. Hannover 96	1	0	0	1	1:2	-1	0
15. VfL Wolfsburg	1	0	0	1	0:1	-1	0
16. 1. FC Nürnberg	1	0	0	1	1:3	-2	0
17. TSV München 1860	1	0	0	1	0:2	-2	0
18. Werder Bremen	1	0	0	1	0:3	-3	0

	Sp.	g.	u.	v.	Tore	Diff.	Punkte
1. VfL Bochum	2	2	0	0	8:1	+7	6
2. Hansa Rostock	2	2	0	0	4:0	+4	6
3. Schalke 04	2	2	0	0	4:1	+3	6
4. Bayern München	2	1	1	0	6:2	+4	4
5. TSV München 1860	2	1	0	1	3:3	±0	3
. Hamburger SV	2	1	0	1	3:3	±0	3
7. VfL Wolfsburg	2	1	1	1	1:1	±0	3
8. Arminia Bielefeld	2	1	0	1	5:6	-1	3
9. Werder Bremen	2	1	0	1	2:4	-2	3
10. Borussia Dortmund	2	0	2	0	3:3	±0	2
. Hertha BSC Berlin	2	0	2	0	3:3	±0	2
12. VfB Stuttgart	2	0	2	0	2:2	±0	2
. Bayer Leverkusen	2	0	2	0	2:2	±0	2
14. Bor. M'gladbach	2	0	1	1	0:1	-1	1
15. 1. FC Kaiserslautern	2	0	1	1	2:4	-2	1
16. Energie Cottbus	2	0	1	1	1:6	-5	1
17. Hannover 96	2	0	0	2	2:5	-3	0
18. 1. FC Nürnberg	2	0	0	2	1:5	-4	0

Bundesliga 2002/2003

3. Spieltag: Samstag, 24.8.2002
„Tiger" Effe erstmals ein Wolf

Bayer 04 Leverkusen - VfL Bochum   2:4 (1:3)
Leverkusen: Butt - Zivkovic, Lucio, Juan, Placente (46. Balitsch) - Schneider, Ramelow, Bastürk (61. Bierofka), Simak - Berbatov (24. Franca), Neuville
Bochum: van Duijnhoven - Colding, Kalla, Fahrenhorst, Meichelbeck - Freier (74. Bemben), Gudjonsson, Wosz, Tapalovic, Buckley (71. Reis) - Christiansen (63. Hashemian)
Tore: 1:0 Simak (10.), 1:1 Gudjonsson (13.), 1:2 Wosz (33.), 1:3 Fahrenhorst (43.), 1:4 Christiansen (60.), 2:4 Franca (75.) - **SR:** Albrecht (Kaufbeuren) - **ZS:** 22.500 (ausv.) - **Gelb:** Zivkovic, Neuville - Tapalovic

Hamburger SV - FC Bayern München   0:3 (0:1)
HSV: Pieckenhagen - Hertzsch (78. Kitzbichler), Hoogma, Ujfalusi, Hollerbach - Wicky (68. Antar), Baur (68. Ledesma), Heinz, Albertz - Romeo, Meijer
FC Bayern: Kahn - Hargreaves, R. Kovac, Linke, Tarnat (73. Thiam) - Jeremies, Ballack, Zé Roberto (76. Scholl) - Salihamidzic, Elber, Pizarro (88. Zickler)
Tore: 0:1 Pizarro (25.), 0:2 Pizarro (85.), 0:3 Zickler (90.) - **SR:** Fröhlich (Berlin) - **ZS:** 55.516 (ausverkauft) - **Gelb:** Hoogma, Hollerbach, Meijer - Ballack

FC Energie Cottbus - FC Hansa Rostock   0:4 (0:2)
Cottbus: Piplica - Beeck, Sebök, Löw - Reghecampf, Kaluzny, Miriuta, Rost (46. Hujdurovic), Schröter - Juskowiak (51. Franklin), Topic (60. Feldhoff)
Rostock: Schober - Wimmer, Jakobsson, Kientz, Maul - Rydlewicz, Lantz, Aduobe, Persson (39. Wibran) - Vorbeck (71. Salou), Prica (79. Meggle)
Tore: 0:1 Rydlewicz (17.), 0:2 Prica (27.), 0:3 Wibran (47.), 0:4 Rydlewicz (64.) - **SR:** Aust (Köln) - **ZS:** 14.076 - **Gelb:** Beeck, Kaluzny

Borussia Mönchengladbach - 1. FC Kaiserslautern   3:0 (2:0)
Gladbach: Stiel - Eberl, Korell, Strasser, Münch - Hausweiler, Kluge (81. Witeczek), Ulich (81. Skoubo) - Aidoo (57. Ketelaer), van Hout, van Houdt
1. FCK: Wiese - Reuter, H. Koch, Knavs, Grammozis - Basler (39. Ratinho, 74. Malz), Ramzy, Anfang, Riedl - Lokvenc (55. Teber), Klose
Tore: 1:0 van Hout (23.), 2:0 Münch (36.), 3:0 van Hout (48.) - **SR:** Stark (Ergolding) - **ZS:** 27.100 - **Gelb:** Aidoo - Ratinho

Borussia Dortmund - VfB Stuttgart   3:1 (1:0)
Dortmund: Lehmann - Evanilson, Metzelder, Reuter, Dede (88. Fernandez) - Heinrich, Frings (85. Addo), Rosicky, Kehl (79. Madouni) - Koller, Ewerthon
Stuttgart: Hildebrand - Hinkel, Meira, Wenzel, Gerber (46. Kuranyi) - Mutzel (79. Hleb), Seitz, Todt, Meißner (16. Schneider), Amanatidis - Dundee
Tore: 1:0 Koller (38.), 2:0 Dede (66.), 2:1 Dundee (77., FE), 3:1 Ewerthon (87.) - **SR:** Weiner (Giesen) - **ZS:** 66.000 - **Gelb:** Kehl, Rosicky, Koller - Gerber, Schneider

Arminia Bielefeld - VfL Wolfsburg   1:0 (1:0)
Bielefeld: Hain - Lense, Reinhardt, Hansén - Kauf, Dabrowski, Porcello (46. Albayrak), Dammeier - Brinkmann (84. Vata), Bogdanovic (64. Diabang), Wichniarek
Wolfsburg: Reitmaier - Rytter (58. Präger), K. Madsen, Schnoor, Weiser (76. Rau) - Karhan, Effenberg, Akonnor - Ponte, Klimowicz, Petrov (58. Maric)
Tor: 1:0 Brinkmann (43.) - **SR:** Wagner (Kriftel) - **ZS:** 20.369 - **Gelb:** Schnoor, Akonnor, Klimowicz, Karhan

TSV München 1860 - SV Werder Bremen   3:0 (1:0)
1860: Jentzsch - Cerny, Meyer, Costa, Pürk - Borimirov, Kurz (82. Wiesinger), Häßler (71. Lauth), Weissenberger (57. Ehlers) - Max, Schroth
Bremen: Borel - Baumann, Verlaat, Krstajic - Stalteri, Lisztes (46. Reich), Ernst, Borowski, Skripnik (60. Ailton) - Charisteas, Daun (71. Tjikuzu)
Tore: 1:0 Schroth (33.), 2:0 Cerny (63.), 3:0 Max (68.) - **SR:** Dr. Merk (Kaiserslautern) - **ZS:** 24.000 - **Gelb:** Costa, Borimirov - Verlaat - **B.V.:** Jentzsch hält FE von Borowski (55.)

FC Schalke 04 - Hertha BSC Berlin (So., 25.8.)   0:0
Schalke: Rost - Asamoah, Hajto, van Hoogdalem, Matellan - Kmetsch (69. Mpenza), Möller, Poulsen, Böhme (85. Varela) - Sand, Agali
Hertha BSC: Kiraly - Schmidt, Friedrich, Simunic, Nené (64. Neuendorf) - Hartmann, Marx, Marcelinho, Beinlich (79. Dardai), Goor - Alves (41. Preetz)
SR: Fandel (Kyllburg) - **ZS:** 60.601 (ausverkauft) - **Gelb:** Hajto - Beinlich

1. FC Nürnberg - Hannover 96 (So., 25.8.)   3:1 (2:0)
Nürnberg: Kampa - Nikl, Kos, Sanneh, Popovic (72. Paßlack) - Frey, Jarolim (83. Petkovic), Larsen, Müller - Cacau, Ciric (64. Michalke)
Hannover: Sievers - Cherundolo, Linke (46. Diouf), Oswald, Schuler - Lala, Krupnikovic, Stefulj (46. de Guzman) - Stendel (71. N'Diaye), N'Kufo, Stajner
Tore: 1:0 Ciric (16., FE), 2:0 Ciric (36.), 3:0 Cacau (49.), 3:1 N'Diaye (82., HE) - **SR:** Krug (Gelsenkirchen) - **ZS:** 25.800 - **Gelb:** Larsen, Jarolim - Cherundolo, Lala

4. Spieltag: Mittwoch, 11.9.2002
Cottbus glücklicher Sieger im Kellerduell

VfL Bochum - Borussia Dortmund (Di., 10.9.)   0:0
Bochum: van Duijnhoven - Colding, Kalla, Fahrenhorst, Meichelbeck - Freier, Gudjonsson (90. Bemben), Wosz, Tapalovic, Buckley (90. Reis) - Christiansen (73. Hashemian)
Dortmund: Lehmann - Reuter, Metzelder - Evanilson, Frings, Rosicky, Kehl, Heinrich, Dede - Koller, Ewerthon (83. Reina)
SR: Steinborn (Sinzig) - **ZS:** 32.645 (ausverkauft) - **Gelb:** Buckley - Metzelder, Heinrich

FC Bayern München - TSV München 1860 (Di., 10.9.)   3:1 (1:1)
FC Bayern: Kahn - Sagnol, Kuffour, Linke, Lizarazu - Salihamidzic, Jeremies (83. Fink), Ballack, Zé Roberto (74. Hargreaves) - Pizarro, Elber
1860: Jentzsch - Meyer, Riseth (67. Ehlers), Costa, Pürk (60. Suker) - Borimirov (79. Lauth), Kurz, Häßler, Cerny - Max, Schroth
Tore: 0:1 Max (14.), 1:1 Salihamidzic (41.), 2:1 Pizarro (52.), 3:1 Elber (76.) - **SR:** Aust (Köln) - **ZS:** 69.000 (ausverkauft) - **Gelb:** Elber, Lizarazu, Linke, Salihamidzic, Meyer, Riseth, Pürk, Max

SV Werder Bremen - 1. FC Nürnberg (Di., 10.9.)   4:1 (1:0)
Bremen: Borel - Baumann, Verlaat, Krstajic - Stalteri, Lisztes, Ernst, Micoud (73. Borowski), Skripnik - Daun (60. Charisteas), Ailton (80. Klasnic)
Nürnberg: Kampa - Frey, Kos, Sanneh, Popovic - Petkovic, Jarolim, Larsen, Müller - Cacau, Ciric
Tore: 1:0 Ailton (30., FE), 1:1 Ciric (54.), 2:1 Micoud (59.), 3:1 Ailton (63.), 4:1 Ailton (78.) - **SR:** Kemmling (Kleinburgwedel) - **ZS:** 25.785 - **Gelb:** Baumann, Micoud - Petkovic, Cacau, Sanneh - **B.V.:** Micoud schießt FE an den Pfosten (38.)

Hertha BSC Berlin - Borussia Mönchengladbach (Di., 10.9.)   1:2 (0:1)
Hertha BSC: Kiraly - Friedrich, Rehmer, Nené (28. Dardai) - Hartmann, Marx, Marcelinho, Beinlich (46. Alves, 56. Karwan), Goor - Preetz, Luizao
Gladbach: Stiel - Eberl, Korell, Strasser, Münch - Hausweiler, Kluge, Ulich - Aidoo (34. Korzynietz), van Hout, van Houdt (46. Demo)
Tore: 0:1 Münch (9., FE), 0:2 van Hout (58.), 1:2 Preetz (80.) - **SR:** Sippel (München) - **ZS:** 40.102 - **Gelb:** Beinlich, Marcelinho - Eberl, van Houdt

VfB Stuttgart - FC Schalke 04   1:1 (1:0)
Stuttgart: Hildebrand - Hinkel, Marques, Bordon, Wenzel - Hleb, Meira, Balakov, Soldo (71. Mutzel), Seitz - Ganea (89. Kuranyi)
Schalke: Rost - Hajto, van Hoogdalem - Varela, Wilmots (76. Matellan), Poulsen, Vermant (67. Kmetsch), Rodriguez, Trojan (57. Oude Kamphuis) - Asamoah, Sand
Tore: 1:0 Bordon (33.), 1:1 Hajto (87., FE) - **SR:** Gagelmann (Bremen) - **ZS:** 26.500 - **Gelb:** Bordon - Trojan, Varela, Hajto

VfL Wolfsburg - Hamburger SV   2:1 (0:0)
Wolfsburg: Reitmaier - K. Madsen (52. Biliskov), Schnoor, Franz, Rau - Karhan (75. Sarpei), Effenberg, Akonnor - Präger (68. Ponte), Klimowicz, Petrov
HSV: Pieckenhagen - Jacobsen, Hoogma, Ujfalusi, Hollerbach (64. Christensen) - Wicky (64. Ledesma), Antar (84. Benjamin), Baur, Albertz - Romeo, Heinz
Tore: 1:0 Effenberg (51., FE), 1:1 Antar (71.), 2:1 Sarpei (83.) - **SR:** Dr. Wack (Biberbach) - **ZS:** 17.546 - **Gelb:** Karhan, Petrov, Schnoor - Ujfalusi, Romeo, Heinz

1. FC Kaiserslautern - Arminia Bielefeld   1:1 (0:0)
1. FCK: G. Koch - H. Koch, Lembi, Knavs - Basler, Sforza (71. Ratinho), Hengen, Riedl, Lincoln (66. Dominguez) - Klose, Lokvenc
Bielefeld: Hain - Hansén, Reinhardt, Bogusz - Kauf, Dabrowski, Dammeier, Albayrak, Cha (74. Bogdanovic), Diabang (90. Murawski), Vata (74. Diouf) - Wichniarek
Tore: 1:0 Basler (56.), 1:1 Diabang (59.) - **SR:** Dr. Fleischer (Hallstadt) - **ZS:** 32.200 - **Gelb:** Lokvenc, Knavs, Basler, H. Koch, Riedl, Hengen - Cha

FC Hansa Rostock - Bayer 04 Leverkusen   1:3 (0:2)
Rostock: Schober - Wimmer, Jakobsson, Kientz, Maul - Rydlewicz, Lantz, Aduobe, Persson (73. Hansen) - Vorbeck (63. Salou), Prica
Leverkusen: Butt - Lucio, Juan - Balitsch, Schneider, Ramelow, Bastürk (69. Vranjes), Zivkovic, Simak - Brdaric (29. Bierofka), Neuville (90. Babic)
Tore: 0:1 Neuville (5.), 0:2 Brdaric (22.), 1:2 Kientz (74.), 1:3 Wimmer (87., ET) - **SR:** Strampe (Handorf) - **ZS:** 25.000 - **Gelb:** Aduobe, Maul, Persson, Salou - Lucio, Butt - **Rot:** Lantz (88.)

Hannover 96 - FC Energie Cottbus   1:3 (1:1)
Hannover: Sievers - Cherundolo, Linke, Diouf, Fernando - Lala (79. Gorges), Krupnikovic, Jaime - Stajner (81. N'Diaye), Bobic (69. Stendel), Idrissou
Cottbus: Piplica - da Silva, Kaluzny, Beeck, Berhalter - Schröter, Akrapovic, Miriuta (88. Thielemann), Reghecampf (64. Vagner), Löw (76. Sanogo)
Tore: 0:1 Topic (8.), 1:1 Idrissou (24.), 1:2 Idrissou (63., ET), 1:3 Jungnickel (90.) - **SR:** Stark (Ergolding) - **ZS:** 35.506 - **Gelb:** Jaime, Krupnikovic - Miriuta, Topic, da Silva, Vagner

	Sp.	g.	u.	v.	Tore	Diff.	Punkte
1. VfL Bochum	3	3	0	0	12 : 3	+ 9	9
2. Hansa Rostock	3	3	0	0	8 : 0	+ 8	9
3. Bayern München	3	2	1	0	9 : 2	+ 7	7
4. Schalke 04	3	2	1	0	4 : 1	+ 3	7
5. TSV München 1860	3	2	0	1	6 : 3	+ 3	6
6. Arminia Bielefeld	3	2	0	1	6 : 6	± 0	6
7. Borussia Dortmund	3	1	2	0	6 : 4	+ 2	5
8. Bor. M'gladbach	3	1	1	1	3 : 1	+ 2	4
9. Hertha BSC Berlin	3	0	3	0	3 : 3	± 0	3
10. VfL Wolfsburg	3	1	0	2	1 : 2	- 1	3
11. 1. FC Nürnberg	3	1	0	2	4 : 6	- 2	3
12. Hamburger SV	3	1	0	2	3 : 6	- 3	3
13. Werder Bremen	3	1	0	2	2 : 7	- 5	3
14. Bayer Leverkusen	3	0	2	1	4 : 6	- 2	2
15. VfB Stuttgart	3	0	2	1	3 : 5	- 2	2
16. 1. FC Kaiserslautern	3	0	1	2	2 : 7	- 5	1
17. Energie Cottbus	3	0	1	2	1 :10	- 9	1
18. Hannover 96	3	0	0	3	3 : 8	- 5	0

	Sp.	g.	u.	v.	Tore	Diff.	Punkte
1. Bayern München	4	3	1	0	12 : 3	+ 9	10
. VfL Bochum	4	3	1	0	12 : 3	+ 9	10
3. Hansa Rostock	4	3	0	1	9 : 3	+ 6	9
4. Schalke 04	4	2	2	0	5 : 2	+ 3	8
5. Bor. M'gladbach	4	2	1	1	5 : 2	+ 3	7
6. Arminia Bielefeld	4	2	1	1	7 : 7	± 0	7
7. Borussia Dortmund	4	1	3	0	6 : 4	+ 2	6
8. TSV München 1860	4	2	0	2	7 : 6	+ 1	6
9. VfL Wolfsburg	4	2	0	2	3 : 3	± 0	6
10. Werder Bremen	4	2	0	2	6 : 8	- 2	6
11. Bayer Leverkusen	4	1	2	1	7 : 7	± 0	5
12. Energie Cottbus	4	1	1	2	4 :11	- 7	4
13. Hertha BSC Berlin	4	0	3	1	4 : 5	- 1	3
14. VfB Stuttgart	4	0	3	1	4 : 6	- 2	3
15. Hamburger SV	4	1	0	3	4 : 8	- 4	3
16. 1. FC Nürnberg	4	1	0	3	5 :10	- 5	3
17. 1. FC Kaiserslautern	4	0	2	2	3 : 8	- 5	2
18. Hannover 96	4	0	0	4	4 :11	- 7	0

Milliardenliga zwischen Boom und Pleite

5. Spieltag: Samstag, 14.9.2002
Nur HSV daheim erfolgreich

Borussia Dortmund - FC Schalke 04   1:1 (0:0)
Dortmund: Lehmann - Metzelder, Wörns (43. Madouni), Dede - Evanilson, Heinrich, Reuter, Rosicky (74. Frings), Kehl - Koller, Ewerthon
Schalke: Rost - Oude Kamphuis, Hajto, van Hoogdalem, Rodriguez - Kmetsch, Möller (82. Wilmots), Poulsen - Asamoah (68. Agali), Sand, Varela
Tore: 0:1 Agali (70.), 1:1 Ewerthon (71.) - **SR:** Fröhlich (Berlin) - **ZS:** 68.600 (ausverkauft) - **Gelb:** Ewerthon, Koller, Kehl - Asamoah, Poulsen, Oude Kamphuis, Hajto

1. FC Nürnberg - FC Bayern München   1:2 (1:1)
Nürnberg: Kampa - Sanneh, Nikl (73. Stehle), Petkovic, Kos - Frey (82. Todorovic), Jarolim, Larsen, Müller - Cacau, Ciric (69. Driller)
FC Bayern: Kahn - Sagnol, R. Kovac, Linke, Tarnat - Salihamidzic, Jeremies (90. Fink), Ballack, Zé Roberto (78. Hargreaves) - Elber, Pizarro (81. Zickler)
Tore: 0:1 Ballack (12.), 1:1 Ciric (36., FE), 1:2 Ballack (53.) - **SR:** Dr. Merk (Kaiserslautern) - **ZS:** 44.767 (ausverkauft) - **Gelb:** Cacau - Jeremies, Salihamidzic

FC Energie Cottbus - SV Werder Bremen   0:1 (0:0)
Cottbus: Piplica - da Silva, Kaluzny, Beeck - Schröter, Berhalter (71. Reghecampf), Miriuta, Akrapovic, Löw - Jungnickel (56. Vagner), Topic (66. Juskowiak)
Bremen: Borel - Baumann, Verlaat, Krstajic - Stalteri, Lisztes, Ernst, Micoud, Skripnik - Charisteas (84. Klasnic), Ailton
Tor: 0:1 Piplica (51., ET) - **SR:** Jansen (Essen) - **ZS:** 12.070 - **Gelb:** Akrapovic - Lisztes, Skripnik

Arminia Bielefeld - Hertha BSC Berlin   0:1 (0:0)
Bielefeld: Hain - Lense (70. Cha), Reinhardt, Hansén - Brinkmann, Kauf, Dabrowski, Dammeier (79. Bogdanovic), Albayrak - Wichniarek, Vata (70. Diabang)
Hertha BSC: Kiraly - Friedrich, Sverrisson, Rehmer, Hartmann - Dardai, Marcelinho (85. Pinto), Beinlich (68. Marx), Neuendorf - Goor, Luizao (64. Karwan)
Tor: 0:1 Marcelinho (52.) - **SR:** Albrecht (Kaufbeuren) - **ZS:** 22.147 - **Gelb:** Kauf, Albayrak - Hartmann, Neuendorf, Marx, Karwan, Marcelinho

Borussia Mönchengladbach - VfB Stuttgart   1:1 (0:0)
Gladbach: Stiel - Eberl, Kluge, Strasser, Münch - Hauseweiler, Korell, Ulich (80. Witeczek) - Aidoo (56. Demo), van Hout (80. Skoubo)
Stuttgart: Hildebrand - Hinkel, Marques, Bordon, Wenzel (46. Carnell) - Hleb (81. Tiffert), Meira, Balakov, Soldo (65. Amanatidis), Seitz - Kuranyi
Tore: 1:0 Münch (50.), 1:1 Kuranyi (71.) - **SR:** Fandel (Kyllburg) - **ZS:** 27.700 - **Gelb:** Münch, Hauseweiler, Stiel - Meira, Seitz, Bordon, Marques - **Rot:** Eberl (53.)

TSV München 1860 - VfL Wolfsburg   2:2 (0:0)
1860: Jentzsch - Ehlers (65. Borimirov), Meyer, Costa, Pürk - Wiesinger (59. Hoffmann), Kurz, Häßler, Cerny - Schroth, Max (79. Riseth)
Wolfsburg: Reitmaier - K. Madsen, Schnoor, Franz (59. Munteanu) - Karhan, Effenberg, Akonnor, Rau - Präger (59. Ponte), Klimowicz, Petrov (77. Maric)
Tore: 1:0 Wiesinger (47.), 2:0 Schroth (64.), 2:1 Ponte (77.), 2:2 Klimowicz (87.) - **SR:** Krug (Gelsenkirchen) - **ZS:** 20.800

Bayer 04 Leverkusen - Hannover 96   1:3 (1:1)
Leverkusen: Butt - Balitsch (58. Bierofka), Lucio, Juan (26. Ojigwe), Zivkovic - Schneider, Ramelow, Bastürk, Simak - Neuville, Kirsten (73. Franca)
Hannover: Sievers - Cherundolo, Linke, Diouf, Fernando (46. Schuler) - Lala, Krupnikovic, Jaime - Stajner (72. Stendel), Bobic (89. Stefulj), Idrissou
Tore: 1:0 Bastürk (1.), 1:1 Bobic (42.), 1:2 Bobic (80.), 1:3 Idrissou (83.) - **SR:** Keßler (Höhenkirchen) - **ZS:** 22.500 (ausverkauft) - **Gelb:** Ramelow, Ojigwe, Linke, Bobic, Idrissou, Fernando

VfL Bochum - FC Hansa Rostock (So., 15.9.)   0:1 (0:1)
Bochum: van Duijnhoven - Colding, Kalla, Fahrenhorst, Meichelbeck (69. Hashemian) - Freier, Gudjonsson (77. Bemben), Wosz, Tapalovic (86. Graulund), Buckley - Christiansen
Rostock: Schober - Wimmer, Jakobsson, Kovar, Maul - Kientz, Aduobe, Hansen (46. Wibran) - Rydlewicz, Salou (78. Vorbeck), Prica (64. Hill)
Tor: 0:1 Salou (32.) - **SR:** Meyer (Burgdorf) - **ZS:** 25.000 - **Gelb:** Fahrenhorst - Prica, Schober

Hamburger SV - 1. FC Kaiserslautern (So., 15.9.)   2:0 (0:0)
HSV: Pieckenhagen - Hoogma, Baur, Ujfalusi - Jacobsen, Wicky, Benjamin, Antar (35. Ledesma), Kling (69. Meijer) - Romeo, Heinz (75. Hertzsch)
1. FCK: G. Koch - H. Koch, Sforza, Lembi (51. Knavs) - Basler (65. Dominguez), Hengen, Lincoln, Ratinho - Grammozis, Klose, Lokvenc
Tore: 1:0 Romeo (66.), 2:0 Romeo (77.) - **SR:** Weiner (Giesen) - **ZS:** 39.807 - **Gelb:** Jacobsen, Baur, Benjamin

6. Spieltag: Samstag, 21.9.2002
Kevin Kuranyi bezwingt Bielefeld im Alleingang

FC Hansa Rostock - Borussia Dortmund   0:1 (0:1)
Rostock: Schober - Wimmer, Jakobsson, Kientz, Maul - Rydlewicz, Persson, Aduobe, Wibran (56. Meggle) - Prica, Salou (67. Arvidsson)
Dortmund: Lehmann - Fernandez (46. Evanilson), Madouni, Metzelder, Dede - Frings, Reuter, Kehl - Ewerthon, Koller (88. Herrlich), Reina (67. Wörns)
Tor: 0:1 Koller (12.) - **SR:** Sippel (München) - **ZS:** 28.600 - **Gelb:** Aduobe, Rydlewicz

FC Bayern München - FC Energie Cottbus   3:1 (1:1)
FC Bayern: Kahn - Salihamidzic, Kuffour (46. Jeremies), R. Kovac, Tarnat - Hargreaves, Fink, Ballack (79. N. Kovac), Zé Roberto (83. Linke) - Elber, Zickler
Cottbus: Piplica - da Silva, Beeck, Kaluzny, Berhalter - Schröter, Reghecampf (66. Thielemann), Akrapovic, Vagner (18. Jungnickel, Latoundji - Rink (79. Juskowiak)
Tore: 0:1 Rink (19.), 1:1 Zickler (45.), 2:1 Ballack (47.), 3:1 Elber (76.) - **SR:** Kinhöfer (Herne) - **ZS:** 43.000 - **Gelb:** Beeck, Kaluzny, Akrapovic

SV Werder Bremen - Bayer 04 Leverkusen   3:2 (3:2)
Bremen: Borel - Baumann (39. Borowski), Verlaat, Krstajic - Stalteri, Lisztes, Ernst, Micoud, Skripnik - Ailton (89. Klasnic), Charisteas
Leverkusen: Juric - Lucio, Ramelow, Zivkovic - Schneider, Vranjes (46. Berbatov), Bastürk, Balitsch (72. Franca), Simak (75. Bierofka) - Neuville, Brdaric
Tore: 0:1 Brdaric (11.), 1:1 Ailton (25., FE), 2:1 Charisteas (27.), 3:1 Charisteas (31.), 3:2 Stalteri (41., ET) - **SR:** Stark (Ergolding) - **ZS:** 28.160 - **Gelb:** Charisteas - Lucio, Vranjes, Schneider, Simak, Bastürk, Ramelow - **Rot:** Micoud (57.) - Berbatov (57.)

Hertha BSC Berlin - Hamburger SV   2:0 (0:0)
Hertha BSC: Kiraly - Rehmer, Sverrisson (20. van Burik), Friedrich - Marx, Marcelinho, Dardai (86. Maas), Hartmann - Neuendorf (65. Pinto), Preetz, Goor
HSV: Pieckenhagen - Hertzsch (63. Kling), Hoogma, Ujfalusi - Benjamin, Wicky, Ledesma, Barbarez - Romeo, Heinz (56. Jacobsen)
Tore: 1:0 Marcelinho (50.), 2:0 Goor (52.) - **SR:** Krug (Gelsenkirchen) - **ZS:** 41.200 - **Gelb:** Hartmann - Ujfalusi, Ledesma - **Gelb-Rot:** Baur (54.)

VfL Wolfsburg - 1. FC Nürnberg   0:2 (0:0)
Wolfsburg: Reitmaier - K. Madsen, Schnoor (60. Maric), Biliskov - Karhan, Effenberg, Akonnor (69. Munteanu), Rau - Ponte (60. Präger), Klimowicz, Petrov
Nürnberg: Kampa - Sanneh, Petkovic, Kos, Popovic - Frey (87. Stehle), Larsen, Jarolim, Müller - Cacau (81. Villa), Driller (71. Ciric)
Tore: 0:1 Sanneh (65.), 0:2 Petkovic (68., FE im Nachschuss) - **SR:** Fandel (Kyllburg) - **ZS:** 12.414 - **Gelb:** Reitmaier, Schnoor, Effenberg - Cacau

1. FC Kaiserslautern - TSV München 1860   0:0
1. FCK: G. Koch - H. Koch, Hengen, Knavs - Basler (65. Dominguez), Teber (61. Bjelica), Riedl, Lokvenc, Grammozis, Lincoln - Klose
1860: Jentzsch - Meyer, Costa, Cerny, Wiesinger (76. Borimirov), Rafael (62. Pfuderer), Häßler, Kurz, Weissenberger (86. Schwarz) - Lauth, Schroth
SR: Kircher (Rottenburg) - **ZS:** 34.310 - **Gelb:** Hengen - Rafael, Lauth, Kurz, Weissenberger

Hannover 96 - VfL Bochum   2:2 (1:1)
Hannover: Sievers - Cherundolo, Linke, Zuraw, Schuler - Lala, Krupnikovic (88. Stefulj), Jaime - Stajner (83. Stendel), Bobic, Idrissou
Bochum: van Duijnhoven - Colding, Kalla, Fahrenhorst, Meichelbeck (69. Bemben) - Freier, Gudjonsson (30. Schindzielorz), Wosz, Tapalovic, Buckley - Christiansen (65. Hashemian)
Tore: 1:0 Fahrenhorst (24.), 1:1 Bobic (44.), 2:1 Linke (73.), 2:2 Tapalovic (78.) - **SR:** Dr. Merk (Kaiserslautern) - **ZS:** 34.742 - **Gelb:** Zuraw, Bobic, Jaime - Freier, Wosz, Buckley

FC Schalke 04 - Borussia Mönchengladbach (So., 22.9.)   2:1 (2:1)
Schalke: Rost - Oude Kamphuis, Hajto, Matellan, Rodriguez (57. van Hoogdalem) - Asamoah (82. Wilmots), Poulsen, Möller, Varela - Agali (77. Kmetsch), Sand
Gladbach: Stiel - Kluge, Korell, Strasser (66. Pletsch), Münch - Hauseweiler, Stassin, Ulich (66. Aidoo) - Korzynietz (46. Skoubo), van Hout, van Houdt
Tore: 1:0 Poulsen (15.), 1:1 van Hout (30.), 2:1 Agali (45.) - **SR:** Dr. Wack (Biberbach) - **ZS:** 60.600 (ausverkauft) - **Gelb:** Möller, Varela, Sand - Münch, Strasser, Kluge - **B.V.:** Stiel hält HE von Hajto (18.)

VfB Stuttgart - Arminia Bielefeld (So., 22.9.)   3:0 (1:0)
Stuttgart: Hildebrand - Hinkel, Marques, Bordon, Carnell - Amanatidis (80. Tiffert), Meira, Balakov, Soldo (65. Meißner), Seitz (58. Hleb) - Kuranyi
Bielefeld: Hain - Hansén, Reinhardt, Bogusz - Brinkmann (61. Cha), Kauf, Dabrowski, Vata (61. Albayrak), Dammeier, Diabang - Wichniarek (71. Porcello)
Tore: 1:0 Kuranyi (5.), 2:0 Kuranyi (64.), 3:0 Kuranyi (69.) - **SR:** Strampe (Handorf) - **ZS:** 17.500 - **Gelb:** Kuranyi, Soldo - Kauf, Dammeier

	Sp.	g.	u.	v.	Tore	Diff.	Punkte
1. Bayern München	5	4	1	0	14 : 4	+10	13
2. Hansa Rostock	5	4	0	1	10 : 3	+ 7	12
3. VfL Bochum	5	3	1	1	12 : 4	+ 8	10
4. Schalke 04	5	2	3	0	6 : 3	+ 3	9
5. Werder Bremen	5	3	0	2	7 : 8	- 1	9
6. Bor. M'gladbach	5	2	2	1	6 : 3	+ 3	8
7. Borussia Dortmund	5	1	4	0	7 : 5	+ 2	7
8. TSV München 1860	5	2	1	2	9 : 8	+ 1	7
9. VfL Wolfsburg	5	2	1	2	5 : 5	± 0	7
10. Arminia Bielefeld	5	2	1	2	7 : 8	- 1	7
11. Hertha BSC Berlin	5	1	3	1	5 : 5	± 0	6
12. Hamburger SV	5	2	0	3	6 : 8	- 2	6
13. Bayer Leverkusen	5	1	2	2	8 :10	- 2	5
14. VfB Stuttgart	5	0	4	1	5 : 7	- 2	4
15. Energie Cottbus	5	1	1	3	4 :12	- 8	4
16. Hannover 96	5	1	0	4	7 :12	- 5	3
17. 1. FC Nürnberg	5	1	0	4	6 :12	- 6	3
18. 1. FC Kaiserslautern	5	0	2	3	3 :10	- 7	2

	Sp.	g.	u.	v.	Tore	Diff.	Punkte
1. Bayern München	6	5	1	0	17 : 5	+12	16
2. Hansa Rostock	6	4	0	2	10 : 4	+ 6	12
3. Schalke 04	6	3	3	0	8 : 4	+ 4	12
4. Werder Bremen	6	4	0	2	10 :10	± 0	12
5. VfL Bochum	6	3	2	1	14 : 6	+ 8	11
6. Borussia Dortmund	6	2	4	0	8 : 5	+ 3	10
7. Hertha BSC Berlin	6	2	3	1	7 : 5	+ 2	9
8. Bor. M'gladbach	6	2	2	2	7 : 5	+ 2	8
9. TSV München 1860	6	2	2	2	9 : 8	+ 1	8
10. VfB Stuttgart	6	1	4	1	8 : 7	+ 1	7
11. VfL Wolfsburg	6	2	1	3	5 : 7	- 2	7
12. Arminia Bielefeld	6	2	1	3	7 :11	- 4	7
13. 1. FC Nürnberg	6	2	0	4	8 :12	- 4	6
14. Hamburger SV	6	2	0	4	6 :10	- 4	6
15. Bayer Leverkusen	6	1	2	3	10 :13	- 3	5
16. Hannover 96	6	1	1	4	9 :14	- 5	4
17. Energie Cottbus	6	1	1	4	5 :15	-10	4
18. 1. FC Kaiserslautern	6	0	3	3	3 :10	- 7	3

Bundesliga 2002/2003

7. Spieltag: Samstag, 28.9.2002

Kriselnde Bayer-Elf schlägt „weißes Ballett"

Borussia Dortmund - Borussia Mönchengladbach 1:0 (0:0)
Dortmund: Lehmann - Metzelder, Wörns, Dede - Heinrich, Reuter (39. Frings), Rosicky, Kehl - Evanilson (69. Amoroso), Koller, Ewerthon (88. Madouni)
Gladbach: Stiel - Witeczek, Korell, Strasser, Münch - Kluge (79. Pletsch), Hausweiler, Ulich - Aidoo (72. Skoubo), van Hout, van Houdt (88. Ketelaer)
Tor: 1:0 Ewerthon (85.) - **SR:** Keßler (Höhenkirchen) - **ZS:** 68.600 (ausverkauft) - **Gelb:** Reuter - Strasser, Aidoo, Kluge, van Houdt

Bayer 04 Leverkusen - FC Bayern München 2:1 (1:0)
Leverkusen: Butt - Zivkovic, Ramelow, Lucio, Ojigwe - Neuville (60. Bierofka), Balitsch, Schneider (84. Vranjes), Bastürk (90. Simak), Babic - Brdaric
FC Bayern: Kahn - R. Kovac, Jeremies (46. Elber), Linke - Thiam (73. Feulner), N. Kovac, Ballack, Hargreaves (46. Tarnat) - Salihamidzic, Pizarro, Zé Roberto
Tore: 1:0 Lucio (8.), 2:0 Bierofka (63.), 2:1 Salihamidzic (89.) - **SR:** Krug (Gelsenkirchen) - **ZS:** 22.500 (ausverkauft) - **Gelb:** Zivkovic, Ojigwe, Schneider - Kahn, N. Kovac, R. Kovac, Ballack, Jeremies - **Gelb-Rot:** Brdaric (37.)

FC Hansa Rostock - Hannover 96 1:2 (1:2)
Rostock: Schober - Wimmer (79. Salou), Jakobsson, Kientz, Maul - Rydlewicz, Persson (72. Hansen), Aduobe, Wibran - Arvidsson (46. Vorbeck), Prica
Hannover: Sievers - Cherundolo, Linke, Zuraw, Schuler (24. Stefulj) - Lala, Krupnikovic (87. Nehrbauer), Jaime - Stajner (61. Stendel), Bobic, Idrissou
Tore: 1:0 Wibran (10.), 1:1 Idrissou (32.), 1:2 Bobic (43.) - **SR:** Fröhlich (Berlin) - **ZS:** 19.000 - **Gelb:** Lala, Sievers

TSV München 1860 - Hertha BSC Berlin 1:0 (1:0)
1860: Jentzsch - Meyer, Rafael, Costa, Kurz (46. Borimirov) - Cerny, Hoffmann, Häßler (70. Schwarz), Weissenberger (76. Pürk) - Lauth, Schroth
Hertha BSC: Kiraly - Friedrich, Rehmer, van Burik, Hartmann - Marx, Marcelinho, Dardai (74. Pinto) - Neuendorf (60. Karwan), Preetz (60. Luizao), Goor
Tor: 1:0 Schroth (15.) - **SR:** Gagelmann (Bremen) - **ZS:** 25.200 - **Gelb:** Kurz, Cerny, Hoffmann - Marcelinho, Neuendorf, Pinto

FC Energie Cottbus - VfL Wolfsburg 0:1 (0:0)
Cottbus: Piplica - Beeck (53. Hujdurovic), da Silva, Berhalter (72. Latoundji) - Schröter, Miriuta, Akrapovic, Kaluzny, Löw - Rink (65. Juskowiak), Topic
Wolfsburg: Reitmaier - K. Madsen, Schnoor, Rau - Rytter, Effenberg, Ponte (76. Munteanu), Karhan, Sarpei - Maric (85. Präger), Klimowicz (89. Biliskov)
Tor: 0:1 Maric (55.) - **SR:** Steinborn (Sinzig) - **ZS:** 11.605 - **Gelb:** Rink, Schröter - Maric, Ponte, Rau

Arminia Bielefeld - FC Schalke 04 2:1 (1:1)
Bielefeld: Hain - Kauf, Murawski, Reinhardt, Albayrak - Dabrowski, Vata (82. Porcello), Dammeier - Cha (46. Brinkmann), Wichniarek, Diabang (90. Lense)
Schalke: Rost - Oude Kamphuis, Hajto, van Hoogdalem, Rodriguez (75. Trojan) - Asamoah (29. Matellan), Poulsen, Möller, Varela - Wilmots (75. Hanke), Sand
Tore: 1:0 Albayrak (7., FE), 1:1 Varela (19., FE), 2:1 Diabang (68.) - **SR:** Weiner (Giesen) - **ZS:** 26.601 (ausv.) - **Gelb:** Reinhardt, Kauf, Porcello - Rost, Hajto, van Hoogdalem - **Gelb-Rot:** Wichniarek (56.)

Hamburger SV - VfB Stuttgart 3:2 (2:2)
HSV: Pieckenhagen - Hoogma, Hertzsch - Fukal, Wicky, Barbarez (88. Ledesma), Ujfalusi, Kling (80. Kitzbichler) - Mahdavikia, Romeo, Heinz (67. Meijer)
Stuttgart: Ernst - Hinkel, Marques (46. Meißner), Bordon, Carnell (67. Wenzel) - Hleb, Meira, Balakov, Soldo, Seitz (46. Amanatidis) - Kuranyi
Tore: 0:1 Seitz (9.), 1:1 Romeo (14.), 2:1 Barbarez (23.), 2:2 Hleb (26.), 3:2 Romeo (86.) - **SR:** Kemmling (Kleinburgwedel) - **ZS:** 36.740 - **Gelb:** Fukal, Ujfalusi, Kling - Carnell, Kuranyi

1. FC Nürnberg - 1. FC Kaiserslautern (So., 29.9.) 1:0 (0:0)
Nürnberg: Kampa - Kos, Petkovic, Popovic - Sanneh, Frey (70. Nikl), Jarolim, Larsen, Müller - Cacau (30. David), Ciric (83. Driller)
1. FCK: G. Koch - H. Koch (78. Mifsud), Hengen, Knavs - Teber, Bjelica (65. Reuter), Riedl, Grammozis, Dominguez (54. Ratinho) - Lokvenc, Klose
Tor: 1:0 Sanneh (69.) - **SR:** Meyer (Burgdorf) - **ZS:** 30.200 - **Gelb:** Kos, Müller - Bjelica, Riedl - **B.V.:** Kampa hält FE von Ratinho (86.)

VfL Bochum - SV Werder Bremen (So., 29.9.) 1:4 (1:2)
Bochum: van Duijnhoven - Colding, Tapalovic, Fahrenhorst (44. Reis), Mandreko - Freier, Schindzielorz, Wosz (66. Hashemian), Gudjonsson, Buckley (70. Graulund) - Christiansen
Bremen: Borel - Stalteri, Verlaat, Krstajic, Skripnik - Reich (68. Daun), Ernst, Borowski, Lisztes - Ailton (90. Magnin), Charisteas (86. Klasnic)
Tore: 0:1 Ailton (16.), 1:1 Freier (22.), 1:2 Charisteas (37.), 1:3 Ailton (50.), 1:4 Krstajic (87.) - **SR:** Dr. Fleischer (Hallstadt) - **ZS:** 26.171 - **Gelb:** Fahrenhorst, Freier - Krstajic, Skripnik

	Sp.	g.	u.	v.	Tore	Diff.	Punkte
1. Bayern München	7	5	1	1	18 : 7	+11	16
2. Werder Bremen	7	5	0	2	14 :11	+ 3	15
3. Borussia Dortmund	7	3	4	0	9 : 5	+ 4	13
4. Hansa Rostock	7	4	0	3	11 : 6	+ 5	12
5. Schalke 04	7	3	3	1	9 : 6	+ 3	12
6. VfL Bochum	7	3	2	2	15 :10	+ 5	11
7. TSV München 1860	7	3	2	2	10 : 8	+ 2	11
8. VfL Wolfsburg	7	3	1	3	6 : 7	- 1	10
9. Arminia Bielefeld	7	3	1	3	9 :12	- 3	10
10. Hertha BSC Berlin	7	2	3	2	7 : 6	+ 1	9
11. 1. FC Nürnberg	7	3	0	4	9 :12	- 3	9
. Hamburger SV	7	3	0	4	9 :12	- 3	9
13. Bor. M'gladbach	7	2	2	3	7 : 6	+ 1	8
14. Bayer Leverkusen	7	2	2	3	12 :14	- 2	8
15. VfB Stuttgart	7	1	4	2	10 :10	± 0	7
16. Hannover 96	7	2	1	4	11 :15	- 4	7
17. Energie Cottbus	7	1	1	5	5 :16	- 11	4
18. 1. FC Kaiserslautern	7	0	3	4	3 :11	- 8	3

8. Spieltag: Samstag, 5.10.2002

Aufatmen in der Pfalz: FCK feiert ersten Sieg

Hannover 96 - Borussia Dortmund 0:3 (0:1)
Hannover: Sievers - Cherundolo, Linke, Diouf, Stefulj - Lala, Krupnikovic (87. Nehrbauer), de Guzman (72. Kaufman) - Stendel, Idrissou, Stajner (72. Casey)
Dortmund: Lehmann - Evanilson, Madouni, Wörns, Dede - Kehl, Rosicky (84. Amoroso), Frings - Ricken (72. Heinrich), Koller, Ewerthon (76. Reuter)
Tore: 0:1 Frings (42., HE), 0:2 Koller (63.), 0:3 Amoroso (87.) - **SR:** Albrecht (Kaufbeuren) - **ZS:** 48.696 - **Gelb:** Sievers, Linke, Stefulj, de Guzman - Kehl, Dede - **Rot:** Diouf (78.) - **B.V.:** Stajner schießt FE neben das Tor (68.)

FC Bayern München - VfL Bochum 4:1 (2:0)
FC Bayern: Kahn - Sagnol, Kuffour, Linke, Tarnat (68. Lizarazu) - Salihamidzic (68. Hargreaves), Jeremies, Ballack, Zé Roberto (77. Scholl) - Pizarro, Elber
Bochum: Vander - Colding, Reis, Fahrenhorst, Bemben (75. Vriesde) - Freier, Schindzielorz, Tapalovic, Gudjonsson (46. Christiansen), Buckley (75. Hashemian) - Wosz
Tore: 1:0 Elber (27.), 2:0 Pizarro (39.), 3:0 Pizarro (66.), 3:1 Schindzielorz (77.), 4:1 Elber (90.) - **SR:** Fandel (Kyllburg) - **ZS:** 63.000 (ausverkauft) - **Gelb:** Bemben, Tapalovic

VfL Wolfsburg - Bayer 04 Leverkusen 2:0 (1:0)
Wolfsburg: Reitmaier - Rytter, K. Madsen, Schnoor, Rau - Karhan, Ponte (73. Akonnor), Effenberg, Sarpei - Maric (83. Müller), Klimowicz (73. Petrov)
Leverkusen: Butt - Zivkovic, Ramelow, Lucio, Balitsch (73. Preuß) - Ojigwe, Schneider, Bastürk, Babic (46. Franca) - Neuville (60. Simak), Berbatov
Tore: 1:0 Maric (6.), 2:0 Effenberg (74.) - **SR:** Sippel (München) - **ZS:** 14.234 - **Gelb:** Klimowicz, Maric, Effenberg - Ramelow

Hertha BSC Berlin - 1. FC Nürnberg 2:1 (0:1)
Hertha BSC: Fiedler - Friedrich, Rehmer, van Burik (46. Lapaczinski), Hartmann - Marx, Marcelinho, Neuendorf - Pinto (66. Karwan), Preetz (68. Luizao), Goor
Nürnberg: Kampa - Petkovic, Kos, Popovic - Sanneh, Nikl, Larsen, Jarolim (87. David), Müller - Driller (66. Frey), Ciric (73. Villa)
Tore: 0:1 Ciric (42.), 1:1 Marcelinho (75.), 2:1 Marcelinho (83.) - **SR:** Strampe (Handorf) - **ZS:** 38.568 - **Gelb:** Friedrich, Pinto, Rehmer, Neuendorf - Popovic

1. FC Kaiserslautern - FC Energie Cottbus 4:0 (1:0)
1. FCK: G. Koch - H. Koch, Hengen, Knavs - Basler (77. Bjelica), Teber (52. Timm), Riedl, Lincoln (68. Ratinho), Grammozis - Lokvenc, Klose
Cottbus: Piplica - Beeck, da Silva, Berhalter - Reghecampf, Thielemann, Gebhardt (76. Rost), Akrapovic (58. Jungnickel), Löw (26. Hujdurovic) - Topic, Rink
Tore: 1:0 Klose (18.), 2:0 Knavs (49.), 3:0 Klose (72.), 4:0 Hujdurovic (76., ET) - **SR:** Krug (Gelsenkirchen) - **ZS:** 33.246 - **Gelb:** Thielemann, Berhalter, Hujdurovic

FC Schalke 04 - Hamburger SV 3:0 (3:0)
Schalke: Rost - Oude Kamphuis, Hajto, van Hoogdalem, Rodriguez - Asamoah, Poulsen, Möller, Varela (83. Matellan) - Sand, Agali (63. Hanke)
HSV: Pieckenhagen - Fukal, Hoogma, Baur, Hertzsch (77. Christensen), Kling - Mahdavikia, Wicky, Barbarez (82. Rahn), Ujfalusi - Romeo
Tore: 1:0 Agali (9.), 2:0 Sand (15.), 3:0 Asamoah (45.) - **SR:** Stark (Ergolding) - **ZS:** 60.601 (ausverkauft) - **Gelb:** Wicky

Borussia Mönchengladbach - Arminia Bielefeld 3:0 (2:0)
Gladbach: Stiel - Eberl, Witeczek, Strasser, Münch - Kluge (66. Stassin), Korell, Ulich (13. Demo) - Aidoo (72. Ketelaer), van Hout, van Houdt
Bielefeld: Hain - Lense (70. Hansén), Reinhardt, Albayrak - Kauf, Dabrowski, Murawski (46. Diabang), Dammeier - Brinkmann, Bogdanovic (46. Cha), Vata
Tore: 1:0 Aidoo (32.), 2:0 van Houdt (45.), 3:0 Aidoo (60.) - **SR:** Meyer (Burgdorf) - **ZS:** 26.600 - **Gelb:** Korell, Demo - Albayrak, Cha

VfB Stuttgart - TSV München 1860 (So., 6.10.) 4:1 (0:1)
Stuttgart: Hildebrand - Hinkel, Meira, Bordon, Gerber - Tiffert (46. Ganea), Soldo, Balakov (69. Meißner), Hleb, Seitz - Kuranyi (83. Amanatidis)
1860: Jentzsch - Cerny, Rafael (52. Pfuderer), Costa, Meyer - Hoffmann, Kurz (29. Borimirov), Häßler (55. Agostino), Weissenberger - Lauth, Schroth
Tore: 0:1 Schroth (22.), 1:1, 2:1 Kuranyi (46., 49.), 3:1, 4:1 Ganea (50., 90.) - **SR:** Jansen (Essen) - **ZS:** 23.000 - **Gelb:** Kuranyi, Ganea - Kurz, Rafael, Meyer, Cerny - **B.V.:** Jentzsch hält FE von Soldo (34.)

SV Werder Bremen - FC Hansa Rostock (So., 6.10.) 0:0
Bremen: Borel - Stalteri, Verlaat, Krstajic - Ernst, Lisztes (79. Daun), Borowski, Micoud, Skripnik - Charisteas, Ailton (74. Klasnic)
Rostock: Schober - Wimmer, Jakobsson, Kovar, Maul - Rydlewicz, Lantz, Aduobe, Persson (87. Hirsch) - Vorbeck (90. Wibran), Prica (79. Salou)
SR: Dr. Wack (Biberbach) - **ZS:** 32.300 - **Gelb:** Skripnik, Krstajic - Persson, Wimmer

	Sp.	g.	u.	v.	Tore	Diff.	Punkte
1. Bayern München	8	6	1	1	22 : 8	+14	19
2. Borussia Dortmund	8	4	4	0	12 : 5	+ 7	16
3. Werder Bremen	8	5	1	2	14 :11	+ 3	16
4. Schalke 04	8	4	3	1	12 : 6	+ 6	15
5. Hansa Rostock	8	4	1	3	11 : 6	+ 5	13
6. VfL Wolfsburg	8	4	1	3	8 : 7	+ 1	13
7. Hertha BSC Berlin	8	3	3	2	9 : 7	+ 2	12
8. Bor. M'gladbach	8	3	2	3	10 : 6	+ 4	11
9. VfL Bochum	8	3	2	3	16 :14	+ 2	11
10. TSV München 1860	8	3	2	3	11 :12	- 1	11
11. VfB Stuttgart	8	2	4	2	14 :11	+ 3	10
12. Arminia Bielefeld	8	3	1	4	9 :15	- 6	10
13. 1. FC Nürnberg	8	3	0	5	10 :14	- 4	9
14. Hamburger SV	8	3	0	5	9 :15	- 6	9
15. Bayer Leverkusen	8	2	2	4	12 :16	- 4	8
16. Hannover 96	8	2	1	5	11 :18	- 7	7
17. 1. FC Kaiserslautern	8	1	3	4	7 :11	- 4	6
18. Energie Cottbus	8	1	1	6	5 :20	- 15	4

Milliardenliga zwischen Boom und Pleite

9. Spieltag: Samstag, 19.10.2002
FC Bayern distanziert seine Verfolger

Borussia Dortmund - Arminia Bielefeld 0:0
Dortmund: Lehmann - Evanilson, Wörns, Metzelder (46. Madouni), Dede - Reuter, Rosicky (82. Heinrich), Frings - Ewerthon, Koller, Amoroso (82. Ricken)
Bielefeld: Hain - Hansén, Reinhardt, Bogusz - Brinkmann (65. Cha), Kauf, Dabrowski, Dammeier (80. Porcello), Albayrak - Diabang, Wichniarek (76. Vata)
SR: Stark (Ergolding) - **ZS:** 68.600 (ausverkauft) - **Gelb:** Amoroso, Heinrich - Diabang

FC Hansa Rostock - FC Bayern München 0:1 (0:0)
Rostock: Schober - Wimmer, Jakobsson, Kovar, Maul - Rydlewicz (86. Arvidsson), Lantz, Aduobe (86. Meggle), Persson (76. Vorbeck), Prica - Salou
FC Bayern: Kahn - Sagnol, Kuffour, R. Kovac, Tarnat - Hargreaves (68. Scholl), Jeremies, Ballack (86. Linke), Zé Roberto - Elber, Pizarro (76. Santa Cruz)
Tor: 0:1 Zé Roberto (73.) - **SR:** Weiner (Giesen) - **ZS:** 30.000 (ausverkauft) - **Gelb:** Sagnol, Elber, Ballack, Scholl

Bayer 04 Leverkusen - 1. FC Kaiserslautern 1:0 (1:0)
Leverkusen: Butt - Sebescen, Lucio, Zivkovic, Placente - Ramelow, Balitsch, Baştürk (90. Simak), Ojigwe - Neuville (84. Juan), Brdaric (65. Bierofka)
1. FCK: G. Koch - H. Koch (46. Bjelica), Hengen, Knavs - Basler, Riedl, Lokvenc, Grammozis - Teber (63. Lincoln), Klose, Timm (54. Dominguez)
Tor: 1:0 Brdaric (19.) - **SR:** Kemmling (Kleinburgwedel) - **ZS:** 22.500 (ausverkauft) - **Gelb:** Balitsch - Riedl, H. Koch, Basler - **Gelb-Rot:** Zivkovic (33.)

FC Energie Cottbus - Hertha BSC Berlin 0:2 (0:2)
Cottbus: Piplica - Rost, da Silva, Beeck, Löw - Reghecampf, Miriuta (79. Franklin), Kaluzny (67. Schröter), Gebhardt - Topic, Rink (67. Jungnickel)
Hertha BSC: Kiraly - Friedrich, Sverrisson, Rehmer - Madlung, Pinto, Neuendorf (71. Dardai), Hartmann - Alves (81. Preetz), Marcelinho, Goor (82. Maas)
Tore: 0:1 Marcelinho (22.), 0:2 Alves (44.) - **SR:** Fandel (Kyllburg) - **ZS:** 13.612 - **Gelb:** Miriuta, Kaluzny, Gebhardt - Neuendorf, Sverrisson

Hannover 96 - SV Werder Bremen 4:4 (2:1)
Hannover: Sievers - Cherundolo, Linke (70. Stajner), Zuraw, Stefulj - Lala, Krupnikovic, Jaime (70. de Guzman) - Stendel, Bobic, Idrissou
Bremen: Borel - Stalteri, Verlaat, Krstajic, Skripnik - Lisztes (85. Borowski), Baumann, Ernst, Micoud - Charisteas, Ailton (89. Daun)
Tore: 1:0 Krupnikovic (6.), 1:1 Verlaat (10.), 2:1 Idrissou (39.), 2:2 Ailton (52.), 2:3 Charisteas (60.), 2:4 Micoud (67.), 3:4 Bobic (81.), 4:4 Bobic (83.) - **SR:** Aust (Köln) - **ZS:** 45.958 - **Gelb:** Lala, Linke, Krupnikovic - Ailton

TSV München 1860 - FC Schalke 04 3:0 (0:0)
1860: Jentzsch - Cerny, Votava, Costa, Pürk - Meyer, Häßler (64. Borimirov), Kurz, Suker (73. Weissenberger) - Lauth (83. Max), Schroth
Schalke: Rost - Oude Kamphuis, Hajto, van Hoogdalem, Rodriguez (78. Hanke) - Asamoah, Poulsen, Möller, Varela - Sand, Mpenza (61. Wilmots)
Tore: 1:0 Lauth (60.), 2:0 Lauth (76.), 3:0 Schroth (80.) - **SR:** Strampe (Handorf) - **ZS:** 30.000 - **Gelb:** Lauth, Suker, Pürk - Rodriguez, Oude Kamphuis, Poulsen - **Rot:** Kurz (30.) - Varela (30.)

Hamburger SV - Borussia Mönchengladbach 1:0 (0:0)
HSV: Pieckenhagen - Fukal, Hoogma, Ujfalusi, Kling - Mahdavikia, Ledesma, Wicky, Rahn - Meijer (89. Heinz), Romeo (86. Hertzsch)
Gladbach: Stiel - Eberl (54. Stassin), Korell, Strasser, Münch - Hausweiler (71. Skoubo), Witeczek, Kluge (31. Demo) - Aidoo, van Hout, van Houdt
Tor: 1:0 Meijer (47.) - **SR:** Dr. Merk (Kaiserslautern) - **ZS:** 51.616 - **Gelb:** Stassin, van Hout

1. FC Nürnberg - VfB Stuttgart (So., 20.10.) 1:2 (1:0)
Nürnberg: Kampa - Kos, Petkovic, Popovic - Nikl (46. Paßlack), Sanneh, Larsen, Jarolim, Müller - David (66. Driller), Ciric
Stuttgart: Ernst - Hinkel, Marques, Bordon, Gerber - Hleb, Soldo, Meißner (59. Tiffert), Seitz (70. Amanatidis) - Kuranyi, Ganea (86. Wenzel)
Tore: 1:0 Jarolim (44.), 1:1 Kuranyi (80.), 1:2 Amanatidis (84.) - **SR:** Wagner (Kriftel) - **ZS:** 29.500 - **Gelb:** Petkovic, Popovic, Paßlack, Driller - Tiffert, Bordon

VfL Bochum - VfL Wolfsburg (So., 20.10.) 4:2 (1:2)
Bochum: van Duijnhoven - Colding, Kalla, Fahrenhorst, Meichelbeck - Freier, Schindzielorz, Wosz, Tapalovic (22. Gudjonsson), Buckley (65. Hashemian) - Christiansen (73. Bemben)
Wolfsburg: Reitmaier - Rytter, K. Madsen (60. Biliskov), Schnoor (71. Petrov), Rau - Karhan, Ponte, Effenberg, Sarpei (60. Akonnor) - Maric, Klimowicz
Tore: 1:0 Christiansen (5.), 1:1 Klimowicz (6.), 1:2 Ponte (37.), 2:2 Fahrenhorst (56.), 3:2 Freier (57.), 4:2 Hashemian (82.) - **SR:** Dr. Wack (Biberbach) - **ZS:** 18.858 - **Gelb:** Buckley, Schindzielorz, Fahrenhorst - K. Madsen, Effenberg, Maric

10. Spieltag: Samstag, 26.10.2002
Meister BVB im Weserstadion 4:1-Sieger

SV Werder Bremen - Borussia Dortmund 1:4 (1:1)
Bremen: Borel - Baumann (83. Borowski), Verlaat, Krstajic - Ernst (77. Klasnic), Lisztes, Stalteri, Micoud, Skripnik - Charisteas, Ailton
Dortmund: Lehmann - Wörns, Metzelder, Dede (83. Madouni) - Evanilson, Reuter, Kehl, Rosicky (68. Ricken), Frings - Koller, Amoroso (74. Ewerthon)
Tore: 0:1 Frings (2.), 1:1 Ernst (35.), 1:2 Dede (71.), 1:3 Ewerthon (74.), 1:4 Ewerthon (85.) - **SR:** Dr. Merk (Kaiserslautern) - **ZS:** 37.100 - **Gelb:** Baumann, Lisztes - Lehmann, Koller, Rosicky, Dede

FC Bayern München - Hannover 96 3:3 (1:2)
FC Bayern: Wessels - Sagnol (14. Thiam), Kuffour, R. Kovac, Lizarazu - Salihamidzic (41. Zé Roberto), Jeremies, Ballack, Scholl - Pizarro (68. Santa Cruz), Elber
Hannover: Sievers - Cherundolo, Konstantinidis, Zuraw, Stefulj - Lala, Krupnikovic (84. de Guzman), Jaime - Stendel (90. Stajner), Bobic, Idrissou
Tore: 1:0 Elber (4.), 1:1 Zuraw (16.), 1:2 Stendel (44.), 2:2 Scholl (75.), 3:2 Elber (80.), 3:3 Kuffour (82., ET) - **SR:** Koop (Lüttenmark) - **ZS:** 52.000 - **Gelb:** Jeremies - Lala, Bobic

Hertha BSC Berlin - Bayer 04 Leverkusen 1:1 (1:0)
Hertha BSC: Kiraly - Friedrich, Rehmer - Madlung (61. Schmidt), Dardai, Beinlich, Marcelinho, Hartmann - Pinto, Alves (65. Luizao), Goor
Leverkusen: Butt - Sebescen (25. Babic), Lucio, Juan, Placente - Schneider, Balitsch, Baştürk, Ojigwe - Franca (46. Berbatov), Neuville (84. Simak)
Tore: 1:0 Friedrich (20.), 1:1 Juan (54.) - **SR:** Kircher (Rottenburg) - **ZS:** 43.146 - **Gelb:** Dardai - Baştürk

VfB Stuttgart - FC Energie Cottbus 0:0
Stuttgart: Ernst - Hinkel, Meira, Bordon, Gerber (87. Wenzel) - Hleb, Soldo, Meißner, Seitz (46. Tiffert) - Ganea (86. Amanatidis), Kuranyi
Cottbus: Lenz - da Silva, Kaluzny, Beeck - Schröter, Reghecampf (69. Jungnickel), Rost, Gebhardt (85. Latoundji), Löw - Rink (78. Thielemann), Topic
SR: Sippel (München) - **ZS:** 23.000 - **Gelb:** Meißner - Beeck, da Silva, Reghecampf, Rink, Latoundji

Borussia Mönchengladbach - TSV München 1860 0:1 (0:0)
Gladbach: Stiel - Eberl, Korell, Strasser, Münch - Hausweiler (54. Stassin), Witeczek, Demo - Aidoo (73. Ketelaer), van Hout, van Houdt (46. Skoubo)
1860: Jentzsch - Cerny, Votava, Costa, Hoffmann - Borimirov, Häßler (87. Wiesinger), Meyer, Suker (58. Ehlers) - Lauth (64. Weissenberger), Schroth
Tor: 0:1 Schroth (46.) - **SR:** Wagner (Kriftel) - **ZS:** 26.900 - **Gelb:** van Houdt, Aidoo - Meyer, Costa

FC Schalke 04 - 1. FC Nürnberg 1:1 (0:1)
Schalke: Rost - Oude Kamphuis, Hajto, van Hoogdalem (68. Vermant), Rodriguez - Asamoah (27. Sand), Poulsen, Möller, Böhme - Mpenza, Wilmots (80. Hanke)
Nürnberg: Kampa - Nikl, Stehle, Petkovic, Popovic - Sanneh, Larsen, Jarolim, Müller - Belic (55. Michalke), Ciric (80. Paßlack)
Tore: 1:0 Ciric (12.), 1:1 Vermant (90.) - **SR:** Meyer (Burgdorf) - **ZS:** 60.601 (ausverkauft) - **Gelb:** Hajto, Böhme, Mpenza, van Hoogdalem - Nikl, Stehle, Belic

Arminia Bielefeld - Hamburger SV 2:1 (1:0)
Bielefeld: Hain - Reinhardt, Hansén - Bogusz, Kauf, Dabrowski, Dammeier, Albayrak - Brinkmann (11. Diabang, 90. Porcello), Wichniarek (70. Cha), Vata
HSV: Pieckenhagen - Fukal, Meira (82. Heinz), Ujfalusi, Hollerbach - Benjamin, Ledesma, Barbarez, Baur (58. Kitzbichler), Rahn (18. Meijer) - Romeo
Tore: 1:0 Diabang (11.), 2:0 Diabang (57.), 2:1 Meijer (66.) - **SR:** Dr. Fleischer (Hallstadt) - **ZS:** 25.169 - **Gelb:** Kauf, Fukal, Hollerbach, Kitzbichler - **Gelb-Rot:** Barbarez (71.)

VfL Wolfsburg - FC Hansa Rostock (So., 27.10.) 1:0 (1:0)
Wolfsburg: Reitmaier - Rytter, Franz, Schnoor, Rau - Ponte (81. Sarpei), Karhan, Effenberg, Akonnor - Klimowicz, Maric (77. Präger)
Rostock: Schober - Wimmer, Jakobsson, Kovar, Maul - Rydlewicz, Lantz, Aduobe, Hansen (79. Meggle) - Vorbeck, Arvidsson (75. Prica)
Tor: 1:0 Klimowicz (29.) - **SR:** Krug (Gelsenkirchen) - **ZS:** 11.612 - **Gelb:** Franz, Akonnor, Karhan - Rydlewicz, Lantz, Prica

1. FC Kaiserslautern - VfL Bochum (Mi., 13.11.) 0:2 (0:2)
1. FCK: G. Koch - H. Koch, Lembi (46. Klos), Sforza, Grammozis - Timm (58. Basler), Bjelica, Riedl, Lincoln, Malz (46. Mifsud) - Klose
Bochum: van Duijnhoven - Colding, Kalla, Fahrenhorst, Meichelbeck - Freier, Gudjonsson (70. Bemben), Wosz, Buckley (84. Vriesde) - Christiansen (70. Hashemian)
Tore: 0:1 Christiansen (7.), 0:2 Christiansen (21.) - **SR:** Keßler (Höhenkirchen) - **ZS:** 36.209 - **Gelb:** Klose, Basler - Colding, Meichelbeck, Vriesde

	Sp.	g.	u.	v.	Tore	Diff.	Punkte
1. Bayern München	9	7	1	1	23 : 8	+15	22
2. Borussia Dortmund	9	4	5	0	12 : 5	+ 7	17
3. Werder Bremen	9	5	2	2	18 :15	+ 3	17
4. Hertha BSC Berlin	9	4	3	2	11 : 7	+ 4	15
5. Schalke 04	9	4	3	2	12 : 9	+ 3	15
6. VfL Bochum	9	4	2	3	20 :16	+ 4	14
7. TSV München 1860	9	4	2	3	14 :12	+ 2	14
8. VfB Stuttgart	9	3	4	2	16 :12	+ 4	13
9. Hansa Rostock	9	4	1	4	11 : 7	+ 4	13
10. VfL Wolfsburg	9	4	1	4	10 :11	- 1	13
11. Hamburger SV	9	4	0	5	10 :15	- 5	12
12. Bor. M'gladbach	9	3	2	4	10 : 7	+ 3	11
13. Bayer Leverkusen	9	3	2	4	13 :16	- 3	11
14. Arminia Bielefeld	9	3	2	4	9 :15	- 6	11
15. 1. FC Nürnberg	9	3	0	6	11 :16	- 5	9
16. Hannover 96	9	2	2	5	15 :22	- 7	8
17. 1. FC Kaiserslautern	9	1	3	5	7 :12	- 5	6
18. Energie Cottbus	9	1	1	7	5 :22	- 17	4

	Sp.	g.	u.	v.	Tore	Diff.	Punkte
1. Bayern München	10	7	2	1	26 :11	+15	23
2. Borussia Dortmund	10	5	5	0	16 : 6	+10	20
3. TSV München 1860	10	5	2	3	15 :12	+ 3	17
4. Werder Bremen	10	5	2	3	19 :19	± 0	17
5. Hertha BSC Berlin	10	4	4	2	12 : 8	+ 4	16
6. Schalke 04	10	4	4	2	13 :10	+ 3	16
7. VfL Wolfsburg	10	5	1	4	11 :11	± 0	16
8. VfL Bochum	9	4	2	3	20 :16	+ 4	14
9. VfB Stuttgart	10	3	5	2	16 :12	+ 4	14
10. Arminia Bielefeld	10	4	2	4	11 :16	- 5	14
11. Hansa Rostock	10	4	1	5	11 : 8	+ 3	13
12. Bayer Leverkusen	10	3	3	4	14 :17	- 3	12
13. Hamburger SV	10	4	0	6	11 :17	- 6	12
14. Bor. M'gladbach	10	3	2	5	10 : 8	+ 2	11
15. 1. FC Nürnberg	10	3	1	6	12 :17	- 5	10
16. Hannover 96	10	2	3	5	18 :25	- 7	9
17. 1. FC Kaiserslautern	9	1	3	5	7 :12	- 5	6
18. Energie Cottbus	10	1	2	7	5 :22	- 17	5

Bundesliga 2002/2003

11. Spieltag: Samstag, 2.11.2002

Werders 2:0 lässt Spitze zusammenrücken

Borussia Dortmund - Hamburger SV 1:1 (0:0)
Dortmund: Lehmann - Evanilson, Wörns, Metzelder, Dede - Reuter (62. Ricken), Frings, Rosicky, Heinrich (79. Kehl) - Koller, Amoroso (62. Ewerthon)
HSV: Pieckenhagen - Fukal, Hoogma, Ujfalusi, Hollerbach - Benjamin, Ledesma (80. Heinz), Maltritz, Meijer, Rahn (80. Christensen) - Romeo (90. Hertzsch)
Tore: 1:0 Rosicky (67.), 1:1 Christensen (89.) - **SR:** Dr. Wack (Biberbach) - **ZS:** 68.600 (ausverkauft) - **Gelb:** Frings - Maltritz, Ledesma, Hollerbach - **Rot:** Meijer (90.) - **B.V.:** Hollerbach schießt HE über das Tor (87.)

Hannover 96 - VfL Wolfsburg 3:1 (2:0)
Hannover: Sievers - Cherundolo (67. Schuler), Konstantinidis, Zuraw, Stefulj - de Guzman, Krupnikovic, Jaime - Stendel (73. Stajner), Bobic (85. N'Kufo), Idrissou
Wolfsburg: Reitmaier - Rytter (61. Munteanu), Franz, Schnoor, Rau - Ponte, Karhan, Effenberg, Akonnor (61. Sarpei) - Klimowicz (46. Petrov), Maric
Tore: 1:0 Stendel (23.), 2:0 Bobic (28.), 2:1 Munteanu (76.), 3:1 Konstantinidis (82.) - **SR:** Jansen (Essen) - **ZS:** 38.686 - **Gelb:** Rytter, Effenberg, Petrov

Bayer 04 Leverkusen - VfB Stuttgart 0:1 (0:1)
Leverkusen: Butt - Sebescen, Ramelow, Lucio, Placente - Schneider, Balitsch (60. Bierofka), Bastürk, Babic (46. Simak) - Neuville (46. Brdaric), Berbatov
Stuttgart: Ernst - Hinkel, Meira, Wenzel, Gerber - Hleb, Soldo, Balakov, Meißner, Seitz (59. Mutzel) - Amanatidis (46. Ganea, 68. Kuranyi)
Tor: 0:1 Meißner (19.) - **SR:** Stark (Ergolding) - **ZS:** 22.500 (ausverkauft) - **Gelb:** Bastürk, Simak - Hleb

FC Energie Cottbus - FC Schalke 04 0:1 (0:0)
Cottbus: Lenz - Kaluzny, Beeck - Schröter, Berhalter, T. Rost, Löw, Latoundji (81. Reichenberger), Gebhardt (81. Reghecampf) - Rink (73. Jungnickel), Topic
Schalke: F. Rost - Oude Kamphuis, van Hoogdalem, Matellan, Rodriguez - Kmetsch, Varela, Poulsen, Wilmots (67. Möller), Böhme (86. Asamoah) - Sand
Tor: 0:1 Möller (79.) - **SR:** Dr. Fleischer (Hallstadt) - **ZS:** 13.340 - **Gelb:** Schröter, Kaluzny - Kmetsch, Rodriguez, Böhme

TSV München 1860 - Arminia Bielefeld 3:1 (3:1)
1860: Jentzsch - Cerny, Votava, Costa, Hoffmann - Borimirov, Häßler (89. Weissenberger), Meyer, Suker (54. Kurz) - Lauth (70. Max), Schroth
Bielefeld: Hain - Reinhardt, Hansén - Bogusz, Kauf, Dabrowski, Vata, Dammeier (65. Cha), Albayrak (78. Porcello) - Wichniarek, Diabang (78. Bogdanovic)
Tore: 1:0 Suker (14.), 1:1 Wichniarek (15.), 2:1 Lauth (30.), 3:1 Lauth (38.) - **SR:** Kemmling (Kleinburgwedel) - **ZS:** 22.500 - **Gelb:** Suker - Albayrak

1. FC Nürnberg - Borussia Mönchengladbach 2:1 (2:0)
Nürnberg: Kampa - Nikl, Kos, Petkovic, Popovic - Sanneh, Larsen, Jarolim (87. Stehle), Müller - Belic (74. Michalke), Ciric (83. Driller)
Gladbach: Stiel - Eberl (63. Ketelaer), Korell, Strasser, Witeczek - Aidoo (46. Küntzel), Hausweiler (27. Pletsch), Stassin, Münch - van Hout, Skoubo
Tore: 1:0 Nikl (8.), 2:0 Ciric (22., FE), 2:1 Strasser (75.) - **SR:** Kinhöfer (Herne) - **ZS:** 30.600 - **Gelb:** Larsen, Petkovic, Michalke, Sanneh - Hausweiler, Korell - **Rot:** Stassin (88.)

FC Hansa Rostock - 1. FC Kaiserslautern 2:2 (1:1)
Rostock: Schober - Wimmer, Jakobsson, Kovar, Hill - Lantz, Meggle (76. Wibran), Aduobe - Rydlewicz, Prica (87. Salou), Vorbeck (79. Arvidsson)
1. FCK: G. Koch - H. Koch, Lembi (58. Reuter), Hengen, Grammozis - Basler, Riedl, Bjelica, Sforza - Klose (44. Mifsud), Lokvenc (87. Teber)
Tore: 1:0 Rydlewicz (17.), 1:1 Lokvenc (22.), 2:1 Vorbeck (72.), 2:2 Mifsud (78.) - **SR:** Aust (Köln) - **ZS:** 18.400 - **Gelb:** Prica - Sforza, H. Koch, G. Koch

SV Werder Bremen - FC Bayern München (So., 3.11.) 2:0 (1:0)
Bremen: Borel - Baumann, Verlaat (52. Skripnik), Krstajic - Stalteri, Lisztes, Ernst, Micoud, Magnin (83. Wehlage) - Charisteas, Daun (76. Reich)
FC Bayern: Kahn - Sagnol, Kuffour, Linke, Lizarazu - Salihamidzic, Jeremies (70. Fink), Hargreaves, Scholl (42. Zé Roberto) - Santa Cruz (66. Zickler), Pizarro
Tore: 1:0 Daun (17.), 2:0 Krstajic (80.) - **SR:** Krug (Gelsenkirchen) - **ZS:** 40.200 (ausverkauft) - **Gelb:** Fink

VfL Bochum - Hertha BSC Berlin (So., 3.11.) 3:0 (0:0)
Bochum: van Duijnhoven - Colding, Kalla, Fahrenhorst, Meichelbeck - Freier, Gudjonsson, Wosz (80. Christiansen), Schindzielorz, Buckley (71. Bemben) - Hashemian (86. Graulund)
Hertha BSC: Kiraly - Friedrich, Sverrisson (62. Pinto), Nené, Hartmann - Schmidt, Marcelinho, Dardai (75. Luizao) - Karwan, Preetz, Goor (66. Beinlich)
Tore: 1:0 Wosz (49.), 2:0 Freier (80.), 3:0 Gudjonsson (90.) - **SR:** Weiner (Giesen) - **ZS:** 22.009 - **Gelb:** Freier, Buckley - Marcelinho, Pinto

	Sp.	g.	u.	v.	Tore	Diff.	Punkte
1. Bayern München	11	7	2	2	26 : 13	+13	23
2. Borussia Dortmund	11	5	6	0	17 : 7	+10	21
3. TSV München 1860	11	6	2	3	18 : 13	+ 5	20
4. Werder Bremen	11	6	2	3	21 : 19	+ 2	20
5. Schalke 04	11	5	4	2	14 : 10	+ 4	19
6. VfL Bochum	10	5	2	3	23 : 16	+ 7	17
7. VfB Stuttgart	11	4	5	2	17 : 12	+ 5	17
8. Hertha BSC Berlin	11	4	4	3	12 : 11	+ 1	16
9. VfL Wolfsburg	11	5	1	5	12 : 14	- 2	16
10. Hansa Rostock	11	4	2	5	13 : 10	+ 3	14
11. Arminia Bielefeld	11	4	2	5	12 : 19	- 7	14
12. 1. FC Nürnberg	11	4	1	6	14 : 18	- 4	13
13. Hamburger SV	11	4	1	6	12 : 18	- 6	13
14. Bayer Leverkusen	11	3	3	5	14 : 18	- 4	12
15. Hannover 96	11	3	3	5	21 : 26	- 5	12
16. Bor. M'gladbach	11	3	2	6	11 : 10	+ 1	11
17. 1. FC Kaiserslautern	10	1	4	5	9 : 14	- 5	7
18. Energie Cottbus	11	1	2	8	5 : 23	- 18	5

12. Spieltag: Samstag, 9.11.2002

Joker Ganea sticht drei Mal - VfB Dritter!

FC Bayern München - Borussia Dortmund 2:1 (0:1)
FC Bayern: Kahn - Sagnol (80. N. Kovac), Kuffour, Linke, Lizarazu - Salihamidzic, Jeremies (76. Fink), Ballack, Hargreaves (46. Pizarro) - Santa Cruz, Elber
Dortmund: Lehmann - Wörns, Metzelder (63. Kehl) - Heinrich, Frings, Rosicky, Reuter, Dede (36. Madouni) - Ewerthon, Koller, Amoroso (63. Ricken)
Tore: 0:1 Koller (7.), 1:1 Santa Cruz (62.), 2:1 Pizarro (66.) - **SR:** Weiner (Giesen) - **ZS:** 63.000 (ausverkauft) - **Gelb:** Elber - Dede, Koller, Kehl - **Gelb-Rot:** Frings (41.), Lehmann (66.) - **B.V.:** Dortmund nach Lehmanns Platzverweis mit Jan Koller im Tor, da das Auswechselkontingent bereits erschöpft war.

VfL Wolfsburg - SV Werder Bremen 3:1 (1:0)
Wolfsburg: Reitmaier - Franz (46. Schnoor), Karhan, Biliskov - Sarpei (64. Greiner), Ponte, Effenberg, Munteanu (73. Akonnor), Rau - Klimowicz, Petrov
Bremen: Borel - Skripnik, Krstajic - Stalteri, Lisztes (63. Ailton), Ernst, Baumann, Micoud, Magnin - Charisteas, Daun (79. Klasnic)
Tore: 1:0 Petrov (28.), 2:0 Ponte (66.), 2:1 Micoud (70.), 3:1 Effenberg (84.) - **SR:** Keßler (Höhenkirchen) - **ZS:** 12.613 - **Gelb:** Petrov, Klimowicz, Ponte, Karhan, Franz - Baumann - **Rot:** Charisteas (45.)

FC Schalke 04 - Bayer 04 Leverkusen 0:1 (0:0)
Schalke: Rost - Oude Kamphuis, Hajto, van Hoogdalem, Matellan (90. Hanke) - Poulsen, Möller, Vermant (90. Reck/TW) - Asamoah (79. Böhme), Sand, Mpenza
Leverkusen: Butt - Lucio, Zivkovic, Ramelow, Placente - Sebescen, Neuville (74. Simak), Balitsch, Schneider, Bierofka - Berbatov (74. Brdaric)
Tor: 0:1 Schneider (90., FE) - **SR:** Dr. Wack (Biberbach) - **ZS:** 60.601 (ausverkauft) - **Gelb:** Poulsen, Asamoah, Hajto - Zivkovic, Neuville, Placente, Sebescen, Brdaric - **Rot:** Rost (87.)

VfB Stuttgart - VfL Bochum 3:2 (0:0)
Stuttgart: Ernst - Hinkel, Marques (71. Ganea), Meira, Gerber - Hleb, Soldo, Balakov, Meißner (46. Amanatidis), Seitz - Kuranyi
Bochum: van Duijnhoven - Colding, Kalla, Fahrenhorst, Meichelbeck - Freier, Schindzielorz, Wosz, Gudjonsson (46. Bemben), Graulund (58. Christiansen) - Hashemian (70. Reis)
Tore: 0:1 Christiansen (67.), 1:1 Ganea (74.), 1:2 Schindzielorz (84.), 2:2 Ganea (86., HE), 3:2 Ganea (90.) - **SR:** Meyer (Burgdorf) - **ZS:** 21.000 - **Gelb:** Meira, Gerber - van Duijnhoven, Colding, Kalla, Freier, Graulund, Gudjonsson, Hashemian

Hamburger SV - TSV München 1860 1:0 (1:0)
HSV: Pieckenhagen - Fukal, Hoogma, Ujfalusi, Hollerbach - Mahdavikia, Ledesma (68. Benjamin), Cardoso, Maltritz, Christensen (72. Hertzsch) - Romeo
1860: Jentzsch - Ehlers (70. Agostino), Votava, Costa, Hoffmann - Meyer (78. Weissenberger), Kurz (24. Wiesinger), Häßler, Suker - Lauth, Schroth
Tor: 1:0 Romeo (29.) - **SR:** Krug (Gelsenkirchen) - **ZS:** 36.370

Arminia Bielefeld - 1. FC Nürnberg 0:1 (0:0)
Bielefeld: Hain - Reinhardt, Hansén - Rauw (77. van der Ven), Kauf, Dabrowski, Dammeier (64. Porcello), Albayrak - Brinkmann (65. Diabang), Wichniarek, Vata
Nürnberg: Kampa - Nikl, Kos, Petkovic, Popovic - Sanneh, Larsen, Jarolim (86. Stehle), Müller - Ciric, Driller (78. Belic)
Tor: 0:1 Driller (56.) - **SR:** Aust (Köln) - **ZS:** 18.153 - **Gelb:** Rauw - Kos, Nikl

1. FC Kaiserslautern - Hannover 96 0:1 (0:1)
1. FCK: G. Koch - H. Koch, Klos (42. Mifsud), Sforza, Lembi - Basler, Hengen, Lincoln, Bjelica (29. Riedl) - Klose, Timm (53. Lokvenc)
Hannover: Sievers - Cherundolo, Konstantinidis, Zuraw, Stefulj - Krupnikovic (72. Lala), Jaime, de Guzman - Stendel, Bobic (90. N'Kufo), Idrissou
Tor: 0:1 Bobic (40.) - **SR:** Dr. Fleischer (Hallstadt) - **ZS:** 32.231 - **Gelb:** Lincoln, Basler, Klos, H. Koch - Stefulj

Borussia Mönchengladbach - FC Energie Cottbus (So., 10.11.) 3:0 (3:0)
Gladbach: Stiel - Eberl, Korell, Pletsch, Münch - Demo, Witeczek, Ulich (71. Skoubo) - Aidoo (79. Ketelaer), van Hout, Felgenhauer (88. Küntzel)
Cottbus: Lenz - Hujdurovic (59. Latoundji), da Silva, Beeck, Löw - Reghecampf, Thielemann, Rost, Gebhardt (46. Kobylanski) - Juskowiak (75. Rozgonyi), Reichenberger
Tore: 1:0 Felgenhauer (2.), 2:0 Ulich (6.), 3:0 van Hout (22.) - **SR:** Strampe (Handorf) - **ZS:** 23.200 - **Gelb:** Korell - Hujdurovic - **Gelb-Rot:** Thielemann (72.)

Hertha BSC Berlin - FC Hansa Rostock (So., 10.11.) 3:1 (2:1)
Hertha BSC: Kiraly - Friedrich, Rehmer, Nené, Hartmann - Marx (83. Maas), Schmidt, Beinlich (67. Tretschok) - Alves (80. Karwan), Preetz, Goor
Rostock: Schober - Kientz, Jakobsson, Kovar, Hill (46. Maul) - Lantz, Aduobe (81. Persson), Meggle, Hansen (62. Vorbeck) - Rydlewicz, Salou
Tore: 1:0 Goor (8.), 2:0 Alves (10.), 2:1 Salou (15.), 3:1 Friedrich (58.) - **SR:** Dr. Merk (Kaiserslautern) - **ZS:** 40.159 - **Gelb:** Beinlich - Hansen

	Sp.	g.	u.	v.	Tore	Diff.	Punkte
1. Bayern München	12	8	2	2	28 : 14	+14	26
2. Borussia Dortmund	12	5	6	1	18 : 9	+ 9	21
3. VfB Stuttgart	12	5	5	2	20 : 14	+ 6	20
4. TSV München 1860	12	6	2	4	18 : 14	+ 4	20
5. Werder Bremen	12	6	2	4	22 : 22	± 0	20
6. Hertha BSC Berlin	12	5	4	3	15 : 12	+ 3	19
7. Schalke 04	12	5	4	3	14 : 11	+ 3	19
8. VfL Wolfsburg	12	6	1	5	15 : 15	± 0	19
9. VfL Bochum	11	5	2	4	25 : 19	+ 6	17
10. 1. FC Nürnberg	12	5	1	6	15 : 18	- 3	16
11. Hamburger SV	12	5	1	6	13 : 18	- 5	16
12. Bayer Leverkusen	12	4	3	5	15 : 18	- 3	15
13. Hannover 96	12	4	3	5	22 : 26	- 4	15
14. Bor. M'gladbach	12	4	2	6	14 : 10	+ 4	14
15. Hansa Rostock	12	4	2	6	14 : 13	+ 1	14
16. Arminia Bielefeld	12	4	2	6	12 : 20	- 8	14
17. 1. FC Kaiserslautern	11	1	4	6	9 : 15	- 6	7
18. Energie Cottbus	12	1	2	9	5 : 26	- 21	5

Milliardenliga zwischen Boom und Pleite

13. Spieltag: Samstag, 16.11.2002

Cardoso wieder fit - HSV beendet Auswärtsmisere

FC Bayern München - VfL Wolfsburg 1:0 (1:0)
FC Bayern: Kahn - Salihamidzic (63. R. Kovac), Kuffour, Linke, Lizarazu - Scholl (68. Feulner), Jeremies, Ballack, Zé Roberto - Santa Cruz, Elber (87. Pizarro)
Wolfsburg: Reitmaier - Sarpei, Franz, Biliskov, Rau (79. Maric) - Karhan, Effenberg, Munteanu (46. Präger) - Petrov, Klimowicz, Ponte
Tor: 1:0 Santa Cruz (27.) - **SR:** Dr. Merk (Kaiserslautern) - **ZS:** 44.000 - **Gelb:** Elber, Scholl - Franz, Sarpei

Borussia Dortmund - TSV München 1860 1:0 (1:0)
Dortmund: Weidenfeller - Wörns, Madouni - Ricken, Reuter, Kehl, Rosicky (90. Thorwart), Dede - Reina (72. Amoroso), Koller, Ewerthon (90. Leandro)
1860: Jentzsch - Cerny, Costa, Votava, Hoffmann (79. Agostino) - Meyer (54. Borimirov), Schwarz, Häßler, Weissenberger - Lauth (54. Suker), Schroth
Tor: 1:0 Ewerthon (5.) - **SR:** Fandel (Kyllburg) - **ZS:** 68.600 (ausverkauft) - **Gelb:** Meyer

Bayer 04 Leverkusen - Borussia Mönchengladbach 2:2 (1:1)
Leverkusen: Butt - Zivkovic, Ramelow (72. Kirsten), Lucio, Placente - Balitsch, Schneider, Simak (54. Bastürk) - Neuville, Berbatov (46. Brdaric), Bierofka
Gladbach: Stiel - Eberl, Pletsch, Witeczek, Embers - Hausweiler, Demo (61. van Houdt), Ulich - Aidoo, van Hout (41. Korzynietz), Felgenhauer (79. Plate)
Tore: 0:1 Demo (25.), 1:1 Bierofka (29.), 1:2 Korzynietz (71.), 2:2 Bierofka (86.) - **SR:** Gagelmann (Bremen) - **ZS:** 22.500 (ausv.) - **Gelb:** Zivkovic, Schneider - Stiel, Hausweiler - **Rot:** Placente (75.)

FC Hansa Rostock - VfB Stuttgart 1:1 (1:0)
Rostock: Schober - Wimmer, Jakobsson, Kovar, Maul - Lantz, Kientz (38. Hirsch), Meggle (86. Vorbeck) - Rydlewicz, Salou, Prica
Stuttgart: Ernst - Hinkel, Meira, Bordon, Gerber - Hleb, Soldo, Balakov, Meißner (46. Mutzel), Seitz (46. Ganea) - Kuranyi (80. Marques)
Tore: 1:0 Prica (4.), 1:1 Kuranyi (46.) - **SR:** Albrecht (Kaufbeuren) - **ZS:** 13.800 - **Gelb:** Kientz, Rydlewicz, Meggle, Maul - Seitz, Bordon - **Rot:** Salou (61.) - Meira (61.)

1. FC Nürnberg - Hamburger SV 1:3 (1:1)
Nürnberg: Kampa - Kos, Petkovic - Nikl, Sanneh (70. Junior), Larsen, Jarolim, Popovic, Müller - Driller (55. Cacau), Ciric
HSV: Pieckenhagen - Fukal, Hoogma (82. Baur), Ujfalusi, Hollerbach - Mahdavikia, Maltritz, Cardoso (90. Christensen), Wicky - Romeo, Barbarez (76. Benjamin)
Tore: 0:1 Barbarez (26.), 1:1 Ciric (40., FE), 1:2 Maltritz (51.), 1:3 Romeo (66.) - **SR:** Jansen (Essen) - **ZS:** 26.000 - **Gelb:** Müller, Jarolim - Romeo

FC Energie Cottbus - Arminia Bielefeld 2:1 (1:0)
Cottbus: Lenz - Rozgonyi, Kaluzny, Beeck, Löw (43. Berhalter) - Schröter, Rost, Vagner (65. Reghecampf), Kobylanski - Topic, Reichenberger (62. Jungnickel)
Bielefeld: Hain - Reinhardt, Hansén - Rauw, Kauf, Dabrowski, Dammeier (46. Brinkmann), Albayrak - Diabang, Wichniarek (64. Bogdanovic), Vata
Tore: 1:0 Kobylanski (8.), 2:0 Beeck (66.), 2:1 Kauf (72.) - **SR:** Meyer (Burgdorf) - **ZS:** 12.628 - **Gelb:** Topic - Dammeier, Brinkmann, Hain, Reinhardt, Albayrak - **Gelb-Rot:** Beeck (66.) - **Rot:** Dabrowski (90.)

Hannover 96 - Hertha BSC Berlin 0:1 (0:1)
Hannover: Sievers - Cherundolo, Konstantinidis, Zuraw, Stefulj - de Guzman (46. Lala), Krupnikovic, Jaime (75. N'Kufo) - Stendel (46. Stajner), Bobic, Idrissou
Hertha BSC: Kiraly - Friedrich, Rehmer (66. Madlung), Nené - Marx (78. Preetz), Schmidt, Tretschok, Hartmann - Marcelinho, Alves (75. Pinto), Goor
Tor: 0:1 Goor (17.) - **SR:** Stark (Ergolding) - **ZS:** 38.794 - **Gelb:** Konstantinidis, Bobic - Nené

SV Werder Bremen - 1. FC Kaiserslautern (So., 17.11.) 5:3 (1:2)
Bremen: Borel - Baumann (72. Klasnic), Verlaat, Krstajic - Stalteri, Lisztes, Ernst, Micoud, Magnin (31. Skripnik) - Daun, Ailton (90. Reich)
1. FCK: Wiese - Klos, Hengen, H. Koch - Teber, Sforza, Lincoln (74. Reuter), Riedl, Grammozis - Timm, Klose (86. Mifsud)
Tore: 0:1 Lincoln (10.), 1:1 Verlaat (14.), 1:2 H. Koch (18., FE), 1:3 Timm (53.), 2:3 Klose (61., ET), 3:3 Ailton (77.), 4:3 Ailton (88.), 5:3 Klasnic (90.) - **SR:** Koop (Lüttenmark) - **ZS:** 28.300 - **Gelb:** Krstajic, Ernst, Verlaat - H. Koch, Teber, Grammozis - **Gelb-Rot:** Sforza (37.)

VfL Bochum - FC Schalke 04 (So., 17.11.) 0:2 (0:0)
Bochum: van Duijnhoven (46. Vander) - Colding, Kalla, Fahrenhorst, Meichelbeck - Freier, Gudjonsson (78. Hashemian), Wosz, Schindzielorz, Buckley - Christiansen
Schalke: Reck - Oude Kamphuis, Hajto, van Hoogdalem, Matellan - Poulsen, Möller, Kmetsch (87. Vermant) - Asamoah, Sand, Iyodo (84. Hanke)
Tore: 0:1 Kalla (48., ET), 0:2 Asamoah (86.) - **SR:** Kircher (Rottenburg) - **ZS:** 32.645 (ausverkauft) - **Gelb:** Kalla, Wosz, Meichelbeck - Kmetsch

	Sp.	g.	u.	v.	Tore	Diff.	Punkte
1. Bayern München	13	9	2	2	29 :14	+15	29
2. Borussia Dortmund	13	6	6	1	19 : 9	+10	24
3. Werder Bremen	13	7	2	4	27 :25	+ 2	23
4. Schalke 04	13	6	4	3	16 :11	+ 5	22
5. Hertha BSC Berlin	13	6	4	3	16 :12	+ 4	22
6. VfB Stuttgart	13	5	6	2	21 :15	+ 6	21
7. VfL Bochum	13	6	2	5	27 :21	+ 6	20
8. TSV München 1860	13	6	2	5	18 :15	+ 3	20
9. VfL Wolfsburg	13	6	1	6	15 :16	- 1	19
10. Hamburger SV	13	6	1	6	16 :19	- 3	19
11. Bayer Leverkusen	13	4	4	5	17 :20	- 3	16
12. 1. FC Nürnberg	13	5	1	7	16 :21	- 5	16
13. Bor. M'gladbach	13	4	3	6	16 :12	+ 4	15
14. Hansa Rostock	13	4	3	6	15 :14	+ 1	15
15. Hannover 96	13	4	3	6	22 :27	- 5	15
16. Arminia Bielefeld	13	4	2	7	13 :22	- 9	14
17. Energie Cottbus	13	2	2	9	7 :27	-20	8
18. 1. FC Kaiserslautern	13	1	4	8	12 :22	-10	7

14. Spieltag: Samstag, 23.11.2002

Bayern nimmt den Betzenberg im Schongang

1. FC Kaiserslautern - FC Bayern München 0:2 (0:2)
1. FCK: Wiese - Klos, Basler, Lembi (41. Bjelica) - Riedl, Teber (67. Ratinho), Hengen (46. Mifsud), Lincoln, Grammozis, Timm - Klose
FC Bayern: Kahn - Kuffour, R. Kovac, Linke, Lizarazu - N. Kovac, Ballack, Jeremies (59. Thiam) - Santa Cruz, Elber (73. Pizarro), Scholl (73. Zé Roberto)
Tore: 0:1 Ballack (9.), 0:2 Santa Cruz (16.) - **SR:** Fröhlich (Berlin) - **ZS:** 40.010 (ausverkauft) - **Gelb:** Lembi, Bjelica, Basler - Lizarazu

VfL Wolfsburg - Borussia Dortmund 2:0 (1:0)
Wolfsburg: Reitmaier - Rytter, Franz, Schnoor, Rau - Karhan, Effenberg, Sarpei - Präger (80. Müller), Klimowicz, Ponte (77. Akonnor)
Dortmund: Lehmann - Metzelder (62. Reina), Wörns, Dede - Ricken, Frings, Reuter (62. Heinrich), Rosicky, Kehl (74. Amoroso), Ewerthon - Koller
Tore: 1:0 Klimowicz (20.), 2:0 Klimowicz (55.) - **SR:** Steinborn (Sinzig) - **ZS:** 19.297 - **Gelb:** Effenberg, Präger, Sarpei - Kehl, Ewerthon, Ricken

Borussia Mönchengladbach - VfL Bochum 2:2 (0:0)
Gladbach: Stiel - Eberl, Pletsch, Witeczek, Embers - Ulich, Korell, Demo (71. Stassin) - Aidoo (88. Korzynietz), van Hout, Felgenhauer (81. van Houdt)
Bochum: Vander - Colding, Kalla, Fahrenhorst, Meichelbeck (78. Reis) - Freier, Schindzielorz, Wosz, Tapalovic (62. Hashemian), Buckley (71. Graulund) - Christiansen
Tore: 1:0 Demo (56.), 2:0 van Hout (59.), 2:1 Hashemian (86.), 2:2 Graulund (90.) - **SR:** Dr. Fleischer (Hallstadt) - **ZS:** 28.300 - **Gelb:** Eberl, Demo - Fahrenhorst, Wosz

VfB Stuttgart - Hannover 96 3:0 (1:0)
Stuttgart: Ernst - Hinkel, Marques, Bordon (78. Wenzel), Gerber - Hleb, Soldo, Balakov (88. Seitz), Meißner (69. Mutzel), Amanatidis - Kuranyi
Hannover: Sievers - Cherundolo (62. Stendel), Konstantinidis, Zuraw (46. Diouf), Stefulj - Lala, Krupnikovic (46. de Guzman), Jaime - Stajner, Bobic, Idrissou
Tore: 1:0 Amanatidis (35.), 2:0 Hleb (54.), 3:0 Stefulj (73., ET) - **SR:** Krug (Gelsenkirchen) - **ZS:** 46.000 - **Gelb:** Meißner - Zuraw, Lala, Cherundolo, Jaime, Diouf

FC Schalke 04 - FC Hansa Rostock 2:2 (2:0)
Schalke: Rost - Oude Kamphuis, Hajto, van Hoogdalem, Matellan - Asamoah (83. Iyodo), Poulsen, Möller (61. Kmetsch), Böhme - Sand, Mpenza
Rostock: Schober - Wimmer, Jakobsson, Kovar, Maul - Wibran, Hirsch, Lantz (84. Arvidsson), Persson (70. Vorbeck) - Rydlewicz (11. Prica), Meggle
Tore: 1:0 Sand (5.), 2:0 Mpenza (39.), 2:1 Wibran (51.), 2:2 Prica (86.) - **SR:** Kemmling (Kleinburgwedel) - **ZS:** 60.601 (ausverkauft) - **Gelb:** Kmetsch - Maul, Meggle

Arminia Bielefeld - Bayer 04 Leverkusen 2:2 (1:1)
Bielefeld: Hain - Lense, Reinhardt, Hansén, Bogusz - Kauf, Vata (56. Diabang), Murawski (80. Porcello), Albayrak (80. Bogdanovic) - Brinkmann, Wichniarek
Leverkusen: Butt - Sebescen, Ramelow, Lucio, Zivkovic - Schneider, Balitsch, Babic - Neuville (75. Simak), Brdaric, Bierofka
Tore: 0:1 Brdaric (17.), 1:1 Wichniarek (26.), 1:2 Zivkovic (69.), 2:2 Wichniarek (85.) - **SR:** Fandel (Kyllburg) - **ZS:** 24.100 - **Gelb:** Hansén, Bogusz - Ramelow

Hertha BSC Berlin - SV Werder Bremen 0:1 (0:1)
Hertha BSC: Kiraly - Friedrich, Rehmer (51. Tretschok), Nené - Marx (69. Karwan), Schmidt, Marcelinho, Hartmann (54. Beinlich), Goor - Alves, Preetz
Bremen: Borel - Baumann, Verlaat (86. Skripnik), Krstajic - Stalteri, Lisztes, Ernst, Micoud, Magnin - Daun (74. Borowski), Ailton (81. Reich)
Tor: 0:1 Ailton (10.) - **SR:** Sippel (München) - **ZS:** 40.166 - **Gelb:** Stalteri, Lisztes

Hamburger SV - FC Energie Cottbus (So., 24.11.) 1:1 (0:0)
HSV: Pieckenhagen - Fukal, Hertzsch, Ujfalusi, Hollerbach - Ledesma, Cardoso, Maltritz - Mahdavikia, Romeo, Barbarez (90. Wicky)
Cottbus: Lenz - Rozgonyi, Kaluzny, da Silva, Löw - Schröter, Rost, Reghecampf (75. Juskowiak) - Jungnickel (58. Vagner), Topic, Kobylanski (67. Latoundji)
Tore: 1:0 Cardoso (47.), 1:1 Juskowiak (90.) - **SR:** Dr. Merk (Kaiserslautern) - **ZS:** 37.403 - **Gelb:** Hollerbach - Kobylanski, Jungnickel, Reghecampf, da Silva

TSV München 1860 - 1. FC Nürnberg (So., 24.11.) 2:2 (1:2)
1860: Jentzsch - Costa, Votava, Hoffmann - Stranzl, Cerny, Häßler (61. Max), Schwarz (29. Riseth), Weissenberger - Schroth, Lauth
Nürnberg: Kampa - Stehle (62. Nikl), Kos, Petkovic, Popovic - Todorovic (74. Paßlack), Jarolim, Larsen, Müller - Cacau (89. Belic), Ciric
Tore: 0:1 Stehle (12.), 1:1 Lauth (39.), 1:2 Stehle (42.), 2:2 Lauth (71.) - **SR:** Weiner (Giesen) - **ZS:** 32.000 - **Gelb:** Jentzsch, Riseth, Stranzl - Cacau, Stehle, Larsen - **B.V.:** Ciric schießt FE neben das Tor (22.)

	Sp.	g.	u.	v.	Tore	Diff.	Punkte
1. Bayern München	14	10	2	2	31 :14	+17	32
2. Werder Bremen	14	8	2	4	28 :25	+ 3	26
3. VfB Stuttgart	14	6	6	2	24 :15	+ 9	24
4. Borussia Dortmund	14	6	6	2	19 :11	+ 8	24
5. Schalke 04	14	6	5	3	18 :13	+ 5	23
6. Hertha BSC Berlin	14	6	4	4	16 :13	+ 3	22
7. VfL Wolfsburg	14	7	1	6	17 :16	+ 1	22
8. VfL Bochum	14	6	3	5	29 :23	+ 6	21
9. TSV München 1860	14	6	3	5	20 :17	+ 3	21
10. Hamburger SV	14	6	2	6	17 :20	- 3	20
11. Bayer Leverkusen	14	4	5	5	19 :22	- 3	17
12. 1. FC Nürnberg	14	5	2	7	18 :23	- 5	17
13. Bor. M'gladbach	14	4	4	6	18 :14	+ 4	16
14. Hansa Rostock	14	4	4	6	17 :16	+ 1	16
15. Hannover 96	14	4	3	7	22 :30	- 8	15
16. Arminia Bielefeld	14	4	3	7	15 :24	- 9	15
17. Energie Cottbus	14	2	3	9	8 :28	-20	9
18. 1. FC Kaiserslautern	14	1	4	9	12 :24	-12	7

Bundesliga 2002/2003

15. Spieltag: Samstag, 30.11.2002

Ailton entscheidet Duell der Überraschungsteams

FC Bayern München - Hertha BSC Berlin 2:0 (1:0)
FC Bayern: Kahn - Kuffour, R. Kovac, Linke, Lizarazu - Scholl (68. Hargreaves), Jeremies (82. N. Kovac), Ballack - Santa Cruz, Elber (72. Pizarro), Zé Roberto
Hertha BSC: Kiraly - Friedrich, Rehmer, van Burik, Simunic (80. Preetz) - Dardai (68. Marx), Beinlich, Schmidt - Karwan (58. Pinto), Marcelinho, Goor
Tore: 1:0 Ballack (40.), 2:0 Ballack (72., FE) - **SR:** Jansen (Essen) - **ZS:** 40.000 - **Gelb:** Kahn - van Burik, Karwan

1. FC Nürnberg - Borussia Dortmund 1:2 (1:0)
Nürnberg: Kampa (46. Schäfer) - Sanneh, Kos, Petkovic, Nikl - Junior (83. Todorovic), Larsen, Jarolim, Müller - Ciric, Cacau
Dortmund: Lehmann - Wörns, Metzelder - Heinrich, Reuter, Rosicky (86. Madouni), Frings, Dede - Ricken (74. Reina), Koller, Amoroso (46. Ewerthon)
Tore: 1:0 Jarolim (3.), 1:1 Ricken (54.), 1:2 Ewerthon (78.) - **SR:** Dr. Merk (Kaiserslautern) - **ZS:** 36.600 - **Gelb:** Jarolim, Müller - Ricken, Reuter, Frings, Dede

FC Hansa Rostock - Borussia Mönchengladbach 3:1 (1:1)
Rostock: Schober - Wimmer, Jakobsson, Kovar, Maul - Wibran, Lantz (90. Möhrle), Hirsch, Vorbeck (46. Arvidsson) - Meggle (72. Persson), Prica
Gladbach: Melka - Eberl, Pletsch, Witeczek, Strasser - Ulich, Korell (72. Stassin), Demo (62. Skoubo) - Aidoo, van Hout, Felgenhauer (62. van Houdt)
Tore: 1:0 Vorbeck (19.), 1:1 Demo (38., HE), 2:1 Prica (53.), 3:1 Prica (63.) - **SR:** Krug (Gelsenkirchen) - **ZS:** 14.000 - **Gelb:** Hirsch, Lantz, Wimmer, Prica - Felgenhauer, Korell, Skoubo

1. FC Kaiserslautern - VfL Wolfsburg 2:0 (1:0)
1. FCK: Wiese - Riedl, H. Koch, Basler, Malz (77. Reuter) - Timm, Sforza, Grammozis, Dominguez (74. Teber) - Klose (31. Lincoln), Lokvenc
Wolfsburg: Reitmaier - Biliskov, Schnoor (46. K. Madsen), Franz - Rytter, Karhan, Sarpei, Rau (46. Maric) - Präger, Klimowicz (65. Munteanu), Ponte
Tore: 1:0 Lokvenc (15.), 2:0 Lincoln (66.) - **SR:** Stark (Ergolding) - **ZS:** 30.264 - **Gelb:** Malz, Teber - Rau, Rytter, Schnoor, Ponte

VfL Bochum - Arminia Bielefeld 0:3 (0:1)
Bochum: Vander - Colding, Kalla, Fahrenhorst, Meichelbeck (57. Graulund) - Freier, Gudjonsson (63. Bemben), Wosz, Schindzielorz, Buckley (63. Hashemian) - Christiansen
Bielefeld: Hain - Lense, Reinhardt, Hansén, Bogusz - Murawski (75. Rauw), Kauf, Dammeier (72. Porcello), Albayrak (65. Diabang) - Brinkmann, Wichniarek
Tore: 0:1 Lense (3.), 0:2 Vander (53., ET), 0:3 Diabang (87.) - **SR:** Strampe (Handorf) - **ZS:** 20.071 - **Gelb:** Meichelbeck, Bemben - Kauf, Murawski - **B.V.:** Hain hält HE von Christiansen (69.)

Bayer 04 Leverkusen - Hamburger SV 2:3 (2:1)
Leverkusen: Butt - Kleine, Lucio (46. Dzaka), Zivkovic - Schneider, Ramelow, Bastürk (73. Bierofka), Balitsch, Babic - Neuville, Berbatov (73. Brdaric)
HSV: Pieckenhagen - Fukal, Hertzsch, Ujfalusi, Kling - Ledesma (46. Benjamin), Cardoso (46. Wicky), Maltritz - Mahdavikia (87. Jacobsen), Romeo, Barbarez
Tore: 0:1 Romeo (3.), 1:1 Balitsch (11.), 2:1 Bastürk (21.), 2:2 Romeo (52.), 2:3 Barbarez (76.) - **SR:** Keßler (Höhenkirchen) - **ZS:** 22.500 (ausverkauft) - **Gelb:** Babic - Ledesma

FC Energie Cottbus - TSV München 1860 3:4 (0:1)
Cottbus: Lenz - Rozgonyi, Kaluzny, Beeck - Schröter, Rost, Reghecampf, Löw (60. Gebhardt), Kobylanski (60. Rink) - Topic, Juskowiak
1860: Jentzsch - Cerny, Ehlers, Votava, Pürk - Stranzl (81. Rafael), Meyer, Weissenberger (88. Pfuderer), Kurz - Schroth (72. Agostino), Lauth
Tore: 0:1 Lauth (38.), 0:2 Schroth (54.), 0:3 Weissenberger (61.), 0:4 Schroth (63.), 1:4 Topic (80.), 2:4 Kaluzny (85.), 3:4 Rink (86.) - **SR:** Wagner (Kriftel) - **ZS:** 10.645 - **Gelb:** Kurz

SV Werder Bremen - VfB Stuttgart (So., 1.12.) 3:1 (1:0)
Bremen: Borel - Baumann, Verlaat (67. Skripnik), Krstajic - Stalteri, Lisztes (87. Tjikuzu), Ernst, Micoud, Magnin - Daun (22. Klasnic), Ailton
Stuttgart: Hildebrand - Hinkel, Meira, Bordon, Gerber (46. Carnell) - Mutzel, Soldo (53. Meißner), Balakov, Hleb - Kuranyi, Seitz (46. Amanatidis)
Tore: 1:0 Ailton (27.), 1:1 Kuranyi (55.), 2:1 Krstajic (80.), 3:1 Ailton (90., FE) - **SR:** Aust (Köln) - **ZS:** 32.437 - **Gelb:** Krstajic, Ernst, Lisztes, Micoud - Meißner, Meira, Carnell

Hannover 96 - FC Schalke 04 (So., 1.12.) 0:2 (0:2)
Hannover: Sievers - Cherundolo, Zuraw, Diouf, Stefulj - Lala (68. Schuler), Krupnikovic, Jaime - Stendel (59. N'Kufo), Bobic, Idrissou (46. Stajner)
Schalke: Rost - Asamoah (46. Matellan), Hajto, van Hoogdalem, Rodriguez - Möller, Poulsen, Wilmots, Böhme (82. Kmetsch) - Mpenza (64. Iyodo), Sand
Tore: 0:1 Böhme (15., FE), 0:2 Mpenza (19.) - **SR:** Fandel (Kyllburg) - **ZS:** 48.696 (ausverkauft) - **Gelb:** Sievers - Asamoah, Wilmots

	Sp.	g.	u.	v.	Tore	Diff.	Punkte
1. Bayern München	15	11	2	2	33 : 14	+19	35
2. Werder Bremen	15	9	2	4	31 : 26	+ 5	29
3. Borussia Dortmund	15	7	6	2	21 : 12	+ 9	27
4. Schalke 04	15	7	5	3	20 : 13	+ 7	26
5. VfB Stuttgart	15	6	6	3	25 : 18	+ 7	24
6. TSV München 1860	15	7	3	5	24 : 20	+ 4	24
7. Hamburger SV	15	7	2	6	20 : 22	- 2	23
8. Hertha BSC Berlin	15	6	4	5	16 : 15	+ 1	22
9. VfL Wolfsburg	15	7	1	7	17 : 18	- 1	22
10. VfL Bochum	15	6	3	6	29 : 26	+ 3	21
11. Hansa Rostock	15	5	4	6	20 : 17	+ 3	19
12. Arminia Bielefeld	15	5	3	7	18 : 24	- 6	18
13. Bayer Leverkusen	15	4	5	6	21 : 25	- 4	17
14. 1. FC Nürnberg	15	5	2	8	19 : 25	- 6	17
15. Bor. M'gladbach	15	4	4	7	19 : 17	+ 2	16
16. Hannover 96	15	4	3	8	22 : 32	- 10	15
17. 1. FC Kaiserslautern	15	2	4	9	14 : 24	- 10	10
18. Energie Cottbus	15	2	3	10	11 : 32	- 21	9

16. Spieltag: Samstag, 7.12.2002

Bayern vorzeitig Herbstmeister

VfB Stuttgart - FC Bayern München 0:3 (0:2)
Stuttgart: Hildebrand - Hinkel, Meira, Bordon (72. Schneider), Gerber (46. Wenzel) - Tiffert (64. Ganea), Meißner, Balakov, Hleb - Amanatidis, Kuranyi
FC Bayern: Kahn - Hargreaves, R. Kovac, Linke, Lizarazu - N. Kovac (82. Schweinsteiger), Jeremies (88. Fink), Ballack - Zickler (78. Zé Roberto), Elber, Santa Cruz
Tore: 0:1 Zickler (29.), 0:2 Santa Cruz (33.), 0:3 Santa Cruz (68.) - **SR:** Steinborn (Sinzig) - **ZS:** 53.400 (ausverkauft) - **Gelb:** Hinkel, Meißner - N. Kovac

Borussia Dortmund - 1. FC Kaiserslautern 3:1 (1:1)
Dortmund: Lehmann - Wörns, St. Reuter, Metzelder - Evanilson, Ricken (63. Reina), Rosicky (81. Madouni), Frings, Heinrich - Koller, Ewerthon (63. Amoroso)
1. FCK: G. Koch - Basler, H. Koch, Klos (81. T. Reuter), Riedl - Timm, Sforza (39. Teber), Ramzy, Dominguez - Lincoln (80. Adzic), Lokvenc
Tore: 1:0 Rosicky (22.), 1:1 Dominguez (24.), 2:1 Amoroso (74.), 3:1 Amoroso (78.) - **SR:** Strampe (Handorf) - **ZS:** 68.000 - **Gelb:** Basler, Lincoln, Dominguez - **B.V.:** Rosicky schießt FE an die Latte (45.)

Arminia Bielefeld - FC Hansa Rostock 3:0 (1:0)
Bielefeld: Hain - Lense, Reinhardt, Hansén - Brinkmann, Murawski (87. Bogusz), Dabrowski, Vata (78. Cha), Dammeier, Diabang (74. Albayrak) - Wichniarek
Rostock: Schober - Wimmer, Jakobsson, Kovar, Maul - Wibran, Lantz, Aduobe, Hirsch (46. Meggle) - Arvidsson, Prica (64. Möhrle)
Tore: 1:0 Wichniarek (45.), 2:0 Wichniarek (55.), 3:0 Reinhardt (81.) - **SR:** Stark (Ergolding) - **ZS:** 19.109 - **Gelb:** Meggle - **Gelb-Rot:** Jakobsson (59.)

Hertha BSC Berlin - VfL Wolfsburg 2:2 (1:0)
Hertha BSC: Kiraly - Rehmer, Simunic, Nené - Friedrich, Marx (78. Pinto), Dardai, Beinlich, Goor - Marcelinho, Preetz (89. Sverrisson)
Wolfsburg: Reitmaier - Rytter, K. Madsen (90. Franz), Schnoor, Weiser (58. Petrov) - Karhan, Effenberg, Akonnor, Munteanu - Maric, Ponte
Tore: 1:0 Simunic (25.), 2:0 Goor (47.), 2:1 Ponte (63.), 2:2 K. Madsen (90.) - **SR:** Dr. Fleischer (Hallstadt) - **ZS:** 33.163 - **Gelb:** Marcelinho, Sverrisson, Simunic

1. FC Nürnberg - FC Energie Cottbus 2:2 (1:1)
Nürnberg: Kampa - Sanneh, Nikl, Petkovic, Wolf - Todorovic, Larsen, Jarolim (87. Junior), Müller - Cacau, Ciric
Cottbus: Lenz - Beeck (61. Rozgonyi), Kaluzny, da Silva - Schröter (75. Juskowiak), Rost, Latoundji, Reghecampf, Löw - Topic, Rink (53. Jungnickel)
Tore: 0:1 Kaluzny (15.), 1:1 Nikl (41.), 2:1 Petkovic (52., FE), 2:2 Jungnickel (86.) - **SR:** Krug (Gelsenkirchen) - **ZS:** 17.600 - **Gelb:** Larsen - da Silva, Beeck, Schröter - **Gelb-Rot:** Rost (60.)

TSV München 1860 - Bayer 04 Leverkusen 0:3 (0:1)
1860: Jentzsch - Cerny, Ehlers, Votava (71. Agostino), Pürk (59. Borimirov) - Stranzl, Meyer, Weissenberger (59. Suker), Kurz - Lauth, Schroth
Leverkusen: Butt - Zivkovic, Ramelow, Juan - Schneider (89. Preuß), Balitsch, Bastürk (71. Kleine), Babic - Neuville, Franca (46. Berbatov), Bierofka
Tore: 0:1 Bierofka (9.), 0:2 Berbatov (51.), 0:3 Neuville (89.) - **SR:** Dr. Merk (Kaiserslautern) - **ZS:** 20.000 - **Gelb:** Ehlers

FC Schalke 04 - SV Werder Bremen 1:1 (1:1)
Schalke: Rost - Hajto (71. van Kerckhoven), van Hoogdalem, Matellan - Asamoah (83. Iyodo), Oude Kamphuis (46. Kmetsch), Möller, Poulsen, Vermant - Sand, Mpenza
Bremen: Borel - Baumann, Verlaat, Krstajic - Stalteri, Lisztes (78. Banovic), Ernst, Micoud, Skripnik - Daun (74. Charisteas), Ailton
Tore: 0:1 Daun (3.), 1:1 Sand (8.) - **SR:** Fröhlich (Berlin) - **ZS:** 60.600 (ausverkauft) - **Gelb:** Hajto, Möller - Ailton, Micoud, Stalteri

Hamburger SV - VfL Bochum (So., 8.12.) 1:1 (0:0)
HSV: Pieckenhagen - Fukal, Hertzsch, Ujfalusi, Hollerbach - Maltritz, Cardoso (74. Rahn), Benjamin - Mahdavikia, Barbarez, Christensen (84. Antar)
Bochum: Vander - Colding, Kalla, Fahrenhorst, Meichelbeck - Freier, Gudjonsson (65. Graulund), Wosz (21. Bemben), Schindzielorz (82. Vriesde), Christiansen - Hashemian
Tore: 1:0 Barbarez (56.), 1:1 Graulund (90.) - **SR:** Albrecht (Kaufbeuren) - **ZS:** 39.028 - **Gelb:** Hertzsch, Fukal - Kalla - **Gelb-Rot:** Barbarez (68.)

Borussia Mönchengladbach - Hannover 96 (So., 8.12.) 1:0 (1:0)
Gladbach: Melka - Eberl, Pletsch, Witeczek, Strasser (85. Münch) - Demo (79. Korell), Hausweiler, Ulich - Aidoo, van Hout, Felgenhauer (69. Korzynietz)
Hannover: Sievers - Cherundolo, Konstantinidis, Zuraw, Oswald (46. Schuler) - de Guzman (64. Stendel), Krupnikovic, Jaime - Stajner (82. Kaufman), Bobic, Idrissou
Tor: 1:0 Demo (15.) - **SR:** Dr. Wack (Biberbach) - **ZS:** 24.500 - **Gelb:** Strasser, Witeczek - de Guzman, Oswald, Idrissou, Jaime

	Sp.	g.	u.	v.	Tore	Diff.	Punkte
1. Bayern München	16	12	2	2	36 : 14	+22	38
2. Borussia Dortmund	16	8	6	2	24 : 13	+11	30
3. Werder Bremen	16	9	3	4	32 : 27	+ 5	30
4. Schalke 04	16	7	6	3	21 : 14	+ 7	27
5. VfB Stuttgart	16	6	6	4	25 : 21	+ 4	24
6. TSV München 1860	16	7	3	6	24 : 23	+ 1	24
7. Hamburger SV	16	7	3	6	21 : 23	- 2	24
8. Hertha BSC Berlin	16	6	5	5	18 : 17	+ 1	23
9. VfL Wolfsburg	16	7	2	7	19 : 20	- 1	23
10. VfL Bochum	16	6	4	6	30 : 27	+ 3	22
11. Arminia Bielefeld	16	6	3	7	21 : 24	- 3	21
12. Bayer Leverkusen	16	5	5	6	24 : 25	- 1	20
13. Bor. M'gladbach	16	5	4	7	20 : 17	+ 3	19
14. Hansa Rostock	16	5	4	7	20 : 20	± 0	19
15. 1. FC Nürnberg	16	5	3	8	21 : 27	- 6	18
16. Hannover 96	16	4	3	9	22 : 33	- 11	15
17. 1. FC Kaiserslautern	16	2	4	10	15 : 27	- 12	10
18. Energie Cottbus	16	2	4	10	13 : 34	- 21	10

Milliardenliga zwischen Boom und Pleite

17. Spieltag: Samstag, 14.12.2002
Leverkusen kassiert fünfte Heimpleite

FC Bayern München - FC Schalke 04 0:0
FC Bayern: Kahn - Hargreaves (81. Feulner), R. Kovac, Linke, Lizarazu - N. Kovac (71. Schweinsteiger), Jeremies, Ballack, Zé Roberto - Santa Cruz, Elber
Schalke: Rost - Oude Kamphuis (53. Rodriguez), van Hoogdalem, Matellan - Poulsen, Kmetsch, Möller, Vermant, van Kerckhoven - Asamoah (46. Hanke), Sand
SR: Aust (Köln) - **ZS:** 51.000 - **Gelb:** Ballack, Jeremies, R. Kovac - Möller

FC Energie Cottbus - Borussia Dortmund 0:4 (0:1)
Cottbus: Lenz - Rozgonyi, Kaluzny, da Silva, Löw - Rheghecampf (65. Schröter), Thielemann (65. Jungnickel), Latoundji, Kobylanski (52. Gebhardt) - Topic, Juskowiak
Dortmund: Lehmann - Wörns, Metzelder - Heinrich (57. Madouni), Frings, Reuter, Kehl (45. Rosicky), Dede - Ricken, Koller, Ewerthon (78. Amoroso)
Tore: 0:1 Koller (8.), 0:2 Ewerthon (47.), 0:3 Amoroso (82.), 0:4 Koller (90.) - **SR:** Kemmling (Kleinburgwedel) - **ZS:** 13.195 - **Gelb:** Kaluzny, Rheghecampf, Gebhardt - Kehl

FC Hansa Rostock - Hamburger SV 0:0
Rostock: Schober - Wimmer (53. Hansen), Kovar, Hill, Maul - Lantz, Aduobe (65. Persson), Meggle, Wibran - Prica (59. Vorbeck), Arvidsson
HSV: Pieckenhagen - Fukal, Hertzsch, Ujfalusi, Hollerbach - Cardoso (68. Wicky), Maltritz, Benjamin - Mahdavikia, Christensen (68. Heinz), Kitzbichler
SR: Wagner (Kriftel) - **ZS:** 21.400 - **Gelb:** Vorbeck - Benjamin, Hollerbach

Hannover 96 - Arminia Bielefeld 0:0
Hannover: Tremmel - Cherundolo, Konstantinidis, Zuraw, Schuler - Lala, Jaime (69. José Manuel), Krupnikovic (79. N'Diaye), Stefulj - Stendel (61. Stajner), Bobic
Bielefeld: Hain - Hansén, Reinhardt, Bogusz - Brinkmann (87. Porcello), Kauf, Murawski, Dabrowski, Dammeier, Vata (46. Diabang) - Wichniarek (85. Cha)
SR: Sippel (München) - **ZS:** 27.962 - **Gelb:** Konstantinidis, Cherundolo - Diabang

Bayer 04 Leverkusen - 1. FC Nürnberg 0:2 (0:0)
Leverkusen: Butt - Zivkovic, Ramelow (85. Brdaric), Juan, Placente - Schneider, Balitsch, Bastürk - Neuville, Berbatov (53. Franca), Bierofka (63. Simak)
Nürnberg: Kampa - Wolf, Petkovic, Nikl, Popovic - Todorovic (58. Junior), Larsen, Jarolim (88. Frey), Müller - Cacau, Ciric (84. Paßlack)
Tore: 0:1 Ciric (58.), 0:2 Junior (88.) - **SR:** Kinhöfer (Herne) - **ZS:** 22.500 (ausverkauft) - **Gelb:** Zivkovic, Bastürk, Schneider, Balitsch, Berbatov, Placente - Wolf, Larsen

VfL Bochum - TSV München 1860 1:1 (0:1)
Bochum: Vander - Colding, Kalla, Fahrenhorst, Meichelbeck (74. Reis) - Freier, Schindzielorz, Christiansen, Gudjonsson (81. Bemben), Graulund (65. Velardi) - Hashemian
1860: Jentzsch - Cerny, Ehlers, Votava, Hoffmann - Stranzl (74. Pürk), Meyer, Häßler (65. Borimirov), Weissenberger - Schroth, Lauth
Tore: 0:1 Lauth (14.), 1:1 Christiansen (76.) - **SR:** Fandel (Kyllburg) - **ZS:** 18.229 - **Gelb:** Graulund, Meichelbeck - Häßler, Cerny, Stranzl

SV Werder Bremen - Borussia Mönchengladbach 2:0 (1:0)
Bremen: Borel - Baumann, Verlaat, Krstajic - Stalteri, Lisztes (55. Banovic), Ernst, Micoud, Skripnik - Daun (73. Klasnic), Ailton (83. Preetz), Charisteas
Gladbach: Melka - Pletsch, Witeczek (64. Ketelaer), Strasser - Eberl, Hausweiler, Demo (73. Küntzel), Ulich, Embers - Aidoo, Skoubo
Tore: 1:0 Daun (14.), 2:0 Ailton (58.) - **SR:** Keßler (Höhenkirchen) - **ZS:** 32.188 - **Gelb:** Baumann - Aidoo

1. FC Kaiserslautern - Hertha BSC Berlin (So., 15.12.) 2:1 (1:0)
1. FCK: G. Koch - H. Koch, Klos, Ramzy, Riedl - Timm (46. Klose), Sforza, Anfang (71. Bjelica), Dominguez (81. Adzic) - Lincoln, Lokvenc
Hertha BSC: Kiraly - Friedrich, Rehmer, van Burik, Nené (77. Schmidt) - Hartmann, Dardai, Beinlich, Goor (58. Pedro) - Luizao (83. Preetz), Marcelinho
Tore: 1:0 Lokvenc (28.), 1:1 Dardai (64.), 2:1 H. Koch (87., FE) - **SR:** Meyer (Burgdorf) - **ZS:** 34.142 - **Gelb:** Dominguez - Hartmann

VfL Wolfsburg - VfB Stuttgart (So., 15.12.) 1:2 (0:1)
Wolfsburg: Reitmaier - Rytter (73. Präger), K. Madsen, Schnoor (73. Weiser), Rau (55. Munteanu) - Karhan, Effenberg, Akonnor, Ponte - Petrov, Maric
Stuttgart: Hildebrand - Hinkel, Schneider, Bordon, Gerber - Amanatidis (46. Balakov), Meira, Hleb (62. Tiffert), Meißner (17. Rundio), Seitz - Kuranyi
Tore: 0:1 Schneider (35.), 0:2 Meira (55.), 1:2 Maric (76., FE) - **SR:** Dr. Merk (Kaiserslautern) - **ZS:** 24.147 - **Gelb:** Ponte, Schnoor, Munteanu - Gerber, Bordon, Rundio

18. Spieltag: Samstag, 25.1.2003
Energie Cottbus mit neuer Hoffnung

VfL Wolfsburg - FC Schalke 04 1:2 (0:0)
Wolfsburg: Reitmaier - Rytter, K. Madsen, Franz, Rau (55. Präger) - Müller (84. Quattrocchi), Karhan, Effenberg, Thiam (79. Munteanu) - Maric, Petrov
Schalke: Rost - Oude Kamphuis, Hajto, van Hoogdalem, van Kerckhoven - Varela (74. Asamoah), Kmetsch, Poulsen, Böhme (90. Matellan) - Sand, Mpenza (79. Agali)
Tore: 0:1 Kmetsch (47.), 0:2 Varela (50.), 1:2 Maric (71.) - **SR:** Koop (Lüttenmark) - **ZS:** 26.127 - **Gelb:** Rytter, Petrov, Franz, Präger - Hajto, Varela, Sand

Hertha BSC Berlin - Borussia Dortmund 2:1 (0:0)
Hertha BSC: Kiraly - Friedrich, Rehmer, Simunic, Hartmann - Karwan, Dardai, Marcelinho, Goor - Alves (90. Marx), Luizao (72. Preetz)
Dortmund: Lehmann - Wörns, Metzelder - Evanilson, Reuter, Rosicky, Frings (79. Kehl), Dede (72. Amoroso) - Heinrich, Ewerthon, Koller
Tore: 1:0 Dardai (69.), 1:1 Koller (80.), 2:1 Marcelinho (90.) - **SR:** Fandel (Kyllburg) - **ZS:** 50.547 - **Gelb:** Dardai, Hartmann, Kiraly - Rosicky

Hannover 96 - Hamburger SV 2:2 (1:0)
Hannover: Tremmel - Cherundolo, Konstantinidis, Vinicius, Schuler - Lala, Krupnikovic (85. Stajner), Jaime, N'Kufo (85. Stendel), Bobic, Idrissou
HSV: Pieckenhagen - Fukal, Hoogma, Ujfalusi, Hollerbach - Benjamin, Maltritz, Antar (54. Meijer) - Mahdavikia, Barbarez, Takahara
Tore: 1:0 Bobic (40.), 2:0 Idrissou (50.), 2:1 Ujfalusi (64.), 2:2 Meijer (78.) - **SR:** Dr. Fleischer (Hallstadt) - **ZS:** 43.183 - **Gelb:** Schuler, Krupnikovic - Barbarez

SV Werder Bremen - Arminia Bielefeld 2:2 (2:2)
Bremen: Borel - Verlaat, Baumann - Stalteri, Banovic, Ernst, Micoud, Borowski (60. Lisztes), Skripnik - Ailton, Daun (71. Charisteas)
Bielefeld: Hain - Rauw, Reinhardt, Hansén - Brinkmann (87. Bogdanovich), Kauf, Dabrowski, Vata (65. Heinz), Dammeier, Cha (78. Porcello) - Diabang
Tore: 1:0 Skripnik (3.), 1:1 Diabang (12.), 2:1 Ailton (36., FE), 2:2 Cha (39.) - **SR:** Dr. Merk (Kaiserslautern) - **ZS:** 29.604 - **Gelb:** Baumann, Verlaat, Daun - Hain, Kauf

VfL Bochum - 1. FC Nürnberg 2:1 (2:1)
Bochum: van Duijnhoven - Colding, Kalla, Fahrenhorst, Meichelbeck - Freier, Schindzielorz, Wosz (84. Reis), Oliseh, Buckley (73. Fiel) - Christiansen (80. Hashemian)
Nürnberg: Kampa - Stehle, Kos, Nikl, Popovic - Junior (64. Krzynowek), Petkovic, Jarolim, Müller - Ciric, Cacau
Tore: 0:1 Cacau (24.), 1:1 Christiansen (27.), 2:1 Freier (33.) - **SR:** Wagner (Kriftel) - **ZS:** 20.280 - **Gelb:** Petkovic, Cacau

FC Hansa Rostock - TSV München 1860 1:4 (0:3)
Rostock: Schober - Wibran, Jakobsson, Kovar, Maul - Rydlewicz, Lantz, Aduobe, Hansen (36. Hill) - Salou, Prica (79. di Salvo)
1860: Jentzsch - Costa, Votava, Hoffmann - Cerny, Stranzl (60. Borimirov), Meyer, Kurz (83. Ehlers), Weissenberger - Lauth, Schroth
Tore: 0:1 Schroth (6.), 0:2 Schroth (20.), 0:3 Costa (21.), 1:3 Jakobsson (57.), 1:4 Schroth (71.) - **SR:** Strampe (Handorf) - **ZS:** 12.000 - **Gelb:** Stranzl, Votava, Borimirov

1. FC Kaiserslautern - VfB Stuttgart 1:2 (1:1)
1. FCK: Wiese - H. Koch (74. Klos), Ramzy, Knavs, Tchato - Basler (76. Mifsud), Sforza, Grammozis, Adzic (56. Riedl) - Lokvenc, Klose
Stuttgart: Hildebrand - Hinkel, Meira, Dangelmayr, Wenzel - Hleb, Soldo, Balakov (88. Mutzel), Meißner (69. Carnell) - Amanatidis (74. Seitz), Kuranyi
Tore: 0:1 Kuranyi (29.), 1:1 Lokvenc (34.), 1:2 Balakov (70.) - **SR:** Krug (Gelsenkirchen) - **ZS:** 36.692 - **Gelb:** Tchato - Meißner, Balakov

FC Bayern München - Borussia Mönchengladbach (So., 26.1.) 3:0 (1:0)
FC Bayern: Kahn - Hargreaves (88. Schweinsteiger), R. Kovac, Linke, Lizarazu - Scholl (80. Kuffour), Jeremies, Ballack, Zé Roberto - Pizarro (80. Zickler), Elber
Gladbach: Stiel - Eberl, Korell (71. Embers), Pletsch, Witeczek - Hausweiler, Demo (63. van Lent), Strasser - Aidoo, Skoubo, Korzynietz (79. Küntzel)
Tore: 1:0 Hargreaves (25.), 2:0 Zickler (85.), 3:0 Elber (89.) - **SR:** Kircher (Rottenburg) - **ZS:** 40.000 - **Gelb:** Ballack, Lizarazu - Eberl

Bayer 04 Leverkusen - FC Energie Cottbus (So., 26.1.) 0:3 (0:2)
Leverkusen: Butt - Juan (59. Kleine), Nowotny, Placente - Preuß (46. Ojigwe), Balitsch, Simak, Ramelow, Babic (46. Bierofka) - Franca, Neuville
Cottbus: Lenz - Schröter, da Silva, Berhalter, Löw - Rheghecampf, Rost, Latoundji (70. Kaluzny), Gebhardt, Vagner (87. Jungnickel), Topic (52. Juskowiak)
Tore: 0:1 Gebhardt (15.), 0:2 Topic (32.), 0:3 Juskowiak (85.) - **SR:** Stark (Landshut) - **ZS:** 22.500 (ausverkauft) - **Gelb:** Löw, Lenz, Rozgonyi (beim Warmlaufen), Berhalter

	Sp.	g.	u.	v.	Tore	Diff.	Punkte
1. Bayern München	17	12	3	2	36:14	+22	39
2. Borussia Dortmund	17	9	6	2	28:13	+15	33
3. Werder Bremen	17	10	3	4	34:27	+ 7	33
4. Schalke 04	17	7	7	3	21:14	+ 7	28
5. VfB Stuttgart	17	7	6	4	27:22	+ 5	27
6. TSV München 1860	17	7	4	6	25:24	+ 1	25
7. Hamburger SV	17	7	4	6	21:23	- 2	25
8. VfL Bochum	17	6	5	6	31:28	+ 3	23
9. Hertha BSC Berlin	17	6	5	6	19:19	± 0	23
10. VfL Wolfsburg	17	7	2	8	20:22	- 2	23
11. Arminia Bielefeld	17	6	4	7	21:24	- 3	22
12. 1. FC Nürnberg	17	6	3	8	23:27	- 4	21
13. Hansa Rostock	17	5	5	7	20:20	± 0	20
14. Bayer Leverkusen	17	5	5	7	24:27	- 3	20
15. Bor. M'gladbach	17	5	4	8	20:19	+ 1	19
16. Hannover 96	17	4	4	9	22:33	- 11	16
17. 1. FC Kaiserslautern	17	3	4	10	17:28	- 11	13
18. Energie Cottbus	17	2	4	11	13:38	- 25	10

	Sp.	g.	u.	v.	Tore	Diff.	Punkte
1. Bayern München	18	13	3	2	39:14	+25	42
2. Werder Bremen	18	10	4	4	36:29	+ 7	34
3. Borussia Dortmund	18	9	6	3	29:15	+14	33
4. Schalke 04	18	8	7	3	23:15	+ 8	31
5. VfB Stuttgart	18	8	6	4	29:23	+ 6	30
6. TSV München 1860	18	8	4	6	29:25	+ 4	28
7. VfL Bochum	18	7	5	6	33:29	+ 4	26
8. Hertha BSC Berlin	18	7	5	6	21:20	+ 1	26
9. Hamburger SV	18	7	4	7	23:25	- 2	25
10. Arminia Bielefeld	18	6	5	7	23:26	- 3	23
11. VfL Wolfsburg	18	7	2	9	21:24	- 3	23
12. 1. FC Nürnberg	18	6	3	9	24:29	- 5	21
13. Hansa Rostock	18	5	5	8	21:24	- 3	20
14. Bayer Leverkusen	18	5	5	8	24:30	- 6	20
15. Bor. M'gladbach	18	5	4	9	20:22	- 2	19
16. Hannover 96	18	4	5	9	24:35	- 11	17
17. 1. FC Kaiserslautern	18	3	4	11	18:30	- 12	13
18. Energie Cottbus	18	3	4	11	16:38	- 22	13

Bundesliga 2002/2003

19. Spieltag: Samstag, 1.2.2003
HSV nach Derbysieg auf dem Vormarsch

FC Schalke 04 - 1. FC Kaiserslautern 2:2 (1:1)
Schalke: Rost - Oude Kamphuis, Hajto, van Hoogdalem, van Kerckhoven - Varela (90. Vermant), Kmetsch (63. Mpenza), Poulsen, Böhme - Agali, Sand
1. FCK: Wiese - Klos, H. Koch, Knavs, Tchato - Grammozis, Ramzy (81. Mifsud), Anfang (75. Bjelica) - Klose, Lokvenc, Adzic
Tore: 1:0 Agali (6.), 1:1 Klos (31.), 2:1 Agali (70.), 2:2 H. Koch (90.) - **SR:** Weiner (Giesen) - **ZS:** 60.672 (ausverkauft) - **Gelb:** van Hoogdalem - Klose, Grammozis

VfB Stuttgart - Hertha BSC Berlin 3:1 (1:0)
Stuttgart: Hildebrand - Hinkel, Dangelmayr (77. Rundio), Bordon, Gerber - Meira, Soldo, Balakov (89. Tiffert), Hleb - Amanatidis (56. Ganea), Kuranyi
Hertha BSC: Kiraly - Friedrich, Rehmer, Simunic - Karwan (76. Mladenov), Dardai, Marcelinho, Hartmann (68. Beinlich), Goor - Alves, Luizao (59. Preetz)
Tore: 1:0 Amanatidis (28.), 2:0 Hleb (69.), 2:1 Marcelinho (80.), 3:1 Ganea (90.) - **SR:** Aust (Köln) - **ZS:** 23.000 - **Gelb:** Goor, Simunic, Dardai

TSV München 1860 - Hannover 96 0:1 (0:1)
1860: Jentzsch - Stranzl, Rafael, Costa, Hoffmann - Borimirov (58. Shao), Meyer (78. Agostino), Kurz, Weissenberger (70. Max) - Lauth, Schroth
Hannover: Tremmel - Cherundolo, Konstantinidis, Vinicius, Schuler - Lala, Krupnikovic (83. de Guzman), Jaime (61. Linke) - N'Kufo (68. Stendel), Bobic, Idrissou
Tor: 0:1 Krupnikovic (27.) - **SR:** Kinhöfer (Herne) - **ZS:** 18.000 - **Gelb:** Stranzl, Kurz, Costa, Schroth - Bobic, Jaime, Lala, Krupnikovic, Cherundolo, Vinicius

Arminia Bielefeld - FC Bayern München 0:0
Bielefeld: Hain - Rauw, Reinhardt, Hansén - Brinkmann, Kauf, Dabrowski, Vata (87. Bogdanovic), Dammeier, Cha (67. Heinz) - Diabang
FC Bayern: Kahn - Kuffour, R. Kovac, Linke, Lizarazu - Hargreaves, Schweinsteiger (74. Feulner), Jeremies, Zickler - Pizarro, Elber
SR: Kemmling (Kleinburgwedel) - **ZS:** 26.601 (ausv.) - **Gelb:** Dabrowski, Vata - Jeremies, Linke

FC Energie Cottbus - VfL Bochum 2:1 (1:0)
Cottbus: Lenz - Schröter, da Silva, Berhalter, Löw - Reghecampf (85. Jungnickel), Rost, Latoundji, Gebhardt (89. Kobylanski) - Vagner, Topic (76. Juskowiak)
Bochum: van Duijnhoven - Colding, Kalla (68. Fiel), Fahrenhorst, Meichelbeck - Freier, Oliseh, Wosz, Schindzielorz (74. Gudjonsson), Buckley (74. Hashemian) - Christiansen
Tore: 1:0 Reghecampf (2.), 2:0 Juskowiak (82.), 2:1 Gudjonsson (90.) - **SR:** Gagelmann (Bremen) - **ZS:** 10.804 - **Gelb:** Reghecampf, da Silva, Topic, Gebhardt - Kalla, Christiansen

1. FC Nürnberg - FC Hansa Rostock 0:1 (0:1)
Nürnberg: Kampa - Stehle (64. Petkovic), Kos, Nikl, Popovic - Junior (82. Todorovic), Larsen, Jarolim, Müller - Belic (60. Krzynoek), Ciric
Rostock: Schober - Wimmer, Jakobsson, Hill, Maul - Wibran, Lantz, Aduobe, Persson - Arvidsson (78. Hirsch), Prica (89. di Salvo)
Tor: 0:1 Prica (42.) - **SR:** Steinborn (Sinzig) - **ZS:** 17.400 - **Gelb:** Kos, Larsen, Jarolim - Hill, Persson, Wimmer

Borussia Dortmund - Bayer 04 Leverkusen (So., 2.2.) 2:0 (2:0)
Dortmund: Lehmann - Evanilson, Wörns, Metzelder, Dede - Reuter (61. Kehl), Rosicky, Frings - Ewerthon (71. Ricken), Koller, Amoroso (86. Madouni)
Leverkusen: Butt - Zivkovic, Ramelow, Juan, Placente - Ojigwe (84. Brdaric), Schneider, Balitsch (57. Babic), Bastürk - Franca (57. Bierofka), Neuville
Tore: 1:0 Ewerthon (3.), 2:0 Koller (26.) - **SR:** Fröhlich (Berlin) - **ZS:** 67.600 - **Gelb:** Frings, Evanilson, Amoroso - Ramelow, Placente - **Rot:** Bastürk (6.)

Hamburger SV - SV Werder Bremen (So., 2.2.) 1:0 (0:0)
HSV: Pieckenhagen - Fukal, Hoogma, Ujfalusi, Hollerbach - Benjamin, Cardoso (77. Wicky), Maltritz - Mahdavikia, Takahara (90. Meijer), Barbarez
Bremen: Borel - Stalteri (64. Banovic), Verlaat, Krstajic, Skripnik - Tjikuzu (73. Charisteas), Lisztes (85. Klasnic), Ernst, Micoud - Ailton, Daun
Tor: 1:0 Barbarez (55.) - **SR:** Jansen (Essen) - **ZS:** 46.742 - **Gelb:** Hollerbach, Benjamin, Hoogma - Tjikuzu, Micoud

Borussia Mönchengladbach - VfL Wolfsburg (Mi., 19.2.) 2:0 (1:0)
Gladbach: Stiel - Eberl, Korell, Pletsch (83. Asanin), Embers - Ulich (74. van Lent), Kluge, Demo, Münch - Forssell, Aidoo (90. Schlaudraff)
Wolfsburg: Reitmaier - Sarpei (63. Klimowicz), Quattrocchi, Schnoor, Weiser - Müller, Thiam, Effenberg, Munteanu (19. Petrov) - Präger, P. Madsen
Tore: 1:0 Schnoor (33., ET), 2:0 Aidoo (71.) - **SR:** Albrecht (Kaufbeuren) - **ZS:** 22.950 - **Gelb:** Quattrocchi, Thiam, Müller, Klimowicz

20. Spieltag: Samstag, 8.2.2003
Idrissou: Hattrick in 15 Minuten!

Hertha BSC Berlin - FC Schalke 04 4:2 (2:1)
Hertha BSC: Kiraly - Friedrich, Rehmer (25. van Burik), Simunic, Hartmann (90. Beinlich) - Marx (89. Schmidt), Dardai, Marcelinho, Goor - Alves, Preetz
Schalke: Rost - Oude Kamphuis, Hajto, Matellan (63. Vermant), van Kerckhoven - Varela, Kmetsch (82. Waldoch), Poulsen, Böhme - Sand (46. Agali), Mpenza
Tore: 0:1 Mpenza (1.), 1:1 Preetz (28.), 2:1 Alves (39.), 3:1 Matellan (51., ET), 3:2 Oude Kamphuis (68.), 4:2 Marcelinho (88.) - **SR:** Strampe (Handorf) - **ZS:** 39.962 - **Gelb:** Dardai - Oude Kamphuis, Kmetsch, Böhme, Agali - **Gelb-Rot:** Varela (61.)

1. FC Kaiserslautern - Borussia Mönchengladbach 2:0 (1:0)
1. FCK: Wiese - Grammozis, H. Koch, Knavs, Tchato (69. Basler) - Bjelica, Ramzy, Anfang (84. Sforza) - Klose, Lokvenc (87. Teber), Mifsud
Gladbach: Stiel - Eberl, Korell, Pletsch, Strasser - Kluge, Hausweiler (83. Küntzel), Demo (58. Münch), Ulich - Skoubo (58. van Lent), Forssell
Tore: 1:0 Knavs (35.), 2:0 Klose (88., FE) - **SR:** Sippel (München) - **ZS:** 38.199 - **Gelb:** Knavs, Anfang, Sforza - Hausweiler, Eberl - **Gelb-Rot:** Korell (49.)

Hannover 96 - 1. FC Nürnberg 4:2 (3:1)
Hannover: Tremmel - Cherundolo, Konstantinidis (46. Popescu), Vinicius, Schuler - de Guzman, Krupnikovic (66. Stefulj), Lala - Stajner, Kaufman (84. Casey), Idrissou
Nürnberg: Kampa - Stehle, Kos, Petkovic, Müller - Junior, Nikl, Larsen, Krzynowek - Ciric, Cacau (78. Michalke)
Tore: 1:0, 2:0, 3:0 Idrissou (9., 21., 24.), 3:1 Junior (32.), 3:2 Ciric (52.), 4:2 Stefulj (71.) - **SR:** Keßler (Höhenkirchen) - **ZS:** 26.157 - **Gelb:** Schuler, Cherundolo - Krzynowek, Stehle - **Gelb-Rot:** Ciric (61.)

VfL Wolfsburg - Arminia Bielefeld 2:0 (1:0)
Wolfsburg: Reitmaier - Rytter (84. Sarpei), Franz, Schnoor, Rau - Karhan, Effenberg, Thiam, Munteanu - Ponte (77. Präger), Maric (88. Müller)
Bielefeld: Hain - Rauw, Reinhardt, Hansén - Kauf, Brinkmann (67. Heinz), Dabrowski, Vata (81. Bogdanovic), Dammeier, Cha (46. Wichniarek) - Diabang
Tore: 1:0 Schnoor (24.), 2:0 Maric (50.) - **SR:** Fandel (Kyllburg) - **ZS:** 15.976 - **Gelb:** Munteanu, Rytter, Müller - Kauf

VfL Bochum - Bayer 04 Leverkusen 2:1 (0:0)
Bochum: van Duijnhoven - Colding, Vriesde, Fahrenhorst, Reis - Freier, Gudjonsson, Wosz, Schindzielorz (79. Meichelbeck), Fiel (86. Buckley) - Hashemian (60. Christiansen)
Leverkusen: Butt - Zivkovic, Juan (27. Kleine), Cris, Placente (68. Sebescen) - Kaluzny, Schneider, Babic - Neuville (62. Simak), Berbatov, Bierofka
Tore: 1:0 Hashemian (68.), 1:1 Babic (78.), 2:1 Hashemian (84.) - **SR:** Steinborn (Sinzig) - **ZS:** 20.643 - **Gelb:** Schindzielorz - Juan, Schneider, Zivkovic, Bierofka

FC Hansa Rostock - FC Energie Cottbus 0:0
Rostock: Schober - Wimmer, Jakobsson, Hill, Maul - Rydlewicz, Lantz, Aduobe (69. di Salvo), Wibran - Arvidsson (80. Salou), Prica
Cottbus: Lenz - Schröter, Rozgonyi, Berhalter, Löw - Reghecampf (74. Kobylanski), Rost, Latoundji, Gebhardt - Topic (82. Rink), Vagner (66. Juskowiak)
SR: Dr. Merk (Kaiserslautern) - **ZS:** 17.000 - **Gelb:** Berhalter, Gebhardt - **Rot:** Prica (86.)

SV Werder Bremen - TSV München 1860 1:2 (1:0)
Bremen: Borel - Baumann, Verlaat (76. Daun), Krstajic - Stalteri, Banovic (59. Ailton), Micoud, Ernst, Skripnik - Charisteas, Klasnic (90. Lisztes)
1860: Jentzsch - Hoffmann, Votava, Costa (72. Pfuderer) - Cerny, Stranzl, Borimirov, Meyer, Weissenberger - Lauth (90. Ehlers), Schroth (84. Suker)
Tore: 1:0 Klasnic (45.), 1:1 Lauth (53.), 1:2 Borimirov (83.) - **SR:** Kircher (Rottenburg) - **ZS:** 34.000 - **Gelb:** Costa, Votava, Schroth

FC Bayern München - Hamburger SV (So., 9.2.) 1:1 (1:0)
FC Bayern: Kahn - Kuffour, R. Kovac, Linke, Lizarazu - Scholl (90. Zickler), Hargreaves, N. Kovac, Zé Roberto (86. Deisler) - Pizarro, Elber
HSV: Pieckenhagen - Fukal, Hoogma, Ujfalusi, Hollerbach - Maltritz, Cardoso (63. Meijer), Benjamin - Mahdavikia, Barbarez, Takahara
Tore: 1:0 Pizarro (11.), 1:1 Takahara (90.) - **SR:** Wagner (Kriftel) - **ZS:** 40.000 - **Gelb:** Benjamin, Ujfalusi

VfB Stuttgart - Borussia Dortmund (So., 9.2.) 1:0 (0:0)
Stuttgart: Hildebrand - Hinkel, Meira, Bordon, Gerber - Meißner, Soldo, Balakov (88. Tiffert), Hleb - Amanatidis (78. Ganea), Kuranyi (90. Dangelmayr)
Dortmund: Lehmann - Evanilson (88. Herrlich), Wörns, Metzelder, Dede - Reuter (80. Reina), Rosicky (75. Ricken), Frings - Ewerthon, Koller, Amoroso
Tor: 1:0 Soldo (77.) - **SR:** Dr. Fleischer (Hallstadt) - **ZS:** 43.000 - **Gelb:** Bordon, Gerber - Evanilson, Ewerthon, Frings - **Gelb-Rot:** Amoroso (89.)

	Sp.	g.	u.	v.	Tore	Diff.	Punkte
1. Bayern München	19	13	4	2	39 :14	+25	43
2. Borussia Dortmund	19	10	6	3	31 :15	+16	36
3. Werder Bremen	19	10	4	5	36 :30	+ 6	34
4. VfB Stuttgart	19	9	6	4	32 :24	+ 8	33
5. Schalke 04	19	8	8	3	25 :17	+ 8	32
6. Hamburger SV	19	8	5	6	24 :25	- 1	29
7. TSV München 1860	19	8	4	7	29 :26	+ 3	28
8. VfL Bochum	19	7	5	7	34 :31	+ 3	26
9. Hertha BSC Berlin	19	7	5	7	22 :23	- 1	26
10. Arminia Bielefeld	19	6	6	7	23 :26	- 3	24
11. Hansa Rostock	19	6	5	8	22 :24	- 2	23
12. VfL Wolfsburg	18	7	2	9	21 :24	- 3	23
13. 1. FC Nürnberg	19	6	3	10	24 :30	- 6	21
14. Bayer Leverkusen	19	5	5	9	24 :32	- 8	20
15. Hannover 96	19	5	5	9	25 :35	- 10	20
16. Bor. M'gladbach	18	5	4	9	20 :22	- 2	19
17. Energie Cottbus	19	4	4	11	18 :39	- 21	16
18. 1. FC Kaiserslautern	19	3	5	11	20 :32	- 12	14

	Sp.	g.	u.	v.	Tore	Diff.	Punkte
1. Bayern München	20	13	5	2	40 :15	+25	44
2. Borussia Dortmund	20	10	6	4	31 :16	+15	36
3. VfB Stuttgart	20	10	6	4	33 :24	+ 9	36
4. Werder Bremen	20	10	4	6	37 :32	+ 5	34
5. Schalke 04	20	8	8	4	27 :21	+ 6	32
6. TSV München 1860	20	9	4	7	31 :27	+ 4	31
7. Hamburger SV	20	8	6	6	25 :26	- 1	30
8. VfL Bochum	20	8	5	7	36 :32	+ 4	29
9. Hertha BSC Berlin	20	8	5	7	26 :25	+ 1	29
10. VfL Wolfsburg	19	8	2	9	23 :24	- 1	26
11. Hansa Rostock	20	6	6	8	22 :24	- 2	24
12. Arminia Bielefeld	20	6	6	8	23 :28	- 5	24
13. Hannover 96	20	6	5	9	29 :37	- 8	23
14. 1. FC Nürnberg	20	6	3	11	26 :34	- 8	21
15. Bayer Leverkusen	20	5	5	10	25 :34	- 9	20
16. Bor. M'gladbach	19	5	4	10	20 :24	- 4	19
17. 1. FC Kaiserslautern	20	4	5	11	22 :32	- 10	17
18. Energie Cottbus	20	4	5	11	18 :39	- 21	17

Milliardenliga zwischen Boom und Pleite

21. Spieltag: Samstag, 15.2.2003
Toppmöller nach 7. Heimschlappe entlassen

FC Schalke 04 - VfB Stuttgart   **2:0 (2:0)**
Schalke: Rost - Oude Kamphuis, Hajto, Waldoch, van Kerckhoven - Poulsen, Vermant (90. Trojan), Kmetsch (87. Rodriguez), Böhme - Agali, Mpenza
Stuttgart: Hildebrand - Hinkel, Meira, Bordon, Gerber (78. Seitz) - Meißner (46. Tiffert), Soldo, Balakov, Hleb - Kuranyi, Amanatidis (46. Ganea)
Tore: 1:0 Mpenza (3.), 2:0 Hajto (45.). - **SR:** Meyer (Burgdorf) - **ZS:** 60.678 (ausverkauft) - **Gelb:** van Kerckhoven, Agali, Kmetsch - Hinkel

Arminia Bielefeld - 1. FC Kaiserslautern   **1:1 (1:1)**
Bielefeld: Hain - Rauw, Reinhardt, Hansén - Brinkmann, Kauf, Dabrowski, Heinz (78. Diabang), Murawski (55. Porcello), Cha - Wichniarek
1. FCK: Wiese - Grammozis, H. Koch, Knavs, Tchato - Bjelica, Ramzy, Lincoln (81. Mifsud), Anfang - Klose, Lokvenc
Tore: 0:1 Lokvenc (27.), 1:1 Reinhardt (35.). - **SR:** Koop (Lüttenmark) - **ZS:** 19.237 - **Gelb:** Hain, Kauf - Tchato, Klose

1. FC Nürnberg - SV Werder Bremen   **1:0 (1:0)**
Nürnberg: Kampa - Nikl, Petkovic, Wolf - Junior, Frey, Jarolim, Larsen (86. Kos), Müller - Driller (77. Krzynowek), Cacau (80. Michalke)
Bremen: Wierzchowski - Stalteri, Verlaat (73. Lisztes), Krstajic - Tjikuzu, Banovic, Micoud, Ernst, Skripnik (46. Schulz) - Daun, Ailton (63. Charisteas)
Tor: 1:0 Müller (41.). - **SR:** Kemmling (Kleinburgwedel) - **ZS:** 17.500 - **Gelb:** Müller, Junior - Krstajic, Ernst, Verlaat, Banovic, Stalteri, Micoud - **Rot:** Daun (57.)

Hamburger SV - VfL Wolfsburg   **2:0 (1:0)**
HSV: Pieckenhagen - Fukal, Hoogma, Ujfalusi, Hollerbach - Mahdavikia, Benjamin, Cardoso (77. Meijer), Maltritz, Takahara - Barbarez (87. Wicky)
Wolfsburg: Reitmaier - Sarpei, Franz, Schnoor, Weiser - Effenberg, Thiam (63. P. Madsen), Munteanu (63. Präger) - Ponte, Maric, Petrov (42. Karhan)
Tore: 1:0 Cardoso (39.), 2:0 Benjamin (90.). - **SR:** Kinhöfer (Herne) - **ZS:** 34.057 - **Gelb:** Maltritz, Hollerbach - Schnoor, Effenberg - **Gelb-Rot:** Maric (89.) - **Rot:** Ponte (36.)

Bayer 04 Leverkusen - FC Hansa Rostock   **1:2 (1:2)**
Leverkusen: Butt - Zivkovic, Ramelow (46. Kleine), Cris, Placente - Kaluzny, Schneider, Babic - Neuville, Berbatov (46. Schoof), Bierofka
Rostock: Schober - Wimmer (29. di Salvo), Jakobsson, Hill, Maul - Rydlewicz, Lantz, Meggle (89. Aduobe), Persson, Wibran - Salou (85. Hirsch)
Tore: 0:1 Salou (35.), 1:1 Babic (38.), 1:2 Salou (41.). - **SR:** Albrecht (Kaufbeuren) - **ZS:** 22.500 (ausverkauft)

Borussia Dortmund - VfL Bochum   **4:1 (3:1)**
Dortmund: Lehmann - Metzelder, Wörns, Dede - Evanilson (65. Madouni), Reuter, Rosicky (71. Ricken), Frings, Ewerthon, Koller (80. Herrlich), Reina
Bochum: van Duijnhoven - Colding, Kalla, Fahrenhorst (65. Vriesde), Reis - Gudjonsson, Wosz, Oliseh (13. Bemben) - Freier, Christiansen (46. Hashemian), Buckley
Tore: 0:1 Buckley (8.), 1:1 Reina (33.), 2:1 Koller (42.), 3:1 Frings (45., FE), 4:1 Frings (67., HE) - **SR:** Aust (Köln) - **ZS:** 66.000 - **Gelb:** Herrlich - Freier, Wosz, van Duijnhoven

TSV München 1860 - FC Bayern München   **0:5 (0:0)**
1860: Jentzsch - Stranzl, Votava, Hoffmann - Cerny, Meyer, Borimirov, Kurz (65. Suker), Weissenberger - Lauth (65. Max), Schroth
FC Bayern: Kahn - Hargreaves (76. Sagnol), R. Kovac, Linke, Lizarazu - Scholl, Jeremies, Ballack, Schweinsteiger (61. Zé Roberto), Hashemian (79. Deisler) - Pizarro
Tore: 0:1 Scholl (58.), 0:2 Scholl (69.), 0:3 Lizarazu (73.), 0:4 Pizarro (78.), 0:5 Scholl (80.) - **SR:** Fröhlich (Berlin) - **ZS:** 64.000 - **Gelb:** Kurz - Jeremies

Borussia Mönchengladbach - Hertha BSC Berlin (So., 16.2.)   **0:2 (0:2)**
Gladbach: Stiel - Asanin, Witeczek (46. Ulich), Pletsch, Münch - Demo, Hausweiler, Kluge - Aidoo (72. Skoubo), van Lent, Forssell
Hertha BSC: Kiraly - Friedrich, van Burik, Simunic, Hartmann - Marx (85. Madlung), Dardai, Marcelinho (88. Luizao), Goor - Alves (76. Mladenov), Preetz
Tore: 0:1 Alves (9.), 0:2 Alves (14.). - **SR:** Krug (Gelsenkirchen) - **ZS:** 24.200

FC Energie Cottbus - Hannover 96 (So., 16.2.)   **3:0 (0:0)**
Cottbus: Lenz - Schröter, da Silva, Berhalter, Löw - Reghecampf (88. Rozgonyi), Rost, Latoundji, Gebhardt (72. Kobylanski) - Topic, Vagner (72. Juskowiak)
Hannover: Tremmel - Stefulj, Popescu, Vinicius, Schuler (83. de Guzman) - Lala, Krupnikovic, Jaime (78. Kaufman) - Stajner (83. Stendel), Bobic, Idrissou
Tore: 1:0 da Silva (74.), 2:0 Reghecampf (77.), 3:0 Topic (82.). - **SR:** Dr. Wack (Biberbach) - **ZS:** 14.000 - **Gelb:** Reghecampf, Schröter, Latoundji, Löw - Krupnikovic, Stajner - **Rot:** Bobic (89.)

22. Spieltag: Samstag, 22.2.2003
Kellerkinder Bayer, Energie und FCK siegen

FC Schalke 04 - Borussia Dortmund   **2:2 (2:0)**
Schalke: Rost - Oude Kamphuis, Hajto, Waldoch, van Kerckhoven - Vermant, Möller (46. van Hoogdalem), Poulsen, Böhme (46. Varela) - Agali, Mpenza (87. Sand)
Dortmund: Lehmann - Metzelder, Wörns, Madouni (46. Amoroso, 82. Weidenfeller/TW), Dede - Frings, Reuter, Rosicky, Kehl - Koller, Ewerthon (79. Ricken)
Tore: 1:0 Vermant (13.), 2:0 van Kerckhoven (16.), 2:1 Koller (52.), 2:2 Ewerthon (58.) - **SR:** Fandel (Kyllburg) - **ZS:** 60.678 (ausverkauft) - **Gelb:** Oude Kamphuis, Hajto, Böhme - Frings, Metzelder - **Gelb-Rot:** Lehmann (80.) - **Rot:** Agali (37.)

1. FC Kaiserslautern - Hamburger SV   **2:0 (0:0)**
1. FCK: Wiese - Grammozis, Ramzy, Knavs, Tchato - Klose, Sforza (89. H. Koch), Lincoln (78. Teber), Anfang (84. Bjelica), Dominguez - Lokvenc
HSV: Pieckenhagen - Fukal, Hoogma, Ujfalusi, Hollerbach (75. Christensen) - Mahdavikia, Benjamin, Cardoso (57. Meijer), Maltritz (25. Wicky), Takahara - Barbarez
Tore: 1:0 Lokvenc (51.), 2:0 Klose (58.). - **SR:** Keßler (Höhenkirchen) - **ZS:** 34.882 - **Gelb:** Sforza - Barbarez, Hollerbach

SV Werder Bremen - FC Energie Cottbus   **0:1 (0:1)**
Bremen: Wierzchowski - Stalteri, Verlaat, Skripnik (73. Borowski) - Tjikuzu, Banovic (65. Reich), Ernst, Lisztes, Schulz (82. Haedo Valdez) - Ailton, Charisteas
Cottbus: Lenz - Schröter, da Silva, Berhalter, Löw - Kobylanski, Rost, Latoundji, Gebhardt (81. Jungnickel) - Topic (57. Rink), Vagner (70. Reichenberger)
Tor: 0:1 Topic (5.). - **SR:** Steinborn (Sinzig) - **ZS:** 29.700 - **Gelb:** Tjikuzu - Vagner

VfL Wolfsburg - TSV München 1860   **1:1 (0:0)**
Wolfsburg: Reitmaier - Biliskov, Schnoor, Quattrocchi - Müller (60. P. Madsen), Karhan, Effenberg (64. Petrov), Sarpei, Weiser - Maric, Klimowicz (79. Präger)
1860: Jentzsch - Votava, Costa, Hoffmann - Cerny (87. Max), Stranzl, Borimirov, Kurz, Weissenberger (80. Meyer) - Schroth, Lauth
Tore: 0:1 Lauth (51.), 1:1 Klimowicz (71.) - **SR:** Dr. Merk (Kaiserslautern) - **ZS:** 15.326 - **Gelb:** Schnoor, Weiser, Präger - Stranzl, Kurz, Votava - **Rot:** Petrov (84.), Sarpei (86.)

Hannover 96 - Bayer 04 Leverkusen   **1:2 (1:0)**
Hannover: Tremmel - Cherundolo, Konstantinidis, Vinicius, Schuler - Lala, Popescu, de Guzman - Stajner, Kaufman (64. Casey), Idrissou
Leverkusen: Butt - Balitsch, Kaluzny, Zivkovic, Placente (46. Neuville) - Schneider, Ramelow, Simak, Babic, Brdaric (89. Preuß) - Franca (61. Schoof)
Tore: 1:0 Popescu (14.), 1:1 Schoof (80.), 1:2 Simak (90.) - **SR:** Kircher (Rottenburg) - **ZS:** 35.879 - **Gelb:** Tremmel, Schuler, Lala, Popescu, Cherundolo - Brdaric

FC Hansa Rostock - VfL Bochum   **1:1 (1:0)**
Rostock: Schober - Lange, Jakobsson, Hill, Maul - Wibran (78. Aduobe), Lantz, Meggle, Persson - Salou, di Salvo (71. Arvidsson)
Bochum: van Duijnhoven - Colding, Vriesde, Fahrenhorst, Reis - Bemben (60. Christiansen), Tapalovic, Gudjonsson, Buckley (85. Mandreko) - Hashemian, Fischer (71. Fiel)
Tore: 1:0 di Salvo (31.), 1:1 Hashemian (61.) - **SR:** Stark (Ergolding) - **ZS:** 14.800 - **Gelb:** Lantz

FC Bayern München - 1. FC Nürnberg   **2:0 (1:0)**
FC Bayern: Kahn - Hargreaves (86. Sagnol), R. Kovac, Linke, Lizarazu - Scholl (86. Zickler), Jeremies, Ballack, Zé Roberto (77. Deisler) - Pizarro, Elber
Nürnberg: Kampa - Wolf, Petkovic, Nikl (46. Krzynowek) - Junior, Stehle, Jarolim, Larsen, Müller - Driller (79. Michalke), Ciric (18. Cacau)
Tore: 1:0 Pizarro (17.), 2:0 Elber (59.) - **SR:** Jansen (Essen) - **ZS:** 45.000 - **Gelb:** R. Kovac, Pizarro - Stehle, Cacau

VfB Stuttgart - Borussia Mönchengladbach (So., 23.2.)   **4:0 (2:0)**
Stuttgart: Hildebrand - Hinkel, Dangelmayr, Bordon, Gerber (46. Wenzel) - Meira, Soldo, Balakov (46. Ganea), Hleb (78. Heldt) - Kuranyi, Amanatidis
Gladbach: Stiel - Eberl, Pletsch, Embers (46. Hausweiler), Münch - Kluge, Korell, Demo (46. van Lent), Ulich - Aidoo (55. Strasser), Forssell
Tore: 1:0 Kuranyi (8.), 2:0 Amanatidis (24.), 3:0 Ganea (86.), 4:0 Kuranyi (88.) - **SR:** Weiner (Giesen) - **ZS:** 25.500 - **Gelb:** Embers, Hausweiler - **Rot:** Korell (49.)

Hertha BSC Berlin - Arminia Bielefeld (So., 23.2.)   **0:0**
Hertha BSC: Kiraly - Friedrich, van Burik, Simunic, Hartmann - Marx, Dardai, Marcelinho, Beinlich (67. Goor) - Alves (71. Karwan), Preetz
Bielefeld: Hain - Lense, Reinhardt, Hansén - Borges - Brinkmann (78. Cha), Kauf, Dabrowski, Rauw - Wichniarek (81. Heinz), Diabang (90. Porcello)
SR: Wagner (Kriftel) - **ZS:** 30.987 - **Gelb:** Beinlich, Hartmann, Goor

	Sp.	g.	u.	v.	Tore	Diff.	Punkte
1. Bayern München	21	14	5	2	45:15	+30	47
2. Borussia Dortmund	21	11	6	4	35:17	+18	39
3. VfB Stuttgart	21	10	6	5	33:26	+ 7	36
4. Schalke 04	21	9	8	4	29:21	+ 8	35
5. Werder Bremen	21	10	4	7	37:33	+ 4	34
6. Hamburger SV	21	9	6	6	27:26	+ 1	33
7. Hertha BSC Berlin	21	9	5	7	28:25	+ 3	32
8. TSV München 1860	21	9	4	8	31:32	- 1	31
9. VfL Bochum	21	8	5	8	37:36	+ 1	29
10. Hansa Rostock	21	7	6	8	24:25	- 1	27
11. VfL Wolfsburg	20	8	2	10	23:26	- 3	26
12. Arminia Bielefeld	21	6	7	8	24:29	- 5	25
13. 1. FC Nürnberg	21	7	3	11	27:34	- 7	24
14. Hannover 96	21	6	5	10	29:40	- 11	23
15. Bayer Leverkusen	21	5	5	11	26:36	- 10	20
16. Energie Cottbus	21	5	5	11	21:39	- 18	20
17. Bor. M'gladbach	20	5	4	11	20:26	- 6	19
18. 1. FC Kaiserslautern	21	4	6	11	23:33	- 10	18

	Sp.	g.	u.	v.	Tore	Diff.	Punkte
1. Bayern München	22	15	5	2	47:15	+32	50
2. Borussia Dortmund	22	11	7	4	37:19	+18	40
3. VfB Stuttgart	22	11	6	5	37:26	+11	39
4. Schalke 04	22	9	9	4	31:23	+ 8	36
5. Werder Bremen	22	10	4	8	37:34	+ 3	34
6. Hertha BSC Berlin	22	9	6	7	28:25	+ 3	33
7. Hamburger SV	22	9	6	7	27:28	- 1	33
8. TSV München 1860	22	9	5	8	32:33	- 1	32
9. VfL Bochum	22	8	6	8	38:37	+ 1	30
10. Hansa Rostock	22	7	7	8	25:26	- 1	28
11. VfL Wolfsburg	22	8	3	11	24:29	- 5	27
12. Arminia Bielefeld	22	6	8	8	24:29	- 5	26
13. 1. FC Nürnberg	22	7	3	12	27:36	- 7	24
14. Bayer Leverkusen	22	6	5	11	28:37	- 9	23
15. Hannover 96	22	6	5	11	30:42	- 12	23
16. Energie Cottbus	22	6	5	11	22:39	- 17	23
17. Bor. M'gladbach	22	6	4	12	22:30	- 8	22
18. 1. FC Kaiserslautern	22	5	6	11	25:33	- 8	21

Bundesliga 2002/2003

23. Spieltag: Samstag, 1.3.2003
Hans Meyer wirft in Gladbach hin

Borussia Mönchengladbach - FC Schalke 04 2:2 (0:1)
Gladbach: Stiel - Eberl, Pletsch, Strasser, Embers - Demo, Kluge (82. Schlaudraff), Ulich - Aidoo (71. Korzynietz), van Lent, Forssell (82. Skoubo)
Schalke: Rost - Oude Kamphuis, Hajto, Waldoch, van Kerckhoven - Varela, Kmetsch, Vermant, Poulsen - Hanke, Sand (42. van Hoogdalem)
Tore: 0:1 Waldoch (26.), 1:1 Kluge (57.), 1:2 Hajto (64.), 2:2 Demo (68.) - **SR:** Dr. Fleischer (Hallstadt) - **ZS:** 33.000 - **Gelb:** Eberl, Strasser - Varela, Poulsen

TSV München 1860 - 1. FC Kaiserslautern 0:0
1860: Jentzsch - Costa, Votava, Hoffmann - Cerny (80. Görlitz), Meyer, Borimirov (71. Shao), Weissenberger, Kurz - Lauth (88. Max), Schroth
1. FCK: Wiese - Grammozis, Ramzy, Knavs, Tchato - Bjelica (87. Riedl), Sforza (46. H. Koch), Lincoln (58. Teber), Anfang - Klose, Lokvenc
SR: Kemmling (Kleinburgwedel) - **ZS:** 23.000 - **Gelb:** Costa - Bjelica

Bayer 04 Leverkusen - SV Werder Bremen 3:0 (1:0)
Leverkusen: Butt - Balitsch, Zivkovic, Juan, Placente - Schneider, Ramelow, Simak (68. Ojigwe), Babic, Bierofka (46. Schoof) - Neuville (80. Franca)
Bremen: Wierzchowski - Tjikuzu (67. Banovic), Verlaat, Krstajic, Skripnik - Stalteri, Lisztes (46. Borowski), Micoud, Ernst - Ailton, Charisteas (67. Haedo Valdez)
Tore: 1:0 Bierofka (11.), 2:0 Schoof (50.), 3:0 Juan (61.) - **SR:** Krug (Gelsenkirchen) - **ZS:** 22.500 (ausverkauft) - **Gelb:** Babic, Zivkovic, Ramelow - Ernst, Tjikuzu, Ailton - **B.V.:** Wierzchowski hält FE von Schneider (14.)

1. FC Nürnberg - VfL Wolfsburg 1:1 (1:0)
Nürnberg: Kampa - Stehle (58. Nikl), Wolf, Kos, Popovic - Junior (46. Paßlack), Larsen, Jarolim, L. Müller - Driller, Cacau (76. Krzynowek)
Wolfsburg: Reitmaier - Biliskov, Schnoor, Quattrocchi - S. Müller (78. Rytter), Karhan, Ponte, Thiam (63. Präger), Weiser (74. Janicki) - Klimowicz, Maric
Tore: 1:0 L. Müller (25., FE), 1:1 Maric (90.) - **SR:** Fröhlich (Berlin) - **ZS:** 18.500 - **Gelb:** Stehle, Kos, Driller - S. Müller, Präger, Karhan

VfL Bochum - Hannover 96 1:2 (0:2)
Bochum: van Duijnhoven - Colding, Vriesde, Fahrenhorst, Reis (90. Fiel) - Hashemian, Gudjonsson (75. Fischer), Wosz, Tapalovic (83. Bemben), Buckley - Christiansen
Hannover: Tremmel - Cherundolo, Konstantinidis, Vinicius, van Hintum - Lala, Popescu, Stefulj (76. Krupnikovic) - Stajner (80. Stendel), Bobic, Idrissou (67. Linke)
Tore: 0:1 Vinicius (5.), 0:2 Bobic (36.), 1:2 Christiansen (62.) - **SR:** Koop (Lüttenmark) - **ZS:** 20.248 - **Gelb:** Christiansen - Konstantinidis, Idrissou, Cherundolo, Stendel

Borussia Dortmund - FC Hansa Rostock 2:0 (1:0)
Dortmund: Weidenfeller - Metzelder, Wörns, Dede (85. Leandro) - Evanilson (56. Madouni), Reuter, Ricken (86. Demel), Kehl, Heinrich - Ewerthon, Koller
Rostock: Schober - Wimmer, Jakobsson, Hill, Maul (84. Arvidsson) - Wibran, Lantz, Meggle, Persson - Salou, di Salvo (68. Vorbeck)
Tore: 1:0 Dede (42.), 2:0 Madouni (82.) - **SR:** Meyer (Burgdorf) - **ZS:** 65.000 - **Gelb:** Kehl, Ewerthon - Lantz, Vorbeck

FC Energie Cottbus - FC Bayern München 0:2 (0:1)
Cottbus: Lenz - Schröter, da Silva, Berhalter, Löw - Reghecampf (75. Kobylanski), Rost, Latoundji, Gebhardt - Topic, Vagner (67. Juskowiak)
FC Bayern: Kahn - Hargreaves, R. Kovac, Linke, Lizarazu - Scholl (81. Sagnol), Jeremies (28. N. Kovac), Ballack, Zé Roberto - Pizarro, Elber (81. Deisler)
Tore: 0:1 Ballack (33.), 0:2 Ballack (58.) - **SR:** Aust (Köln) - **ZS:** 18.250 (ausverkauft) - **Gelb:** Topic, Berhalter - Ballack, Pizarro, N. Kovac

Arminia Bielefeld - VfB Stuttgart (So., 2.3.) 0:1 (0:1)
Bielefeld: Hain - Hansén, Reinhardt, Borges (69. Bogdanovic) - Brinkmann, Kauf, Dabrowski, Heinz (46. Porcello), Rauw, Diabang (68. Cha) - Wichniarek
Stuttgart: Ernst - Hinkel, Meira, Bordon, Gerber - Mutzel (55. Heldt), Soldo, Hleb (74. Tiffert), Meißner - Amanatidis (46. Ganea), Kuranyi
Tor: 0:1 Meißner (15.) - **SR:** Strampe (Handorf) - **ZS:** 22.150 - **Gelb:** Borges - Meißner, Soldo

Hamburger SV - Hertha BSC Berlin (So., 2.3.) 1:0 (0:0)
HSV: Pieckenhagen - Fukal, Hoogma, Ujfalusi, Rahn - Benjamin, Cardoso (85. Wicky), Maltritz - Mahdavikia (90. Jacobsen), Romeo (79. Takahara), Barbarez
Hertha BSC: Kiraly - Friedrich, Rehmer (59. van Burik), Simunic, Nené (76. Alves) - Marx, Dardai (72. Preetz), Beinlich - Marcelinho, Luizao, Goor
Tor: 1:0 Hoogma (55.) - **SR:** Dr. Wack (Biberbach) - **ZS:** 38.354 - **Gelb:** Maltritz, Rahn - Nené, Marx

	Sp.	g.	u.	v.	Tore	Diff.	Punkte
1. Bayern München	23	16	5	2	49:15	+34	53
2. Borussia Dortmund	23	12	7	4	39:19	+20	43
3. VfB Stuttgart	23	12	6	5	38:26	+12	42
4. Schalke 04	23	9	10	4	33:25	+ 8	37
5. Hamburger SV	23	10	6	7	28:28	± 0	36
6. Werder Bremen	23	10	4	9	37:37	± 0	34
7. Hertha BSC Berlin	23	9	6	8	28:26	+ 2	33
8. TSV München 1860	23	9	6	8	32:33	- 1	33
9. VfL Bochum	23	9	3	11	39:39	± 0	30
10. Hansa Rostock	23	7	7	9	25:28	- 3	28
11. VfL Wolfsburg	23	8	4	11	25:30	- 5	28
12. Bayer Leverkusen	23	7	5	11	31:37	- 6	26
13. Arminia Bielefeld	23	6	8	9	24:30	- 6	26
14. Hannover 96	23	7	5	11	32:43	- 11	26
15. 1. FC Nürnberg	23	7	4	12	28:37	- 9	25
16. Bor. M'gladbach	23	6	5	12	24:32	- 8	23
17. Energie Cottbus	23	6	5	12	22:41	- 19	23
18. 1. FC Kaiserslautern	23	5	7	11	25:33	- 8	22

24. Spieltag: Samstag, 8.3.2003
1860 kassiert höchste BL-Niederlage seit 1963

Borussia Mönchengladbach - Borussia Dortmund 1:0 (0:0)
Gladbach: Stiel - Eberl, Pletsch, Strasser, Embers - Demo, Kluge, Ulich (73. Asanin) - Aidoo (79. Korzynietz), van Lent (13. Ketelaer), Forssell
Dortmund: Lehmann - Madouni (75. Odonkor), Wörns, Dede - Metzelder, Evanilson (56. Heinrich, 70. Amoroso), Reuter, Frings, Kehl - Koller, Ewerthon
Tor: 1:0 Forssell (63.) - **SR:** Stark (Ergolding) - **ZS:** 33.700 - **Gelb:** Eberl, Korzynietz - Amoroso, Wörns, Kehl

Hertha BSC Berlin - TSV München 1860 6:0 (3:0)
Hertha BSC: Kiraly - Friedrich, van Burik, Simunic, Hartmann - Marx, Dardai (63. Schmidt), Beinlich, Marcelinho (76. Goor) - Preetz (71. Karwan), Luizao
1860: Jentzsch - Stranzl, Votava, Costa - Cerny, Hoffmann, Borimirov (37. Wiesinger), Kurz, Weissenberger (69. Shao) - Lauth (71. Meyer), Schroth
Tore: 1:0 Marcelinho (7., FE), 2:0 Preetz (26.), 3:0 Marcelinho (35.), 4:0 Preetz (55.), 5:0 Luizao (62., FE), 6:0 Jentzsch (79., ET) - **SR:** Weiner (Giesen) - **ZS:** 32.493 - **Gelb:** Schmidt - Hoffmann, Jentzsch, Wiesinger - **Gelb-Rot:** Stranzl (69.)

FC Bayern München - Bayer 04 Leverkusen 3:0 (2:0)
FC Bayern: Kahn - Sagnol, R. Kovac, Kuffour, Lizarazu - Scholl (67. Schweinsteiger), Jeremies, Ballack (22. N. Kovac), Zé Roberto (78. Santa Cruz) - Pizarro, Elber
Leverkusen: Butt - Balitsch, Zivkovic, Juan, Placente - Schneider, Ramelow, Bastürk, Babic, Bierofka (65. Brdaric) - Neuville (46. Schoof)
Tore: 1:0 Pizarro (2.), 2:0 Elber (2.), 3:0 Elber (75.) - **SR:** Fandel (Kyllburg) - **ZS:** 50.000 - **Gelb:** R. Kovac - Placente, Zivkovic, Ramelow

VfL Wolfsburg - FC Energie Cottbus 3:2 (2:2)
Wolfsburg: Reitmaier - Rytter, Schnoor, Biliskov - Präger, Thiam, Munteanu (65. Müller), Weiser, Rau (79. Quattrocchi) - Ponte, Maric (90. Lorenz)
Cottbus: Lenz - Schröter, da Silva, Berhalter, Löw - Reghecampf (77. Reichenberger), Rost, Latoundji (68. Jungnickel), Gebhardt (63. Kobylanski) - Rink, Vagner
Tore: 1:0 Maric (6.), 1:1 Rink (7.), 1:2 Reghecampf (16., FE), 2:2 Präger (29.), 3:2 Ponte (62.) - **SR:** Krug (Gelsenkirchen) - **ZS:** 17.136 - **Gelb:** Schnoor, Präger - Gebhardt, Schröter - **Gelb-Rot:** Löw (80.)

SV Werder Bremen - VfL Bochum 2:0 (0:0)
Bremen: Borel - Stalteri, Verlaat, Krstajic, Skripnik - Banovic, Ernst, Micoud, Lisztes (82. Schulz) - Charisteas, Ailton
Bochum: van Duijnhoven - Colding, Vriesde, Fahrenhorst, Meichelbeck - Tapalovic (68. Bemben), Gudjonsson (46. Christiansen), Reis - Freier, Wosz (61. Hashemian), Buckley
Tore: 1:0 Ailton (52.), 2:0 Banovic (56.) - **SR:** Sippel (München) - **ZS:** 29.600 - **Gelb:** Ailton

VfB Stuttgart - Hamburger SV 1:1 (1:1)
Stuttgart: Ernst - Hinkel, Meira, Bordon, Gerber - Hleb, Meißner, Soldo (58. Rundio), Seitz (58. Mutzel) - Amanatidis (64. Ganea), Kuranyi
HSV: Pieckenhagen - Fukal, Hoogma, Ujfalusi, Rahn (46. Jacobsen) - Benjamin, Cardoso (61. Takahara), Maltritz - Mahdavikia, Romeo (82. Wicky), Barbarez
Tore: 1:0 Kuranyi (20.), 1:1 Mahdavikia (43.) - **SR:** Dr. Merk (Kaiserslautern) - **ZS:** 37.000 - **Gelb:** Mutzel - Hoogma, Fukal, Romeo, Barbarez - **Gelb-Rot:** Meißner (90.) - **B.V.:** Pieckenhagen hält FE von Kuranyi (35.)

FC Schalke 04 - Arminia Bielefeld 1:1 (0:0)
Schalke: Rost - Oude Kamphuis, Hajto, Waldoch, van Kerckhoven (17. Rodriguez, 67. Asamoah) - Varela, Kmetsch, Vermant, Böhme - Hanke (80. van Hoogdalem), Sand
Bielefeld: Hain - Rauw, Reinhardt, Hansén, Borges - Kauf, Dabrowski, Dammeier - Diabang (78. Brinkmann), Wichniarek (83. Porcello), Vata (79. Bogdanovic)
Tore: 0:1 Waldoch (57., ET), 1:1 Vermant (90.) - **SR:** Keßler (Höhenkirchen) - **ZS:** 60.886 (ausverkauft) - **Gelb:** Hajto, Vermant, van Hoogdalem

Hannover 96 - FC Hansa Rostock (So., 9.3.) 3:1 (2:1)
Hannover: Tremmel - Cherundolo, Konstantinidis, Vinicius, van Hintum - Lala, Popescu, Krupnikovic (61. Stefulj) - Stajner (85. Stendel), Bobic, Idrissou (88. Schuler)
Rostock: Schober - Wimmer (43. Lange), Jakobsson, Hill, Hirsch - Wibran, Persson, Meggle, Aduobe (61. Prica) - Salou, di Salvo
Tore: 0:1 Meggle (39.), 1:1 Bobic (41.), 2:1 Idrissou (45.), 3:1 Konstantinidis (66.) - **SR:** Steinborn (Sinzig) - **ZS:** 29.001 - **Gelb:** van Hintum

1. FC Kaiserslautern - 1. FC Nürnberg (So., 9.3.) 5:0 (2:0)
1. FCK: G. Koch - Basler (72. Klos), Ramzy, Knavs, Tchato - Sforza, Lincoln (63. Timm), Anfang, Dominguez (76. Bjelica) - Lokvenc, Klose
Nürnberg: Kampa - Wolf, Petkovic, Nikl, Müller - Todorovic, Frey, Jarolim, Krzynowek - Cacau, Driller (60. Michalke)
Tore: 1:0 Lokvenc (19.), 2:0 Klose (25., FE), 3:0 Dominguez (62.), 4:0 Timm (64.), 5:0 Bjelica (88.) - **SR:** Kircher (Tübingen) - **ZS:** 35.527 - **Gelb:** Tchato - Wolf, Todorovic

	Sp.	g.	u.	v.	Tore	Diff.	Punkte
1. Bayern München	24	17	5	2	52:15	+37	56
2. Borussia Dortmund	24	12	7	5	39:20	+19	43
3. VfB Stuttgart	24	12	7	5	39:27	+12	43
4. Schalke 04	24	9	11	4	34:26	+ 8	38
5. Werder Bremen	24	11	4	9	39:37	+ 2	37
6. Hamburger SV	24	10	7	7	29:29	± 0	37
7. Hertha BSC Berlin	24	10	6	8	34:26	+ 8	36
8. TSV München 1860	24	9	6	9	32:39	- 7	33
9. VfL Wolfsburg	24	9	4	11	28:32	- 4	31
10. VfL Bochum	24	9	3	12	39:41	- 2	30
11. Hannover 96	24	8	5	11	35:44	- 9	29
12. Hansa Rostock	24	7	7	10	26:31	- 5	28
13. Arminia Bielefeld	24	6	9	9	25:31	- 6	27
14. Bor. M'gladbach	24	7	5	12	25:32	- 7	26
15. Bayer Leverkusen	24	7	5	12	31:40	- 9	26
16. 1. FC Kaiserslautern	24	6	7	11	30:33	- 3	25
17. 1. FC Nürnberg	24	7	4	13	28:42	- 14	25
18. Energie Cottbus	24	6	5	13	24:44	- 20	23

213

Milliardenliga zwischen Boom und Pleite

25. Spieltag: Samstag, 15.3.2003

„Rote Teufel" verlassen Abstiegsränge

Borussia Dortmund - Hannover 96 2:0 (1:0)

Dortmund: Lehmann - Madouni, Wörns, Metzelder - Evanilson, Reuter, Frings, Kehl - Ewerthon (59. Odonkor), Koller (87. Herrlich), Amoroso (73. Leandro)

Hannover: Tremmel - Cherundolo (65. Kaufman), Konstantinidis, Vinicius, van Hintum (69. Schuler) - Lala, Popescu, Krupnikovic - Stajner (73. Stendel), Bobic, Idrissou

Tore: 1:0 Frings (33.), 2:0 Leandro (76.) - **SR:** Fröhlich (Berlin) - **ZS:** 68.600 (ausverkauft) - **Gelb:** van Hintum - **B.V.:** Popescu schießt FE neben das Tor (12.)

Arminia Bielefeld - Borussia Mönchengladbach 4:1 (1:0)

Bielefeld: Hain - Hansén, Reinhardt, Borges - Kauf, Dabrowski, Vata (76. Porcello), Dammeier - Brinkmann (71. Rauw), Wichniarek (71. Bogdanovic), Diabang

Gladbach: Stiel - Eberl, Pletsch, Strasser, Embers - Korzynietz (79. Felgenhauer), Kluge, Demo - Aidoo (46. van Houdt), Forssell, Ketelaer (76. Skoubo)

Tore: 1:0 Diabang (14.), 2:0 Diabang (47.), 3:0 Wichniarek (54.), 3:1 van Houdt (75.), 4:1 Diabang (83.) - **SR:** Steinborn (Sinzig) - **ZS:** 26.601 (ausverkauft) - **Gelb:** Diabang - Aidoo, Embers

VfL Bochum - FC Bayern München 1:4 (0:2)

Bochum: van Duijnhoven - Vriesde, Reis, Tapalovic - Colding, Gudjonsson, Wosz (90. Fahrenhorst), Meichelbeck (69. Mandreko) - Freier, Hashemian (61. Christiansen), Buckley

FC Bayern: Kahn - Sagnol, R. Kovac, Linke, Lizarazu - Schweinsteiger (78. Deisler), N. Kovac, Hargreaves, Zé Roberto (87. Zickler) - Pizarro (78. Santa Cruz), Elber

Tore: 0:1 Pizarro (19.), 0:2 Elber (37.), 0:3 N. Kovac (49.), 0:4 Sagnol (87.), 1:4 Christiansen (90.) - **SR:** Dr. Merk (Kaiserslautern) - **ZS:** 32.645 (ausverkauft)

FC Energie Cottbus - 1. FC Kaiserslautern 1:3 (1:1)

Cottbus: Lenz - Rozgonyi (65. Juskowiak), da Silva, Beeck, Berhalter - Reghecampf, Rost, Latoundji (80. Rink), Kobylanski (74. Jungnickel) - Vagner, Topic

1. FCK: Wiese - Basler, Ramzy, Knavs, Tchato - Sforza, Lincoln (46. Timm), Lokvenc, Anfang (65. Hristov), Dominguez (74. Klos) - Klose

Tore: 0:1 Klose (39.), 1:1 Rost (42.), 1:2 Hristov (71.), 1:3 Lokvenc (90.) - **SR:** Jansen (Essen) - **ZS:** 15.216 - **Gelb:** Reghecampf - Sforza, Wiese, Lincoln, Knavs

FC Hansa Rostock - SV Werder Bremen 1:0 (0:0)

Rostock: Schober - Kovar, Jakobsson, Hill, Hirsch - Wibran (70. Arvidsson), Lantz, Persson, di Salvo (79. Prica) - Salou, Meggle (90. Aduobe)

Bremen: Borel - Stalteri, Verlaat, Krstajic - Banovic (77. Reich), Micoud, Ernst, Lisztes, Skripnik - Charisteas, Ailton (60. Daun)

Tor: 1:0 Hirsch (72.) - **SR:** Weiner (Giesen) - **ZS:** 17.200 - **Gelb:** Hill, di Salvo - Ernst, Banovic, Skripnik, Krstajic - **Gelb-Rot:** Micoud (67.) - **Rot:** Lisztes (82.)

Hamburger SV - FC Schalke 04 3:1 (1:0)

HSV: Pieckenhagen - Jacobsen, Hoogma, Ujfalusi, Hollerbach (90. Wicky) - Mahdavikia, Benjamin (81. Meijer), Cardoso (61. Takahara), Maltritz, Barbarez - Romeo

Schalke: Rost - Poulsen, Waldoch, van Hoogdalem, Matellan - Asamoah, Kmetsch (88. Wilmots), Vermant, Varela, Böhme - Sand

Tore: 1:0 Romeo (29.), 1:1 van Hoogdalem (57.), 2:1 Takahara (87.), 3:1 Romeo (90.) - **SR:** Aust (Köln) - **ZS:** 55.432 (ausverkauft) - **Gelb:** Hollerbach, Ujfalusi, Takahara - Böhme, Varela - **Gelb-Rot:** Poulsen (71.) - **Rot:** Matellan (87.)

Bayer 04 Leverkusen - VfL Wolfsburg 1:1 (0:0)

Leverkusen: Butt - Balitsch, Zivkovic, Juan, Ojigwe (46. Babic) - Schneider, Ramelow, Bastürk - Neuville, Berbatov (60. Schoof), Bierofka (76. Brdaric)

Wolfsburg: Reitmaier - Karhan, Biliskov, Schnoor (73. Klimowicz), Rytter - Thiam, Munteanu (52. Müller), Weiser, Rau - Maric, Ponte (83. Quattrocchi)

Tore: 1:0 Ramelow (68.), 1:1 Maric (81.) - **SR:** Dr. Fleischer (Hallstadt) - **ZS:** 22.500 (ausverkauft) - **Gelb:** Balitsch, Neuville - Schnoor, Ponte - **B.V.:** Reitmaier hält FE von Schneider (9.)

TSV München 1860 - VfB Stuttgart (So., 16.3.) 0:1 (0:1)

1860: Hofmann - Cerny, Votava (57. Max), Costa, Hoffmann - Wiesinger (81. Suker), Meyer, Weissenberger (66. Shao), Borimirov - Agostino, Lauth

Stuttgart: Ernst - Hinkel, Meira, Bordon, Gerber - Tiffert, Soldo, Balakov (90. Wenzel), Mutzel (46. Hleb) - Ganea, Kuranyi (72. Seitz)

Tor: 0:1 Bordon (40.) - **SR:** Gagelmann (Bremen) - **ZS:** 28.000 - **Gelb:** Cerny, Costa - Ganea, Balakov

1. FC Nürnberg - Hertha BSC Berlin (So., 16.3.) 0:3 (0:2)

Nürnberg: Kampa - Wolf, Kos, Nikl, Popovic - Junior, Frey (46. Cacau), Jarolim, Larsen, Müller (67. Krzynowek) - Ciric (76. Michalke)

Hertha BSC: Kiraly - Friedrich, van Burik, Simunic, Hartmann - Marx (83. Schmidt), Dardai, Beinlich (79. Goor), Marcelinho - Preetz, Luizao (68. Alves)

Tore: 0:1 Preetz (15.), 0:2 Marx (39.), 0:3 Marcelinho (84.) - **SR:** Meyer (Burgdorf) - **ZS:** 25.500 - **Gelb:** Frey - van Burik, Marcelinho

	Sp.	g.	u.	v.	Tore	Diff.	Punkte
1. Bayern München	25	18	5	2	56 :16	+40	59
2. Borussia Dortmund	25	13	7	5	41 :20	+21	46
3. VfB Stuttgart	25	13	7	5	40 :27	+13	46
4. Hamburger SV	25	11	7	7	32 :30	+ 2	40
5. Hertha BSC Berlin	25	11	6	8	37 :26	+11	39
6. Schalke 04	25	9	11	5	35 :29	+ 6	38
7. Werder Bremen	25	11	4	10	39 :38	+ 1	37
8. TSV München 1860	25	9	6	10	32 :40	- 8	33
9. VfL Wolfsburg	25	9	5	11	29 :33	- 4	32
10. Hansa Rostock	25	8	7	10	27 :31	- 4	31
11. Arminia Bielefeld	25	7	9	9	29 :32	- 3	30
12. VfL Bochum	25	8	6	11	40 :45	- 5	30
13. Hannover 96	25	8	5	12	35 :46	- 11	29
14. 1. FC Kaiserslautern	25	7	7	11	33 :34	- 1	28
15. Bayer Leverkusen	25	7	6	12	32 :41	- 9	27
16. Bor. M'gladbach	25	7	5	13	26 :36	- 10	26
17. 1. FC Nürnberg	25	7	4	14	28 :45	- 17	25
18. Energie Cottbus	25	6	5	14	25 :47	- 22	23

26. Spieltag: Samstag, 22.3.2003

Bochum rutscht weiter in den Keller

SV Werder Bremen - Hannover 96 1:2 (1:1)

Bremen: Borel - Baumann (83. Reich), Verlaat, Krstajic (24. Barten), Stalteri - Daun, Banovic, Borowski, Schulz - Ailton, Charisteas

Hannover: Tremmel - Cherundolo, Konstantinidis, Vinicius, van Hintum - Lala, Popescu, Krupnikovic (90. Schuler) - Stendel (71. Stajner), Bobic, Idrissou (84. de Guzman)

Tore: 1:0 Ailton (10.), 1:1 Bobic (45.), 1:2 Bobic (76.) - **SR:** Fandel (Kyllburg) - **ZS:** 38.000 (ausverkauft) - **Gelb:** Borowski, Verlaat - Popescu - **B.V.:** Bobic schießt FE über das Tor (57.)

Arminia Bielefeld - Borussia Dortmund 0:0

Bielefeld: Hain - Hansén, Reinhardt, Borges (88. Lense) - Kauf, Dabrowski, Vata (78. Heinz), Dammeier - Brinkmann (78. Cha), Wichniarek, Diabang

Dortmund: Lehmann - Evanilson, Wörns, Madouni, Metzelder - Ricken, Frings, Rosicky (85. Odonkor), Kehl - Koller, Amoroso (65. Ewerthon)

SR: Kemmling (Kleinburgwedel) - **ZS:** 26.601 (ausverkauft) - **Gelb:** Dammeier - Evanilson, Kehl, Metzelder

VfL Wolfsburg - VfL Bochum 2:0 (2:0)

Wolfsburg: Reitmaier - Rytter, Biliskov, Schnoor, Rau - Karhan (74. Sarpei), Thiam, Weiser - Präger, Maric (80. Klimowicz), Petrov (66. Müller)

Bochum: van Duijnhoven - Colding, Vriesde, Tapalovic, Meichelbeck (46. Fiel) - Bemben (85. Thamm), Gudjonsson, Mandreko - Freier, Christiansen, Buckley (61. Hashemian)

Tore: 1:0 Maric (21.), 2:0 Präger (31.) - **SR:** Keßler (Höhenkirchen) - **ZS:** 20.973 - **Gelb:** Schnoor, Rau, Präger - Gudjonsson, Tapalovic - **B.V.:** Wolfsburgs Torwart Reitmaier schied in der 85. Min. verletzt aus, für ihn stand in der Folge Klimowicz im Tor, da das Auswechselkontingent erschöpft war.

1. FC Kaiserslautern - Bayer 04 Leverkusen 1:0 (1:0)

1. FCK: Wiese - Basler, Ramzy, Knavs (47. H. Koch), Tchato - Sforza, Lokvenc, Anfang - Timm (62. Teber), Klose, Dominguez (73. Klos)

Leverkusen: Butt - Ojigwe, Zivkovic, Juan, Placente - Schneider, Balitsch, Ramelow, Babic (70. Franca), Bierofka (70. Neuville) - Berbatov

Tor: 1:0 Klose (40.) - **SR:** Dr. Wack (Biberbach) - **ZS:** 40.160 (ausverkauft) - **Gelb:** Anfang - Placente, Schneider

FC Bayern München - FC Hansa Rostock 1:0 (0:0)

FC Bayern: Kahn - Sagnol, R. Kovac, Linke, Lizarazu - Schweinsteiger (46. Santa Cruz), Hargreaves, N. Kovac, Zé Roberto - Pizarro, Elber

Rostock: Schober - Kovar, Jakobsson, Hill, Hirsch - Wibran, Lantz (76. Arvidsson), Meggle (76. Prica), Persson, di Salvo - Salou

Tor: 1:0 Kovar (60., ET) - **SR:** Wagner (Kriftel) - **ZS:** 43.000

FC Schalke 04 - TSV München 1860 1:1 (1:1)

Schalke: Rost - Hajto, Waldoch, van Hoogdalem - Asamoah, Vermant (69. Wilmots), Kmetsch (86. Möller), Böhme - Agali, Sand, Mpenza

1860: Hofmann - Stranzl, Votava, Costa, Hoffmann (77. Kurz) - Cerny, Meyer, Wiesinger (84. Görlitz), Weissenberger (66. Max) - Lauth, Schroth

Tore: 1:0 Mpenza (38.), 1:1 van Hoogdalem (44., ET) - **SR:** Koop (Lüttenmark) - **ZS:** 60.886 (ausverkauft) - **Gelb:** Asamoah - Hoffmann, Wiesinger

Borussia Mönchengladbach - Hamburger SV 2:0 (0:0)

Gladbach: Stiel - Eberl, Pletsch, Strasser, Asanin - Demo, Kluge (70. Schulz-Winge), Ulich - Korzynietz (90. Felgenhauer), Forssell, Ketelaer (89. van Houdt)

HSV: Pieckenhagen - Jacobsen, Hoogma, Hertzsch (68. Wicky), Fukal - Mahdavikia, Benjamin (68. Meijer), Cardoso (59. Takahara), Maltritz, Barbarez - Romeo

Tore: 1:0 Pletsch (55.), 2:0 Forssell (60.) - **SR:** Strampe (Handorf) - **ZS:** 30.550 - **Gelb:** Strasser - Cardoso, Jacobsen

VfB Stuttgart - 1. FC Nürnberg (So., 23.3.) 0:2 (0:1)

Stuttgart: Ernst - Hinkel, Meira (46. Wenzel), Bordon, Gerber - Hleb, Soldo, Balakov, Meißner (46. Tiffert) - Kuranyi, Ganea (46. Amanatidis)

Nürnberg: Kampa - Paßlack (62. Stehle), Kos, Nikl, Wolf - Junior, Larsen, Jarolim (77. Frey), Müller - Cacau, Michalke (69. Krzynowek)

Tore: 0:1 Jarolim (28.), 0:2 Junior (88.) - **SR:** Krug (Gelsenkirchen) - **ZS:** 35.000 - **Gelb:** Soldo, Balakov - Larsen, Paßlack, Junior - **B.V.:** Ernst hält FE von Michalke (26.)

Hertha BSC Berlin - FC Energie Cottbus (So., 23.3.) 3:1 (0:1)

Hertha BSC: Kiraly - Friedrich, van Burik, Simunic, Hartmann - Marx (58. Goor), Dardai, Marcelinho, Beinlich (74. Schmidt) - Preetz, Luizao (58. Alves)

Cottbus: Lenz - Schröter, da Silva, Berhalter, Löw - Reghecampf (89. Rink), Rost, Latoundji (87. Kobylanski), Gebhardt - Vagner (77. Jungnickel), Topic

Tore: 0:1 Vagner (10.), 1:1 Dardai (72.), 2:1 Alves (85.), 3:1 Preetz (86.) - **SR:** Kircher (Rottenburg) - **ZS:** 44.768 - **Gelb:** Marx, Simunic - Reghecampf, Topic

	Sp.	g.	u.	v.	Tore	Diff.	Punkte
1. Bayern München	26	19	5	2	57 :16	+41	62
2. Borussia Dortmund	26	13	8	5	41 :20	+21	47
3. VfB Stuttgart	26	13	7	6	40 :29	+11	46
4. Hertha BSC Berlin	26	12	6	8	40 :27	+13	42
5. Hamburger SV	26	11	7	8	32 :32	± 0	40
6. Schalke 04	26	9	12	5	36 :30	+ 6	39
7. Werder Bremen	26	11	4	11	40 :40	± 0	37
8. VfL Wolfsburg	26	10	5	11	31 :33	- 2	35
9. TSV München 1860	26	9	7	10	33 :41	- 8	34
10. Hannover 96	26	9	5	12	37 :47	- 10	32
11. 1. FC Kaiserslautern	26	8	7	11	34 :34	± 0	31
12. Arminia Bielefeld	26	7	10	9	29 :32	- 3	31
13. Hansa Rostock	26	8	7	11	27 :32	- 5	31
14. VfL Bochum	26	8	6	12	40 :47	- 7	30
15. Bor. M'gladbach	26	8	5	13	28 :36	- 8	29
16. 1. FC Nürnberg	26	8	4	14	30 :45	- 15	28
17. Bayer Leverkusen	26	7	6	13	32 :42	- 10	27
18. Energie Cottbus	26	6	5	15	26 :50	- 24	23

Bundesliga 2002/2003

27. Spieltag: Samstag, 5.4.2003
Werder-Negativserie endet beim BVB

Hannover 96 - FC Bayern München   2:2 (2:0)
Hannover: Tremmel - Cherundolo, Konstantinidis, Vinicius, van Hintum (68. Schuler) - Lala, Popescu, Krupnikovic (77. de Guzman) - Stajner (87. Stendel), Bobic, Idrissou
FC Bayern: Kahn - Sagnol, Kuffour, Linke, Lizarazu (61. Tarnat) - Schweinsteiger (46. Feulner), Hargreaves, N. Kovac (68. Trochowski), Zé Roberto - Elber, Pizarro
Tore: 1:0 Stajner (36.), 2:0 Vinicius (45.), 2:1 Sagnol (77.), 2:2 Pizarro (86.) - **SR:** Krug (Gelsenkirchen) - **ZS:** 31.878 (ausverkauft) - **Gelb:** Popescu - Sagnol, Tarnat, Zé Roberto

Borussia Dortmund - SV Werder Bremen   1:2 (1:0)
Dortmund: Weidenfeller - Wörns, Madouni - Evanilson, Reuter (76. Ricken), Rosicky (68. Ewerthon), Kehl, Frings, Dede - Koller, Amoroso (85. Odonkor)
Bremen: Borel - Stalteri, Barten, Krstajic, Schulz - Baumann, Banovic (90. Borowski), Micoud, Ernst - Charisteas, Ailton (85. Reich)
Tore: 1:0 Amoroso (29.), 1:1 Charisteas (54.), 1:2 Ernst (86.) - **SR:** Wagner (Kriftel) - **ZS:** 68.600 (ausverkauft) - **Gelb:** Madouni - Ernst, Banovic, Stalteri

VfL Bochum - 1. FC Kaiserslautern   1:1 (0:0)
Bochum: van Duijnhoven - Colding, Kalla, Fahrenhorst (7. Vriesde), Mandreko - Freier, Oliseh, Wosz, Schindzielorz (64. Tapalovic), Buckley (78. Hashemian) - Christiansen
1. FCK: Wiese - Grammozis (76. Klos), Ramzy, Lembi, Tchato - Anfang (71. Riedl), Sforza, Hristov (65. Bjelica) - Timm, Klose, Dominguez
Tore: 1:0 Christiansen (81.), 1:1 Ramzy (90.) - **SR:** Albrecht (Kaufbeuren) - **ZS:** 23.146 - **Gelb:** Vriesde, Hashemian, Wosz - Lembi, Anfang, Bjelica, Dominguez

Bayer 04 Leverkusen - Hertha BSC Berlin   4:1 (3:0)
Leverkusen: Butt - Ojigwe, Zivkovic, Juan, Placente - Schneider, Balitsch, Ramelow, Bierofka (72. Babic) - Neuville (87. Schoof), Berbatov (63. Bastürk)
Hertha BSC: Kiraly - Friedrich, Rehmer (46. Lapaczinski), Simunic, Hartmann - Marx, Dardai (34. Schmidt), Beinlich - Marcelinho, Preetz, Alves (71. Rafael)
Tore: 1:0 Butt (14., FE), 2:0 Schneider (32.), 3:0 Neuville (41.), 4:0 Neuville (69.), 4:1 Preetz (76.) - **SR:** Dr. Merk (Kaiserslautern) - **ZS:** 22.500 (ausverkauft) - **Gelb:** Berbatov, Balitsch

FC Energie Cottbus - VfB Stuttgart   2:3 (1:1)
Cottbus: Lenz - Schröter, da Silva, Berhalter, Löw - Reghecampf (78. Juskowiak), Rost, Latoundji, Gebhardt (78. Jungnickel) - Vagner, Topic
Stuttgart: Ernst - Hinkel, Meira, Wenzel, Gerber - Tiffert (46. Heldt), Soldo, Hleb (64. Mutzel), Meißner - Kuranyi, Amanatidis (46. Ganea)
Tore: 0:1 Meißner (2.), 1:1 Vagner (7.), 1:2 Heldt (75.), 2:2 Juskowiak (84.), 2:3 Ganea (90., FE) - **SR:** Fandel (Kyllburg) - **ZS:** 12.597 - **Gelb:** Rost, Schröter - Hinkel, Gerber, Hleb, Meißner

1. FC Nürnberg - FC Schalke 04   0:0
Nürnberg: Kampa - Paßlack, Kos, Nikl, Wolf - Junior, Larsen, Jarolim, Müller - Ciric (81. Krzynowek), Michalke (66. Cacau)
Schalke: Rost - Hajto, Waldoch, van Hoogdalem, Rodriguez - Pinto, Vermant, Kmetsch, Böhme - Agali, Sand (57. Varela)
SR: Steinborn (Sinzig) - **ZS:** 41.100 - **Gelb:** Kos, Paßlack - Böhme, Rodriguez

Hamburger SV - Arminia Bielefeld   1:0 (1:0)
HSV: Pieckenhagen - Fukal, Hertzsch, Ujfalusi, Hollerbach (54. Jacobsen) - Barbarez, Maltritz, Cardoso (69. Wicky) - Mahdavikia, Romeo (84. Meijer), Takahara
Bielefeld: Hain - Lense (83. Porcello) Reinhardt, Hansén, Borges - Kauf, Rauw (71. Heinz), Dammeier - Diabang, Wichniarek, Vata (79. Cha)
Tor: 1:0 Hain (9., ET) - **SR:** Stark (Ergolding) - **ZS:** 46.160 - **Gelb:** Hertzsch - Dammeier

TSV München 1860 - Borussia Mönchengladbach (So., 6.4.)   2:0 (0:0)
1860: Jentzsch - Stranzl, Kurz, Costa, Hoffmann - Cerny, Wiesinger (90. Schwarz), Meyer - Lauth (46. Max), Schroth (59. Agostino), Shao
Gladbach: Stiel - Eberl, Pletsch, Schulz-Winge, Asanin - Demo (70. Gaede), Stassin, Ulich - Korzynietz, Forssell (70. Aidoo), Ketelaer (78. van Houdt)
Tore: 1:0 Schroth (79.), 2:0 Max (89.) - **SR:** Meyer (Burgdorf) - **ZS:** 20.000 - **Gelb:** Hoffmann - Asanin

FC Hansa Rostock - VfL Wolfsburg (So., 6.4.)   1:0 (1:0)
Rostock: Schober - Kovar, Jakobsson, Hill, Hirsch - Lantz, Meggle, Persson (37. Wibran) - Arvidsson (79. Wimmer), Salou, di Salvo (57. Aduobe)
Wolfsburg: Ramovic - Rytter, Quattrocchi, Biliskov, Rau - Karhan (69. Janicki), Thiam, Weiser (83. Munteanu) - Präger (88. Müller), Ponte, Petrov
Tor: 1:0 Hill (3.) - **SR:** Jansen (Essen) - **ZS:** 13.500 - **Gelb:** di Salvo, Meggle - Rytter

28. Spieltag: Samstag, 12.4.2003
Bayern-Heimnimbus nach 2 Jahren durchbrochen

FC Bayern München - SV Werder Bremen   0:1 (0:1)
FC Bayern: Kahn - Sagnol, R. Kovac, Linke, Lizarazu (78. Tarnat) - Feulner (46. Trochowski), Schweinsteiger (78. Misimovic), N. Kovac, Zé Roberto - Elber, Pizarro
Bremen: Borel - Stalteri, Barten, Krstajic, Schulz - Banovic, Baumann, Micoud, Lisztes (83. Borowski) - Charisteas (85. Daun), Ailton (90. Reich)
Tor: 0:1 Micoud (13.) - **SR:** Koop (Lüttenmark) - **ZS:** 63.000 (ausverkauft) - **Gelb:** R. Kovac, N. Kovac - Banovic, Barten

Hamburger SV - Borussia Dortmund   1:1 (0:0)
HSV: Pieckenhagen - Fukal, Hoogma, Ujfalusi, Hollerbach - Wicky, Cardoso (60. Takahara), Maltritz - Mahdavikia, Romeo, Barbarez
Dortmund: Weidenfeller - Evanilson, Madouni, Wörns, Dede - Frings, Kehl, Rosicky - Ewerthon (78. Reuter), Koller, Amoroso (46. Ricken)
Tore: 1:0 Romeo (65.), 1:1 Koller (68.) - **SR:** Dr. Fleischer (Hallstadt) - **ZS:** 55.500 (ausverkauft) - **Gelb:** Maltritz, Hollerbach, Cardoso, Takahara - **Gelb-Rot:** Frings (75.)

Hertha BSC Berlin - VfL Bochum   1:0 (0:0)
Hertha BSC: Kiraly - Friedrich, van Burik, Simunic, Hartmann - Marx, Dardai (87. Schmidt), Goor - Alves (81. Rafael), Preetz, Marcelinho (83. Beinlich)
Bochum: van Duijnhoven - Colding (82. Meichelbeck), Kalla, Vriesde, Mandreko - Freier (46. Gudjonsson), Schindzielorz, Wosz, Oliseh (66. Hashemian), Buckley - Christiansen
Tor: 1:0 Dardai (63.) - **SR:** Dr. Wack (Biberbach) - **ZS:** 37.022 - **Gelb:** Marx - Colding, Schindzielorz - **Gelb-Rot:** van Burik (41.)

VfB Stuttgart - Bayer 04 Leverkusen   3:0 (2:0)
Stuttgart: Ernst - Hinkel, Meira, Wenzel, Gerber - Hleb (63. Mutzel), Soldo, Balakov, Meißner - Amanatidis (13. Ganea), Kuranyi (74. Dundee)
Leverkusen: Butt - Ojigwe (46. Bastürk), Zivkovic, Juan, Placente - Schneider, Ramelow, Balitsch (69. Babic), Bierofka (46. Simak) - Neuville, Berbatov
Tore: 1:0 Amanatidis (9.), 2:0 Hleb (17.), 3:0 Ganea (51.) - **SR:** Keßler (Höhenkirchen) - **ZS:** 44.500 - **Gelb:** Soldo - Balitsch, Placente, Schneider

1. FC Kaiserslautern - FC Hansa Rostock   1:0 (0:0)
1. FCK: Wiese - Grammozis, Ramzy (67. H. Koch), Lembi, Tchato - Basler (54. Timm), Bjelica, Sforza, Dominguez (79. Anfang) - Lokvenc, Klose
Rostock: Schober - Kovar, Jakobsson, Hill, Maul - Wibran (77. Arvidsson), Aduobe, Hirsch, Lantz (61. Prica) - Salou, di Salvo
Tor: 1:0 Dominguez (71.) - **SR:** Strampe (Handorf) - **ZS:** 38.522 - **Gelb:** Sforza, Bjelica, Basler - Kovar

Borussia Mönchengladbach - 1. FC Nürnberg   2:0 (1:0)
Gladbach: Stiel - Korzynietz, Pletsch, Strasser, Asanin - Demo, Kluge (82. Stassin), Ulich - Aidoo (57. Felgenhauer), Forssell, Ketelaer (89. Schlaudraff)
Nürnberg: Kampa - Stehle, Kos, Nikl, Wolf - Junior, Larsen, Jarolim, Müller, Krzynowek (58. Ciric) - Michalke (70. Cacau)
Tore: 1:0 Ulich (12.), 2:0 Forssell (56.) - **SR:** Kemmling (Kleinburgwedel) - **ZS:** 30.000 - **Gelb:** Demo - Stehle

Arminia Bielefeld - TSV München 1860   2:1 (2:1)
Bielefeld: Hain - Hansén, Reinhardt, Borges - Kauf, Dabrowski, Vata (62. Rauw), Dammeier - Brinkmann, Wichniarek (89. Bogdanovic), Heinz (62. Diabang)
1860: Jentzsch - Stranzl, Votava, Costa, Tyce (82. Borimirov) - Cerny, Meyer, Wiesinger (70. Shao) - Max, Schroth, Agostino (58. Lauth)
Tore: 1:0 Wichniarek (14., FE), 1:1 Stranzl (20.), 2:1 Wichniarek (42.) - **SR:** Fröhlich (Berlin) - **ZS:** 21.070 - **Gelb:** Hain - Jentzsch, Cerny, Wiesinger

FC Schalke 04 - FC Energie Cottbus (So., 13.4.)   3:0 (1:0)
Schalke: F. Rost - Hajto, Waldoch, van Kerckhoven (69. Rodriguez) - Pinto, Vermant, Kmetsch (76. Oude Kamphuis), Varela, Böhme - Mpenza (46. Sand), Agali
Cottbus: Lenz - Schröter (30. Rozgonyi), da Silva, Berhalter, Löw - Reghecampf (62. Juskowiak), T. Rost, Latoundji, Gebhardt - Vagner, Topic (62. Jungnickel)
Tore: 1:0 Böhme (45., FE), 2:0 Sand (54.), 3:0 Böhme (61., FE im Nachschuss) - **SR:** Sippel (München) - **ZS:** 60.413 - **Gelb:** Lenz, Latoundji

VfL Wolfsburg - Hannover 96 (So., 13.4.)   1:0 (0:0)
Wolfsburg: Ramovic - Rytter (75. Quattrocchi), Biliskov, Schnoor, Rau - Karhan (46. Weiser), Thiam, Munteanu - Präger, Klimowicz, Ponte (70. Petrov)
Hannover: Tremmel - Cherundolo, Konstantinidis, Vinicius, van Hintum - Lala, Popescu (82. Kaufman), Krupnikovic (70. Stefulj) - Stajner, Bobic, Idrissou (61. Stendel)
Tor: 1:0 Klimowicz (55.) - **SR:** Aust (Köln) - **ZS:** 30.000 (ausverkauft) - **Gelb:** Präger, Karhan, Schnoor, Ponte - van Hintum

	Sp.	g.	u.	v.	Tore	Diff.	Punkte
1. Bayern München	27	19	6	2	59:18	+41	63
2. VfB Stuttgart	27	14	7	6	43:31	+12	49
3. Borussia Dortmund	27	13	8	6	42:22	+20	47
4. Hamburger SV	27	12	7	8	33:32	+ 1	43
5. Hertha BSC Berlin	27	12	6	9	41:31	+10	42
6. Schalke 04	27	9	13	5	36:30	+ 6	40
7. Werder Bremen	27	12	4	11	42:41	+ 1	40
8. TSV München 1860	27	10	7	10	35:41	- 6	37
9. VfL Wolfsburg	27	10	5	12	31:34	- 3	35
10. Hansa Rostock	27	9	7	11	28:32	- 4	34
11. Hannover 96	27	9	6	12	39:49	-10	33
12. 1. FC Kaiserslautern	27	8	8	11	35:35	± 0	32
13. Arminia Bielefeld	27	7	10	10	29:33	- 4	31
14. VfL Bochum	27	8	7	12	41:48	- 7	31
15. Bayer Leverkusen	27	8	6	13	36:43	- 7	30
16. Bor. M'gladbach	27	8	5	14	28:38	-10	29
17. 1. FC Nürnberg	27	8	5	14	30:45	-15	29
18. Energie Cottbus	27	6	5	16	28:53	-25	23

	Sp.	g.	u.	v.	Tore	Diff.	Punkte
1. Bayern München	28	19	6	3	59:19	+40	63
2. VfB Stuttgart	28	15	7	6	46:31	+15	52
3. Borussia Dortmund	28	13	9	6	43:23	+20	48
4. Hertha BSC Berlin	28	13	6	9	42:31	+11	45
5. Hamburger SV	28	12	8	8	34:33	+ 1	44
6. Schalke 04	28	10	13	5	39:30	+ 9	43
7. Werder Bremen	28	13	4	11	43:41	+ 2	43
8. VfL Wolfsburg	28	11	5	12	32:34	- 2	38
9. TSV München 1860	28	10	7	11	36:43	- 7	37
10. 1. FC Kaiserslautern	28	9	8	11	36:35	+ 1	35
11. Arminia Bielefeld	28	8	10	10	31:34	- 3	34
12. Hansa Rostock	28	9	7	12	28:33	- 5	34
13. Hannover 96	28	9	6	13	39:50	-11	33
14. Bor. M'gladbach	28	9	5	14	30:38	- 8	32
15. VfL Bochum	28	8	7	13	41:49	- 8	31
16. Bayer Leverkusen	28	8	6	14	36:46	-10	30
17. 1. FC Nürnberg	28	8	5	15	30:47	-17	29
18. Energie Cottbus	28	6	5	17	28:56	-28	23

Milliardenliga zwischen Boom und Pleite

29. Spieltag: Samstag, 19.4.2003

Bochum hält freien Fall auf

Borussia Dortmund - FC Bayern München 1:0 (0:0)
Dortmund: Weidenfeller - Evanilson, Wörns, Madouni, Dede - Reuter (75. Demel), Rosicky (87. Leandro), Kehl - Ewerthon (59. Amoroso), Koller, Ricken
FC Bayern: Kahn - Sagnol, Kuffour, Linke, Lizarazu (79. Tarnat) - Hargreaves, Jeremies (72. Feulner), N. Kovac (82. Trochowski), Zé Roberto - Pizarro, Elber
Tor: 1:0 Amoroso (61., HE) - **SR:** Dr. Merk (Kaiserslautern) - **ZS:** 68.600 (ausverkauft) - **Gelb:** Wörns - N. Kovac

TSV München 1860 - Hamburger SV 1:1 (1:0)
1860: Jentzsch - Stranzl, Kurz, Costa, Hoffmann - Borimirov (89. Shao), Tyce, Weissenberger (74. Häßler) - Lauth, Schroth (79. Agostino), Max
HSV: Pieckenhagen - Fukal, Hoogma (86. Baur), Ujfalusi, Hollerbach - Wicky, Barbarez, Benjamin - Mahdavikia (70. Meijer), Romeo (80. Cardoso), Takahara
Tore: 1:0 Max (36.), 1:1 Fukal (65.) - **SR:** Fandel (Kyllburg) - **ZS:** 22.000 - **Gelb:** Max, Borimirov - Wicky, Hollerbach

FC Hansa Rostock - Hertha BSC Berlin 0:1 (0:0)
Rostock: Schober - Kovar (81. Meggle), Jakobsson, Hill, Hirsch - Rydlewicz (69. Arvidsson), Lantz, Aduobe, Persson - Salou, Prica (46. Vorbeck)
Hertha BSC: Kiraly - Friedrich, Madlung, Simunic (54. Beinlich), Hartmann - Dardai, Marcelinho, Schmidt, Goor - Alves (77. Karwan), Luizao (90. Sverrisson)
Tor: 0:1 Friedrich (50.) - **SR:** Kinhöfer (Herne) - **ZS:** 23.500 - **Gelb:** Prica, Meggle, Hirsch - Simunic, Hartmann, Dardai, Kiraly

SV Werder Bremen - VfL Wolfsburg 0:1 (0:0)
Bremen: Borel - Stalteri, Barten, Krstajic, Schulz - Lisztes, Baumann, Micoud, Ernst - Ailton, Charisteas (72. Daun)
Wolfsburg: Ramovic - Biliskov, Schnoor, Rytter - Thiam, Karhan, Rau, Weiser (90. Sarpei) - Ponte (89. Quattrocchi), Klimowicz, Petrov
Tor: 0:1 Biliskov (86.) - **SR:** Krug (Gelsenkirchen) - **ZS:** 33.300 - **Gelb:** Stalteri, Daun - Petrov, Karhan, Biliskov, Rau

Hannover 96 - 1. FC Kaiserslautern 2:1 (0:1)
Hannover: Tremmel - Cherundolo, Popescu, Vinicius, van Hintum - Lala, Jaime (78. Linke), de Guzman (46. Krupnikovic) - Stendel (76. Stefulj), Bobic, Stajner
1. FCK: Wiese - Grammozis, Klos, Lembi (74. Mifsud), Tchato - Timm, Hristov, Lokvenc, Anfang, Dominguez (38. Basler) - Klose (45. Lincoln)
Tore: 0:1 Klos (11.), 1:1 Krupnikovic (49.), 2:1 Bobic (60.) - **SR:** Wagner (Kriftel) - **ZS:** 30.573 - **Gelb:** Lala, Popescu - Hristov, Anfang - **Rot:** van Hintum (72.)

FC Energie Cottbus - Borussia Mönchengladbach 1:1 (1:0)
Cottbus: Lenz - Rozgonyi, da Silva, Berhalter, Kobylanski (86. Hujdurovic) - Reghecampf (71. Jungnickel), Rost, Latoundji (86. Reichenberger) - Topic, Juskowiak, Vagner
Gladbach: Stiel - Korzynietz, Pletsch, Strasser, Asanin - Ulich (67. van Lent), Kluge, Demo - Spann (59. Skoubo), Forssell, Felgenhauer (59. Ketelaer)
Tore: 1:0 Latoundji (5.), 1:1 Pletsch (82.) - **SR:** Weiner (Giesen) - **ZS:** 13.241 - **Gelb:** da Silva - Kluge

1. FC Nürnberg - Arminia Bielefeld 0:0
Nürnberg: Kampa - Paßlack, Kos (79. Nikl), Wolf, Popovic - Junior, Larsen, Jarolim, Müller - Ciric (53. Krzynowek), Michalke (79. Villa)
Bielefeld: Hain - Lense, Reinhardt, Hansén (39. Diabang), Borges - Kauf, Dabrowski, Dammeier (62. Rauw) - Brinkmann, Wichniarek, Heinz (79. Janic)
SR: Gagelmann (Bremen) - **ZS:** 21.400 - **Gelb:** Paßlack, Wolf - Rauw, Janic, Borges - **Gelb-Rot:** Jarolim (30.) - Lense (57.)

Bayer 04 Leverkusen - FC Schalke 04 (So., 20.4.) 1:3 (1:1)
Leverkusen: Butt - Ojigwe, Lucio (80. Zivkovic), Juan, Placente - Schneider, Ramelow, Bastürk (75. Schoof), Babic (46. Bierofka) - Berbatov, Neuville
Schalke: Rost - Hajto, Waldoch, van Kerckhoven - Pinto, Vermant, Kmetsch (48. Oude Kamphuis), Varela (60. Möller), Böhme - Agali (78. Asamoah), Sand
Tore: 1:0 Berbatov (9.), 1:1 Böhme (12.), 1:2 Sand (61.), 1:3 Asamoah (90.) - **SR:** Kircher (Rottenburg) - **ZS:** 22.500 (ausverkauft) - **Gelb:** Babic, Juan - Vermant, Waldoch

VfL Bochum - VfB Stuttgart (So., 20.4.) 3:1 (1:1)
Bochum: van Duijnhoven - Kalla, Oliseh (78. Reis), Tapalovic (28. Vriesde) - Colding, Wosz, Schindzielorz, Freier, Mandreko (53. Bemben) - Hashemian, Christiansen
Stuttgart: Ernst - Hinkel, Meira (77. Heldt), Bordon, Gerber - Hleb, Soldo, Balakov, Meißner (70. Seitz) - Kuranyi, Tiffert (46. Ganea)
Tore: 0:1 Kuranyi (25.), 1:1 Hashemian (40.), 2:1 Hashemian (66.), 3:1 Christiansen (68.) - **SR:** Stark (Ergolding) - **ZS:** 25.177 - **Gelb:** Vriesde, Wosz - Soldo, Hinkel, Seitz, Bordon

30. Spieltag: Samstag, 26.4.2003

Bayern-Meisterstück in Wolfsburg

VfL Wolfsburg - FC Bayern München 0:2 (0:0)
Wolfsburg: Ramovic - Rytter, Biliskov, Schnoor, Weiser - Karhan (64. Präger), Rau, Thiam - Ponte (77. P. Madsen), Klimowicz (63. Maric), Petrov
FC Bayern: Kahn - Sagnol, R. Kovac, Linke, Lizarazu - Schweinsteiger (80. Feulner), Jeremies (85. Fink), Ballack, Zé Roberto - Elber (72. Santa Cruz), Pizarro
Tore: 0:1 Elber (59.), 0:2 Pizarro (83.) - **SR:** Fandel (Kyllburg) - **ZS:** 30.000 (ausverkauft) - **Gelb:** Rau, Schnoor

Hamburger SV - 1. FC Nürnberg 4:0 (2:0)
HSV: Pieckenhagen - Fukal, Hoogma, Ujfalusi, Hollerbach - Ledesma, Cardoso (66. Takahara), Maltritz - Mahdavikia (80. Jacobsen), Romeo, Barbarez (73. Meijer)
Nürnberg: Kampa - Paßlack, Stehle, Nikl, Popovic - Junior, Larsen, Müller, Krzynowek - Michalke (80. Kießling), Cacau (55. Villa)
Tore: 1:0 Fukal (36.), 2:0 Romeo (43.), 3:0 Mahdavikia (55.), 4:0 Takahara (76.) - **SR:** Aust (Köln) - **ZS:** 43.627 - **Gelb:** Barbarez, Cardoso, Ledesma - Cacau

VfB Stuttgart - FC Hansa Rostock 1:1 (1:0)
Stuttgart: Hildebrand - Hinkel, Marques, Bordon, Carnell - Hleb (83. Mutzel), Meira, Balakov, Meißner - Amanatidis (40. Dundee), Kuranyi
Rostock: Schober - Kovar, Jakobsson, Hill, Hirsch - Rydlewicz (74. Kientz), Persson, Wibran, Aduobe, Wimmer (46. Vorbeck) - Salou (86. di Salvo)
Tore: 1:0 Meißner (27.), 1:1 Hill (59.) - **SR:** Meyer (Burgdorf) - **ZS:** 38.000 - **Gelb:** Marques - Schober, Kovar

FC Schalke 04 - VfL Bochum 1:2 (1:1)
Schalke: Rost - Hajto (59. Möller), Waldoch, van Kerckhoven - Pinto (75. Asamoah), Vermant, Varela, Oude Kamphuis, Böhme - Agali (67. Mpenza), Sand
Bochum: van Duijnhoven - Kalla, Oliseh, Tapalovic - Colding, Freier (67. Gudjonsson), Schindzielorz (49. Vriesde), Wosz, Bemben - Hashemian, Christiansen (75. Buckley)
Tore: 0:1 Christiansen (23.), 1:1 Varela (28.), 1:2 Buckley (89.) - **SR:** Fröhlich (Berlin) - **ZS:** 60.886 (ausverkauft) - **Gelb:** Hajto - Vriesde, Hashemian

Hertha BSC Berlin - Hannover 96 2:0 (2:0)
Hertha BSC: Kiraly - Friedrich (79. Lapaczinski), van Burik (65. Madlung), Simunic, Hartmann - Marx, Marcelinho, Schmidt, Goor - Preetz, Luizao (82. Rafael)
Hannover: Tremmel - Cherundolo, Konstantinidis, Vinicius, de Guzman (68. Schuler) - Lala (58. Jaime), Popescu, Krupnikovic - Stajner, Bobic, Idrissou (46. Stendel)
Tore: 1:0 Luizao (10.), 2:0 Marcelinho (44., FE) - **SR:** Sippel (München) - **ZS:** 45.031 - **Gelb:** Marx - Konstantinidis, Stajner

Borussia Mönchengladbach - Bayer 04 Leverkusen 2:2 (1:1)
Gladbach: Stiel - Korzynietz, Pletsch, Strasser (76. Skoubo), Asanin - Ulich (81. Schlaudraff), Kluge, Demo - Aidoo (60. van Lent), Forssell, Ketelaer
Leverkusen: Butt - Zivkovic, Lucio, Juan, Ojigwe - Ramelow, Bastürk (77. Kaluzny), Balitsch - Neuville (90. Franca), Berbatov, Bierofka (85. Babic)
Tore: 1:0 Demo (6.), 1:1 Bierofka (17.), 1:2 Berbatov (48.), 2:2 Skoubo (89.) - **SR:** Steinborn (Sinzig) - **ZS:** 34.000 - **Gelb:** Strasser, Stiel - Lucio, Balitsch, Bierofka, Berbatov

TSV München 1860 - Borussia Dortmund 0:0
1860: Jentzsch - Stranzl, Kurz, Hoffmann, Tyce - Wiesinger (80. Schwarz), Cerny, Weissenberger (42. Shao) - Schroth, Lauth, Max (81. Häßler)
Dortmund: Weidenfeller - Evanilson (50. Demel), Wörns, Madouni, Dede - Frings, Reuter, Rosicky, Kehl, Ricken (67. Amoroso) - Koller
SR: Strampe (Handorf) - **ZS:** 35.000 - **Gelb:** Max

1. FC Kaiserslautern - SV Werder Bremen (So., 27.4.) 1:0 (0:0)
1. FCK: Wiese - Klos, Basler (35. Dominguez), Lembi - Grammozis, Sforza, Lincoln (46. Timm), Hristov (78. Bjelica), Tchato - Klose, Lokvenc
Bremen: Borel - Tjikuzu, Barten, Krstajic, Schulz (75. Magnin) - Lisztes (75. Daun), Baumann, Micoud, Ernst - Ailton, Charisteas
Tor: 1:0 Klose (65., HE) - **SR:** Jansen (Essen) - **ZS:** 39.791 - **Gelb:** Sforza, Hristov - Ernst, Barten, Magnin

Arminia Bielefeld - FC Energie Cottbus (So., 27.4.) 2:2 (0:2)
Bielefeld: Hain - Hansén, Reinhardt, Borges - Kauf, Dabrowski (90. Rauw), Vata, Dammeier - Brinkmann (84. Bogdanovic), Wichniarek, Diabang (84. Heinz)
Cottbus: Lenz - Rozgonyi, da Silva, Berhalter, Hujdurovic - Jungnickel (77. Reghecampf), Latoundji, Rost, Löw, Gebhardt (60. Vagner) - Juskowiak (67. Topic)
Tore: 0:1 Gebhardt (1.), 0:2 Gebhardt (40.), 1:2 Dabrowski (56.), 2:2 Wichniarek (58.) - **SR:** Dr. Wack (Biberbach) - **ZS:** 21.477 - **Gelb:** Kauf - da Silva, Berhalter, Rost

	Sp.	g.	u.	v.	Tore	Diff.	Punkte
1. Bayern München	29	19	6	4	59 :20	+39	63
2. VfB Stuttgart	29	15	7	7	47 :34	+13	52
3. Borussia Dortmund	29	14	9	6	44 :23	+21	51
4. Hertha BSC Berlin	29	14	6	9	43 :31	+12	48
5. Schalke 04	29	11	13	5	42 :31	+11	46
6. Hamburger SV	29	12	9	8	35 :34	+ 1	45
7. Werder Bremen	29	13	4	12	43 :42	+ 1	43
8. VfL Wolfsburg	29	12	5	12	33 :34	- 1	41
9. TSV München 1860	29	10	8	11	37 :44	- 7	38
10. Hannover 96	29	10	6	13	41 :51	- 10	36
11. 1. FC Kaiserslautern	29	9	8	12	37 :37	± 0	35
12. Arminia Bielefeld	29	8	11	10	31 :34	- 3	35
13. VfL Bochum	29	9	7	13	44 :50	- 6	34
14. Hansa Rostock	29	9	7	13	28 :34	- 6	34
15. Bor. M'gladbach	29	9	6	14	31 :39	- 8	33
16. Bayer Leverkusen	29	8	6	15	37 :49	- 12	30
17. 1. FC Nürnberg	29	8	6	15	30 :47	- 17	30
18. Energie Cottbus	29	6	6	17	29 :57	- 28	24

	Sp.	g.	u.	v.	Tore	Diff.	Punkte
1. Bayern München	30	20	6	4	61 :20	+41	66
2. VfB Stuttgart	30	15	8	7	48 :35	+13	53
3. Borussia Dortmund	30	14	10	6	44 :23	+21	52
4. Hertha BSC Berlin	30	15	6	9	45 :31	+14	51
5. Hamburger SV	30	13	9	8	39 :34	+ 5	48
6. Schalke 04	30	11	13	6	43 :33	+10	46
7. Werder Bremen	30	13	4	13	43 :43	± 0	43
8. VfL Wolfsburg	30	12	5	13	33 :36	- 3	41
9. TSV München 1860	30	10	9	11	37 :44	- 7	39
10. 1. FC Kaiserslautern	30	10	8	12	38 :37	+ 1	38
11. VfL Bochum	30	10	7	13	46 :51	- 5	37
12. Arminia Bielefeld	30	8	12	10	33 :36	- 3	36
13. Hannover 96	30	10	6	14	41 :53	- 12	36
14. Hansa Rostock	30	9	8	13	29 :35	- 6	35
15. Bor. M'gladbach	30	9	7	14	33 :41	- 8	34
16. Bayer Leverkusen	30	8	7	15	39 :51	- 12	31
17. 1. FC Nürnberg	30	8	6	16	30 :51	- 21	30
18. Energie Cottbus	30	6	7	17	31 :59	- 28	25

Bundesliga 2002/2003

31. Spieltag: Samstag, 3.5.2003

„Club" trotz Trainerwechsel vor dem Abstieg

Borussia Dortmund - VfL Wolfsburg 2:2 (1:0)

Dortmund: Weidenfeller - Madouni, Wörns, Dede (81. Leandro) - Frings, Reuter, Rosicky, Kehl - Ricken, Koller (84. Herrlich), Ewerthon (64. Reina)

Wolfsburg: Ramovic - Rytter, Biliskov, Schnoor, Weiser - Karhan, Sarpei (75. Quattrocchi), Thiam - Präger (46. Petrov), Klimowicz (46. Maric), Ponte

Tore: 1:0 Ricken (16.), 1:1 Thiam (59.), 1:2 Thiam (62.), 2:2 Rosicky (67.) - **SR:** Koop (Lüttenmark) - **ZS:** 68.600 (ausverkauft) - **Gelb:** Wörns, Kehl - Biliskov, Schnoor, Rytter, Sarpei, Thiam, Karhan

1. FC Nürnberg - TSV München 1860 1:2 (1:0)

Nürnberg: Kampa - Nikl, Frey (68. Junior), Kos - Paßlack (46. Stehle), Jarolim, Larsen, Krzynowek, Müller - Cacau, Driller

1860: Jentzsch - Stranzl (46. Häßler), Kurz, Costa, Hoffmann - Wiesinger, Cerny, Shao (64. Votava), Tyce - Schroth, Lauth (90. Max)

Tore: 1:0 Driller (1.), 1:1 Lauth (56.), 1:2 Lauth (73.) - **SR:** Krug (Gelsenkirchen) - **ZS:** 35.558 - **Gelb:** Cacau, Stehle - Kurz, Cerny - **Rot:** Costa (63.)

Hannover 96 - VfB Stuttgart 1:2 (0:2)

Hannover: Tremmel - Cherundolo, Konstantinidis (46. Idrissou), Vinicius, Stefulj (66. Kaufman) - Lala, Jaime (80. Stendel), Krupnikovic, Popescu - Bobic, Stajner

Stuttgart: Hildebrand - Hinkel (71. Tiffert), Marques, Bordon, Gerber - Meira, Soldo, Balakov, Hleb (77. Wenzel) - Kuranyi (65. Ganea), Dundee

Tore: 0:1 Dundee (19.), 0:2 Dundee (37.), 1:2 Kaufman (85.) - **SR:** Kinhöfer (Herne) - **ZS:** 30.724 - **Gelb:** Stefulj, Jaime - Marques - **B.V.:** Hildebrand hält FE von Konstantinidis (3.)

VfL Bochum - Borussia Mönchengladbach 1:1 (1:1)

Bochum: van Duijnhoven - Colding, Kalla, Oliseh, Bemben - Schindzielorz, Freier (90. Gudjonsson), Tapalovic, Wosz (71. Vriesde) - Hashemian, Christiansen (56. Buckley)

Gladbach: Stiel - Korzynietz, Pletsch, Strasser, Asanin - Demo, Kluge, Ulich - Skoubo, Forssell (87. van Houdt), Ketelaer (66. van Lent)

Tore: 0:1 Forssell (19.), 1:1 Christiansen (20.) - **SR:** Wagner (Kriftel) - **ZS:** 32.645 (ausverkauft) - **Gelb:** Schindzielorz, Wosz

SV Werder Bremen - Hertha BSC Berlin 4:2 (3:1)

Bremen: Borel - Barten, Verlaat, Krstajic - Stalteri, Baumann, Micoud, Ernst, Magnin (57. Schulz) - Ailton (84. Lisztes), Charisteas (89. Daun)

Hertha BSC: Kiraly - Friedrich, Madlung, Simunic, Hartmann (58. Beinlich) - Marx, Dardai, Marcelinho, Goor (46. Neuendorf) - Preetz (70. Rafael), Luizao

Tore: 0:1 Friedrich (21.), 1:1 Krstajic (23.), 2:1 Magnin (26.), 3:1 Charisteas (36.), 4:1 Charisteas (76.), 4:2 Marx (79.) - **SR:** Dr. Merk (Kaiserslautern) - **ZS:** 35.000 - **Gelb:** Ailton, Barten - Kiraly, Madlung

FC Energie Cottbus - Hamburger SV 0:0

Cottbus: Lenz - Rozgonyi, da Silva, Hujdurovic, Löw - Jungnickel (65. Reghecampf), Latoundji, Rost, Kobylanski (65. Reichenberger) - Vagner (85. Mattuschka), Juskowiak

HSV: Pieckenhagen - Fukal, Hoogma, Ujfalusi, Hollerbach - Ledesma, Cardoso (46. Takahara), Maltritz - Mahdavikia, Romeo (75. Jacobsen), Barbarez

SR: Kircher (Rottenburg) - **ZS:** 12.448 - **Gelb:** Hujdurovic - Hollerbach, Fukal, Ujfalusi - **Gelb-Rot:** Ledesma (40.)

FC Bayern München - 1. FC Kaiserslautern 1:0 (0:0)

FC Bayern: Kahn - Sagnol, Kuffour, Linke, Tarnat - Schweinsteiger (68. Feulner), Jeremies (75. N. Kovac), Ballack, Zé Roberto - Santa Cruz (38. Pizarro), Elber

1. FCK: Wiese - Grammozis, Klos, Lembi, Tchato - Timm (46. Bjelica), Hristov (78. Anfang), Sforza, Dominguez (67. Mifsud) - Lokvenc, Klose

Tor: 1:0 Kuffour (85.) - **SR:** Kemmling - **ZS:** 63.000 (ausv.) - **Gelb:** Ballack, Sagnol - Lembi, Tchato

FC Hansa Rostock - FC Schalke 04 (So., 4.5.) 3:1 (0:1)

Rostock: Schober - Kientz, Jakobsson, Hill - Wimmer (74. Rydlewicz), Lantz, Aduobe, Persson (62. Arvidsson), Hirsch - Vorbeck, Prica (89. di Salvo)

Schalke: Rost - Hajto, Waldoch, van Kerckhoven - Pinto, Oude Kamphuis, Varela, Vermant, Böhme (59. Matellan) - Agali (46. Mpenza), Sand (81. Asamoah)

Tore: 0:1 Varela (16.), 1:1 Prica (65.), 2:1 Arvidsson (79.), 3:1 Rydlewicz (84., FE) - **SR:** Stark - **ZS:** 25.000 - **Gelb:** Jakobsson, Kientz, Lantz, Arvidsson - Rost, Pinto, Oude Kamphuis - **Gelb-Rot:** Hajto (55.)

Bayer 04 Leverkusen - Arminia Bielefeld (So., 4.5.) 3:1 (1:1)

Leverkusen: Butt - Zivkovic (65. Babic), Lucio, Juan (75. Kleine), Ojigwe - Ramelow, Bastürk, Balitsch - Franca, Berbatov (81. Simak), Bierofka

Bielefeld: Hain - Lense, Reinhardt, Hansén, Borges (46. Bogusz) - Rauw, Kauf, Dammeier (80. Cha) - Brinkmann, Wichniarek, Diabang (74. Vata)

Tore: 0:1 Brinkmann (34., FE), 1:1 Lucio (38.), 2:1 Lucio (69.), 3:1 Balitsch (71.) - **SR:** Weiner (Giesen) - **ZS:** 22.500 (ausverkauft) - **Gelb:** Kauf - **Gelb-Rot:** Brinkmann (63.)

	Sp.	g.	u.	v.	Tore	Diff.	Punkte
1. Bayern München	31	21	6	4	62 :20	+42	69
2. VfB Stuttgart	31	16	8	7	50 :36	+14	56
3. Borussia Dortmund	31	14	11	6	46 :25	+21	53
4. Hertha BSC Berlin	31	15	6	10	47 :35	+12	51
5. Hamburger SV	31	13	10	8	39 :34	+ 5	49
6. Schalke 04	31	11	13	7	44 :36	+ 8	46
7. Werder Bremen	31	14	4	13	47 :45	+ 2	46
8. VfL Wolfsburg	31	12	6	13	35 :38	- 3	42
9. TSV München 1860	31	11	9	11	39 :45	- 6	42
10. 1. FC Kaiserslautern	31	10	8	13	38 :38	± 0	38
11. Hansa Rostock	31	10	8	13	32 :36	- 4	38
12. VfL Bochum	31	10	8	13	47 :52	- 5	38
13. Arminia Bielefeld	31	8	12	11	34 :39	- 5	36
14. Hannover 96	31	10	6	15	42 :55	- 13	36
15. Bor. M'gladbach	31	9	8	14	34 :42	- 8	35
16. Bayer Leverkusen	31	9	7	15	42 :52	- 10	34
17. 1. FC Nürnberg	31	8	6	17	31 :53	- 22	30
18. Energie Cottbus	31	6	8	17	31 :59	- 28	26

32. Spieltag: Samstag, 10.5.2003

Hertha ohne Mittel gegen Elber und Pizarro

Borussia Dortmund - 1. FC Nürnberg 4:1 (1:0)

Dortmund: Weidenfeller - Fernandez, Wörns (83. Demel), Madouni, Dede - Ricken, Reuter, Rosicky, Frings - Koller (72. Leandro), Ewerthon (30. Reina)

Nürnberg: Kampa - Wolf, Frey, Kos, Popovic (46. Michalke) - Larsen, Nikl, Jarolim, Krzynowek - Cacau (68. Junior), Driller (56. Ciric)

Tore: 1:0 Ricken (28.), 2:0 Ricken (54.), 3:0 Reina (65.), 4:0 Koller (68.), 4:1 Ciric (89.) - **SR:** Meyer (Burgdorf) - **ZS:** 67.600 - **Gelb:** Reuter - Popovic, Nikl

TSV München 1860 - FC Energie Cottbus 3:0 (2:0)

1860: Jentzsch - Stranzl (81. Meyer), Kurz, Hoffmann, Tyce - Wiesinger, Cerny, Häßler (68. Borimirov), Shao (74. Agostino) - Lauth, Schroth

Cottbus: Lenz - Rozgonyi (84. Jahn), da Silva, Berhalter, Hujdurovic (49. Mattuschka) - Rost, Latoundji, Löw - Jungnickel (64. Kobylanski), Juskowiak, Reichenberger

Tore: 1:0 Shao (5.), 2:0 Schroth (33.), 3:0 Schroth (65.) - **SR:** Gagelmann (Bremen) - **ZS:** 18.500 - **Gelb:** Shao - Rost, Rozgonyi, Hujdurovic, Berhalter

VfB Stuttgart - SV Werder Bremen 0:1 (0:0)

Stuttgart: Hildebrand - Hinkel, Marques, Bordon, Gerber - Meißner (27. Mutzel), Meira, Balakov (65. Dundee), Hleb - Amanatidis (46. Ganea), Kuranyi

Bremen: Borel - Baumann, Verlaat, Krstajic - Stalteri, Lisztes (77. Borowski), Ernst, Micoud, Magnin (83. Schulz) - Charisteas, Daun (78. Reich)

Tor: 0:1 Marques (51., ET) - **SR:** Fandel (Kyllburg) - **ZS:** 51.000 - **Gelb:** Bordon, Meira, Hinkel - Ernst, Lisztes, Magnin, Stalteri

Borussia Mönchengladbach - FC Hansa Rostock 3:0 (1:0)

Gladbach: Stiel - Korzynietz, Pletsch, Strasser, Asanin - Ulich (84. Eberl), Kluge, Demo - Skoubo (84. Aidoo), Forssell (79. van Lent), Ketelaer

Rostock: Schober - Wimmer, Kientz, Hill, Hirsch - Aduobe, Lantz, Jakobsson, Persson - Arvidsson (62. di Salvo), Vorbeck (69. Rydlewicz)

Tore: 1:0 Demo (37.), 2:0 Forssell (63.), 3:0 Skoubo (77.) - **SR:** Fröhlich (Berlin) - **ZS:** 31.300 - **Gelb:** Strasser, Kluge - Persson, Wimmer

Hertha BSC Berlin - FC Bayern München 3:6 (1:5)

Hertha BSC: Kiraly - Friedrich, Rehmer (41. Madlung), Simunic, Hartmann - Marx, Dardai, Marcelinho, Goor (70. Alves) - Preetz, Luizao (40. Neuendorf)

FC Bayern: Kahn - Sagnol, Kuffour, Linke, Lizarazu - Deisler (79. Feulner), Jeremies (80. N. Kovac), Ballack (86. Fink), Schweinsteiger - Pizarro, Elber

Tore: 1:0 Ballack (5., ET), 1:1 Elber (19.), 1:2 Pizarro (22.), 1:3 Pizarro (23.), 1:4 Elber (32.), 1:5 Elber (45.), 2:5 Marcelinho (59., FE), 2:6 Ballack (85.), 3:6 Marcelinho (88.) - **SR:** Steinborn (Sinzig) - **ZS:** 59.200 (ausverkauft) - **Gelb:** Rehmer, Neuendorf, Madlung - Schweinsteiger

Hamburger SV - Bayer 04 Leverkusen 4:1 (1:0)

HSV: Pieckenhagen - Fukal, Hoogma, Ujfalusi, Hollerbach (57. Jacobsen) - Maltritz, Cardoso (54. Hertzsch), Wicky - Mahdavikia, Romeo (89. Meijer), Barbarez

Leverkusen: Butt - Ojigwe (46. Schneider), Lucio, Juan, Placente - Bierofka, Ramelow, Bastürk (78. Babic), Balitsch, Neuville (63. Franca) - Berbatov

Tore: 1:0 Barbarez (18.), 2:0 Romeo (55.), 2:1 Balitsch (88.), 3:1 Meijer (90.), 4:1 Jacobsen (90.) - **SR:** Krug - **ZS:** 51.629 - **Gelb:** Barbarez - Juan, Bierofka, Placente - **Rot:** Ujfalusi (52.) - Schneider (52.)

VfL Wolfsburg - 1. FC Kaiserslautern 2:2 (1:1)

Wolfsburg: Reitmaier - Rytter, Biliskov, Schnoor, Weiser - Karhan, Rau (74. Franz), Thiam - Ponte (56. Präger), Maric, Petrov (82. Klimowicz)

1. FCK: Wiese - Grammozis, Klos, H. Koch (66. Mifsud), Tchato - Bjelica (66. Anfang), Sforza, Hristov, Dominguez (80. Teber) - Klose, Lokvenc

Tore: 0:1 Sforza (5.), 1:1 Maric (19.), 2:1 Maric (57.), 2:2 Mifsud (69.) - **SR:** Sippel (München) - **ZS:** 21.136 - **Gelb:** Weiser, Biliskov - Sforza, Klose, Lokvenc

FC Schalke 04 - Hannover 96 (So., 11.5.) 0:2 (0:0)

Schalke: Rost - Asamoah, Waldoch, van Kerckhoven - Pinto, Möller, Vermant, Varela (62. Agali), Böhme - Sand, Mpenza

Hannover: Tremmel - Konstantinidis, Popescu, Vinicius - Cherundolo, Lala, Krupnikovic (87. Linke), Jaime, Idrissou - Stajner (83. Stendel), Bobic (90. Kaufman)

Tore: 0:1 Krupnikovic (60.), 0:2 Stajner (73.) - **SR:** Dr. Fleischer (Hallstadt) - **ZS:** 60.886 (ausverkauft) - **Gelb:** Sand - Krupnikovic, Cherundolo - **Gelb-Rot:** Waldoch (86.)

Arminia Bielefeld - VfL Bochum (So., 11.5.) 1:3 (1:1)

Bielefeld: Hain - Rauw (83. Porcello), Reinhardt, Bogusz - Cha, Murawski (83. Bogdanovic), Hansén, Vata, Dammeier, Diabang (72. Heinz) - Wichniarek

Bochum: van Duijnhoven - Colding, Kalla, Vriesde, Bemben - Oliseh (76. Reis), Wosz (82. Tapalovic), Schindzielorz - Freier, Christiansen (73. Hashemian), Buckley

Tore: 0:1 Freier (23.), 1:1 Wichniarek (42.), 1:2 Christiansen (71., HE), 1:3 Buckley (90.) - **SR:** Aust (Köln) - **ZS:** 24.408 - **Gelb:** Rauw - Oliseh - **Gelb-Rot:** Bogusz (70.)

	Sp.	g.	u.	v.	Tore	Diff.	Punkte
1. Bayern München	32	22	6	4	68 :23	+45	72
2. Borussia Dortmund	32	15	11	6	50 :26	+24	56
3. VfB Stuttgart	32	16	8	8	50 :37	+13	56
4. Hamburger SV	32	14	10	8	43 :35	+ 8	52
5. Hertha BSC Berlin	32	15	6	11	50 :41	+ 9	51
6. Werder Bremen	32	15	4	13	48 :45	+ 3	49
7. Schalke 04	32	11	13	8	44 :38	+ 6	46
8. TSV München 1860	32	12	9	11	42 :45	- 3	45
9. VfL Wolfsburg	32	12	7	13	37 :40	- 3	43
10. VfL Bochum	32	11	8	13	50 :53	- 3	41
11. 1. FC Kaiserslautern	32	10	9	13	40 :40	± 0	39
12. Hannover 96	32	11	6	15	44 :55	- 11	39
13. Bor. M'gladbach	32	10	8	14	37 :42	- 5	38
14. Hansa Rostock	32	10	8	14	32 :39	- 7	38
15. Arminia Bielefeld	32	8	12	12	35 :42	- 7	36
16. Bayer Leverkusen	32	9	7	16	43 :56	- 13	34
17. 1. FC Nürnberg	32	8	6	18	32 :57	- 25	30
18. Energie Cottbus	32	6	8	18	31 :62	- 31	26

Milliardenliga zwischen Boom und Pleite

33. Spieltag: Samstag, 17.5.2003
Hansa rettet sich - Bielefeld rutscht auf 16!

FC Energie Cottbus - 1. FC Nürnberg   **2:1 (1:1)**
Cottbus: Berntsen - da Silva, Berhalter, Löw - Reghecampf, Rost (74. Kobylanski), Mattuschka (88. Jahn), Latoundji - Reichenberger, Juskowiak, Topic (88. Franklin)
Nürnberg: Kampa - Paßlack, Wolf, Stehle (62. Michalke), Popovic - Kügler (77. Cacau), Frey, Jarolim, Müller, Krzynowek - Villa (59. Driller)
Tore: 1:0 Topic (13.), 1:1 Krzynowek (21.), 2:1 Juskowiak (70.) - **SR:** Strampe (Handorf) - **ZS:** 12.192 - **Gelb:** Latoundji - Stehle - **Rot:** Paßlack (56.)

Bayer 04 Leverkusen - TSV München 1860   **3:0 (2:0)**
Leverkusen: Butt - Zivkovic, Lucio, Juan, Placente - Bierofka, Ramelow, Bastürk (68. Simak), Babic - Neuville (70. Balitsch), Berbatov (83. Kirsten)
1860: Jentzsch - Meyer, Kurz, Hoffmann, Tyce (78. Max) - Wiesinger, Schwarz (46. Stranzl), Häßler (46. Shao), Cerny - Schroth, Lauth
Tore: 1:0 Bierofka (8.), 2:0 Berbatov (44.), 3:0 Babic (48.) - **SR:** Kemmling (Kleinburgwedel) - **ZS:** 22.500 (ausverkauft) - **Gelb:** Balitsch - Meyer, Cerny

SV Werder Bremen - FC Schalke 04   **2:1 (1:1)**
Bremen: Borel - Barten, Verlaat, Krstajic - Stalteri, Baumann, Micoud, Ernst, Magnin - Daun (71. Reich), Charisteas (90. Borowski)
Schalke: Rost - Pinto, Hajto, Matellan, van Kerckhoven - Asamoah (56. Mpenza) - Oude Kamphuis, Varela (61. Sand), Vermant, Böhme - Agali
Tore: 1:0 Charisteas (21.), 1:1 Agali (36.), 2:1 Micoud (57.) - **SR:** Wagner (Kriftel) - **ZS:** 39.000 (ausverkauft) - **Gelb:** Micoud, Krstajic - Matellan, Varela, Mpenza

FC Hansa Rostock - Arminia Bielefeld   **3:0 (1:0)**
Rostock: Schober - Kovar, Jakobsson, Hill, Hirsch - Rydlewicz (68. Arvidsson), Lantz, Aduobe, Persson - Prica (79. Kientz), Vorbeck (83. di Salvo)
Bielefeld: Hain - Hansén, Reinhardt, Borges - Brinkmann (46. Diabang), Kauf (74. Bogdanovic), Murawski (46. Heinz), Cha, Dammeier, Vata - Wichniarek
Tore: 1:0 Aduobe (8.), 2:0 Vorbeck (56.), 3:0 di Salvo (85.) - **SR:** Fandel (Kyllburg) - **ZS:** 25.000 - **Gelb:** Hill, Vorbeck, Prica - Borges

FC Bayern München - VfB Stuttgart   **2:1 (0:0)**
FC Bayern: Kahn - Sagnol, Kuffour, Linke, Lizarazu - Deisler (69. Scholl), Jeremies (77. Fink), Ballack, Zé Roberto (69. Schweinsteiger) - Pizarro, Elber
Stuttgart: Hildebrand - Mutzel (74. Marques), Meira, Wenzel, Gerber - Tiffert, Soldo, Balakov, Meißner, Hleb (46. Amanatidis) - Ganea (46. Dundee)
Tore: 1:0 Elber (46.), 2:0 Elber (75.), 2:1 Dundee (83.) - **SR:** Dr. Merk (Kaiserslautern) - **ZS:** 63.000 (ausverkauft) - **Gelb:** Meira

VfL Bochum - Hamburger SV   **1:1 (1:0)**
Bochum: van Duijnhoven - Colding, Kalla, Vriesde, Bemben - Schindzielorz (79. Zajas), Wosz (87. Gudjonsson), Oliseh - Freier, Christiansen, Buckley (68. Hashemian)
HSV: Pieckenhagen - Fukal, Hoogma, Hertzsch, Hollerbach (46. Rahn) - Maltritz (57. Takahara), Cardoso (68. Kitzbichler), Wicky - Mahdavikia, Romeo, Meijer
Tore: 1:0 Christiansen (31.), 1:1 Rahn (82.) - **SR:** Koop (Lüttenmark) - **ZS:** 32.645 (ausverkauft) - **Gelb:** Vriesde - Hollerbach, Cardoso, Wicky, Hertzsch

1. FC Kaiserslautern - Borussia Dortmund   **0:0**
1. FCK: Wiese - Grammozis, Klos, Lembi, Tchato (63. H. Koch) - Bjelica (8. Anfang), Sforza, Hristov, Dominguez (83. Mifsud) - Klose, Lokvenc
Dortmund: Weidenfeller - Reuter, Wörns, Madouni, Dede - Frings, Rosicky, Kehl - Ricken (80. Amoroso), Koller, Ewerthon (59. Reina)
SR: Dr. Wack (Biberach) - **ZS:** 40.232 (ausverkauft) - **Gelb:** Tchato, Hristov - Reuter, Kehl, Dede

Hannover 96 - Borussia Mönchengladbach   **2:2 (1:0)**
Hannover: Tremmel - Cherundolo, Konstantinidis, Vinicius, van Hintum (74. Kaufman) - Lala, Popescu, Krupnikovic (46. Idrissou), Jaime (84. Linke) - Bobic, Stajner
Gladbach: Stiel - Korzynietz, Pletsch, Strasser, Asanin - Ulich (54. van Lent), Kluge, Demo - Skoubo (23. Aidoo, 83. Eberl), Forssell, Ketelaer
Tore: 1:0 Krupnikovic (10.), 1:1 Forssell (62.), 1:2 Asanin (66.), 2:2 Stajner (90.) - **SR:** Krug (Gelsenkirchen) - **ZS:** 31.878 (ausverkauft) - **Gelb:** van Hintum, Konstantinidis, Idrissou - Demo, Korzynietz

VfL Wolfsburg - Hertha BSC Berlin   **2:0 (1:0)**
Wolfsburg: Reitmaier - Karhan, Biliskov, Schnoor, Weiser - Rytter, Rau (39. Munteanu), Thiam - Petrov (70. Sarpei), Ponte (63. Müller), Maric
Hertha BSC: Kiraly - Friedrich (26. Rehmer), van Burik, Simunic (73. Madlung), Hartmann - Schmidt, Dardai (63. Preetz), Marcelinho, Beinlich, Goor - Rafael
Tore: 1:0 Maric (5., FE), 2:0 Munteanu (58.) - **SR:** Stark (Ergolding) - **ZS:** 25.436 - **Gelb:** Marcelinho, Madlung

34. Spieltag: Samstag, 24.5.2003
Cottbus hilft Stuttgart auf Platz 2

Borussia Dortmund - FC Energie Cottbus   **1:1 (1:0)**
Dortmund: Weidenfeller - Reuter (82. Addo), Wörns, Madouni, Dede - Frings, Rosicky, Kehl - Ricken (76. Amoroso), Koller, Ewerthon (69. Reina)
Cottbus: Berntsen - Hujdurovic (45. Rozgonyi), da Silva, Berhalter, Löw - Reghecampf, Latoundji, Rost - Topic, Juskowiak (90. Mattuschka), Reichenberger
Tore: 1:0 Rosicky (25.), 1:1 Rost (74.) - **SR:** Sippel (München) - **ZS:** 68.000 - **Gelb:** Frings, Ricken, Addo - Topic, Latoundji, da Silva

1. FC Nürnberg - Bayer 04 Leverkusen   **0:1 (0:1)**
Nürnberg: Kampa - Kügler, Wolf, Stehle (27. Reinhardt), Popovic - Frey (74. Junior), Jarolim, Müller, Krzynowek - Ciric (46. Driller), Cacau
Leverkusen: Butt - Zivkovic, Lucio, Juan, Placente - Bierofka, Ramelow, Bastürk (90. Vranjes), Babic (81. Balitsch) - Neuville, Berbatov (77. Franca)
Tor: 0:1 Bastürk (36.) - **SR:** Dr. Merk (Kaiserslautern) - **ZS:** 31.182 - **Gelb:** Frey, Zivkovic, Neuville

FC Schalke 04 - FC Bayern München   **1:0 (1:0)**
Schalke: Rost - Oude Kamphuis, Waldoch, Matellan, van Kerckhoven - Pinto, Kmetsch, Möller (86. Varela), Böhme - Mpenza (78. Asamoah), Agali (21. Sand)
FC Bayern: Kahn - Sagnol (72. Hargreaves), R. Kovac, Linke, Lizarazu - Deisler (61. Scholl), Jeremies (72. N. Kovac), Ballack, Zé Roberto - Pizarro, Elber
Tor: 1:0 Oude Kamphuis (38.) - **SR:** Meyer (Burgdorf) - **ZS:** 60.886 (ausverkauft) - **Gelb:** Böhme, van Kerckhoven, Kmetsch - Ballack, Linke

Arminia Bielefeld - Hannover 96   **0:1 (0:0)**
Bielefeld: Hain - Hansén, Reinhardt, Bogusz - Brinkmann, Cha, Rauw (84. Bogdanovic), Dammeier, Vata (46. Diabang) - Wichniarek, Heinz (74. Porcello)
Hannover: Tremmel (89. Sievers) - Cherundolo, Zuraw (74. Linke), Vinicius, de Guzman - Stendel, Lala, Stajner, Jaime - Kaufman (74. Casey), Idrissou
Tor: 0:1 Casey (85.) - **SR:** Steinborn (Sinzig) - **ZS:** 26.601 (ausverkauft) - **Gelb:** Brinkmann, Bogusz - Jaime

VfB Stuttgart - VfL Wolfsburg   **2:0 (2:0)**
Stuttgart: Hildebrand - Hinkel, Dangelmayr, Bordon, Gerber - Hleb, Soldo, Balakov (90. Dundee), Meißner, Seitz (58. Tiffert) - Kuranyi (75. Ganea)
Wolfsburg: Reitmaier - Rytter, Biliskov, Schnoor, Weiser - Karhan (79. Sarpei), Thiam, Rau (72. Klimowicz) - Ponte (56. Müller), Maric, Petrov
Tore: 1:0 Kuranyi (12.), 2:0 Balakov (23., FE) - **SR:** Krug (Gelsenkirchen) - **ZS:** 49.000 - **Gelb:** Gerber - Thiam, Biliskov, Schnoor

Hamburger SV - FC Hansa Rostock   **2:0 (1:0)**
HSV: Pieckenhagen - Fukal, Hoogma, Hertzsch, Hollerbach - Maltritz, Cardoso, Wicky (81. Ledesma) - Mahdavikia, Romeo (76. Takahara), Barbarez (71. Meijer)
Rostock: Schober - Kovar, Jakobsson, Kientz, Hirsch - Wibran, Persson, Aduobe, di Salvo (63. Wimmer) - Prica (46. Maul), Vorbeck (83. Arvidsson)
Tore: 1:0 Cardoso (45.), 2:0 Romeo (53.) - **SR:** Jansen (Essen) - **ZS:** 55.500 (ausverkauft) - **Gelb:** Maltritz - **Gelb-Rot:** Aduobe (38.) - **B.V.:** Barbarez schießt FE an die Latte (9.)

Hertha BSC Berlin - 1. FC Kaiserslautern   **2:0 (1:0)**
Hertha BSC: Kiraly - Rehmer (80. Schmidt), van Burik, Simunic, Hartmann - Karwan (67. Neuendorf), Dardai, Marcelinho, Goor - Preetz (83. Beinlich), Rafael
1. FCK: Wiese - H. Koch, Klos, Lembi, Grammozis - Basler (57. Riedl), Anfang, Lincoln, Hristov - Lokvenc (73. Ratinho), Mifsud (57. Timm)
Tore: 1:0 Rafael (64.), 2:0 Rafael (83.) - **SR:** Aust (Köln) - **ZS:** 50.580 - **Gelb:** Goor - Grammozis

Borussia Mönchengladbach - SV Werder Bremen   **4:1 (0:0)**
Gladbach: Stiel - Korzynietz, Pletsch, Strasser, Asanin - Ulich (82. Eberl), Kluge (77. Stassin), Demo - Skoubo (80. van Lent), Forssell, Ketelaer
Bremen: Borel - Stalteri, Verlaat, Krstajic, Magnin (6. Schulz) - Baumann, Lisztes (64. Ailton), Ernst, Micoud - Daun (34. Reich), Charisteas
Tore: 1:0 Kluge (61.), 2:0 Skoubo (73.), 3:0 Skoubo (76.), 3:1 Korzynietz (84., ET), 4:1 Forssell (90.) - **SR:** Stark (Ergolding) - **ZS:** 34.500 (ausverkauft) - **Gelb:** Stassin - Schulz, Baumann, Stalteri, Krstajic - **Rot:** Verlaat (45.)

TSV München 1860 - VfL Bochum   **2:4 (1:1)**
1860: Jentzsch - Stranzl, Votava (46. Borimirov), Kurz (81. Shao), Hoffmann - Wiesinger (66. Max), Cerny, Häßler, Tyce - Lauth, Schroth
Bochum: Vander - Kalla, Oliseh, Bemben - Colding, Schindzielorz, Gudjonsson (88. Thamm), Reis - Freier (74. Velardi), Christiansen, Buckley (46. Hashemian)
Tore: 0:1 Freier (1.), 1:1 Stranzl (37.), 1:2 Hashemian (64.), 1:3 Christiansen (73.), 2:3 Max (78.), 2:4 Reis (89.) - **SR:** Weiner (Giesen) - **ZS:** 25.000 - **Gelb:** Tyce, Kalla, Colding

	Sp.	g.	u.	v.	Tore	Diff.	Punkte
1. Bayern München	33	23	6	4	70:24	+46	75
2. Borussia Dortmund	33	15	12	6	50:26	+24	57
3. VfB Stuttgart	33	16	8	9	51:39	+12	56
4. Hamburger SV	33	14	11	8	44:36	+ 8	53
5. Werder Bremen	33	16	4	13	50:46	+ 4	52
6. Hertha BSC Berlin	33	15	6	12	50:43	+ 7	51
7. Schalke 04	33	11	13	9	45:40	+ 5	46
8. VfL Wolfsburg	33	13	7	13	39:40	- 1	46
9. TSV München 1860	33	12	9	12	42:48	- 6	45
10. VfL Bochum	33	11	9	13	51:54	- 3	42
11. Hansa Rostock	33	11	8	14	35:39	- 4	41
12. 1. FC Kaiserslautern	33	10	10	13	40:40	± 0	40
13. Hannover 96	33	11	7	15	46:57	- 11	40
14. Bor. M'gladbach	33	10	9	14	39:44	- 5	39
15. Bayer Leverkusen	33	10	7	16	46:56	- 10	37
16. Arminia Bielefeld	33	8	12	13	35:45	- 10	36
17. 1. FC Nürnberg	33	8	6	19	33:59	- 26	30
18. Energie Cottbus	33	7	8	18	33:63	- 30	29

	Sp.	g.	u.	v.	Tore	Diff.	Punkte
1. Bayern München	34	23	6	5	70:25	+45	75
2. VfB Stuttgart	34	17	8	9	53:39	+14	59
3. Borussia Dortmund	34	15	13	6	51:27	+24	58
4. Hamburger SV	34	15	11	8	46:36	+10	56
5. Hertha BSC Berlin	34	16	6	12	52:43	+ 9	54
6. Werder Bremen	34	16	4	14	51:50	+ 1	52
7. Schalke 04	34	12	13	9	46:40	+ 6	49
8. VfL Wolfsburg	34	13	7	14	39:42	- 3	46
9. VfL Bochum	34	12	9	13	55:56	- 1	45
10. TSV München 1860	34	12	9	13	44:52	- 8	45
11. Hannover 96	34	12	7	15	47:57	- 10	43
12. Bor. M'gladbach	34	11	9	14	43:45	- 2	42
13. Hansa Rostock	34	11	8	15	35:41	- 6	41
14. 1. FC Kaiserslautern	34	10	10	14	40:42	- 2	40
15. Bayer Leverkusen	34	11	7	16	47:56	- 9	40
16. Arminia Bielefeld	34	8	12	14	35:46	- 11	36
17. 1. FC Nürnberg	34	8	6	20	33:60	- 27	30
18. Energie Cottbus	3	7	9	18	34:64	- 30	30

DFB-Pokal 1998/1999

Kleeblatt auf dem Siegeszug

„Glück gehabt" hieß es für so manch einen Bundesligisten in der ersten Hauptrunde. Werder Bremen beispielsweise, am Ende mit dem Pokal gekrönt, hatte mit den Amateuren von Bayer Leverkusen so seine liebe Mühe, und auch Borussia Dortmund (3:1 im Elfmeterschießen in Saarbrücken) sowie München 1860 (4:2 nach Verlängerung beim VfB Leipzig) hatten sich ihre Aufgaben vermutlich leichter vorgestellt. Sensationen waren allerdings rar. Die Eisbachtaler Sportfreunde warfen Zweitligist und Bundesligaaspirant FC Gütersloh aus dem Rennen, Fortuna Düsseldorf lieferte sich mit dem SV Straelen ein 7:4-Torfestival, und Zweitligaaufsteiger SSV Ulm 46 ließ sich von Carl Zeiss Jena aus dem Pokal werfen – ansonsten gab es „gewöhnliche" Ergebnisse. Souverän auch der spätere Finalist FC Bayern München, der seine Hürde LR Ahlen locker mit 5:0 nahm.

In der 2. Runde wurde es knapper. Sechs Spiele gingen in die Verlängerung, vier mussten per Elfmeterschießen entschieden werden – darunter der Auftritt des FC Bayern bei der SpVgg Greuther Fürth. Dass die Franken trotz einer großartigen Vorstellung im Elfmeterschießen unglücklich den Kürzeren zogen, passte zum wenig sensationellen Gesamtverlauf der Pokalsaison. Die Schlagzeilen machten die Sportfreunde Siegen (1:0 gegen den SC Freiburg) und Fortuna Düsseldorf (2:1 gegen München 1860). Spannend der immer wieder junge Revierschlager zwischen Dortmund und Schalke, der dank eines Treffers von Bachirou Salou glücklich zugunsten der Heimelf endete. Hertha BSC zog mit einem Elfmeterschießensieg in Leverkusen ins Achtelfinale ein.

Jenes brachte mit der Partie MSV Duisburg gegen Bayern München die Neuauflage des 1998er Finales. Auch diesmal gelang es den Zebras nicht, sich gegen den großen Gegner durchzusetzen. Dafür wurden von anderen Plätzen Überraschungen gemeldet. Siegen setzte seine Siegesserie auch gegen den KFC Uerdingen fort, Tennis Borussia Berlin setzte sich im Stadtduell gegen Hertha BSC durch, der HSV zog im Elfmeterschießen gegen Rot-Weiß Oberhausen den Kürzeren und Borussia Mönchengladbach kühlte sein vom Bundesligaabstiegskampf erhitztes Gemüt mit einem 1:0-Sieg in Bochum. Das Viertelfinale verlief zweigeteilt. Auf der einen Seite die Partien zwischen Bayern München und dem VfB Stuttgart sowie Werder Bremen und Tennis Borussia Berlin, die mit 11.000 bzw. 9.900 Fans deutlich unter den Zuschauererwartungen blieben und sportlich den erwarteten Verlauf nahmen, auf der anderen Seite die Duelle zwischen Sensationsklub Sportfreunde Siegen und dem VfL Wolfsburg sowie Zweitligist Rot-Weiß Oberhausen und Borussia Mönchengladbach, bei denen gehörig Feuer unterm Dach war. Wolfsburg stoppte vor rund 15.000 Fans im Siegener Leimbachstadion den Siegeslauf der Schützlinge von Trainer Ingo Peter und zog mit einem souveränen 3:1-Sieg ins Halbfinale ein. Dasselbe tat auch Rot-Weiß Oberhausen, das seine 19.000 Fans im prall gefüllten Niederrheinstadion begeisterte und den Gladbacher Bundesligisten mit einem 2:0-Sieg aus dem Weg räumte.

Verdienter Lohn für RWO war das „Traumlos" FC Bayern, für dessen Gastspiel die Kleeblätter sogar ins größere Gelsenkirchener Parkstadion umzogen. Dort boten die Ristic-Schützlinge vor rund 48.000 Zuschauern sowie der live am TV sitzenden Fernsehnation abermals eine beeindruckende Partie, mussten aber der größeren Cleverness der Bayern Tribut zollen und gingen als 1:3-Verlierer vom Feld. Regelrecht dramatisch ging es tags darauf bei der zweiten Halbfinalpartie zwischen Wolfsburg und Werder Bremen zu. Dank eines Frank Rost in Weltklasseform reichte den Bremern ein Bode-Treffer aus der 52. Minute zum glücklichen Finaleinzug. Seine größte Tat vollbrachte der Bremer Zerberus drei Minuten vor Spielende, als er einen Foulelfmeter von Dammeier hielt und Werder damit den Sieg rettete.

Beeindruckter Christoph Daum

Christoph Daum, Trainer des TSV Bayer 04 Leverkusen, war schlichtweg beeindruckt. Schon lange war die Erstrundenbegegnung zwischen den Amateuren des FC St. Pauli und Bayer Leverkusen abgepfiffen, doch auf den Rängen des Millerntorstadions wurde noch immer gefeiert. Nicht etwa die Sieger aus Leverkusen, die sich mit einem auf dem Papier deutlichen 5:0 in die nächste Runde geschossen hatten, sondern die Verlierer aus Hamburg, die sich in die Herzen der knapp 5.000 Fans gespielt hatten. Die Fans der Braun-Weißen wollten ihre Lieblinge gar nicht mehr gehen lassen und feierten, und feierten... Im Hintergrund stand Christoph Daum und staunte beeindruckt. Irgendwann ging der Leverkusener Chefcoach sogar zu den feiernden Fans, ließ sich ein Megaphon geben und teilte den St. Pauli-Fans seine Bewunderung mit.

Tag der offenen Tore in Straelen

Tag der offenen Tore in Straelen. Vor 3.400 Zuschauern boten sowohl die Hintermannschaft des Oberligisten SV Straelen als auch die des Zweitligisten Fortuna Düsseldorf kaum sportlich Angemessenes, dafür aber viel Unterhaltsames. Auf Seiten des Oberligisten herrschte extreme Nervosität, die SV-Trainer Jos Luhukay später als „katastrophal" bezeichnete, auf Seiten der Fortuna herrschte Lässigkeit. In der ersten Halbzeit war noch alles glimpflich verlaufen und bei einem Zwischenstand von 3:1 für Düsseldorf hatte alles auf ein normales Spiel hingedeutet. Nach dem Seitenwechsel hatte die Fortuna sogar auf 5:1 erhöht – und war nachlässig geworden. Plötzlich hatte es nur noch 5:3 gestanden, dann 6:3, dann 6:4. Dass es am Ende zu einem Happy End für die Fortuna kam, war Marek Lesniak zu verdanken, der immer dann zuschlug, wenn die Straelener aufgeholt hatten. Die Fans beider Seiten jedenfalls hatten ein Spiel gesehen, von dem sie auch Jahre später noch erzählen können.

Haching in ungewohnter Favoritenrolle

Unterhaching war es gewohnt, mit der Rolle des Underdogs zu leben. Seit Jahren hatten sich die Köstner-Schützlinge so einen guten Ruf in der 2. Bundesliga erworben und galten als „unbequem". In der 1. Hauptrunde standen die Hachinger mal in der ungewohnten Rolle als Favorit. Zum SV Schalding-Heiding hatte sie Glücksgöttin Fortuna geführt, einem sechs Klassen tiefer spielenden Klub aus der Nähe von Passau. Die Schaldinger nahmen den Auftritt des späteren Bundesligaaufsteigers zum Anlass, ins Passauer Dreiflüssestadion umzuziehen, wo der Bezirksoberligist vor 2.200 Zuschauern eine großartige Partie bot. Unterhaching beherrschte zwar eindeutig das Spiel, doch vor dem vom stellungssicheren Mahler großartig gehüteten Schaldinger Tor waren die Köstner-Schützlinge ratlos gewesen. So war es torlos in die Halbzeit gegangen, und nach dem Seitenwechsel wären die Schaldinger durch Schmalzl in der 52. Minute um ein Haar sogar zur Führung gekommen. Elf Minuten später fiel dann das Tor des Tages. Altin Rraklli gelang es, Torhüter Mahler zu überwinden und das Spiel zu entscheiden. Schaldings Trainer Eigsperger verteilte anschließend artig Komplimente an seine Mannschaft: „Sie hat alles gegeben und kann stolz sein."

Arme Fortuna

Die Hoffnungen waren so groß gewesen bei der Kölner Fortuna. Den amtierenden deutschen Meister in der 1. Hauptrunde des Pokalwettbewerbes zu empfangen – das hätte wohl überall eine Rekordkulisse nach sich gezogen. Nicht so in Köln. Obwohl die Fortuna eigens für das Gastspiel der Roten Teufel ins Müngersdorfer Stadion auswich, bildeten dort ganze 6.500 Zuschauer eine regelrechte Geisterkulisse. Auch sportlich verliefen die neunzig Minuten enttäuschend für die Kölner Südstädter. Nachdem Macchambes Younga-Mouhani mit dem Pausenpfiff die Lauterer Führung egalisiert hatte, zerstörte FCK-Torjäger Olaf Marschall alle Zweitrundenhoffnungen mit zwei blitzsauberen Toren – und das ausgerechnet in der Drangperiode der Kölner.

Glück für BVB

Der BVB war eigentlich schon geschlagen – doch Regionalligist 1. FC Saarbrücken vergaß, den Sack auch zuzumachen. Vor 25.000 Zuschauern im prall gefüllten Ludwigspark hatte der ehemalige Champions-League-Sieger gegen den respektlos antretenden FCS 50 Minuten ganz schlecht ausgesehen und kurz vor dem Aus gestanden. Trainer Michael Skibbe hatte seine Mannschaft auf fünf Positionen verändert und musste nach 77 Minuten auch noch den Platzverweis des erst neun Minuten zuvor eingewechselten Heiko Herrlich (Gelb-Rot) zur Kenntnis nehmen. Bis dahin hatte der Drittligist vor allem durch den wie aufgedreht spielenden Nigerianer Sambo Choji eine Vielzahl hochkarätiger Chancen nicht genutzt. Im Elfmeterschießen hatten die Saarländer dann Pech, als da Palma, Gerlach und Caillas verschossen.

Bayern als Testgegner

Das passiert den Bayern auch selten: Dass sie als Testgegner für eine neue Taktik „missbraucht" werden. Geschehen in der 2. Hauptrunde beim Gastspiel der Bayern bei Zweitligist SpVgg Greuther Fürth, das ausnahmsweise im Nürnberger Frankenstadion ausgetragen wurde. Statt wie gewohnt mit Dreierkette ohne Absicherung, agierten die Franken diesmal mit Petr Skarabela als verkapptem Libero, der je nach Situation seine Position änderte. Und fast hätte es dann sogar mit einer Sensation geklappt. Einzig Torhüter Oliver Kahn hatten es die Bayern zu verdanken, dass sie sich ohne Gegentor bis in die Verlängerung retteten. Im Elfmeterschießen war dann Glücksgöttin Fortuna auf der Seite der Münchner. Ausgerechnet Petr Skarabela scheiterte mit dem letzten Ball an Torhüter Kahn.

Das richtige Rezept

In der 1. Hauptrunde hatten die Sportfreunde Siegen mit dem FSV Mainz 05 bereits einen Zweitligisten aus dem Rennen geworfen. In Runde 2 steigerten die Siegerländer ihre Quote und bereiteten mit dem Sport-Club Freiburg einem Erstligisten das Aus. Und das völlig zu Recht, denn wenn auch Freiburgs Lars Hermel zugab „das war unsere schwächste Saisonleistung", war der Regionalligist überraschend stark aufgetreten. Allerdings war den rund 11.000 Zuschauern verhältnismäßig wenig geboten worden. Freiburg ließ deutliche Mängel im Spielaufbau erkennen, Siegen wartete ab – da kam nicht viel mehr als Mittelfeldgeplänkel heraus. Sportfreunde-Trainer Ingo Peter, einst bei Borussia Dortmund aktiv, freute sich natürlich über den Überraschungscoup seiner Elf: „Jeder hat gesehen, zu welchen Leistungen diese Mannschaft fähig ist. Wir haben gegen Freiburg das richtige Rezept gefunden."

Ziel: Regionalligaaufstieg

So ein Pokalspiel kann Motivation für eine ganze Saison sein. So beispielsweise bei den Eisbachtaler Sportfreunden, die in der 1. Hauptrunde den FC Gütersloh aus dem Wettbewerb geworfen und neuen Schwung für den Oberligaalltag bekommen hatten. Gegen Rot-Weiß Oberhausen klappte es dann aber eine Runde später nicht mehr so gut. Vor allem mit Achim Weber hatten die von ihren Fans liebevoll „Bären" genannten Eisbachtaler so ihre Probleme. Weber war nicht nur Mann des Tages, sondern trug sich auch zweimal in die Torschützenliste ein – darunter das wichtige 1:0 für RWO in der 40. Minute. Anschließend waren sämtliche Eisbachtaler Dämme gebrochen, und der Oberligist hatte bis zum Pausenpfiff noch zwei weitere Treffer kassiert. Sportfreunde-Akteur Oliver Ackermann, einst beim FV Bad Honnef Seite an Seite mit Achim Weber, zog dennoch ein positives Fazit: „Mit solchen Leistungen schaffen wir den Aufstieg in die Regionalliga."

Knie zittern bei TeBe

Eigentlich hatte Hermann Gerland ja überhaupt nicht im Olympiastadion spielen wollen. Doch auf starken öffentlichen Druck hatte Tennis Borussia Berlin im Achtelfinalspiel gegen den Lokalrivalen Hertha BSC in das Hertha-Domizil ausweichen müssen und dem eigenen Mommsenstadion den Rücken gekehrt. Gerland war reichlich mulmig vor der Riesenschüssel gewesen. Im Mai erst hatte seine Mannschaft beim Aufstiegsspiel im Niedersachsenstadion zu Hannover bewiesen, dass ihr bei zu großen Kulissen schon mal die Knie zittern können. Diesmal aber ging alles gut. Zweitligaaufsteiger TeBe spielte wie ein Erstligaanwärter und demontierte den großen Lokalrivalen nach allen Regeln der Kunst. Nach dem 4:2-Sieg TeBes waren alle glücklich. Trainer Gerland über den Sieg, Kapitän Jens Melzig über den „wunderbaren Tag" und die TeBe-Führung über die prima Imagewerbung für die Veilchen.

Stuttgarter Informationsdefizite

Für Stuttgarts Trainer Winnie Schäfer war es die berühmte „Galgenfrist" – und es sah nicht danach aus, als könne der langjährige KSC-Coach die Chance nutzen. Völlig desolat präsentierten sich seine Schwaben im Viertelfinale beim FC Bayern München, der zu einem mühelosen 3:0-Erfolg kam. Neben dem erschreckend schwachen sportlichen Auftritt waren beim VfB interne Probleme auffällig. Fredi Bobic beispielsweise, von Schäfer bis zur 57. Minute auf die Bank verbannt, holte nach dem Spiel zum Rundumschlag aus. Schäfer habe ihn über seinen Nichteinsatz nicht selbst informiert, er habe es aus der Zeitung erfahren, tobte Bobic. „So kann er mit einem 18-Jährigen umgehen, aber nicht mit mir." Schäfer reagierte ziemlich angefressen: „Fredi hat mich doch auch nicht vorher informiert, dass er drei Spiele schlecht sein wird", giftete er – drei Tage später war er nach einer erneuten Niederlage (in Freiburg) entlassen.

Werders Wiedergeburt unter Thomas Schaaf

Max Lorenz, anno 1965 Deutscher Meister mit Werder Bremen, war ganz außer sich vor Begeisterung. „Prickelnder und faszinierender kann das Feuerwerk in der kommenden Silvesternacht auch nicht sein", philosophierte der 60-jährige nach dem letzten Pokalendspiel des Jahrtausends. Zwar war es kein „Jahrhundertspiel", das da am 12. Juni 1999 im Berliner Olympiastadion über die Bühne ging, doch das 56. Pokalfinale hatte zweifelsohne seine Reize. Einer davon war die immer wieder

Milliardenliga zwischen Boom und Pleite

Spätestens, als er den entscheidenden Elfmeter an Oliver Kahn vorbeibrachte, wurde Frank Rost zum Bremer Held.

beliebte Konstellation „David gegen Goliath". Denn eigentlich war Werder Bremen nicht viel mehr als ein „David", der den großen FC Bayern ärgern wollte. Noch mehr ärgern wollte, denn nach ihrer unglücklichen Niederlage im Champions-League-Finale gegen Manchester United war den Bayern ohnehin nicht mehr zum Lachen zumute gewesen. Und an diesem lauen Juni-Abend platzte den Münchnern auch noch die zweite Hoffnungsblase ihres wenige Wochen zuvor noch anvisierten „Triples".

Dass dem so war, hatte viel mit einem Herren namens Frank Rost zu tun. Der Keeper des SV Werder, schon im Halbfinale in Wolfsburg Mann des Tages, wuchs auch im Finale über sich hinaus und brillierte vor allem im notwendig gewordenen Elfmeterschießen. Erst verwandelte Rost selbst einen Elfmeter, dann hielt er den entscheidenden Ball von Lothar Matthäus und meldete anschließend zu Recht Bedarf an höheren Aufgaben an: „Es gibt einige Torhüter in der Liga, die sind genauso gut. Ich zähle mich auch dazu", verkündete er breit grinsend mit einem Seitenhieb auf sein Gegenüber Olli Kahn. Bei Werder Bremen herrschte nach dem vierten Pokalsieg der Vereinsgeschichte aufgeräumte Stimmung. Willi Lemke sprach vom „schönsten Sieg in Berlin", Dieter Eilts spielte mit dem Gedanken an einen Rücktritt, denn „es wäre der ideale Zeitpunkt, um Schluss zu machen", und mitten drin stand ein Mann, der als Vater des Erfolges galt, mit der Öffentlichkeit aber stets so seine Probleme hatte: Thomas Schaaf.

Seit das Bremer Urgestein und von seiner Mentalität als „Vorzeige-Norddeutscher" durchgehende Schaaf Felix Magath auf dem Cheftrainersessel beim SV Werder abgelöst hatte, war es aufwärts gegangen. Unter Schaaf war endlich der lange Schatten Otto Rehhagels beiseite geschoben worden. Vier Jahre lang waren die erfolgsverwöhnten Bremer dem Erfolg hinterhergelaufen, hatten Trainer en masse verbraucht, waren in den Abstiegskampf gerutscht. Nun waren sie wieder da – dank Thomas Schaaf.

Zum Spiel: Den Zuschauern im Berliner Olympiastadion wurde über 120 Minuten eine zwar spannende, aber keineswegs hochklassige Partie geboten. Beide Mannschaften präsentierten sich nicht in Bestform. Bayern ließ den spielerischen Glanz, den die Elf während der Saison gezeigt hatte, vermissen, Bremen war zwar kompakt und einsatzfreudig, nicht aber spielstark. Die größere Kampfbereitschaft der Norddeutschen brachte die Entscheidung. Mit Frank Rost und Dieter Eilts besaß Werder die besten Akteure auf dem Feld, und die geschlossene Mannschaftsleistung der Grün-Weißen lieferte den Rest. Schon nach vier Minuten waren die Norddeutschen durch einen Maximow-Treffer in Führung gegangen und hatten fortan den Ton angegeben. Erst als Andreas Herzog nach einer halben Stunde nach Linke-Foul angeschlagen worden war und zur Halbzeit sogar verletzt hatte ausgetauscht werden müssen, riss bei den Nordlichtern der Faden. Überragender Akteur der ersten Halbzeit war Dieter Eilts, der zunächst mit einigen gefährlichen Querschlägern im eigenen Strafraum für Unruhe, im Laufe der ersten 45 Minuten dann aber mit seiner Routine für Ruhe gesorgt hatte. Auch Eilts konnte jedoch den Ausgleich der Bayern zum psychologisch ungünstigsten Zeitpunkt - Sekunden vor der Halbzeit - nicht verhindern. Nach dem Seitenwechsel wurden die knapp 76.000 Zuschauer auf eine harte Probe gestellt. Kaum erwähnenswerte Aktionen, Torchancen nur dann, wenn eine Mannschaft einen Fehler machte – so ging es in die Verlängerung, in der auch nicht viel mehr geboten wurde. Den Bayern steckte sichtlich der Manchester-Schock in den Knochen, Werder mühte sich zwar, war aber in der Wahl seiner Mittel begrenzt. So ging es ins Elfmeterschießen, das die Bremer schließlich für sich entschieden. Dass am Ende alle von einem „verdienten Sieger" Werder sprachen, war vor allem der höheren Einsatzbereitschaft der Grün-Weißen zu verdanken.

Ein großes Pokalfinale war es allerdings nicht gewesen.

Pokalsieger 1999: SV Werder Bremen.

DFB-Pokal 1998/1999

1. Hauptrunde: Samstag, 29.8.1998

Karlsruher SC - VfL Wolfsburg (Fr., 28.8.) 3:4 (2:1)
KSC: Jentzsch - Wittwer, Ritter (46. Reich), Molata, Kienle, Buchwald, Krauss, Bäumer, Guié-Mien, Stumpf (72. Meissner), Krieg (62. Zeyer)
Wolfsburg: Reitmaier - O'Neil, Kryger (59. Nagorny), Kleeschätzky, Kapetanovic, Nowak, Ch. Akonnor, Däbritz (46. Stammann), Reyna, Juskowiak, Baumgart
Tore: 1:0 Krieg (27., FE), 2:0 Krieg (32.), 2:1 Baumgart (41.), 3:1 Krieg (53.), 3:2 Juskowiak (61.), 3:3 Kleeschätzky (69.), 3:4 Ch. Akonnor (88.) - **SR:** Albrecht (Kaufbeuren) - **ZS:** 11.000 - **Gelb:** Ritter - Kryger, Reyna

1. FC Saarbrücken - Bor. Dortmund (Fr., 28.8.) n. E. 1:3, n. V. 1:1 (1:1, 1:1)
Saarbrücken: Ebertz - Weber, Wruck (111. Susic), da Palma, Stanic, Corvalan (63. Gerlach), Brose (86. Musa), Gabriel, Caillas, Zibert, Choji
Dortmund: Klos - Kohler, Hengen, Nijhuis, Baumann, But (68. Barbarez), Nerlinger, Dédé (68. Reinhardt), Möller, Salou (68. Herrlich), Chapuisat
Tore: 0:1 Nerlinger (21.), 1:1 Choji (42.); Elfmeterschießen: Da Palma verschießt, 0:1 Nerlinger, 1:1 Weber, 1:2 Möller, Gerlach verschießt, Barbarez verschießt, Caillas verschießt, 1:3 Chapuisat - **SR:** Dr. Fleischer (Neuburg/Donau) - **ZS:** 25.000 - **Gelb:** Caillas, Gerlach, Gabriel, da Palma, Choji, Zibert - Nerlinger - **Gelb/Rot:** Herrlich (77.)

FC St. Pauli Amat. - Bayer 04 Leverkusen (Fr., 28.8.) 0:5 (0:0)
St. Pauli A.: Wehlmann - Ahlf, H. Meyer, Staczek, Pomorin, Usman, Stenzel (72. Carallo), Bajramovic (62. da Silva), R. Meyer (77. Katik), Rahn, Klasnic
Leverkusen: Matysek - Lottner, R. Kovac (62. Lehnhoff), Happe, Reeb, Emerson, Nowotny, Beinlich, Heintze (82. Paschazadeh), Rink (82. Meijer), Kirsten
Tore: 0:1 Kirsten (66.), 0:2 Kirsten (71., FE), 0:3 Beinlich (79.), 0:4 Lehnhoff (81.), 0:5 Meijer (83.) - **SR:** Weiner (Ottenstein) - **ZS:** 4.913 - **Gelb:** Staczek, Usman - Beinlich, Kirsten - **B. V.:** Wehlmann hält HE von Kirsten (54.), Matysek hält FE von Rahn (90.)

FC Hansa Rostock Amat. - MSV Duisburg (Fr., 28.8.) 0:3 (0:3)
Rostock A.: Klewer - Laars, Mischinger, Henning, Laaser, Möller, Hahn, Köhn, Kollmorgen (79. Majunke), Röver, Preuß (46. Kampf)
Duisburg: Gill - Vana, Komljenovic, Hajto, Wolters, Wedau, Moravcik (70. Töfting), Hirsch (81. Osthoff), Neun, Spies (70. Andersen), Beierle
Tore: 0:1 Vana (18.), 0:2 Beierle (19.), 0:3 Wedau (35.) - **SR:** Hilmes (Nordhorn) - **ZS:** 486 - **Gelb:** Mischinger, Röver - Hirsch

Tennis Borussia Berlin - Hannover 96 (Fr., 28.8.) 1:0 (1:0)
TeBe Berlin: Curko - Hamann, Melzig, Walker (80. Raickovic), Namdar, Dermech, Akrapovic, Micevski (64. Can), Szewczyk (38. Kocak), Kovacec, Aracic
Hannover: Sievers - Hecking, Linke, Baschetti, Lala, Rasiejewski, Arslan (46. Kreuz), Kehl (60. Blank), Addo, Kobylanski (46. Messinese), Asamoah
Tor: 1:0 Kovacec (40.) - **SR:** Stark (Landshut) - **ZS:** 2.061 - **Gelb:** Aracic, Akrapovic, Walker, Namdar - Kehl, Kreuz - **Gelb/Rot:** Addo (66.)

SV Schalding-Heiding - SpVgg Unterhaching (Fr., 28.8.) 0:1 (0:0)
Schalding: Mahler - Wagner, Grünberger, Hartinger, Marold (66. Clemens), Kinateder, Reischl, Schiermeier, Plankenauer, Hois (81. Brunner), Schmalzl (75. Riedl)
Unterhaching: Wittmann - Hertl, Bucher, Seifert, Lense, Zeiler (60. Seitz), Strehmel, Oberleitner (46. Ahanfouf), Lust, Garcia (73. Spies), Rraklli
Tor: 0:1 Rraklli (63.) - **SR:** Kircher (Tübingen) - **ZS:** 2.200 in Passau - **Gelb:** Schiermeier, Grünberger - Zeiler, Seifert

Spfr. Eisbachtal - FC Gütersloh (Fr., 28.8.) n. V. 1:0 (0:0)
Eisbachtal: Bons - Laux, Freudendahl, Dervishay, Ackermann, Jauernick, Metternich, Misztur, Wörsdörfer, Tatarenko, Bigvava
Gütersloh: Kraft - Tschiedel (64. Halat), Reekers, Meyer, Landgraf, Weidemann (58. Elberfeld), Scharpenberg, Canale (80. Lewe), Wagner, Stendel, Waterink
Tor: 1:0 Bigvava (104.) - **SR:** Weber (Eisenach) - **ZS:** 2.200 - **Gelb:** Waterink, Weidemann

Offenbacher Kickers - SG Wattenscheid 09 (Fr., 28.8.) 0:1 (0:0)
Offenbach: Keffel - Dolzer, Gramminger (82. Russ), Kolinger, Maier, Speth (88. Koutsoliakos), Köpper, Giersch (75. Vollmar), Kessler, Ertl, O. Roth
Wattenscheid: Martin - Stark, Skok, Ristau, Teichmann (77. Bläker), Kempkens, Schön, Korobka (64. Allievi), Fengler, Feinbier, Sane
Tor: 0:1 Allievi (73.) - **SR:** Schütz (Norken) - **ZS:** 12.000 - **Gelb:** Köpper, Kolinger - Teichmann, Feinbier, Korobka

1. FC Köln - FC Hansa Rostock 0:1 (0:1)
Köln: Menger - Hauptmann, Cullmann, Grassow, Hutwelker, Cichon (80. Bähr), Munteanu, Voigt, Wollitz, Azizi, Donkov (71. Gaißmayer)
Rostock: Pieckenhagen - Weilandt, Zallmann, Rehmer, Ramdane (62. Holetschek), Lange, Yasser, Dowe, Majak, Pamic (78. Bicanic), Neuville (78. Jovic)
Tor: 0:1 Majak (45.) - **SR:** Wagner (Hofheim) - **ZS:** 11.000 - **Gelb:** Ramdane, Rehmer

Chemnitzer FC - SC Freiburg 1:2 (1:2)
Chemnitz: Fröhlich - Wienhold, Franke, Mehlhorn, Bittermann, Tetzner, Jan Schmidt, Köhler (78. Kujat), Kunze (10. König, 64. Erceg), Jörg Schmidt, Ullmann
Freiburg: Golz - Müller, Korell, Hoffmann (39. Diarra), Rietpietsch, Pavlin, Weißhaupt (74. Günes), Baya, Frontzeck, Ben Slimane (65. Sellimi), Iaschwili
Tore: 0:1 Weißhaupt (1.), 1:1 Mehlhorn (31.), 1:2 Weißhaupt (38.) - **SR:** Kemmling (Burgwedel) - **ZS:** 6.300 - **Gelb:** Jörg Schmidt, Mehlhorn - Hoffmann

Bayer 04 Leverkusen Amat. - SV Werder Bremen n. V. 1:2 (1:1, 1:1)
Leverkusen A.: Peiser - Zivkovic, Spanier, Czarnetzki, van der Zander, Gumprecht (74. Njie), Voss, Wittek, Fahner (101. Yücetas), Demir (74. Gensler), Podszus
Bremen: Rost - Wicky, Benken (61. Maximow), Wiedener, Roembiak, Frey, Eilts, Flock (81. Kunz), Bode, Seidel, Frings (63. Flo)
Tore: 1:0 Demir (34.), 1:1 Frings (44.), 1:2 Maximow (114.) - **SR:** Gettke (Haltern) - **ZS:** 1.500 - **Gelb:** Spanier, Gensler, Voss - Rost - **Rot:** van der Zander (75.)

VfB Lübeck - VfB Stuttgart 1:2 (1:1)
Lübeck: Böse - Heemsoth, Mazeikis (85. Mbassa-Kone), Riegel (55. Hirschlein), Wehlage, Gundel, Kullig, Harf, Yildirim (72. Bremser), Schweißing, Bärwolf
Stuttgart: Wohlfahrt - Thiam, Verlaat, Berthold, Djordjevic (60. Lisztes), Soldo, Poschner, Legat (46. Zeyer), Balakov, Akpoborie, Ristic
Tore: 0:1 Ristic (2.), 1:1 Kullig (32.), 1:2 Lisztes (63.) - **SR:** Koop (Lüttenmark) - **ZS:** 13.000 - **Gelb:** Bärwolf - Legat - **Rot:** Akpoborie (49.)

VfB Leipzig - TSV München 1860 n. V. 2:4 (2:2, 1:1)
Leipzig: Jovanovic - Edmond, Küttner, Bancic, Nylen, Mimuß (70. Lazic), Bordas, Seifert, Werner (78. Bernhardt), Dittgen, dos Santos (71. Mbidzo)
1860: Hofmann - Tyce, Vanenburg, Kurz, Cerny, Zelic, Borimirov (53. Ouakili), Stevic (67. Greilich), Heldt (55. Jovov), Schroth, Winkler
Tore: 1:0 Dittgen (29.), 1:1 Schroth (35.), 1:2 Küttner (72., ET), 2:2 Bancic (86.), 2:3 Winkler (99.), 2:4 Winkler (118.) - **SR:** Meyer (Braunschweig) - **ZS:** 5.150 - **Gelb:** Dittgen, Jovanovic, Werner - Zelic, Cerny - **Gelb/Rot:** Mbidzo (112.) - **Rot:** Vanenburg (85.)

FC Denzlingen - Hamburger SV 0:3 (0:0)
Denzlingen: Gerber - Schäffauer (75. Brender), Hahn, Schlegel, Sillmann, Sedicino, Höster, Lichtle, Meier (70. Zimmermann), Renner, Schneider (75. Strecker)
HSV: Butt - Gravesen (46. Grammozis), Hertzsch, Böger, Fischer (87. Wojtala), Groth, Dembinski, Ernst, Hollerbach, Yeboah, Kirjakow (46. Spörl)
Tore: 0:1 Yeboah (54.), 0:2 Groth (83.), 0:3 Spörl (88., FE) - **SR:** Dr. Wack (Biberbach) - **ZS:** 4.100 - **Gelb:** Renner, Lichtle, Zimmermann, Hahn - Böger, Gravesen, Ernst

SV Waldhof Mannheim - Bor. Mönchengladbach 1:5 (0:2)
Waldhof: Straub - Ratkowski (72. Douaydari), Pasieka, Borges, Rehm (64. Urosevic), Herz, Mallam, Santos, Protzel (20. Vukcevic), Birlik, Georgiadis
Gladbach: Enke - Schneider, Andersson, Asanin, Paßlack, Sopic (68. Hausweiler), Hagner, Wynhoff (46. Ketelaer), Witeczek, Polster (80. Villa), Pettersson
Tore: 0:1 Polster (5.), 0:2 Pettersson (18.), 0:3 Pettersson (57.), 1:3 Mallam (65.), 1:4 Ketelaer (82.), 1:5 Mallam (88., ET) - **SR:** Sippel (Würzburg) - **ZS:** 15.000 - **Gelb:** Rehm, Borges - Wynhoff, Hagner

VfB Lichterfelde - FC Schalke 04 0:6 (0:3)
Lichterfelde: Finger - Füting, Fahrentholz, Dießel, Mattera-Iacono (62. Rieger), Felsenberg, Preuß, Gebell, Kopp (82. Dogan), Seeger (66. Empere), Yumaksan
Schalke: Grodas - Thon, Eigenrauch, van Hoogdalem, Latal, Kmetsch (46. Tapalovic), Nemec, van Kerckhoven, Hami (66. Anderbrügge), Max, Eijkelkamp (46. Goossens)
Tore: 0:1 Eigenrauch (11.), 0:2 Max (16.), 0:3 Kmetsch (27.), 0:4 Hami (54.), 0:5 Hami (65.), 0:6 Anderbrügge (77.) - **SR:** Gagelmann (Bremen) - **ZS:** 4.000 - **Gelb:** Kmetsch

VfL Osnabrück - 1. FC Nürnberg 0:2 (0:1)
Osnabrück: Brunn - Wenschlag, Schiersand, Rose, Wulftange, Schütte, Enochs, Bury (82. Claaßen), Przondziono, Janiak, Thioune
Nürnberg: Hilfiker - Täuber, Baumann, Richter, Günther (79. Störzenhofecker), Wiesinger, Lösch, Bürger, Polunin (89. Maucksch), Ciric, Kuka
Tore: 0:1 Ciric (33.), 0:2 Bürger (90.) - **SR:** Friedrichs (Lennestadt) - **ZS:** 7.000 - **Gelb:** Wulftange - Richter, Günther, Lösch

Energie Cottbus Amat. - SpVgg Greuther Fürth 0:1 (0:0)
Cottbus A.: Hirschfeld - Richter, McKenna, Ballaschk, Kurilenko, Kuhle (85. Schubert), Handrek (54. Trehkopf), Woltmann, Wuttke, Mebus (69. Enzmann), Kubis
Fürth: Reichold - Sbordone, Radoki, Schmidt, Hassa, Reichel, Azzouzi (38. Anders), Felgenhauer, Möckel (46. Kerbr), Türr, van Lent
Tor: 0:1 Schmidt (90.) - **SR:** Anklam (Hamburg) - **ZS:** 1.039 - **Gelb:** Ballaschk, Kurilenko, Kuhle, Enzmann - Sbordone, Reichel

SV Werder Bremen Amat. - Rot-Weiß Oberhausen 0:1 (0:1)
Bremen A.: Borel - Brandstetter (62. Wojcik), Plump, Tjikuzu, Wolter (46. Kiesel), Harttgen, Fütterer, Nouri (68. Dabrowski), Schultz, Stalteri, van Dijk
Oberhausen: Adler - Luginger, Hopp, Scheinhardt, Bieber, Konjevic, Lipinski, Pröpper (87. Quallo), Judt, da Silva (66. Toborg), Weber
Tor: 0:1 Weber (45.) - **SR:** Hauer (Celle) - **ZS:** 780

Spfr. Dorfmerkingen - Stuttgarter Kickers 0:3 (0:1)
Dorfmerkingen: Rebelein - Wengert, Niggel, Widmann, Tafrali (72. Stussig), Garac, M. Dietterle, Leberle, Gegner, Kraus (63. Caglar), Keles (72. Brenner)
Stuttgart: Walter - Ramovs, Pfuderer (72. Santl), Bounoua, Raspe, Malchow, Marell (70. Chatzis), Sebescen, Minkwitz (77. Kümmerle), Carnevale, Sailer
Tore: 0:1 Sebescen (16.), 0:2 Raspe (50., FE), 0:3 Carnevale (67.) - **SR:** Ortola-Knopp (Schwalbach) - **ZS:** 2.500 - **Gelb:** Tafrali, Niggel

SG Hoechst - FC Energie Cottbus 1:2 (0:0)
Hoechst: Lorz - Mühlroth, Schneider, Kurzmann, Junge-Kaiser (79. Allmann), von Nida, Ebongollé, Zürlein, Dapper, Brendel, El Fechtali (82. Neubauer)
Cottbus: Piplica - Hoßmang, Schröder (53. Zöphel), Amadou, Irrgang, Vural, Vata, Latoundji (15. Rowicki), Wawrzyczek, Kipre (66. Rath), Jovic
Tore: 0:1 Vata (83.), 0:2 Irrgang (84.), 1:2 Zürlein (90.) - **SR:** Schmitt (Sillenbuch) - **ZS:** 1.000 - **Gelb:** Kurzmann - Hoßmang, Schröder

SV Straelen - Fortuna Düsseldorf 4:7 (1:3)
Straelen: Pfeiffer - Jepp, Jütten, Scholten, Abel, Addo (60. Dawitschek), Schulz, Boboye, Majek (51. Kersten), Gottwald (81. Schroers), Kosztowniak
Düsseldorf: Walther - Unger, Beeck, Katemann, Cartus (65. Shittu), Addo, Istenic, Dobrowolski (79. Murati), Niestroj (88. Jack), Tare, Lesniak
Tore: 0:1 Lesniak (8.), 1:1 Gottwald (27.), 1:2 Tare (31.), 1:3 Lesniak (34.), 1:4 Tare (50.), 1:5 Lesniak (56.), 2:5 Kersten (72.), 3:5 Kosztowniak (75.), 3:6 Lesniak (76.), 4:6 Schroers (85.), 4:7 Lesniak (87.) - **SR:** Scheppe (Wenden) - **ZS:** 3.400 - **Gelb:** Boboye

Sportfreunde Siegen - 1. FSV Mainz 05 n. V. 3:1 (1:1, 0:1)
Siegen: Kellermann - Krämer, Kuci, Germann, Schönberger (77. Niere), Margref (68. Nauroth), Scholtysik, Klein (46. Ziga), Saric, Jonjic, Cirba
Mainz: Ilsanker - Herzberger, Neustädter, Tanjga, Klopp, Hock, Hayer (69. Spyrka), Kolvidsson, Kramny (84. Lieberknecht), Demandt (77. Marcio), Grevelhörster
Tore: 0:1 Grevelhörster (36.), 1:1 Jonjic (87.), 2:1 Cirba (105.), 3:1 Saric (119.) - **SR:** Dardenne (Nettersheim) - **ZS:** 5.210 - **Gelb:** Klein - Klopp, Hayer

FC Carl Zeiss Jena - SSV Ulm 1846 1:0 (0:0)
Jena: Weißgärber - Sänger, Wentzel, Kaschuba, Rousajew (46. Sträßer), Kaiser, Friedrich, Hempel, Hauser (80. Röser), Weber, Azevedo
Ulm: Laux - Bodog, Stadler, Widmayer, Kinkel (46. Otto, 68. Coulibaly), Maier, Pleuler, Seslar, Gora (46. Zdrilic), Unsöld, Trkulja
Tor: 1:0 Hauser (50.) - **SR:** Schößling (Leipzig) - **ZS:** 1.845 - **Gelb:** Weißgärber, Azevedo, Röser, Rousajew - Kinkel, Pleuler

Milliardenliga zwischen Boom und Pleite

SC Idar-Oberstein - Arminia Bielefeld 0:1 (0:0)
Idar-Oberstein: Nicolay - Schmell, Schäfer, Schmitt, Vogt, Stöckel, Maslanka (84. Schick), Türker, Mayer, Schwinn (70. Schneider), Hausmann
Bielefeld: Miletic - Stratos, Boy, Straal, Hofschneider (90. Bagheri), Böhme, Sternkopf (85. Maul), Bode, Peeters (46. Rydlewicz), Labbadia, Reina
Tor: 0:1 Stratos (69.) - **SR:** Kammerer (Karlsruhe) - **ZS:** 4.550 - **Gelb:** Stöckel - Peeters

1. FC Magdeburg - KFC Uerdingen 05 1:2 (1:0)
Magdeburg: Dreszer - Hetmanski, Koc, Wojcik, Sandmann, Maltritz, Kretzschmar, Fuchs (67. Ortlieb), Hannemann, Egler (82. Zentrich), Hähnge
Uerdingen: Hollerieth - Grauer, Tomcic, Radschuweit, Nikolic, Spizak, Scherbe, von Ahlen (67. Kakala), Civa, van Buskirk (54. Sasa), van der Ven (85. Schmitz)
Tore: 1:0 Hannemann (15.), 1:1 Spizak (68.), 1:2 Scherbe (81., FE) - **SR:** Blumenstein (Berlin) - **ZS:** 3.226 - **Gelb:** Egler, Ortlieb - Civa, van der Ven, van Buskirk

Fortuna Köln - 1. FC Kaiserslautern (So., 30.8.) 1:3 (1:1)
F. Köln: Hajdu - Dragoner, Westerbeek, Niedziella, Renn, Zernicke, Grlic, Schütterle, Kranz, Kirovski, Konetzke (36. Younga-Mouhani)
Kaiserslautern: Reinke - Samir, Ramzy, Schjönberg, Reich (75. Riedl), Ratinho, Ballack, Hristov, Wagner, Rösler (55. Roos), Marschall
Tore: 0:1 Rösler (11.), 1:1 Younga-Mouhani (45.), 1:2 Marschall (72.), 1:3 Marschall (90.) - **SR:** Strampe (Handorf) - **ZS:** 6.500 - **Gelb:** Westerbeek, Renn - Ballack, Ratinho, Ramzy - **Gelb/Rot:** Niedziella (86.)

FSV Zwickau - VfL Bochum (So., 30.8.) 2:5 (0:1)
Zwickau: Groß - Pinder, Feix, Ziegner, Nierlich, Beuchel, Cramer, Schuster, Danko (76. Besser), Milde, Popovic
Bochum: Ernst - Kracht, Sundermann (68. Toplak), Waldoch, Reis, Peschel, Fahrenhorst (88. Petrovic), Bastürk, Hofmann, Schreiber, Michalke (80. Buckley)
Tore: 0:1 Peschel (40.), 0:2 Fahrenhorst (48.), 1:2 Milde (49., FE), 1:3 Michalke (54.), 1:4 Reis (66., HE), 2:4 Milde (82.), 2:5 Reis (90.) - **SR:** Wendorf (Gransee) - **ZS:** 4.287 - **Gelb:** Nierlich, Beuchel, Feix - Michalke, Hofmann, Fahrenhorst

Post/Süd Regensburg - Hertha BSC Berlin (So., 30.8.) 0:2 (0:1)
Regensburg: Hahn - Meyer, Linzmeier, Strutz, Rauch (85. Kainsbauer), Kerler, Summerer, Bartulovic, Karr (66. Bauer), Germershausen, Eckstein (72. Gorscak)
Hertha BSC: Kiraly - van Burik, Rekdal, Sverrisson (80. Herzog), Thom (65. Covic), Schmidt, Wosz, Roy, Mandreko, Tretschok, Tchami (40. Dardai)
Tore: 0:1 Sverrisson (36.), 0:2 Tretschok (56.) - **SR:** Lange (Herrenberg) - **ZS:** 4.500 - **Gelb:** Eckstein - Mandreko, Rekdal, Dardai

Rot-Weiß Erfurt - Eintracht Frankfurt (So., 30.8.) 1:6 (0:1)
Erfurt: Kraus - Wehrmann (64. Nedic), Tews, Ertmer (64. Pätz), Große, Helbig, Scheller, Schmidt, Otto, Sugzda, Koslov
Frankfurt: Nikolov - Weber, Kutschera, Schur, Bindewald, Brinkmann (71. Gebhardt), Sobotzik, Zampach, B. Schneider (75. Westerthaler), Pisont, Yang (83. Kaymak)
Tore: 0:1 Sobotzik (45.), 0:2 Pisont (61.), 0:3 Yang (72.), 0:4 Gebhardt (78.), 0:5 Westerthaler (80.), 0:6 Westerthaler (84.), 1:6 Scheller (89.) - **SR:** Fröhlich (Berlin) - **ZS:** 11.000 - **Gelb:** Otto - Zampach

LR Ahlen - FC Bayern München (So., 30.8.) 0:5 (0:4)
Ahlen: Kieren - Daschner, Peters (46. Mehnert), Uwe, Karp, Bamba, Schlösser, Verguetchik, Bonan (77. Donato), Stöhr, Gerov (46. Gredig)
FC Bayern: Kahn - Babbel, Matthäus (59. Zickler), Helmer, Strunz, Fink, Effenberg (46. Jeremies), Lizarazu, Basler, Jancker, Elber (59. Daei)
Tore: 0:1 Effenberg (22., FE), 0:2 Jancker (34.), 0:3 Effenberg (37.), 0:4 Helmer (44.), 0:5 Fink (73.) - **SR:** Aust (Köln) - **ZS:** 12.026 - **Gelb:** Bamba, Peters, Gredig - Basler, Babbel

SV Meppen - FC St. Pauli (So., 30.8.) 0:1 (0:0)
Meppen: Hülswitt - Ottesen, Uster, Tsoumou-Madza (80. Thoben), Keller (46. Efe), Kruskopf, Myyry, Spork, Rosinski, Mehic, Bujan
St. Pauli: Thomforde - Dammann, Trulsen, Stanislawski, Scherz, Puschmann, Chmielewski, Lotter, Karaca (80. Wolf), Sawitschew (76. Drobne), Mason (44. Maxhuni)
Tor: 0:1 Maxhuni (59., FE) - **SR:** Krug (Gelsenkirchen) - **ZS:** 4.569 - **Gelb:** Spork, Bujan

2. Hauptrunde: Dienstag, 22.9.1998

Hamburger SV - SpVgg Unterhaching (Do., 17.9.) 4:0 (1:0)
HSV: Butt - Panadic, Hoogma, Hertzsch, Groth, Gravesen, Ernst (60. Grammozis), Hollerbach, Dembinski (46. Jepsen), Kirjakow, Yeboah
Unterhaching: Wittmann - Bergen, Seifert, Bucher, Matthias Zimmermann, Oberleitner, Strehmel, Spies (46. Zeiler), Lust, Rraklli (70. Garcia), Seitz
Tore: 1:0 Kirjakow (23.), 2:0 Yeboah (52.), 3:0 Hollerbach (73.), 4:0 Strehmel (88., ET) - **SR:** Dardenne (Nettersheim) - **ZS:** 11.000 - **Gelb:** Hoogma, Ernst - Strehmel, Oberleitner - **Rot:** Seitz (81.)

FC Energie Cottbus - Bor. Mönchengladbach (Do., 17.9.) 2:4 (1:1)
Cottbus: Piplica - Hoßmang, Amadou, Schröder (46. Vural), Vata, Miriuta (82. Kipre), Heidrich, Irrgang, Wawrzyczek, Rath, Jovic (70. Labak)
Gladbach: Enke - Asanin, Andersson, Schneider, Deisler, Hausweiler, Pflipsen, Witeczek, Ketelaer (86. Hagner), Pettersson (82. Wynhoff), Polster
Tore: 0:1 Polster (10.), 1:1 Heidrich (14.), 1:2 Pflipsen (79.), 1:3 Ketelaer (86.), 2:3 Heidrich (87., FE), 2:4 Pflipsen (90.) - **SR:** Wagner (Hofheim) - **ZS:** 11.363 - **Gelb:** Schröder, Hoßmang - Pflipsen, Ketelaer, Polster - **B. V.:** Enke hält HE von Wawrzyczek (67.)

SV Werder Bremen - FC Hansa Rostock 3:2 (0:0)
Bremen: Rost - Trares, Todt, Wiedener, Roembiak, Wicky, Eilts (39. Frey), Maximow, Skripnik, Frings (75. Herzog), Bode
Rostock: Pieckenhagen - Rehmer, Zallmann, Weilandt, Lange, Gansauge (74. Ramdane), Breitkreutz (80. Milinkovic), Holetschek (80. Bicanic), Majak, Neuville, Fuchs
Tore: 1:0 Trares (52.), 2:0 Maximow (57.), 3:0 Frey (72.), 3:1 Bicanic (81.), 3:2 Majak (90.) - **SR:** Dr. Merk (Kaiserslautern) - **ZS:** 9.563 - **Gelb:** Wiedener, Skripnik - Rehmer

1. FC Kaiserslautern - VfL Bochum n. E. 4:5, n. V. 1:1 (1:1, 1:0)
Kaiserslautern: Reinke - Hrutka, Samir, Schjönberg, Ratinho (63. Marschall), Ojigwe, Ballack, Riedl, Wagner (46. Reich), Rösler (73. Rische), Hristov
Bochum: Ernst - Fahrenhorst, Waldoch, Sundermann, Toplak (46. Bastürk), Schindzielorz, Petrovic, Hofmann, Bemben, Gülünoglu (62. Dzafic), Buckley (98. Majewski)
Tore: 1:0 Rösler (6., FE), 1:1 Petrovic (58., FE); Elfmeterschießen: Schjönberg gehalten, 0:1 Sundermann, 1:1 Rische, Bastürk gehalten, 2:1 Marschall, 2:2 Petrovic, 3:2 Ballack, 3:3 Dzafic, 4:3 Samir, 4:4 Hofmann, Riedl gehalten, 4:5 Schinzielorz - **SR:** Buchhart (Schrobenhausen) - **ZS:** 23.171 - **Gelb:** Sundermann, Schindzielorz, Fahrenhorst, Bemben - **Gelb/Rot:** Hristov (99.)

Bayer 04 Leverkusen - Hertha BSC Berlin n. E. 3:4, n. V. 1:1 (1:1, 1:1)
Leverkusen: Matysek - Nowotny, R. Kovac (71. Heintze), Happe, Lehnhoff (67. Mamic), N. Kovac, Ramelow, Beinlich, Zé Roberto (87. Meijer), Kirsten, Rink
Hertha BSC: Kiraly - Rekdal, Herzog, Schmidt, Thom, Wosz (100. Sverrisson), Veit, Dardai, Mandreko (107. Hartmann), Tretschok, Preetz
Tore: 0:1 Preetz (24.), 1:1 Rink (25.); Elfmeterschießen: Kirsten gehalten, 0:1 Rekdal, 1:1 Heintze, Thom gehalten, 2:1 Mamic, 2:2 Veit, 3:2 Rink, 3:3 Tretschok, Beinlich verschießt, 3:4 Preetz - **SR:** Strampe (Handorf) - **ZS:** 16.000 - **Gelb:** N. Kovac, Ramelow, Meijer - Herzog, Tretschok - **B. V.:** Kirsten schießt HE an die Latte (47.)

VfB Stuttgart - Eintracht Frankfurt 3:2 (2:0)
Stuttgart: Ziegler - Spanring, Verlaat, Keller, Djordjevic, Lisztes, Zeyer, Poschner (90. Rost), Carnell, Ristic (72. Blessin), Bobic
Frankfurt: Nikolov - Weber, Bindewald, Schur, Hubtchev, Zampach, B. Schneider, Pisont (74. Kutschera), Brinkmann, Yang (90. Epp), Westerthaler (46. Gebhardt)
Tore: 1:0 Djordjevic (17.), 2:0 Lisztes (45.), 2:1 B. Schneider (48.), 2:2 B. Schneider (50.), 3:2 Spanring (90.) - **SR:** Krug (Gelsenkirchen) - **ZS:** 8.000 - **Gelb:** Keller

Fortuna Düsseldorf - TSV München 1860 2:1 (1:1)
Düsseldorf: Juric - Katemann, Beeck, Addo, Cartus (89. Tengstedt), Niestroj, Dobrowolski, Istenic, Dybek, Pizarro (83. Bach), Tare
1860: Hofmann - Greilich, Vanenburg, Tyce, Dinzey, Cerny, Stevic (83. Jovov), Ouakili (60. Borimirov), Heldt, Winkler, Hobsch (58. Schroth)
Tore: 1:0 Pizarro (24.), 1:1 Ouakili (31.), 2:1 Tare (81.) - **SR:** Steinborn (Sinzig) - **ZS:** 7.000 - **Gelb:** Dinzey, Vanenburg

Tennis Borussia Berlin - Stuttgarter Kickers 4:2 (2:1)
TeBe: Curko - Raickovic, Melzig, Dermech (64. Walker), Can, Namdar (23. Kapagiannidis), Akrapovic, Copado, Szewczyk (70. Isa), Kovacec, Aracic
Stuttgart: Walter - Ramovs, Raspe, Pfuderer, Sebescen (66. Bounoua), Chatzis (46. Santl), Kevric, Malchow, Minkwitz, Sailer (44. Winkler), Carl
Tore: 0:1 Carl (7.), 1:1 Kovacec (23.), 2:1 Kovacec (26.), 3:1 Copado (60.), 3:2 Winkler (63.), 4:2 Aracic (77.) - **SR:** Berg (Konz) - **ZS:** 1.977 - **Gelb:** Curko, Raickovic - Sebescen, Ramovs, Minkwitz, Santl

Arminia Bielefeld - SG Wattenscheid 09 2:1 (0:0)
Bielefeld: Koch - Stratos, Straal, Boy, Peeters (90. Meißner) Rydlewicz (73. Kolakovic), Hofschneider, Bode, Maul (61. Bagheri), Reina, Labbadia
Wattenscheid: Martin - Skok, Kempkens, Ristau, Teichmann (76. Bläker), Dikhtiar, Korobka, Fengler, Schmugge (80. Schön), Melkam (76. Terranova), Feinbier
Tore: 0:1 Feinbier (66.), 1:1 Labbadia (70.), 2:1 Bagheri (79.) - **SR:** Weber (Essen) - **ZS:** 6.461 - **Gelb:** Bode, Kolakovic - Korobka, Skok, Schön

Spfr. Eisbachtal - Rot-Weiß Oberhausen 1:4 (0:3)
Eisbachtal: Bons - Metternich, Freudendahl, Dervishay, Jauernick (69. Löffler), Ackermann, Wörsdörfer, Tatarenko, Misztur (85. Best), Wagner, Bigvava
Oberhausen: Adler - Ciuca, Quallo, Scheinhardt, Konjevic, Luginger (76. Hopp), Pröpper (76. Judt), Lipinski, Bieber, da Silva (67. Agoye), Weber
Tore: 0:1 Weber (40.), 0:2 Bieber (43.), 0:3 da Silva (44.), 1:3 Wagner (69.), 1:4 Weber (81.) - **SR:** Keßler (Wogau) - **ZS:** 2.500 - **Gelb:** Wörsdörfer, Tatarenko - Luginger

VfL Wolfsburg - 1. FC Nürnberg (Mi., 23.9.) n. V. 3:0 (0:0)
Wolfsburg: Reitmaier - O'Neil, Thomsen, Kryger, Greiner (93. Kapetanovic), Nowak, Reyna (101. Stammann), Dammeier, Ch. Akonnor, Juskowiak, Baumgart (61. Präger)
Nürnberg: Hilfiker (46. Kampa) - Baumann, Täuber, Richter, Weigl, Wiesinger, Lösch, Polunin (65. Maucksch), Bürger, Kuka, Ciric
Tore: 1:0 Juskowiak (101.), 2:0 Präger (110.), 3:0 Präger (115.) - **SR:** Fandel (Kyllburg) - **ZS:** 7.200 - **Gelb:** Stammann - Kampa, Wiesinger, Richter, Täuber

Borussia Dortmund - FC Schalke 04 (Mi., 23.9.) n. V. 1:0 (0:0)
Dortmund: Klos - Baumann, Kohler, Feiersinger, Ricken (111. Nijhuis), Hengen, Möller, Nerlinger (76. But), Dédé (39. Reinhardt), Salou, Chapuisat
Schalke: Schober - Eigenrauch, Thon, de Kock, Held (87. Hami), Nemec, Kmetsch, van Kerckhoven, Büskens, Latal (62. Goossens), Wilmots (76. Anderbrügge)
Tor: 1:0 Salou (98.) - **SR:** Heynemann (Magdeburg) - **ZS:** 60.000 - **Gelb:** Möller, Nerlinger, But - Latal, Nemec, van Kerckhoven - **B. V.:** Möller schießt FE an den Pfosten (112.)

SpVgg Greuther Fürth - Bayern München (Mi., 23.9.) n. E. 3:4, n. V. 0:0
Fürth: Reichold - Skarabela, Eberl, Sbordone, Radoki (106. Probst), Hassa (91. Felgenhauer), Reichel, Azzouzi, Klee (98. Kerbr), Möckel, van Lent
FC Bayern: Kahn - Strunz, Babbel, Linke (106. Tarnat), Jeremies (68. Matthäus), Effenberg, Fink, Lizarazu, Salihamidzic, Jancker (68. Daei), Elber
Tore im Elfmeterschießen: 0:1 Strunz, 1:1 van Lent, 1:2 Salihamidzic, 2:2 Probst, 2:3 Tarnat, Felgenhauer verschießt, Fink gehalten, 3:3 Eberl, 3:4 Effenberg, Skarabela gehalten - **SR:** Jansen (Essen) - **ZS:** 31.000 in Nürnberg - **Gelb:** Strunz, Lizarazu

Sportfreunde Siegen - SC Freiburg (Mi., 23.9.) 1:0 (0:0)
Siegen: Balaz - Kuci, Wolf, Germann, Schönberger, Krämer, Saric, Jonjic, Scholtysik, Cirba (89. Tonello), Ziga (75. Klein)
Freiburg: Golz - Diarra, Korell, Müller, Hoffmann, Hermel, Günes (46. Ben Slimane), Pavlin (71. Frontzeck), Kobiaschwili, Sellimi, Iaschwili
Tor: 1:0 Kuci (54.) - **SR:** Aust (Köln) - **ZS:** 10.783 - **Gelb:** Wolf, Jonjic - Sellimi, Pavlin - **Gelb/Rot:** Iaschwili (87.)

DFB-Pokal 1998/1999

FC Carl Zeiss Jena - MSV Duisburg (Mi., 23.9.)   **1:2 (1:1)**
Jena: Weißgärber - Noll (90. Nowacki), Röser, Wentzel, Rousajew, Kaiser, Friedrich, Hempel, Hauser, Benedyk, Azevedo (69. Berger)
Duisburg: Gill - Emmerling, Wohlert, Hajto, Hoersen, Komljenovic, Töfting (62. Moravcik), Wedau, Neun (75. Hirsch), Spies, Andersen (75. Beierle)
Tore: 1:0 Noll (40., FE), 1:1 Neun (44.), 1:2 Beierle (90.) - **SR**: Dr. Fleischer (Neuburg/Donau) - **ZS**: 2.857 - **Gelb**: Wentzel - Hajto, Neun

KFC Uerdingen 05 - FC St. Pauli (Mi., 23.9.)   **n. E. 5:4, n. V. 1:1 (1:1, 0:1)**
Uerdingen: Hollerieth - Grauer, Radschuweit, Tomcic, Scherbe, Civa (64. Smejkal), von Ahlen, Nikolic, van der Ven (113. Nacev), Spizak, Sasa (76. Müller)
St. Pauli: Thomforde - Seeliger, Trulsen, Stanislawski, Puschmann (46. Wolf), Meggle (101. Hanke), Scherz, Karaca, Chmielewski, Mason (91. Sawitschew), Marin
Tore: 0:1 Marin (5.), 1:1 Smejkal (68.); Elfmeterschießen: 0:1 Trulsen, 1:1 Smejkal, 1:2 Stanislawski, 2:2 Nacev, Seeliger gehalten, 3:2 Spizak, 3:3 Sawitschew, Grauer gehalten, 3:4 Marin, 4:4 Scherbe, Hanke gehalten, 5:4 von Ahlen - **SR**: Zerr (Ottersweier) - **ZS**: 2.429 - **Gelb**: Nikolic, Tomcic - Hanke, Scherz, Trulsen, Meggle, Karaca, Mason, Thomforde

Achtelfinale: Dienstag, 27./Mittwoch, 28.10.1998

VfL Wolfsburg - Arminia Bielefeld (Di.)   **3:1 (1:1)**
Wolfsburg: Reitmaier - Ballwanz, Thomsen, Kryger, Greiner, Nowak (68. O'Neil), Reyna (62. Ch. Akonnor), Dammeier, Kapetanovic, Präger (87. Baumgart), Juskowiak
Bielefeld: Koch - Stratos, Boy, Meißner, Peeters (77. Baluszynski), Rydlewicz (66. Bagheri), Hofschneider (66. Sternkopf), Böhme, Maul, Reina, Labbadia
Tore: 1:0 Präger (8.), 1:1 Reina (28.), 2:1 Boy (49., ET), 3:1 Ch. Akonnor (85.) - **SR**: Koop (Lüttenmark) - **ZS**: 6.382 - **Gelb**: Greiner, Präger, Ballwanz, Dammeier, Kapetanovic - Meißner, Boy

VfB Stuttgart - Borussia Dortmund (Di.)   **3:1 (0:0)**
Stuttgart: Ziegler - Thiam, Verlaat, Berthold, Lisztes, Soldo (22. Rost), Balakov, Zeyer, Keller (46. Schneider), Akpoborie (78. Spanring), Bobic
Dortmund: Klos - Nijhuis, Feiersinger (72. Herrlich), Kohler, Ricken, Freund, Häßler, Nerlinger, Dédé (49. But), Salou, Chapuisat (46. Barbarez)
Tore: 1:0 Akpoborie (70.), 2:0 Rost (83.), 3:0 Rost (85.), 3:1 Häßler (90., FE) - **SR**: Dardenne (Nettersheim) - **ZS**: 21.500 - **Gelb**: Keller, Bobic - Chapuisat, Freund

VfL Bochum - Borussia Mönchengladbach (Di.)   **0:1 (0:1)**
Bochum: Ernst - Sundermann, Waldoch, Kracht, Gülünoglu (58. Peschel), Hofmann, Schindzielorz, Fahrenhorst (46. Gaudino), Reis, Bastürk, Buckley (58. Kuntz)
Gladbach: Enke - Andersson, Witeczek, Asanin, Paßlack, Deisler, Pflipsen (64. Anagnostou), Wynhoff (73. Ketelaer), Schneider, Polster, Chiquinho (61. Villa)
Tor: 0:1 Polster (10.) - **SR**: Steinborn (Sinzig) - **ZS**: 21.460 - **Gelb**: Fahrenhorst, Gülünoglu - Polster, Andersson

Rot-Weiß Oberhausen - Hamburger SV (Di.)   **n. E. 4:3, n. V. 3:3 (3:3, 2:1)**
Oberhausen: Adler - Ciuca, Hopp, Quallo, Lipinski (71. Konjevic), Pröpper, Luginger, Bieber (83. Judt), Arens, Toborg, Weber (96. da Silva)
HSV: Butt - Hoogma, Panadic, Hertzsch (46. Ernst), Groth, Babatz, Dembinski, Böger (46. Trejgis), Jepsen (61. Grubac), Yeboah, Kirjakow
Tore: 0:1 Dembinski (7.), 1:1 Weber (9.), 2:1 Pröpper (43.), 3:1 Weber (52.), 3:2 Dembinski (66.), 3:3 Groth (79.); Elfmeterschießen: 0:1 Groth, Konjevic gehalten, 0:2 Grubac, 1:2 Judt, Yeboah verschossen, 2:2 Toborg, Dembinski verschossen, Quallo gehalten, 2:3 Butt, 3:3 Luginger, Ernst gehalten, 4:3 Ciuca - **SR**: Gettke (Haltern) - **ZS**: 7.058 - **Gelb**: Ciuca, Lipinski, Toborg - Panadic, Babatz, Ernst

Tennis Borussia Berlin - Hertha BSC Berlin (Mi.)   **4:2 (2:1)**
TeBe: Curko - Raickovic, Melzig, Dermech, Can, Hamann, Akrapovic, Copado (79. Isa), Szewczyk (85. Walker), Kovacec (64. Tredup), Aracic
Hertha BSC: Kiraly - Herzog (66. Covic), Rekdal, Schmidt, Veit, Dardai (46. Tchami), Wosz, Tretschok, Hartmann, Thom, Preetz (60. Olic)
Tore: 0:1 Thom (12.), 1:1 Aracic (32.), 2:1 Copado (41.), 3:1 Kovacec (57.), 4:1 Aracic (59.), 4:2 Tchami (68.) - **SR**: Jansen (Essen) - **ZS**: 40.122 - **Gelb**: Melzig, Tretschok - Wosz, Rekdal

MSV Duisburg - FC Bayern München (Mi.)   **2:4 (1:0)**
Duisburg: Gill - Vana, Hajto, Wohlert, Neun, Hirsch, Komljenovic, Frydek (62. Wedau), Osthoff (69. Töfting), Beierle, Andersen (83. Spies)
FC Bayern: Kahn - Babbel, Jeremies (89. Kuffour), Linke, Lizarazu, Fink, Effenberg, Tarnat, Zickler (69. Salihamidzic), Elber, Daei (61. Jancker)
Tore: 1:0 Beierle (37.), 2:0 Beierle (50.), 2:1 Elber (56.), 2:2 Elber (60.), 2:3 Jeremies (76.), 2:4 Lizarazu (89.) - **SR**: Zerr (Ottersweier) - **ZS**: 23.000 - **Gelb**: Osthoff - Elber

SV Werder Bremen - Fortuna Düsseldorf (Mi.)   **3:2 (1:1)**
Bremen: Rost - Wicky, Todt, Benken, Roembiak (46. Trares), Maximow, Eilts, Herzog, Bode, Bogdanovic (69. Flo), Frings (86. Skripnik)
Düsseldorf: Juric - Katemann, Bach (76. Lesniak), Addo, Cartus (64. Niestroj), Unger, Pizarro, Dobrowolski, Nehrbauer, Istenic (69. Murati), Tare
Tore: 1:0 Frings (17.), 1:1 Dobrowolski (30.), 2:1 Maximow (50.), 3:1 Frings (66.), 3:2 Pizarro (86.) - **SR**: Sippel (Würzburg) - **ZS**: 8.421 - **Gelb**: Dobrowolski

Sportfreunde Siegen - KFC Uerdingen 05 (Di., 3.11.)   **1:0 (0:0)**
Siegen: Kellermann - Wolf, Kuci, Schönberger, Klein, Krämer, Germann, Nauroth, Saric (89. Ziga), Cirba, Tonello (83. Hyza)
Uerdingen: Hollerieth - Grauer, Tomcic, Vossen, Nikolic (65. Kaul), Müller (83. Smejkal), von Ahlen, Spizak (38. Scherbe), Civa, van der Haar, van der Ven
Tor: 1:0 Cirba (75.) - **SR**: Schößling (Leipzig) - **ZS**: 8.000 - **Gelb**: Tonello - Civa, Scherbe, Kaul - **Gelb/Rot**: Vossen (77.)

Viertelfinale: Mittwoch, 2.12.1998

FC Bayern München - VfB Stuttgart (Di., 1.12.)   **3:0 (1:0)**
FC Bayern: Kahn - Babbel, Matthäus (74. Helmer), Linke, Basler (79. Salihamidzic), Strunz, Effenberg, Jeremies, Lizarazu, Elber, Jancker (60. Zickler)
Stuttgart: Wohlfahrt - Thiam, Verlaat, Berthold, Lisztes, Soldo, Rost (72. Hosny), Keller, Carnell (72. Zeyer), Akpoborie, Ristic (56. Bobic)
Tore: 1:0 Basler (26.), 2:0 Basler (71.), 3:0 Zickler (78.) - **SR**: Strampe (Handorf) - **ZS**: 11.000

SV Werder Bremen - Tennis Borussia Berlin   **n. V. 2:1 (1:1, 0:1)**
Bremen: Rost - Benken, Wicky (46. Kunz), Wojtala, Wiedener, Eilts, Herzog, Todt, Trares (46. Flo), Bogdanovic, Bode
TeBe: Curko - Raickovic, Dermech, Kapagiannidis, Can (100. Kern), Hamann, Akrapovic, Copado, Szewczyk (15. Weiland), Kovacec (72. Stankovski)
Tore: 0:1 Kovacec (10.), 1:1 Flo (86.), 2:1 Wojtala (107.) - **SR**: Albrecht (Kaufbeuren) - **ZS**: 9.900 - **Gelb**: Wojtala - Weiland, Copado, Raickovic, Hamann, Akrapovic

Sportfreunde Siegen - VfL Wolfsburg   **1:3 (1:2)**
Siegen: Kellermann - Wolf, Kuci, Schönberger (70. Krämer), Germann, Margref (72. Klein), Jonjic, Scholtysik, Cirba, Saric, Tonello (66. Ziga)
Wolfsburg: Reitmaier - O'Neil, Thomsen, Kryger, Nowak, Dammeier, Greiner, Reyna (85. Däbritz), Stammann (52. Kapetanovic), Präger (77. Baumgart), Juskowiak
Tore: 0:1 Juskowiak (6.), 1:1 Cirba (22.), 1:2 Juskowiak (45.), 1:3 Reyna (63.) - **SR**: Weber (Essen) - **ZS**: 14.641 - **Gelb**: Cirba, Schönberger, Scholtysik - Stammann, Thomsen

Rot-Weiß Oberhausen - Bor. Mönchengladbach   **2:0 (0:0)**
Oberhausen: Müller - Ciuca, Hopp, Quallo, Lipinski, Pröpper, Luginger, Bieber (84. Judt), Arens, Toborg, Weber (90. Rus)
Gladbach: Enke - Sopic, Klinkert, Paßlack, Hagner, Wynhoff (74. Feldhoff), Witeczek, Schneider, Ketelaer, Pettersson, Polster
Tore: 1:0 Toborg (71.), 2:0 Weber (80.) - **SR**: Fröhlich (Berlin) - **ZS**: 19.000 - **Gelb**: Toborg, Hopp - Wynhoff, Schneider, Ketelaer, Klinkert

Halbfinale: Dienstag, 9./Mittwoch, 10.3.1999

Rot-Weiß Oberhausen – FC Bayern München (Di.)   **1:3 (0:2)**
Oberhausen: Müller – Scheinhardt, Ciuca, Quallo, Konjevic (46. Hopp), Luginger, Pröpper (77. Basic), Bieber (46. Rus), Arens, Toborg, Weber
FC Bayern: Kahn - Linke, Matthäus, Kuffour, Strunz, Jeremies, Effenberg (84. Helmer), Lizarazu, Basler (66. Zickler), Jancker, Elber (71. Scholl)
Tore: 0:1 Jancker (24.), 0:2 Effenberg (42.), 0:3 Linke (79.), 1:3 Scheinhardt (85., FE) - **SR**: Fandel (Kyllburg) - **ZS**: 47.300 in Gelsenkirchen – **Gelb**: Scheinhardt – Elber, Jancker, Effenberg, Jeremies

VfL Wolfsburg – SV Werder Bremen (Mi.)   **0:1 (0:0)**
Wolfsburg: Reitmaier – Ballwanz (73. Baumgart), Kryger, Thomsen, Greiner, Nowak, Reyna (79. Nagorny), Dammeier, Kapetanovic (61. Ch. Akonnor), Präger, Juskowiak
Bremen: Rost - Wojtala, Wicky, Skripnik, Trares (63. Benken), Todt (46. Dabrowski), Maximow, Eilts, Wiedener, Bode, Bogdanovic (79. Ailton)
Tor: 0:1 Bode (52.) - **SR**: Dr. Merk (Kaiserslautern) - **ZS**: 19.875 – **Gelb**: Dammeier, Ballwanz, Greiner – Skripnik, Wicky, Eilts, **B. V.**: Rost hält FE von Dammeier (87.)

Endspiel: Samstag, 12. Juni 1999 in Berlin

SV Werder Bremen – FC Bayern München   **n. E. 5:4, n. V. 1:1 (1:1, 1:1)**
Bremen: Rost – Trares, Wicky, Todt, Wiedener, Frings, Eilts, Dabrowski (69. Bogdanovic), Maximow, Herzog (45. Wojtala), Bode
FC Bayern: Kahn – Linke, Matthäus, Kuffour (37. Daei), Babbel, Jeremies (57. Fink), Effenberg, Tarnat, Scholl (84. Salihamidzic), Jancker, Basler
Tore: 1:0 Maximow (4.), 1:1 Jancker (45.); Elfmeterschießen: 1:0 Bode, 1:1 Salihamidzic, Todt gehalten, 1:2 Daei, 2:2 Bogdanovic, 2:3 Tarnat, 3:3 Wicky, 3:4 Jancker, 4:4 Eilts, Effenberg über das Tor, 5:4 Rost, Matthäus gehalten - **SR**: Aust (Köln) - **ZS**: 75.841 - **Gelb**: Rost, Trares, Wicky – Jancker, Effenberg - **Gelb/Rot**: Basler (114.)

Die Torjäger

6	Achim Weber	(Rot-Weiß Oberhausen)
5	Kreso Kovacec	(Tennis Borussia Berlin)
5	Marek Lesniak	(Fortuna Düsseldorf)
4	Markus Beierle	(MSV Duisburg)
4	Andrzej Juskowiak	(VfL Wolfsburg)
4	Juri Maximow	(SV Werder Bremen)
4	Carsten Jancker	(FC Bayern München)

Pokalsieger Werder Bremen:

	Spiele	Tore
Bode, Marco	6	1
Rost, Frank (TW)	6	0
Wicky, Raphael	6	0
Eilts, Dieter	6	0
Maximow, Juri	5	4
Trares, Bernhard	5	1
Todt, Jens	5	0
Wiedener, Andree	5	0
Frings, Torsten	4	3
Benken, Sven	4	0
Herzog, Andreas	4	0
Bogdanovic, Rade	4	0
Wojtala, Pawel	3	1
Flo, Håvard	3	1
Roembiak, Lodewijk	3	0
Skripnik, Victor	3	0
Frey, Dieter	2	1
Dabrowski, Christoph	2	0
Kunz, Adrian	2	0
Flock, Dirk	1	0
Seidel, Sören	1	0
Ailton	1	0

Zuschauer-Statistik

Runde	Zuschauer gesamt	Spiele	Zuschauer pro Spiel
1. Runde	193.342	32	6.042
2. Runde	211.304	16	13.207
Achtelfinale	135.943	8	16.993
Viertelfinale	54.541	4	13.635
Halbfinale	67.175	2	33.588
Finale	75.841	1	75.841
Gesamt	738.146	63	11.717

DFB-Pokal 1999/2000

Milliardenliga zwischen Boom und Pleite

Umstrittene Regeländerung

Was machte der DFB da? Erneut wurde am Pokalwettbewerb rumgebastelt, und was diesmal dabei herauskam, war alles andere als erfolgreich. Um die international tätigen Mannschaften ein wenig zu entlasten, wurde ihnen ein Freilos bis in die dritte Runde gegeben, was die ersten beiden Pokalrunden quasi wertlos machte. Die 1. Hauptrunde war sogar nur ein Torso, da sämtliche Erstligisten, neun Zweitligisten und 19 Amateure Freilos hatten! Entsprechend fiel die Medien- und Zuschauerresonanz aus. Während sich die deutsche Nationalelf in Mexiko beim Confederations-Cup blamierte, gingen die ersten neun Partien nahezu unbemerkt von der Öffentlichkeit über die Bühne. Dass der Pokal zumindest kurzzeitig ins Bewusstsein der Fans rückte, dafür sorgte der SC Verl, der Bundesligaabsteiger Borussia Mönchengladbach im Elfmeterschießen geschlagen nach Hause schickte. Ebenfalls vorzeitig verabschieden mussten sich Vorjahreshalbfinalist Rot-Weiß Oberhausen, der beim FC Singen 04 den Kürzeren zog, sowie Bundesligaabsteiger 1. FC Nürnberg, der in Düsseldorf rausflog. Eine Woche später waren es immerhin 23 Partien, die auf dem Spielplan standen. Lediglich die Europapokalteilnehmer fehlten noch – mithin das „echte" Salz in der Suppe. Dennoch gab es Überraschungen. Von den neun Bundesligisten musste sich beispielsweise die SpVgg Unterhaching mit einer 0:1-Niederlage im Babelsberger „Karli" vorzeitig verabschieden. Der frisch gebackene Bundesligist bestätigte damit seine schlechte Verfassung kurz vor dem Saisonstart und festigte seinen Ruf als „Absteiger Nummer 1". Neben Unterhaching blamierte sich die Kölner Fortuna, die unter Trainer Toni Schumacher eine 1:3-Niederlage bei den Amateuren von Werder Bremen erlitt. Ganze 500 Zuschauer erwärmten sich für den Auftritt der Kölner Südstädter. Weitere Hochkaräter, die vorzeitig ausschieden, waren die Offenbacher Kickers (1:2 in Meppen) sowie der Karlsruher SC (4:5 im Elfmeterschießen in Trier). In der 3. Runde waren dann alle dabei – und prompt überschlugen sich die Ereignisse. Mainz 05 kegelte den HSV raus, Schalke 04 scheiterte in Cottbus, der MSV Duisburg beim VfL Bochum, München 1860 bei Eintracht Trier, Bayer Leverkusen bei Waldhof Mannheim. Und damit noch nicht genug: Borussia Dortmund verlor bei den Stuttgarter Kickers, der 1. FC Köln schlug Eintracht Frankfurt, der SC Freiburg brauchte in Babelsberg eine Verlängerung, Hertha BSC gewann die Neuauflage des Vorjahresderbys gegen TeBe glücklich mit 3:2. Spannung fast überall. Nach den Sensationen brach allerdings eine heftige Diskussion um den Pokalwettbewerb los, denn in einigen Fällen waren die höherklassigen Verlierer mit der Reserveelf (Leverkusen) oder lascher Einstellung (Dortmund) ins Spiel gegangen. Der Befürchtung, dass der Pokal aus Desinteresse sterben würde, trat dann allerdings gleich eine ganze Armada von Verantwortlichen entgegen. Leverkusens Geschäftsführer Wolfgang Holzhäuser schob den Amateuren die Schuld für die unglückliche Reglementsänderung zu, Uli Hoeneß interpretierte die Sensationen als „Werbeanleitung für den Pokalwettbewerb und eine perfekte Inszenierung". Na ja. Immerhin kam durch die Ereignisse der 3. Hauptrunde die Diskussion um die Zukunft des Wettbewerbes wieder in Schwung, was schließlich im Verlauf der Saison zur Wiedereinführung des alten Pokalmodus führte.

Im Achtelfinale wurde es merklich ruhiger an der Überraschungsfront. Einzig der 2:1-Verlängerungssieg von Mainz 05 gegen Hertha BSC kam unerwartet – allerdings scheiterten mit dem VfL Wolfsburg (in Bochum) und Arminia Bielefeld (bei den Stuttgarter Kickers) noch zwei weitere Erstligisten in Duellen gegen Zweitligaklubs. Der letzte noch im Wettbewerb verbliebene Amateurklub – Eintracht Trier – schied daheim gegen Hansa Rostock aus und stand vor einer düsteren finanziellen Zukunft. Im Viertelfinale trumpften die Stuttgarter Kickers auf, die nach Dortmund und Bielefeld auch dem SC Freiburg den Garaus machten. Allerdings fand die Partie im Waldaustadion bei nahezu unzumutbaren Platzverhältnissen statt. Mit eisigen Temperaturen mussten auch die rund 11.000 Fans im Münchner Olympiastadion leben, die einen schmeichelhaften 3:0-Sieg des FC Bayern über Mainz 05 sahen.

Andree Wiedener im Zweikampf mit Peter Peschel. Werder Bremen setzte sich im Viertelfinale mit 2:1 beim VfL Bochum durch.

Rund 6.000 Mainzer Fans feierten ihre Mannschaft trotzdem. Komplettiert wurde das Halbfinale von Hansa Rostock (2:1 gegen den VfB Stuttgart) sowie Werder Bremen (2:1 in Bochum).

Tränen der Freude – und der Trauer

Uli Sude standen die Tränen in den Augen. Und es waren weiß Gott nicht nur Freudentränen, die der Verler Trainer da nach dem Elfmeterschießensieg seines SC über Borussia Mönchengladbach vergoss. Er weinte auch um den Verlierer, seinen VfL Borussia, einen Klub „dem ich eigentlich alles in meinem Leben verdanke". Zuvor hatte Sude mitsamt 5.000 Zuschauern im ausverkauften SC-Stadion an der Verler Poststraße eine Partie gesehen, bei der sich der in Bestbesetzung angetretene Bundesligaabsteiger bis auf die Knochen blamiert hatte und an der stabilen Abwehr der Amateure gescheitert war. „Fast alle unserer Spieler gehen noch einem ordentlichen Beruf nach. Einige haben sogar am Spieltag morgens noch geschafft", wies Sude stolz auf seine Mannschaft hin, die mit einem Mini-Etat von 3 Mio. Mark die neue Regionalliga anpeilte. Da war der Sieg über Gladbach natürlich großartige Motivation.

Peinlich, peinlich, FCN

Peinlich, peinlich, FCN. Da unterlag der Bundesligaabsteiger mit 0:2 bei Regionalligist Fortuna Düsseldorf – und versuchte auf dem Rechtswege, dennoch seine Pokalchance zu wahren. Der Düsseldorfer Kemal Halat sei nicht spielberechtigt gewesen, behaupteten die Franken und legten Protest ein. Vergeblich. Es gebe, so der DFB, eine gültige Spielgenehmigung des Westdeutschen Spielverbandes, womit der Einsatz Halats nicht zu beanstanden sei. All der Staub, der von den Nürnbergern aufgewirbelt worden war (Neuansetzung, Neuauslosung der 2. Runde hatten die Cluberer gefordert), war somit vergeblich. Übrigens: Kemal Halat trug einst das Jersey des 1. FC Nürnberg.

Hachings Aus zehrt an den Nerven

„Eigentlich", bekannte Unterhachings Kapitän Matthias Zimmermann, „wollten wir uns Sicherheit für die Bundesliga holen" – nach diversen enttäuschenden Auftritten in der Saisonvorbereitung verständlich. Doch die moralische Aufrüstung ging im Potsdamer Karl-Liebknecht-Stadion ("Karli") gründlich daneben. Mit 0:1 unterlag Neu-Bundesligist SpVgg Unterhaching bei Regionalligist SV Babelsberg 03 – und das völlig zu Recht. Hachings Coach Köstner sah die Niederlage und das Ausscheiden gelassen. Er habe „sehr, sehr gute Ansätze in der Defensive gesehen, das Verschieben hat besser geklappt, wir haben kaum Torchancen zugelassen. Es war ein kleiner Schritt nach vorne." Ungewöhnliche Worte für einen Bundesligatrainer nach einer Niederlage bei einem Amateurklub.

Spannung und fünf Tore

Spannende Unterhaltung wurde den 3.610 Zuschauern an der Reutlinger Kreuzeiche geboten. Regionalligist SSV 05 und Zweitligist VfL Bochum lieferten sich eine packende und dramatische Partie, die von Abwehrproblemen auf beiden Seiten lebte und mit dem VfL Bochum einen glücklichen, gleichwohl verdienten Sieger fand. Pech für den SSV, dass er stets einem Rückstand hinterherlaufen musste – ansonsten wäre die Partie womöglich anders ausgegangen. Doch auch so war die Elf um Goalgetter Maric zufrieden. Saisonziel Nummer 1 in Reutlingen war ohnehin der Aufstieg in die 2. Bundesliga – und wer weiß, vielleicht sieht man da die Bochumer ja im nächsten Jahr wieder?

Arrogante Kölner Fortunen

Toni Schumacher war außer sich vor Wut. Mit einem peinlichen 1:3 hatte sich seine Fortuna bei den Amateuren von Werder Bremen frühzeitig aus dem Pokal verabschiedet und den lediglich 500 Zuschauern ein desolates Bild geboten. „2. Liga – keiner weiß, warum", hatten die wenigen Zuschauer angesichts einer einfalls- und lustlosen Kölner Vorstellung gespottet. Schon nach vier Minuten waren die kleinen Werderaner in Führung gegangen und hatten damit deutlich gemacht, wer Herr auf Platz 11 des Weserstadions ist. „Meine Mannschaft hat nicht den Faden verloren. Sie hat ihn überhaupt nicht gefunden", giftete Trainer Toni Schumacher und warf seinem Team Arroganz vor.

Emslandträume

Sie hatten sich wahrlich Hoffnungen gemacht im Emsland. Endlich kam der große FC Bayern mal in die Provinz und stellte sich dem SV Meppen, der zehn Jahre lang Zweitliga-Furore gemacht hatte und in der Vorsaison in die 3. Liga abgestiegen war. 16.500 Zuschauer füllten das Emslandstadion bis auf den letzten Platz und drückten ihrem SVM die Daumen. Doch der Traum von der Sensation zerplatzte rasch an der Münchner Saisonzielvorstellung „Hattrick". Die Bayern wollten zum dritten Mal in Folge ins Finale – und der SV Meppen sollte ihnen dabei keinesfalls im Wege stehen. Stand er auch nicht. Sekunden waren erst gespielt, da traf Carsten Jancker bereits zum 0:1, das die Gegenwehr der Emsländer sichtlich hemmte. Am Ende stand es 1:4, und in Meppen kehrte der Regionalligaalltag zurück.

Gelbe Karte für Jubellauf

Fünf Monate zuvor war Werders 5-Millionen-Einkauf Ailton noch zum „größten Fehleinkauf der Vereinsgeschichte" abgestempelt worden. Dann ging Trainer Felix Magath und Thomas Schaaf rückte nach – und der Brasilianer bewies, warum er so viel Geld gekostet hatte. Im Drittrundenspiel gegen Kaiserslautern war Ailton einmal mehr Mann des Tages. Fünf Minuten vor Schluss riss er mit seinem Treffer zum 1:1 das Spiel herum und legte anschließend einen Jubellauf aufs Parkett, der von den Fans begeistert gefeiert wurde. Nur Schiedsrichter Fleischer fand es nicht so toll, denn Ailton hatte sich dabei seines Trikots entledigt, das er wild schwenkend ins Publikum hielt. Die Gelbe Karte, die er dafür sah, war ihm egal. Glücklich stammelte er von „ein wenig streng in Europa" und bedankte sich bei den „tollen Fans, für die ich alles gebe". Da bahnte sich ein Happy End an.

Fans böse auf die Bayern

Richtig böse auf ihre Mannschaft waren die Fans des FC Bayern vor dem Achtelfinalspiel bei Waldhof Mannheim. Verkehrt herum aufgehängte Transparente, riesige Stoffstücke mit den Aufschriften „Söldner", „Versager" – die 0:1-Derbyniederlage gegen 1860 am Wochenende zuvor hatte den Fans die Laune verdorben. Effenberg & Co. waren allerdings nicht bereit, die Schmährufe der Fans einfach so zu akzeptieren. Nach dem 3:0-Sieg im Carl-Benz-Stadion eilten die Bayern-Stars schnurstracks zur Kabine und verweigerten - mit Ausnahme von Kahn und Salihamidzic - den Fans die übliche Welle nach dem Sieg. „Wir haben uns abgesprochen", begründete Kapitän Stefan Effenberg, weil solche Demonstrationen „nicht in Ordnung" sind.

Karneval in Mainz

Am Mainzer Bruchweg ging es zu, wie sonst nur im Karneval. Jubelnde und schunkelnde Menschenmassen, strahlende Gesichter, glänzende Augen überall. 14.850 05-Fans feierten ihre Mannschaft, die nach dem Hamburger SV im Achtelfinale mit Hertha BSC Berlin einen weiteren Bundesligisten aus dem Rennen geworfen hatte. Dabei mussten die Rheinhessen das Spiel sogar zu neunt beenden – Jürgen Klopp hatte in der 63., Marcio in der 98. Minute Gelb-Rot gesehen. Vor allem der letzte Platzverweis war höchst ärgerlich und hätte die Sensation um ein Haar verhindert. Kaum hatte der im Sommer 1998 aus Porto Alegre nach Deutschland gekommene Brasilianer Marcio Rodrigues das 2:1 erzielt, riss er sich nämlich das Trikot vom Körper und eilte zum Jubeln in die Mainzer Fankurve. In seinem Schlepptau Schiedsrichter Fleischer, der ihm prompt die Gelbe Karte präsentierte – und weil es seine zweite war, musste Marcio gehen. 22 Minuten hieß es noch Zittern für die Mainzer, ehe der erlösende Schlusspfiff kam und die Party losgehen konnte.

Gullivers im Land der Riesen

Vor dem Spiel gab es mächtig Stunk. Bayern-Manager Uli Hoeneß drohte gar damit, gegen Werder Bremen nur mit der Reserve aufzulaufen, weil die Terminplanung des DFB höchst unglücklich verlaufen war. Mitten zwischen den beiden Halbfinalpartien in der Champions League gegen Real Madrid mussten die Bayern im DFB-Pokalfinale ran – logisch, dass man in München sauer war. Doch nach dem Spiel war man auch nicht schlauer. „War das jetzt nicht doch der exakt passende Termin", feixte DFB-Pressechef Wolfgang Niersbach mit Bayern-Coach Ottmar Hitzfeld, der nach einer Weißbierdusche durch Giovane Elber ungewohnte Gerüche von sich gab. Na ja, man hätte es auch wie folgt formulieren können: „Gerade noch einmal gut gegangen."

Dass die Bayern zum zehnten Mal den Pokal gewannen, hatte auch etwas mit dem Gegner zu tun. Der war nämlich erschreckend schwach und konnte zu keiner Phase des Spiels seinen Sie-

Milliardenliga zwischen Boom und Pleite

Frank Baumann setzt sich gegen Carsten Jancker durch.

geswillen deutlich machen. Wie gelähmt ließen sich die Bremer ausspielen. 11:3-Chancen und 10:1-Ecken für die Bayern belegen, wie deutlich die Überlegenheit der Münchner war. In punkto Laufbereitschaft, Zweikampfverhalten und Selbstbewusstsein waren die in der Bundesliga zuletzt kriselnden Bayern ihrem ebenfalls nicht in Bestform befindlichen Gegner aus Norddeutschland haushoch überlegen und präsentierten sich spielerisch klar besser. Dass Oliver Kahn als einziger Bayern-Akteur keine Bestnote bekam, dokumentiert, was in den neunzig Minuten geschah: Kahn konnte nicht benotet werden, da er so gut wie nie eingreifen musste! Werder verlor sich in Privatduellen, machte sich mit diversen Nickligkeiten vieles selbst zunichte und kam mit der Bayern-Viererkette nicht zurecht. Die Revanche für die Vorjahresniederlage fiel den Bayern somit leicht. Trotz aller Überlegenheit dauerte es allerdings bis zur 57. Minute, ehe der überragende Stefan Effenberg Giovane Elber mit einem Steilpass mustergültig bediente und der Brasilianer den Torreigen eröffnete. Bis dato hatte Oliver Kahn das Leder nur ein einziges Mal ernsthaft abfangen müssen: In der 33. Minute bei einem 22-Meter-Freistoß von Claudio Pizarro. Nach der Führung waren die Bayern nicht mehr zu bremsen. Vor allem Effenberg schwang sich zur Hochform auf, und das Pokalfinale geriet zu einer zusätzlichen Trainingseinheit für das Champions-League-Spiel gegen Real Madrid. Sieben Minuten vor dem Schlusspfiff markierte Paulo Sergio mit einem herrlichen Treffer das 2:0, und quasi mit dem Schlusspfiff erhöhte Mehmet Scholl nach Salihamidzic-Vorlage auf 3:0. „Nur Torwart Frank Rost war ähnlich drauf wie letztes Jahr, hielt ganz alleine das Spiel wenigstens eine knappe Stunde offen und viele Bälle aus nächster Nähe, raufte kurz vor der Pause mit der halben Bayern-Mannschaft, weil 'so etwas vielleicht die anderen wachrütteln kann', wie Trainer Schaaf hoffte. Alles vergeblich, die Bremer Schlüsselspieler Herzog, Bode, Pizarro oder Ailton blieben Gullivers im Land der Riesen", stellte die »Süddeutsche Zeitung« dem Pokalverteidiger kein allzu gutes Zeugnis aus. Auch im Fachblatt »kicker« kamen die Norddeutschen schlecht weg: „Werder mag phasenweise mit diesem Personal ansehnliche Leistungen bringen; um dauerhaft eine wesentliche Rolle einzunehmen, sind Verstärkungen in Abwehr und Mittelfeld unerlässlich", heißt es dort. Der »kicker« machte zugleich Stefan Effenberg als Matchwinner aus: „Bayern lebt mehr vom Strategen Effenberg, als viele es eingestehen wollen." Die »Süddeutsche Zeitung« pflichtete dem bei und schrieb: „Effenberg verleiht den Bayern Flügel."

Pokalsieger 2000: FC Bayern München. Hinten v.l.n.r.: Jeremies, Tarnat (auf Schultern), Dreher, Santa Cruz, Hauenstein, Babbel, Linke, Kahn, Andersson, Strunz (verdeckt), Lizarazu, Effenberg, Jancker. Kniend: Fink, Scholl, Wiesinger, Zickler, Sergio, Kuffour, Salihamidzic.

Der Modus des DFB-Pokals wurde zur Saison 1999/2000 geändert. In der 1. Runde hatten alle 18 Bundesligisten, neun Zweitligisten und 19 Amateurklubs Freilos.

1. Hauptrunde: Samstag, 31.7.1999

VfL Hamm – Stuttgarter Kickers 0:4 (0:2)
Hamm: Mockenhaupt - Bedranowsky, Weber (31. Eckl), Spornhauer, Arzbach, Mujakic, Kresovic (46. Nagy), Ratzi, Acquah (77. Marko Sasic), Schneider, Barnes
Stuttgart: Kischko - Keuler, Ramovs, Pfuderer, Kümmerle, Marell (37. Blessin), Kevric, Weinzierl, Chatzis, T. Maric (77. Zivic), Carl (31. Sailer)
Tore: 0:1 T. Maric (17.), 0:2 Kevric (45.), 0:3 T. Maric (66.), 0:4 Kevric (76.) - **SR:** Schößling (Leipzig) - **ZS:** 703 - **Gelb:** Bedranowsky, Kresovic – T. Maric

FC Carl Zeiss Jena – SpVgg Greuther Fürth 1:2 (0:1)
Jena: Weißgärber – Noll, Friedrich, Pivarnik, Nowotny (74. Weber), Gerstner (62. Treitl), Hempel, Kaiser, Rousajew, Hanus, Azevedo (64. Jaworek)
Fürth: Hain (24. Teuber) – Prinzen, Jonkov, Sbordone, Meichelbeck, Hassa, Reichel, Walther, Felgenhauer, Patschinski (66. Lamptey), Ruman (80. Hube)
Tore: 0:1 Ruman (1.), 0:2 Lamptey (71.), 1:2 Hempel (78.) - **SR:** Lange (Herrenberg) - **ZS:** 2.550 - **Gelb:** Rousajew, Hempel – Ruman, Patschinski

SV Darmstadt 98 – Chemnitzer FC 2:4 (0:2)
Darmstadt: Clauß – Wölki, Th. Schmidt, Örüm, Seeberger (69. Becht), Sprecakovic, Lang (73. Corrochano), Gutberlet, Born, Bury, Hoop (58. Dzemaili)
Chemnitz: Ananiev – Laudeley, Jan Schmidt, Mehlhorn, Bittermann, König (46. Weber), Skela (51. Wienhold), Köhler, Oswald, Dittgen, Kunze (73. Jörg Schmidt)
Tore: 0:1 Kunze (5.), 0:2 Kunze (18.), 0:3 Mehlhorn (54.), 1:3 Bury (63.), 1:4 Dittgen (70.), 2:4 Bury (90., HE im Nachschuß) - **SR:** Kircher (Tübingen) - **ZS:** 5.500 - **Gelb:** Mehlhorn, König – **Rot:** Oswald (90.)

VfL Osnabrück – FC Energie Cottbus 0:1 (0:0)
Osnabrück: Brunn – Schiersand, F. Claaßen (69. Kück), Rose, Müller, Schütte, Enochs, Bury (73. Akonnor), Thioune, Janiak, Chr. Claaßen
Cottbus: Piplica – Vata, Jesse, Beeck, Schröder, Latoundji, Miriuta, Zvetanov (69. Kurilenko), Wawrzyczek, Heidrich, Franklin (62. Labak)
Tor: 0:1 Wawrzyczek (89.) - **SR:** Margenberg (Wermelskirchen) - **ZS:** 3.500 - **Gelb:** Beeck, Miriuta, Zvetanov, Heidrich

SC Verl – Borussia Mönchengladbach n. E. 6:5, n. V. 0:0
Verl: Joswig – Warbende (85. Schwiderowski), Schriewersmann, Mrugalla, Vogt (85. Ostermann), Friedrich, Schmidt, Plaßhenrich, Végh, Milde, da Silva (116. Goch)
Gladbach: Kamps – Klinkert, Vogel, Reiter, Eberl, Asanin (85. Sopic), Frontzeck, Nielsen, Witeczek (101. Korzynietz), van Lent, Polster (76. Frommer)
Tore im Elfmeterschießen: 0:1 van Lent, 1:1 Milde, 1:2 Nielsen, 2:2 Plaßhenrich, 2:3 Frontzeck, 3:3 Schriewersmann, 3:4 Eberl, 4:4 Mrugalla, 4:5 Sopic, 5:5 Schmidt, Reiter verschossen, 6:5 Friedrich - **SR:** Weiner (Ottenstein) - **ZS:** 5.000 - **Gelb:** Schmidt, da Silva – Reiter, Frommer, Eberl

FC Singen 04 – Rot-Weiß Oberhausen 3:2 (0:1)
Singen: von Ow – Nungesser, Breda, Stihl (73. Schönfeld), Lenhart (83. Reuter), Stephan, Storz, Schuler, Kilgus (46. Brugger), Bülent, Klökler
Oberhausen: Adler – Quallo, Backhaus, Drazic (73. Scheinhardt), Komitov (66. Beyel), Tchipev (66. Toborg), Lipinski, Luginger, Judt, Pröpper, Rus
Tor: 0:1 Pröpper (33.), 1:1 Rus (57., ET), 2:1 Brugger (62.), 2:2 Lipinski (67.), 3:2 Stephan (68.) - **SR:** Haupt (Mainz) - **ZS:** 2.500 – **Gelb/Rot:** Judt (89.) – **B. V.:** von Ow hält FE von Lipinski (89.)

VFC Plauen – Alemannia Aachen 1:0 (1:0)
Plauen: Kunze – Dünger, R. Schmidt, Krasselt, Curri, Stadelmann, Starke (69. Zapyshnyi), Miftari, Schönfeld (74. Wolfrum), Weiß (88. Hölzel), Spranger
Aachen: Lenz – Landgraf (58. Heeren), F. Schmidt, Bashi (65. Vanderbroeck), Meulenberg, Zimmermann (58. Emilio), Berchtold, von Ahlen, Lämmermann, Diane, Klein
Tor: 1:0 Weiß (20.) - **SR:** Sippel (Würzburg) - **ZS:** 3.800

Fortuna Düsseldorf – 1. FC Nürnberg (So., 1.8.) 2:0 (1:0)
Düsseldorf: Bitzer – Halat, Radschuweit, Nuorela, R. Zedi, Cartus (88. Kowski), Weidemann, Vossen, Michels, Shittu (70. Breetveld), Poutilo (74. Miletic)
Nürnberg: Köpke – Kos (46. Ziemer), Lösch, van Eck, Leitl, Störzenhofecker, Feinbier (71. Stoilas), Nikl, Krzynowek, Beliakov (71. Skoog), Hobsch
Tore: 1:0 Poutilo (31.), 2:0 Shittu (67.) - **SR:** Wendorf (Gransee) - **ZS:** 6.500 - **Gelb:** Nuorela, Radschuweit

Wuppertaler SV – Kickers Offenbach (So., 1.8.) 1:2 (0:2)
Wuppertal: Gramse – Kurt, Diop, Mademann, Refos, Raduta (46. Soares), Klemmer, Kovacic, Peeper (56. Slupek), Hantzidis (46. Dabovic), Kohout
Offenbach: Keffel – D. Roth, Köpper, Dolzer, Dama, Schmidt, Stohn, Speth (79. Giersch), Sohler (70. Kessler), Grevelhörster (46. Dworschak), Becker
Tore: 0:1 Dama (13.), 0:2 Becker (26.), 1:2 Refos (77.) - **SR:** Hilmes (Nordhorn) - **ZS:** 3.800 - **Gelb:** Klemmer, Dabovic, Kohout – Dama – **Gelb/Rot:** Köpper (34.)

2. Hauptrunde: Samstag, 7.8.1999

In der 2. Runde hatten die in internationalen Wettbewerben stehenden Bundesligisten (Bayern München, Bayer 04 Leverkusen, Hertha BSC Berlin, Borussia Dortmund, 1. FC Kaiserslautern, VfL Wolfsburg, Werder Bremen, Hamburger SV und MSV Duisburg) Freilos.

1. SC Norderstedt – VfB Stuttgart (Fr., 6.8.) 0:3 (0:2)
Norderstedt: Hansen – Rector, Peters, Behnke (72. Grabow), Mandel, Klitzke, Seeliger, Witthöft, Roschlaub (46. Lund), Ostermann (62. Zoric), Grobitzsch
Stuttgart: Hollerieth – Thiam, Todt, Bordon, Keller (46. Djordjevic), Pinto (67. Catizone), Soldo, Lisztes, Carnell, Ristic (59. Ganea), Kuka
Tore: 0:1 Ristic (32.), 0:2 Peters (41., ET), 0:3 Lisztes (52.) - **SR:** Aust (Köln) - **ZS:** 4.200 - **Gelb:** Roschlaub, Peters, Seeliger – Keller, Todt

VfL Halle 96 – 1. FSV Mainz 05 (Fr., 6.8.) 1:2 (0:2)
Halle: Adler – Emmerich, Glaubitz, Westendorf, Berger, Grosche, Jonekeit (55. Adamovic), Gumprecht, Berisha (60. Kocian), Embingou, Conrad
Mainz: Wache – Ratkowski, Klopp, Neustädter, Herzberger, Kramny, Kolvidsson, Dinmohammadi, Hock (61. Murray), Marcio (66. Policella), Demandt (88. Schierenberg)
Tore: 0:1 Marcio (13.), 0:2 Kolvidsson (34.), 1:2 Gumprecht (60.) - **SR:** Hufgard (Mömbris) - **ZS:** 2.116 - **Gelb:** Grosche, Gumprecht – Kolvidsson, Wache

SSV Reutlingen – VfL Bochum (Fr., 6.8.) 2:3 (2:2)
Reutlingen: Langner – Cast, Pfannkuch, Chmielewski, Hofacker, Lexa (71. Rill), Becker (78. Mayer), Aduobe, Janic, Djappa (54. Hoffmann), Maric
Bochum: Ernst – Boy, Reis, Ristau, Rietpietsch (67. Bemben), Sundermann (46. Dickhaut), Lust, Bastürk, Buckley (78. Müller), Weber, Baluszynski
Tore: 0:1 Bastürk (9.), 1:1 Maric (11.), 1:2 Buckley (20.), 2:2 Djappa (36.), 2:3 Baluszynski (55.) - **SR:** Berg (Konz) - **ZS:** 3.610 - **Gelb:** Hofacker – Bastürk, Ristau, Dickhaut

Eintracht Trier – Karlsruher SC (Fr., 6.8.) n. E. 5:4, n. V. 1:1 (1:1, 0:0)
Trier: Ischdonat – Bach (84. Breu), Prus, Milosevic, Heinzen, Fengler, Teichmann, Hörster, Leibrock (74. Racanel), Thömmes (62. Papic), Melunovic
KSC: Jentzsch – Braun, Amadou, Kritzer, Kienle (46. Fährmann), Schütterle, Arnold, Molata, Bender (74. Bäumer), Meissner, Krieg (79. Lakies)
Tore: 0:1 Kritzer (59.), 1:1 Milosevic (89., FE); Elfmeterschießen: 1:0 Teichmann, 1:1 Braun, Papic gehalten, 1:2 Arnold, Racanel gehalten, 1:3 Molata, 2:3 Breu, Fährmann gehalten, 3:3 Milosevic, Lakies gehalten, 4:3 Heinzen, 4:4 Bäumer, 5:4 Hörster, Schütterle gehalten - **SR:** Meyer (Braunschweig) - **ZS:** 3.850 - **Gelb:** Fengler, Heinzen, Hörster, Breu, Racanel – Amadou, Kienle, Bender, Krieg – **B. V.:** Ischdonat hält FE von Schütterle (81.)

KFC Uerdingen 05 – Tennis Borussia Berlin (Fr., 6.8.) 0:4 (0:1)
Uerdingen: Vander – Gaubatz, Teslorowski, Pires, Kushev, Amstätter (64. Kriz), Marx, Guzik (71. Ben Neticha), Kaul, Korobka (46. Bradasch), Fiore
TeBe: Hilfiker – Suchoparek, Walker, Tredup, Brinkmann (46. Can), Hamann, Ouakili, Kozak (76. Akrapovic), Ciric, Rösler, Kirjakow (32. Copado)
Tore: 0:1 Rösler (18., HE), 0:2 Ciric (57.), 0:3 Rösler (74.), 0:4 Ciric (81.) - **SR:** Gagelmann (Bremen) - **ZS:** 2.000 - **Gelb:** Teslorowski, Gaubatz – Hamann, Rösler, Copado

FC Gütersloh – FC Energie Cottbus (Fr., 6.8.) 0:1 (0:0)
Gütersloh: Langerbein – Meyer, Konerding, Schön (85. Rasic), Lewe, Porcello, Scharpenberg, Choroba, Mason, Christensen, Koen (67. Kusmin)
Cottbus: Piplica – Vata, Beeck, Schröder, Wawrzyczek, Latoundji, Miriuta, Zvetanov, Jesse, Franklin (86. Helbig), Heidrich (67. Labak)
Tor: 0:1 Helbig (89.) - **SR:** Wagner (Hofheim) - **ZS:** 2.000 - **Gelb:** Choroba, Kusmin, Lewe – Jesse, Latoundji

SV Babelsberg 03 – SpVgg Unterhaching 1:0 (0:0)
Babelsberg: Kosche – März, Petsch, Schmidt, Bengs, Block, Civa, Krznaric (75. Laaser), Müller, Lau, Chalaskiewicz
Unterhaching: Wittmann – Bergen, Strehmel, Seifert, Hofmann (80. Garcia), Matthias Zimmermann, Schwarz, Oberleitner, Kögl, Seitz, Rraklli (68. Mark Zimmermann)
Tor: 1:0 Lau (90.) - **SR:** Frank (Hannover) - **ZS:** 3.000 - **Gelb:** Block – Schwarz, Strehmel, Hofmann

FK Pirmasens – TSV München 1860 0:3 (0:2)
Pirmasens: Wafzig – Streb (69. Lechner), Conrad, Dudek, Preusse, Kriegshäuser, Laping, Backmann (78. Guggemos), Dimitrov, Lagas, Schulz (58. Kiefer)
1860: Hoffmann – Paßlack, Zelic, Kurz, Riedl, Prosenik, Cerny (66. Borimirov), Pürk (85. Agostino), Häßler, Schroth (58. Winkler), Max
Tore: 0:1 Max (8.), 0:2 Schroth (28.), 0:3 Paßlack (50.) - **SR:** Werthmann (Iserlohn) - **ZS:** 10.000

1. FC Pforzheim – SC Freiburg 0:2 (0:1)
Pforzheim: Auracher – Mankowski, Lutz, Jordanek, Hirsch, Weiss (56. Scherer), Burkart (78. Holzhauer), Haas (68. Herceg), Hauri, Bestvina, Hoeft
Freiburg: Golz – Schumann, Kondé, Hermel, Willi, Kobiaschwili (63. Pavlin), Baya, Zeyer (76. Günes), Zkitischwili, Ben Slimane, Weißhaupt (24. Bruns)
Tore: 0:1 Baya (17.), 0:2 Ben Slimane (60.) - **SR:** Keßler (Wogau) - **ZS:** 6.000 - **Gelb:** Lutz, Mankowski – Schumann, Kondé, Kobiaschwili, Ben Slimane – **Gelb/Rot:** Bestvina (82.)

Berliner FC Dynamo – Arminia Bielefeld 0:2 (0:1)
BFC Dynamo: Thomaschewski – Lenz, Kallnik, Majchrzak (73. Maek), Gatti, Rehbein, Reckmann, Brestrich (34. Petzold), Struck (66. Salomo), Riediger, Jarling
Bielefeld: Miletic – Stratos, Peeters, Borges, Rydlewicz (61. Bode), Meißner, Hofschneider, Weissenberger (77. Klitzpera), Maul, van der Ven (63. Göktan), Labbadia
Tore: 0:1 Meißner (21.), 0:2 Meißner (79.) - **SR:** Kemmling (Burgwedel) - **ZS:** 2.400

SpVgg Landshut – FC Hansa Rostock 0:2 (0:1)
Landshut: H. Huber – Stadler, Scheftner, Henrich, Lindner (74. Carboni), Bart, Troffer, M. Huber, Stumpf (60. Reiser), Hrgota (65. Süßl), Radlmaier
Rostock: Pieckenhagen – Zallmann, Weilandt, Ehlers, Lange (60. Ramdane), Ahanfouf (67. Thielemann), Wibrån, Yasser, Holetschek, Kovacec (46. Arvidsson), Agali
Tore: 0:1 Agali (28.), 0:2 Yasser (49.) - **SR:** Kinhöfer (Herne) - **ZS:** 4.500 - **Gelb:** Scheftner, Troffer, Stadler – **Gelb/Rot:** Ehlers (70.)

SV Werder Bremen Amat. – Fortuna Köln 3:1 (2:0)
Bremen Am.: Borel – Krösche, Schierenbeck, Steidten, Stalteri, Fütterer, Harttgen (85. Schultz), Schmedes, Borowski (57. Spasskov), Wojcik (67. Zimine), Thioub
F. Köln: Bobel – Grlic, Spanier, Vardanjan, Sarpei, Ledwon, Catic (46. Younga-Mouhani), Zernicke, Lintjens, Musawi (70. Konetzke), Graf
Tore: 1:0 Wojcik (4.), 2:0 Harttgen (29.), 3:0 Zimine (70.), 3:1 Zernicke (71.) - **SR:** Blumenstein (Berlin) - **ZS:** 500 - **Gelb:** Stalteri, Thioub, Zimine – Ledwon, Sarpei, Lintjens

SG Wattenscheid 09 – 1. FC Köln 1:7 (1:4)
Wattenscheid: Jacob – Bläker, Matlik (46. Gomes), Stuckmann, Teichmann, Kempkens, Melkam, Katriniok, Iyodo (46. Aydin), Ebbers (86. Schmugge), Dikhtiar
1. FC Köln: Pröll – Lottner, Cullmann, Dziwior, Scherz, Wollitz, Ojigwe, Springer (79. Rösele), Voigt (70. Cichon), Kurth (70. Donkov), Timm
Tore: 0:1 Timm (6.), 0:2 Timm (14.), 0:3 Timm (26.), 0:4 Ojigwe (33.), 1:4 Ebbers (45.), 1:5 Cullmann (67.), 1:6 Dziwior (78.), 1:7 Timm (83.) - **SR:** Dr. Wack (Biberbach) - **ZS:** 4.032 - **Gelb:** Voigt, Kurth, Timm – **Rot:** Teichmann (55.)

Milliardenliga zwischen Boom und Pleite

SV Meppen – Kickers Offenbach 2:1 (0:0)
Meppen: Sanders – Vorholt, Deters, van den Broek, Willen (80. Schröer), Myyry, Schulte, Zandi, Grudzinski (85. Meyerrenken), Degen, Capin (81. Overberg)
Offenbach: Keffel – D. Roth, Binz, Dolzer, Dama, Speth, Dworschak, Stohn, Kessler, Grevelhörster, Becker
Tore: 1:0 Capin (61.), 1:1 Sohler (79.), 2:1 Deters (90.) - **SR:** Jansen (Essen) - **ZS:** 2.800 - **Gelb:** Schulte – D. Roth, Stohn, Grevelhörster, Becker, Speth

VFC Plauen – Stuttgarter Kickers 1:2 (1:2)
Plauen: Kunze – Dünger, Schmidt, Krasselt, Curri (46. Färber), Stadelmann, Starke, Miftari (80. Zapyshnyi), Schönfeld (63. Hölzel), Weiß, Spranger
Stuttgart: Kischko - Keuler, Ramovs, Rodriguez, Kümmerle, Marell, Kevric, Weinzierl, Chatzis, T. Maric (84. Blessin), Sailer (46. Fiel)
Tore: 0:1 Kevric (11., FE), 1:1 Krasselt (17.), 1:2 Kevric (18.) - **SR:** Scheppe (Wenden) - **ZS:** 3.100 - **Gelb:** Dünger, Färber – Keuler, Marell, Kevric – **Gelb/Rot:** Rodriguez (45.)

FC Schönberg – SV Waldhof Mannheim 0:3 (0:2)
Schönberg: Schmidtke – Ahrens, Grümmer (69. Williams), Warnick, Haese, Purtz, Putzier, Koch, Stutzky, Neitzel (67. Möller), Hagen
Waldhof: Todericiu – Rehm, Pasieka, Schwinkendorf, Cissé, Ning (46. Ernst), Mallam, Protzel (75. Montero), Vincze, Wagner, Licht (67. Oelkuch)
Tore: 0:1 Vincze (30.), 0:2 Vincze (40.), 0:3 Ernst (47.) - **SR:** Anklam (Hamburg) - **ZS:** 1.000 - **Gelb:** Hagen - Rehm

TuS Langerwehe – Chemnitzer FC 0:6 (0:2)
Langerwehe: Rodemers – Tillenburg, Werner, Richter, Büchel, Etzold, Cepuran (32. Jainta), Heuser, Cichon, Kasten (77. Schaepkens), Tümmler
Chemnitz: Ananiev – Laudeley, Bittermann, Mehlhorn, Kujat, Wienhold (67. Skela), König (46. Köhler), Weber, Jendrossek, Jörg Schmidt (67. Kunze), Dittgen
Tore: 0:1 Dittgen (14.), 0:2 Wienhold (28.), 0:3 Dittgen (50.), 0:4 Jendrossek (53.), 0:5 Kujat (63.), 0:6 Dittgen (74.) - **SR:** Wezel (Gomaringen) - **ZS:** 1.000 - **Gelb:** Cichon - Bittermann

FC Singen 04 – SpVgg Greuther Fürth 1:3 (1:1)
Singen: von Ow – Schönfeld, Breda, Stihl, Lenhart (46. Reuter), Storz (74. Kilgus), Stephan, Schuler, Brugger, Bülent, Klökler (58. Nungesser)
Fürth: Teuber – Prinzen, Hube, Sbordone, Jonkov, Hassa, Felgenhauer, Lamptey (46. Schmidt), Reichel, Türr (46. Ruman), Patschinski (70. Azzouzi)
Tore: 0:1 Jonkov (23.), 1:1 Bülent (66.), 1:2 Ruman (78.), 1:3 Ruman (85.) - **SR:** Kreyer (Hilden) - **ZS:** 3.400

Fortuna Düsseldorf – SSV Ulm 1846 (So., 8.8.) 0:2 (0:1)
Düsseldorf: Bitzer – Halat, Radschuweit, Nuorela, Cartus (67. Breetveld), R. Zedi, Weidemann, Jörres (58. Michels), Fregene (81. Miletic), Shittu, Poutilo
Ulm: Laux – Bodog, Grauer, Stadler, Radoki, Pleuler (63. Scharinger), Otto (63. Demirkiran), Gora, Rösler, van der Haar, Trkulja (84. Wise)
Tore: 0:1 Bodog (43.), 0:2 van der Haar (50.) - **SR:** Hauer (Celle) - **ZS:** 7.500 - **Gelb:** Cartus, R. Zedi, Halat - Bodog

SC Verl – Eintracht Frankfurt (So., 8.8.) 0:4 (0:1)
Verl: Joswig – Warbende (73. Goch), Mrugalla, Schriewersmann, Vogt (63. Ostermann), Friedrich, Schmidt, Plaßhenrich, Végh (69. Güler), Milde, da Silva
Frankfurt: Nikolov – Janßen, Bindewald, Kracht, Zampach (73. Dombi), Guié-Mien, Rasiejewski (73. Gebhardt), Heldt (46. Falk), Weber, Salou, Fjörtoft
Tore: 0:1 Kracht (22.), 0:2 Weber (57., FE), 0:3 Fjörtoft (88.), 0:4 Fjörtoft (90.) - **SR:** Koop (Lüttenmark) - **ZS:** 5.000 - **Gelb:** Milde, Schriewersmann – Janßen, Gebhardt, Fjörtoft

TSV 1860 Rosenheim – FC St. Pauli (So., 8.8.) 1:2 (1:2)
Rosenheim: Bauer – Hofmann (78. Salzeder), Höhensteiger, Brandl, C. Nißl, Linnemann, Hysenji (18. Parstorfer), Schunko, Rohner (67. M. Nißl), Wirkner, Heller
St. Pauli: Wehlmann – Trulsen, Karl, Tsoumou-Madza, Trejgis (80. Wehlage), Hanke (46. Bajramovic), Polunin (54. Puschmann), Bürger, Wolf, Marin, Klasnic
Tore: 0:1 Marin (21.), 0:2 Klasnic (24.), 1:2 Parstorfer (31.) - **SR:** Weber (Eisenach) - **ZS:** 4.000 - **Gelb:** Parstorfer

VfB Lübeck – Hannover 96 (So., 8.8.) 0:1 (0:1)
Lübeck: Schäfer – Achilles, Mazeikis, Rinal (60. Burton), Wieczorek (70. Gundel), Kullig, Spies, Harf, Türkmen (74. Kruppke), Hirschlein, Bärwolf
Hannover: Sievers – Linke, Reinhardt, Baschetti, Cherundolo, Sainoski, Kreuz, Blank (69. Namdar), Milovanovic (90. Gärtner), Morinas, Tumani (46. Kehl)
Tor: 0:1 Milovanovic (24.) - **SR:** Zerr (Ottersweier) - **ZS:** 5.900 - **Gelb:** Hirschlein – Blank, Milovanovic

1. FC Saarbrücken – FC Schalke 04 (Mo., 9.8.) 0:1 (0:1)
Saarbrücken: Ebertz – Susic, Echendu, Molz (69. Caillas), Hutwelker, Muschinka (31. Séchet), Stanic, Musa, Tiéku, Choji, Tölcseres (63. Zibert)
Schalke: Reck – de Kock, Waldoch, Thon, Goossens (86. Eigenrauch), van Hoogdalem (63. Held), Wilmots (90. van Kerckhoven), Nemec, Büskens, Sand, Asamoah
Tor: 0:1 Sand (21.) - **SR:** Perl (München) - **ZS:** 15.000 - **Gelb:** Zibert – Büskens, Asamoah, Wilmots

3. Hauptrunde: Dienstag, 12.10.1999

SV Werder Bremen – 1. FC Kaiserslautern n. E. 4:3, n. V. 2:2 (1:1, 0:0)
Bremen: Rost – Tjikuzu, Baumann, Cesar (72. Maximow), Bode, Eilts, Wicky, Dabrowski (72. Ailton), Frings, Bogdanovic (60. Herzog), Pizarro
Kaiserslautern: Reinke – Koch (112. Reich), Schjönberg, Komljenovic, Ramzy (74. Roos), Strasser, Buck, Hristov (46. Sobotzik), Wagner, Marschall, Djorkaeff
Tore: 0:1 Wagner (69.), 1:1 Ailton (85.), 1:2 Wagner (100.), 2:2 Bode (103.); Elfmeterschießen: Schjönberg an die Latte, 1:0 Ailton, 1:1 Djorkaeff, 2:1 Pizarro, 2:2 Sobotzik, Wicky gehalten, Wagner gehalten, 3:2 Frings, 3:3 Marschall, Herzog gehalten, Strasser gehalten, 4:3 Rost - **SR:** Dr. Fleischer (Neuburg) - **ZS:** 15.671 - **Gelb:** Ailton, Baumann, Frings – Buck, Reinke

SV Waldhof Mannheim – Bayer 04 Leverkusen n. V. 3:2 (2:2, 1:1)
Waldhof: Todericiu – Mallam (81. Cissé), König, Santos, Rehm, Ernst (81. Licht), Montero, Schwinkendorf, Protzel (78. Ning), Vincze, Klausz
Leverkusen: Heinen – Reeb, Zivkovic, Hoffmann, Happe, Mamic (107. Spizak), Ramelow, Beinlich, Ponte (63. Hejduk), Reichenberger, Brdaric (63. Neuville)
Tore: 0:1 Ponte (10.), 1:1 Schwinkendorf (26.), 1:2 Beinlich (78.), 2:2 Licht (83.), 3:2 Klausz (105.) - **SR:** Steinborn (Sinzig) - **ZS:** 15.000 - **Gelb:** Rehm, Mallam - Zivkovic

Hannover 96 – Arminia Bielefeld 1:2 (1:2)
Hannover: Sievers – Linke, Reinhardt, Baschetti (67. Morinas), Stefulj, Kehl (46. Stendel), Kreuz, Kobylanski, Bounoua, Milovanovic, Tumani (46. Omodiagbe)
Bielefeld: Miletic – Stratos, Waterink, Klitzpera, Rydlewicz (72. Bode), Hofschneider, Bagheri, Meißner, Maul (90. Weissenberger), Labbadia, van der Ven (68. Borges)
Tore: 0:1 Meißner (16.), 1:1 Waterink (33., ET), 1:2 van der Ven (45.) - **SR:** Buchhart (Schrobenhausen) - **ZS:** 19.276 - **Gelb:** Kreuz – Rydlewicz, Maul, Borges – **Gelb/Rot:** Hofschneider (64.) – **B. V.:** Miletic hält FE von Kreuz (86.)

FC St. Pauli – SSV Ulm 1846 0:2 (0:1)
St. Pauli: Wehlmann – Puschmann, Ahlf, Tsoumou-Madza, Hanke (59. Polunin), Stanislawski (46. Klasnic), Wolf (46. Pereira), Wehlage, Bajramovic, Karaca, Marin
Ulm: Laux – Bodog, Marques, Stadler, Radoki, Maier (65. Scharinger), Otto (75. Grauer), Gora, Unsöld, van der Haar (82. Rösler), Trkulja
Tore: 0:1 Trkulja (42., FE), 0:2 van der Haar (48.) - **SR:** Zerr (Ottersweier) - **ZS:** 9.062 - **Gelb:** Wehlage, Polunin, Hanke, Pereira – van der Haar, Trkulja

SpVgg Greuther Fürth – FC Hansa Rostock 1:3 (0:2)
Fürth: Reichold – Sbordone, Skarabela, Meichelbeck, Hassa, Walther (46. Azzouzi), Reichel (79. Lamptey), Jonkov, Felgenhauer, Türr (65. Ruman), Patschinski
Rostock: Bräutigam – Holetschek, Benken (87. Gansauge), Oswald, Lange, Wibrån, Weilandt, Brand, Emara, Baumgart (80. Kovacec), Arvidsson (71. Ahanfouf)
Tore: 0:1 Brand (10.), 0:2 Baumgart (27.), 1:2 Felgenhauer (53.), 1:3 Skarabela (90., ET) - **SR:** Meyer (Braunschweig) - **ZS:** 8.310 - **Gelb:** Wibrån, Benken

Stuttgarter Kickers – Borussia Dortmund 3:1 (2:1)
Stuttgart: Klaus - Keuler, Pfuderer, Ramovs, Kümmerle, Marell, Raspe, Minkwitz (59. Carl), Cassio, Kevric (88. Malchow), T. Maric (82. Sailer)
Dortmund: de Beer – Wörns, Reuter, Baumann, Evanilson (46. Nijhuis), Ricken, Nerlinger (59. Barbarez), Dedé, Möller, Bobic (59. Herrlich), Ikpeba
Tore: 1:0 Kevric (10.), 1:1 Cassio (16., ET), 2:1 Wörns (45., ET), 3:1 Kevric (48.) - **SR:** Berg (Konz) - **ZS:** 10.618 - **Gelb:** Pfuderer, Raspe – Dedé, Bobic – **Gelb/Rot:** Ikpeba (55.)

1. FC Köln – Eintracht Frankfurt 2:1 (2:0)
1. FC Köln: Pröll – Dziwior, Cichon, Sichone, Scherz (88. Hauptmann), Ojigwe, Lottner, Voigt (90. Cullmann), Springer, Donkov, Hasenhüttl (78. Dworrak)
Frankfurt: Nikolov – Janßen, Kutschera, Kracht, Bindewald (46. Dombi), Guié-Mien, Weber, Heldt (73. Bulut), Gebhardt, Yang, Westerthaler
Tore: 1:0 Donkov (44.), 2:0 Lottner (45.), 2:1 Gebhardt (47.) - **SR:** Albrecht (Kaufbeuren) - **ZS:** 32.000 - **Gelb:** Bulut

SV Babelsberg 03 – SC Freiburg n. V. 2:4 (1:1, 1:0)
Babelsberg: Kosche – März, Petsch, Schmidt, Bengs (64. Lorenz), Krznaric, Civa, Block (107. Steiner), Laaser (9. Chalaskiewicz), Slezak, Lau
Freiburg: Golz – Schumann, Müller, Korell (64. Hermel), Kohl, Baya, Dreyer (107. Bruns), Weißhaupt, Kobiaschwili, Iaschwili, Ben Slimane (71. Zeyer)
Tore: 1:0 Civa (39., FE), 1:1 Iaschwili (49.), 1:2 Weißhaupt (97.), 1:3 Kobiaschwili (110.), 2:3 Krznaric (116.), 2:4 Weißhaupt (120.) - **SR:** Trautmann (Bad Nauheim) - **ZS:** 2.824 - **Gelb:** Chalaskiewicz, März, Lau, Civa – Korell, Weißhaupt

Chemnitzer FC – VfL Wolfsburg (Mi., 13.10.) 2:3 (1:2)
Chemnitz: Ananiev – Köhler, Laudeley, Mehlhorn, Tetzner (84. Kujat), Wienhold, Kunze (63. Krupnikovic), Oswald, Jendrossek (63. Kluge), Dittgen, Skela
Wolfsburg: Reitmaier – O'Neil, Thomsen, Kryger, Greiner, Sebescen (68. Maltritz), Nowak, Munteanu, Weiser, Juskowiak (85. Dammeier), Feldhoff (71. Banza)
Tore: 1:0 Mehlhorn (24., FE), 1:1 Nowak (38.), 1:2 Laudeley (45., ET), 1:3 Juskowiak (57.), 2:3 Skela (86.) - **SR:** Aust (Köln) - **ZS:** 4.989 - **Gelb:** Oswald, Wienhold, Dittgen – Greiner, Sebescen, Banza – **B. V.:** Mehlhorn schießt FE neben das Tor (87.)

VfL Bochum – MSV Duisburg (Mi., 13.10.) n. E. 6:5, n. V. 1:1 (1:1, 0:0)
Bochum: van Duijnhoven – Reis, Sundermann, Ristau, Peschel (46. Rietpietsch), Dickhaut, Schindzielorz, Bastürk (73. Stickroth), Lust, Müller (67. Buckley), Weber
Duisburg: Stauce – Emmerling, Hajto, Wohlert, Hoersen (81. Wolters), Voss, Wedau (81. Zeyer), Hirsch, Neun, Spies, Bugera (73. Beierle)
Tore: 1:0 Bastürk (70.), 1:1 Spies (86.); Elfmeterschießen: 1:0 Reis, 1:1 Hirsch, 2:1 Rietpietsch, 2:2 Beierle, 3:2 Stickroth, 3:3 Zeyer, 4:3 Lust, 4:4 Voss, Weber verschossen, Hajto verschossen, 5:4 Buckley, 5:5 Neun, 6:5 Dickhaut, Wolters gehalten - **SR:** Stark (Landshut) - **ZS:** 12.928 - **Gelb:** van Duijnhoven, Peschel, Rietpietsch, Reis, Stickroth – Wohlert, Voss, Hirsch – **Rot:** Emmerling (14.)

Energie Cottbus – FC Schalke 04 (Mi., 13.10.) n. E. 5:4, n. V. 2:2 (1:1, 1:1)
Cottbus: Piplica – Vata, Beeck, Schröder, Jesse, Latoundji (79. Irrgang), Zvetanov, Miriuta, Wawrzyczek, Helbig (108. Heidrich), Franklin (84. Jovic)
Schalke: Schober – Eigenrauch, Thon, Waldoch, Oude Kamphuis (66. Latal), Alpugan, Wilmots, Nemec (83. Kmetsch), van Kerckhoven, Sand, Asamoah (80. Goossens)
Tore: 0:1 Asamoah (9.), 1:1 Latoundji (18.), 1:2 Sand (107.), 2:2 Wawrzyczek (117.); Elfmeterschießen: 0:1 Thon, 1:1 Jesse, 1:2 Wilmots, 2:2 Miriuta, van Kerckhoven gehalten, 3:2 Heidrich, 3:3 Kmetsch, 4:3 Beeck, 4:4 Alpugan, 5:4 Wawrzyczek - **SR:** Kemmling (Burgwedel) - **ZS:** 18.697 - **Gelb:** Beeck – Thon, Alpugan

1. FSV Mainz 05 – Hamburger SV (Mi., 13.10.) 2:0 (1:0)
Mainz: Wache – Klopp, Kolvidsson, Neustädter, Herzberger, Kramny (73. Ratkowski), Spyrka, Dinmohammadi, Hock, Policella (82. Marcio), Demandt (77. Kostadinov)
HSV: Butt – Hertzsch, Hoogma, Panadic, Groth (70. Gravesen), Cardoso (70. Doll), Ernst (46. Grammozis), Kovac, Mahdavikia, Yeboah, Präger
Tore: 1:0 Policella (44.), 2:0 Ratkowski (77.) - **SR:** Keßler (Wogau) - **ZS:** 11.756 - **Gelb:** Hock – Cardoso – **Rot:** Kovac (52.)

Tennis Borussia Berlin – Hertha BSC Berlin (Mi., 13.10.) n. V. 2:3 (2:2, 1:1)
TeBe: Hilfiker – Hamann, Suchoparek, Walker, Kozak (99. Brinkmann), Copado (96. Ciric), Akrapovic, Ouakili (114. Kocak), Tredup, Kirjakow, Rösler
Hertha BSC: Király – Herzog (59. Sverrisson), Helmer, Schmidt, Sanneh, Dardai, Wosz, Konstantinidis, Michalke (102. van Burik), Preetz, Daei (76. Aracic)
Tore: 1:0 Rösler (4.), 1:1 Sanneh (35.), 1:2 Dardai (56.), 2:2 Walker (68.), 2:3 Aracic (94.) - **SR:** Strampe (Handorf) - **ZS:** 23.200 - **Gelb:** Walker, Copado, Akrapovic, Brinkmann – Konstantinidis, Michalke, Wosz

DFB-Pokal 1999/2000

SV Werder Bremen Amat. – VfB Stuttgart (Mi., 13.10.)   **0:1 (0:1)**
Bremen Am.: Borel – Schierenbeck, Schmedes (70. Spasskov), Krösche, Greb (80. Rohwer), Schultz (59. Borowski), Fütterer, Flavinho, Stalteri, Harttgen, Wojcik
Stuttgart: Wohlfahrt – Schneider, Berthold, Bordon, Keller, Pinto (65. Catizone), Soldo, Balakov, Gerber, Ganea (90. Djordjevic), Hosny (75. Ristic)
Tor: 0:1 Hosny (36.) - **SR:** Koop (Lüttenmark) - **ZS:** 1.600 - **Gelb:** Flavinho

SV Meppen – FC Bayern München (Mi., 13.10.)   **1:4 (0:1)**
Meppen: Sanders – Vorholt, Deters (74. Zandi), Fakaj, van den Broek, Kruskopf (76. Keller), Schulte, Myyry, Grudzinski, Degen (81. Overberg), Capin
FC Bayern: Kahn – Andersson, Strunz, Kuffour, Fink, Salihamidzic, Effenberg, Tarnat, Zickler, Jancker (75. Santa Cruz), Sergio (46. Elber)
Tore: 0:1 Jancker (1.), 0:2 Zickler (57.), 1:2 Capin (61.), 1:3 Zickler (68.), 1:4 Elber (82.) - **SR:** Fandel (Kyllburg) - **ZS:** 16.500 - **Gelb:** Sanders, Overberg – Tarnat, Salihamidzic

Eintracht Trier – TSV München 1860 (Mi., 13.10.)   **2:1 (1:1)**
Trier: Ischdonat – Teichmann, Milosevic, Prus, Heinzen, Fengler, Hörster, Breu (46. Leibrock), Racanel, Thömmes (78. Berens), Papic (59. Melunovic)
1860: Hoffmann – Paßlack, Vanenburg (69. Agostino), Kurz, Cerny, Riedl, Häßler, Tyce (62. Borimirov), Pürk, Schroth (46. Winkler), Max
Tore: 1:0 Thömmes (2.), 1:1 Max (33.), 2:1 Thömmes (57.) - **SR:** Jansen (Essen) - **ZS:** 13.000 - **Gelb:** Riedl, Kurz

Achtelfinale: Dienstag, 30.11./Mittwoch, 1.12.1999

SC Freiburg – FC Energie Cottbus (Di.)   **2:0 (1:0)**
Freiburg: Golz – Schumann, Diarra (61. Müller), Hermel, Willi, Zeyer, Baya, Dreyer (46. Weißhaupt), Kobiaschwili, Sellimi, Bruns (76. Ben Slimane)
Cottbus: Piplica – Jesse, Irrgang, Schröder, Renn (76. Helbig), Zvetanov (76. Scherbe), Latoundji (82. Maucksch), Heidrich, Wawrzyczek, Franklin, Labak
Tore: 1:0 Sellimi (45.), 2:0 Bruns (49.) - **SR:** Buchhart (Schrobenhausen) - **ZS:** 10.000 - **Gelb:** Diarra, Schumann – Irrgang, Schröder

1. FSV Mainz 05 – Hertha BSC Berlin (Di.)   **n. V. 2:1 (1:1, 0:0)**
Mainz: Wache – Klopp, Kolvidsson, Schierenberg, Herzberger, Kramny (80. Marcio), Spyrka, Dinmohammadi, Hock, Policella (110. Teymourian), Demandt (75. Thurk)
Hertha BSC: Király – Herzog, Sverrisson, Rekdal, Thom, Veit, Deisler (46. Rehmer), Schmidt (79. Neuendorf), Michalke, Preetz, Roy (82. Daei)
Tore: 0:1 Preetz (67.), 1:1 Thurk (82.), 2:1 Marcio (98.) - **SR:** Dr. Fleischer (Neuburg) - **ZS:** 14.850 - **Gelb:** Roy, Rekdal - **Gelb/Rot:** Klopp (63.), Marcio (98.)

VfB Stuttgart – 1. FC Köln (Di.)   **4:0 (1:0)**
Stuttgart: Wohlfahrt – Thiam, Berthold, Keller, Schneider, Pinto (65. Catizone), Soldo, Lisztes, Gerber (65. Carnell), Ganea (72. Hosny), Dundee
1. FC Köln: Pröll – Dziwior (77. Hauptmann), Cichon, Sichone, Scherz, Voigt, Lottner (74. Wollitz), Ojigwe, Springer, Timm, Hasenhüttl (65. Kurth)
Tore: 1:0 Ganea (37.), 2:0 Pinto (52.), 3:0 Ganea (63.), 4:0 Hosny (90.) - **SR:** Dr. Wack (Biberbach) - **ZS:** 15.000 - **Gelb:** Keller, Gerber, Lisztes – Scherz, Cichon

Eintracht Trier – FC Hansa Rostock (Di.)   **0:4 (0:0)**
Trier: Ischdonat – Klinge, Milosevic, Prus, de Wit, Teichmann (70. Melunovic), Süs (56. Mouyeme), Hörster, Racanel, Thömmes (81. Breu), Papic
Rostock: Bräutigam – Schneider (61. Weilandt), Holetschek, Ehlers, Yasser, Wibrån, Lantz, Brand (76. Breitkreutz), Majak, Baumgart (82. Ahanfouf), Arvidsson
Tore: 0:1 Arvidsson (63.), 0:2 Brand (66.), 0:3 Breitkreutz (80.), 0:4 Baumgart (82.) - **SR:** Albrecht (Kaufbeuren) - **ZS:** 13.000 - **Gelb:** Melunovic - **Rot:** Milosevic (78.)

SV Werder Bremen – SSV Ulm 1846 (Mi.)   **2:1 (1:1)**
Bremen: Rost – Tjikuzu (59. Trares), Baumann, Cesar, Bode, Maximow (55. Dabrowski), Eilts, Frings, Herzog, Pizarro, Ailton
Ulm: Laux – Unsöld, Marques, Stadler, Radoki, Scharinger (42. Gora), Otto, Maier (74. Pleuler), Rösler, Leandro, Trkulja (69. van der Haar)
Tore: 1:0 Pizarro (21.), 1:1 Leandro (33.), 2:1 Pizarro (88.) - **SR:** Heynemann (Magdeburg) - **ZS:** 7.959 - **Gelb:** Maximow, Eilts – van der Haar, Gora

SV Waldhof Mannheim – FC Bayern München (Mi.)   **0:3 (0:1)**
Waldhof: Todericiu – Cissé, Santos, Boukadida, Rehm, Montero (88. Krauss), Pasieka (80. Ernst), Vincze, Protzel, Klausz, Licht (72. Wassmer)
FC Bayern: Kahn - Babbel, Andersson, Linke, Wiesinger, Jeremies (80. Fink), Effenberg, Salihamidzic, Sergio (84. Sinkala), Santa Cruz (80. Scholl), Zickler
Tore: 0:1 Jeremies (36.), 0:2 Zickler (80.), 0:3 Salihamidzic (84., FE) - **SR:** Aust (Köln) - **ZS:** 27.000 - **Gelb:** Vincze, Boukadida – Zickler - **Gelb/Rot:** Rehm (69.)

Stuttgarter Kickers – Arminia Bielefeld (Mi.)   **n. V. 3:2 (2:2, 0:0)**
Stuttgart: Klaus - Keuler, Malchow, Pfuderer, Chatzis (70. Marell), Raspe (7. Kümmerle), Minkwitz, Cassio (76. Ramovs), Kevric, T. Maric, Özkan
Bielefeld: Miletic – Bagheri, Klitzpera, Peeters, Rydlewicz (59. Böhme), Waterink, Labbadia, Meißner, Weissenberger, Wichniarek (101. Bode), Göktan (80. Ivanovic)
Tore: 1:0 T. Maric (55.), 2:0 Kevric (71.), 2:1 Wichniarek (75.), 2:2 Ramovs (79., ET), 3:2 Kevric (109.) - **SR:** Fröhlich (Berlin) - **ZS:** 4.592 - **Gelb:** T. Maric – Waterink, Klitzpera

VfL Bochum – VfL Wolfsburg (Mi.)   **5:4 (2:2)**
Bochum: Ernst – Stickroth, Sundermann, Dickhaut, Bemben, Peschel, Schindzielorz, Bastürk, Reis, Weber, Buckley (74. Schreiber, 82. Lust)
Wolfsburg: Reitmaier – Kryger, Maltritz (60. Greiner), Thomsen (75. Banza), Biliskov, Däbritz (34. Akonnor), Nowak, Dammeier, Wück, Juskowiak, Feldhoff
Tore: 0:1 Feldhoff (28.), 0:2 Thomsen (40.), 1:2 Weber (41.), 2:2 Weber (43.), 3:2 Peschel (47., FE), 3:3 Akonnor (55.), 4:3 Bastürk (58.), 4:4 Akonnor (84., HE), 5:4 Bastürk (90.) - **SR:** Wagner (Hofheim) - **ZS:** 10.895 - **Gelb:** Weber, Stickroth – Wück, Maltritz

Viertelfinale: Dienstag, 21./Mittwoch, 22.12.1999

VfL Bochum – SV Werder Bremen (Di.)   **1:2 (0:0)**
Bochum: Ernst – Stickroth, Sundermann, Toplak (79. Müller), Dickhaut (74. Ristau), Bemben, Schindzielorz, Reis (90. Buckley), Bastürk, Peschel, Weber
Bremen: Rost – Wiedener, Baumann, Trares, Tjikuzu, Dabrowski, Maximow, Bode, Herzog, Pizarro, Ailton
Tore: 1:0 Weber (63.), 1:1 Ailton (79.), 1:2 Ailton (87.) – **SR:** Dr. Merk (Kaiserslautern) – **ZS:** 20.063 – **Gelb:** Weber

Hansa Rostock – VfB Stuttgart (Mi.)   **2:1 (2:1)**
Rostock: Bräutigam – Benken (59. Holetschek), Weilandt, Ehlers, Wibran, Yasser, Lange, Majak, Breitkreutz (87. Brand), Agali (64. Baumgart), Arvidsson
Stuttgart: Wohlfahrt – Schneider, Keller, Berthold (69. Carnell), Thiam, Soldo, Gerber (81. Ristic), Lisztes, Pinto, Ganea (62. Hosny), Dundee
Tore: 1:0 Arvidsson (16.), 1:1 Dundee (18.), 2:1 Arvidsson (37.) – **SR:** Krug (Gelsenkirchen) – **ZS:** 12.500 - **Gelb:** Hosny

FC Bayern München – 1. FSV Mainz 05 (Mi.)   **3:0 (1:0)**
FC Bayern: Kahn – Babbel, Andersson, Matthäus (46. Jeremies), Fink, Tarnat, Salihamidzic, Effenberg (73. Wiesinger), Sergio, Santa Cruz, Zickler (46. Jancker)
Mainz: Wache – Herzberger, Neustädter, Kolvidsson, Ratkowski (81. Lieberknecht), Hock, Dinmohammadi, Spyrka (75. Teymourian), Kramny (60. Thurk). Demandt. Policella
Tore: 1:0 Herzberger (16., ET), 2:0 Jancker (63.), 3:0 Santa Cruz (70.) – **SR:** Strampe (Handorf) – **ZS:** 11.200 – **Gelb:** Effenberg, Salihamidzic, Jeremies – Hock, Herzberger, Neustädter – **Rot:** Lieberknecht (88.)

Stuttgarter Kickers – SC Freiburg (Mi.)   **1:0 (1:0)**
Stuttgart: Klaus – Keuler, Ramovs, Pfuderer, Raspe – Minkwitz, Marell, Kevric (88. Blessin), Cassio (87. Kümmerle), Özkan (59. Carl), T. Maric
Freiburg: Golz – Kondé, Diarra (66. Müller), Hermel, Kobiaschwili, Korell (82. Dreyer), Zeyer, Willi (66. Ben Slimane), Baya, Sellimi, Weißhaupt
Tor: 1:0 T. Maric (39.) – **SR:** Heynemann (Magdeburg) – **ZS:** 9.321 – **Gelb:** Ramovs, T. Maric – Kondé, Willi

Halbfinale: Dienstag, 15.2./Mittwoch, 16.2.2000

Werder Bremen – Stuttgarter Kickers (Di.)   **n. V. 2:1 (1:1, 1:0)**
Bremen: Rost – Tjikuzu, Barten, Baumann, Frings, Trares, Eilts (60. Maximow), Dabrowski, Herzog (100. Bogdanovic), Ailton, Pizarro (68. Frey)
Stuttgart: Klaus – Van de Looi, Pfuderer, Keuler, Cassio (56. Carnevale, 86. Kümmerle), Raspe, Minkwitz, Ziegner, Kevric, T. Maric, Blessin (68. Özkan)
Tore: 1:0 Dabrowski (2.), 1:1 Özkan (83.), 2:1 Maximow (103.) – **SR:** Jansen (Essen) – **ZS:** 18.570 – **Gelb:** Trares, Ailton – T. Maric, Kümmerle - **Gelb/Rot:** Maximow (104.) – Minkwitz (104.)

FC Bayern München – Hansa Rostock (Mi.)   **3:2 (0:0)**
FC Bayern: Kahn – Babbel, Kuffour, Matthäus (82. Andersson), Jeremies, Lizarazu, Salihamidzic, Effenberg, Scholl (76. Wojciechowski), Elber, Santa Cruz (72. Sergio)
Rostock: Pieckenhagen – Holetschek, Weilandt, Benken, Yasser, Lantz, Wibran, Majak, Brand (62. Breitkreutz), Arvidsson (80. Ahanfouf), Baumgart (62. Kovacec)
Tore: 1:0 Santa Cruz (58.), 2:0 Santa Cruz (66.), 2:1 Weilandt (75.), 3:1 Kuffour (76.), 3:2 Wibran (82.) – **SR:** Steinborn (Sinzig) – **ZS:** 10.000

Endspiel: Samstag, 6. Mai 2000 in Berlin

FC Bayern München – SV Werder Bremen   **3:0 (0:0)**
FC Bayern: Kahn – Babbel, Andersson, Kuffour, Tarnat, Salihamidzic, Effenberg (81. Fink), Jeremies, Sergio, Elber (86. Scholl), Jancker (74. Santa Cruz)
Bremen: Rost – Frings, Barten, Baumann, Wiedener (15. Wicky), Trares (71. Wicky), Eilts (64. Flock), Herzog, Bode, Ailton, Pizarro
Tore: 1:0 Elber (57.), 2:0 Sergio (83.), 3:0 Scholl (90.) – **SR:** Berg (Konz) – **ZS:** 76.000 – **Gelb:** Jeremies, Elber, Salihamidzic, Effenberg – Wiedener, Rost, Ailton, Herzog, Trares, Frings

Die Torjäger

8	Adnan Kevric	(Stuttgarter Kickers)
4	Tomislav Maric	(Stuttgarter Kickers)
4	Marco Dittgen	(Chemnitzer FC)
4	Christian Timm	(1. FC Köln)
4	Yildiray Bastürk	(VfL Bochum)

Pokalsieger FC Bayern München

	Spiele	Tore
Santa Cruz, Roque	5	3
Salihamidzic, Hasan	5	1
Sergio, Paulo	5	1
Andersson, Patrik	5	0
Effenberg, Stefan	5	0
Kahn, Oliver (TW)	5	0
Jeremies, Jens	4	1
Babbel, Markus	4	0
Fink, Thorsten	4	0
Zickler, Alexander	3	3
Elber, Giovane	3	2
Jancker, Carsten	3	2
Kuffour, Samuel Osei	3	1
Scholl, Mehmet	3	1
Tarnat, Michael	3	0
Matthäus, Lothar	2	0
Wiesinger, Michael	2	0
Linke, Thomas	1	0
Lizarazu, Bixente	1	0
Sinkala, Andrew	1	0
Strunz, Thomas	1	0
Wojciechowski, Slawomir	1	0

Zuschauer-Statistik

Runde	Zuschauer gesamt	Spiele	Zuschauer pro Spiel
1. Runde	33.853	9	3.761
2. Runde	96.908	23	4.213
3. Runde	215.431	16	13.464
Achtelfinale	103.296	8	12.912
Viertelfinale	53.084	4	13.271
Halbfinale	28.570	2	14.285
Finale	76.000	1	76.000
gesamt	607.142	63	9.637

DFB-Pokal
2000/2001

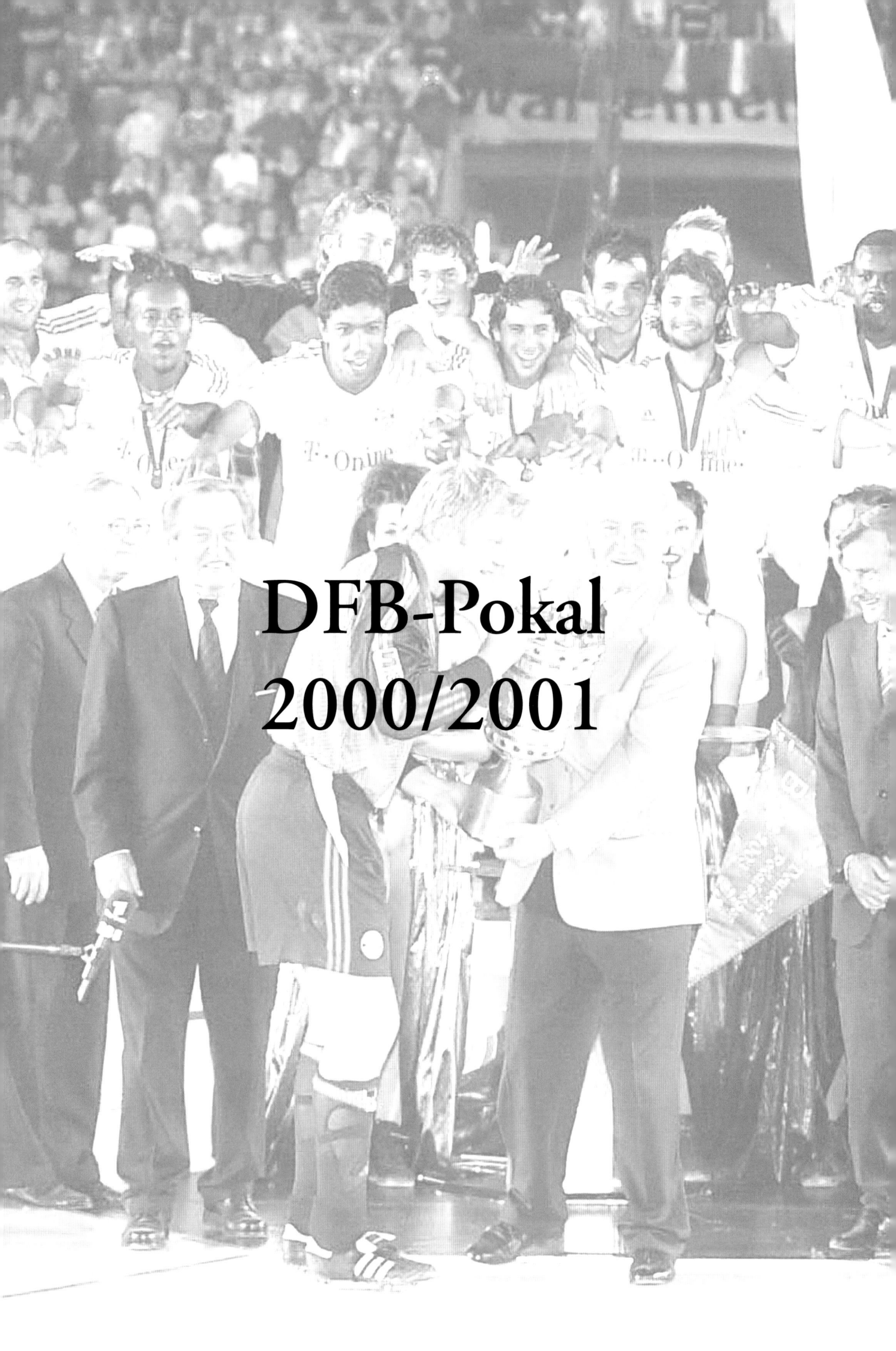

Deutsche Pokalgeschichte

Abwechslung vom Oberliga-Alltag für den ruhmreichen Wuppertaler SV - der VfB Stuttgart gastiert zum Erstrundenspiel im Stadion am Zoo. Dessen Kapitän Soldo setzt sich in dieser Szene gegen Noel Kipre durch.

Pokalfieber in Köpenick und Magdeburg

Erfreuliche Meldung vor dem Start in die neue Pokalsaison: Der DFB hatte sich als lernfähig erwiesen und die Regeländerung des Vorjahres zurückgenommen, wonach in der auf neun Spiele reduzierten ersten Runde alle Erst- und neun Zweitligisten, in Runde 2 alle international beschäftigten Klubs per Freilos spielfrei waren.

Zum Auftakt Ende August kam es somit siebzehn Mal zu der Konstellation, die von jeher den eigentlichen Reiz des Pokals ausmachte - David gegen Goliath, Amateurklub gegen Erstligist. Lediglich Hertha BSC (3:2 n.V. beim SSV Reutlingen) bekam es mit einem Zweitliga-Aufsteiger zu tun. In 15 Fällen setzte sich der Favorit mehr oder minder souverän durch. Für Aufsehen sorgten die Niederlagen der Frankfurter Eintracht und des 1. FC Köln. Die Hessen kassierten bei den Regionalliga-Amateuren des VfB Stuttgart eine desaströse 1:6-Packung - die höchste Niederlage, die ein Erstligist in der Pokalgeschichte gegen einen Amateurklub verzeichnete. Da wollten die „Geißböcke" tags darauf nicht nachstehen, sie erlebten ihr Waterloo mit 2:5 gar bei einem Viertligisten, dem 1. FC Magdeburg. Vier Regionalligisten (KSC, 1. FC Union, SV Wehen, VfB Lübeck) bezwangen zudem Zweitligisten - hier konnte allenfalls von kleinen Überraschungen die Rede sein.

Der einzige Oberligist im Feld der verbliebenen 32 Mannschaften zog in Runde 2 das ganz große Los. Titelverteidiger und Meister FC Bayern zu Gast beim finanziell angeschlagenen Traditionsklub 1. FC Magdeburg - an der Elbe rieb man sich die Hände angesichts der 26.000 Zuschauer, die das Ernst-Grube-Stadion bevölkerten und einen warmen Regen für die Vereinskasse bedeuteten. Sportlich hatte sich der Europacup-Sieger des Jahres 1974 zwar einiges vorgenommen, aber realistisch gesehen kaum eine Chance. Doch diese nutzte er vorzüglich: Über 120 Minuten hielten die Bördestädter ein 1:1, und im Elfmeterschießen wurde mit Miroslav Dreszer ein neuer Pokalheld geboren - der polnische Keeper hielt gegen Jeremies und Elber.

Da seine Kollegen sicher trafen, war die Sensation perfekt.

Etwas im Schatten standen angesichts dessen der 1:0-Erfolg des in die Regionalliga abgestürzten Karlsruher SC über den Hamburger SV und das in der Höhe nicht erwartete 5:1 des Zweitligisten Mönchengladbach gegen Kaiserslautern. In Duellen mit den Zweitligisten SSV Ulm und Hannover 96 verabschiedeten sich zudem die Nordost-Bundesligisten aus Cottbus und Rostock. Dafür setzte der 1. FC Union Berlin dank eines 1:0 gegen Greuther Fürth noch fast unbemerkt seinen Siegeszug fort. Zu einer Farce geriet das Spiel des VfB Stuttgart „bei" seinen eigenen Amateuren, das die Profis mit 3:0 gewannen.

Kein besonders glückliches Händchen hatte Filmemacher Sönke Wortmann bei der Auslosung des Achtelfinals für die verbliebenen drei Amateurklubs. Dem 1. FC Union bescherte er Zweitligist SSV Ulm - immerhin, die „Eisernen" machten das Beste draus, gewannen 4:2 und erreichten gar das Viertelfinale. Den 1. FC Magdeburg und den Karlsruher SC loste Wortmann gar zusammen, statt beiden in Form eines Heimspiels gegen Bundesligisten eine verdiente Belohnung für das zuvor Geleistete zu verschaffen. Da der Pokalvirus Magdeburg längst ergriffen hatte, gaben 8.629 Fans dem Spiel trotzdem einen würdigen Rahmen - und wurden mit einem tollen Pokalfight entschädigt, den der 1. FCM in der Verlängerung mit 5:3 für sich entschied. Der Schlager des Achtelfinals führte die alten Revierrivalen Schalke 04 und Borussia Dortmund zusammen. Die veränderten Kräfteverhältnisse im Ruhrgebiet untermauerte S04 durch den verdienten 2:1-Erfolg. Der SC Freiburg bezwang Liga-Primus Leverkusen, bei dem sich Coach Berti Vogts „ver-rotierte", ebenso etwas überraschend mit 3:2 wie der Bundesliga-18. VfL Bochum bei den Münchner Löwen 5:0 triumphierte. Der VfB Stuttgart (2:1 gegen Hannover) und Gladbach (1:0 gegen Nürnberg) kamen zu erwarteten Siegen.

Zwei Amateurklubs hatten sich mehr (1. FC Magdeburg) oder weniger (1. FC Union Berlin) spektakulär in die Runde der letzten Acht vorgespielt, beiden hatten vier Tage vor Heiligabend Gäste aus dem Oberhaus. Wieder war es der 1. FC Magdeburg, der mit dem in der ARD live übertragenen Spiel gegen Liga-Spitzenreiter Schalke 04 etwas mehr im Mittelpunkt stand als „Eisern Union", das den VfL Bochum empfing. Während der Weg der Elbestädter mit dem 0:1 gegen „Königsblau" jedoch an diesem Abend zu Ende ging, kippten die Berliner nach den Zweitligisten Oberhausen, Fürth und Ulm mit dem VfL Bochum nun auch einen Klub aus der Beletage. Verteidiger Daniel Ernemann sorgte in letzter Sekunde für das goldene Tor - die Belohnung für engagiertere Unioner gegen passive Bochumer. Von nun an stand Union im Pokal-Fokus und hatte das nötige Kleingeld eingespielt, um mit Uerdingens Daniel Teixeira den Top-Torjäger der Regionalliga auszuleihen und damit die Ambitionen auf den Zweitliga-Aufstieg zu untermauern. Ohne Besonderheiten blieben die aufgrund der Amateur-Erfolge ins zweite Glied gerückten Viertelfinals zwischen dem VfB Stuttgart und SC Freiburg (2:1 n.V.) sowie das Zweitliga-Derby Duisburg gegen Gladbach (0:1).

Nach Auslosung der Vorschlussrunde war klar, dass erneut ein unterklassiger Klub das Finale erreichen würde. Regionalligist 1. FC Union oder Zweitligist Borussia Mönchengladbach? In der ausverkauften Alten Försterei entwickelte sich ein kampfbetontes, rasantes Spiel, in dem kein Klassenunterschied offenkundig wurde - ein typisches Pokalspiel eben. Als Gladbach Durkovic' 0:1 durch Torjäger Arie van Lent in eine 2:1-Führung umwandelte, schien die Messe gelesen. Doch Union kam wieder, glich durch Steffen Menze aus und erreichte das Elfmeterschießen. Mit der Unterstützung der 18.100 Zuschauer avancierte Sven Beuckert mit gehaltenen Strafstößen gegen van Lent und Eberl zum Pokalhelden. Die Köpenicker standen im Finale. 24 Stunden später gesellte sich Schalke 04 hinzu, das mit einem Blitzstart (3:0 nach 20 Minuten durch Tore von Sand, Asamoah und Mpenza) den VfB Stuttgart in dessen Daimler-Stadion eiskalt erwischte und fortan vom Double träumen durfte.

Fünfte Liga chancenlos

Sie waren selbst im Feld der 28 Amateurklubs die Underdogs. Neben zahlreichen Regional- und Oberligisten mischten mit dem TSV Rain/Lech aus der Landesliga Bayern Süd und der TSG Pfeddersheim aus der Verbandsliga Südwest zwei Fünftligisten mit. Schalke 04 und TSV München 1860 hießen die zugelosten Gegner, 0:7 das jeweilige Resultat. Standesgemäß, es waren die klarsten Angelegenheiten der Auftaktrunde. Eine schöne Abwechslung vom Ligaalltag war es allemal. Rains Kapitän Leinfelder ließ sich den Einsatz trotz Jochbeinbruchs nicht nehmen, und die einstmals in der Oberliga Südwest für Furore sorgenden Pfeddersheimer zogen zur Feier des Tages gar ins große Ludwigshafener Südweststadion um - wo sich jedoch nur 3.000 Zuschauer verloren.

Schwiegersohn Sieger im Familienduell

Nein, die Rede ist nicht von der gleichnamigen Endlos-Show des Werner Schulze-Erdel. Das Familienduell der ersten Runde stieg am Bieberer Berg zu Offenbach. Regionalliga-Schlusslicht Kickers Offenbach gegen den Bundesliga-Letzten 1. FC Kaiserslautern. Neben dem sportlichen Fehlstart ins neue Fußballjahr verband OFC-Trainer Dragoslav Stepanovic und FCK-Profi Slobodan Komljenovic besagte familiäre Beziehung. „Darauf kann ich keine Rücksicht nehmen. Ich will spielen und mit dem 1. FCK gewinnen", ließ Komljenovic keine Sentimentalitäten zu. Beides tat der 29-Jährige dann auch, dem FCK gelang mit dem 4:0-Erfolg ein erster kleiner Schritt aus der Krise.

Gartenfest im Wildpark

Neue Begeisterung weckte der soeben aus der 2. Liga und zwei Jahre zuvor aus dem Oberhaus abgestiegene Karlsruher SC. Mit einer rundernuerten Truppe hatte sich Jung-Trainer Stefan Kuntz auf die Fahnen geschrieben, die KSC-Sünden der letzten Jahre vergessen zu machen und die Badener am Ende wieder ins Profilager zurückzuführen. Da war der Auftritt des Zweitligisten Chemnitzer FC im Pokal eine gute Bewährungsprobe, und siehe da: Immerhin 6.400 Fans bejubelten den 2:1-Sieg ihrer Elf. „Die ließen Gartenfeste und Grillpartys sausen, gut, dass wir einige Filetstücke serviert haben", richtete Kuntz seinen Dank gleichermaßen an die Fans und seine Mannschaft.

Rekord-Debakel der Eintracht

An Niederlagen der Profis bei Amateuren hatte sich der Fußballfan in den letzten Jahren fast schon gewöhnen können, doch dieses Ereignis war mehr als eine Pokal-Blamage. Es war ein Desaster. Mit sage und schreibe 1:6 ließ sich die Frankfurter Eintracht von den Regionalliga-Amateuren des VfB Stuttgart vorführen. Nie zuvor hatte ein Bundeslist in dieser Höhe bei einem Amateur-Vertreter verloren. Die Herren Profis stolperten von einer Verlegenheit in die nächste und ermöglichten den schwäbischen Youngsters um Hinkel, Hleb, Kauf und Amanatidis eine von sechs blitzsauberen Toren eingerahmte Gala-Vorstellung. Eintracht-Trainer Magath kündigte für den folgenden Tag eine offene Aussprache an - und dürfte Gefallen gefunden haben am Gegner. Ein halbes Jahr später heuerte „Sir Felix" am Cannstatter Wasen an...

Ein Derby, das keiner wollte

Nach dem Coup gegen die Frankfurter Eintracht warteten die „jungen Wilden" des VfB Stuttgart mit Spannung auf die Auslosung der 2. Runde. Und siehe da, die Sängerin Heather Small hatte ein gutes Händchen und zauberte erneut einen Bundesligisten aus der Lostrommel. Dumm nur, dass es sich dabei um die eigenen Profis handelte... VfB-Cheftrainer Ralf Rangnick nannte das ganze einen „Witz", und der VfB beeilte sich, das Risiko des Ausscheidens der Profis auf Null zu schrauben. Rangnick verzichtete auf zehn Feldspieler der Profis, womit fünf Stammspieler der Amateure aufrücken „mussten", und die Hinkel, Hleb, Amanatidis & Co. nun das zweifelhafte Vergnügen hatten, sich quasi selbst aus dem Wettbewerb zu schießen. 4.000 Zuschauer wurden Zeuge einer Farce, durften sich aber „eines bunten Rahmenprogramms" erfreuen, wie der *kicker* süffisant berichtete. Nur Fabio Morena (von den wirklichen Amateuren) fiel bei so viel Harmonie aus dem Rahmen, als er sich eine Gelbe Karte abholte.

Revanche nach 26 Jahren

Ziemlich genau 26 Jahre waren vergangen, seit im damaligen Europacup der Landesmeister in der 2. Runde ein brisantes Duell anstand. Der Meister Deutschland-West gegen den Meister Deutschland-Ost, der amtierende Europacupsieger der Meister gegen den der Pokalsieger, die Weltmeister Maier, Beckenbauer, Müller usw. gegen jenen Jürgen Sparwasser, der die DDR wenige Monate zuvor zum 1:0-Sieg im „Bruderkampf" über die scheinbar übermächtige Bundesrepublik geführt hatte. Die Kontrahenten damals wie heute: Hier der FC Bayern München, dort der 1. FC Magdeburg. Anno 1974 setzten sich die Münchner mit 3:2 und 2:1 durch, u.a. weil Gerd Müller in beiden Spielen zweifach traf. Nun also die Neuauflage im Magdeburger Ernst-Grube-Stadion - doch mehr noch als damals ein Duell David gegen Goliath. Der aktuelle Tabellenführer der NOFV-Oberliga Süd, finanziell schwer angeschlagen und soeben um Haaresbreite am Insolvenzverfahren vorbeigeschrammt, gegen den Rekordmeister und Pokalverteidiger. Träume von einer verspäteten Revanche verboten sich da. Oder? „Vielleicht haben die Münchner ja noch einmal einen schwächeren Tag", orakelte FCM-Coach Eberhard Vogel nach deren 0:1-Liga-Schlappe in Cottbus, und Ex-Stürmerstar Joachim Streich führte ins Feld: „Die Bayern haben ja mit den Ostvereinen nicht die besten Erfahrungen gemacht." Siehe Cottbus, siehe Rostock, gegen das die Münchner wenige Wochen vorher ebenfalls 0:1 unterlagen. Der 1. November kam, und die für Pokalsensationen unabdingbaren Voraussetzungen traten ein: Ein ob des 5:2 über den 1. FC Köln und jüngster Liga-Erfolge hoch motivierter und bis zum Letzten fightender Gastgeber, eine begeisterte 26.000-Zuschauer-Kulisse als zusätzlicher Rückenwind, und ein Favorit, der den Fight nicht annahm, das Match locker nach Hause schaukeln wollte, und plötzlich ins Hintertreffen geriet. Nach Ofodiles 1:0 brachte Ottmar Hitzfeld die Stars Elber und Jeremies als Joker, Salihamidzic glich aus - doch wer nun gedacht hatte, der

Rest sei Formsache, sah sich erneut getäuscht. Die Elbestädter kämpften sich ins Elfmeterschießen, und dort wurde Keeper Miroslav Dreszer zum Helden, als er gegen eben die Einwechsler Elber und Jeremies Sieger blieb. Auf der Gegenseite trafen Bodo Schmidt, Ivanovic, Golombek und Hannemann. Sie schrieben ein Kapitel Pokal-Geschichte an jenem Novemberabend, und ganz nebenher war es dann doch die Revanche für 1974.

Leverkusener Wechselspiele

Drei Spiele bestritt Bayer 04 Leverkusen im DFB-Pokal der Saison 2000/01. Zum Start feierten die Werkskicker unter der Leitung von Christoph Daum ein lockeres 4:0 bei Fortuna Köln, in Runde 2 wurde am Aachener Tivoli die heimische Alemannia mit 2:1 ausgeschaltet. Verantwortlich für Bayer zeichnete Rudi Völler. Im Achtelfinale schließlich war Schluss - 2:3 beim SC Freiburg, diesmal unter Berti Vogts. Drei Spiele in drei Monaten, drei Trainer - rekordverdächtig und ein Zeugnis des Theaters, das unter dem Bayer-Kreuz nach der „Affäre Daum" ausbrach.

Blindgänger auf der Reeperbahn

„Bomben-Stimmung" in St. Pauli vor dem Zweitrunden-Gastspiel des FC Schalke am Millerntor. Ein zugegeben etwas abgedroschenes Wortspiel, bezog es sich doch darauf, dass Stunden vor dem Pokal-"Knaller" erstmal ein Blindgänger zu entschärfen war. Besagter Fehlzünder aus dem 2. Weltkrieg war unweit des Hamburger Rotlichtviertels entdeckt und im Lauf des Tages entschärft worden, was den Verkehr im Kiez - den auf der Straße - zum Erliegen brachte. Abends war alles geregelt, da war nur noch am Millerntor Bombenstimmung, wie immer. Auch wenn letztlich Schalke 04 in der Verlängerung 3:1 triumphierte und eine weitere Hürde nach Berlin übersprungen hatte.

Es werde Licht in der Wuhlheide

Bei aller Freude über die Pokalsiege gegen Fürth und Oberhausen hatte der 1. FC Union Berlin ein kleines Problem. Das Achtelfinale gegen den SSV Ulm sollte an einem Dienstag über die Bühne gehen, und da dieser im November lag, die Alte Försterei in der Köpenicker Wuhlheide über keine Flutlichtanlage verfügte und ein Umzug in ein anderes Stadion den Fans nicht zugemutet werden sollte, war guter Rat teuer. So begab es sich an jenem 28. November, dass der Anstoß an einem höchst ungewöhnlichen Termin vonstatten ging: Dienstagmittag, 13 Uhr. Daher wohnten der Fortsetzung des „Eisernen" Erfolgswegs lediglich gut 3.500 Zuschauer bei. Drei Wochen später kündigte sich der VfL Bochum zum Viertelfinale an, an einem Mittwoch im Dezember - Anstoß 19 Uhr, Alte Försterei. Seltsam? Die Pokalerfolge hatten die Installation einer Flutlichtanlage beschleunigt, die am 6. Dezember aufgebaut und sechs Tage später im Paul-Rusch-Pokalspiel 1. FC Union - SpVgg Norden-Nordwest (8:0) ihre Feuertaufe bestanden hatte. Da stand weiteren Husarenritten nichts mehr im Wege.

Pokalsieg trocknet Titeltränen

Fast-Meister gegen Noch-Regionalligist - die Favoritenrolle war vor dem 58. DFB-Pokalfinale ganz klar vergeben. An den FC Schalke 04. Die Königsblauen standen vor der Krönung einer sensationell starken Saison. Aber halt! Die eigentliche Krönung, der Gewinn des Meistertitels, war den Schalkern vor Wochenfrist in der Nachspielzeit buchstäblich durch die Finger geronnen. Sie hatten die Hand schon an der Schale, ehe dieses unfassbare 95. Minute-Tor in der AOL-Arena, jener Verzweiflungs-Freistoß des Bayern Patrik Andersson, die schon begonnene Meisterfeier jäh beendete und das Parkstadion in ein Tränenmeer verwandelte.

Da hatten die Pokalhelden des Regionalligisten 1. FC Union eine psychologisch günstigere Ausgangsposition. Mit den Pokalerfolgen im Rücken gelang es den Köpenickern die versammelte Regionalliga-Konkurrenz deutlich zu distanzieren und den lang ersehnten Zweitliga-Aufstieg vorzeitig einzutüten. Nicht zuletzt ein Verdienst des in der Winterpause aus Uerdingen ausgeliehenen Torjägers Daniel „Texas" Teixeira, dessen Verpflichtung wiederum ohne die Einnahmen aus dem DFB-Pokal kaum möglich gewesen wäre. Außerdem war aufgrund Schalkes Champions-League-Teilnahme schon im Vorfeld klar, dass Union unabhängig vom Ausgang des Endspiels am UEFA-Cup teilnimmt.

Eine Woche hatten die Schalker Zeit, ihre Enttäuschung zu überwinden und den Schalter Richtung Pokalfinale umzulegen. Nach dem freien Montag gab Coach Huub Stevens bei der Mannschaftssitzung am Dienstag die Parole aus: „Ihr müsst das jetzt vergessen. Wir bekommen mit dem Pokalfinale eine zweite Chance, unseren Titel zu holen." Sorgen bereitete die Adduktorenzerrung des Kapitäns Tomasz Waldoch (der dann beim Finale tatsächlich passen musste), für einen zusätzlichen Schub sorgte allerdings DFB-Teamchef Rudi Völler, der für die folgenden Länderspiele mit Gerald Asamoah und Jörg Böhme zwei Schalker erstmals ins Aufgebot berief. Torjäger Ebbe Sand fasste die Stimmung der Mannschaft mit den Worten „wir sind der FC Schalke und müssen keine Angst haben vor einem Drittligisten" zusammen.

Von der zur Schau gestellten Selbstsicherheit war in der ersten Viertelstunde allerdings wenig zu sehen. Im Gegenteil, Außenseiter Union spielte unbeküm-

Der Geniestreich des Jörg Böhme: Mit diesem Freistoß gelingt dem Schalker über die Berliner Abwehrmauer hinweg das erste Tor beim Finalsieg gegen den 1. FC Union.

Nach 29 Jahren wieder der FC Schalke 04. Eine Woche nach der so unglücklich verpassten Meisterschaft bejubeln die Königsblauen den Cup-Triumph umso enthusiastischer.

mert auf und erspielte sich durch Durkovic, dessen Schuss Oliver Reck noch so eben zur Ecke abwehrte, und durch Koilov (5./6. Minute) die ersten Möglichkeiten. Und das, obwohl Trainer Georgi Wassilev überraschend Torjäger Teixeira als Joker auf der Bank beließ, stattdessen auf die schnelleren Durkovic und Isa setzte. Die Schalker Abwehr hatte unter dem Ausfall ihres Kapitäns Waldoch zu leiden, an dessen Stelle Jiri Nemec vor den Manndeckern Hajto und van Hoogdalem als Libero agierte. Nachdem Asamoah Schalkes erste Chance nach Linksflanke von Böhme per Kopf über Beuckerts Kasten setzte, sorgte Harun Isa nach 23 Minuten für den ersten Paukenschlag auf der Gegenseite. Nach Okeke-Flanke traf der 31-jährige Albaner die Latte. Der Favorit überstand die Drangphase des Underdogs mit einiger Mühe und nahm nach einer guten halben Stunde langsam das Heft in die Hand, angetrieben von den Nationalspielern in spe, Gerald Asamoah und Jörg Böhme. Hajto, dessen Schuss aus kurzer Distanz Sven Beuckert bravourös parierte, Mpenza und Sand hatten Chancen zur Führung, doch der Halbzeitpfiff ertönte beim Stand von 0:0 - angesichts der anfänglichen Berliner Dominanz leistungsgerecht.

Das erste Highlight des zweiten Abschnitts lieferten wieder die Eisernen, als Bozo Durkovic in der 50. Minute mit einem Drehschuss den zweiten Metalltreffer landete. Damit waren die Akteure des Vizemeisters endgültig geweckt, Andy Möller legte nun endlich den Turbo ein, Emile Mpenza gewann vermehrt die Offensiv-Zweikämpfe (während Ebbe Sand unauffällig blieb), aber vor allem Jörg Böhme schwang sich zu einer tollen Leistung auf. Kein Zufall, dass es der Linksfuß mit der Rückennummer 8 war, der dieses Finale binnen sechs Minuten entschied. In Minute 53 erhielt Schalke 26 Meter vor dem Berliner Kasten nach Foul von Tschiedel an Mpenza einen Freistoß, der exzentrische Mittelfeldspieler zirkelte das Leder über die Mauer in die Torwartecke zum 1:0. Beuckert machte in dieser Szene keine glückliche Figur, die Mauer ließ den Ball unbeweglich passieren - doch das alles änderte nichts daran, dass Böhme einen Geniestreich vollendet hatte. Fünf Minuten darauf war es erneut Böhme, der das Spiel entschied. Sven Beuckert holte den durchgebrochenen Emile Mpenza im Strafraum von den Beinen, Böhme übernahm die Verantwortung und ließ dem Union-Keeper mit einem harten, platzierten Linksschuss vom Elfmeterpunkt keinerlei Abwehrchance - 2:0.

Innerhalb weniger Zeigerumdrehungen hatte der Favorit für klare Verhältnisse gesorgt und ließ nun im Gefühl des sicheren Vorsprungs etwas die Zügel schleifen. Union boten sich durch den mittlerweile eingewechselten Daniel Teixeira noch zwei Torchancen, doch am dritten Schalker Pokalsieg nach 1937 und 1972 kamen keinerlei Zweifel mehr auf. So konnte Trainer Huub Stevens in den letzten zehn Minuten den einstigen „Euro-Fightern" Radoslav Latal, Olaf Thon und Michael Büskens als Anerkennung ihrer Verdienste um S04 einen Kurzeinsatz schenken.

Bei der anschließenden Siegesfeier waren die Tränen über die verlorene Meisterschaft getrocknet, die Freude über den Cup-Gewinn überwog eindeutig. Die konnte auch DFB-Präsident Gerhard Mayer-Vorfelder nur kurzzeitig trüben, als er bei der Pokalübergabe dem im Klubanzug erschienenen verletzten Kapitän Tomasz Waldoch den Cup nicht überreichen wollte, weil er ihn offensichtlich nicht erkannte. Erst nachdem Huub Stevens MV den Sachverhalt glaubwürdig vermittelte, übergab Mayer-Vorfelder Waldoch die Trophäe. „Es ist doch schön, wenn die Leute meinen Namen rufen", kommentierte MV die lautstarken „Vorfelder raus"-Rufe des Publikums...

Deutsche Pokalgeschichte

1. Hauptrunde: Samstag, 26.8.2000

VfL Osnabrück - Hannover 96 (Fr., 25.8.) 0:1 (0:1)
Osnabrück: Brunn - Baerhausen, Wenschlag, Schiersand - Thioune, Schütte (46. Hey), Enochs, Weiland, Kindgen (51. Teichmann) - Janiak, Claaßen (46. Petri)
Hannover: Sievers - Amadou, Ballwanz, Schäfer - Lala, Baschetti (38. Bounoua), Simak (87. Morinas), Linke, Stefulj - Stendel, Kaufman (83. Dinzey)
Tor: 0:1 Stefulj (40.) - **SR:** Anklam (Hamburg) - **ZS:** 8.079 - **Gelb:** Schäfer, Ballwanz, Simak, Kaufman

FC Rot-Weiß Erfurt - SSV Ulm 1846 (Fr., 25.8.) 0:2 (0:1)
Erfurt: Kraus - Große, Loose, Friedrich - Fritz, Emmerich, Engelhardt, Bancic (62. Pätz) - Nemec, Dürr, Seifert (69. Cramer)
Ulm: Hilfiker - Unsöld, da Silva, Grauer, Radoki - Kevric, Kolvidsson, Gora (73. Otto), Maier, Kovacevic (46. Scharinger) - Medved (82. Leandro)
Tore: 0:1 Medved (8.), 0:2 Scharinger (58.) - **SR:** Weiner (Ottenstein) - **ZS:** 4.100 - **Gelb:** Bancic - da Silva, Kevric, Otto

Karlsruher SC - Chemnitzer FC (Fr., 25.8.) 2:1 (2:0)
KSC: Walter - Zepek, Waterink, Grimm - Heinzen, Rus, Seitz, Weis, Manga (90. Birk) - Fabus (72. Rothenbach), Cetin (87. Römer)
Chemnitz: Ananiev - Biskup, Laudeley, Mehlhorn - Bittermann, Kluge, Krupnikovic, Holetschek (46. Dittgen), Kujat - Avdic (58. Ivankovic), Skela
Tore: 1:0 Cetin (15.), 2:0 Waterink (22.), 2:1 Skela (48.) - **SR:** Pickel (Ettringen) - **ZS:** 6.400 - **Gelb:** Seitz - Biskup, Mehlhorn, Ivankovic

SC Halberg-Brebach - 1. FC Nürnberg (Fr., 25.8.) 0:5 (0:2)
Brebach: Becker - Salm, Wingen, Rothfuchs (67. Oberinger) - Dresch, P. la Cava, Nickolaus, Euler (61. Seibert), Domath - V. la Cava, Kessler
Nürnberg: Kampa - Günther, Kos, Bergner, Wiblishauser - Weigl, Ziemer, Stoilov, Tavcar - Hobsch, Möckel
Tore: 0:1 Hobsch (14.), 0:2 Ziemer (37.), 0:3 Ziemer (56.), 0:4 Tavcar (62.), 0:5 Hobsch (77.) - **SR:** Margenberg (Wermelskirchen) - **ZS:** 2.000 - **Gelb:** Wingen, Dresch

Bayer 04 Leverkusen Amat. - FC St. Pauli (Fr., 25.8.) 1:2 (0:2)
Leverkusen Am.: Starke - Dzaka (66. Dogan), Bozic, Kleine, Coupek - Donovan, Dittrich, Wittek (79. El Kasmi), Babic - Daun, Marquinhos (66. Burkhardt)
St. Pauli: Weber - Scheinhardt, Stanislawski, Basic - Mansourian (36. Lotter), Wehlage (72. Trejgis), Meggle, Bürger, Rahn - Rath, Klasnic (82. Patschinski)
Tore: 0:1 Klasnic (32.), 0:2 Rahn (38.), 1:2 Marquinhos (49.) - **SR:** Späker (Marl) - **ZS:** 1.400 - **Gelb:** Bozic, Dogan, Daun - Rahn, Bürger

Tennis Borussia Berlin - Arminia Bielefeld (Fr., 25.8.) 1:3 (0:2)
TeBe: Renno - Kozak (81. Felsenberg), Jesse, Aksoy (46. Malchow), Simm - Weiland (70. Empere), Krontiris, Kronhardt, Cornelius, Steinhauf - Fuß
Bielefeld: Eilhoff - Reinhardt, Stratos, Borges (68. Schäper) - Porcello (54. van der Ven), Friedrich, Bode, Dammeier, Wück (46. Everson) - Aracic, Labbadia
Tore: 0:1 Aracic (25.), 0:2 Porcello (33.), 0:3 Labbadia (66.), 1:3 Cornelius (90.) - **SR:** Rafati (Hannover) - **ZS:** 1.291 - **Gelb:** Jesse - Reinhardt, Labbadia

BSV Kickers Emden - 1. FSV Mainz 05 (Fr., 25.8.) 0:1 (0:0)
Emden: Antczak - Winckler, Woloschin, Voigt - Dörfel (85. Blancke), Milandou, Owusu, Lenze, Suchy - Eeten, Silveira (72. Graulich)
Mainz: Wache - Skrinjar, Spyrka, Nikolic - Nehrbauer, Neustädter, Ouakili, Friedrich (46. Klopp), Schwarz - Thurk (60. Demandt), Policella
Tor: 0:1 Demandt (85.) - **SR:** Voss (Großhansdorf) - **ZS:** 3.215 - **Gelb:** Woloschin, Suchy - Nehrbauer, Schwarz, Friedrich - **Rot:** Voigt (38.)

SSV Reutlingen - Hertha BSC Berlin n.V. 2:3 (2:2, 0:1)
Reutlingen: Hermanutz - Lapaczinski, Cast, Traub, Janic - Hofacker (59. Hoffmann), Malchow (46. Agu), Aduobe, Frommer - Kerbr (61. Lexa), Djappa
Hertha BSC: Kiraly - Konstantinidis, Tretschok (48. Simunic), van Burik - Deisler, Dardai, Wosz, Roy, Hartmann (46. Michalke) - Preetz, Reiss (46. Daei)
Tore: 0:1 Preetz (8.), 0:2 Wosz (54.), 1:2 Djappa (57., HE), 2:2 Djappa (62.), 2:3 Konstantinidis (93.) - **SR:** Berg (Konz) - **ZS:** 9.406 - **Gelb:** Simunic

TuS Dassendorf - SpVgg Unterhaching 0:5 (0:2)
Dassendorf: Kühn - Hoffmann, Jester, Gawel - Marquardt, Schneppel, Adewumni (53. Müller), Gütschow (74. Nietrzeba), Möller-Riepe (67. Blaut) - Degen, Rauls
Unterhaching: Wittmann - Hirsch, Strehmel (74. Bergen), Seifert - Zeiler, Schwarz, Oberleitner (60. Garcia), Zimmermann, Straube - Rraklli (67. Kögl), Breitenreiter
Tore: 0:1 Rraklli (19.), 0:2 Straube (21.), 0:3 Hirsch (64.), 0:4 Straube (66.), 0:5 Breitenreiter (81.) - **SR:** Koop (Lüttenmark) - **ZS:** 2.650 (in Hamburg-Bergedorf) - **Gelb:** Adewumni, Hoffmann

SV Babelsberg 03 - VfL Bochum 1:6 (0:3)
Babelsberg: Kunze - Laaser, Miftari (79. Grundmann), Petsch (46. Röver) - Gatti, Lorenz, Laars, Civa, Chalaskiewicz - dos Santos (46. Ratajczak), Küntzel
Bochum: van Duijnhoven - Bemben, Stickroth, Mamic, Meichelbeck (65. Milinovic) - Schindzielorz, Bastürk, Dickhaut (68. Sundermann) - Peschel (46. Freier), Weber, Buckley
Tore: 0:1 Peschel (13.), 0:2 Buckley (26.), 0:3 Bastürk (41.), 1:3 Küntzel (47.), 1:4 Weber (63.), 1:5 Weber (85.), 1:6 Weber (87.) - **SR:** Meyer (Braunschweig) - **ZS:** 3.153

SV Werder Bremen Amat. - VfL Wolfsburg 0:1 (0:0)
Bremen Am.: Borel - Spasskov, Schierenbeck, Diouf, Rohwer - Greb, Fütterer, Harttgen, Borowski (82. Zimin), Nouri (73. Rolfes) - Schröer (78. Krösche)
Wolfsburg: Reitmaier - Maltritz (46. Greiner), Hengen, O'Neil, Weiser - Sebescen, Nowak (57. Maric), Munteanu, Akonnor - Rische (78. Kryger), Juskowiak
Tor: 0:1 Sebescen (64.) - **SR:** Jansen (Essen) - **ZS:** 1.153 - **Gelb:** Fütterer - Sebescen

Wuppertaler SV - VfB Stuttgart 1:3 (0:2)
Wuppertal: Heese - Pesch, Mademann, Kurt, Rietz (46. Goumai) - Walbröhl (59. Kovacic), Steup, Klemmer (69. Sofic), Bayertz - Kipre, Kohout
Stuttgart: Hildebrand - Meißner (86. Schneider), Endress, Soldo, Blank - Seitz (59. Lisztes), Thiam, Djordjevic (59. Gerber) - Hosny, Ganea, Kuka
Tore: 0:1 Ganea (30.), 0:2 Ganea (38.), 1:2 Kipre (85.), 1:3 Ganea (87.) - **SR:** Kemmling (Kleinburgwedel) - **ZS:** 9.973 - **Gelb:** Rietz - Seitz, Soldo - **Rot:** Hosny (41.)

FC Schönberg 95 - FC Bayern München 0:4 (0:2)
Schönberg: Wilde - Topé, Wittfot, Moustapha - Sebor, Haese, Riegel (71. Hagen), Adigo, Urbszat (71. Putzier) - Koch, Neitzel (71. Dittmer)
FC Bayern: Kahn - Salihamidzic, Kuffour, Tarnat, Lizarazu - Wiesinger, Sforza (67. Hargreaves), Fink, Scholl (85. Wojciechowski) - Zickler (67. Santa Cruz), Jancker
Tore: 0:1 Scholl (30., FE), 0:2 Zickler (43.), 0:3 Fink (51.), 0:4 Jancker (90.) - **SR:** Fröhlich (Berlin) - **ZS:** 16.000 (ausverkauft) - **Gelb:** Moustapha, Adigo - **B.V.:** Wilde hält FE von Scholl (24.)

Tennis Borussia Berlin II - SV Werder Bremen 0:2 (0:0)
TeBe II: Diederichs - Njie (72. Wohlgemuth), Adamovic, Frank - Günes, Jelmazi, Sabani, Noltemeier, Sterjovski - Bellomo (66. Lazarevski), Jaekel
Bremen: Rost - Frings, Verlaat, Krstajic, Skripnik - Stalteri (73. Flock), Herzog, Eilts (46. Ernst), Wicky - Bogdanovic, Bode
Tore: 0:1 Herzog (70.), 0:2 Bogdanovic (90.) - **SR:** Strampe (Handorf) - **ZS:** 1.079 - **Gelb:** Günes, Adamovic

VfB Stuttgart Amat. - Eintracht Frankfurt 6:1 (2:1)
Stuttgart Am.: Chvalovsky - Hinkel, Morena, Posch, Grimminger - Schmiedel (79. Lechner), Hleb (69. Seeber), Kauf, Vujevic (79. Adrion) - Vaccaro, Amanatidis
Frankfurt: Nikolov - Bulut (46. Gebhardt), Hubtchev, Kracht - Schur (46. Wimmer), Guié-Mien, Lösch, Heldt, Preuß (68. Rasiejewski) - Salou, Fjörtoft
Tore: 1:0 Vaccaro (16.), 2:0 Schmiedel (34.), 2:1 Fjörtoft (39.), 3:1 Vujevic (50., FE), 4:1 Vujevic (67.), 5:1 Amanatidis (78.), 6:1 Amanatidis (90.) - **SR:** Keßler (Wogau) - **ZS:** 1.700 - **Gelb:** Vaccaro - Schur, Salou, Wimmer - **Rot:** Lösch (50.)

FC Ismaning - Borussia Dortmund 0:4 (0:1)
Ismaning: Baum - Strunz (63. Holz), F. Ernst, Becker, Steinweg - Buchner, Vötter, Fischhaber, Muriqi (63. Schrodi) - Radlmaier (70. Wolf), Kopp
Dortmund: Lehmann - Metzelder, Heinrich, Kohler (46. Wörns) - Evanilson, Oliseh, Stevic (72. Tanko), Dede - Ricken (46. Reina), Herrlich, Addo
Tore: 0:1 Ricken (13.), 0:2 Reina (53.), 0:3 Herrlich (66.), 0:4 Herrlich (87.) - **SR:** Wezel (Tübingen) - **ZS:** 7.000 - **Gelb:** Steinweg - Kohler, Stevic

1. FC Saarbrücken - SpVgg Greuther Fürth 0:1 (0:0)
Saarbrücken: Eich - Echendu, Grozavu, Tiéku (73. Musa) - Muschinka, Hutwelker, Toppmöller (41. Susic), Bender (46. Hörster), Molz - Bartolovic, Choji
Fürth: Hain - Sbordone, Skarabela, Surmann - Hassa (74. Ruman), Bamba (46. Hasenhüttl), Reichel, Azzouzi (89. Lamptey), Felgenhauer - Türr, Elberfeld
Tor: 0:1 Ruman (77.) - **SR:** Aust (Köln) - **ZS:** 4.000 - **Gelb:** Choji, Toppmöller, Molz - Sbordone, Elberfeld

LR Ahlen - Borussia Mönchengladbach 1:2 (1:1)
Ahlen: Langerbein - Baumann, Daschner, Zimmermann, Fengler - Schlösser, Feinbier (74. Karp), Schwanke, Canale (79. Litimba) - Bamba (87. Donato), Bella
Gladbach: Kamps - Eberl, Asanin, Pletsch, Korell - Witeczek (80. van Houdt), Nielsen, Ter Avest (64. Demo) - Korzynietz, van Lent, Osthoff
Tore: 0:1 Zimmermann (26., ET), 1:1 Bamba (30., FE), 1:2 van Houdt (86.) - **SR:** Frank (Hannover) - **ZS:** 10.332 - **Gelb:** Fengler, Canale, Karp, Zimmermann - van Lent, Osthoff

Karlsruher SC II - Alemannia Aachen 0:2 (0:1)
KSC II: Fischer - Wildersinn, Jung (80. Augenstein), Caruso - Benda, D. Eller, Schütterle, Slatnek, Butscher (77. Löbich) - Bößenecker (72. S. Eller), Espinosa
Aachen: Lenz - Landgraf, von Ahlen, Heeren (84. Rosin), Zernicke - Bayock (46. Guzik), Inceman, Berchtold, Lämmermann - Xie Hui (68. Tümmler), Diane
Tore: 0:1 Zernicke (32.), 0:2 Diane (71.) - **SR:** Lange (Filderstadt) - **ZS:** 650 - **Gelb:** von Ahlen - **B.V.:** Fischer hält FE von Berchtold (18.)

FC Teningen - MSV Duisburg 0:3 (0:1)
Teningen: A. Ernst - Krieg, Radovanovic, Gerber (42. Katzer) - G. Ernst, Akar, Petrovic, Tang, Leonhardt (67. Kocur) - Zlateff (57. Haas), Fischer
Duisburg:: Stauce - Wolters, Wohlert, Drsek, Kovacevic - Hoersen (85. Sarpei), Zeyer, Steffen, Liebers - Banza (59. Közle), Milovanovic (78. Güvenisik)
Tore: 0:1 Milovanovic (7.), 0:2 Zeyer (80.), 0:3 Közle (82.) - **SR:** Schmidt (Stuttgart) - **ZS:** 2.000 - **Gelb:** Akar - Steffen, Wolters, Zeyer

1. FC Union Berlin - Rot-Weiß Oberhausen 2:0 (1:0)
1. FC Union: Wehner - Persich, Tschiedel, Zafirov, Nikol - Fährmann (76. Tredup), Zechner (69. Ognjanovic), Menze, Koilov - Isa, Preiksaitis (62. Balcarek)
Oberhausen: Adler - Ciuca (84. Langeneke), Luginger, Täuber - Lipinski (38. Madzar), Scharpenberg, Hayer, Tchipev - Chiquinho (57. Toborg), Vier, Obad
Tore: 1:0 Fährmann (6.), 2:0 Isa (83.) - **SR:** Schößling (Leipzig) - **ZS:** 3.499 - **Gelb:** Nikol, Menze - Chiquinho, Adler, Hayer - **Rot:** Madzar (66.)

SV Wehen - Stuttgarter Kickers 2:1 (2:0)
Wehen: Lache - King, Wilde, Özcan (68. Parrotta) - König, Bunzenthal, Amstätter, da Silva (46. Zaltenbach), Sauer - Melunovic (64. Naciri), Mehic
Stuttgart: Ramovic - Keuler, Weinzierl (25. Heberle), Kritzer - Kümmerle, Ziegner, Penksa, Raspe (73. Kapic), Marell (46. Dörflinger) - Silvinho, Zimmermann
Tore: 1:0 Mehic (7.), 2:0 Mehic (9.), 2:1 Dörflinger (52.) - **SR:** Kreyer (Hilden) - **ZS:** 1.000 - **Gelb:** Amstätter

1. FC Magdeburg - 1. FC Köln (So., 27.8.) 5:2 (2:1)
Magdeburg: Dreszer - Rozgonyi, Schmidt, Franz - Zani (77. Lücke), Holz, Maslej, Golombek, Hannemann - Mydlo (67. Quadri), Papic (60. Ofodile)
1. FC Köln: Pröll - Sichone, Cichon, Keller - Scherz (61. Kurth), Hauptmann, Lottner (61. Kreuz), Springer, Voigt - Arweladse (78. Donkov), Timm
Tore: 1:0 Zani (3., FE), 1:1 Scherz (11.), 2:1 Hannemann (13.), 3:1 Papic (49.), 4:1 Papic (54.), 4:2 Springer (62.), 5:2 Ofodile (86.) - **SR:** Stark (Landshut) - **ZS:** 8.004 - **Gelb:** Papic, Ofodile - Hauptmann, Arweladse

TSV Rain/Lech - FC Schalke 04 (So., 27.8.) 0:7 (0:3)
Rain: Jöckel - Hirschbeck, Matijevic, Heinze - Koch (60. Ergenler), Kuchenbauer, Leinfelder, Mekkert, Eberl - Kempf (84. Wernetshammer), Taglieber (60. Bürkner)
Schalke: Reck - Hajto, Waldoch, van Kerckhoven (60. Happe) - Latal, Oude Kamphuis, Möller, Nemec, Böhme - Mpenza (55. Asamoah), Sand (55. Mulder)
Tore: 0:1 Sand (3.), 0:2 Oude Kamphuis (18.), 0:3 Möller (38.), 0:4 Asamoah (63.), 0:5 Asamoah (80.), 0:6 Mulder (84.), 0:7 Asamoah (86.) - **SR:** Kircher (Tübingen) - **ZS:** 6.000 - **Gelb:** Kempf - Latal, Nemec, Happe

DFB-Pokal 2000/2001

VfL Hamm - FC Energie Cottbus (So., 27.8.) 0:6 (0:4)
Hamm: Mockenhaupt - Bedranowsky, Weber, Spornhauer - Arzbach, Jacobs (66. Mujakic), Szabo, Kresovic, Ratzi - Gauch (74. Löffert), Barnes (46. Lazarevic)
Cottbus: Köhler - Vata, Sebök, Beeck - Reghecampf, Latoundji (60. Micevski), Akrapovic, Miriuta (64. Rödlund), Kobylanski - Helbig, Horvath (76. Scherbe)
Tore: 0:1 Horvath (14.), 0:2 Akrapovic (16.), 0:3 Horvath (37.), 0:4 Horvath (43.), 0:5 Akrapovic (63.), 0:6 Micevski (73.) - **SR:** Kinhöfer (Herne) - **ZS:** 1.200 - **Gelb:** Arzbach - Sebök, Micevski

SC Pfullendorf - SC Freiburg (So., 27.8.) 1:3 (0:0)
Pfullendorf: Kaczmarek - Fall, Knackmuß, Schwartz (40. Möhrle), Sillmann - Simon (66. Hagg), Lindinger, Stehle - Barlecaj, Magdic (77. Stojko), Slawig
Freiburg: Golz - Müller, Kobiaschwili, Diarra - Willi (71. Bruns), Ramdane, Zandi, Baya, Zkitischwili - Sellimi (63. Coulibaly), Iaschwili (83. Dorn)
Tore: 0:1 Iaschwili (61.), 0:2 Iaschwili (62.), 0:3 Kobiaschwili (85.), 1:3 Stojko (88.) - **SR:** Albrecht (Kaufbeuren) - **ZS:** 6.450 (ausverkauft) - **Gelb:** Diarra

FC Erzgebirge Aue - Hamburger SV (So., 27.8.) 0:3 (0:1)
Aue: Kischko - Sionko, Hasse (70. Salomo), Müller, Heidrich - Heidler, Tomoski, Kurth, Grund (65. Jank) - Pagels, Kunze
HSV: Butt - Panadic (26. Kientz), Hoogma, Hertzsch - Groth, Töfting, Kovac, Barbarez - Heinz (88. Doll), Mahdavikia, Ketelaer (65. Präger)
Tore: 0:1 Ketelaer (30.), 0:2 Mahdavikia (53.), 0:3 Heinz (88.) - **SR:** Dr. Fleischer (Neuburg) - **ZS:** 13.500 - **Gelb:** Panadic

SC Fortuna Köln - Bayer 04 Leverkusen (So., 27.8.) 0:4 (0:2)
F. Köln: Wiese - Lepjawko (64. Schönberger), Ridder, Jagusch, Lindemann - van der Zander, Schanda, Nadj (46. Sümnich), Süs, H. Schneider - Schuchardt (46. Majek)
Leverkusen: Matysek - Zivkovic, Hoffmann, Kovac (46. Vranjes) - B. Schneider, Ramelow, Ballack, Gresko (46. Neuendorf) - Neuville, Kirsten (74. Rink), Brdaric
Tore: 0:1 Brdaric (8.), 0:2 Kovac (30.), 0:3 Rink (87.), 0:4 Rink (90.) - **SR:** Sippel (München) - **ZS:** 4.500 - **Gelb:** Lepjawko, Ridder, H. Schneider

TSG Pfeddersheim - TSV München 1860 (So., 27.8.) 0:7 (0:1)
Pfeddersheim: Kerskes - Dörrich, Ritschel, Hutzelmann - Walter, Schwind, Avromescu (85. Yilmaz), Ertürk, Fitchett, Blasius (65. Magin) - Horn (62. Sepe)
1860: Jentzsch - Stranzl, Zelic, Kurz (54. Pfuderer) - Cerny, Borimirov, Häßler, Riedl, Bierofka (52. Pürk) - Winkler, Max (58. Agostino)
Tore: 0:1, 0:2 Max (10., 53.), 0:3 Riedl (62.), 0:4 Pfuderer (64.), 0:5 Cerny (77.), 0:6, 0:7 Agostino (85., 88.) - **SR:** Steinborn (Sinzig) - **ZS:** 3.000 in Ludwigshafen - **Gelb:** Magin - Zelic

SC Paderborn 07 - FC Hansa Rostock (So., 27.8.) 1:2 (1:0)
Paderborn: Maly - Narusevicius, Dotchev, Kutowski - Berhorst, Macak (86. Saglik), Valtchinov, Karpowicz, Devoli (72. Bollmann) - Seifert, Offermann (79. Hustadt)
Rostock: Pieckenhagen - Benken, Jakobsson, Schneider (46. Schröder) - Rydlewicz, Wibran, Weilandt, Lantz, Emara (63. Majak) - Arvidsson (63. Baumgart), Kovacec
Tore: 1:0 Berhorst (2.), 1:1 Kovacec (64.), 1:2 Wibran (87.) - **SR:** Gagelmann (Bremen) - **ZS:** 3.500 - **Gelb:** Karpowicz, Kutowski - Lantz, Rydlewicz, Benken - **Gelb-Rot:** Lantz (70.), Baumgart (89.)

VfB Lübeck - SV Waldhof Mannheim (So., 27.8.) n.E. 3:2, n.V. 2:2 (1:1, 1:0)
Lübeck: Schäfer - Rinal, Kullig, Achilles (30. Dengel) - Mbwando (78. Schultz), Gundel, Schweißing (54. Völzke), Homola, Harf, Türkmen - Bärwolf
Waldhof: Chomutowski - Pasieka (46. Kies), Santos, Boukadida, Fickert - Teber (88. Catic), Montero, Vincze, Protzel - Klausz (46. Licht), Vata
Tore: 1:0 Harf (26.), 1:1 Protzel (49.), 1:2 Vata (97.), 2:2 Dengel (103.); **Elfmeterschießen:** 0:1 Catic, 1:1 Bärwolf, Protzel gehalten, 2:1 Homola, Santos verschossen, Völzke gehalten, 2:2 Vincze, 3:2 Kullig, Vata gehalten - **SR:** Minskowski (Hanstedt) - **ZS:** 4.100 - **Gelb:** Achilles, Gundel - Licht, Fickert - **Gelb-Rot:** Montero (119.)

Kickers Offenbach - 1. FC Kaiserslautern (Mo., 28.8.) 0:4 (0:2)
Offenbach: Thier - Roth, Binz, Kolinger - Ertl (78. Schindler), Dolzer (69. Maier), Schmidt, Simon, Dama - Marcio, Saridogan (82. Becker)
Kaiserslautern: G. Koch - H. Koch, Yakin, Ramzy - Basler (81. Roos), Grammozis, Djorkaeff, Komljenovic, Strasser - Pettersson (84. Tare), Lokvenc (78. Klose)
Tore: 0:1 Ramzy (38.), 0:2 Lokvenc (41.), 0:3 Pettersson (53.), 0:4 Basler (76.) - **SR:** Fandel (Kyllburg) - **ZS:** 16.000 - **Gelb:** Binz - Basler, Lokvenc

2. Hauptrunde: Mittwoch, 1.11.2000

SC Freiburg - SV Werder Bremen (Di., 31.10.) 1:0 (0:0)
Freiburg: Golz - Schumann, Zeyer, Kondé - Willi, Ramdane (80. Baya), Coulibaly (86. Dorn), Bruns (46. But), Kobiaschwili - Sellimi, Weißhaupt
Bremen: Rost - Frings, Eilts, Baumann, Krstajic - Stalteri, Ernst, Wicky, Bode - Pizarro, Ailton
Tor: 1:0 Sellimi (90.) - **SR:** Aust (Köln) - **ZS:** 10.000 - **Gelb:** Ernst, Krstajic, Frings

Alemannia Aachen - Bayer 04 Leverkusen (Di., 31.10.) 1:2 (0:1)
Aachen: Lenz - Rauw (62. Kienle), von Ahlen (72. Müller), Bashi, Heeren - Landgraf, Inceman, Berchtold (67. Xie Hui), Lämmermann - Diane, Demir
Leverkusen: Matysek - Zivkovic, Nowotny, Kovac - Reeb (46. Hejduk), Schneider, Vranjes, Ramelow, Ojigwe - Brdaric, Ponte (73. Neuville)
Tore: 0:1 Ramelow (13.), 1:1 Xie Hui (68.), 1:2 Brdaric (71.) - **SR:** Heynemann (Magdeburg) - **ZS:** 20.300 - **Gelb:** Bashi, Landgraf - Hoffmann, Nowotny, Ponte, Vranjes - **B.V.:** Bayer-Ersatzspieler Hoffmann erhält Gelb wegen Reklamierens von der Bank aus.

Arminia Bielefeld - VfL Bochum (Di., 31.10.) 0:4 (0:1)
Bielefeld: Hain - Reinhardt, Stratos, Friedrich - Porcello (68. Aracic), Flock, Dammeier, Wück (54. Schäper) - Sternkopf, Labbadia (68. Wichniarek), van der Ven
Bochum: van Duijnhoven - Ristau, Dickhaut, Milinovic, Meichelbeck - Bemben, Peschel (84. Drincic), Schindzielorz, Bastürk, Mandreko (30. Buckley) - Maric (76. Sundermann)
Tore: 0:1 Maric (4.), 0:2 Schindzielorz (59.), 0:3 Bastürk (61.), 0:4 Peschel (77.) - **SR:** Wagner (Hofheim) - **ZS:** 8.900

SV Wehen - Borussia Dortmund (Di., 31.10.) n.V. 0:1 (0:0)
Wehen: Lache - King, Wilde (107. Guht), Izuagha, Sauer - Amstätter (102. Gisinger), Bunzenthal, Naciri (58. da Silva), Hornung - Melunovic, Mehic
Dortmund: Lehmann - Wörns, Heinrich, Metzelder - Evanilson, Stevic, Ricken (106. Nerlinger), Dede - Addo, Herrlich, Krontiris (91. Tanko)
Tor: 0:1 Herrlich (92.) - **SR:** Gagelmann (Bremen) - **ZS:** 12.000 (in Mainz) - **Gelb:** Amstätter, Bunzenthal - Metzelder, Dede, Ricken, Herrlich

Karlsruher SC - Hamburger SV (Di., 31.10.) 1:0 (0:0)
KSC: Walter - Rothenbach, Waterink, Grimm, Boehnke - Rus (84. Heinzen), Seitz, Weis, Birk - Nagorny (88. Fabus), Cetin (77. Fengler)
HSV: Butt - Kientz, Hoogma, Kruse (72. Bester) - Spörl, Maul, Doll (62. Heinz), Hollerbach - Präger, Yeboah (62. Hashemian), Ketelaer
Tor: 1:0 Nagorny (70.) - **SR:** Sippel (München) - **ZS:** 25.000 - **Gelb:** Weis, Boehnke - Spörl, Kientz, Maul

1. FC Nürnberg - 1. FSV Mainz 05 (Di., 31.10.) 4:0 (3:0)
Nürnberg: Köpke - Nikl, Kos, Johansson (78. Günther), Wiblishauser - Weigl, Störzenhofecker, Tavcar (70. Junior), Krzynowek - Möckel, Driller (73. Beliakov)
Mainz: Wache - Bodog, Friedrich, Neustädter, Schuler - Lieberknecht, Spyrka, Schwarz, Hock (37. Woronin) - Nehrbauer (81. Jakic), Demandt (46. Ebongolle)
Tore: 1:0 Möckel (18.), 2:0 Driller (22.), 3:0 Möckel (41.), 4:0 Beliakov (76.) - **SR:** Kemmling (Kleinburgwedel) - **ZS:** 7.000 - **Gelb:** Nehrbauer

SpVgg Unterhaching - TSV München 1860 n.V. 1:2 (1:1, 1:0)
Unterhaching: Tremmel - Herzog, Strehmel, Hirsch - Haber, Oberleitner (85. Seifert), Schwarz, Zimmermann, Straube - Garcia (57. Spizak), Rraklli (77. Bucher)
1860: Jentzsch - Tapalovic, Zelic (71. Paßlack), Ehlers (60. Bierofka) - Cerny, Riedl (82. Beierle), Häßler, Mykland, Tyce - Agostino, Max
Tore: 1:0 Garcia (41.), 1:1 Beierle (89.), 1:2 Agostino (119.) - **SR:** Berg (Konz) - **ZS:** 13.000 - **Gelb:** Strehmel - Riedl, Ehlers, Mykland

VfL Wolfsburg - Hertha BSC Berlin 3:1 (2:1)
Wolfsburg: Reitmaier - Kryger, Hengen, O'Neil - Greiner, Kühbauer (86. Maric), Nowak, Akonnor, Maltritz - Juskowiak (80. Thomsen), Akpoborie (55. Rische)
Hertha BSC: Kiraly - Rehmer, Tretschok, van Burik (62. Sverrisson) - Veit, Dardai (80. Preetz), Konstantinidis, Beinlich, Michalke (80. Roy) - Daei, Alves
Tore: 1:0 Akpoborie (9.), 1:1 Beinlich (20.), 2:1 O'Neil (29.), 3:1 Nowak (84.) - **SR:** Dr. Fleischer (Neuburg) - **ZS:** 8.429 - **Gelb:** Kühbauer, Maltritz - Michalke

SSV Ulm 1846 - FC Energie Cottbus 2:0 (0:0)
Ulm: Hilfiker - Stadler, da Silva, Radoki - Scharinger, Kolvidsson, Gora (88. Maier), Otto, Unsöld - Leandro, Rösler (90. Medved)
Cottbus: Piplica - Hujdurovic, Sebök, Beeck - Reghecampf (60. Latoundji), Akrapovic, Micevski (60. Helbig), Miriuta, Matyus - Labak (77. Konetzke), Franklin
Tore: 1:0 Rösler (52.), 2:0 Leandro (90., FE) - **SR:** Fröhlich (Berlin) - **ZS:** 5.500 - **Gelb:** Micevski, Reghecampf, Hujdurovic

Hannover 96 - FC Hansa Rostock 2:1 (1:0)
Hannover: Sievers - Dermech, Molata, Schäfer - Bounoua, Stefulj, Lala, Linke, Dinzey (59. Morinas) - Simak (78. Däbritz), Stendel
Rostock: Pieckenhagen - Schröder, Zallmann, Oswald - Lange, Wibran (76. Rydlewicz), Weilandt (46. Emara), Breitkreutz, Majak - Agali, Arvidsson
Tore: 1:0 Lala (3.), 1:1 Arvidsson (54.), 2:1 Stefulj (74.) - **SR:** Albrecht (Kaufbeuren) - **ZS:** 18.045 - **Gelb:** Linke - Majak, Zallmann, Agali

Borussia Mönchengladbach - 1. FC Kaiserslautern 5:1 (3:1)
Gladbach: Kamps - Eberl (70. Pletsch), Asanin, Hausweiler, Osthoff - Korell (80. Demo), Nielsen, Witeczek - Korzynietz, van Lent (70. Auer), van Houdt
Kaiserslautern: Gospodarek - Grammozis, Komljenovic, Klos, Strasser - Adzic, Ratinho, Djorkaeff, Hristov (70. Tare) - Lokvenc (57. Klose), Pettersson (26. Marschall)
Tore: 0:1 Pettersson (6.), 1:1 Nielsen (23.), 2:1 van Lent (43.), 3:1 van Lent (45.), 4:1 Demo (84.), 5:1 Auer (87.) - **SR:** Dr. Wack (Biberbach) - **ZS:** 24.100 - **Gelb:** Nielsen, van Houdt, Korell - Hristov, Strasser, Klos, Adzic, Marschall - **B.V.:** Kamps hält FE von Djorkaeff (77.)

FC St. Pauli - FC Schalke 04 n.V. 1:3 (1:1, 1:1)
St. Pauli: Weber - Trulsen, Puschmann, Scheinhardt - Wehlage (112. Bajramovic), Lotter, Meggle, Bürger, Rahn (57. Staczek) - Patschinski, Klasnic (71. Rath)
Schalke: Reck - Hajto, Waldoch, van Kerckhoven - Asamoah, van Hoogdalem (74. Büskens), Möller (81. Alpugan), Nemec, Böhme - Mpenza, Sand (115. Peric)
Tore: 0:1 Böhme (8.), 1:1 Meggle (44.), 1:2 Büskens (111.), 1:3 Sand (114.) - **SR:** Keßler (Wogau) - **ZS:** 20.752 (ausverkauft) - **Gelb:** Rahn, Trulsen, Staczek, Bürger, Patschinski - van Kerckhoven

1. FC Magdeburg - FC Bayern München n.E. 4:2, n.V. 1:1 (1:1, 0:0)
Magdeburg: Dreszer - Rozgonyi, Schmidt, Koc - Holz, Lücke (85. Ivanovic), Zani, Golombek, Hannemann - Ofodile (71. Scholze), Mydlo
FC Bayern: Kahn - Sagnol, Andersson, Sforza, Tarnat - Wiesinger (64. Salihamidzic), Strunz (75. Jeremies), Fink, Sergio - Jancker, Zickler (68. Elber)
Tore: 1:0 Ofodile (66.), 1:1 Salihamidzic (79.); **Elfmeterschießen:** 0:1 Sergio, 1:1 Schmidt, Jeremies gehalten, 2:1 Ivanovic, Elber gehalten, 3:1 Golombek, 3:2 Sagnol, 4:2 Hannemann - **SR:** Jansen (Essen) - **ZS:** 26.000 (ausverkauft) - **Gelb:** Ofodile, Hannemann - Wiesinger

VfB Stuttgart Amat. - VfB Stuttgart 0:3 (0:2)
VfB Stuttgart Am.: Chvalovsky - Lechner (65. Kuranyi), Aybar, Krutsch, Straub - D'Andrea (46. Grimminger), Vujevic, Adrion, Wurster - Tembo, Mayer-Vorfelder (46. Seeber)
VfB Stuttgart: Hildebrand - Hinkel, Meißner (62. Wenzel), Endress (62. Morena), Blank - Catizone, Kauf (46. Todt), Hleb, Djordjevic - Tiffert, Amanatidis
Tore: 0:1 Tiffert (9.), 0:2 Endress (33.), 0:3 Amanatidis (83.) - **SR:** Meyer (Braunschweig) - **ZS:** 4.000 - **Gelb:** Morena

1. FC Union Berlin - SpVgg Greuther Fürth 1:0 (1:0)
1. FC Union: Beuckert - Persich (44. Balcarek), Ernemann, Zafirov - Fährmann, Okeke, Müller, Preiksaitis (89. Zöphel), Nikol - Isa (82. Koilov), Durkovic
Fürth: Reichold - Sbordone, Skarabela, Surmann - Hassa, Walther, Azzouzi, Reichel, Felgenhauer (78. Onwuzuruike) - Ruman (65. Lamptey), Hasenhüttl (37. Teuber/TW)
Tor: 1:0 Isa (37., FE) - **SR:** Scheppe (Wenden) - **ZS:** 3.098 - **Gelb:** Sbordone, Felgenhauer - **Rot:** Reichold (36.)

VfB Lübeck - MSV Duisburg n.E. 3:5, n.V. 1:1 (1:1, 0:0)
Lübeck: Schäfer - Achilles, Rinal, Arens (70. Gundel) - Mbwando, Schultz, Homola, Kullig, Yildirim (46. Türkmen) - Murdza (54. Kruppke), Bärwolf
Duisburg:: Stauce - Wohlert, Steffen, Kovacevic - Wolters, Wedau (54. Zeyer), Drsek, Sarpei, Keidel - Güvenisik (80. Seidel), Policella (46. Milovanovic)
Tore: 1:0 Kruppke (58.), 1:1 Güvenisik (65.); **Elfmeterschießen:** 0:1 Zeyer, Kullig gehalten, 0:2 Seidel, 1:2 Homola, 1:3 Drsek, 2:3 Rinal, 2:4 Kovacevic, 3:4 Schultz, 3:5 Milovanovic - **SR:** Weiner (Ottenstein) - **ZS:** 5.200 - **Gelb:** Bärwolf, Yildirim, Mbwando, Rinal, Schultz, Türkmen - Sarpei, Wohlert

Deutsche Pokalgeschichte

Achtelfinale: Mittwoch, 29.11.2000

VfL Wolfsburg - MSV Duisburg (Di., 28.11.) n.E. 3:4, n.V. 1:1 (0:0)
Wolfsburg: Reitmaier - Thomsen, Hengen, Kryger - Voss (59. Kühbauer), Akonnor, Munteanu (69. Greiner), Weiser, Maric, Juskowiak (46. Akpoborie), Rische
Duisburg:: Bobel - Wohlert, Steffen, Kovacevic, Drsek - Wolters, Sarpei, Zeyer (42. Wedau), Omodiagbe (62. Keidel) - Güvenisik (82. Milovanovic), Seidel
Tore: 0:1 Milovanovic (116.), 1:1 Akonnor (120.); **Elfmeterschießen:** 1:0 Maric, 1:1 Kovacevic, Rische gehalten, 1:2 Wedau, Akonnor gehalten, Seidel gehalten, 2:2 Weiser, 2:3 Drsek, 3:3 Thomsen, 3:4 Milovanovic - **SR:** Sippel (München) - **ZS:** 4.960 - **Gelb:** Maric - Kovacevic, Steffen - **Rot:** Akpoborie (97.)

1. FC Union Berlin - SSV Ulm 1846 (Di., 28.11.) 4:2 (2:1)
1. FC Union: Beuckert - Persich, Tschiedel, Ernemann - Müller (62. Tredup), Okeke, Balcarek (78. Zechner), Koilov, Nikol - Isa (84. Benthin), Durkovic
Ulm: Hilfiker - Stadler, da Silva, Radoki (46. Maier) - Scharinger, Otto (60. Medved), Kevric, Kolvidsson, Unsöld - Leandro, Rösler
Tore: 0:1 Scharinger (26.), 1:1 Isa (30.), 2:1 Isa (44.), 3:1 Durkovic (73.), 3:2 Leandro (75., FE), 4:2 Persich (81.) - **SR:** Keßler (Wogau) - **ZS:** 3.521 - **Gelb:** Ernemann, Nikol, Tschiedel, Zechner, Durkovic - Otto, Maier - **Gelb-Rot:** Rösler (80.)

1. FC Magdeburg - Karlsruher SC (Di., 28.11.) n.V. 5:3 (3:3, 1:2)
Magdeburg: Dreszer - Rozgonyi, Schmidt, Prest (46. Golombek) - Zani, Holz, Maslej, Hannemann, Zentrich (61. Scholze) - Mydlo, Ivanovic (75. Quadri)
KSC: Walter - Zepek, Waterink, Grimm - Fengler, Rus (103. Graf), Seitz (83. Birk), Weis, Boehnke - Nagorny, Cetin (103. Fabus)
Tore: 0:1 Grimm (17.), 1:1 Maslej (33.), 1:2 Weis (44., FE), 2:2 Maslej (77.), 2:3 Nagorny (78.), 3:3 Hannemann (90.), 4:3 Scholze (95.), 5:3 Mydlo (117.) - **SR:** Gagelmann (Bremen) - **ZS:** 8.629 - **Gelb:** Dreszer, Ivanovic, Mydlo, Hannemann, Maslej - Waterink - **Gelb-Rot:** Golombek (120.)

SC Freiburg - Bayer 04 Leverkusen 3:2 (2:1)
Freiburg: Golz - Schumann, Diarra (46. Kondé), Kobiaschwili - Zeyer, Hermel, Kehl, Baya (81. But), Zkitischwili - Iaschwili, Coulibaly (65. Dorn)
Leverkusen: Zuberbühler - Hoffmann, Nowotny, Kovac - Ojigwe (46. Zivkovic), Ramelow, Ballack, Vranjes - Schneider (56. Zé Roberto), Rink, Ponte (63. Kirsten)
Tore: 0:1 Ponte (23.), 1:1 Kobiaschwili (34., FE), 2:1 Kehl (36.), 2:2 Kirsten (74.), 3:2 Dorn (78.) - **SR:** Berg (Konz) - **ZS:** 18.000 - **Gelb:** Diarra - Ponte

TSV München 1860 - VfL Bochum 0:5 (0:1)
1860: Jentzsch - Stranzl, Zelic, Riseth - Cerny, Kurz, Häßler, Mykland, Tyce (59. Bierofka) - Agostino, Max
Bochum: van Duijnhoven - Ristau, Mamic, Sundermann - Bemben, Freier (78. Mandreko), Fahrenhorst (82. Stickroth), Bastürk (74. Rietpietsch), Meichelbeck - Drincic, Buckley
Tore: 0:1 Buckley (33.), 0:2 Bastürk (69.), 0:3 Rietpietsch (75.), 0:4 Drincic (81.), 0:5 Rietpietsch (90.) - **SR:** Weiner (Ottenstein) - **ZS:** 10.000 - **Gelb:** Cerny - Bemben, Ristau, Freier - **Gelb-Rot:** Kurz (60.) - **Rot:** Mykland (62.)

FC Schalke 04 - Borussia Dortmund 2:1 (2:1)
Schalke: Reck - Hajto, Waldoch, van Kerckhoven - Latal (90. Eigenrauch), van Hoogdalem, Möller, Nemec, Böhme - Asamoah (68. Mulder), Sand
Dortmund: Lehmann - Evanilson, Wörns, Kohler, Dede - Stevic (61. Heinrich), Ricken, Oliseh - Addo, Ikpeba (46. Bobic), Reina
Tore: 0:1 Reina (3.), 1:1 Sand (6.), 2:1 van Kerckhoven (42.) - **SR:** Dr. Wack (Biberbach) - **ZS:** 58.419 - **Gelb:** van Kerckhoven, Latal - Stevic, Reina, Ricken, Lehmann - **Gelb-Rot:** Evanilson (88.)

VfB Stuttgart - Hannover 96 2:1 (1:0)
Stuttgart: Hildebrand - Schneider, Soldo, Carnell - Pinto (74. Seitz), Kauf, Balakov (89. Lisztes), Endress, Gerber - Dundee, Hosny (46. Thiam)
Hannover: Sievers - Amadou, Molata, Dermech - Cherundolo (57. Bounoua), Linke, Schäfer, Stefulj (67. Morinas), Dinzey - Simak (78. Däbritz), Stendel
Tore: 1:0 Dundee (8.), 1:1 Simak (52.), 2:1 Balakov (56., FE) - **SR:** Stark (Landshut) - **ZS:** 4.500 - **Gelb:** Soldo, Gerber, Kauf - Linke, Molata

Borussia Mönchengladbach - 1. FC Nürnberg 1:0 (0:0)
Gladbach: Kamps - Eberl, Korell, Asanin, Witeczek - Hausweiler, Nielsen, Demo - Korzynietz, van Lent, Osthoff (81. van Houdt)
Nürnberg: Köpke - Nikl (63. Günther), Kos, Johansson, Wiblishauser - Junior (66. Weigl), Störzenhofecker, Stoilov, Krzynowek - Möckel (73. Gomis), Driller
Tor: 1:0 van Lent (51.) - **SR:** Wagner (Hofheim) - **ZS:** 16.400 - **Gelb:** Korell, Eberl - Kos, Wiblishauser

Viertelfinale: Mittwoch, 20.12.2000

VfB Stuttgart - SC Freiburg n.V. 2:1 (1:1, 1:1)
Stuttgart: Hildebrand - Schneider, Soldo, Blank (60. Gerber) - Djordjevic (72. Seitz), Thiam, Lisztes (52. Ganea), Endress, Balakov, Carnell - Dundee
Freiburg: Golz - Kondé, Kehl, Diarra - Weißhaupt, Zeyer (103. Kobiaschwili), Baya, But, Zandi - Sellimi (61. Coulibaly), Iaschwili (72. Dorn)
Tore: 1:0 Balakov (29.), 1:1 Kehl (31.), 2:1 Ganea (95.) - **SR:** Jansen (Essen) - **ZS:** 13.000 - **Gelb:** Schneider, Endress - Diarra, Sellimi, Zeyer, Kondé

1. FC Union Berlin - VfL Bochum 1:0 (0:0)
1. FC Union: Beuckert (31. Wulnikowski) - Persich, Tschiedel, Ernemann - Müller (68. Zechner), Okeke, Zafirov, Koilov, Nikol - Isa, Balcarek
Bochum: van Duijnhoven - Ristau, Mamic, Meichelbeck - Rietpietsch, Schindzielorz, Freier, Fahrenhorst, Mandreko - Maric, Drincic (77. Baluszynski)
Tor: 1:0 Ernemann (90.) - **SR:** Dr. Merk (Kaiserslautern) - **ZS:** 11.045 - **Gelb:** Balcarek - van Duijnhoven

1. FC Magdeburg - FC Schalke 04 0:1 (0:1)
Magdeburg: Dreszer - Rozgonyi, Schmidt, Franz - Zentrich (78. Quadri), Maslej, Holz, Zani (66. Scholze), Hannemann - Mydlo, Ivanovic (22. Papic)
Schalke: Reck - Hajto, Waldoch, van Kerckhoven - Asamoah (85. Eigenrauch), Nemec, Möller, Büskens (72. van Hoogdalem), Böhme - Sand, Mpenza
Tor: 0:1 Böhme (34., FE) - **SR:** Albrecht (Kaufbeuren) - **ZS:** 26.700 (ausverkauft) - **Gelb:** Ivanovic, Schmidt - Möller, Büskens, Asamoah, Eigenrauch

MSV Duisburg - Borussia Mönchengladbach 0:1 (0:0)
Duisburg:: Bobel - Wohlert, Steffen, Drsek - Hoersen, Wolters, Wedau, Keidel, Sarpei (72. Omodiagbe) - Policella (76. Milovanovic), Güvenisik (59. Ebbers)
Gladbach: Kamps - Eberl, Korell, Pletsch, Osthoff (88. Ter Avest) - Hausweiler, Nielsen, Demo - Korzynietz (72. Witeczek), van Lent, van Houdt
Tor: 0:1 van Lent (67., HE) - **SR:** Krug (Gelsenkirchen) - **ZS:** 27.843 - **Gelb:** Sarpei, Wohlert

Halbfinale: Dienstag, 6.2./Mittwoch, 7.2.2001

1. FC Union Berlin - Bor. Mönchengladbach (Di.) n.E. 4:2, n.V. 2:2 (2:2, 1:0)
1. FC Union: Beuckert - Kremenliev, Tschiedel, Persich, Nikol - Balcarek (69. Zechner), Menze, Ernemann (58. Okeke, Koilov - Isa (69. Teixeira), Durkovic
Gladbach: Kamps - Eberl, Pletsch, Korell, Osthoff - Hausweiler, Nielsen (81. Ter Avest), Demo (109. Stassin) - Korzynietz (46. Aidoo), van Lent, van Houdt
Tore: 1:0 Durkovic (27.), 1:1 van Lent (61.), 1:2 van Lent (67.), 2:2 Menze (80.); **Elfmeterschießen:** van Lent gehalten, 1:0 Teixeira, Eberl gehalten, 2:0 Zechner, 2:1 Hausweiler, 3:1 Durkovic, 3:2 Aidoo, 4:2 Nikol - **SR:** Dr. Fleischer (Neuburg) - **ZS:** 18.100 (ausverkauft) - **Gelb:** Durkovic, Isa, Kremenliev, Tschiedel - Demo, Korell, Hausweiler, Eberl

VfB Stuttgart - FC Schalke 04 (Mi.) 0:3 (0:3)
Stuttgart: Hildebrand - Schneider, Soldo, Bordon - Thiam, Lisztes (20. Seitz), Balakov, Kauf (46. Pinto), Gerber (72. Tiffert) - Ganea, Adhemar
Schalke: Reck - Hajto, Nemec, Happe - Asamoah (85. Kmetsch), van Hoogdalem, Möller, Büskens (74. Eigenrauch), van Kerckhoven - Sand (78. Mulder), Mpenza
Tore: 0:1 Sand (3.), 0:2 Asamoah (6.), 0:3 Mpenza (18.) - **SR:** Berg (Konz) - **ZS:** 35.000 - **Gelb:** Bordon - Nemec

Endspiel: Samstag, 26. Mai 2001 in Berlin

FC Schalke 04 - 1. FC Union Berlin 2:0 (0:0)
Schalke: Reck - Hajto, Nemec (84. Thon), van Hoogdalem - Asamoah (80. Latal), Oude Kamphuis, Möller, Böhme, van Kerckhoven (87. Büskens) - Sand, Mpenza
1. FC Union: Beuckert - Persich, Tschiedel (81. Tredup), Ernemann (56. Teixeira) - Kremenliev, Koilov, Menze, Okeke, Nikol - Isa (70. Zechner), Durkovic
Tore: 1:0 Böhme (53.), 2:0 Böhme (58., FE) - **SR:** Albrecht (Kaufbeuren) - **ZS:** 73.011 (ausverkauft) - **Gelb:** Hajto, Asamoah - Ernemann, Beuckert

Die Torjäger

6	Arie van Lent	(Borussia Mönchengladbach)
4	Gerald Asamoah	(FC Schalke 04)
4	Jörg Böhme	(FC Schalke 04)
4	Ioan Viorel Ganea	(VfB Stuttgart)
4	Harun Isa	(1. FC Union Berlin)
4	Ebbe Sand	(FC Schalke 04)

Pokalsieger FC Schalke 04

	Spiele	Tore
Asamoah, Gerald	6	4
Sand, Ebbe	6	4
Kerckhoven van, Nico	6	1
Möller, Andreas	6	1
Hajto, Tomasz	6	0
Nemec, Jiri	6	0
Reck, Oliver	6	0
Böhme, Jörg	5	4
Mpenza, Emile	5	1
Hoogdalem van, Marco	5	0
Büskens, Michael	4	1
Waldoch, Tomasz	4	0
Mulder, Youri	3	1
Eigenrauch, Yves	3	0
Latal, Radoslav	3	0
Oude Kamphuis, Niels	2	1
Happe, Markus	2	0
Alpugan, Ünal	1	0
Kmetsch, Sven	1	0
Peric, Sladan	1	0
Thon, Olaf	1	0

Zuschauer-Statistik

Runde	Zuschauer gesamt	Spiele	Zuschauer pro Spiel
1. Runde	166.334	32	5.198
2. Runde	211.324	16	13.208
Achtelfinale	124.429	8	15.554
Viertelfinale	78.588	4	19.647
Halbfinale	53.100	2	26.550
Finale	73.011	1	73.011
	706.786	63	11.219

DFB-Pokal 2001/2002

Milliardenliga zwischen Boom und Pleite

Der Kölner Thomas Cichon versenkt den entscheidenden Elfmeter im Achtelfinale beim KFC Uerdingen gegen dessen Keeper Romuald Peiser.

Überraschungen nur bis Runde 2

Für die Freunde der Pokalüberraschungen oder gar -sensationen bot der Wettbewerb 2001/02 ab dem Achtelfinale keinerlei Raum mehr. Wer bis dahin noch nicht für das eigentliche Salz in der Pokalsuppe gesorgt hatte, musste seine Hoffnungen auf bundesweite Schlagzeilen um ein Jahr verschieben. Bereits im Viertelfinale war die 1. Bundesliga - mit Ausnahme des Zweitligisten Rot-Weiß Oberhausen - unter sich. Je näher Berlin in Sichtweite kam, desto ernsthafter wurden die Bemühungen der Profiklubs. Was ja auch etwas für sich hatte, war es doch ein Zeichen dafür, dass der Pokal-Wettbewerb, der zuletzt etwas stiefmütterliche Behandlung erfahren hatte, wieder einen höheren Stellenwert besaß.

Wie im Vorjahr durften sich 17 Amateur-Vertreter in der Startrunde auf den Besuch eines Bundesligisten freuen, wie im Vorjahr machte Hertha BSC die Ausnahme - die Berliner erwischten erneut einen Zweitliga-Neuling. Wie im Vorjahr gewannen die Herthaner mit einiger Mühe, diesmal dank eines späten Alves-Tores in Babelsberg. Die Potsdamer durften sich trotzdem freuen, bescherte ihnen das Derby doch ein mit 14.490 Fans ausverkauftes Karl-Liebknecht-Stadion.

Fünf Bundesligisten blieben zum Start auf der Strecke, womit ersichtlich ist, dass die Anhänger von Favoritenstürzen in der Anfangsphase durchaus auf ihre Kosten kamen. Nie zuvor hatte es eine solche Quote gegeben. Für den größten „Lacher" der Runde sorgte die Dortmunder Borussia - seit dem Pokalsieg 1989 fast schon eine schöne Tradition. Bei der in der Oberliga Niedersachsen/Bremen beheimateten Amateur-Abteilung des VfL Wolfsburg leistete sich die Sammer-Elf eine peinliche 0:1-Niederlage. Den Begriff Sensation verdiente noch der 2:1-Sieg des soeben in die Verbandsliga Württemberg abgerutschten SSV Ulm 1846, der aus gerade einmal zwei Jahre zurückliegender Bundesliga-Zeit nur noch Torjäger-Oldie Dragan Trkulja (der prompt das Siegtor erzielte) aufbieten konnte - Leidtragender war hier der 1. FC Nürnberg. Einige Dezibel leiser waren die erstaunten „Ah's" und „Oh's" bei den Fehltritten von Cottbus (0:1 in Uerdingen), Rostock (0:2 in Osnabrück) und St. Pauli (1:3 in Darmstadt) - ambitionierte Regionalligisten schlagen halt schon mal erstklassige Kellerkinder. Erstaunlich konsequent agierten dagegen die Zweitligisten, die von zwölf Duellen mit Amateuren zehn für sich entschieden. Nur LR Ahlen (im Elfmeterschießen in Erfurt) und der 1. FC Saarbrücken verabschiedeten sich - die Saarländer leisteten sich mit dem 0:5 bei Werder Bremens Amateuren allerdings einen Offenbarungseid.

Die Sensationsteams der ersten Runde mussten drei Monate später die Erfahrung machen, dass engagierte Zweitligisten undankbarer sein können als vermeintliche Spitzenteams. Die Amateure des VfL Wolfsburg waren gegen Hannover 96 ebenso chancenlos wie der SSV Ulm 46 gegen den 1. FC Union Berlin. Während Osnabrück zumindest einen schönen Zahltag als Belohnung für seine Erstrunden-Überraschung bekam, gegen den FC Bayern aber beim 0:2 nur das Fleißkärtchen errang, sorgten Darmstadt 98 und der KFC Uerdingen wieder für Aufsehen. Die Hessen warfen den SC Freiburg, die Krefelder immerhin Werder Bremen aus dem Rennen - jeweils im Elfmeterschießen übrigens. Für brisante und sportlich reizvolle Derbys hatte Leichtathletin Grit Breuer bei der Auslosung zudem gesorgt: Knapp ging's zu auf der Bielefelder Alm (1:2 gegen Schalke), am Aachener Tivoli (1:2 gegen Köln) und im Mannheimer Carl-Benz-Stadion (2:3 gegen Lautern), doch am Ende gewannen die Erstligisten die Auseinandersetzungen mit regionaler Zweitliga-Konkurrenz.

Äußerst eng waren auch die meisten Entscheidungen des Achtelfinales. Vier Partien gingen in die Verlängerung, darunter auch die der letzten verbliebenen Amateurvereine. Süd-Regionalligist Darmstadt 98 bot Pokalverteidiger Schalke 04 im erstmals seit 14 Jahren ausverkauften Böllenfalltor einen klassischen Pokalfight. Wenige Minuten nach der Pause musste Schalkes Anibal Matellan wegen einer Notbremse vorzeitig zum Duschen und ließ seine Kollegen mächtig zittern. Erst nachdem auch die „Lilien" ihren Regisseur Zivojin Juskic wegen Nachtretens verloren hatten, bekamen die Schalker Oberwasser und entschieden das Spiel durch den ansonsten blassen Ebbe Sand in der 115. Minute für sich. Noch länger warten musste der 1. FC Köln in der Grotenburg zu Uerdingen. Gastgeber KFC egalisierte sogar Kurths 0:1 durch Rodriguez und besaß in der Verlängerung optische Vorteile. Die Geißböcke retteten sich ins Elfmeterschießen, wo sich alle Schützen als treffsicher erwiesen - mit Ausnahme des Uerdingers Emerson, der in Markus Pröll seinen Meister fand. Auch Hertha BSC mühte sich bei Zweitligist Eintracht Frankfurt über 120 Minuten zum 2:1-Sieg. Das Bundesliga-Duell zwischen dem VfB Stuttgart und München 1860 schließlich war die vierte Partie, die einer Verlängerung bedurfte. Nach dieser stand es 2:2, somit kam es zum „Shoot-Out", in dem Löwen-Keeper Simon Jentzsch gegen die Brasilianer Adhemar und Bordon die Oberhand behielt. Einen Münchner Sieger hatte auch das zweite Aufeinandertreffen von Bundesligisten - die Bayern warfen den VfL Wolfsburg mit 2:1 aus dem mit 4.000 Besuchern besetzten „Hexenkessel" Olympiastadion. Von gegnerischen Missgeschicken profitierten der 1. FC Kaiserslautern in Mainz (frühe Rote Karte gegen den Mainzer Bodog) und Bayer Leverkusen in Hannover (Kaufmans Pfostenschuss beim Elfer) und fuhren Siege bei führenden Vertretern des Unterhauses ein. Dessen einziger Klub unter den letzten Acht war Rot-Weiß Oberhausen. Die Elf vom Niederrhein siegte etwas überraschend 2:1 bei Union Berlin, revanchierte sich damit für das Ausscheiden im Vorjahr und beendete die Träume der mittlerweile zweitklassigen Köpenicker von einer Wiederholung des letztjährigen Coups.

Abgesehen von RWO war die Bundesliga im Viertelfinale unter sich, von den ersten Acht der Eliteliga fehlten nur Dortmund und Bremen. Brisanteste der vier Paarungen war zweifellos das Gastspiel der krisengeschüttelten Münchner Bayern am gefürchteten Lauterer Betzenberg. Nach sieben sieglosen Ligaspielen war den Bayern die Verunsicherung anzumerken, der FCK besaß die besseren der wenigen Chancen in einem äußerst dürftigen Kick. So setzte Lincoln in der 12. Minute einen Foulelfmeter an den Pfosten. Die Bayern retteten sich ins Elfmeterschießen, zeigten zumindest dort Nervenstärke, indem sie keine Fahrkarte schossen. Dies tat auf der Gegenseite Nenad Bjelica. „Der FC Bayern kann noch gewinnen", war die Erkenntnis des Abends - der Pokal als Krisenbewältigung. Auch für den in der Liga seit 509 Minuten torlosen Abstiegskandidaten 1. FC Köln, der mit dem 2:1 n.V. bei Hertha BSC die Überraschung des Tages vermeldete. Standesgemäß setzten sich Bayer Leverkusen (3:0 gegen München 60) und Schalke 04 (2:0 gegen Oberhausen vor der beachtlichen Kulisse von 54.610 Fans) durch.

Erstmals seit 1996 standen vier Bundesligisten in der Vorschlussrunde, und Skeleton-Weltmeisterin Steffi Hanzlik sorgte mit ihrer Auslosung für spannende Konstellationen: Schalke gegen FC Bayern als echten Knüller, Leverkusen gegen 1. FC Köln als Derby zweier in tiefer Abneigung verbundener rheinischer Rivalen. So unterschiedlich die Vorzeichen beider Halbfinals auch waren, es gab durchaus Parallelen. Beide Arenen, die Bay- wie auch die -AufSchalke waren natürlich ausverkauft, beide Spiele waren nichts für den Freund gepflegter Ballkünste, beide gingen über 120 Minuten, beide erhielten durch zu Roten Karten führende Aussetzer der Herren Donkov (Köln) und Kuffour (Bayern) eine vorentscheidende Wendung. Und schließlich: In der jeweils 100. Minute erzielte van Hoogdalem das 1:0 für Schalke, Zivkovic das 2:1 für Leverkusen, und auch die endgültige Entscheidung fiel fast zeitgleich mit Böhmes 2:0 und Schneiders 3:1. Nach dramatischen Spielen buchten Schalke und Leverkusen die Tickets nach Berlin.

Lebenszeichen der Spatzen

Vier Monate waren vergangen seit dem 22. April 2001. An jenem Frühlingssonntag gastierte der SSV Ulm 1846 zum Punktspiel der 2. Liga im Nürnberger Frankenstadion und entführte beim 2:1-Sieg überraschend drei Zähler. Das änderte freilich nichts daran, dass sich die Wege beider Klubs wenige Wochen später trennten. Nürnberg verließ die Klasse Richtung 1. Bundesliga, der Fahrstuhl der Donaustädter bewegte sich ein Jahr nach dem Bundesliga-Abstieg erneut nach unten. Erstmal in Fahrt gekommen, ließ er sich nicht stoppen. Den Ausgang Regionalliga Süd versperrte der DFB, der dem im Volksmund „Spatzen" genannten SSV die Lizenz verweigerte. Die Tür zur folgenden Etage namens Oberliga Baden-Württemberg wollten die Ulmer nicht öffnen - aufgrund des eröffneten Insolvenzverfahrens wären ihnen dort am Saisonende alle Punkte abgezogen worden. Endstation der rasanten Talfahrt war schließlich die Verbandsliga Württemberg, in der die Spatzen unter der offiziellen Bezeichnung „SSV Ulm 1846 II" fortan mit dem Heidenheimer SB, FV Rottweil und FV Zuffenhausen ihre Kräfte maßen. Die Pokalteilnahme verdankten die Ulmer der erst wenige Monate zurückliegenden, aber nun schon weit entfernten Profi-Vergangenheit. Die lebte beim Besuch des „Club" für 90 Minuten wieder auf. 5.000 Zuschauer sorgten für einen würdigen Rahmen im Donaustadion. Und als wären die letzten Monate ein böser Traum gewesen, gewannen die Schützlinge von Trainer Harry Brobeil wie am 22. April mit 2:1. Nie zuvor hatte ein Fünftligist einen Bundesligisten eliminiert. Der SSV Ulm hätte wohl gern auf diesen Eintrag im Geschichtsbuch verzichtet, nun war der Sieg immerhin ein Lebenszeichen.

Wer ist Yesilyurt, wo ist Brühl?

Schwerer als der Busfahrer des 1. FC Nürnberg, dessen Navigationssystem das Stadion des Verbandsligisten SSV Ulm noch von der letztjährigen Reise kannte, hatten es die Kollegen des SC Freiburg und des 1. FC Kaiserslautern. Ihre Fahrt ging zu den wahren Farbtupfern des Wettbewerbs, den unterhalb der Oberliga beheimateten SV Yesilyurt Berlin bzw. Blau-Weiß Brühl. Yesilyurt, 1973 gegründet und im Bezirk Wedding beheimatet, qualifizierte sich als Landesligist (6. Klasse) u.a. mit Siegen über Regionalligist Tennis Borussia und die Oberligisten Hertha BSC Amateure und Türkiyemspor, war parallel zu den Pokalerfolgen in die Verbandsliga Berlin aufgestiegen und hatte ein ehrgeiziges Ziel: Regionalliga im Jahre 2006. Bei Brühl stellte sich zunächst die Frage: Das Brühl von Steffi Graf, nahe Heidelberg, oder das Brühl mit Phantasialand und Schloss Augustusburg? Letzteres, vor den Toren Kölns gelegen, war die Heimat des mittelrheinischen Landesligisten Blau-Weiß. Die Qualifikation hatte die Mannschaft von Trainer Nissim Beniesch als Siebtligist bewerkstelligt. Star der Multi-Kulti-Elf mit Spielern aus acht Nationen war Mahmut Caliskan, der es auf die geballte Erfahrung von neun Bundesliga-Minuten für den 1. FC Köln am 6.3.93 gebracht hatte. Yesilyurt (2:4) und Brühl (1:4) verkauften sich teuer beim Höhepunkt ihrer Klubgeschichte. Und die Busfahrer der Bundesligisten durften sich freuen, sie fanden die Spielorte problemlos: Yesilyurt war vom eigentlichen Sportplatz an der Ungarnstraße in den Jahn-Sportpark umgezogen, Brühl vom im Pokal nicht erlaubten Aschenplatz ins Schlossparkstadion.

„Oldie" Vandreike blamiert BVB

Mit 26 Jahren ist Mittelfeldspieler Ingo Vandreike der Routinier im Talentschuppen der Wolfsburger Amateure. „Mensch, Schnitzel, auf Deine alten Tage wirst Du noch Torjäger", jubelten die VfL-Anhänger nach der Sensation der ersten Runde, dem 1:0 gegen den BVB. Trainer Michael Krüger stellte den Erfolg „auf eine Stufe mit meinen Pokalsiegen in Afrika", als Coach der Arab Contractors in Ägypten. Während die jungen Wolfsburger ihren Coup in der Discothek Esplanade ausgiebig feierten, leckten die Borussen ihre Wunden. Wieder eine Pokal-Blamage, die die Serie der Pannen gegen Amateure seit 1990 auf vier erweiterte. Ein gerüttelt Maß der Schuld musste sich Trainer Matthias Sammer ankreiden, der bis auf Metzelder und Wörns alle Stammspieler zur Schonung draußen ließ. Als er 20 Minuten vor dem Abpfiff mit der Einwechslung von Koller, Rosicky und Amoroso Schadensbegrenzung zu betreiben versuchte, war es zu spät. „Es lag nicht an der Aufstellung, sondern an der Einstellung", war Christian Wörns ehrlich genug zuzugeben, dass auch das Team seine Aktien an der Pleite hatte.

Elfmeter-Drama im Steigerwaldstadion

Nur gut, dass die Verantwortlichen des Süd-Regionalligisten Rot-Weiß Erfurt bei der Anstoßzeit des Spiels gegen LR Ahlen Weitsicht bewiesen. Aufgrund des fehlenden Flutlichts im Steigerwaldstadion wurde die Partie für Freitag, 17.30 Uhr, terminiert. Immerhin schrieb man erst Ende August, und da sind die Abende noch hell genug, um 120 Minuten plus ein eventuelles Elfmeterschießen bei Tageslicht über die Bühne zu bekommen. Dieses wurde nach unentschiedenem Spielausgang tatsächlich notwendig - und wollte einfach nicht enden. Erst der 24. Elfmeter, verwandelt von Sebastian Hartung, brachte die Entscheidung für Rot-Weiß. Es war deutlich nach 20 Uhr geworden, und die Dunkelheit legte sich bereits bedrohlich über die Arena...

Elfmeter-Pech für SV Werder

Zwei Eisen im Feuer hatte der SV Werder in Runde 2 mit den Profis und den Regionalliga-Amateuren. Zuerst verglühten die Bundesligaspieler in der Uerdinger Grotenburg, wo sich der heimische KFC mit 4:3 durchsetzte - im Elfmeterschießen. Marco Bode war an Keeper Martin gescheitert, Frank Verlaat traf das Tor überhaupt nicht. Tags darauf trafen die Amateure in Oberneuland auf Eintracht Frankfurt, zeigten ein Klassespiel und führten bis in die Nachspielzeit mit 3:2, ehe Sasa Ciric den Hessen zunächst die Verlängerung und letztlich das Elfmeterschießen sicherte. Da Frankfurts Dirk Heinen sowohl gegen Enrico Kern als auch gegen Torhüterkollege Pascal Borel das bessere Ende für sich hatte, war auch das zweite Bremer Pokal-Eisen im Elfmeterschießen kalt geworden. Thomas Schaaf und Amateur-Kollege Frank Neubarth dürften daraufhin einen neuen Trainingsinhalt gesetzt haben.

Immer wieder Bayern München

Laut Fernsehvertrag durften die öffentlich-rechtlichen Sendeanstalten ARD und ZDF aus jeder Pokalrunde eine Partie auswählen, die sie dem geneigten Gebührenzahler live darboten. Dabei bewiesen sie ein glückliches Händchen wie selten zuvor und ließen den eigenen Anspruch auf Ausgewogenheit nicht außer Acht. In Runde 1 übertrug die ARD SC Paderborn 07 - Bayern München, in Runde 2 das ZDF VfL Osnabrück - Bayern München, im Achtelfinale die ARD Bayern München - VfL Wolfsburg (zusätzlich lief Mainz - Kaiserslautern im ZDF), im Viertelfinale wieder das ZDF Kaiserslautern - Bayern München. Die Halbfinals wurden wie gehabt beide übertragen. Fast schon ein Wunder, dass auch das Finale gesendet wurde, war doch der FC Bayern im Halbfinale gescheitert.

Simon Jentzsch wird zum VfB-Albtraum

Bis zum 16. Bundesliga-Spieltag hatten Felix Magaths junge Stuttgarter ihr Gottlieb-Daimler-Stadion zu einer uneinnehmbaren Festung ausgebaut. In acht Ligaspielen waren die Schwaben unbesiegt geblieben - bis die Münchner Löwen kamen, und mit ihnen ein Torhüter namens Simon Jentzsch. Der Angstgegner des VfB, der seit über 20 Jahren im Ländle kein Bundesligaspiel verlor, verlängerte diese Serie mit einem 1:0 - trotz dürftiger Vorstellung, dank erwähnten Keepers Jentzsch, der Balakov, Ganea & Co. schier zur Verzweiflung trieb. Der *kicker* vergab als Note eine glatte 1. Drei Tage später die Neuauflage im Pokal. Nach 120 Minuten heißt es 2:2, es folgt das Elfmeterschießen. Die Löwen verwandeln vier Mal sicher, auf der Gegenseite scheitern Adhemar und Bordon an - Simon Jentzsch. Der erhält „nur" *kicker*-Note 2, ist aber der Mann des Tages und dürfte einigen VfB-Spielern in den folgenden Nächten in Albträumen erschienen sein.

Verbalattacke mit Folgen

Wenn der FC Bayern seine Visitenkarte am Lauterer Betzenberg abgibt, verspricht das in der Regel eine brisante Angelegenheit zu werden. So war es auch diesmal, am 30. Januar 2002, im Pokal-Viertelfinale. Auf der einen Seite der 1. FCK, durch die jüngsten Erfolge in der Liga auf Rang 3 vorgeprescht, auf der anderen Seite der Rekordmeister, zuletzt lange sieben Spiele ohne Bundesliga-Dreier. Angeschlagen, verunsichert und für ihre Verhältnisse kleinlaut gaben sich die Münchner vor dem Spiel. Sie kamen nicht als großer Favorit - aber sie gingen mal wieder als Sieger. In 120 Minuten hatten sich die alten Rivalen wie so oft einen erbitterten Fight geliefert, der phasenweise zu eskalieren drohte. Schiri Jansen zückte neun Verwarnungskarten, bekam das Geschehen aber nicht in den Griff. Mario Basler machte den Unparteiischen aus Essen zum Sündenbock, warf ihm u.a. vor, sich bei der Wahl des Tores, auf das die Elfmeter zu schießen sind, von Bayern-Manager Uli Hoeneß beeinflussen lassen zu haben. Seine Verbalattacke gipfelte in der Bezeichnung „Hosenscheißer". „Hosenscheißer ist bei uns in der Pfalz kein Schimpfwort, bedeutet so viel wie Angsthase. Dafür kann ich nicht bestraft werden", verteidigte sich Super-Mario. Der DFB-Kontrollausschuss sah das etwas anders, sprach eine strenge Ermahnung aus und forderte Basler zur Zahlung von 3.000 Euro zugunsten karitativer Zwecke auf.

Olympiastadion kein gutes Pokal-Pflaster

Seit 1985 findet das Pokalfinale ständig im Berliner Olympiastadion statt. Die Profis von Hertha BSC, die im Ligaalltag das Geläuf des „Deutschen Wembley" beackern, träumen seither vergebens davon, dort mal die Nationalhymne auf dem Rasen stehend zu erleben. Nun stehen sie immerhin im Viertelfinale und sind deutlicher Favorit gegen den 1. FC Köln. Im Olympiastadion, wo sie erstmals seit Oktober 1996 wieder ein Pokal-Heimspiel absolvieren - und wie sechs Jahre zuvor gegen den VfB Stuttgart doch wieder verlieren. Ach ja, 1998 waren die Herthaner „Gast" im eigenen Haus, aber auch als solcher unterlagen sie - 2:4 gegen Lokalrivale Tennis Borussia. Fazit: So lange Berlin fester Endspielort bleibt, wird das nix. Vielleicht sollte die „Alte Dame" es mal wieder mit dem Oberliga-Team versuchen - das stand anno 1993 im Finale gegen Leverkusen. Hat natürlich auch verloren...

DFB-Pokal 2001/2002

Oliver Recks vierter Pokalsieg

Vor dem westdeutschen Finale zwischen Titelverteidiger Schalke 04 und Liga-Vize Bayer Leverkusen taten sich die Experten ungewohnt schwer, einen Favoriten zu benennen. Die entscheidende Frage in den Tagen vor dem Showdown im Olympiastadion war: Wie hat Bayer Leverkusen das erneut knappe Scheitern im Streben nach dem ersten Meistertitel verkraftet? Der Gegner höchstselbst hatte im Vorjahr einen vergleichbaren Schock aus den Knochen zu schütteln und dies erfolgreich bewerkstelligt - allerdings war Gegner 1. FC Union Berlin, mit Verlaub, von einem anderen Kaliber, als dies die Schalker nun für Leverkusen darstellten. Bayer-Manager Reiner Calmund jedenfalls wollte von alldem nichts hören, man habe „überhaupt keine Zeit" darüber nachzudenken. Außer Frage stand, dass die Königsblauen deutlich ausgeruhter waren als die Toppmöller-Elf, die bis zur letzten Sekunde in der Bundesliga voll gefordert war und zudem - Fluch der guten Tat - viel Energie beim sensationellen Champions-League-Höhenflug benötigte hatte. „Wir haben so viel Arbeit in alle drei Wettbewerbe gesteckt, da wollen wir auch ernten", gab „Toppi" seiner Hoffnung Ausdruck, und verwies auf sein Motto „Geist besiegt Körper". Zwischen verpasster Meisterschaft und dem absoluten Höhepunkt, dem vier Tage später stattfindenden CL-Finale gegen Real Madrid, bot das Pokalfinale der Bayer-Elf die Chance, den Spöttern vorzeitig den Wind aus den Segeln zu nehmen, die ihnen drei zweite Plätze prophezeiten. Personell war der Ausfall von Abwehrchef Jens Nowotny das größte Handicap, das allerdings durch Carsten Ramelow aufgefangen werden sollte. Mit zwei trainingsfreien Tagen und ansonsten dosiertem Übungspensum sollte den Belastungen der letzten Woche vor dem Finale Rechnung getragen werden.

Huub Stevens ließ seine Jungs vor seinem persönlichen Abschiedsspiel - der Wechsel zu Hertha BSC stand schon Monate fest - täglich trainieren. Die erneute internationale Qualifikation war als Liga-Fünfter sicher, die Belastungen der letzten Wochen deutlich geringer als die der Werkself. Zwar fiel kurzfristig Stürmer Emile Mpenza verletzt aus, doch mit Victor Agali als Nebenmann von Ebbe Sand konnte diese Lücke locker gefüllt werden. Für Schalke sprachen der direkte Vergleich in der Liga (3:3 daheim, 1:0 in der BayArena), der größere Rückhalt im Publikum sowie die größere Gelassenheit.

Alle Augen auf Oliver Reck. Schalkes Schlussmann lenkt unter Beobachtung von Agali, Lucio, van Hoogdalem, Oude Kamphuis und Berbatov (v. li.) den Ball um den Pfosten.

Mit den Anpfiff sind alle Prognosen und Rechenspiele Makulatur, das bewies dieses 59. Finale einmal mehr. Die vermeintlich angeschlagenen und entkräfteten Bayer-Akteure nahmen die Herausforderung sogleich an - und das Heft des Handelns in die eigene Hand. Gestützt auf einen sicheren Nowotny-Vertreter Ramelow im Abwehrzentrum gewannen die Rheinländer schnell die deutliche Dominanz in der Mittelfeldzentrale. Das Trio Ballack/Schneider/Bastürk beherrschte ganz eindeutig das Geschehen, während bei Schalke Möller und Nemec Abstimmungsprobleme offenbarten und Tomasz Hajto in der Verteidigung überhaupt nicht ins Spiel fand und kapitale Schnitzer zeigte. Die gefürchtete Schalker Offensive hing damit mehr oder weniger in der Luft - die Aktionen fanden in anderen Spielfeldregionen statt. Leverkusener Schwachpunkte waren allenfalls auf den offensiven Flanken in Person von Neuville und Zé Roberto auszumachen, die keinen guten Tag erwischten. Die klaren Vorteile Bayers fanden nach einer knappen halben Stunde in Berbatovs Führungstor den verdienten Ausdruck. Der Bulgare hatte einen Lucio-Schuss vom linken Strafraumeck in Abstaubermanier über die Linie gedrückt. Und wieder war es Tomasz Hajto, der sich zunächst von Yildiray Bastürk bei der Vorbereitung verladen ließ und schließlich Berbatovs Abseitsposition aufhob, dem ein Fehler unterlief. Bayer vergaß in dieser Phase den Sack zuzumachen. Berbatov vergab eine Minute vor dem Wechsel das 2:0, das dem Spielverlauf entsprochen hätte und wohl die Vorentscheidung gewesen wäre. Fast im Gegenzug folgte die knallharte Strafe, verabreicht von Jörg Böhme. Der Matchwinner des letz-

Milliardenliga zwischen Boom und Pleite

ten Finales versenkte einen Freistoß vom rechten Strafraumeck direkt im Winkel - ein Traumtor, dem eine höchst umstrittene Entscheidung von Schiri Dr. Wack vorausging. Der entschied statt Stürmerfoul Asamoah in die andere Richtung. Mit einem für Schalke sehr schmeichelhaften 1:1 ging es in die Kabinen. Huub Stevens durfte sich das weitere Geschehen von Reihe 3 der Haupttribüne ansehen, nachdem ihn Dr. Wack wegen Meckerns von der Bank verwiesen hatte - in der 61. Minute folgte wegen des gleichen „Delikts" übrigens sein Gegenüber Klaus Toppmöller. Damit herrschte wie auf dem Spielfeld auch auf den Bänken Gleichstand.

Wie verwandelt kamen beide Teams aus den Kabinen. Schalke hatte mit dem Wechsel Oude Kamphuis für Unsicherheitsfaktor Hajto die anfällige Abwehr gestärkt, Leverkusen war der Schock des späten Ausgleichs deutlich anzumerken. Die Rollen waren nun vertauscht: Schalke mit stabiler Deckung, einem Sicherheit gewinnenden Nemec im defensiven- sowie einem plötzlich wirbelnden Andy Möller im offensiven Mittelfeld. Leverkusen dagegen zaudernd, ängstlich, unsicher. Den Bayer-Kikkern war das Bestreben anzumerken, eine kräftezehrende Verlängerung zu vermeiden. So rannten sie planlos an und öffneten damit den konterstarken Schalkern die nötigen Räume. Immerhin dauerte es noch bis zur 68. Minute, ehe Victor Agali mit einem 16-Meter-Schuss nach Lucios Ballverlust das längst verdiente 2:1 gelang. Nur drei Minuten später leitete der starke Nigerianer die Entscheidung ein - seinen Pass verwertete Andreas Möller zum 3:1. Der Rest war Formsache: Fünf Minuten vor dem Abpfiff nickte Ebbe Sand eine Rechtsflanke Vermants zum 4:1 ein, ehe dem eingewechselten Torjäger-Oldie Ulf Kirsten nach Brdaric-Zuspiel noch die Ergebniskorrektur zum 4:2-Endstand gelang. Für einen kleinen Wermutstropfen sorgte schließlich mit Victor Agali der beste Spieler des Abends, als er sich gegen Diego Placente zu einer dummen Tätlichkeit hinreißen ließ und Rot sah.

Zum vierten Mal insgesamt und zum zweiten Mal in Folge hieß der Cupsieger FC Schalke 04. „Es tut unendlich weh, Leute wie Euch zu verabschieden, die so viel für Schalke geleistet haben", resümierte Manager Rudi Assauer unter Tränen mit Blick auf Trainer Stevens und die mit ihm ausscheidenden einstigen UEFA-Cup-Helden Mulder, Büskens, Eigenrauch, Thon und Nemec. Hätte es einen schöneren Abschied geben können als diesen? Assauers Worte fielen kurz vor drei Uhr am Sonntagmorgen, doch die Feier war noch lang nicht vorbei. Auch für den ins zweite Glied rückenden Oliver Reck war es der Abschied von einer langen Karriere. Im sechsten Pokalfinale konnte der einstige Bremer zum vierten Mal den Cup gewinnen - das gelang vor ihm nur Klaus Allofs. Während am Schalker Markt ausgelassene Freude herrschte, musste Bayer Leverkusen den zweiten Titel abschreiben. Nun wartete Real Madrid - die dritte Gelegenheit, einer sehr starken Saison die Krone aufzusetzen.

Zum vierten Mal sicherte sich Schalke 04 im Jahre 2002 mit dem verdienten 4:2 gegen Leverkusen den DFB-Pokal.

DFB-Pokal 2001/2002

1. Hauptrunde: Samstag, 25.8.2001

SV Yesilyurt Berlin - SC Freiburg (Fr., 24.8.) 2:4 (1:1)
Yesilyurt: Aktepe - Veremci (32. Aydin), Perkovic, Selim - Bandit, Sabani (79. Polat), Yildiz, Perktas, Senol, Yilmaz (62. Ece) - Yakut
Freiburg: Golz - Schumann (14. Hermel), Müller - Willi, Kehl, But, Zeyer (60. Zkitischwili), Zandi (72. Bruns), Kobiaschwili - Iaschwili, Tanko
Tore: 0:1 Tanko (28.), 1:1 Yakut (40.), 1:2 Iaschwili (57.), 2:2 Perktas (71.), 2:3 Müller (76.), 2:4 Bruns (78.) - **SR:** Meyer (Braunschweig) - **ZS:** 3.000 - **Gelb:** Sabani - Kehl, Kobiaschwili

FC Rot-Weiß Erfurt - LR Ahlen (Fr., 24.8.) n.E. 9:8, n.V. 2:2 (2:2, 0:2)
Erfurt: Twardzik - Bach, Gansauge, Bancic - Sträßer (37. Pätz), Raspe, Seifert, Ziegner, Oswald - Kujat (75. Szewczuk), Dittgen (120. Hartung)
Ahlen: Langerbein - Vasiljevic, Daschner, Schuster - Bamba (58. Rösele), Hamann, Arnold (68. Zimmermann), Simon, Fengler (58. Dama) - Baluszynski, Feinbier
Tore: 0:1 Feinbier (13.), 0:2 Fengler (18.), 1:2 Bach (54., FE), 2:2 Pätz (87.); **Elfmeterschießen:** 0:1 Dama, 1:1 Oswald, 1:2 Daschner, 2:2 Hartung, Vasiljevic gehalten, Ziegner neben das Tor, 2:3 Schuster, 3:3 Bach, 3:4 Rösele, 4:4 Seifert, 4:5 Feinbier, 5:5 Gansauge, Zimmermann über das Tor, Pätz gehalten, 5:6 Hamann, 6:6 Bancic, Simon an den Pfosten, Szewczuk gehalten, 6:7 Langerbein, 7:7 Twardzik, 7:8 Dama, 8:8 Oswald, Rösele gehalten, 9:8 Hartung - **SR:** Gräfe (Berlin) - **ZS:** 2.545 - **Gelb:** Bancic, Seifert, Bach - Langerbein, Vasiljevic - **Rot:** Raspe (90.)

VfB Stuttgart Amat. - SpVgg Greuther Fürth (Fr., 24.8.) 0:1 (0:0)
Stuttgart Am.: Miller - Grimminger, Morena, Fink, Caruso - Lechner (72. Haas), Lehmann, Adrion (86. Luz), Vujevic, Rathgeb (61. Vaccaro) - Kuranyi
Fürth: Reichold - Schlicke, Boy - Ruman, Unsöld, Reichel (52. Hassa), Azzouzi, Surmann, Batista - Reiss (53. Hasenhüttl), Kioyo (82. Türr)
Tor: 0:1 Azzouzi (60.) - **SR:** Kammerer (Karlsruhe) - **ZS:** 1.200 - **Gelb:** Morena, Lechner, Adrion - Unsöld, Ruman

VfR Mannheim - Hannover 96 (Fr., 24.8.) 1:3 (0:1)
Mannheim: Rechner - Benda, Hennig, Schmidt, Klandt - Dybek, Öller (67. Mallam), Krauss, Kranz (46. Juric) - Dzihic (60. Talib), Lakies
Hannover: Sievers - Cherundolo (76. Schäfer), Linke, Diouf, Mikolajczak - Lala, Kaufman (64. N'Diaye), Simak (82. Krupnikovic), Stefulj - Stendel, Keita
Tore: 0:1 Keita (6.), 0:2 Stendel (46.), 0:3 Kaufman (63.), 1:3 Benda (89., FE) - **SR:** Schmidt (Stuttgart) - **ZS:** 1.200 - **Gelb:** Rechner, Klandt - Krupnikovic - **B.V.:** Rechner hält FE von Kaufman (45.)

SV Babelsberg 03 - Hertha BSC Berlin 1:2 (1:0)
Babelsberg: Kunze - Härtel, Laars, Lorenz, Miftari - Röver, Civa (66. Boban), Gatti, Chalaskiewicz - Kampf (56. Laaser), Milovanovic
Hertha BSC: Kiraly - Konstantinidis, Sverrisson - Rehmer (72. Simunic), Maas (46. Schmidt), Deisler, Dardai, Goor - Alves (90. Tretschok), Preetz, Marcelinho
Tore: 1:0 Röver (7.), 1:1 Marcelinho (55.), 1:2 Alves (89.) - **SR:** Kemmling (Kleinburgwedel) - **ZS:** 14.490 (ausverkauft) - **Gelb:** Härtel, Laaser - Konstantinidis, Alves

FC Homburg 08 - Hamburger SV 2:5 (0:5)
Homburg: Kozel - Bachtobji, Seufert, Melunovic - Drljaca (46. Geib), Lahm, Mehle, Anton (61. Conde), Jung - Kessler, Sorg (69. Awe)
HSV: Pieckenhagen - Hertzsch, Hoogma, Panadic - Groth, Maltritz, Meijer, Töfting, Ketelaer - Bester (46. Antar), Heinz
Tore: 0:1 Meijer (1.), 0:2 Hoogma (11.), 0:3 Groth (23.), 0:4 Hoogma (29.), 0:5 Bester (40.), 1:5 Sorg (52.), 2:5 Jung (53.) - **SR:** Berg (Konz) - **ZS:** 8.000 - **Gelb:** Anton - Heinz

KFC Uerdingen 05 - FC Energie Cottbus 1:0 (0:0)
Uerdingen: Martin - Janota, Vriesde, Koenen - Schmugge, Bradasch, Nouri, Eraslan, Sauerland - Fiore, Abdulai (89. Maaß)
Cottbus: Piplica - da Silva, Sebök, Matyus - Reghecampf, Schröter, Miriuta, Akrapovic, Thielemann (65. Helbig) - Labak (76. Vincze), Brasilia (53. Topic)
Tor: 1:0 Fiore (63.) - **SR:** Späker (Marl) - **ZS:** 2.936 - **Gelb:** Matyus

Würzburger FV - TSV München 1860 0:10 (0:3)
Würzburg: Kraft (62. Kunze) - Bruckner, Mahler, Martach - Auer, Grönert (56. Manger), Brunner, Mintzel, Betzel - Fröhner (52. Hörner), Gerhardt
1860: Hofmann - Hoffmann, Zelic, Pfuderer - Wiesinger, Borimirov (68. Tyce), Häßler (61. Bierofka), Mykland, Weissenberger - Schroth (52. Ipoua), Max
Tore: 0:1 Schroth (19.), 0:2 Weissenberger (25.), 0:3 Max (45.), 0:4 Häßler (47.), 0:5 Max (48.), 0:6 Borimirov (68.), 0:7 Ipoua (73.), 0:8 Weissenberger (74.), 0:9 Weissenberger (75.), 0:10 Weissenberger (89.) - **SR:** Wezel (Tübingen) - **ZS:** 10.100 - **Gelb:** Weissenberger

Blau-Weiß Brühl - 1. FC Kaiserslautern 1:4 (1:3)
Brühl: Betz - Odobasic, Morig, Toure - Jemjani, Kilic, Schmitz, Yildiz, Büyükünsal (58. Gök), Unterbusch (84. Celik) - Kahveci (80. Caliskan)
Kaiserslautern: Weidenfeller - Klos, Hengen, Knavs - Basler (60. Grammozis), Ratinho, Lincoln, Strasser, Malz (75. Kullig) - Lokvenc (46. Klose), Pettersson
Tore: 1:0 Morig (18., FE), 1:1 Lokvenc (28.), 1:2 Knavs (42.), 1:3 Lokvenc (44.), 1:4 Lincoln (89.) - **SR:** Perl (München) - **ZS:** 6.500 - **Gelb:** Hengen, Pettersson

VfL Osnabrück - FC Hansa Rostock 2:1 (1:0)
Osnabrück: Brunn - Alder, Ukrow, Halat (46. Kowalik) - Petersen, Owomoyela, Everson, Enochs, Sidney - Thioune (79. Schütte), Poutilo (79. Claaßen)
Rostock: Schober - Hill, Jakobsson, Schröder - Rydlewicz, Lantz, Weißhaupt, Hirsch, Maul (46. Brand) - Salou (64. Arvidsson), di Salvo
Tore: 1:0 Poutilo (35.), 2:0 Everson (70.), 2:1 Arvidsson (72.) - **SR:** Fröhlich (Berlin) - **ZS:** 8.000 - **Gelb:** Everson - Schröder, Weißhaupt - **B.V.:** Schober hält FE von Thioune (42.)

VfB Lübeck - SV Werder Bremen 2:3 (1:2)
Lübeck: Wilde - Achilles (72. Schultz), Rinal, Arens - Mbwando (53. Kruppke), Mbidzo (84. Vysniauskas), Homola, Przondziono, Türkmen - Turgut, Scharping
Bremen: Rost - Baumann, Verlaat, Krstajic - Tjikuzu, Eilts (67. Ernst), Stalteri, Lisztes (85. Borowski), Skripnik - Klasnic, Ailton
Tore: 1:0 Scharping (15.), 1:1 Ailton (20.), 1:2 Ailton (27.), 1:3 Tjikuzu (53.), 2:3 Kruppke (80.) - **SR:** Jansen (Essen) - **ZS:** 12.000 - **Gelb:** Wilde - Krstajic, Baumann

VfL Wolfsburg Amat. - Borussia Dortmund 1:0 (0:0)
Wolfsburg Am.: Loboué - Sicenica (80. Kleeschätzky), Franz, Lorenz, Wiedenroth - Igwe, Vandreike, Habryka, N. Müller (60. Herbst), Siegert - Janicki (85. Cirousse)
Dortmund: Laux - Metzelder, Wörns, Madouni - Stevic, Demel (70. Rosicky), Ricken, Kapetanovic (76. Amoroso) - Sörensen, Bobic, Krontiris (70. Koller)
Tor: 1:0 Vandreike (64.) - **SR:** Schößling (Leipzig) - **ZS:** 5.166 - **Gelb:** Habryka, Vandreike, Janicki, Igwe - Madouni, Metzelder

Karlsruher SC - SV Waldhof Mannheim 2:5 (1:2)
KSC: Walter - Grimm (72. Cetin), Waterink, Kracht - Rothenbach, Ertl, Rus, Engelhardt - Fritz (56. Graf), Labbadia, Fuchs (79. Weis)
Waldhof: Hollerieth - Pasieka, Santos, Boukadida, Everaldo - Licht (67. Zinnow), Trares, Vukotic, Catic (77. Fickert) - Ivanov (79. Erdogan), Klausz
Tore: 1:0 Fuchs (20.), 1:1 Grimm (30., ET), 1:2 Klausz (35.), 1:3 Catic (55.), 1:4 Klausz (64.), 2:4 Fuchs (69., HE), 2:5 Ivanov (72.) - **SR:** Lange (Filderstadt) - **ZS:** 12.400 - **Gelb:** Fritz, Waterink, Labbadia - Trares, Ivanov, Pasieka, Boukadida

FC St. Pauli Amat. - Eintracht Frankfurt n.V. 0:1 (0:0)
St. Pauli Am.: Miethe - Matthies, Adamu, Brückner - Pomorin, Galloway, Sager, Trimborn (46. Pedroso Bussu), Schacht (61. Trochowski) - Albrecht, Griem (61. Kazior)
Frankfurt: Heinen - Bindewald (87. Rasiejewski), Rada, Sim - Skela, Wimmer, Nemeth, Preuß, Jones - Reichenberger (46. Gemiti), Guié-Mien (64. Streit)
Tor: 0:1 Skela (118., FE) - **SR:** Koop (Lüttenmark) - **ZS:** 5.585 - **Gelb:** Galloway, Albrecht, Matthies - Jones, Nemeth, Skela - **Gelb-Rot:** Wimmer (35.)

VfR Aalen - Rot-Weiß Oberhausen 0:2 (0:1)
HSV: Sabanov - Menck, Neumann, Bochtler - Müller, Braun (59. Rogosic), Theres, Ollhoff, Okic, Iseli (59. Butrej) - Agu (74. Coulibaly)
Oberhausen: Adler - Baumann, Luginger, Tiéku - Lipinski, Rietpietsch (76. Chiquinho), Scharpenberg, Falk (69. Langeneke), Judt - Vier, Obad (68. Beliakov)
Tore: 0:1 Lipinski (20., FE), 0:2 Beliakov (87.) - **SR:** Brych (München) - **ZS:** 2.500 - **Gelb:** Bochtler - Scharpenberg

FC Erzgebirge Aue - 1. FSV Mainz 05 n.V. 1:2 (1:1, 1:1)
Aue: Böhme - Noveski, Hasse, Grund - Heidrich (80. Kadow), Kurth (69. Müller), Tomoski, Sionko, Jank (62. Dreyer) - Broum, Kunze
Mainz: Wache - Bodog, Christ, Neustädter, Schuler - Babatz (78. Nikolic), Kramny, Schwarz, Hock - Thurk (44. Friedrich), N'Kufo (91. Woronin)
Tore: 0:1 Hock (10.), 1:1 Hasse (29.), 1:2 Woronin (114.) - **SR:** Weber (Eisenach) - **ZS:** 3.500 - **Gelb:** Hasse - Schwarz, Woronin - **Rot:** Christ (41.)

Eintracht Trier - Alemannia Aachen n.V. 2:4 (1:1, 0:1)
Trier: Ischdonat - Koster, Prus, Latinovic, Benschneider - Keller (80. Aziz), Kevric, Thömmes (109. Wagner), Grzeskowiak - Winkler, Weis (58. Dragusha)
Aachen: Chr. Schmidt - Landgraf (21. Rauw), F. Schmidt, Heeren, Zernicke - Caillas (64. Hildmann), Grlic, Lämmermann, Lozanovski - Diane, Ivanovic (80. Zhang)
Tore: 0:1 Ivanovic (15.), 1:1 Keller (69.), 1:2 Zhang (99.), 1:3 Diane (103.), 1:4 Lämmermann (111.), 2:4 Aziz (112.) - **SR:** Voss (Großhansdorf) - **ZS:** 4.150 - **Gelb:** Kevric, Benschneider - Heeren, Lozanovski, Zernicke - **Gelb-Rot:** Winkler (67.)

Stuttgarter Kickers - SpVgg Unterhaching 1:5 (0:1)
Stuttgart: Kockel - Cast, Leblanc (55. Ritter), Kritzer - Pleuler, Scharinger, Maric, Minkwitz (83. Wagner), R. Zimmermann (62. Greco) - da Silva, Njock
Unterhaching: Gurski - Bucher, Strehmel (74. Grassow), Straube - Nowak, Lexa, M. Zimmermann (46. Spizak), Schwarz, Bugera - Breitenreiter, Rraklli (65. Weinzierl)
Tore: 0:1 M. Zimmermann (4.), 0:2 Spizak (48.), 0:3 Spizak (49.), 0:4 Spizak (57.), 0:5 Schwarz (60.), 1:5 Njock (82.) - **SR:** Trautmann (Florstadt) - **ZS:** 1.920 - **Gelb:** Kritzer, Minkwitz

SV Darmstadt 98 - FC St. Pauli (So., 26.8.) 3:1 (2:1)
Darmstadt: Clauß - Amstätter, B. Lense, Hasa (54. Aybar), Nagy - Kolb, Juskic, Simon, da Costa - Maier, Wagner (73. Musci)
St. Pauli: Bulat - Trulsen, Stanislawski, Basic - Racanel (67. Konetzke), Inceman (46. Baris), Meggle, Bürger, Rahn (46. Gibbs) - Rath, Patschinski
Tore: 1:0 Kolb (11.), 1:1 Patschinski (13.), 2:1 Maier (21.), 3:1 Musci (90.) - **SR:** Scheppe (Wenden) - **ZS:** 9.000 - **Gelb:** B. Lense, Musci - Meggle

SSV Jahn Regensburg - Bayer 04 Leverkusen (So., 26.8.) 0:3 (0:1)
Regensburg: Ermler - Teichmann, Knackmuß, Keuler - Zellner, Gfreiter, Dehoust (57. Hanke), Y. Mokhtari (70. Fersch), Yildirim - Holm (70. Petry), Tölcseres
Leverkusen: Butt - Sebescen (75. Zivkovic), Lucio, Nowotny, Placente - Ojigwe, Ramelow, Schneider, Vranjes - Neuville (46. Berbatov), Kirsten (64. Brdaric)
Tore: 0:1 Kirsten (13.), 0:2 Lucio (54.), 0:3 Schneider (61.) - **SR:** Keßler (Wogau) - **ZS:** 10.060 - **Gelb:** Tölcseres, Teichmann, Y. Mokhtari, Zellner - Placente

FC Schönberg 95 - VfB Stuttgart (So., 26.8.) 2:4 (2:0)
Schönberg: Schmidtke - Warnick (73. Putzier), Wittfot, Topé (23. Haese) - Urgast, Purtz, Riegel, Koch, Adigo, Pocisk (30. Tetzlaff) - Neitzel
Stuttgart: Hildebrand - Marques, Bordon, Wenzel - Seitz (46. Hinkel), Soldo, Hleb, Meißner, Gerber (76. Carnell) - Ganea (46. Kuranyi), Adhemar
Tore: 1:0 Urgast (12.), 2:0 Neitzel (15.), 2:1 Gerber (59.), 2:2 Adhemar (65.), 2:3 Kuranyi (87.), 2:4 Adhemar (89.) - **SR:** Anklam (Hamburg) - **ZS:** 4.500 - **Gelb:** Wittfot - Hinkel, Adhemar

Chemnitzer FC - 1. FC Köln (So., 26.8.) 2:5 (2:3)
Chemnitz: Hiemann - Bittermann, Hauptmann, Schmidt, Franke (68. Chudzik) - Walther, Tchipev, Fröhlich (84. Ratkowski), Göhlert - Krieg, Meissner (58. Podszus)
1. FC Köln: Bade - Dziwior, Cullmann - Reeb, Balitsch, Kreuz, Springer (79. Sinkala), Voigt - Scherz, Baranek (79. Kurth), Donkov (64. Reich)
Tore: 1:0 Fröhlich (7.), 2:0 Krieg (8.), 2:1 Scherz (9.), 2:2 Donkov (19.), 2:3 Kreuz (42.), 2:4 Scherz (66.), 2:5 Scherz (75.) - **SR:** Minskowski (Hanstedt) - **ZS:** 4.330 - **Gelb:** Franke - Voigt - **B.V.:** Hiemann hält FE von Voigt (44.)

1. FSV Mainz 05 Amat. - Bor. M'gladbach (So., 26.8.) n.E. 2:4, n.V. 0:0
Mainz Am.: Wetklo - Probst, Kühl, Steffgen, Muftawu - Eichinger, Sahin (71. Elbousidi), Kühne (88. Sözen), Maas - Azaouagh, Jakic (64. Bediako)
Gladbach: Stiel - Eberl, Korell, Pletsch, Witeczek - Hausweiler, Nielsen (46. Stassin), Demo (62. Ulich) - Korzynietz (95. Küntzel), van Lent, van Houdt
Elfmeterschießen: 0:1 van Lent, 1:1 Eichinger, 1:2 Küntzel, Azaouagh gehalten, 1:3 Ulich, 2:3 Maas, 2:4 van Houdt, Steffgen gehalten - **SR:** Stark (Landshut) - **ZS:** 5.000 - **Gelb:** Kühl - van Houdt, Stassin

Milliardenliga zwischen Boom und Pleite

SC Freiburg Amat. - FC Schalke 04 (So., 26.8.) 0:1 (0:0)
Freiburg Am.: Reus - Genu, Kaufmann, Kondé, Borrozzino (63. Oswald) - Zamtaradse, Männer, Gerber, Mikic (84. Sieah) - Dorn (86. Schwehr), Bruns
Schalke: Reck - Hajto, Waldoch, van Kerckhoven - Asamoah (63. Vermant), Wilmots (90. van Hoogdalem), Möller, Kmetsch, Djordjevic (29. Büskens) - Agali, Sand
Tor: 0:1 Sand (70.) - **SR:** Sippel (München) - **ZS:** 8.500 - **Gelb:** Kondé, Kaufmann - Kmetsch - **Rot:** Waldoch (45.)

1. FC Magdeburg - VfL Wolfsburg (So., 26.8.) 1:5 (1:3)
Magdeburg: Dreszer - Scholze (59. Fengler), Maslej, Schmidt, Golombek - Mba, Kallnik, Zani (46. Lücke), Hannemann - Uzoma, Papic (46. Dobry)
Wolfsburg: Reitmaier - Biliskov, Petkovic, Kryger - Plassnegger (77. Greiner), Kühbauer, Munteanu, Rau (81. Madsen) - Ponte, Kennedy (79. Maric), Petrov
Tore: 1:0 Scholze (15.), 1:1 Munteanu (17.), 1:2 Kennedy (23.), 1:3 Petrov (36.), 1:4 Kennedy (47.), 1:5 Maric (83.) - **SR:** Kircher (Rottenburg) - **ZS:** 8.800 - **Gelb:** Hannemann - Kryger

SSV Ulm 1846 - 1. FC Nürnberg (So., 26.8.) 2:1 (1:1)
Ulm: Betz - Skowranek, Saur, Djukanovic - Ülger, Schmitt (74. Mangold), Tokic, Demirkiran, Lang (46. Seitz) - Tembo (60. Erdinc), Trkulja
Nürnberg: Kampa - Frey, Kos, Nikl, Wiblishauser - Sanneh (67. Leitl), Stoilov, Jarolim, Krzynowek (67. Müller) - Gomis, Villa (60. Hobsch)
Tore: 1:0 Skowranek (25.), 1:1 Stoilov (40.), 2:1 Trkulja (60., FE) - **SR:** Kinhöfer (Herne) - **ZS:** 5.000 - **Gelb:** Skowranek, Tokic, Trkulja - Sanneh, Krzynowek

1. FC Union Berlin - MSV Duisburg (So., 26.8.) 1:0 (0:0)
1. FC Union: Beuckert - Persich, Menze, Kozak - Kremenliev, Balcarek (46. Vidolov), Koilov, Okeke, Nikol - Ristic (55. Isa), Chifon (77. Fiel)
Duisburg: Brasas - Keidel, Kovacevic, Drsek, Bönig - Wolters, Zeyer, Vana (68. Köhler), Peschel (77. Gruev) - Policella (68. Milovanovic), Güvenisik
Tor: 1:0 Vidolov (66., HE) - **SR:** Gagelmann (Bremen) - **ZS:** 5.741 - **Gelb:** Kozak, Balcarek, Fiel - Drsek, Kovacevic, Bönig

SV Werder Bremen Amat. - 1. FC Saarbrücken (So., 26.8.) 5:0 (2:0)
Bremen Am.: Borel - Altindag (46. Schroer), Neunaber, Schierenbeck, Spasskow - Beckert, Borowski, Schulz (81. Canizales), Rolfes - Kern (46. Aydin), Mamoum
Saarbrücken: Eich - Winklhofer, Stratos, Echendu - Catizone, Weber (71. Laping), Covic, Muschinka (42. Dikhtiar), De Guzman (46. Maier), Rehm - Choji
Tore: 1:0 Mamoum (16.), 2:0 Kern (43.), 3:0 Schulz (60.), 4:0 Rolfes (79.), 5:0 Rolfes (86.) - **SR:** Frank (Hannover) - **ZS:** 700 (in Oberneuland) - **Gelb:** Altindag, Borowski - De Guzman, Winklhofer

FC Energie Cottbus Amat. - Arminia Bielefeld (So., 26.8.) 0:4 (0:2)
Cottbus Am.: Berntsen - Nuhs, Woltmann, Neubert, Ballaschk (81. Trehkopf) - Pahn (77. Unversucht), Scherbe, Handreck, Termina - Keutel (56. Brychcy), Kubis
Bielefeld: Hain - Friedrich (61. Klitzpera), Reinhardt, Borges - Brinkmann (75. Flock), Kauf, Vata (61. Sternkopf), Dabrowski, Dammeier - van der Ven, Wichniarek
Tore: 0:1 Borges (11.), 0:2 Kauf (13.), 0:3 van der Ven (74.), 0:4 Flock (88.) - **SR:** Rafati (Hannover) - **ZS:** 1.002

FC Schüttorf 09 - SSV Reutlingen (So., 26.8.) 1:4 (0:2)
Schüttorf: Kremer - Hüsers, Röttger, Kotzek - Schmidt (62. Zevenhuizen), Börger, Sadovic, Rötterink, Blanke - Hasnik, Pierik (79. Lammers)
Reutlingen: Curko - Kies, Malchow, Kovar, Traub - Weigl (46. Schmiedel), Aduobe, Becker, Janic - Djappa (62. Hoffmann), Garcia (78. Frommer)
Tore: 0:1 Becker (22.), 0:2 Garcia (36.), 0:3 Djappa (58.), 1:3 Börger (74.), 1:4 Hoffmann (77.) - **SR:** Steinborn (Sinzig) - **ZS:** 1.000 - **Gelb:** Malchow

FC Schalke 04 Amat. - VfL Bochum (So., 26.8.) 0:1 (0:0)
Schalke Am.: Heimeroth - Beckmann, Kläsener, Zepanski - Durgun (90. Baron), Wiwerink (68. Acic), Hajnal, Peric, Trojan - Koch (46. Szollar), Titartchouk
Bochum: Vander - Fahrenhorst, Reis, Dickhaut - Bemben, Berchtold (56. Freier), Colding, Wosz (90. Mandreko), Buckley - Maric, Christiansen (81. Lust)
Tor: 0:1 Christiansen (64.) - **SR:** Margenberg (Wermelskirchen) - **ZS:** 3.000 - **Gelb:** Wiwerink, Peric - Fahrenhorst

SC Paderborn 07 - FC Bayern München (Mo., 27.8.) 1:5 (0:2)
Paderborn: Kellermann - Kushev, Bollmann, Krösche (86. Becker) - Macak, Karpowicz, Saric (61. Canale), Valtchinov, Litimba (76. Devoli) - Gerov, N'Tsika-Compaige
FC Bayern: Kahn - Kuffour, Sforza (54. Hargreaves), Linke - Salihamidzic, N. Kovac, Fink, Tarnat - Santa Cruz (76. Elber), Jancker (76. Pizarro), Zickler
Tore: 0:1 Jancker (6.), 0:2 Santa Cruz (23.), 0:3 Zickler (51.), 0:4 N. Kovac (65.), 0:5 Zickler (71.), 1:5 Karpowicz (89.) - **SR:** Aust (Köln) - **ZS:** 26.620 (ausverkauft, in Bielefeld) - **Gelb:** N'Tsika-Compaige, Karpowicz - Sforza, Jancker, Tarnat - **B.V.:** Kahn hält FE von Valtchinov (84.)

2. Hauptrunde: Mittwoch, 28.11.2001

Hamburger SV - VfB Stuttgart (Di., 27.11.) 0:2 (0:1)
HSV: Pieckenhagen - Hertzsch (54. Barbarez), Schneider, Ujfalusi, Hollerbach - Benjamin, Töfting, Albertz - Präger, Meijer, Ketelaer (60. Bester)
Stuttgart: Hildebrand - Hinkel, Marques, Wenzel, Carnell - Hleb (49. Tiffert), Meißner, Balakov, Soldo, Seitz - Ganea (63. Dundee)
Tore: 0:1 Seitz (41.), 0:2 Ganea (58.) - **SR:** Albrecht (Kaufbeuren) - **ZS:** 19.025 - **Gelb:** Hertzsch, Meijer, Hollerbach, Benjamin

Arminia Bielefeld - FC Schalke 04 (Di., 27.11.) 1:2 (0:1)
Bielefeld: Hain - Friedrich, Reinhardt, Borges - Brinkmann, Kauf, Dabrowski, Dammeier, Klitzpera (64. Albayrak) - Wichniarek, Vata
Schalke: Reck - Hajto, Waldoch, van Kerckhoven - Oude Kamphuis (88. van Hoogdalem), Asamoah, Nemec, Möller, Vermant (83. Büskens), Wilmots - Sand
Tore: 0:1 Sand (27.), 1:1 Wichniarek (57.), 1:2 Möller (90.) - **SR:** Aust (Köln) - **ZS:** 26.601 (ausverkauft) - **Gelb:** Klitzpera, Dammeier, Borges - Waldoch, Wilmots, Oude Kamphuis, Asamoah

VfL Wolfsburg - SpVgg Unterhaching (Di., 27.11.) 3:0 (1:0)
Wolfsburg: Reitmaier - Müller, Schnoor, Biliskov, Madsen (79. Kryger) - Karhan, Munteanu (75. Plassnegger), Akonnor - Ponte, Maric (55. Rische), Petrov
Unterhaching: Tremmel - Bucher, Seifert, Strehmel, Straube - Nowak (82. Grassow), Schwarz, Zimmermann - Lexa (72. Weinzierl), Rraklli, Bugera (72. Breitenreiter)
Tore: 1:0 Müller (11.), 2:0 Rische (63.), 3:0 Plassnegger (90.) - **SR:** Fandel (Kyllburg) - **ZS:** 2.535

FC Rot-Weiß Erfurt - Hertha BSC Berlin (Di., 27.11.) n.V. 1:2 (1:1, 1:1)
Erfurt: Twardzik - Bach, Gansauge, Loose, Sträßer - Pätz (103. Dittgen), Raspe (91. Oswald), Seifert (68. Hartung), Ziegner - Fuchs, Hebestreit
Hertha BSC: Fiedler - Lapaczinski, Schmidt, Sverrisson, Hartmann - Tretschok, Maas, Beinlich (46. Dardai) - Pinto (46. Alves, 91. Goor), Daei, Neuendorf
Tore: 0:1 Beinlich (1.), 1:1 Hebestreit (44.), 1:2 Dardai (92.) - **SR:** Schmidt (Stuttgart) - **ZS:** 5.000 - **Gelb:** Hartmann, Neuendorf, Dardai

KFC Uerdingen 05 - Werder Bremen (Di., 27.11.) n.E. 4:3, n.V. 1:1 (1:1, 0:1)
Uerdingen: Martin - Puschmann, Vriesde, Koenen - Schmugge, Nouri, Eraslan (75. Janota), Sauerland, Maaß - Emerson (75. Abdulai), Fiore (68. Rodriguez)
Bremen: Rost - Baumann, Verlaat, Krstajic - Stalteri, Frings (111. Bode), Lisztes (68. Banovic), Borowski, Skripnik - Ailton (114. Silva), Klasnic
Tore: 0:1 Borowski (17.), 1:1 Schmugge (80., FE); **Elfmeterschießen:** Bode gehalten, 1:0 Schmugge, 1:1 Borowski, 2:1 Maaß, 2:2 Skripnik, Janota gehalten, 2:3 Banovic, 3:3 Rodriguez, Verlaat verschossen, 4:3 Vriesde - **SR:** Pickel (Ettringen) - **ZS:** 7.112 - **Gelb:** Krstajic, Verlaat, Frings, Klasnic

1. FSV Mainz 05 - SpVgg Greuther Fürth (Di., 27.11.) 3:2 (1:1)
Mainz: Wache - Nikolic, Friedrich, Christ, Schuler - Babatz, Schwarz, D. Weiland (46. Kramny) - Thurk, N'Kufo, Hock (81. Ziemer)
Fürth: Neuhaus - Surmann (63. Boy), Unsöld, Mamic, Batista - Ruman, Reichel, Azzouzi, Dworrak - Hagner (56. Reiss), Amanatidis (56. Kioyo)
Tore: 0:1 Dworrak (16.), 1:1 Thurk (44.), 2:1 Kramny (47.), 2:2 Ruman (87.), 3:2 Babatz (90.) - **SR:** Fröhlich (Berlin) - **ZS:** 5.100 - **Gelb:** Nikolic, Schuler, Friedrich - Batista, Reichel, Boy, Kioyo - **Gelb-Rot:** Azzouzi (42.)

TSV München 1860 - Borussia Mönchengladbach 4:3 (1:3)
1860: Jentzsch - Ehlers, Votava (46. Cerny), Pfuderer, Dheedene - Wiesinger, Mykland (31. Bierofka), Borimirov, Weissenberger - Max, Suker (61. Schroth)
Gladbach: Stiel - Eberl, Pletsch, Korell (70. Asanin), Münch - Hausweiler, Stassin, Ulich (77. Küntzel) - Korzynietz (77. Mieciel), van Lent, van Houdt
Tore: 1:0 Weissenberger (8.), 1:1 Hausweiler (29.), 1:2 van Lent (33.), 1:3 Korzynietz (38.), 2:3 Max (48.), 3:3 Suker (57.), 4:3 Wiesinger (74.) - **SR:** Meyer (Braunschweig) - **ZS:** 5.700 - **Gelb:** Cerny - Eberl

SV Waldhof Mannheim - 1. FC Kaiserslautern 2:3 (1:2)
Waldhof: Nulle - Hoersen (78. Beisel), Pasieka, Santos, Fickert - Licht, Trares, Montero, Catic - Teber (80. Everaldo), Klausz
Kaiserslautern: G. Koch - H. Koch, Hengen, West - Basler (80. Grammozis), Ramzy, Bjelica, Riedl, Malz (82. Gabriel) - Lokvenc (56. Marschall), Klose
Tore: 1:0 Teber (11.), 1:1 Ramzy (27.), 1:2 Lokvenc (42.), 2:2 Teber (53.), 2:3 Marschall (90.) - **SR:** Dr. Wack (Biberbach) - **ZS:** 21.100 - **Gelb:** Santos - Hengen, Malz, Marschall, Riedl

Alemannia Aachen - 1. FC Köln 1:2 (0:2)
Aachen: Chr. Schmidt - Landgraf, Spanier, F. Schmidt (64. Grlic), Heeren - Zimmermann (46. Bayock), Rauw, Pflipsen (71. Ivanovic), Zernicke, Caillas - Diane
1. FC Köln: Pröll - Zellweger, Cichon (85. Dziwior), Song, Keller - Sinkala (76. Kreuz), Cullmann, Springer - Timm (69. Scherz), Kurth, Reich
Tore: 0:1 Kurth (5.), 0:2 Reich (29.), 1:2 Zernicke (60.) - **SR:** Dr. Fleischer (Neuburg) - **ZS:** 22.500 (ausverkauft) - **Gelb:** F. Schmidt, Caillas, Spanier - Sinkala, Zellweger, Kurth

SV Darmstadt 98 - SC Freiburg n.E. 3:1, n.V. 3:3 (2:2, 1:1)
Darmstadt: Clauß - Leifermann, Hohmann, Mihajlovic - Brancourt, Kolb (65. Hasa), Juskic, da Costa, Wagner (86. Musci), Lorenz (58. Simon) - Maier
Freiburg: Reus - Kaufmann (58. Müller), Kruse - Zkitischwili, Zeyer (83. Hermel), Gerber, Kehl, But, Kobiaschwili - Dorn (67. Coulibaly), Iaschwili
Tore: 0:1 Kobiaschwili (23.), 1:1 Maier (32.), 2:1 Hasa (79.), 2:2 Iaschwili (83.), 3:2 Maier (96.), 3:3 Gerber (116.); **Elfmeterschießen:** 0:1 Hermel, 1:1 Mihajlovic, Kobiaschwili gehalten, 2:1 Maier, But verschossen, 3:1 da Costa, Gerber verschossen - **SR:** Sippel (München) - **ZS:** 14.800 - **Gelb:** da Costa - Iaschwili, Kehl, Kruse, Kobiaschwili

SSV Reutlingen - Rot-Weiß Oberhausen n.E. 3:4, n.V. 2:2 (1:1, 0:1)
Reutlingen: Curko - Kies, Kovar, Sbordone, Traub - Hoffmann, Hofacker (46. Aduobe), Becker, Janic (46. Schmiedel) - Garcia (60. Djappa), Frommer
Oberhausen: Adler - Langeneke, Scharpenberg, Quallo - Rietpietsch (77. Vier), Wildmann (53. Lipinski), Chiquinho, Luginger (67. Hayer), Judt - Beliakov, Rösler
Tore: 0:1 Judt (27.), 1:1 Djappa (75.), 1:2 Vier (95.), 2:2 Hoffmann (110.); **Elfmeterschießen:** 1:0 Kovar, 1:1 Lipinski, 2:1 Schmiedel, 2:2 Hayer, Hoffmann neben das Tor, 2:3 Judt, 3:3 Djappa, 3:4 Vier, Curko gehalten - **SR:** Gagelmann (Bremen) - **ZS:** 2.500 - **Gelb:** Janic, Frommer, Sbordone - Beliakov, Chiquinho

VfL Wolfsburg Amat. - Hannover 96 0:4 (0:3)
Wolfsburg Am.: Loboué - Sicenica (68. Worms), Kleeschätzky, Lorenz, Schönefeld (42. Nachilo) - N. Müller (81. Lüdicke), Siegert, Habryka, Janicki, Igwe - Kennedy
Hannover: Sievers - Schäfer, Linke, Diouf (61. Zuraw), Stefulj - Krupnikovic (69. Däbritz), Simak (46. Keita), Lala - Stendel, Kaufman, Mikolajczak
Tore: 0:1 Simak (11.), 0:2 Kaufman (31.), 0:3 Kaufman (42.), 0:4 Däbritz (90., FE) - **SR:** Weber (Eisenach) - **ZS:** 4.984 - **Gelb:** Janicki - Krupnikovic, Lala

SSV Ulm 1846 - 1. FC Union Berlin 0:3 (0:0)
Ulm: Betz - Hugel, Saur, Djukanovic - Mangold (87. Ülger), Schmitt, Tokic, Demirkiran, Erdinc (65. Tembo), Seitz - Trkulja (80. Ayten)
1. FC Union: Beuckert - Persich, Kozak, Nikol - Kremenliev, Koilov (35. Vidolov), Menze, Okeke, Fiel - Isa (57. Durkovic), Ristic (84. Zechner)
Tore: 0:1 Fiel (78.), 0:2 Durkovic (80.), 0:3 Menze (86.) - **SR:** Kammerer (Karlsruhe) - **ZS:** 5.000 - **Gelb:** Persich, Kremenliev

SV Werder Bremen Amat. - Eintracht Frankfurt n.E. 2:4, n.V. 3:3 (3:3, 1:1)
Bremen Am.: Borel - Spasskow, Neunaber, Schierenbeck, Kaiser - Fütterer, Rolfes (108. Canizales), Schulz, Lenze (90. Schroer) - Mamoum (46. Aydin), Kern
Frankfurt: Heinen - Bindewald, Rada, Sim - Jones, Skela, Rasiejewski, Preuß (73. Guié-Mien), Wenczel (46. Branco) - Ciric, Yang (61. Kryszalowicz)
Tore: 1:0 Mamoum (19.), 1:1 Ciric (45.), 2:1 Kern (46.), 3:1 Kern (65.), 3:2 Ciric (72.), 3:3 Ciric (90.); **Elfmeterschießen:** Kryszalowicz gehalten, 1:0 Schierenbeck, 1:1 Ciric, 2:1 Schulz, 2:2 Rada, Kern gehalten, 2:3 Skela, Borel gehalten, 2:4 Bindewald - **SR:** Margenberg (Wermelskirchen) - **ZS:** 1.048 (in Oberneuland) - **Gelb:** Kern, Fütterer, Spasskow, Aydin - Rasiejewski, Jones, Kryszalowicz, Bindewald

DFB-Pokal 2001/2002

VfL Bochum - Bayer 04 Leverkusen (Di., 11.12.) 2:3 (1:1)
Bochum: van Duijnhoven - Fahrenhorst, Stickroth (66. Ristau), Toplak - Colding, Dickhaut, Wosz, Meichelbeck (73. Bemben) - Freier, Hashemian (46. Toppmöller), Buckley
Leverkusen: Butt - Sebescen, Nowotny, Lucio (44. Bastürk), Zivkovic - Schneider (64. Neuville), Ramelow, Vranjes, Babic (46. Zé Roberto) - Berbatov, Brdaric
Tore: 0:1 Berbatov (27.), 1:1 Freier (28.), 2:1 Colding (75.), 2:2 Berbatov (77.), 2:3 Berbatov (90.) - **SR:** Stark (Landshut) - **ZS:** 11.882 - **Gelb:** Toplak - Vranjes, Bastürk, Berbatov

VfL Osnabrück - FC Bayern München (Mi., 12.12.) 0:2 (0:0)
Osnabrück: Brunn - Schütte (76. Petri), Ukrow, Halat, Sidney - Spork, Tammen, Everson, Enochs - Poutilo (69. Claaßen), Thioune (86. Villar)
FC Bayern: Wessels - Thiam, Linke, R. Kovac, Tarnat - N. Kovac (86. Jeremies), Effenberg, Fink - Sergio (38. Scholl), Jancker (76. Hargreaves), Zickler
Tore: 0:1 Jancker (49.), 0:2 Scholl (62.) - **SR:** Wagner (Hofheim) - **ZS:** 17.500 (ausverkauft) - **Gelb:** Thioune, Enochs, Schütte, Sidney - Sergio, Fink, Effenberg - **Gelb-Rot:** R. Kovac (74.)

Achtelfinale: Mittwoch, 12.12.2001

VfB Stuttgart - TSV München 1860 (Di., 11.12.) n.E. 2:4, n.V. 2:2 (1:1, 0:1)
Stuttgart: Hildebrand - Hinkel, Marques (65. Tiffert), Bordon, Wenzel - Hleb, Soldo, Balakov, Meißner, Seitz (77. Carnell) - Ganea (46. Adhemar)
1860: Jentzsch - Ehlers (57. Schroth), Votava, Hoffmann, Tapalovic - Wiesinger, Cerny, Häßler, Weissenberger (95. Agostino) - Suker, Pürk (71. Max)
Tore: 0:1 Pürk (7.), 1:1 Balakov (67., FE), 2:1 Carnell (93.), 2:2 Suker (103.). **Elfmeterschießen:** 0:1 Wiesinger, Adhemar gehalten, 0:2 Max, 1:2 Meißner, 1:3 Suker, 2:3 Soldo, 2:4 Hoffmann, Bordon gehalten - **SR:** Weiner (Hildesheim) - **ZS:** 9.500 - **Gelb:** Adhemar, Bordon, Balakov - Suker, Wiesinger, Ehlers, Jentzsch, Schroth, Tapalovic, Hoffmann - **Rot:** Tiffert (76.) - **B.V.:** Balakov schießt FE an den Pfosten (59.)

1. FSV Mainz 05 - 1. FC Kaiserslautern (Di., 11.12.) 2:3 (0:3)
Mainz: Wache - Nikolic, Bodog, Friedrich, Schuler - Babatz, Kramny, D. Weiland (30. Neustädter) - Woronin (70. Ziemer), N'Kufo, Thurk (46. Skrinjar)
Kaiserslautern: G. Koch - Basler, H. Koch, West, Gabriel - Ramzy, Hengen, Lincoln (88. Ratinho), Malz (46. Grammozis) - Lokvenc, Klose
Tore: 0:1 Lokvenc (23.), 0:2 Lincoln (31.), 0:3 Lincoln (42.), 1:3 Babatz (71.), 2:3 N'Kufo (84., HE) - **SR:** Aust (Köln) - **ZS:** 15.500 (ausverkauft) - **Gelb:** Malz, Lokvenc - **Rot:** Bodog (26.)

1. FC Union Berlin - Rot-Weiß Oberhausen (Di., 11.12.) 1:2 (0:1)
1. FC Union: Beuckert (65. Wulnikowski), Persich, Kozak, Ernemann, Nikol - Vidolov (80. Chifon), Balcarek, Okeke (54. Isa), Fiel - Ristic, Divic
Oberhausen: Adler - Ciuca, Scharpenberg, Wildmann - Lipinski, Langeneke, Falk (87. Hayer), Judt - Obad, Vier, Rösler (77. Rietpietsch)
Tore: 0:1 Lipinski (41., HE), 1:1 Divic (86.), 1:2 Hayer (89.) - **SR:** Kinhöfer (Herne) - **ZS:** 5.222 - **Gelb:** Persich - Wildmann, Ciuca, Langeneke - **Rot:** Ernemann (41.)

Eintracht Frankfurt - Hertha BSC Berlin n.V. 1:2 (1:1, 1:0)
Frankfurt: Heinen - Rada, Rasiejewski, Bindewald - Wimmer (104. Nemeth), Preuß, Skela (86. Ciric), Schur, Gebhardt - Kryszalowicz (73. Guié-Mien), Yang
Hertha BSC: Fiedler - van Burik, Rehmer (32. Simunic), Hartmann - Marx (90. Schmidt), Dardai, Maas, Neuendorf, Tretschok - Daei (42. Pinto), Preetz
Tore: 1:0 Yang (22.), 1:1 Simunic (76.), 1:2 Dardai (96.) - **SR:** Sippel (München) - **ZS:** 10.000 - **Gelb:** Schur, Bindewald, Rada - Simunic, Marx, Neuendorf, Dardai, Pinto, van Burik - **B.V.:** Heinen hält FE von Tretschok (99.)

SV Darmstadt 98 - FC Schalke 04 n.V. 0:1 (0:0)
Darmstadt: Clauß - B. Lense (76. da Costa), Hohmann, Mihajlovic, Hasa - Brancourt, Kolb (80. Amstätter, 106. Simon), Leifermann, Juskic, Wagner - Maier
Schalke: Reck - Waldoch, Matellan, van Hoogdalem, Asamoah (60. Wilmots), Oude Kamphuis, Möller, van Kerckhoven - Böhme - Agali, Sand
Tor: 0:1 Sand (115.) - **SR:** Meyer (Braunschweig) - **ZS:** 24.800 (ausverkauft) - **Gelb:** Amstätter - van Hoogdalem, Waldoch - **Rot:** Juskic (84.) - Matellan (48.)

KFC Uerdingen 05 - 1. FC Köln n.E. 3:5, n.V. 1:1 (1:1, 0:0)
Uerdingen: Peiser - Puschmann, Vriesde, Koenen - Schmugge, Eraslan (46. Zé Luis), Sauerland, Maaß - Evers (69. Rodriguez), Emerson, Abdulai (76. Fiore)
1. FC Köln: Pröll - Zellweger, Cichon, Song, Keller - Cullmann, Dziwior (98. Ouedraogo), Lottner, Kreuz - Scherz (81. Donkov), Kurth (114. Baranek)
Tore: 0:1 Kurth (62.), 1:1 Rodriguez (82.). **Elfmeterschießen:** 0:1 Keller, 1:1 Schmugge, 1:2 Baranek, 2:2 Maaß, 2:3 Lottner, 3:3 Rodriguez, 3:4 Donkov, Emerson gehalten, 3:5 Cichon - **SR:** Kircher (Rottenburg) - **ZS:** 20.112 - **Gelb:** Maaß, Rodriguez - Cullmann

Hannover 96 - Bayer 04 Leverkusen (Di., 22.1.02) 1:2 (0:2)
Hannover: Sievers - Cherundolo, Linke, Diouf, van Hintum (82. Zuraw) - Lala, Krupnikovic, Stefulj - Stendel, Kaufman (75. Casey), Keita
Leverkusen: Butt - Schneider, Zivkovic, Nowotny, Placente - Ramelow, Bastürk, Ballack, Zé Roberto - Neuville (89. Berbatov), Kirsten (83. Kleine)
Tore: 0:1 Neuville (20.), 0:2 Kirsten (24.), 1:2 Keita (47.) - **SR:** Fröhlich (Berlin) - **ZS:** 46.143 - **Gelb:** van Hintum, Krupnikovic, Cherundolo - Ramelow, Ballack, Kleine, Placente - **B.V.:** Kaufman schießt FE an den Pfosten (3.)

FC Bayern München - VfL Wolfsburg (Mi., 23.1.02) 2:1 (2:1)
FC Bayern: Kahn - Sagnol, Thiam, Linke, Tarnat - N. Kovac, Effenberg, Jeremies - Jancker, Elber (63. Pizarro), Scholl (79. Feulner)
Wolfsburg: Reitmaier - Rytter (79. Sarpei), Franz, Biliskov, Weiser - Kühbauer, Karhan, Munteanu - Petrov (72. Klimowicz), Maric (72. Juskowiak), Ponte
Tore: 0:1 Ponte (13.), 1:1 Tarnat (43.), 2:1 Elber (44.) - **SR:** Berg (Konz) - **ZS:** 4.000 - **Gelb:** Jeremies, Elber, N. Kovac - Ponte, Franz, Kühbauer

Viertelfinale: Mittwoch, 30.1.2002

1. FC Kaiserslautern - FC Bayern München n.E. 3:5, n.V. 0:0
Kaiserslautern: G. Koch - H. Koch, Hengen, Knavs - Riedl (73. Hristov), Pettersson (113. Ognjenovic), Basler, Lincoln (68. Bjelica), Strasser - Lokvenc, Klose
FC Bayern: Kahn - Thiam (59. Jeremies), Linke, R. Kovac, Kuffour - Fink, Effenberg, Hargreaves - Zickler (17. Santa Cruz), Jancker (114. Scholl), Pizarro
Elfmeterschießen: 0:1 Effenberg, 1:1 H. Koch, 1:2 Jeremies, 2:2 Hengen, 2:3 Hargreaves, Bjelica verschossen, 2:4 Scholl, 3:4 Hristov, 3:5 Pizarro - **SR:** Jansen (Essen) - **ZS:** 37.632 - **Gelb:** Lincoln, Strasser, Lokvenc, Knavs - Kuffour, Jancker, Hargreaves, Effenberg, Elber (während des Warmlaufens) - **B.V.:** Lincoln schießt FE an den Pfosten (12.)

Bayer 04 Leverkusen - TSV München 1860 3:0 (0:0)
Leverkusen: Butt - Schneider, Zivkovic, Nowotny, Placente - Ballack (85. Babic), Ramelow, Bastürk, Zé Roberto (83. Vranjes) - Kirsten (75. Brdaric), Berbatov
1860: Jentzsch - Stranzl (46. Ehlers), Votava (68. Suker), Tapalovic - Cerny, Wiesinger (18. Riseth), Borimirov, Häßler, Tyce, Pürk - Max
Tore: 1:0 Berbatov (66.), 2:0 Berbatov (73.), 3:0 Brdaric (80.) - **SR:** Steinborn (Sinzig) - **ZS:** 17.000 - **Gelb:** Votava

Hertha BSC Berlin - 1. FC Köln n.V. 1:2 (1:1, 0:0)
Hertha BSC: Fiedler - Schmidt (46. Hartmann), Rehmer, van Burik, Simunic - Dardai, Maas (109. Daei), Tretschok - Marcelinho, Preetz, Neuendorf (46. Goor)
1. FC Köln: Pröll - Cullmann, Cichon (73. Kurth), Zellweger, Keller - Scherz (77. Reich), Balitsch, Lottner, Voigt (83. Springer) - Timm, Laslandes
Tore: 1:0 Goor (47.), 1:1 Zellweger (85.), 1:2 Lottner (105.) - **SR:** Albrecht (Kaufbeuren) - **ZS:** 17.202 - **Gelb:** Maas, Marcelinho, Goor - Keller, Zellweger

FC Schalke 04 - Rot-Weiß Oberhausen 2:0 (1:0)
Schalke: Reck - Oude Kamphuis, Waldoch, van Hoogdalem, Matellan (80. van Kerckhoven) - Wilmots, Nemec (75. Kmetsch), Möller, Böhme - Asamoah (71. Vermant), Sand
Oberhausen: Adler - Wojtala, Raickovic, Ciuca - Lipinski, Cartus (62. Rietpietsch), Luginger, Chiquinho (46. Müller), Rösler, Judt - Obad
Tore: 1:0 Böhme (30., FE), 2:0 Möller (86.) - **SR:** Stark (Landshut) - **ZS:** 54.610 - **Gelb:** Matellan, van Hoogdalem - Chiquinho, Judt, Rösler

Halbfinale: Dienstag, 5.3./Mittwoch, 6.3.2002

Bayer 04 Leverkusen - 1. FC Köln (Di.) n.V. 3:1 (1:1, 0:0)
Leverkusen: Butt - Nowotny, Lucio, Placente - Sebescen (46. Bastürk), Schneider, Ramelow, Ballack, Zé Roberto - Neuville (91. Kirsten), Berbatov (81. Zivkovic)
1. FC Köln: Pröll - Song, Cichon, Cullmann - Zellweger, Balitsch, Baranek (77. Kreuz), Dziwior (80. Laslandes), Voigt, Scherz (66. Donkov), Kurth
Tore: 1:0 Zellweger (59., ET), 1:1 Song (90.), 2:1 Zivkovic (100.), 3:1 Schneider (114.) - **SR:** Dr. Merk (Kaiserslautern) - **ZS:** 22.500 (ausverkauft) - **Gelb:** Ballack, Lucio, Ramelow - Voigt, Dziwior, Balitsch, Cichon - **Rot:** Donkov (76.)

FC Schalke 04 - FC Bayern München (Mi.) n.V. 2:0 (0:0)
Schalke: Reck - Oude Kamphuis, Waldoch, van Hoogdalem, van Kerckhoven - Nemec (77. Agali), Möller, Wilmots, Böhme (118. Büskens) - Asamoah (101. Djordjevic), Sand
FC Bayern: Kahn - Kuffour, Linke, R. Kovac, Lizarazu - Jeremies (68. Fink), Effenberg, Hargreaves - Santa Cruz, Elber (91. Zickler), Sergio (68. Pizarro)
Tore: 1:0 van Hoogdalem (100.), 2:0 Böhme (115.) - **SR:** Fandel (Kyllburg) - **ZS:** 60.683 (ausverkauft) - **Gelb:** Nemec, van Hoogdalem, Böhme, Sand, Djordjevic - Jeremies, Elber, Effenberg - **Rot:** Kuffour (90.)

Endspiel: Samstag, 11. Mai 2002 in Berlin

FC Schalke 04 - Bayer 04 Leverkusen 4:2 (1:1)
Schalke: Reck - Hajto (46. Oude Kamphuis), Waldoch, van Kerckhoven - Asamoah (81. Vermant), van Hoogdalem, Möller (75. Wilmots), Nemec, Böhme - Sand, Agali
Leverkusen: Butt - Zivkovic, Ramelow, Lucio, Placente - Ballack, Bastürk, Schneider, Zé Roberto - Neuville (67. Brdaric), Berbatov (77. Kirsten)
Tore: 0:1 Berbatov (27.), 1:1 Böhme (45.), 2:1 Agali (68.), 3:1 Möller (71.), 4:1 Sand (85.), 4:2 Kirsten (89.) - **SR:** Dr. Wack (Biberbach) - **ZS:** 70.000 (ausverkauft) - **Gelb:** Böhme, van Hoogdalem, Reck, Nemec - Ramelow, Bastürk, Berbatov, Brdaric - **Rot:** Agali (90.)

Die Torjäger

6	Dimitar Berbatov	(Bayer 04 Leverkusen)
5	Markus Weissenberger	(TSV München 1860)
4	Vratislav Lokvenc	(1. FC Kaiserslautern)
4	Ebbe Sand	(FC Schalke 04)
3	Jörg Böhme	(FC Schalke 04)
3	Sasa Ciric	(Eintracht Frankfurt)
3	Jiri Kaufman	(Hannover 96)
3	Enrico Kern	(SV Werder Bremen Amat.)
3	Ulf Kirsten	(Bayer 04 Leverkusen)
3	Lincoln	(1. FC Kaiserslautern)
3	Sascha Maier	(SV Darmstadt 98)
3	Martin Max	(TSV München 1860)
3	Andreas Möller	(FC Schalke 04)
3	Matthias Scherz	(1. FC Köln)
3	Miroslaw Spizak	(SpVgg Unterhaching)

Pokalsieger FC Schalke 04

	Spiele	Tore
Sand, Ebbe	6	4
Möller, Andreas	6	3
Hoogdalem van, Marco	6	1
Asamoah, Gerald	6	0
Kerckhoven van, Nico	6	0
Reck, Oliver	6	0
Waldoch, Tomasz	6	0
Wilmots, Marc	6	0
Oude Kamphuis, Niels	5	0
Böhme, Jörg	4	3
Agali, Victor	4	1
Nemec, Jiri	4	0
Vermant, Sven	4	0
Büskens, Michael	3	0
Hajto, Tomasz	3	0
Djordjevic, Kristijan	2	0
Kmetsch, Sven	2	0
Matellan, Anibal	2	0

Zuschauer-Statistik

Runde	Zuschauer gesamt	Spiele	Zuschauer pro Spiel
1. Runde	198.445	32	6.201
2. Runde	172.387	16	10.774
Achtelfinale	135.277	8	16.910
Viertelfinale	126.444	4	31.611
Halbfinale	83.183	2	41.592
Finale	70.000	1	70.000
	785.736	63	12.472

DFB-Pokal 2002/2003

Deutsche Pokalgeschichte

Hohen Besuch hatte der SC Paderborn 07 (hier Paul Manthey) in der 1. Runde. Mit dem VfB Stuttgart gastierte der spätere Vizemeister, der sich in Person von Aliaksandr Hleb in dieser Szene wie auch im gesamten Spiel durchsetzte.

FC Bayern entthront Schalke 04

Die wieder zunehmende Wertigkeit des Pokals wurde in der Spielzeit 2002/03 schon im Frühstadium offenkundig. Die Bundesligisten sahen die Möglichkeit, sich in nur sechs Spielen einen Platz im internationalen Spielgeschehen zu sichern - gegenüber einer 34 Spieltage während den Ligasaison allemal der einfachere Weg. Und ein wenig fürchteten sie wohl mittlerweile auch die öffentliche Häme, die eine Pleite bei einem Amateurklub nach sich zieht. Die Zeiten, da verstärkte Reserveteams ins Rennen geschickt wurden, gehörten der Vergangenheit an. Selbst der deutsche Meister Borussia Dortmund, in den letzten Jahren häufig Opfer von ambitionierten Amateuren, trat zum Auftaktmatch beim Oberligisten Concordia Ihrhove mit nahezu voller Kapelle an - und siegte mit 3:0.

Nur ein Erstligist musste schon in der 1. Runde das Feld räumen. Die Berliner Hertha musste ihre Pokalträume beim Schlusslicht der Regionalliga Nord, Holstein Kiel, begraben. Nach 120 Minuten hatte es 1:1 gestanden, ehe den Berlinern eine Serie von Elfmeter-Fehlschüssen (Pinto, Schmidt und Hartmann vergaben) zum Verhängnis wurde. Da half es auch wenig, dass Trainer Huub Stevens zuletzt als Schalker Coach zweifacher Pokalsieger gewesen war. Sein Ex-Klub setzte sich dagegen wie alle anderen Bundesligisten durch - mit 2:1 bei den Amateuren des FC Bayern. An den Rand einer Niederlage gedrängt wurde nur noch Hannover 96, das beim Süd-Regionalligisten VfR Aalen erst spät zum 2:2 ausglich und in der Verlängerung siegte. Denkbar knappe 1:0-Siege für Gladbach (in Babelsberg), Bremen (in Eisenhüttenstadt) und Leverkusen (bei Rot-Weiß Essen) bekundeten ebenfalls gewisse Probleme. Der Rest waren mehr oder minder klare Angelegenheiten, auch Nürnberg und Cottbus hatten bei ihren 2:0-Siegen gegen die Zweitliga-Aufsteiger Trier bzw. Burghausen wenig Mühe. Ausgeglichener verliefen die Paarungen „2. Liga gegen Amateure". Genau die Hälfte der zwölf Spiele ging in die Verlängerung, zwei sogar ins Elfmeterschießen. In letzterem setzte sich die SpVgg Unterhaching dank Keeper Heerwagen mit 4:2 gegen Mainz 05 durch, in 120 Minuten die Kickers aus Offenbach dank Joker Kagiouzis mit 3:1 gegen den Karlsruher SC. Ganz stark präsentierte sich die TSG Hoffenheim beim deutlichen 4:1 gegen Greuther Fürth. Das Quartett der über Zweitligisten siegreichen Amateure komplettierte schließlich mit dem Bahlinger SC ein baden-württembergischer Oberligist, der Alemannia Aachen mit 1:0 düpierte.

17 Bundesligisten, 10 Zweitligisten und nur 5 Amateure befanden sich im Lostopf für die zweite Runde. Die „Kleinen", naturgemäß in der Hoffnung auf Bayern München, Borussia Dortmund, Schalke 04 oder zumindest einen unter regionalen Gesichtspunkten attraktiven Klub, hatten kein Glück. Zumindest einen Bundesligisten erwischten Hertha-Bezwinger Holstein Kiel und Kickers Offenbach. Kiel unterlag dem VfL Bochum 1:2, die finanziell angeschlagenen Kickers boten dem 1. FC Nürnberg vor immerhin 12.400 Fans einen großen Kampf. Nach früher 2:0-Führung war es mit Sasa Ciric ausgerechnet ein ehemaliger Frankfurter, der die erschreckend schwachen Gäste mit drei Toren zum 3:2-Sieg nach Verlängerung schoss. Dagegen mussten sich Hoffenheim, Bahlingen und Unterhaching erneut mit Zweitligisten auseinander setzen. Hoffenheim, beim 1:5 gegen den 1. FC Köln chancenlos, tröstete sich mit einem ausverkauften Dietmar-Hopp-Stadion. Bahlingen, beim 1:2 gegen Waldhof unglücklich, weil in letzter Minute geschlagen, blieb die Erkenntnis, einem zwei Klassen höheren Team Paroli geboten zu haben. Und die SpVgg Unterhaching blieb als einziger Amateurligist im Wettbewerb. Die Elf von Trainer Wolfgang Frank bezwang im heimischen Sportpark den Finalisten von 2001, Union Berlin, mit 1:0 - und hoffte nun auf einen „Kracher" im Achtelfinale.

Gleich in fünf Fällen kreuzten in Runde 2 Bundesligisten ihre Klingen. Die überzeugendste Vorstellung bot in der ausverkauften Arena Titelverteidiger Schalke 04, der Borussia Mönchengladbach mit 5:0 abservierte. Stark auch Bayer Leverkusen beim 3:0 gegen den VfB Stuttgart. Krisenbewältigung betrieben Bayern München (2:1 gegen Hannover 96) und der 1. FC Kaiserslautern (1:0 in Cottbus) nach jüngsten Negativerlebnissen in der Liga. Schließlich hielten Simon Jentzschs Elfmeter-Kunststücke die Sechziger gegen Wolfsburg im Wettbewerb. Bei ebenfalls fünf Konstellationen „2. Liga gegen 1. Liga" setzten sich die höherklassigen Hamburger, Rostocker und Bremer durch, Oberhausen sorgte mit dem 1:0 gegen Bielefeld für eine Überraschung. Fehlt noch die Dortmunder Borussia - sie sorgte mal wieder für die Blamage der Runde. Beim SC Freiburg wurde der Meister regelrecht vorgeführt und verließ nach dem 0:3-Debakel sang- und klanglos die Bühne.

Frauen-Nationalspielerin Birgit Prinz hatte bei der Auslosung des Achtelfinals insofern ein glückliches Händchen, da sie den sechs verbliebenen Zweitbundes- bzw. Regionalligisten ausnahmslos Erstligisten brachte. Dumm nur, dass vier der fünf Zweitligisten auswärts anzutreten hatten - und das die auf der Wunschliste oben rangierenden FC Bayern und Schalke 04 nicht zu den Gegnern zählten. Diese beiden trafen stattdessen im Olympiastadion direkt aufeinander! Zum absoluten Schlager dieser Runde fanden sich eben mal 20.000 Zuschauer ein - Spiele am Mittwochabend im Winter, „nur" im Rahmen des DFB-Pokals und noch dazu live im TV übertragen ziehen in München lange nicht mehr -, und die, die nicht kamen, hatten eine weise Entscheidung getroffen. Gute Abwehrreihen beherrschten das Geschehen, nach höhepunktarmen und torlosen 120 Minuten gab's Elfmeterschießen. Der von Ebbe Sand versiebte erste Schuss blieb die einzige Fahrkarte - aus für den Pokalverteidiger. Im zweiten bundesliga-internen Duell behauptete sich der VfL Bochum dank Freiers Tor und Vanders Paraden glücklich mit 1:0 beim Hamburger SV. Dass das Viertelfinale nicht zu einer reinen Bundesliga-Angelegenheit wurde, war Verdienst des 1. FC Köln, dessen 2:0 beim kriselnden 1. FC Nürnberg als Spitzenreiter des Unterhauses gar nicht einmal überraschend kam. Und der SpVgg Unterhaching! Der Regionalligist setzte seinen Siegeszug mit zwei Toren Angelo Vaccaros gegen Hansa Rostock fort, gewann 3:2 und erreichte zum ersten Mal in der Vereinshistorie die Runde der letzten Acht. Ansonsten lief alles programmgemäß, Lautern schaltete den SC Freiburg mit 2:0 aus, 1860, Leverkusen und Bremen warfen die Zweitligisten Oberhausen, Waldhof und Ahlen jeweils unspektakulär und unisono mit 2:1 aus dem Rennen.

„München gegen den Rest der Republik" - unter diesem Motto stand das Viertelfinale. Mit dem FC Bayern, dem TSV 1860 und Vorortklub SpVgg Unterhaching hatten sich drei Klubs der bayrischen Metropole qualifiziert, die zudem allesamt von Box-Weltmeisterin Regina Halmich mit Heimspielen bedacht wurden. Eine unglückliche Auslosung, da die Akzeptanz des Pokals an der Isar eher gering ist - was durch zusammen genommen 24.500 Zuschauer belegt wurde.

Zum Schlagerspiel wurde die Partie FC Bayern gegen 1. FC Köln hochstilisiert, trafen sich doch die Tabellenführer der beiden Bundesligen. Die in 18 Ligaspielen noch unbesiegten Rheinländer waren „bis in die Haarspitzen motiviert", wie Sportmanager Andreas Rettig verlauten ließ, Libero Cichon sah „bei nur einer Begegnung eine realistische Chance, wenn auch nur eine kleine." Zwei waren es laut *kicker* in 90 Minuten, 15 des FC Bayern. Der hatte keinerlei Mitleid, steckte trotz 4:0-Halbzeitstand nicht zurück und zeigte eine mit acht Toren gekrönte Gala. Namentlich die Brasilianer Zé Roberto und Elber sprühten vor Spielfreude und hielten dem 1. FC den Klassenunterschied schmerzhaft vor Augen. War die Partie im Olympiastadion eine überaus deutliche Angelegenheit, so hatten die drei weiteren Viertelfinals einiges an Spannung zu bieten. Werder Bremen dominierte bei 1860 klar, geriet aber in der 80. Minute überraschend durch Benni Lauth in Rückstand. Die zuvor vergebenen Großchancen schienen sich zu rächen. Klasnic rettete sein Team immerhin in die Verlängerung - und in der zeigten er selbst und zwei Mal Kollege Charisteas, dass ihre Einwechslung ein wahrer Glücksgriff von Trainer Schaaf war. In der 84. Minute waren sie für Ailton und Frank Verlaat ins Spiel gekommen.

Noch länger zittern mussten die Protagonisten der Spiele Unterhaching - Leverkusen und Bochum - Kaiserslautern. Erst im Elfmeterschießen fiel auf beiden Schauplätzen die Entscheidung, jeweils zugunsten des Gastes. Unterhaching holte gegen die mittlerweile tief in der Krise steckenden Leverkusener zwei Rückstände auf, gestaltete das Spiel jederzeit ausgeglichen und hatte einfach Pech, dass Bayer-Keeper Jörg Butt alte Qualitäten wieder entdeckte: Erst parierte er Omodiagbes Elfmeter, um anschließend selbst den entscheidenden zu verwandeln. Leverkusen blieb ein zweites Haching-Trauma nach jenem sagenumwobenen 20. Mai 2000 erspart. Dramatik pur, ein toller Kampf, hohes Tempo - alle Attribute eines echten Pokalfights hatten der VfL Bochum und der 1. FC Kaiserslautern zu bieten. Von zwei starken Mannschaften war die des 1. FCK die Glücklichere, mit Tim Wiese als Elfmeter-"Töter" und Vratislav Lokvenc als dreifachem Torschützen.

Weitaus weniger Spannung boten die Halbfinals. Den Münchner Bayern war das Losglück treu geblieben, sie durften erneut daheim ran. Gegner waren dabei die in der Zwischenzeit von Thomas Hörster betreuten Bayer-Kicker aus Leverkusen. Die galten als Lieblingsgegner der Münchner, hatten seit 1989 dort nicht mehr gewonnen - und ganz andere Sorgen, als über den Pokal die letzte Chance zur internationalen Qualifikation zu wahren. Priorität hatte nun der Ligaverbleib. Leverkusen hielt sich tapfer, glich Ballacks 0:1 in der 52. Minute durch Carsten Ramelow aus, um wenig später durch Elbers Doppelschlag die allseits erwartete 1:3-Niederlage zu kassieren. Noch eindeutiger endete das zweite Semifinale, obwohl die Rollenverteilung zunächst nicht so deutlich war. Immerhin traf mit dem 1. FC Kaiserslautern das Schlusslicht der 1. Liga auf den dortigen Sechsten Werder Bremen. Der Rückenwind aus sechs unbesiegten Spielen beflügelte die Pfälzer, wohingegen die Hanseaten nach fünf Niederlagen in Folge verunsichert daherkamen. Lincolns frühes 1:0 verstärkte die Tendenzen, erschreckend schwache Bremer hatten kampfstarken Lauterern nichts entgegenzusetzen und gingen dementsprechend 0:3 unter.

Begegnung mit der Vergangenheit, die Erste

Seit 1998 steht der mittlerweile 32-jährige Michael Koch im Kader des Nordost-Oberligisten FC Schönberg 95. Die Mecklenburger waren soeben aus der Verbandsliga aufgestiegen und untermauerten ihre Ambitionen in der höheren Liga u.a. mit der Verpflichtung des Ex-Profis, der in der Pokalsieger-Elf von Hannover 96 des Jahres 1992 stand. Koch wurde heimisch bei dem Klub, der den Schriftzug seines Hauptsponsors im Wappen trägt, dessen offizielle Anschrift „Palmberg Büroeinrichtungen GmbH" lautet, beheimatet in der Straße Am Palmberg. Zum fünften Mal in Folge hatte der FC den Landespokal von Mecklenburg-Vorpommern gewonnen und damit das Ticket für die 1. Hauptrunde gelöst. Für Spielmacher Koch war das Glück beinahe vollkommen, als der Gegner Hamburger SV bekannt wurde. Schließlich begann dort seine Profi-Laufbahn, in der Saison 90/91 gehörte er zum Kader unter Gerd-Volker Schock, blieb aber ohne Einsatz. „Das war ein verschenktes Jahr. Trotzdem bleibt dieser Klub mein Traumverein", so Koch mit der Distanz von elf Jahren. Geschlagen hätte er seinen Traumverein trotzdem gern, was der aktuelle HSV zu verhindern wusste - und womit Kochs Glück unvollkommen blieb.

Begegnung mit der Vergangenheit, die Zweite

Das Gastspiel der Berliner Hertha war für alle Akteure der Kieler „Störche" ein besonderes Highlight, zumal die mit einem Fehlstart in die Regionalliga-Saison gestarteten Holsteiner abseits des Punktspielalltags ganz unbelastet vor immerhin 9.300 Zuschauern antreten konnten. Gegen die spielerisch überlegenen Hauptstädter warfen die Kieler enormen Kampfgeist in die Waagschale, der sie über 120 Minuten im Spiel hielt. Als dann die Entscheidung im Elfmeterschießen fallen musste, standen natürlich die Torhüter besonders im Mittelpunkt. Seitens der Gastgeber hieß der Manuel Greil. Der 28-Jährige hatte seine ersten Schritte beim einst ruhmreichen Berliner Klub Union 06 gemacht, und war später, wie es sich für einen talentierten Berliner Fußballer gehört, bei der noch ruhmreicheren Hertha gelandet. Zehn Jahre hielt er in der Jugend und im Amateurbereich bei dem Klub, dessen Vereinsmitglied er noch immer war. Den Sprung zum Profi-Keeper schaffte Greil nicht, kam über die Stationen SC Verl und VfL Osnabrück 2000 ins Holstein-Stadion. Der Triumph des KSV Holstein über „seine" Hertha war sein ganz persönlicher: Greil wehrte Elfer von Pinto und Hartmann ab, Schmidt verschoss obendrein - das höchst seltene „zu Null" im Elfmeterschießen war perfekt.

Effenberg-Boom im beschaulichen Salmtal

Probleme der angenehmeren Art bekam Südwest-Oberligist FSV Salmrohr vor dem Gastspiel des VfL Wolfsburg. Erinnerungen wurden wach an die einzige Zweitliga-Saison 1986/87, als ein gewisser Klaus Toppmöller das Trikot der Salmtaler trug und das kleine Stadion regelmäßig vierstellige Zuschauerzahlen verzeichnete. Bei 244 Getreuen lag der Durchschnittswert in der vergangenen Oberliga-Serie, einige mehr wären gegen die VW-Städter sicher auf alle Fälle gekommen. Die spektakuläre VfL-Verpflichtung Stefan Effenbergs löste dann für Salmrohrer Verhältnisse einen wahren Boom aus. Eigentlich war kein Kartenvorverkauf geplant, nun sah sich der FSV gezwungen, gleich sieben Vorverkaufsstellen einzurichten. 3.500 Besucher sorgten schließlich für einen warmen Regen, „Effe" setzte beim 2:0 wenig Akzente.

Torhungrige Löwen

Mit großer Ernsthaftigkeit bestreiten die Münchner Löwen ihre Gastspiele bei Amateuren in der 1. Hauptrunde. In Zeiten, da viele Bundesligisten die Auftritte „auf dem flachen Land" zähneknirschend als Pflichtaufgabe absolvieren und nach zwei, drei Toren - so sie diese überhaupt erzielen - ebenso viele Gänge zurückschalten, verwundert der Torhunger der Sechziger. Zum dritten Mal in Folge feierten sie heuer den höchsten Tagessieg. 2000 ein 7:0 bei der TSG Pfeddersheim, 2001 gar 10:0 beim Würzburger FV, nun erneut 7:0 bei den Aachener Amateuren. Genau ein Drittel der 24 Tore markierte übrigens Martin Max. Der stürmt künftig für Hansa Rostock - mal abwarten, wer 2003 besser trifft.

Nowotnys krasse Fehleinschätzung

Mit einem 0:1 gegen den VfB Stuttgart hatte die Krise unter dem Bayer-Kreuz am 11. Bundesliga-Spieltag einen weiteren Höhepunkt erreicht. Da passte es gut, dass die Schwaben nur vier Tage später erneut in der BayArena ihre Aufwartung machten. Für die heftig kritisierten Rheinländer die große Chance, Revanche zu nehmen und ihr wahres Können unter Beweis zu stellen. Die Rechnung ging auf, am Ende stand ein überzeugender 3:0-Sieg. Unter dem Eindruck des Erlebten gab der mit Kreuzbandriss auf Eis liegende Bayer-Kapitän Jens Nowotny hernach seine Stellungnahme zu Protokoll: „Bayern München wird Deutscher Meister, und wir werden Zweiter." Wäre beides ja nichts Neues - aber die Zukunft sollte zeigen, dass hier der Wunsch der Vater des Gedankens war.

Flexible Programmgestaltung im „Ersten"

So mancher Fan von Schalke 04 oder Borussia Mönchengladbach hatte es sich auf seiner Couch bequem gemacht, um 20.30 Uhr die „Eins" auf der Fernbedienung gedrückt, in froher Erwartung des Zweitrundenspiels der beiden Klubs. Voller Verwunderung rieb er sich alsdann die Augen ob der ungewohnten roten und weißen Trikots, und überhaupt: Wieso lief denn das Spiel schon, sollte doch erst um 20.30 Uhr beginnen? Bei genauerem Hinsehen stellten sich die Roten als der FC Bayern und die Weißen als Hannover 96 heraus. Der Grund: ARD-Intendant Fritz Pleitgen hatte am Mittag eine „dringende Bitte" an DFB-Präsident Mayer-Vorfelder gerichtet, die Partie kurzfristig zusätzlich übertragen zu dürfen. Nach sid-Angaben war der Preis für so viel Flexibilität in der Programmgestaltung der ARD 2 Millionen Euro. In der Schalker Arena wurde kurzerhand 15 Minuten später begonnen, was nicht nur Schalke-Manager Assauer erzürnte. Parallel zum Spiel Bayern-96 liefen andere Pokalspiele, die eigentlich „geschützt" von einer Live-Übertragung stattfinden sollten. Der kicker stellte die berechtigte Frage: „Wie hätten wohl die Fans reagiert, wenn das Bayern-Spiel in die Verlängerung gegangen wäre." Und wie hätte die ARD reagiert - gewiss sehr flexibel.

Unterhaching erstmals im Viertelfinale

Im Sommer 2000 gastierte der frisch gebackene Bundesligist SpVgg Unterhaching zum Auftakt des DFB-Pokals beim Regionalligisten SV Babelsberg 03. Am Ende stand eine 0:1-Niederlage, nach der den Münchner Vorstädtern von allen Seiten die Bundesliga-Tauglichkeit abgesprochen wurde. Den Klassenerhalt packten sie dann doch. Erst ein Jahr später war das „Wunder Unterhaching" vorüber - und noch einen Sommer darauf stand der nächste Abstieg. In der Regionalliga gelandet, machte die nunmehr von Wolfgang Frank betreute Spielvereinigung plötzlich Pokal-Furore. Über die Stationen Mainz und Union Berlin gelang der Sprung ins Achtelfinale, dort wurde mit Hansa Rostock sogar ein Klub aus der Eliteliga Opfer der neuen Hachinger Pokal-Qualitäten. Damit stand man unter den letzten Acht - das hatten die Bayern weder als Erst- noch als Zweitligist und schon gar nicht vorher geschafft. Dort war gegen Bayer Leverkusen unglücklich im Elfmeterschießen Endstation, womit für die (Profi)-Zukunft weitere Steigerungsmöglichkeiten bestehen.

Glücksgöttin Fortuna eine Münchnerin?

Vermutlich verhinderten nur die Pokalbestimmungen des DFB, wonach Amateure in der 1. Runde automatisch Profis zugelost werden und das Finale in Berlin stattfindet, dass die Münchner Vereine FC Bayern und TSV 1860 durchgehend Heimrecht genossen. Ab Runde 2 jedenfalls hatten sie einen Pakt mit Glücksgöttin Fortuna geschlossen, die ihnen ein Heimspiel nach dem anderen servierte. Während die Löwen dieses Geschenk im Viertelfinale gegen Werder Bremen dankend ausschlugen, nahmen es die Bayern an und marschierten bis zum Gewinn des Doubles. Schade nur, dass trotz nicht unattraktiver Gegner (Hannover 96, Schalke 04, 1. FC Köln und Bayer Leverkusen) insgesamt die magere Kulisse von 57.000 Fans ihren Obolus entrichtete. Pokalspiele ziehen nicht in München, bei umgekehrter Konstellation wären die Stadien jeweils ausverkauft gewesen. Übrigens: In den neunziger Jahren waren die Bayern mal fünf Jahre ohne Heimspiel (von 1991 bis 1996).

Ballack macht den Unterschied

Ganz entspannt konnten beide Finalteilnehmer den Saisonabschluss in Berlin angehen. Da war einmal der FC Bayern München, der in nie erlebter Souveränität schon vier Runden vor dem letzten Spieltag seinen 18. Meistertitel eingeheimst hatte. Und da war der 1. FC Kaiserslautern, der in einer starken Rückrunde den streckenweise nicht mehr für möglich gehaltenen Klassenerhalt doch noch gesichert hatte. Für beide war das wichtigste Ziel erfolgreich abgehakt - das Pokalfinale somit eher eine Zugabe. Weil der FC Bayern als Meister für die Champions League qualifiziert war, standen die Pfälzer zudem sicher als UEFA-Cup-Teilnehmer fest. Beste Voraussetzungen für ein Fußballfest. Die Rollen waren vor dem Anpfiff klar verteilt. Deutlicher Favorit war natürlich der FC Bayern, der sich das seltene

Double zum vierten Mal nach 1969, 1986 und 2000 holen wollte. Trainer Ottmar Hitzfeld machte im Vorfeld des Finales mit der Aussage „es gibt nichts Schlimmeres, als in einem Endspiel als Verlierer vom Platz zu gehen", die Ernsthaftigkeit des Unternehmens deutlich. Personelle Probleme plagten die Münchner nicht. Die Erfolgsmannschaft der letzten Wochen konnte komplett auflaufen, nachdem auch Claudio Pizarros Innenbandzerrung zeitig auskuriert war. Zwei Fragezeichen beherrschten die Diskussionen beim FCK. Das kleinere - wer würde Rechtsverteidiger Dimitrios Grammozis nach dessen Platzverweis im Halbfinale ersetzen? - wurde mit dem scheidenden Publikumsliebling Harry Koch beantwortet. Das größere Fragezeichen rankte sich um den Einsatz von Ciriaco Sforza. Der Schweizer hatte sich nach großen Anlaufschwierigkeiten in der zweiten Saisonhälfte zu einem Schlüsselspieler im Mittelfeld entwickelt, musste aber das Training fünf Tage vor dem Finale wegen einer Entzündung im rechten Unterschenkel abbrechen. „Ich habe keinen zweiten Spieler, der dieses Format hat, im Mittelfeld zu organisieren", drückte Trainer Erik Gerets seine Sorge im *kicker* aus. Letztlich waren alle Bemühungen vergebens, Sforza musste passen. Gleiches galt für Kapitän Aleksander Knavs, dessen Verletzung lediglich eine Nominierung für die Ersatzbank zuließ.

Langsames Abtasten war am heißen Finalabend nicht die Sache der Bayern. Getreu der bayrischen „Mir san mir"-Mentalität legten die Münchner los wie die Feuerwehr. Sie suchten die frühe Entscheidung, wollten keinerlei Zweifel am Sieger aufkommen lassen - es gelang. Der Sekundenzeiger war gerade auf seiner dritten Umrundung, da schlug es zum ersten Mal hinter Lauterns Tim Wiese ein. Durch sein Verharren auf der Torlinie beim vorhergehenden Freistoß von Owen Hargreaves begünstigte der Shooting-Star im Gehäuse dieses 1:0, ebenso wie seine Mitspieler Hristov und Lokvenc durch ihr zögerliches Eingreifen. Per Kopfball vollendete Michael Ballack die Hereingabe Hargreaves' zur Führung - die Vorentscheidung schon nach drei Minuten. Nichts war zu sehen vom Selbstvertrauen der „Roten Teufel", ein Aufbäumen fand nicht statt. Auch, weil es die Bayern nicht ermöglichten. Die setzten ihrerseits nach, wollten den schnellen K. o. erzwingen. Nach Zé Robertos Vorarbeit drang Hargreaves in der 10. Minute in den Strafraum der Gerets-Elf ein, der Kameruner Bill Tchato grätschte den englischen Nationalspieler um. Die berechtigte Konsequenz lautete Elfmeter. Eine Angelegenheit für den überragenden Mann des Abends - Michael Ballack verwandelte sicher in die linke obere Torecke. Noch ehe das Spiel so richtig begonnen hatte, war es entschieden. Fortan kontrollierte der FC Bayern Spiel und Gegner, während die Pfälzer wie das Kaninchen vor der Schlange erstarrten und keine nennenswerten Akzente setzten. Zwei Kopfbälle von Harry Koch und Dominguez über und neben Oliver Kahns Kasten waren die dürftige Bilanz der einseitigen ersten

Der Anfang vom Ende für den 1. FCK. Michael Ballack trifft per Kopf zum 1:0 für die Bayern. Die Lauterer Klos, Lokvenc und Wiese (v. li.) können es nicht verhindern.

Spielhälfte. Erik Gerets reagierte zur Pause und brachte mit Thomas Riedl für den in seinem Abschiedsspiel enttäuschenden Harry Koch eine etwas offensivere Kraft. Eine durchgreifende Veränderung der bestehenden Kräfteverhältnisse konnte damit nicht herbeigeführt werden. Ganz im Gegenteil. Wie schon zu Beginn des Spiels legten die Bayern einen Blitzstart hin und zogen dem Gegner damit auch den allerletzten Zahn. Erneut hatte Michael Ballack seine Füße im Spiel und avancierte damit endgültig zum „Mann des Tages". Fünf Minuten nach dem Wechsel startete Claudio Pizarro einen ungehinderten Sololauf durch die Lauterer Reihen, spielte mit Ballack einen lupenreinen Doppelpass, der Peruaner tunnelte Hervé Lembi und lupfte schließlich über Tim Wiese hinweg das Leder zum 3:0 ins Netz. 50 Minuten waren gespielt, die restlichen 40 wurden zum Schaulaufen des Double-Siegers. Ballack, Sagnol und Elber vergaben weitere Chancen, ehe eine gute Viertelstunde vor dem Abpfiff Oliver Kahn bei einem Distanzschuss von Christian Timm erstmals energisch eingreifen musste. Wenig später entlud sich der Frust des Marian Hristov: Der Bulgare legte Giovane Elber nahe der Außenlinie mit gestrecktem Bein von hinten - logische Konsequenz war die Rote Karte von Schiri Fröhlich. In Unterzahl gelang den Pfälzern in der 79. Minute immerhin noch der Ehrentreffer durch Miroslav Klose, der eine Linksflanke von Bill Tchato aus fünf Metern Entfernung unhaltbar für Kahn zum 1:3 einköpfte. Ein versöhnlicher Abschluss für den FCK in einem einseitigen Finalspiel. Nur einer schmollte: Mario Basler. Zu gern hätte „Super-Mario" zumindest für einige Minuten auf dem Rasen gestanden bei seinem letzten Spiel, doch Erik Gerets verweigerte ihm diese Genugtuung. „Bei dem, was die gespielt haben, hätte ich nichts kaputtmachen können. Ich hätte gerne gespielt, der Trainer aber wollte nicht. Doch ich kann damit leben", äußerte sich Basler enttäuscht.

Bundespräsident Johannes Rau überreicht Oliver Kahn den Pokal.

Deutsche Pokalgeschichte

1. Hauptrunde: Samstag, 31.8.2002

Tennis Borussia Berlin - FC St. Pauli (Mi., 28.8.) 1:2 (0:1)

TeBe: Joos - Novacic, Meyer, Kraljevic - Wolchow, Walle, Krznaric (23. Biran), Manteufel, Kindt - Felsenberg (64. Radtke), Wegier
St. Pauli: Henzler - Kolinger, Stanislawski, Scheinhardt, Basic - Lotter, Meier (73. Inceman), Gruszka, Racanel (90. Traub) - Patschinski, Yang (78. Kurbjuweit)
Tore: 0:1 Patschinski (4.), 0:2 Yang (64.), 1:2 Radtke (65.) - **SR:** Weber (Eisenach) - **ZS:** 2.597 - **Gelb:** Wolchow, Manteufel - Kurbjuweit

VfB Lübeck - MSV Duisburg (Fr., 30.8.) n.V. 2:3 (2:2, 0:1)

Lübeck: Wilde - Laaser, Kullig, Hasse, Türkmen - Schweißing (75. Przondziono), Weißhaupt (78. Zandi), Mbidzo - Thioune (63. Kunze), Bärwolf, Kruppke
Duisburg: Bobel - Kienle, Steffen, Drsek, Bönig - Keidel, Zeyer, Voss (119. Rasmussen), Wolters - Gomis (75. Ebbers), Güvenisik (81. Vana)
Tore: 0:1 Voss (7.), 0:2 Zeyer (54., FE), 1:2 Kruppke (60.), 2:2 Bärwolf (87.), 2:3 Bönig (117.) - **SR:** Frank (Hannover) - **ZS:** 7.000 - **Gelb:** Kruppke, Hasse, Zandi - Güvenisik, Zeyer, Keidel - B.V.: Bärwolf schießt FE neben das Tor (69.)

Eintracht Braunschweig - SSV Reutlingen (Fr., 30.8.) 1:2 (0:1)

Braunschweig: Laux - Eigner, Ridder (60. Choji), Mazingu-Dinzey - da Silva, Karp, Dziwior, Osthoff, Hörster - Rische, Schuchardt (81. Thomas)
Reutlingen: Curko - Kies, Malchow, Sbordone, Rehm - Unsöld, Endress, Becker, Gambo (76. Weigl) - Würll (85. Garcia), Frommer (74. Spanier)
Tore: 0:1 Würll (42.), 1:1 Mazingu-Dinzey (62.), 1:2 Würll (69.) - **SR:** Trautmann (Florstadt) - **ZS:** 7.373 - **Gelb:** Becker, Malchow, Rehm, Garcia - **Gelb-Rot:** Osthoff (90.)

1. FC Saarbrücken - SV Waldhof (Fr., 30.8.) n.E. 3:4, n.V. 1:1 (1:1, 1:1)

Saarbrücken: Sabanov - Holz, Rosen, Ristau - Nsaliwa, Lieberknecht (79. Marasa), Oelkuch, Kritzer, Caruso - Hallé (71. Tarillon), Koltai (116. Örtülü)
Waldhof: Nulle - Hoersen, Kowalik, Santos, Fickert - Zinnow (91. Nwosu), Otto, Camus (95. Maximow), Urdaneta (59. Everaldo) - Kern, Licht
Tore: 1:0 Hallé (5.), 1:1 Zinnow (38.); **Elfmeterschießen:** Kowalik gehalten, Nsaliwa neben das Tor, 0:1 Hoersen, 1:1 Rosen, 1:2 Kern, 2:2 Örtülü, 2:3 Maximow, 3:3 Marasa, 3:4 Licht, Oelkuch gehalten - **SR:** Weber (Bergkamen) - **ZS:** 3.200 - **Gelb:** Lieberknecht - Kowalik, Urdaneta, Licht

TSG Hoffenheim - SpVgg Greuther Fürth (Fr., 30.8.) 4:1 (1:1)

Hoffenheim: Knödler - Faulstich, Klandt, Stoll - Thee, Born, Ollhoff (80. Böttjer), Sieger, Throm - Teinert (65. Eller), Koné (72. Talib)
Fürth: Reichold - Ruman, Schlicke, Mamic (72. Dekanosidse), Birk (58. Hillebrand) - Reichel, Surmann, Burkhardt, Weber - Rösler (58. Policella), Xie Hui
Tore: 1:0 Koné (13.), 1:1 Xie Hui (18.), 2:1 Teinert (51.), 3:1 Ollhoff (55.), 4:1 Thee (90.) - **SR:** Wagner (Hofheim) - **ZS:** 3.150 - **Gelb:** Throm - Rösler

1. FC Schweinfurt 05 - 1. FC Union Berlin (Fr., 30.8.) n.V. 1:2 (1:1, 0:0)

Schweinfurt: Scherbaum - Miedl, Stein, Nagorny - Grimminger, Sprecakovic (73. Kroll), Delic, Wuttke, Stockmann - Bastos (60. Jakic), Popovic (105. Rögele)
1. FC Union: Wulnikowski - Sandmann, Menze, Nikol - Koilov, Vidolov (82. Okeke), Backhaus (89. Baumgart), Fiel, Kozak - Keita (46. Igwe), Ristic
Tore: 0:1 Fiel (55.), 1:1 Popovic (85.), 1:2 Koilov (101.) - **SR:** Schmidt (Stuttgart) - **ZS:** 2.600 - **Gelb:** Popovic, Kroll - Wulnikowski, Nikol, Backhaus - **Gelb-Rot:** Delic (83.) - B.V.: Wulnikowski hält FE von Delic (54.)

SpVgg Unterhaching - 1. FSV Mainz 05 (Fr., 30.8.) n.E. 4:2, n.V. 1:1 (1:1, 1:0)

Unterhaching: Heerwagen - Grassow, Seifert, Lust, Bucher - Majstorovic (108. Vaccaro), Sukalo (79. Omodiagbe), Zimmermann, Straube - Djappa (77. Nicu), Copado
Mainz: Wetklo - Bulajic, Abel, Neustädter, Rose - Babatz, Kramny (65. Schwarz), D. Weiland - Thurk (58. Morinas), Woronin, Hock (71. Melunovic)
Tore: 1:0 Zimmermann (43.), 1:1 Babatz (86.); **Elfmeterschießen:** Grassow gehalten, 0:1 Woronin, 1:1 Copado, D. Weiland gehalten, 2:1 Lust, 2:2 Babatz, 3:2 Zimmermann, Schwarz gehalten, 4:2 Straube - **SR:** Marks (Lüderitz) - **ZS:** 1.650 - **Gelb:** Majstorovic, Grassow - Abel, Schwarz, Neustädter

Eintracht Trier - 1. FC Nürnberg 0:2 (0:1)

Trier: Ischdonat - Prus, Lösch, Latinovic - M. Keller (66. Marell), Drageljevic (46. Grzeskowiak), Kevric, Benschneider, Dragusha (74. Pekovic) - Braham, Labak
Nürnberg: Kampa - Frey, Kos, Sanneh, Popovic - Petkovic, Larsen, Jarolim (83. Nikl), Müller - Ciric (81. Belic), Cacau
Tore: 0:1 Popovic (19.), 0:2 Ciric (51.) - **SR:** Kammerer (Karlsruhe) - **ZS:** 6.130 - **Gelb:** Drageljevic, Benschneider - Popovic - **Gelb-Rot:** Prus (67.)

Wacker Burghausen - FC Energie Cottbus 0:2 (0:2)

Burghausen: Wehner - Forkel (72. Mokhtari), Örüm, Hertl, Frühbeis - Oslislo, Burghartswieser, Broich, Tavcar (46. Wise) - Younga-Mouhani, Konetzke (58. Lützler)
Cottbus: Lenz - Hujdurovic, Kaluzny, Löw - Schröter, Reghecampf, Akrapovic, Miriuta (51. Thielemann), Latoundji (76. Vagner), Kobylanski - Feldhoff (63. Topic)
Tore: 0:1 Kaluzny (33.), 0:2 Miriuta (40.) - **SR:** Kircher (Rottenburg) - **ZS:** 5.300 - **Gelb:** Reghecampf, Kobylanski, Vagner, Thielemann

SC Paderborn 07 - VfB Stuttgart 1:4 (0:0)

Paderborn: Joswig - Bollmann, Krösche, Kushev, Becker - Owomoyela (77. Siebert), Manthey (55. Glöden), Canale, Devoli - Dobry (64. Saglik), Gerov
Stuttgart: Hildebrand - Hinkel, Marques, Bordon, Wenzel - Tiffert (71. Mutzel), Meira, Todt (46. Balakov), Hleb - Kuranyi, Ganea (30. Amanatidis)
Tore: 0:1 Kuranyi (51.), 1:1 Gerov (68.), 1:2 Amanatidis (76.), 1:3 Hleb (90.), 1:4 Kuranyi (90.) - **SR:** Otte (Damme) - **ZS:** 4.000 - **Gelb:** Bollmann, Canale - Hinkel, Meira - B.V.: Joswig hält FE von Balakov (85.)

FC Erzgebirge Aue - VfL Bochum 1:3 (1:2)

Aue: Hahnel - Görke, Emmerich, Noveski - Berger (67. Kadow), Heidrich, Kurth (64. Hampel), Jendrossek - Tetzner, Broum, Jank (64. Schubitidse)
Bochum: van Duijnhoven - Colding, Kalla, Fahrenhorst, Meichelbeck - Freier, Gudjonsson (72. Dickhaut), Wosz (62. Reis), F. Tapalovic, Buckley (77. Bemben) - Hashemian
Tore: 1:0 Broum (3.), 1:1 Buckley (24.), 1:2 Freier (43.), 1:3 Hashemian (60.) - **SR:** Strampe (Handorf) - **ZS:** 6.500 - **Gelb:** Emmerich

FC Schönberg 95 - Hamburger SV 0:6 (0:1)

Schönberg: Schmidtke - Warnick, Wittfot, Riegel - Haese (52. Rodrigues), Adigo, Koch (68. Urgast), Völzke, Grudzinski - Neitzel (78. Tetzlaff), Golowan
HSV: Pieckenhagen - Hertzsch (68. Ledesma), Hoogma, Ujfalusi - Wicky, Baur, Heinz, Albertz, Hollerbach (50. Mahdavikia) - Romeo, Meijer (65. Christensen)
Tore: 0:1 Wicky (6.), 0:2 Romeo (47.), 0:3 Hoogma (56.), 0:4 Albertz (74.), 0:5 Christensen (80.), 0:6 Romeo (89.) - **SR:** Gräfe (Berlin) - **ZS:** 6.000 - **Gelb:** Adigo, Neitzel - Wicky, Hollerbach - **Gelb-Rot:** Warnick (40.) - **Rot:** Heinz (50.)

VfR Aalen - Hannover 96 n.V. 2:3 (2:2, 2:1)

Aalen: Potye - Braun, Neumann (62. Menck), Stickel (70. Busch), Bochtler - Kanyuk, Theres, Iseli - Hering, Hentschke (78. Noll), Rogosic
Hannover: Sievers - Cherundolo, Linke, Zuraw, Schuler (46. De Guzman) - Lala (76. Gorges), Krupnikovic, Stefulj - Stendel, N'Kufo, Stajner (46. N'Diaye)
Tore: 1:0 Hering (7.), 1:1 Linke (9.), 2:1 Hering (45.), 2:2 N'Kufo (83.), 2:3 Gorges (98.) - **SR:** Perl (München) - **ZS:** 4.950 - **Gelb:** Bochtler, Iseli - Stajner, Cherundolo

Concordia Ihrhove - Borussia Dortmund 0:3 (0:0)

Ihrhove: Jaschob - Wessels, Kliche, Rodriguez - Grape (89. Rösner), Tänzel, Lübbers, Varga (61. Ighedosa), Bukumiric (89. Janssen), Heric - Eissing
Dortmund: Weidenfeller - Metzelder, Reuter (84. Madouni), Dede - Evanilson, Frings (70. Addo), Kehl, Rosicky, Heinrich - Ewerthon, Koller (84. Herrlich)
Tore: 0:1 Heinrich (57.), 0:2 Koller (82.), 0:3 Addo (83.) - **SR:** Voss (Großhansdorf) - **ZS:** 15.000 in Meppen (ausverkauft) - **Gelb:** Grape, Bukumiric, Heric

SV Werder Bremen Amat. - FC Bayern München 0:3 (0:0)

Bremen Am.: Jürgen - Wilking, Neunaber, Schulz, Spasskow - Beckert, Fütterer, Rolfes, Lenze (77. Heidenreich) - Haedo Valdez (74. Möller), Mamoum (81. Kuru)
FC Bayern: Kahn - Sagnol (46. Feulner), Kuffour, Linke, Lizarazu (74. Tarnat) - Hargreaves, Jeremies (77. N. Kovac), Ballack, Salihamidzic - Pizarro, Elber
Tore: 0:1 Elber (51.), 0:2 Pizarro (64.), 0:3 Ballack (65.) - **SR:** Jansen (Essen) - **ZS:** 16.434

Eisenhüttenstädter FC Stahl - SV Werder Bremen 0:1 (0:1)

Eisenhüttenstadt: Fettke - Leppin, Keller, Schadrack - Keipke, Schulz (68. Elsner), Schwake (73. Walter), Moritz, Reimer - Pawluszek, Thieme (68. Fadejew)
Bremen: Borel - Baumann, Verlaat, Krstajic - Stalteri (68. Lisztes), Tjikuzu, Ernst, Borowski, Skripnik - Charisteas (87. Klasnic), Daun (58. Ailton)
Tor: 0:1 Charisteas (10.) - **SR:** Kinhöfer (Herne) - **ZS:** 2.450 - **Gelb:** Moritz - Charisteas

FC Bayern München Amat. - FC Schalke 04 1:2 (0:1)

FC Bayern Am.: Rensing - Lahm, M'Bock, Saba, Hauser - Lell (54. Schweinsteiger), Barut, Misimovic, Oswald, Trochowski (54. Bugera, 84. Heller) - Hasenhüttl
Schalke: Rost - Varela, Hajto, van Hoogdalem, Rodriguez - Asamoah (46. Vermant), Poulsen, Möller, Böhme - Sand, Mpenza
Tore: 0:1 Sand (14.), 0:2 Mpenza (63.), 1:2 Hasenhüttl (66.) - **SR:** Steinborn (Sinzig) - **ZS:** 5.100 - **Gelb:** Barut - Mpenza - **Gelb-Rot:** Möller (70.)

SSV Jahn Regensburg - LR Ahlen 1:2 (1:0)

Regensburg: Gospodarek - Schmidt, Stieglmair, Keuler - Zellner (81. Yildirim), Gfreiter, Knackmuß, Zani, Binder (81. Tuma) - Papic, Tölcseres
Ahlen: Meier - Cissé, Zepek, Vasiljevic, Batista (46. Bella) - Bamba (73. Rath), Bönig, Arnold (84. Daschner), Mikolajczak, Fengler - Feinbier
Tore: 1:0 Zani (7.), 1:1 Schmidt (54., ET), 1:2 Feinbier (78.) - **SR:** Walz (Öhringen) - **ZS:** 5.000 - **Gelb:** Feinbier

Kickers Offenbach - Karlsruher SC n.V. 3:1 (1:1, 1:1)

Offenbach: Thier - Barletta, Zitouni, Kaba - Brighache, Falk (69. Knappmann), Naciri, Dworschak, Langen - Saridogan (63. Müller), Petry (79. Kagiouzis)
KSC: Walter - Grimm (104. Fritz), Waterink, Eggimann, Melkam - Rothenbach (86. Graf), Engelhardt, Cetin, Haffner - Hoeft (77. Saenko), Labbadia
Tore: 0:1 Labbadia (2.), 1:1 Falk (35., FE), 2:1 Kagiouzis (100.), 3:1 Kagiouzis (120., FE) - **SR:** Brych (München) - **ZS:** 5.800 - **Gelb:** Falk, Brighache, Petry - Cetin, Eggimann, Saenko

VfL Wolfsburg Amat. - 1. FC Köln 1:3 (1:1)

Wolfsburg Am.: Platins - Wiedenroth, Lorenz, Ifejiagwa - Plassnegger, S. Müller, Habryka (73. Sicenica), Vandreike, Romanczuk (66. Mutschler) - Donkor, Kolm (62. N. Müller)
1. FC Köln: Pröll - Sichone, Cichon, Happe - Scherz (74. Cullmann), Sinkala, Lottner, Kreuz (46. Kringe), Springer - Kurth, Helbig (46. Kioyo)
Tore: 1:0 Kolm (32.), 1:1 Kurth (36.), 1:2 Sinkala (53.), 1:3 Kioyo (78.) - **SR:** Fröhlich (Berlin) - **ZS:** 2.850 - **Gelb:** Vandreike - Cichon

Bahlinger SC - Alemannia Aachen 1:0 (1:0)

Bahlingen: Neumann - T. Müller, Bickel, R. Müller, Weber - Hechinger, Blank, Thiel, Kalischnigg (87. F. Zimmermann) - Sieah (80. Keller), Schneider (75. Ekoto-Ekoto)
Aachen: Straub - Landgraf, Klitzpera (71. Schmidt), Lanzaat (57. Bediako), Heeren - Mbwando, Grlic, Pflipsen, Spizak (61. Lämmermann) - M. Zimmermann, Ivanovic
Tor: 1:0 Sieah (13.) - **SR:** Raquet (Weilerbach) - **ZS:** 1.700 - **Gelb:** Hechinger, T. Müller - Lanzaat, Landgraf, Ivanovic

Hallescher FC - SC Freiburg 1:3 (1:3)

Halle: Paden - Wellington, Zimmermann, Lüdicke (74. Geidel) - Stark (84. Krause), Lesch, Georg, D. Kurzeja, Rehmann (59. M. Kurzeja) - Riediger, Kricke
Freiburg: Golz - Riether, Kondé, Diarra, Berner - Männer (77. Willi), Zeyer, Kobiaschwili, Zkitischwili (58. But) - Coulibaly, Ramdane (84. Anicic)
Tore: 0:1 Männer (2.), 1:1 Lesch (15.), 1:2 Zkitischwili (16.), 1:3 Ramdane (44.) - **SR:** Kemmling (Kleinburgwedel) - **ZS:** 5.558 - **Gelb:** Stark, Geidel - Berner

KSV Holstein Kiel - Hertha BSC Berlin (So., 1.9.) n.E. 3:0, n.V. 1:1 (1:1, 1:0)

Kiel: Greil - Trulsen, Hardt, Kopuk (114. Sawkulycz) - Pukaß, Trejgis (82. Hempel), Schiersand, Rose, Ilski, Rohwer (103. Maslej) - Guscinas
Hertha BSC: Kiraly - Rehmer (46. Schmidt), Friedrich, Simunic, Hartmann - Karwan, Maas (63. Dardai), Marcelinho, Goor - Luizao (71. Pinto), Preetz
Tore: 1:0 Rose (44.), 1:1 Preetz (53.); **Elfmeterschießen:** 1:0 Guscinas, Pinto gehalten, 2:0 Trulsen, Schmidt verschossen, 3:0 Rose, Hartmann gehalten - **SR:** Anklam (Hamburg) - **ZS:** 9.300 - **Gelb:** Hardt - Maas, Luizao

DFB-Pokal 2002/2003

1. FC Saarbrücken II - Arminia Bielefeld (So., 1.9.) 0:5 (0:2)
Saarbrücken II: Eich - Taskiran, Hagmann, Magno - da Silva (67. Erba), Bonsignore (86. Morisaki), Drljaca, Suzuki, Haselwanger - Esch, Quack (67. Ganster)
Bielefeld: Müller - Lense, Reinhardt, Hansén - Brinkmann, Kauf, Murawski (61. Porcello), Dammeier, Albayrak - Bogdanovic (72. Diabang), Wichniarek (61. Cha)
Tore: 0:1 Bogdanovic (22.), 0:2 Wichniarek (43.), 0:3 Hansén (57.), 0:4 Reinhardt (63.), 0:5 Diabang (80.) - **SR:** Stachowiak (Duisburg) - **ZS:** 1.200 - **Gelb:** Taskiran

Alemannia Aachen Amat. - TSV München 1860 (So., 1.9.) 0:7 (0:1)
Aachen Am.: Ch. Schmidt - Benthin (62. Türkmen), Jaajoui, Bediako, Batmaz - Ferl, F. Schmidt, Gunesch - Nesimi (82. Maassen), Sinkiewicz (71. Caspers), Lämmermann
1860: Hofmann - Cerny, Meyer, Costa, Pürk - Borimirov (55. Wiesinger), Häßler (69. Schwarz), Kurz (64. Riseth), Weissenberger - Lauth, Max
Tore: 0:1 Max (25.), 0:2 Costa (54.), 0:3 Max (61.), 0:4 Lauth (66.), 0:5 Max (67.), 0:6 Max (78.), 0:7 Weissenberger (89.) - **SR:** Scheppe (Wenden) - **ZS:** 3.500 - **Gelb:** Batmaz - Pürk

USC Paloma Hamburg - 1. FC Kaiserslautern (So., 1.9.) 0:5 (0:2)
USC Paloma: Dowideit - Bah, Edelmann, Haß (59. Gräzuweit) - Rein, Toth, Ehlert, Schlichting (65. Jappe), Marczynski - K. Koch, Woike (46. Osinski)
Kaiserslautern: Wiese - H. Koch (46. Gabriel), Hengen, Knavs - Reuter, Basler (70. Teber), Ramzy, Anfang (61. Ratinho), Grammozis - Klose, Lokvenc
Tore: 0:1 Lokvenc (19.), 0:2 Lokvenc (36.), 0:3 Klose (54.), 0:4 Basler (62.), 0:5 Klose (85.) - **SR:** Rafati (Hannover) - **ZS:** 7.790 - **Gelb:** Toth, K. Koch - Grammozis

SV Babelsberg 03 - Borussia Mönchengladbach (So., 1.9.) 0:1 (0:1)
Babelsberg: Herber - Müller, Löhr, Schmidt, Lücke (64. Lau) - Al-Kassem, Lorenz, Gatti (76. Röver), Civa, Boban (56. Okuyama) - Kampf
Gladbach: Stiel - Eberl, Korell, Strasser, Münch - Hausweiler, Stassin (90. Witeczek), Ulich - Küntzel (64. Demo), van Hout, van Houdt
Tor: 0:1 Hausweiler (33.) - **SR:** Keßler (Höhenkirchen) - **ZS:** 6.419 - **Gelb:** Gatti, Al-Kassem - **Gelb-Rot:** Löhr (89.) - **Rot:** Eberl (60.)

FSV Salmrohr - VfL Wolfsburg (So., 1.9.) 0:2 (0:0)
Salmrohr: Kieren - Knieps, Palikuca, Bohr - Stoklosa, Kräwer, Hürter (74. Thimm), Marbach (64. Zöllner), Reichert - Stolz (64. Kirf), Behr
Wolfsburg: Reitmaier - Rytter (58. Maric), K. Madsen, Schnoor, Rau - Karhan, Effenberg, Akonnor - Ponte (73. Präger), Klimowicz (61. Sarpei), Petrov
Tore: 0:1 Klimowicz (60.), 0:2 Karhan (81.) - **SR:** Schalk (Augsburg) - **ZS:** 3.500 - **Gelb:** Stolz, Stoklosa, Palikuca - K. Madsen, Ponte, Klimowicz, Effenberg, Akonnor

1. FSV Mainz 05 Amat. - FC Hansa Rostock (So., 1.9.) 0:2 (0:1)
Mainz Am.: Hoffmeister - Kegel, Steffgen, Ihm, Muftawu - Azaouagh (86. Kroeg), Eichinger, Kühne, Maas - Sözen (72. Elbousidi), Weber (70. Falkenmayer)
Rostock: Schober - Wimmer, Jakobsson, Kientz, Maul - Rydlewicz (89. Kovar), Aduobe, Hansen (63. Persson), Wibran - Prica, Salou (79. Vorbeck)
Tore: 0:1 Kientz (26.), 0:2 Salou (64.) - **SR:** Lange (Filderstadt) - **ZS:** 3.000 - **Gelb:** Weber, Ihm - Prica

Rot-Weiß Essen - Bayer 04 Leverkusen (So., 1.9.) 0:1 (0:1)
Essen: Kirschstein - Ernst, Bonan, Zimmermann - Fischer, Bilgin (89. Brinkmann), Tomoski (73. Wolf), Wedau, Tutas - Koen (88. Hauswald), Weber
Leverkusen: Juric - Lucio, Juan - Balitsch, Schneider, Zivkovic, Ramelow, Brdaric (73. Bierofka), Bastürk (79. Ojigwe) - Simak, Neuville
Tor: 0:1 Lucio (24.) - **SR:** Fandel (Kyllburg) - **ZS:** 21.000 - **Gelb:** Juric, Brdaric

Sportfreunde Siegen - Rot-Weiß Oberhausen (So., 1.9.) n.V. 0:1 (0:0)
Siegen: Balaz - Bäcker (109. Schlabach), Dione, Zott (109. Bettenstaedt) - Custos, Cirba, Kotula, Truckenbrod, Nauroth, Lukin (95. Straub) - van Buskirk
Oberhausen: Adler - Luginger, Raickovic, Ciuca, Tiéku - Scharpenberg, Wojtala (98. Radulovic), Judt - Catic (79. Langeneke), Rietpietsch (68. Beliakov), Obad
Tor: 0:1 Radulovic (107.) - **SR:** Pickel (Ettringen) - **ZS:** 4.798 - **Gelb:** Bäcker, Cirba - Catic, Judt, Rietpietsch, Adler, Scharpenberg - **Gelb-Rot:** Custos (119.) - B.V.: Balaz hält HE von Obad (65.)

FC Rot-Weiß Erfurt - Eintracht Frankfurt (So., 1.9.) n.V. 2:3 (2:2, 0:1)
Erfurt: Apel - Bach, Gansauge, Loose - Sträßer, Ziegner, Okic, Laars (75. Fuchs), Hornung - Hebestreit, Dzihic (93. Pätz)
Frankfurt: Nikolov - Bindewald, Keller, Tsoumou-Madza - Branco (81. Streit), Schur (40. Wiedener), Montero, Guié-Mien, Bürger - Kryszalowicz (61. Skela), Jones
Tore: 0:1 Guié-Mien (17.), 1:1 Dzihic (52.), 1:2 Jones (68.), 2:2 Okic (85.), 2:3 Skela (118.) - **SR:** Weiner (Giesen) - **ZS:** 8.210 - **Gelb:** Ziegner - Schur, Bürger, Jones, Montero - B.V.: Nikolov hält FE von Sträßer (38.)

2. Hauptrunde: Mittwoch, 6.11.2002

TSV München 1860 - VfL Wolfsburg (Di., 5.11.) n.E. 8:7, n.V. 2:2 (2:2, 2:1)
1860: Jentzsch - Cerny, Votava, Costa, Hoffmann - Meyer, Kurz (80. Borimirov), Häßler, Weissenberger (116. Suker) - Schroth, Max (50. Lauth)
Wolfsburg: Reitmaier - Rytter, Biliskov, Schnoor, Rau - Präger (76. Ponte), Sarpei, Effenberg (91. Karhan), Munteanu (112. Maric), Petrov - Klimowicz
Tore: 1:0 Max (17.), 2:0 Costa (20.), 2:1 Munteanu (21.), 2:2 Klimowicz (50.); **Elfmeterschießen:** 0:1 Maric, 1:1 Häßler, 1:2 Karhan, Borimirov gehalten, Ponte verschossen, Meyer gehalten, Klimowicz gehalten, 2:2 Hoffmann, 2:3 Petrov, 3:3 Suker, 3:4 Schnoor, 4:4 Lauth, 4:5 Biliskov, 5:5 Costa, Rau verschossen, Cerny verschossen, 5:6 Sarpei, 6:6 Schroth, 6:7 Rytter, 7:7 Votava, Reitmaier verschossen, 8:7 Jentzsch - **SR:** Schmidt (Stuttgart) - **ZS:** 5.000 - **Gelb:** Meyer - Effenberg, Biliskov, Rytter, Präger, Sarpei

Rot-Weiß Oberhausen - Arminia Bielefeld (Di., 5.11.) 1:0 (1:0)
Oberhausen: Adler - Ciuca, Raickovic, Wojtala - Luginger, Langeneke (59. Rietpietsch), Scharpenberg, Catic (64. Tiéku), Judt - Salifou, Radulovic (82. da Silva)
Bielefeld: Hain - Hansén, Reinhardt, Bogusz (46. Vata) - Cha (46. Albayrak), Kauf, Murawski, Dammeier, Diabang - Bogdanovic (73. Dabrowski), Wichniarek
Tor: 1:0 Radulovic (23.) - **SR:** Frank (Hannover) - **ZS:** 5.135 - **Gelb:** Wojtala, Ciuca - Bogdanovic, Albayrak, Wichniarek - **Gelb-Rot:** Salifou (63.)

SC Freiburg - Borussia Dortmund (Di., 5.11.) 3:0 (2:0)
Freiburg: Golz - Willi (68. Hermel), Kondé, Müller, Berner - Zeyer, Riether, Coulibaly (89. Zkitischwili), Kobiaschwili - Männer (81. Bruns), Ramdane
Dortmund: Weidenfeller - Wörns, Madouni - Heinrich, Reuter, Ricken, Kehl (68. Frings), Dede - Ewerthon, Herrlich, Amoroso
Tore: 1:0 Coulibaly (8.), 2:0 Männer (40.), 3:0 Zeyer (54.) - **SR:** Wagner (Kriftel) - **ZS:** 24.500 - **Gelb:** Riether, Berner, Kobiaschwili, Müller - Madouni, Dede, Amoroso

Hamburger SV - MSV Duisburg (Di., 5.11.) 2:0 (0:0)
HSV: Pieckenhagen - Fukal, Hertzsch, Ujfalusi, Hollerbach - Benjamin, Antar (59. Cardoso), Maltritz, Rahn (82. Kling) - Christensen (77. Kitzbichler), Romeo
Duisburg: Langerbein - Kienle, Drsek, Tweed, Bönig (80. Gomis) - Keidel, Zeyer, Voss, Wolters - Ebbers, Güvenisik
Tore: 1:0 Maltritz (52.), 2:0 Christensen (74.) - **SR:** Strampe (Handorf) - **ZS:** 30.234 - **Gelb:** Romeo, Maltritz - Keidel

FC Hansa Rostock - Eintracht Frankfurt (Di., 5.11.) 1:0 (0:0)
Rostock: Schober - Wibran, Jakobsson, Kovar, Hill - Lantz, Aduobe, Meggle - Rydlewicz, Prica (46. Salou), Vorbeck (46. Arvidsson)
Frankfurt: Nikolov - Bindewald, Tsoumou-Madza, Keller, Wiedener - Branco (67. Streit), Schur (72. Skela), Montero, Guié-Mien, Bürger - Kryszalowicz
Tor: 1:0 Meggle (90.) - **SR:** Scheppe (Wenden) - **ZS:** 9.200 - **Gelb:** Lantz, Salou - Schur, Bindewald, Keller, Wiedener

TSG Hoffenheim - 1. FC Köln (Di., 5.11.) 1:5 (0:3)
Hoffenheim: Knödler - Thee, Faulstich, Daub - Born (70. Sieger), Gaber, Müller, Ollhoff (70. Hofmann), Throm - Teinert (56. Eller), Möckel
1. FC Köln: Pröll - Sichone (67. Schröder), Cichon, Happe - Sinkala, Cullmann, Lottner (62. Federico), Kreuz - Scherz, Kioyo, Dworrak
Tore: 0:1 Kioyo (28.), 0:2 Kreuz (35.), 0:3 Happe (43.), 0:4 Scherz (59.), 0:5 Sinkala (66.), 1:5 Eller (78.) - **SR:** Gräfe (Berlin) - **ZS:** 4.600 (ausverkauft) - **Gelb:** Thee, Born, Ollhoff - Sinkala, Dworrak

SpVgg Unterhaching - 1. FC Union Berlin (Di., 5.11.) 1:0 (0:0)
Unterhaching: Heerwagen - Bucher, Strehmel, Seifert, Lust - Zimmermann (30. Nicu), Omodiagbe, Sukalo, Leitl - Vaccaro (61. Djappa), Copado
1. FC Union: Beuckert - Persich, Molata, Sandmann - Backhaus, Balcarek (71. Keita), Koilov, Okeke (75. Vidolov), Nikol - Baumgart, Ristic (80. Igwe)
Tor: 1:0 Leitl (68.) - **SR:** Trautmann (Florstadt) - **ZS:** 1.800 - **Gelb:** Persich, Sandmann, Koilov

FC Bayern München - Hannover 96 2:1 (0:0)
FC Bayern: Kahn - Sagnol, R. Kovac, Linke, Tarnat - Salihamidzic, Fink, Ballack, Hargreaves - Santa Cruz (83. Zickler), Pizarro (64. Elber)
Hannover: Sievers - Stefulj, Konstantinidis (67. Oswald), Zuraw, Schuler (63. N'Kufo) - Lala, Jaime, de Guzman - Stendel (71. Stajner), Krupnikovic, Idrissou
Tore: 1:0 Salihamidzic (56., FE), 2:0 Santa Cruz (58.), 2:1 N'Kufo (90., FE) - **SR:** Kinhöfer (Herne) - **ZS:** 8.000 - **Gelb:** Salihamidzic, Kahn, Jeremies (auf der Bank) - Schuler

Bayer 04 Leverkusen - VfB Stuttgart 3:0 (0:0)
Leverkusen: Butt - Sebescen, Ramelow, Zivkovic, Placente - Schneider (84. Babic), Ojigwe, Bastürk (63. Balitsch) - Neuville, Brdaric (57. Franca), Bierofka
Stuttgart: Ernst - Hinkel, Meira, Wenzel, Gerber - Mutzel (64. Amanatidis), Soldo, Hleb (46. Seitz), Meißner - Tiffert, Kuranyi (46. Ganea)
Tore: 1:0 Sebescen (47.), 2:0 Bierofka (61.), 3:0 Bierofka (83.) - **SR:** Dr. Merk (Kaiserslautern) - **ZS:** 22.500 (ausverkauft) - **Gelb:** Meißner

FC Energie Cottbus - 1. FC Kaiserslautern 0:1 (0:0)
Cottbus: Lenz - Beeck, Kaluzny, Berhalter (46. Reghecampf) - Schröter, Latoundji, Rost, Gebhardt, Löw - Topic (46. Reichenberger), Rink (36. Jungnickel)
Kaiserslautern: G. Koch - Klos, Sforza, Lembi - Basler, Riedl, Lincoln, Bjelica (87. H. Koch), Malz (52. Teber) - Mifsud (86. Ratinho), Timm
Tor: 0:1 Timm (83.) - **SR:** Gagelmann (Bremen) - **ZS:** 6.774 - **Gelb:** Beeck, Berhalter, Rost - Malz, Lembi, Bjelica

FC Schalke 04 - Borussia Mönchengladbach 5:0 (3:0)
Schalke: Rost - Oude Kamphuis, Hajto, van Hoogdalem, Matellan - Asamoah, Kmetsch, Vermant, Varela (58. Hanke) - Sand (75. Rodriguez), Mpenza (63. Trojan)
Gladbach: Stiel - Witeczek, Korell, Pletsch, Münch - Stassin (46. Skoubo), Demo, Strasser (54. Plate) - Küntzel (61. Ulich), van Hout, Ketelaer
Tore: 1:0 Asamoah (22.), 2:0 Sand (30.), 3:0 Sand (33.), 4:0 Mpenza (50.), 5:0 Sand (55.) - **SR:** Sippel (München) - **ZS:** 60.600 (ausverkauft) - **Gelb:** van Hout

FC St. Pauli - SV Werder Bremen 0:3 (0:1)
St. Pauli: Bulat - Amadou, Kolinger, Gibbs - Inceman, Stanislawski, Fröhlich (41. Meier), Brückner, Sager (35. Racanel, 77. Kacan) - Ofodile, Patschinski
Bremen: Borel - Baumann, Skripnik, Krstajic - Stalteri (70. Wehlage), Lisztes (82. Reich), Ernst, Borowski, Magnin - Klasnic, Ailton (65. Daun)
Tore: 0:1 Magnin (16.), 0:2 Ailton (47.), 0:3 Daun (79.) - **SR:** Meyer (Burgdorf) - **ZS:** 18.955 - **Gelb:** Ailton, Krstajic

KSV Holstein Kiel - VfL Bochum 1:2 (1:1)
Kiel: Greil - Dogan (81. Pukaß), Dowe, Trulsen (64. Hardt), Rohwer - Trejgis, Schiersand, Rose, Jurgeleit (64. Seidel), Ilski - Guscinas
Bochum: Vander - Colding, Kalla (50. Vriesde), Fahrenhorst, Reis - Freier, Gudjonsson (57. Bemben), Wosz, Schindzielorz, Buckley (73. Graulund) - Hashemian
Tore: 0:1 Wosz (30.), 1:1 Guscinas (33.), 1:2 Freier (53.) - **SR:** Koop (Lüttenmark) - **ZS:** 8.200 - **Gelb:** Schiersand, Rohwer, Dogan - Buckley

Kickers Offenbach - 1. FC Nürnberg n.V. 2:3 (2:2, 2:0)
Offenbach: Thier - Zitouni, Barletta, Kaba - Corrochano, Ch. Müller, Dworschak, Naciri (82. Knappmann), Langen (79. Brighache) - Falk (91. Fossi), Petry
Nürnberg: Kampa - Nikl, Kos, Petkovic, Popovic - Todorovic (74. David), Larsen, Jarolim, L. Müller - Belic (66. Driller), Ciric
Tore: 1:0 Ch. Müller (5.), 2:0 Petry (12.), 2:1 Ciric (47.), 2:2 Ciric (86.), 2:3 Ciric (110.) - **SR:** Keßler (Höhenkirchen) - **ZS:** 12.377 - **Gelb:** Barletta, Zitouni, Langen, Petry, Brighache - Popovic, Todorovic, Petkovic

LR Ahlen - SSV Reutlingen 3:1 (1:0)
Ahlen: Meier - Djenic, Daschner, Vasiljevic - Bamba (76. Bönig), Sopic, Chiquinho (76. Dama), Stanic, Fengler - Feinbier, Bella (67. Rath)
Reutlingen: Curko - Kies, Spanier, Malchow, Rehm - Ogungbure, Weigl (72. Schmiedel), Becker - Hoffmann, Frommer (46. Garcia), Gambo (46. Würll)
Tore: 1:0 Feinbier (34.), 2:0 Feinbier (69.), 3:0 Chiquinho (74.), 3:1 Malchow (76.) - **SR:** Pickel (Ettringen) - **ZS:** 1.147 - **Gelb:** Vasiljevic, Sopic, Rath - Becker, Rehm - **Gelb-Rot:** Spanier (69.)

Deutsche Pokalgeschichte

Bahlinger SC - SV Waldhof Mannheim   **1:2 (1:1)**
Bahlingen: Neumann - Kritzer, Scheuer, Thiel, Bickel - Weber, Blank, Kalischnigg, Waldkirch - Sieah, Ekoto-Ekoto
Waldhof: Rechner - Ifejiagwa, Mea Vitali, Kowalik - Ratkowski, Licht (80. Ivanov), Camus, Bopp, Urdaneta (69. Zinnow), Everaldo - Plassnegger (49. Kern)
Tore: 0:1 Ifejiagwa (23.), 1:1 Blank (33.), 1:2 Zinnow (90.) - **SR:** Albrecht (Kaufbeuren) - **ZS:** 2.000 - **Gelb:** Thiel - Urdaneta, Ratkowski, Zinnow

Achtelfinale: Mittwoch, 4.12.2002

Hamburger SV - VfL Bochum (Di., 3.12.)   **0:1 (0:1)**
HSV: Pieckenhagen - Fukal, Hertzsch, Ujfalusi, Hollerbach - Mahdavikia, Wicky (53. Benjamin), Cardoso (65. Christensen), Maltritz - Romeo, Barbarez
Bochum: Vander - Colding, Kalla, Fahrenhorst, Meichelbeck (78. Reis) - F. Tapalovic (53. Bemben), Wosz (68. Vriesde), Schindzielorz - Freier, Hashemian, Christiansen
Tor: 0:1 Freier (34.) - **SR:** Sippel (München) - **ZS:** 35.136 - **Gelb:** Romeo, Hollerbach - F. Tapalovic

Bayer 04 Leverkusen - SV Waldhof Mannheim (Di., 3.12.)   **2:1 (1:0)**
Leverkusen: Butt - Zivkovic, Juan, Placente - Neuville, Schneider, Simak (62. Bastürk), Ramelow, Babic (62. Bierofka) - Berbatov (62. Kirsten), Franca
Waldhof: Nulle (46. Rechner) - Ifejiagwa, Mea Vitali, Kowalik - Ratkowski, Zinnow, Licht (71. Bopp), Camus, Fickert, Everaldo (88. Kern) - Plassnegger
Tore: 1:0 Franca (44.), 1:1 Plassnegger (50.), 2:1 Schneider (75., FE) - **SR:** Perl (München) - **ZS:** 22.000 - **Gelb:** Juan - Licht, Mea Vitali, Plassnegger

TSV München 1860 - Rot-Weiß Oberhausen (Di., 3.12.)   **2:1 (0:1)**
1860: Jentzsch - Cerny, Ehlers, Votava (24. Wiesinger), Pürk (60. Suker) - Stranzl, Meyer, Häßler (85. Kurz), Weissenberger - Lauth, Schroth
Oberhausen: Adler - Ciuca, Raickovic, Wojtala - Luginger (66. Langeneke), Scharpenberg, Hayer, Judt - Rietpietsch (68. Cartus), Obad (85. Beliakov), Radulovic
Tore: 0:1 Radulovic (23.), 1:1 Suker (63.), 2:1 Häßler (85., FE) - **SR:** Koop (Lüttenmark) - **ZS:** 4.320 - **Gelb:** Pürk - Wojtala

SpVgg Unterhaching - FC Hansa Rostock (Di., 3.12.)   **3:2 (0:1)**
Unterhaching: Heerwagen - Bucher, Strehmel, Seifert, Grassow - Leitl (90. Nicu), Omodiagbe, Sukalo, Lust - Vaccaro (80. Majstorovic), Copado
Rostock: Schober - Wimmer, Jakobsson, Kovar, Maul - Wibran, Hirsch, Meggle (82. Salou), Lantz (72. Schied) - Arvidsson, Prica
Tore: 0:1 Arvidsson (14.), 1:1 Strehmel (54.), 2:1 Vaccaro (57.), 2:2 Arvidsson (63.), 3:2 Vaccaro (70.) - **SR:** Gagelmann (Bremen) - **ZS:** 3.500 - **Gelb:** Hirsch, Wimmer

FC Bayern München - FC Schalke 04   **n.E. 5:4, n.V. 0:0**
FC Bayern: Kahn - Kuffour (96. N. Kovac), R. Kovac, Linke, Lizarazu - Scholl (30. Hargreaves), Jeremies, Ballack, Zé Roberto - Santa Cruz, Pizarro (72. Elber)
Schalke: Rost - Hajto, van Hoogdalem, Matellan - Poulsen, Kmetsch, Möller, Rodriguez (120. Wilmots) - Asamoah (107. Iyodo), Sand, Mpenza (116. Vermant)
Elfmeterschießen: Sand verschossen, 1:0 Ballack, 1:1 Möller, 2:1 Jeremies, 2:2 Vermant, 3:2 Hargreaves, 3:3 Hajto, 4:3 N. Kovac, 4:4 Wilmots, 5:4 Santa Cruz - **SR:** Meyer (Burgdorf) - **ZS:** 20.000 - **Gelb:** Ballack - Rodriguez

1. FC Kaiserslautern - SC Freiburg   **2:0 (0:0)**
Kaiserslautern: Wiese (51. G. Koch) - Basler, H. Koch, Klos, Riedl - Timm, Sforza (18. Ramzy), Grammozis, Dominguez - Lincoln, Lokvenc (80. Teber)
Freiburg: Golz - Willi (71. Coulibaly), Kondé, Diarra, Berner (80. Zeyer) - Bajramovic, Riether, Zkitischwili, Kobiaschwili - Tanko (71. Ramdane), Männer
Tore: 1:0 Ramzy (64.), 2:0 Lincoln (67.) - **SR:** Kinhöfer (Herne) - **ZS:** 16.876 - **Gelb:** Männer

LR Ahlen - SV Werder Bremen   **1:2 (0:1)**
Ahlen: Kronenberg - Fengler (34. Bamba), Stanic, Djenic - Bönig, Sopic (67. Daschner), Arnold, Chiquinho, Dama - Feinbier, Rath
Bremen: Borel - Stalteri, Baumann, Krstajic (88. Tjikuzu), Magnin - Lisztes (74. Banovic), Ernst, Micoud, Borowski - Charisteas, Ailton (69. Klasnic)
Tore: 0:1 Charisteas (16.), 1:1 Arnold (74.), 1:2 Klasnic (89.) - **SR:** Albrecht (Kaufbeuren) - **ZS:** 9.700 - **Gelb:** Rath, Bönig - Lisztes, Ernst

1. FC Nürnberg - 1. FC Köln   **0:2 (0:0)**
Nürnberg: Schäfer - Stehle (74. Frey), Kos, Petkovic, Nikl - Todorovic, Larsen, Junior (62. Jarolim), Müller - Cacau (46. Villa), Ciric
1. FC Köln: Pröll - Sichone, Cichon, Happe (66. Kringe) - Cullmann, Sinkala, Lottner, Schröder (80. Kurth) - Scherz (83. Federico), Kioyo, Kreuz
Tore: 0:1 Scherz (47.), 0:2 Scherz (78.) - **SR:** Kemmling (Kleinburgwedel) - **ZS:** 16.300 - **Gelb:** Lottner, Cichon, Kreuz - **B.V.:** Pröll hält FE von Ciric (43.)

Viertelfinale: Mittwoch, 5.2.2003

FC Bayern München - 1. FC Köln (Di., 4.2.)   **8:0 (4:0)**
FC Bayern: Kahn - Kuffour (46. Sagnol), R. Kovac, Linke, Lizarazu - Schweinsteiger (64. Scholl), N. Kovac, Hargreaves, Zé Roberto (76. Deisler) - Pizarro, Elber
1. FC Köln: Pröll - Sichone, Cichon, Happe - Schröder, Kringe, Lottner, Voigt - Scherz, Kurth, Springer
Tore: 1:0 Elber (7.), 2:0 Hargreaves (20.), 3:0 Schweinsteiger (31.), 4:0 Elber (33.), 5:0 Schweinsteiger (51.), 6:0 Zé Roberto (56.), 7:0 Elber (70.), 8:0 Sagnol (88.) - **SR:** Fandel (Kyllburg) - **ZS:** 13.000 - **Gelb:** Schweinsteiger

VfL Bochum - 1. FC Kaiserslautern   **n.E. 3:4, n.V. 3:3 (2:2, 2:2)**
Bochum: van Duijnhoven - Colding, Kalla, Fahrenhorst, Meichelbeck (30. Reis) - Freier, Schindzielorz, Wosz, Oliseh (80. Gudjonsson), Fiel (70. Buckley) - Christiansen
Kaiserslautern: Wiese - Klos (58. Bjelica), H. Koch, Knavs, Tchato - Grammozis, Ramzy, Anfang (94. Sforza) - Klose, Lokvenc, Mifsud (111. Adzic)
Tore: 1:0 Fahrenhorst (8.), 1:1 Lokvenc (22.), 1:2 Lokvenc (27.), 2:2 Reis (33.), 2:3 Lokvenc (102.), 3:3 Christiansen (105., FE); **Elfmeterschießen:** Schindzielorz gehalten, H. Koch gehalten, Reis gehalten, 0:1 Klose, 1:1 Colding, 1:2 Lokvenc, 2:2 Gudjonsson, 2:3 Grammozis, 3:3 Christiansen, 3:4 Bjelica - **SR:** Dr. Wack (Biberbach) - **ZS:** 22.199 - **Gelb:** Meichelbeck, Christiansen, Oliseh, Schindzielorz, van Duijnhoven - Klose, Tchato, Grammozis, Sforza

TSV München 1860 - SV Werder Bremen   **n.V. 1:4 (1:1, 0:0)**
1860: Jentzsch - Hoffmann, Votava, Costa - Cerny, Stranzl (53. Shao), Meyer (86. Ehlers), Kurz, Weissenberger (86. Rafael) - Lauth, Schroth
Bremen: Borel - Baumann, Verlaat (84. Klasnic), Krstajic - Stalteri, Banovic, Ernst, Micoud, Skripnik - Daun (112. Reich), Ailton (84. Charisteas)
Tore: 1:0 Lauth (80.), 1:1 Klasnic (85.), 1:2 Charisteas (94.), 1:3 Klasnic (105.), 1:4 Charisteas (120.) - **SR:** Krug (Gelsenkirchen) - **ZS:** 5.000 - **Gelb:** Meyer, Jentzsch, Kurz - Stalteri, Micoud

SpVgg Unterhaching - Bayer 04 Leverkusen   **n.E. 4:5, n.V. 2:2 (2:2, 0:1)**
Unterhaching: Heerwagen - Grassow, Strehmel, Seifert, Lust (107. Liebers) - Leitl (62. Zimmermann), Omodiagbe, Sukalo, Majstorovic (111. Aygün) - Vaccaro, Copado
Leverkusen: Butt - Zivkovic, Ramelow, Juan - Ojigwe (72. Bierofka), Schneider, Bastürk, Kaluzny (91. Balitsch) - Placente, Franca (67. Berbatov), Neuville
Tore: 0:1 Franca (19.), 1:1 Vaccaro (46.), 1:2 Ramelow (49.), 2:2 Sukalo (63.); **Elfmeterschießen:** 1:0 Grassow, 1:1 Schneider, 2:1 Copado, 2:2 Neuville, 3:2 Vaccaro, 3:3 Ramelow, 4:3 Strehmel, 4:4 Bierofka, Omodiagbe gehalten, 4:5 Butt - **SR:** Meyer (Burgdorf) - **ZS:** 6.500 - **Gelb:** Leitl, Sukalo, Omodiagbe - Zivkovic

Halbfinale: Dienstag, 4.3./Mittwoch, 5.3.2003

1. FC Kaiserslautern - SV Werder Bremen (Di.)   **3:0 (1:0)**
Kaiserslautern: Wiese - Grammozis, Ramzy, Knavs, Tchato - Sforza, Lincoln (82. Riedl), Anfang, Dominguez (65. Klos) - Klose, Lokvenc (77. Timm)
Bremen: Wierzchowski - Stalteri, Krstajic, Verlaat, Skripnik - Reich (60. Charisteas), Borowski (71. Lisztes), Ernst, Micoud, Schulz (57. Ailton) - Daun
Tore: 1:0 Lincoln (8.), 2:0 Klose (52.), 3:0 Timm (80.) - **SR:** Wagner (Kriftel) - **ZS:** 28.335 - **Gelb:** Sforza - Krstajic, Verlaat - **Rot:** Grammozis (63.)

FC Bayern München - Bayer 04 Leverkusen (Mi.)   **3:1 (1:0)**
FC Bayern: Kahn - Sagnol, R. Kovac, Linke, Lizarazu - Scholl (79. Deisler), Jeremies, Ballack (69. N. Kovac), Zé Roberto - Pizarro, Elber (76. Santa Cruz)
Leverkusen: Butt - Balitsch, Zivkovic, Juan (73. Cris), Placente - Ramelow, Schneider (76. Ojigwe), Babic (56. Simak) - Neuville, Franca, Bierofka
Tore: 1:0 Ballack (30.), 1:1 Ramelow (52.), 2:1 Elber (57.), 3:1 Elber (58.) - **SR:** Steinborn (Sinzig) - **ZS:** 16.000 - **Gelb:** Zivkovic

Endspiel: Samstag, 31. Mai 2003 in Berlin

FC Bayern München - 1. FC Kaiserslautern   **3:1 (2:0)**
FC Bayern: Kahn - Sagnol, Kuffour, Linke, Lizarazu (84. Tarnat) - Hargreaves, Jeremies (76. Fink), Ballack, Zé Roberto (76. Scholl) - Elber, Pizarro
Kaiserslautern: Wiese - H. Koch (46. Riedl), Klos, Lembi, Tchato - Hristov, Anfang, Lincoln (63. Timm), Dominguez (81. Teber) - Klose, Lokvenc
Tore: 1:0 Ballack (3.), 2:0 Ballack (10., FE), 3:0 Pizarro (50.), 3:1 Klose (79.) - **SR:** Fröhlich (Berlin) - **ZS:** 70.490 - **Gelb:** Jeremies - Anfang, H. Koch, Klose - **Rot:** Hristov (78.)

Die Torjäger

6	Giovane Elber	(FC Bayern München)
5	Vratislav Lokvenc	(1. FC Kaiserslautern)
5	Martin Max	(TSV München 1860)
4	Michael Ballack	(FC Bayern München)
4	Angelos Charisteas	(SV Werder Bremen)
4	Sasa Ciric	(1. FC Nürnberg)
4	Miroslav Klose	(1. FC Kaiserslautern)
4	Ebbe Sand	(FC Schalke 04)

Pokalsieger FC Bayern München

	Spiele	Tore
Elber, Giovane	6	6
Pizarro, Claudio	6	2
Kahn, Oliver	6	0
Linke, Thomas	6	0
Ballack, Michael	5	4
Hargreaves, Owen	5	1
Sagnol, Willy	5	1
Lizarazu, Bixente	5	0
Zé Roberto	4	1
Jeremies, Jens	4	0
Kovac, Niko	4	0
Kovac, Robert	4	0
Kuffour, Samuel Osei	4	0
Scholl, Mehmet	4	0
Santa Cruz, Roque	3	1
Tarnat, Michael	3	0
Salihamidzic, Hasan	2	1
Deisler, Sebastian	2	0
Fink, Thorsten	2	0
Schweinsteiger, Bastian	1	2
Feulner, Markus	1	0
Zickler, Alexander	1	0

Zuschauer-Statistik

Runde	Zuschauer gesamt	Spiele	Zuschauer pro Spiel
1. Runde	189.059	32	5.908
2. Runde	221.022	16	13.814
Achtelfinale	127.832	8	15.979
Viertelfinale	46.699	4	11.675
Halbfinale	44.335	2	22.168
Finale	70.490	1	70.490
	699.437	63	11.102